U0453456

国家出版基金项目
NATIONAL PUBLICATION FOUNDATION

國家出版基金項目

教育部哲學社會科學研究重大課題攻關項目

「十一五」「十二五」「十三五」

國家重點圖書出版規劃項目・重大工程出版規劃

「十四五」

國家重點出版物出版专項規劃項目・古籍出版規劃

國家社會科學基金重大項目

北京大學「九八五工程」重點項目

儒藏

精華編一七一册

史部傳記類

儒藏

精華編

北京大學《儒藏》編纂與研究中心

《儒藏》精華編第一七一册

首席總編纂　季羨林

項目首席專家　湯一介

總編纂　湯一介　龐樸　孫欽善　安平秋（按年齡排序）

本册主編　張希清

《儒藏》精華編凡例

一、中國傳統文化以儒家思想爲中心。《儒藏》爲儒家經典和反映儒家思想、體現儒家經世做人原則的典籍的叢編。收書時限自先秦至清代結束。

二、《儒藏》精華編爲《儒藏》的一部分，選收《儒藏》中的精要書籍。

三、《儒藏》精華編所收書籍，包括傳世文獻和出土文獻。傳世文獻按《四庫全書總目》經史子集四部分類法分類，大類、小類基本參照《中國叢書綜録》和《中國古籍善本書目》，於個别處略作調整。凡單書已收入入選的個人叢書或全集者，僅存目録，並注明互見。出土文獻單列爲一個部類，原件以古文字書寫者一律收其釋文文本。韓國、日本、越南儒學者用漢文寫作的儒學著作，編爲海外文獻部類。

四、所收書籍的篇目卷次，一仍底本原貌，不選編，不改編，保持原書的完整性和獨立性。

五、對入選書籍進行簡要校勘。以對校爲主，確定内容完足、精確率高的版本爲底本，精選有校勘價值的版本爲校本。出校堅持少而精，以校正誤爲主，酌校異同。校記力求規範、精煉。

六、根據現行標點符號用法，結合古籍標點通例，進行規範化標點。專名號除書名號用角號（《》）外，其他一律省略。

七、對較長的篇章，根據文字内容，適當劃分段落。正文原已分段者，不作改動。千字以内的短文一般不分段。

八、各書卷端由整理者撰寫《校點説明》，簡要介紹作者生平、該書成書背景、主要内容及影響，以及整理時所確定的底本、校本（舉全稱後括注簡稱）及其他有關情況。重複出現的作者，其生平事蹟按出現順序前詳後略。

九、本書用繁體漢字豎排，小注一律排爲單行。

《儒藏》精華編第一七一册

史部傳記類

總録之屬

清儒學案卷一百六十一

天津徐世昌

古微學案

古微說經本於常州莊氏，學術推遷，殆關運會。其經世之文多洞中情事。至於治元史，策海防，彰往察來，蘄歸有用，開咸、同以後著書風氣，則時爲之也。述《古微學案》。

魏先生源

魏源，字默深，邵陽人。道光壬午，順天舉人。宣宗閱其試卷，揮翰褒賞，才名藉甚。官中書，改知州。甲辰成進士，以知州發江蘇，權東臺、興化縣事。二十八年大水，河督將啟閘，先生力爭不能得，則躬赴制府擊鼓，得免啟，士民德之。補高郵州，坐遲誤驛遞免。尋以緝獲梟匪功復原官。咸豐六年卒，年六十三。先生經術湛深，讀書精博。初崇尚宋儒理學，後發明西漢人之誼。於《書》則專申《史記》、伏生《大傳》及《漢書》所載歐陽、夏侯、劉向遺說，以難馬、鄭，撰《書古微》十二卷。於《詩》則謂《毛詩》晚出，顧炎武、閻若璩、胡渭、戴震皆致疑於毛學，而尚知據三家古義以證其源，因表章魯、韓墜緒，以匡《傳》、《箋》，撰《詩古微》二十二卷。於《春秋》則謂《漢書·儒林傳》言董生與胡母生同業，治《春秋》，而何休注但依胡母生《條例》，於董生無一言及。近日曲阜孔廣森、武進劉逢禄皆《公羊》專家，亦止爲何氏拾遺補缺，而董生之書未之詳焉。若謂董生疏通大義，不列經文，不足頡頏何氏，則其書三科九旨燦然大備，且宏通精淼，内聖而外王，蟠天際地，遠在胡母生、何休章句之上，撰《董子春秋發微》七卷。他所著有《庸易通義》、《説文儗雅》、《兩漢經師今古文家法考》、《論語孟子類篇》、❶《孟子小記》、《小學古經》、《大學古本》、《孝經集傳》、《曾子章句》、《明代食兵二政録》、《老子本義》、《孫子集注》、《元史新編》，多未成，其例目見集中。性兀傲，高自標樹，惟論古今成敗、國家利病、學術本末，反復辨論不少衰，四座皆屈。嘗謂：禹分天下爲九州，外薄四海，咸建五長，而朔南所暨，説者謂北距大漠，不能越乎其外。至我朝而龍沙、鴈海之國，萬潼、億毳之民，獨峯駝、無尾羊之部，奔走萬里，臣妾一家。因借觀史館祕閣官書，參以士大夫私家著述，故老傳聞，排比經緯，馳騁往復，成《聖武記》十四卷，都四十餘萬言。晚遭夷變，謂：籌夷事必知夷情，知夷情必知夷形。因據林文忠則徐所繹西夷之《四州志》及歷代史志，明以來島志，近日夷圖、夷語，成《海國圖志》一百卷。有《古微堂詩文集》。參史傳。

書古微序

《書古微》何爲而作也？所以發明西漢《尚書》今古文之微言大誼，而闢東漢馬、鄭古文之鑿空無師傳也。自伏生得《尚書》二十九篇於屋壁，而歐陽、夏侯傳之，是爲今文

❶「篇」，清宣統元年國學扶輪社本《古微堂集外篇》作「編」。

《尚書》。孔安國復得古文《尚書》四十五篇於孔壁，校今文多佚《書》十六篇，而安國從歐陽生受業，嘗以今文讀古文，又以古文考今文。司馬遷亦嘗從安國問故，是西漢今古文本即一家，大同小異，不過什一，初非判然二家也。自後漢杜林復稱得泰書古文《尚書》，傳之衛宏，賈逵爲之作訓，馬融作傳，鄭玄注解，由是古文遂顯於世，判然與今文爲二，動輒詆今文歐陽、夏侯爲俗儒，今文遂爲所壓。及東晉僞古文晚出，而馬、鄭亦廢。國朝諸儒知攻東晉晚出古文之僞，遂以馬、鄭本爲真孔安國本，以馬、鄭說爲真孔安國說，而不知如同馬牛之不可相及。今略舉其不可信者數大端。

《後漢·杜林傳》言林得泰書古文《尚書》一卷，常寶愛之，雖遭艱困，握持不離身。出以示宏曰：「林流離兵亂，常恐斯經將絕，何期諸生復能傳之！」此古文本所自出。考泰書竹簡每簡一行，每行二十五字，或二十二字。若四十五篇之《書》泰書於簡，則其竹簡必且盈車，乃謂僅止一卷，遭亂挾持不離，不足欺三尺孺子。其不可信者一。

《漢書·儒林傳》孔氏有古文《尚書》，孔安國以今文讀之，因以起其家。逸《書》得十餘篇，《藝文志》敍曰「孔安國悉得壁中書，以考二十九篇得多十六篇」，而東漢諸儒亦謂佚十六篇絕無師說。夫孔安國以今文讀古文之訓，以古文考今文之本，未嘗別自成家，其佚《書》之無師說猶可言也。東漢古文力排今文之本而自有其泰書之本，力排今文之說而自有其師說，則必此佚十六篇者卓然皆有師說而後可以壓倒今文，何以今文無之者古文亦無師說乎？十六篇既無師說，則其二十九篇之師說既不出於今文，又出自何人？

豈非陰襲其膏，陽改其面，而又反攻其背乎？段氏玉裁甚至謂佚《書》增多十餘篇，孔安國皆通其說，盡得其讀，並此外壁中所出《尚書》，劉向《别録》、桓譚《新論》及《藝文志》所謂五十八篇者，❶孔安國亦盡得其讀，則是安國佚《書》較伏生更多三十篇，不止十六，何以史遷問故不傳一字，而衛、賈、馬、鄭傳古文者即十六篇亦不傳一字乎？矢口猖言，不顧其後，其不可信者二。

《漢書·儒林傳》言史遷嘗從安國問故，而遷書所載《堯典》、《皋陶謨》、《禹貢》、《洪範》、《微子》、《金縢》多古文說，則史遷爲安國真古文之傳，皎如天日。今馬、鄭《堯典》、《皋陶謨》、《微子》、《金縢》、《無逸》諸篇無一說不與史遷相反。以《堯典》璇璣玉衡之天象而改爲漢世洛下閎之銅儀；以《微子》篇之太師疵、少師彊而誣爲箕、比；以《無逸》篇淫亂之祖甲誣爲賢君，列於三宗；周公攝政十年，不並居喪、居東數之，以爲居東三年而後迎歸，歸而後叛，叛而後東征，東征歸而後居攝七年，首尾十二年之久，南轅北轍，誣聖師心，背理害道，不可勝數，豈史遷所傳安國之古文反不如杜林、衛宏杜撰之古文乎？後儒動以史遷之異馬、鄭者擠之爲今文學，豈孔安國亦今文非古文乎？西漢之古文與今文同，東漢之古文與今文異。上無師傳，且皆反背師傳，其不可信者三。

西漢今古文皆出伏生，凡伏生《大傳》所言者，歐陽必同之，大、小夏侯必同之，史遷所載孔安國說必同之，猶《詩》齊、魯、韓三家實同一家。此漢儒師説家法所最重。若東漢古文則不然。馬融不同於賈逵，賈逵不同

❶「論」，原作「編」，今據《古微堂集外篇》卷一改。

於劉歆，鄭玄又不同於馬融。一稽古，而馬以爲順考古道，鄭以爲同天；一七政，而馬以爲斗七星分主日、月、五星，鄭以爲天、地、人、四時；一六宗，而劉歆以爲乾坤六子，賈逵、馬融以爲日宗、月宗、星宗、河宗、海宗、岱宗，鄭以爲星、辰、司中、司命、❶雨師；一五器也，馬以爲即五玉，鄭以爲即五贄；一舜咨二十二人也，鄭以爲九官十二牧，兼四佐而去四岳，馬取六官十二牧，進四岳而去四佐；一舜登庸在位之年也，鄭作二十年、百歲，馬作三十年，增百有十二歲。試問何爲古文？鄭師馬而異於馬，馬師衛、賈而《酒誥》「成王若曰」異於衛、賈。賈、馬、衛、杜古文應本劉歆，而六宗異於劉歆。孰真古文，孰非古文乎？且鄭注《大學》，《康誥》、《帝典》之「克明德」與《尚書》典誥之「克明德」判然不同，❷《堯典》之「稽古」與《皋陶謨》之「稽古」不同，則鄭亦自異於鄭。孰古文，孰不古文乎？有師傳家法乎，無師傳家法乎？鄉壁虛造，隨肊師心，不知傳受於何人，其不可信者四。

《儒林傳》述古文《尚書》孔安國授都尉朝，朝授膠東庸生，庸生授清河胡常，常授虢徐敖，敖授琅琊王璜平中、平陵塗惲子真，子真授河南桑欽君長。是安國之傳授，與杜林、衛宏迥不相承。不知杜林所得之本即安國壁中之本乎？抑別自一本乎？伏生得自複壁，孔安國得自共王廢宅，河内女子得自老屋，何以杜林本不言得自何所？其師說亦不言授自何人。其不可信者五。

近世治《尚書》者江聲、王鳴盛多祖馬、

❶「司命」下，清光緒四年刻本《書微》有「風師」二字。

❷下「克明德」，《書古微》作「克明俊德」。

鄭，孫星衍持平於西漢今古文，而段玉裁則凡史遷本之異於馬、鄭者皆擠爲今文説，專以東漢鄉壁虛造之古文爲真古文，且謂今文之説皆不如古文，而伏生、歐陽、夏侯、孔安國之微言大義幾息滅於天下。予尋繹有年，深悉東漢杜林、馬、鄭之古文依託無稽，實先東晉梅傳而作僞，不惟背伏生，背孔安國，而又鄭背馬，馬背賈，無一師傳之可信，正猶《易》古文出自費直，費直《易》無章句，但以《彖》、《象》、《文言》、《繫辭》解《易》，而鄭傳費氏《易》，則臆創爲奢，支離穿鑿，但借一先生之名以自蓋其欺，其義理凡繫君德者必推而屬之外事。故注《大學》《康誥》、《堯典》之「明德」，則皆以爲自明其明德；及改注《尚書》則又指明用才俊之人。《洪範》「沈潛剛克」，不言其德性之互濟，而謂專攻其陰潛之人，以防亂臣賊子，違經害義，弊等申、韓。《君奭》篇則以召公不説周公，謂其復辟以後即當去位，不當專位固寵；周公亦自白言我不以後人迷，不爲子孫計，皆以世俗之腹度聖賢之心，視西漢今文家誼不可同年而語。

予既成《詩古微》二十二卷，復致力於《尚書》，墜緒茫茫，旁搜遠紹，其得於經者凡四大端：一曰補亡，謂補《舜典》而並補《湯誥》，又補《泰誓》三篇、《武成》二篇、《牧誓》一篇，以及《度邑》、《作雒》爲《周誥》之佚篇。二曰正譌，如正《典》《謨》「稽古」爲通三統；正放勳、重華、文命爲有天下之號而非名；正「毋若丹朱敖」爲帝舜戒禹教子之訓，而非禹以丹朱戒舜；正殷《高宗肜日》爲胤嗣，而非爲祭禰；正《無逸》三宗謂太甲太宗、中宗、武丁高宗，而無淫亂之祖甲；《微子》所問爲大師疵、少師彊而非父師箕子、少師比干；《金縢》、《鴟鴞》爲陳善責難，而非疑忌；《梓材》爲《魯誥》而非《康誥》。三曰稽地，如考禹河而知有千年不決之瀆，稽江、漢而知下游有三江分流入海之口；上游有江在荆州夷陵，有分作九江之事；中游至潯陽九派不謂九江，且彭蠡在江北不在江南，而漢爲北江之案定。又知雍州黑、弱合流，潛入青海，自合黎視之謂之南海，自雍州望之謂之西海，以其色青黑謂之青海。《地里志》西海有黑水祠，有西王母石室，此黑水入南海之明證。青海至今不通舟楫，不勝鴻毛，中有二島，惟冰合可渡，番僧裹一歲糧入定其中。此青海即弱水之明證。四曰象天，知維斗爲黄道極，旋繞乎赤道之北極，周建乎四時，終古無歲差，故可爲外璇璣，亦可爲大玉衡，而非北斗之玉衡。即北斗之三建，亦皆指北方以正子位，以佐璇璣之用，而並非建子、建丑、建寅之建。於是天文、地理皆定位於高高下下之中，孔思周情各呈露於噩噩渾渾之際。天其復明斯道於世，盡黜僞古文十六篇，並盡黜馬、鄭之説，而頒西漢古誼於學宫矣乎？抑猶不可復明矣乎？先王先聖之靈尚其鑒之。

《舜典》補亡篇，當增「堯曰：咨爾舜，允執其中，天之曆數在爾躬。四海困窮，天禄永終」及「舜讓于德弗嗣」及「受終于文祖」。

詩古微序

《詩古微》凡二十有二卷。上編六卷，並卷首一卷，通語全經大誼。中編十卷，答問逐章疑難。下編五卷，其一輯古序，其二演《外傳》。《詩古微》何以名？曰：所以發揮齊、魯、韓三家《詩》之微言大誼，補苴其罅漏，張皇其幽渺，以豁除《毛詩》美刺正變之滯例，而揭周公、孔子制禮正樂之用心於來世也。蓋自四始之例明，而後周公制禮作樂之情得。明乎禮樂，而後可以讀《雅》、《頌》。自迹熄《詩》亡之誼明，而後夫子《春秋》繼《詩》之誼章。明乎《春秋》，而後可以讀《國風》。正變之例不破，則《雅》、《頌》之得所不著，而禮樂爲無用也。美刺之例不破，則《國風》之無邪不章，而《春秋》可不作也。禮樂者，治平防亂，自質而之文。《春秋》者，撥亂返治，由文而返質。故《詩》之道，必上明乎禮樂，下明乎《春秋》，而後古聖憂患天下來世之心不絶於天下。學問之道，不憤不啟，不悱不發，不以一隅反三隅則不復。

余初治《詩》，於齊、魯、韓、毛之説，初無所賓主，顧入之既久，礙於此者通於彼，勢不得不趨於三家；始於礙者卒於通，三家實則一家。積久豁然，全經一貫，朋亡蔀祛，若牖若告，憤悱啟發之功也，舉一反三之功也。學問之道固不可淺遇而可深逢者也。雖然，《詩》教止於斯而已乎？《韓詩外傳》言：「昔者子夏彈琴以詠先王之風，有人亦樂之，無人亦樂之，至於發憤忘食。然夫子猶造然變容，曰：『子已見其表，未見其裏。闚其門，不入於中，安知其奧藏之所在乎？丘嘗冥心以入其中，前有高岸，後有深谷，填填正立而已。』」此所謂深微者也。深微者何？無聲之禮樂、志氣塞乎天地。此所謂興觀羣怨可以起之《詩》，而非徒章句之《詩》也。故夫溯流禎則涵泳少矣，鼓絃急則適志微矣。《詩》之道可盡於是乎？烏呼！以俟假年，以待來哲。

庸易通義

謹案：《中庸》之義全通乎《易》，而「未發之中」、「立天下之大本」者，原於《易》之「何思何慮」。各經所未泄之蘊，迥異《大學》以意、心、身爲家、國、天下之本。蓋彼爲入學之門，子言乃「文行忠信」、「《詩》、《書》、執禮」之事，未及於盡心、知性、知天之事也。《論語》與弟子言從不及《易》，即《孟子》七篇、《曾子》十篇亦未嘗一言及《易》，所謂「性與天道不可得而聞」者也，所謂「子罕言利與命與仁」者也。安溪李氏深於《易》，故其《中庸餘論》於首篇專以《易》道發揮之，可謂精微廣大，曲鬯旁通。予故廣李氏之義，於《中庸》之通《易》者，標舉數章於後。

「易無思也，無爲也，寂然不動，感而遂通天下之故」，非即「喜怒哀樂未發謂之中，發而中節謂之和」、「爲天下之大本、達道」者乎？

《易》曰「復，其見天地之心」，豈非《中庸》以「莫見乎隱，莫顯乎微」徵慎獨之心體乎？「君子學以聚之，問以辨之，寬以居之，仁以行之」，非即「博學、審問、慎思、明辨、篤行」者乎？

「元者，善之長也。亨者，嘉之會也。利者，義之和也。貞者，事之幹也。君子體仁，足以長人；嘉會，足以合禮；利物，足以和義；貞固，足以幹事」，非即「寬裕温柔，足以有容；齊莊中正，足以有敬；發强剛毅，足以有執；文理密察，足以有別」，以全其至聖之德乎？

《乾》之九三「君子終日乾乾，夕惕若」，

「忠信，所以進德也；修辭立其誠，所以居業也。知至至之，可與幾也；知終終之，可與存義也」，非即所謂「自誠明謂之性，自明誠謂之教，誠則明矣，明則誠矣」者乎？

九二「見龍在田，利見大人」，「龍，德而正中者也。庸言之行，庸行之謹，閑邪存其誠，善世而不伐，德博而化」，豈非即「子臣弟友，自求未能。庸言之行，庸行之謹，有所不足，不敢不勉，有餘不敢盡。言顧行，行顧言，君子慥慥」者乎？

《乾》之初九「潛龍勿用」，「子曰『龍，德而隱者也。不易乎世，不成乎名，遯世無悶，不見是而無悶，樂則行之，憂則違之，確乎其不可拔』」，非所謂「君子依乎中庸，遯世不見知而不悔」者乎？

《坤》之六二「直方大，不習，無不利」，《文言》曰「直，其正也。方，其義也。君子敬以直内，義以方外，敬義立而德不孤」，豈非主敬即尊德性之事，精義、集義即道問學之事乎？「致廣大而盡精微」，此敬以致知而精義之學備焉。「極高明而道中庸」，此敬以篤行而集義之事全焉。「温故而知新」，此專言道問學中之致知。「敦厚以崇禮」，此專言道問學之篤行。豈有温故知新爲存心之事，敦厚崇禮爲致知之事乎？

《易》曰：「不遠復，無祇悔。」獨贊顔子之「有不善，未嘗不知；知之，未嘗復行」，非即此章「回之爲人，擇乎中庸，得一善則拳拳服膺而勿失之」者乎？

「火在天上，大有，君子以遏惡揚善，順天休命」，非即「舜好問而好察邇言，隱惡而揚善，執其兩端，用其中於民」者乎？

「湯武革命，順乎天而應乎人」。舜、文王大孝，處天下之常；武王、周公達孝，值天下之變。雖有性反之殊，而同合乎中庸，不失天下之顯名，則天命順焉，人心應焉，盡美盡善矣，何得謂孔子不言湯武，至創爲武王非聖人之論乎？

「仁者見之謂之仁，智者見之謂之智。百姓日用而不知，行之而不著焉，習矣而不察焉，終身由之而不知其道者衆也」，非即此言「道之不行，賢者過之，不肖者不及。道之不明，智者過之，愚者不及。人莫不飲食，鮮能知味」者乎？

《咸》之九四「貞吉，悔亡，朋從爾思」。子曰：「天下何思何慮？天下同歸而殊途，一致而百慮。天下何思何慮？日往則月來，寒往則暑來。往者，屈也；來者，信也，屈信相感而利生焉。尺蠖之屈以求信也，龍蛇之蟄以存身也，精義入神以致用也，利用安身以崇德也。過此以往，未之或知也。窮神知化，德之盛也。」非即「君子之道費而隱」，「語大，天下莫能載焉；語小，天下莫能破焉」者乎？

「有天地，然後有萬物；有萬物，然後有男女；有男女，然後有夫婦；有夫婦，然後有君臣；有君臣，然後有上下；有上下，而後禮義有所措」，豈非即此「夫婦之愚不肖，可以與知能」、「君子之道造端乎夫婦。及其至也，察乎天地」者乎？

《明夷》「内文明而外柔順，以蒙大難，文王以之。利艱貞，晦其明也，内難而能正其志，箕子以之」，豈非即此「君子素位而行，素富貴行乎富貴，素貧賤、患難、夷狄行乎貧賤、患難、夷狄，無入不自得，正己而不求於人，居易以俟命」者乎？

《觀》：「盥而不薦，有孚顒若。」「觀天之神道而四時不忒，聖人以神道設教而天下服。」「聖人以此洗心，退藏於密。神以知來，知以藏往。聖人以此齊戒，以神明其德夫」，豈非「使天下之人齊明盛服，以承祭祀，洋洋乎如在其上，如在其左右，『神之格思，不可度思』」者乎？

「易與天地準，故能彌綸天地之道，仰以觀於天文，俯以察於地理，是故知幽明之故。原始反終，故知生死之説。精氣爲物，游魂爲變，是故知鬼神之情狀」，豈非即此「鬼神爲德之盛，視之不見，聽之不聞，體物而不可遺，『神之格思，不可度思』」者乎？

「大人與天地合德，與日月合明，與四時合序，與鬼神合吉凶，先天而天弗違，後天而奉天時」，豈非即此「至誠之道可以前知。國家將興，必有禎祥；國家將亡，必有妖孽。見乎蓍龜，動乎四體，善必先知之，不善必先知之，故至誠如神」者乎？

「乾以易知，坤以簡能。易則易知，簡則易從。易知則有親，易從則有功。有親則可久，有功則可大。可久則賢人之德，可大則賢人之業。易簡而天下之理得矣。天下之理得，而成位乎其中矣」，又曰「天地交泰，后以裁成天地之道，輔相天地之宜」，豈非「至誠能盡其性，以盡人性、盡物性，則能贊天地之化育，而與天地參」者乎？

「天行健，君子以自强不息。地勢坤，君子以厚德載物」，又曰「天下雷行，物與无妄，先王以茂對時育萬物」，豈非「至誠無息，不息則久，久則徵，徵則悠遠，悠遠則博厚，博厚則高明」，可覆物、載物、成物，而自天以下萬物覆焉，自地以上萬物載焉者乎？

《乾》九三《文言》曰「是故居上位而不驕，在下位而不憂，故乾乾因其時而惕，雖危無咎矣」，豈非即此「居上不驕，爲下不倍」乎？

《彖》曰「大哉乾元，萬物資始，乃統天。雲行雨施，品物流行。大明終始，六位時成，時乘六龍以御天。乾道變化，各正性命，保合太和乃利貞。首出庶物，萬國咸寧」，豈非即此「致中和而天地位、萬物育」乎？

《乾》九五「飛龍在天，利見大人，同聲相應，同氣相求，水流濕，火就燥，雲從龍，風從虎，聖人作而萬物覩，本乎天者親上，本乎地者親下」，豈非即此之「溥博如天，淵泉如淵，見而民莫不敬，言而民莫不信，行而民莫不説，是以聲名洋溢乎中國，施及蠻貊，舟車所至，人力所通，天之所覆，地之所載，日月所照，霜露所隊，凡有血氣者，莫不尊親，故曰配天」者乎？

「乾元者，始而亨者也。利貞者，性情也。乾始能以美利利天下，不言所利，大矣哉！大哉乾乎！剛健中正，純粹精也。時乘六龍以御天也。雲行雨施，天下平也」，非所謂「惟天下至誠，爲能經綸天下之大經，立天下之大本，知天地之化育，肫肫其仁，淵淵其淵，浩浩其天」者乎？

「天道虧盈而益謙，地道變盈而流謙，鬼神害盈而福謙。謙尊而光，卑而不可踰，君子之終也」，豈非末章「衣錦尚絅，惡其文之著。君子闇然日章，小人的然日亡。淡而不厭，簡而文，温而理」，以至潛伏内省，屋漏不愧，奏格無言者，同此謙德之義乎？

擬進呈元史新編序

伏聞天不變，道亦不變。國可滅，史不可亡。粤稽典謨三五之年，《春秋》所紀二百餘歲之事，自周、漢至明二十三史之編，事匪一端，迹多殊軌。元有天下，其疆域之袤，海漕之富，兵力、物力之雄廓，過於漢唐。自塞外三帝、中原七帝，皆英武踵立，無一童昏暴繆之主，而又内無宫闈奄宦之蠱，外無苛政、强臣、夷狄之擾。又有四怯薛之子孫世爲良相輔政，與國同休。其肅清寬厚，亦過於漢唐。而末造一朝，偶爾失馭，曾未至幽、厲、桓、靈之甚，遂至魚爛河潰，不可救者，何哉？

《禮運》言三代之治天下也，曰：「大道之行，天下爲公。」公則胡越一家，不公則肝膽楚越。古聖人以紱冕當天之喜，斧鉞當天之怒，命討威福，一奉天道出之而不敢私焉。明人承元之後，每論元代之弊，皆由内北國而疎中國，内北人而外漢人、南人，事爲之制，曲爲之坊。以言用人，則臺省要官皆北人據之，漢人、南人百無一二。其破格知遇者，官至集賢、翰林院大學士而止，從無入相秉樞之事。乃稽之《元史》紀傳，殊不盡然。太祖龍興，即以耶律楚材爲丞相。太宗則劉秉忠主機要，而漢相數人副之。憲宗、世祖則史天澤、廉希憲、姚樞、許衡、竇默諸理學名儒皆預機密，朝夕左右。即姚樞後雖以事誅，而史言有元一代，紀綱多其所立，則亦非以漢人爲不可用。而末年至正中，賀太平尚以漢相負中外望。惟是中葉以後，臺省官長多其國人，及其判署不諳文義，弄麞伏獺，不得已始取漢人、南人以爲之佐。至於末造，中書政以賄成，臺憲官皆議價以得，出而分巡，競漁獵以償債，帥不復知紀綱、廉恥爲何物。至於進士科舉，罷自國初，中葉屢舉屢輟，動爲色目人所掎摭。順帝末年，始一大舉行，而國將亡矣。兼之中原財賦耗於僧寺佛寺者十之三，耗於藩封勳戚者十之二，是以膏澤之潤罕及於南，滲漉之恩悉歸於北。界鴻溝於大宅，自以爲得親邇疏逖之道，致韓山童僞檄有「貧極江南，富歸塞北」之斥。天道循環，物極必反，不及百年，向之畸重於北者，終復盡歸於南。乘除勝負，理勢固然哉！且元恃其取天下之易，既定江南，並大理，遂欲包有六合。日本、爪哇皆覆海師於數萬里之外；又不思中原形勢，外置嶺北、嶺西、阿母河諸行省，動輒疆域數千里，馬行八九十日方至；内置江浙湖廣各行省，舉唐宋分道分路之制盡蕩覆之。旁通廣闢，務爲侈闊，鞭長駕遠，控馭不及。於是海都乃顏諸王叛於北，安南、緬甸八百諸蠻叛於南，窮年遠討，虛敝中國，如外彊中乾之人，軀幹龐然，一朝瘻木，於是河潰於北，漕梗於南，兵起於東，大盜則一招再招。官至極品，空名宣勑，逢人即授。屯膏吝賞於未熾之初，而曲奉驕子於燎原之後。人心愈涣，天命靡常。二三豪傑魁壘忠義之士，亦冥冥中輒自相蚌鷸，潛被顛倒，而莫爲之所。若天意，若人事焉？烏乎！孰使然哉？

人知《元史》成於明初諸臣潦草之手，不知其載籍掌故之荒陋疏舛、諱莫如深者，皆元人自取之。兵籍之多寡，非勳戚典樞密之臣一二預知外，無一人能知其數者。《拖布赤顔》一書，譯言《聖武開天記》，紀開國武功，自當宣付史館，乃中葉修《太祖實録》，請之而不肯出。天曆修《經世大典》，再請之而不肯出。故《元史》國初三朝本紀顛倒重複，僅據傳聞。國初平定部落數萬里，如墮雲霧。而《經世大典》於西北藩封之疆域、録籍、兵馬皆僅虛列篇名。以金匱石室進呈乙覽之書，而視同陰謀，深閉固拒若是，又何怪文獻無徵之後人哉？是以疆域雖廣，與無疆同；武功雖雄，與無武同。加以明人舊史不諳翻譯，遂至一人重出數傳而元勳反無姓名。順帝末年，事全鈔吏牘，如塗塗附，爲從來未有之穢史。近人如邵遠平之《元史類編》，徒襲鄭樵《通志》之重儓，分天王、宰輔、侍從、庶官、忠節、文翰、雜行等類，甚以廓擴之忠勳列入雜行；又有紀、傳無表、志，因摭志入傳；又多采制册入紀，多采書序入《儒林》，又多采《元典章》吏牒之書以充卷帙，皆不登大雅。甚至本紀直以世祖爲始，而太祖、太宗、憲宗三朝平漠北、平西域、平金、平蜀之功不載一字，更舊史之不如。至近臣錢大昕重脩之本，亦僅成《氏族志》、《經籍志》，餘並無藁。臣源於修《海國圖志》之餘，得英夷所述五印度、俄羅斯元裔之始末，棖觸舊史，復廢日力於斯，旁搜四庫中元代文集數百種及元祕史，芟其蕪，整其亂，補其漏，正其誣，闢其幽，文其野，討論參酌，數年於斯，始有脱藁。烏乎！前事者後事之師。元起塞外有中原，遠非遼、金之比。其始終得失，固百代之殷鑑也哉！

默觚上

學之言覺也，以先覺覺後覺，故莘野以畎畝樂堯舜君民之道。學之言效也，以後人師前人，故傅巖以稽古陳恭默思道之君。覺伊尹之所覺，是爲尊德性。學傅説之所學，是爲道問學。自周以前言學者，莫先於伊、傅二聖，君子觀其會通焉。

「沈潛剛克，高明柔克」，箕《範》言學，開孔門賢知過之、愚柔不及之先也。「敬勝怠，吉。義勝欲，從」，《丹書》陳道，括《周易》「敬以直内，義以方外」之全也。剛柔克而性不畸，敬義立而德不孤，自孔、孟以前言學者，莫粹於《丹》、《範》二謨，君子體諸旦明焉。

《孔子閒居》一篇，深明禮樂之原，與《易·繫》、《中庸》相表裏，中人以下不得聞也。無聲之樂，無體之禮，無服之喪，極其所至，無至無不至。正明目而視之不可得而見，傾耳而聽之不可得而聞，志氣塞乎天地。此之謂五至三無。由是發皆中節，溥博淵泉而時出之，猶天時風雨霜露無非教，地載形氣風霆流行無非教焉。其在我者，惟「清明在躬，志氣如神」而已。時行物生，天何言哉？此聖人無言之言也。非子夏下學上達，其孰與聞於斯？與其譚無極，譚先天也，曷洗心於斯？

何謂大人之學？格本末之物。曰意之所構，一念一慮皆物焉；心之所構，四端五性皆物焉；身之所構，五事五倫皆物焉；家國天下所構，萬幾百慮皆物焉。夫孰非理耶？性耶？上帝所以降衷耶？圖諸意而省察皆格焉，圖諸心而體驗皆格焉，圖諸身而閱歷講求皆格焉，圖諸家國天下而學問思辨、識大識小皆格焉。夫孰非擇善耶？明善耶？先王所以復性耶？常人不著不察之倫物，異端不倫不物之著察，合之而聖學出焉。日進無疆，宥密皇皇，是爲宅心之王。

默觚中

學篇一

聖賢志士未有不夙興者也。「清明在躬，志氣如神」，求道則易悟，爲事則易成。故相士、相家、相國之道，觀其寢興之蚤晏而決矣。讒鼎之銘曰：「昧爽丕顯，後世猶怠。」康王晏朝，《關雎》諷焉。宣王晏起，《庭燎》刺焉。蟲薨同夢，《齊風》警焉。是以「夙夜匪懈」，大夫之孝也。「夙興夜寐」，士之孝也。「夙夜浚明有家」，大夫之職也。「朝而受業」，士之職也。「雞初鳴，咸盥漱櫛縰」，人子事親之職也。堯民「日出而作」，舜徒「雞鳴而起」，夜氣於是乎澄焉，平旦之氣於是乎復焉。人生於寅，凡草木滋長皆於昧爽之際，亦知吾心之機於斯生息，於斯長養乎？旦而憧擾，與長寐同；旦而牿亡，與晝寢同。《詩》曰：「女曰雞鳴，士曰昧旦。」

克己之謂强，天爵之謂貴，備萬物之謂富，通晝夜、知生死之謂壽。反是，之謂至困、大辱、甚窮、極夭。故君子者，佚樂而爲君子者也；小人者，憂勞而成小人者也。論是非不論利害，有時或是與利俱；論利害不論是非，有時或非與害俱。《詩》曰：「彼醉不臧，不醉反恥。」

末世小人多而君子少，人以獨善之難爲也，而不知秉彝之不改也。幸一遇焉，心夷疾瘳。烏有德立而鄰尚孤，道修而人不聞者乎？「逃空谷者，聞人足音，跫然而喜矣」；流於海者，行之旬月，見似人者而喜矣；及其期年也，見其所嘗見物於中國者而喜矣。去人滋久，思人滋深。叔世之民，其去聖哲亦久矣，其願見之日夜無間。故行修於一鄉者，鄉必崇德；昭於一國者，國必宗道；高於一世者，世必景從。《詩》曰：「風雨如晦，雞鳴不已。既見君子，云胡不喜。」

學篇二

《大雅》曰「小心翼翼」，《小雅》曰「惴惴小心」，心量之廓然也，而顧小之，何哉？世有自命君子而物望不孚、德業不進者，無不由於自是而自大。自大則廉而劌物，才而陵物，議論高而拂物，方且是己非人，不知其心易盈者，正由其器小乎？小則偏愎狹隘，而一物不能容，奚其大？誠能自反而心常畏，畏生謙，謙生虛，虛生受，而無一物不可容，奚其小？齊桓葵丘之震矜，叛者九國；考甫三命滋益恭，明德奕世。然則人之自大也，適所以自小與？君子惟不自大，斯能成其大。

聖其果生知乎？安行乎？孔何以發憤而忘食？姬何以夜坐而待旦？文何以憂患而作《易》？孔何以假年而學《易》乎？聖人之過，聖人知之，賢人不知也；聖人之過，賢人知之，衆人不知也。假年學《易》，可無大過，小過雖聖人不免焉。衆人之過，過於既形；聖人之過，過於未形。故惟聖人然後能知過，惟聖然後能改過。「不遠復，无祇悔」，「顔氏之子，其殆庶幾乎」？「其心三月不違仁，其餘則日月至焉。」知過，密不密之別也；復道，遠不遠之別也。故志士惜年，賢人惜日，聖人惜時。《詩》曰：「夙夜基命宥密，於緝熙，單厥心，肆其靖之。」

學篇三

「《詩》三百，一言以蔽之，曰思無邪。」曷可以能令思無邪？説之者曰：「發乎情，止乎禮義。」烏乎！情與禮義果一而二、二而一耶？何以能發能收，自制其樞耶？吾讀《國風》始二《南》，終《豳》，而知聖人治情之政焉。讀大、小《雅》文王、周公之詩，而知聖人反情於性之學焉。讀大、小《雅》文王、周公之詩，而知聖人盡性至命之學焉。烏乎！盡性至命之學，不可以語中人，明矣。反情復性之學，不可語中人以下，又明矣。是以天、祖之《頌》，止以格鬼神、詔元后，不用之公卿諸侯焉。大、小《雅》樂章用於兩君相見之燕享，不用之士庶人焉。其通用於鄉黨邦國而化天下者，惟二《南》、《豳風》，而無算樂肄業及於《國風》。然則發情止禮義者，惟士庶人是治，非王侯大人性命本原之學明矣。洛邑明堂既成，周公會千有七百國諸侯，進見於清廟，然後與升歌而絃文、武，諸侯莫不玉色金聲，汲然淵其志、和其情，愀然若復見文、武之身焉。性與天道貫幽明、禮樂於一原，此豈可求之鄉黨、士庶人哉？古之學者歌《詩》三百，弦《詩》三百，舞《詩》三百，未有離禮樂以爲《詩》者。禮樂而崩喪矣，誦其詞，通其詁訓，論其世，逆其志，果遂能反情復性，同功於古之《詩》教乎？善哉！管子之言學也，曰：「止怒莫若《詩》，去憂莫若樂，節樂莫若禮，守禮莫若敬，守敬莫若静。外敬内静，能反其性，性將大定。」後世之學《詩》理性情者，舍是曷以焉？《詩》曰「蕭蕭馬鳴，悠悠旆旌」，動中有静也；「風雨蕭蕭，雞鳴膠膠」，幽闇不忘其敬也。

學篇四

聖人之瞰天下，猶空谷之於萬物也，泬寥之氣滿乎中，而鞺鞳之聲應乎外。是故「君子居其室，出其言善，則千里之外應之；出其言不善，則千里之外違之」。居室之於千里，千里之於居室，猶空谷之於萬物也。「地本陰，竅於山川」。口耳，人之竅。空谷，天地之竅。山澤，其小谷與？天地，其大谷與？曾子曰：「實之與實，若膠之與漆。虛之與實，若空谷之覗白日。」❶人之心其白日

❶「虛之與實若空谷之覗白日」，明芙蓉泉書屋本《韓詩外傳》卷九作「虛之與虛如薄冰之見晝日」。

乎？人知心在身中，不知身在心中也。「萬物皆備於我矣」，是以神動則氣動，氣動則聲動。以神召氣，以母召子，不疾而速，不呼而至。大哉神乎！一念而赫日，一言而雷霆，一舉動而氣滿大宅。《詩》曰：「命之不易，無遏爾躬。」知天人之不二者，可與言性命矣。

《詩》頌文王，一則曰「緝熙」，再則曰「緝熙」。熙者，人心本覺之光明乎？「帝謂文王，予懷明德。」《書》曰：「文王若日若月，乍光顯於西土。」夫豈離人人靈覺之本明而別有光明也哉？天之生斯民也，使先覺覺後覺，而覺之小大恒暫分焉。大覺如日，明覺如月，獨覺如星，偏覺如燎炬，小覺如燈燭，偶覺如電光，妄覺如燐火。日光，聖也。月，賢也。星，君子也。燎，豪傑也。燈，儒生也。電，常人也。燐，小黠也。星、月借日以爲光，燈、燎假物以爲光，電、燐乍隱乍見，有光如無光。豈知光之本體得於天，人人可以爲日，可以爲月乎？胡爲小之而星、燎、燈、燭也？胡爲暫之而電光、石火、螢火也？緝熙、不緝熙而已。《詩》曰：「日就月將，學有緝熙於光明。」

學篇五

君子之言孝也，敬而已矣。君子之言敬也，孝而已矣。一舉足不敢忘父母，一出言不敢忘父母，雖言行滿天下，而猶有失足、失口、失色於人者乎？「敬親者不敢慢於人，愛親者不敢惡於人」，而猶有怨於家邦，恫於鬼神者乎？天地之性，人爲貴。人之爲道也，敬天地之性而不敢褻，全天地之性而不敢虧，事親如事天，事天如事親，濟濟漆漆，如執玉，如奉盈，不必言敬、言誠、言仁，而誠、敬、仁有不在其中者乎？「至德要道，以順天下，民用和睦」，不必言性、言命、言天道，而性、命、道德有不全其中者乎？大哉！孝之外無學，孝之外無道也。塞天地，橫四海，亘古今，通聖凡，無有乎或外者也。徹精粗，兼體用，合内外，無有乎弗貫者也。《詩》曰：「夙興夜寐，無忝爾所生。」

孝子亦天其親而已。天何嘗有不是之風雷哉？人不敢怨天而敢怨親，是人其親而未嘗天其親也。未天其親，由未嘗以道求其身也。誠以道求其身，則但見身有不盡之子職，何暇見親之聖善不聖善哉？彼責善者皆不自責其不善也，傷愛者皆不自傷其不愛也。孤臣孽子終日在尤咎之中，則無不可進之道誼，無不可宅之境遇，無不可格之骨肉。不能使妻子生敬，而能父母兄弟無閒言者，無有也。不能見信於父母兄弟，而能見信於國人、無怨恫於家邦者，無有也。「有子七人，莫慰母心」，惟順於父母，可以解憂。不順乎親，不可以爲子；不得於天，不可以爲人。暑雨祁寒，疇咨疇怨。夫是之謂天其親也。《詩》曰：「敬天之怒，無敢戲豫。敬天之渝，無敢馳驅。」

中淺外易者，不足以當大事。是故君子之容，惕乎若處四鄰之中，儼乎常有介胄之容，瑟乎其中之莫縫焉，僩乎其外之莫訌焉。「肅肅兔罝」，言其瑟也。「赳赳武夫」，言其僩也。觀大於細，觀變於常，觀謹於忽。冀缺耨而如賓，可以爲大夫矣。日磾養馬而嚴威，可以託孤寄命矣。有大賢，有中賢，有小賢，小賢君役，中賢君弼，大賢君師。可干城者不可爲好仇，可好仇者不可爲腹心。《書》曰：「文王尚克修，和有夏，亦惟有若虢叔、閎夭、泰顛、散宜生、南宫适。文王蔑德，降於國人。」謂五臣能以道輔文王，使以其精微之德降於國人，「公侯腹心」之謂也。

學篇六

不亂離，不知太平之難；不疾痛，不知無病之福。故君子於安思危，於治憂亂。望華膴，斯亨有餘若不足；念凍餒，斯亨不足若有餘。故世人處富如貧，君子處貧如富。與人之取，則天下無競人；取人之舍，斯天下無困境。故君子辟豐如辟患，得歉如得福。《詩》曰：「温温恭人，如集於木。惴惴小心，如臨於谷。」

學篇七

「子所雅言，《詩》、《書》、執禮。」「夫子之文章，可得而聞也。」「子罕言利與命與仁。」「夫子之言性與天道，不可得而聞也。」仁，其性乎？命，其天道乎？利，其天人之參乎？聖人利、命、仁之教，不諄諄於《詩》、《書》、《禮》而獨諄諄於《易》，《易》其言利、言命、言仁之書乎？濟川攸往，建侯行師，取女見大人，曷爲不言其當行不當行，而屑屑然惟利不利是詔？聖人若曰天下無不吉之善，無不凶之惡，無不悔且吝之小惡，世疑天人之不合一久矣，惟舉天下是非、臧否、得失一決之於利不利，而後天與人合。故曰：「乾始能以美利利天下。不言所利，大矣哉！」甚哉！是非之與利害一也，天道之與人事一也，知是非與利害一，而後可由利仁以幾於安仁；知天道之與人事一，而後可造命、立命，以成其安命。王道之外無坦途，舉皆荆棘，而不仁者安仁矣；仁義之外無功利，舉皆禍殃，而不知命者安命矣。然則聖人何以罕言《易》？曰：《易》者，卜筮之書也，天道之書也。中古以後，地天之通絶矣，天與人日遠矣，人且膜視乎天，且漸不信天敬天，聖人縱欲諄諄以天道詔人，天何言哉？使非空空然叩諸卜筮，受命如響，鬼神來告，曷以舍其偏是偏非，而信吉凶悔吝，易知易從哉？故卜筮者，天人之參也，地天之通也。《詩》、《書》、《禮》皆人道設教，惟《易》則以神道設教。夫神道非專言禍福吉凶，而不言是非者乎？《詩》曰：「奏假無言，時靡有争。」是故「君子不賞而民勸，不怒而民威於鈇鉞」。

學篇八

三代以上，君師道一而禮樂爲治法。三代以下，君師道二而禮樂爲虚文。古者豈獨以君兼師而已？自冢宰、司徒、宗伯下至師氏、保氏、卿大夫，何一非士之師表？小德役大德，小賢役大賢，有位之君子即有德之君子也，故道德一而風俗同。自孔、孟出，有儒名，而世之有位君子始自外於儒矣。宋賢出，有道學名，而世之儒者又自外於學道矣。《雅》、《頌》述文、武作人養士之政，㫚宗、辟雍、《振鷺》西雍、《棫樸》、《菁莪》至詳且盡，而十三《國風》上下數百年，刺學校者自《子衿》一詩外無聞焉。春秋列國二百四十年，自鄭人游鄉校以議執政外無聞焉。功利興而道德教化皆土苴矣。有位與有德泮然二涂。治經之儒與明道之儒、政事之儒又泮然三涂。《荀子》曰：「昊天不復，憂無疆也。千歲必反，古之常也。弟子勉學，天不忘也。」《詩》曰：「縱我不往，子寧不嗣音。」

學篇九

人必有終身之憂，而後能有不改之樂。君子所憂樂如之何？曰：所憂生於所苦，不苦行險，不知居易之樂也；不苦者欲，不知澹泊之樂也；不苦馳騖，不知收斂之樂也；不苦争競，不知恬退之樂也；不苦憧擾，不知寧静之樂也。苦生憂，憂生耆，耆生樂，豈惟君子之性分然哉？即世俗亦有終身之憂樂焉。憂利欲之不遂其身也，憂利禄之不及其子孫也，憂謏聞之不譁於一世也，庸詎知吾所謂苦非彼所謂甘，吾所謂憂非彼所謂樂乎？《詩》曰：「誰謂荼苦？其甘如薺。」

學篇十

君子之於道也，始於一，韜於一，積於一，優游般樂於一。一生變，變生化，化生無窮。所謂一者何也？地之中也有土圭，道之中也有土圭。九流諸子裂道一隅而自霸，道其任裂與？「事在四方，道在中央。聖人執要，四方來效。」故曰：「其儀一兮，心如結兮。」然則樹之一以爲的而號於衆歟？櫝玉者不炫，舟玉者不飾，惡其文之著也，故曰「衣錦尚絅」。然則株守夫一者，何以適夫千變，全乎大用歟？舉一隅不足反三隅，望之盡，挹之無餘，何以陰噏而陽呿？何以海涵而坤負歟？觀乎天文以察變，觀乎地文以理孫，觀乎人文以化成，語乎其并包無垠者也。故君子之道始於一，韜於一，積於一，優游般樂於一。一生變，變生化，化生無窮。《詩》曰：「沔彼流水，朝宗於海。」

學篇十一

氣質之性，其猶藥性乎？各有所宜，即各有所偏，非煅製不能入品，非劑和衆味，君臣佐使，互相生克，不能調其過不及。故氣質之性，君子有不性者焉。仁義禮智孤行偏發，皆足以僨事。賢智之過，有時與愚不肖相去唯阿，況以利欲濟其氣質，但有不及，無太過乎？今夫迂、厚、剛、介、寬、審，賢者之過也。今世之士患迂、患厚、患剛、患介、患寬、患審者幾何人？患俗、患薄、患柔、患濫、患隘、患𢣾疏者則滔滔皆是。求如賢智之過且不可得，矧望其純德性之用而無氣質之偏耶？非學胡匡？非學胡成？《詩》曰：「庶人之愚，亦職維疾。哲人之愚，亦維斯戾。」

學篇十二

寧學聖人而未至，不欲以一善成名，君子之立志也有然。寧以一善成名，毋學聖人而未至，君子之下學也有然。故未能爲言不必信、行不必果之大人，未可輕硜硜信果之小人；與貌爲言不顧行、行不顧言之狂士，寧爲慥慥篤實之君子。《詩》曰：「無田甫田，維莠驕驕。」

學篇十三

有豢身之學，爵禄而止矣。有華身之學，謏聞而止矣。有以身濟身之學，猷效邦國而止矣。有踐形盡性之學，耄老不足，死生夭壽不可離，則未知所止矣。由濃華而進於澹泊，可以爲達士，未若由澹泊而進於恐懼也。由固陋而進於淹通，可以爲碩儒，未若反淹通而會於本原也。《詩》曰：「高山仰止，景行行止。」《詩》之好仁如是夫！不知年數之不足，「俛焉日有孳孳，斃而後已」。

默觚下

治篇一

自古有不王道之富强，無不富强之王道。王、伯之分，在其心不在其迹也。心有公私，迹無胡越。《易》十三卦述古聖人制作，首以田漁、耒耜、市易，且舟車致遠以通之，擊柝、弧矢以衛之。禹平水土，即制貢賦，而奮武衛；《洪範》八政，始食貨而終賓師，無非以足食、足兵爲治天下之具。後儒特因孟子義利、王伯之辯，遂以兵食歸之五伯，諱而不言，曾亦思足民治賦皆聖門之事，農桑樹畜即孟子之言乎？抑思屈原志「三后之純粹」，而亦曰「惜往日之曾信兮，國富强而法立」；孔明王佐之才，而自比管、樂乎？王道至纖至悉，并收傜役兵賦，❶皆性命之精微流行其間。使其口心性，躬禮義，動言萬物一體，而民瘼之不求，吏治之不習，國計邊防之不問，一旦與人家國，上不足制國用，外不足靖疆圉，下不足蘇民困，舉平日胞與民物之空談，至此無一事可效諸民物，天下亦安用此無用之王道哉？《詩》曰：「監觀四方，求民之莫。」

天地之生才也，予之齒者去其角，兩其足者傅之翼。是以造化無全功，陰陽無全能。以虞廷五臣皆聖人之材，而明刑、教稼、治水、典冑，終身不易其官。吾知孔子用世，必不使游、夏司繁劇而由、求典文章，必不使曾、冉專對使命而宰、贛師保坐論。天地有所不能强，而況於人乎？後世之養人用人也不然。其造之試之也，專以無益之畫餅，無用之雕蟲，不識兵農、禮樂、工虞、士師爲何事。及一旦用之也，則又一人而偏責以六官之職，或一歲而偏歷四方民夷之風俗。舉孔門四科所不兼，唐虞九官所不攝者，而望之科舉兔册之人。始也桃李，望其松柏；繼也綵勝，望其桃李。及事不治，則拊髀而歎天

❶「并收」，《古微堂集》内集卷二作「井牧」。

下之無才。烏乎！天下果真無才哉！《詩》曰：「螟蛉有子，果蠃負之。教誨爾子，式穀似之。」言所用必所養，所養必所用也。又曰：「維南有箕，不可以簸揚。」言所用非所養，所養非所用也。

治篇二

君子讀二《雅》至厲、宣、幽、平之際，讀《國風》至二《南》、《豳》之詩，喟然曰：六經其皆聖人憂患之書乎？「天下之生久矣，一治一亂」，治久習安，安生樂，樂生亂，亂久習患，患生憂，憂生治。《洪範》貴不列於五福。崇高者，憂勞之地，非安享之地也。康莊之仁我也，不如太行。故真人之養生，聖人之養性，帝王之祈天永命，皆憂懼以爲本焉。真人逆精以反氣，聖人逆情以復性，帝王逆氣運以撥亂反治。逆則生，順則夭矣。逆則聖，順則狂矣。草木不霜雪，❶則生意不固。人不憂患，則智慧不成。大哉！《易》之爲逆數乎！五行不順生，相克乃相成乎？魚逆水則鱗不頳，禽逆風則毛不橫。《詩》曰：「譬彼舟流，不知所屆。心之憂矣，不遑假寐。」順流之可畏如是夫。

《詩》言「豈弟君子」者十有八，説者曰：豈弟，樂易也。「乾以易知，坤以簡能。易則易知，簡則易從。易知則有親，易從則有功。」大哉！豈弟之爲德乎！世言王道無近功，此不知王道之言也。知者知之，愚者不知，不可以教民。巧者能之，拙者不能，不可以治民。非令下如流水之原，不可爲善政；非立效如時雨之降，不可以爲聖功。謂王道無近功者，未得其要也。主好要則百事詳，

❶「木」，原作「本」，今據《古微堂集》內集卷二改。

主好詳則百事荒。知豈弟不豈弟之分，則知王伯矣。知豈弟不豈弟之分，則知君子小人矣。後世人主之豈弟者，其漢文帝、宋仁宗乎？反乎豈弟者，其漢武帝之弘羊、宋神宗之安石乎？《詩》曰：「誰能烹魚，溉之釜鬵。」言烹魚煩則碎，治民煩則亂。是以「治大國若烹小鮮」。

鄧析、子產，同一竹刑也，鄧析受誅而鄭人不憐，子產則遺愛衆母，興歌誰嗣。商君、諸葛，同一嚴法也，商君車裂而秦人不憐，武侯則巷祭路哭，白帽成俗。《詩》曰：「豈弟君子，民之父母。」豈弟之反爲苦難，鄧析、商君之謂也。豈以强教之，弟以説安之，子產、武侯之謂也。

治篇三

三代以上之天下，禮樂而已矣。三代以下之天下，賦役而已矣。然變《風》變《雅》多哀行役之苦，刺征役之煩，而刺重斂者惟一《碩鼠》，則知井田什一尚存，履畝未稅，民惟困役不困賦焉。春秋以前之諸侯，朝聘而已矣。春秋以後之諸侯，攻戰而已矣。然陳、鄭介大國之間，受兵無寧歲，而民俗佚治晏如，則知其時車戰之制尚存，師行所至，井湮木刊，而無攘臣妾、燬廛廬之患。且請服則盟，未嘗如狄之入衛，財賄牲畜蕩然一空焉。春秋以前有流民而無流寇，春秋以後流寇皆起於流民，往往覬宗社，痛四海。讀《詩》則《碩鼠》「適彼樂郊」、《黄鳥》「復我邦族」、《鴻鴈》「勞來中澤」，未聞潢池揭竿之患。此封建長於郡縣者一也。春秋以前，夷狄與中國爲二；春秋以後，夷狄與中國爲一。讀《詩》與《春秋》，知古者名山大澤不以封，列國無守險之事，故西戎、徐戎、陸渾之戎、赤狄、白狄、姜戎、太原之戎，乘虚得錯處其間。後世關塞險要，盡屬王朝，而長城以限華夷，戎狄攘諸塞外。此郡縣之優乎封建者一也。由前三説觀之，五伯者，三王之罪人，中夏之功臣。由後一説觀之，七雄、嬴秦者，罪在一時，功在萬世。

禮樂征伐，先王治世之大物也。自天子出則王，自諸侯出則伯。然王世以禮樂統征伐，故《彤弓》、《車攻》、《吉日》之詩雖事主征伐，莫不本禮樂以行之。伯世以征伐統禮樂，故冠裳必載誓盟，聘享無非師捷，雖事鄰禮樂，亦莫不參征伐以出之。禮樂勝則純乎道德，如春風之長萬物而不知；征伐勝則純乎威力，如夏日威天下而不得不循其法。惟其所假猶先王之仁義，故《曹風》思郇伯，《春秋》予桓、文焉。及其衰也，仁義去而詐力獨存，於是周雖久王，有禮樂無征伐。王室聲靈不行，徒託重於先王典制名器，以羈縻列國。晉之久伯也，有征伐無禮樂，士鞅、欒黶惟賄是求，虒祈宮成，徒以甲車四千乘恫喝攜貳。夏日往而秋霜栗冽，物不能堪，於是裂爲七國，爲嬴秦，罟天下於冰霜中者二百餘載，暨西漢文、景而始息。甚哉！功利之殃人，而王道不可一日熄乎！三皇以後，秦以前，一氣運焉。漢以後，元以前，一氣運焉。其歷年有遠近，即其得於先王維持之道有厚薄。故漢唐宋女禍、夷狄、亂臣賊子迭出，而不至遽亡，民生其間，得少休息十餘世。披其牒，考其享祚歷年之久近，而其所得於道之分數可知也。《詩》曰：「汎汎楊舟，紼纚維之。樂只君子，福禄膍之。」

聖人以名教治天下之君子，以美利利天下之庶人。求田問舍、服賈牽牛，以卿大夫爲細民之行則譏之，細民不責以卿大夫之行也。故《國風》刺淫者數十篇，而刺民好利者無一焉。變《雅》《節南山》、《正月》、《十月之交》、《桑柔》無非刺姻亞之膴仕、富禄之洽比、徂向之車馬、貪人之敗類。「如賈三倍，君子是識」，以利爲厲戒，而刺好名者無一焉。「國君過市則刑人赦，夫人過市罰一幕，世子過市罰一幭，命夫過市罰一蓋，命婦過市罰一帷」。「禮義廉恥，國之四維。」故於士大夫則開之於名而塞之於利，於百姓則開之於利而坊之於淫。雖然，「民之秉彝，好是懿德」，中人以上，何必名譽始足勸乎？孔、孟論學，始并名利而兼戒之。首嚴克伐，次嚴義利，而無一言及於遠色。故曰：刑以坊淫，庶民之事也；命以坊欲，士大夫之事也；禮以坊德，聖賢自治之學也。世之極盛也，使天下以義爲利，其次則以名爲利。《詩》曰：「庶人之愚，亦職維疾。哲人之愚，亦維斯戾。」

治篇四

秦以盡壞古制敗，莽以動襲古制敗，何其異軌而同歸耶？秦之暴，不封建亡，即封建亦亡，兩晉八王之事可見已。莽之悖，復井田亡，不復井田亦亡，隋煬、朱梁之轍是矣。《詩》曰：「枝葉未有害，本實先撥。」

治篇五

莊生喜言上古，上古之風必不可復，徒使晉人糠粃禮法而禍世教。宋儒專言三代，三代井田、封建、選舉必不可復，徒使功利之徒以迂疏病儒術。君子之爲治也，無三代以上之心則必俗，不知三代以下之情勢則必迂。讀父書者不可與言兵，守陳案者不可與言律，好勦襲者不可與言文；善琴弈者不視譜，善相馬者不按圖，善治民者不泥法，無他，親歷諸身而已。讀黄、農之書，用以殺人，謂之庸醫。讀周、孔之書，用以誤天下，得不謂之庸儒乎？靡獨無益一時也，又使天下之人不信聖人之道。《詩》曰：「園有樹檀，其下維籜。」君子學古之道，猶食筍而去其籜也。

治篇六

國家有一讜議，則必有數庸議以持之；有一偉略，則必有數庸略以格之。故聖人惡似是而非之人，國家忌似是而非之論。其言之有故，其持之成理，上傅會乎經義，使人主中其腊毒而不自知，君子所深惡也。漢成帝因天變，言者多攻王氏，就決於張禹，此西漢存亡一大機，而張禹以天道不可得聞解之，王氏遂不可復動。晉孝武欲廢會稽王道子，此東晉存亡一大機，而徐邈以恐傷太后阻之，道子遂復柄用而不可救。西晉亡於吏蠹民困，元帝南度，遣巡察郡邑之使，分别黜陟，而顧和以燒梁獄詞梘其行。唐李德裕收吐番維州千餘里之地，而僧孺以《春秋》納叛人撓其議。宋夏元昊死，子幼，國内亂，邊臣請乘釁，而宋臣以《春秋》不伐喪格其謀。論卑而易行，苟安而不犯難，其迹何嘗不近忠厚長者？其稱引比附，何嘗不託於六藝？夫孰知其誤人家國壹至此哉！《詩》曰：「誰號斯言，有倫有脊。」

治篇七

古豪傑之用世，有行事可及而望不可及者，何哉？同恩而獨使人感，同威而獨使人畏，同功而其名獨震，同位而其勢獨崇，此必有出於事業名位之外者矣。有德望，有才望，有清望。晏平仲、柳下惠、汲黯、霍光、羊祜、謝安、高允，其德望歟？子臧、季札、魯仲連、楊震、李固、楊綰、元德秀，其清望歟？管仲、子産、信陵君、樂毅、賈誼、陳湯、祖逖、姚崇、李德裕，其才望歟？不寧惟是，鄧禹、孔融、劉備、劉琨百戰百敗，而當時奸雄畏之，豪傑慕之，所至從者如歸市，此豈他人可强致者乎？國於天地，有與立焉。以天下之大，祖宗數百年之培養，而無一二魁壘者碩之望，足係海内之人心，備國家之緩急，爲四夷所讋服者，隱然鎮壓中外，如喬嶽干城之可恃。❶故國喬木之謂何？《詩》曰「行歸於周，萬民所望」，國有人之謂也。「洵有情兮，而無望兮」，國無人之謂也。

臨大事而後見才之難，何以見其難？曰難其敏，難其周，難其暇也。事變之來，機不容髮，事後追悟與不悟同。人躊躇旬日始決者，此一見而立決之；人反復數百言不剖者，此片言立剖之，非天下至敏，其孰能與於斯？是非大較可望而知也，利害曲折非一望可知也。人僅悉其形，此并悉其情；人僅區處目前，此并旁燭未然，若數計而蓍卜，非天下至周，其孰能與於斯？震驚百里，匕鬯皆失，竭力應之，事應而力已殫，疇則行所無事，沛若有餘者乎？非天下至暇，其孰能與於斯？天下無事，庸人不庸人。天下非多難，豪傑不豪傑。九死之病，可以試醫；萬變之乘，可以試智。昭烈與曹操、張説與姚崇料事同，而遲速不同，一敏一不敏也。司馬懿服諸葛之營壘，亞夫備吴楚於西北，一周一不周也。王坦之倒笏，而謝安賭碁，一暇一不暇也。三者亦出於天，亦成於學。成

❶「干」，原作「于」，今據《古微堂集》改。

於學者能晞其敏周，終難晞其暇豫。周公流言東征，《詩》不頌其多才多藝之敏、三吐三握之周，而惟曰「公孫碩膚，赤舃几几」。几几，安也，安即暇之謂也。

有才臣，有能臣。世人動以能爲才，非也。小事不糊塗之謂能，大事不糊塗之謂才。才臣疏節闊目，往往不可小知。能臣又近燭有餘，遠猷不足，可以佐承平，不可以勝大變。夫惟用才臣於廟堂，而能臣供其臂指，斯兩得之乎？臨大事，決大計，識足以應變，量足以鎮猝，氣足以攝衆，若張良、霍光、龐士元、謝安、陸贄、寇準、韓琦、李綱，其才臣歟？理繁剸劇，萬夫之稟，一目十行，五官並用，無留牘，無遁情，若趙廣漢、張敞、陶侃、劉晏，其能臣歟？至若兼才能而有之，若管仲、子產、蕭何、諸葛亮，尤古今不數人也。姚崇、張詠，抑其次也。欲求救時之相，非才臣不可。《詩》曰：「訏謨定命，遠猶辰告。」

治篇八

星非能自高也，引而高之者天也；物非能自浮也，載而浮之者水也；臣非能自遇也，引而進之者君也。天下奇士不常有，而天下之明君不世出，故天之降才也，千夫而一人；才之遇主也，千載而一君。然微揚側陋之堯，則雷澤之漁父耳；微夢良弼之高宗，則築巖之胥靡耳。世非無爨桐之患，而患無蔡邕；世非無牛鐸之患，而患無張華。自古及今，遺逸之賢十倍於遇主之賢，則奇才之難得，又不如明君之難得也。故與其臣求君，不如君求臣。箕子、膠鬲盈朝，而不能使商辛爲高宗；家父、凡伯盈朝，而不能使幽王爲周宣。《詩》曰：「念彼共人，涕零如雨。」

孤舉者難起，衆行者易趨。傾厦非一木之支也，決河非捧土之障也。一蕭何而助之者良、平、信、越；一鄧禹而助之者二十七將；一玄齡而助之者十七學士，馬曳輪也。羽、飛死，法正、龐士元死，而孔明自將以出祁山，身曳輪也。哀哉！《詩》曰：「終其永懷，又窘陰雨。其車既載，乃棄爾輔。載輸爾載，將伯助予。」

治篇九

文王之辟雍、明堂、三靈同地，凡治岐之大政皆行其中。《大雅·棫樸》《旱麓》《思齊》《靈臺》皆頌文王作人之盛。孟子亦言「待文王而興」，是古今作人莫盛於文王。而孟子告齊宣以文王治岐，關市澤梁、罪孥鰥寡之政祇及養，不及教，何哉？戰國救民水火之世，所急者養民，故未暇及辟雍之禮樂。雖然，文王之作人也，有造士之政焉，有求賢之政焉。《棫樸》琢髦士，《旱麓》興鳶魚，《思齊》造成人小子，皆即《文王世子》所述辟雍大學造士之政也。《小雅·皇華》教使臣以咨才、咨事、咨義、咨難，必周訪四方之賢士，歸言於朝。此則輶軒四出而八虞二號之友教，二老西歸之就養，閎夭、散宜生之見知，殷士抱器之來歸，奔走疏附，後先禦侮。故曰「三分天下有其二」。蓋先得天下人材三分之二也，天下之士説而歸之，其民焉往？斯求賢之政也。造士之作人也密，求賢之作人也神。聞風而興，嚮化而奮，如蟄啟於春霆，雖中林野人、伐枚婦女、翼兕虞人，皆振振蟄蟄，有士君子之行。神矣哉！盛矣哉！文王一世所造之材，子孫數十世用之不盡。後之爲人君者，其亦盍監於斯。

封建之世喜分而惡合，故晉楚蠶食，《春

秋》惡之，嘗欲衆建諸侯而少其力。郡縣之世喜合而惡分，故三國五季十六國之世不如一統之息争。二者皆所以尊王，而治法本於治人，則又皆以用賢用親爲得失。其在封建之世，一於用親者，國可久而勢恒弱；一於用賢者，國勢强而或先亡。周之興也，親賢並用，閎、顛、吕、散、八虞與周、召、榮、畢夾輔，流及後世，則魯、衛、宋、鄭專用親，齊、晉專用賢，故三桓、七穆、六卿之屬維持宋、魯、鄭，相忍爲國。至春秋後猶百餘歲，而衛尤後亡，則用親之明效也。齊之同姓有國、崔、欒、高，而不如管氏、陳氏之專國。晉自獻公後，詛無畜羣公子，而所用狐、趙、韓、魏、范，其始足以創伯，其卒足以奪國，則用賢之明效也。兩除其弊而兼收其利者，惟楚乎？其令尹、司馬執兵柄者皆同姓，而一有罪則刑之無赦。又參以鬬穀、叔敖、葉公、伯州犂、巫臣異姓之賢材，故其國勢半天下，而與周相終始。至郡縣一統之世，其勢雖合，而秦以不用親速亡，晉以用親速亡，隋以親、賢皆不用速亡，則其開基創業本實先撥，又有立於用人之先者哉？《詩》曰「价人維藩，大師維垣」，言用賢也。「大邦維屏，大宗維翰」，言用親也。

後世之事勝於三代者三大端：文帝廢肉刑，三代酷而後世仁也。柳子非封建，三代私而後代公也。世族變爲貢舉，與封建之變爲郡縣何異？三代用人世族之弊，貴以襲貴，賤以襲賤，與封建並起於上古，皆不公之大者。雖古人教育有道，其公卿胄子多通六藝，豈能世世皆賢於草野之人？古聖王未必不灼知其弊，而封建不變，則世族亦不能變。莘野、傅巖、渭濱之舉，間世一出，不數見也。以展季之聖、孔子之聖，通國皆知之，而士師、司寇不安其位，使二聖人生於三桓之族，何患不大行其道乎？春秋諸卿有公族，有世族，其執政之卿、謀國之大夫，無非此二族者。公族有魯之三桓，宋之七穆，鄭之六卿，世族則晉之欒、郤、智、范、韓、趙、魏，齊之高、鮑、陳、田，衛之孫、甯，皆世執國柄，單寒之子無聞焉。秦人崛起，乃廣求異國之人而用之，由余、蹇叔、百里奚、丕豹、公孫枝、衛鞅之屬，無非疏遠。由是六國效之，游士大起。樂毅、蘇、張、范雎、李斯、蔡澤、虞卿皆徒步而取相印，氣運自此將變，不獨井田、封建之將爲郡縣，阡陌而已。孔子得位行道，必亟有以大變其法，舉四科以代豪宗，故深贊公叔文子之舉僎，而《春秋》書「尹氏卒」以著世卿之戒。秦漢以後，公族雖更而世族尚不全革，九品中正之弊至於「上品無寒門，下品無世族」，以魏孝文之賢而不能用李彪、李沖之議。自唐以後，乃仿佛立賢無方之誼，至宋明而始盡變其轍焉。雖所以教之未盡其道，而其用人之制則三代私而後世公也。《詩》曰「殊異乎公路」、「殊異乎公族」。

治篇十

專以才取人，必致取利口；專以德取人，必致取鄉愿。雖然，利口有二，鄉愿亦有二。有不可大受而可小知之利口，君子在上，可驅策用之。若夫辯足以飾非炫聽，智足以舞文樹黨，警敏彊記，口若懸河，如張湯、荀勖、朱異、吕惠卿者，不可一日近，而究誰能不近之。有不可臨大節而可佐承平之鄉愿，孔光、馮道、范質，平時不失爲賢相。若夫深中厚貌，以小忠小信結主知，以曲謹小廉拒物議，欺世盜譽，静言庸違，明主亦傾任而不疑，如龐萌、林甫、杞、檜者，不可一日容，而究誰能不容之。烏乎！世有君子，能遠無才之小人，未必能遠有才之小人也；能識毗陽之小人，未必能識毗陰之小人也。天生尤物，足以移人。堯舜畏之，仲尼惡之，而欲獨神姦於後世之中主，不其難哉？《詩》曰：「荏苒柔木，君子樹之。往來行言，心焉數之。」《書》曰：「何畏乎巧言令色孔壬？」

公孫弘以薦仲舒者傾仲舒，石顯以薦京房者擠京房，盧杞以薦顔真卿者陷真卿，以薦李揆者危李揆，皇甫鎛以薦韓愈者坑韓愈，世主墮其術中而不悟。不寧惟是，鄧隲以朝歌賊横，遂出虞詡長朝歌；梁冀以廣陵盜熾，遂出張綱守廣陵，其假手以快毒，今古固一轍也。而仲舒卒格驕主，李揆卒款吐蕃，韓愈卒服叛鎮，綱、詡卒平盜賊，皆適以成其功名；即京房、真卿，亦適以成其忠義，争光日月。小人所爲，亦何往不福君子哉？《詩》曰：「嘉我未老，鮮我方將。膂力方剛，經營四方。」

治篇十一

三代以上之人材由乎教化，三代以下之人材乘乎氣運。乘氣運而生者，運盡則息，惟教化出之無窮。氣運所生，亦有二。國之將昌也，其人才皆如霆，啟蟄乘春陽憤盈，而所至百物受其祥。衰則反是，其人才如蟄墐户，湫閉槁窳，所至而百物受其愴悢。是以入其國，觀其條教號令，聆其謡議文章，占其山川雲物，而國之休悴可知也。豈天地生材之心久而息乎？抑人力物力久而愛其寶乎？岡陵川阜與宗社之培植相摩盪、相推移，滃勃鬱積，日出而不窮，奚其息也？奚其愛也？「疆蕒未虧，人民未變，水土未絪，糟者猶糟，實者猶實，玉者猶玉，酒者猶酒。」穹然者猶穹於上，頹然者猶頹於下，林林總總者猶日奔攘於側。問其光岳之鍾，則芻靈焉；問其山澤之藏，則梠梠焉。稽其籍，陳其器，考其數，諏諸百執事之人，卮何以漏，根何以蠹，高岸何以谷，荃茅何以蘠？堂詢諸庭，庭詢諸户，户詢諸國門，國門詢諸郊野，郊野詢諸四荒，無相復者。及其復之，則已非子姬之氏矣。《詩》曰：「池之竭矣，不云自頻。泉之竭矣，不云自中。」

人才之高下，下知上易，上知下難。政治之得失，上達下易，下達上難。君之知相也，不如人夫。相之知大夫也，不如士。大夫之知士也，不如民。誠使上之知下同於下之知上，則天下無不當之人材矣。政治之疾苦，民間不能盡達之守令，達之守令者不能盡達之諸侯，達之諸侯者不能盡達之天子。誠能使壅情之人皆爲達情之人，則天下無不起之疾苦矣。雖然，更有懷才抱道之士，君相不知，臣下亦不知者。更有國家之大利大害，上下非有心壅之，而實亦無人深悉之者，更何如哉？《詩》曰：「知我者謂我心憂，不知我者謂我何求。」

治篇十二

天下其一身與？后，元首；相，股肱；諍臣，喉舌；然則孰爲其鼻息夫？非庶人與？九竅、百骸、四支之存亡視乎鼻息，口可以終日閉，而鼻不可一息梶。古聖帝明王惟恐庶民之不息息相通也，故其取於臣也略，而取於民也詳。天子爭臣七人而止，諸侯爭臣五人而止，至於徹膳之宰，進善之旌，誹謗之木，敢諫之鼓，師箴，瞍賦，矇誦，百工諫，庶人傳語，士傳言，遒人木鐸以徇於路，登其歌謡，審其詛祝，察其謗議，於以明目達聽，而元首良焉，股肱康焉。士者，庶民之首也。漢、宋太學之士皆得上書，明初耆老皆得召見，往往關係國家大計。公議無不上達，斯私議息，夫是之謂「天下有道，庶人不議」也。《詩》曰「出内王命，王之喉舌」，其争臣也夫。又曰「如彼遡風，亦孔之僾。民有肅心，荓云不逮」，其惟庶人也夫。

治篇十三

教以言相感，化以神相感。有教而無化，無以格頑；有化而無教，無以格愚。聖人在上，以《詩》、《書》教民，以禮樂化民；聖人在下，以無體之禮、無聲之樂化民。善氣迎人，人不得而敖之；静氣迎人，人不得而聒之；正氣迎人，人不得而干之。其德盛者化自神，其氣足以動物也。積學未至而暴之遽，積誠未至而教之强，學之通弊矣。故言立不如默成，强入不如積感。《詩》曰：「載色載笑，匪怒伊教。」

秦之暴不在長城，隋之惡不在敖倉，元之亂不在治河，安石之弊政不在經義取士，惟其人既得罪萬世，則功在天下者，世亦以此罪之。伏波、諸葛征蠻之功，非史册所無，而銅柱、銅鼓必傅之二公以爲神。昌黎、子瞻海外之謫，非有異政，而潮陽、瓊島至今崇之以成俗。其人既争光日月，雖所至無功者，世亦以此功之。故君子爲政當正其本而務其大，立身當孚於素而觀其全。《詩》曰：「在彼無惡，在此無斁。庶幾夙夜，以永終譽。」

治篇十四

萬事莫不有其本，守其本者常有餘，失其本者常不足。宮室之設，本庇風雨也；飲食之設，本慰飢渴也；衣裳之設，本禦寒暑也；器物之設，本利日用也。風雨已庇而求輪奐，輪奐不已而競雕藻，於是棟宇之本意亡；飢渴已慰而求甘旨，甘旨不已而錯山海，於是飽腹之本意亡；寒暑已衛而辨章服，章服不已而尚珍奇，於是裘葛之本意亡；利用已備而貴精麗，精麗不已而尚淫巧，於是制器之本意亡。主奢一則下奢一，主奢五則下奢五，主奢十則下奢十，是合十天下爲一天下也。以一天下養十天下，則不足之勢多矣。不足生覬覦，覬覦生僭越，僭越生攘奪，王者常居天下可憂之地矣。禍莫大於不知足，不知足莫大於忘本。故禮樂野人從先進，欲反周末之文於忠質也。炳兮煥兮，日益之患兮；寂兮寞兮，日損之樂兮。能知損之益、益之損者，可以治天下矣。帝王之道貴守一，質儉非一也，而去一近，故可守焉，非若奢文之去一遠也。《詩》曰：「不思其反，反是不思，亦已焉哉。」

飄風大和，冷風小和。風之所過，萬竅怒號；風之所止，一塵不囂。其怒也，有倡而和者也；其止也，有鋭而竭者也。有士風，有民風，斯二者，或區於土俗焉，或移於政教焉。《小戎》、《駟鐵》之秦，二《南》雅化之豐、鎬也。《揚水》、《無衣》之晉，平陽、蒲坂之帝都也。闔廬劍士之吴，太伯端委之吴也。魏晉清譚之士林，東漢禮教節義之士林也。自非不待文王之豪傑，有不隨風草偃者哉？風之既成，賢君相三紀挽之不足；風之將變，一狂士敗之有餘。《詩》曰「匪風發兮，匪車揭兮」，言民風之易變也。「風雨蕭蕭，雞鳴膠膠」，言士風有變有不變也。不變者，天地之心所寄也。

治篇十五

才量受諸天，福量亦受諸天。人之福有不足庇一身一家者，有僅足庇身家而不足庇一國者。有圖功輒成，有謀輒就，并足濟天下者。故有安天下之才，不若有安天下之命。功名與運會相值不相值，勢天淵焉。相值而成，亦才十之三，而天命十之七。鄧禹、郭子儀、曹彬、徐達乘開國全盛屢勝之威，而皆曾爲敗軍之將，使當蜀、漢、晚唐、南宋之末，有不議其見事遲而用兵短者乎？使劉備、諸葛亮、文天祥、史可法易地而處開國之運，鬼神啟之，河冰江潮濟之，雷雨反風助之，有不席卷天下者乎？光武之才豈勝伯升，孫權之才豈勝伯符，❶姚萇之才豈勝姚弘？而兄弟前後成敗霄壤，後起者勝，孰知其故？故亡國之臣皆無才，非無才也；開國之臣無失算，非無失算也。伊、吕詎愚於夏、殷，而知於湯、武；百里奚、張良詎愚於虞、楚，而智於秦、漢；房、魏、耶律楚材詎愚於隋、金，而智於唐、元；李左車詎愚於趙而智於韓？興王之佐皆亡國之虜也，鷹揚之帥多敗軍之將也。《詩》曰：「既克有定，靡人弗勝。」言天之未定則人勝天，天既定則天勝人矣。

治篇十六

見利思義與見利思害詎二事哉？無故之利，害之所伏也。君子惡無故之利，况爲不善以求之乎？不幸福，斯無禍；不患得，斯無失；不求榮，斯無辱；不干譽，斯無毁。暴實之木，根必傷；掘藏之家，必有殃。非

❶「符」，原作「苻」，今據《三國志·吴書》改。

其利者勿有也，非其功者勿居也，非其名者勿受也。倖人之有者害，居人之功者敗，無實而享顯名者殆。福利榮樂天主之，禍害苦辱人取之。《詩》曰：「魚網之設，鴻則罹之。」

昔者子路受拯溺之牛，子貢不受贖臣妾之金，孔子善子路而規子貢，聖人之議道自已而置法以民如是也。南宮「羿、奡不得死，禹、稷有天下」之問，上推於莫爲莫致之天，而夫子再三贊之，曰「尚德哉」，「君子哉」。聖人爲中人以下語天道如是也。無欲而好仁，無畏而惡不仁者，天下一人而已。故「知者利仁」而「君子懷刑」焉。刑賞者，所以勸懲天下之中人，然勸懲所及者顯惡顯善而已。陰慝陰善，則王法勸懲所不及。自非天網恢恢，疏而不失，豈能福善禍淫於耳目之所不及乎？顯以贊王化，密以佐君子，慎獨之功於冥冥，故曰「不以昭昭申節，不以冥冥墮行」。衆人之視是非與利害二者，君子之視是非與利害一也。少而習焉，長而安焉，庸詎知中心安仁之不在是乎？《詩》曰：「投我以桃，報之以李。彼童而角，實虹小子。」

召公之告成王曰：「用共王能祈天永命。」夫命也，而可祈諸天乎？太甲曰：「天作孽，猶可違；自作孽，不可活。」好生者，天地之德。人而以殺人爲心，安得不爲天之所惡？故曰：「三代之得天下也以仁，其失天下也以不仁。」又曰：「不嗜殺人者能一之。」殺機、殺運之動，莫熚於秦。滅六王，定四海，自謂地廣三王，功高五帝，乃自稱始皇帝，一世二世以至於萬世。使扶蘇得立，更秦法而寬大之，分封諸公子及公主之夫爲王，封蒙恬、蒙毅、章邯、王翦爲公侯，舉賢相，崇諸儒，則秦祚何必不與三王同永？乃死不旋踵，而五公子、諸公主盡死於胡亥之手；殺蒙恬、蒙毅，族李斯，皆出於扶蘇之諫。坑儒而出監軍，使高得行其姦計，則秦之亡，坑儒爲之也。夫賢人者，天地之心也。戰陣所殺千萬人，不如無故坑數百賢儒之罪上通於天也。晉司馬氏世握魏權，齊王芳本無失德，司馬氏即欲圖篡，令其禪位而降封之，如漢獻帝山陽公得全始終可也，乃廢之而立高貴鄉公，遂死於賈充、成濟之手，又不斬賈充以謝國人。且既言「天下者，景王之天下，吾身後大業宜歸齊王攸」，果能守此信，則平吳之後，傳位於皇弟齊王攸，而以長沙王乂爲太子，遹爲皇孫，令其遞傳至遹可也。不然，即及身立遹而輔以齊王攸、長沙王乂及衛瓘、張華諸人亦可也。奈何以蠢愚之惠帝又配以淫悍之賈妃，而欲孫遹能全於庸悍之手乎？則遹之被戕，高貴鄉公之不得其死爲之也。劉裕起匹夫，定中原，有江左，功德在人，何以三子無一善終，而宋文帝且隕於元凶劭之手？則其鴆甘心禪讓之恭帝爲之也。唐太宗以秦王起兵有天下，貞觀之治幾於三代，何以再世而武氏殺唐子孫殆盡？蓋建成、元吉謀毒太宗，太宗殺之可也，其子孫何罪而盡殺之乎？則是武氏入宫，即建成、元吉子孫之報也。甚至高洋滅拓跋之族，宇文、周武帝滅高氏之族，隋楊堅復滅宇文之族，皆不旋踵而天以逆子報之，如蠱蟲之自相啖食，豈非皆自作之孽哉？安有天而作孽於人者哉？《書》曰：「祈天永命。」毋獲罪於天之謂祈。後世如宋太祖鐵牌藏廟，垂誡嗣王，養成三百年忠厚之治者，真萬世法哉！

附　録

先生七八歲時，即夜手一編咿唔達旦。

十五爲諸生，始究心陽明之學，好讀史家。貧無書，假之族塾。乾隆癸酉拔貢成均，次歲入都，遂留從胡墨莊問漢儒家法，復問宋儒之學於姚鏡塘，學《公羊》於劉申受。家傳。

賀氏長齡輯《皇朝經世文編》，延先生襄事。自此乃究心經濟之學。同上。

道光丙戌，先生會試不第，劉申受禮部與分校，見先生卷，謂五策冠場，賦《兩生行》以惜之。兩生者，謂先生及龔定菴也。史傳、劉禮部行述及詩集。

先生亢傲有大略，熟於朝章國故。嘗謂河宜改復北行故道。至咸豐五年，銅瓦廂決口，河果北流。又作《籌鹺篇》上陶文毅公，謂：「自古有緝場私之法，無緝鄰私之法，惟有減價敵之而已。非裁費曷以輕本減價，非變法曷以裁費？」顧承平久，撓之者衆。迨漢口火災後，陸總督建瀛始力主行之。史傳。

陳東塾見《海國圖志》，以爲奇書。又謂其調客兵不如練土兵及裁兵併糧、水師將弁用舵工礮手出身諸條爲最善，惟《議攻篇》以夷攻夷之說，尚有可議。後先生至粵，聞其說大悅，因定交焉。其虛心受善如此。同上。

古微交游

徐先生松 別爲《星伯學案》。

周先生濟 別見《安吳學案》。

姚先生瑩 別見《惜抱學案》。

程先生恩澤 別爲《春海學案》。

陳先生澧 別爲《東塾學案》。

沈先生垚 別爲《敦三學案》。

張先生穆 別爲《㞐齋學案》。

龔先生自珍 別爲《定盦學案》。

何先生秋濤 別爲《願船學案》。❶

何先生紹基 別見《湘鄉學案》。

湯先生鵬

湯鵬，字海秋，益陽人。道光癸未進士，授禮部主事，充軍機章京，調户部，補主事，轉員外郎，擢山東道監察御史，未踰月，三上章言事，最後以言工部尚書載銓事，回原衙門行走，升郎中。禁煙事起，沿海大擾，先生憤甚，時已黜不得建言，猶條上三十事，乞尚書轉奏焉。先生既負才氣，不得施於事，乃著之言，爲《浮邱子》一書，立一意爲幹而分數支，支之中又有支焉，則支復爲幹，支幹相演，以遞於無窮。大抵言軍國利病、吏治要最、人事情僞、開張情勢，尋躡要眇，一篇數千言者九十一篇，最四十餘萬言。每遇人，輒曰：「能過我一閲《浮邱子》乎？」其自喜如此。又著《明林》、《七經補疏》、《止信筆初稾》各若干卷。二十四年卒，年四十四。參梅曾亮撰墓志、王拯撰行狀、姚瑩撰傳。

❶「願船學案」，據底本目録及正文當作「㞐齋學案」。

浮邱子

訓史

浮邱子曰：記言動之謂史，書善敗之謂史。俾今人善敗毋自私而暴白於千齡萬代焉之謂史；俾千齡萬代覩今人善敗如不及、如探湯焉之謂史；俾一其善者百善將歸，一其敗者百敗將繇焉之謂史；俾百其善者一敗可恕，百其敗者一善可録焉之謂史；俾百其善、一其敗者竟無能敭其百、恕其一，百其敗、一其善者究無能捨其百、録其一焉之謂史；俾無能敭其百、恕其一者淬厲以惇百善、戒一敗，無能捨其百、録其一者淬厲以塞百敗、充一善焉之謂史。是故以聖人之有慚德而畏史，以賢人之有小過差而畏史，以天子之尊而畏史，以諸侯之彊大而畏史，以姦雄之横無所不摧靡而畏史，以巧敏佞兑之尤無所不蠱惑撓滑而畏史，以婦寺之稍知禮節而畏史，以細民淺夫之一念激昂而畏史。是故權有三大：曰天、曰君、曰史。天之權掌生殺，君之權掌黜陟，史之權掌褒譏。爾乃應生而殺，史於是乎以褒代生；應殺而生，史於是乎以譏代殺；應陟而黜，史於是乎以褒代陟；應黜而陟，史於是乎以譏代黜。是故天不兼史史兼天，君不兼史史兼君，非大聖賢，其孰能兼天兼君而無遺憾者乎？

是故孔子作《春秋》，聖而史；朱子修《綱目》，賢而史。其他取節云爾者，或博而史，則網羅得失以成其材；或激而史，則發抒事物以寄其情；或縟而史，則馳騖文辭以耀其采；或簡而史，則芟除枝葉以絜其體。爾乃天運降則史亦降，人心降則史更降，諱真書似，理偏詞半，是謂疑史；匿醜夸美，骨脆語柔，是謂佞史；質不成幹，文不成采，是謂陋史；俗不入今，典不入古，是謂浮史；親然後附，貴然後稱，是謂勢史；金然後通，帛然後允，是謂利史；雜然後備，衆然後舉，是謂市史；請然後書，覽然後存，是謂奴史；邇不井井，遠更芒芒，是謂鬱史；俊不察察，愚更憒憒，是謂盲史；野老錚錚，朝評則橫，是謂驕史；稗編紊紊，國書則歧，是謂繆史。疑史害詳，佞史害良，陋史害譽，浮史害據，勢史害賢，利史害廉，市史害壹，奴史害直，鬱史害伸，盲史害明，驕史害敬，繆史害正。於乎！霧不揭者天不青，鯨不烹者江不平，陳言不斧者文不立，淺衷不藥者史不成。世有君子，爾惟時其懲此十二史。爾如不懲，史何以稱？史如不稱，世何以明？世如不明，政何以存？政如不存，道何以行？是故賤其人則賤其史，賤其史則賤其世，賤其世則賤其政，賤其政則賤其道。史賤，則染翰操紙者之羞也；世賤，則執樞馭宇者之羞也；政賤，則贊皇庀國者之羞也；道賤，則枕經茹古者之羞也。如欲去四賤、滌四羞，則良史氏盍作乎？則良史氏盍作乎？

原教上

浮邱子曰：三代而上其教一，周秦以降其教三，暨乎今也其教五。所謂其教一，儒教是已。所謂其教三，儒教而外，贅以道教、釋教是已。所謂其教五，三教而外，贅以天主教、回回教是已。且夫儒教肇自孔子，儒之脈豈其肇自孔子邪？古之聖人賢人皆儒，古之儒皆聞道，古之道皆有以傳，原其次第，則堯傳舜，舜傳禹，禹傳湯，湯傳文、武，文、武、周公，文、武、周公傳孔子，孔子傳顔子、曾子、子思，子思傳孟軻，其出處高下不同，其爲儒則一而已。原其宗旨，則堯、舜、禹、湯之中，孔子、顔子之仁，曾子之忠恕，子思之中、之誠，孟軻之仁義，其所從言者不同，其道則一而已。今之爲儒者乃别焉，其黯淺邪則曰非以求道也，爲文莫也；非以樹文也，爲梯榮也；其稍稍標異邪，則曰非以求道也，爲記問也；非先博後約也，爲鬬勝也。文莫害性，梯榮害志，記問害理，鬬勝害氣。是故名爲儒而實不知儒之次第，而實不知儒之宗旨，而實不知儒之枝蔓，而實不知儒之蝨賊，而實不知儒之上下古近流通一氣之處，而實不知儒之出入毫釐千里之差，而實不知儒之全體大用變應寬裕之妙，而實不知儒之茂實英聲方皇周浹之神，而實不知儒之所以作所以成，而實不知儒之所以始所以卒。於乎！不知儒而爲儒與不知儒而不儒，厥罪均也。是則今之爲儒也矣。

且夫老子談道以來，所漸劘非一人一家之故矣。大底爲賢君相者祖其清浄慈儉之言，爲方士者祖其谷神不死之言，爲陰謀、爲刑名者祖其欲翕固張、欲奪固與之言，爲放達、爲清談者祖其禮爲亂首、忠信以薄之言。今之爲老子者乃别焉，以正直爲不静，以優柔爲多福，以孤立爲不廣，以援繫爲可安，是則祖其塞兑閉門、和光同塵之言而已；以處彊爲不利，以畏葸爲自全，以區别爲不祥，以雜襲爲能大，是則祖其知雄守雌、知白守黑之言而已。是則爲今之老子也矣。

且夫釋氏之教曰空曰悟，空則病其廢也，然非超世作達者惡乎空？悟則病其速也，然非冥心生慧者惡乎悟？於理爲不粹、爲不符，於力則可以爲難矣。今之爲釋氏者乃别焉，貴而有力者造塔建寺，曰吾以致福也；賤而無狀者刺臂寫經，曰吾以抵咎也；

黠而有辨者高座説法，曰吾以噂衆也；愚而無理者蔑絶天倫，曰吾以拔俗也。叩其所謂空與悟者，竝不知也。是則今之爲釋氏也矣。

且夫天主之號入中國，惟有曆年。回回入中國，亦惟有曆年。其爲教也不能如二氏之尊。而天主初入中國，中國之賢智不能撲滅之，於是其人大桀小狡，其書日新月盛，而山谿海嶠、僻壤窮鄉之愚氓，少而習焉，長而安焉；其稍稍擅智慧，能闚伺事會之姦民，少而習焉，長而横焉。夫既愚則不復醒，既姦則不復良，既安則不復悔，既横則不復馴，於是浸淫積漸，而至於操左道、懷不軌者不知其幾億萬焉。回回初入中國，中國之君長不能轉徙之，於是種類偪處此土，窟宅乎西北之奧，蔓延乎東南之廣，其爲教自主故常，而敢於奸宄鷙戾，以膠葛乎斯世斯民之日用飲食，而撓滑乎中國之風土人物。夫窟宅不拔則根實牢，蔓延不已則氣勢大，膠葛不斷則人心枝，撓滑不止則風俗壞。於是能燭照數計而談天下治亂者，不勝其隱然之憂也。是則今之爲天主、爲回回也矣。

孔子曰：「攻乎異端，斯害也已。」是故天下之大，儒一而已，而道圂其中，釋圂其中，天主圂其中，回回圂其中。此儒之勢所以常孤也。且攻乎儒者浮慕而已，而攻乎四教則深信而不惑，争前而恐卻。此儒之事所以更孤也。天下之民而桀然爲儒之徒者百無過二三而已，而道據其半，釋據其半，天主據其半，回回據其半。此民之氣所以常不清也。且非第四教而已，而一切無名之教又駢旁而别出，詰屈而横行，此民之氣所以更不清也。且夫濁其源而望流之潔，枉其木而欲景之直，不可得也。今不崇儒則四教之幟不奪，不奪四教則一切無名之教之焰不息。是故導民之氣莫如正，振儒之勢莫如勝。儒不自勝，惟后王君公實扶掖之；民不自正，惟搢紳先生實楷模之。后王君公扶掖之，儒乃有柄，柄乃利，利乃化，化乃大。搢紳先生模楷之，民乃有覺，覺乃慎，慎乃固，固乃久。其在《棫樸》之詩曰「倬彼雲漢，爲章于天。周王壽考，遐不作人」，能扶掖也夫。《泮水》之詩曰「翩彼飛鴞，集于泮林。食我桑椹，懷我好音」，能楷模也夫。且夫后王君公而不扶掖天下之儒，則秦政阬儒之餘燄而已，劉邦罵儒之故態而已。阬儒而天下之儒未嘗死，罵儒而天下之儒未嘗賤，是后王君公猶不足爲儒之司命也。且夫搢紳先生而不楷模天下之民，則其燄烈於阬儒，其態醜於罵儒，是何也？天下之民無模楷則無制防，無制防則無操履，無操履則無性行，無性行則無血脈，必有朝聞儒而説，夕聞道釋、聞天主、聞回回而思之者，必有外冒儒而似，內傳道釋、傳天主、傳回回而親之者，必有僾儒而佞道釋、佞天主、佞回回，迷不知其非禮者，必有畔儒而宗道釋、宗天主、宗回回，恬不怪其非道者。此豈僅如阬與罵之比乎？曾謂搢紳先生而可苟焉以爲之乎？其在《巧言》之詩曰「君子如怒，亂庶遄沮。君子如祉，亂庶遄已」，言不苟焉以爲之者，能障橫流而拔亂本也。

是故漢武帝好神仙，則谷永不以爲然。唐憲宗迎佛骨，則韓愈不以爲然。循乎永、愈之言，均不離乎儒者之意。雖然，永闢神仙而已，愈闢佛骨而已，今有撢討堯、舜、武、周之脈，佩服孔、曾、思、孟之言，以道德中和爲必可致，以禮樂文章爲必可興，以日用飲食爲必可安，以天地神化爲必可同，然而中處五教並行之世，繼又贅以一切無名之教，其來莫知其根，其去莫知其踪，其睚眥者吾之道，其蘖孽者吾之人，譬彼驅嬰兒以入虎狼之羣，操白璧以告穿窬之盜，而不爲所攖拏者幾希矣。其在《綿》之詩曰：「肆不殄厥愠，亦不隕厥問。」夫不隕厥問，乃其所以能殄厥愠也。是故君子孑乎其立也，確乎其不可拔也，息乎其深根寧極也，了乎其是也，綴乎其止於所也，悗乎其有以自得也。無后王君公爲之氣勢，無搢紳先生爲之號召，無蚍蜉蟻子爲之攀援，無鰈鏖鶼鶼爲之朋比，然而亟欲取儒而不實乎儒者，繩尺之，雕琢之，又取祖老子而成鄉愿者藥石之，又取皈依釋氏妄希福利者唾斥之，又取崇奉天主叛亂乃衷者桎梏之，刀鋸之，又取飲食嗜好漸染回風者洗濯之，又取一切無名之教奔騰結引、麋沸螘動者理解之，懲艾之，豈不敵愈多而力愈單，任愈艱而氣愈猛耶？且夫敵多而瑟縮者是謂餒，任艱而不自振厲者是謂媮，以一敵萬而戰勝于異同離合之界者是謂毅，以身任道，舍我其誰，毋敢棄、毋敢褻者，是謂敬。孟子曰：「昔者禹抑洪水而天下平；周公兼夷狄，驅猛獸，而百姓寧；孔子成《春秋》，而亂臣賊子懼。我亦欲正人心，息邪說，距詖行，放淫辭，以承三聖者。」則嘗端居而思焉，此三聖一賢之心何心也？處今之世，心古之心，用古之心，世今之世，其有志而未之逮也耶？其不得已而不已也耶？

清儒學案卷一百六十一終

清儒學案卷一百六十二

天津徐世昌

强齋學案

强齋論學兼採衆説，自求心得，不尚門户之爭。實踐躬行，闇然純篤。其正色立朝，竭誠啟沃，尤不負所學。有清一代，中州鉅儒蔚起，斯稱後勁焉。述《强齋學案》。

李先生棠階

李棠階，字樹南，號文園，又號强齋，河內人。道光壬午進士，改庶吉士，授編修。累遷侍讀，督雲南、廣東學政，訓士以誠，倡明正學。擢太常寺少卿，以繼祖母喪去官。尋坐在學政任取年老武生違例，降調。乞病歸，主講河朔書院，四方問學者歸之。文宗初即位，議復日講之制，先生被薦詔徵。未行，俄日講中止，遂不出。粤匪北犯，詔行團練。河內、武陟、温縣推先生倡首。會賊渡河，禦之於柳林，戰敗而賊鋭亦挫。洎援兵集，賊他竄，河北肅清，加四品頂戴，先生深以無功受賞爲恥。同治元年，奉召入京，疏陳時政，曰端出治之本，曰振紀綱之實，曰安民之要，曰平賊之要。詔嘉其深識治體，剴切詳明。所奏多見施行。授大理寺卿，連擢禮部侍郎、左都御史，署户部尚書。疏請務實事，戒空文。論廣東巡撫耆齡、西安將軍多隆阿赴事遲延，河南巡撫鄭元善等保舉不實，閩浙總督慶端奏緩革弁發遣，前後矛盾，詔譴之。又以兩江總督何桂清僨事，議罪不當從寬典，持論尤正。後卒如所論。授軍機大臣，歷工部、禮部尚書。江南平，加太子少保。於召對時，面陳交儆之義，言之甚切。太后垂簾聽政，遴選廷臣進講，先生講漢文帝卻千里馬事，反復推言人主不宜有所嗜好，致啟窺伺之端。每進講，輒歸於責難，被嘉納焉。同治四年卒，年六十有八，謚文清。先生之學以治心克己爲本，居敬窮理，一守程朱之法。教人力求實踐，兼取陸王，不分門户。而志行敦篤，常以師心自用爲戒。立朝抗疏直言，以養君德、培人材、振紀綱、明賞罰爲主。皆本諸躬行心得，將之以至誠。居政府三年，未竟其施。著有《四書約解》、《語録》、《文集》。又輯《志節編》，合刻爲《遺書》。《日記》後出，畢生省察之功具見册中，並行於世。參史傳、王軫撰行實、涂宗瀛撰《遺書序》。

文集

條陳時政之要疏

臣病伏鄉里將二十年，怔忡眩暈，舊疾久未能愈，而讀書自治之功未敢稍廢。咸豐十一年十月間，猥承恩命，召令來京。且有「學養深邃，方正老成」之褒。臣感激涕零，倍深悚愧。今趨赴闕廷，管蠡所及，願爲我皇上陳之。

一曰端出治之本。夫出治在君，而所以出治者在人君之一心。今海内沸騰，生民塗炭，誠刻苦奮勵之時也。臣竊謂刻苦奮勵之實，不徒在於用人行政，而在於治心。治心之要，不徒在於言語動作，而尤在於克己。凡自私而惟便身圖，自是而言莫予違，皆己也。欲克去之，必如《大學》之格物，而後己無所蔽，此心之義理日明；必如《大學》之誠意，而後己無所容，此心之權衡自定。今皇上沖齡踐祚，慎擇師傅，誠爲切要之圖。顧皇上在書房，左右師傅以經書導之，以嚴敬事之，輔翼匡正，必有所益。若回宫以後，游息之時，儻一涉於放肆，恐書房之啟沃皆虚，師傅之匡輔何濟？臣愚以爲皇太后尤宜留神，但使從容游衍，無過拘迫，以養其天機，斷不可使左右近習誘令游戲，以即於匪彝。杜漸防微，似尤緊要。至格物、誠意之説發於《大學》，宋儒真德秀《衍義》闡繹發明，足資治理。而我高宗純皇帝《御批通鑑輯覽》於治國平天下之方指示精切，千古致治戡亂之方大略無出於此。現在皇太后聽政於上，似可於暇時取此二書紬繹參考，師古證今，於時事必更有裨。并求於皇上回宫時，以此書之説切身指示，更足培養德性，資長見聞。凡此皆所以養其本心，閑其放心，物格意誠之效並在於此。出治之本端，而後用人行政可得而言矣。

一曰振紀綱之實。國之所以立在紀綱，紀綱之所以振在賞罰。賞罰者，人君鼓舞天下之大權。必賞一人而天下勸，罰一人而天下懲，而後紀綱森然，中外之大小臣工皆有所遵守敬畏而罔敢踰越。今天下積弊已深，痿痹已甚，非痛除舊習，大加振作，不足以起沈錮而回元氣。自去年大奸既去，中外翕然，外夷見而心折，逆匪聞而膽寒，轉移天下之機實在於此。從此力爲整頓，凡所爲澄敘官方、整飭武備、蠲緩租賦、戢捕奸盜、崇節儉、慎刑獄等事，上諭之所通行者嚴加查察。文自督撫以下，武自將帥以下，其實力奉行者賞之，任意延擱者誅之，不容含混，不容因循。朝廷之德意必使下流，國家之法令必使徧達，無中阻壅隔之患，而後一體相聯，貫注浹洽，四維張而衆目舉，中外氣象自焕然改觀矣。不然者，朝廷第通諭使知，大吏第轉行文告，虚應故事，粉飾具文，上下之情志不通，有司之蔽塞日甚。立一法即多一弊，增一防弊之人即多一作弊之人，紀綱懈弛，人鮮顧忌，欲以平禍亂而致太平，臣竊恐其難也。

一曰安民之要。今寇賊幾徧天下，十數年來，日言平賊而賊反日多，皆由民不得安之故也。夫安民必輕徭薄賦，而非擇循良之州縣，則浮費日增，必不肯減徭賦；非擇廉幹之大吏，則陋規不去，亦無由得循良。蓋大法而後小廉，官清而後民安，民不至變而爲賊，賊且可變而爲民。以皖、豫而論，潁、亳、汝、光之間，今日之賊皆前日之民也。當其未爲賊也，錢漕之浮收困之，差役之繁苛困之，輸捐之不已困之，雜派之暴急、書役之訛索又交困之。官視民如魚肉，民視官如寇讐，官之所爲，皆驅民爲賊之事。至捻匪焚殺淫掠，慘不忍言。官不能衛民，又禁民結團自衛；民無以自存，於是皆被賊脅從，苟延旦夕，而賊益蔓延猖獗不可制矣。臣竊謂欲平賊，必先安民；欲安民，必先擇廉幹之督撫，潔己率屬，裁革陋規。州縣之清勤者獎之，疲玩貪虐者斥之，實心實力，綏戢流亡，嚴捕寇盜。大吏之所爲，皆足以服逆匪之心，而折其鴟張之氣。則脅從既聞而思歸，老賊亦聞而氣靡。安民之實，即平賊之本矣。

一曰平賊之要。古之行軍者，必事權歸一而後足以聯臂指之勢，必軍法嚴明而後足以作將卒之氣。今皖、豫之間多放欽差大臣，分均勢敵，不相統屬，勝則爭功，敗不相救，彼此坐失事機，賊因得乘間以肆其猖獗，此事權不一之弊也。至於督撫將帥，平時不早嚴備，臨變只有倉皇畏縮退避，誤國殃民。迨至失守封疆，罪狀昭著，本應即軍前正法，以申國典，而快人心，乃僅止拿問解京，耽延時日。又往往倖邀寬典，旋復擢用，以致督撫將帥畏賊而不畏皇上，各顧身命，相習奔逃，誰復肯出死力以紓宵旰之憂者？軍法不嚴，勢必至此。臣愚以爲，宜遵祖宗舊制，擇知兵公正之大員爲將軍，以左右參贊佐之，督撫、提鎮盡受節制。皇上信任不疑，嚴其責成，而又明頒軍令，條布宣告，使知如是則生，不如是則死。舉從前逃官、逃將隨地察實，正法無赦。主帥久無功者，亦即治以軍法。如此，則一年之内而賊可滅。即不滅，而猶如今日之鴟張者，臣知其斷不然也。抑臣更有請者：古今勦賊多誤於招撫，明季可爲深戒。高宗《御批通鑑》於楊鶴、余大成、熊文燦等之主撫釀禍，指斥痛切，垂鑑千古。蓋賊未有不大勦而肯受撫者，亦未有窮凶極惡之首匪肯受撫者，其受撫者皆愚弄我耳。將帥非不知而甘受其愚，以爲可遂其挾賊自重之私，而非實有爲國爲民不顧身家之真意。故脅從可撫，首匪不可撫；初爲惡之首匪猶可撫，而稔惡必不可撫。近日屢撫屢叛者多矣，此不可不痛懲而切戒者也。大要事權一，軍法嚴，責有專任，刑不逾時，審勦撫之宜，制臨敵之變，皆無可推諉，則將帥不畏賊而畏法，士卒不畏賊而畏將帥，功罪核實，三軍有必死之心，庶寇亂可平，太平可望矣。

以上四條，語雖分析，理相貫注；言戒矯飾，事期實用，似可爲致治之要，戡亂之本焉。

復任蕖生書

前接手書，誨我諄諄，千里猶同堂也。近來工夫未知何如，殊深懸想。大約學貴識頭腦，而後可逐漸用功，皆有著落。總須提起本心，放下一切，研幾謹獨，反躬實體。若徒資口耳，固屬無當，即修飾外面，看似無過，而屋漏之中細細搜剔，有許多愧怍，究竟成鄉愿局面。至於程朱陸王，議論紛紛，不過於言語文字間爭閒氣耳，與己之真命脈有何干涉？處今日，只要著實理會，自認本來，勿庸尚口說也。歲月冉冉，不可追矣。闇然處毫無所得，終將奈何？異地相望，各自努力。

復倭艮峰書

承示大處見得透、信得及，則日用間自有暢然自得之致。知吾弟之所得者深矣。此意亦覺見得，但非實有諸己，如鏡花水月只屬虛見。竊意資分駑下，須日積月累而自得之，庶不至徒弄精魂乎？再自得之意原從戒慎恐懼來，學而樂者乃心安理得之謂，非逸豫歡忻之謂，與戒懼意亦自並行不背也。見得如此，而工夫總覺有唐突處，吾弟之意敢不深體而實求之。

邊疆萬里，更得朋友相切磋，大是快事，亦足見吾弟實力不懈也。所言回疆與北路情形不同，屢議屯田而窒礙難行。因地制宜，自不容强。地接浩罕，所以備豫不虞者，必恃在我有不可犯之形，未可因蠻觸交搆，暫假此安枕之計也。此處正覘實學，想必有深籌默運於其間，局外固未可懸揣耳。治本之説，今已無人言及。言之不行，徒令人抱杞人之憂耳。

復高恒溪書

七月初旬，捧讀惠書，具見近功切實向裏。自顧踈蕪，愧悚奚似？主講河朔書院業已四年，未見有篤信好學切實爲己之士。間有不以爲迂遠者，亦未能實落用功。良由己無實得精神，不能鼓舞。本無堂室，安望升之入之者乎？

承示搜剔私意，著實遷善改過，此便是克己真工夫。所謂克字，與内訟、研幾之意同，乃自反而不放過，以理勝之之謂。用力處在靜慎，不在驅除，具見體會，《中庸》所謂戒慎不覩、恐懼不聞意正如此。惟我輩戒慎、恐懼時甚踈，不覩不聞時甚少，其覩聞而之於妄也，從後制之，滅東生西；從幾研之，斬關奪隘，故慎獨最要。然非常有不覩不聞之功，則所謂幾者亦决赶不上。故必靜慎乃能驅除，驅除亦總歸靜慎。先儒所謂「涵養是主人，省察是奴僕」者是也。至於職業所在，須實力講求，務求徹底明白，此正學問實功，未可忽也。如上諭批示艮峯之語，亦係喫緊處。空言無實，學何爲者，此病非細也。然治本之説，除艮峯亦無人言及，誰復於此中講求者？無人講求，又安有識者？「政不足適，人不足間」，❶古大人用心，固難爲今人道耳。

復祝習齋書

接讀手書及日録數條，具見精進不已，下學上達之實功。關學振起，遠紹横渠，近接二曲，曷勝欽仰？弟工夫作輟，於學實未有得。承示《讀二曲學髓》，隨悔隨悟，日用

❶ 「適」、「間」兩字，據《孟子》當倒。

一意在心體上用功，以貫注於動静之間，大本立而達道行，非體驗日久，省克功深，豈易及此。以是自反，倍增愧悚。然益友當前，亦頗增振厲之氣矣。竊謂陽明、二曲，吾道中霹靂手也。斬盡枝葉，直指本心，簡易直捷，而或竟以爲墮於禪。嘗切身體之，未敢以爲然也。然二先生之學，皆從千辛萬苦得來，其悟處似頓，其所以悟則漸也。是知心體非涉玄虚，要在日用間踐其實而已。本年旱蝗相繼，一冬無雪，飢饉之慮似當預防，何以使强者不至爲盜，弱者不至流亡。先事預籌，必有成算。先儒謂新民即所以明德，司牧之職必無閉户明德之理，能使斯民飢而不害，實惠之所及，即心體之所流露。高明以爲然否？

復張舜卿書

接奉手書及《大學圖説》、《中庸未發已發説》，反復詳玩，仰見先生實力精思，曲折俱到，見於言者如此，則其體諸身心者可知。或以格致專屬明德誠不可，來諭以格致爲止至善之功，正合朱子注説，自是確解。但必以格致爲止至善之目，目字似太泥。至善在明新中，止至善亦在明新中。誠正、修齊、治平，明新之目，皆止至善之目也，而何病其有綱而無目乎？且古人文字辭達而已，亦不必盡如後人花花相對、葉葉相當也。至格致屬知，誠正以下屬行，似亦未可破。蓋知行固不可離，雖曰知行相須、知行並進、知行合一，先儒恐人空空言知，行不能副，故以此言鞭辟之。究竟行之開端必自知始，知先行後，其實不容没也。他説則通達無礙，足徵心得。發而皆中節，發謂於事業誠然，未發不專指思慮未萌時，雖與程朱不盡合，而理實如此，無可疑者。喜怒哀樂之發未有懸空者，自必著於事業。惟事之節即心之節，未可截然劃開也。竊意道理四通八達，隨人所見皆説得去，必實體諸己，脚踏實地做去，使所言皆爲己有，方爲真切。至於豁然貫通，冰釋理順，則語言文字之間縱小小不合，亦可相悦以解，不待煩言，言愈多則枝節隨生，後之視今，猶今之視昔，有何了期。如遵程朱者攻陸王，而究不能禁後人之學陸王；遵陸王者攻程朱，而究不能禁後人之學程朱。誠能實力用功，亦未見有終致誤者，但恐工夫不實耳。鄙見如此，願先生不棄而教之。

志節編敍

士未有無志而能有成者，志立而節隨之，苦學篤行由是，經濟事功亦由是。孟子謂德慧術智存乎疢疾，動忍增益生於憂患。蓋以堅其志而勵其節，如金在鎔鍊而始精，如玉受攻錯而愈瑩也。今之學者動曰爲境所累，夫使境果累人，則富貴之陷溺且較貧賤之抑鬱而更甚。志節不立，焉往而不累者？

余主講河朔書院已逾三載，學無實得，愧難動人，而又竊歎夫學者之無志，不特志於道德者尠，即志於功名者亦不多見。志不定則節隳，宜其累也。兹特約采古人志節之顯著，萃爲是編，分爲二卷。上卷遍及各郡邑，下卷止舉中州，以居既相近，感動尤易也。宦蹟從略，爲學者言也。歷觀古人之境，種種不同，類皆非今人所能堪，其卓然自立，亦非今人所能及。讀之覺精神意氣團聚融結，鬱然猶在天壤間，若謦欬相接，宛宛於一堂也。讀是編者，果惻然惕然，如痛癢之在身，而抑搔之不容已，則必鼓舞奮興，力追乎古人。此日之志節，即可覘他日之建樹。是尤余所願與諸生共勉焉者爾。

語録

一身病痛，只是「自是自私」四字盡之，須時時檢點克治。自責者，治己之功密；責人者，恕己之意多。

有一善念，即有一見好之念雜其中；有一惡念，即有一文過之念隨其後。噫！難矣。

居敬即是涵養，居字宜玩。如人之處室，安焉適焉，不見異而思遷焉，是之謂居。

良知之學，直指本原。從一念之炯然處下手，總須勇猛精進，與向來習染打一死仗，拌命將赤幟竪起，則此志真立，工夫自不放下。

或疑此心不能應事，非多讀書不可。先生曰：讀書所以濬發此心本有之靈明，非益所本無也。且不能應事，蓋爲私意所牽，左右瞻顧，不勝利害之情。習之既久，即偶有一事，無所牽繫，而亦不能裕如，則仍由平日之錮蔽而其機不靈。若此心洞然，何患不能應物？且必先立乎其大者，讀書方有著落。否則，不免於玩物喪志矣。

「欲」字是七情總根。

伊川云：「閲機事久，必有機心。蓋方閲必有機心，便如種下種子。」真至言也。凡一切聲色貨利等皆然，並不待久。有聞其言而輒形諸夢寐者，然講正書、聞正言，或久而未必然，豈果欲種易而善種難乎？良由欲衆而善孤，欲熟而善生，欲根深而善直無根，徇欲之心切，而作善之心怠耳。

有謂陸王偏弊，夏峯駁雜，斥爲異端者。先生曰：道之廣大，何所不有。孔門諸子，成就各異。清、任、和，面目不同。孟子指隘與不恭之失，而未嘗不稱許之，皆分道之體者也。陸王之學均出孟子，其立言太徑，自信太過，誠不如朱子之平實細密，而要其躬行心得，實非淩空駕虛者比。孟子「願學孔子」，而其教人則大不同，多先直指本心，而徐誘之以擴充，此實致良知之説所自出。如不忍牛之觳觫，不忍孺子之入井，不忍狐狸之食其親，平旦之氣嘑蹴之不受，此類非一，何者非良知乎？致即所謂「擴充」，所謂「達」也。即「無善無惡」四字，論者以爲與告子同，然語同而主腦實非。且告子言性，陽明言心之體。性即理也，即善也。心之體則洞然空虛，無得而名。無善無惡，即一物不容之謂耳。余亦蓄疑數年而後知之，難以口舌爭也。至於特立宗旨，固屬稍偏，然因時立教，各有苦心。世教龐雜紛藉，學者終身尋逐而不得其緒。立一宗旨，使循途而入，用志不紛，用功較易，不得盡以孔子之渾然元氣責之也。若夫辨析之精，前人已不遺餘力，然後世仍各因其質之所近以爲學。不因前人之攻程朱，遂不學程朱；攻陸王，遂不學陸王也。

今之學者未從《小學》入手，言動輕忽，已成習徑；非從敬字中赤體搏戰，入穴得子，終拔不出。

梨洲述《陽明學案》謂：「聖人教人只是一个行，如博學等項皆是行。」夫陽明以知行合一救空知之蔽可也，若謂止是一个行則偏矣。實力做博學等工夫固亦是行，然學其所以行，問其所以行，思其所以行，辨其所以行，究竟是先知後行。且聖人説多聞多見知之次，此等意屢見，豈止是一个行？陽明以致良知立教，豈止是一个行？梨洲之語泥矣。

陽明論學惟説立誠，亦與朱子主敬之説相通。蓋立於誠而不移，固該得敬；居乎敬而不去，亦該得誠，未有能居敬而不誠者。梨洲以正心修身全無工夫，則《大學》何又多所謂「修身在正其心」、所謂「齊家在修其身」二章乎？朱子格物本有次第，觀《或問》可證。陽明譏其先去窮格物理，茫蕩無著落，覺過當。格致、誠正功夫互相貫通，若截然分開，便都不成工夫，聖賢亦無此工夫也。故愚謂格致節亦有誠正，誠正中亦有格致工夫，原一時並進，但略有先後耳。

日記

《破斧》四詩，聖人處變如常，總由無欲，故獨往獨來，毫無牽挂。常人支絀張皇，左右失措，皆私意爲之耳。抑不特處變，凡事皆然。

夜與作梅言學，告以主腦在定志，工夫只是遏欲。寡一分欲，即復一分理。孔子之告顔子，是使欲不復生；告仲弓，是使欲不得入，其歸一也，喫緊須不惰。小人之自欺，由不實用其力，只是惰也。

周子令尋孔顔樂處，正欲學者體認樂之來路，著實用功，工夫到時自然能樂，非懸空揣出一種放曠快活之致也。《中庸》所謂「無入而不自得」，乃樂之真境。樂只在學中，時時學即時時樂。天理浹洽，平淡恬適，浩然無一毫滯礙處，不是樂貧，亦不是有意樂道也。

象山謂利字根株不盡，必至父子、兄弟、夫婦皆失其正。推之他事，無往而可信。然《大學》以義利終，《孟子》以義利始，千古學術、治術真僞之辨，只於此決之。

與汝生等説「顧諟明命」意，明命原流動充滿於耳目之前，無須臾可離，人自不識得耳。若識得此意，覺天鑒赫然，幾微不容自遁，馳驅戲豫之念何從而生？《中庸》所謂「戒慎恐懼」、《詩》所謂「上帝臨女，無貳爾心。敬之敬之，天惟顯思」，皆此意也。惟能主敬，則炯然一念與天命相質對，自無閒思雜慮錯出其間，耳目手足不待羈束而自然恭謹，即是至善，即是太極，充積不已，即可到聖賢地位，可不勉哉！

存養之意，要如時雨及物，浸漬深透，日有潤澤鮮新氣象，自然發榮滋長。不可助長，反成枯槁。

與采蘭説學，伊欲求精微，勸以近顯。如孔子説非禮勿視聽言動，最爲近顯，而精微即在其中。除近顯無精微，除下學無上達。

讀馬平泉《心書》，所謂聲色貨利賢豪所淡，惟一點意氣微密處難皎然如白日耳。然微密處不能皎然，仍是聲色貨利根有未盡融釋脱落處。蓋非内省不疚、無惡於志者不能。嗚呼！可不勉哉！

附　録

先生學成於艱苦，晚年有《示兒帖》云：「予七八歲時，歲饑家貧，上學以三錢買秫麪豆包充饑。十五歲，自知攻苦讀書，至半夜不輟。十七，縣試前茅，肄業覃懷書院者數年。曾冒雪赴院，夜卧野地。洎通籍後，館課仍刻苦。典試視學，境順心逆。遇佟先生於雲南，始知求正學。歸遇王淡泉於京邸，始奮然自勉。自此三十餘年，日在貧病中，實日在憂患中也。」《文集》。

先生督學雲南、廣東，戒諭學官，勸諭諸生，皆有條約。主講河朔，規約尤詳。力求平實，尤嚴義利之辨。同上。

先生在政府，具説帖論端士習，必先正學術。請庶吉士課實學，廷試改論策。掌院每十日分班接見諸翰林，講論正學。整頓國子監，慎選祭酒、司業，兼課論策，以漸敦實學爲歸。慎選學政，倡明正學。甄别教諭、訓導等官，舉稱職，黜闒宂，戒貪鄙，責以認真教導。孝廉方正一科，宜令中外大臣各舉所知，不必待地方官而後舉。所言或行或不行，或中輟，或久成具文。其於治本，皆所關甚大也。同上。

先生講學，除門户之見。督學廣東，刻《白沙語録》，序之曰：「舉世方馳逐貪緣於聲利之場，滔滔莫知所止。苟有慕於禪氏之教而學之者，果其堅忍苦行，皭然不滓，吾猶將進之，而況白沙之真積力久，處處脚踏實地，不詭於聖道，而足以開示來學，顧譏之爲禪乎？」晚年序《四書反身録》、《儒門法語》，合刻云：「此身此心無一非至善，縱不識一字，而赤子之心渾渾乎與天地聖賢相質對，至不得已而形諸語言，已不勝支離煩碎之苦，而顧無慮焉者，正以反求諸身，懸聖賢之語以爲的，望而赴之，力而趨之，一一約諸此身，則散者貫、萬者一，尚何支離煩碎之有哉？」同上。

陳右銘曰：「先生於儒先之説，兼收並

蓄，壹求内證之吾心，不以剖晰異同爲亟。自勵與教士者務爲實踐，論治務持大體，理充而誠至，皆布帛菽粟之文，合體用於一原者也。」《遺書序》。

强齋弟子

王先生軨

王軨，字□□，河内人。從强齋游，究心理學。强齋殁後，爲撰行實。晚主講河北致用精舍，爲學者所歸。參所撰《李文清行實》。

强齋交游

倭先生仁

別爲《艮峯學案》。

佟先生景文

佟景文，字質夫，號敬堂，又號艾生，漢軍鑲黃旗人。嘉慶辛酉進士，改庶吉士，授編修，歷官安徽布政使。强齋督學雲南，訂交講學。著有《絅齋劄記》。參《文集·示兒帖》。

王先生汝謙

王汝謙，字六吉，號益齋，武陟人。諸生。孝友篤行，與人無城府。家中落，績學不倦，教授鄉里，從游者衆。天文、地輿、古今沿革及莊、老、釋典靡不討究。專精性理，自抒心得，與程朱相印證。著有《四書記悟》、《尚書管窺》、《孟子論文》、《省過齋文集》。咸豐五年卒，年七十有九。强齋主講河朔書院，與訂交。爲序《四書記悟》，復誌其墓，稱爲卓然深造。同時與講肄者有同邑王文庵、河内崔梅溪、鄭州劉蘭洲、許州王樹楨，皆以學行相砥勵云。參《文集·王六吉墓志》。

王先生鈐

王鈐，字淡泉，新鄭人。舉人。强齋初官翰林，時與共講學。參《文集·示兒帖》。

任先生蓮叔

任蓮叔，字蕖生，河内人。道光乙酉舉人，官杞縣訓導，保舉知縣。父若海，號泊齋，官鄧州學正，以學行稱於鄉里。先生承家學，居官有聲。强齋數貽書論學。參《文集·任泊齋墓志》。

耿先生翰輔

耿翰輔，字畏天，新蔡人。自少時不溺於科舉，以聖賢爲志。謁强齋問學。著有《學聖録》。參《文集·贈耿畏天序》。

清儒學案卷一百六十二終

清儒學案卷一百六十三

天津徐世昌

敦三學案

敦三治經，精禮學，深於地理，尤明西北方域。一室鉤稽，不啻入萬里荒漠之鄉而親見之。其《新疆私議》，歸本水利，至論不刊，取而行之，儒效宏已。述《敦三學案》。

沈先生垚

沈垚，字敦三，號子惇，烏程人。道光甲午優貢生。性沈默，治經史子集，罔不溯流探原，而尤精輿地之學。地理以水道爲提綱，書之所載千支萬派，棼如亂絲，讀者每苦昏眩而不能遽解，獨一覽了然，執筆爲圖，往往與古圖暗合。著《新疆私議》凡數千言。其友王亮生客京師，愛其文，刊布之。徐星伯一見歎曰：「某謫戍新疆，凡諸水道，皆所目擊，然猶歷十年之久，始知曲折。沈君閉户家居，獨從故紙中搜得之，非具絶大識力，曷克有此？」先生試南闈者六，試北闈者四，惟庚子一薦卷，終不售。身雖不遇，而所憂常在天下。嘗謂：「乾隆以來，士務訓詁，意欲矯明人空疏之病，然明人講學尚知愛民，今人博覽專爲謀利。」又曰：「士不好名而好利，廉恥道喪，害必中於國家。」著論千餘言，與世常格格不相入。在京師六年，未嘗妄交一人。道光庚子下第後，卒於京邸，年四十三。《新疆私議》外，他所著有《國史地理志》、補修《一統志》新疆數册，《道光九域志》、《地道記》十卷、《魏書地形志注》、《畿輔金石録》、《遼金元碑攷證》、《詩音攷》、《讀注疏雜辨》、《爾雅正義雜辨》、《梁書釋官》、《後漢書注地名録》、《水經注地名釋》、《元史西北地蠡測》二卷、《漳北滱南諸水攷》一卷、《西遊記金山以東釋》一卷、《臺灣鄭氏始末注》四卷、校《河南志注》、❶校《東京夢華録》、校《唐述山房日録》四卷、《西域小記》一卷、《元和郡縣志補圖》、《歐陽亭雜録》、《家譜》三卷、《落帆樓文集》三卷、《後集》三卷、《外集》十七卷、《别集》一卷。參史傳、《落帆樓文集》、張穆撰《文集序》、汪曰楨撰《著述總録》。

新疆私議

自古制戎狄之道，無不以通西域爲事。漢置西域都護，斷匈奴右臂，而單于入朝。唐平高昌，滅焉耆，取龜茲、于闐、疏勒等屬國於突厥，列爲安西四鎮，扼諸蕃走集，則北不患突厥，南不患吐蕃。建武時，西域請復内屬，光武辭不許，意非不美也。而永平中匈奴卒脅諸國，共寇河西，明帝命將討匈奴，取伊吾盧地，卒通西域，而後寇息。武后時，吐蕃將論欽陵請罷四鎮兵，后從郭元振言，不許。逮上元後，河西、隴上皆陷没，而李元忠守北庭，郭昕守安西，與沙陀、回鶻相依，吐蕃百計攻之不下。是時唐室多難，强臣方

❶「注」，據《落帆樓文集》疑爲衍文。

命，而吐蕃兵終不能踰隴而東，固由鳳翔、涇原唐皆屯設重兵，亦未始非畏安西、北庭之議其後，有所牽制而不敢逞也。元定西域而後取中國如拉朽。宋墮夏州，不救靈州，於是西域爲党項隔斷，而契丹不能制矣。明不扼玉門、陽關而守嘉峪，於是中葉以後，蒙古諸部北擾延、綏、寧夏者，遂踰甘、涼，絶瓜、沙，據青海，而東擾河、洮、岷矣。然則隔絶羌胡姦通之路，使不得并力東寇，西域誠要地哉！而論者或謂「竭内地以事外夷，散有用以資無用」，不知外夷不守，防守將移在内地，而費益不貲。

西域地廣，饒水草，其處温和，田美，種五穀，與中國同時熟，誠廣行屯田積粟之法，即有軍興，可無須中國餽運。然則謂西域絶遠，得之不爲益，棄之不爲損，真迂士之論，而不審於漢唐之已事者矣。然漢之都護，雖統率南北二道，固非有其地也。唐所有者僅車師前後國及焉耆地，而龜茲以西爲國如故也。我國家皇靈遠暨，威德遐宣，風行所及，日入以來，皆慕化輸誠，願爲臣妾。高宗皇帝平伊犁，定回疆，闢地二萬餘里，漢唐所謂烏孫、西突厥及葱嶺東城郭諸國，均編入内地，有重臣鎮守，則昔之羌種、塞種，今皆天子生全長育之民；昔之窮荒極遠，界在區外之國，今皆國家出貢賦、列亭障之地矣。夫漢不有西域地，然棄西域則河西受敵；唐不有龜茲以西地，然棄四鎮則伊、西、庭三州單弱。故當時君臣深謀遠慮，悉力與匈奴、吐蕃爭而不肯棄也。況地皆王土，民皆王臣，隸版圖已久，涵濡醲化已深者哉？前年逆回張格爾叛，攻陷喀什噶爾等四城。西陲自蕩平後，休養生息六十餘年，一旦逆賊猖獗，調兵籌餉，羽書旁午，加以地界窮邊，冰雪滿地，戈壁市地，輓粟飛芻，轉運艱阻，大臣以其懸遠難守，欲棄四城。皇上深仁覃覆，不忍置遠方於域外。謂：「英吉沙爾爲外蕃各國入回疆之總道，棄之則朝貢路斷。和闐南通後藏葉爾羌等城，歲解伊犂銅布棉數萬，棄之則伊犂經費有缺。夫回部諸城北界雪山，西界葱嶺，四城據葱嶺之要，無四城是西面無門户也。由喀什噶爾而東，據烏什而北鈔，則伊犂之兵列城障而守。由和闐而東，渡河而北，則庫車以東諸城危。渡河而東，經故曲先衛，歷白龍堆而東鈔，則安西、敦煌諸州縣城盡守矣。四城不可不復，非一勞不能永逸。且祖宗開闢之地尺寸不可失。」赫然震怒，命將出師。揚威將軍長齡等承聖旨，統勁旅，躍馬崑山之西，投鞭計式之水，三戰皆捷，遂復四城。曾未幾時，逆首就獲，安集延、布魯特諸蕃益慴皇威，稽首恐後。葱丘以西，至於海曲，莫不震疊，咸修職貢。高宗皇帝開創新疆，遠拓邊塞於萬里之外。皇上敬繩祖武，天戈所指，雷掃塵清，誠所謂聖人之達孝，善繼善述者矣。然而元惡就擒，撫綏爲急。善後事宜，方勞聖慮。夫議者之所以欲棄四城，恐其空竭中國也。自軍興以來，所費誠不少矣，然漢不有其地，而都護、校尉等官撫諸國兵攻匈奴，未嘗勞費内地。諸國未屬漢時，匈奴置童僕都尉，收賦税，取富給焉。及既屬漢，則發畜食食漢軍，負水儋糧，雖苦迎送，然未嘗不給。漢所置田官，僅渠犂、北胥鞬數處，然未嘗匱乏。即間有匱乏，亦不過發酒泉、敦煌驢橐佗負食出玉門而已，未嘗擾及天下也。

國家回疆諸城東西六千餘里，南北亦數千里，張格爾亡虜小醜，非漢鄯善、莎車王有國有民者比，一朝竊發，朝廷以軍餉爲慮。

昔之西域分爲三十六國，國小地隘，然尚以自奉之餘奉匈奴、奉漢而無不足。今之回疆，以阿克蘇以東數千里膏腴沃衍之地而不能足軍食，以備一小醜，何古今懸絶若斯邪？則以回疆鎮守諸臣不講求於屯田積穀之道故也。西域經準噶爾、霍吉占之亂，人户死亡略盡。大兵平定後，招集流離，漸就完準。夫龜茲有東西川，焉耆有敦薨水，皆左右其國城，水流逕通，枝津布濩。桑弘羊言輪臺以東，水可溉田五千頃以上，誠穀食易給足，不可乏之國也。故匈奴賦税之使長居焉耆、尉犂、危須間，而漢都護治烏壘，與渠犂田官相近。昭帝用弘羊前議，復田輪臺，亦與渠犂相連。今之庫車，古之龜茲也。今之布古爾，古之烏壘、渠犂也。今之哈拉沙爾，古之焉耆、尉犂、危須也。今之渭干河，齊召南《水道提綱》所謂「南源東流，經枯察北」者，古之龜茲東川也。今之海多河，在哈拉沙爾西者，古之敦薨水也。哈拉沙爾等城有灌溉之利，蒲魚蘆雁之饒，詳《葱嶺南北河攷》。而所安插之土爾扈特、霍碩特二部，不能力本農務耕作，唯以盜竊爲事。新疆初定時，荆榛彌望，墾荒之人聊無村落，故賦税鮮少，僅足支各官禄米，伊犂兵食須仰給内地。其後荒地日闢，生齒日增，則經制亦當漸備。鎮守諸臣，誠以時度地形，益治溝洫，廣田畜，務儲積，則内地之轉輸可罷。蓄積益多，兵食益足，緩急有備，則雖犂大宛，蹈康居，斬郅支，亦非甚難事，何至以回疆奉回疆而不能制一小醜哉？不知經久大計，令有以待卒然之變，但奉行成例，歲歲仰關内脂膏以贍防守之卒，是守外徒以耗内，非衛内也。平時尚不免耗内，況有事乎？不欲耗内，則必棄外。此議者所以有四城懸遠難守之説也。

然則遠終不可守乎？非也。不盡其守之之道，故不可得而守也。不守遠必守近，而守近之費不減於遠，或更甚焉，則何如盡守之之術以守遠，不棄可耕之地於外夷之爲得也。夫所謂守之之道，則屯田、積穀而已矣。四城兵火之後，田廬蕪没，邑郭空虚，宜及時量留官兵田要地，徙他處回户實四城，益墾荒廢之土；不足則募民無田而壯健敢遠徙者詣田所就耕墾爲本業。又令於閒暇時，習騎射戰陣之法，使人皆可用，且耕且守，有變，不至遥遥於萬里外勞敝索倫兵，庶幾威服西國。四城灌浸之水有葱嶺南北河，又有于闐河，膏壤數千里，誠皆開設屯堡，卒有外寇，蓄積足爲戰守之備，又何至開口望哺于關内有司，致虚耗中國也？漢徙渠犂田官，披莎車地，田北胥鞬，僅一隅耳，然都護尚得以蓄聚之富，時出兵以威外夷，況今合疏勒、莎車、于闐諸國數千里地而盡田之乎？四城屯政既舉，即當益治阿克蘇以東之田。漢元帝置戊己校尉屯田車師前王庭，明帝置宜禾都尉屯田伊吾盧。西域水甘泉肥，無地不可耕。即鄯善號爲沙鹵少田矣，而伊循城肥美，則漢置田官。《水經注》稱敦煌索勱斷注賓河，灌樓蘭田，遂成沃壤。田三年，積粟百萬。今羅布淖爾，即古蒲昌海。海西南，故樓蘭國也。其處回人以魚爲糧，不知稼穡。由班固、酈道元之言觀之，則固亦可耕之土。漢車師前王國治交河城。《元和郡縣志》「西州交河縣」：「交河出縣北天山，水分流於城下，因以爲名。」《水道提綱》所疑爲古交河有三：一在吐魯蕃城西三百里，一在城西百餘里，一在城西二十里。在西二十里者近之。然其言曰「河自北而南，經吐魯蕃城西，其南兩源皆出巴巾圖西南山，合而北與會，長二百里，舊疑爲古交河」。攷古所謂交河，一水分流於城下。如齊説，兩水合流於城西，與古不合。《太平寰宇記》「西州交河縣」「交河源出縣東北天山，東南入高昌縣」，又曰「高昌縣交河水，西北自交河縣界流入」，然則古之交河自今吐魯蕃城東南流經哈剌和卓界。高昌縣，天寶元年改爲前庭縣，故《元和志》言交河在前庭縣西。齊所指之三水皆非古交河。然其地水泉之多，田之良沃可見矣。《元和郡縣志》「伊州」「伊吾縣，本後漢伊吾屯。納職縣東北至州百二十里，後漢明帝曾於此置宜禾郡尉。柔遠縣西北至州二百四十里。柳谷水有東西二源，出縣東北天山，南流十五里合」。《水道提綱》：「哈密，古伊吾地。沙地逢水泉爲聚落，無大川澤，唯哈密有一河，在城東南，南北長百里許。」按此疑即《元和志》之柳谷水。《唐書·地理志》：「自沙州壽昌縣西十里至陽關故城，又西至蒲昌海南岸千里。自蒲昌海南岸西經七屯城，漢伊修城也。又西八十里至石城鎮，漢樓蘭國也，亦名鄯善，在蒲昌海南三百里。康豔典爲鎮使，以通西域者。又西二百里至新城，亦謂之弩支城，豔典所築。又西經特勒井，渡且末河，五百里至播仙鎮，故且末城也。高宗上元中更名。又西經悉利支井、祆井，勿遮水，五百里至于闐東蘭城守捉。又西經移杜堡、彭懷堡、坎城守捉，三百里至于闐。」又曰：「于闐東三百九十里有建德力河，東七百里有精絕國。又于闐東三百里有坎城鎮，東六百里有蘭城鎮，西二百里有固城鎮，西三百九十里有吉良鎮。于闐東距且末鎮千六百里。」《元和郡縣志》沙州西至石城鎮一千五百里。按「伊修」即「伊循」之譌，史書中「循」、「修」二字每相混。《漢書·地理志》武都郡循成道，《魏書·地形志》作「修城」。羅布淖爾亦曰「賀卜諾爾」，《水道提綱》謂之「洛普鄂模」，戴校《水經注》謂之「羅布淖爾」。

夫回部者，安西關内之藩籬也。四城者，又回部之藩籬也。藩籬固則腹心安，腹心實則藩籬益固。今當實阿克蘇以東諸城，令皆有積聚，足待四城不虞之用。即當實安西以東諸府州，以待回疆不虞之用。必使回疆有警，但取給於回疆，而不能敝關内，而後關内安，不得已而徵及關内，但如漢時取給於酒泉、敦煌等郡，而不擾及天下，而後天下安。酒泉有呼蠶水，敦煌有南籍端水、氐置水，皆可溉田，宜禾、效穀，著於前史。故李暠以一隅地而能自立於羣雄竊據之時。使長吏皆如崔不意之力田，積粟富盛，可指日待也。《漢書・地理志》「酒泉郡福禄縣」：❶「呼蠶水出南羌中，東北至會水入羌谷。」會水故城在故鎮彝所城西北。鎮彝城在高臺縣西北百二十里。呼蠶水，今曰討來河。所入之羌谷水，即至合黎之弱水也。《太平寰宇記》「肅州酒泉縣」：「呼蠶水，一名潛水，俗又謂福禄河。西南自吐谷渾界流入。」《水道提綱》：「卯來河源出肅州西南邊外青海西北境，有三源：東源西北流，中源北流，西源最大而遠，東北流數百里，始與二源水會，東北流，又東合一水，又東北，經重山，入肅州南邊，經卯來堡，曰卯來河。又東北經州城南境，又東北有水西南自嘉峪關東北流，經州西北境來注之。又東北至古城堡，南臨水堡北，當西長城斷處出邊東北流，經金塔寺營西北，又東北折正北流，經衛魯西，火燒屯東，又北折東北流，至衛公營北，又東北入删丹水。」以下即弱水下流矣。《水道提綱》又曰：「删丹水既合卯來水，東北經花牆鎮驛北，又東北至毛母西，折西北流，經雙城西，又折東北流，經平所驛、沙馬營西，又西北折東北，而北流，經什莊西。又西北有昆都倫水，自東北來注之。又北爲二巨澤，西北曰索廓克鄂模，周九十里；其東北曰索博鄂模，周六十餘里，即古居延海也。計自滔來發源，至此北行二千一百五十里。」按：卯來水經肅州東北瀦爲白亭海，在州東北四十里。《元和郡縣志》居延海在甘州張掖縣東北一千六百里，寧寇軍在居延水兩叉中。《漢書・地理志》「敦煌郡冥安縣」：「南籍端水出南羌中，西北入其澤，溉民田。」「龍勒縣」：「氐置水出南羌中，東北入澤，溉民田。」按冥安，即唐瓜州晉昌縣，在今安西州東。龍勒，即唐沙州壽昌縣，在今敦煌縣西南。《太平寰宇記》：「南籍端水，一名冥水。」《元和郡縣志》：「冥水自吐谷渾界流入大澤，東西二百六十里，南北六十里。豐水草，宜畜牧。」《水道提綱》曰：「布隆凡勒河自靖逆廳西南境平地，兩源合而北流七十里，有小水二，自東來會，折而西流，有小水八俱南自柳溝衛北流注之。又西數十里，至雙塔南，有小水南自真拖來地北注之。又西三百餘里，經安西府北，又西百里，至古沙州北境，有西拉葛金河自南經州東而北來注之。西拉葛金河源出安西廳南邊界大山，西北流折而北百七十里，折而西百二十餘里，有察罕烏蘇水自西南來會。又北流八十里，經沙州東，又北五十里，與布隆几勒

❶「福禄」，據《漢書・地理志》，當作「禄福」。

河會。又西北流曲曲而西三百里，瀦爲巨澤，曰哈勒池，周六十餘里。池東南多大山。按布隆几勒上源曰昌馬河，至柳溝衛，會南境北來之十道溝，曰蘇賴河，即漢時南籍端水。西拉葛金，即漢時氐置水也，亦曰黨河。」垚按：靖逆廳，乾隆二十六年改置玉門縣。安西府，三十八年降爲州。沙州衛，二十五年改置敦煌縣。玉門縣西至州二百九十五里，敦煌縣東北至州二百七十里。氐置水在漢龍勒縣，則當在唐壽昌縣地。壽昌東北至沙州百五十里，水不應反在沙州之東。又《漢志》言東北入澤，而此水自東南而西北，亦與《漢志》不合。疑黨河非即古氐置水。《太平寰宇記》「沙州敦煌縣」：「懸泉水，一名神泉，在縣西一百三十里，出龍勒山腹。」此水西與龍勒近，然《漢志》言「出南羌中」，而懸泉水近出龍勒山腹，則亦不合。今黨河之西，又無他水可當氐置水。柳溝衛在安西州東二百三十里。《漢志》敦煌郡廣至縣，宜禾都尉治昆侖障。效穀縣，故漁澤障也。桑欽説孝武元封六年，濟南崔不意爲漁澤尉，教力田，以勤效得穀，因立爲縣名。《太平寰宇記》：「廣至故城在瓜州常樂縣西北，宜禾都尉城在晉昌縣西北界。」按常樂縣東至瓜州一百十五里，今爲安西州地。廣至故城在州西，效穀故城在敦煌縣西。如是，則何遠之不可守，而守遠又何有耗內之患哉？然欲使回疆永靖，則在綏輯諸臣矣。回民雖不嫺教訓，然頗知敬官長。安全至樂也，人命至重也，舍保性命、全身家之至計，而反樂於從逆，即極愚惷當不至此。然卒至此者，蓋有由矣。鎮守諸臣不仰體皇上安邊柔遠之心，宣布朝廷威德，乃恣爲貪酷，侵奪其財貨，虜辱其婦女，以積其愁苦冤怨之氣。然猶未遽叛也，一有桀黠凶悍之人乘機鼓扇，而後向之窮志無聊者，皆揭竿起矣，不觀後漢之多羌患乎？西羌之雜居內地者，多則萬餘人，少或不滿千人，皆役屬郡縣豪右，不爲寇也。豪右既奴虜使之，小吏黠人又侵掠之，郡縣又淫毒之，於是東羌、西羌不勝其憤，相率皆叛，連及河首諸羌，東犯趙、魏，南寇梁、益。朝廷爲之移徙郡縣以避其鋒，民不樂徙則刈禾稼、徹室屋、移壘壁以驅迫之。不戰不守之守令竟忍視民之捐老弱，沿道死亡而不卹也。民多死亡，羌寇轉熾。延及桓帝，數征數叛，段熲轉戰連年，盡殺之乃止。而漢之府庫已空竭矣，并、涼二州已虛耗矣。讀范書《西羌傳》，見鄧隲、任尚諸人措置乖謬，屢爲之廢書歎也。使當日任虞詡以平羌之事，何至棄數千里險阻沃饒之地，以資寇哉？使二千石令長皆馬不入廄、金不入懷之人，則羌亦一氣所生，何至屢征屢叛，必誅盡而始息哉？明之失交阯也，以鎮守中官之貪黷也。使得廉吏以撫之，交阯且至今爲冠帶之邦矣。故欲使西陲無事，必自鎮守諸臣能仰體皇上安邊柔遠之心始。

葱嶺南北河攷附

《漢書・西域傳》曰：「西域南北有大山，中央有河，河有兩源，一出葱嶺山，一出于闐。于闐在南山下，其河北流，與葱嶺河合，東注蒲昌海，潛行地下，南出於積石爲中國河。自玉門陽關出西域有兩道：從鄯善旁南山北波河西行至莎車，爲南道，南道西踰葱嶺，則出大月氏、安息；自車師前王庭隨北山波河西行至疏勒，爲北道，北道西踰葱嶺，則出大宛、康居、奄蔡。」《水經注》曰：「河水出迦舍羅逝西山，山即葱嶺也。逕岐沙谷，出谷分爲二水：南河東流，逕無雷、依耐、蒲犂、皮山等國北，又東，與于闐河合。于闐河源導於于闐南山，北流逕于闐國西，又西北注於南河。南河又東逕于闐、扜彌、精絶、且末等國北，又東右會阿耨達大水，通爲注賓河。又東逕樓蘭國北，注牢蘭海。北河自岐沙東分南河，又東北，枝流出焉。北河自疏勒經流南河之北，暨於温宿之南，左合枝水。枝水上承北河於疏勒之東，西北流，逕疏勒國南，又東北與疏勒北山水合。又東逕莎車、温宿二國南，右入北河。北河又東逕姑墨國南，姑墨川水導姑墨西北，歷赤沙山，東南流逕姑墨國西。又東南右注北河。北河又東逕龜茲國南，又東左合龜兹川水，又東右會敦薨之水，又東逕墨山國南，又東逕注賓城南，又東逕樓蘭城南，東注蒲昌海。」是葱嶺水分爲南北二河。于闐河即於于闐國西北合南河也。《水道提綱》以塔里母河爲古于闐河，以海多河爲古葱嶺河。其言曰：「塔里母河源出葉爾欽之大山，即葱嶺。葉爾欽在吐魯蕃西南二千餘里，即古于闐國。塔里母河即于闐河，東北流至也勒七母之地五百里，又東北千五百餘里，經郭必，伏行鹽磧中。又八百里，與一水自北來者會。又東二百餘里，爲蒲昌海，即古鹽澤，爲洛普鄂模。此水源流三千里，其北來會之水即海多河也。」按：于闐河自南而北，葱嶺河自西而東。于闐河即於于闐國西北合南河。葉爾欽以東東流之水，即古葱嶺南河。《水道提綱》槩指爲于闐河，失其實矣。又曰：「海多河即古葱嶺河，源出吐魯蕃西稍南千五百里嶺下，山脈自西南來折而東與天山接，有南北二源出其下：一東南流數十里，經拉察勒北，又東南流。一東流十餘里，經枯察北，又東稍南數十里而合，東流百餘里，經它沙里克北，又東七十里，經古古勒南折，東南曲，曲流百數十里，其北有部落，其南皆郭必也。又東南曲，曲四百里，有一河合數水，自西北來會，實北源也。北源又有東西二派：西源出吐魯蕃西千二百里葱嶺下，東南流百餘里，經烏那哈達哈嶺之南，又數十里而東源來會；東源有三大水自厄倫哈必拉寒南大山發源，即天山也，俱西南流二百里，至克里忒之南五十里合焉。又南會東北來，出悶多招地，經朱而土思地之水。又西南百里，與西源會。二源既合，南流稍東百數十里，折而東流三百餘里，有楚庫河自北來會。楚庫河出哈拉薛勒西北平地，東流百五十里，經楚庫西北，折而東南，經其西，又東南數十里，與東西二源會。又東南百里而南源來會，始曰海多必拉。又東曲，曲行沙漠中七百里許，經厄勒句海多地之北，又東南而塔里母河自西南鹽磧中來會，會處直吐魯番之南三百里。又東流二百餘里，經三塔里母村之北，又東爲洛普鄂模洛普池，渟而不流，東西長，南北狹，周百餘里。在吐魯番東南三百餘里，合密城西南六百餘里，直沙州西北千二百里。」按：元歐陽原功撰《高昌偰氏家傳》云：「高昌者，今哈剌和綽也。」今吐魯番東九十里有哈剌和卓城，唐西州治高昌，則即唐西州城。《元和郡縣志》西州交河縣東南至州八十里，則吐魯番城即唐交河縣矣。《漢書》曰：「車師前王國治交河城，西南至焉耆八百三十五里。焉耆西南至都護治所烏壘城四百里。」《北史》曰：「焉耆南去海十餘里，東去高昌九百里，西去龜茲九百里。」《元和郡縣志》西州西南至焉耆七百二十里。《太平寰宇記》焉耆都督府在安西都護府東八百里。《唐書·地理志》：「自西州西南有南平、安昌兩城，百二十里至天山，西南入谷，經礌石磧，二百二十里至銀山磧，又四十里至焉耆界呂光館，又經盤石，百里有張三城守捉。又西南百四十五里，經新城館，渡淡河，至焉耆鎮城。」「自焉耆西五十里，過鐵門關，又二十里至于術守捉城，又二百里至榆林守捉，又五十里至龍泉守捉，又六十里至東夷僻守捉，又七十里至西夷僻守捉，又六十里至赤岸守捉，又百二十里至安西都護府。」今吐魯番西南八百七十里爲哈剌沙爾回城，又西南百五十里爲庫爾勒回城，又西五百九十里爲布古爾回城，又西三百里爲庫車回城。吐魯番爲故交河城，哈拉沙爾爲故焉耆地，庫車爲故龜茲國，道里與前史符矣。《漢書》曰：「龜茲東至都護治所烏壘城三百五十里，烏壘南三百三十里至渠犂。」則今之布古爾當即漢之烏壘，而渠犂則在其東南也。《漢書》又曰：「危須國西至焉耆百里，焉耆國南至尉犂百里，山國西至尉犂二百四十里，至危須二百六十里。」尉犂、危須故城當皆在今哈拉沙爾界。《水經注》曰：「龜茲川水有二源：西源出北大山南，南流，逕赤沙山，出山東南流，枝水左派焉。又東南水流三分，右二水俱東南流，注北河。東川水出龜茲東北，歷赤沙、積梨，南流，枝水右出，西南入龜茲城。川水又東南流，逕於輪臺之東。又東南流，右會西川枝水。水有二源，俱受西川，東流逕龜茲城南，合爲一水，東南注東川。東川水又東南，逕烏壘國南，又東南注大河。」《水道提綱》所謂枯察即庫車，所謂古古勒即布古爾，所謂南源岷其經流，則東川水也。《水經注》又曰：「大河又東南，右會敦薨之水，其水出焉耆之北敦薨之山。二源俱導，西源東流，分爲二水，左水西南流，出於焉耆之西，逕流焉耆之野，屈而東南流，注於敦薨之渚。右水東南流，又分爲二，左右焉耆之國，城在四水之中。南會兩水，同注敦薨之浦。東源東南流，分爲二水，澗瀾雙引，俱東南流，逕出焉耆之東，導於危須國西。又東南流注於敦薨之藪。川流所積，潭水斯漲，溢而爲海。自海逕尉犂國，又西出沙山鐵關谷，又西南流，逕連城，引注裂以爲田。又屈而南，逕渠犂國西。又東南流，逕渠犂國治渠犂城西，又南流，注於河。」《水道提綱》所謂哈拉薛勒即哈剌沙爾，所謂北源即敦薨水也。然據酈注西源分爲三水，左右焉耆之國；東源則逕危須之西。今則東源、西源合於哈剌沙爾之西北，而流逕其西。楚庫河則流逕哈拉沙爾之東，而源出其西北平地，上流與東西二源水不相通，水流與古異矣。又自兩源合後，皆東南流，與酈注「西逕尉犂、渠犂」之文亦不合。要其爲古敦薨水則無可疑也。南源爲古龜茲川，北源爲古敦薨水，西去羅逝之源遠矣。攷自布古爾之南以東，實古葱嶺北河之所經，謂之葱嶺河，固亦不妨。但以龜茲、敦薨二水之源，謂即葱嶺河源，則甚不可矣。《水道提綱》又曰：「葱嶺以東，自塔里母河源迤北從山出，水流至沙地自涸，長者數百里，短者數十里。」則龜茲以西水皆不相連屬。似《水經注》所謂北河，不足憑。案《北史》曰：「疏勒國南有黄河，西帶葱嶺。」則葱嶺河實出疏勒之西。欲窮葱嶺之源，當先知疏勒所在。《漢書》曰：「温宿國西至尉頭三百里，東通姑墨二百七十里。姑墨國東通龜茲六百七十里，尉頭國南與疏勒接，山道不通」。則疏勒在温宿西南。《北史》曰：「疏勒國東去龜茲千五百里。」唐安西都護府治龜茲。《太平寰宇記》安西都護府正西至撥換五百六十里，自撥換西南至據史德城四百里，自據史德城西南至疏勒鎮城五百八十里。其疏勒北至安西都護府一千五百四十里。《唐書·地理志》則較詳，其言曰：「安西西出柘厥關，渡白馬河，百八十里，西入俱毗羅磧，經苦井，百二十里至俱毗羅城，又六十里至阿悉言城，又六十里至撥換城，一曰威戎城，曰姑墨州，南臨思渾河。」是撥換城即故姑墨國也。又曰：「西北渡撥換河，百二十里至小石城。又二十里至于闐境之胡盧河，又六十里至大石城，一曰于祝，曰溫肅州。」是大石城即故溫肅國。計自撥換至大石城二百里，亦與《漢書》姑墨至溫肅道里合。《漢書》曰：「姑墨國南至于闐馬行十五日。」二石城南去于闐尚遠，而胡盧河得爲于闐境者，于闐北與姑墨接，唐時于闐國境北至胡盧河也。而姑墨、溫宿故地則皆屬龜茲，故據史德城在西南而爲龜茲境。《唐志》又曰：「自撥換西南渡渾河，百八十里有濟濁館，故和平鋪也。又經故達幹城，百二十里至謁者館，又六十里至據史德城，龜茲境也，一曰鬱頭州，在赤河北岸孤石山。渡赤河，經岐山，三百四十里至葭蘆館，又經達漫城，百四十里至疏勒鎮，南北西三面皆有山，城在水中。城東又有漢城，亦在灘上。赤河來自疏勒西葛羅嶺，至城西分流，合於城東北，入據史德界。」案：赤河自疏勒東北至據史德城，似即古北河枝水之所經，而撥換城東南昆岡之南亦有赤河，當即其下流。蓋自據史德城又東流經昆岡南也。所經又似即古北河。然莎車在疏勒東南，溫宿在疏勒東北，北河枝水自疏勒東逕莎車之南，而後逕温宿，則似曲而東南，又曲而東北，與赤河之經向東北流異矣。酈注與唐注終不合。❶ 撥换城南有思渾河，西有撥换河，疑即古之姑墨川。而北庭都護府西塞外弓月城西亦有思渾川，與此異也。《唐志》又曰：「自撥换南而東，經昆岡，渡赤河，又西南經神山、睢陽、鹹泊，又南經疏樹，九百三十里至于闐鎮城。」案：《北史》于闐北去龜茲千四百里。《太平寰宇記》曰：「從撥换正南渡思渾河，又東南至昆岡、三汊等守戍，一十五日程至于闐大城，約千餘里。」《唐志》又曰：「于闐西五十里有葦關，又西經勃野，西北渡繫館河，六百二十里至郅支滿城，一曰磧南州。又西北，經苦井、黄渠，三百二十里至雙渠，故羯飯館也。又西北，經半城，百六十里至演渡州，又北八十里至疏勒鎮。」案：《漢書》于闐國西通皮山三百八十里，皮山國西北通莎車三百八十里，莎車西北至疏勒五百六十里，則于闐至疏勒一千三百二十里。《太平寰宇記》于闐西北至疏勒一千五百里。《唐志》又曰：「自疏勒西南入劍末谷、青山嶺、青嶺、不忍嶺，六百里，至葱嶺守捉城，故羯盤陀國。開元中置守捉，安西極邊之戍也。」今自庫車西北二百十里至賽里木城，又西八十里至拜城，又西四百五十里至阿克蘇城，計自庫車至阿克蘇七百四十里。漢龜茲至姑墨六百七十里，則姑墨當在今阿克蘇東。阿克蘇西二百里至烏什城，則古温宿當在今烏什東。阿克蘇南至伊拉都臺三百九十里，伊拉都臺西南至葉爾羌城千里，葉爾羌東南至和闐七百

❶ 下「注」字，據下文疑當作「志」。

里，北至英吉沙爾三百三十里，英吉沙爾北至喀什噶爾二百里，喀什噶爾東一百三十里有牌斯巴特回城。《水道提綱》曰：「特因多博河自葱嶺西麓西流，亦分水嶺也。其東北水爲土什克水，長二百里。其東水爲阿勒土思水，東北流，經衣齊木拉哈地南，又東經哈什哈勒地北，又東北經哈拉七勒地、煙達木地西，又東北至當几爾察地而涸，共行四百里。嶺在多倫地之南九百里，南去葉爾欽塔里母河源四百里。」案：舊圖當几爾察地東北爲朱普奇地，朱普奇東北爲排雜巴忒地。排雜巴忒即牌斯巴特，哈什哈勒即喀什噶爾，阿勒土思水當即唐之赤河，古葱嶺河源當在此。古疏勒城當在喀什噶爾西南界。疏勒既在喀什噶爾，則莎車在英吉沙爾之南，皮山在葉爾羌之東南，于闐即在和闐界矣。地既確知所在，則喀什噶爾以東爲古北河之所行，葉爾羌以東爲古南河之所行。和闐城界水之北入塔里母河者，當爲古于闐河矣。牌斯巴特有道東通阿克蘇，當即唐自撥換入疏勒鎮路。岐沙分爲二之處不可知，而塔里母水不受源於阿勒土思水，則南河輟流五百里。當几爾察以東至庫車水全不續，則北河輟流幾二千餘里，亦古今水道之一大變矣。《水道提綱》又曰：「海多河南源之西三百里，有一河二源，俱發葱嶺下，東流經察克齊地、崖拉哈地之南北，又東合焉。又東經哈拉它博地、格則兒地、沙爾達郎地之南，又東南至枯察地之南，涸。」案：舊圖察克齊、崖拉哈等地在拜城西，哈拉它博等地在拜城東。此水當即古龜茲西川。

總之，北道諸國之水皆入北河，逮北

河輟流，而其水力微不能自達於蒲昌者，皆流至沙地自涸矣。或曰酈注誤處多矣，一河分爲南北，安知非道元附會，而必信之乎？且《北史·西域傳》于闐城東二十里有大水北流，號樹枝水，即黄河也，一名計式水。城西十五里，亦有大水，名達利水，與樹枝水會，俱北流。又曰：「龜茲南三百里，有大河東流，號計戍水，即黄河也。」計戍即計式，音轉耳。然則樹枝水東北流至龜茲爲計戍水，無所謂南北河矣。曰樹枝水在龜茲城南三百里，則北河何妨經流樹枝之北？回人工於引渠灌溉之法，枝渠既開，水易失故道，中國水道變遷多矣，安見西域獨否乎？道元博采羣書，言當有據。執近日之輿圖，而疑古昔之川瀆，將乾時枯涔可皆疑爲紀載之譌乎？且《漢書》言南道至莎車，北道至疏勒，何以皆曰波河西行也？南河北河分灌城郭諸國，均匯於蒲昌。道元之言信而有徵。特北河至後世輟流耳。又案：古所謂葱嶺，指在疏勒、莎車西者而言。温宿、姑墨、龜茲、焉耆諸國北界之山，古不名葱嶺。《水道提綱》概以葱嶺目之，失正名之義矣。

西遊記金山以東釋

垚初見徐星伯先生，即問耶律大石河中府及元和林所在。先生出《長春真人西遊記》見示。《記》後有先生跋，詳證金山西南山川道理得之目驗者。又有程、董二跋，皆言邪米思干，今撒馬兒罕。嗣見先生所藏《乾隆十三排輿圖》，知撒馬兒罕在霍罕西北，即大石河中府也。獨和林所在，尚未得其審。今讀張德輝《紀行》，始知和林城東北有一澤泊，因悟《記》所言「皇后窩里朵」，尚在和林之西也。先生屬垚再作一跋，攷定和林。垚以《紀行》所載自德興、宣德以北山水驛程，多與《記》合。因取《紀行》以證是《記》，並參攷史傳疏釋之。曰：

德興府，今保安州。宣德州，今宣化縣。《紀行》曰：「至宣德州復西北行，過沙嶺子口及宣平縣驛，❶出得勝口，抵捉胡嶺。」即《記》「十日宿翠帡口，明日北度野狐嶺」路也。《紀行》曰：「捉胡嶺下有驛，曰孛落。自是以北諸驛，皆蒙古部族所分主也，每驛各以主者之名名之。由嶺而上，則東北行始見毳幕旃車，逐水草畜牧，非復中原風土。」即《記》所謂「北顧但寒沙衰草，中原之風自此隔絕也」。按《一統志》野狐嶺在萬全縣東北三十里，勢極高峻。《遼史》：「重熙六年，獵于野狐嶺。」明洪武三年，李文忠北伐，出野狐嶺。景泰中，上皇自北還也，先遣兵送至野狐嶺，地爲撫州、宣德間要道。《金史·太祖紀》：「天輔七年四月己亥，次儒州。五月丙寅，次野狐嶺。己巳，次落藜濼。」《元史·木華黎傳》：「歲壬申，進圍撫州，金兵四十萬陳野狐嶺北。木華黎曰：『彼衆我寡，弗致死力戰，未易破也。』率敢死士策馬橫戈，大呼陷陳。帝麾諸軍並進，大敗金兵，追至澮河，殭尸百里。」按：壬申者，太祖之七年也。野狐嶺之戰，《太祖紀》在六年辛未。《紀》云：「二月，帝自將伐金，敗金將定薛于野狐嶺，取大水濼、豐利等縣。金復築烏沙堡。秋七月，拔之。八月，帝及金師戰于宣平之會河川，敗之。九月，拔德興。」元

❶「口」，原作「曰」，今據《續修四庫全書》本《落帆樓文集》卷六改。

太祖六年，當金衛紹王大安三年。《衛紹王紀》：「是年四月，大元太祖皇帝來征，平章政事獨吉千家奴、參知政事胡沙行省事備邊。八月，千家奴、胡沙自撫州退軍，駐于宣平。九月，千家奴、胡沙敗于會河堡。」澮河，當即《太祖紀》之會河川，即《金史》之會河堡也。《木華黎傳》亦以克德興爲在辛未年，而野狐嶺之戰乃移下一年。會河在德興之西北，野狐領又在會河之北，豈有野狐未敗而德興先克？傳蓋誤矣。千家奴，一名思忠。胡沙，一名承裕。《承裕傳》：「大安三年，拜參知政事，與平章政事獨吉思忠行省戍邊。烏沙堡之役，不爲備，失利。朝廷獨坐思忠，詔承裕主兵事。八月，大兵至野狐嶺，承裕喪氣，不敢拒戰，退至宣平縣中，土豪請以土兵爲前鋒，以行省兵爲聲援。承裕畏怯，不敢用，但問此去宣德間道而已。土豪嗤之，曰：『谿澗曲折，我輩諳知之。行省不知用地利力戰，但謀走耳。今敗矣。』其夜，承裕率兵南行，大元兵踵擊之。明日，至會河川，承裕兵大潰。承裕脱身走入宣德。大元遊兵入居庸關，中都戒嚴。識者謂金之亡決于是役。衛紹王猶薄其罪，除名而已。」按：《一統志》宣平廢縣在萬全左衛西十里，衛在懷安縣東北六十里，會河堡在衛西東南二洋河合流處。《水道提綱》曰：「東洋河即古于延水，其源曰兆哈河，在正黄旗察哈爾車卜兆哈嶺之東。東南流入邊城，經山西新平堡之北、平遠堡之南，又東流經直隸西陽河堡、柴溝堡之南，有西洋河自西南來會。西洋河西出陽和邊外太僕牧地，東南流入邊城靖魯堡北、守口堡南，又東經陽高縣城北，又東流至天成衛西北，有二水自西南來會。又東經城北，又東入直隸界，東北流至萬全縣西南之柴溝堡東南，與東洋河合。既合，東流至萬全驛北，有一水南自懷安縣東北流注之。」按：自懷安縣東北流，合東洋河之水，即南洋河也。萬全驛置在萬全左衛城中，會河堡在左衛之西，即在萬全驛西。承裕自野狐嶺退至宣平縣中，夜率兵南行，明日敗于會河川，則宣平縣在會河堡西北，其相去當不止十里矣。《金史·地理志》撫州柔遠縣有得勝口，舊名北望淀，大定二十年更名。金之撫州，即元皇慶後之興和路。《一統志》張家口在萬全縣東二十里，興和故城在鑲黃旗牧廠西南二十里，南至張家口百里。《方輿紀要》：「萬全右衛初與左衛同城，永樂二年，城德勝口，移衛治焉。」德勝口即得勝口，即今之萬全縣也。《紀行》「過宣平縣驛，出得勝口，抵扼胡嶺，然後北過撫州」，然則得勝口爲撫州南界之泊，扼胡嶺又疑即野狐嶺之異名矣。《方輿紀要》「翠屏山在萬全右衛北三里，兩峽高百餘丈，望之如屏。宋嘉定四年，蒙古敗金將胡沙虎于翠屏山，遂取西京」，即《記》之翠𡸣口矣。

自首至此爲第一節。釋野狐嶺、翠𡸣口，兼釋宣平縣、會河堡、得勝口等地。

《紀行》曰：「北過撫州，惟荒城在焉。北入昌州，居民僅百家。中有廨舍，乃國王所建也。亦有倉廩，隸州之鹽司。州之東有鹽池，周廣可百里，土人謂之狗泊，以其形似故也。」按：《紀行》于撫州下言「北入昌州」而不言「過蓋里泊」，《記》言「北過撫州，十五日，東北過蓋里泊，盡丘垤鹹鹵地，始見人煙二十餘家。南有鹽池」，而不言「過昌州」。就《記》言攷之，蓋里泊在撫州東北。《金志》泊屬撫州豐利縣，縣以泥濼置，則蓋里泊當在泥濼側近。《水道提綱》及《一統志》皆謂泥濼在蘇尼特右翼南六十里。據《一統志》鑲黄等四旗牧廠南至宣化府邊界四十里，北至鑲黄旗察哈爾界一百十里。鑲黄旗察哈爾南至鑲黄旗牧廠界七十里，北至蘇尼特右翼界一百二十里。蘇尼特右翼在張家口北五百五十里，南至鑲黄旗察哈爾界一百二十里，北至瀚海一百八十里。計由鑲黄旗牧廠北至蘇尼特右翼四百二十里，由撫州故城北至泥濼三百八十里，而由泥濼北至瀚海止二百四十里，泥濼去撫州如是之遠，較《記》與《紀行》所言不合。《方輿紀要》云：「金昌州在興和西北。」又云：「威寧廢縣北有昌州城。」按：威寧縣，金屬撫州，故城在正黄旗察哈爾西南八十餘里地，在撫州之西。昌州在威寧之北，則在撫州西北，而蓋里泊在撫州東北。然則，張參議出撫州西北行，故經昌州而不經蓋里泊。真人出撫州東北行，故經蓋里泊而不經昌州。而度漠，則皆至魚兒濼也。蓋里泊當與泥濼相近。而《一統志》蘇尼特右翼有占木土鹽泊，在右翼東南七十里，西剌布禄泊在右翼西三十五里，不知孰爲蓋里泊矣。《水道提綱》蘇尼特部有滚泊，在左翼南七十里，黑水濼在左翼西南一百二十里，葦濼在左翼西南九十里，古爾板馬潭泊在左翼西三十五里，最大者曰呼爾泊，在左翼東南六十五里。據《一統志》右翼東至左翼界一百三十里，左翼西至右翼界百里，蓋里泊必在左右二部諸泊之内，但不知何泊爲是，而呼爾泊疑即《太祖紀》之大水濼。若昌州之狗泊，則竟不知所在也。《金史·徒單鎰傳》：「鎰言：『自用兵以來，彼聚而行，我散而守，以聚攻散，其敗必然。不若入保大城，並力備禦。昌、桓、撫三州素號富貴，人皆勇健，可以内徙，益我兵勢。人畜貨財，不至亡失。』平章政事移剌、參知政事粱鏜曰：『如此是自蹙境土也。』衛紹王以責鎰，鎰復奏曰：『遼東國家根本，距中都數千里。萬一受兵，州府顧望，必須報可，誤事多矣。可遣大臣行省以鎮之。』衛紹王不悦，曰：『無故置行省，徒摇人心耳。』其後，失昌、撫、桓三州，衛紹王乃大悔，曰：『從丞相之言，當不至此。』頃之，東京不守。衛紹王自訟曰：『我見丞相，恥哉！』」《紀行》曰：「昌州之北行百餘里，有故壘隱然，連亘山谷。壘南有小廢城，問之，居者云此前朝所築保障也。城有戍者之所居。」按《金史·張萬公傳》：「初，明昌間，有司建議，自西南、西北路，沿臨潢，達泰州，開築壕塹，以備大兵。役者三萬人，連年未就。御史臺言：『所開旋爲風沙所平，無益於禦侮，而徒勞民。』上因旱災問萬公所由致。萬公對以勞民之久，恐傷和氣，宜從御史臺所言，罷之爲便。後丞相襄師還，卒爲開築，民甚苦之。」此之堡障，當即襄所築也。

以上爲第二節，釋蓋里泊兼釋昌州。

《紀行》又曰：「自保障行四驛，始入沙陀。際陀所及，無塊石寸壤。遠而望之，若岡陵邱阜。然既至，則皆積沙也。所宜之木，榆、柳而已，又皆樗散而叢生。其水盡鹹鹵也。凡經六驛而出陀，復西北行一驛，過魚兒泊。」按：《紀行》自保障至魚兒泊行十一驛，自昌州以上皆不著道里。長春則于二月十五日過蓋里泊，三月朔出沙陀，至魚兒濼，凡行半月。《紀行》曰：「魚兒泊有二焉：周廣百餘里，中有陸道，達于南北。泊之東涯有公主離宫，宫之外垣高丈餘，方廣二里許。中建寢殿，夾以二室，背以龜軒，旁列兩廡，前峙眺樓，登之頗快目力。宫之東有民匠雜居，稍成聚落。中有一樓，榜曰迎暉。」按：此公主不知何人所尚。元代諸部落之世尚主者，亦乞列思部居中，白達達部居西，宏吉剌部居東。魚兒泊直昌、撫等州之北，疑是亦乞列思部分地。《孛禿傳》：「孛禿，亦乞列思氏，太祖妻以皇妹帖木倫。皇妹薨，復妻以皇女火臣別吉。孛禿從征西夏，病薨，追封昌王。」魚兒泊之離宮，究不知何公主所居，疑未能證矣。《太祖紀》：「九年夏六月，避暑魚兒濼。」蓋離宮本是帝所居，後以賜公主耳。按：元之魚兒泊與遼之魚兒濼，名同地異。元魚兒濼直昌、撫等州沙漠之北。遼魚兒濼，則與長春州、混同江相近。《遼史·聖宗紀》：「太平二年春二月辛丑朔，駐蹕魚兒濼。三月甲戌，如長春州。四年春正月，如鴨子河。二月己未，獵撻魯河，詔改鴨子河曰混同江，撻魯河曰長春河。五年春正月乙酉，如混同江。二月，如魚兒濼。三月，如長春河。」撻魯改曰長春，必在長春州側近。《地理志》「長春州本鴨子河，春獵之地」。《營衛志》：「鴨子河濼東西二十里，南北三十里，在長春州東北三十五里。」則長春州逼近混同江，《興宗》《道宗》諸紀屢言「如魚兒濼」，而史文皆與「如混同江、春州」等比月相連，則《遼史》之魚兒濼西去直昌、撫等州北之魚兒濼甚遠。然「太平四年，魚兒濼有聲如雷，其水一夕越沙岡四十里，別爲一陂」，與《紀行》「魚兒泊有二：中有陸道，達于南北」之言頗相似。而以史攷之，實是二地。蓋元之魚兒濼在遼上京臨潢府西北沙漠外，而遼之魚兒濼則去長春州頗近。《道宗紀》：「大安四年春正月庚戌，如混同江。二月己丑，如魚兒濼。己亥，如春州。」春州即長春州。己丑至己亥十日，若爲上京西北沙磧外之魚兒濼，則東至混同江畔之長春州，非十日所能到。遼之遊幸，亦不應倏東倏西如此矣。按《一統志》：遼魚兒濼在郭爾羅斯前旗西北五十里。遼長春州故城，即金泰州故城，在郭爾羅斯前旗東南三百里。混同江在郭爾羅斯前旗東一百七十里。旗東至奉天永吉州界一百七十里。西北至科爾沁界一百四十里。科爾沁右翼前旗東南至郭爾羅斯界一百八十里。洮兒河在右翼前旗西四里，即遼之撻魯河也。然則遼之魚兒濼在長春州西北三百五十里，撻魯河在魚兒濼西北三百里矣。地志家又以興和城西之濼當元太祖避暑之魚兒濼，殊誤。太祖不避暑于撫州境也。

以上爲第三節，釋魚兒濼元與遼名同地異。

《紀行》曰：「自魚兒泊之西北行四驛，有長城頹址。望之綿延不盡，亦前朝所築外堡也。自外堡行十五驛，抵一河，深廣約什虖沱之三，北語云『翕陸連』，漢言驢駒河也。夾岸多叢柳。」按《紀行》自魚兒泊至驢駒河行十九驛，而《記》言三月五日自魚兒濼起，之東北行二十餘日，方見一沙河，西北流入陸局河者。蓋驢駒河由西南趨東北。張參議自魚兒泊西北行，故十九驛而至。真人以赴斡辰大王之請，自魚兒濼東北行，故二十餘日方見入驢朐河之沙河也。北人讀「陸局」音如「驢朐」，故《記》謂之陸局河矣。《元史》謂之怯緑憐河也。元太祖諸弟皆封在東方。斡辰大王，《宗室表》作斡赤斤國王。據此《記》知斡赤斤營帳在驢朐河南。《記》言水濡馬腹者，謂沙河也。渡河北行，渡沙河也。今輿圖及《水道提綱》驢朐河之北有沙水南注，而南則無有。蓋塞外小水隱見不常，故不能合矣。《記》言「四月朔，至斡辰大王帳下。十七日，大王送行，馬首西北，二十二日，抵陸局河，積水成海，周數百里」。計自斡辰大王帳下至臚朐河行五六日，則斡辰之帳似在今喀爾喀東部車臣汗左翼後旗北境、中左旗之東境。「積水成海，周數百里」，似即《水道提綱》之杜勒鄂模矣。《牙忽都傳》：「北安王駐帖木兒河，乃顏、也不堅有異圖，引兵趨怯緑憐河大帳。王遣闊闊出、禿禿哈率衆追之。時怯必禿忽兒霍台誘蒙古軍二萬從乃顏，牙忽都知之，夜襲其河上軍，突入帳中，遇忽都滅兒堅，幾獲之。」也不堅即也不干，斡辰之曾孫也。乃顏者，太祖弟別里古台之曾孫。《別里古台傳》：「以斡難、卻魯之地，建營以居。」是別里古台分地並斡難河，在斡辰之北。時也不堅從乃顏叛，故引兵趨怯緑憐矣。《記》言「並河南岸西行，行十有六日，河勢繞西北山去，不得窮其源」，則在今車臣汗本旗之西南，右翼中前旗之南、右翼中右旗之北也。臚朐河至右翼中前旗之西南，折而東南流，《水道提綱》所謂「克魯倫河自源西南流四百數十里，折而東南流」者也。亦史所謂怯緑憐河曲矣。《紀行》曰：「臚駒河水東注，甚湍猛。居人云：中有魚，長可三四尺。春夏及秋捕之，皆不能行。至冬，可鑿冰而捕也。瀕河之民，雜以蕃漢，稍有屋宇，皆以土冒之。亦頗有種蓺麻麥而已。河之北有大山曰窟速吾，漢言黑山也。自一舍外望之黯然，若有茂林者，迫而視之，皆蒼石也。蓋常有陰靄之氣覆其上焉。」按：黑山在臚朐河北，當河曲之中，亦斡辰大王分地。《撒吉思傳》：「初爲太祖弟斡真必闍赤，領王傅。斡真薨，長子只不干早世，適孫塔察兒幼，庶兄脱迭狂恣，欲廢適自立。撒吉思與火魯和孫馳白皇后，乃授塔察兒以皇太弟寶，襲爵爲王。撒吉思以功與火魯和孫分治。黑山以南，撒吉思理之。其北，火魯和孫理之。」斡真，即斡辰。火魯和孫分理黑山以北，則斡辰之地跨臚朐河南北，西至河曲矣。按驛路本由魚兒濼西北行，徑抵臚朐河曲，當黑山之陽，參議所行是也。真人以赴斡辰之請，改向東北行，則非驛路。由王帳下西至臚朐河曲，方與魚兒濼驛路合。故《記》言西南接魚兒濼驛路也。自河曲以西，與參議行途合矣。《紀行》曰：「自黑山之陽西南行九驛，復抵一河，深廣加翕陸連三之一，魚之大，若水之捕法亦如之。其水始西流，深急不可涉。北語云渾獨剌，漢言兔兒也。」按渾獨剌，今曰土剌河。《太祖紀》：「帝以汪罕與烈祖交好，遂會于土兀剌河上，尊汪罕爲父。乃蠻部長不魯欲罕不服，帝與汪罕征之。汪罕夜然火營中，示人不疑，潛移部衆于別所。及旦，帝始知之，因疑其有異志，退師薩里河。汪罕亦還至土兀剌河。」《洪茶丘傳》：「從丞相伯顏北征，至脱剌河，猝與賊遇，茶丘突陳無前。」《土土哈傳》：「至元十四年，土土哈追脱脱木至秃兀剌河，三宿而後反。尋復敗之于斡歡河。二十四年，宗王乃顔叛，陰遣使來結也不干、勝剌哈，爲土土哈所執，盡得其情以聞。有旨，令勝剌哈入朝，將由東道進。土土哈言于北安王曰：『彼分地在東，脱有不虞，是縱虎入山林也。』乃命從西道進。既而有言也不干叛者，衆欲先聞于朝，然後發兵。土土哈曰：『兵貴神速，若彼果叛，我軍出其不意，可即圖之。否則，與約而還。』即日啟行，疾驅七晝夜，渡秃兀剌河，戰于孛秃嶺，大敗之。也不干僅以身免。」土兀剌、脱剌、秃兀剌，皆即渾獨剌之轉譯，音無定字，語有輕重，故字隨音變矣。勝剌哈，亦作勝納哈，哈丹之孫。哈丹者，太祖弟哈赤温之孫也。《玉昔帖木兒傳》：「乃顔遺孽哈丹秃魯干復叛，玉昔帖木兒倍道兼行，過黑龍江，擣其巢穴，殺戮殆盡。哈丹秃魯干莫知所終，夷其城，撫其民而還。」哈丹巢穴在黑龍江，則黑龍江當即是其分地。故土土哈不欲勝納哈往東道矣。秃魯干疑即哈丹之弟吴王朵列担也。然則哈赤温分地又在别里古台分地東北也。太祖諸弟，獨搠只哈兒王分地不可攷耳。憲宗元年，東方勸進諸王，有也古、脱忽、亦孫哥。也古即也苦，亦孫哥即移相哥。三人皆搠只哈兒王子也，則分地亦在東方，特無由知地所在耳。《紀行》言「西南行九驛，抵渾獨剌河」，《記》言「驛路行十日，夏至量日景三尺六七寸，漸見大山峭拔」，而不言有河。董跋推校日景，而斷其地在土剌河之南，喀魯哈河之東，近今喀爾喀土謝圖汗中右旗地，語最精確。蓋真人與參議所行實是一途，語有詳略耳。大山峭拔者，即土剌河南岸喀魯哈河東岸之山也。

以上爲第四節，釋臚朐河，兼釋土剌河，並東方諸王分地所在。

《紀行》曰：「過河而西行一驛，有契丹所築故城，城方三里，背山面水。自是水北流矣。」按過兔兒河而西，又行一驛，然後至契丹故城，則城當在喀魯哈河之西，土謝圖汗本旗之東北。《紀行》曰：「由故城西北行三驛，過畢兒紇都，乃工匠積養之地。又經一驛，過大澤泊，周廣約六七十里，水極澂澈。北語謂吾悮竭腦兒。自泊之南而西，分道入和林城，相去約百餘里。」按：《水道提綱》曰：「朱爾馬台河出額黑鐵木兒山南麓，東南流，繞布庫鐵木兒山足三面，東北流曲，曲三百餘里，瀦爲池，曰察罕鄂模，廣數十里。又東北流百里，有布勒哈爾台河，南自達爾湖喀剌巴冷孫地之池水東北流來會，又東北入鄂勒昆河。」布勒哈爾台與畢兒紇都音相近。察罕池東北流百里，與布勒哈爾台河會，與《紀行》「過畢兒紇都，又經一驛，過大澤泊」之言合。又自布勒哈爾台河東至喀魯哈河里數與《紀行》行三驛之言亦合。然則，吾悞竭腦兒即今察罕池。池西南百餘里，實元和林城所在矣。《太宗紀》：「九年春，獵于揭揭察哈之澤。夏四月，築掃鄰城，作迦堅茶寒殿。」《地理志》迦堅茶寒殿在和林北七十餘里。錢大昕謂：迦堅茶寒即揭揭察哈，譯音有輕重耳。揭揭察哈，《憲宗紀》又作怯蹇叉罕。然則，殿以澤得名，殿在和林城北七十餘里，澤亦當相近。察罕池即揭揭察哈澤，無可疑矣。《紀行》曰：「泊之正西有小故城，亦契丹所築也。由城四望，地甚平曠，可百里，外皆有山，山之陰多松林。瀕水則青楊叢柳而已。中即和林川也。」歐陽玄《高昌偰氏家傳》曰：「和林有三水焉：一並城南山，東北流，曰斡爾汗。一經城西，北流，曰和林河。一發西北，東流，曰忽爾班達彌爾。三水距城北三十里合流，曰偰輦傑河。」按：忽爾班達彌爾即今塔米爾河。《水道提綱》曰：「他米勒河，亦曰塔米爾河，有南北兩源，南源出杭愛山北麓，在鄂勒昆源之西者曰呵索郭特河，西北流百里許，又在其西五十五里者，兩澗北流而合。又在其西南九十里者，三澗合而東北流。有西北來二水皆會。又東北，始曰他米勒河。又北而會呵索郭特河，皆杭愛以北水也。又東北會東南來一水，其東即蘇巴勒干山。又北經特禮布拉克地東，受西北來一小水。又東北受西北來之朝穆多河。又東北經布拉干地南，受西北來一小水。稍東，有車車勒里克河自南來會。又東北，受西北一小水。又東北，折而北流，有一河合四水自西來注之。又東北，與北源會。北源出枯庫東麓，在杭愛山西北三百里有二澗東北流而合。又北，會東南外來一水。又東北而三澗自西北合而東流，稍北來會。又東北，會西北來一水。又東，會南來一水。又東北，會西北一水，始曰他米勒河。北岸連山，即哈瑞河諸源也。又東流，受北一水。又東有一河，西南自哈龍恩格勒山東北流，合二水來會。又東瀦爲台魯勒倭黑池，廣數十里，中有一山。又東流，有察罕烏林河自西北來會。其南岸即布拉干北山也。又東北百數十里，而南源自西南來會。又東曲，曲百里，折而東北百里，會鄂勒昆河。此水兩源俱五百餘里始合。又二百里，入鄂勒昆。自杭愛山以北，枯庫嶺以東，諸泉皆會入焉。」按：二源會合之後，又東北二百里，入鄂勒昆。計自和林城東北百餘里至察罕池又東北百里，至布勒哈爾台，又東北至鄂勒昆，實二百數十餘里，而鄂勒昆河自東南趨西北，塔米爾河南源自西南趨東北，以道里覈之，南源實在故和林城西，則即和林川矣。北源乃塔米爾河耳。斡爾汗即鄂勒昆也。或者南北二源俱爲塔米爾河，則入察罕池之朱爾馬台河當是古之和林川。三水會合之地計去和林城約有三百里，而《傒氏家傳》云「三十里」，傳寫誤耳。以《水道提綱》所載攷之，張與歐陽之言，一一宛合，而《提綱》三述和林，顧皆不得其實。一疑在色楞格河之北，一疑在鄂勒昆河南源之北，則由惑于烏倫、烏林皆和林之轉，而不知和林川實自南而北，非自北而南也。一疑在塔米爾河北源之南，其説近矣，而覈其地，猶在和林川西，非和林城所在也。良由詳徵今圖，無暇攷古故耳。然非有詳徵今圖，若《提綱》一書，亦無由得和林所在矣。然則和林城在今三音諾顔右翼中右旗之東北，額魯特旗之西北也。《一統志》和寧路，其地在杭愛山東鄂爾渾、塔米爾河之閒，斯言得之。《地理志》：「太祖十五年，建都和林。」按：十五年，太祖在西域。春三月，帝克蒲華城。夏五月，克尋思干城，駐蹕也石的石河。秋，克斡脱羅兒城。駕未嘗中回，安得有都城之建？又十五年歲次庚辰，正真人由燕京往德興之歲。《記》云「師聞行宮漸西，春秋已高，欲待駕回朝謁」，則自前年征西域後，駕實未嘗中回也。且太祖所居之見于《紀》者，六年春，帝居怯緑連河。十一年春，居臚朐河行宮。十九年，由西域班師。二十年春正月，還行宮。二十二年秋七月，崩于薩里川哈老圖之行宮。《本紀》中不見有和林之名，安得謂和林爲太祖所建？太宗元年秋八月，諸王百官大會于怯緑連河曲雕阿蘭之地，以太祖遺詔即皇帝位于庫鐵烏阿剌里，亦不言和林。二年春，帝與拖雷獵于斡兒寒河。夏，避暑于塔密爾河。則始在和林左右。斡兒寒即斡爾汗也。嗣是六年春，會諸王宴射于斡兒寒河，而七年春遂城和林，作萬安宮。和林建都實始太宗，非由太祖矣。《記》于「夏至量日景長三尺六七寸」後云：「又四程，西北渡河，乃平野，其旁山川皆秀麗，水草且豐美。東西有故城，或云契丹所建。」按《紀行》過兔兒河，後行四驛，至畢兒紇都。《記》則行四程渡河，驛程之數相當。所渡之河，當是鄂勒昆河也。云

「山川秀麗，故城地中得古瓦，有契丹字」，則已在和林側近，而不言和林者，是時實未建都，故無和林之目也。然謂行四程渡河，渡河已後實多日駐留，故至六月十三日始宿長松嶺也。長松嶺即《紀行》所謂「山之陰多松林」矣。

以上爲第五節，釋和林。

契丹故城疑是遼鎮州諸城。按：《遼史・蕭撻凜傳》：「撻凜以阻卜諸部叛服不常，上表乞建三城，以絶邊患。從之。」《聖宗紀》：「統和十二年秋八月，詔皇太妃領西北路烏古等部兵及永興宮分軍，撫定西邊，以蕭撻凜督其軍事。二十二年，以可敦城爲鎮州，軍曰建安。開泰二年春正月，達旦國兵圍鎮州，州軍堅守。三月，耶律化哥以西北路略平，留兵戍鎮州，赴行在。」《地理志》：「鎮州本古可敦城，東南至上京三千餘里，皇

太妃奏置，統防、維二州。」又：「河董城，本回鶻可敦城，語譌爲河董城，東南至上京一千七百里。靜邊城東南至上京一千五百里。皮被河城，地控北邊，南至上京一千五百里。皮被河出回紇北，東南經羽厥，入臚朐河。沿河董城北，東流，合沱漉河。」按：《地理志》敍鎮州以下諸城，自西而東，鎮州東南至上京三千餘里，以道里校之，實與《記》所指西故城相合。《蕭撻凜傳》不言三城之名，可敦當即其一，後改爲鎮州耳。《蕭圖玉傳》：「統和初，爲烏古部都監。十九年，總領西北路軍事。開泰元年七月，石烈太師阿里底殺其節度使，西奔窩魯朵城。蓋古所謂龍庭單于城也。已而阻卜復叛，圍圖玉于可敦城，勢甚張。圖玉使諸軍齊射卻之，屯于窩魯朵城。」據傳是窩魯朵城與可敦城相近，窩魯朵音近窩里朵，元世窩里朵雖無定所，其名當

出于此，故史亦謂之龍庭。可敦城與窩里朵城相近，然則《記》所指之契丹西故城，其即鎮州所在乎？《耶律撻不也傳》：❶「阻卜酋長磨古斯來侵，西北路招討使何魯掃古戰不利，詔撻不也代之。磨古斯之爲酋長，由撻不也所薦。至是，遣人誘致之。磨古斯紿降，撻不也逆于鎮州西南沙磧間，禁士卒無得妄動。敵至，裨將耶律綰斯、徐烈見其勢鋭，不及戰而走，遂被害。」鎮州西南有沙磧，或其地尚在。《記》所指西故城之西，疑未能定矣。遼起臨潢，居四戰之地，西北築諸城，以控制諸部，勢非獲已，而當時多患苦之。《耶律唐古傳》：「統和時，命唐古勸督耕稼，以給西軍，田于臚朐河側，是歲大熟。明年，移屯鎮州，凡十四稔，積粟數十萬斛，斗米數錢。重熙間，改隗衍党項部節度使。先是，築可敦城，以鎮西域諸部。縱民畜牧，反招寇掠。重熙四年，上疏曰：『自建可敦城以來，西蕃數爲邊患，每煩遠戍。歲月既久，國力耗竭，不若復守故疆，省罷戍役。』不報。」《蕭韓家奴傳》：「重熙時，制詔問繇役何者最重。韓家奴對曰：『最重之役，無過西戍。如無西戍，雖凶年困弊不至于此。若能徙西戍稍近，則往來不勞，民無深患。今宜徙可敦城于近地，與西南副部署烏古敵烈、隗烏古等部聲援相接。』」是遠戍之苦當時深患之矣。《天祚紀》：「大石不自安，遂殺蕭乙薛、坡里栝，自立爲王，率鐵騎二百宵遁。北行三日，過黑水，見白達達詳穩牀古兒。牀古兒獻馬四百，駞二十。西至可敦城。」是大石西行，駐軍于可敦城，故《記》以契丹城爲遼亡士馬不降者西行所建城邑矣。亦可證是

❶「耶律撻不也傳」，陳校據《遼史》認爲當作「撻不也傳」。

城之當即鎮州也。《記》言東西有故城，東故城即《紀行》「過河而西行一驛」之「契丹故城」，西故城即《紀行》「腦兒正西」之小故城。蓋東西之言所兼頗廣。山川秀麗之云，實兼指今鄂勒昆河東西兩岸矣。

以上第六節，釋契丹城。

《紀行》曰：「和林川居人多事耕稼，悉引水灌之。間亦有蔬圃。時孟秋下旬，糜麥皆槁。問之田者，云已三霜矣。」即《記》所謂「朝暮有冰霜，已三降也」。特《記》甫初伏，《紀行》則孟秋下旬，時稍不同。又《紀行》所説尚在和林川中，《記》則十三至十七連日山行，已在和林西北山中，故地氣較寒矣。《紀行》曰：「由川之西北行一驛，過馬頭山，居者云：上有大馬首，故名之。自馬頭山之陰轉而復西南行，過忽蘭赤斤，乃奉部曲民匠種蓺之所，有水曰塌米河注之。東北又經一驛，過石堠，堠在道旁，高五尺許，下周四十餘步，正方而隅，巍然特立于平地，形甚岢峻。遥望之，若大堠然，由是名焉。自堠之西南行三驛，過一河，曰唐古，以其源出于西夏故也。其水亦東北流。」按：自和林川西北行五驛而抵唐古河，則地當在今三音諾顔中後末旗之西南，近哈瑞河發源處。唐古河疑即哈瑞河。此水南去西夏甚遠，而以爲源出西夏，傳聞之譌耳。《水道提綱》曰：「哈瑞河出西南幹山，在齊老圖源之南，隔山三百餘里。他米勒河源隔山百餘里，東北流入色楞格河，長九百里。」《紀行》曰：「水之西有峻嶺，嶺之石皆鐵如也。嶺陰多松林，其陽帳殿在焉，乃避夏之所也。迨中秋後，始啟行。東道過石堠子，至忽蘭赤斤。忽蘭赤斤，山名，謂形似紅耳也。東北迤邐入山。自是且行且止，行不過一舍，止不過信宿，所過無名山大川，不可殫紀。至重九日，王帥麾下會于大牙帳，灑白馬湩，脩時祀也。其什器皆用禾樺，不以金銀爲飾，尚質也。十月中旬，方至一山崦間避冬，林木甚盛，水堅凝，人競積薪儲水，以爲禦寒之計。其服非毳革則不可，食則以羶肉爲常，粒米爲珍。比歲除日，輒遷帳易地，以爲賀正之所。日大宴所部于帳前。自王以下，皆衣純白裘。三日後，方詣大牙帳，致賀禮也。」按：由忽蘭赤斤東北迤邐入山，當是今之賽堪山，祭天及避冬之處。《紀行》既不言其地，無由知所在矣。《憲宗紀》：「七年秋，駐蹕于軍腦兒，釃馬湩祭天。」軍腦兒，亦不知其地。《金史·紇石烈牙吾塔傳》：「太宗皇帝至應州，以九日拜天，即親統大兵入陝西。」蓋祭天無一定之所，遇當祭日隨在可祭矣。大牙帳，則皇帝所在也。《紀行》又曰：「正月晦，復西南行。二月中旬，至忽蘭赤斤。東行，及馬頭山而止，趁春水飛放故也。四月九日，率麾下復會于大牙帳，灑白馬湩，什器亦如之。每歲惟重九、四月九，凡致祭者再。其餘節則否。自是日始回，復由驛道西南，往避夏所也。大率遇夏則就高寒之地，至冬則趨陽煖薪水易得之處以避之。過以往，則今日行而明日留，逐水草，便畜牧而已。此風土之所宜，習俗之大略也。」按：《紀行》由和林川往避夏處，但行五驛，而《記》自六月十三日宿長松嶺，至二十八日方泊窩里朵之東，凡行十五六日。是時窩里朵亦是駐夏處，而遠近不同者，蓋張參議于定宗丁未年應世祖潛邸之招，所往者定宗駐夏之地。真人當太祖時，所往者是太祖皇后駐夏之地，故不同矣。據真人所行多山路，又有海子淵深之語，疑在今三音諾顔中左旗之南，中左末旗之西北，齊老圖河側近，以其所渡之水東北流也。若踰山而西，水皆西南流矣。真人行緩，或中道駐留，故二十八日始至也。所言駐夏處異地。

以上第七節，釋皇后窩里朵與《紀行》

《水道提綱》據《康熙輿圖》以色楞格河北源所出之山爲杭愛山頂，以塔米爾河南源鄂勒昆河北源所出之山爲杭愛山尾，而齊老圖河諸水所出之山皆爲杭愛頂南行支阜。近圖移杭愛山于鄂勒昆河之東、土謝圖汗旗之西，則在故和林之東，與舊圖異。細繹《元史》杭愛之名，當即「杭海」音之轉。《元史》惟《太祖紀》作沆海山，《土土哈傳》作「杭海嶺」，餘皆作「杭海」。今且以武宗撫軍北邊事攷之。《武宗紀》：「大德四年八月，與海都戰于闊別列之地，敗之。十二月，軍至按台山。五年，海都入犯，武宗與戰于迭怯里古，又大戰于合剌合塔。」據姚燧撰《乞台普濟先德碑》言，寇出金山南闊別列，知闊別列在金山之南。據《康里脱脱傳》：「大德五年，叛王海都犯邊，脱脱從武宗討之，師次杭海，進擊海都，大破其衆。」知武宗于大德五年破海都于杭海。又據《乞台普濟碑》：「大德五年八月，寇大至。乞台普濟教吾軍表紅衣于甲以自别，俾鬭不迷。自是寇望紅衣軍，則退不戰。」碑又云：「大德五年，寇舉國至，又戰于哈剌台。乞台普濟子也兒吉尼以數十騎出入其陳數四，所當披靡，莫之與敵。寇大駭，卻。皇上乘之，遂大潰，斬馘不可級計。」哈剌台，即合剌合塔。曰「大至」、曰「舉國至」，皆舉衆深入之謂。深入而敗，無一語及和林，則戰地實在和林之西。又據《牀兀兒傳》：「大德五年，海都兵越金山而南，牀兀兒急引兵敗之。」知海都兵又擾金山之南。

又據《乞台傳》，乞台子哈贊赤，大德五年從戰杭海，從武宗親征哈剌阿荅，復從創兀兒征不別八憐。八憐之地，據《牀兀兒傳》在金山之南。哈剌阿荅即合剌合塔，創兀兒即牀兀兒。據是傳次第，知海都兵犯杭海，戰敗而西走合剌合塔，又戰敗而西踰金山至不別八憐也。然則杭海在合剌合塔之東，和林之西矣。又按武宗駐冬之按台山，當即乃蠻之按臺。太祖之征乃蠻也，乃蠻部長太陽罕至自按臺，營于沆海山。帝與大戰，擒殺太陽罕。帝即位，復征乃蠻。時卜魯欲罕獵于兀魯塔山，擒之以歸。太陽罕子屈出律奔也兒的石河上。兀魯塔，《牀兀兒傳》作「兀兒禿」，今曰「阿爾泰」，皆音之轉，即金山也。卜魯欲罕獵于兀魯塔山，則金山實乃蠻部落所在，按臺必在金山側近。疑按臺即兀魯塔，緩言之曰「兀魯塔」，疾言之曰「按臺」。而也兒的石河又在金山西南矣。太陽罕自按臺至沆海山，實自西而東。武宗于四年八月戰于金山之南，十二月軍至按臺山，則即踰金山而東。想五年必由按臺東歸，故海都大舉入犯，而遂戰杭海也。今齊老圖、塔米爾、鄂勒昆諸源之山，由北而南，環繞和林之西，實和林西面門户，爲海都東寇必爭之地。海都大德五年之寇，和林尚未被兵，則謂此諸山爲杭海，實于形勢相合。杭愛即杭海，音之轉。《水道提綱》之言，實是不誤。若移于鄂勒昆河之東，則海都兵未至和林，不應寇從西來，而康里脱脱、哈贊赤諸人反東出。若海都兵已越和林而東，則和林要地，不應諸傳概未之見，而牀兀兒轉在金山之南。準之情事，義證顯然矣。《一統志》：「杭愛山在鄂爾渾源之北，直陝西、寧夏北二千里許，翁金西北五百餘里。其山最爲高大。自山西枯庫嶺北折，環繞色楞格河上流諸水發源之處，抵鄂羅斯國界千餘里。鄂爾渾、塔米爾諸河俱發源于此。」是《一統志》亦以杭愛爲在故和林之西。然則真人由窩里朵西南入山，實是杭海道也。

以上第八節釋杭海。

《記》云：「七月九日，同宣使西南行五六日，屢見山上有雪。又三二日，歷一山，高峯如削，松杉鬱茂，而有海子。南出大峽，則一水西流，雜木叢映。」按：高峯、海子、大峽雖不可悉知，而覈其程途，則「一水西流」疑即今之烏里雅蘇台河。蓋在今三音諾顔中後旗西矣。又云：「西南過沙場二十里許，始見回紇決渠灌麥。又五六日踰嶺而南，至蒙古營宿。拂廬旦行，迤邐南行，望之有雪。郵人告曰：此雪山，北是田鎮海八剌喝孫也。八剌喝孫，漢語爲城。七月二十五日，徒單、夾谷二妃及漢公主母欽聖夫人袁氏號泣相迎。翌日，阿不罕山北鎮海來謁。」按真人于七月九日由窩里朵起行，二十六日至阿不罕山北，凡行十八日，計其地當在今喀爾喀西部札薩克圖汗左翼左旗界，直科布多之東。《鎮海傳》「屯田于阿魯歡，立鎮海城，戍守之」，即此之八剌喝孫也。夫曰「立鎮海城」，是城名鎮海也。城爲鎮海所立，遂以鎮海名城。《劉容傳》：「至元七年，世祖駐蹕鎮海。」《小雲石脱忽憐傳》：「以鷹房萬户從裕宗北征，至鎮海。」是又以城名地矣。鎮海又轉曰稱海。《裕宗傳》：「至元七年秋，受詔巡撫稱海。」《王恂傳》：「從裕宗撫軍稱海。」即《小雲石脱忽憐傳》之鎮海也。《囊加歹傳》：「武宗在潛邸，囊加歹嘗從北征，與海都戰于帖堅古。明日又戰，海都圍之山上。囊加歹力戰決圍而出，與大軍會。武宗還師，囊加歹殿。海都遮道不得過，囊加歹選勇敢千人，直前衝之。海都披靡，國兵乃由旭哥耳温、稱海與晉王軍合。」《牀兀兒傳》：「海都兵越金山而南，止于帖堅古。」是帖堅古在金山之南，由金山還師而東，道必經鎮海城。是稱海即鎮海矣。稱海爲西北要地，據《地理志》及《武宗紀》中統初置宣慰司、都元帥府于和林，後分都元帥府于金山之南。至元二十六年，諸王叛，兵侵軼和林，宣慰司怯伯乘隙叛去。二十七年，立和林等處都元帥府。大德十一年，和林改置行中書省，移都元帥府于稱海，兼置稱海等處宣慰司。稱海誠控禦叛王要地矣。哈剌哈孫之行省，和林也。置傳車相去各三百里，凡十傳。轉米數萬石，以饟飢民，不足則益牛羊。又度地置内倉，積粟以待來者。浚古渠，溉田數千頃。治稱海屯田，教部落雜耕其閒，歲得米二十餘萬。北邊大治。《地理志》：「元貞元年，于六衛漢軍内撥一千人赴稱海屯田。北方立站帖里干、木憐、納憐等一百一十九處。」《成宗紀》：「元貞二年二月，給稱海屯田軍農具。大德元年三月，給稱海匠户市農具鈔。」按稱海地鄰接海都，海都犯邊，屯田暫罷。海都既平，屯田旋復，故《成宗紀》「大德四年，罷稱海屯田，改置于呵札之地」。而六年九月，又遣阿牙赤、撒罕秃會計稱海屯田歲入之數也。《仁宗紀》：「至大四年六月，命和林行省右丞孛里、馬速忽經理稱海屯田。延祐元年四月，❶敕儲稱海、五條河屯田粟，以備振濟。六年十一月，敕晉王部貧民二千居稱海屯田。」《英宗紀》：「延祐七年五月，復置稱海、五條河屯田。」按：

❶「四」，原作「三」，今據陳校及《元史·仁宗本紀》改。

七年復置，則七年以前必嘗罷之矣。是時，明宗以不得爲皇儲，憤發兵反，兵敗走金山，西北諸王察阿台等率衆附之。屯田之罷，其以是與？後明宗不復入寇，故屯田亦旋復也。然則《明宗紀》「冬居札顔，夏居斡羅斡察山，春則命從者耕于野泥」，當與阿魯歡相近。阿魯歡即阿不罕。據是《記》，鎮海城在阿不罕山東北，則明宗所居當在其西也。又按：阿不罕亦作阿荅罕。《月赤察兒傳》：「初，金山南北叛王海都、篤娃據之，不歸正朔，垂五十年，時入爲寇。嘗命親王統左右部宗王諸帥，屯列大軍，備其衝突。大德十年冬，叛王滅里帖木兒等屯于金山。武宗帥師出其不意，先踰金山。月赤察兒以諸軍繼往。至大元年，月赤察兒奏曰：『諸王秃苦滅本懷攜貳，而察八兒游兵近境，叛黨素無悛心，儻合謀致死，則垂成之功，顧爲國患。臣以爲昔者篤娃先衆請和，雖死，宜遣使安撫其子款徹，使不我異。又諸部已歸順，我之牧地不足，宜處諸降人于金山之陽，我軍屯田金山之北，軍食既饒，又成重戍，就彼有謀，我已擣其腹心矣。』奏入，帝曰：『是謀甚善。卿宜移軍阿荅罕三撒海地。』」阿荅罕在金山之陰，當即是阿不罕。《武宗紀》：「大德十一年秋七月，稱海置都元帥府。」當即是其事。特《紀》在大德十一年，而《傳》在至大元年，差一年耳。又按古人稱北包東，稱南包西。凡言金山之北，皆謂其東北，正今阿爾泰以東地也。史于稱海屯田言之綦詳，真人言喜見此間秋稼已成，亦其明徵矣。漢公主者，金衛紹王之女也。其母則衛王妃也。元太祖九年，金宣宗奉衛紹王之女岐國公主以請和，宣宗旋遷汴，使完顔福興、抹撚盡忠留守中都。中都危急，盡忠密與腹心謀南奔，福興仰藥而死。中都妃嬪聞盡忠出奔，皆束裝至通玄門。盡忠謂之曰：「我當先出，與諸妃啟途。」諸妃以爲信。然盡忠乃與愛妾及所親者先出城，不復顧矣。中都遂不守，二妃與公主母之陷于北，由盡忠紿之也。盡忠行至中山，謂所親曰：「若與諸妃偕來，我輩豈能至此。」金人虜宋帝、后妃、宗室于青城，厥後盡忠棄燕，崔立翻汴，覆亡之蹟，轉瞚一轍。天道好還，故令二妃等居鎮海城。前後百年中，與五國城唱月上海棠之主，遥遥于萬里外，東西相對也。今科布多之地，湖泊甚多，故鎮海言前有大山高峻，廣澤沮陷，非車行地矣。是地本乃蠻國所在，故乃蠻國王以佳饌食山精也。

以上第九節釋鎮海城即稱海。

若夫金山以南，則先生跋中詳之。霍闌没輦以西，又未得明徵，姑闕，竢知者。

附録

何文安視學浙江，歲試湖郡，校官上諸生優行籍，無先生名。文安卻之，再上，仍不列。文安乃言曰：「吾在京師，聞湖州沈垚學識爲浙江第一，而報優無名，何也？」諸校官皆目上視，茫然不知沈垚爲何人。文安笑曰：「校官所講者時文也，所急者贄禮也。沈生不攻時文而贄薄，宜校官之不識也。」遂拔先生第一。孫燮撰哀辭。

先生以優貢入都，姚侍郎元之有地志之纂，請主其事，遂館於姚氏。侍郎旋督浙江學政，先生引嫌不從，獨留京邸著書。未幾，侍郎晉總憲，以言事降秩，有欲請先生校文者，謝曰：「主人方失意，去枯而集菀，吾不爲也。」同上。

程春海侍郎嘗讀《西遊記》，擬爲文疏通其説。及見先生所撰《西遊記金山以東釋》，歎曰：「遐荒萬里在目前矣，我輩牗材，未足語於是也。」遂閣筆。《月齋文集·落颿樓文稾序》。

張石州曰：「子惇爲諸生時，以試《庸蜀羌髳微盧彭濮攷》爲何文安所首拔。又以試《尚書古文攷》、《毛詩古音攷》爲陳碩士侍郎所賞。日照許印林在幕中，言鎖院得子惇卷，如辨古金款識，淺學者或不能盡識，輒傳觀以爲奇寶。至爲賦頌駢儷之文，則又精雅似六朝小品。蓋其多藝如此。余嘗戲謂：『子惇生魚米之鄉而慕毳耆麥，南人足不越關塞而好指畫絶域山川，篤精漢學而喜説宋遼金元史事，可謂三反。』子惇聞而軒渠，以爲無以易也。」同上。

李越縵曰：「子惇所著，如《爲人後者爲所生服議》謂：『古惟大宗立後，特重於大宗，故降其本生，示不貳斬之義。後世既無宗法，今之立後，皆與古異，無所特重，則不得降其本生之服。』其言精確，爲向來議禮家所未及。《殤不當立後議》、《晉書賀循傳書後》、《喪服足徵記書後》、《與張㟝甫三書》，皆論禮服之學，斷制精嚴，有裨世教。」《越縵堂日記》。

敦三交游

徐先生松別爲《星伯學案》。

魏先生源別爲《古微學案》。

俞先生正燮別爲《理初學案》。

張先生穆別爲《月齋學案》。

何先生紹基別見《湘鄉學案》。

陳先生潮別見《星伯學案》。

紀先生慶曾

紀慶曾，字思詒，號半虔，烏程人。入歸安學，爲諸生，彊記過人。其爲學，初頗泛覽，繼乃潛心理學家言。然所長在史，而致力於《明史》尤深。恥爲求知干譽之文，遇知名士則走避。敦三嘗與約訪一友，先生曰：「學與我合則往，不然，寧與古人相對。」敦三每譏其隘，數與爭辯，然終不改，世亦竟無知者。後以窮困死。遺稾有古文數十首，《日記》一册。參《落帆樓文集·紀思詒事略》。

清儒學案卷一百六十三終

清儒學案卷一百六十四

天津徐世昌

君青學案

君青治算無師承，以沈鋭之思造精深之詣，通中西兩家，入其奥窔，前人所未言者。述《君青學案》。

徐先生有壬

徐有壬，字君青，號鈞卿，烏程人。用宛平籍應試，道光己丑進士，改户部主事，迭遷郎中。治算，讀元人朱世傑《四元玉鑑》，精思晝夜，以意步爲細草，戴金谿、董方立、沈俠侯輩皆傳寫以去。尤精割圜堆垛之術。算術以測圜爲甚難，錢溉亭本沈存中説𢳚爲進位開方法，得周爲三一六有奇，一時信之。先生以内容外切反覆課之，其説遂破。《對數表》傳自西人，云「以屢次開方而得其數」，先生以屢乘屢除法御之，得數巧合，而省力百倍。蓋其精心探索，思入杳眇，遂能深造自得，類如是。宣宗嘗召詢圓明園水高於京城若干丈？西洋貢器其用如何？先生奏對稱旨。二十三年，授四川成綿龍茂道，署按察使，捕治嘓匪，得其渠。二十八年，遷廣東鹽運使，署按察使。被臺檄剿陽山、英德諸縣匪。歷四川按察使，雲南、湖南布政使。咸豐七年，擢江蘇巡撫。十年，洪秀全之徒破江寧大營，故蘇州繼陷。先生督兵禦之，時城兵不盈四千，寇遽前刺其額，冠將墮，手自正之，遂殉。子女皆從死。予卹，謚莊愍。著《測圜密率》三卷，《橢圜正術》一卷，《弧三角拾遺》一卷，《表算日食三差》一卷，《朔食九服里差》三卷，合爲《務民義齋算學》五種。丁果臣重刻於長沙，增《垛積招差》一卷、《截球解義》一卷。吴子登述其説，又著《割圜綴術》四卷，並入《白芙堂算學叢書》。其後歸安姚覲元又刻之《咫進齋叢書》中。其未刻者，又有《堆垛測圓》、《圜率通考》、《四元算式》、《校正開元占經九執術》、《古今積年解源》、《强弱率通考》。參史傳、《疇人傳三編》、羅汝懷《徐莊愍公算書序》。

造各表簡法

圜不可量，綴之以方；弧不可比，綴之弦矢；乘除不可省，綴之對數，皆不可無立成。昔人名之曰鈐、曰表，皆立成之别名。西法有八綫表，有對數表，萬算皆從此出，表之用大矣哉！惜其剏造之初，取徑紆廻，布算繁賾，不示人簡易之方，令學者望洋興歎。如八綫對數一表，至今無人知其立表之根者，不可謂非缺事也。余讀《四元玉鑑》，究心於垛積招差之法，推之割圜諸術，無所不通。蓋垛積者，遞加數也。招差者，連比例也。合二術以施之割圜，六通四闢，而簡易之法生焉。導源於杜德美氏，發揮於董方立氏，旁推交通於項梅侶氏、戴鄂士、李秋紉氏，幾無遺藴矣。是書集諸家成説，參以管見，簡益求簡，凡五術，以就正有道君子。

橢圜正術

新法盈縮遲疾皆以橢圜立算，而取逕紆

迴，布算繁重，且皆借算，非正術也。兹編法歸簡易，得數較易，於用對數爲尤便。

截球解義

《幾何原本》謂球與同徑同高之圓囷，其外面皮積等；截球與截圓囷同高，則其外面皮積亦等，而不直抉其所以然。遍檢梅氏諸書，亦未能明釋之也。蓄疑於心久矣，近讀李湻風《九章注》，❶乃得其解，因釋之以告同志。雖然，以戴東原之善讀古書，而猶謂湻風此注當有脱誤。甚矣，索解人之難也！今釋《幾何原本》而湻風之注因是以明。蓋湻風用方，今用圓，其理則無二也。

附録

《弧三角拾遺》第一術爲知相對之弧角及又一角，求對角之弧；知相對之弧角及又一弧，求對弧之角，並求兩弧三角形之餘角、餘弧。第二術爲知一角及角旁兩弧，求對兩弧之兩角；半較半和相加得對大弧之角，相減得對小弧之角，求對角之弧。知一角及角旁兩弧，任以一弧一角求分弧；既得分弧，與餘一弧相減得較弧，求對角之弧及對弧之角。知一弧及弧端兩角求對兩角之兩弧。半存弧、半總弧相加得對大角之弧，相減得對小角之弧，求對弧之角。知一弧及弧端任

❶「注」，原作「法」，今據《南菁書院叢書》本《疇人傳三編》卷四及清光緒石印本《清經世文續編》卷六改。

以一角一弧求分角；既得分角，與餘一角相減得較角，求對所用角之弧及對弧之角。第三術爲知三弧，求三角。三弧相併，半之曰三弧半總，置之，減大弧，得大弧較度。副置三弧半總減次弧，得次弧較度。又副置三弧半總減小弧，得小弧較度。各取正弦，以今有術入之，求對大弧、對次弧、對小弧之角。知三角，求三弧，三角相併，半之爲三角半和。副置之，減大角，得大角較度。副置三角半和減次角，得次角較度。副置三角半和減小角，得小角較度，各取餘弦，分別相乘，以今有術入之，求對大角、對次角、對小角之弧。凡三術七法，爲先生精思而得。華若汀譯西人海麻士《三角數理》，益歎先生立此三術，難能可貴，❶超越西人云。《弧三角拾遺》、《三角數理》。

諸可寶曰：「先生於堆垛招差之法最爲究心，故所譔述類皆課虛責實，鑿陰縋幽。及立爲術也，又若天造地設，不假推尋而得者。吴子登嘗謂：先生於術甚精，而其立法之原，不以示人，得不爲後世之汪衡齋計乎？先生亦以爲然，而因循不果。今僅《橢圓正術》一編，李秋紉居撫幕時謂其駕過西人遠甚，曾爲圖解，餘則術意深邃，其不終至於湮晦也幾希。」《疇人傳三編》。

君青交游

戴先生敦元 別見《雲門學案》。

沈先生欽裴 別見《雲門學案》。

❶ 「貴」，原作「責」，今據《疇人傳三編》卷七改。

戴先生煦別見《梅侶學案》。

陳先生杰別見《梅侶學案》。

羅先生士琳別爲《茗香學案》。

董先生祐誠別爲《方立學案》。

丁先生取忠別爲《雲梧學案》。

李先生善蘭別爲《壬叔學案》。

曾先生國藩別爲《湘鄉學案》。

吴先生嘉善

吴嘉善，字子登，江西南豐人。咸豐壬子進士，改庶吉士，散館授編修。光緒五年，曾紀澤出使英法，辟先生駐巴黎，代還，旋卒。先生精研數理，通中西術之奥。官京朝，與莊愍同治算學，交最深。咸豐季年，避亂游長沙，交丁果臣；游廣州，交鄒特夫、夏紫笙，皆極相契。果臣取所著《算學》十七種，以活字版印行。既又廣爲二十一種，首《筆算》。次《九章翼》，其分目曰《今有術》；曰《分法》；曰《開方》；曰《平方各形》，曰《平圓各形》，二者推衍方田術也；曰《立方立圓》，則推衍商功術也；曰《立方》；曰《衰分》；曰《盈不足》；曰《方程》。次爲《平三角術》。次爲《弧三角術》。次爲《測量術》。次爲《天元一術釋例》。次爲《天元名式釋例》。次爲《天元一草》。次爲《天元問答》。次爲《方程天元合釋》。次爲《四元名式釋例》。次爲《四元草》，附《四元淺釋》。刻入

《白芙堂算學叢書》。自筆算、開方、句股、三角，至天元、四元，自淺入深，用爲初學津梁。先生嘗曰：「余與果臣皆甚癖於此，既忘其癖，更欲以癖導人。」果臣，取忠字也。又以莊愍割圜綴術演輯成書，並授果臣校刻。參史傳、《算書廿一種自序》。

九章翼

開方

開平方術曰：列式在位，其式須立天元一求之。凡平方式有三層：首層實，次廉，末位則隅也。步之，常取異名之毘連兩層，以下步上。亦有用同名相步者，爲求負商，乃餘法，非常法也。先以廉步實，遇實、廉同名，乃以隅步廉。或廉可步實，隅又可步廉，則分二次步而開之，常可開大小二數也。至若廉位空者，又可以隅步實，則正方之步法也。定法廉進一位，隅進二位，爲步進一次。廉再進一位，隅再進二位，爲步進二次。餘準此。退步者亦準此。凡步進一次，則所得初商，其位十也。進二次，則百也。餘準此。既以步法定初商之位，又令商乘各數，位已預定，無審視位次之勞，法誠至便也。至後人間位作點，法僅可用於正方，失其旨矣。以步至略小於所步之數而止，乃定商。記於副位。以乘隅指步定後之隅而言。以後倣此。得數列於廉下，指步定後之廉而言。若經相消後，則又指消後之廉而言。以後俱倣此。以消廉異名相減，不足減反減之。從數大者之名。遇同名，則相加。遇空位，亦相加也。得數列於下，商乘之，得數以減實。如消廉法，凡減積開方者其常也。不足減，則反減之，爲翻積開方。遇同名則相加，爲益積開方也。爲後商實，乃變之，以商乘隅，得數列於廉下，以消廉得數列於下，退位爲後商廉。變訖，退位爲後商隅。定法廉退一位，隅退二位，爲退位一次，故得後商常降於前商一等。若退一次後，下數尚大於上數者，當審視須再退位否。須退則再退一次，而後商之與前商中間空一位。再退一次，則間二位也。餘倣此。乃定次商，以乘隅消廉，再乘消實。及變之退位，均如初。求得若干商，乃統計所商爲開得數也。

開立方術曰：列式在位，凡立方式有四層，首位實，次方，次廉，末位則隅也。步之，先以方步實，遇實方同名者乃以廉步方，大略與平方法同。〇定法方進一位，廉進二位，隅進三位，爲步進一次，餘如平方術推之。以步至略小於所步之數而止，乃定商。以乘隅得數列於廉下以消廉；得數列於下，商乘之，得數列於方下以消方；得數列於下，商乘之，得數列於實下以消實；餘列於下，爲後商實，乃變之。以商乘隅，得數列於廉下以消廉，得數列於下，商乘之，得數列於方下以消方；得數列於下，退位爲後商方。又以商乘隅，得數列於廉下以消廉，得數列於下，退位爲後商廉。變訖，隅退位爲後商隅。定法方退一位，廉退二位，隅退三位，餘如平方術推之。乃定次商，以乘隅消廉，再乘消方，再乘消實。及變之退位，均如初。求至若干商，乃統計所商爲開得數也。

開三乘方術曰：列式在位，凡三乘方式有五層，首層實，次方，次上廉，次下廉，末位則隅也。四乘方以上，準此推之。步之，先以方步實，遇實方同名者，乃以上廉步方及各異名之。毘連兩層相步大略同平方法。四乘方以上，準此推之。以步至略小於所步之數而止，乃定商。以乘隅得數列於下廉下以消下廉，得數列於下，商乘之，得數列於上廉下以消上廉；得數列於下，商乘之，得數列於方下以消方；得數列於下，商乘之，得數列於實下以消實；餘列於下，爲後商實，乃變之，以商乘隅，得數列於下廉下以消下廉；得數列於下，商乘之，得數列於上廉下以消上廉；得數列於下，商乘之，得數列於方下以消方；得數列於下，退位爲後商方。又以商乘隅，得數列於下廉下以消下廉；得數列於下，商乘之，得數列於上廉下以消上廉；得數列於下，退位爲後商上廉。又以商乘隅，得數列於下廉下以消下廉；得數列於下，退位爲後商下廉。變訖，隅退位爲後商隅，定法方退一位，上廉退二位，下廉退三位，隅退四位。餘以平方術推之。四乘方以上，準此推之。乃定次商。以乘隅消下廉，再乘消上廉，再乘消方，再乘消實。及變之退位，均如初。求至若干商，乃統計所商爲開得數也。

其開四乘方以上各乘方之法，準前求之，大略可知，未演爲術。

右開方法，本李尚之氏所述而詳述之，實古法也。其中條理井然，自平方起，以至無數乘方，法皆一貫也。

天元名式釋例

數學之有天元一術，此執簡御繁之道也。然而簡益求簡，則列式以數，不如列式以名。何謂數？一二三四五六七八九是也。何謂名？甲乙丙丁等字是也。夫數所獨也，而名所同也。列以數者，一式祇得一式之用，易一式則不能通矣。列以名者，一式而千萬式資焉，故入算尤便也。

又案：算必有法，加減乘除與開方是也。天元一術非算法，乃求算法之法耳。故不必以數淆之，令習者視爲畏途。今變爲名式，其中各種運用，不徒甲乙丙丁盡爲虛名，即所立加減乘除諸法亦皆假象，但使粗能九九，無不可依法推求。至於布式既熟，不唯算法能詳，兼於算理可悟，乃知至妙至精之用，寓於至平至易之中。數學中開此廣大法門，行見人人得而操觚矣。

天元問答

問：何以謂之天元一術也？答曰：此設立之名。質言之，猶曰此算也。立天元一者，猶云借此算也。地元、人元、物元等皆所借之算。以借算同而所以借者不同，故以天地人物別之。《少廣術》曰「借一算步之」云云，立天元法實仿於此，即借根方亦因是得名也。所求數尚未可知，姑借此算以當之，而用之如其數。蓋立一算在此，而後加減乘除有所憑依，可藉之以求同數也。其求同數相消者何也？蓋執其兩端，則其數雖藏而不得遯也。說在《天元方程合釋》中。至於虛數不可與實數相淆，則位以別之。至於加無可加、減無可減者，則命之爲負以存之。假如以八減十餘二，此其常也。若以十減八，則不足二。二之數同，而有餘與不足相反，故命之爲負，言其與正數相反也。至於除之有不受除者，不受除，無可除之理也。除有法有實，實可二，法不可二。若法有二，類不能均分不齊之數，故曰「不受除」。又凡數有奇零不盡者，亦曰「不受除」。則有寄分法以通之。寄分者，寄其應除之數也。俟求得兩數相當，而此數内尚少一除。今不除此而轉乘彼，則兩數仍相當，猶之受除也。如有數應以三除，今不除即命其數爲三倍之某數，俟求得相當數，乃以三乘之，則兩數亦可相等，猶之已除也。而原數必寄其分法，故謂之寄分也。至於相消後，得式有不盡二層者，凡二層者，爲除式，上實下法，除之即得。則有開各乘方法以御之，而投之所向，無不如志矣。

問：又有所謂四元者何也？答曰：以借一算尚多棘手之時，故又借一算也。借一算者，天元術也。再借一算，則爲二元。再借一算，則爲三元。再借一算，則爲四元矣。

問：如此其多乎？曰：奚以爲多也？將借而十焉，百焉，千焉，無不可者。特以位列四方，分布已遍，無地可容耳。凡多立一元，須多有一識別，另取其同數相消。若不得同數相消者，多立無益，故以四元爲已足也。

方程天元合釋

方程於《九章》中最爲精妙，其後又得天元一術，益爲變化莫測。其實此兩術者，二而一也。世人忽方程而以爲不足究心，畏天元而以爲無從入手，皆分別見耳。其中最要關鍵，在於列各相當式，用法齊而相消，消去雜糅之數，而所求之數自露端倪。方程此法，天元亦此法也。四元與借根方，以及近日新譯之代數，統是此法。今就淺近者論之，欲使人人通曉，條分縷析，未免貽笑於大方；觸類引伸，或有裨於淺學云爾。

清儒學案卷一百六十四終

清儒學案卷一百六十五

天津徐世昌

艮峯學案

文端篤守程朱，以省察克治爲要，不爲新奇可喜之論，而自抒心得，言約意深。晚遭隆遇，朝士歸依，維持風氣者數十年，道光以來一儒宗也。述《艮峯學案》。

倭先生仁

倭仁，字艮齋，一字艮峯，烏齊格里氏，蒙古正紅旗人，河南駐防。道光己丑進士，改庶吉士，授編修。歷中允、侍講、庶子、侍講學士、侍讀學士、詹事，遷大理寺卿。文宗即位，先生應詔陳言上疏，以行政莫先於用人，用人莫先於君子小人之辨，歸重於君德成就而後輔弼得人。優詔答之，且諭大小臣工，剴切直陳，當以爲法。予副都統銜，出爲葉爾羌幫辦大臣。大理寺少卿田雨公疏言用違其才，上以文武兼資，内外並重，非置閒散諭之。既至葉爾羌，上《敬陳治本》一疏。尋劾回部郡王阿奇木伯克愛瑪需索路費事，未訊實，降三級調用。以翰林院侍講候補直上書房，授惇郡王讀。未幾，擢盛京禮部侍郎，補鑲白旗蒙古都統，遷都察院左都御史。同治元年，擢工部尚書，入直弘德殿，授穆宗讀。採古帝王事蹟及古今奏議有裨治道者，附以按語，爲《帝王盛軌》、《輔弼嘉謨》二卷進呈。賜名《啟心金鑑》，命置殿中，以資講肄。以工部尚書、協辦大學士尋拜文淵閣大學士。時設同文館，議以正途出身五品以下京外各官試取入館，研習天文、算學。先生奏言不可，事遂止。命在總理各國事務衙門行走，上疏固辭，乞病請開缺，不許。乃命以大學士專在弘德殿行走，悉解兼職。八年，疏陳大婚典禮宜崇儉，以光聖德。神武門敬事房火，疏請修實政以弭災變。十年，晉文華殿大學士。尋卒，贈太保，謚文端。先生爲學力求實踐，一以朱子爲歸。平生見過自訟，言動無妄。所著自《啟心金鑑》外，有《進講講義》一卷，《奏疏》一卷，《爲學大指》一卷，《日記》四卷，《雜著》一卷，《吏治輯要》一卷，《嘉善録》一卷，《莎車行紀》一卷，合刊爲《遺書》，行於世。參史傳、匡輔之撰別傳。

奏疏

應詔陳言疏

伏惟行政莫先於用人，用人莫切於嚴辨君子小人。方今寶籙初膺，勵精圖治，百爾臣工惴惴焉，視九重好尚以爲趨向；薄海内外，亦莫不延頸舉踵，觀朝廷舉錯以卜昇平。《易·泰》之初九曰「拔茅茹，以其彙，征吉」，此其時矣。夫君子小人之分，藏於心術者難知，發於事迹者易知。類族辨物，約有數端，敬爲我皇上陳之。大抵君子樸拙，小人佞巧；君子恬退，小人躁競；君子愛惜人才，小人排擠異己；君子圖遠大，以國家元氣爲先；小人計目前，以聚斂刻薄爲務。剛正不撓，無所阿徇者，君子也；依違兩可，伺候人主喜怒，以爲趨避者，小人也。諫爭匡輔，爲朝廷補闕拾遺者，君子也；遷就逢迎，導人主遂非長傲者，小人也。進憂危之議，悚動當宁之敬心者，君子也；動言氣數，不畏天變，以滋長人君之逸志者，小人也。公私邪正，相反每每如此。皇上天亶聰明，勤學念典，孰賢孰否，自難逃聖明洞鑒之中。第恐一人之心思而揣摩者衆，一人之耳目而混淆者多，幾微莫辨，情僞滋紛，愛憎稍涉於偏私，取舍將虞其失當。此知人則哲，惟帝其難，大禹所以致歎也。今欲求知人之道，豈有他術哉？亦惟皇上好學之心勤求不怠，使聖智益明，聖德益固耳。宋臣程顥云：「古之人君必有訓誦箴諫之臣。惟命老成賢儒，俾日親便座，相與講論道義以輔聖德。又擇天下賢俊，使得陪侍法從，朝夕延見，開陳善道，講磨治體，以廣聞聽。」我朝康熙年間，熊賜履上聖祖仁皇帝疏謂：「《大學衍義》一書，爲君師天下者之律令格例。伏願延訪真儒，講求研究，務盡其理。於是考之以六經之文，參之以歷代之蹟，實體諸躬，默念諸衷，以爲敷政出治之本。若夫左右近習必慎其選，虎賁綴衣亦擇其人，非聖之書屏而弗讀，無益之事戒而弗爲，內而深宮燕閒之間，外而大廷廣衆之地，微而起居言動之恒，凡所以維持此身者無弗備，防閑此心者無弗周，則君志清明，君身强固矣。」臣以爲二臣所言，誠人君修養身心之益，用人行政之原也。天下治亂繫宰相，君德成就責經筵，惟君德成就而後輔弼得其人，輔弼得人而後天下治。然則開講幄以贊宸修，致治要圖莫急於此矣。

敬陳管見疏

臣等恭閱邸鈔，御史劉毓楠奏請「崇尚

節儉，屏絶浮華」一摺。奉上諭：「逆氛肆擾，兆姓流離，正君臣交儆之時，豈上下恬熙之日。我皇太后痛念山陵未安，民生未奠，孜孜求治，宵旰不遑，所有内廷供奉業已隨時酌減，爾内外大小臣工宜體此意，及時振作，共濟時艱，毋蹈奢靡之習，毋貪耳目之娱，用副朝廷崇實黜浮，無敢戲豫之至意。欽此！」中外臣工祗承訓誡，自罔不力求儉約矣，而臣等尤有過慮者。皇上沖齡御極，智慧漸開，當此釋服之初，吉禮舉行，聖心之敬肆於此分，風氣之轉移即於此始，則玩好之漸可慮也，興作之漸可慮也。嗜好之端一開，不惟有以分誦讀之心，而海内之仰窺意旨者，且將從風而靡，安危治亂之幾，其端甚微而所關甚鉅，可無慎乎？方今軍務未平，生民塗炭，時艱蒿目，百孔千瘡，誠如聖諭「正君臣交儆之時，非上下恬熙之日」也。伏願皇上恪遵慈訓，時時以憂勤惕厲爲心，事事以逸樂便安爲戒，屏玩好以節嗜欲，慎游觀以定心志，省興作以惜物力。凡内廷服御一切用項，稍涉浮靡，概從裁減。雖向例所有，亦不妨量爲撙節。如是，則外物之紛華不接於耳目，《詩》、《書》之啟迪益斂夫心思，將見聖學日新，聖德日固，而去奢從儉之風亦自不令而行矣。

請崇節儉疏

本年二月準内務府行知各衛門，恭呈大婚禮節，敬謹預備等因。伏思宫廷繫四表觀瞻，節儉始於躬行，斯風化及於海内，上行下效，理固然也。昔漢文帝身衣弋綈，罷露臺，以惜中人之産，用致兆民富庶，天下乂安。明帝馬后服大練之衣，史册傳爲美談。此古事之可徵者也。我朝崇尚質樸，列聖相承，無不以儉勤爲訓。伏讀《世宗憲皇帝聖訓》：「朕素行不喜華靡，一切器具皆以適用爲貴。此朕撙節愛惜之心，數十年如一日者。人情喜新好異，無所底止，豈可導使爲之而不防其漸乎？」宣宗成皇帝御製《慎德堂記》亦諄諄以作無益害有益示戒。聖訓昭垂，尤足爲法萬世。近聞内務府每年費用逐漸加增，去歲借動部庫百餘萬兩。國家經費有常，宮廷之用多則軍國之用少，況内府金錢皆閭閻膏血，任取求之，便踵事增華，而小民徵比箠敲之苦上不得而見也，咨嗟愁歎之聲上不得而聞也。念及此，而痌瘝在抱，必有惻然難安者矣。方今庫藏支絀，雲貴、陝甘狪氛猶熾，直隸、山東、河南、江浙等省髮捻雖平，民氣未復。八旗兵餉折減，衣食不充，兼之他族逼處，尤須預儲財用，以備不虞。此焦心勞思之時，非豐亨豫大之日也。大婚典禮繁重，應備之處甚多，恐邪佞小人欲圖中飽，必有以鋪張體面之説進者，所宜深察而嚴斥之也。夫制節謹度遵祖訓，所以檢身心；崇儉去奢惜民財，即以培國脈。應請飭下總管内務府，所有應備之物，力爲撙節，可省則省，可裁則裁，總以時事艱虞爲念，無以粉飾靡麗爲工，則聖德昭，而天下實受其福矣。

請修實政疏

本月十七日恭讀上諭：「本日神武門内敬事房木庫不戒於火，亟應恐懼修省，寅畏天威等因。欽此！」夫所謂恐懼修省者，非徒託諸空言，所貴見之實事。不知綸音布告，將姑爲是説，飾一時之耳目耶？抑誠心感發，實欲見之躬行耶？躬行則力崇節儉，紛華靡麗必捐也；辨色視朝，逸樂宴安必戒也；從諫如流，改過不吝，忠言讜論必樂聞也；召對臣工，旁咨博採，民情吏治必周悉也。是之謂真恐懼，是之謂真修省。若惟是言焉而已，恐天心難格，而災變之來未易弭也。人情履患難則懼，懼則敬心生；處安樂則怠，怠則肆心起。故善始者繁，克終者鮮。皇上御極之初，皇太后垂簾聽政，維時甫經變亂，兢兢業業，宵旰靡遺，薄海臣民，莫不欣然望治。近年以來，精勤之意稍遜於前矣，是以月食再見，冬雪愆期。本年次辛祈穀，烈風大作，禁城以内，屢有火災。此固天心仁愛，不憚殷勤示警，使之慎始而圖終也。伏望皇太后、皇上常思時事之艱難，無忘庚申之憂患，不以恐懼修省爲誥誡之虚文，而以恐懼修省行敬天之實政，庶災變可弭，祥和可致矣。

日記

語友云：學貴變化氣質，日用間須實有遷善改過處，勿徒在口頭上做工夫。遷改從自反入手。天下無責人之學，才責人便已忘了自己。我輩日在惡中，不止是過，自救不暇，那有工夫檢點他人耶。

朱子註《太極圖説》補出「敬」字，謂：「敬則欲寡而理明。寡之又寡，以至於無。」尤足發周子言外之意，指示學者入手工夫，彌詳盡矣。

持門户異同之見，爲前人爭是非，只是尋題目作文字。若反身向裏，有多少緊要工夫做，自無暇説短道長。

引喻極高，而淺近道理不盡，此學者大病。

唐太宗論弓，木心不正則脈理皆邪，弓勢雖勁而發矢不直。人心亦然，未有心不正而言行中理者。

柬蘖生：初讀姚江集，心即疑之，未敢遽以爲非。後於濂洛關閩略有所窺，益覺良知之説於心刺謬，非程朱大醇至正之學可同日語也。近見家鄉學者踵相沿之習，往往窺見影響，便張皇説悟，以爲即此是性、是道、是仁、是一貫，一了百當，千聖同源，淩虚駕空，欲速助長，所造愈深，去道愈遠。屢欲出一言以正之，愧學無所得，又不欲詆毁前人，長矜助躁，涉爭立門户之嫌，蘊結於中有年矣。敬讀尊録，似亦不免此弊。其中自得處，大抵儱侗牽合，少親切精到之處。蓋所見一差，發之語言，便覺偏枯作病，而不合乎人心義理之當然。學術是非毫釐千里，不可不慎也。

忠信所以進德，一日之中自早至晚，一事之中自始至終，一皆實心貫注，私僞不存，此進德實地工夫，勉之勿懈。

學程朱而弊猶不失爲拘謹，學陸王而弊則偭規錯矩，肆無忌憚矣。

論人向深處求，天下無善人矣，此最不可。

與德麐皋講「不遷怒」云：「我輩之怒多是忿，未到遷時，先已怒錯了。」

役智彌精，去道彌遠。天下惟一箇誠字，能通物我、化町畦。

於欲初動時止截，是爲「不遠之復」。動而不止，「迷復凶」矣。然非敬心爲主，志氣清明，無以審動之幾而止其流也。

讀古人書，有意吹求，最爲心術之害。

程子云：「既思即是已發。」疑其傷重。竹如云：「此語最精。」因憶薛文清有云：

「程子此言説到未發盡頭處。」與竹如見合。

朱子云：「敬如烈火，有不可犯之色。」最善形容。純是陽剛之氣，物欲自犯不得。

朱伯韓謂予云：「要培植正氣，正氣不足，回護牽掣，必有見到做不到處。」又云：「陸王之學誠有流弊，然其志氣激昂，自是狂者胸次，較之我輩，倚牆靠壁，猶復傾跌者相去甚遠。學者慎勿輕議古人，不知自反也。」

設身處地，知古人有多少不可及處。學問之功，烏可已乎？

生理至足，有君臣便有箇義，有父子便有箇親，以至夫婦别、長幼序、朋友信，皆是天理自然，不假安排，充滿洋溢，無虧無欠。此天地生物之心，而人得之以爲心者。致知知此，力行行此，仁仁此，敬敬此，誠誠此，禮樂刑政由此而推，《易》象、《詩》、《書》本此而教，身心家國天下修此則治，悖此則亂。此道之範圍曲成而不可須臾離者也。

體悉人情即是天理。執理而不察情，并所謂理者亦非矣。察情非徇情也。

心有偏主而理隨之爲重輕，故任心者昧理，執理者賊心，必至之勢也。

講學習氣，詆毁前人，試問此時之心，是敬是肆，是爲己，是爲人，自忘其身，而漫言衛道，亦不善講學矣。

看《近思録注》載高忠憲公語，疑之，如云：「天然一念現前，能爲萬變主宰，此先立乎其大者。」似不如程子以知性善、忠信爲本，爲立乎其大，主腦分明，工夫切當。又云：「默坐時，此心澄然無事，乃所謂天理。」又言：「人心無一物時，乃是仁義禮樂。」皆「心即理也」之旨。忠憲之學不出姚江籓籬，故往往認心爲性。至《復七規》則尤近禪宗矣。

靜坐往往流入異端，昔人言敬不言靜，防患之意微矣。

程子云：「性即理也。」姚江云：「心即理也。」學術是非全從此處分手。

謝上蔡記史，程子譏其玩物，上蔡面發赤，程子曰：「此即惻隱之心。」夫上蔡聞喪志之言，爽然自失，是是非之心；踧踖不安，是辭讓之心；顔色赧然，是羞惡之心。程子顧以爲惻隱者何哉？蓋羞惡、辭讓、是非皆從惻隱生出，所謂仁貫四端，義禮智信皆仁也。知此可以觀心之全德矣。

以夏峯語示兒，爲分晰言之：「先生魄力大而失之疏，意欲合同而化，往往陷於一偏而不自覺，讀其書可以見矣。」

心有所欲，若思到遂欲後索然意盡時，熱情頓冷，此亦破除之一法也。

治生有道，即是實學。友朋中有治生無術，以至身敗名裂者，誰謂魯齋之言，非學者要務哉？

治國決以去小人，修身決以去物欲，扶陽抑陰，其道一也。《剥》「不利有攸往」，不欲其爲純坤。《夬》「利有攸往」，必欲其爲純乾。聖人喜陽惡陰如此。

《姤》曰「壯」、曰「勿用」，戒五陽勿忽一陰之微而暱之。唐五王定武氏之亂，不去三思，終罹其害，其不知此義哉？「羸豕蹢躅」，聖人垂戒之意深矣。吴竹如曰：「張子以李德裕處置奄宦未盡爲證，尤切。」

「君子慎德，積小以高大。」聖賢工夫都從小處步步踏實積累上去，無超入聖域之理。

《通書》曰：「止非爲也，爲不止矣。」爲非行爲之爲，言一循乎理而無所作爲耳。《艮》兼行止，行而不失乎理，乃所以爲止也。

或以戰國詐力相尚，至於暴秦，天理幾於滅絶。漢興，董仲舒始推陰陽，言禍福，而後天之與人又漸覺親切。愚謂天與人無時不親，人自遠耳，非道亡也，幽、厲不由也。

爲所當爲，加一分要好意思，則公也而反私矣。薛文清云：「處事不可使人知恩。」又云：「欲人悦己，則人有惡己者矣。」思此爽然。

窮通富貴天爲政，希聖希賢我爲政。乃人於在天者，攘臂而與之爭；在我者，任大權之旁落，惑亦甚矣。

徐文貞階當國，畢公在言路，舉朝嚴憚畢公甚於文貞，議且出之於外。文貞曰：「不可。有若人在，不敢自縱，可寡過也。」無愧相臣矣。

人謂天下事壞於小人者十二三，壞於鄉原者十常八九。此有激之言。

血氣之勇不可有，義理之勇不可無，當怒不怒是惡惡之意不嚴。

夏峯謂：姚江「無善無惡心之體」，非指性也，何嘗與性善相悖。不知姚江之意本是説性，特不欲昌言以犯天下之不韙，故以「心之體」代之。心之體非性而何，後人强爲解説曰「無善無惡是爲至善」，則尤無理矣。

治心之功處處是動忍實地。

性命吾家也，天予一分上好田園，奈何棄之？

以機巧爲才能，頑鈍爲德量，因循廢弛爲鎮定，隨俗浮沈、不辨是非爲宏通涵養，總之是無人心。

知其不可而爲之，亦看義理如何。朱子見韓侂胄專權，草疏數萬言，極陳姦邪蔽主之禍，因以明丞相趙汝愚之冤，欲上之，筮得遯之同人而止。豈畏禍哉？揆時審勢，知不可以口舌爭。一身所繫，有什伯重大於此者，則莫若留其身爲萬世計，何爲悻悻然以無益害有益也。始激於義而欲言，繼權於義而終默，皆天理也。後人妄爲訾議，烏足以知晦翁哉？然此等處畏刀避箭者不得藉口。

朱子《與陳同父書》云：「留取這箇閒漢在山裏，咬菜根，與人無干涉，了此幾卷殘書，與村秀才尋行數墨。」此語看似尋常，只此是名山事業、耕莘釣渭真本領也。一腔熱血，全副丹心，仰前哲之風徽，增寸衷之惆悵。

有高視闊步氣概，又要有細鍼密縷工夫。不然，只是粗豪。

聖人無窘步，至誠知幾，早洞悉屈伸往復之理，起脚一步便四平八穩，不似人到棘手時旋張皇補救也。

習心滑熟不用力，仍從舊習去，此無他法，只在敬上加功。

凡物欲習染，血氣用事處，皆與禽獸相似，人能跳出禽獸一關，煞不容易。

本天之學要消化這箇我字，故心益斂而理益明。本身之學要主張這箇我字，故心益放而理益昧。認定一箇昭昭靈靈底心，把持玩弄，以爲欛柄在手，俟千聖而不惑。再不下小心窮理工夫，陸王之學得無近是。

窮理爲要，不窮理而欲變氣質，救過這邊，倒在那邊。程子所云「扶醉漢」是也。

知覺不在義理，一爲庸愚之逐物欲，一爲異學之弄精魂。

觀《中孚》得存心制事之要。中虛，信之本。虛則無物，而誠由是存。中實，信之質。實則無妄，而誠以是行。朱子曰：「一念之間，中無私主，便謂之虛。事皆不妄，便謂之實。」

《易》首乾坤，誠字發於乾之九三，敬字發於坤之六二。誠、敬之道，即夫婦之道。故君子主敬存誠，從夫婦居室作起。於此而不誠不敬，則其餘皆僞也。

尊德性而不道問學，則或流於空虚寂滅，而尊非所尊。道問學而不尊德性，則或務於記誦詞章，而道非所道。吴草廬謂朱子道問學，象山尊德性，不知朱、陸者也。

心是氣之統會處，即是理之統會處。氣是心之散殊處，即是理之散殊處。氣非理無主，理非氣不行，二者不相離，亦不相雜。

寬和則人己兩益，操切則人己兩病，於訓兒時驗之。

虚靈二字不可誤會。異學之空寂，非虚也。物欲之馳逐，非靈也。

先儒謂「釋氏有見於心，無見於性」，所謂「有見於心」者，亦只見得心底影子，非謂其真有見於心也。必如孟子所云凡有四端，知皆擴而充之，方是有見於心，釋氏何足以語此？

心統性情，仁義禮智性也。惻隱、羞惡、辭讓、是非，情也，此心之全量也。釋氏誠有見於心，不能有見於性。竹如謂：「釋氏正爲不識心體耳，使果見得心體真，豈不知所謂性者即心體之實，而何以仍不知性耶？既不知性，則所謂心體已失其本實矣。」又云：「降衷之理爲性而實具於心，未有離心而可言性者。靈明之宰爲心而即主乎性，未有昧性而能見心者。」可謂昭若發蒙矣。

謝顯道録古人善行作一册，程子見之，曰「是玩物喪志」。蓋言心中不宜容絲髮事。竊疑此條係記者之誤。《易》不云「多識前言往行，以畜其德」乎？若言心中不宜容絲髮事，此語亦須善會，儻誤認其意，不且爲釋氏之「不思善」耶？

顏子之擇乎中庸，「志於道」也；服膺弗失，「據於德」也；三月不違，則「依於仁」矣。伊川先生《顏子所好何學論》謂：「誠之之道在乎信道篤，信道篤則行之果，行之果則守之固，仁義忠信不離乎心，造次必於是，顛沛必於是，出處語默必於是。」此段字字闡發精切，真寫得亞聖好學精神出也。

雜著

答竇蘭泉

大著《書經論》言理氣甚詳，似與經旨無涉，未免强題就我。格物謂格小學之物，所見尤拘。程、朱論格致之義至精且備，學者不患無蹊徑可尋，何必另立新説，滋後人之惑耶？講學最忌一我字，自闢一解以爲獨得之奇，而旁徵博引以證其是，此是己見爲害。姚江正坐此失，不可不察也。竊意讀古人書，宜返躬體驗，以畜其德。若徒尋題作文字，即説得是，亦是虚車，況未必是乎？此雖語言小失，而本原之地，措施之間，受病恐不少矣。

又

接奉手書，知前函已達尊聽，反復讀之，似未深察鄙意，而固執之見未免形諸楮墨間矣。甚矣！己見之不易除，而省察克治之功不可一日緩也。請即前書之意而復申其説，惟閣下平心教之。《大學》格物，就本節觀之，物即身心家國天下之物，格物即格修齊治平之理，文義本極明顯。至格物之方，或察之念慮之微，或考之事爲之著，或求之文字之中，或索之講論之際，朱子教人無餘蘊矣。本此致力，功夫豈不切實，何必定以爲格小學之物，始足救姚江之失耶？以小學爲做人根本，躬行實踐，如許魯齋之奉如師保則可，若欲作格物註脚則鑿矣。欲挽空虚之弊，反蹈偏執之愆，誠未見其可也。《周易》一書，廣大悉備，朱子之主卜筮，與《程傳》之講義理，皆在廣大範圍之中，何嘗顯背孔子？更不得以此爲比矣。某所謂讀古人書，反躬體驗者，如讀《尚書》「以義制事、以禮制心」即思我之制心、制事如何，讀《大學》格物即思我之格物如何，切實體察，未能必求其能，已能益求其至。如此，方能蓄德，方爲有益。若惟是辨理氣、闢良知，連篇累牘，曰吾以救前人之失也，此之謂尋題目做文字。即説得是，於座下何與？某所謂徒長浮夸者以此，非謂讀書有得，不可宣之於言也。

附　録

先生在翰林時，與曾文正國藩、李文清棠階、吴侍郎廷棟、何文貞桂珍、竇侍御垿講求宋儒之學。其後文正出，平大難，爲中興名臣之冠。先生作帝師，正色不阿。李、吴二公亦卓然有以自見焉。《清史稾》。

先生同治初登揆席，爲兩宫皇太后所敬禮。輔導沖主，兢兢於君心敬肆之間。當時舉朝嚴憚，風氣賴以維持。同上。

先生論學服膺唐確慎，稱《學案小識》一書以程朱爲準的，陸王之學概置弗録，可謂衞道嚴而用心苦矣。《日記》。

唐確慎稱先生用功最篤實，每日自朝至寢，一言一動作皆有劄記。或心有私欲不克，外有不及檢，皆記出。《曾文正日記》。

先生言研幾工夫最要緊。顔子之「有不善未嘗不知」，是研幾也。周子曰：「幾善惡。」《中庸》曰：「潛雖伏矣，亦孔之昭。」劉念臺曰：「卜動念以知幾。」皆謂此也。失此不察，則心放而難收矣。又曰：「人心善惡之幾與國家治亂之幾相通。」同上。

先生撰《爲學大指》，因讀胡敬齋《續白鹿洞規》，仿其體，輯爲六條，以資策厲。曰立志爲學，曰居敬存心，曰窮理致知，曰察幾慎動，曰克己力行，曰推己及人。《遺書》。

先生集古人言行，撰《嘉善録》，謂古今格言不可暫舍，當鏤於骨，書於紳，染於神，薰於識。只從今日爲始，隨處體究，隨事討論，則日積月累，自然純熟光明。同上。

于次棠曰：「讀文端遺書，如見先生刻厲誠懇氣象。先生於慎獨謹幾工夫皆實做，故尋常習知言語經拈出，皆親切警悚，發人深省。」于蔭霖《悚齋日記》。

艮峯弟子

何先生桂珍 別見《鏡海學案》。

游先生百川

游百川，字匯東，濱州人。同治壬戌進士，改庶吉士，授編修，遷御史。歷官倉場侍郎。先生從艮峯學。《艮峯日記》中載其論學之言。官御史時，同官沈淮疏諫重修圓明園工程，詔以承歡兩宫皇太后爲言，未允停工。先生繼有疏論，穆宗召對，詰責侃侃，正言無所屈撓。上亦動容，一時敢諫之名著於朝野。參史傳、《倭文端日記》。

于先生蔭霖

于蔭霖，字次棠，號樾亭。伯都訥廳人，原籍濰縣。咸豐己未進士，改庶吉士，授編修，洊升中允，充日講起居注官，出爲湖北荆宜施道。歷官廣東按察使，雲南、安徽布政使，湖北、河南巡撫。光緒三十年卒。先生在翰林，從艮峯問學。矜尚氣節，抗直敢言，劾出使俄國大臣崇厚擅許界地。復以朝廷憚用兵，未置崇厚重辟，責難樞臣。在安徽布政使任，會德國强佔膠州灣，又脅罷四川總督李秉衡，因上疏極論樞臣不職。由監司至封圻，皆持正不阿。著有《奏議》十卷，《悚齋日記》八卷、《詩存》一卷。參孫葆田撰墓志、柯劭忞撰《奏議序》。

艮峯交游

唐先生鑑 別爲《鏡海學案》。

曾先生國藩 別爲《湘鄉學案》。

吴先生廷棟 別爲《拙修學案》。

李先生棠階 別爲《强齋學案》。

劉先生熙載 別見《諸儒學案》。

朱先生琦 別見《惜抱學案》。

蘇先生源生 別見《嘉興二錢學案》。

何先生慎修別見《拙修學案》。

吴先生嘉賓別見《湘鄉學案》。

任先生蓮叔別見《强齋學案》。

吕先生賢基

吕賢基,字鶴田,旌德人。父飛鵬以經學名。先生生有至性,秉正嫉邪。道光乙未進士,改庶吉士,授編修,遷御史給事中。累疏言河工、吏治、賑務,多被採納。文宗即位,應詔陳言,言四事,曰懋聖學,正人心,育人才,恤民隱。受文宗之知,遷鴻臚寺卿,超擢工部侍郎。粵匪日熾,極言事勢可危,請悉去忌諱,大開言路,特詔有言責者直陳無隱。每入對,聲淚俱下,當宁爲之動容,頗爲權要所忌。咸豐三年,命赴安徽會辦團練防勦事宜。時安慶已陷,無兵無食。賊又自湖北回竄,民團屢戰皆潰。先生方駐舒城,未轄一兵。或勸無守土責,宜退守,以圖再舉。先生曰:「吾奉命治鄉兵殺賊,事不濟,命也。」城陷,死之。文宗初聞舒城失守,曰:「吕賢基素懷忠義,必能大節無虧。」及奏到,上深悼之,贈尚書,謚文節先生。與艮峯及曾文正諸公講學,以躬行實踐爲先。唐確慎撰《學案小識》,何文貞《續理學正宗》,先生皆疏進御覽,以明正學。著有《奏議》一卷,詩一卷。參史傳、李元度撰別傳。

竇先生垿

竇垿,字蘭泉,羅平人。道光己丑進士,

授吏部主事，洊升郎中，遷御史。咸豐初，疏劾前辦洋務諸臣，薦林則徐之賢。以繼母老乞假歸。雲南回亂起，奉命幫辦團練，時兵力不足，不得已而議撫，漢回不相容，先生頗梗撫局，持之激烈，被劾革職。後以守城，復原官，避地四川。同治初，以知府發貴州差遣，未幾，卒。先生官京朝，與艮峯及曾文正、吴侍郎廷棟、何文貞諸公以道義相切劘。爲學以集義爲宗，身體力行。嘗謂：「棄富貴而就貧賤非難，處之不失其道爲難。死不難，必求合於義爲難。」當艮峯遷盛京侍郎，則遺書責其依違遷就。吴侍郎官山東布政使，則責其不能行道，即當引退。其嚴正類此。里居講學，著《銖寸録》四卷。曾文正稱其多閱歷之言。又有《讀小學》一書。參史傳。

徐先生淮陽

徐淮陽，字龍溪，林縣人。布衣。年幾六十，徒步不遠千里謁艮峯訪學。艮峯聆其言論，爲之鼓舞，謂其日記有浩然自得之致。與人爲善，出於至誠。所言敬己即所以敬人，輕人即所以輕己；一日之通塞係乎一心之敬肆；孝字足以挽家運，廉字足以救貧窮。皆名言。惟論學專重存心，艮峯以居敬窮理不可偏廢進之。面規艮峯居喪之失，曰：「維持風化，責在我輩。豪傑舉動，豈可徇俗。且講學之謂何？」艮峯深佩其直諒。參《倭文端日記》。

清儒學案卷一百六十五終

清儒學案卷一百六十六

天津徐世昌

月齋學案

月齋初以文章名，後乃精研樸學，兼習經世家言，尤長於地理，所著諸書皆攷据補正，瞭若指掌，覃思冥索，純以精力得之。顧船之治地理，尤究心於北徼，其《朔方備乘》一書，當時稱爲奇作，雖後來攷察者衆，圖籍日新，而大輅椎輪，導其先者尚已。述《月齋學案》。

張先生穆

張穆，初名瀛暹，字石州，平定人。道光辛卯優貢，候選知縣。少孤，依母黨居，喜觀儒先學案諸書。及長，鋭意述作，極深研幾，程春海侍郎許其得漢學家法。既而見其所爲文，歎曰：「東京崔、蔡之匹也。」其學不專主一家，而皆得其精。於經，道孔氏微言大義，精訓詁篆籀；於史，通天文、算術及地理之學。候銓時，以負氣忤貴人，罷去，閉門讀書，左圖右史，日以討論爲事。壽陽祁文端爲父刻《藩部要略》，延之校覈，因言自來郡國之志與編年紀事之體相爲表裏，昔司馬子長作紀傳，而班孟堅創修《地理志》，補龍門之缺，相得益彰。今《要略》，編年書也，請爲地志以錯綜而發明之。於是著《蒙古游牧記》十六卷。文端謂其結構詳而有體，徵引贍而不穢，考訂精而不浮，確而有據。又以《魏書·地形志》雖云據永熙綰籍，❶而分併建革一以天平、元象、興和、武定爲限，則收《志》純乎東魏之志而已。其第三卷雍秦以下諸州地入西魏，遂挩失踳駁，不可讀，乃更事排纂，於沿革所係，廢興所關，及西北陂塘堰澤，討論尤悉。書未成，其友何願船爲補輯之。又著《顧亭林閻百詩年譜》、《㐆齋詩文集》。年四十五，卒於京邸。參史傳。

魏延昌地形志自序

魏收書初出，即重爲世所詬厲。其《地形志》近代始稍稍攻之，然特議其綰籍不斷自太和，雍秦郡縣多所脱漏而已。至於《志》之巨謬及收之本恉未有顯言者也。攷拓跋氏肇基恒朔，遷鼎洛陽，兩地宏規最宜晐備。此如頌周京者，知稱豐鎬，必溯邠岐；美漢業者，既尊三輔，敢略沛豐？龍興虎視，根本重地，未可率爾也。乃收《志》司州、洛尹分析畸零，盛樂、平城全歸寄治，數典忘祖，悖孰甚焉？而其本恉，則正以貢諛東魏張貢諛高齊之本。首鄴，孝靜都也。次定、次冀，匍服也。以形勢論，即應西敍潁、洛，東條兖、濟，乃橫厠并州於其間者，晉陽，高歡之行臺也。觀「太原郡晉陽」注下特書曰：「出帝永熙中霸朝，置大丞相府。武定初，齊獻武王止，置晉陽宮。」自古地家無此變例。然而收之本恉顯然明白矣。且收雖云據永熙綰籍，而分併建革一以天平、元象、興和、武定爲

❶「熙」，原作「興」，今據下文及清咸豐八年祁寯藻刻本《㐆齋文集》卷三改。

限，則收是《志》純乎東魏之志而已。武定六年，魏遣兵略江淮，取梁二十三州。七年，取梁青州及山陽郡淮陰。越一年，而高洋篡魏。此收《志》前二卷所以始於魏尹，終於沿邊新附諸州也。其弟三卷雍秦以下諸州地入西魏，不關於高，遂挩失踳駮，不可闔數，徒以《書》綜全魏，不得不旁及關西，聊充卷袟爾。杜君卿曰：「魏收史所載州郡，是東魏靜帝武定中，其時洛陽以西及關中、梁、益之地悉屬西魏，收猶總而編之。」穆初讀《水經注》，即謀博徵典籍，撰爲義疏。黟俞君理初教之曰：「是當先治《地形志》。」取而讀之，苦其蕪亂。大興徐丈星伯嘗敂以收《志》分卷之由，亦茫無以對。單心鉤稽，退寫爲圖，圖成，始恍然曰：此非北魏之《志》也。而自來談拓跋畺域者，率以是《志》斠其里到，遇有收所失載之郡縣，若建陽、長松之類，輒以爲後人羼亂，傎矣。於是更事排纂，勒爲此志。建置斷自延昌者，按《初學記》引《括地志》云：「魏孝文帝都洛陽，開拓土宇。明帝熙平元年，凡州四十六，鎮十二，郡國二百八十九矣。」熙平者，延昌四年之後一年。《通鑑》梁天監十年下云：「是時，梁之境内有州二十三，郡三百五十，縣千二十二。是後州名浸多，廢置離合不可勝紀。語本《隋書·地理志》敍。魏朝亦然。」梁天監十年者，魏之永平四年，延昌改元之前一年也。豈不以孝文奠宅京之烈，宣武撫全盛之業，元魏畺里，斯其極哉！熙平以後，增改頗多；孝昌之際，淪亡遂甚。仍一一附見條下，俾一朝沿革有所考焉，而盛衰之感繫於此矣。恒、代以北，晉末棄諸荒徼，郡縣不立；魏設重鎮制之，士馬騰强，所由盛也；孝明改鎮爲州，易都將以刺史，漸用削弱，國遂不支，尤一代廢興所關，故臚敍特詳，以示鑒戒之義。

三代以來，山川古蹟，班、馬兩《志》甄録已多，收《書》或繁或嗇，絶無條理，今亦不復盜襲前修，以炫耳目。而古籍遺文有涉及魏事者，則畢加搜討，不惜覼縷。典實既陳，隘塞犕具，亦攷古所必資矣。晉自永嘉以後，羣胡褋族，版蕩中原。凡五代十六國攻守戰伐之蹟，皆魏人席卷之先驅，而晉、隋《地志》紀載缺如，揆以漢詳秦制之例，亦此志所應薈萃也。《隋志》、《通典》、《元和志》、《寰宇記》、《通鑑注》株引既多，差互不免，必鑿然有徵，始用據補。餘並附存案語，以竢達者，不敢臆決也。又此志雖以魏事爲本，酈意則并欲爲世之讀酈注者通其徑術，故凡中尉所條列，每不憚其詞之煩。西北陂塘堰澤，尤有心經世者討論所必先，茲并攷其興廢，及現今情形，庶後來者有所取法焉。昔沈約敍《宋・州郡志》曰：「地理參差，其詳難舉，實由名號驟易，境土屢分，或一郡一縣割成四五，四五之中亟有離合，千回百改，巧曆不算，尋校推求，未易精悉。」夫由今日訂延昌之籍，視休文撰大明之書，去古彌遠，難應倍蓰，尋校無憑，矧云精悉，然以刊收《志》之謬，補《魏書》之闕，或亦談拓跋疆域者所不廢云爾。

文集

説文解字句讀序

居今日言《説文》，必衆稱曰段、桂。桂書卷袟大，傳鈔梓校皆不易，能有其書者少。段書行世垂三十年，苟取讀之，無不人人滿其欲去，實則瑕瑜所在，夫自有真。讀者以無主之匈浮游遇之，不獨攻爲妄攻，即守亦妄守。

安丘王貫山先生初治《説文》，段書尚未行，融會貫通，既精既熟，乃得段書，而持擇其然否以語人，多駭不信，而先生之學則因以益密，精神所獨到，往往軼出許君之前。本古籀以訂小篆，據遺經以破新説，瓜分豆剖，僢交徑錯，於諸言《説文》者得失如監市履狶，而況其肥瘠也。生平精詣所萃在《説文釋例》一書，標舉郵畷，扶翼表襮之功，視段、桂爲偉。穆每用夸於人曰：「貫山之於《説文》，如亭林之於音韻。後有作者，補苴焉，匡救焉，可矣，必無更能過之者也。」

先生齒長於穆二十年而强，顧拂飾之，引以爲友，久益親。需次都門，課授多暇，竊請曰：「古人著書將使不知者知之，則今人注書亦將使不讀者讀之。桂書邇頗有大力者謀爲刊行，工既勼矣，以有所撓而罷。段書多逞臆武斷，不便初學，曷更釐爲善本，以詒世之治許學者乎？」先生諾之。於是仍取資段、桂及所著《釋例》，翦枝存幹，日課一紙，始一終亥，再期乃畢，顔其耑曰「句讀」，以爲是初學之讀本云爾。夫許君追原制作文字之初指而説之解之，宜乎學許君之學者亦必推本其所以如此説如此解，而搯繹疏通之。

宋元人好呰《説文》，今人好尊《説文》，尊之者之愈於呰不待辯，要其爲皮傅破瓨之學則一，何也？《説文》經六朝人之迻寫，唐明字科試人之割裂，李陽冰諸人之變亂，徐鼎臣合集書正副本、羣臣家藏本之改定，幾於百孔千㓞，而時賢乃銖銖比附，一似親炙汶長而得其手定之本也者，獨非惑歟？《句讀》之纂也，先生以七事相諧，曰《説文》正文九千三百五十三，今溢六十二文。重文千一百六十三，今溢百十三文。嚴可鈞議删重文，未删正文，不知此蓋《説文》續添中字、《字林》中字，後人羼入也，故删正文之有據者。一也。一字兩見，大徐率目在後者爲重出，審部居，定去留，如否爲不之孳育，吁爲于之孳育。二也。前人引《説文》多附益於《説文》之外，牝牡驪黄，都所不計，故或得其義而失其詞。今即詞以求其義之所主。三也。許君説形、説義、説音，皆歸一貫。今人或自爲説，如「蒐，人血所生」，因字從鬼也，引者譌作「地血」，或遂欲據改之，則好奇而不顧其安。四也。許君所引經文字體句限多異今本，固有譌誤增加，而其爲古本者甚多。今人或疵瑕之，不潛心也。五也。説解有許君刱始者，如后、身、倜、愃諸字，前無古人，其實故訓固然。援經義以表許君之識，正前人之誤。六也。《爾雅》、《説文》互爲表裏，而景純作注，乃適得《爾雅》誤本而曲爲之説。如「葑曰須蓯」，即《釋草》之「須葑蓯」，葑、須雙聲，葑、從疊韻，短言之爲葑，長言之爲須從，《雅》文誤倒耳。「翰曰天雞」，即《釋鳥》之「鶾，天雞」，既屬羽翰之翰，何緣更入《釋蟲》？翰即《曲禮》之「翰音」，鶾則《字林》所誤載，今則本許義以正郭本郭説。七也。然非先正其句讀，則或襍造不成句，闕佚不可句。凡讀者所深諱不言，皆不讀者之話柄矣。

或問許書句讀古無知之者乎？曰否。「禔，安，福也」，李善注《難蜀父老》引云「安也」；「璧，瑞玉，環也」，慧苑《華嚴音義》引云「瑞圭」，范應元注《老子》引云「瑞玉也」；「疐，礙，不行也」，徐鍇《祛妄篇》引云「礙也」；「宙，舟輿所極，覆也」，《爾雅·釋詁》疏引云「舟輿所極也」。唐宋人蓋皆知之，故但指引一句，今人反疑爲挩佚而据增焉，謬也。

崑崙虚異同攷

古今之説崑崙者五：于闐也，肅州也，大荒也，青海也，西藏岡底斯也。

于闐之説，肇自漢武。《史記·大宛列傳》曰：張騫使西域還，爲天子言：「于寘之西水皆西流，注西海。其東則東流，注鹽澤。鹽澤潛行地下，其南則河源出焉，多玉石。鹽澤去長安可五千里。」其後騫死，漢使窮河源，河源出于寘，其山多玉石。采來，天子按古圖書，名河所出山曰崑崙云。按鹽澤即《漢書》所云「蒲昌海」，《山海經》所云「泑澤」。于闐東流之水爲今塔里木河，東至哈喇沙爾城東南入於羅卜淖爾，即鹽澤也。水既入淖爾，潛行地下，又東南千五百餘里，至青海巴顔哈喇山麓，伏流始出，騫所謂河源也。武帝按古圖書名于寘山曰崑崙，其山蜿蜒磅礴，直抵衛藏。古圖書之言本無差謬，特不可遂以于寘山爲崑崙耳。或者以崑崙出玉，意惟于寘足以當之。原武帝初意，不過因騫言河源地多玉石，故發使探玉産何地，以決河源所在，非以有玉無玉斷其是崑崙非崑崙也。且此論刱自張騫，非古圖書所有。《爾雅》中下二篇多後人附益，見張揖《廣雅序》。「九府」章曰：「西北方之美者有崑崙虚之璆琳琅玕焉。」此産玉之説始見於傳記者也。《淮南子》因之，采其文入《墬形訓》。晉代僞《胤征》因之，曰「火炎崑岡，玉石俱焚」，並羼其辭於古經，而崑崙産玉之説深入人心矣。《戰國策》蘇秦爲齊上書説趙王曰：「今魯句注禁常山而守，三百里通於燕之唐曲吾。此代馬胡駒不東，而崑山之玉不出也。此三寶者，又非王之有也。」然則趙亦有出玉之昆山，在其境内，但非枚氏所及知耳。夫《山經》所志有玉之山所在皆是，何獨昆侖，則據此以定昆侖者，非也。

《漢書・地里志》焞煌郡廣至縣有昆侖障，金城郡臨羌縣西北塞外有弱水昆侖山祠，此肅州昆侖之説也。按《志》所謂祠，蓋如今嶽廟。曰障，障隔也。山之小者初不以當河出之山。東漢延光中，焞煌太守張璫上書，請以酒泉屬國吏士二千餘人集昆侖塞擊呼延王。李賢即引前《志》之昆侖障證之。張守節《史記正義》云：「肅州，即小昆侖，非河源出者。」皆不迷謬，而畢氏沅、郝氏懿行用以説《山海經》之昆侖。夫《山經》方位錯互，至不足據，乃引班《志》證成之，是以不狂爲狂也。且經明云「河水出焉」，如畢、郝所説，則是昆侖反居積石上游西北千餘里矣。況肅州亦安有熊熊魄魄方八百里高萬仞如是大山也哉？後魏昭成帝時，馬岌上言：「酒泉南山即昆侖之體，删丹西河名曰弱水。《禹貢》昆侖在臨羌之西，即此明矣。」按岌此論本康成《書注》。夫體之云者，由本而枝，由枝而幹，脈絡通貫之謂也。如太行八陘，隨地異名，均謂之太行云爾。今攷岡底斯脈分二支：一支直東趨，爲張騫所稱南山；一支過和闐西北趨，環二千里，統名蔥嶺。蔥嶺又東趨，爲天山，亘回疆，北至巴里坤而止。以其與昆侖同體，故即假昆侖之名名酒泉南山，特用以證《禹貢》則舛。知者，酒泉郡乃漢武所置，若昆侖主山實在此郡，豈有舍其域中别指于寘者哉？則所謂昆侖在肅州者不足辨也。

《漢書・律曆志》曰：「黄帝使泠綸自大夏之西、昆侖之陰，取竹之解谷。」《水經注》引外國圖云：「從大晉國正西七萬里得昆侖之虛。」此大荒昆侖之説也。按張華《博物志》曰：「張騫度西海，至大秦國西海之濱，有小昆侖。」殆即班、酈之所謂昆侖矣。然曰小昆侖，别乎大昆侖而言也。華雖未實指大昆侖之方，要亦不以此當河出之山。《爾雅》曰：「三成爲昆侖丘。」善長曰：「東海方丈亦有昆侖之稱。」海外尤多大山，名曰昆侖何不可者？而脈水尋源自有主名，後人求其山不得，乃推而遠之大荒之外。此又不足深辨者也。萬季野、胡東樵引《大荒經》、《水經》證爲海外之昆侖河源，《紀略》已詳辨之，兹不及。

杜君卿云：「吐蕃自云昆侖山在其國中西南，河之所出也。」夫唐代吐蕃之境，北際松涼，南及嶲茂，地方萬有餘里。彼謂昆侖在其國西南，原非妄語，而君卿據之以説昆侖則誤。何者？君卿所據者命使往來之吐谷渾也，是即劉元鼎紫山之説耳。《唐書·吐蕃傳》曰：「河之上流由洪濟梁西南行二千里，水益狹。其南三百里，三山中高而四下曰紫山，古所謂昆侖者也，彼曰悶磨黎山。」按洪濟梁在今河州之西北，唐積石軍地也。紫山，今庫爾坤山。巴顔哈喇山、阿克塔沁山、巴爾布哈山三山並峙，總名庫爾坤山。元鼎特窮極青海之境而止。元人近指大雪山爲昆侖，則更在紫山東南千餘里矣。大雪山，番名亦耳麻不莫喇，今名阿木奈瑪勒占木遜，實大禹導河之積石山也。夫以昆侖爲在吐蕃，蓋自古及唐始有地名可稽，惜又爲元鼎諸人所誑，異説滋繁。戴氏震《水地記》亦仍此誤。然張騫稱「鹽澤潛行地下，其南河源出焉」，今羅布淖爾之水實溢出於青海之境，河既更有上源，則昆侖必不在青海明甚。而齊氏《水道提綱》顧依違其辭，是不達也。

《水經注》引《釋氏西域記》《括地志》、《通典》、《通攷》、《通志》皆從此轉引。曰：「阿耨達大山，其上有大淵水，宫殿樓觀甚大焉，即昆侖山也。」阿耨達山，即今西藏之岡底斯山，在後藏達克喇城東北三百餘里，直青海西南五千五百餘里。其山四支，北出者曰僧格喀巴布山，與和闐之尼莽依山南北聯。岡尼莽依，《水經注》所謂仇摩置也，黄河初源實出於此。

綜而論之，漢武名于寘山爲昆侖，已確知昆侖之在西南。吐蕃自言昆侖在其國西南，已確知昆侖在今衛藏，而藏地自古不隸版圖，漢唐命使無至其域者，故沈霾湮鬱以至今耳。康熙間，釐定西藏，聖祖仁皇帝諭謂岡底斯爲衆山水之根，於是地志家轉相鉤攷，昆侖真山始軒露於世。太史公譏張騫等烏覩所謂昆侖。洵哉！其未之覩也。詳見徐氏《西域水道記》。或曰：古稱昆侖皆主西北，故《溝洫志》載齊人延年之言，曰「河出昆侖，經中國，注勃海，是其地勢西北高而東南下也」云云。今岡底斯遠在西南，得無與古説戾歟？曰：《禹貢》敍昆侖而不言爲河所自出，《禹本紀》言河出昆侖而不詳其山在何方，延年上書在漢武末年。大約爲西北之説者，皆既窮河源之後之論也。《爾雅》、《山海經》、《淮南子》、《説文解字》、《水經》。彼見武帝指于闐山爲昆侖，于寘在西域南，西域在中國西北，故紛紛云爾也。然古説昆侖在西南者其徵亦有二：一徵之《史記·封禪書》。書曰：「濟南人公玉帶上黄帝時《明堂圖》，《明堂圖》中有一殿，四面無壁，以茅蓋。通水圜宫，牆爲複道，上有樓，從西南入，命曰昆侖。天子從之，入以拜祀上帝焉。」陸賈稱黄帝巡遊四海，登昆侖山，起宫室於其上。夫惟實至昆侖，圭方定位，故明堂西南之門命曰昆侖也。

黄帝正名百物，必不誣矣。一徵之《穆天子傳》。傳曰：傳中地里爲妄人所亂，故詳説之。「戊寅，天子西征，鶩行至於陽紆之山，河伯無夷之所都居，是謂河宗氏。河宗柏夭逆天子燕然之山。癸丑，大朝於燕然之山，河水之阿。」陽紆者，《周禮·職方氏》「冀州藪曰陽紆」，蓋在今山陝之交，而地頗近北。或據《爾雅》郭注謂在右扶風汧縣，及《淮南》高注謂地近華陰，在今陝州閺鄉縣者，非也。何以明之？以下文河宗及燕然之山揆之，《史記·趙世家》正義曰：「河宗在龍門之上流，嵐、勝二州之地。」唐嵐州，今嵐縣地。唐勝州，今鄂爾多斯右翼後旗，黄河南流處也。燕然之山，即班固爲竇憲刻石勒功之山。《寰宇記》曰：「在振武軍金河縣近磧。」金河故城在今歸化城南。《水經注》於傳文前後，懵不加察，《河水》開端即引此傳以證河水所出之陽紆陵門山，而斥高注之非，傎矣。且即其所引《淮南子》禹治洪水「具禱陽紆」之文證之，具禱乃治水之始事。禹治水始冀州。《書》曰：「既載壺口。」壺口，龍門上口，在今吉州西南。陽紆、龍門界殆毗連，故《周禮》以爲冀州藪也。蓋循河而北出塞，及大漠之磧矣。「己未，大朝於黄之山。柏夭乃乘渠黄之乘，爲天子先，以極西土。乙丑，西濟河，爰有温谷、樂都，河宗氏之所游居。丙寅，用申八駿之乘，以飲於枝洔之中，積石之南河。乙丑，上距己未七日，濟河，越河關而南也。」黄山，《山海經》郭注曰：「始平槐里縣有黄山。」槐里，今西安府興平縣也。温谷、樂都，疑即《西羌傳》之大小榆谷。枝洔之中，疑即《唐書》所謂黄河九曲之地，楊矩奏請爲金城公主湯沐之所也，地在今西寧府西南塞外。則由今西安出河州渡河而西南征矣。「丁巳，西南升缺文。之所主居。或引此傳證于寘昆侖之説，於此句刊去「南」字，省改其文，曰「西行，遂宿昆侖之阿」，大謬。戊午，遂宿於昆侖之阿、赤水之陽。辛酉，升昆侖之丘，以觀黄帝之宫，而封豐隆之葬。」計自乙丑濟河至戊午始宿昆侖之阿，凡五十四日。此五十四日之中，高策八駿，日行百里，已不下五千餘里。略以由興平至積石南河七日程準之。或者穆王當日真至今之衞藏，故《水經注》於引《釋氏西域記》阿耨達大山下，復引此傳證之，曰「即阿耨達宫也」。要之，積石已在西南，更由積石而西南行，傳又曰：「自河首襄山以西南至于春山珠澤昆侖之丘。」則傳所謂昆侖者，必非肅州、青海、和闐，亦無緣遂抵大荒之外章章矣。胡東樵疑昆侖有二：一在西南，爲黄河之所出。一在西北，爲弱水之所環。不知弱水之所環者，即班《志》所稱昆侖障、昆侖山祠，馬岌所稱酒泉南山也，二而一者也。又按《禹貢》以昆侖與析支、渠搜並舉，古析支地在今青海和碩特前頭旗、南左翼中旗、土爾扈特南前旗及察漢諾們罕喇嘛游牧處。渠搜在今蘭州北長城外河套地。準以《禹貢》涼州之域，渠搜在涼州西北，析支在涼州西南，昆侖又在析支西南，在《禹貢》統爲西戎矣。則康成謂《禹貢》昆侖非河所出者，又非也。夫使禹時昆侖之名已多歧互，豈應於河源大山反昧標識哉。

俄羅斯事補輯

俄羅斯地瀕北海，於古無述。蓋有内外旗蒙古限之，無由與中國通。内旗者，科爾沁等四十九旗札薩克王公是也；外旗者，喀爾喀七旗札薩克王公是也。外旗居内旗之外，俄羅斯又居外旗之外。其地東西北三面距海，東西廣，南北狹，自東而西，黑龍江、庫倫、烏里雅蘇台、科布多四屬八十二卡倫。又科布多屬極西卡倫，曰和尼邁拉呼。由此渡額爾齊斯河，至輝邁拉呼一帶卡倫，均與俄羅斯連界。其國法，夫死傳妻，母死傳子，國主及部長皆然。女曰哈屯汗，男曰察罕汗。哈屯，華言夫人也。察罕，華言白也。

乾隆五十八年，大西洋英咭唎國王遣使朝貢畢，尚書松筠奉命送至海上，其正貢使曰瑪噶爾尼，駐牧俄羅斯久。松筠訪之，曰：現在之哈屯汗本西洋女，前哈屯汗之外孫女也。其表兄襲位，娶爲妻，生一子。汗死，子幼，遂代立。所生子今已三十餘，後將傳之於子。又死，即傳子婦。舊俗如此。俞君曰：「嘉慶十年，今汗遣使來至邊議禮。今汗者，始以男汗治矣。」其國都曰莫斯克瓦，有理事公廨曰薩那忒。如直哈屯汗在位，遇事即由薩那忒申文，達理藩院轉奏。其辦事大頭目曰包費窩特，守邊大頭目曰固畢納托爾，管兵頭目曰咭那喇爾。其薩那忒公廨辦事大頭目曰薩那托爾，曰雅固畢咭那喇爾，曰瑪約爾，曰哩咭斯塔喇托爾。頭目多西洋人，其服食房舍亦與西洋不異。其俗不甚事種植。近國都地氣候頗和，而水多田少，惟魚是食。魚有毒，大黃能解之。特派頭目專司收買，散給屬下，官賣濟衆。舊與西洋及青海等處通市，其與中國通市之所曰恰克圖，距莫斯克瓦西北數千里，爲土謝圖汗、車臣汗、札薩克圖汗、三音諾顏四部卡倫適中之區。迤東二十八卡倫，土謝、車臣兩部設。迤西十九卡倫，札薩克、三音部設。商民於此建立木城，俄羅斯亦於對面建設市圈，萬貨雲屯，居然一都會矣。欽差大臣駐劄庫倫以控制之，治土謝圖汗部。庫倫者，蒙古語城圈也。地有喇嘛木栅如城，故名。距恰克圖八百里有奇，庫倫南十餘里有山曰汗山，緜亘高聳，艸樹如畫。山北有河曰圖拉，源出庫倫東北胃特衣山，曲折流二千餘里，北入色楞格河。由恰克圖西側入俄羅斯拜噶勒淖爾，復東南流至黑龍江，入東海。恰克圖迤東車臣汗部屬十四卡倫，沙甸平坦。迤西多山，林木蓊鬱，往來以色楞格河爲津要。連岡而東迤，南至衮圖達壩罕，其間俠溝叢樹，陀隘天成，足資防禦。其附屬回部四：曰布哩雅特、曰哈哩雅特、曰哈木尼罕、曰素瑪爾，皆奉黄教。俄羅斯恐其内附，每卡設本國數人羈絆之。其北鄰曰空喀爾，俞君曰：「乃其西南屬國。」亦回種也。相傳空喀爾國最大，以銅爲城，東西門距若干程，非也。空喀爾居海島中，恃水爲險，自以爲有銅城之固，猶華言金城云爾。其禮節以脱帽去裘爲至敬，頭目人謁其汗則用之。輸誠極服，則以指扣眉，如中國之投拜矣。其性樸弱，知信睦，初見中國人，恐爲笑，故示倨大，應答模棱。及我駐劄大臣開布誠意，而夷情懽帖矣。

康熙二十七年喀爾喀全部内附。二十九年黑龍江忽稱有羅叉犯界。索倫土語呼俄羅斯曰羅叉，非美名也。義見俞集。聖祖仁皇帝命副都統薩布素率兵進勦，奪其雅克薩城，羅叉遁。嗣乃屢肆惷擾，守邊大臣移檄詰之，皆不報。會有附近俄羅斯之西洋霍蘭國朝貢入京，兵部欽奉諭旨，以俄羅斯哈屯汗係婦人，巢穴距邊地遠，其如何搆衅，必不知情。疊發檄諭，必其守邊頭目畏罪阻隔。繕敕書，交霍蘭使臣帶回轉達。俄羅斯得書回奏羅叉犯界事，哈屯汗絶不知。奉到敕書，嚴飭邊界，永不滋事。復申請遣人進京學習國書，俟通曉文理換回，遇事以清文兼俄羅斯及西洋字馳奏，可免舛誤。聖祖允其請，爲特開俄羅斯教習館。其後在京學習之人迭次更換，在京在途照料官員，理藩院均派家道殷碩者隨時酌需賞賚，周其困乏。此俄羅斯所以感恩知義，永遠向化也。世宗憲皇帝登極，因其地毗連喀爾喀，應與定界，以杜爭端，而於在邊貿易者約束亦便。雍正五年，欽派尚書大臣察畢那、特古忒、圖麗琛三人前往勘定設卡倫五十九所，極東十二卡倫，就近屬黑龍江將軍統轄，輪派索倫兵戍守。迤西卡倫四十七所，以喀爾四部屬下下蒙古，按其游牧遠近，每卡設章京一員，率兵攜眷戍守。俄羅斯於對面一體安設。兩界適中隙地，蒙古語曰薩布。薩布處所，皆立鄂博。鄂博者，華言石堆也。間遇叢林，鄂博難立，即削大樹刊識。時庫倫尚未派駐防大臣，凡此卡倫總令喀爾喀王丹津多爾濟統轄，並議定條規。互相偷盜者，事主呈報，踹緝審明，罰賠治罪。不獲，即令不能嚴緝之卡倫追賠。彼此貿易，兩無榷稅。自此，沿邊人衆咸知約束矣。先是，民夷交易無定所，畫界既正，相度得恰克圖地，設立市集，派理藩院司員，三年一換，駐劄總理。此開關通市之始也。喀爾喀丹王薨，其孫宰桑多爾濟嗣先職，整頓卡倫，益完善。繼以夷務繁，乾隆二十七年欽差大臣同桑王協辦。此庫倫駐劄之始也。二十九年，因附近卡倫互有遺失馬匹數逾千，而俄羅斯又輒捏報，奉旨閉恰克圖。俄羅斯懼，三十三年，懇請開關，欽差庫倫大臣慶桂同喀喇沁貝子湖圖靈阿會議章程，合詞以恭順緣由入奏，恩准通市如舊。四十四年，恰克圖有應會審夷犯延宕逾期，庫倫大臣索林立命閉關，奏請罷市，得嚴旨申飭，改派尚書博濟清阿馳傳，同土謝圖汗徹登多爾濟悉心察辦。俄羅斯悔罪，重懲夷犯。四十五年，奉旨准其仍前市易。四十九年，有庫倫商民赴烏梁海游牧貿易，路經布哩雅特被劫。駐劄大臣勒保偵知盜首，檄行額爾口城固畢納托爾拉木巴捕盜會審。拉木巴既緝獲首犯，遣其咭那喇爾送赴恰克圖，並例罰貨物加倍呈繳。勒保等方擬明法示衆，咭那喇爾妄意案已完結，擅取犯鞭責，鉗耳鼻，發遣。勒保檄詢拉木巴，仍以結案爲辭。奉旨行文薩那忒索之，並治固畢納托爾等罪。薩那忒覬事速了，蒙飾如前。高宗純皇帝震怒，切責之，旋撤恰克圖市。俄羅斯益懼，將債事之拉木巴調回，别派頭目駐防。募緝遣犯，訖不獲。申文籲卹，遵旨斥駮。五十四年，有衛勒千巡兵齊巴克等出卡緝賊，遇哈哩雅特打牲數人，我兵盤詰，哈哩雅特恐被捕，遽發銃，齊巴克傷斃。駐劄大臣松筠飛檄索賊。至五十五年春，其新派固畢納托爾色勒裴特搜獲正犯二、從犯一，先後縛送，聲請前犯已無蹤跡，懇收現獲之犯示衆辦理，並結舊案。於時又有薩麻林喇嘛詐書事，詳見俞集。薩那忒具實稟覆，薩麻林伏法。五十六年，奉旨訂期會議，仍前通市。時閉關久，夷民惆怵，聞檄令會議，色勒裴特由額爾口以馬駕飛車馳來聽命，松筠等宣敷威德，推誠曉諭。色勒裴特頻以指叩眉，曰：「大皇帝是天，大皇帝是天！」議定開關通市如初。俄羅斯永遵條教，邊竟綏和。

附録

先生性豪放明鋭，才名藉甚。應京兆試，誤犯場規，負氣不少屈，遂被斥。自此謝絶舉業，一意著書。祁文端督學江蘇，延入幕。阮文達時家居，見所著，謂二百年無此作，以碩儒稱之。一時名士如俞理初、何子貞、王菉友、陳頌南、何願船皆與訂交，推爲祭酒。《山西通志》。

靈石楊郎中尚文刻《連筠簃叢書》，禮延先生庀其事。復刻《韻補》、《元朝祕史》、《西游記》、徐星伯《唐兩京城坊攷》、《沈子惇文稾》、《湖北金石詩》、俞理初《癸巳存稾》。又嘗自刻其祖《希音堂集》，附輯祖事甚詳慎。程鴻詔撰《張先生小傳》。

青陽吴履敬及弟式訓皆少孤，鞠於舅馮愛古修學。先生資給之，使從學。先生卒，馮子方夜飲，聞信，覆其羹，兩吴尤悲。同上。

先生以顧亭林入都，曾寓慈仁寺，因與何子貞醵金建祠寺中。及先生殁，同人爲位從祀焉。又祀晉陽書院之三立閣及平定之崇賢堂。《山西通志》。

祁觀齋曰：「石州議論穿穴今昔，鎔冶四庫百氏，飈舉泉涌，座客率撟舌不得語。海内名儁咸想望風采，躡屣納刺，載酒問奇者幾無虚日，顧石州不自撓屈。有以所著書或詩古文辭進者，無問其人位望，有不可於意，即指疵纇，口齦齦辨，折角陷堅，不遺餘力。以是慕名而來者或稍稍引去。然其於學深博無涯岸。遇奇士，雖素出己下，輒折節推之。」祁寯藻撰序。

何願船曰：「旌德吕文節公推先生爲直諒多聞之友，且爲余言：『石州孯經似賈長頭，攷史似劉子玄，談地理似酈善長、王伯厚，論治體似陸敬輿、白居易，行誼卓絶、文詞瑰偉則似蕭穎士、徐仲車。』此非阿其所好，天下之公言也。」何秋濤撰序。

㐆齋交游

祁先生寯藻 别見《鶴臯學案》。

苗先生夔 别見《鶴臯學案》。

俞先生正燮別爲《理初學案》。

徐先生松別爲《星伯學案》。

程先生恩澤別爲《春海學案》。

陳先生慶鏞別見《春海學案》。

龔先生自珍別爲《定盦學案》。

魏先生源別爲《古微學案》。

沈先生垚別爲《敦三學案》。

何先生紹基別見《湘鄉學案》。

黄先生彭年別爲《陶樓學案》。

何先生秋濤

何秋濤，字願船，光澤人。道光甲辰進士，授刑部主事。少負異稟，過目成誦。通籍後，李侍郎嘉端巡撫安徽，奏辟自隨。比還京師，益留心經世之務。以俄羅斯地居北徼，與我朝邊卡切近，而未有專書以資考鏡，著《北徼彙編》六卷，繼加詳訂，本欽定之書及正史爲據，旁采近人纂輯，自漢晉隋唐迄明，又自國朝康熙、乾隆迄於道光，代爲之圖，並綴論説，增衍爲八十卷。咸豐八年，陳尚書孚恩疏薦。先生時方居憂在籍，命先將所纂書籍呈進。九年服闋入京。文宗覽所著《北徼彙編》，稱其於制度、沿革、山川、形勢考據詳明，足徵學有根柢。因賜名《朔方備乘》。召見後，復命賦「讀書破萬卷，下筆如有神」詩二章。晉官員外郎、懋勤殿行走。旋復以憂去官。同治元年卒，年三十九。所著《王會篇箋釋》三卷，以王氏補注爲本，并取諸家，於訓詁地理考證鉤析，覽者咸服其精博。又有《篆隸源流》、《一鐙精舍甲部稾》。刑部奉敕撰《律例根源》，創稾多出其手定。參史傳、黄彭年撰墓表。

朔方備乘

考訂俄羅斯事輯敍

《俄羅斯事輯》，係俞正燮著。正燮於嘉慶十年至京師，時聞俄羅斯有遺使來之事，因徵故實爲此篇。後來諸家記北徼事者多援引之，然蒐采既博，不免抵牾；又好以己意傅會古事，如謂俄羅斯即古羅刹，尚天主教，欲殺佛，佛遇惡物奇怪，輒以羅刹名之。此類皆無事實。又恰克圖互市嘗因事罷，《西域聞見録》以爲因土爾扈特歸順之故，固屬謡傳。正燮則云因俄羅斯納我叛人舍楞之故，亦出臆度。今隨事訂正，仍録其原文，以備考覈云。

考訂海國圖志敍

《海國圖志》，係魏源著。或謂講地理者於中國古今郡縣猶多未能確指，況外夷乎？不知宇内之事，無非以漸而開，其始莫不荒渺，必有人焉留心採訪，隨時紀載，積久研核，可以得其梗概。歷代正史必有四裔列傳，往往記商賈之言，述傳聞之説，職是故也。歐羅巴人舊撰有《四洲志》，道光年間，廣東譯出，經魏源蒐采羣籍，勒爲《圖志》，於岸國、島國各情形條分縷析，便於檢閱，但卷帙既繁，不免有疏舛之處，要當分别觀之。其《北洋俄羅斯志》内裒輯之《俄羅斯國總記》、《西域聞見録》諸書，玆編俱已分見各卷，故不複録，惟於他書未載之事類集於此，仍加考訂，以期覈實云。

考訂元代西北疆域考敍

《元代西北疆域考》，係魏源著。源治《海國圖志》，牽涉《元史》，輒苦迷津，爰取劉郁《西使記》諸書，參以列代西域傳記及圖《元祕史》、《蒙古源流》及丘處機《西游記》、理琛所著之《異域録》，娓娓鉤稽，旁證側出，遂作是考。按自古禹跡所及九州之地，東南至於海，西北限流沙，其西北二海未隸版圖，説者多茫昧之詞。其能西至於西海，北至於北海，咸建藩封、設官吏者，惟有元一代，故元代疆域之廣爲亘古所未有。其北方疆域實包舉今俄羅斯國全境，亦爲從來方志所未詳。歐羅巴人航海東來，侈陳五大洲之恢廓，然於莫哥斯未亞及韃而靼之地究不能詳其顛末，他可知矣。源殫力研求，以地域水道疏通證明，遂使往迹瞭如指掌，洵有功於《元史》者也。惜其中尚有考訂未覈之處，蓋千慮之一失，今備録而補正之。

辨正瀛環志略敍

前任福建巡撫徐繼畬刻有《瀛環志略》一書，乃據米利堅人雅裨理所繪地圖加以譯解，敍次國土民風，頗爲明晰。稱《瀛環志略》者，戰國時騶衍所論中國之外更有大九州，有大瀛海環之，故以是命名也。其中敍俄羅斯事，文盈一卷，考證羣書尚多抵牾之處。蓋西人言歐羅巴事則詳，言中國事則略。又俄羅斯自明中葉以前尚不與西洋諸國往來，是以利瑪竇、艾儒略、南懷仁之徒摹繪五大洲圖説，於俄羅斯境山川地名多未詳載。如南懷仁《坤輿圖》誤以裏海即爲鹹海，又繪黑龍江長五六十度，致色楞格河諸水入北海者皆無以容之。是其於俄羅斯境疆域未能確覈，多此類也。雅裨理所云，較昔人已屬詳贍，而舛誤多端，瑕瑜互見，職是故也。茲故録其原文，加以辨正，庶幾去瑕存瑜，足備考覈云爾。

文集

周易爻辰申鄭義

《易》之取象於互卦、消息者，鄭與諸家同。至以爻辰爲説，則康成之所獨。元和惠氏、嘉定錢氏、武進張氏皆有纂述，以明其義例，溯其源流。高郵王氏、江都焦氏獨起而攻之，抉剔垢瘢，摧堅陷鋭，比於《箴膏肓》、《發墨守》，可謂辯矣。竊意《易》涵萬象，不可執一。爻辰之瀍，於古必有所受，推之鐘律，攷之次舍，往往相協，則鄭之立義不可誣也。特其書殘闕，徒見於諸家所援引，或不免有迂曲穿鑿之處，諸儒攻之，誠中其短。然自輔嗣《易》行，鄭學久已微絶，蒐采者存古誼於千百，夏鼎商彝固不以剥泐譌闕見棄矣。因補苴罅漏，設爲問答，以窮二家之辨。要知於《易》之正義，非徒申鄭，亦竊效筦闚云爾。

難者曰：漢儒推求卦象，皆與《説卦》相表裏，而康成則又以爻辰説之。陽爻之初、二、三、四、五、上值辰之子、寅、辰、午、申、戌，陰爻之初、二、三、四、五、上值辰之未、酉、亥、丑、卯、巳，而以十二辰之物象、十二次之星象配之，舍卦而論爻，已與《説卦》之言乾爲、坤爲者異矣。

申鄭義曰：《説卦》取象固以卦言，而《繫辭》明言「六爻相雜，唯其時物」，又云「雜物撰德，辨是與非，則非其中爻不備」，又云「二多譽，四多懼。三多凶，五多功」，是爻又各有其象也。「道有變動，故曰爻。爻有等，故曰物」，斯爻之值辰所由仿也。明堂月令義起邃古，則十二辰之物象不可廢。仰觀天文，實始庖羲，則十二次之星象無可疑矣。

難者曰：《漢書·律曆志》：「十一月，乾之初九，故黄鐘爲天統。六月，坤之初六，故林鐘爲地統。正月，乾之九二，今本「二」誤作「三」。故太簇爲人統。」而《周官·大師》鄭注、《周語》韋注皆祖述之，此爻辰之所自出也。案律、吕以陰陽相間，而乾坤之爻則六位相連，斷無相間主月之理。黄鐘下生林鐘，三分損一也。林鐘上生大吕，三分益一也。而乾之初九不能下生坤之初六，坤之初六不能上生乾之九二，然則律、爻次序絶不相同，以爻配律，斯不通之論矣。

申鄭義曰：乾初九配建子月，九二配建寅月，九三配建辰月，九四配建午月，九五配建申月，上九配建戌月；坤初六配建未月，六二配建酉月，六三配建亥月，六四配建丑月，六五配建卯月，上六配建巳月。此皆古訓相承，合天地自然之數，故鄭於《易注》言之，於《周禮注》又言之。陸績、何妥並同此義。至於律之爲制，黄鐘九寸，合陽九之數。林鐘六寸，合陰六之數。故《國語》伶州鳩論律，自黄鐘而下，一曰太簇，三曰姑洗，四曰蕤賓，五曰夷則，六曰無射，正以協於乾之六爻也。是爻、律相配自周已著，豈得以班《志》爲爻辰之始乎？且《易》言九六，義取變化，故初九爻變則爲初六，相間之序出於自然，與律呂之三分損益、隔八相生，事雖異而理則同，互證即明，無煩疑惑。

難者曰：十二辟卦各主一月，爻辰則每爻各主一月，而其説每多抵牾。如乾主建巳之月者也，而爻辰則初九值子，九二值寅，九三值辰，九四值午，九五值申，上九值戌，皆非建巳之月。坤主建亥之月者也，而爻辰則六三值亥，而初六則值未，六二則值酉，六四則值丑，六五則值卯，上六則值巳，皆非建亥之月。臨二陽在下，建丑之月也，而爻辰則九二值寅，六四始值丑。姤一陰在下，建午之月也，而爻辰則初六值未，九四始值午，爻與卦不相背而馳乎？

申鄭義曰：十二辟卦與爻辰各爲一事，亦兩不相妨。卦有卦之義，爻又有爻之義，所謂事各有當者也。攷《説卦》以兑爲正秋而乾爲西北之卦，則乾在秋，居戌亥之際可知。故《易緯》以戌亥爲天門，即本《説卦》爲言也。然以十二辟卦言之，則乾又主建巳之月，豈得信其一而廢其一乎？明乎此，則爻與卦背馳之疑可釋然矣。

難者曰：十二卦分主一月，《易》之例也。故經有「至於八月」之文。若每一爻分主一月，則《易》無此例。今爻辰以乾六爻主奇數月，坤六爻主偶數月，乾初九值子，一陽始生，猶有説也。坤初六值未，則在二陰浸長之月，不乖於建始之義乎？

申鄭義曰：十二卦消息所異者一爻耳，然則辟卦亦是以爻主月，則爻辰何不可以爻主月乎？且卦爻之例雖殊，皆主扶陽抑陰者也。故乾爻自午至戌，皆陽居陽位，所以制陰之方盛。坤爻自未至亥，皆各退其位，所以示陰之避陽。此與姤、復消息之旨殊途同歸也，不得以建始之義爲疑。

難者曰：卦之值月，各有其序。應時候氣，厥度罔愆。今卦爻之陰陽相間者，如屯則初九值子，六二遂值酉；❶蒙則初六值未，九二遂值寅，推之他卦，無不皆然。亂次奪倫，莫此爲甚。豈經義之所有乎？

申鄭義曰：寒暑相推則爲歲，剛柔交錯則爲文。子丑寅卯之迭更，亦何異九六七八之互易。彼講互卦者或二爲坎而三爲離，論旁通者或爻取乾而象取坤，説者不以爲異。蓋變動不居，易理固然也。是則子酉比肩，未寅接跡，何傷於屯蒙哉？

難者曰：鄭述爻辰多陳天象，如未宮之天廚、丑宮之天弁，《史記·天官書》、《漢書·天文志》皆不載，是西漢時尚未有此星。況《易》作於殷、周之際，安得所謂天廚、天弁者而比象之乎？

申鄭義曰：按班《志》言：「凡天文在圖籍昭昭可知者，經星常宿中外官凡百一十八名，積數七百八十三星，皆有州國官宮物類之象。」是西漢天官本有定數可稽。今以其數攷之《天官書》，不盡合也。且遷書於二十八舍闕東壁，班氏沿譌，亦未增入，豈得因其偶闕，遂謂西漢時無東壁乎？天弁在南斗之次，正與東壁相近，安知非簡編斷爛偶爾脱去。以天弁例推，則天廚偶闕，亦不足爲怪。史遷明言「皋、唐、甘、石，因時務論其書傳，故其占驗凌雜米鹽」，然則古之言天者説本繁雜，《天官書》剟取或有遺漏，不得執以相繩。又按《隋書·天文志》云：「後漢張衡爲太史令，鑄渾天儀，總序經星，謂之《靈憲》。其大略曰：『中外之官常明者百有二十，可

❶「酉」，原作「西」，今據光緒三年淮南書局本《一鐙精舍甲部稿》卷二改。

名者三百二十，爲星二千五百，微星之數萬有一千五百二十。』衡所鑄之圖遭亂堙滅，星官名數今亦不存。三國時，吴太史令陳卓始列甘、石、巫咸三家星官，著於圖録，總二百八十三官，一千四百六十五星。❶高祖平陳，得善天官者周墳，并宋氏渾儀之器，乃令參校官私舊圖，刊其大小，正彼疏密，依準三家星位，以爲《蓋圖》。自此，太史觀星，始能識天官。」由此論之，東漢張衡所作星圖，三國時已無傳本。後來之圖，乃陳卓所裒集。官名星數，皆少於東漢之時。蓋僅得其略而已。鄭君生張衡之後，處東京方盛，圖籍未湮之際。其言天象，信而有徵。今日正可據康成所言補遷書之闕，豈得轉因遷書之漏，而議康成之非哉？又甘、石二家之書不見於《藝文志》，然遷、固皆引以爲説。蓋《星經》存於太史，不在祕書，亦猶漢律令《藝文》不載，不得疑西漢無律令也。

難者曰：鄭既以爻值辰，則訓詁當有定式，而康成取義類多迂曲，如九二爻辰當值寅，而《困》九二「困于酒食」注云「二據初，辰在未，未上值天廚，酒食象」，則舍本爻之寅而言初爻之未，未值天廚，何不繫於值未之初六，而繫於值寅之九二乎？

申鄭義曰：困之爲卦，取於剛揜。言有揜之者，故困也。受困者值寅之九二，而困之者則值未之初六，故天厨取象於未，而辭繫於九二，此正合乎卦義也。「朱紱方來」，鄭義亦以四爻辰在午，時離氣赤爲朱，是亦不繫於四而繫於二。以爻辭稱「方來」，則非本爻也。其例一也。《困》六三「困於石，據於蒺藜」，虞仲翔《易注》以三在艮山下，故

❶「四」，《隋書·天文志》作「五」，當從。

「困於石」，則石指四。又云「坎爲蒺藜，二變艮手據坎，故據蒺藜」，則蒺藜指二，皆取象於他爻，豈得概目爲迂曲乎？

難者曰：既以爻辰取星象矣，當言本宮，不當及於他宮。鄭說則又不然。九三爻當值辰者也，而於《離》九三「鼓缶而歌」注云「艮爻也。位近丑，丑上值弁星，弁星似缶」，則舍辰宮之星而言丑宮之星，丑者六四所值之辰，豈九三所值乎？艮主立春，所值者寅也，何不取象於寅而取於所近之丑乎？

申鄭義曰：鄭意九三言「鼓缶」，近取諸身，則艮爲手，故舉艮爻爲言。缶之星象不取於寅宮而取於丑宮者，以缶是所鼓之物，不得就本身取象，故求之於所近之宮也。此順經文以爲義，不以辰宮溷艮爻之象，正鄭之善於說經也。

難者曰：《坎》六四「尊酒簋貳用缶」注云：「爻在丑，丑上值斗，可以斟之象。斗上有建星，似簋。建星上有弁星，弁星形又如缶。」爻辰既值斗，何不遂取斗象而取於斗所酌之尊，又不直取建星、弁星而取建星、弁星所似之簋與缶，不亦迂回而難通乎？

申鄭義曰：《詩》云：「維北有斗，不可以挹酒漿。」亦以斗爲酌酒之具。然但言斗，則尊酒之義不見。言「尊酒」，則象之取於斗可知也。星本無名，自人命之。故見牽牛則詠服箱，見織女則詠七襄。《易》之見建星而言簋，見弁星而言缶，亦因物起義，不爲典要者也。《易》無達占，猶之《詩》無達詁，可比類而通矣。

難者曰：《坎》上六「繫用徽纆」注云：「爻辰在巳，巳爲蛇，蛇蟠屈似徽纆也。」爻辰既在巳而爲蛇，何不遂取蛇象，而取蛇所似之徽纆乎？爻各值辰，辰各有禽，所謂十二肖也。豈亦將象其禽之所似以爲爻乎？展轉牽合，徒見糾紛耳。

申鄭義曰：十二禽之説，詳於蔡邕《月令》，王充《論衡》謂之生肖者，其取象本以形似也。故篆文巳似蛇、亥似豕，自蒼頡以來無異言。巳之方位與巽同，巽爲風，有扶摇旋轉之象；又爲木，有曲直之象。由風與木推之則爲繩，徽纆即繩之類。然則蛇之蟠屈，其形無殊於風之旋轉、木之曲直。巳與巽同位，其必取諸此矣。鄭第言巳者，舉巳以該巽也，非强爲牽合也。

難者曰：諸家論《易》未有主爻辰者，惟鄭以此爲家法。今疏通證明，羣疑頓釋。然則爻辰之義，果足以盡《易》之藴乎？

申鄭義曰：爻辰者，《易》之一象，而非《易》之全義也。康成之論爻辰，亦隨事取象，而非以注釋全經也。近儒裒集鄭注十得四五，而爻辰之論不過數條。如鄭兩解「缶」字，皆引「弁星似缶」，而《比》初六「有孚盈缶」注則但云「爻辰在未，上值東井，井之水人所汲用缶，缶，汲器」而已；又鄭解《坎》之「簋貳」引「建星爲象」，而《損》「二簋可用享」注則但云「四，巽爻也，巽爲木。五，離爻也，離爲日。日體圜。木器而圜，簋象」而已。是則有汲井之象，即可以言缶，非必待弁星以爲缶也；有木器而圜之象，即可以言簋，非必待建星以爲簋也。此皆鄭已取象於爻辰者，而爻辰尚不必泥，況鄭未取爻辰之象者，又豈得概求諸爻辰乎？是知高密論《易》，理象兼該。其言爻辰也，譬之納甲、卦氣，不可盡廢，而亦不可專用，在善學者擇取之耳。然則攻爻辰之説以爲無與於經者，固未免於矯枉過正，而執爻辰之説欲强經義以從爻辰者，亦皮傅之學。豈真知康成者哉？

禹貢鄭氏略例

敍曰：鄭氏《尚書注》今無傳本，國初胡東樵氏作《禹貢錐指》，謂鄭注間見義疏及他籍，三江一條足爲祕寶。自是説經家始知重之。乾隆以來，王西莊氏、江艮庭氏、孫淵如氏爲《尚書》今古文之學，咸以鄭注爲主。雖互有得失，而於《禹貢》則未能專明其誼。余既治《禹貢》學，因偏觀而詳攷之，知鄭之言地理得者有三，諸家述鄭而失者亦有三。博綜圖籍，詳稽沿革，援東京之簡策，訂邃古之遺聞，可以上綴班《志》，旁證桑《經》。鄭之長一也。沱、潛證以《爾雅》，降水不在安平，雖精密如孟堅，猶必攷正其失，不爲苟同。鄭之長二也。攷東原，覈九江，讀和爲桓，質是爲氏，其所不知，不事傅會，證實志疑，可爲後法。鄭之長三也。他如政令禮制，訓詁名物，與諸經箋注可以互證，又不待言。諸家掇拾成書，務尊師説，然王則偏執己見，歷詆羣儒，質諸鄭義，轉多乖繆；江則鮮所發明；孫則簡略已甚，其於地理咸無裨焉。因惜鄭學未明，經恉有舛，輒不自揣，爲作《略例》一卷，求其會歸，析其疑滯，庶以旁推曲通，拾遺補佚，存此一家之言。

攷夕䯧若夤

《乾》九三「夕䯧若厲」，《説文》兩引皆不同。《骨部》「䯧」下云：「骨間黄汁也。从骨，易聲。《易》曰：『夕惕若厲。』」秋濤案：惕，當作「䯧」。此蓋言孟氏《易》「惕」爲「䯧」，所以明假借也。厲，亦當依「夤」下所引作「夤」，轉寫者或依今本《周易》改之。大徐見「惕」字與「䯧」無涉，則沾「讀若」字於

「《易》曰」上，遂令古字湮沈。幸郭忠恕《汗簡》、夏竦《古文四聲韻》皆云「鬄」出《古周易》，尚可訂今本《説文》之譌。小徐《繫傳》無「讀若」字，此楚金之勝於鼎臣也。《夕部》「夤」下云「敬惕也。从夕，寅聲。《易》曰：『夕惕若夤。』」惕，仍當作「鬄」。夤爲「寅敬」之「寅」，今皆借用「寅」字，而夤之本義轉晦矣。凡《説文》所偁「《易》孟氏」，乃古文也。當時通行之本，或以今字改故書，是以漢人引「夕惕若厲」無作「夕鬄若夤」者，職是故也。漢時箋注家惟鄭君改讀正字而仍存故書。自鄭《易》既亡，此經古字遂不可攷。如《説文》所載僅百中一二耳。段氏又欲改從今本，而議惠定宇從夤爲非，其亦過矣。

君子機義

《屯》六三「君子幾，不如舍，往吝」，《釋文》云：「幾，鄭作『機』，云弩牙也。」從來不解此爻何以取象弩牙，且鄭注不傳，不知其義云何。秋濤案：六三爻辰在亥，宿直奎，奎爲武庫，故取弩牙之象。《繫辭》「言行，君子之樞機。樞機之發，榮辱之主也。」鄭注：「樞，户樞也。機，弩牙也。户樞之發，或明或闇。弩牙之發，或中或否。以譬言語之發，有榮有辱。」見《左傳》及《禮記》正義。以彼注類推，則知「君子機」云者，謂君子於將往未往之際，審慎而後行，如弩牙之不輕發也。《繫辭》以樞機屬言行，此專言機義，則專主行。蓋樞能開闔，故喻言；機惟迅發，故喻行，互證益明。注内「言語」當作「言行」。《曲禮》「安定辭」注引《易》曰：「言語者，君子之樞機。」《正義》云：「彼爲『言行』，鄭證經辭無取於行，故變文爲語。」此疏能駁注甚善。近儒臧氏鏞堂據注文「語」字遂云：「鄭本經文是『言語』，今作『言行』爲失其真。」小疋丁氏亦以爲然。不知經文明著「言出身加民，行發邇見遠」，非可棄「行」字專解「言」也。若屯六三爻義指行不指言，而鄭注與《繫辭》同，是則鄭本《繫辭》經文之「言行」不誤，灼然可知矣。好以他書改本書，實近世校讐之通弊。而此條尤有關於經義，不可不辨。

象敖克諧以孝烝烝乂不格姦解

象敖，舜弟名也，見《大戴禮記·帝繫》篇。《記》云：「瞽叟產重華，是爲帝舜，及產象敖。」孔撝約氏曰：「象爲人傲狠，因以爲號。」案孔說非是。通考此篇上下文，單名若鯀、禹皆未嘗增字。其二名者甚衆，則知「象敖」本二字名，自是書傳誤解耳。孔又曰：「劉景升《與袁譚書》云：『昆弟之嫌，未若重華之於象敖。』因此文也。」案東漢去古未遠，劉說有所受之，必不單據此文。知經典中凡單稱象者，皆省文爾，猶「化益」單言「益」也。克，如「克伐怨欲」之「克」。《論語集解》引馬注云：「克，好勝人也。」諧，如「諧臣媚子」之「諧」。言象敖好勝於舜而媚惑父母，日以殺舜爲事也。「以孝烝烝」當斷句。此句本漢讀。以者，舜以之也。烝烝，上進之意。言舜以善事父母化象敖，使同進於孝也。乂，治也。格姦，雙聲字，今轉爲扞格，聲近而變，又顛倒其文，實一義也。言舜能使象敖進於治而不扞格也。孔子曰：「質直而好義，察言而觀色，慮以下人，在邦必達，在家必達。」《說文》曰：「達，行不相遇也。」遇則扞格，今俗呼相遇曰碰，相扞格亦曰碰，俱音蒲送切，此古之遺言。遠則不扞格。爲天下者莫患乎不能化惡人，而有扞格之憂。今舜處倫理難處之地，而能化之，不憂扞格，其於治天下裕如矣。此四岳所以舉也。帝曰「我其試哉」者，試其果能不扞格否也。案格、姦二字皆在戴氏《古轉語》第一章。扞，《説文》大徐注「侯旰切」，在戴氏《轉語》第四章。第四章與第一章爲同類互轉。《禮記・學記》「則扞格而不勝」，《釋文》曰：「扞格，不入也。」注曰：「扞格，堅不可入之貌。」案：扞，《説文》云：「忮也。从手，干聲。」是扞當从干讀干，在戴《轉語》第一章，是扞、格本亦雙聲字也。干，从入一。《春秋傳》曰：「入者，内弗受也。」从入一者，言不宜入也。故干有不相入之義。格之本義爲木長貌，引申爲堅強。《學記》疏解「扞格」如此，再引申爲强扞。《史記索隱》解「嚴家無格虜」字如此，他「格」字解爲拒者尤多。格謂相拒捍者，見《荀子・議兵篇》注。相拒而殺曰格，見《後漢書・劉盆子傳》注。又《公羊傳》何注「諸侯交格而戰者」疏、《素問》「是謂内格」注，並云：「格，拒也。」《後漢書・梁冀傳》注引鮑宏《簺經》「簺至五，則格不得行，謂之格五」，「不得行」與「不相入」同意也。故曰扞、格聲轉。又爲間介。《孟子》「山徑之蹊間介，然用之而成路」，趙注以「介然」爲句。孫奭《音義》云「間，張如字」。案：間、介雙聲字也，「然」字當屬下讀。「間介」亦即「扞格」之轉，言山徑之塞而不得行者也，故下云「然用之而成路」。馬融《長笛賦》「間介無蹊」，李善注引《孟子》證之，此蓋漢經師相承舊讀。邠卿始以「介然」爲句，善注从之，非也。朱子始以「介然」屬下句，人遂無知「間介」之出《孟子》者矣。錢竹汀曰：「王伯厚謂『間介』出《長笛賦》，是數典而忘其祖也。」「扞格」與「間介」之轉易知，「扞格」與「格姦」之轉難知。故《史記・五帝本紀》亦以「至」字換「格」字。夫舜之所以稱孝者，爲能與頑嚚克諧者處而化無弗行也。若第曰「不至於姦」，則語意反不明了矣。

周禮故書今書讀如讀爲當爲之字攷

《周禮》用字最多奇古，或謂其書出於劉歆，歆嘗從揚子雲學作奇字，故以之入經。其説殊不然。攷鄭氏康成作《周禮注》所稱故書、今書最詳。賈公彦疏云劉向未校以前，書在山巖石室，爲古文，劉向攷校後爲今文。鄭注《周禮》時，蓋據今文而亦間引故書以證明其義也。然則中祕所藏，子政所校古書，炳然俱在，非子駿所能私改甚明。其故書之義，有大異於今書者，如《太宰》「以九貢致邦國之用，三曰嬪貢」，❶注云：「故書嬪作賓。鄭司農云：『賓貢，皮帛之屬。』」案後鄭以嬪貢爲絲枲，謂絲枲爲婦人所作，故從嬪不從賓。《凌人》「掌冰，正歲，十有二月，令斬冰」，注云：「故書正爲政，鄭司農云：『掌冰政，主藏冰之政也。』杜子春讀掌冰爲主冰也。政當爲正，正謂夏正。」案：正歲謂夏之建寅爲正。十有二月建丑，冰堅腹厚，故可入山斬冰。若「歲」字向下即是周之十二月，冰未厚，故後鄭依子春立義，讀「正歲」爲句也。《均人》「公旬用三日」，注云：「旬，均也。讀如『甾甾原隰』之『甾』。《易》『坤爲均』，今書亦有作『旬』者。」案：古旬、匀二字多通用。《内則》「旬而見」，鄭讀「均而見」。古文鈞作銁，《説文》「徇」字，他書作「侚」，故注引《易》爲證。《肆師》之職「凡國之大事，治其禮儀」，注云：「故書儀但爲義，鄭司農云：『義，讀爲儀。古者書儀但爲義，今時所謂義爲誼。』」此又周、漢人用字之異，鄭特附著之，其有功於經文小學良非淺尠。然康成更有於古今書之外發疑正讀者，或譏其好改

❶ 「三」，據《周禮注疏》當作「二」。

經字，不知古人治經必通其訓詁假借，而後不以字妨經；❶必依於方言聲類，而後不以經妨字，二者得而經始明，故有三例焉：曰「讀如」者，擬其音也。古無反語，故爲比方之詞，後世言某音某切者仿此。曰「讀爲」者，易其字也。易之以音相近之字，故爲變化之詞，後世言某與某古字通用者仿此。曰「當爲」者，定爲聲之誤、字之誤而改其字也，爲救正之詞。凡言「讀爲」者，不以爲誤。凡言「當爲」者，直斥其誤，後世言形聲之誤者仿此。是故《蜡氏》之「蜡」讀如「狙」，《萍氏》之「萍」讀如「平」，《輪人》之「眼」讀如「限」，《鮑人》之「腛」讀如「渥」，由此可知古音之流變。《太宰》之「頒」讀爲「班」，《脂人》之「胖」讀爲「版」，《鍾師》之「祴」讀爲「陔」，《壺涿氏》之「㨁」讀爲「枯」，由此可知古字之通借。至若獸當爲獻，盲當爲望，畏當爲威，豆當爲羞，祝當爲注，氣當爲穀，龍當爲尨之屬，則徑改其字而不以爲嫌。漢儒經注雖繁。闕。

霆辨

霆之爲訓不一，或以爲雷，或以爲電。而言雷者又分爲數解，有徑以霆爲雷者，《易》劉瓛注也；見《一切經音義》所引。有以爲雷之餘聲鈴鈴，所以挺生萬物者，許氏《説文》也；有以爲迅雷卒如火之爆者，即所謂霹靂，此唐王砅《素問注》所言，本《蒼頡篇》爲説者也。《一切經音義》引《蒼頡篇》「霆，礔礰也」。礔礰，即霹靂。自漢晉以來爲文字及訓詁者多用《蒼頡篇》之説。《子虛賦》「星流霆擊」，《東京賦》「若疾霆轉雷而激迅風」，郭璞、薛綜注

❶「妨經」下，原衍「必依於古人治經，必通其訓詁假借，而後不以字妨經」二十一字，今據《一鐙精舍甲部稿》卷四刪。

皆以霆爲霹靂，《史記正義》以霆爲大雷，《漢書・賈山傳》注以爲震雷，《劉向傳》注以爲雷之急者，義並相同。然許氏所傳當本孟氏《易》訓，❶不以爲疾雷而以爲雷之餘聲者，蓋烈風迅雷非所以生養萬物，知《易傳》所云之「霆」自取舒徐之意，不可以俗解溷之也。虞仲翔傳孟氏學，其《易注》云「雷震霆艮」，蓋義與許同。雷震驚百里，其聲大；霆餘聲鈴鈴，其聲小，故取象於艮者，震之反對也。然艮之爲霆，經無所見，故王伯申尚書非之。蜀才注《繫辭》則云：「霆疑爲電。」孔穎達《正義》本「霆」作「電」，云：「鼓動之以震雷離電，滋潤之以巽風坎雨。」今參考衆説，知《易》之「霆」字本當訓爲「電」，故別本作「電」。《左氏・襄十四年傳》「畏之如雷霆」，《釋文》「霆，本亦作電」，即其證也。《穀梁》隱九年傳云：「雷，霆也。」此必相承古訓。《莊子・天運》篇「吾驚之以雷霆」，《釋文》：「霆，電也。」《繫辭》以「雷霆」與「風雨」對文，「風雨」既非一物，「雷霆」豈得相溷，惟訓霆爲電，則卦象文義均爲允愜矣。然霆爲電之類，相似而稍有不同。《開元占經》引京房之説言霆最詳，曰：「凡霆者，金餘氣也。金者，内鏡而外冥。故無雲而霆，霆或爲火。」又曰：「霆，或如聚火者。其起而從從，此人君將衆之象也。霆，或如交蛇光明者，人君行明行直也。」又曰：「霆或中天而見者，或正赤下至地而復上者，或東西南北皆有者，或正直而長光明者，或正黄澤者，或瞬瞬暉暉者，或霧而霆者，或天陰不雨但霆者。」攷其所言霆之形狀，即今俗所謂「禾閃」者也。每歲春夏之交種禾後即有此光，至禾收時漸

❶「氏」，原作「子」，今據《一鐙精舍甲部稿》卷四改。

隱不見，故名禾閃。西洋人言北曉，云北方空中常現之光，其形如弓，照曜外射，漸升天頂，向西而滅。亦其類也。以此推之，《易釋文》所引京氏注「霆者，雷之餘氣，挺生萬物」，「雷」當是「電」字轉寫之誤。京《易》多與孟《易》義異，此亦一端。《禮記》言「風霆流形，庶物露生」，是霆乃有形之物，當以京説爲長。董仲舒曰：「太平之世，電不眴目，宣示光曜而已。」亦《占經》所引。❶ 霆之光曜，較電爲微，故云「電之餘氣」。此京君明之義較諸家尤爲詳備者也。若《淮南・兵略訓》云：「疾雷不及塞耳，疾霆不暇掩目。」蓋以霆爲電，用《穀梁》之説。近儒注《爾雅》者多疑「疾雷爲霆霓」句，不當有「霓」字，或以爲誤衍當删，臧玉林、邵二雲、郝蘭皋並云然。或謂霓當爲電，宋氏翔鳳説。或謂霆爲雷餘聲，電爲陰陽激燿，皆疾雷時所有。此洪氏頤煊説。今案：《爾雅》所釋皆異名，如以霆電爲疾雷時所有，則非異名，且與全經體例不合。如以爲電，則疾雷之訓言霆已明，加電反贅。霆、電連文，又爲不詞。是數説者人多疑之。不知此文當作「疾雷爲霆，霆，電」，今本脱去一「霆」字，又誤電爲霓，故起諸家之疑耳。霆有雷、電二訓，《爾雅》並存其説，猶《釋鳥》之「嶲周，燕；燕，鳦」，當以一「燕」字屬上讀，一「燕」字屬下讀，即其例也。明乎此，則《爾雅》可讀，而羣經古義涣然益明矣。

附録

先生幼時，能舉天下府廳州縣名，數其四境所至。年二十，舉於鄉。逾年，試禮部

❶「占」，原作「古」，今據《一鐙精舍甲部稿》改。

爲貢士。又逾年，殿試，授刑部主事。益廣交游，博覽傳記，學乃大進。黄彭年撰墓表。

先生專精漢學，與論學諸公游，未嘗以門户標異。其於經史百家之詞、事物之理，考證鉤析，務窮其源委，較其異同，而要歸諸實用。同上。

張石州殁後，其遺稾屬之何子貞太史及先生。先生既撰《石州墓志》，復爲補輯《北魏延昌地形志》、《蒙古游牧記》二書。祁寯藻撰《肙齋文集序》。

李越縵曰：「願船《禹貢鄭氏略例》其所采鄭注大抵本於王、段、江、孫四家，間有補正，亦多駮王、孫、江之説，而頗取胡氏《錐指》，鉤擿異同，殊爲邃密。」《越縵堂日記》。

朱拙盦曰：「胡朏明據《初學記》引鄭注以定《禹貢》之三江。乾嘉諸儒以其説出於鄭君也，翕然從之。不知《初學記》乃誤引，與孔疏所引鄭注迴不相侔。鄭、孔本無異而轉借此以攻孔傳，則惑矣。何願船《禹貢鄭氏略例》謂《初學記》與孔疏所引者語似相左，義實相成，恐是迴護鄭注之説。願船撰有《三江古義》，惜已佚。《一鐙精舍稿》中有目無書，未知其説若何也。」《無邪堂答問》。

清儒學案卷一百六十六終

清儒學案卷一百六十七

天津徐世昌

叔績學案

叔績從江忠烈軍殉難廬州，志節凛然。其爲學於經史、訓詁、音韻、曆算、地理靡不研討。沅帆以西人午線合之經術土圭測景，又以地定尺，至是中國始有自繪精密輿圖，可謂善繼善述者矣。湘皋究心鄉邦文獻，與叔績通力合作，網羅舊聞，亦史家之支流也。述《叔績學案》。

鄒先生漢勛

鄒漢勛，字叔績，新化人。咸豐辛亥舉人。父文蘇，字望之，歲貢生。以古學教授鄉里，闢學舍曰「古經堂」，制度悉依《周禮》，與諸生肄《士禮》其中。其攷據典物力尊漢學，而談心性則宗朱子。道光十一年卒，年六十三。有子六人，皆以才稱，而先生爲最。年十五，通《左氏》義。佐伯兄漢紀撰《左氏地圖説》、《博物隨鈔》。佐仲兄漢潢撰《羣經百物譜》。又自撰《六國春秋》。鄉居苦書少，詣郡學借觀，更鬻田以購之，不爲貧計。嘗言：「破前人之訓故，必求唐前之訓故方敢用；違箋傳之事證，必求漢前之事證方敢從。」於史學長地理，嘗言：「知古者期以用於今，今古之不相通，若官職、氏族、法制、典章、州郡皆是，而地名尤叢襍難據。」故攷覈獨詳。性溺苦於學，時無知者，惟鄧湘皋深異之，屬以校刊《船山遺書》，均録其序跋，附以案語，由是知名。後應聘修寶慶、貴陽、大定、興義、安順諸郡志，皆洞中情事。試禮闈，報罷。訪魏默深於高郵，各出所著相參質。粵寇陷江寧，默深畀以《遼史》及《尚書》未定稿，間道歸長沙。上書於曾文正公，建援、堵、守三策並用之説。文正以楚勇千人令江忠淑偕先生率之，援江忠烈公忠源於南昌。圍解，敍勞以知縣用。未幾，忠烈擢安徽巡撫，約從行。是時移省會於廬州，至則助守大西門。賊三爲隧道攻城，城崩數丈，力擊卻之，堅守三十七日。地雷發，城陷，忠烈投水死。先生痛飲，拔所佩刀殺賊十數人，力盡被害，年四十九。平生著述有《易象隱義》、《雜卦圖説》、《卦象推廣》、《詩序去害釋滯發微》、《夏小正義疏》、《穀梁傳例》、《説文龤聲簿》、《廣韻表》、《帝繫詁》、《六國春秋》，詩文詞等通百餘卷。同治二年，土匪焚其居，俱燼。後人搜輯刊行者《讀書偶識》十卷、附一卷，《五韻論》二卷，《顓頊曆考》二卷，《紅崖刻石釋文》一卷，《南高平物産記》二卷，《斆藝齋文存》八卷。參史傳、《疇人傳三編》、李元度撰事略。

讀書偶識

《史記索隱》引《書緯》：「孔子求《書》，得黄帝玄孫帝魁之書，訖于秦穆公，凡三千三百三十篇。」《白虎通·五經》篇于《春秋》類下引《傳》曰：「三皇百世《計神元書》，五帝之世《受録圖》，《史記》、《从政録》，帝魁已來，除禮樂之書，三千二百四十篇也。」盧弓父曰：「三千三百三十篇，未除禮樂之書也。」其説是。然《書》有三千二百四十篇之多，而禮樂之書僅九十篇，何其少也？此非禮樂之正經，蓋如《逸周書》有《職方》之類，本在禮樂之中而重録于《書》中者有九十篇，故除之也。孫仲可宜曰：「黄帝至堯舜不遠，堯舜至秦穆不二千年，《書》至三千二百四十篇，不過多邪？」此言非也。攷黄帝一千二百五十年，堯九十八，舜四十二，夏六百三十八，殷六百二十九，西周二百七十九，平王至秦穆卒百五十年，共三千有八十六年。唐虞五家，《書》百二十篇，此其近者。帝魁至帝摯不滿一千二百五十，約可百篇内，此其遠者。皆記言之書也，其餘則皆《春秋》也，故《白虎通》于《春秋》類言之。以此而論，則三千餘年之間而有《史記》三千篇，亦由漢至明一千八百餘年而正史有二千餘卷之多，何足怪哉？或謂《中候》之文不與百二篇之文相類，疑非古時之書。此又不然。自唐及周歷二千餘年，其文安得一律？録書各取其近者，❶則若一律。今《逸周書》文體又不與《周書》一律，豈必僞邪？伏羲前凡九十一王，即所云「三皇百世」也。《計神元書》，其書之都名，其細名則曰《三墳》、《五典》、《八索》、《九丘》也。九十一言百者，舉成數而言。五帝之世《受録圖》，此伏羲以後、帝魁以前有五興王曰五帝也。蓋伏羲一，神農二，遂人三，祝融四，黄帝五。《受録圖》，其書名也。《史記》，一書也；《从政録》，《尚書》之都名，又一書也，帝魁以來至秦穆，此二種書，凡有三千二百四十篇。《从政録》約二百篇，内外《史記》約三千餘篇。

❶「書」下，清光緒刻本《讀書偶識》卷二有「者」字。

五家紀年之法凡有數科。改元之法自古已然，但不改者多而改者少耳。距元以紀，則唐、虞、夏、商皆曰祀。《尚書大傳》「維元祀，巡守四嶽八伯」，舜攝之元祀也。「維五祀，奏鍾石，論人聲」、「維十有三祀，帝乃稱王而入唐郊」、「維王后元祀」，皆禹攝之祀也。此唐虞之法也。周始改之曰年，「成王元年」是已。距初元而積紀之，則唐、虞、夏曰載，「在位七十載」，通堯二元而紀之也。前元二十年，時堯雖治天下而有未服者在，故改元，後元五十年。「在位五十載」，通舜之攝位、即真而紀之也。夏未聞，要當同虞。殷則曰年，周則曰祀。故距元者爲一科，距初元者爲一科，而二科錯出于二書之中，《尚書》、《逸周書》。皆無所承，但曰維幾年幾年云。若夫距事爲端，若宅程、在程、受命、既克紂之類又是別科，非紀王侯歷年之類也。其法五家皆曰年，首尾計之，與記歷年者必據正爲始，踰正乃增之法異。「三年，四海遏密八音」，知唐虞亦稱年也。若夫《爾雅》「夏曰歲，殷曰祀，周曰年」，此又異法，殆謂王者創制立法，預立科條，其計年之名有此三稱也。「五載巡守」、「三載考績」、「十有二年王巡守殷國」，即其實也。此雖通積計之，不以人君之元爲始，而與距事爲端之法又小異。此計周歲，不計首尾。

姜嫄后稷事有三義：毛傳及馬、王爲一義，《列子》、《史記》、《列女傳》、鄭箋又一義，《春秋元命苞》「姜嫄游閟宮」及《爾雅》舍人注以敏爲晦，又一義。據毛、馬、王三家之説，證之以《史記》「及朞而生后稷」之語，知《詩》言彌月爲過月，不遲爲大遲，不爲丕之假借也。稷本遺腹子，姜嫄于高辛氏帝崩之月而妊身，崩後十二月而生，故帝摯謡詠之。暗主貪天位，元子既生，心内不安，故不以姜嫄爲康大于禋祀，爲天所右，而以爲徒然生子，非高辛氏之帝嗣，故棄之。迨至靈異顯見，但畏天威，而不敢殺稷，而姜嫄猶然攜稷以大歸于邰也。蓋事涉嫌疑，難自明也。毛傳于「不寧」釋曰「寧也」、「不康」釋曰「康也」者，正以反帝摯之意，言上帝非有不寧也，非不康禋祀而徒然無父而生子也。毛傳又云「天生后稷，異之于人，欲以顯其靈也」者，謂妊十二月而生也。云「帝不順天，是不明也」者，謂帝摯謡諑，坐于不順天而不明也。云「故承天意而異之于天下」者，言姜嫄以母后之尊，不克自明。知天右后稷，故承天意而聽摯之棄也。疏失毛意，不足辨也。推鄭箋之意，后稷實自天生，棄之者爲其夫也。姜嫄既受天歧，夫不復御，居然生子，故夫棄之。事既詭異，姜嫄亦無以自明，而但信天既特異以生稷，稷必不死，故任其棄以顯靈異。迨至靈異衆見，夫但不殺稷，而使姜嫄大歸矣。《春秋元命苞》曰：「姜嫄游閟宫，其地扶桑，履大人迹而生稷。」又：「周先姜嫄履大人迹于扶桑，生后稷。推種生，故稷好農。」又：「蒼神精感姜嫄而生，卦之得震，故周蒼代商。」注：「蒼神謂告，木王者也。」而《爾雅》舍人注以敏爲晦，則畂晦也。因之二文，以通《詩》意。《閟宫》曰：「閟宫有侐，實實枚枚。赫赫姜嫄，其德不回，上帝是依。」言閟宫之地，實實枚枚，姜嫄居其旁，而植桑于其外。高辛氏帝于祭閟宫之後見之，知其安静不回，遂召而幸之，以生后稷也。《緯》云「姜嫄游閟宫，其地扶桑」者，言姜嫄游于閟宫之外，而于其地植桑。扶，亦植也。云「履大人迹而生稷」者，大人即帝也，迹即武也。言從帝之後，與之居處，而生稷焉。云「周先姜嫄履大人迹于扶桑而生后稷」者，言姜嫄從帝于植桑之時而生后稷也。云「推種生，故稷好農」者，推種即植桑也。《生民》曰：「克禋克祀，以弗無子。履帝武畮，歆攸介攸止。」禋祀，高辛帝修閟宫之祀也。「履帝武畮」，姜嫄植桑于閟宫之外，踐帝迹于畎畮也。「歆攸介攸止」，言帝見而歆嚮之，爰求之而與之同居也。蓋姜嫄本自田間，高辛氏之帝行禖祀之禮于郊，嫄適游至閟宫，踐帝之行迹于田畮之間，帝見之，意有所忻，遂求之留而與之居，以生后稷。迨其既生，嫄尚在田間，疑帝亦自諱之，而后稷棄矣。至靈異顯見，始納姜嫄母子于宫中。久之，乃爲上妃也。《史記》、《列女傳》，近儒以爲《魯詩》説，或曰《韓詩》説也。《緯》及舍人説，要亦古義也。姜嫄本有邰之女，有邰國絶，其族流播帝畿，故得游于閟宫。姜嫄爲上妃之時，帝蓋續其封，久之又絶。姜嫄薨，帝亦殂落矣，故稷續邰封也。稷壽殆百餘。三義之中，似古文説長。

《詩》之命篇凡有七例：摘首句，一也。摘篇中，二也。《漢廣》、《騶虞》、《桑中》、《權輿》、《宛丘》、《巧言》、《大東》、《潛》、《小毖》、《桓》、《長發》凡十一，加「小」兩見。加「小」，三也。《小旻》、《小宛》、《小弁》、《小明》、《小毖》凡五。加「大」，四也。《大叔于田》、《大明》凡二。加氏，五也。《韓奕》、《召旻》凡二。官之異號，六也。《巷伯》、《常武》凡二。別立名，七也。《雨無正》、《酌》、《賚》、《般》凡四。《潛》、《武》、《桓》應亦別立名，偶與篇中字會，非取篇中字，宜從第七例。《雨無正》，《韓詩》有「雨無其極，傷我稼穡」八字在篇首，或者疑其章句不齊，則有説蓋詩之本文是「雨無其極，❶傷我稼穡。降喪饑饉，斬伐四國」，無「浩浩昊

❶「詩」，原作「時」，今據《讀書偶識》卷四改。

天，不駿其德」二句；而《毛詩》舊本則爲「雨無其正，傷我稼穡。降喪饑饉，斬伐四國」，故以「雨無正」名篇，仍取篇首字之通例。一本作「浩浩昊天，不駿其德。降喪饑饉，斬伐四國」，則今本是也。傳《韓詩》者書其正文「雨無其極，傷我稼穡」于上，而附「浩浩昊天，不駿其德」于下，久之不審，皆入正文，故多二句。《書》之「曷其奈何弗敬」，《孟子》之「否不然」，其弊皆同。傳《毛詩》者直遺「雨無其正，傷我稼穡」二語，麐傳「浩浩昊天」二語，故題篇不與《詩》應。由是言之，則《雨無正》宜入第一例。《常武》之「常」即尚書、尚食、尚衣之尚，掌也。掌武，蓋司馬之異號。猶之內小臣而稱巷伯焉，二篇宜爲一例。計第一例凡二百八十八，出《武》，加《雨無正》。第二例凡九，出《潛》、《桓》。第三例凡五，即在第一第二兩例之中。第四例凡二，同第三例。第五例凡二，同第三例。第六例凡二，第七例凡六。出《雨無正》，入《潛》、《武》、《桓》。

《漢書·翼奉傳》：周十月，斗建于酉，朔又直卯，幽王本嗣位于卯孟之際，適當卯酉，而日月告凶，其咎尤甚。故卒致東遷改政焉。《後漢書·郎顗傳》：「陽嘉二年，顗上封事，曰：『漢興以來三百三十九歲，于《詩》三基。高祖起亥仲二年，今在戌仲十年。臣以爲戌仲已竟，來年入季。』」注：「基，當作朞。」其法以三十年管一辰，凡甲子、甲午旬首者爲仲，甲戌、甲辰旬首者爲季，甲申、甲寅旬首者爲孟，率十年一遂，故謂之三朞。孔衆仲曰：「今據陽嘉二年癸酉上推延光三年甲子爲戌仲之始，前三十年而永元六年入酉仲，又前三十年而永平七年入申仲，又前三十年而建武十年入未仲，又前三十年入午仲，是王莽革命之際也。又前二百九年得高祖元年乙未入亥仲二年矣。又前五十年而得周亡之歲在酉季二年乙巳。」漢勛謹案：又上推之幽王元年庚申，凡五百二十六年。其年實當辰孟六年。《奉傳》云「卯孟」，疑涉前後二「卯」字而譌。

《王制》：「有虞氏養國老于上庠，養庶老于下庠。夏后氏養國老于東序，養庶老于西序。殷人養國老于右學，養庶老于左學。周人養國老于東膠，養庶老于虞庠。虞庠在國之西郊。」鄭君注：「四代相變，或上西，或上東，或貴在國，或貴在郊。上庠，右學，大學也，在西郊。下庠，左學，小學也，在國中王宫之東。東序，東膠，亦大學，在國中王宫之東。西序，虞庠，亦小學，在西郊。」尋鄭君之意，謂虞商貴在郊，故大學在郊。夏周貴在國，故大學在國。上右爲西，下左爲東。虞商上西，夏周上東，國中視郊爲東。勛謂國中不當與郊相爲東西。《記》言「虞庠在國之西郊」者，單舉虞庠以包上文，非謂虞庠在郊而東膠在國也。且言上下、言東西、言左右，明在一處，則東膠、虞庠亦不宜在二處，亦不以上下、左右、東西分大小。此《記》所言皆大學也。

《王制》：「小學在公宫南之左，大學在郊。天子曰辟廱，諸侯曰頖宫。」鄭君注：「此小學、大學，殷之制。」勛謂：《詩》曰「于彼西雝」，雝即大學，亦在西郊。此《記》亦周天子制。

《文王世子》「成均」鄭君注：「董仲舒曰：『五帝名大學曰成均。』則虞庠近是也。」尋鄭君之意，謂舜爲五帝，虞庠在郊，故謂虞庠即成均，以成均爲小學也。勛謂：《周官經·大司樂》「掌成均之法」，司樂典學之官，豈典其小者而遺其大者？成均即辟雝，大學也。

《文王世子》「東序瞽宗上庠」，鄭君注：「周立三代之學，學書于有虞氏之學，學舞于夏后氏之學，學禮樂于殷之學。」《鄉射禮》鄭君注：「周立四代之學于國，而又以有虞氏之庠爲鄉學。」《祭義》「設四學」，鄭君注謂：「四郊之虞庠。」皇氏疏：「四郊皆有虞庠。」尋鄭君之意，謂周立東膠虞庠、東序瞽宗于國中爲大學，又于四郊立虞庠爲小學也。勛謂：四代之學即四學也，皆在成均，皆爲大學，皆在西郊。何以知之？《周官經・大司樂》「掌成均之法」而曰「凡有道者、有德者使教焉，死則以爲樂祖，祭于瞽宗」，是瞽宗在成均中也。瞽宗在成均，則四代之學亦宜在成均。《續漢志》注引《易傳・大初篇》「大子旦入東學，晝入南學，莫入西學，在中央曰大學，天子之所自學也」，又引《學禮》曰「帝入東學，上親而貴仁；帝入西學，上賢而貴悳；帝入南學，上齒而貴信；帝入北學，上貴而尊爵；帝入大學，承師而問道」，又引《孝經》魏文侯傳曰：「大學者，中學明堂之位也。」詳諸書所言，皆謂四學與大學同在一處。《祭義》「祀先賢于西學」，先賢即《周官經》「有道者、有德者」，則西學即瞽宗也。《文王世子》「凡語于郊者」，語郊即大樂正論造士之事也。論士在大學，而曰「語于郊」，亦足以徵大學在郊矣。論曲藝則遠之于成均，不從鄭讀。又足以徵成均即大學。大氏大學中學爲明堂之制，故魏文侯曰「大學者，中學明堂之位也」。東南爲膠，膠爲南學。東北爲序，序爲東學。西南爲瞽宗，瞽宗爲西學。西北爲虞庠，虞庠爲北學。膠亦名序，故《文王世子》曰：「始之養也，適東序。」言養老也。《内則》曰：「周人養國老于東膠。」

是膠亦名序也。瞽宗亦名校，校者，斅也。殷名左學、右學。學、斅本一字。《説文》學即斅重文。故《兑命》曰：「學學半。」庠、校之制近，膠、序之制近。《禮經》及《記》皆言「鄉庠」，而《左氏春秋》云「鄉校」，是庠、校可通偁也。其制之異，則虞氏之庠狀如米廩，故亦名米廩，堂基東西廉各一壁而已。校如庠而後有室。《鄉射禮》注：「庠之制有堂有室。」即校制已，序則徒有二序而已。《鄉射禮》「豫則鉤楹内」，注：「《周禮》豫作序。」序無室是已，膠則大備矣，後有室，左右有序。《孟子》：「夏曰校，殷曰序，周曰庠，學則三代共之。」學謂大學。夏校、殷序、周庠皆鄉學也。夏以虞庠爲鄉學，庠、校通名，故曰校。殷以夏序爲鄉學，周以商校爲鄉學。《左氏春秋》偁「鄉校」是已。庠、校通名，故亦曰「鄉庠」。《學記》「家有塾，黨有庠，術有序」，術即遂，古字通用。州學名序，故《周官經》「歲時以禮會民而射于州序」。蓋鄉爲校，州次之爲夏序，黨又次之爲虞庠。此上下之等差也。《王制》「樂正崇四術，立四教」，謂《詩》、《書》、禮、樂也。《文王世子》：「春誦夏弦，大師詔之瞽宗。」注：「弦以絲播《詩》。」此謂教《詩》。又「冬讀《書》，典《書》者詔之，《書》在上庠」，此謂教《書》。故《王制》曰：「冬夏教以《詩》《書》。」《文王世子》：「秋學禮，執禮者詔之，禮在瞽宗。」此謂教禮。又「春夏學干戈」，此武舞也。「秋冬學羽籥」，此文舞也。皆于東序。「小樂正學干，大胥贊之」、「籥師學戈，籥師丞贊之」，此教武舞之師也。《周官經·樂師》「教國子小舞」，《籥師》「教國子舞羽歈籥」，是文舞，亦小樂正、籥師教之也。此謂教舞之小者。《文王世子》「大樂正學舞干戚」，《周官經》大司樂「以樂德教國子中和祗庸孝友，以樂語教國子興、道、諷、誦、言、語，以樂舞教國子舞《雲門大卷》、《大咸》、《大磬》、《大夏》、《大濩》、《大武》」，此謂教樂舞之大者。《文王世子》「胥鼓《南》」，《南》，二《南》，合樂之詩。樂又有升歌、間歌，不備言者，舉《南》以包之也。此謂教樂之聲也。凡樂聲、樂舞四時皆教之，何以《王制》廑曰「春秋教禮樂」？蓋所謂樂者廑謂誦樂歌。《文王世子》「春誦」注「誦謂歌樂」是已。《文王世子》「父師司成，樂正司業」，《尚書大傳》「大夫士七十致仕，退，老歸其鄉里。大夫爲父師，士爲少師」，此鄉庠里塾之父師、少師也。若大學則宜以公卿爲之。《周官經》「凡有道者、有德者使教焉」，即此司成也。有大則有少可知。樂正則《周官經》「大司樂」是也。司業即上文執禮、典《書》者。此大學師儒之官屬也。《文王世子》：「凡學，春官釋奠于其先師，秋冬亦如之。」古者《詩》、樂本一事，春誦夏弦，大師以春釋奠于《詩》之先師，在瞽宗之中。秋，執禮之司業釋奠于執禮之先師，亦在瞽宗。冬，典《書》之司業釋奠于典《書》之先師，在上庠。「凡釋奠者必有合也」，春則合舞，秋冬則合聲。凡王之大子、羣后之大子、卿大夫、元士之適子、國之俊選始升于大學，皆在中春上丁之時。《夏小正》「二月丁亥，萬用入學」，傳：「丁亥者，吉日也。萬也者，干戚舞也。入學也者，大學也。謂今時大舍采也。」《周官經》「春入學，舍采合舞」，《月令》「仲春之月上丁，命樂正習舞，釋菜，天子乃率三公九卿諸侯大夫親往視之」，凡此皆謂每年學士新入學者也。故《學記》曰「比年入學」，又曰「大學始教皮弁祭菜，示敬道也」。至秋則頒學，《王制》：「將出學，小胥、大胥、小樂正簡不帥教者，以告于大樂正。大樂正以告于王，王命三公九卿大夫元士皆入學不變。王親視學。」《周官經》：「秋頒學合聲。」《月令》曰：「季秋之月上丁，命樂正入學習吹。」此皆謂頒學也。凡學士已在大學三年，必分別其善否，《學記》所云「中年考校」也。善者留之，不帥教者移之鄉遂，屏之遠方。入學在中春，頒學在季秋者，蓋中秋之月王命三公以下入學。季秋，王乃親視學也。歲有入學者，故歲有頒學者也。既頒學，乃使九年大成者出學。《文王世子》「語于郊」，即出學事也。出學則升于司馬。《學記》：「未卜禘，不視學。」禘，夏祭也。王者時祭以孟月。孟夏禘，當于季春卜之。《月令》：「季春之末，擇吉日大合樂，天子乃帥三公九卿諸侯大夫親往視之。」此即《學記》視學之禮也。《文王世子》「凡大合樂必遂養老」，言凡明非一。蓋中春合舞，季春大合樂，季秋合聲，皆大合樂也。言大明必有小。凡春秋冬釋奠先師之合樂皆爲小。《保傅》篇「春秋入學，坐國老，執醬而親饋之」，明春秋養老而冬夏不養老也，則一歲凡三養老。云中秋之月三公以下入學，又當養庶老焉。《月令》孟春「命樂正入學習舞」，此一歲習舞之初，亦釋奠于其先師而合舞焉，猶之大師及執禮者、典書者各祭其先師也。仲春「仲丁命樂正入學習樂」，此一歲斅聲之初，釋奠于先師而合聲焉，與孟春習舞同也。《續漢志》注引《禮記·大學志》「禮，士大夫學于聖人、善人，祭于明堂。其無位者祭于大學」，《祭義》「祀先賢于西學」，《周官經》「凡有道者、有德者使教焉，死則以爲樂祖，祭于瞽宗」，凡此三書所言實一事也。《學禮》「帝入西學，上賢而貴悳」，即目此祀先賢之禮矣。

《内則》「養國老于東膠」,《學禮》「帝入南學,上齒而貴信」,即其事矣。《月令》「孟冬之月,大飲烝」,注:「十月農事畢,天子諸侯與其羣臣飲酒于大學,以正齒位,謂之大飲,別之于他。其禮亡。今天子以燕禮,郡國以鄉飲酒禮代之。烝謂有牲體爲俎也。《黨正》職曰『國索鬼神而祭祀,則以禮屬民而飲酒于序,以正齒位』,亦謂此時也。《詩》云『十月滌場,朋酒斯饗。曰殺羔羊,躋彼公堂。稱彼兕觥,受福無疆』,是頌大飲之詩。」鄭注止此。《毛詩傳》:「公堂,學校也。」勛謂大飲之禮,即《學禮》所云「帝入北學,上貴而尊爵」者。是在大學中虞庠行之,何以知大飲爲上貴而尊爵?《黨正》「飲酒于序,正齒位,一命齒于鄉,再命齒于父族,三命而不齒」,是上爵也。此大飲亦同之。《月令》「季冬之月,命樂師大合吹而罷」,《王居明堂禮》「季冬,命國爲酒,以合三族。君子説,小人樂」,此二書所言是一事也,亦在大學。知者以《記》文「合樂」及《周官》「合舞」皆在大學,故知「合吹」亦在大學也。《學禮》「帝入東學,上親而貴仁」,目此禮矣。計一歲天子三入學養老,又有祀先賢、大飲烝、大合吹,凡六入學。外又有承師問道之事,即所云「天子入大學,祭先聖,齒。凡爲臣者不臣也」。《大初篇》「大子日入東學」,就樂正學舞也;「晝入南學」,就司成語説也,《春秋外傳》「士晝而講貫」是已;「莫入西學」,春夏就大師弦誦,秋就執禮者學禮也。不言夜者,《春秋外傳》「夜而計過無恨,而後即安無事」,故不言。不言「入北學」者,冬則莫入北學,就典《書》者讀《書》,文不備也。凡在大學者,皆如此,非獨大子也。

《周官經》職事十有二,十曰學藝,即「士

之子恒爲士」者。《内則》「十年出就外傅，學書計，習幼儀」，《曲禮》「人生十年曰幼學」，是人生十年則就學也。《白虎通誼》「八歲毁齒，入學，學書計」，與《記》不同者，蓋自八歲至十歲皆可入小學也。不八歲，則識未開。過十歲，則已遲。所學者書，謂六書。古之六書，今無其書。周宣王時有《史篇》，今佚。漢代有《説文解字》，凡文字九千餘，古六書之數不是過。學僮日學十字，辨其形，考其聲，解説其誼訓，三年可斁。計謂九數中之減并乘除，用以計物數多少者。若九數之全，非十二歲僮子所能驟通，當竢之十三至二十也。幼儀，謂灑埽應對進退以及《曲禮》、《少儀》、《内則》、《弟子職》諸篇所言是也。既習其儀，又讀其文。《保傅》曰：「古者八歲而出就外舍，學小藝焉，履小節焉。」小節謂幼儀，小藝謂書計。此十二歲以下之所學也。至十三歲，則習小樂。《内則》「十三，學樂，誦《詩》，舞《勺》」是已。古者樂有三等，有升歌《清廟》者，有升歌《文王》者，有升歌《鹿鳴》者。升歌《鹿鳴》，則笙奏《南陔》、《白華》、《華黍》，間歌《魚麗》、《由庚》、《南有嘉魚》、《崇丘》、《南山有臺》、《由儀》，合《關雎》、《葛覃》、《卷耳》、《鵲巢》、《采蘩》、《采蘋》，管《新宫》三終，舞《勺》。十三所習之樂，瑟也。所誦之詩，《鹿鳴》至《勺》也。《勺》，《大武》之一終。習二年而舞成，乃入鄉學，年十五矣。十五而書計、幼儀、小樂不成者，歸之于農。十五入鄉庠，則習中樂與射御。《内則》「成童舞《象》，學射御」是已。中樂升歌《文王》、《大明》、《緜》，簫詠《鹿鳴》之三，間歌缺，合《關雎》，管三《象》，舞《大武》。十五亦學其樂，誦其詩，舞其舞。《内則》單舉《象》者，舉一以包其餘也。習中樂及射御，早者三年而成，年十八，故《尚書大傳》「十八入大學」；遲者五年，故《内則》「二十而冠，始學禮，舞《大夏》」。《尚書大傳》言「十五入小學」者，鄉庠對國學爲小也。《保傅》「束髮入大學」，《白虎通誼》「十五入大學」，鄉學對里塾爲大也。其二十習中樂、射御不成者，歸之于農。其攷之也以射，故「鄉大夫以鄉射之禮五物詢衆庶」及所云「以射選士」，皆鄉庠升秀士之禮也。及入大學，則習《詩》、《書》、禮、樂四術，九年乃成。未成僮以前，仍當習幼儀。成僮以後，習士禮及鄉禮，兼誦其文。《保傅》曰：「束髮入大學，學大藝焉，履大節焉。」大藝謂射御，大節謂士禮、鄉禮。《内則》云「二十始學禮」，謂凡禮皆學也，非謂二十以前不學禮也。此學藝人入學之終始也。農民之子有學藝如士子者，亦同此法。農民之子不學藝者，亦十歲入小學學書計、幼儀，十三始任樵牧之事。至冬，亦就學。《尚書大傳》：「新穀已入，櫌鉏已臧，歲事已畢，餘子皆入學。距冬至四十五日始出學，傅農事。」所學亦禮、樂、射、御、《詩》、《書》之事。凡民之能孝友睦婣任卹者謂之有行，有行者必有悳，有悳行者謂之賢。凡民之知禮、樂、射、御、書、數及《詩》、《書》者謂之有學，有學者必有道，有道藝者謂之能。凡民自四十以至二十，[1]族師、閭胥皆于月吉書其有行、有學者。至于三年行益進而無缺陷、學益進而無荒廢，以其名上之黨正。黨正又如是書之，三年州長攷之。又三年，鄉大夫攷而興之。凡九年，亦猶在大學者九年大成也。四十而始書于族閭者，五十可仕。故《荀子》曰：「古者匹夫

[1] 「二」，據上下文當作「五」。

五十而士。」見《大略篇》注，以《内則》「四十而士」疑之，非也。書能者止于四十，何以知之？孔子曰：「年四十而不見畏焉，其終也已。」曾子曰：「三十、四十之間而無藝，即無藝矣。」見《大戴禮記》。射御書數、《詩》《書》禮樂皆藝也。故知書能者止于四十也。書賢者止于五十，何以知之？孔子曰：「四十、五十而無聞焉，斯亦不足畏也已。」曾子曰：「五十而不以善聞，則無聞矣。」見《大戴禮記》。孝友睦婣任卹敬敏皆善也。故知書賢止五十也。其五十以至七十而有善者，則寵之爲命民。七十以上不命，何以知之？《尚書大傳》：「古之帝王必有命民，民能敬長憐孤，取舍好讓，舉事力者，命于其君。得命然後得乘飾車駢馬，衣文錦。鄭注云：「居士錦帶。」未得命者不得衣，不得乘。乘衣有罰。庶人木車單馬，衣布帛。」《韓詩外傳》略同。《曾子》曰：「七十而無德，雖有微過，亦可勉矣。」見《大戴禮記》。盧弓父文弨曰：「勉與免同。」「敬長憐孤，取舍好讓，舉事力」，即孝友、睦婣、任卹、敬敏之事，善與悳皆即此也。其五十以善聞者，故應仕之，不當廑寵之爲命民也。故知命民謂五十以上也。微過者，謂少有過人處也。勉，謂免而不命也。以此故知七十以上不命。其或四十以上悳行超卓，自在聘名士、禮賢者之條，非此限也。何以知族師、閭胥書有學行者？《周官經·族師》「月吉，屬民讀法，書其孝弟睦婣有學者。春秋祭酺亦如之」。《閭胥》：「凡春秋之役政、喪紀之數，聚衆庶，書其敬敏任卹者。」凡孝弟睦婣任卹皆行也，故《周官經》六行「孝、友、睦、婣、任、卹」，故知族師、閭胥書有學行者也。何以知族師書之三年升于黨正也？《周官經·黨正》「正歲，屬民讀法，書其德行、道藝」，藝即有學者，故知黨正亦書之也。何以知必三年也？以周法鄉州每三年大比，《虞書》「三載考績」，《學記》「中年考校」，凡人之學行必三年始可進退之也。敬敏，閭胥書之，《黨正》職何以不言也？《周官經》以三德教國子，二曰敏德，是敏亦悳也。《左氏春秋傳》「敬，德之輿也」，是敬亦悳也。《黨正》言「書其德行」，是已言之也。何以《族閭》分言孝、弟、睦、婣、敬、敏、任、卹，而《黨正》統言「悳行」也？《族閭》必細書其善行本末，故分屬之八科也。《黨正》則總爲悳行之科也。有學者何以不分言禮、樂、射、御、書、數、《詩》、《書》？以《詩》、《書》、六藝徒有其一，不足升于黨，故統言之也。何以知州長攷之也？《周官經·州長》「正月之吉，各屬其州之民而讀法，以攷其德行、道藝」，又《鄉大夫》「正月之吉，受教法于司徒，退而頒之于其鄉吏，使各以教其所治，以攷其德行，察其道藝。以歲時入其書」，州長即鄉吏也，入其書于鄉大夫，故知州長攷而升之鄉也。何以知鄉大夫攷而興之也？《周官經·鄉大夫》「三年則大比，攷其德行、道藝而興賢者能者，以禮禮賓之。厥明，獻賢能之書于王」，故知鄉大夫攷而興之也。此賢能之終始也。《王制》：「命鄉論秀士，升之司徒，曰選士。秀士之不升于司徒者，皆歸于農。」又司徒論選士之秀者，升之學，曰俊士。不升之選士，司徒自辟爲吏及鄉州之小吏。又大樂正論造士之秀者，造士，亦士名。以告于王，而升諸司馬，曰進士。此即語郊之禮也。已成爲進士，司馬辨論官材。其不成者，則有郊人，亦論之爲官。如醫師、卜正、大祝、司右、大馭之屬，所謂「曲藝」也，《論語》謂之小道。其不成爲郊人者，諸官長皆得辟除爲吏。

《石渠禮論》：「大宗無後，族無庶子，己有一嫡子，當絶父以後大宗不？戴聖曰：『大宗不可絶。言適子不爲後者，不得先庶耳。族無庶子，則當絶父以後大宗。』聞人通漢曰：『大宗有絶，子不絶父。』宣帝制曰：『聖議是也。』」勛案：「大宗不可絶」，「適子不得後大宗」，兩語皆出子夏。依聖議，則違「適子不得後大宗」之語；依通漢議，則乖「大宗不可絶」之誼。是以兩持而難決，而兩者皆生人之大經，當權衡其平，方可論也。大宗不可絶者，謂一族之中必有大宗，非謂身經爲大宗即不可絶也。如身經爲大宗即不可絶，則紂及武庚皆經爲大宗，主天下國家，武庚没後，周公不立商之旁支與武庚昭穆當者以後武庚，而更立微子。周公者，禮之所自出也。微子者，周公相成王之所立也。是足以徵矣。或曰：紂與武庚皆有辠，有辠者可絶，而無辠者不可絶也。《曾子問》：「宗子在他國，庶子無爵而居者，可以祭乎？孔子曰：祭哉。請問：其祭如之何？孔子曰：望墓而爲壇，以時祭。若宗子死，告于墓而後祭于家。」是宗子死于他國，庶子儼然爲宗主，祭于家，不别求族中之子以後宗子。是宗子無辠而亦絶也。《曾子問》：「宗子爲殤而死，庶子弗爲後也。」殤雖年幼，亦身經爲宗子，而不爲立後，又一大宗絶之事也。假宗子無後，族中兄弟皆無子，而宗子之弟在，是必依兄終弟及之誼而立弟爲宗子矣，則其兄亦身經爲宗子而絶也，又豈有辠邪？以此揆之，則大宗有絶，通漢之言信而有徵。子自絶父，經記無文，聖議恐非也。但其事有兩盡者，如宗子死無後，無可立，則無後。宗子之弟在則立之，此兄終弟及之誼也。兄入禰廟，父入祖廟，祖入曾祖廟，曾祖入高祖廟，别爲其高祖立廟。《記》曰：「庶子王立四廟。」謂四親廟也，亦其左驗矣。《春秋》四傳論逆祀事，皆足以證兄入禰廟、父入祖廟也。如宗子死無後，亦謂無子可立。己無兄弟，而叔父在，則必立之。此亦兄終弟及之變誼也。若是，則兄子入禰廟，兄入祖廟，父入曾祖廟，祖入高祖廟，别立曾祖廟，其高祖廟則兄子時已毁，不復立矣。自此推而上之，從祖父、族曾祖父一也，此皆有國者之禮也。大夫以下，則兄祔祖，兄子祔禰。如宗子死無後，族無兄弟可立，叔父已没，子惟一人，則亦立之。是亦兄終弟及之變誼也。若是，則新死之宗子入禰廟，宗子之父入祖廟，祖入曾祖廟，即己祖也。曾祖入高祖廟，亦别立高祖廟而已。父先有别廟，己當奉之。己死則己入禰廟，而父常在别廟，親盡則祧，祫禘不與焉。如是，則兩盡矣。凡爲後者，所以濟人倫之窮也。有四誼焉：一則昭穆必當。《公羊傳》仲嬰齊之事，是昭穆不當也。二則年必相當，使若父子然。故殤無人父之道，則不置後也。三則必身爲支子，爲人後者爲之子也。已承父重，遽可舍而父人乎？支庶則輕矣。若一子，則尤不可爲人後。何則？自絶其父也。或曰：「絶大宗則絶祖，絶祖重而絶父輕。」此語不然。一子而後人，是其父斬焉矣。不後大宗，是廑絶其伯父而未絶其祖也。以伯父與父校，則父親而伯父疏，伯父無子，是天窮之也。父有子而自絶之，是人窮之也。天窮猶可以少慰，人窮何以自安？故知其説非也。四則必有服之兄弟子。莒人滅鄫之譏，則異姓也。同姓大疏遠亦不可。四者一有不合，則不可爲後也。不可爲後，則立後之法窮矣。立後之法窮，而大宗不可絶，則惟移其宗而已，即兄終弟及之誼也。兄終弟及，議禮者不以爲非，而「大人世及」，亦見經記，故可依用之也。

《五經異義》：「《禮》戴說：諸侯不敢祖天子，大夫不敢祖諸侯。又匡衡說：支庶不敢薦其禰，下士諸侯不敢專祖于王。古《春秋左氏》說：天子之子以上德爲諸侯者得祖所自出。魯以周公之故，立文王廟。《左傳》宋祖帝乙，鄭祖厲王，猶上祖也。又云：凡邑有宗廟先君之主曰都。其有先君之主者，公子爲大夫所食采地，亦自立所出公廟。其立先公廟準禮公子得祖先君。祖當作禰，字之誤也。公孫不得祖諸侯。謹案：周公以上德封于魯，得郊天，兼用四代禮樂，知亦得祖天子。諸侯有德祖天子者，知大夫亦得祖諸侯。」《郊特牲》疏引，鄭無駁，與許同也。《大傳》：「有小宗而無大宗者，有大宗而無小宗者，有無宗而亦莫之宗者，公子是也。」鄭君注：「公子有此三事也。公子謂先君之子，今君之昆弟。」又「公子有宗道。公子之公爲其士大夫之庶者，宗其士大夫之適者，公子之宗道也」，鄭君注：「公子不得宗君。君命適昆弟爲之宗，使之宗之，是公子之宗道也。所宗者適，則如大宗，死則爲之齊衰九月；其母則小君也，爲其妻齊衰三月。無適而宗庶，則如小宗，死爲之大功九月，其母、妻無服。公子惟己而已，則無所宗，亦莫之宗。」國朝毛大可奇齡曰：「魯立文王廟于其國，謂之宗國。三桓立桓公廟于其家，謂之宗卿。」又曰：「諸侯不敢祖天子而父天子，大夫不敢祖諸侯而父諸侯，故別子自爲祖，而祀其所出王之父以爲大宗。于是立宗廟于其國，如魯祀文王、鄭祀厲王，皆名出王，而爲文王、厲王別立一廟，名出王廟。猶之魯季氏祀桓公于其家，名曰三家之堂。」見《辨定大禮議》。其大小宗通釋，多不可從。勛謂：大可此議，可上通于許、鄭二君之説。王公之弟不敢宗王公，別立母弟爲宗。如大宗無母弟，立庶弟，則如小宗。此鄭君《大傳》注之説也。立爲宗者，則立出王廟，而兄弟共事之爲宗國。立出公廟，而兄弟共事之爲宗卿。亦曰宗邑。此可通于匡衡「下士諸侯不敢專祖于王」之説。不敢專祖者，謂不一人祖也。「諸侯不敢祖天子而父天子，大夫不敢祖諸侯而父諸侯」，可通許君所準之禮「公子得祖先君，公孫不得祖諸侯」。但許君依《左氏》謂立出王廟，緣于上德，而大可謂緣立宗，似有異，其實一也。蓋有德者命之爲公卿，爲宗，本一事也。大可又曰：「據《左傳》、《穀梁》注謂季友是莊公母弟，叔牙是慶父母弟，故當時三家皆宗季氏。」勛謂：武王並建母弟，初以管叔爲宗。《逸周書》「惟十三祀，王在管，管、蔡開宗循」是已。「蔡」字當作「叔」。管叔誅後無子，更以周公爲宗。《孟子》滕謂魯爲宗國是已。《郊特牲》言「諸侯不敢祖天子，大夫不敢祖諸侯」者，言諸侯不敢以天子爲大祖，大夫不敢以諸侯爲大祖也。若二王後及三恪，則諸侯以天子爲大祖矣。《喪服傳》言「公子不得禰先君，公孫不得祖諸侯」者，謂公子不得以先君入祖禰廟也。宋祖帝乙，則據宋未爲商後言之，故與鄭祖厲王同一比也。鄭桓公爲宣王母弟，微子亦紂母兄，故皆爲宗國。

《王度記》：「天子一娶九女。」《白虎通誼》引。《白虎通誼》：「或曰：天子娶十二女，法十二月。」《曲禮》記天子有后，有夫人，有世婦，有嬪，有妻，有妾。《王制》記、《昏義》記皆云「后，三夫人，九嬪，二十七世婦，八十一御妻」。勛案：諸書所言凡有兩誼：一謂内官，一謂嬪御。《昏義》所言數與《夏官》準，蓋夏制也。《周官經·春官》篇：「世婦：每宫卿二人，下大夫四人，上士八人。」《天官》篇世婦無數，當準六宫卿六人也。《春官》篇每宫卿二人，則十二人，準小卿數也；下大夫四人，準六宫之數；上士八人，準六宫之上士。《玉藻》記「惟世婦命于奠繭，其他則皆從男子」，即《春官》之世婦也。蓋命士大夫之妻爲之，故《玉藻》云然也。《公羊傳》「諸侯一聘九女」，以法推之，則天子當娶十二女，《白虎通誼》所言是已。十二女者，后之姪娣及三國之媵也。三國媵并其姪、娣凡九人，《周官經》九嬪是已。《攷工記》以九嬪擬外官之九卿，則世婦在九嬪之中可知矣。六世婦與三嬪合稱爲九嬪，猶之三孤合六卿爲九卿也。《周官經》「共夫人致飲于賓客之禮」，是周制有夫人也。王后之姪娣宜爲夫人。云《周官經》「以陰禮教九御」，《春秋外傳》「内官不過九御」，是御惟九人也。《士昏禮》經每以御擬媵，《周官經》亦以九嬪、九御並言，則嬪者后之同姓，御則王所選良家女備宫中使令者也。或御或不，無定限也。《王度》所言「天子娶九女」，當目御。士媵尊于御，故經曰「雖無娣，媵先」，謂先于御也。御亦御，故《記》曰「妾御莫敢當夕」。媵爲貴妾，故《喪服經》曰：「士爲貴妾。」御爲賤妾。《記》曰：「買妾不知其姓則卜之。」《内則》曰：「父有婢子。」注：「所通賤人之子，皆御也。」諸侯者謂之嬖人。《春秋傳》公子州吁，嬖人之子也。又公子荆之母嬖，又鄭文公有賤妾曰燕姞，又嬖人婤姶，皆諸侯之御也。御亦有貴賤，如賤妾及婢子。及《曲禮》所言天子有妾，諸侯有妾，皆微而又微。御之蓋少，故燕姞必以蘭爲徵，而《内則》注言「通」也。《孟子》「無以妾爲妻」，《春秋傳》「宗人釁夏曰：若以妾爲夫人，則固無其禮也」，皆爲御也。若媵則與后夫人皆大國之女，故可爲繼室。《白虎通誼》：「適夫人死，後更立夫人者，不敢以卑賤承宗廟。自立其娣者，尊大國也。《春秋傳》曰『叔姬歸于紀』，叔姬者，伯姬之娣也。伯姬卒，叔姬升于適，經不譏也。或曰適死不復更立，明適無二，防篡殺也，祭宗廟攝而已。以禮不聘爲妾，明不升。」白虎羣儒設此二誼。《左傳》杜注：「諸侯始娶，則同姓之國以姪娣媵。元妃死，則次妃攝治内事，猶不得稱夫人，故謂之繼室。」是用後誼也。《雜記》：「女君死，妾爲女君之黨服。攝女君，則不爲先女君之黨服。」是妾有攝女君之事也。對夫則曰繼室，對子則曰繼母。《喪服經》曰「繼母如母」，傳曰「繼母之配父，與因母同」，可名曰繼室而不可名曰夫人，則惑之甚者也。《雜記》言攝不言繼者，攝有代訓，亦繼代之誼也。曰「先女君」，明已繼爲女君也，不言繼而變言攝者，以從妾而升，故異其文也。白虎羣儒疑于不聘，然升于適之時，自可告廟備禮也。《公羊傳》「諸侯不再娶」，《白虎通誼》：「必一娶何？防淫佚也。爲其棄德嗜色，故一娶而已。」人君無再娶之誼也。天子諸侯之世子，皆以諸侯禮娶與君同，示無再娶之誼也。魯惠公取仲子，非禮也。《士冠·記》無大夫冠禮而有其昏禮。古者五十而後爵，何大夫冠禮之有？若然，則五十而娶，必再娶也。故注曰：「大夫或時改娶，有昏禮是也。」《曾子問》「宗子雖七十無無主婦」，疏：「宗婦領宗女于内事，不可闕，故雖七十猶娶也。」如是，人臣再娶明矣。《曲禮》：「大夫不名姪娣，士不名長妾。」熊安生曰：「士一妻二妾，長妾當爲娣也。」由是言之，則士備姪娣明矣。士備姪娣，則大夫有二歸矣。然此謂天子之大夫士也。《白虎通誼》「卿大夫一妻二妾」，如此則諸侯之大夫僅一歸，而管氏有三歸，故夫子譏之。《白虎通》「士一妻一妾，下卿大夫禮」，此則諸侯之士也。人君不再娶而人臣再娶者，以九女、十二女不能死喪略盡，故不再娶也。大夫三女，容死亡相繼，或愚闇不任，故再娶也。凡以妾升繼室者，不必娣，故不與先女君同黨也。凡不再娶者，爲有媵在。若媵亡而御存，則必再娶可知，以御無升于適之理也。凡適死而以禮升待年之媵，亦非再娶。升媵之禮，當亦在三千中，但今失之矣。凡此皆言嬪御也。諸侯內官當有三世婦爲三宮，每宮又下大夫二人、上士四人。

廣韻表序

凡五均之別萬有二千，經之以五，紀之以三，判之以八，程之以廿，奠之以五，而萬有二千具矣。何謂奠之以五？五者，五音也。何謂五音？氏卬上去入是也。音之有五，猶五材之並用，廢一不可，增一不可。故四聲本五，誤切爲四，與夫言六音、七音、八音、十聲者皆非也。何謂程之以廿？廿者，廿聲也。何謂廿聲？喉、舌、脣、齒是謂四聲。有深喉，有淺喉；有舌頭，有舌腹；有齒本，有齒頭；有開脣，有合脣，聲二之故八，是應八音。深喉舌腹，譬之八音猶革、木，故皆一聲。餘六物者，其猶金、石、絲、竹、匏、土，故皆三聲。一其二而三其六，故有廿聲焉。何謂判之以八？八者，八呼也。呼有內外，有大小，有輕重，錯之則八。釋家謂之八梵，等韻家謂之八等，漢、晉之儒謂之橫口、閉口、籠口、蹴口，而皆有輕重，總之曰外言、內言。何謂經之以五，紀之以三？均，類之謂也。均有宮、商、角、徵、䨮，是謂五均。均有三統，五而三之，則十又五類。一曰戈，黃鍾爲宮之類也；二曰孤，林鍾爲徵之類也；三曰媯，大蔟爲商之類也，是爲宮均。四曰岡，大蔟爲宮之類也；五曰公，南呂爲徵之類也；六曰扃，姑洗爲商之類也，是爲商均。七曰官，姑洗爲宮之類也；八曰昆，應鍾爲徵之類也；九曰涓，甤賓爲商之類也，是爲角均。十曰乖，林鐘爲宮之類也；十又一曰傀，大蔟爲徵之類也；十又二曰該，南呂爲商之類也，是爲徵均。十又三曰高，南呂爲宮之類也；十又四曰甘，舊讀同鉤。姑洗爲徵之類也；十又五曰弇，舊讀同鳩。應鍾爲䨮之類也，是爲䨮均。此之謂「經之以五，紀之以三」。經曰「予欲明五音、六律、七始詠，以出納五言」，五音、六律，樂均之還宮六十調也；七始詠，則文字之音也。《記》曰「五色成文而不亂，八風從律而不姦，百度得數而有常」，五色相交極乎十又五，故五色以言十五類也。八風則八呼耳。五音乘廿聲爲百，則百度。度者，讀也。音度即音讀，句度即句讀，其徵矣。《黃帝經》曰「人聲應五音六律」，亦明是也。五均蓋與製字俱起，《乾鑿度》謂《易》八卦即天、坤巛、風、靁⊗、水、火、山、澤㕣八字，謂之八文大籀。是則文字始于伏羲也。古書多言倉頡製字，或曰黃帝之史，則在伏羲後；或曰爲帝在禪通之紀，則在伏羲前。蓋二倉頡也，前者萌之，而後者成焉。要之，文字出于八卦，《易緯》之言不誣也。離☰乾之上以爲一，指象恒星天也。《説文》所謂「惟初大極，道立于一」，五百四十部託始于此焉。合☰乾之中下圓而益極，則爲宂，宂者，日月之天也。故《易大傳》曰「縣象箸明，莫大乎日月」，日主天，月主地，故曰「天大地大」。人象天極以生，故曰「人亦大」。而大亦爲人，以象人頭、手、身，兩足也。大而省重則爲冂，故小篆亢从省大而爲冂也。古長言、短言不甚區分，故一可讀因。唐人均語十一諸字多作平聲，至宋詞尤繁，今俗語亦然。古反語逆從兩蚑，大因反即天之古音，六朝所謂自反者是。天者，萬物之祖也。畫卦始乾，製字始天，故天之爲文，象形、指事、會意、鰭聲，且具反語其中，以是知反語與製字俱起矣。反語既孕，則廿聲、五音之緯乎均者昭矣。六書初析，鰭聲在乎其間，則十又五類、八呼之經乎聲者具矣。董子言：「五帝之學曰成均。」《周官・大司樂》：「掌成均之法，教國子興道諷誦言語。」先鄭注成均爲已成之均。調，主乎樂之調也。然樂必本乎歌，歌出于詩。詩者積音而宣其志也。音之百度八呼自然成均，則又樂聲均調之所由生。余嘗曰：均類者，均之靜而渾成者也，譬之天，其猶大虚之靜天矣。樂均者，均之動而顯見者也，譬之天，其猶七政恒星之動天矣。靜而恒，斯足以綱維乎動而不亂。故言樂均，不可不先明文字之五均。動靜本末之道非有二耑，故成均之法，五均其首也。自後則《樂元語》之言「五均」備矣。秦滅學而不能滅文字，故小篆興焉。漢之能通小篆明字例者，莫深于鄦叔重、鄭康成。若孫叔然、李左校則皆沿其波而未失隊者也，而皆言聲類。以是知聲類貫于六書字例之中，不可離也。晉以後若呂安復、周彦倫、沈隱侯、釋靜洪、顏、陸數公始用聲類而爲韻，雖遞有所發明，而亦或失真。唐之孫司法、陳庭堅各能遵其所尚，亦云韙矣。宋初諸公，于五均之道不甚憭，決然恪守舊章，勿敢失隊，爲可尚也。今則孫、陳以前之韻咸㪔佚無存，惟宋《廣韻》尚在，沿之以稽丁度以後之書，惟《中原音韻》、《正韻》爲大決藩離，餘雖小有出入，大判仍《廣韻》之規橅，而等韻則家自爲説，門法糾纏，莫能有合于《廣韻》者焉。余故一依《廣韻》之反切以成是表，蓋欲闡《廣韻》之旨，上以攷古音，復聲類，而下以斷絶等韻之譌舛異説也。

五均論上

十一論北音無入爲方音無關均理

周德清《中原音韻》平聲分陰陽而入聲分隸三聲，以北音無入也。近日有李汝珍作《音鑑》，中有《北音無入聲論》，其論曰：「或曰前此北無入音，其義可得聞乎？對曰：夫屋者，均列《一屋》，乃入之首也。而北音謂之曰烏，此以入爲平矣。餘如七發之類，皆以陰平呼之。十斛之類，以陽平呼之。鐵筆之類，皆以上聲呼之。若木之類，皆以去聲呼之。」茲節録于後，如笏、烘烏切，音呼。斛、紅吴切，音湖。脱、託通窩切，音拖。六十一字，以入爲平，各分陰陽，有字可音之類也。削、希腰切，音枵。學嘻堯切，音枵；陽平又許蛾切。等一百六十一字，以入爲平，各分陰陽，陽平有字可音之類也。説、舒窩切。朔、碩失羅切。等四十八字，以入爲平，各分陰陽，無字可音之類也。喫、昌詩切，音癡。出穿書切，音初。等三十二字，以入爲平，有陰無陽，有字可音之類也。摸、捫窩切。掐欺鴉切。等二十字以入爲平，有陰無陽，無字可音之類也。鶴、寒鳌切，音豪；又號箇切，音賀。頷昂和切，音娥；又按箇切。等二十二字，以入爲平，有陽無陰，有字可音之類也。佛、焚娥切。别秉爺切。等三十七字，以入爲平，有陽無陰，無字可音之類也。筆、秉以切，音比。卜本伍切，音補。等二十五字，以入爲上，有字可音之類也。北、本委切。雪許瑣切。等十二字，以入爲上，無字可音之類也。六、亮宥切，音溜。諾怒卧切，音懦。等一百九十三字，以入爲去，有字可音之類也。熱、認鵰切。肉認宥切。等八十三字，以入爲去，無字可音之類也。案：如此則北音無入，以入聲分配三聲，析平聲爲陰、陽二聲，以陰、陽、上、去爲四聲，以之通押，咸出于方音，不可爲典要。近之談古均者，或造古音無入之説，不直一哂矣。然北音之有可取者，自字母學熾，見、端、知、邦、非、照、精絶陽，疑、泥、孃、明、微、日絶陰，而北音時有之，可見元音自不絶于天地間，而學徒偏守一師，無當于至道也。

十五論唐韻平聲與紐皆分陰陽兩反語廣韻不知取

孫司法明于五音，其于間迭之音殆已别增反語，今試舉大徐《説文》音一二條證之。冡、蒙、騼、醲、濛、艨、饛皆莫紅切，曚、夢皆莫中切，與今《廣韻》同，而又有瞢木空切，殆冡之陰平也。東得紅切而涷得紅切，何、荷咸胡歌切而河、苛咸乎歌切，舵、沱、鞁、佗、鼉咸徒何切而驒代何切，必爲二音。其間如東、涷二字尤爲有迹可尋。《廣韻》首舉東，爲《説文》中字，左校《聲類》所必收者；其下係以菄、鶇、辣、倲、倲、餗、忪，必皆《聲類》所不收。又復出涷、蝀、凍三字，亦《説文》中字，《聲類》所必收；其下係以鯟、徚、崠、埬、蝀、䰤，又《聲類》所不收。如此，則一紐之下離爲二段，必二音也。殆《切韻》衹于東下一注「得紅切」而于涷字上空位以識别之，不復加反語，以陽从陰，彦倫之舊式也。《唐韻》則加以辨别矣。殆于東下注「得紅切」，以得有登音，爲陰平也；于涷下注「得紅切」，爲陽平，總在一「○」之内。此《唐韻》之式也。陽平近去聲，故蝀、涷二字皆有去音。此間迭之迹顯然可尋者，它紐則多濁亂難尋。宋李文簡治《説文》，編大徐音，而題曰《五音韻譜》，亦可知《唐韻》之于五音瞭然有别白矣。《廣韻》于《切韻》間迭之處漫不加意，于《唐韻》增切之字則闇有字母之説主于胸中，概以爲馮切，置之不問。于是而平聲十一聲、陽九聲無陰，于彼法三十六母，七無陽，七無陰。字母之禍均如此。夫黨有學人从大徐《説文》注中録出反語，而又以夏氏《古文四聲韻》、《説文五音韻譜》爲其規橅，輔之以《干禄字書》、小徐《韻譜》，以復《唐韻》舊規，亦救均之急務也。《廣韻》于各卷末有「新添類隔，今更音和切」數字，知其受字母之毒深矣。特以《切韻》、《唐韻》有舊規橅在，不可縱肆，故尚存古法。

五均論下

二論開口合口始見于廣韻古人更有籠口蹴口閉口横口之目

《廣韻》末坿辨十四聲例法：一開口聲，本注云：「阿、哥、河等並開口聲。」二合口聲，本注云：「菴、甘、堪、諳等並是合口聲。」三蹴口聲，本注云：「憂、丘、鳩、休等，能所俱重也。」四撮脣聲，本注云：「烏、姑、乎、枯，能所俱重。」案開口、合口者，内外之總名也。諳，今與菴同紐，疑本作暗。此言覃、侵俱爲合也。撮脣則合口中之一等，而二等從之。蹴口即合口之三四兩等，亦即閉口也。許尗重《淮南音》「惷，讀『人惷然無知』之『惷』也，籠口言乃得」，又「惷讀近『貯益』之『䏭』」。句。戇籠口言之也」。藏本《淮南子》題尗重名，洪稚存謂即尗重之原名，而高涿郡有所增省也。案：俗本删削者，即高氏之本。藏本完足者，其音爲尗重書中之音也。此籠口也。《廣韻·鍾部》「惷，愚也，書容切」，又《用部》「丑用切」，《江部》「丑江切」，注中云「又丑龍切」，是惷字《廣韻》有四音也。丑龍、書容、丑用在《鍾》、《用部》，鍾、用三四合等也。丑江切在《江部》，江二等也。䏭，《集韻》「重主切，身直皃」，俗本《淮南》注「惷音仲」，「貯益之䏭」當作「䏭直之䏭」，今尚有惷直之語，即其遺言也。䏭、仲對音，故讀近之。此音高氏用之，故曰「惷音仲」。「惷然無知」之「惷」即《廣韻》丑龍、丑用之音。其籠口則在《江》爲丑江矣。以此知内二等爲籠口，三四等雖同在内，尚不得爲籠口。又案：戇，呼貢切，在送均《東》之去也。東爲外聲之全，而戇在外二等，戇之籠口乃爲惷之音，又以明惷在内二等也。戇，曉母，曉、審同聲，當用類隔法爲書江切，不則正爲許江切，如《鍾》、《用》之有書容切。此音及仲音《廣韻》皆失收。《釋名》：「青、徐言風，踧口開脣推气言之。風，放也，气放敉也。」此踧口也。《廣韻》「放，甫妄切」，在漾之訪屬内四等也。由是證之，則内四等爲踧口也。踧蓋謹縮之形，許尗重《淮南音》：「涔讀延栝曷問，急气閉口言也。」「延栝曷問」當作「筵箈曷問」，形近而誤。《説文》「箈，蔽絮漬也」，《集韻》慈鹽切。「筵，布席也。」「箈，蔽絮漬也。」言以蔽敗之絮漬水中，再治之爲褥。筵、褥相類之物，故曰「筵箔曷問」。此當時俗語也。又案：涔本音在《侵部》，槑也，才淫切。此借涔作潛，在《鹽部》，以爲潭澤之偁也。《集韻》「潛，慈鹽切，通作涔」，是也。侵蓋踧口，爲内三四兩等，鹽則閉口，爲外三四兩等也。由是知外三四兩等爲閉口。《廣韻》辨十四聲例之撮脣，即此也。《釋名》：「風，沇、豫、司、冀橫口合脣言之。風，氾也，其气博氾而動物也。」此橫口也。《廣韻》「氾，孚梵切」，在梵均，梵，凡之去也。凡在外二等。《唐韻·部序》：「東得紅切，濁滿口聲。自此至三十四乏皆然。」吴彩鸞手寫本見《魏鶴山集》。案此當是羅列濁均爲一類。濁均首東終乏，故曰自此至乏皆然。此部序于均類之法當大有發揮，惜亡之矣。濁滿口聲，即合口也。審是則外一二兩等爲橫口。要而論之，等均家有開口、齊齒、合口、撮口之説。枚言則爲四，統言則齊齒屬于開，撮口屬于合。《廣韻》有開口、合口、蹴口、撮脣之目，合口亦統蹴口、撮脣也。開口爲清，合口爲濁。《廣韻》復有辨四聲輕清重濁法，其清濁即此也。漢儒則目之爲籠口、踧口、橫口、閉口，亦分言也。統論則籠口、踧口爲内言，橫口、閉口爲外言。《唐韻》又以橫口、滿口，亦名之小異者。

九論廣韻同紐異紐之故

以字紐之法定等，大氐一二等皆專紐，三四等皆合紐。合紐者，東均之中屬、鍾均支均二屬、之均、魚均、虞均、真均、諄均、仙及舊宣兩均、宵均、麻均車屬、❶陽均陽屬、清均、蒸均、尤均、幽均、侵均、鹽均、祭均皆是。三四不合者，則微、文、欣、元均、戈均韡伽二

❶「車」，清光緒刻《敫藝齋遺書》本《五均論》作「三」。

屬、陽均房屬、庚均霙屬、清均營屬、嚴凡二均，皆是也。一等則東均東屬以至于泰均會屬，二等則自江均以至央均之犗屬。原其分合之故，蓋一二等聲大而疏，故不合紐。三四兩等聲細而周，故合紐。其不合者，以均中偶無齒舌諸紐，難于識別，故異之，使可辨也。此亦《廣韻》以前用紐之微意。《指掌圖》、《七音略》未大竄亂，故可言也。戴氏《聲類表》則亂之矣。

文集

三江彭蠡東陵攷

三江者，北江、中江、南江也。經曰「漢水入于江，東匯澤爲彭蠡，東爲北江，入于海」，此北江也。又曰「江水至于東陵，東迆，北會于匯，東爲中江，入于海」，此中江也。《漢書・地理志》：「南江在吴南，東入海。」又曰：「中江在蕪湖，東至陽羨入湖。」二文相備，迺南江也。彭蠡，巢湖也。東陵，《水經》及《漢志》皆以爲在廬江金蘭西北是。然不知東陵，則不知彭蠡；不知彭蠡，則不知三江。請先言東陵與彭蠡。後世以巴陵爲東陵者，非。巴陵爲東陵，宋以前無此語。東之云者，對西之稱。巴陵更在西陵之西，何得爲東？此可一言而斷者也。班孟堅以彭蠡爲在漢彭澤縣西者，亦非。曷由而知其非？亦以經知其非也。經所云「匯」者即彭蠡，而敍之東陵之後，則彭蠡在東，而東陵在西。若彭蠡在彭澤縣，是匯在西，而東陵反在東，故知班誤也。曷由而知爲巢湖？亦以經知之也。經言「漢水入江，東匯澤爲彭蠡，東爲北江」，蓋謂彭蠡之水導而東行，名爲北江。夫其所導之川名曰北江，則彭蠡在江北也明矣。導江之經亦曰「北會于匯」，是亦匯在北之誼也。東陵在東，江北之澤，巢湖最大，故知是巢湖。曰或又疑《水經》末卷言《禹貢》山澤之處，彭蠡在彭澤北，是與班同。東陵既用二家之説，則彭蠡應無以異。而不知《水經》之彭澤不言縣者，乃漢宛陵之彭澤聚。班自誤，《水經》自是，亦非不從《水經》。《水經》所謂「彭澤北」者，即巢湖也。然而人不能無疑也。疑夫蕪湖之江，班以爲中江而不爲南江，不知吴越之三江與《禹貢》異，以《禹貢》之中江爲北江，以《禹貢》之南江爲中江，更以浙江爲南江，班意以此當《禹貢》，故毗陵大江本中江也而謂爲北江，蕪湖之江本南江也而謂爲中江，但不敢謂浙江爲南江，而震澤下流入海之道當時猶存南江之目，故據其稱而斷震澤以上之流爲中江，此班所由致誤而開後人之疑竇也。若然，則謂三江爲婁江、東江、松江者非，以與經北江、中江之文不詥也。謂本自一江，但有三江之目，猶震澤名爲五湖者，其説亦非。經既言中、言北，則非一江明矣。由是而三江分流，可得而言矣。北江之分，即在彭蠡。蔡仲默目擊江水過入巢湖成爲巨浸，載其説于《集傳》。《水經》漢水與江水合，又出居巢南，皆中江與北江分之證。中江即江水正流。《漢志》云「中江在蕪湖首受江水，東入湖」，即南江分中江之明證。由是而三江經行之道可得而言矣。北江當自巢湖東出，納滁水，貫樊梁、甓社等湖，注于海。今雖斷絶，然巢湖因受江水亭爲大澤則猶昔也，巢湖之水又東合滁水亦猶昔也。但滁自入江，不東至海耳。《禹貢錐指》載樊梁、甓社等湖，皆分流入海，則北江下流之故道猶存。《越絶書》棠邑浦上有江漢祠。棠邑，在今江浦縣，漢時猶立漢水祠，則北江至其地明矣。南江亦由江水納桐水，反豬爲丹陽湖。又自丹陽東流入震澤以注海。今自丹陽入震澤之水，俗名之爲永陽江，又曰溧水，又曰瀨水，則南江之故道今具在也。若夫康成《書注》漢爲北江，湖漢之水爲南江，江爲中江，至揚州又分爲三，則漢及江與湖漢亦有三江之稱。《水經注》湘水爲南江，漢爲北江，此又一三江也。又崌江、崍江與岷江亦爲三江，則三江别有三説而皆非《禹貢》之誼也。《禹貢》之三江，經證自明，但不知東陵則不知彭蠡，不知彭蠡則不知三江，故東陵之證明而彭蠡可知；彭蠡可知，三江不煩言而定矣。

附　録

先生曰：夫人之性，本于天而恒動，動必有所精。書也者，藝也，動而精于書，則探賾。數也者，藝也，動而精于數，則鉤微。御也者，藝也，動而精于御，則致遠。射也者，藝也，動而精于射，則宣威。禮也者，藝也，動而精于禮，則骸束。樂也者，藝也，動而精于樂，則情夷。先生撰《敦藝齋記》。

又曰：道光丁酉，余與果臣同事蔗農師于城南，往來最密。先是，余家居聚九數之書而學之，限于荒僻，所得書僅《算經十書》、《梅氏叢書》、《數理精藴》而已。所與研求者僅季弟季深而已。又至城南，始得果臣及黄朗軒，與相證明，益有所通解。余向不解立天元一之術，而《句股割圜記》僅通其二十九術。果臣、朗軒爲余求算書以互相礲究，始克于是學略涉藩籬。先生撰《丁果臣數學拾遺敍》。

叔績家學

鄒先生漢池

鄒漢池，字季深，叔績先生季弟。咸豐初元，丁果臣爲《輿地經緯表》，先生爲之布算，按度推里，取西人所紀福島、英國之偏度，皆折以京師中線，閱八月而蕆事云。參《疇人傳三編》，李元度撰《事略》。

鄒先生代鈞

鄒代鈞，字甄伯，號沅帆，叔績先生長孫。克承祖業，尤嗜史家。嘗言切於經世之用者，莫若地理。當以今地爲主而鉤稽古來疆域、戰爭、漕運、水道遷徙，以求貫通。至測天定度，測地定位，準率成圖，並爲軍政農商關鍵。故於測繪之事肆力研窮。光緒十一年，隨劉瑞芬出使英、俄，益周知域外形勢。一日閉户潛推度里相差之理，驟悟以尺量地，尺有差，地亦隨之而差；以地定尺，地有準，尺亦隨之而準。以地定尺，則法之一邁特爲四千萬分地周子午圈之一。以吾華一尺與邁特比爲一萬二千九百六十萬分與四千萬分之比，華之一尺適等於百萬分邁特之三十萬又八千六百四十二，遂以此率令匠製中國輿地尺。彼都之深通測算者咸服其精審。期滿歸國，敍勞，保知縣，充會典館纂修官。於時張文襄公之洞總督湖廣，奏調赴鄂修《湖北全省地圖》。又聘爲兩湖書院教長，所造就者甚衆。其後開譯書局，屬總海國地理編輯。及張文達公百熙管京師大學，奏充編書局總纂，兼學務處提調官。又充

《欽定書經圖説》纂修官。書成，以分省直隸州知州用，旋補學部員外郎。每歷一職，晉一階，部文行知皆封識未啟，其高致如此。三十四年卒，年五十五。所繪《中外輿地全圖》，盛行於世。所著《西征紀程》四卷，光緒《湖北地記》二十四卷，《直隸水道記》二卷，《中國海岸記》四卷，《會城道里記》二卷，《中俄界記》三卷，《蒙古地記》二卷，《日本地記》四卷，《朝鮮地記》二卷，《安南緬甸暹羅印度阿富汗俾路支六國地記》八卷，《五洲城鎮表》二卷，《五洲疆域彙編》三十二卷，《西圖譯略》十二卷，《英國大地志》若干卷，文存四卷，詩存一卷。又嘗著有《西域沿革考》，自言精審，今未之見。參鄒永修撰傳。

上續修會典館言測繪地圖書

善言地者，必合於天。地體渾圓，其南北二點正當天空之南北兩極，其中腰大圈亦與天空赤道相當。如人在北極下，則以北極爲天頂，人漸向南行，見北極漸低，至赤道則北極與地平合。南極亦然。是地之南北不同，則北極出地之高低必異也。東地之日出入早於西地之日出入，地周三百六十度，與天周相應，每度六十分，都爲二萬一千六百四十分日。歷周天爲晝夜，分二十四小時，時六十分，都爲一千四百四十分，故時之一分等於度之十五分，四分等於一度。此地在彼地之東一度，則此地之日出入早於彼地之日出入四分時。是地之東西不同，則日出入之遲早必異也。而測天度者必先定午線，如京師之有中線，英吉利之格林回次、法蘭西之巴黎、昔年西圖所用之福島皆是。《考工記》曰：「匠人建國，水地以縣，置槷以縣，眂以景，爲規，識日出之景與日入之景。晝參諸日中之景，夜考之極星。」按此言匠人建國，而於夏至日定其國之午線也。水地，言以水平地，如西人之用瓶水準縣垂線也。言地平者，必使地與垂線成直角。槷，表臬也。植表臬使正，如垂線而視其景也。日出之景與日入之景必等長，慮所識景端或不確，乃任以一景之長爲半徑，臬底爲中心，展規爲平圓，兩景端均交圓邊，則爲密合，是爲規識日出入之景也。復中折兩景端間圓邊爲點，向臬底作直線，即爲午線之向。鄭注云「度兩交之間中屈之，以指臬，則南北正」是也。又日中之景爲最短，必與所作午線合，故既畫午線，復以日中之景參之。極近北極之句陳星，即《堯典》之璇機。旋、璇假借。機，極也。言句陳爲旋繞北極最近之星也。其説詳見《尚書大傳》、《周髀算經》等書。星即《堯典》之「玉衡」，《星經》之「斗六星」，《莊子》之「維斗」，《爾雅》之「斗極」，晉以後《天文志》所名「黄道極」者是也。夜觀句陳與玉衡爲直垂線，則赤極與黄極相當，又與所畫午線合，則午線準，是「夜考之極星」也。《大司徒》：「以土圭之法測土深，正日景。」土深指南北，日景指東西。夏至晝漏中，日南景短，是地在南，近日，故土圭之景短也。日北景長，是地在北，遠日，故土圭之景長也。此定南北緯度之理也。日東景夕，是地在東，日過其國之午線時，東地之景已夕。日西景朝，是地在西，日過其國之午線時，西地之景方朝。此定東西經度之理也。西人定其國之午線，亦用匠人之法，而參以指南鍼，除電氣差，安子午儀，使極穩，以窺日星之過午。其隨處測經緯度，則自日晷將午至日晷過午，用紀限儀，或經緯儀，屢測太陽高弧，取其最高度爲本處太陽過午線距地平高度，亦即本處天頂度，以與本日太陽赤緯南北加減，即得本處北極出地之度。於是先以極準時表，如太陽過其午線之午正開準，行至本處，即測得午正，以與時表較遲早，差若干時分，化度，即知本處在其國之東西若干度分。但一測午正，而地之東西南北皆定。古今中外若合符節，其理至當，其用至弘，是作圖者所宜先務也。

叔績交游

魏先生源 别爲《古微學案》。

丁先生取忠 别爲《雲梧學案》。

曾先生國藩 别爲《湘鄉學案》。

左先生宗棠 别見《湘鄉學案》。

郭先生嵩燾 别爲《養知學案》。

鄧先生顯鶴

鄧顯鶴，字子立，號湘皋，新化人。嘉慶甲子舉人，官寧鄉縣訓導。内行醇篤，天性嗜善。幼聞長老稱述鄉邦鉅人長德，輒欣然嚮往。比長，搜討楚故，不遺餘力，網羅散失，殘縑斷簡，如獲異珍。纂《沅湘耆舊集》，千七百人，各爲小傳，以詩存人。重訂《周子全書》，編校歐陽文公《圭齋集》，搜刻《蔡忠烈遺集》。於《船山遺書》薈萃已刊未刊之本，編校精審，實主其事。楚南之言文獻者必歸之。咸豐元年卒，年七十有五。所著有

《易述》八卷，《南村草堂詩鈔》二十四卷，《文鈔》二十卷，《資江耆舊集》六十四卷，《沅湘耆舊集》一百五十七卷，《朱子五忠祠傳略考正》一卷，《五忠祠續傳》一卷，《明季湖南殉節諸人傳略》二卷。參李元度撰《事略》。

船山著述目録識

班史有言，古之儒者博學乎六藝之文。六藝者，王教之典籍，先聖所以明天道、正人倫、致至治之成法。自孔子没而大道微，七十子之徒遺言墜緒不絶如縷。遭秦燔滅，蕩然無存。漢興，收拾餘燼，始立專門，各抱一經，私相授受，亦互相嫉妒。孔、鄭諸儒始貫穿羣籍，鑽研訓詁，迄其蔽也，雜於讖緯，墮於支離破碎。魏晉以後，崇尚虚無，流爲佛老，學術紛歧，世運榛塞，聖人之道晞矣。唐代義疏之作，具有端緒，而是非得失未有折衷。宋世真儒出，羣經乃有定論。至於近代，學者疾陋儒空談心性，逸於考古，遂至厭薄程朱，專考求古人制度、名物以爲博，甚則刺取先儒删落踳駁謬悠之論以爲異，而一二天資高曠之士又往往誤於良知之説，敢爲高論，狂瞽一世。著書愈多，聖道愈蔀。先生憂之，生平論學以漢儒爲門户，以宋五子爲堂奥，而原本淵源，尤在《正蒙》一書，以爲張子之學上承孔孟之志，下捄來茲之失，如皎日麗天，無幽不燭。聖人復起，未之能易。惟其門人未有逮庶者，而當時鉅公如富、文、司馬諸公，張子皆以素位隱居，末由相爲羽翼。其道之行曾不得比於邵康節之數學，而世之信從者寡，道之誠然者不著。是以不百年而異説興，又不二百年而邪説熾。其推本陰陽法象之狀，往來原反之故，反覆辨論，累千百言，所以歸咎上蔡、象山、姚江者甚峻。

或疑其言太過，要其議論精卓，踐履篤實，粹然一軌於正，固無以易也。先生生當鼎革，自以先世爲明世臣，存亡與共。甲申後，崎嶇嶺表，備嘗險阻。既知事之不可爲，乃退而箸書，竄伏祁、永、漣、邵山中，流離困苦，一歲數徙其處，最後乃定居湘西蒸左之石船山，築觀生居以終。故國之戚，生死不忘。其志潔而芳，其言哀以思，百世下猶將聞風興起，況生同里閈，親讀其書者乎？當是時，海内儒碩北有容城，西有盩厔，東南則崑山、餘姚，而亭林先生爲之魁。先生刻苦似二曲，貞晦過夏峯，多聞博學、志節皎然不愧顧、黄兩先生。顧諸君子肥遯自甘，聲名益炳，羔幣充庭，干旌在野，雖隱逸之薦，鴻博之徵，皆以死拒，而公卿交口，天子動容，其志易白，其書易行。先生竄身猺峒，絶跡人間，席棘飴荼，聲影不出林莽，門人故舊又無一有氣力者爲之推挽。没後四十年，遺書散佚，其子敔始爲之收輯推闡，上之督學宜興潘先生，因緣得上史館，立傳儒林，而其書仍湮滅不傳。後生小子致不能舉其名姓，可哀也。當代經師後先生而起者，無慮百十家，所言皆有根柢，不尚空談。蓋經學至本朝爲極盛矣，然諸家所箸有據爲新義，輒爲先生所已言者，《四庫總目》於《春秋稗疏》曾及之，以余所見，尤非一事，蓋未見其書也。近時儀徵相國哀輯國朝經解，刻於廣南，所收甚廣，獨不及先生，其他更何論已。先生出處本末，略見潘宜興、儲六雅、全謝山、余存吾諸文集中。顯鶴增輯《楚寶》，《文苑》亦有傳，不具述。獨詳述先生學業之大者著於篇，使世之讀先生書者有所考焉。

湘皋家學

鄧先生瑶

鄧瑶，字伯昭，湘皋先生兄子。成童時，隨侍湘皋先生，撰《楚寶》，搜攷羣籍，間有辯論。亟爲黄虎癡、沈栗仲諸老宿所稱賞。道光丁酉，選拔入京，廷試報罷歸。久之，入貲爲校官，除麻陽縣教諭。丁母憂去職。適粤寇事起，巡撫駱文忠公秉章以寶慶當廣西衝，延先生主講濂溪書院，而以團防屬之。後以守新化城功保知縣。用曾文正公國藩奏薦揀發江蘇。會從江忠淑軍入川，不赴。又以陝西巡撫劉蓉奏調，將歸，出峽至巴東，覆舟死。時同治五年也，年五十五。平生喜爲古文，然不苟作，每一篇出，必關於倫紀風教之大，學問心術之微。里有憫其女之寡，將以孫爲之後者，則據《春秋》「莒人滅鄫」，謂立異爲滅亡之道以規之。里有其妻喪母，逾月思召之歸者，則據《喪大記》「既練而歸」之文以告之。又有死於外，喪歸不入門者；惑於堪輿，葬不以時者；戚友弔喪荅以錢幣者，皆援引古義，以挽末俗。所著有《雙梧山館文鈔》二十五卷。又著《潞河紀程》、《北歸紀程》、《蜀游日記》。參郭嵩燾撰墓志銘、黄彭年撰行狀。

湘皋交游

黄先生本驥

黄本驥，字仲良，號虎癡，寧鄉人。道光辛巳舉人，官黔陽縣教諭。少嗜學，淹通經史，尤癖愛金石，有癡名。嘗聚秦漢以來金石文字數百種及古琴刀布等，名其居曰「三長物齋」。又嘗自製溪州石磬，自言客語猥雜，一擊磬耳爲之清。又製歷朝尺式，有持古器至，以尺度之，真贋不能欺也。生平好編訂古籍，預修《湖南通志》，搜采頗備。官黔陽時，建教澤堂，課士多所成就。著有《聖域述聞》二十八卷，《歷代職官表》六卷，《皇朝經籍志》六卷，《郡縣分韻考》十卷，《三志合編》七卷，《湖南方物志》八卷，《避諱録》五卷，《姓氏解紛》十卷，《古誌石華》三十卷，《詩韻檢字》一卷，《癡學》八卷，《嗛山甜雪》十二卷，《三長物齋文略》六卷，《詩略》五卷。參史傳。

古誌石華自序

墓之有誌，未審所起。劉彦和與梁昭明同時，《雕龍》所載飾終之作曰誄、曰碑，勒於石者惟碑而已。昭明選文則以墓誌標目，是其時已有墓誌，而彦和遺之，何也？李善注《選》引王儉語曰：「石誌不出典禮。元嘉間，顔延之爲王琳作石誌。」是謂墓誌始於劉宋時矣，而謝惠連亦元嘉間人，其《祭古冢文》云「銘誌堙滅」，則劉宋以前已有銘誌，不始於顔作矣。《汝帖》載《比干墓銅槃銘》，頗似銘墓之辭，然以爲三代故物，則未敢信。《述異記》有闔閭墓中石銘，亦未足爲誌墓之據。惟《博物志》載西都時，南宮寢殿内有醇儒王史威長葬銘，詞意簡質，確是漢文。又《西京雜記》載前漢杜子春臨終作文刻石，埋於墓前。東漢崔子玉嘗爲張衡書墓誌。《金石録》載有漢永建元年《窆室銘》。《隸釋》載武陽石穴間有漢建初二年刻字，洪氏以爲埋銘之椎輪。《三國・吴志》孫權使張承爲淩統作銘誄。《水經注》臨沅縣有晉襲元之墓銘。《續博物志》有晉王戎及荀晞子婦墓銘。《夢溪筆談》有齊謝朓海陵王墓銘，昭明《文選》有梁任昉《劉瓛妻王氏墓誌》，皆誌銘之最古者。然則墓誌實濫觴於兩漢，浸淫於六朝，而波靡於唐宋，不自劉宋始也。漢魏遠矣，石刻斷泐，文集無徵。晉代禁用碑誌，故所傳亦尠。南北二朝，始見於集。唐宋以來，則無集不登矣。其誌石之在土者，亦日出而不窮。凡所稱述，不無諛詞。然其事實，往往與國史相參。史之所有可拾其遺，史之所無可補其闕，故誌墓之文爲讀史者所不廢。爲人子孫，必以是作屬之能文之士、善書之筆，冀其文入集中，可備史家採擇。即其集失傳，千百年後，陵谷變遷，誌石出土，尚可託文字之工爲後人所寶，而其姓名得以復顯。故陽有碑碣，幽有誌銘，即杜征南峴首沉碑之意，亦仁人孝子無窮之思也。然石有時而泐，文字之工者不必皆傳，其傳者不必皆工；工且傳矣，或爲土人所毁，則有甃爲牆基，琢爲柱礎者矣。否則爲好事者移徙而去，以至顯而復湮。是蓋有幸、有不幸焉。

余於金石文字收藏頗富，偶檢誌石拓本，自晉至元得百餘紙，其中已有石毁而此紙僅存者，恐其散佚，益以友朋所藏，及金石家著録之確而可徵者，彙録成帙，分爲三十卷，取劉彦和「石墨鐫華」之義，題曰「古誌石華」，所以别於文集選本也。古墓爲田，誌石出土，好古君子倘能踵而録之，以傳其人，其功德當與瘞骴相等。

文集

孟子年譜序

孟子生卒，《史記·列傳》未載，説者紛紛，迄無定論。自太原閻徵君若璩撰《孟子生卒年月考》一卷，附《四書釋地》以傳，考據家遂奉爲圭臬焉。余近得山東《孟氏家譜》所載孟子生卒年月日時，享年八十有四。又賢配田氏之生卒及子孫世系無不詳備，可謂聞所未聞。或曰譜牒所書，未足爲據。余謂家傳事實，或有阿私，至生卒年月以其子孫載記，累世相傳，雖未必盡實，不猶愈於數千年後據逸史遺文推測考求之爲確乎？況先賢後裔不乏通儒，豈若民間族譜全無所據而漫録之乎？又所載出處年月多與《史記·六國年表》、《通鑑綱目》等書相合，由是而推其生卒，亦甚可據也。其不合者，惟齊宣王之薨年與《六國表》異。譜云「宣王薨於周赧王元年丁未伐燕」，是宣王事，與《孟子》合。表云「宣王薨於顯王四十五年丁酉伐燕」，是湣王事，與《孟子》不合。梁惠王之薨年，與《綱目》異。譜云「惠王薨於顯王三十四年丙戌，襄王立，明年丁亥，孟子去梁」，與《孟子》合。《通鑑》從《竹書紀年》謂惠王薨於慎靚王二年壬寅，明年癸卯襄王立，是孟子自惠王三十五年乙酉至梁，在梁凡十有八年，至襄王元年癸卯而後去，與《孟子》不合。孟子以同時人書當世事，自較《史記》、《通鑑》爲確。閻氏駁之，是矣。至閻氏謂孟子未嘗再至梁，譜云「惠王三十五年乙酉，孟子至梁。襄王元年丁亥去梁，適齊。襄王十年丙申去齊，復之梁。十六年壬寅又去梁，適齊」，是兩次至梁，前後共留十年。又謂孟子致爲臣而歸在顯王丁酉以前，譜云：「在赧王丁未。」并牽附伐燕事在宣王丙戌、丁酉之間，以合孟子遊齊之歲月，則與《家譜》固不相符，即與《孟子》亦多未合。今以《家譜》證之《史》《鑑》，別爲

《孟子年譜》一卷，以俟後之尚論者折中而是正焉。

釋雲夢

雲夢古無二澤之分，見於經傳有合稱者，有單稱者。《周禮・職方氏》「荆州其澤藪曰雲瞢」，瞢與夢通。《爾雅・釋地》有十藪，《吕氏春秋》、《淮南子》作九藪，《漢書》作八藪，皆曰「楚有雲夢」。《戰國策》：「楚王遊於雲夢。」宋玉《高唐賦》：「楚襄王與宋玉遊於雲夢之臺。」司馬相如《子虛賦》：「楚有七澤，其一曰雲夢。雲夢者，方八九百里。」又曰：「吞若雲夢者，八九於胸中。」《史記・高祖紀》用陳平計，乃僞遊雲夢。《漢書・地理志》南郡編縣有雲夢宫，又曰楚地東有雲夢之饒。《後漢書・郡國志》南郡華容侯國，雲夢在其南。《水經注》：「雲杜縣東北有雲夢城。」又云：「夏水自州陵東，逕雲杜、沌陽爲雲夢之藪。」《隋書・地理志》：「安陸郡有雲夢縣。」《元和郡縣志》：「雲夢澤在安陸縣南五十里。」又云：「雲夢澤在雲夢縣西七里。」凡此皆合稱雲夢者也。夫曰縣曰城，爲地已隘，必以雲夢合稱。曰臺、曰宫，其地更微，亦未嘗舍雲而稱夢，舍夢而稱雲也。其爲一澤，斷可知也。況相如已明言楚有七澤，雲夢其一乎？《左傳》定公四年「楚子涉雎濟江，入於雲中」，《國語》王孫圉對趙簡子曰「又有藪曰雲，連徒洲」，司馬相如《子虛賦》「楚王乃登雲陽之臺」，《後漢書・郡國志》江夏郡有雲杜縣，《隋書・地理志》巴東郡有雲安縣，元改爲雲陽州，明改爲雲陽縣，今因之，屬夔州府。凡此皆單稱雲者也。《左傳》宣四年䢵夫人棄子文於夢中，《昭三年》楚子以鄭伯田於江南之夢，宋玉《招魂》

篇「與王趨夢兮課後先」，❶凡此皆單稱夢者也。其單稱雲、單稱夢者，特省文耳，非謂雲中非夢、夢中非雲也。杜預注「雲中」云：「入雲夢澤中，所謂江南之夢。」言雲而并及夢，則夢亦在雲中矣。注「夢中」云：「夢，澤名。江夏安陸縣有雲夢城。」言夢而并及雲，則雲亦在夢中矣。注「江南之夢」云：「楚之雲夢跨江南北。」然則江南、江北皆雲夢也。自司馬貞《史記索隱》乃云「雲、夢本二澤，人以其相近，或合稱雲夢」，而雲夢澤名始分爲二，至宋之沈括、羅泌、易祓、郭思、鄭樵、洪邁、洪興祖之徒遂有江北爲雲、江南爲夢之說。後之學者莫不遵之。古之雲夢方八九百里，今湖北省之沔陽、荆門、蘄三州監利、石首、枝江、黄岡、麻城、安陸等縣，東抵蘄州，西抵枝江，京山以南，青草以北，皆其地也，而德安府屬之。雲夢縣置於西魏，至今因之，特雲夢之一隅耳。猶古之蒼梧，其地甚廣，後世以名粤西之縣，豈謂蒼梧僅一縣地乎？《禹貢》「雲土夢作乂」，《史記·夏本紀》作「雲土夢爲治」，《水經注》因之，亦作「雲土夢作乂」，而漢石經及《漢書》引《禹貢》文本作「雲夢土作乂」。唐太宗始詔改石經爲「雲土夢」以符《史記》。玩《史記》以「爲治」二字易「作乂」，蓋謂雲夢之土可治，非謂雲之地僅土見而已，夢之地已生草木可芟乂也。又攷《湘中記》云：「雲陽之墟，可以避世，可以隱居。」唐張謂作《長沙風土碑》亦引此記。夫長沙去古雲夢之地且千餘里，其墟猶以雲陽爲名，則雲之爲地，亦安得謂定在江北而不在江南乎？其誤蓋由於《史記》傳鈔本偶倒「夢土」二字，而《水經注》因之，唐

❶「宋」，原作「安」，今據《楚辭》改。

太宗遂據以改經，小司馬因分雲、夢爲二澤，宋以來儒者復創爲北雲南夢之説，而經傳古義遂棄若塵羹矣。

歷朝尺式記

《前漢書》廷尉掌五度，度者，分、寸、尺、丈、引也。十分爲寸，十寸爲尺，十尺爲丈，十丈爲引。古人審度其稱不一，如一髮爲程，十程爲分，五寸爲粈，八寸爲咫，尺有三寸爲矩，二尺二寸爲輻，三尺爲武，又爲跬，又爲柯，四尺爲仞，五尺爲墨，又爲几，六尺爲步，又爲弓，七尺爲軌，八尺爲尋，九尺爲筵。一丈爲板，丈有六尺爲常，丈有八尺爲制，二丈爲端，三丈爲雉，四丈爲兩，亦爲端，又爲匹，五丈爲堵。此長短異名也。《公羊傳》注：「側手爲膚，按指爲寸。」《禮·投壺》注：「鋪四指爲扶，一指按寸。」《大戴禮》：「布指知寸，布手知尺，舒肱知尋。」此古人制尺之原也。蔡邕《獨斷》：「夏十寸爲尺，殷九寸爲尺，周八寸爲尺。」《通鑑外紀》：「禹十寸爲尺，湯十二寸爲尺，武王八寸爲尺。」陳祥道曰：「周法十寸、九寸皆爲尺。❶《攷工記》十寸尺也，《王制》八寸尺也。」此古人用尺之異。漢劉歆有銅斛尺。光武帝有建武銅尺。章帝時，泠道舜祠下得玉律，度以爲尺，謂之漢官尺。又建初六年造慮俿銅尺。晉始平間得古銅尺。《隋書》有十五等尺，曰周尺，晉田父尺，梁表尺，漢官尺，魏尺，晉後尺，魏前尺，中尺，後尺，東魏後尺，蔡邕銅籥尺，宋氏尺，隋水尺，雜尺，梁俗間尺。此自周至隋尺制之異。年代既遠，古尺無存，今就各家考訂歷朝尺制及國朝各部所

❶「九寸」，據下文及陳祥道《禮書》，當是「八寸」之誤。

頒銅尺，造爲木尺若閒枚。❶匣而藏之，以存其式，俾知一朝有一朝之尺，未可渾同。考定古器當用古尺，記載今器當用今尺，庶不致有毫釐千里之差。

清儒學案卷一百六十七終

❶「木」，原作「本」，今據清道光刊本《三長物齋文略》卷三改。

清儒學案卷一百六十八

天津徐世昌

雲梧學案

雲梧獨學無師，深造自得。其校訂天元諸書及爲《四元演草》皆以開徑涂、便來學爲主旨。所刻叢書，甄采尤精審，有功於疇人家不尟。述《雲梧學案》。

丁先生取忠

丁取忠，字果臣，號雲梧，長沙人。少時即喜步算，地僻不能多得書，持籌凝思，寢食俱廢，垂四十年。後與吴子登、鄒特夫、李壬叔諸人友，數以算術相質，所詣益精。嘗謂曾劼剛兄弟曰：「諸君博見聞，富藏書，師資友益，視吾疇昔勞逸相什伯矣。」❶生平惟以著述自娱，不求聞達。晚嘗應胡文忠公聘游湖北。光緒初，卒於家，年逾七十。梅循齋嘗病割圜舊術屢求句股開方至數十位，非旬日不辦。乃譯杜德美《捷術》，然僅有弧度求弦矢，而無弦矢求弧度。先生求得杜德美原術，以其文隱奥難解，又無算草，乃爲考證補綴，名曰《數學拾遺》，謂循齋初譯未盡，今補其闕也。並取所演《孫子算經》及《求叉形弧角解》、《王制田畝考》諸篇附於後。又以輿圖經緯度極爲詳密，轉寫摹臨不能不易位，

❶「吾」，原作「五」，今據《南菁書院叢書》本《疇人傳三編》卷六改。

必賴表互相詳明，乃撰《輿地經緯度里表》，❶中外悉備。又以發商生息爲題，明開方之術，爲《粟布演草》二卷，又補一卷。是於古《九章》當附少廣而名以「粟布」者，蓋引人以易知而欲其不蔽於近也。又與曾粟諴同擘對數比例之術，撰《對數詳解》五卷。先生彙刻李治、朱世傑以下及同時治算諸家之書爲《白芙堂算學叢書》，而以己所著附焉。時論謂「其獨詣孤往，歷艱苦以成其學，有功於疇人家匪淺」云。參史傳、《疇人傳三編》。

對數詳解序

言算至今日無法不備，即對數術西人所稱爲至精至簡者，近日海寧李壬叔善蘭、南海鄒特夫伯奇皆創立新法，較西人舊法簡易數倍，而與西人近日所推新法不謀而合，後人之心力不可突過先民耶？然常對之外，又有訥對，頭緒紛繁，每令學者望洋生歎，病其語焉不詳。余幼嗜數學，閱舊書對數比例，喜其演數之詳，復病其抉理之不顯，則雖詳如未詳也。近與曾君粟諴用代數術詳解對數，撰《對數詳解》五卷，始明代數之理，爲不知代數者開其先路也；中言對數之理；末言對數之用。作書之本意，爲對數設也。其於常對、訥對辨晰分明。常對以十爲底，訥對以二七一八二八一八二爲底。常對以〇四三四二九四四五爲根，先求得真數之訥對，復以對數根乘之，即爲常對數。級數朗然，有條不紊。雖初學讀之，苟能循序漸進，無不可相說以解者。

❶「度」，原脱，今據下文篇名及清同治十三年刊《白芙堂算學叢書》本所收此書書名補。

輿地經緯度里表序例

地周横黍尺爲九萬里，從黍尺爲七萬二千里。分地以爲三百六十度，則南北每度得從黍尺二百里也。李申耆兆洛《一統全圖》區畫州縣、旗部，旁及朝鮮，列其經緯度，極爲詳密。每極度長二百里，用從黍尺也。夫圖既廣漠，必不能限以分秒；雖城郭所在之分，細量可得，轉寫摹臨，勢不能不易位，必賴表互相發明，而分位始定。取覽張丹邨作楠《揣籥小録》所紀内地州縣，冠以省府，惟西北旗部混而莫辨，雖孰西孰北據算可推，孰爲蒙古，孰爲回部，則茫然也。其度分皆與《全圖》吻合，然東西之偏度參差，漸近兩極則漸减而狹，漸近赤道則漸增而廣，極廣逼赤道，不過如極度之長爲二百里；極狹至兩極盡處，則分寸俱泯矣。每取覽圖録，病偏度分之廣狹不齊，距中綫之偏里無數，欲以八綫推之，而於輿地素所未諳，此心難遂，時用惘然。咸豐改元冬，幕游昭陵，始得與郡人鄒叔明漢章、季深漢池昆季交。叔明之學，習於山川輿地者也。爲取釐定旗部，攷校海國。季深布算，按度推里，西人所紀福島、英國之偏度，皆折以京師中綫。孟春持籌，閲八月而蕆事。對圖核算，則唐子式顯閭與有勞焉。然後官司之分治，蠻夷之世守，莫不燦然星列。一顧度分，而知其距中綫東西爲若干里，距横綫南北爲若干里也。其於考核輿圖或稍有裨益云。例具於左。

一、省鎮次第先直隸，尊首善也。次盛京，尊陪都也。次山東、山西、河南，近畿輔也。次江蘇、安徽、江西、浙江、福建，文學之區，財賦所出，且海防重任也。次湖北、湖南，内地之中，無土官也。次陝西、甘肅、四川，接邊疆也。次廣東、廣西、雲南、貴州，鄰外國，或新開也。此皆督撫之所轄也。次吉林、黑龍江，高皇肇造之區也。次内外蒙古，文皇之所經營也。次伊犁、回疆，依崑崙也。此皆將軍之所轄也。青海、西藏僅設大員辦事而已，於各省鎮爲權輕而事簡，故以爲殿。附録屬藩，頒朔之所及也。詳朝鮮郡縣，嘉其忠順無猜疑也。海國異式，略荒服也。

一、《小録》、《全圖》之州縣，間有爲近歲所升降併省者，又有《圖》《録》所無，爲近歲新設者，一以咸豐元年爲斷。其廢縣尚設縣丞、鄉學等官者，則稱某縣丞某鄉，附并入之縣下，而列其度分。官學俱裁者則削之。

一、《全圖》所畫各省土司，原未分府界，今檢乾隆府州廳志及《廣西圖説》、《雲南通志》，凡土司之可明知係屬某府州廳者，則分附其轄下，餘概附本省末。

一、東三省爲興王肇跡之區，盛京已置郡縣，擬於内地。吉林、黑龍江南北距二十度四千里，東西距三十度三千餘里，視各省鎮極爲荒遠，其城郭雖屈指可數，然列聖經其疆界，限以卡倫，繪其山河，極爲整密，徒以土廣民希，財賦莫出，未及置郡縣耳。謹案《全圖》，敍其山嶺及支川踰二百里以上者之源流，以彰列聖之德化，無遠弗届云。

一、同文四國，朝鮮已見《全圖》，度分森列；日本圖無度分；琉球無圖；越南雖有度分之圖見《雲南通志》，攷其疆界，東西千七百六十里，南北二千八百里。今圖東西廣四度二十分，南北長僅三度二十分，兩府相去不過數十里。若以其圖推之，則兩縣相去不過十餘里。❶越南之府縣雖狹，府必當中國一大縣，縣必當中國一大鄉。然後可以設官布吏，斷不至府狹如鄉，縣狹如邨也。《通志》之圖殆不可據。故越南州縣不列於表，俟博物君子取越南、日本、琉球真圖，案度補列，則所望也。

一、海洋諸國文字不同，利、南諸家各自爲説，頗近於誕。姑據其説折以京師中綫，列其四境，記其方里。其四境無可稽者，則按圖約指其國境適中處，命度加算，以誌其略。俟浮海步地之君子偏歷洋邦，攷其方位，譯其文詞，而後度分可得而詳也。

一、每度爲六十分，每分爲六十秒，《小録》間詳秒數，推算每偏分極廣者不過三里許，則積至三十秒者不過里許。今以《小録》之四十秒以上者升爲分，三十秒以下者去之，不推算。

一、横列偏度度分等字於各行之上，以醒閲者之目。偏度下之中字，即京師之中綫也。凡值中綫者不稍偏倚，故無偏度與偏里之數，而空其格。東者偏在中綫之東，西者偏在中綫之西也。州縣旗部及藩屬皆在赤道北，故無南極出地之度數。度十下之一字即十度也，二字即二十度也。度單下之一字即一度也，二字即二度也。分十、分單、里千、里萬，以此類推。海國有在赤道南者，故異其式。凡北極高者言北，南極高者言南。在京師中綫東者言東，中綫西者言西。如大興縣度下言三九，分下言五五，即北極高三十九度五十五分也。承德縣偏度下言東，偏度單下言七，偏分下言一三，即偏東七度十三分也；偏里下言一〇七四，即比中綫偏一

❶「過」，原作「遇」，今據《輿地經緯度里表》序例改。

千零七十四里也。

李鋭開方説序

開方之用進退步法，始於《九章》之少廣及《孫子算經》，然古人衹以馭平方、立方之帶縱者，未嘗有正負相間之諸乘方也。自天元術出，而始有正負開方。其法始見於宋秦道古九韶《數書九章》，蓋其時天元始出，因其以天元相承而有正負，又因其以乘代除而層累益增，開方之有翻法益積由此起矣。非以步法進退審之，無以定初商之位數；非以正負層層審之，無以定可開幾數；非以超進之法層層審之，無以定各商之數，而後歎古人之法爲蔑以加矣。有明一代無人知天元，誰復究心步法，而西人乘其敝，創爲隔位作點之法，人皆便之，而不知隔位作點衹能馭無縱之方，而不能馭有縱之方。天元自立方以上無不帶縱者，國朝康熙間雖天元、四元之法復明，而步法不傳，學者病之。自元和李尚之鋭作《開方説》，而古法始復明於世。法雖一貫，而布算甚繁，然以之開十數位之方，非旬日莫辨。近日南海鄒特夫伯奇著《乘方捷術》，杭州夏紫笙鸞翔著《少廣縋鑿》，特夫又立截算、續商二法，無論正負雜糅、翻法益積，皆能得數頃刻，豈非快事！然遇無盡方根，雖求十餘位而無難。若遇無奇零者，惟逼近真數，終不能與原數相合。是以終當以尚之之法爲正法也。余故於敍尚之之書而并及之。

圜率攷真圖解

《圜率攷真圖解》一卷，吾友曾君栗誠所

作也。蓋自古人以圓容六邊、圓容四邊，割圓以求密率，由是内弦外切屢求句股，使内限外限合而爲一，而圓周以出，法至善矣而求之甚難。西士固靈曾竭畢生之精力，祗得圓率三十六位，至歿時猶令其子刻之墓碑，誠以其得之難而失之易爲可惜也。厥後西士杜德美以屢乘屢除之法代開方，得數較捷，然以之求十餘位則甚易；如求至多位，則乘除之數甚繁，而降位尤易譌誤。故秀水朱小梁氏曾以其法推得四十位，徐君青氏採入《務民義齋算學》中。今攷其率，自二十五位以後悉與真數不合，亦足以見求圓率之難矣。曾君鋭於思而勇於進，創立新法，以月餘之力推得圓率百位，并周求徑率，亦以除法補至百位。而黄君玉屏又析圓率爲半周、爲象限及度分秒微，纖忽芒塵，皆列爲表，以備求八綫之用。又與左君壬叟共爲圖解，使學者循序可知其立法之源，洵可謂難能而可貴矣。適余彙刻《算書》，因急梓之，以公同好。乃書成而壬叟遽下世，苦雨淒其，英姿欻謝，此余與曾、黄兩君俯仰愴懷，不禁潸然出涕也。

附　録

先生所刻各書，前代著述爲李冶《測圓海鏡》、《益古演段》，朱世傑《四元玉鑑》。李氏二書皆用李四香校本，《益古演段》第五十九問、第六十問皆誤，四香未爲糾正，先生附記及之。左壬叔又爲後記，言四香謂借根不可釋天元，不知天元之正負可互易，❶借根之

❶「負」，原作「員」，今據清同治十三年刊《白芙堂算學叢書》本《益古演段》改。

多少亦可互易，實無不同，辨鋭所論未當。《四元玉鑑》用羅茗香校本，以是書卷首特設四題，各演一草，其各卷草中但云「如積求之」，是欲以四題準全書之例也。以其略而不詳，其理不傳，明以後其法遂廢。復屬黄宗憲即卷首四題詳爲補草，附刻於後。白芙堂刻《測圜海鏡》、《益古演段》、《四元玉鑑》。

其刻同時著述則有吴嘉善《算書二十一種》，其子目爲《筆算》、《今有術》、《分法》、《開方術》、《平方術》、《平圜術》、《立方立圜術》、《句股術》、《平三角術》、《弧三角術》、《測量術》、《差分術》、《盈朒術》、《方程術》、《天元一術》、《天元名式釋例》、《天元一草》、《天元問答》、《方程天元合釋》、《四元名式釋例》、《四元草》，附《八綫對數表》；李錫蕃《借根方句股細草》，李鋭《天元句股細草》、《開方説》，黎應南《開元説補》，夏鸞翔《少廣縋鑿》；徐有壬《務義齋算學》，其子目爲：《測圜密率》、《垛積招差》、《橢圜正術》、《截球解義》、《弧三角拾遺》、《表算日食三差》、《朔食九服里差》；又嘉善述有壬説爲《割圜八綫綴術》；時曰淳《百雞術衍》，黄宗憲《求一術通解》，曾紀鴻《圜率攷真圖解》，加悦傳一《圓理括囊》，張敦仁《緝古算經細草》，左潛《綴術釋明》、《綴術釋戴》。《白芙堂算學叢書》。

雲梧交游

徐先生有壬 別爲《君青學案》。

鄒先生漢勛 別爲《叔績學案》。

吴先生嘉善 别見《君青學案》。

李先生善蘭 别爲《壬叔學案》。

曾先生紀鴻 别見《湘鄉學案》。

時先生曰淳

時曰淳，字清甫，嘉定人。精算術，好深求古人立術之意。咸豐末，與果臣先生同客胡文忠公幕府，讀果臣先生《數學拾遺》，中有衍百雞術，謂與二色方程暗合，因爲推演二十八題，作《百雞術衍》二卷，録入《叢書》。同時交游著述入《叢書》者，又有李錫蕃，字晉甫，長沙人，撰《借根方句股細草》；黄宗憲，字玉屏，新化人，撰《求一術通草》。❶ 參史傳、《疇人傳三編》、《借根方句股細草》、《求一術通草》。

百雞術衍自序

《張丘建算經》雞翁雞母題問，甄、李兩註及劉孝孫草皆未達術意，不可通。近日《理堂學算》中所釋尤誤。讀吾友丁君果臣《數學拾遺》設術與二色方程暗合，乃通法也。駱氏《藝游録》用大衍求一術，以大小較求中數，取徑頗巧，然於較除共較實適盡者不可求。方程術則遇法除實得中數，不盡者以分母與減率相求而齊同之，無不可得。駱氏蓋不知有方程本術也。夫題祇本經一術耳，算理之微妙不如孫子「物不知數」一問，

❶「通草」，上附録及《疇人傳三編》卷六作「通解」，當是。下小字同。

而術文各隱祕，彼則但舉用數，此亦僅著加減三率，其於前半段取數之法並皆闕如，豈古人不傳之奧，必待學者深思而自得乎？孫子求一術，至宋秦道古發之，獨是題襲謬傳訛，莫有借方程以問途者。曰淳蓄疑既久，今年春與果臣連榻鄂城，復一商榷，别後數月，乃得通之，怡然涣然，了無滯礙，亦窮愁中一快事也。因衍方程術，爲《數學拾遺》補求負數法及加減率求答數法。梅氏《方程論》所謂「他術不能御者，方程能御之」。附述求一術，爲《藝游録》補以中小較求大數一法及大中較、大小較互求得中數、小數二法。引伸鉤索，温故知新，庶足以暢厥旨乎？易翁、母、雛爲大、中、小，設數不必以百，而統以百雞命之，識斯術所自昉。

左先生潛

左潛，字壬叟，湘陰人。文襄公之從子也。諸生，工詩、古文辭，尤明算理。自大衍天元至借根方、比例諸術，無不貫通，能自出己意，變其式，勘其誤，作爲圖解，往往前人所未及。嘗曰：「方圓之理乃天地自然之數。吾之宗中宗西，不必分畛域，直以爲自得新法也可。」釋徐君青《割圜綴術》，撰《綴術補草》四卷。釋明静庵《弧矢捷術》，撰《綴術釋明》二卷。釋戴鄂士《求表捷術》，撰《綴術釋戴》二卷。同治十三年卒。參史傳、《疇人傳三編》。

求一術通解序

黄君玉屏與余同習算時，吾湘言算者丁

果臣先生爲之倡。先生年幾七十，嗜算之心老而彌篤。凡近日之善言算者，先生皆訂交焉。余學雖淺，先生不棄，亦引爲忘年交。余與黄君皆師事之。黄君健於思而鋭於進，凡古算之繁者、深者、變幻而莫測者，必一一究其源。嘗言：「數莫簡於較，西算之精，善於求較耳。」余心折焉。自是君所立算法，所言算理，與余多暗合。先是，余增訂徐君青先生《割圜綴術》既成，忽悟通分捷法，析分母分子爲極小數根，而同者去之，凡多項通分，頃刻立就，因演數草，手録成帙。君方校訂時君清甫《求一術指》，閱余法，遂悟泛母求定母捷法，繼又悟求乘率捷法。又月餘，遂成《通解》二卷示余。余惟近日精算諸家，後先接踵，精思妙理，鑿險通幽，其因仍舊術而絶無增變者，惟大衍一術已耳。夫《孫子算經》「物不知數」一題，以三五七立算，在大衍題尚爲淺顯。經中有術無草，殆未深求至理，原非有意故祕機緘。至宋秦氏始立約分求等、求乘率諸法，數雖煩瑣，理實精深。後之攻是術者，皆未能洞悉其源，是以於所以然之理俱未能切近言之也。今黄君是書極力推闡，簡捷精詳，於秦術之外，别樹一幟，而理亦殊塗同歸。且大衍諸題算式不一，古法每次約分祇得一式，遺漏良多。今變爲數根，端倪畢露，可謂簡而彌賅。而以記數解秦氏天元尤爲千古卓見，較之前人，洵所謂後來居上者矣。書成，余慫恿付梓，因書此以道黄君之意，並質之果臣先生以爲何如也。

割圜八綫綴術序

自泰西杜德美刱立割圜九術，以屢乘屢除通方圜之率，我朝明氏、董氏各立一家言以爲之說，而杜氏之義推闡靡遺。顧八綫互求，尚無通術，未足以盡一圜之變。夫非明、董之智力，不能因法立法以盡其變也，其能窮杜氏之義也，資於借根方；其不能廣杜氏之法也，亦限於借根方。蓋借根方即天元一之變術，而借根方之不能立式，究不如天元一之巧變莫測也。是書祖杜氏而宗明氏，又旁參以董氏之法，八綫相求，各立一式，因式立法，不煩審顧之勞；因法入算，不費尋求之苦，嚮之不可立算者，今皆能馭之以法。即有不能立法布算者，而其式終存，則式能濟法之窮，而度圜諸綫一以貫之，無遺法矣。推其立式之由，所謂比例術，即明氏定半徑爲一率、所有爲二率或三率之法也。所謂還原術，即明氏弧背求正矢，又以正矢求弧背之法也。所謂借徑術，即明氏借十分全弧通弦率數求百分全弧通弦率數，借百分全弧通弦率數求千分全弧通弦率數諸法也。所謂商除法，又即還原術之變法也。是故綴術之生因於明氏，而又足以盡明氏之變。明氏之未能立式也，借根方法取兩等數，其分母分子雜糅繁重而不可通也，其多號少號輾轉互變而不可約也。試取明氏書馭之以綴術，其遞降各率頃刻可求，則是書也，其真能因法立法而更能樹幟於明、董之後者與？書爲徐君青先生所作，吴君子登述而成之，顧詳於式而略於草，惟弦求矢，矢求弦、求切，切求弦弧、求割，小切求大切，小切求大弦，小割求大矢，八式有草，餘皆有式無草。欲考其立式之原，不可遽得，學者難焉。灊因於暇日，一一盡爲補草，合爲四卷。書既成，丁果臣先生以嘗習算於徐先生，將以此書付諸梓，因綴數語於簡端云。

清儒學案卷一百六十八終

清儒學案卷一百六十九

天津徐世昌

巢經學案

黔中樸學，莫猶人藍篳開山，巢經擴而大之，深孳許鄭，不背程朱，熟精三禮六書，著述蔚然，宗旨正確。湘鄉曾氏推爲西南碩儒。郘亭博通，名相埒焉。述《巢經學案》。

鄭先生珍

鄭珍，字子尹，號柴翁，遵義人。自幼精力過人，寓目輒能記誦。道光乙酉拔貢生，丁酉舉人，大挑二等。凡三爲教官，最後補荔波縣訓導。狄苗攻城，縣令病，不能視事。先生募南丹廠工三百人縋城出擊，斬馘甚衆，城賴以完。即棄官歸，主講湘川、啟秀兩書院。同治二年，有大臣論薦，詔以知縣赴補江蘇，未行。逾年卒，年五十有九。先生厭薄仕進，内行敦篤，事父母，侍養喪葬無不竭致敬慎。少時，受知於學使者程侍郎恩澤，得爲學之要。復從之於湖南，歸而從府教授莫猶人與儔游，益聞本朝六七鉅儒宗旨。其初致力許鄭二家之書，以爲不明傳注，則經不能通；不明訓詁，則傳注不可得而讀。其於許鄭信之尊之，苟有惑則憤發潭思，又不合則羣綜諸儒之説，旁參曲證，必求當於程朱之義理而後已。如是者積三十餘年，乃於三禮六書涣然冰釋，怡然理順。謂經莫難讀於《儀禮》，而《昏》《喪》尤人道之至重，爲《儀禮私箋》八卷； 古制莫晦於《攷工》，爲《輪輿私箋》二卷、《鳧氏圖説》一卷； 小學莫尊於《説文》，以段玉裁、嚴可均之説已備，爲《説文逸字》二卷、《説文新附考》六卷； 奇字莫詳於郭忠恕《汗簡》，而謬俗實多，爲《汗簡箋正》八卷； 漢學莫盛於康成，爲《鄭學録》四卷。 又著有《巢經巢經説》一卷、《親屬説》二卷、《説隸》一卷、《樗繭譜》一卷、《母教録》一卷、文集五卷、詩集九卷、詩後集四卷、遺詩一卷。 又有《深衣考》、《三十一家論語注輯補》、《錢氏經典文字攷異》、《説文大旨》、《轉注考》、《説文諧聲》、《釋名證讀》、《世系一綫圖》、《先秦古書讀》、《老子注》、《鹿忠節公無欲齋詩注》，多未脱稾。 又撰《遵義府志》四十八卷、《播雅》二十四卷。 參黎庶昌撰墓志、子知同撰《行述》、王秉恩《鄭徵君遺著跋》。

輪輿私箋自序

余所見言車制者，自唐賈氏、孔氏及宋林鬳齋、元戴仲達，以迄國朝惠天牧士奇、江慎修永、方靈皋苞、戴東原震、段懋堂玉裁、金輔之榜、姚姬傳鼐、程易疇瑶田、阮芸臺元凡十餘家，他著者未及見，然已愈説愈詳矣。 今年自入閏五，少雨，熱酷，窮居無憀，輒取《考工》經注讀之，堅守康成，往復尋繹，時似得解，頗緐記識。 至是三職有者，用思略盡，因彙爲《輪輿私箋》，得常覽之，省其當否。 嗟夫！經至今日，能者無不名鄭學，而鄭義轉幾無一是，即此車制，其一耑也。 慎修先生云：「鄭注之精微，賈氏猶不能盡通，後人可輕破乎？」是真能讀鄭注者。 然吾不得及斯人而持正之矣。

說文逸字敘目

卷上

禋 禰 𢊁 褿 祽 琿 樸

鬲 咬 歬 遙 蹬 卌 罕 詢

詔 謠 誌 譝 𧝒 詄 譱 蘓

燮 殺 殺 數 由 睆 瞖 魋

橦 騪 驛 旅 矜 叡 朏 胛

腯 朘 劇 丯 笒 篧 个 笄

杯 芳 第 簉 差 卤 叵 吴

章 屮 椟 槫 柑 桑 坐 牂

肖 鄉 幹 米 辡 臯 爿 鼏

稱 貎 穐 鬴 帚 窊 廿 屒

瘚 癩 痟 癧 希 䊻

卷下

采 挏 偺 礿 襓 反 𦨴

兒 亮 歛 顥 顛 頎 髻 鬐

䰰 崷 庛 磾 碱 豥 駣 騂

鸒 驤 馲 駟 笑 禰 弁 燩

𧰽 黛 层 昊 志 戄 忕 恝

瀺 濤 濂 晶 㗊 鯖 闤 联

瞸 𨑨 摻 擘 挍 擐 娼 嬫

妥 晏 聭 医 𠥱 弩 弓 盬

綦 緅 薑 蟻 蝣 蛤 蠡 廾

陷 鐀 劉 𠀇 罍 乹 酓 醑 酸

右上下二卷，凡一百六十五文，皆《說文》原有而今之鉉本亡逸者也。許君記文字十五篇，孔壁遺式賴以不墜，而歷代迻寫每非其人，或併下入上，或跳此接彼，淺者不辨，復有刪易，逸字之多，恒由此作。然如《左傳》譝字，孔氏得之《字書》，而陸氏則見之《說文》。《爾疋》蛤字，陸氏又止見《字林》，不見《說文》，而陸法言、孫愐乃及見之。又如禰字，張參已謂《說文》漏略，而下迄南唐，存於鍇本，至雍熙間更有禋、禰並完之一本。

知傳寫雖各有脱漏，亦復互爲存逸，非亡則俱亡也。宋徐騎省鉉奉敕挍定，其時自集書正副及諸家藏本，見者甚富，佗唐以前書亦往往尚存，苟參互而詳考之，不難訂補，以還許君之舊。顧即《繫傳》有者已無一字録入，乃僅據本書偏旁、《敘例》、注義增一十九文，而偏旁逸者凡三十有七，𣄺、鬲、歬、冊、𠮛、蓺、由、晥、魋、叡、丯、差、昊、屮、㞷、𦎧、肖、米、爿、帚、廿、希、𡰪、冕、庛、騂、斉、𡰥、志、恝、畾、妥、鹽、綦、蕢、劉、畬。又止補魋、綦、晥三字；《敘例》則録詔、借而遺叵、希、蓺、第四文，其餘見注義者，志、笑而外，又皆出後世俗增。以全書刊謬正俗，務爲嚴慎，謹守相沿，不敢如李監妄有出入。新增或非本意，故僅略啟其耑。然失此時，不及整補。已後一遵官定，其前諸本寖以湮滅。逮乎北宋之末，雖有晁氏留心參記，而所見僅唐本、蜀本，欲盡稽合同異，末由也已，可勝慨哉！今世所傳又惟存一鉉本，外則其弟鍇《繫傳》而已。而鉉本有虞山毛氏、大興朱氏、新安鮑氏、陽湖孫氏諸刻，皆出於宋小字本，大概相同。某嘗以宋世遵用鉉本，如《集韻》、《類篇》所引者挍之，乃時時有所不見，是即今本亦非徐氏點檢寫雕之舊，其原挍所有又有逸於後之重刻者矣。嘉慶初，金壇段懋堂先生成《説文注》，其書審正譌脱，發明義訓，貫穿古今，精深宏博，洵是當代殊絶之作。獨於補逸取鉉增者六文，別增三十六文，其它則多所不具。某嘗竊思古書傳者歷世久遠，勢必譌闕，但萬五百字同條共理，其從母之字遺去似無大損，然於經字正俗分隸本原所關已鉅，至於生子之文，或僅孳一二，或乳及數十，苟一或見遺，是有子無母，尤不可也。而言《説文》者，但遇所無，不曰某當作某，即曰某書當引誤，不識何愛於明明誤脱之本，而必孱爲回護牽就若此，是亦惑之甚矣！

自弱冠以來，稍涉許學，誦覽之餘，輒有所疑，餘三十年矣。再四推證，審知漏落，謹依部次，稡而記之。有必連考其上下字始明白者，雖非逸文，亦隨列出。段氏補者，説已詳，乃不復贅。兒子知同，間有竅啟，取其略得，增成一家之説。劭、凱、雍、泰，昔例可援，不嫌附之。極知譾陋，未盡古籍，偏私曲見，時所不免，庶有達《倉》、《疋》者，將以諳其誤而廣所不逮云。

說文新附考自序

《説文》新附字，徐氏意乎？非也，承詔焉耳，然實徐氏病。盡俗乎？非也，不先漢，亦不隋後，字孳也，何俗乎爾？然則病徐氏何？病有二：有注爲後人加者，外皆意古有矣，不知其正體《説文》具，未暇審。如譌變者具注中，至古有，《説文》俄空焉亡矣，並有據。若補録，善於醆趄等，而不能，雖承詔，夫安不病？匪獨病徐氏也。彼所附，世多即爲《説文》，亂舊章，迷後學。好古者矯之，又不別其爲脱寫隸變，概俗之不屑道，則《説文》亦病焉。余爲此，乃臚刊之。稽諸古，推著其別於漢，或變舫於魏晉六朝之際，使《説文》正字犂焉；別出逸者，詳前考，不復言。庶許君無遺漏之譏，亦令兒輩執經問字，知時俗增變原委云爾。

巢經巢經説

補正爾雅釋親宗族

《爾雅》之釋宗族，舍人、孫、李本久亡，

今所存惟郭景純本，然注略，邢疏復不詳。余三復斯篇，文蓋多所譌脱。即近日邵氏晉涵《正義》、郝氏懿行《義疏》，雖考證綦詳，而於此亦未之疑及也。按《儀禮·喪服》「小功」章稱從祖祖父母、從祖父母、從祖昆弟凡三世，「緦麻」章稱族曾祖父母、族祖父母、族父母、族昆弟凡四世，是祖之親兄弟與其子若孫稱皆冠以從祖，曾祖之親兄弟與其子若孫若曾孫稱皆冠以族明甚。從祖者，言其親從祖而别，非祖行之謂。猶其親從父而别者稱從父，非父行之謂也。其親從曾祖而别者，《賈子·六術》篇亦稱「從曾祖」，而於正經止稱族。族者，賈公彦云：「屬也。骨肉相連屬也。」蓋所謂四緦麻者，於曾祖爲兄弟之親，於祖爲從父之親，於父爲從祖之親，於己親雖將盡而猶相連屬，有服故曰族。至族昆弟之子，我之曾祖兄弟乃其高祖，祖遷於上，戚單於下，即骨肉不相連屬，止謂之親同姓，而無從以族字加之矣。故於父爲從父者，於己則爲從祖；於父爲從祖者，於己則爲族。稱曾祖兄弟之親爲族祖，漢魏前未之聞也。今既釋曰父之從祖昆弟爲族父，父之從祖祖父爲族曾王父，父之從祖祖母爲族曾王母，與《喪服》經合矣。而於族父之妻，乃曰父之從祖昆弟之妻爲族祖母；於族父之姊妹，乃曰父之從祖姊妹爲族祖姑，不儕父行於祖行乎？此非可以族祖王母例也。父之從祖昆弟之父母，本是祖行，故冠以族，曰族祖；分男女，則曰族祖父、族祖母。從祖之尊稱，則曰族祖王父、族祖王母。族字與從祖、從父一例，是支派定稱。稱族祖，即是祖行。男稱族祖父，其妻即族祖母，其姊妹即族祖姑，斷不得稱其婦、女曰族祖母、族祖姑也。邵氏云：「族祖母、族祖姑稱族祖者，言自族祖而别。」夫言自某别者，謂彼於我從某世分也。故可言自祖而别，自父而别，自曾祖而别，斷不可言自族祖而别。此義就己言，就所稱者言，俱無可通。邵説殊謬。又父之世母、叔母，即父之從父昆弟之母也。既釋曰「父之世母、叔母爲從祖祖母」，復曰「父之從父昆弟之母爲從祖王母」，不緟複乎？又既釋曰「父之從祖昆弟之母爲族祖王母」，不應族祖王父反無釋。又《喪服》從父昆弟姊妹皆大功親，從祖昆弟姊妹皆小功親，亦不應止釋從父昆弟，而於從父姊妹、從祖昆弟姊妹俱無釋。此皆非始作即然也。今詳審經文，「父之從祖昆弟之妻爲族祖母」，蓋誤衍一「祖」字。「父之從父昆弟之母爲從祖王母」，當是「父之從祖昆弟之父爲族祖王父」之誤。古本原與下「族祖王母」句對文也。「父之從祖姊妹爲族祖姑」，當原是「父之從祖姊妹爲族姑，父之從祖姑爲族祖姑」兩句，傳寫上句脱「爲族姑」，下句脱「父之從祖姑」，遂致斯誤。「兄之子、弟之子相謂爲從父昆弟」下，疑舊有「其女子子爲從父姊妹」、「從祖父之子相謂爲從祖昆弟」、「其女子子爲從祖姊妹」三句，乃於《儀禮》五服内親無一遺闕，是皆參互可見。而自開成石經已同今本，知其譌脱在唐人已無知者矣。珍以《爾雅》爲詁訓之宗，《釋親》關名教之大，而窮經家相沿不察，致三從之稱晝然易明者，往往心目蒙眯。如近日易疇程氏説禮名家，而其文《足徵記》中「親屬隆殺述」至以昆弟之曾孫與族曾孫爲二人，以從父昆弟之孫爲族昆弟之孫，則此篇關係非淺尟也。不揆無知，竊爲補正，庶幾明積非，備族從，俾幼童讀《爾雅》者，知與《喪服》一經一訓原無缺誤云。

今補正本

父爲考，母爲妣。父之考爲王父，父之妣爲王母。王父之考爲曾祖王父，王父之妣爲曾祖王母。曾祖王父之考爲高祖王父，曾祖王父之妣爲高祖王母。父之世父、叔父爲從祖祖父，父之世母、叔母爲從祖祖母。父之晜弟先生爲世父，後生爲叔父。男子先生爲兄，後生爲弟。男子謂女子先生爲姊，後生爲妹。父之姊妹爲姑。父之從父晜弟爲從祖父，父之從祖晜弟爲族父。族父之子相謂爲族晜弟。族晜弟之子相謂爲親同姓。兄之子、弟之子相謂爲從父晜弟，其女子子爲從父姊妹。從祖父之子相謂爲從祖晜弟，其女子子爲從祖姊妹。子之子爲孫，孫之子爲曾孫，曾孫之子爲玄孫，玄孫之子爲來孫，來孫之子爲晜孫，晜孫之子爲仍孫，仍孫之子爲雲孫。王父之姊妹爲王姑，曾祖王父之姊妹爲曾祖王姑，高祖王父之姊妹爲高祖王姑。父之從父姊妹爲從祖姑，父之從祖姊妹爲族姑，父之從祖姑爲族祖姑。父之從祖晜弟之父爲族祖王父，父之從祖晜弟之母爲族祖王母。父之兄妻爲世母，父之弟妻爲叔母，父之從父晜弟之妻爲從祖母，父之從祖晜弟之妻爲族母。父之從祖祖父爲族曾王父，父之從祖祖母爲族曾王母。父之妾爲庶母。祖，王父也。晜，兄也。宗族

姒娣

《爾雅》：「男子謂女子先生爲姊，後生爲妹。女子同出，謂先生爲姒，後生爲娣。」

同出，謂同一父所出也。其先生者，男稱之爲姊，女稱之爲姒。後生者，男稱之爲妹，女稱之爲娣。姊妹者，男子於女子之專稱。姒娣者，女子於姊妹之專稱。通之，則女亦可同男稱，衛女之詩「遂及伯姊」是也；男亦可同女稱，《列女傳》魯子皮之姊號公乘姒，子皮與之言皆稱曰姒，是也。推之，則於諸父諸母所出亦同此稱，從父姊妹、從母姊妹之等是也。惟女子謂姊妹爲姒娣，故妯娌相稱即據其年之長少，以姒娣呼之，親之若姊妹也。而繫以婦曰姒婦、娣婦，别其非同生也。自孫叔然誤解「同出」爲俱嫁事一夫，郭景純氏因之，世皆奉爲定説，姒娣爲女子於姊妹之專稱，義遂昧矣。孫、郭之義蓋據《左傳》厲嬀之娣戴嬀、戴己之娣聲己諸文爲説，不知娣止是女子妹稱，俱嫁一夫是娣，各嫁一夫亦是娣。《公羊傳》「以姪娣從」，是女子在母家謂妹爲娣，與謂兄弟子爲姪，皆是定名，不待嫁事一夫始名姪娣也。苟以姒娣是同嫁一夫者，妯娌何以稱姒婦、娣婦？如曰妯娌須繫以婦，穆姜謂聲伯之母，子容之母謂叔向之妻，何以止稱曰姒？又如以姪娣從者，娣自是後生，然不無先生之姪，既定名爲姪，不應因嫁改稱姒；而少於己者，又不應升同己行，改稱娣。況女君與妾自是定名，如女君稱妾長己者爲姒，妾稱女君少己者爲娣，亦決無是理也。謂妻之姊妹同出爲姨，同出文同，義豈宜異？郭注又云：「同出謂俱已嫁。」一篇之中，前後歧解。郝氏《義疏》因云：「姨有二義：俱嫁一夫、各嫁一夫，皆謂之姨。」稽之於古，稱妾爲姨，殊無所出。至鄭漁仲説未嫁不容相呼，豈妻之姊妹在室者必不許姊妹之夫語及耶？尤不情矣。

說士昏禮夫婦之名

孔子曰：「名不正則言不順。」夫婦，非名之大者乎？今有夫婦於此，共牢而食未久也，或問之，則即應曰是某也夫，是某也婦。言之正者，名順故也。未然者，或言相及，道相遇，心固知其爲夫婦，而口不可得名也，强名之，匪惟人哂之，己必内忸焉。此天下之同情也。聖人緣情以制禮，制禮以定名，名正而夫婦之道乃順而無苦矣。壻之迎婦也，女次而純衣已，居然婦矣，名婦可乎？聖人曰：未受夫之雁，無從夫義，則仍女也。壻之迎婦歸也，御車授綏，揖入寢門已，居然夫矣，名夫可乎？聖人曰：未入室對筵坐，無匹配義，則仍壻也。故《士昏禮》奠雁以前，婦止稱女；入室以前，夫止稱壻。至奠雁再拜稽首，壻於女若曰：吾已執摯授汝矣。女於婿若曰：吾受若摯，則從汝矣。經至是乃謹變女名婦，曰「婦從降自西階」，於是婦之名定。而壻猶不與以夫之名者，此其際，聖人之慮深矣。及壻入於寢室，婦於夫若曰：苟非吾夫者而焉入此室也。夫於婦若曰：吾非若夫者而焉有此室也。經至是乃謹變壻名夫，曰「夫入於室即席」，於是夫之名定。聖人之於名，其不稍苟假若此，故夫婦之道順。世之未婚守節，於三代或未之有乎？即有之，殆聖人之所難言乎？雖然，當世教衰時，一邑一州多得若人八九輩，以恥紛紛之定名夫婦，與居生子且老，而朝曰乃暮即衽他奧者，其羞惡之媿發視，與之論周孔禮制，或必有易入者乎？孔子曰：「『苦節，不可貞』，其道窮也。」一受其聘，終身不改。此於女子之道誠窮極，不可爲常，正聖人之教夫婦，亦斷不若是其難，而人且若是其難，則盡人可爲而且不爲者，於夫婦之名何居也？

孔子生卒

《公羊》、《穀梁》兩傳於襄公二十一年並云「庚子，孔子生」，在經「十月庚辰」至「會於商任」之下。唐石經《公羊傳》及以後諸本並作「十有一月庚子，孔子生」，與《穀梁》異。陸氏《公羊音義》「庚子，孔子生」下云：「傳文上有『十月庚辰』，則亦十月也。一本作『十一月庚子，孔子生』。」是知《公》、《穀》兩家所記本無不同，當以陸氏所據爲定本。俗人不計十一月無庚子，妄增十有一月，世惑遂生。 據經「十月庚辰朔」推之，則庚子爲十月二十一日，周之十月，夏之八月，是今八月二十一日，孔子生日也。《左傳》續《春秋經》，於哀公十六年書「夏四月己丑，孔丘卒」，據前十四年經「夏五月庚申朔」推之，則己丑爲四月十二日，周之四月，夏之二月，是今二月十二日，孔子卒日也。 自襄公二十一年數至哀公十六年，孔子壽實七十四歲。三傳《公》、《穀》詳生，《左氏》詳卒，明白可據，本無誤者。自司馬遷作《孔子世家》云：「魯襄公二十二年孔子生，年七十三，以魯哀公十六年四月己丑卒。」於是孔子生年始誤，壽數差減一年。詳史公所以知孔子生卒，捨三傳必他無所據。卒既與左氏合，不應生年與《公》、《穀》不同。必二十二年爲傳寫之誤，後人據誤本推數，兼改後文「年七十四」爲「七十三」耳。小司馬《索隱》據《公羊》「庚子」上有「十一月」之俗本，謂「史蓋以周正十一月屬明年，故誤」，是亦强作解事者也。及朱子作《論語序說》云：「孔子以魯襄公二十二年庚戌之歲十一月庚子生。」世皆信從不疑。不知朱子捨師師相傳之兩經，從相沿寫誤之一史，又合以《公羊》俗本之日月，則直誤之又誤。按《春秋》襄二十三年書「王二月癸酉朔」，由此年「二月朔癸酉」，逆推至去年十一月，中間臘、正兩月，無論大小建，十一月並無庚子。朱子當日徒會合史傳，未經細審，遂致言先師生年者不信兩經親炙之記，而信朱子杜造之命矣。至孔子卒之月日，謂經誤自杜預始。杜釋「夏四月己丑」云：「四月十八日乙丑，無己丑。己丑，五月十二日。日月必有誤。」蓋據所推《長曆》言之。不知誤在《長曆》，不在經也。《長曆》之誤在於哀公十二年不從先儒再失閏之説，以後少補一閏；又不知秦以前置閏必在歲終，而隨月安閏，遂致推經不合，即謂經誤。今詳考之，《哀十二年》：「十二月螽，季孫問諸孔子。孔子謂：火猶西流，司曆過也。」賈、服諸儒皆以十二月實周之九月，謂之再失閏。見《長曆》。杜氏獨以爲止失一閏，十二月實周之十一月，云「若如諸儒所説，則是三失，非再失」。按孔子止云「曆過」，「再失閏」本無明文。賈、服諸人所以知再失者，蓋以《襄二十七年》經書十二月傳謂「辰在申，再失閏」者例之。火西流是七月，則辰亦在申也，而同爲十二月，是其再失閏亦同。杜氏於《襄二十七年》經謂「若作十二月，則是三失閏」，與傳言「再失」不合。直以經爲十一月之誤，頓置兩閏，以就其曆。至是又守是三非再之説，以難諸儒，謂止失一閏。夫以九月爲十二月，則先卻三箇月，明是三失閏，而《左氏》止云「再失」。漢、魏《左傳》大師豈少精曆數者，亦皆以襄、哀兩事並因「再失閏」，以九月爲十二月，必是知其已先三月而止得爲再失之故。杜作《長曆》自云：「不知春秋時曆本術，但據經傳反覆求之。」安知《左氏》與諸儒止算再失者，非即其本術乎？杜既擅改舊説，謂正曆止當補一閏，而又不知古曆閏在歲終，見《十三年》經有「十二月螽」，傳有「七月辛丑」；《十四年》經有「五月庚申朔」，十五年傳有閏月，合而計之，意以若十三年補閏，必在十二月之前。如是，則螽在十一月，經不合書十二月，是補閏必不在十三年。十五年既傳有閏月，則必於十四年正曆補閏，而十四年五月朔既是庚申，其前四箇月若無閏，則十三年七月不得有辛丑，故《長曆》於十四年閏二月，以合前後經傳，宜其推至孔子卒日不得有己丑，而以經爲日月有一誤也。今以舊説哀十二年再失閏推之，據十五年傳出閏月，知以前曆必補正矣，而其補正要不出前三年。若於十二年，因孔子言即正之，補閏十二月，則明年螽即是十一月。以十三年仍書「十二月螽」，知此年誠如杜説不即改矣。十二年既無改理，十五年又已見正閏，則十三年、十四年不並閏十二月，此兩失閏，於何補置乎？古今授時之常，一歲止十二月，有閏則十三月。即一再失閏，理不過多其閏年以消息之。若如杜氏於襄二十七年頓置兩閏，則一年有十四月，行之民間，豈不駭衆？古亦未聞有是法也。今考哀公十三年閏十二月，十四年亦閏十二月，以補前再失閏，則由十三年七月初七日辛丑，據《長曆》。下推至十四年五月朔得庚申，又由五月庚申朔，下推至十六年三月，並一補閏、一正閏，共得二十五月，除去大小餘，至四月朔得戊寅，其十二日爲己丑，經究何嘗誤乎？杜氏止爲强異先儒，少補一閏，己丑因後一月。若前兩年仍頓置兩閏，必不謂此經誤也。然如杜法，隨時頓置兩閏，雖得合此經，其十三年之七月辛丑、十四年之五月庚申，要有一處不合，必又謂爲其月所無，定是經傳之誤。噫！杜氏必使人言先師卒之月日誤在史文，不得謂誤在己推《長曆》，其朏廢漢説之罪，於斯爲大。後儒皆不察而羣信之，何也？

樗繭譜自序

戴君者，民也。養民者，衣食也。出衣食者，耕織也。不耕則饑矣，不織則寒矣。饑寒，亂之本也。飽煖，治之原也。故衣食，自古聖人之所盡心也。堯命羲和爲此，謀天也。禹八年於外爲此，謀地也。舜咨九官十二牧爲此，盡利也。湯武誅放桀紂爲此，去害也。周公夜思繼日，求善此之法也。孔子、孟子老於栖皇，求善此之柄也。無衣食，古今無世道也。舍衣食，聖賢無事功也。自井田廢而食之路隘矣，雖名至治，無干戈而已矣，無災異而已矣。豪富者無惡歲也，貧苦者無豐年也，爲食之路隘也。若衣之路，則倍於古矣。古麻絲葛而已，今則中土之古終也，西北之毛也、絨也，其名不可勝數也，而唯富人得是也。天下率衣木棉也，而十五猶僅蔽前也。古之桑麻婦功也，皆自爲自衣也，餘始通易也。雖王后亦親蠶織，以供天子冕服也。今則男事也，非爲衣也，以謀食也。故古之民，上勸之而猶惜其力也；今之民，不惜其力而惜其無地可施也，故雖堯舜亦無法也，有可衣食任自爲也。今貴州之地十九山也，田不足食居人也，❶無吳、楚、齊、秦利也。槲繭，先郡守遺以食遵義者也。今食者十之八矣，有田者且食之矣，皆槲也。但有山也，皆可槲也，槲則食矣。但蠶也，山

❶「田」，原作「曰」，今據民國三年刻《鄭徵君遺書》本《巢經巢文集》卷四改。

人之山而亦食矣，非一遵義也，非一貴州也。此譜之所以作也。棉花元名古終，見《本草綱目》木棉條下。

文集

駁朱竹垞孔子門人考

竹垞朱氏既著《孔子弟子考》，又以七十子之徒公羊高、穀梁赤等爲門人，著《孔子門人考》。謂：「歐陽子言，受業者爲弟子，受業於弟子者爲門人。稽之《論語》所云『門人』，皆受業於弟子者。『顔淵死，門人厚葬之』，此顔子之弟子。『子出，門人問』，此曾子之弟子。『子疾病，子路使門人爲臣』，此子路之弟子。『子夏之門人問交於子張』，此子夏之弟子。《孟子》云『門人治任將歸，入揖於子貢』，此子貢之弟子。」斯言也，害經之至。按《論語》記孔子言行，其或曰「門弟子」，或曰「門人」，皆孔子之弟子也。所以稱門弟子、門人者，古之教者家有塾，塾在門堂之左右，施教受業者居焉，所謂「皆不及門」，及此門也；「奚爲於某之門」，於此門也。滕更之在門，在此門也，故曰「願留而受業於門」。《禮記・檀弓》「孔子先反，門人後」，又「孔子與門人立，拱而尚右，二三子亦皆尚右」，又「孔子之喪，門人疑所服，子貢請喪夫子若喪父而無服」，又「子貢曰：於門人之喪，未有所脱驂」。《史記・仲尼弟子傳》孔子曰：「自吾有回而門人益親。」諸言門人，即弟子也，何有弟子之弟子乃爲門人哉？朱子所舉《論語》惟「一貫」章疏云：「門人，曾子弟子。」「厚葬」章疏云：「門人，顔淵弟子。」推邢氏之意，蓋以文云「子出」，當不在孔子之家。疑者不問孔子而問曾子，厚葬者敢違不可之命而必致其情，是必顔、曾之弟子也。然則孔門諸弟不當互相諮益，亦不當厚葬朋友乎？其説固已難通。至子路預具家臣，待庀師喪，何以必須使己弟子？當時病終不閒，七十子不將都無一事，止視孔子死於子路弟子之手，而不敢與子路弟子之大葬孔子乎？子路在孔門自秦商、顔路外，其齒爲長，其進道最勇，爲同門所素敬。至是不敬，其輕慢之必有見於詞色者。師非孔子，孰無所短？是豈爲之弟子者所敢出乎？若治任將歸之門人，三年之外，服師之心喪畢也，入揖子貢，嚮哭失聲，去者、留者痛師之不復見也。使爲子貢弟子，何以歸必於三年之外，而入揖皆痛哭也？《論》、《孟》所有門人爲朱氏未舉者，更有「童子見，門人惑」，此誰氏之門人？「盆成适見殺，門人問」，豈适亦宜有弟子乎？若問交子張者，經明云「子夏之門人」。如朱説，則是子夏弟子之弟子也，而云「子夏之弟子」，是門人、弟子依然無別，直自相矛盾矣。朱氏他考訂多純確，此乃大謬，誠所不解。詳歐陽子跋《孔宙碑陰》，徒見其四十二人稱門生，又有十人稱弟子，以爲必有分別，因云「親受業者爲弟子，轉相傳授者爲門生」，❶不知門生、弟子原皆門人之稱。《宙碑》云「故吏門人，乃共勒石示後」，而其陰由門生、門童而故吏、而故民止矣。繼十弟子在末，則續添出錢之人，故變門生題弟子。亦由《楊著碑陰》前已題「右沛君門生」，末又題「右三人，沛君生」，爲續添而省「門生」曰「生」耳。豈生與門生又有别哉？洪景伯已覺歐説不安，增一語曰：「總而言之，亦曰門生。」以求通於他碑之止

❶「相」，原作「者」，今據《巢經巢文集》卷二改。

稱門生者，不思他碑固可通，在《宙碑》明是門生、弟子分題。如其説，則其稱門生者，必受業於稱弟子者也。題名固可以學子居前，先生殿末乎？朱氏又云：「《隸釋》、《隸續》所載諸碑，有弟子，復有門生，知門生、弟子固別。」按漢碑有弟子，復有門生者，惟一《孔宙碑陰》。即以《宙碑》而論，碑云門人而陰並有門生、弟子，是門生、弟子皆爲門人，又安得云門人止是門生也。若他碑惟《謁者景君碑陰》皆稱弟子，而先題「諸生服義者」，則弟子即是生。《楊震碑》，其孫統之弟子所立，而云「統之門人陳熾等，緣在三義，一樹玄石於墳道」。《楊著碑》，其弟子及季父秉、從兄統之弟子所立，而云「門徒小子，喪兹師範，故樹斯石」，其陰則題「後公門生、沛公門生」。《逢盛碑》，其父之弟子所立，云「感慟三成，一列同義」，其陰徐承四人題「家門生」。《魯峻碑》「門生三百二十人，追惟游、夏之義，作謚宣父，謚君曰忠惠父」。夫曰「緣在三」，「喪師範」，「感三成」，「追比游、夏，作謚」，非受業弟子而何？則弟子、門人、門生是一無別，證以漢碑益明白矣。

或曰《後漢書·鄭康成傳》「門生相與撰諸弟子問五經，爲《鄭志》」，門生與弟子明別，朱氏據歐、洪殆未必非。曰：此修辭之體然爾。若云門生撰門生、弟子撰弟子，即不成文語矣。《鄭志》實康成弟子趙商、張逸等撰，故唐劉知幾議則云：「鄭君卒後，其弟子追論其師所著述及應答時人作《鄭志》。」是《康成傳》正門生即弟子之確證。與《史記·仲尼弟子傳》云「仲由門人請爲弟子」，措詞正同。若誠有別，然則子路之及孔門，是由孔子之再傳弟子先容歟？或又曰：《後漢·李固傳》云「固下獄，門生王調貫械上書證其枉。及固死，弟子郭亮負鈇鑕乞收固屍」，《賈逵傳》云「拜逵所選弟子及門生爲千乘王國郎」，此又豈是無别者？曰：此言之門生，不可與門人並論也。漢時弟子稱門生，而凡在門下奉教令，不必師其學問者，亦稱門生。《郅壽傳》「竇憲常使門生齎書詣壽，有所請託」，《楊彪傳》「黄門令王甫使門生於京兆界辜㩁財物」，及此兩傳之門生皆是也。特如今所謂門子、門丁耳。顧亭林云「漢人以受學者爲弟子，其依附名勢者爲門生」，亦與史傳、諸碑舛背。迨降至六朝，仕宦者皆名門世族，寒畯無出身之路，相率趨赴勢家，列其門籍爲門生。如《南史·顧琛傳》「琛以宗人顧碩寄尚書張茂度門名」者，乃得如亭林所云耳。其時初至者入錢爲贄，甚乃重賕賂以求充。梁顧協有門生始來事，知協廉潔，不敢厚餉，止送錢二千，協怒，杖之二十。陳姚察有門生，送南布一端，花練一疋，察厲聲驅出。而宋顔竣「多假資禮解爲門生，充朝滿野，殆將千計」，可見也。其人供使令賤役，又似今奴僕之類。晉王徽嘗將門生兩三人入山采藥；陶淵明使一門生二兒舁籃輿；周嵩嫁女，門生斷道；庾子輿之官巴陵，勒門生不許輒入城市；劉瓛游詣故人，惟一門生持胡牀隨後；徐湛之謀逆，謂范蔚宗已報臧質，悉攜門生義故前來應，得健兒數百，皆其證。《顧琛傳》稱：「尚書等門有制，八座以下門生隨入者各有差，不得雜以士。」是所謂門生且非士流，更何受業之有？然藉其資可以得官。陸慧曉爲吏部尚書，王晏典選内外要職，多用門生義故。王琨爲吏部，自公卿下至士大夫例用兩門生。江夏王義恭屬用二人，後復有所請，琨不與。則當時門生授官且有額例，故宋孝武責沈勃「周旋門生，競受賄賂，多者至萬，少者千金」，是其爲名利之階梯，正與今之具贄拜門生，希拔擢、藉袒蔽者同，不得以與弟子稱門生者並言也。

古本大學説序

《大學》，《小戴記》之第四十二篇也。漢河間獻王、后倉所傳，鄭康成所注，今稱爲古本，在《禮記正義》中。至宋仁宗時，特取以賜及第進士。《大學》之單行自此始。後明道程子以「誠意」章有錯簡，遂移《康誥》四條、《湯盤》四條、「邦畿」三條次「則近道矣」後，移「瞻彼」、「於戲」、「聽訟」三條次「節彼南山」後。伊川程子則移「《康誥》曰」至「止於信」次「知之至也」後；移「《詩》云瞻彼」至「没世不忘也」下接「《康誥》曰惟命」至「則失之矣」，次「爲天下僇矣」後；而以「聽訟」條次「未之有也」後、「此謂知之至也」之前，謂「此謂知本」爲衍。《大學》之有改本自是始。朱子因之，更考經文，别爲序次，以作《章句》，是爲今本。世之童子，啟口即讀之，於是漢傳古經變而爲朱子之《大學》，而六七百年學者之心不能泯然，亦遂爭新角異，而《大學》日多矣。其最著者，董文靖本退「知止」、「近道」二條，合「聽訟」二條爲「格致」傳。宋葉丞相、王魯齋、車清臣，明方正學、宋濂溪、蔡虚齋、王守溪、徐師曾、劉念臺諸公，並昌明其説。鄭濟仲至篆書刻本行之，幾幾與朱子《章句》相伯仲。以外崔後渠、高忠憲、李見羅、季彭山、郁文初諸改本，咸自鶩獨見，鬨然一時，餘紛紛益不可勝記。至王順渠《古本删》，而改《大學》之禍極。至豐考功僞石經出，而轉成笑柄矣。是故王文成、李文貞復古之功不可没也。今見鄰水甘秩齋先生家斌《大學説》，其書不別經傳，分爲十章，移「瞻彼」、「於戲」二條於「此謂知之至也」後，移「所謂誠其意」至「必誠其意」於「此謂知本」後，「所謂修身」以下章次並同朱子，又一新異本也。詳其説，直切明易，無穿鑿糾纏之私，而文頗繁冗，節裁十之五六，付其族姪雨施大令刊本，成一家之言。顧念漢傳古經舊矣，如先生之説，使仍就古本故次，則既不蹈董文靖後諸儒欲復古而反亂古之譏，而於文成、文貞之書大義復不相乖忤，不尤善歟？焉得起先生而質之。

附録

先生十餘歲，舅氏黎雪樓令浙歸，多蓄典籍，悉令發篋讀之。恒達旦夕，肘不離案，衣不解帶。數年，德業大進。雪樓奇之，妻以女。黎庶昌撰《行狀》、陳田《黔詩紀略後編》。

遵義，漢牂柯地。自郡人尹珍從許慎、應奉受經書、圖緯，教授南域，後遂無以經術發聞者。故程春海以子尹爲先生字，於是毅然自任，學成，裒然爲西南巨儒。同上。

程春海謂先生曰：「爲學不先識字，何以讀三代秦漢之書？」於是大感悟，益求聲音、文字之原，與古宮室、冠服、車輿之制。方是時，海内崇尚考據，名曰漢學，從者波靡。先生師承其説，實事求是，不立異，不苟同，即已洞知諸儒得失。治經宗漢，析理尊宋，久之經術益深。黎庶昌撰《行狀》。

先生論學曰：「尊德性而不道問學，此元明以來程、朱末流高談性理，坐入空疏之弊；明於形下之器而不明於形上之道，近世學者矜考據，規規事物，陷溺滯重之弊，其失一也。程、朱未嘗不精許、鄭之學，許、鄭亦未始不明程、朱之理，柰何歧視爲殊途？偏執之害，後學所當深戒！」子知同撰《行狀》。

先生嘗教子知同曰：「朱子一生精力盡在《四書集註》，根柢盡在《近思録》。吾五十已後，看二書道理，歷歷在目前滚過，稍涉影響，便有走作。」嘗欲爲談理一書，名曰「危語」，按黎庶昌撰《行狀》有《巢經巢寱語》，謂爲已成書。擬六十外始作之，未及屬稾。子知同撰《行述》。

先生論當代學術，曰：「《禮經》恒苦前儒聚訟，熒視惑聽，賴有國初諸老權衡得失，審當莫如鄭康成，爰奉爲圭臬，反覆參詳，求明注説，不遽詰難，厥功不亞孔、賈。乾嘉以還，積漸生弊，號宗高密，又多出新義，未見有勝，十九舛駮，説愈繁而事愈蕪，較前古爲尤甚。故言三禮墨守司農，不敢苟有出入。至於諸經率依古注爲多。宋後儒者，喜變舊説，未免憑肊逞私，無足徵信。國朝專力復古，事必根據然後敢言，故若胡朏明考《禹貢》、陳長發闡毛、鄭《詩》、張臯文通漢《易》之類，精確異常，獨有千古，信吾師也。」同上。

先生嘗曰：「小學有三：曰形，曰聲，曰義。形則三代文體之正，具在《説文》。若《歷代鐘鼎款識》及《汗簡》、《古文四聲韻》所收奇字，既不盡可識，亦多僞造，不合六書，不可以爲常也。聲則顧氏《音學五書》，推證古音，信而有徵，昭若發蒙，誠百世不祧之祖。義則凡字書、韻書、訓詁之書浩如煙海，而欲通經訓，莫詳於段若膺《説文注》，邵二雲、郝恂九《爾雅疏》，王懷祖《廣雅疏》，貫穿博衍，超越前古，是皆小學全體大用。別有漢隸，學號專門，並當精識，然後茲學源流備舉。」同上。

先生撰《遵義府志》，凡古今文獻蒐羅殆盡，間涉全黔事蹟。好古之士，欲考鏡南中，爭求是書，比之《華陽國志》。同上。

巢經家學

鄭先生知同

鄭知同，字伯更，巢經子。少時，巢經遺就貴陽守劉仙石幕。其後，從姚彦侍布政於川東。張文襄督學湖北，亦從之。光緒丁亥，文襄開府兩粤，設廣雅書局於廣州南園，聘先生爲總纂。未幾卒。先生紹述先業，益暢其支。謂《説文》本篆，皆大篆之未經變亂者，但以秦法書之，非小篆也。其言爲自來治《説文》者所未發。在蜀中，爲彦侍先人文僖公文田訂補《説文攷異》，牱成。平生撰述，斯爲巨編。在粤中，整比巢經遺稾，成《親屬記》、《汗簡箋正》二書。其自著有《説文本經答問》二卷、《説文淺説》一卷、《説文商義》、《説文諤字》、《説文述許》、《經義慎思録》、《愈愚録》、《隸釋訂文》、《楚辭通釋解詁》，多未定稿。參王秉恩撰《鄭徵君遺著跋》、趙懿《巢經巢詩集書後》、《屈廬詩集》。

鄭學録後序

先君子服膺家康成公之學數十年，自壯歲即喜搜掇康成雜事。知同髫齔，恒見手寫册子弆篋衍，久漸增富。嘗舉示知同曰：「康成爲漢學之宗，宜有年譜纂次生平，第世越千六百餘年，載籍淹淪，存者僅一史傳，而趙商《墓碑》、某氏《别傳》諸文，皆不復可得覩。其佚雖時時見他説，要事實之失傳者或多矣。然其出處大節，范氏已具綱領。若薈捽諸書遺文，因傳條例而參稽之，固自蹤蹟宛然，靡所闕略。又所著書，見隋、唐《志》及羣籍者凡數十種，最稱詳夥。雖文十有八九不存，其目儼在，而其門人之顯著，爲名臣、爲通儒，下至名氏足徵者，猶數十人。是皆後學所宜周知。余暇當綜核軼事，傅麗傳文，用推究其始末，即按之撰譜，而編書籍與弟子附焉。」知同謹受命，罔敢贊一辭。己未之春，離侍館貴陽。逮秋還山，則先君子書成。受而讀之，首傳注，次書目、弟子目，而終之以《年譜》焉。夫然後，家康成公文行歷歷如指掌。中間遭亂，未克付剛氏。甲子秋，先君子即世。逾年，知同挾諸遺稿走謁唐鄂生先生綏定。先生一見茲録，首欲梓行，公諸同好。遂令述先君作書意指。知同於先君子之學莫能窺其萬一，他不敢贅，謹敍其庭聞梗概若此。

汗簡箋正後序

先君子爲古篆籀之學，奉《説文》爲圭臬，恒苦後來溷亂許學而僞託古文者二，在本書中有徐氏新附，在本書外有郭氏《汗簡》。世不深攷，漫爲所搶。自宋已還，咸稱新附爲《説文》，與許君正文比竝，已自誣惑。而《汗簡》尤若真古册書之遺，眴其奇侅者，至推爲遭秦所劫盡在於斯，而反命許書爲小篆，何其倒也？國朝書學昌明，小學家始寖覺二者之非古，然未有追窮根株，精加研覈，顯揭真贋所由來者。先君子有慨於是，自少壯輒致力潛探確求，所以推本詳證，各得所當。先成《説文攷附》，隨修《汗簡箋正》，以謂新附之蔽不過舉漢後字加諸先秦，猶屬經典通行習用，識者辨其非古，求得本文，則已無他誖也。《汗簡》之不經則異是，其歷采諸家，自《説文》、石經而外，大抵好奇之輩，影附詭託，務爲僻怪，以炫末俗。甚者有如《碧落文王庶子碑》、《天台經幢》、《義雲切韻》、《裴光遠集綴》等十數種，其骫骳之蹟，往往如出一轍。郭氏乃專信不疑，裒輯繁猥，不遺餘力。加之自爲裁製，求合所定偏旁，未免變易形體，以就己律，不必其出處有然。自我作古，於斯爲劇。即或本非俗造，舊有自來而出，世久傳譌，動成歧異。至有一文演爲數體，是類復了無決擇，前後差互疊出，更屬觸目榛蕪。其間偶有真書，出許祭酒網羅之外，賴其著録，以存編中，正寥寥可指屈，初無補於全文之踳駮也。先君子所爲，抉其底蘊，爲之箋正，莫若此數端最不可爲訓者矣。

前咸豐壬子、癸丑間，大判辯駮已詳，惟徵實或且缺略。旋遭世變，挾稿四方，未即畢功。同治初載，先君子年幾六十，倦於檢覈，爰命知同依例補葺。而寇禍未已，家書復半遭逆焰，仍屢作還輟。甲子季秋，先君子棄養，疾篤時，治命諄諄，猶以是編爲切。遲至光緒己卯，客游滬上，乃重得薛季宣所訓僞《古文尚書》，孫淵如《魏石經遺字攷》及金石各編，畢力推勘嫺理，甫十九就緒。又閲八年，戊子，孝達張公總制粵中，開廣雅書局，知同幸與纂修。公亟屬先成是編，然後始末釐訂，畫歸一律，親摹其文，校讎無爽，一如傳本，付諸劂氏。夫乃歎述作之難如爾，而非我公之好古，慫恿其終，猶未易觀厥成也。其間儻有遺譏，則知同不敏，先君子無與焉。是冀達者理董將來，仍許君撰《説文》舊志云。

親屬記後序

類攷名物諸篇，至今日稱大備。自典禮、冠裳、宫室、舟輿，以訖食用之細，凡可以會萃而條理之者，近儒無不網羅殆盡，各纂成書。獨於倫紀之所繫屬，宗族姻婭之繁悉，所爲辨親疏遠邇以定名分，而關禮俗教治者，國朝諸博碩則猶莫或綜覈焉。溯孔子壁中書，原有《親屬記》篇，《白虎通·三綱六紀》篇嘗稱其語。蓋七十子後學所撰，《禮記》百三十一篇之一。爲文詳略未知何等，自二戴删落，輒早散亡，迄今所有述古而彙舉可稽，如兩《爾雅》、《釋名》、《廣雅》所載《釋親》諸篇，不過大端約具，外此散見經籍，猶縷縷非一。至昔三代所無，後世迺見稱號，如「舅妻曰妗」之類，亦足爲典要者，復不易指屈。且本親外姻之名，漢、晉已降，隨俗增加；或一人稱謂，雜出非一。苟其不誖於理，並學者所宜周悉。是皆不能無專載，爲之兼攬者也。又古典傳之既久，不無譌脱。《爾雅·釋親》所言，較以《儀禮·喪服》經傳，即如九族名稱，凡同高祖之子孫、夫婦、男女，自族曾祖父母已下四世例如族字；同曾祖之子孫、夫婦、男女，自從祖祖父母已下三世例如從祖字。《禮經》條例，故自朗晰。迺《釋親》於此兩行輩羣人之稱，往往傳寫歧誤，殽惑學人，以致近代瑶田程氏説喪禮，於高曾子孫稱族、稱從祖者時或移混，而亂服制等差。即邵氏、郝氏疏《爾雅》，且不免遷就《釋親》駮文而强爲之辭，是尤不可不急正者也。先君子生平箋釋《禮經》，於《喪服》五等隆殺，適當何親，先定其所主名，兼糾正《釋親》差互《禮經》之謬，悉有成書，而猶慮其非聚觀羣倫，不易顯著。況諸親名稱之全，今古繁難，舄無統紀。雖在一時宿學，試問以親貫中夫人所當稱號及間世異同，或且茫無以應。然則是編誠不可少之急務，不能久聽其闕如者也。爰就解經餘暇，綴成斯記，提古爲綱，附以漢後，博極羣書，鉤稽類例。其次由親及疏，秩序井然，令閱者瞭如指掌，更無疑誤。又各即當條之下，分注出處，恒有案説，辨同異，訂違失，酌古準今，歸之適用。脱稿於咸豐庚申，凡四閲月而功竣。於是不嫌僭擬，題以壁中經記舊名，以授知同。第爲時過速，偶或標舉正文，出典尚闕；亦有其名疊見數書，或一二要處遺忘未及，知同後時捧讀，謹略增加而未備也。歷光緒丙戌，游幕省垣，持示衡山陳子，一見詫爲絶作，慨任梓行，且樂爲補就。知同乃相與益足注文數十百所，用付劂氏。然後斯輯不可謂非詳贍矣。苟尚存罅漏，或異時陳子踵爲繕完，或世有同好旁搜續屬，囊括無遺，則尤善之善者已。猥如末世俗稱，姑曰姑母，姑夫曰姑父，舅曰舅父，從母之夫曰姨父，是類殊瀆亂不經，非古聖王别嫌明微之至意，故皆不登攬，非失載也，讀者諒之。鏤版將竟，陳子謂不可無言，敢畧述先君子指趣，用公諸世。

説文淺説

大凡古人一種書，須先識得條理。有條理即有門類，其用功當分類求之，然後易記易曉。讀《説文》更是要著。乍看其書，各字管各字，文義既不相聯屬，篆體奇古又皆難識，注文亦復簡奥，苟不得其條例，自無入門之路。尋其條理，亦易易耳。條理何在？亘古今所有文字，不外乎形體、詁訓、聲音三大頭腦。就此三事中分出許多門類，各依耑緒理之，使之同條共貫，自有相引彌深旨趣，何苦其難之有？今爲遍詳如左。

六書分類説

象形獨體第一

象形者，造字之始。《説文敍》云：「黄帝之史倉頡，見鳥獸蹏迒之迹，知分理之可相别異也，初造書契。」倉頡之初作書，本依類象形是也。蓋文字起於語言，語言出自名物。上古時，語言、名物甚簡，而皆有形可象，故聖人作爲文字，託始於此。是爲後來會意、形聲衆字之母。《説文》凡會意、形聲字十九在部中。象形字一例在部首，後世謂之偏旁。此最關文字之根柢，所以令人讀《説文》，必先講明五百四十部首者，尋原之説也。人皆以其太古稀見之故，苦於難識，是第一步便行不去。不知後世所習用，大半屬會意、形聲字，文雖易識，事頗繁難，每字多有正體、别體、俗體、譌體，正義、别義、叚借義、引申義，正音、轉音、變音、方音之不同，許多轇轕。唯部首象形，其文既少，不過數百；其形既簡，不過數筆，而往往止一文一義一音，何等便易。就令一日講究十文，不及一月已畢功矣。且其大用，不僅識字已也。象形字出於古聖人手，爲文最樸而用文極功，用筆特損而狀物絶肖，如畫竹作𥫗，真是竹；畫木作𣎳，真是木；畫蛇形作它，蛇之頭目神情畢露；畫豕頭作彑，豕之突喙狀貌儼然，斷移不到别物身上。甚至畫燕乙但一筆作乚，畫手肱但一筆作𠃋，畫人身但兩筆作𠆢，其神妙有如此者。況其取象變動不居，如畫口作𠙵，畫齒作𠚕，此正象也。其畫牙作𤘗，則横形而竪作之；畫車作車，則平形而側作之；爲之古文𢑐，象兩猴相對；篆文夒則猴之頭毛、面目、身手、足尾無一不備；𦍌羊字從尾看向前，乙乞字舉一以見二；烏之篆烏从一旁視，其古文於全體具存；龜之古文龜從背上視，其篆文龜腹背俱見。最巧者貝形作貝，從一頭視而得背穹隆而腹下歧之象。古聖王設卦觀象，總以八卦，爲乘除交錯，變化往來，以通萬物之情，其恉尚微眇幽深，獨象形字百變不窮，明以示人，而至理存焉。虚心察之，益人神智不少。凡皆象形正體，其變體則有數類。

合體象形第二

合體象形者，半體象形、半體會意也，亦謂之象形兼會意。其文如疋之象疋，上象腓腸，下從止；眉之象眉，下從目，中象眉之形，上象額理是也。止即古趾字，在足下，故從止在下，會意；於上作㇋以象腓腸。腓腸，一名腨腸，人足脛後筋肉結交也。眉在目上，故從目在下，會意；於上作㇁以象眉，竝以仌象額理，是爲象形字之一類。此類字不爲太早，當出自有會意字以後。象形，本倉頡刱爲造字之法，厥後亦累代依法爲之。三代皆有象形字，不必盡屬倉頡所爲也。

象形兼聲第三

象形兼聲者，文既象形而又加聲一旁也。如齒篆以𠚕形排於口脣上下也，已是口齒之形，又加「止」字爲之聲，以定音讀。金篆以㕔象金在土中，已得金形，又加「今」字爲之聲，以定音讀。此類字最少，偶一有之，《説文》止見數文，蓋古時不以爲常也。

象形字加偏旁第四

象形加偏旁者，其初本止有象形一體，久之猶恐其事不明，別取一字配之也。如户本象形，其古文作戻，別加木以爲之形。厂本象形，其古文作厈，別加干以爲之聲。网本象形，其別體作𦊺，今作網。既加糸爲形，又加亡爲聲，此與上兩類又不同。上兩類字，象形與會意、諧聲一時合而成文。若獨取形之半，即非字。此類則象形已成字，後乃加偏旁耳。此類字尤後出，經典中亦不多用。

象形字有重形第五

重形者，象形字本止一形，久之以一形竝作之，仍是本字也。在《説文》部首或部中，如山重作屾，水重作沝，頁重作𩑋，卩重作𠨍，皆是此類，凡數十字。許君注文不言其象，止説其形，如「屾」注「二山也」，沝注「二水也」。全書此類字，注例皆然。當明其爲兩書之并，初非別一字也。但證之《余部》，「𠎝」爲此類字第一見，下注云：「二余也，與余同。」今本「與」上衍「讀」字，依《玉篇》注無之。特爲發凡見例語，是可定矣。又𣛋从二東，注「二東也」，𣍘字从之，注云「獄之兩𣍘也。在廷東，从𣛋」，又可定𣛋即東字，以例其餘矣。乃後人不識，或於其注下別加「讀若」語，如皕下注；或注「闕」字，以明其音不傳。於是令諸字盡成無用。《玉篇》、《廣韻》以下字書且別生他義，其失傳蓋在六朝。不知古人作書，常喜重形，取其茂密美觀。《説文》所載古籀文具有明證。如𡧍之古文重作𡫸、冡，某之古文槑重作二呆，全書中是處皆有。且有籀文𠄎作𠄎𠄎，籀文卣作𠧪，重作三形者，并是此例。古鐘鼎彝器銘文似此者更不少，然與重形會意不同。重形會意即別成一字，說在下文。

象形字有最初本形第六

造字之初，取象於物，如其形以畫之，不必盡能方正，或欹斜，或詰詘，或縱長，或橫闊，或疎密相間，或輕重不均，皆可。迨書之竹帛，漸取勻配，遂有翦裁安頓。下及篆文，意專結體，既欲筆勢順書，又須規模齊整，即於原形往往不似。許君作書，一以篆法，故有看去止是文字，而遠於物形者，如日字最初必本作⊙，全畫日輪，注點其中，以象陽精；月字最初必本作☽，畫月半明半缺，注點其中，以象陰精，而《說文》中則書作⊖、夕。此篆文取整齊之法也。然則古文偏旁尚有作⊙、☽者可見。如此之類不可枚舉，皆當就篆文以推求其本始肖物之象，不可死守《說文》一定之形。今欲得其意趣，莫如證以鐘鼎彝器銘文。試舉其文以較《說文》，多有筆勢稍放，活動略有轉變，即酷似其物者，蓋即彼初時造字之象。誠依此法求之，其妙用不可勝言。蓋凡欲通《說文》，當遍讀古經史子集，尤須兼理會各種字書，非但讀《說文》一種，便盡能事也。

指事

指事，亦倉頡作書之法。事，猶物也。象形直畫全物之形，指事則先畫一物而入一以指其處。如丄、丅字，上下。先畫一橫以當物，於一之上、下著丨以指之；又如刃字，先畫刀形於左旁，著一以指其處爲刃；寸字取象於人身，人手掌退後一寸動脈處謂之寸口，因先畫彐爲手形，於腕節著一以指其處爲寸，皆是。此其立法用意之簡妙，與象形無以異。但其爲文最少，全部《説文》不過十數文。蓋初造字時有之，以後遂不多見。《前漢書・藝文志》謂之「象事」，以其文先象物而後指其事也。鄭康成《周官・保氏》注謂之「處事」，謂就字形某處安置一筆以見事也，而不如《説文》以指事目之，最爲明確。

會意正體第一

凡字獨體爲象形、指事，合體爲會意、形聲。會意者，合象形、指事之字兩文三文以見意也，亦有多至五六文者。蓋自中古以來，事類名物漸廣，不能盡有形可象，盡有事可指，乃變立此法。其爲文體段加繁，而於造字之用則應變無窮。其正體，則如祭從示、從又、從夕。肉。又者，手也，即右手本字。言以手持肉祀神，會合三字而得祭之意。祝從示從人從口，言人以口説事神，亦合三字而得祝之意。社從示從土，社者主地之神，從土示，猶言土神，亦會兩字而得社之意。如祫從示從合，祫者，合祭先祖之禮；示者，神事也；從合示，言猶合神。此會兩字而得祫之意。此會意之理也。且聖王以文字立萬世之常經，即以文字寓教誡之至意。故會意中多精理名言。如止戈爲武，教人以不可玩兵；人言爲信，教人以不可誑語。吏从史从一，徐鍇釋之曰：「吏之治人心主於一。」士從十從一，孔子釋之曰：「推十合一爲士。」此一類會意之文甚衆，其文理深而意顯。每造一字，不啻講一段格言，勝於理學家影響彷彿之談何止十倍。此又會意字之大用也。其變例亦有數類。

會意重形第二

重形本象形字之演文，而會意用之，則

成別字。其文略分兩等：若艸从二屮會成衆艸意，林从二木會成衆木意，其事則不止兩屮、兩木。此類字恒多，亦有重至三四形者。如兩口爲吅，又重三口爲品，四口爲㗊。兩屮爲艸，又重三屮爲芔，四屮爲茻。三木爲森，四木爲𣡕。囿之籀文。皆是。然其體其文尤不多見，要以重二爲常。如二玉相合爲一珏字，从兩玉，實是兩玉。兩手合之成雙。拜从兩手，實是兩手。拜，雙之別字。此類字無幾。此又會意字最簡明之法。

會意中有象形第三

會意之目，《漢書·藝文志》謂之「象意」，以會意字常含事物之象也。其簡者如閏字，从王、从門，而見王居門中之象；其繁者如爨字，上从臼，中有冋，象人兩手持甑；中从冂，音眠。象竈口；下从𠬞、从林、从火，象人兩手持柴木於竈内，隨舉火納之。皆一望而知其意，即一望而知其象。此類字不少，於會意之文參半。許君於注文中亦常以象言之。《爨部》「釁」字注云：「血祭也，象祭竈也。从爨省、从酉，酉所以祭也。从分，分亦聲。」《癶部》「登」字注云：「上車也，从癶从豆，象登車形。」論二字，登本从豆从癶，會上車意，而即見兩足上車之象。釁本从爨从酉从分，會祀竈之意，而即見以酒祀竈之象。許君於此類會意字言象者數十處，但認其文合數偏旁以成者皆是象意，勿混爲真字象形也。在重形一類字已是意中有象，合此爲兩類焉。

會意字有反形第四

反形會意者，其正體本象形，因字義與之相反，即反其形以見意也。如彳訓小步也，象人脛三屬相連，字本象形，義爲小步。是先反其義爲不行，其字遂反形作亍以見意，而亍訓「步止也。从反彳」。止訓「下基也。象艸木出有止」，亦爲止足字，亦象形，義爲行止，而𣥂訓「蹈也，从反止」，是先反止義爲前蹈，其字遂反形作𣥂以見意。此類字義，《説文》不多見。説者舊以爲指事，非也。謂之獨體象意可耳。

會意字中有聲旁第五

會意字之有聲，猶象形字之有聲也。既合數字以見意，尚恐其不足，再加聲旁以定其音，於爲文可謂周密矣。如「尋」字注：「繹理也。从工口，从又寸。工口，亂也。又寸，分理之也。彡聲。」「爾」字注：「麗爾，猶靡麗也。从冂、从㸚，其孔㸚，尒聲。」此類皆是。凡會意加聲字，其文必繁，由其偏旁多故也。

會意字中有省旁第六

會意有省旁形者，其所从之偏旁不寫全字，止省存數畫，或一二筆也。如部首柔韋之𤿭字，从北，从皮省作𡰪，𡰪者，皮字。从夐省作四。《収部》「奐」下云「取奐也」，从廾，亦从夐省作四。「肎，骨間肉肎肎箸也。从肉，从冎省」。《㶕部》鬻，或體粥，从㶕省作弜。所以省者，爲所从偏旁全書之太繁重，或不便結體也。

形聲正體第一

形聲者，合兩字成文，以一旁定其形，以一旁擬其音也。推其意，即會意有聲字減省之法。如山、水、土、石、艸、木、蟲、魚各類字，第加之山水等旁，不煩更用多形，而取一同音字配之，即成字矣。造字唯此法最寬最易，無字不可造，無人不可爲，故形聲之字特多，徒取便俗用耳。大抵殷周以來，事繁文盛，祇是常用此法，照偏旁添字，孳生不窮。《説文》諸部中字是也。秦漢以後，更不勝其煩，此盡人能知者，且爲略約言之。

形聲字有省形省聲第二

如《言部》「讋」注云：「失气言也。从言龖省聲。」「觴，調弓也。从角弱省聲。」凡从熒聲之字皆省作𤇾旁，凡从鍚聲之字皆省作𡨦旁。《㝱部》字从㝱，例省去夢字，或但省夕字。《橐部》字从橐，例省去豕。

轉注

轉注之法，自漢以後失其傳。自唐賈公彦作《周禮疏》，剏爲考字左回、老字右轉之謬説，後人知其不合，遂紛紛各出意見，歷宋元明三代，言人人殊，凡有數十家之轉注，卒之議瓜驪山，良無一是。逮國朝曹氏仁虎會萃諸家之説，爲之一一攷辨，作爲《轉注古意考》，頗稱詳洽。然曹氏自立一説，仍是遍推不去，只可用之《老部》數字。大抵自曹氏以前，例是取象形、指事、會意、形聲、假借五門内字强命之爲轉注，其瞀亂不可勝言。後來如戴氏震、段氏玉裁諸老宿又立新説，以《説文》注中考訓老也、老訓考也之類爲轉注，不知又傀入訓詁用字裏，於造字了不相關，何以列之六書，義更遠矣。先徵君子尹公作《轉注考》，此書尚未刊行，手澤具存，願公同好。遍推諸字，無不可合，略爲舉之。其説云：轉注者，傳注也。古轉、傳兩字相通。轉注與假借對文，皆以疊字名之。自《春秋》三傳以下，注經家通謂之傳。漢人或謂之傳，或謂之注，其名即原於造字傳注之目。後來傳注在字外謂之訓詁。古人簡質，傳注即在字中，蓋當文字少時，一字有數字之用。久之，患其無別，於字義主分何事，即以何字注之。試舉《説文·示》《玉》兩部字爲例。如《示部》齋訓「戒潔也。从示齊省聲」，禷訓「以事類祭天神也。从示類聲」；《玉部》玠訓「大珪也。从玉介聲。《周書》曰『稱奉介圭』」，瑁訓「諸侯執玉朝天子，天子執玉以冒之，似犂冠。《周禮》曰：『天子執瑁四寸。』从玉冒，冒亦聲」。此等字尋常視之，衹是形聲，推究其原，齊、類、介、瑁即其本文；攷諸經典，止作「齊戒」，止作「類於上帝」，止作「介圭」，止作「同冒」，其加示、加玉爲之偏旁，皆注也；核諸真形聲字，如球、琳、琅、玕等成字時，爲形聲兩旁並作，單舉求、林、良、干則非此用矣。可知形聲以形旁爲主，一形可造若干字，但各取聲旁配之。轉注大相別，字以聲旁爲主，一字分爲若干用，但各以形旁注之。轉注與形聲事正相反而實相成，欲明聲旁爲主之説，又即其多者證之。如齊字經典用爲齊戒，用爲齊衰，用爲齊盛，用爲齊剪、調齊，用爲齊疾，用爲腹齊，止是一齊字，厥後則例加偏旁，用是齊戒即注之以示作齋，用是齊盛注之以皿作齍，剪齊、調齊字注之以刀作劑，齊疾注之以火作齌，腹齊注之以肉作臍，此其明義也。「以妻注之作䶒，云『䶒，等也。从齊妻聲』」一條，原稿删去。然此諸字在《説文》皆分列各部，注以形聲。蓋其字造成後，即與形聲無異。許君作書以形爲主，五百四十部首皆立形旁以統諸字，於形聲字應形聲説之不待言。即轉注字，亦不能不統歸之形聲，但於注中言「从某，某亦聲」，以爲識別，如「瑁」字注是；或經止言某聲，如齋、禷字注是。其實非形聲，亦非會意也。假令許君欲明轉注，即須别撰一書，合變義例，别提出轉注字例，一以聲旁爲主。如齊字須齊爲部首，以統齋、齌諸字，爲之注説而後能通。是於《説文》中決無可言之理，格於勢之窮也，所以《説文》注義於象形、指事、會意、形聲、假借五者莫不詳言，獨無片語及轉注，正此故也。今即此義例準之，凡古經典子史所用字多無偏旁，而《説文》中偏有偏旁者不勝指屈，其字皆轉注也。其義在古人已多，後世尤多。凡天文、地理、人事種種名物，原來多不爲造專字，漢魏後乃遞加偏旁，如《經典釋文敍録》所指「飛禽即須安鳥，水族便應著魚，蟲屬要作虫旁，草類皆从兩屮」，在後世諸字書如此等字動計千萬，蓋莫非轉注也。故自先秦以上，轉注與形聲竝行，兩類字各居其半。

假借

假借者，本無其字，臨文時或取同聲之字，或取聲近之字，權當此字用之，於其本字全不相涉。《説文敍》所謂「依聲託事」也。若由本字之義展轉引伸而有别解，同用一字，則止得謂之引伸，而與假借有别。然自來引伸、假借總爲一事，即如許君敍文舉令、長兩字爲假借之證，令長，漢官，如今縣令。据令之本義爲號令，長之本義爲久遠，先引伸其義爲尊長，而漢官名令長者，即取發號施令爲民長上之義。是令長之名實屬引伸，而謂之假借。又《説文》注中言假借，亦是兩等。如「疋」注云：「足也，古文以爲《詩・大疋》字，或曰胥字。」「臤」注云：「堅也，古文以爲賢字。」疋之爲雅、爲胥，臤之爲賢，於義絶不關，是爲因聲借用。如「止」注云：「下基也。象艸木出有址，故以止爲足。」鳳之古文𠷎下云：「象鳳形，鳳飛羣鳥從以萬數，故以爲朋黨字。」朋即𠷎隸省。韋注云：「相背也。獸皮之韋可以束枉戾相韋背，故借以爲皮韋。」「來，周所受瑞麥來麰。天所來也，故以爲行來之來。」此類則以引伸之義爲假借。蓋既引伸爲他用，已成别事，於本義漸遠，於字形絶不相類，故亦謂之假借也。更有因字義字形竝相近爲假借者，如「屮」注「艸木初生也，讀若徹。古文或以爲艸字」，「疋」注云「足也。古文亦以爲足字」是也。凡假借字有此三類，而要以同聲相借爲正。所以列之六書者，借一字即别成一字之用，不啻另製一文，故亦以當造字。蓋象形、指事、會意、形聲爲造字之經，轉注、假借爲造字之緯。所以古書次序以轉注、假借殿末者，轉注主加偏旁，無論象形、指事、會意、形聲四者之字，但有一義，俱可注成一文。假借主聲音，無論象形、指事、會意、形聲、轉注五者之字，但令同聲，俱可援爲此用。古人造字之法，其變通不窮，至此兩事，真無以復加矣。故其爲用不能畫一，有一義恒借一字者，有一義借用二三字，有一字借爲二三用者，有終古止用假借，絶不造本字者。凡若此類，例於《説文》中識得本字本義，而假借瞭如指掌矣。

説文本經答問

問：許君作《説文》，其列字有篆文、有古文、有籀文，恒以篆文居先，古文、籀文次之。時有以篆文附後者，凡爲四類。段氏玉裁作注，暢發其例於「一」之古文「弌」字下，云：「許書法後王，遵漢制，以小篆爲質，而兼録古文、籀文，所謂『今敍篆文，合以古、籀』也。小篆之於古、籀，或仍之，或省改之，仍者十之八九，省改者十之一二而已。仍則小篆皆古、籀，故不更出古、籀。省改則小篆非古、籀，故更出之。」於許敍李斯等作《倉頡》三篇，「皆取《史籀》大篆，或頗省改，所謂小篆」下云：「『取《史籀》大篆，或頗省改』者，言大篆則古文在其中。大篆既改古文，小篆復或改古文大篆。或之云者，不盡改也。不改者多，則許所列小篆固皆古文大篆。其不云『古文作某、籀文作某』者，古、籀同小篆也。其既出小篆，又云『古文作某、籀文作某』者，則所謂『或頗省改』者也。」於「今敍篆文，合以古、籀」下云：「篆文謂小篆也。許重復古而其體例不先古文、籀文者，欲人由近以考古也。小篆因古、籀而不變者多，故先篆文，正所以説古、籀也。隸書則去古遠，難以推尋，故必先小篆也。其有小篆已改古、籀，古、籀異於小篆者，則以古、籀附小篆之後，曰『古文作某，籀文作某』，此全書之通例也。其變例，則先古、籀，後小篆。」此説信否？

曰：許君敍云「今敍篆文，合以古、籀」，此全書之綱領也。今欲識許君之書，當先辨「篆」與「合」字。《竹部》篆訓「引書」，謂引其筆而書之，此篆之本義。「敍篆文」者，謂用篆法書字，意在明不用漢世隸法作書，非謂秦小篆之字體也。合是相合不背之意。「合古、籀」者，謂其字體必不背乎古、籀，乃用登録，意在明不雜取漢世俗書羼入，非謂立小篆爲主，而會合古、籀之文出之也。段氏誤讀二語，解篆文爲秦篆，遂認許書以小篆爲質；解合字爲會合，遂謂許君以小篆文會合古、籀而作書，其小篆與古、籀同者，立一篆體而古、籀合在其中；其不同者，先立小篆，與古、籀合出其下。此大亂許書之例者也。夫段氏豈不知許君作書是用篆法，所昧者徒見其字法是秦篆，遂竝字體亦執爲秦文，不思法自秦而文自古、籀，有何不可？豈有法用秦篆，其文必即爲秦文邪？猶古、籀亦可以隸書作之，不得云法用隸而字不可用古也。且輕重適均之篆法，何嘗刱始於秦？秦人書法如此，古人書法亦如此，何以明之？許君録「篆」字訓「引書」，其本文不自秦始有，《周禮・巾車》「孤乘夏篆」，「故書篆作緣。鄭司農云：『緣，緣色。或曰夏篆，篆讀爲瑑圭之瑑。夏篆，轂有約也。』後鄭云：『夏篆，五采畫轂約也。』」案或説經當爲「夏篆」，篆是車轂約，康成從之，是也。故書由篆借作緣，誤作緣形爾。故《考工記・輪人》於車轂亦有陳篆之文，後鄭亦云：「篆，轂約也。」蓋車轂上畫五采回環約束之文，有如篆畫，故謂之篆。《説文》：「䡇，車約䡇也。❶从車川聲。」引《周禮》曰「孤乘夏䡇」，篆字作䡇而解爲車上約文，不在轂，系別本異義。又《考工記・鳧氏》云「鐘帶謂之篆」，鐘帶者，鐘身之界埒，其文横繞鐘身一匝，如束帶然，故謂之帶。又如篆畫然，故謂之篆。又《周禮・典瑞》有瑑圭，先鄭云：「瑑有圻鄂瑑起。」《禮記・禮器》「大圭不瑑」，康成云：「瑑，文飾也。」《説文》云：「瑑，圭璧上起兆瑑。」圭有圻鄂、兆瑑之文，而名瑑者，以其文如篆也。故《説文》「瑑」下云：「从篆省聲。」其字从篆生出，其名自亦從篆出也，知篆之字製在瑑圭前矣。此三代有篆之明證也。蓋三代之文，就其形體言則曰文曰字，許君所謂「依類象形謂之文，形聲相益謂之字」是也；就其所用著明言則曰

❶「䡇」，原作「車」，今據宋本《説文解字》改。

書，許君所謂「著於竹帛謂之書」是也；就其各有聲讀以定事物之名者言則曰名，《周禮・大行人》「屬瞽史諭書名」、❶《外史》「達書名於四方」，《儀禮》「百名則書於策」，《論語》「必也正名」康成注「正名」：「謂正書字。孔子見時教不行，故欲正文字之誤。」是也；而就其引書之法言則曰篆，特所以篆者不同，其爲形亦因以別，刻之竹木金石，一畫必兩刀，其形不能不頭尾皆鋭鋒，如《説文》所載古、籀體及世所傳古彝器銘文是也。書之以桼，桼必始濃重而漸淡細，其筆勢不能不作頭圓尾鋭，漢人以壁中經爲科斗書是也。若其常書，一如後世以筆墨作之，則即輕重適均之篆法，如《説文》篆體是也。古人以筆墨書者，如《周禮》「名書於王之大常」，《士喪禮》「爲銘各以其物，亡則以緇書名於末」，《論語》「子張書諸紳」及《玉藻》「史進象笏，書思對命。受命於君前，則書於笏」，此類非用筆墨不能。《説文・竹部》云：「籥，書童竹笘也。潁川人名小兒所書寫爲笘。」《廣雅》云：「笘，觚也。」觚，古止作觚。顔師古注《急就篇》云：「觚者，學書之牘，削木爲之。」又《説文・巾部》云：「幡，書兒拭觚布。」知古之小兒學字用竹木作簡牘，如今人用粉牌寫滿則拭去再書，此非用筆墨而何？故筆墨之字，《説文》早有，而諸古籍言筆墨之文亦不一而足。《晉語》董安于對趙簡子云：「臣之少也，進秉筆贊爲名命。」又士茁對知襄子云：「臣以秉筆事君。」《管子・霸形》篇云：「桓公命百官有司削方筆墨，朝定令於百吏。」《莊子・田子方》篇云：「宋文君將畫圖，衆史皆至，

❶「諭」，原作「論」，今據《廣雅叢書》本《説文本經答問》卷上及《周禮・大行人》改。

舐筆和墨，在外者半。」《新序·雜事第一》篇云：「周舍對趙簡子曰：願爲諤諤之臣，筆墨操牘，隨君之後，司君之過而書之。」《韓詩外傳》卷七同。《説苑·指武》篇云：「王滿生見周公藉筆牘書。」《家語·弟子解》云：「叔仲會與孔璇年相比，每執筆記事於夫子，二人迭侍左右。」凡此皆是。當古人用筆墨書時，非不可爲首尾鋭鋒及頭圓尾鋭之畫，然既用筆墨，其爲畫必均適，其結體必方正，皆勢理之自然，有不得而覲者矣。又荀勖序《穆天子傳》謂「其書爲盗發古冢所得，皆竹簡素絲編，以墨書」，墨書必是用筆，用筆必是引篆。故《晉書·武帝紀》載汲郡發冢事云「得竹簡小篆古書」，時習名篆體爲小篆，因以小篆目之。要其字實是齊圓篆體，與荀氏言「墨書」者合。《束晳傳》以發冢書爲黍書科斗字，王隱《晉書》以爲科斗文，蓋汲冢所得非一書，有《易經》及《紀年》十數種，詳《束晳傳》。其書乃魏襄王殉葬之物，非一人一時所爲。有用黍書科斗者，而《穆天子傳》則墨書篆文，故《汗簡·略序》引《晉史》云「其書十餘萬言，隨世盡有變易，以成數體」是也。由是言之，可知篆文不始於秦，三代固已有之。則許君所謂「敍篆文」者，言所次敍是古時篆法之字，竝不主秦言，益與秦小篆之字體無涉矣。蓋「敍篆文」、「合古、籀」二語，上句本就字法言，下句乃就字體言。其出此二語之意，以不敍篆文，則是《凡將》、《訓纂》諸篇之就隸書寫古字。不合古、籀，則如大徐新附之以古篆偏旁加漢後俗體。故必字法、字體兩明之，而後其書爲三代之法，三代之字，昭然可識，皆對俗隸言之。可見許君之書爲復三代之古文而作，以古文爲主，非如段氏云「以小篆爲質」也，然此誤固不自段氏始。《説文敍》稱秦時行八體書：一曰大篆，二曰小篆。篆而曰小，正以古有篆在，故不直曰篆。《史籀書》即周時之篆，特尊而目之曰大篆。「大」字自秦加之，非十五篇本名大篆也。至甄豐等定六書，易小篆爲篆書，別稱孔子壁中書爲古文。降而魏正始中，立古、篆、隸三字石經。晉衛恒《書勢》稱其古字因科斗之名，遂肖其形。於是古人之篆隱矣。自後小學家言三代之書，必曰古文，而所謂古文必以科斗當之。惟秦文始得名篆，古文與篆直爲對偶之稱。古既無篆，《説文》之用篆者遂不得爲古文，故《書勢》述甄豐等古文篆書之説，而曰「許慎撰《説文》，用篆書爲正，以爲體，❶最可得而論」，後魏酈道元注《水經》亦云「許氏字説，專釋於篆，而不本古文」，知許君復三代古文之恉，六朝人士已失其傳。是以後周郭忠恕編《汗簡》，采載七十一家書籍碑記之古文，皆六朝唐人作。其文半依《説文》古籀之偏旁，以移改篆文，誠不知篆即是古也。段氏深於許學，而亦不識其爲主用古文，殆蔽於歷久沿謬之説。

巢經交游

鄧先生顯鶴 別見《船山學案》。❷

鄒先生漢勛 別見《湘鄉學案》。

黄先生本驥 別見《諸儒學案》。

❶ 「體」下，《晉書·衛瓘傳》有「例」字。

❷ 「船山学案」及此下小字注「湘鄉学案」、「諸儒學案」，據本書卷一六七，皆當爲「叔績學案」之訛。

劉先生書年別見《湘鄉學案》。

黄先生彭年別爲《陶樓學案》。

莫先生友芝

莫友芝，字子偲，號郘亭，又號眲叟，獨山人。父與儔，字猶人，又字傑夫，嘉慶己未進士，翰林院庶吉士，散館授四川鹽源縣知縣，再改官爲遵義府學教授，以樸學爲倡。來受業者甚衆，巢經亦從之游。所爲書有《二南近説》四卷，《仁本事韻》二卷，《貞定先生遺文》四卷。先生其弟五子也。道光辛卯舉人，屢試禮部不第，以咸豐八年截取知縣，且選官，復棄去，從胡文忠公於太湖。文忠卒，從曾文正公安慶，又從至金陵。同治二年，有大臣密薦十四人於朝，先生及巢經皆在列。其後有詔徵用，大吏朋好爭相敦勸，先生一以辭謝。攜家金陵，而時往來江淮吴越之間十年，訪求文宗、文匯兩閣書。於揚州裏下河，至興化病卒，年六十有一。先生持躬接物，外和而内介，交游必慎擇。在京師，有權貴求書，又欲招致授子弟讀，皆不應。其爲學於《蒼》《雅》故訓、六經名物制度靡所不探討，旁及金石、目録家之説，尤究極其奥賾，疏導源流，辨析正僞。所著書有《唐寫本説文木部箋異》一卷，《聲韻考略》四卷，《過庭碎録》十二卷，《樗繭譜注》一卷，《郘亭遺文》八卷，《遺詩》八卷，《詩鈔》六卷，《郘亭知見傳本書目》十六卷，《宋元舊本書經眼録》三卷、附録二卷，《梁石記》一卷，《黔詩紀略》三十三卷。與巢經同撰《遵義府志》四十八卷。又有《郘亭經説》、《資治通鑑索隱》、《舊本未見書經眼録》、《書畫經眼録》、《影山詞》各若干卷。參曾國藩撰《教授莫君墓表》、張裕釗撰墓志銘、黎庶昌撰别傳。

唐寫本説文木部箋異識後

唐寫許君書百八十有八文，與兩徐本篆體不同者五，説解增損殊别百三十有奇，衍誤漏落所不能無，而取資存逸訂譌十常七八。梠、栿、椎、檄、欂篆，唐本作杞、楙、榫、槃、檃。楙省聲不省，槃、檃下上易左右，形聲展轉小歧，古書恒有。杞梠、榫椎，截然兩體，聲義各足，直是互漏，杶杻、杘柅蓋其比矣。其説解殊别之善，「楗，歫門」，與李善引合，今本歫作限。「栅，編竪木」，與《玉篇》合，今本竪作樹。「楙，關西謂之楙」，與《方言》合，今本楙作櫼。「棁，大杖」，與李賢、玄應引合；「柷，樂木椌」，與《詩》毛傳合；「柹，削木朴」，與玄應引合；「樍，積木燎之」，與《玉篇》、《五經文字》合。今本大誤木，椌誤空，朴誤札樸，木誤火。段玉裁注、嚴可均校議博徵精訂，上舉諸端多與闇契。其於今本「槅，大車梶」、「楫，舟櫂」竝謂「梶」當作「軶」，「櫂」當作「擢」。於「櫪，樳指」改「樳」爲「柙」，於「楬，楬桀」改「桀」爲「櫫」，唐本又正作軶、作擢、作柙、作櫫。於「棊，博棊」，段改「簙棊」，唐本作「簙棊」。於「槽，畜獸之食器」，段改「嘼之食器」，唐本作「獸食器」。偏傍小舛，因以鉤稽，其違易見，猶勝今本泯去誤形，轉忘旁核也。其增字之善，「樂，象鼓鞞之形，木其虡也」，校二徐多「之形」、「其」三字。「閑從木歫門」，校小徐多「歫」字。其減字之善，「櫑，刻木爲雲雷象，施不窮」，校二徐省「象」、「也」字。「杠，牀前横也」，校二徐省「木」字。其次字之善，柃訓木也，唐本不載，知次前木名中，不用柃椴別義，而二徐遂次「椴」下。槍訓歫也，唐本與閑爲類，次櫪、㯕下，必因許舊；二徐乃遂柤、楗間。棐訓輔也，二徐在部尾，蓋由寫落補收，段氏謂是弓檠之類而不敢遂，唐本正在榜、檠、檃、栝下。數事略舉，可見大凡。又「槎」下引《春秋國語》曰「山不槎椊」，「楬」下引《周禮》曰「楬而書之」，二徐《國語》誤《傳》，衍「木」遺「椊」；《周禮》誤《春秋傳》，段注不敢輒改，使見此卷，復何依違？更有二徐遺落，他引不及者，「杞讀若駭」，「杽讀若丑」，「杼一曰柧削木」，「柮一曰絡」，凡四條，比諸「梏所以告天」、「桎所以質地」，雖二徐不備，尚有《周禮釋文》、《太平御覽》引證者，尤希世之珍，千金一字者也。凡斯奧祕，昔人鉤稽闓合，略載條下，以表專門。所未及言，或鄙見偶異，亦摭拾憑據，補綴證明，不免詞費，俟通學裁之。至其每字音紐，一再或三，《隋・經籍志》有《說文音隱》四卷，次呂忱《字林》，無撰人時代。唐以前稱引《說文音》，或即其書。此之音紐不知即《音隱》否？而今行《繫傳》音出朱翶《五音韻譜》，楚金所加；鼎臣校定，自取《唐韻》：皆出唐後，不若此音之古。其「柤」云「莊余」，溢大徐「側加」外，正叶從且古音。「杝」云「力支」，與大徐「池尒」異，正得杝、籬古今字正讀。若斯之流，隨手皆寶。故既用鉉書音切比其溢異，❶於傳注家引《說文音》亦入校勘云。唐科目有明字，有書學生，隸國子監，又隸蘭臺。其課《說文》，限二歲，先口試，通乃墨試二十條，通十八爲第。當時官私善本宜衆，故此偶存斷

❶「音切」，原作「因均」，今據清刻本《邵亭遺文》卷一改。

篇，於全書僅五十有五分之一，猶奇勝稠疊乃尒。若盛宋校定時，能廣求民間，會萃綜覈，以成精完，良甚易事，乃使雍熙官書罅漏百出，不能不咎鼎臣之疏也。

文集

校刊中庸集解序

《中庸集解》者，宋新昌石氏子重集録周子、二程子、張子及程子門人吕、謝、游、楊、侯、尹十家之説，《宋志》又謂《十先生中庸集解》。書成於乾道癸巳，朱子爲講訂而序其篇目，極稱其謹密詳審。越十年淳熙癸卯，删爲《輯略》，仍以原序冠之。後又爲《或問》，以明諸家之醇駁。淳熙己酉，《中庸章句》成，乃以《輯略》、《或問》竝附諸後，故《中庸序》竝舉三書也。《輯略》行，《集解》遂微。自鐵峯趙氏《中庸箋義》數所集十家，遺尹氏而妄增司馬温公、王荆公二家。臨川詹氏《中庸纂箋》、訥菴景氏《中庸集説啟蒙》所記亦爾。蓋元時已罕覯本書，不至唐荆川序《輯略》，謝鳴治志赤城，始歎佚亡矣。戊申秋，課彝兒讀《戴記》，時檢閲衛氏《集説》，則十家之説具在。喜遺緒之可尋，亟爲鈔出。復取《輯略》及真氏《集編》、趙氏《纂疏》所引，校其文句，補脱存異，以還石氏之舊。夫《章句》者，《中庸》之指歸；《集解》者，《章句》之尋原。未有《章句》，既緣《集解》以觀會通；已有《章句》，宜溯《集解》以明取舍。夫治獄者不審爰書，不知用律之曲當；治醫者不析證變，不識處藥之至精。《集解》之於《章句》、《或問》，亦猶是而已矣。特是述朱子者，謹守一先生之説，小有同異即束弃不觀。故黄東發氏論衛氏《禮記》，必斥其備載石本及增入諸家之非，門户在胷，雖大路椎輪，浸鮮有過而問焉者。逮科舉學盛，凡非《章句》、《集註》之義，又皆在所擯。於是竝《輯略》精義亦置之若存若亡間。嗚呼！是豈朱子意哉！且《輯略》之成，已不盡出朱子手。《章句序》云：「二三同志取石氏書，删其繁亂，名以《輯略》。」而今世流傳，又惟吕信卿所刊唐荆川本，其中《或問》所駁先儒諸説多所删節，有竟削不存者。《四庫全書提要》已謂其故不可得詳。因細攷之，尚有《章句》引用而亦删弃者，有《或問》竝出可否而存此删彼者，有以張、楊語爲程子語者，有遺脱句語其義不完者，顛倒瞀亂，殆於不可卒讀。恐朱子門人不應率漏至是，意必唐、吕私有增損，苟且就雕，取憒學者，踰三百年，非得石氏本書，亦誰從覺其非哉？又攷真氏所引《輯略》在今本外者尚四十餘條，言皆大醇，非應删者。私意真氏未引，爲唐、吕刊落者，必猶有若干條。《輯略》既非完本，則《集解》愈足珍惜矣。校既竣，同人趨付之梓，以廣其傳。因復舉《輯略》所删及删而《集編》引爲《輯略》者，各註當條之下，欲使學者讀一書而得二書之益云爾。朱氏《經義攷》載是書，有石氏裔孫珮玉新昌家塾刻本，僻處未見，他日獲之，當更校諸别紙。

中庸集解後序

友芝始校録石氏《集解》，見南軒跋有「子重編此書，嘗從吾友朱元晦講訂分章」語。又以《輯略》出於《集解》，其分章處竝倒題右第若干章。《朱子文集》又有《書中庸後》一篇，詳言分章之意。因謂三十三章是朱氏定説。石氏分章既從朱子講訂，當不應有異，遂據爲章題者三十三行付雕矣。既而思朱子元序言「分章雖因衆説，然去取不失其當」，又特舉「哀公問政」以下六章，以從諸家，不能復合，則與《輯略》章題及南軒語顯相牴牾。走書質疑於鄭子尹，子尹再三檢覈，躍然曰：「子自誤讀南軒語耳。南軒語當以『講定』斷句，以『分章去取皆有條次』爲句。此不與朱子序言言章者語異意同也乎？」於是鄉者牽引《輯略》分章作《集解》分章之爲誤，的然無疑，乃亟削去三十三題，以《輯略》所增諸題註改入校語，使不與石氏本書相亂。蓋石氏分章既因衆説，衆説所不合，石氏自不能合，乃必欲彊以《章句》之説合之，豈不慎哉！今案：衛氏録石氏書分四十段，《輯略》刪石氏書亦四十段，朱子以「哀公問政」下六段爲六章，吕氏解「天命之謂性」下三段並稱此章，然則石氏書分四十章矣。分章録解而諸家之解尚有通上下章者，故悉不用章題，使貫串如一章。其與《章句》異者，哀公章增其五，天命章增其二，而朱子但舉哀公六章，不及天命三章者，三章文義各足，三與一皆通，非如六章有《家語》，據知爲一時問答之言。然但章後録解概不加題，則雖分之而文意接續，故朱子又謂「不害於其脈理之貫通也」。因思《輯略》既與《章句》竝行，章題總註不應複載，載之又與本書不契。私意朱子元本必仍《集解》，其後二書別行，淺人乃取《章句》題註益之，又於各章中值朱子分節處悉加圈間隔，皆非朱子之舊。惜元本不可見耳。北風凝寒，覆校《集解》新刻本一通，因著刊改之由，以識吾過，亦冀來者勿復滋誤云。

答鄭子尹論儀禮喪服大功章誤衍注文二十一字書

承命檢録唐石經《儀禮·喪服》「大功」

章「大夫之妾爲君之庶子，女子子嫁者、未嫁者爲世父母、叔父母、姑姊妹」經傳之文，當爲傳中「下言爲世父母、叔父母、姑姊妹者，謂妾自服其私親也」二十一字，欲明其有無爾。友芝按：石經此處一與賈疏本無異，雖其「之庶子女」四字元刻僅「之庶子」三字，明係寫漏，非他處别本校改比，故磨去，擠刻增「女」字，字畫猶是一手，即知唐以來傳本盡然也。惟傳中「下言」以下二十一字，則實是注述舊讀而推其意之辭，緣寫者誤置爲傳文，遂因析其上下文分屬經、傳、注，蓋承自唐以前矣。賈疏已覺其非，而言之未暢。學者驟不得其旨，故説此經者，即朱子始亦謂：「傳釋文意似不誤」。又謂：「舊讀正得傳意，但於經例不合。」「鄭注與經例合，但所改傳文似亦牽强。」既答門人乃云：「此段自鄭注時，已疑傳文之誤。今攷女子子適人者爲父母及昆弟之爲父後者已見於『不杖期』章，爲衆兄弟又見於此『大功』章，惟伯叔父母、姑姊妹無文而獨見於此，則當從鄭注之説無疑。」是朱子於鄭注及舊讀之是非固已就經文比校而得，而猶未暇細繹疏文，知二十一字爲注文誤入也。李寶之《集釋》於鄭注及舊讀分别引伸，既謂「鄭義於經爲順」，又謂「舊讀於義自通」，是朱子所攷已未見及，且未思「大夫之妾爲庶子適人者」「小功」章經有明文，而此舊讀於「女子子嫁者」猶以大夫之妾爲之，何以處彼經也？敖君善《集説》謂：「傳『得與女君同』，但可以釋爲君之庶子，若并女子子未嫁者言之，則不合於經，經初無女子子未嫁者之禮。」又謂：「爲世父母以下皆妾爲私親之服，亦不合於經。此乃適人者之通禮，經必不爲此妾發之。且此妾爲私親大功者，亦不止於是。傳者蓋失於分句之不審。」是敖氏之意與注大同，而乃斥傳爲誤解，則亦未及詳注疏，但依傳爲説，詎知傳中尚衍注文也。後來申舊讀者非一，亦但就今本經傳讀之，了無左證。即國朝張稷若先生撰《句讀》，吴中林先生撰《章句》，竝稱專門，猶以舊讀爲是，而斥注逆降及爛脱之非，亦是未能細究注疏。至乾隆中，戴東原先生校四庫本《集釋》，乃退傳中「下言」二十一字於注，屬於「此不辭」之上，又逡此經「女子子」至「姑姊妹」注「舊讀」以下三十二字屬於「下言」二十一字之上，併爲一條，置傳後，而爲之按曰：「攷其文義，上云『言大夫之妾爲此三人之服也』，下云『謂妾自服其私親也』，一『言』字，一『謂』字，皆指舊讀者之意。如是，自『舊讀』至『此不辭』凡五十六字，一氣聯貫，不可截斷。」其説極爲明晰，此傳此注乃無不文從字順。後此，阮芸臺先生《校勘記》亦同斯説。蓋讀此經者但就今本經傳連二十一字讀之，舊讀元自可通。然女子子爲世叔父母、姑姊妹之服，本經尚無文，已知必非專爲此字發例。況又無以處「小功」章「大夫之妾爲庶子適人者」之經乎？且傳果有二十一字，則舊讀允矣。鄭君何以謂其不辭？若謂傳誤，鄭又何以不斥傳而斥舊讀？然二十一字決爲注文，益無疑也。惟戴氏此校特依賈疏而申明之，非别有補於疏外。疏云：「『下言』二字及『者謂妾自服其私親也』九字總十一字，既非子夏自著，又非舊讀者自安，是誰置之也？今以義必是鄭君置之，鄭君分别舊讀者如此意趣，然後以注破之。」友芝按：賈君之意，即是如東原所逡正，合經傳之注與誤衍入傳之二十一字爲一條讀之，故得知爲鄭君分别舊讀者意趣也。若非以二十一字連上爲文，則二十一字中并無舊讀字樣，安所得意趣而分別乎？觀上疏釋注「舊讀」三十二字，云：「鄭以此爲非，故此下注破之也。」此疏又云「然後以注破之」，竝指「此不辭」以下云，然後愈見相屬爲文，其特舉十一字爲鄭君所置，而中間「爲世父母」等十字不明爲述經文者可知也。而戴校復引疏此語，謂賈氏以「爲世父」等十字爲傳文，以下言「及者謂等」十一字爲鄭加，經既見「爲世父」等十字，傳不應重見而絶不釋其意，是戴氏猶不審疏意，反斥賈氏不知二十一字通爲鄭注，而誤以十字屬傳文。果爾，賈君必當更疏傳有此十字之意，何以又絶無一字？知其意直謂鄭君述經十字，特加十一字以分別舊讀經意趣耳。觀後疏釋注引「齊衰三月」章，謂「足以明之，明是二人爲此七人，不得以嫁者、未嫁者上同君之庶子，下文『爲世父』以下謂妾自服其私親也」，益足相證明矣。若如戴讀十一字爲注，尚可强通；十字爲傳，當作何解？賈君顧若是疏乎？昔人謂賈疏艱澀，此亦一端。故精核如東原，猶不免於失。然此經自上傳爛脱在下，致舊讀者緣文生義，罔會全經。鄭君以經例覺之，明正其失，又爲竄注入傳者所亂，轉似舊讀甚是，而鄭注不契者，至賈君覺之，而語又不直截，學者倦於推究，若隱若顯，千有餘年，東原之功亦何可没也？阮氏又怪所删「下言」二十一字爲後來復校石經者增入，與東原之徑迻二十一字歸注中。友芝則謂此等雖無可疑，猶不若仍唐以來相承之本。單經則指出衍文，連注則別其注文，但校明而已，尤爲至慎也。又此傳「嫁者，其嫁於大夫者也。未嫁者，成人而未嫁者也」，文與「齊衰三月」章「女子子嫁者、未嫁者爲曾祖父母」傳同。此注及疏但釋成人未嫁逆降之意，而不及嫁於大夫，豈以彼傳「嫁於大夫」，明雖尊猶不降，舉例此傳「嫁於大夫」，即明雖尊亦僅與常同降大功邪？抑此傳之本無「嫁者，其嫁於大夫者也」九字，緣上「齊衰三月」章誤衍，故注、疏皆不言邪？

附録

曾滌生曰：「猶人先生選遵義府學教授，遵義之人習聞其名，爭奏就而受業，學舍如蠭房。又不足，乃僦居半城市，旦暮進諸生而詔之學，以盡其下焉者而已。上焉者聽其自至可也。其稱《易》惠氏、《書》閻氏、《詩》陳氏、《禮》江氏、《說文》詁釋有段氏、王氏父子，蓋未嘗隔三宿不言，言之未嘗不津津，聽者雖愚滯，未嘗不怡，如旱苗之得膏雨也。久之，門人鄭珍與其第五子友芝遂通許、鄭之學，充然西南碩儒矣。」曾國藩撰《遵義府學教授莫君墓表》。

黎蒓齋曰：「子偲家貧，嗜古，喜聚書，所得獨多。讀之恒徹旦暮不息，寢食竝廢。通故訓、名物、制度，旁及金石、目録。治《詩》尤精。又工真行篆隸書，名重西南，學者交推鄭、莫。道光丁未，會試報罷，與曾文正公邂逅於琉璃廠書肆，偶舉論漢學門户，文正大驚，叩姓名，曰：『黔中固有此宿學邪！』即過語，劉椒雲傳瑩爲置酒虎坊橋，造榻訂交而去。」黎庶昌撰別傳。

又曰：「子偲客文正者踰十年，江南底定，寓妻子金陵，徧游江淮吴越間，盡交其魁儒豪彥，與南匯張嘯山文虎、江寧汪梅村士鐸、儀徵劉伯山毓崧、海寧唐端甫仁壽、武昌張廉卿裕釗、江山劉彥清履芬數輩尤篤，其名益高，所至求書者屣履逢迎。」同上。

黎先生庶昌

黎庶昌，字蒓齋，遵義人。少承家學，又從鄭、莫兩先生游。稽經攷道，治古文，談經濟。同治紀元，下詔求言，先生方二十餘歲，以廩貢生在京師應詔上書，論時事萬餘言。其大要歸於進賢、退不肖、正人心、厚風俗。於是李文清公棠階以名儒居政府，建議宜擢用，風示天下。會曾文正公駐軍安慶，乃命以知縣，發往大營。文正優禮之，補授青浦縣，循聲著聞。光緒四年，郭侍郎嵩燾出使英法德日四國，奏請爲參贊。及曾惠敏公紀澤繼使，仍隨之。七年，命以道員用，予二品頂戴，爲出使日本大臣。丁母憂，服闋，復使日本，前後凡六年，在日本搜羅宋元舊籍，與楊守敬商榷刻成《古逸叢書》二十六種，皆中土希見之本。使還，授川東兵備道，蒞官二年，乞病歸里，卒。先生讀書治古文，篤守曾文正之法。輯《續古文辭類纂》二十八卷，其所著有《拙尊園稿》六卷。參夏寅官撰傳、葉昌熾撰事實。

文集

圖畫章句三大儒遺像記

六經皆出於孔氏，自夫子在時，七十子之徒各以所傳發聞於世，受《易》則子木矣，習《書》則子開矣，問樂則子貢矣，學《禮》、述《孝經》、受《春秋》則孺悲、曾參、左丘明矣，然惟子夏氏之儒博而能兼，《詩》有序，《書》有說，《易》與《喪服》有傳，樂雖無書，《記》乃得諸弟子魏文侯所述。文侯又爲《孝經》作傳。其於《論語》、《爾雅》，揚子雲、鄭康成皆以爲仲弓、游、夏等譔定，而《春秋》屬商，傳業者公羊高、穀梁赤，則又其高第弟子也。六蓺章句之興，實自子夏氏始。蓋夫子没，子夏以其學教授西河，身爲魏文侯師，年且八九十，巋然老師宿儒。及門人徒授受賡續，沿流益分。諸經或至曠闕，而《詩》學獨盛。六傳以至大毛公，漢興猶未絶也。故徐防稱之曰：「《詩》、《書》、禮、樂，定自孔氏；發明章句，始於子夏。」不其然與？漢踵秦火之餘，收拾遺經，《春秋》分爲五，《詩》分爲四，《易》有數家之傳，禮壞樂崩，《書》闕簡脱，自韓嬰、申培、后蒼、孟卿、膠東庸生、瑕丘江翁等號爲名德，始治兼經，東漢益衆。然皆莫能相通。至鄭康成氏出，凡《易》、《書》、《詩》、《周官》、《儀禮》、《禮記》、《論語》、《孝經》，無不融會貫通，爲之箋注，而又《尚書》有贊，《毛詩》有《譜》，三禮有音，六蓺、七政有論，禘祫有議，許慎《五經異義》有駁，臨孝存《周禮》有難，以至何休之《春秋》，《發墨守》、《箴膏肓》、《起廢疾》，如此其勤也。小無不盡，大無不賅，子夏氏以還，可謂命世集大成之巨儒者矣。朱熹氏奮於千載之下，其爲儒也，格致以明理，章句以治經。既傳《易》矣，又以費直合《彖》、《象》於經，不見文王、周公、孔子之遺，而又爲之《本義》；《書傳》以屬門人蔡沈矣，而又别定古經，使人知伏生今文之舊；以《孝經》多附益也，於是爲之《刊誤》；以《春秋》爲皇帝王霸之書也，於是别出《左氏》經文，及纂《通鑑綱目》，事竊取之義，書法尤致兢兢。乞修三禮也，《周官》爲綱領，《禮記》爲義説，《儀禮》爲本經，具采注、疏、諸儒之説。而其合《大學》、《中庸》於《論》、《孟》，尤以《章句》名篇，一守漢經師家法，雖《毛詩》之傳、《論語》、《孟子》之注不盡遵用故訓，涵泳所安，自成爲一家言。大要與漢儒不合者寡矣。自餘旁搜博紹，六蓺之外，闡闢涂徑尤多。古韻之復萌芽於吳棫《韻補》，而《詩傳》引其端。《古文尚書》之譌伏疑者七百年，而《臨漳書後》發其覆；《離騷》百代辭原也，病王逸之迂滯，而別注《楚辭》；韓愈文章之雄也，爲天下所歸，因譔《韓文攷異》，無一不從訓詁中來。其於章句之學何如也。世儒耳食目語，不究朱子研經宗漢之旨，而概以道學附之；不識康成整齊六蓺之功，而反以訓詁少之，皆非博篤至論也。若子夏氏之發明，則更數典而易忘矣。六經之義坦然明白，至今日而如日正中，懸諸不刊之典矣。詎知夫皆天縱此三大儒者，出其絶地通天之力，以纘斯文於未喪，而其學皆自章句得之。夫下學則上達，章句明而後義理生，自然之驗也。余故圖其遺像，備朝夕警省，亦將終身焉從事斯語已耳。

讀易程傳

世言王弼注《易》，掃象不言，而象亡於晉。象非亡也，不善言理者之亡耳。《易》，聖人憂世之書也，以卜筮爲用，宜其簡明易直，不當怪迂繳繞，闊遠情事，使人難明。六十四卦之殽列，三百八十四爻之參伍錯綜，象一寓乎其中，而與人事相推移。然孔子所以傳繫之辭，其恒言者止於陰陽、奇偶、剛柔、動靜、進退、存亡、吉凶、悔吝而已，未嘗如漢以來人之説之穿鑿也。易道至博而天人既備，仁者見以爲仁，智者見以爲智。象不可勝窮也，舍理以言象，未有不入於小數曲學、支離詭異者。京房、孟喜、虞翻、焦延壽之儔，攷其傳，雖若甚遠，要皆無當於《易》。人心之厭久矣，故弼注行而衆家皆廢。晚得伊川書，因弼注而研致益精，乃始與聖人者性命之旨合。雖以蒙之不肖，讀之亦覺犂然曲厭人心，故《程傳》行而弼注又廢。道之興壞雖各有時，然而伊川深造自得矣。

讀儀禮

《儀禮》苦難讀，本朝人爲之簡明章句者張爾岐、吴廷華二家最善，余喜讀焉。漢之興，經書多出屋壁，而《儀禮》十七篇獨完。世儒頗推周公所爲，斯固不必然，而要爲輔政致太平之書無疑。蓋《周禮》者會典，而《儀禮》乃通禮也。讀其書，醇懿典則，制度完備，與謨誥同風。使人即欲進退揖讓鼓舞而不自知。百世下猶若此，況生於其際者邪？孔子曰：「郁郁乎文哉！吾從周。」豈不信哉！余是以歎昌黎韓子之不善讀《儀禮》也，僅掇其奇辭奧句而已。又曰：「攷於今，誠無所用之。」獨不知後世冠昏之緣飾，喪服之因革，何嘗不出《儀禮》。所闕失者，王朝、邦國禮耳，余意古經出魯淹中，文相似，多三十九篇者即是。劉歆欲以建立學官，而惜乎其不得也。不然，歆號博極羣書，若其文差與《左氏春秋》、《毛詩》、《古文尚書》不類，又何必爲之發憤增歎也哉？

清儒學案卷一百六十九終

清儒學案卷一百七十

天津徐世昌

羅山學案

自唐確慎提倡理學，湘南學者皆宗紫陽而黜姚江。羅山尤爲切實，以醇儒爲名將，一時部曲多出講學生徒。其事功雖未竟，意量足與姚江相抗。其論治軍本諸性道義理，不尚權謀。仁者之勇，斯其異於兵家言歟。述《羅山學案》。

羅先生澤南

羅澤南，字仲嶽，湘鄉人。所居曰羅山，因以自號。幼穎悟，十歲能文。家世貧甚，年十九即藉課徒取貲自給。於是喪母，又喪其兄，旋喪王父。十年之中，門庭多故，先生益自刻厲，憂所學不能拔俗而入聖，恥無術以濟天下。年三十三，乃補縣學生。逾四十，始補廪生。咸豐元年，舉孝廉方正。二年，粵匪攻長沙，縣令召先生練鄉勇。曾文正公督治團練，遂以其徒屬焉。擊平衡山、桂東土寇。江西省城被圍，檄使赴援，湘軍越境討賊自此始。至則解南昌圍，破安福賊。歸從曾公東征，七戰而平岳州，復三縣，克武昌、漢陽，大捷於田家鎮，收黄梅、廣濟，進攻九江，規湖口，又復弋陽、廣信、義寧等州縣，所向皆捷。武昌再陷，先生以書抵曾公，具論吴楚形勢，以爲欲取九江、湖口，法當先圍武昌；欲取武昌，法當先清岳、鄂之交。曾公韙其言，乃疏請以先生回援武昌，遂略定通城、崇陽、蒲圻、咸寧而達武昌，與巡撫胡文忠公、提督楊岳斌會師，攻戰歷五月，剷除賊壘殆盡。六年三月二日，以霧中追賊至城下，右額中礮子，傷創甚。越三日，病不能起，索紙筆書曰：「亂極時站得定，纔是有用之學。」臨卒，握胡文忠公手曰：「武漢未克，江西復危，不能兩顧，死何足惜，恨事未了耳。其與迪菴好爲之。」迪菴，李忠武字也。語畢而瞑，年五十。先生以諸生立功，累官至寧紹台道。既卒於軍，朝旨照巡撫例賜卹，予謚忠節。

先生之學，推尋濂洛關閩之緒，瘏口焦思，大暢厥旨。以爲天地萬物，本吾一體。量不周於六合，澤不被於匹夫，虧辱莫大焉。慓降衷之大原，思主静以研幾，故宗張子而著《西銘講義》一卷，宗周子而著《人極衍義》一卷。幼儀不慎則居敬無基，異説不辨則謬以千里，故宗朱子而著《小學韻語》一卷、《姚江學辨》二卷。嚴義利之閑，窮陰陽之實，旁及州域形勢、百家述作，靡不研討，故有《讀孟子劄記》二卷，《周易附説》一卷，《皇輿要覽》若干卷，《詩文集》八卷。又著有《養氣説》，不傳於世。參曾國藩撰神道碑銘、李元度撰别傳、年譜。

周易附説序

朱子《卦變圖》一卦變爲六十四卦，得四千九十六卦，皆《易》中自然之道，足發前聖所未發。惟於彖辭、《彖傳》之往來、上下字義以卦變釋之，似非畫卦作《易》之本旨。六十四卦，體也。筮，用也。聖人設卦觀象，繫辭焉以明吉凶，俾筮者得以觀變而玩占，辭因卦象而繫，非因既筮之後觀變而始著也。即以卦變論之，如乾之一爻變者，變在初爻爲姤，在二爻爲同人，三爲履，層遞而上，至於六爻皆變，次第井然。究竟同人之二爻非自姤之初爻而來，履之三爻非自同人之二爻而上。《本義》釋泰、否、咸、恒、蠱等卦不專取卦變，於卦變多以「或」辭疑之，可見非朱子之定論矣。澤南久從征討，無書可讀，以卜筮爲軍中所需，攜《本義》一册自隨。因攻潯陽未下，時從披覽，以驗時事之消息。竊意《易》之爲《易》，有交易，有變易。陰陽交而卦畫成，陰陽變而筮法立。彖辭、《彖傳》之往來、上下，皆以明交易之義，似於變易無涉。爰存管見，附於《本義》之下，以備一說。軍務宂雜，此心莫靜，未知於畫卦作《易》之指有當否也。録而存之，以俟正於世之君子。

讀孟子劄記

問：詖、淫、邪、遁之詞甚爲難辨，知言之功當自何始耶？曰：不消急，要去辨別他底，惟先深格物致知工夫，將聖賢大中至正之道辨得明白，表裏精粗，毫無蒙蔽，則彼說來前，便能燭其病之所在。否則，我之理未明，彼之說可聽，不惟不能辨其是非，將有墮於其中而不自知者。權衡既設，輕重不可得而淆；繩墨既立，曲直不可得而混。孔孟程朱之說既明，佛老陸王不可得而蔽。欲知言者，詎可不窮理哉？

仁義禮智具足於心，故隨其所感，則惻隱、恭敬、羞惡、是非之心見。然有從一條路上發者，有一時並發者，亦有連類而發者，看他是甚麽事來，即有甚麽心應之。如見孺子入井，此惻隱之心發也。設見有人推孺子入井，必怒其人之不仁，此是羞惡之心；知其人之不仁，是是非之心；不忍孺子之死，是惻隱之心。霎時間此心盡爲流露，皆有不待安排者，此理各足於中故也。

告子論性諸説，後世言性之失者，皆不出其窠臼。杞柳，性惡之説也。湍水，揚子性善惡混之説也。生之謂性，佛氏作用是性之説也。性無善無不善，蘇氏、胡氏之説也。經孟子辨明，其謬説猶紛紛不息者，以孟子未言氣質之性，無以解諸子之惑故也。至宋儒發明氣質之性，孟子性善之旨已瞭然矣，而陽明復竊其無善無不善之説，以張宗旨，謂心之體無善無惡。如其所言，則是人之爲善於性無所與，爲惡於性無所損矣。佛氏曰：「不思善不思惡時，認本來面目。」陽明之言，固釋氏之邪説，亦告子之真派也。

良心者，仁義之心也。旦晝之所牿亡，牿亡此良心也；夜氣之所存，存此良心也。人之良心雖放，本然之性亦時流露於日用之間，不至盡絶。到夜間休息，其氣漸清，理亦漸明。所以平旦之氣，其好惡猶得人心之同然。是必其日間存得些子，夜間才存得這些子。若其旦晝所爲純是一片私欲，本然之良斲喪殆盡，雖夢寐之中猶是七顛八倒，使盡機械，早辰才開眼，物欲遂交集於前，平旦之好惡，亦與人相去遠矣。理寓於氣之中，有是氣即能存得此理。夜氣足以存之，旦晝之氣亦足以存之。苟能於旦晝所爲，一一準乎天理，順乎人情，不敢稍有縱肆，則此日用之間便莫不存得此理在，何待夜氣而始存？至徒恃夜氣以存之，其人之心已不堪問矣。至夜氣不足以存，名雖爲人，心實禽獸，惜哉！

人性皆善，何以人之善不善若是之不同與？曰：性善者，天命之本然也。有善、有不善者，氣稟之各異也。氣有清有濁，斯人有智愚也。有純有雜，斯人有賢否也。有强有弱，斯人有勇怯也。故上哲之資清而純，下愚之資濁而雜。其中人則毗陰毗陽，或靜或躁之不同。氣稟拘于生初，物欲蔽于後起，斯人之才遂至于千變萬殊而不可紀極。然而物與人分明暗也，聖與凡分通塞也，暗者不可使之明，塞者猶可使之通。氣質之性，君子終不爲所囿者，變化之道是在乎人爲也。盡性則人事皆天，好學則氣質無權。

立一身之主宰而提萬事之綱者，其維心乎？心也者，理之輿也。事物未至，理具于心；事物既至，心即運此理以應之。其靜也，動之理所由存；其動也，靜之理所由發。視也、聽也、言也、動也，皆心之所統攝也。蔽交於前，其中則遷也。君臣也、父子也、夫婦也、昆弟也、朋友也，皆心之所因應也。彝倫攸斁，本心以喪也。仁民也、愛物也，皆心之所運用也。一物不得其所，則心有所不忍也。心之爲物，靈變不測，出入無定時也，因應無定在也。放而縱之，茫然莫知其所至也；苦以拘之，又急迫而不能久也。御之以理而居之以敬，動靜交修，内外夾持，庶能保之而不失耳。嗟嗟，心與迹非判然爲二者也。存其心，所以爲應事之本者也；敬其事，所以安其心也。徇于物欲而不返者，邪也；憂其力之所不能，思其智之所不及者，妄也。屏見聞，絶思慮，以求其心之不動，梏其心者也。去日用，棄人倫，直心放則仁失，心存則仁存。求其放心者，即求仁也。學問之道固非一端，無一非所以求放心，即無一非所以求仁。格致所以窮此仁也，誠正修所以體此仁也，齊治平所以推此仁也。一言語無非仁之所在，慎言即求以存仁；一舉動無非仁之所在，謹行即所以存仁。是故人欲求仁，不可不從事於學問。學問充，則仁可得而全；學問不充，則仁不可得而盡。《孟子》曰：「學問之道無他，求其放心而已矣。」謂學問之道皆所以求放心也。後人誤會此旨，遂謂人不必講學讀書，只要存得本心。吾不知學問之功不深，此心何由而存？幾何而不流於異端哉。

人極衍義

人身一天地也，得天地之氣以成吾形，得天地之理以成吾性。精氣，其天之覆幬乎？骨肉，其地之持載乎？聲音，風雷之鼓盪乎？血液，雨露之涵濡乎？毫髮，草木之榮滋乎？經絡，山川之條理乎？呼吸，晝夜之循環乎？寐興，寒暑之往來乎？老幼死生，元會之遞降乎？曰仁、曰禮，元亨之通乎？曰義、曰知，利貞之復乎？天地，一大人也。人，一小天地也。心天地之心，行天地之事，其量固未嘗或隘也。蓋天地人同一太極也，理之一也；天地人各一太極也，分之殊也。其分殊，其理一，分之有畛，合之無間也。由是觀之，太極之在天地，遠而難明者也。太極之在吾身，近而易見者也。明乎吾身之太極，天地之太極不外是矣。周子曰：「聖人定之以中正仁義而主靜，立人極焉。」

指此心見性成佛者，戕賊其心者也。其

體不立，其用不行，烏可言養心？

二帝三王之法本于道，二帝三王之道本于天。大經大法，萬世所不能外，而其制度文爲，則必隨時而損益。禹湯文武即生今日，夏商成周之制亦有不能盡行者，道無古今，用有古今也。必泥其迹而行之，非通儒之經濟矣。必曰先王之法度盡不可行于今日，先王之法必違乎天理、拂乎人情而後不可行也。苟其爲天理之自然與乎人情之同然，又何不可行之有哉？安石以管、商之術行官禮之事，新法驟行，禍延天下，匪惟不知先王之道，亦不知先王之法者也。懲其失者，遂謂古制必不可復，因噎而廢食耳。陸子曰：「三代之政，豈終不可復哉！顧爲之必以其漸而不可驟耳。」程子曰：「有《關雎》、《麟趾》之遺意，而後可以行《周官》之法度。」

天能生民，天自能養民也。宇宙之物，力足供萬民之取給。以天下之粒養天下之民，固未有見其不足者。後世豪民，罔有功德，競其豐富，勢敵王侯。貧者皆天之所生，至求一立錐之地而不可得。富日益富，貧日益貧，匪天之于人有偏，君不能制産故也。井不必盡畫也，即今之地勢可限也；水不必盡溝洫也，即今之陂池可溉也；宅不必盡五畝也，即今之廬舍可居也。惟正其經界，定其多寡，計民之數而授之，則天下之貧富可均，天下之民志可定矣。子之貧富不均，父母不忍也。民之貧富不均，天地亦不豫也。法雖創于先王，道則準之天地。師其意而行之，庶斯民盡有所歸耳。《孟子》曰：「夫仁政，必自經界始。」

西銘講義序

《西銘》言仁之體也，義已見於其中。程子以理一分殊贊之，其理無餘藴矣。朱子懼後人之難知也，爲之作《解義》，使天下學者知句句有箇理一分殊在。然而世之能遽悟其旨者亦鮮。己酉夏，澤南爲諸生講《西銘》，用伊川分立而推理一之旨，作《講義》示之。每句始言一家之父母兄弟，繼乃推到天地民物，因其分之立者，以明其理之本一。又繪一圖，上下推布，於理一之中分之森然者益明，以附於朱子《解義》之後，爲初學設也。夫《西銘》之理一不難知也，分殊難知；分殊不難知也，分殊之中各有其處之之道難知。然而豈知之而遂已哉？人稟二五之精以生，理即從而賦之。天地萬物皆吾一體，雖其中親疏殊情，貴賤異等，而其天理之流行實未嘗有一毫之稍間。如一身然，冠則以之尊其首，服則以之章其身，黈纊以之塞其耳，履舄以之重其足，隨形付物，各有所當，而疾痛痌癢，要皆息息之相關。其氣稍有不貫，則手足痿痹，爲之不仁，有不可間隔故也。是以古之君子，「親親而仁民，仁民而愛物」，必皆有以盡其當然之則。向使於分殊之處一毫有所未善，則此一理之渾然者遂有所虧而莫周；義之不盡，又何以爲仁之至哉？《西銘》所以言仁者至矣，所以言義者亦明矣。讀是書者，必即其理一分殊之旨知之明，復處之當，俾吾之所得諸天地之塞、天地之帥者爲不失，則亦庶乎其克肖矣。程子曰：「充得盡時，聖人也。」孟子曰：「人皆可以爲堯舜。」

小學韻語敍

余道光戊申，課徒左氏芭蕉山房，日與諸生講小學、大學之方。諸生以朱子《小學》一編爲人生必讀之書，惟語句長短參差不齊，小兒初入學，遽以此授之，往往不能以句，思欲有以便於讀而不得。余因爲之撮其大要，輯爲《韻語》。復取古人註、疏附於其下，令其隨讀隨解。諸生樂其誦之易也，方欲鋟之木，而粵匪之禍起矣。自戊申以來，迄今九年。一夫倡亂，禍延東南，天下絃誦之聲或幾乎熄。余以一介書生，倡提義旅，馳驅於吳楚之間，而其一時同事者及門之士居多，共患難，一死生，履險蹈危，絕無顧惜，抑何不以利害動其心耶？當天下無事之秋，士人率以文辭相尚，有言及身心性命之學者，人或以爲迂。一日有變，昔之所謂迂者，奮欲起而匡之救之，是殆所謂「其愚不可及」者與？亦由其義理之説素明於中故也。余自愧德薄，不能以身教人。竊幸諸生克自奮發，不負其平日之所習，尤願其益相策勵，日親當代崇實之儒，拔本塞源，共正天下之學術。學術正，則禍亂有不難削平者，非徒恃乎征戰已也。《孟子》曰：「經正則庶民興，庶民興，斯無邪慝矣。」此之謂耳。諸生軍務倥傯之餘，尤日取此編相爲參訂，恐因亂而失也，付於攻木氏。余因有感於當世之務，復慨乎其言之。

姚江學辨

陽明先生曰：「性善之端須在氣上始見得。若無氣亦無可見矣。惻隱、羞惡、辭讓、是非即是氣。程子謂：『論性不論氣，不備；論氣不論性，不明。』亦是爲學者各執一邊，祇得如此説。若見得性明白時，氣即是性，性即是氣，原無性、氣之可分也。氣者，理之運用；理者，氣之條理。無條理，則不能運用；無運用，則亦無以見其所謂條理者也。」

孟子言性善，後世論性者紛紛不一，至宋儒分言義理之性、氣質之性，道始大明于天下。蓋人性皆善，因乎義理之同然。其心有善惡之不同者，氣質各殊故也。雖曰「天命之理不離乎氣之中」，要之，理自理，氣自氣，實有不相蒙者。陽明曰：「性即氣，氣即性。」又曰：「氣者，理之運用；理者，氣之條理。」是告子「生之謂性」矣，佛氏之「作用是性」矣，烏足與言性哉？嘗讀《孟子》之書，雖未明言氣質之性，而其言性與氣者亦多矣。「雖存乎人者，豈無仁義之心哉？牿之反覆，則其夜氣不足以存」，謂夜氣不足以存仁義也。夜氣即仁義，豈人之違禽獸不遠者，無仁義亦無夜氣乎？「其爲氣也，配義與道」，謂養其浩然之氣，足以配道義而行之也。道義即氣，何以謂之配乎？王子之居移氣即爲移理，何以不如「居天下之廣居」者乎？孟施舍之守氣即爲守理，何以不如曾子之守約乎？是一是二，固不待辨而明矣。且也理即是氣，則血氣未定，即爲理之未定；血氣方剛，即爲理之方剛；血氣既衰，即爲理之既衰。君子之戒色、戒鬭、戒得，亦甚覺其不順乎理也已。陽明不然宋儒之分言氣質，以爲理即是氣，獨不思乎孔孟之言理與氣，早已判然也哉？且夫理，至一者也；氣，不一者也。氣運有古今，道不以古今而殊也；風氣有南北，理不以南北而異也；氣數有壽夭窮通，理不以壽夭窮通而增減也；氣稟有智愚賢否，理不以智愚賢否而加損也。果如陽明之言，則「堯舜性之，湯武身之」，其稟氣之清者，故其理亦善也。熊虎之狀，豺狼之聲，其稟氣之惡者，即其理之惡也。中人之性可以爲善，可以爲惡，亦其理之有善有惡也。凡天下之人，有躁氣，有暴氣，有乖氣，有戾氣，有惰慢之氣、囂張之氣、邪靡之氣、噍殺之氣，皆不得謂之爲非理。匪特主持風氣、挽回氣運與自立乎氣數之學可以不必，即變化氣質之功亦可以不用矣，尚得成其爲人乎哉？夫學陽明之學者無論矣，明儒之中亦有力詆陽明爲禪爲佛者，而於理氣合一之說終不敢以爲非，抑亦未之思耶。

陽明曰：「夫心之本體即天理也。天理之昭明靈覺，即所謂良知也。君子之戒慎恐懼，惟恐其昭明靈覺者昏昧放逸，流于非僻邪妄，而失其本體之正耳。」

「明道謂：『吾學雖有所受，然天理二字卻是自家體認出來。』良知即是天理，體認者實有諸己之謂也。」

「良知者，心之本體，即所謂恒照者也。」

「爾那一點良知，自爾自家的準則。爾意念著處，他是便知是，非便知非，更瞞他一些不得。爾祇不要欺他，實實落落，依著他做去，善便存，惡便亡，這裏何等穩當快樂。『惟天下至聖，爲能聰明睿知』，舊看何等玄妙，今看原是人人自有底。耳原是聰，目原是明，心思原是睿知，聖人只是一能之耳，能處正是良知。衆人不能，只是箇不致知。何等明白簡易。」

「人要知這良知訣竅，隨他多少邪思妄念，這裏一覺，都自消融，真箇靈丹一粒，點鐵成金。」

「吾良知二字，自龍場以後已不出此意。只是點此二字不出，與學者費卻多少辭說。今幸點出，意真是直截。學者聞之，亦省卻多少求索。一語之下，洞見全體。學問之道至此，已是十分說得下落，但恐學者不肯實去用力耳。」

「薛尚謙、鄒謙之、馬子莘、王汝止侍坐，因歎先生自征寧藩以來，天下謗議益衆，請各言其故。有言先生功業勢位日隆，天下忌之者日衆。有言先生之學益明，故爲宋儒爭是非者亦日博。有言先生自南郡以後，同志信從者日衆，而四方排阻者日益力。先生曰：『諸君之言，信皆有之。但吾一段自知處，諸君俱未道及耳。』諸友請問，先生曰：『我在南郡以前，尚有些子鄉愿底意在。我今信得這良知真是真非，信手行去，更不著些覆藏。我今纔做得箇狂者的胸次，使天下之人都說我行不掩言也罷。』」

良知二字，本之孟子，曷病耶？曰：非良知二字之病，陽明所言之良知有病也。陽明所言之良知，非孟子之所謂良知也。人之爲人，有心，有性，有情。仁義，性也；愛敬，情也；知愛、知敬者，心也。人得天地之理以成性，即得天地精英之氣而爲心。心之爲物，虛靈不昧。性之具于其中者，能燭照而不差。事物之來，心即運此理以應之。能知者，氣之靈也。所知者，心之理也。孟子言良知，隨明之曰「知愛其親、知敬其長」，又曰「親親，仁也；敬長，義也」，欲人即此知之自然者，以見仁義爲吾性之固有，非謂良知即天理也。四子之書言知者多矣，曰知德、曰知道、曰知禮、曰知止、曰知性、知天，言道、言德、言止、言天、言性，此指理而言也，未有以知爲理者。陽明謂良知即天理、即本體，蓋誤認氣爲理矣，誤認心爲性矣。孟子之言豈如是哉？且也人稟二五之氣，有或清或濁之不同，故其心之所知有或廣或狹之各異。稟氣之最清者，知之所及自能徹始徹終。其次，則其氣不能極清，故其知不能極明。人無不知愛其親也，愛中之條理孰能悉周？人無不知敬其兄也，敬中之儀節豈能盡照？知愛知敬者，天性之同然。有不能盡知者，氣稟之有限也。試即天下之人觀之。事有知其大綱而不能知其細微者矣，有知其一偏而不知其全量者矣。且有語以一理，多方導之而不能悟者矣；投以一事，竟日思之而不能會者矣。彼其心豈無良知哉？特以資有所蔽而不能遽知耳。❶孟子言知言知性，言博學詳說，嘗示人以學問之道。蓋必有學而後可以充其知，固未嘗以此良知遽欲人廢學也。陽明則謂人人有此良知，是便知是，非便知非；且謂至誠之聰明睿知，是人人皆有矣。誠如是，天下皆聖人矣，天下皆生知矣。孔子曰：「或生而知之，或學而知之，或困而知之。」其言甚謬矣。曰：「民可使由之，不可使知之。」其言不足信矣。何以古今來昏昧者若此其多，聖人若此其少乎？捐棄學問，徒恃良知，孟子之言又豈如是哉？然則陽明之於良知，何津津言之不置耶？曰陽明之學，佛氏之學也。陽明

❶「有」，原作「自」，清咸豐九年《羅忠節公遺集》本《姚江學辨》卷一作「有」，據文意當爲「有」之壞字，今據改。

之良知，即佛氏之本覺。佛者，覺也。覺有始覺、有本覺。本覺者常住不動，真性如如者也。始覺者，由悟而入者也。佛經多言慧、言智，曰真識，曰善知識，曰藏識海，曰平等智慧，曰不生不滅等是智。曰如來清淨智、曰識宅，皆指其本體而言。蓋佛氏以知覺爲性，故以慧智言本體也。陽明奉此邪説，自以爲絶大神通。曰「良知即天理即本體」，真性如如之本覺也。曰「覺得良知訣竅，隨他多少邪思妄念，都是消融」，由悟而入之始覺也。達摩不立言語文字，即心即佛；陽明掃除學問，主良知以立教，是爲謹守孟子之言乎？抑亦悖叛孟子之道而入達摩之室乎？顔子没而聖學亡，孟子之學久爲良知家所鄙棄，不過借此二字以遮蓋佛氏頭面已耳。故曰陽明所言之良知，非孟子所言之良知也。陽明自南郡以來，始以致良知爲宗旨，前此猶未溺於此乎？曰：陽明自幼即篤信二氏，特未於孔、孟書中得此二字，以爲改頭換面之具，故屢費辭説而猶不能明其意。及其辭之既窮，又不能遁入舊説，此陽明自謂「有鄉愿底意思」也。及此二字入手，遂不難舉孔孟程朱之旨盡納之佛氏矣。不亦無忌憚之甚哉！

「仙家説到虛，聖人豈能虛上加得一毫實。佛氏説到無，聖人豈能無上加得一毫有。但仙家説虛從養生上來，佛家説無從出離生死上來，卻於本體上加卻這些意思在，便不是虛無的本色，便於本體上有障礙。聖人衹是還他良知的本色，更不著些子意思。在良知之虛，便是天之大虛；良知之無，便是太虛之無形。日月、風雷、山川、民物，凡有形貌聲色，皆在太虛無形中發用流行，未嘗作得天地障礙，聖人祇是順其良知之發用。天地萬物俱在我良知發用流行中，未嘗又有一物超於良知之外，能作良知的障礙。」

問：「佛以出離生死誘人入道，仙以長生久視誘人入道，究其極至，亦是見得聖人上一截。後世儒者又只見聖人下一截。」陽明曰：「所論上一截、下一截，亦是人見偏了如此。若是聖人大中至正之道，徹上徹下，直是一截，更有甚上一截、下一截？」

天地萬物皆實理之所爲也。理至虚也，而有至實者存；理至無也，而有至有者在。故天得此理，有以成其爲天；地得此理，有以成其爲地；日月、風雷、山川、民物得此理，有以成其爲日月、風雷、山川、民物。人禀天地之精英以生，性之具於其中者爲最明。藴之爲五常之德，發之爲惻隱、羞惡、恭敬、是非之情，施之爲視聽言動，與夫君臣、父子、夫婦、兄弟、朋友，由是而仁民，由是而愛物，由是而贊化育、參天地，莫不因此理之自然者爲之綱維於其間。分雖殊，理實一也。是故聖人者，順此真實之理，以達其用于天下。民彝物則，所以常存于宇宙也。仙佛者，滅此真實之理而陷溺于虚空，日用倫常所以盡去之而不顧也。今其言曰「仙家説到虚，聖人豈能虚上加得一毫實？佛家説到無，聖人豈能無上加得一毫有」，是實以聖賢之真實而爲佛老之空虚也。誠如是，是必掃天下之至實而盡歸之于虚，滅天下之至有而盡歸之于無矣。即令不盡掃之，盡滅之，而其所以視此至實、至有者皆爲外鑠，而不出于性之本然矣。匪特口耳鼻舌身意及君臣、父子、夫婦、昆弟、朋友之倫可以棄之而不顧，即天之運、地之載、日月之照臨、風雷之鼓盪、山川之流峙、民物之蕃生，皆歸夢幻，而適見其多事矣。充陽明之説，是不至毀滅天地，消融民物而不已也。豈其然哉？夫仙家説長生，佛家説脱離生死苦海，此固背叛天理以自私自利者也。然莊子外形骸、一死生，養生之説已爲其所不屑言。佛家以阿羅漢獨了死生爲下乘，運載無邊得無上菩提爲上乘，則超免輪迴，猶佛説之最低者。即教仙家不言長生，佛家不言脱離生死苦海，其所以爲教者與聖人之道同乎？異乎？舍其虛無之大罪，徒責其長生輪迴之私利，是放飯流歠而問無齒决耳。至謂儒者之教，與仙家長生久視誘人入道、佛家之出離生死誘人入道徹上徹下，原自一貫，是不僅聖人之道無異于佛老之虛無，而其所以自私自利者亦與之無别矣。言之不經亦至此極哉？陽明自幼酷好二氏，十七歲入鐵柱宫，見有道者叩之，得聞養生之術。後又聞地藏洞有異人，坐卧松毛，不火食，歷巖險訪之，因論最一上乘。乃築室陽明洞中，行導引術。三十七歲，居龍場驛中，夜悟《大學》格物之旨，始謂《大學》之道吾性自足，向之求理于事物者誤也。五十歲，居南昌，始揭良知之學教人。自謂千聖相傳一點骨血。聖賢實有之旨，盡從而變亂之。蓋其浸淫于二氏者深矣。人苟不深格致之功，確見聖道之所在，不爲邪説所亂者幾希。《孟子》曰：「能言距楊墨者，聖人之徒也。」

曰孚問曰：「先儒謂一草一木亦皆有理，不可不察。如何？」先生曰：「夫我則不暇。公且先去理會性情，須能盡己之性，然後能盡物之性。」

「初年，與錢友同論做聖賢，要格天下之物，因指亭前竹子，令去格。看錢友早晚去窮格竹子的道理，竭其心思，至於三日，便至勞神成疾。當初說他直是精力不足，某因自去窮格，早夜不得其理。到七日，亦以勞思成疾。相與歎聖賢是做不得的，無他大力量去格物了。及居夷三年，能見得此意思，乃知天下之物本無可格者。其格物之功，只在身心上做工夫，決然以聖人爲人人可到。」

程子九條言格物之功，罔不切於身心。此條謂求之性情，固切於身，然一草一木亦皆有理，不可不察，非欲人不窮身心家國天下之道，而徒留心於一草一木以矜博洽也，❶特以一草一木各有至理，取之必有其道，用之必有其節，亦不可不審察耳。君子之於物也，愛之而弗仁，故仁民之心重且長，愛物之心輕且短。非不欲重且長也，物與我既同生而弗類，則其愛之之勢亦有不能偏及者。其格物也亦然。於身心家國天下之道，窮之必極其精，究之必盡其量，而於草木鳥獸亦惟察其所以取之、用之之道而已。蓋其所以格之者即格我所以愛之之方，不格其理則必有不得其宜者矣。使謂草木鳥獸不必致察，則孔子所謂「多識于鳥獸草木之名」，不亦無所裨益也哉？若夫亭前竹子之說，不過陽明設言以嘲格致之學者耳。彼將格生竹子之道乎？萬物稟天地之氣以生，形形色色，莫非孕此二五之精，不必獨即竹子格之也。其格竹子之用乎？則彰明較著，不勞如此之審索也。以智慧之陽明，七日尚

❶「亦皆有理」至「於一草一木」三十字，原脱，今據《姚江學辨》卷二補。

不解竹子之道，陽明何若是之愚乎？以不學而知之良知，七日尚不解竹子之理，良知何若是之昏乎？以不肯格物之陽明，于日用倫常不肯稍爲窮究，于一竹子竟格至七日而成病，又何舍其所當格而格其所不必格者乎？此嬉笑怒駡之言，實未嘗有其事耳。

愛曰：「著述亦有不可闕者，如《春秋》一經，若無《左傳》，恐亦難曉。」先生曰：「《春秋》必待傳而後明，是歇後語謎矣，聖人何苦爲此艱深隱晦之詞。《左傳》多是魯史舊文，若《春秋》須此而後明，孔子何必削之？」愛曰：「伊川亦云：『傳是案，經是斷。如《春秋》弑某君、伐某國，若不明其事，恐亦難斷。』」先生曰：「伊川此言，恐亦相沿世儒之説，未得聖人作經之意。如書某弑君，即弑君便是罪，何必更問其弑君之詳。征伐當自天子出，書伐國，即伐國便是罪，何必更問其伐國之詳。聖人述六經，只是欲正人心，只是要存天理、去人欲。於存天理、去人欲之事則嘗言之。或因人請問，各隨分量而説，亦不肯多道，恐人專求之言語。故曰『予欲無言』。若是，一切縱人欲與乎滅天理底事，又安肯詳以示人，長亂導奸也？」

「《詩》非孔子之舊本矣。孔子曰『放鄭聲，鄭聲淫』，又曰『惡鄭聲之亂雅樂也』，『鄭、衛之音，亡國之音也』，此是孔門家法。孔子所定三百篇，皆所謂雅樂，皆可奏之郊廟，奏之鄉黨，皆所以宣暢和平，涵泳德性，移風易俗。安得有此？是長淫導奸矣。此必秦火之後，世儒附會，以足三百之數。蓋淫佚之詞，世俗所喜傳，於今閭巷皆然。『惡者可以懲創人之逸志』，是求其説而不得，從而爲之辭。」

《春秋》一書，聖人即二百四十年行事，筆則筆，削則削，以定其事之是非，而垂萬世之法戒。而其事之源委，自必觀傳而後明。聖人非厭魯史舊文詳載奸亂之事，故削之以杜其禍也，欲人知某事爲可法，某事爲可戒，筆之削之，以寓其褒貶也。陽明謂已書弒君，書伐國，何必更問其弒君、伐國之詳。一切縱欲滅理之事，聖人必不肯詳以示人，以長亂而導奸。誠如所論，則《春秋》之詞雖簡，亦既明書其弒君矣，明書其伐國矣，豈遂不足以長亂而導奸乎？是聖人必掃滅古今之惡事，使天下之人耳不得而聞，口不得而言，而後可以正一世之人心，又何必明書其惡，以示天下萬世乎哉？《詩》之爲義，朱子論之特詳。「善者可以感發人之善心，惡者可以懲創人之逸志」，二語可以括三百篇之大旨，而發「思無邪」之蘊。陽明謂孔子所定三百篇，皆是雅樂，鄭、衛之詩必秦火之後世儒附會以足三百之數。不知太史採詩以觀民風，欲以觀民風之邪正也。使徒採其詩之善者而去其惡者，民風亦無由而觀矣。「《詩》可以觀」，以觀其得失也。使有勸而無懲，學者亦何由而觀之？聖人之放鄭聲也，不令其聲奏之於郊廟、朝會，以其能溺人聽也。而不删其詩者，欲以見風俗之邪正，使人知有所戒也。又何疑其爲世儒之附會，以足三百之數哉？《詩》與《春秋》二經，聖人所以善惡並存者，原以昭古今之法戒。使謂《詩》之淫亂者必删去而不可存，則《春秋》之弒君伐國，聖人亦不必筆之於書矣。陽明之學喜簡而厭繁，《春秋》經聖人之筆削，則不敢議，遂謂傳可以不存。《詩》有鄭、衛之風，遂謂是後儒之附會。總之，欲人措其心於語言文字之外，不復窮經以致用耳。豈有他哉？

「先生遊南鎮，一友指巖中花樹，問曰：『天下無心外之物，如此花樹在深山中，自開自落，於我心何相關？』先生曰：『爾未看此花時，此心與爾心同歸於寂。爾來看此花時，則此花顏色一時明白起來，便知此花不在爾的心外。』朱本思問：『人有虛靈，方有良知。若草木瓦石之類，亦有良知否？』先生曰：『人的良知便是草木瓦石之良知。若草木瓦石無人的良知，不可以爲草木瓦石矣。豈惟草木瓦石爲然，天地無人的良知亦不可以爲天地矣。蓋天地萬物原是與人一體，體必有主，其發竅之最精處是人心一點靈明，風雲雷雨、日月星辰、禽獸草木、山川土石與人原是一體，故五穀禽獸之類皆可以養人，藥石之類皆可以療疾，只爲同此一氣，故能相通耳。』」

人之與物同稟此天地之理以成性，同稟此天地之氣以成形，天地萬物皆吾一體，故五穀可以養人，藥石可以治病，以同此氣故也。然其理雖一，而其氣則有靈明頑蠢之不同，故物之與人有絕不相通者。夫飛禽走獸有血氣，斯有知覺也，草木則無知覺矣。巖谷之花自開自落，不以無人看而寂然，不以有人看而感通。陽明謂「未看花時，花與人心同歸於寂；至看花時，花色便明白起來」，果何從見其明白乎？草木猶有生機者也，瓦礫則無生機矣。頑質蠢魄冥然罔覺，碎之則痛癢無關，存之亦情意胥絕。陽明謂「草木瓦石之良知即是人之良知」，果何從見瓦石之有良知乎？蓋陽明之學本之釋氏，其以天下無心外之物，此《楞嚴經》所謂山河大地咸是妙用真心中物也。巖花開落，與心無關，則花在心外矣，不得不曲言「花色一時明白」也。以良知爲天理，此佛氏之以知覺爲性也。草木瓦石無良知，則天下有性外之物矣，不得不言草木瓦石之有良知也。不知性屬乎理，知屬乎氣，氣既不同，靈頑各别。花色即不明白，固無害於此氣、此理之同。草木瓦石雖無知，亦無害於此氣、此理之一。陽明矜言萬物一體，實不明乎萬物一體之道，故其言遂如是之牽强耳。大珠和尚曰：「黄華若是般若，般若即同無情。翠竹若是法身，法身還能應用。」彼以般若法身在黄花翠竹之外，蓋亦不知此氣、此理之同故也。子貢曰：「君子一言以爲知，一言以爲不知。」誠哉是言也！

「蘇秦、張儀之智也，是聖人之資。後世事變文章，許多豪傑名家只是學得儀、秦故智。儀、秦故智善揣摩人情，無一息不中人肯綮，故其説不能窮。儀、秦亦窺見得良知妙用，但用之於不善。」

古今樂言良知者，莫陽明若也。古今來之誣良知者，亦莫陽明若也。良知者，本乎天理之自然而出者也，仁也自能知其爲仁，義也自能知其爲義，斯謂之良知。機械變詐，不循乎理之當然，良知之賊也。古之人性道精明，義理昭著，陰謀詭譎概不敢用，而臨事而懼，好謀而成，詐與不信，亦自能先覺之，能充其良知之量故也。張儀、蘇秦，妾婦之道也。揣摩人情，無一些不中肯綮，妾婦中之慧而黠者也。三代而還，正學不行，事變之來，人多師其故智，以僥倖成功，是以禮義日見其喪亡，人心日見其偷薄。其所以錮蔽此良知者，甚非淺鮮。陽明於儀、秦之智稱之爲「聖人之資」，稱之爲「窺見良知妙用」，亦何其相賞之甚耶？蓋陽明以虚爲性，不肯講求義理，惟憑此心良知矜爲妙用，自闔自闢，自舒自卷，自以爲絶大神通，是以於儀、秦之故智不禁津津樂道之，孰知其所以揣摩人情者，正所以戕賊其天理哉？宸濠之變，陽明之功鉅矣！爲國擒賊，其志可謂忠矣！嘗考其成功之由，陽明聞濠反，恐其徑趨兩京，僞爲兩廣提督軍門火牌，云：「率狼達兵四十八萬，齊往江西公幹。」濠見檄果疑，未發。又欲離濠之將士也，作賊心腹李仕實、劉養正僞書，賊將凌十一、閔念四投降僞狀，濠偵獲之，是以疑養正而不信其謀。大功之成，皆因用反間之力。濠闇而多疑，故無一不中肯綮耳。除逆勦賊，此固忠勇之舉，無可議者。而其作用，則儀、秦之故智也。嗚呼！陽明其亦善用權術者與？

答羅整菴先生書曰：「某之所謂格物，其於朱子九條之説皆包羅統括於其中，但爲之有要，作用不同，正所謂毫釐之差耳。然毫釐之差而千里之謬，實起於此，不可不辨。孟子闢楊墨，至於無父無君。二子亦當時之賢者，使與孟子並世而生，未必不以之爲賢。墨子兼愛，行仁而過耳。楊氏爲我，行義而過耳。此其爲説，亦豈滅理亂常之甚，而足以眩天下哉？而其流之弊，孟子至比於禽獸夷狄，所謂『以學術殺天下後世』者也。今世學術之弊，其謂學仁而過者乎？謂之學義而過者乎？抑謂之學不仁義而過者乎？吾不知其於洪水猛獸何如也。孟子曰：『予豈好辯哉？予不得已也。』楊墨之道塞天下，孟子之時，天下之尊信楊墨當不下於今日之尊尚朱説，而孟子獨以一人呶呶於其間。噫！可哀矣。韓氏云：『佛老之害甚於楊墨。』韓愈之賢不及孟子，孟子不能救之於未壞之先，而韓愈乃欲全之於已壞之後，其亦不量其力，且見其身之危，莫之救以死也。嗚呼！若某者其尤不量其力，果見其身之危，莫之救以死也矣。夫衆方嘻嘻之中獨出涕嗟，若舉世恬然以趨而獨蹙額疾首以爲憂，此其非狂病喪心，殆必誠有大苦者隱於其中，而非天下之至仁，其孰能察之？其爲《朱子晚年定論》，蓋亦不得已而然。中間年歲早晚誠有所未考，雖不必盡出於晚年，固多出於晚年矣。」

古今之深詆朱子者，莫如王陽明一人也。人皆謂其致良知之説與朱子格物致知異，而不知其所以與朱子異者不僅在格物致知也。夫不僅格物致知與朱子異，何獨於朱子之格致詆之如是之深耶？曰：凡朱子之所言者，皆古聖賢之所已言者也。古聖賢已言之，則不敢直詆之。格物致知，《大學》缺其傳，朱子獨補其亡，故遂以爲亂聖賢之旨而悖《大學》之道，不遺餘力以詆之也。然則，陽明之所以異於朱子者又何在與？曰：其本體異也，其大用異也。體用之異可得而辨與？曰：朱子以性爲有善無惡，陽明以性爲無善無惡也；朱子以性爲理，心不可謂之性，陽明以心爲性，吾心之靈覺即天理也；朱子以仁義禮智爲性之本然，陽明以仁義禮智爲心之表德也。此本體之所以異也。若夫善念之發，朱子以爲率性，陽明則謂心體上著不得些子善念也；好善惡惡，朱子以爲皆務決去而求必得之，陽明則謂心之本體本無一物，著意去好善惡惡，又是多了這分意思也；萬事萬物，朱子以其理皆具於心，日用倫常各有當然之則，陽明則以事物爲外來之感應，與心體無涉，以事事物物各有定理，是爲揣摩測度於其外也。此大用之所以異也。蓋惟性善則實，實則萬事無不實，故必下學上達而後能優入乎聖域。此格物致知，所以爲明善之要也。性無善則虚，虚則萬事無不虚。故一悟本體即是工夫，此即物窮理陽明所以視之爲外也。兩家意旨如冰炭之不相入，此是則彼非，此非則彼是，勢有不可兩立者。向使僅格物致知與朱子異，所以言全體大用者無不同，則所以不同者雖偏，而其所以同者尚不失爲聖賢之道。孰知南轅北轍，其相懸殊已至於此哉？嗟乎！古之佛老，猶在吾儒之外也。後世之佛老，則在吾儒之中，以其陽儒而陰釋也。昔之陽儒陰釋，猶以佛老之理隱託乎聖賢之道也。今之陽儒陰釋，則直以聖賢之道折入於佛老之中。是故孔孟之言不敢直詆之也，則創爲一説以解之，謂孔孟之道即吾之道也；朱子之言可以直詆之也，斥朱爲洪水而不惜毁朱爲猛獸，而不顧以己之詆朱比孟子之闢楊墨而不慙；以朱子之道非孔孟之道，所以異於吾之道也。無如當時崇尚朱子者多也，當時之推尊朱子者至也，一日舉而闢之，無以杜天下之口，乃録其言之與己相似者，著爲《朱子晚年定論》，謂朱子悟後之論，實與吾道相脗合。今觀其書，有於全文中摘録其一段，而首尾之異己者去之矣。有朱子中年之書，指爲晚年者矣。夫不知其晚年而誤以爲晚年可也，觀其答整菴曰「中間年歲早晚誠有未考」，是又明知其非晚年之書，誣之以欺人也。嗟乎！陽明欲以此欺當時耶？當年已不可欺矣。欲以此欺後世耶？朱子之書具在，又安得爲其所欺哉？夫朱子之道，孔孟之道也。格致之旨，孔孟之嫡傳也。孔孟之精微，非朱子無以發；濂洛之藴奥，非朱子無以明。掃功利，排佛老，摧陷肅清，義精仁熟，此功直在萬世也。孔子之聖，不以無人議而有加；朱子之道，不以有人言而或損。乃欲以佛老之虚寂毁聖賢之功修，曾何傷於日月乎？多見其不知量也。

文集

性理

太極者，理也。陰陽者，氣也。人得陰陽之氣以成形，即得太極之理以成性。孟子曰「性善」，斯誠足以開斯民之愚蒙，啟萬世之聾瞶者也。但性有天命之性，有氣質之性。天命之性者，維皇降衷，厥有恒性，全體渾然，初無偏倚，此溯原於太極者也。氣質之性者，天以此理賦之人，必隨是氣以與之。氣有互陰互陽之不同，故質有或昏或明之各異。得木之性居多者清則仁慈，濁則柔靡；得火之性居多者清則高明，濁則暴烈，推之於金、於水、於土亦然。此禀受乎陰陽者也。告子言性，惟因其氣質之不同而不能溯其大原。孟子明辨乎天命之初，以揭其本然之理，特未指言乎氣質，故終無以祛斯人之惑。有宋程氏出，始以天命之性兼言乎氣質之性，曰「論性不論氣，不備；論氣不論性，不明」，故朱子稱程子闡性之功爲最大焉。雖然，人之所以禀乎氣者不同，人之所得是理者未嘗或異。有人於此，其性急躁，一日自知其失，痛自損抑，其人則爲和平之人也。其性柔緩，一日自知其非，勉自振作，其人則爲剛健之人也。自古至今，其得氣之極清而爲聖人者少，其得氣之極濁而爲下愚者亦少。其餘奮其力皆可以爲聖賢，縱其欲皆可以爲庸昏。蓋從容中道者，渾然太極也。修身體道者，復反此太極也。困知勉行，百倍其功，以至於明、至於强者，仍不失此太極者也。孟子曰「人皆可以爲堯舜」，非虚言也，特人自不爲之耳。丹朱、商均氣質固自不美，又不肯用力於道，雖有其父，亦無可如何，向使自深其克復之功，未必不可以任天下之重。桀、紂昏庸，詬病萬世，苟能充其聰明才辯之資以求道，當不至於如此。如水之在河，昏濁已極，汲而澄之，可以使清也；珠之在泥，光輝已掩，出而滌之，可以使明也。人不能言致其力，而反謂其性之不善，其爲自暴自棄亦已甚矣！聖學不明，人性日失，牛山之木徒供伐牧，可勝惜哉！

道德

人受天地之中以生，無一理之不具於心者，道之體也；率其性之本然，發之於日用事物之間者，道之用也。大禹之治河也，鑿龍門，疏底柱，瀹孟津，循其自然之迹，以輸其水於海，更千餘年，天下無水之患。至漢黄河決，水失故道，潰浸盈溢之禍迄今終不可救。人之於道也亦然。苟得其道，以之齊家國，育萬物，參天地而無難。苟失其道，以之治一身而不足。《中庸》言道推本於天命之原，是蓋明道之所以爲道，實吾性之固有，而其體道之功則必求之於卑邇，而不求之於高遠。蓋爲父、爲子自有父子之道，盡其道則太極之理見於父子也；爲君、爲臣自有君臣之道，盡其道則太極之理見於君臣也；爲夫、爲婦自有夫婦之道，盡其道則太極之理見於夫婦也；爲兄、爲弟自有兄弟之道，盡其道則太極之理見於兄弟也。誠能竭人事之當然，固無不合乎天命之自然者。有人曰：「吾欲成泰華之高，而此一簣之微，吾不屑覆之也。」吾知其必不能成其高也。有人曰：「吾欲成湖海之大，而此一勺之水，吾不屑聚之也。」吾知其必不能成其大也。舍日用事物之端，而求道於荒茫微渺之域，無怪其不知道也已。夫修道者，君子也。悖道者，小人也。敦我天倫，植我天紀，序我天秩，復我天常，君子之所以吉也；隳名教，壞綱常，毁忠信，崇奸宄，小人之所以凶也。遵道者安，棄道者危；守道者存，叛道者亡。人而自外乎道，而猶謂其能誠此身也，豈理也哉？唐虞以降，傳道統者數聖人，而此數聖人者亦不過盡一身當然之則，「堯舜，性之也」，全此身之道者也；「湯武，反之也」，體此身之道者也。禹、皋、伊、旦、孔、曾、顔、孟，存此身之道者也。達而行道於天下，是以此一身之道以教天下之共由此道者；窮而明道於萬世，是以此一身之道以俟後世之繼任此道者。人無異人，道無異道，古之聖賢豈欺我哉？有宋諸儒，發堯舜之薪傳，續孔孟之微脈，聖賢之道益以大明於天下。後有作者，讀其《詩》、《書》，考其緒論，身體而力行之，可無餘事矣。

與譚硯農書

人之爲學必先立志。志不立，雖以至易爲之事，逡巡畏縮，靡然而無所成。志一立，雖以至難爲之事，鼓舞而不可禦。夫所謂立志者，志爲聖人而已矣。今人安於卑陋，與之言爲聖人，莫不大驚小怪，謂此豈吾輩所能勝。不知聖人者，亦祇盡夫一身之所當爲也，亦祇全乎人之所以爲人也。孝如大舜，孝之至也，於子道未嘗有所加也。忠如周公，忠之至也，於臣道未嘗有所益也。雖其生知安行，非尋常所可驟及，然加以困勉之力，亦可漸臻於遠大。蓋人稟天地之理以成性，其理足以應萬事而無所虧；稟天地之氣以成形，其氣足以配道義而無所餒。苟鋭其奮往之志，一日用力於仁，至重也，吾自任之；至遠也，吾自致之，又何事之不可成？何境之不可臻哉？《孟子》曰：「自暴者不可與有言也，自棄者不可與有爲也。」其自暴自棄，亦因乎志之不立耳。夫志立矣，而其用功之道又不可不講。窮理者，所以離夢而就覺也，格物致知必期本末之兼明；居敬者，所以祛欲而全天也，存心養性必務動静之交修。不居敬則無以立窮理之本，不窮理則無以明居敬之功。不本末兼明則其所知者不全，不動静交修則其所守者必偏。是以程子之九條，朱子之補傳，曾子之戒欺求慊，子思之存養省察，無不切切言之，以爲聖學之準繩，吾人之步趨也。至日用倫常各有當行之道。今人學之不進者，動謂以事累之。不知事之所在，即爲道之所在。事爲我所當爲，是合依理行之，則處己接物，無非學問工夫。天下無事外之道，欲存心而厭事，必作禪入定而後可也。聖賢之學，豈如是哉？

附録

先生嘗曰：「某自幼貧不能讀，先大父暨父母鍾愛之，四歲命讀書，十歲出就外傅。時大父年將七十矣，家業零落，四壁蕭然，至不能具饘粥。一聞予讀書聲，則撚鬚自喜，飢寒俱忘。館中饔飧不能繼，恒典衣質物易食食之。大父一布袍，親持入典肆者六七次，皆爲予讀書也。得米無遠近，必親送之館。嘗曰：『吾之以汝讀書者，欲汝明大義，識綱常，不墮先人清德耳。』」年譜。

先生家酷貧，溺苦於學。夜無油，抱卷讀月下，倦即露宿達旦。李元度撰別傳。

道光乙未大旱，饑疫作，先生罷試，徒步歸。夜半叩門，則其妻方以哭子喪明。時飢甚，索米爲炊，無有也。同上。

先生自少篤志正學，好儒先性理書。賀公長齡、唐公鑑皆重之，賀公延課其子。同上。

先生在軍四載，論數省安危，皆視爲一家骨肉之事，與所注《西銘》之旨相符。其臨陣審固乃發，亦本主靜察幾之説，而行軍好相度山川脈絡，又其講求輿圖之效。曾國藩撰神道碑銘。

或問制敵之道。先生曰：「無他，《大學》知止數語盡之矣。《左氏》再衰、三竭之言，其注脚也。」同上。

羅山弟子

李先生續賓

李續賓，字迪菴，湘鄉人。沈毅寡言笑。膂力過人，習騎射，能挽三石弓。羅山講學里中，折節受學，與弟續宜並在弟子列。咸豐三年，湘勇始起。先生秉父令從師，將右營。嘗以千人破數十倍之衆，塔忠武歎爲名將。半壁山之役，賊勢甚盛，軍士逃者三人，自追還，揮淚斬之，軍心乃固，卒以大勝。每戰克捷，軍中羅山挈持大綱，其戰守機宜胥付先生。及羅山卒，遂統全軍，克武昌，下九江，礫林啟榮，詔援廬州，所部精鋭多留守湖北。又分守所收諸城鎮，故其力益薄。抵三河集，賊日陳玉成、李世賢遽以十萬環攻，或勸突圍。先生曰：「軍興十年，皆以退走損國威。今日固必死。」取所奉廷旨批摺焚之，曰：「不可使宸翰辱賊手。」乃開壁躍馬，馳入賊陣死之，年四十有一。舒城難民尋得遺骸，送大營歸葬。先生在軍已授浙江布政使，至是贈總督，謚忠武。有奏疏一卷，書牘二卷。曾國藩撰神道碑銘、李元度撰別傳、朱孔彰撰別傳。

鍾先生近衡

鍾近衡，字苕洲，湘鄉人。少端愨，與弟近濂同師事羅山，與聞宋儒飭躬克己之緒，自立課程，日注言動見聞于册，有過則立起自責，如疚疢之在躬，必去之而後快。羅山亟稱之，嘗語劉孟容曰：「吾門爲己之學，鍾生其庶幾乎？」咸豐四年三月，先生從王壯武追賊於蒲圻羊樓司，陷圍，力戰死之。近濂，字楚池，同死羊樓司之役。並從祀羅山祠。參朱孔彰《羅忠節公別傳》。

按：朱孔彰《中興將帥別傳》有《羅山弟子目録》一篇，自李續賓、鍾近衡外，有王鑫，字璞山，謚壯武；李續宜，字希庵，謚勇毅；劉騰鴻，字峙衡，謚武烈；蔣益澧，字薌泉，謚果敏；楊昌濬，字石泉；鍾近濂，字楚池；羅信東，字介山；羅信南，字雲浦；羅信北，字鏡堃；羅鎮南，字曉春；易良幹，字臨莊；易良翰，字芝生；謝邦翰，字春池；左樞，字夢星；康景暉，字斗南；翁質登，字雲窗；朱宗程，字鐵橋；潘鴻燾，字伊卿；王開仍，字心牧。又有陳達、謝絅齋、賀彝齋、左月樓、左黼臣、左植臣凡二十七人，或著戰績，或負時名，而學詣不可考見，附記於此。

羅山交游

曾先生國藩別爲《湘鄉學案》。

胡先生林翼別見《湘鄉學案》。

左先生宗棠別見《湘鄉學案》。

劉先生蓉別見《湘鄉學案》。

郭先生嵩燾別爲《養知學案》。

清儒學案卷一百七十終

清儒學案卷一百七十一

天津徐世昌

九江學案

粵東自阮文達建學海堂，學者如林，多從事漢學考證。九江獨泯門户之見，崇尚氣節，志在經世，規模閎大，可謂特立之士。從游甚衆，順德簡竹居最守師法。述《九江學案》。

朱先生次琦

朱次琦，字稚圭，一字子襄，南海人。所居曰九江，學者稱九江先生。道光丁未進士，即用知縣，分發山西。隻身之官，攝襄陵縣。先有劇盜趙三不棱越獄逃於未抵任時，偵其所在，假郡捕馳百里至曲沃，夜縛之，人以爲神。縣有平水，與臨汾縣分溉田，民爭利搆獄，數年不決。與臨汾令會，勘定水則，各用其半。士人立碑頌之。聽訟，告無成期，狀無成式。或不知書，即口訴。行縣所至，有遮訴者，在道與決，引服則已，恒終日不笞一人。創保甲，追社倉穀，禁火葬，罪同姓婚，除狼患，頒《讀書日程》。在任僅百九十日，民俗大化。引疾歸，居家教授二十餘年，從學者自遠而至。同治初，被薦起用，不出。疆吏疏陳「講明正學，身體力行，比閭族黨，薰德善良」，詔賜五品卿銜。光緒七年卒，年七十五。先生爲學，不分漢宋，尤重躬行。其讀書之法分五端：曰經學、史學、掌故、性理、辭章。所著述有七：曰《國朝名臣言行録》，法朱子也。曰《國朝逸民傳》，嘗仕者亦書，據逸民柳下惠也。曰《性學源流》，淪本誼而決其支也。曰《五史實徵録》，宋、遼、金、元、明，采以資今也。曰《晉乘》，如程大昌《雍録》也。其書名未定，有論國朝儒宗者，倣黄梨洲《明儒學案》，而不分漢學、宋學，以辨江鄭堂《師承記》之非。有紀蒙古者，勤北邊也。臨殁之年，謝絶人事，從事整理，既而疾作，知難卒業，盡焚其稿，僅存手輯《朱氏傳芳集》五卷，《南海九江朱氏家譜》十二卷，《大雅堂詩集》一卷，《燔餘集》一卷，《橐中集》一卷。後門人簡朝亮爲訂年譜，蒐集詩文暨附録，都爲十卷，曰《朱九江先生集》，行於世。參史傳、簡朝亮撰年譜。

年譜

先生居九江，遠方從學者日至。先生講學禮山下，有古大夫歸教州里之風。於是講學終二十餘年。每聞先生曰：「烏虖！『孔子殁而微言絶，七十子終而大誼乖』，豈不然哉！天下學術之變久矣，今日之變，則變之變者也。秦人滅學，幸猶未墜。漢之學，鄭康成集之。宋之學，朱子集之。朱子又即漢學而稽之者也，會同六經，權衡四書，使孔子之道大著於天下。宋末以來，殺身成仁之士遠軼前古，皆朱子力也。朱子，百世之師也，事師無犯無隱焉者也。然而攻之者互起，有明姚江之學以致良知爲宗，則攻朱子之格物。乾隆中葉至於今日，天下之學多尊漢而退宋，以攷据爲宗，則攻朱子爲空疏。一朱子也，而攻之者迺相矛盾虖？學術之變，古未有其變也。烏虖！古之言異學者，畔之於道外，而孔子之道隱。今之言漢學、宋學者，咻之於道中，而孔子之道歧。何天下之不幸也？彼攷据者不宋學而漢學矣，而獵㻝文，蠹大誼，叢脞無用，漢學之長有如是哉？孔子曰：『德之不修，學之不講，是吾憂也。』吾今爲二三子告，蘄至於古之實學而已矣。學孔子之學，無漢學、無宋學也。修身讀書，此其實也。二三子其志於斯虖？修身之實四：曰惇行孝弟，崇尚名節，變化氣質，檢攝威儀。今之學者，其聞古之孝弟則曰『吾心固如此也，其事則不能矣』。及其有失也，則曰『事如此，吾心不如此也』。然則，汝心則是，汝事則非，孰使汝心不能達於事耶？抑汝心未誠耳？誠以行之，如古之孝弟也，家人且化焉。鄭濂舉治家之道曰：『不聽婦言而已。』夫有言而不聽，豈若化之而無言虖？且骨肉之間，學者動以理爭也。夫烏知爭財者罪，爭氣者罪，爭理者亦罪。《禮》曰：『門外之治誼斷恩，門内之治恩掩誼。』蓋不可以理爭也。有變，則以仁術全之可也。《孝經》曰：『立身之道，揚名於後世，以顯父母。』立身也者，名節之謂也。今天下之士，其風好利而鮮名節，二百年於茲矣。學者不自立，非君子人也。昔者伊尹辨誼，武侯謹慎，辭受取與、出處去就之間，昭昭大節，至今照人，如日月之在天也。張子曰：『形而後有氣質之性，善反之則天地之性存焉。』《鴻範》曰：『沈潛剛克，高明柔克。』變化之道也。能自克而勝氣質，則剛柔濟事，是攸好德也，攸好德則宜在五福。不能自克，而氣質勝，則剛柔害事，是弱也，弱則宜在六極。此學者之元龜也。今之學者輒曰不羈威儀，鮮自力。《詩》曰『不弔不祥，威儀不類』，言亡國徵也。以言學者，亦亡身徵也。故鬼幽鬼躁，管輅猶覘之矣。雖然，修身者，不讀書不可也。讀書之實五：曰經學、史學、掌故之學、性理之學、辭章之學。夫經明其理，史證其事，以經通經，則經解正；以史通經，則經術行。掌故者，古今之成法也。本經史之用，以參成法，則用法而得法外意矣。性理非空言也，《易》曰『翰音登于天，何可長也』，性理者，所以明吾學之大，皆吾分也。用之無所驕，不用無所歉。古來才大而器小，或矜伐自用，若管仲、姚崇、李德裕、張居正者，猶譏焉。吾以爲性理之書，誼如《懿戒》，足以自箴矣。歐陽氏曰：『文章止於潤身，政事可以及物。』夫信以文章非及物者虖？君子之學以告當世，以傳來者。《書》以明之，《詩》以歌之，非文章不達也，皆及物者也。孔子曰：『言之無文，行而不遠。』南宋而後，古文之道寖衰，天下必當有興者，二三子其志於斯虖？烏虖！有明季年，流賊乘之，今吾衰矣。金陵之盜，憂方大也。《孟子》曰：『下無學，賊民興。』可不懼哉！」以上講學大旨。

先生曰：「讀書者，格物之事也。王姚江講學，譏朱子讀書，曰致良知可也。學者行之，流弊三百餘年。夫良知、良能皆原孟子，今舉所知而遺所能虖？既不讀書，何以致良知也？不讀書而致良知，宜姚江不以佛氏明心爲非也。此心學之弊也。子路佞於孔子，曰：『何必讀書，然後爲學？』則孔子之讀書爲學，其常也。昔者姚江謫龍場驛，憶其所讀書而皆有得。姚江之學繇讀書始也，故其知且知兵，其能且能禦亂。」

先生曰：「陳文恭之學，非不宗朱子也。

文恭自謂於古聖賢之書無所不讀也。其詩曰：『吾道有宗主，千秋朱紫陽。』此其所繇入德也。明英宗北狩，弟景帝立。及英宗歸，景帝錮之。英宗太子，皇太后所立也，景帝廢之而立己子，人倫蔑矣。於是虖文恭不赴禮闈。憲宗即位，復赴焉。此其知出處之大誼也。昔者定公元年孔子不仕，而仕於定公九年。當是時，賊臣意如既卒，終使昭公合墓。二子無猜，道成孝友。《春秋》之變而得其正也，文恭足知之矣。文恭之學，讀書而靜養也，朱子所法虖孔子者也。文恭之教，使學者端坐澄心，未讀書而靜養，則所養者未必端倪之正也，非朱子所法虖孔子者也。」

先生曰：「六經者，古人已然之迹也。六經之學，所以踐迹也。踐迹而入於室，善人之道也。所謂『深造之以道，欲其自得之也』。子張問善人之道，子曰：『不踐迹，亦不入於室。』陸子靜，善人也，未嘗不學，然始事於心，不始事於學，而曰『六經注我，我注六經』，雖善人虖，其非善人之道也。」

先生曰：「顧亭林讀書亡明之際，抗節西山。《日知録》、《遺書》繇體及用，簡其大法，當可行於天下，而先王之道必不衰。」

先生曰：「紀文達，漢學之前茅也。阮文達，漢學之後勁也。百年以來，聰明魁異之士多錮於斯矣。烏虖！此天下所以罕人才也。」

先生曰：「小學非六書而已也，紀文達必從《漢志》，非也。朱子《小學》，小學之道也。《大戴禮》曰：『古者年八歲而出就小學，學小藝焉，履小節焉。束髮就大學，學大藝焉，履大節焉。』《尚書大傳》略同。是故小學養大學。」

先生曰：「《皇清經解》，阮文達之所詒也，殆裨於經矣。雖然，何偏之甚也！顧亭林之學，不分於漢宋也。今采其説，尊宋者芟焉。如《日知録》於《易》謂「不有《程傳》，大誼何繇而明虖」之類，今不采。書以國朝爲目，當時之儒非皆漢學也。若方靈皋者流，迺一言之不録也。」

先生曰：「宋儒言去欲，漢學者以爲非，曰：『所欲與之聚之』，孟子誼也。彼漢學者東眂不見西牆矣。人欲有公而有私也，《樂記》所謂『滅天理而窮人欲』者也。《漢書》黥布反，高祖隃謂布曰：『何苦而反？』布曰：『欲爲帝耳。』然則布之欲也，其宜去虖？抑不去虖？」

先生曰：「荀爽九十五日而登台司，眂鄭君何如哉？比牒併名，早爲宰相，鄭君之素風無失也。此行虖經學者也，漢學之真也。」

先生曰：「經誼所以治事也，分齋者歧矣。丘文莊《大學衍義補》嘗辨分齋之非。經學所以名儒也，分門者窒矣。」近人著書，有以經學、名儒分門者。

先生曰：「儒有君子、小人，然《儒林傳》外立《道學傳》焉，則《宋史》之失所尊也。《漢書》鄭康成、《唐書》韓退之，皆列傳也，奚必標異虖？」

先生曰：「今之子弟所志者，科名而已。所力者，八股、八韻、八法而已。故今之所謂佳子弟，皆古之所謂自暴自棄之尤者也。」以上申古之實學。

先生曰：「讀書者何也？讀書以明理，明理以處事。先以自治其身心，隨而應天下國家之用。」

先生曰：「古之學者六蓺而已矣，於《易》驗消長之機，於《書》察治亂之迹，於

《詩》辨邪正之介，於《禮》見聖人行事之大經，於《春秋》見聖人斷事之大權。」

先生曰：「《漢書·藝文志》云：『古之學者耕且養，三年而通一藝，存其大體，玩經文而已。是故用日少而蓄德多。三十而五經立也。』吾聞經師之法，日誦三百言，數以貫之。《荀子》「誦數以貫之」，言重習也。不及三年，雖在中人，五經皆辯。辯同徧。昔者東方朔年二十二，上書自言『十六學《詩》、《書》，誦二十二萬言。十九學《孫吴兵法》，亦誦二十二萬言』。凡已誦四十四萬言。繇今攷之，朔六年之中日誦二百言有奇，中人無不能也。少苟失學，何患於無年虖？」

先生曰：「《王制》：『樂正崇四術，立四教，順先王《詩》、《書》、《禮》、《樂》以造士。』此古者大學之教也。《左傳》：『韓宣子適魯，觀書於太史氏，見《易象》與《魯春秋》，曰：周禮盡在魯矣。吾乃今知周公之德與周之所以王也。』夫《春秋》，魯史也。《周官》以大卜掌《易》，故宣子，晉之賢大夫也，猶於是始見其書。宣子之所見者周之制也，而歎之若此，況益以孔子之文虖？《史記》：『孔子以《詩》、《書》、《禮》、《樂》教弟子，蓋三千焉。身通六藝者，七十有二人。』孔子曰：『皆異能之士也。』是故六藝之學不可無序。」

先生曰：「《樂經》亡而不亡也，樂章存乎《詩》，樂節存乎《禮》。孔子雅言非不及樂也，有存乎《詩》、《禮》者也。」

先生曰：「《注疏》者，學十三經之始也。古今名家聲音、訓詁，去其違而終之經誼焉，可也。」

先生曰：「漢興，諸經復出。秦火之殘，釋者難之。漢制，治經專經也。國朝初制，未改專經。今之困學者師焉，或拘而失矣。

以眡荒經，不猶瘉虖？」

先生曰：「韓子云：『士不通經，果不足用。』然則通經將以致用也，不可以執一也，不可以嗜瑣也。學之而無用者，非通經也。董子云：『《詩》無達詁，《易》無達占，《春秋》無達辭。』此董子之能通經也。孟子言《詩》皆無達詁。班氏云：『後世經傳既已乖離，博學者又不思多聞闕疑之誼，而務碎誼逃難，便辭巧説，破壞形體，説五字之文至於二三萬言，後進彌以馳逐。故幼童而守一蓺，白首而後能言，安其所習，毀所不見，終以自蔽。』此學者之大患也。今之漢學，其免班氏之譏否也。」

先生曰：「朱子，師程子者也。朱子釋經，不或匡程子之失虖？志遜而辨，辭恭而直，朱子事師之誼也。今之漢學喜攻朱子，蜩沸者無譏矣，將或中焉，惜夫其不如朱子之事師也。」

先生曰：「六書小學，治經者所時資也。必謂先盡讀小學諸書，而後可通聖人之道也，將徒蔽之也，爲其書之不能無鑿也。」

先生曰：「《傳》云：『易有聖人之道四焉：以言者尚其辭，以動者尚其變，以制器者尚其象，以卜筮者尚其占。』是故後之《易》家執其一焉，則賊也。」

先生曰：「《書》僞古文，亂經也。」

先生曰：「《詩序》傳之子夏，而不皆子夏所傳者也。學者辨焉。」

先生曰：「《春秋》之作，懼邪説也。孟子，其通《春秋》之微，告戒於百世者矣。《左氏》、《公羊》雖佐《春秋》，惑邪説者十二三焉。《穀梁》頗鑿，然罕惑也。故《春秋》之學，舍傳不能通經，違經不能正傳。」

先生曰：「《記》云：『禮，時爲大。』學禮者，宜何如會通也？」

先生曰：「史之於經，猶醫案也。」

先生曰：「《書》與《春秋》，經之史，史之經也。百王史法，其流也。正史紀傳，《書》也。《通鑑》編年，《春秋》也。以此見治經治史，不可以或偏也。」

先生曰：「二十四史，讀之者其要可知也。四史，《史記》、《前漢書》、《後漢書》、《三國志》。史之冠也。《明史》，史之近也。」《史記·六國表序》：「以其近己而俗變相類。」

先生曰：「《資治通鑑》，史學之大用也，雖百世可爲王者師矣。畢氏之續未逮也，然續者猶推焉。」

先生曰：「《通鑑》立文，先書之要，後書之詳，蓋《綱目》存焉矣。若夫《綱目》，非朱子成之也，纂於門人，趙師淵諸人。其文寙而疏。」

先生曰：「《通鑑》書戰者詳，兵謀之蓄也。」

先生曰：「《紀事本末》，其尋之也易，不亦宜備虖？」

先生曰：「孔子雅言，周之掌故備其中矣。《詩》，《商頌》而外，皆周詩也。《書》則《周書》爲多。夏殷之禮微，所執者周禮也。」

先生曰：「九通，掌故之都市也。士不讀九通，是謂不通。」

先生曰：「掌故之學至賾也，繇今觀之，地利軍謀，斯其亟矣。」

先生曰：「知掌故而不知經史，胥吏之才也。」

先生曰：「『古無所謂理學，經學即理學也』，顧氏之言是矣。雖然，性理諸書，翦其繁枝，固經學之佐也。」

先生曰：「《易》尚《文言》，後之語録則

無文矣。」

先生曰：「人有鄉黨自好之人，文亦有鄉黨自好之文，君子不爲也。」

先生曰：「經史之誼，通掌故而服性理焉。如是，則辭章之發也，非猶虖文人無足觀者矣。」宋劉忠肅每戒子弟曰：「士當以器識爲先，一命爲文人，無足觀矣。」

先生曰：「有古誼，然後有古文。明之七子學古文而未能，無古誼也。韓子讀三代兩漢之書，志其誼，法其文，文成古文，誼求古誼也。學者爲文，志過其師，迺及其師。故學文不徒自韓子始。韓子以來名家輩出，皆有可師，然莫如韓子。唐以前之文多華，唐以後之文多樸；唐以前之文多曲，唐以後之文多平；唐以前之文句多短，唐以後之文句多長。散文、駢文，古無別出。《堯典》申命，孔傳《繫辭》，可類明也。故曰：駢文有氣即爲古文。壽文，非古也，君子謂之諂。古《詩》三百，今之詩法通焉。李、杜、韓、蘇，詩之四維，得於《詩》三百者尤多。」

先生曰：「爲韓侂胄作《南園閱古泉記》者，陸務觀也。爲石亨作《族譜跋》者，吴子傳也。爲嚴嵩作《鈐山堂集序》者，湛元明也。皆君子而失之者也。故曰：許人一文，猶許人一女。」以上申讀書之實。

先生曰：「居父母之喪，不可以居講院也，功令之所嚴也，然而知之者罕也。哀哉！」

先生曰：「雖有國賊，敢不畏直節之士哉？淮南王安日夜爲反謀，曰：『漢廷大臣獨汲黯好直諫，守節死誼，難惑以非。至如說丞相弘等，如發蒙振落耳。』《資治通鑑》。然則漢之丞相，苟有汲黯之風也，淮南必不動矣。」

先生曰：「士之於名節也，終身之力，豈一日之幸虖？《宋史》盧秉謁蔣堂，坐池亭，堂曰：『亭沼麤適，恨林木未就爾。』秉曰：『亭沼如爵位，時來或有之。林木非培植根株弗成，大似士大夫立名節也。』」

先生曰：「施彦執有言：『今人或處己廉，然掊克百姓，上以媚朝廷，下以諂權貴，輒得美官。雖不入己，其入己莫甚焉。此刦盜也。』」《北窗炙輠録》。

先生曰：「今之學者，寧爲介，毋爲其通。」

先生曰：「朱子稱吕伯恭變化氣質，何哉？伯恭之少也性暴怒，及讀《論語》曰『躬自厚而薄責於人』，遂自克也。朱子偁之，將以告吾學者也。讀書自克，吾學者之事也。」

先生曰：「宰相者，士之所爲爾。士無威儀，雖與之宰相，非其器也。鄭綮曰：『歇後鄭五作宰相，事可知矣。』」《新唐書》。以上申修身之實。

文集

擬請復漢儒盧植從祀摺

竊聞禮有五經，蓋注疏之功大；士有百行，惟忠孝之道光。尋墜緒，愈景遺徽；表人彝，斯隆祀典。伏攷漢儒盧植，涿郡涿縣人。剛毅有大節，與鄭康成同師。撰《尚書章句》、《三禮解詁》，而所注《禮記》，與鄭注並行後代。謹案《禮記》一書，爲羣經總滙，其間兼言三代之制，不無純駁之分，而後儒立解，大約推尋義理則易，攷釋名物則難。惟後漢鄭康成、盧植二人，得師説於不傳之餘，深文奥解，迥絶扳躋，誠經學之大師，聖門之宗子也。有唐貞觀二十一年，增定孔廟從祀二十二人，植與康成實在其列。當時敕撰《五經正義》，前儒傳注何啻百家，諸臣攷訂異同至詳至晰，從祀之典獨取此二十二人，亦可謂是非之公矣。代歷千年，未之有改。至明嘉靖九年，從輔臣張璁之議，以盧植、鄭康成學未顯著，改祀於鄉。我朝崇重經學，雍正二年，世宗憲皇帝詔復鄭康成從祀。迨乾隆中，儒臣杭世駿著議，請復植祀，與康成一體，議未果上，士論惜之。夫植書今雖不存，據《鄭志》答炅模云「注《記》時執就盧君」，則康成注《禮》，亦嘗就問於植矣。孔穎達，唐代通儒，其撰《正義》自蕭望之、許慎、賀循而外，南北諸儒若庾蔚、賀瑒、皇甫侃、熊安生諸人，莫不抉其疵謬，疏其結轄，而《禮記疏》中所根據於植者，凡二十九條，皆與康成顯然爲異，而不敢少加評駁。至《詩疏》、《續漢書·禮儀志》注、《通典》諸書均多援引植注。而有宋朱子亦亟稱之。則植之於《禮》純矣粹矣，焉得以學未顯著少之也？夫康成閉户釋經，其節概在逃何進之辟，避董卓之徵。而植當漢祚式微，中人搆禍，抽白刃嚴閤之下，追幼主河津之間，造次必於忠義，爲東漢宗臣第一。暨乎卓議廢立，楊彪、袁隗之徒皆喬木世臣，坐而結舌，植獨抗論不回，觝觸兇燄，僅以人望獲免。此非服膺聖教，博習經訓，能若是其見危不奪乎？是故荀爽推九家之《易》，慎墨而就三公；蔡邕正七經之文，依佪而參末議。未有若植之勁節彪炳焰燿史册者也。推其經術則如彼，條其行誼又如此，當復從祀，似無可疑。查自咸豐、同治以來，漢儒毛亨、宋儒陸秀夫、明儒方孝孺等或以傳經，或以仗節，先後列入從祀。況植專家之學，足範千秋；徇國之誠，亦風百世。所謂「隆禮由禮，經師人師」。竊應請旨，准復從祀，以光大典，於以還千載崇德報功之舊，於以正前朝懷私變古之愆。風聲所樹，士類奮興，使天下儒紳之徒，皆知遺經之可尋，大節之當立矣。

格物說跋

《格物說》三篇，定古經之正詮，屏羣言之底滯，匡謬正俗，辨僞得真，使程朱確詁，復明天壤。泰山可移，此案不動矣。中明陽明王氏倡致良知之說，不求諸事而求諸心，由是心學盛興，波蕩天下，三四百年，餘風未殄，可謂烈矣。謹案《漢書注》：「良，實也。」《孟子》「良能」、「良知」，不過與「良貴」之「良」同義，本無深解，不聞以此爲七篇宗旨也。況摘去「良能」，專稱「良知」，謂千古聖賢傳心之祕在是虖？大約王氏言吾人爲學不資外求，良知之體皦如明鏡，妍蚩之來，隨物見形，而明鏡曾無留染。「無所住以生其心」，佛氏曾有是言，未爲失也。明鏡之應，一照皆真，是生其心處。妍者妍，蚩者蚩，一過而不留，即無所住處。其平日論學指歸，往往如是。然試問良知作此解說，果有當於孟子論孩提愛親之仁否？蕭梁之世，達摩西來，始厭棄經梵，直指本心，不立文字。陽明祖述其說，並稱佛氏之言，亦不之諱，欲使儒釋相附，害道甚矣。此說中篇歷剖心學之誤，條辨如稼書、桴亭，而出以名通；證明如清瀾、北海，而去其憍激。儒者有用之言，所謂闡道樹教，縣日月而不刊者也。

附録

先生年十三，曾廣文釗說其幼敏，以謁制府儀徵阮文達公，命作《黄木灣觀海詩》。文達驚曰：「老夫當讓此子出一頭地，勝予《彩旗門》作矣。」年譜。

年二十九，盧制府選高才生十人，肄業學海堂，先生居首，以疾辭不赴。同上。

先生需次山西凡五年，僦居僧舍，出則徒步，入則齏鹽。嘗貽人書曰：「昔魏果敏官京師，不攜眷屬。王漁洋尚書戲作詩嘲之曰：『三間無佛殿，一箇有毛僧。』今有佛，勝果敏矣。」同上。

先生歸林下後，集宗人捐産贍族，修范氏義莊之法，完税祀先，養老勸學，閔嫠卹孤，捄喪賑歉，手定規條。輯《家譜》及《朱氏傳芳集》，皆謹嚴有法。同上。

先生官山西時，與安丘王菉友筠訂交，數貽書論學，謂：「方今士習日漓，根柢侻薄，不知伊於胡底。人材陁壞，職此之由。海内耆碩生，翳然將盡。後生不見老成，即聾從昧，將謂讀書學仕，不過爾爾。」言絶深切。文集《答王菉友書》。

九江弟子

簡先生朝亮

簡朝亮，字竹居，學者稱簡岸先生，廣東順德人。廩生。樊學使恭煦奏保，以訓導選用。光緒末，禮部奏聘爲禮學館顧問官，辭不就。先生年二十四，從九江學，三年學成。九江既卒，先生敍九江講學之言，爲《講學記》。又編《九江集》，而撰《年譜》列於卷首。復纂《九江傳》，蓋依《後漢書·鄭康成傳》、《唐書·韓昌黎傳》例焉。先生以教授終其身。著述日勤，往往徹宵無寐，皆本古經之義而旁通諸史。時詔遠近學者申告之，齗齗乎啓宣其義。著有《尚書集注述疏》三十五卷，《論語集注補正述疏》十卷，《孝經集注述疏》一卷，《禮記子思子言鄭注補正》四卷，❶《讀書堂詩文集》十三卷。民國二十二年卒，年八十三。參《讀書堂集》。

論語集注補正述疏序

《論語》之經，六經之精也，百氏之要也，萬世之師也。所謂「自生民以來，未有盛於孔子也」。秦雖火之，不能滅之，漢終復之。《易》曰：「復，其見天地之心乎？」自漢迄宋而至於今也，爲《論語》之學者，明經以師孔子也，惟求其學之叶於經而已矣，烏可立漢學、宋學之名而自畫哉！昔聞之九江朱先生曰：「古之言異學者畔之於道外，而孔子之道隱。今之言漢學、宋學者咻之於道中，而孔子之道歧。何天下之不幸也！」今念斯言，道中既不安，豈不由道外而他求歟？則道中咻者過矣。朱子之爲《論語集注》也，自漢迄宋皆集焉，終身屢修之，欲其叶於經也。其未及修之者，後人補之、正之，宜也。程子《易傳》、諸經說，朱子酌言矣。若《詩鄭箋》之於《毛傳》，若《周官》後鄭注之於先鄭說，皆補之正之而有叶也，何爲乎蔽者執漢學以攻宋學也？而或平之曰：漢學長訓詁，宋學長義理，斯不爭矣。是未知叶於經者之爲長，其長不以漢宋分也。明經之志，君子無所爭也。義理莫大於綱常，經言殷周所因而知其繼也，馬氏以綱常釋之。曾子稱「昔者吾友」而不名，如知其友何人也，必於義理知其友從事也，馬氏以「顏淵」釋之。此漢注非訓詁者，朱子采其説，此其義理之長也。鄭

❶「四」，原模糊不清，今據《續修四庫全書》本《禮記子思子言鄭注補正》補。

氏釋「雅言」爲「正言」，則言《易》、《春秋》亦皆正，非惟《詩》、《書》、執禮有然矣。朱子以「常言」釋之，然後見《易》、《春秋》不常言也。《史記》稱孔子教弟子者足徵也，博約之教乃開後學。鄭氏釋此經者，不釋約焉。朱子以約要釋之。由知而行，皆要也。孟子之學曰「説約」、曰「守約」，其自斯發歟？此宋注明義理者以訓詁而明，此其訓詁之長也。蓋叶於經者之爲長也，今必先知類焉。《左傳》稱仲尼曰：「古也有志，克己復禮，仁也。」此因楚靈王不能自克而言也。杜氏曰「克，勝也」，据《釋詁》也。朱子説同。今据《説文》而曰：「克，肩也，猶任也。」亦据《詩傳箋》也。仁以爲己任，克己者，任己也。「克己」與「由己」上下文同，非一例釋之不洽也。惟多欲如楚靈王，謂之不能自任，可乎？經言「斯焉取斯」，其同而異矣。復禮曰「克己」，勝己之人欲也。爲仁曰「由己」，從己之天理也。若孟子言「善不善，於己取之也」。今曰以天理勝人欲，非古學之言，何哉？《樂記》曰：「人生而靜，天之性也。感於物而動，性之欲也。」夫性之欲在人，上智則天理純者，不萌人欲，外物無由使之化；中人則不能。然其性始相近，其習終相遠，故曰：「人化物也者，滅天理而窮人欲者也。」謂私欲在己焉。《孟子》曰「所欲與之聚之」，其欲奚私乎？己有人欲之欲，勝私欲則可克也，故經言「毋我」也。己有天理之欲，從公理則可由也，故經言「我欲仁也」。己者，我也。今釋己一例，任己者不言勝己，且言「由己」也。有自由之任，無自克之勝，天下不因之野心不仁者幾何，其亦一日而風天下矣。一貫自子貢言，若《大學》言致知格物、物格知至也。一貫自曾子言，若《中庸》言達德、行達道，所以行之者一也。朱子於以明貫通之學矣。今据《廣雅》而曰「貫，行也」，吾道壹是皆以行之，此似而非者。既知必行，言學之常，以問子貢，何有疑焉？道在行事，當通告門人，不當呼曾子獨告焉。夫士非貫通之學，以末藝而專其名曰格致，將行之天下而窒矣。蘧伯玉，古君子知治亂者也。《大戴禮》稱衛靈公進伯玉者，以史魚尸諫而進之，其仕在史魚卒後矣。《左傳》稱季札適衛，言衛多君子，序蘧瑗在史鰌諸賢大夫之先，以德序也，非以位也。其時伯玉不仕也，故其避孫林父、甯喜之亂，皆可速行，自完大節。天下聖賢人皆樂與伯玉交也，誠君子哉！朱子從《左傳》者以斯乎？今不攷之，以爲伯玉已仕矣。如《左傳》說，則伯玉者，春秋之馮道也，而朱子攷之深矣。蓋朱子說既叶而當有申者，若此類也。「公山弗擾以費畔，召子欲往」，此召子而欲其往焉，猶「陽貨欲見孔子」也，欲見者，欲孔子見之也。彼欲其見，此欲其往也，故此與佛肸同列《陽貨》篇中。「召子欲往」以一句讀也，舊說讀曰「公山弗擾以費畔」，曰「召」、曰「子欲往」，則失其讀矣。如舊說，當曰「召子，子欲往」，「召」下宜多「子」之文也。今突爲一言曰「召」，非書法也。公山氏之亂，《左傳》言仲尼命伐之矣，以此知召而子非欲往也。「子路不說曰」者，子路不說公山氏而有言也。其爲文與「子路慍見曰」例同。子路有言以商於孔子，孔子不斥言之，故汎以召之有用者而言，明其用爲東周，非若公山氏者也，是徒召之矣。「佛肸召子欲往」以一句讀也，佛肸則微讀焉。佛肸召子而欲其往，何異公山氏之欲乎？而不先書之曰「佛肸以中牟畔」，以此在子路言中也。《鄉黨》篇曰「君命召」，其篇首特書「孔子」於先，書法然也。故《孟子・萬章》篇稱之，曰「孔子君命召」，今非其例也。舊説讀曰「佛肸召」，曰「子欲往」，亦失其讀矣。子非欲往而子路言「子之往也」，則設言云爾。猶夫子無求而子貢言「夫子之求之也」。孔子不斥言之，故比物爲喻焉。召而不往，堅以白也。如往應之，自苦無用，猶匏瓜繫之急濟之人而苦不可食也。《詩》曰：「匏有苦葉，濟有深涉。」《魯語》固言其不材也。朱子於二召者，承舊説焉。子路、冉有、公西華之言志也，非孟子言「得志，澤加於民」者歟？曾皙之言志也，非孟子言「不得志，獨行其道」者歟？孔子喟然歎而獨與點者，感其時無知己也。周生氏曰：「善點獨知時也。」朱子不采其説，而別言獨與點之異者，遂謂「三子規規於事爲之末」，殆忘乎三子對孔子酬知之問也！殆忘乎孔子許三子爲國之言也！僞《武成》曰：「重民五教，惟食、喪、祭。」此僞古文《尚書》也，襲《論語》而竄焉。孔子述古之言，曰「所重：民、食、喪、祭」，「所重」者，特提其下四者之辭。重民，其先也。古注曰：「重民，國之本也。」此《孟子》所以言「民爲貴」也。《漢書》曰「王者以民爲天」，謂莫重乎民矣。所重先重民，其食、喪、祭則因民以重焉。食以養生，喪以盡孝，祭以報本，五教在其中矣，不言而統之也，何其文之善也！如僞《武成》之文，讀者將以爲重民之五教也。參於《論語》，將以爲所重者民之食、喪、祭也。孰知所重先重民乎？則淆矣。朱子嘗疑僞古文而猶引之，則未及修之爾。蓋朱子説未叶而當有別者，若此類也。

朝亮不敏，謹以《論語》諸家專書及散見者萃而攷之，爲《論語集注補正述疏》。凡與朱子異而不叶於經者辯焉，其異而有叶者采焉。何氏《集解》、皇氏、邢氏疏，陸氏《釋文》，録之皆詳。諸家説純采者名，不純采者不名，亦經述「周任有言」與概述言之意也。其或爲公言，或不純采者，會二三説爲約言，皆述之而統之曰論家説，冀不蕪也。如《論衡》稱説論之家也。凡述而修之爲注文者，皆存疏中，加「謹案」語焉。因朱子而通修，同爨亯甘，修竈無分也。經異文，録其要者；習見之典，分讀之音，有不可闕，則録之，斯備始學者也。學先讀經，繼而讀注則巡經，讀疏則巡注，其曲達者相依以達，然後又反而讀經，將自得也。朱先生曰：「以經通經，則經解正。以史通經，則經術行。」今所述者，敢怠乎？疏中旁及諸經，推孔子博文也。引史可節，今亦或詳，須事明爾。《易·象傳》、《文言》、《詩序》其體皆文斷而連，可通以爲疏文之法，庶不至野言無章，今將勉之而歉然也。自丁未歲終，《尚書述草》既畢。越歲仲秋，由《論語述草》先後兵燹，間以金合子韞《述草》而釐薙士中者三。今歲季冬草成，方十年矣。經二十篇，《述疏》因《集注》本每卷二篇，凡十卷。諸學子校録而資之以栞。有答疑問者，羣自志之，别爲一卷，附於後。斯有助也，尤相厲焉。嗚呼！今求其學之叶於經者，非惟其説之叶也，將必其人之叶也。「篤信好學，守死善道」，「造次必於是，顛沛必於是」，經之教告何如也？今老矣，歸何所矣，非天下經術士而誰與歸乎？❶

孝經集注述疏序

《孝經》者，導善而救亂之書也。經曰：

❶ 「士」，原脱，今據民國間刻本《論語集注補正述疏》序補。

「先王有至德要道，以順天下。」蓋天下原自順者，以此順之，導善也。故經曰：「天地之性，人爲貴。」性善也，天下或不順者，亦以此順之而順，救亂也。故經曰：「事親者，居上不驕，爲下不亂，在醜不爭。」夫必其不驕，斯居上不召亂以亡也。必其不亂，斯爲下不犯亂以刑也。必其不爭，斯在醜衆不近亂以兵也。孝子之事親若斯也。故經曰：「五刑之屬三千，而罪莫大於不孝。要君者無上，非聖人者無法，非孝者無親，此大亂之道也。」此三者，皆自不孝而來。不孝，則無可移之忠，由無親而無上，於是乎敢要君；不孝，則不道先王之法言而無法，於是乎敢非聖人；不孝，則不愛其親而無親，於是乎敢非孝。惟經則教以孝，而大亂消焉。

《孝經》家舊説，其得者文明在天地間也。其失者有六，今宜辯之矣。經曰：「身體髮膚，受之父母，不敢毁傷，孝之始也。立身行道，揚名於後世，以顯父母，孝之終也。」其總結之文遂曰：「故自天子至於庶人，孝無終始，而患不及者，未之有也。」其所謂「無」，如《論語》「無小大」之「無」，謂無論也。其孝無論爲終爲始，不患其力不及焉，孝由天性故也。其不曰「始終」，而曰「終始」者，明乎成終以成始也。惟終而立身行道，則始而身不毁傷，乃有成也。庶人者，《國語》所謂四民也，《管子》所謂士、農、工、商也。四民之士未仕，而終身庶人，若顔子是也。而經又曰：「夫孝始於事親，中於事君，終於立身。」此其在庶人則既仕也。其在天子，則舜、禹、湯、武也。而舊説釋「孝無終始」者多異，其承「中於事君」之終始而言，則未仕若顔子者，何以該乎？其失一也。《禮·祭義》云：「虞夏殷周，天下之盛王也。」《孝經》稱先王者，溯古之以孝治天下者而稱焉。虞之帝舜，亦先王也，猶《禮運》稱上古爲「昔者先王」也。而舊説未會通之，稽古者惑矣。其失二也。經曰：「生事愛敬，死事哀慼，生民之本盡矣。」生民者，生人也，統貴賤尊卑而言。自天言之，皆生民也。《詩》言后稷者曰「厥初生民」，固以《生民》歌配天之后稷也。而舊説不及於斯，遂有疑「喪親」章不言天子之事。其失三也。經曰：「生則親安之，祭則鬼享之。」「故雖天子必有尊也，言有父也；必有先也，言有兄也。」而舊説言天子者惟以親没言之，惟以諸父、諸兄言之，奚不思舜爲天子而生事瞽瞍歟？奚不思漢高帝有父太公，有兄郃陽侯仲歟？其失四也。孔門之學德行與文學兼稱，《孝經》之行，其德行也；《孝經》之文，其文學也。故經有互文，有變文，有省文，有分應之文，有回顧之文，有主孝而遞推之文，有重教而獨承之文，有言政而微及之文，讀者習之，則近文章，如《禮·儒行》也。而舊説察其文者希，甚且疑其誤；又或句下爲注焉，連者斷之，無以見一章中之善屬文者。其失五也。僞《古文孝經》云：「閨門之内具禮矣乎？嚴父嚴兄，妻子臣妾，猶百姓徒役也。」此僞者之淆禮制也。《大戴禮·本命》篇云：「女日及乎閨門之内。」此《禮·内則》所謂「女子居内」也。其所謂「男子居外」者，豈不在閨門之外邪？今僞者淆之矣，而舊説或從僞古文本而不察也。其失六也。

朝亮幼讀《孝經》，長而聞九江朱先生講學，以孝爲先，則於此經不敢荒矣。時而教授，每開説此經，遂有答諸學子問而辯舊説者。或口答之，或筆答之，羣皆志之，編爲《孝經答問》一卷，舉大略云爾。丁巳歲季冬，《論語述草》既畢，乃思《孝經》爲諸經之導也，當有集而述之。由是攷於古義，酌於今時，多徹宵起草。越歲季秋，草有《孝經集注述疏》一卷，因附《答問》於後。昔陸氏著《釋文》，諸經皆摘字爲音，惟《孝經》以童蒙始學，摘全句，蓋欲其易知也。今之所草，其亦將備始學者歟？自念童時，家君以《孝經》命之讀，布席於地，執書策而坐，在膝下讀焉。今無幾何，身年六十有八，雖目光尚如童時，而親亡矣，書策徒存，安得如膝下讀《孝經》時也？

九江交游

王先生筠

別爲《貫山學案》。

徐先生台英

徐台英，字佩韋，南海人。道光辛丑進士，官湖南華容、耒陽知縣，多惠政。華容俗好訟，治尚嚴。遇諸生訟，輒試以詩文，戒其改行。規復書院，自課之，曰：「陸清獻爲令，日與諸生講學。吾不曉講學，若致人作文，因而誘之讀書立品，是吾志也。」縣田有圻田、垸田之分，田無底册，遇蠲緩，胥吏影射滋弊。乃清田册，注花户糧數，立碑垸上，宿弊一清。又定修隄章程，隄固而賦辦。耒陽徵糧亦多弊，激爲民變。革里差，立里長，弊亦清。以憂去官。同治初，與九江同被薦起用，發浙江，署台州府知府，未任而卒。先生與九江交最深。九江曰：「佩韋爽直，吾執友也。」未第時，親知惜其才，將資之出仕，九江獨寄詩止之。後兩人皆官縣令，九江未竟其用，先生治行冠絶一時。殁後，湘陰左文襄公疏陳其政績，宣付史館，入《循吏傳》。

參史傳、《九江年譜》。

清儒學案卷一百七十一終

清儒學案卷一百七十二

天津徐世昌

嘯山學案

嘯山崛起孤寒，潛心實學，嗜古博覽，於名物、訓詁、音韻、樂律、曆算靡不貫通，尤精校勘。同、光以來，江左學者推爲祭酒。述《嘯山學案》。

張先生文虎

張文虎，字孟彪，號嘯山，南匯人。貢生。客江督曾文正幕。於克復江寧時，奏保以訓導選用。主江南書局最久，晚主南菁書院講席。光緒十一年卒，年七十有八。少孤，家貧，初爲里中童子師，藉脩脯以養母。洎補邑諸生，頗肆力於詩古文辭。既而讀元和惠氏、婺源江氏、休寧戴氏、嘉定錢氏諸家書，慨然歎爲學自有本原，馳騖枝葉無益也。乃取九經漢、唐、宋人注疏及其他經説精思博覽，由形聲以通其字，由訓詁以會其義，由度數名物以辨其制作，由言語事蹟以窺古聖賢精義之所存。旁及樂律、曆算，莫不洞悉源流，實事求是。嘗以漢魏以來古樂失傳，而古書之存於今者徒滋後人聚訟，乃因端以考其器數，審其聲氣，以究古今之變，作《古今樂律考》。又以顧氏觀光所撰《殷曆攷》所以申鄭氏一家之言，顧證之經傳，實鄭氏誤執《緯書》及《大傳》之文，致《召誥》注破經從曆，而劉歆又損夏益周，移前五十七算，以求密合經文，因作《周初歲朔考》以疏通之。二稿經寇亂散佚，未及整理成書。其爲學長於比勘，凡遇疑義，必反覆窮究，廣證旁引，以匯於通，往往發前人所未發。著有《舒藝室隨筆》六卷，《續筆》一卷，《餘筆》三卷，《史記集解索隱正義札記》五卷，《舒藝室雜著甲編》二卷，《乙編》二卷，《賸稿》一卷，《鼠壤餘蔬》一卷，《尺牘偶存》一卷，《詩存》七卷，《詩續存》一卷，《索笑詞》二卷，《牧笛餘聲》一卷，《湖樓校書記》一卷，《餘記》一卷，《西泠續記》一卷，《蓮龕尋夢記》一卷，《夢因録》一卷，《懷舊雜記》三卷，又選輯《唐十八家文録》若干卷。參史傳、閔萃祥撰行狀。

舒藝室雜著

大衍用數解

大衍之取數五十也，劉歆五十相乘之説爲近。蓋三變成爻，生數之顯於歸奇者，惟一二三四；成數之藏於過揲者，惟六七八九，而皆從五十相乘之數變化以生。五十者，太極也。虛其一者，數之原也。分而爲二，以象兩儀。總四十九策，未知其孰奇孰偶也。挂一以象三，而奇者偶，偶者奇。蓋人參天地，人事動而奇偶變矣。合四十八而四數之，得十二，適象一歲之月。今在兩手，則有奇零，故扐之以象一歲之閏餘。是爲第一變。又再扐而成一爻，積三次歸奇之數而已含一卦，猶三歲而置閏也。故曰「歸奇於扐以象閏」。曰「再扐而後挂」，此「挂」字疑「卦」之譌也。既成一卦矣，何以又舍扐而從過揲之策也？扐所含者三畫之卦耳，且未能通其變也。故但數其過揲之策，以爲一爻，視其爲老、爲少以觀變否，而不據以定卦，猶之閏月無中氣，不可以起曆也。迨十有八變而定六畫之卦，猶十九年七閏而成一章也。於是變化成而吉凶可占，此人所爲而鬼神寓於其間，故數可知也，其變不可知也。今以四十八策演之爲表如左。自下而上。

凡歸奇之扐，左二右二，左一右三，左三右一，皆得四爲奇；左四右四，得八爲偶。

第三變扐四餘三十六　第二變扐四餘四十　第一變扐四餘四十四

右得三十六策爲老陽，而其扐爲四、四、四，含乾之象。

第三變扐八餘二十四　第二變扐八餘三十二　第一變扐八餘四十

右得二十四策爲老陰，而其扐爲八、八、八，含坤之象。

第三變扐八餘二十八　第二變扐八餘三十六　第一變扐四餘四十四

右得二十八策爲少陽，而其扐爲八、八、四，含震之象。

第三變扐四餘三十二　第二變扐四餘三十六　第一變扐八餘四十

右得三十二策爲少陰，而其扐爲四、四、八，含巽之象。

第三變扐八餘二十八　第二變扐四餘三十六　第一變扐八餘四十

右得二十八策爲少陽，而其扐爲八、四、八，含坎之象。

第三變扐四餘三十二　第二變扐八餘三十六　第一變扐四餘四十四

右得三十二策爲少陰，而其扐爲四、八、四，含離之象。

第三變扐四餘二十八　第二變扐八餘三十二　第一變扐八餘四十

右得二十八策爲少陽，而其扐爲四、八、八，含艮之象。

第三變扐八餘三十二　第二變扐四餘四十　第一變扐四餘四十四

右得三十二策爲少陰，而其扐爲八、四、四，含兑之象。

由是觀之，一畫之中已各含一卦。歸奇過揲，其數與象無不相應，而包含於四十八策之中。然則挂一之無與乎歸奇明矣，二三變之無取乎挂一亦明矣。唐張轅、宋李太伯、郭子和皆云：「二、三變不挂一。」而程子曰：「去一即挂一。」朱子曰：「二三變仍如初挂一。」黄南雷曰：「過揲已含策數，無問歸奇。」胡滄曉曰：「第一變挂一，棄去不用；而二三變挂一，仍并入歸奇。」何其紛紛乎！惟蘇子瞻曰：「陰陽之有老少，宜於揲蓍求之。一爻而三揲蓍，譬如一卦而三爻也。」庶幾似之。惜其猶以多少論陰陽，而不求之奇偶也。

琵琶二十八調攷一

曩讀歙淩氏次仲《燕樂考原》論唐宋燕樂出於琵琶，琵琶四弦合宫商角羽四均，均爲七調，故凡二十八調。心竊韙之，然疑燕樂七角調，不用正角而借變宫，當次羽後，何以在羽前？又其言曰：「琵琶首弦即琴之弟七弦，其末弦即其子聲，名爲黄鍾而實皆太蔟。其二弦名爲太蔟，三弦名爲姑洗，而實皆應鍾。」則更自相牴牾。依宋人以字配律，則首末兩弦，其黄鍾邪？則散聲當爲合字；其太蔟邪？則散聲當爲四字。二三兩弦，其太蔟、姑洗邪？則散聲當爲四字、一字？其應鍾邪？則皆當爲凡字。若依淩氏以字配聲，則首弦宫當爲上字，次弦商當爲尺字，三弦用正角則當爲工字，用變宫則當爲乙字，末弦羽當爲四字。今正宫調散聲首末兩弦皆合字，固合黄鍾之律，而次弦上字、三弦尺字則皆不合。設謂不當執正宫調爲據，則合於何調邪？且論調不以正宫爲首，又當起何調邪？夫大不踰宫，細不踰羽，據五正聲而言也。徵羽之數大於宫，所以通旋宫之用也。宫爲中聲，徵羽在前，商角在後，宫居其中，亦所以尊宫也。《白虎通》言弦爲離音，盛德在火，其音徵，故弦音首徵。《管子》言五聲之數起於倍徵，自古然矣。黄鍾爲宫，則林鍾爲徵，用其倍度爲濁徵，而俗工以其聲最大，仞爲黄鍾。隋鄭譯已有林鍾之宫應用林鍾爲首，乃用黄鍾爲首之疑，蓋傳譌已久。宋楊守齋始審定琴之第三弦爲宫。明鄭世子《樂書》始言琴大弦爲徵。我朝《律吕正義》及通州王氏坦《琴旨》始推闡極致，而弦音首徵之理大明於天下。淩氏謂正宫一調不足以概他調，彼自挾其所見牢不可破，抑知證之琵琶而説仍不可通邪？然蓄疑幾三十年，終無以自釋。日偶繹《律吕正義續編》琵琶生聲取分之法，意其與琴理相通而案之仍扞格。子夜卧不成寐，展轉間忽憬然悟琵琶四弦實當琴七弦之用，理本明顯。嚮者乃如鼷鼠之入牛角而不能出，可笑也。

攷二

何謂琵琶四弦當琴七弦之用也？琵琶首弦當琴之大弦、二弦，兼倍徵、倍羽也；其次弦當琴之三弦，宫也；其第三弦當琴之四弦、五弦，兼商與角也；其末弦當琴之六弦、七弦，兼正徵、正羽也。淩氏謂琵琶無徵弦，故無徵調。不知鄭譯明言蘇祇婆琵琶有五旦，而《遼史》祇云四旦者，徵羽同出一弦，聲易相混，羽調行而徵調廢，蓋并入羽調矣。徵調雖廢而徵弦故在，後人又誤以爲宫弦，遂無以處徵弦矣。羽音在首主調，而宮反隨之，故曰「宫逐羽音」。弦音二變不起調，附變宫於商弦，故曰「商、角同用」。然其易混，猶徵、羽也。故至宋而七角調亦亡，蓋亦并入七商矣。若以商角分主三四兩弦，何云同用？且七角亦何至於亡？蓋淩氏謂二十八調本出琵琶，是也；謂琵琶四弦適合宫商角羽四均，非也；謂首弦爲黄鍾、爲太蔟，可也；謂中兩弦爲應鍾，不可也。請依《正義》生聲取分之法而析言之，如下篇。

弦　三

琵琶各弦，通長二尺一寸六分，命爲子分。用三分損益法順推七聲，子分下生得一尺四寸四分，爲未分；未分上生得一尺九寸二分，爲寅分；寅分下生得一尺二寸八分，爲酉分；酉分上生得一尺七寸〇六六，爲辰分；辰分下生得一尺一寸三分七七，爲亥分；亥分上生得一尺五寸一分七，爲午分。是爲七正律。又以通長爲午分，用四開三因法逆推之，午分下生得一尺六寸二分，爲巳分；巳分下生得一尺二寸一分五，爲戌分；戌分上生得一尺八寸二分二五，爲卯分；卯分下生得一尺三寸六分六八，爲申分；申分上生得一尺八寸二分二五，爲丑分。是爲五變律。合七正律、五變律爲十二分，各加半聲，共得二十四分。中去丑午亥三分及丑午辰申戌亥六半聲共九分，實十五分，以配四相十品，則子分爲全度，寅分爲第一相，卯分爲第二相，辰分爲第三相，空。巳分爲第四相，未分爲第一品，申分爲第二品，空。酉分爲第三品，戌分爲第四品，子半爲第五品，寅半爲第六品，卯半爲第七品，巳半爲第八品，未半爲第九品，酉半爲第十品。案：《正義》以辰半爲第八品，巳半爲第九品，未半爲第十品，申半爲第十一品，酉半爲第十二品，戌半爲第十三品。而今常用琵琶衹有十品，不用辰、申、戌三半聲之分。而空其第三相第二品，則又去辰、申二分，每弦止十三聲而已。乃命首弦全度爲黄鍾，配合字爲仲吕之倍徵，以次得七徵調，廢不用。其轉弦則全度爲倍太蔟，配四字爲仲吕之倍羽，即正平調。以次得七羽調。命二弦全度爲仲吕，配上字爲宫，即道調宫。以次得七宫調。命三弦全度爲林鍾，配尺字爲仲吕之商，即小石調。以次得七商調。其轉弦則全度爲姑洗，配一字爲仲吕之閏角，即小石角。以次得七角調。七角皆借變宫，與琴異。命末弦全度爲正黄鍾，其轉弦全度爲正太蔟，皆如首弦。由是觀之，則二十八調實以仲吕一均爲首。試於其空相、空品之位徵之，猶識曲者辨於乙、凡之位也。不能增減，不可移易，而徵羽先宫，與琴同軌。淩氏乃執首弦爲宫之成見，以詆王説，抑亦固矣。

答艾譜園書

兩次承示課作，塵穴堆積，久稽裁答爲歉。《論胤征》一篇，謂《孔傳》是而經文增「季秋」爲非。自鄙人言之，僞古文固非，而僞傳亦未必是，其誤蓋自杜元凱始。《史記·夏本紀》引《胤征》序與今本同，但云「羲和湎淫，廢時亂日」而已。《春秋·昭公十七年》「六月甲戌朔，日有食之」，《左氏傳》大史引《夏書》「辰不集于房」四句，杜注云：「逸《書》。」其時僞古文未出故也，而訓集爲安、訓房爲舍，曰「日月不安其舍則食」。夫日月相去遼闊，因月在日下，人目見其蔽日，故謂之食。此論出自後人，杜所未知。「不安其舍」云者，蓋以爲同舍相陵爾。而解辰爲十二次之辰，解房爲次舍之房，然則次不集于次乎？作僞古文者承其誤，又見太史云「過分未至」，遂增「季秋月朔」句，攙入《胤征》篇。夫夏之九月，日月會大火之次，房屬大火，謂之季秋可也。大史明言當夏四月，則夏之孟夏，安得謂之季秋？且夏之季秋又安得謂之正陽之月邪？僞孔傳云「辰，日月所會。房，所舍之次」，蓋與杜義同，而訓集爲合，云「不合即日食」，夫日月合食，盡人所知，不合而食，振古未聞。而孔沖遠方且漫爲之釋，殆疏體然與。然則「辰不集于房」，果何謂也？曰：天子日視朝於路門之外，辰者，視朝之辰也。房，如今偁朝房者，亦曰朝堂。《考工記》：「外有九室，九卿朝焉。」鄭注：「外，路門之表也。九室，如今朝堂。」天子視朝，則羣臣辨色而入，趨伺於此，所謂集也。太史曰：「百官降物，君不舉，辟移時。」杜注：「辟正殿，過日食時。」《正義》引近世《儀注》「天子辟正殿，坐東西堂，百官坐本司」，蓋天子罷朝，羣臣皆罷，故不集于房，以重天變。下云「樂奏鼓，祝用幣，史用辭」，則救日之事。古今禮雖未必盡合，而大略相同，故引《夏書》以證之。「辰不集於房」，此人世君臣遇災戒懼之禮，大史述之，以諷昭子。不然，日食之變而徒瞽、嗇夫、庶人之紛紛邪？《書》闕有間，是否《胤征》之文不可考，而「季秋月朔」四字其爲僞撰攙入無疑。而其致誤之由，則源於《集解》之誤解也。閻百詩以《授時》、《時憲》二曆推算《胤征》之文，事事不合，斷古文之僞。夫《史記》不著共和以前年曆，劉歆損夏益周，不足徵信；《竹書》所紀荒謬無稽，且多後世附綴；《皇極經世》鑿空推衍，何從求合？置之不論可矣。昭十七年六月甲戌朔日食，大史言之鑿鑿，而以今術上推，是年十月建酉。甲戌朔入日限，乃非六月，疑歲前誤多置閏，故積差而前。《春秋》所書，祇仍舊史，非止一端，足下窮經好古，姑以相質。

答楊見山都轉書

子高所輯《管子校正》，及身受刊金陵書局，於近世諸家采掇甚廣，獨未及大著，想副墨無存矣。來教論《牧民》篇之錯字、問字，《乘馬》篇之天字，《八觀》篇之捐字，《侈靡》篇之家字，敬聞命矣。惟《七臣七主》篇「侵臣事小察以折法令，好佼反而行私請」，尹注：「佼，謂佷詐也。背理爲私。」以佷詐訓佼，古未之聞。蓋其本「佼」譌作「狡」，然「狡」字亦無此訓。劉氏知佼即交字，乃意反字爲友。王氏從之。竊謂此佼乃交接之交，如上交下交、交左交右、交際之類，與交友義稍別。古蓋祇用「交」字，後世作「佼」。故疑「反」爲「友」之衍誤。「佼」字屢見《明法解》，《明法》篇作「交」。蓋《管子》一書，專重法制禁令，《隋志》入法家，而《漢志》入道家，蓋亦史公老子、申、韓同傳意。《明法》篇及《解》極論君臣不守法令之敝，正與此篇侵主、侵臣之説相表裏，文緐不及引，契勘自見。「好佼」句，來教引作「好姣反而行私」，「姣」字似承《韻會》之誤。段注「佼」下已辨之。句末無「請」字，豈別有據本邪？又此篇首論「申主任勢守數以爲常，周聽近遠以續明，皆俞太史云「當作比」，是。要審，則法令固；賞罰必，則下服度」，王氏讀申爲信。竊謂「申」古作「申」，與「明」字形近而譌。《明法》篇云「所謂治國者，主道明也」。《明法解》云「明主者，有術數而不可欺也，審法禁而不可犯也，察於分職而不可亂也」，即此篇「任勢守數」之意。下文亦屢言「明主」，而「續明」二字尤爲塙證。申主、信主，他處未見，他書亦未見也。管書本多附益，又錯誤不可悉理，一知半解，無當攷證，聊獻所疑。兄好學深思，兼得大賢之傳，所校諸書，必有心得，亟宜彙寫成帙，以爲道古者津梁，先睹爲快。

與熊蘇林書

承示駱司訓《算書》二種，讀竟奉繳。李四香開方説詳於超步、商除、翻積、益積諸例，而不言立法之根，令初學者芒不知其所謂。❶駱氏於諸乘方方廉、和較、大小、加減之理皆質言之，而推求各元進退、定商諸術，尤足補李書之未備，誠學開方者之金鎖匙。汪孝嬰創設兩句股同積同句弦和一問，以兩句弦較中率轉求兩句弦較，立術迂迴。駱氏以正負開方法徑求得兩句，頗爲簡易。衡齋亦當首肯也。立方以上，古法頗略，孔顨軒《少廣正負内篇》列帶縱立方變體十三種，以補古人所闕，有裨於算術甚鉅。三乘以上，不過算家借喻其稠疊之數，本無其形，學者往往守其法而莫明其理。孔氏始化積爲邊，俾方廉皆顯。駱氏諸圖皆襲之而不言所自，轉於他處諱其姓氏，反脣相稽，得毋褊乎？天元如積之術至明失傳，梅文穆始以借根方發其覆，爾時推闡未至容有之。李四香校《測圓海鏡》而大明其説，不可謂無功。借根方之多少即天元之正負，其兩邊加減即天元正負相消之理。論其法，借根方固不如天元之簡，然天元實方廉隅稠疊之位，實賴借根方之幾真數、幾根、幾平方、幾乘方而益著。駱氏必欲翻梅、李之案而直詆爲不知天元，噫！過矣。且其言曰：「正負者，加減之謂。

❶「令」，原作「今」，今據《續修四庫全書》本《舒藝室雜箸》甲編卷上改。

多少，則盈朒有迹。」試問加減何自而生乎？以此減彼而有餘則謂之正，以彼減此而不足則謂之負。有餘非多乎？不足非少乎？以此之正消彼之負而見盈，正數多。則變彼之負而爲正，謂正非盈，可乎？以彼之負消此之正而見朒，負數多。則變此之正而爲負，謂負非朒，可乎？天元左右數正負可互易，此與兩邊加減法異而理同。李氏以爲異，異其法也。駱氏謂異在正負不在兩邊加減，此公孫龍之論白馬非馬也。李氏《弧矢算術》弦與綫周求矢、圜徑截積求矢二術，《元艸》竝以天元除太極得太下一層，少一天元通分，故開方式元在下廉之位，然以元除太，則太下一層已爲元分，而太下一層自乘得太下二層，合天元自之爲五層，即三乘方式矣。於是以太下二層爲積，太下一層爲元，太爲方，元爲廉，元自乘爲隅，蓋以降二位爲升二位，不啻以天元通分也。且天元術相消之後，但問得式幾層，爲幾乘方實方廉隅之位，不復論爲元爲太。駱氏以天元通分，故元在本位，然五層之式與李無異。苟明其恉，不必別擬細艸矣。方程五家共井一術，❶梅勿庵譏其不言井深，故所得但爲虛率而不能斷其丈尺。又七百二十一亦非定率，凡可以七百二十一除之而盡者，皆可以五等之繩相借而及泉。此條雖出《九章》，然立法之疏不必爲古人諱。李雲門據劉徽注謂明以七百二十一爲井深，率七十六爲戊綆長，不知但言虛率，則分寸尺丈何不可以七百二十一命之？即分寸尺丈又何不可以七十六命之？駱氏顧沾沾焉偁述其以法爲率之巧而惜勿庵之未見，則似猶未達勿庵之恉也。夫人心思智

❶「共」，原作「其」，今據《舒藝室雜箸》甲編卷上改。

巧，日用日出，算數之學，往往今勝於古，然亦賴有古法以爲之質耳。彼古人者，則亦甚賴後人爲之推求而精益求精也。駱氏之論正負開方，塙能發揮隱伏，而於近世諸家詆諆已甚，將獨尊其師法與？抑主持古法而過之者與？文虎於此學無所得，亦未敢有所偏主，聊以管見，質諸足下，幸惠教之。

與席晦甫書

宣夜絶無師傳，疑本但有其論，未嘗立法。《晉志》述郗萌之説，所謂「天了無形質」及「眼瞀精絶」云云，❶即莊生「天之蒼蒼，其正色邪，其遠而無所至極邪」意。然七政運行自有常度，而謂遲疾任情，則無從設算，宜其不能立法也。向讀羅茗香《續疇人傳》亟稱許氏《宣西通》，以爲必有精微之論，今承見示，則殊不如其欲見之意。何也？天體渾淪旁薄，至高至大，何從而知？惟日月星辰有行度可見，見日月星辰即以爲是天云爾。然古來術家，隨時測驗，順天以求合，小不合則增損之，大不合則更張之，無一定也。其立法之根，古人謂之綴術。今夫數散而無紀，必有所附麗，而後學者得其貫弗。著策、鍾律、九重天、十二重天、不同心、小輪、橢圓之類皆是也。西人之言天，亦屢變矣。彼豈真以天爲如是哉？果以天爲如是，則一定不移，何以忽爲九，忽爲十二，忽爲不同心，爲小輪，爲橢圓，紛紛更置哉？蓋亦管窺蠡測，隨時修改，以求密合耳。不然，天本渾圓，輪體何著？日亦渾圓，輪軸何穿？西人不若是之愚也。夫得魚可以忘筌，而非筌無以得

❶「了」，原作「子」，今據《舒藝室雜著》甲編卷上及《晉書·天文志》改。

魚；得兔可以忘蹏，而非蹏無以得兔。許氏知七政有高下盈縮，而欲去諸重天、諸輪之説，是舍筌而求魚，棄蹏而逐兔也，其何從立法乎？諸重者高下之根，諸輪者盈縮之根，謂之假象可也，遽執此而欲窮其輪軸所在，則《易》偁「天垂象」，《中庸》偁「日月星辰繫焉」，果孰綸之繩而孰緡之絲乎？吾見西人之得魚兔也自若，而許氏則徒束手而議其筌蹏耳。及閲《易確》，更有可異者。莊生偁「《易》以道陰陽」，《傳》曰「陰陽之義配日月」，《説文》引祕書「日月爲易」，其義甚精。其轉而爲「難易」之「易」者，日月人所見，所謂「縣象著明莫大乎日月」也。許氏以從日從勿，勿爲物字，支離蔓衍，幾於秦延君之説「曰若稽古」。至解「易」字爲「乾示人易」之「易」，則昧於本義、假借之别矣。《十圖》本於《太玄》，《九圖》本於《乾鑿度》，宋人名之爲《河圖》、《洛書》，遂附會爲《易》、《範》之原，是非蠭起，近儒辭而闢之，使各歸其本，斯亦已矣。許氏偏取《九圖》，謂點即《圖》，數即《書》，已無徵據。至以中五爲徑，四正爲圓周，四維爲方周，而方周用并，圓周遞加，尤自相矛盾。夫自中國至歐羅巴相隔數萬里，自古至今，經算師凡幾，而圓徑一周三一四一五九二六五之數若合符節，可謂至精之詣。許氏乃曰「吾不假籌策，虚空冥悟而駕乎諸術之上」，是真上聖之智邪？割圓之術，設半徑爲千萬，以内容外切，屢求句股，漸近圓邊，其一下小餘又十餘位，然則觚棱之處即有微差，亦當在小餘，而許氏率圓徑一周三一五一九〇七，至十萬而已差，有是理乎？秦道古環田三積術，本於張平子、劉徽，已辯之錢溉亭。談階平拾其唾餘，詑爲心得，其實無裨於算學。許氏顧以其率數相近，引爲奥援，誤矣。大衍之數衆説不一，竊以天五地十相乘爲近。蓋歸奇之數惟見一二三四，過揲之數惟見六七八九，而含蕴於五十中，則所謂太極也。許氏以周徑附會，則不倫實甚。且句冪、股冪相并即弦冪，方五斜七乃其觕率，蓋五十開方有所不盡耳。顧謂斜冪四十九不盡，故五十去一，何其拙於算邪？揲蓍古法不可攷，而以相傳之法合之《繫辭》，大約無甚乖牾。許氏別創新説，以四十有九即挂一，聖人之言乃顛倒若是，不待辯而知其非矣。凡此皆其持義之犖犖者，它未暇論也。如許氏者得不謂之好學深思，獨惜其好爲新奇，勇於自信，足爲吾黨之誡。敢質之足下，亦欲聞其得失焉。

與馬遠林書

鼎老轉眎沈學博《四元玉鑑細草》，憶曩在杭州時，尊師碩甫先生曾及之，後聞甘泉羅茗香亦著《細草》，已剞劂行世。求之既久，歲甲辰夏，阮文達公始以寄贈，推闡詳至，糾謬拾遺，有功於算學甚鉅，匪特爲漢卿諍臣而已。今讀學博所著，固與羅君大同小異，實不如羅之詳。然四象朝元第三、第五兩問，羅君《細草》方廉隅諸數皆不符原術，竟無説以處此。學博所演獨與術吻合，此則勝於羅君者。惟左右逢元第一問，宜開四乘方，而術開三乘方；第二問宜開三乘方，而術開無隅平方；第二十問宜開七乘方，而術開九乘方；第二十一問依術推演十乘方，得數雖同，而方廉諸數竝異，羅君疑爲術誤。學博於此四條皆無《細草》，而云「草見《廣異》」。今檢卷末無《廣異》，豈別有專書邪？書中商功修築第二問脱去八行，撥換截田本十九問脱去末三問，四象朝元第二問羼入三才變通之末，至於算式位數舛誤，不可枚舉，偶爲簽出，不及百一。蓋四元位置已緐，而天物地人相乘，寄位夾縫，尤易淆亂。豪釐千里，非一一演算，末由周知也。明靜庵《割圜密率捷術》用疊借諸根，暗合四元之法，但一根、又一根稱名易混，李壬叔以意創爲置太極於一隅，而以四元如積諸廉依次分列，旁行衺上，縱横相遇，較舊法爲明顯，且免剔消之緐。近西人新譯《代數》，只用記號，似亦便捷。苟會而通之，不直爲四元別開生面，且立元可不限於四也。然鄙見以爲，入算之用，天元爲多。其雜糅隱伏者，御以地元足矣。三元以上，皆過爲紆曲，以發難題，謂極算術之奇可也，以言實用則徒苦難心力而已。大雅以爲然否？學博書四册奉繳察入。尊師無恙，相别二十年，時時念之，見時道意。

燕寢攷序

自鄭君以「人君左右房，大夫士東房西室」注《禮》，而後儒紛然辨難，莫得其意。然《鄉飲酒·記》之薦出自左房，《鄉射·記》之出自東房，此行於庠序，不得據以難鄭也。惟《聘禮》「賓退，負右房而立」，賈疏以爲正客館。案：上文「有司入陳」注云：「入賓所館之廟。」「及廟門」注云：「大夫行，舍於大夫廟。」下文「公館賓，賓辟」注云：「君在廟門。」正與記「卿館於大夫」語合，賈蓋曲爲之說。且何以處《少牢饋食禮》、《有司徹》二篇之屢言「東房」也？或謂東房西室，鄭專論寢。然《公食大夫禮》「宰夫筵出自東房」鄭注：「天子諸侯有左右房。」此非明對大夫士之廟而言乎？或謂《士喪禮》「遷于祖，正柩于兩楹間」注云：「象向户牖也。」户牖間得與楹間相向，其室必正中，似鄭君亦以士廟爲有左右房。《公食大夫禮》注偶失檢耳。案：《特牲饋食禮》「豆籩鉶在東房」，注云：「東房，房中之東，東夾北。」鄭蓋以士廟不當有東房，故以房中之東解之。然則東房西室，鄭意固兼廟寢也明甚。且如或說，以東房西室專屬之寢，亦有可疑者。昭四年《左氏傳》「使置饋于个而退」，杜注：「个，東西廂。」東西廂爲左右房之制，昭子之寢既有東西廂，則非東房西室可知。夫三禮爲鄭學，體大物博，非可輕議。顧攷之於經而不合，當别求其故，是惟好學深思者能心知其意耳。績谿胡竹邨農部湛深經術，尤篤于《禮》。嘗謂鄭君之説當有所受，必非意造。讀《斯干》詩箋，乃悟東房西室專爲燕寢之制。鄭君注《禮》時，概諸宗廟正寢，係傳聞之誤，當以《詩箋》爲正。又參之《内則》、《玉藻》、《士昏禮》、襄二十五年《左氏傳》、《尚書大傳》，而知自諸侯以下其燕寢皆東房西室。東房西室之制，室則東向，開户以達于房；房則南向，開户以達于堂。由堂入房，由房入室，而室之南無户。證之經傳皆合。作《燕寢攷》二卷。於是東房西室之説明，而《注疏》以下凡後儒所論之是非亦各見。農部爲歙儒淩次仲教授入室弟子。教授著《禮經釋例》，爲禮家斗杓。農部又以賈君淺略，别撰《儀禮正義》，猶未脱稾。然其好學深思，能通古人之意，於此可見一斑矣。歲己亥秋，晤君武林，傾蓋如故，訂忘年交。癸卯夏，以學海堂刻本《燕寢攷》篇帙錯亂，郵示原稾，屬爲校訂。錢錫之通守爲編入《指海》。甲辰冬，復寓書屬序。文虎學識荒陋，無以證成君義，於其刊竣，謹揭君著書大恉于簡端云。

書古文尚書攷辨後

二十五篇之僞，在今日已坦然明白。立異爲高者，乃拾《冤詞》、《廣聽》之唾餘，欲翻成案，何哉？理學家以虞廷十六字爲道統真傳，一旦以爲僞，則失其所馮依，一也。攷證諸儒於僞古文毛舉瘢索，身無完膚，欲舉東晉以來相傳爲經文者而拉雜摧燒之，其事驚世駭俗，其言亦失於過當，遂使不平者反脣相稽，二也。古文《泰誓》出於民間，説見後。蓋非完帙，馬氏已疑之。唐用僞古文作疏，此篇遂廢。今采緝殘賸，以僞易僞，文辭詭譎，衆論不諧，三也。逸十六篇絶無師説，東漢儒者相傳古文僅有三十四篇，連今文《泰誓》三篇。其餘殘篇斷簡十不存二三。《尹告》、《武成》鄭注爲亡，其果見與否，皆不可攷，而諸儒必謂馬、鄭及見孔壁全文，四也。遷、固之書但言孔安國獻古文，不云作傳，《孔叢子》及王肅私定《家語後序》，始有安國作傳之説，皇甫謐《帝王世紀》輒引《五子之歌》、《胤誥》、《伊訓》、《説命》、《泰誓》諸篇文，又引孔安國注《尚書》云「鳴條在安邑西」，郭璞注《爾雅》亦引《尚書孔氏傳》「犬高四尺曰獒」云云，是僞古文經傳萌芽皆在魏晉間。蓋王肅忌鄭氏名高，事事務與爲敵，僞古文經傳、《孝經》僞孔傳、《孔叢子》皆其所創始。觀其私定《家語》，大率勦襲《戴記》，乃反云「戴聖近世小儒，以《曲禮》爲不足，而取《孔子家語》雜亂者，及子思、孟軻、孫卿之書以裨益之，名曰《曲禮》」。肅意徒欲暗攻鄭學，而遂詆及本經，盜憎主人，其情可見。乃諸儒攻古文者非府辜於梅賾，即集矢於皇甫，使迴護者反有所藉口，五也。然孔疏所謂二十四篇者，今已失傳，無可攷辨，而三十一篇與二十五篇其文具在，平心熟復，真僞自見，無庸詞費。至後出《泰誓》既缺全篇，可存而不論。必補綴以充數，則愛古之癖矣。此書尊信僞《書》，故擊閻、惠，所謂安於所習，毁所不見，未必有補於作僞者，然其中亦有足以砭諸君之失。寒夜檢閲，隨筆糾駁，復舉其大略於此。呵凍作字，言不成理，殊不足令通儒見也。

書戴氏注論語後

此吾友德清戴君子高所著也。注文簡古，頗有漢儒遺意。然《公羊》解經已多乖剌，邵公申傳益覺煩苛，劉申受乃述之，以説《論語》，自鳴其專門之學，君復踵而加厲，穿鑿影射，成此一編。意將傾紫陽而下之，亦太不自量矣。璿璣自爲黄極，而誤注北辰；大辰自合無射，而誤云夷則。此不講律曆之過。至泠州鳩所言三所自指辰次，而以釋「雅頌各得其所」之「所」，則承江子屏《樂縣攷》之謬也。凡古書題某氏注，多出自其門人尊師之辭，亦有後人題者。今自偁戴氏，失未思爾。中如引《昭二十五年》「秋七月季辛，又雩」傳證樊遲從游舞雩之問；引《閔二年》「夏五月，吉禘于莊公」傳證宰我三年之喪之問，似得其事理。此類當平心取之，不可一概擯棄。烏乎！子高往矣，如子高之劬於學者，能幾人哉？

書梅氏方程論後

梅氏《方程論》主於同減異并，以歸畫一。或乃以古法難之，未知其意爾。李雲門尚書論同異減并之法致爲詳盡，而語多膠葛，或滋後學之疑。愚更以數語括之曰：凡同異減并，必視首位，首位必主減盡。首位同名者，同減異并；異名者，異減同并；其減餘一行與并入一行，皆爲正負無入。如以有數之行移補者，同減異并則正負互易，異減同并則如故。古人立術概此矣。

書梅氏曆算書西國月日攷後

西人本無所謂月也，據其書，以一歲三百六十五日奇分爲十二節，每冬至後十日爲立耶蘇聖名，即爲第一節首日，以後凡第一、第三、第五、第七、第八、第十、第十二節皆三十一日，第二節二十八日，餘皆三十日，每歲如是。惟過子、辰、申年，則第二節閏一日爲二十九日，其所閏又不在末日，而在瑪第亞瞻禮之前一日。瑪第亞瞻禮者，乃其第二節之第二十四日也。又其所謂立耶蘇聖名者，亦有進退。或冬至後十日，或十一日，大要以太陽入丑宮十度後爲準。故或疑其以太陽至高衝爲歲首。然梅氏此攷引康熙丁卯瞻禮單，十一月廿八癸卯日，應西曆正月初一日，日在丑宮十度二十分。康熙初，高衝過冬至七度，未至十度，可知於高衝無與矣。而近年英國書館所刻《中西通書》，凡例謂泰西諸國以二十四氣之日分爲十二月，冬至後十日或十一日爲元旦。每年自元旦至除日，晝夜長短，氣候寒暖，日日相同。似亦以日至高衝爲元旦者。然日至高衝有蚤晚，其前後日晝夜永短即不能無微差，若夫愆陽伏陰何時蔑有，而謂氣候寒暖日日相同，吾未敢信。梅氏謂西國以建子之月爲正月，又云：「正月一日，日在斗五度。」今攷之，皆不然。

梅氏據《崇禎曆書》所授西國月日，謂自漢順帝永建丁卯距明萬曆甲申千四百五十七年，相差十二三度，即歲差之行。案以歲差東行五十一秒《續儀象考成》改定五十二秒。計之，千四百五十七年應差二十度三十八分有奇，何止十二三度？又自康熙丁卯至咸豐六年丙辰凡百六十八年，應差二度二十二分奇，而《丙辰中西通書》西月宫度與丁卯瞻禮單一一符合，以較曆書所引漢順帝時西月止差一度，或二三度而止，亦有同度分者。獨萬曆甲申至康熙丁卯百有三年應差一度三十四分奇，而曆書所引日月差至八、九、十、十一度不等，此不可解。要之，於歲差、高衝皆無與也。歲差亦斷非平行。

賸稾

學樂雜説

《周禮·春官·太師》「掌六律六同，以合陰陽之聲。陽聲：黄鍾、太蔟、姑洗、蕤賓、夷則、無射。陰聲：大吕、應鍾、南吕、函鍾、小吕、夾鍾」。陽聲左旋，陰聲右轉，取其合辰，即《大司樂》所謂「奏黄鍾，歌大吕；奏太蔟，歌應鍾；奏姑洗，歌南吕；奏蕤賓，歌函鍾；奏夷則，歌小吕；奏無射，歌夾鍾」也。此律管也，若用之樂器，則不能以一器兼衆管，或參用一陽一陰相和折半之度，見《律吕正義》。然亦有陰陽分用者。今笛有黄鍾笛、大吕笛，俗謂雌雄笛，亦曰姑洗笛、仲吕笛。蓋笛用角律，見《晉書·樂志》。姑洗爲黄鍾之角，仲吕爲大吕之角也。古之笛，即今之簫。今之笛，古之横吹，其用略同。獨用則自爲一均，合用則相和以應。

宋人以管色配十二律，黄鍾配合字，大吕，下四。太蔟四。同用四字，夾鍾，下一。姑洗一。同用一字，仲吕用上字，蕤賓用勾字，林鍾用尺字，夷則，下工。❶南吕工。同用工

❶「工」，原作「上」，今據《續修四庫全書》本《舒藝室賸稿》改。

字，無射、下凡。應鍾凡。同用凡字。用字同者，後律一均皆爲前一均之中管。黄鍾無同用字，而有高宫一均，則亦中管矣。勾字介於上、尺之間，而應從前律，故蕤賓爲仲吕之中管。又以六字爲黄鍾清，下五爲大吕清，五字爲大蔟清，緊五爲夾鍾清，謂之四清聲。自合字以至緊五，共十六聲。今笛用上、尺、工、凡、六、五、乙配宫、商、角、變徵、徵、羽、變宫七音，而各加倍半，竹音倍半不相應，當云清濁。自低上字至高乙共二十一聲，然低上、低尺、❶高五、高乙不恒用，則自低工至高六亦秖十七聲耳。

《夢溪筆談》云：「正宫大石調、般涉調皆用九聲：高凡、高五、高工、尺、勾、高一、高四、六、原誤「句」，今正。合。大石角原脱「角」字，今補。同此，加下五。此黄鍾一均也。下五則宫前一聲。高宫高大石調、❷原脱此四字，今補。高般涉皆用九聲：下五、下凡、工、尺、上、下一、下四、六、合，高大石角同此，加高四。此大吕一均也。高四則宫前一聲。中吕宫原脱「宫」字，今補。雙調、中吕調皆用九聲：緊五、下凡、高工、尺、上、下一、四、原誤「下四」，今正。六、合，雙角同此，加高一。此夾鍾一均也。高一則宫前一聲。道宫小石調、正平調皆用九聲：高五、高凡、高工、尺、上、高一、高四、原誤「下四」，今正。六、合，小石角同此，加勾。此仲吕一均也。勾則宫前一聲。南吕宫歇指調、南吕調皆用七聲：下五、高凡、高工、尺、高一、高四、勾，歇指角同此，加下工。此林鍾一均也。下工則宫前一聲。❸仙吕宫林鍾商、仙吕調皆用九聲：緊五、下

---

❶「尺」，原作「是」，今據《舒藝室賸稿》改。
❷「宫」，原作「工」，今據《舒藝室賸稿》改。
❸「工」，原脱，今據《舒藝室賸稿》補。

凡、下工、尺、上、下一、高四、六、合，林鍾角同此，加高工。此夷則一均也。高工則宫前一聲。黄鍾宫越調、黄鍾羽皆用九聲：高五、下凡、高工、尺、上、高一、高四、六、合，越角同此，加高凡。」此無射一均也。高凡則宫前一聲。此説黄、大、夾、仲、夷、無六均皆用九聲，獨林鍾一均祇用七聲，未知何義。至七角調皆加宫前一聲，則萬寶常所譏「流蕩忘返」者也。見《宋史·樂志》。

《唐會要》：「天寶十三載七月十日，太樂署供奉曲名及改諸樂名，太簇宫時號沙陀調，太簇商時號大食調，太簇羽時號般涉調，太簇角，林鍾宫時號道調，林鍾商時號小食調，林鍾羽時號平調，林鍾角調，黄鍾宫，黄鍾商時號越調，黄鍾羽時號黄鍾調，中吕商時號雙調，南吕商時號水調。」此所列宫調前後淆亂，且復不全，其大意則亦以宫、商、羽、角爲次也。案《宋·樂志》范鎮言：「自唐已來至國朝，三大祀樂譜竝依《周禮》，然其説有黄鍾爲角、黄鍾之角。黄鍾爲角者，夷則爲宫。黄鍾之角者，姑洗爲角。十二律之於五聲皆如此率，而世俗之説乃去「之」字，謂太簇曰黄鍾商，姑洗曰黄鍾角，林鍾曰黄鍾徵，南吕曰黄鍾羽。」蓋樂人苟趨簡易，唐時已然。今据《唐會要》所記，惟太簇商太簇爲商。之爲大食調，黄鍾之商。林鍾商林鍾爲商。之爲小食調，中吕之商。黄鍾商黄鍾爲商。之爲越調，無射之商。中吕商中吕爲商。之爲雙調，夾鍾之商。南吕商南吕爲商。之爲水調，林鍾之商即揭指調，見柳耆卿《樂章集》。與宋人所偁合。若太簇羽太簇爲羽。則宋人謂之正平調，亦曰平調；中吕之羽。林鍾宫則宋人謂之南吕宫；林鍾爲宫。道調宫則宋之中吕宫；中吕爲宫。林鍾羽林鍾爲羽。則宋之黄鍾羽，無射之羽，宋人呼無射爲黄鍾。亦曰羽調；黄鍾羽黄鍾爲羽。則宋之中呂調；中呂之羽。至般涉調則宋之南呂羽，南呂爲羽。實黃鍾之羽，不知何以謫爲太蔟羽也。俗工傳習相承，不追溯所從來，而儒者載筆亦有所不及辨，致參錯如此。

宮調之分何也？宮立宮，羽主調，大不踰宮，細不踰羽。舉其聲之大者而言，則曰某宮；舉其聲之細者而言，聲細者高。則曰某調，其實一也。曰黃鍾宮則知其羽必南呂，曰黃鍾羽則知其宮必夾鍾，古謂之「移宮換羽」，今謂之「旋宮轉調」，俗云「翻調」是也。竹音翻調以正宮調爲主，視其四字所加爲某字調。絲音翻調亦以正宮爲主，視其四字上所加爲某字調。四爲羽音，故云調。皆即旋相爲宮之理，而絲竹不同者，其生聲取分異也。

《欽定律呂正義續編》載西夷七音曰：烏、勒、鳴、乏、朔、拉、犀。烏與勒、勒與鳴、乏與朔、朔與拉、拉與犀相去皆全分；鳴與乏、犀與烏相去皆半分，亦迭相旋轉。凡當鳴字、犀字位者，皆爲半分，與合、四、乙、上、尺、工、凡之次合。蓋亦主絲樂，而以倍徵爲首音也。

《樂府雜録》以去聲爲宮，入聲爲商，上聲爲角，平聲爲羽。又云「上平聲調爲徵聲」，瞀亂不可解。近世填詞家奉爲祕籥，又從爲之辭。案：《困學紀聞》載徐景安《樂書》以上平聲爲宮，下平聲爲商，上聲爲徵，去聲爲羽，入聲爲角，似矣。然上下平分配宮商，殊無意義。宋人詞集惟柳耆卿、張子野、姜白石多注宮調，尋其叶韻，皆不如所云。又宋人按譜法以輕清配上去，重濁配平入，驗之《白石詞》旁譜，亦不盡然。蓋字有出送收三音，既長言之，則首尾中間轉合處自有曲折，不特論陰陽四聲而已。徒以一字配一音，豈非所謂叫曲念曲乎？朱子亦嘗論之。

叫曲念曲，亦見《筆談》及《詞源》。

尺牘

答汪謝城

仲夏，外翁堅青先生傳眎手書，博雅好古，如見其人。頃復承下詢種種，益欽佩無已。虎少嬉戲，不知讀書，今稍稍事此，然不能專力，求一事能始終條貫者，卒不可得。讀足下書，自省又自愧恨也。《史記正義》自南宋與諸家合刊後，世間單行本絶尠。《四庫全書》所收，係明震澤王氏刊本，河間紀文達公經進者。當日在文瀾閣緣應校書多，遂未暇檢閲。戴東原校夏侯陽《算經》，從《永樂大典》綴緝而成，其後孔氏刻毛斧季所得元豐足本，東原又爲作跋，并未言及《大典》本。今以兩本互校，前後次序竟無一字不合，此疑案百思不解。《漢魏叢書》有《鹽鐵論》，係明張之象注，《四庫》所收本即此。然割裂倒亂，舛謬甚多。嘉慶間，元和顧澗薲得明弘治十四年新淦涂氏依嘉泰壬戌刻本及錫山華氏活字本，與張本大異。陽城張古餘太守重刊之，復撰《攷證》一卷系其後，爲桓書最善之本。然嘗以《羣書治要》所引校之，猶有脱誤。凡魏晉以前古書類如此。《簡明目録》與單行《提要》彼此去取頗有不同。即文瀾閣書，其書或有或無，其卷數或多或少，亦往往與《簡明》不合。閣本前所冠《提要》，又有與單行本殊絶者。又有《提要》相同而其本大相剌謬者。蓋《四庫全書》既竣之後，又屢經更改，而文瀾閣本當分鈔時，或即依俗本鈔録，以圖省事，未必全遵《四庫》本也。朋九萬《烏臺詩案》完本久佚，據《直齋書録解題》凡十三卷，而《説郛》、《函海》諸書所録寥寥數帙而已。然諸家詩注及《苕溪漁隱叢話》、《詩話總龜》等書尚可撏拾，度秋翁既作《廣證》，當已及之。僻處海隅，聞見甚隘，無足酬雅問者。一水相望，苦不得謀面，幸時惠教言。

與汪謝城

客夏承示手校《大唐郊祀録》，正譌補脱，千餘年斷爛之書焕然一新，實爲稽古者一大快。録副訖，覆校再過，有數端似可商者。古人引書不盡依原文，義苟可通，不必一一標出。至脱文誤字，顯見爲傳寫之謬者，徑即補正，省去案語，以免瑣屑。脱簡之處，他書所引，事略雖同，未必盡合，則但宜附案，不可徑補。又古人疏略，引用經傳注語，往往概舉一名，不復分析；或有檃括諸篇，合爲一論者，此類但舉例於前，後竝可略，敢以鄙意妄爲增損。復檢《通典》、《六典》、新舊《唐書》、《唐會要》、《樂府詩集》諸書參證異同，附注圈外。餘竝仍原校，授工寫樣，春夏間可繡梓矣。古人校書，亦各隨其人疎密。今世所傳林億之校《内經》，彭叔夏之《文苑英華辨證》最爲精細。近時戴東原、盧抱經校書頗仿其例，高郵王石臞、文簡父子尤精，其要不過博觀約取，闕疑慎思而已。然弟能言之，非謂遂能爲之。足下精思聰察，弟萬不及一，竭其愚陋，何足當輕塵墜露之益。而來恉云云，何其學逾邃，意逾下，而詞逾謙與？《大唐郊祀録》繳上，管見所及，揭諸簡端，幸再審之。

附録

先生前後館金山錢氏三十年。錢氏藏

書甚富，又喜刊布以惠士林。道、咸間，如錢熙祚輯刻之《守山閣叢書》、《珠叢別録》、《指海》，錢熙輔輯刻之《藝海珠塵》壬、癸二集，錢培名輯刻之《小萬卷樓叢書》，皆先生爲之編次校勘，一時考據家皆珍爲善本。嘗三詣杭州文瀾閣，縱觀《四庫全書》，凡鈔得者約四百三四十卷云。行狀。

海寧李氏善蘭與先生談算甚契合。咸豐初，李氏偕英吉利士人艾約瑟、偉烈亞力新譯《重學》及《幾何原本》後九卷，梓行於世，皆先生爲之參訂。而艾約瑟輩聞先生名，數數造訪，質疑問難，咸大折服，歎爲彼國專家弗能及。同上。

先生初入曾文正幕，爲之校刊《王船山遺書》。江寧開書局，刊布各書，復延先生校理，因商定條例，主校席者十三年。所刻十一經、四書、《史記》、前後《漢書》、《三國志》、《文選》、王氏《讀書雜志》諸書，皆經先生手校，而於《史記集解索隱正義》一書考訂尤精。同上。

光緒中，瑞安黄侍郎體芳視學江蘇，建南菁書院，躬延先生往主講席。仿詁經精舍制，凡經史、古學、天文、算法惟所習。先生自爲《南菁書院記》以誌其事。未幾，以足疾請退。厥後，院中人才蔚起，馳聲藝林，皆先生之遺澤也。同上。

嘯山弟子

閔先生萃祥

閔萃祥，字頤生，華亭人。監生。好讀書，工詩古文，兼善書畫。嘗與修《華亭縣志》、《松江府續志》，皆詳贍有法。嘯山晚居郡城之復園，朝夕走謁，於嘯山學行知之最深，其遺書多所校訂焉。參張文虎《懷舊雜記》。

遺文

算經三書序

懋之校刊《周髀算經》、《數術記遺》、《九數外録》三書成，將彙爲一編，或疑其羼雜，以質於余。余曰：無傷也。算數之學今勝於古。誠以算必徵實，數無蹈虛，前人刱法，後人推衍，積世積人，萬法變生。由變以會於通，因通以求其密，人心之智巧日出，而算數遂爲無盡之學。雖然，法有萬殊，理一而已。是故積水可進於凛冰，取火不忘夫鑽燧。舊法者，新法之所從出也。中國算書之古莫《周髀》若矣，地圓之理遠駕西人立説以前，特其義隱而難窺，致其書存而若廢。古者列九數於六藝之一，保氏掌之以教國子，兩漢經師類能通曉其術。然自《九章》以外，鮮有專書。此算術所由寖微歟？《數術記遺》，相傳漢人徐岳所撰。雖不盡可信，而唐人頒之學宫，殆亦以其舊籍而藉備一格。夫河海之大必挹溝澮之注，山嶽之峻不遺培塿之細，貴在博取，豈等弁髦？西法東來，始驚奇妙。至我朝通算大儒，接踵而起，往往超越其上。嚮之所爲魚兔，今亦視等筌蹏。讀《九數外録》，可以概其餘矣。後乎此者不可知，前乎此者容可不知？然則是編也，既以今學者知夫算術之源本，而古今風會降升之故，亦庶於是徵。何羼雜之有？懋之曰：子釋吾疑，必請以子言弁簡首。辭以不文，不獲，姑識之，質諸當世疇人，不知以爲然乎否也。

嘯山交游

胡先生培翬 别見《樸齋學案》。

陳先生奐 别爲《南園學案》。

戴先生望 别見《南園學案》。

劉先生毓崧 别見《孟瞻學案》。

莫先生友芝 别見《巢經學案》。

李先生善蘭 别爲《壬叔學案》。

汪先生曰楨 别見《壬叔學案》。

劉先生熙載 别爲《諸儒學案》。

顧先生觀光

顧觀光，字賓王，號尚之，金山人。年十三，補諸生。三試鄉闈，不售，遂無志科第。承世業爲醫。時同里錢氏多藏書，恒假讀之，因博通經傳史子百家，尤究極古今中西天文曆算之術。嘗謂：「積世積測，積人積智，曆算之學，後勝於前。微特中國，西人亦猶是也。舊法者，新法之所從出，而要不離舊法之範圍，且安知不紬繹焉，而别有一新法在乎？故凡以爲已得新法而舊法可唾棄者非也。中西之法，可互相證而不可互相廢。故凡安其所習而黨同伐異者亦非也。」所著曰《九數存古》，依《九章》爲九卷，而以堆垜、大衍、四元、旁要、重差、夕桀、割圜、弧矢諸術附焉；曰《九數外録》，則隱括西術爲對數、割圜八綫、平三角、弧三角、各等面體、圓錐三曲綫、靜重學、動重學、流質重學、天重學，凡記十篇；曰《六曆通考》，則據《占經》所紀黄帝、顓頊、夏、殷、周、魯積年而爲之考證；曰《九執曆解》，曰《回回曆解》，皆就其法而疏通證明之；曰《新曆推步簡法》，曰《五星簡法》，則就疇人所用術，改度爲百分，趨其簡易而省其迂曲；曰《算賸初續編》二卷、《算賸餘稿》二卷，則自記其算學各稿。其考訂經史則有《禹貢讀本》一卷，《古韻》二十二卷，《七國地理考》七卷，《國策編年考》一卷，《周髀算經》、《列女傳》、《吴越春秋》、《華陽國志》校勘記各一卷，補輯佚書則有《神農本草經》、《七緯拾遺》、《帝王世紀》，而《古史逸文》則補馬氏《繹史》而作者也。又爲《傷寒論補注》，僅成《辨脈》、《平脈》、《太陽》上、中，凡四篇。其文集爲《武陵山人雜著》。同治元年卒，年六十四。參史傳、張文虎撰别傳、張文虎《懷舊雜記》。

文集

雜説

宋儒以五十五數爲《河圖》，四十五數爲《洛書》，無徵不信，胡氏《易圖明辨》辨之詳矣。然五行生成之數見鄭君《易大傳》注，太一行九宫，四正四維皆合於十五，見《易緯乾鑿度》，則二圖傳之自古，初非無與于《易》者也。胡氏欲一埽而空之，亦屬武斷。《洪範》本文並無「洛書」二字。林氏之奇曰：「『帝乃震怒，不畀洪範九疇』者，猶言『天奪其鑒』也。『天乃錫禹洪範九疇』者，猶言『天誘其衷』也。」此解最穩。漢儒好言祥異，遂以「初一曰五行」節爲《洛書》本文。宋儒又易以戴九履一之圖，楚固失之，齊亦未爲得矣。然東晉晚出《書傳》云「龜列于背，有數至於九」，盧辨注《大戴記》「明堂九室」云「法龜文」，則六朝人已有此説。

晚出古文，惠松崖、閻百詩諸君攻之不遺餘力矣。余獨愛《五子之歌》一篇，密合古人用韻之法。如第一章下、予、圖、馬爲韻，寧、敬爲韻，倣《周頌・有瞽》篇例。而胡朏明謂「韻句寥寥，殆不可誦」，是不知古人有遥韻之例也。脂、之二韻，漢魏後多出入，此第四章有、祀用之韻，第五章歸、悲、依、怩、追用脂韻，界限分明，似先秦人手筆。又第四章之君、孫，魂韻通文而不通元，較唐人功令以元、魂、痕通爲一韻者，識解相去遠矣。

朱竹垞《經義考》删去《舜典》篇首二十八字，自「四海遏密八音」以上，斷爲《堯典》，而冠高堂隆所引「曰若稽古帝舜曰重華，建皇授政改朔」十五字於「月正元日」之前，至篇終爲《舜典》。又謂「建皇」之義無聞，不知「皇」即「黄」之譌也。《文選・策秀才文》注引《帝王世紀》云「舜始即真，改正朔，以土承火，色尚黄。《尚書中候》所謂『建黄授政改朔』」，則此三字乃緯候之文，不得援以入《舜典》矣。

《史記》文王受命七年而崩，九年觀兵，十一年伐紂，《三統曆》文王受命九年而崩，十一年觀兵，十三年伐紂，二説不同。其自文王崩至伐紂首尾五年則同。《多方》云「天惟五年，須暇之子孫」，謂居喪三年，觀兵還歸二年也。鄭説文王受命年數從《史記》，觀兵伐紂年數從《三統曆》，則自文王崩至伐紂首尾七年，鄭以前無此説也。又《管子》及《三統曆》並言武王克殷七年而崩，如鄭説則止五年，恐不足信。

今文《太誓》，史公及劉、鄭並親見之，而三説互異，可知《太誓》本文但有月日而無年矣。近王鳳喈、孫淵如輩採集《太誓》，竟於上篇云九年，於中篇云十有一年，使當時有此明白可據之文，何至紛紛若此？然《書序》云「惟十有一年，武王伐殷。一月戊午，師渡孟津」，則明謂伐殷在十一年，與《史記》合。劉歆歧而二之，以上二句爲觀兵，而年無所繫之月；以下二句爲伐紂，而月無所繫之年，支離舛錯，宜其來後人之彈射矣。劉、鄭並以曆法推算，或與經文月日不符，而遷就以求巧合，理亦有之。《書序》既有明文，且從《史記》可也。

伏生今文但言「哉生魄」耳，《三統曆》引《武成》逸篇乃有「旁死霸」、「既旁生霸」之文，劉歆以死霸爲朔、生霸爲望，而「哉生霸」爲望前一日，遂與鄭義大相乖違。王鳳喈輩伸鄭抑劉，而《武成》本文不得其解，終無以服劉氏之心也。《説文》：「霸，月始生魄然也。」霸本月生之名，後轉爲魄，不學者望文生訓，遂疑魄有陰晦之義，則大謬矣。哉之爲言始也，既之爲言盡也。如《春秋》「日有食之既」。朔日月光盡伏爲既死霸，朔後一日旁之爲旁死霸，望時月光正盈爲既生霸，望後一日旁之爲旁生霸。劉氏之説本無可疑。月於三日始有光，至十五日而光盈，故鄭以「哉生魄」爲月之三日，與劉説不相反而適相成也。「哉生魄」、「既生魄」，或稱「哉生明」、「既生明」，文雖小異，義實大同。而劉以「哉生霸」爲望前一日，其謬妄亦不攻而自破矣。

晚出《武成》「一月壬辰」以下，序所云「往伐」者也。「四月哉生明」以下，序所云「歸獸」者也。史云「罷兵西歸行狩」，則序文本作「歸狩」，彼認爲獸，故以「歸馬放牛」實之。「既生魄」以下，追敍前事，倣《逸周書·世俘解》例。「受命於周」，受伐商之命也。「予小子其承厥志」，告諸侯以興師之意也，此當在「壬辰」前。蓋彼見《三統曆》云「師初發以殷十一月戊子」，二十八日。因意諸侯受命於周在十一月望日。言「既生魄」不言月者，用殷正，則非周史之體；用周正，則武王尚未興師，故敍於大告武成之後，且故爲此若斷若續之文，以疑後世也。「底商之罪」以下，記行師禱告之詞。「戊午，師渡孟津」以下，記武王一戰克殷，與天下更始之事。《序》所云「識其政事」者也。既生魄不言月，故戊午、癸亥之間亦不言月，且與一月壬辰相隔遠甚，則不疑其三十四日而成一月也。

「羣叔流言，乃致辟管叔于商」，不用鄭君避居東都之説，是東晉人尚知古義也。

《周書·作雒解》云：「武王崩，三叔及殷、東徐、奄及熊、盈以畔。周公、召公内弭父兄，外撫諸侯。元年夏，葬武王于畢。二年，又作師旅，臨衛政殷，殷大震潰，降。辟三叔。王子禄父北奔。」《詩·鴟鴞》傳云：「寧亡二子，不可毀我周室。」疏引《書傳》「周公居攝，一年救亂，二年克殷，三年踐奄」，是今文説與毛公同也。史公從孔安國問故，而《魯世家》云：「成王少，周公踐阼攝政，管叔及其羣弟流言于國，曰：『周公將不利於成王。』周公乃告太公望、召公奭曰：『我之所以弗辟而攝行政者，恐天下畔周，無以告我先王。』於是卒相成王，而使其子伯禽代就封于魯。管、蔡、武庚等果率淮夷而反。周公乃奉成王命興師東伐，作《大誥》，遂誅管叔，殺武庚，放蔡叔，寧淮夷、東土，二年而畢定。周公歸報成王，乃爲詩貽王，命之曰《鴟鴞》。」是孔安國古文説亦與今文同也。馬、鄭讀辟爲避，而以居東爲避居東都，不特於古無徵，即下文「罪人斯得」及《鴟鴞》詩「既取我子，無毁我室」等語並不可解。鄭謂周公居東，成王多殺公之屬黨，公作《鴟鴞》之詩，救其羣臣，請勿奪其官位土地。此臆説，不可從。或引《墨子》、《越絶書》爲證，然《越絶書》言巡邊一年，則與經文「居東二年」不合。王氏《尚書後案》曲伸鄭説，吾無取焉。

《天官・疾醫》「參之以九藏之動」，鄭注：「藏之動，謂脈至與不至。正藏五，又有胃、膀胱、大腸、小腸。脈之大候，要在陽明寸口。」嘗疑十二經中，何獨不及膽與三焦？後讀《素問・三部九候論》云：「神藏五，形藏四，合爲九藏。」張注：「形藏四：謂胃、大小腸、膀胱，藏有形之物也。」膽無出無入，三焦有名無形，皆不藏有形者也。此與鄭説闇合。然《素問》上文云：「下部之天以候肝，地以候腎，人以候脾胃之氣。中部天以候肺，地以候胸中之氣，人以候心。上部天以候頭角之氣，地以候口齒之氣，人以候耳目之氣。三而成天，三而成地，三而成人，三而三之，合則爲九。九分爲九野，九野爲九藏。」則九藏之説自當如王注云「肝藏魂，肺藏魄，心藏神，脾藏意，腎藏志，是謂『神藏五』。一頭角，二耳目，三口齒，四胸中，是謂『形藏四』」。以經解經，非王氏刱説也。《周官》「參之以九藏之動」，即《素問・三部九候》之法。鄭注云云，似越人所謂「獨取寸口」者，失之毫釐，謬以千里矣。

《瘍醫》：「凡藥以酸養骨，以辛養筋，以鹹養脈，以苦養氣，以甘養肉。」嘗以《素問》解之云：肝欲散，急食辛以散之，辛養筋也。肝主筋。心欲耎，急食鹹以耎之，鹹養脈也。心主血脈。肺苦氣上逆，急食苦以泄之，苦養氣也。肺主氣。脾欲緩，急食甘以緩之，甘養肉也。脾主肌肉。獨「酸養骨」與《素問》不符，酸屬肝腎，主骨意，即乙癸同源、腎肝同治之理與？

敖繼公釋《儀禮》，屏弃古注，别出新裁，於經文有難通處，不以爲衍文，即以爲脱簡。今就《大射儀》一篇言之。三耦再射畢，「賓降，取弓矢于堂西」，敖云：「賓取弓矢以升，明其將侍君射。此言降而不言升，似有闕也。」按下文云「公將射，則賓降適堂西，袒決遂，執弓，搢三挾一个，升自西階，先待于物北」，此即上文「賓降，取弓矢于堂西」之事。蓋兩見之，前著其降，此著其升，經文極爲明備，安得有闕文耶？「若諸公卿大夫之耦不勝，則亦執弛弓，特升飲」，敖云：「比耦之時，大夫有與士爲耦者，諸公卿無與士爲耦者。此『諸公卿』三字衍文。」按上文云「諸公卿大夫不勝，則不降，不執弓，耦不升」，鄭注：「公卿或缺，士爲之耦。」此補經文所未及。如敖説，則「耦不升」三字亦衍文耶？「諸公卿升就席」，敖云：「大夫既反位，諸公卿乃與之序升。『公卿』之下不言『大夫』者，文脱耳。此上下文皆卿大夫升就席，不應此時獨否也。」按：再請射時大夫降適次，至射畢小臣委矢而升就席，則三耦射時大夫在堂下明矣，此句中不得有「大夫」二字。

《王制》：「方千里者，爲方百里者百，爲田九萬億畝。」鄭注：「萬億，今萬萬也。」按：經、注「萬億」並「千億」之誤。蓋鄭注上文明云：「億，今十萬。」安有十萬爲億，而萬萬即爲萬億之理？鄭所見本必作「九千億畝」，方與上文「方百里者爲田九十億畝」相合。其後經文既誤，復以誤文改注，歷千餘年無有起而正其失者。

曆學卮言

梅氏《月食蒙求》以黄白差角加減黄赤差角而得月赤道差，即噶西尼之赤白二經交角也。復求二經赤道差，即赤經高弧交角。加減月赤道差爲地經白道差，即白經高弧交角。故云此綫所指，即月行白道之極。積學參微，乃與新法闇合。信乎此心此理，不以東海西海而殊。

江氏《冬至權度》云：「西法最卑，每歲東行一分一秒十微。以遠年冬至考之，此率似微縮，大約當加二秒。」亦與噶西尼新法闇合。

太陽中距盈縮差，噶西尼新法比地谷舊法減六分五十八秒，江氏因謂本輪均輪之半徑古大而今小，失其解矣。噶西尼所測之盈縮差，實與地谷數同，惟所定地半徑差、清蒙氣差之數與舊表互異。故減盈縮差以就之，非真減也。試以春秋分言之。舊法謂京師春秋分午正太陽高五十度，無蒙氣差，而加地半徑差一分五十六秒。今法謂日天地半徑差甚微，可以不計，而減蒙氣差五十秒，故所測視高度雖同，而所推實高度恒低二分四十六秒。春分日道自南而北，緯度差而南，則經度差而西矣。秋分日道自北而南，緯度差而南，則經度差而東矣。夫春分者，加極之限也。秋分者，減極之限也。二分之距中距，歲有行分，要其大致不甚相遠。既春分差而西，秋分差而東，則其加減差之數漸平，依弧三角算緯度差二分四十六秒，經度必差六分五十八秒，而此六分五十八秒，正新法盈縮差減於舊法之數也。

噶西尼之太陰初均，即舊法之初均、二

均，合兩次加減爲一次加減也。舊以月距本天高卑取初均，又以月距日取二均，今以日距月天高卑定兩心差，又以月距本天高卑取初均，則月距日之用已藏其中，是故日當月天中距，而月在中距則必與日同度。四度五十七分奇，爲朔望時之最大差，即舊法本輪半徑併均輪半徑之數也。日當月天高卑，而月在中距則距日必九十度。七度三十九分奇，爲兩弦時之最大差，即舊法本輪半徑併均輪半徑仍加次輪全徑之數也。於此見新舊二法之同而異，亦見新舊二法之異而同。

求日月距高卑前後各度視徑，回曆用轉比例法，以各度距地與最高距地之比，同於最高徑分與各徑分之比。《明史》不著算法，今以立成推之，當如此。地谷改用矢綫比例，以本輪全徑二千萬與各度距高卑矢綫之比，同於高卑徑差與各度徑差之比。二法不同，當以回曆爲正。蓋本輪徑綫如股，太陽心距地心綫如弦，股之與弦終古不能相合。況如地谷之說，均輪心循本輪周行，而太陽又循均輪周行，從太陽心出綫與本輪高卑綫十字相交，必不與本輪正弦合爲一綫。然則，以矢綫求徑差，特因其數之相近而假借用之，非正法也。近噶西尼亦用轉比例，與回曆合。

以黄道高弧交角加減黄白大距，爲白道高弧交角，西人新、舊二法之所同也。而按圖察之，舊法從白道立算，新法以白道經圈過黄道之點立算，微有不同。然皆非密率也。從白道立算，必用兩斜弧三角形求月距限與限距地高；以白道經圈過黄道之點立算，必求黄白二經交角與黄道高弧交角相加減。曆家徒取其數之相近而不察其法之非真，設有微差，紛紛遷就湊合，算術益工，算理益晦矣。

太陽兩心差有大小，則歲實有消長，當用均輪以消息之。然按圖詳審，其法有三：其一，均輪心循本輪右旋，日天心循均輪左旋，則兩心差大時，最高行遲；兩心差小時，最高行疾。聯其行跡，即成不同心圈，與七政小輪成不同心天者同理。其二，均輪心右旋，日天心亦右旋，則兩心差大時，最高之行反疾；兩心差小時，最高之行反遲，如噶西尼之算太陰最高均也。其三，最高終古平行而兩心差有加減，其加減與均輪矢綫相應，如噶西尼之算黄白交角，朔望後又有加分也。三者雖同用兩心差起算，而行度各殊，是必徵之實測，乃取其合者用之。

黄赤大距，古遠今近。王曉庵欲據以爲歲實消長之根，梅氏謂黄赤距度其差在緯，歲實消長其差在經，似非一根。余謂經度相待而成者也，緯度既差，則經度亦必有差。試於北極設一本輪，又於本輪周設一均輪，黄極在均輪最遠時，黄赤之距極大；在均輪最近時，黄赤之距極小。惟此二時，黄極與輪心成一直綫，故無差數。最遠後，黄極在均輪心之西而極，至交圈之過黄道者，亦差而西，故其平行應差而疾也，平行疾則歲實漸消矣。最近後，黄極在均輪心之東而極，至交圈之過黄道者，亦差而東，故其平行應差而遲也，平行遲則歲實漸長矣。以太陰正交均參觀之，其理益明。

七國正朔不同攷

七國時之曆法不可知矣，然秦以十月爲正，史有明文。而杜預《春秋集解後序》云：「《汲冢紀年》特記晉國，起自殤叔，皆用夏正建寅之月爲歲首，編年相次。晉滅，獨記魏事至魏哀王之二十年，蓋魏國之史記也。」然則三卿分晉，皆承晉曆而用夏正矣。既用夏正，則與秦差三月。楚、齊、燕曆法無攷，若用周正，亦與秦差一月。《史記》雜采諸書，兼用三正，宜其彼此齟齬，而二千餘年未有論及此者。甚矣！史學之難言也。略舉數條以證明之。

《秦本紀》惠公十二年，出子生，《表》在十一年。《紀》用秦正，《表》用夏正。

又孝公二十四年，與晉戰雁門，《表》在二十三年。同上。

又惠文君十年，張儀相秦，魏納上郡十五縣。十一年，更名少梁曰夏陽。《張儀傳》並在十年。《紀》用秦正，《傳》用夏正。

《魏表》哀王十三，當秦昭王元，秦擊皮氏，未拔而解。《樗里傳》同。《魏世家》在哀王十二年。《表》、《傳》用秦正，《世家》用夏正。

《秦本紀》昭襄王九年，孟嘗君來相秦。《表》在齊湣王二十五，當秦昭王八。《田完世家》同。《紀》用秦正，《表》、《世家》用周正。

又昭襄王九年，奂攻楚，取八城。《表》在楚懷王三十，當秦昭王八。《楚世家》同。同上。

《楚世家》頃襄王二年，楚懷王從閒道走趙，趙不敢入，復之秦。三年，懷王卒於秦。《表》同《秦本紀》，並在昭王十一年，當頃襄王三年。同上。

《秦本紀》昭襄王十六年，冉免。《表》在十五年。《紀》用秦正，《表》用夏正。

《秦表》昭王十九年十月爲帝，十二月復爲王。《趙世家》在惠文王十年，當昭王十八年。《表》用秦正，《世家》用夏正。

《趙表》惠文王十九年，秦敗我軍，斬首三萬。二十年，與秦會黽池。《廉頗傳》在一年。《表》用秦正，《傳》用夏正。

《秦本紀》昭襄王四十二年十月，宣太后薨。九月，穰侯出之陶。是以十月爲歲首也。昭襄王四十二，當魏安釐王十二，而《魏世家》安釐王十一年，無忌謂魏王曰「太后母也，而以憂死」，是知昭襄王四十二年之十月，正在安釐王之十一年矣。《紀》用秦正，《世家》用夏正。

《范睢傳》昭王四十二年平原君入秦，昭王乃遺趙王書曰：「王之弟在秦。范君之仇魏齊在平原君之家。王使人疾持其頭來。不然，吾舉兵而伐趙，又不出王之弟於關。」昭王四十二，當趙孝成王元。平原君爲孝成叔父，不得云「王之弟」矣。蓋此事在昭王四十二年之首三月，正當趙惠文王之三十三年也。《傳》又云「趙孝成王乃發卒圍平原君家」，蓋其時惠文初薨，孝成嗣位，鄰國尚未知也。

又昭王四十三年，秦攻韓汾陘，拔之。後五年，昭王用應侯謀，縱反間，賣趙，大破趙於長平。《趙奢傳》在孝成王七年，《春申君傳》在爲楚相之四年，並當昭王四十八年，與《睢傳》合。《表》在昭王四十七年。《表》用夏正，《傳》用秦正。

《秦本紀》昭襄王四十八年十月，韓獻垣雍。秦軍分爲三軍，盡有韓上黨。正月，兵罷，是以十月爲歲首也。《白起傳》云「昭王四十八年十月，秦復定上黨郡。正月罷兵。其九月，秦復發兵攻趙邯鄲」。《秦本紀》誤作「十月」。與《秦紀》合。

《白起傳》又云：「四十九年正月，陵攻邯鄲，少利。八九月，圍邯鄲，不能拔。時已在歲終矣。」下文又云：「於是免武安君爲士伍，遷之陰密。」則在五十年之十月。據《秦本紀》。又云「居三月，諸侯攻秦軍急，秦軍數卻，武安君行至杜郵，引劍自殺」，則在五十年之十二月。據《秦本紀》。史公不箸年數，故下文補敍之曰「武安君之死也，以秦昭王五十年十一月」，「一」字誤。此史文縝密處。

《秦表》莊襄王三年，初置太原郡。《燕世家》在王喜七年，當莊襄王二年。《表》用秦正，《世家》蓋用周正。

《秦始皇本紀》十四年，韓非使秦。《表》同。《韓世家》在王安五年，當始皇十三年。《表》、《紀》並用秦正，《世家》用夏正。

又二十年，燕太子丹使荆軻刺秦王，秦王覺之，體解軻以徇。《表》同《燕世家》在王喜二十七年，當始皇十九年。《表》、《紀》並用秦正，《世家》蓋用周正。《燕策》：「秦將王翦破趙，虜趙王遷，進兵北略地，至燕南界。太子丹恐懼，乃請荆卿曰：『秦兵旦暮渡易水，則雖欲長侍足下，豈可得哉？』」秦虜王遷在始皇十九年，則荆軻之行當即在是年冬。「風蕭蕭兮易水寒」，亦似十月中語也。

與張嘯山書

許氏《太陽行度解》謂日行赤道原無盈縮，而人目視之有盈縮者，由於黃赤斜交及地面測望。反覆辨論，説亦娓娓可聽。僕以算理考之，黃赤斜交者，西法所謂「升度差」也。二至之後，赤道一度當黃道不足一度；二分之後，赤道一度當黃道一度有奇。若以赤道求黃道，二至後當有減差，二分後當有加差。以黃道求赤道者反是。今推太陽盈縮，則最卑後六宮爲加差，最高後六宮爲減差，已如方枘圓鑿之不相入矣。況黃赤交角終古不易，而最高、卑歲有行分，又安得以升度差爲盈縮之原乎？地面測望者，西法所謂「地半徑差」也。地谷定地平上最大差爲三分。京師春秋分太陽高五十度，當加地半徑差一分五十六秒，以弧三角推之，緯度差一分五十六秒，經度僅差四分五十秒耳。若依噶西尼新法，日天距地甚遠，地平上最大差爲十秒，則春秋分經度之差不足二十秒矣。況起算之根，皆以所測之視高度加地半徑差爲實高度，故所定節氣皆從地心起算，不從地面起算，又安得以地半徑差爲盈縮之原乎？黄道出入于赤道之内外，大距二十三度有奇。太陽循黄道行，其距地平之高弧隨時隨地不同，而其距地心之遠近則一，故黄道交於赤道，但可以南北言，不可以高卑言也。地心不當太陽天之正中，而微在其一偏，西法謂之「兩心差」。太陽在最高半周，則距地遠而行遲；在最卑半周，則距地近而行疾。此遠近謂距地心，非謂距地平。所以然者，高卑綫與黄道平行，而與地心相參直，故南至赤道之表，北至戴極之下，立表測候，其盈縮無不同者。許氏於此析猶未精，故謂赤道北與天頂近爲高，赤道南與天頂遠爲卑。又謂高卑者，平圓之象，非渾圓之象。渾圓之黄道，必側視之乃有高卑。是距地心之遠近與距地平之遠近混爲一矣。天雖渾圓，然高卑盈縮其加減止在黄道一綫，則其象必爲平圓而非渾圓。西法求盈縮差用平三角而不用弧三角，正爲此也。許氏誤以距地平之遠近爲高卑，故謂地面相差一象限，則高卑必易位。又謂人必正當赤道之下立而仰測，然後赤道與日與人目聯爲一綫。審如是，則日行盈縮亦當隨地而殊。然中、西兩家並無此説，則其不足信也明矣。

至於左旋右旋之論，尤不可通。左旋之度，在赤道一日一周者也。右旋之度，在黄道一歲一周者也。中西兩家並言天左旋，日月五星右旋。自張横渠有俱左旋之説，而朱子、蔡氏因之，遂以太陽右旋一度爲不及天一度。此據理之空談，非曆家之實測。而許氏謂日之自行于本天者，一日恰滿一周，並無欠缺。其不及一度，從天而見，則承朱、蔡之誤而又誤矣。彼見太陽東升西没，終古不易，故以爲一日一周，不知其爲大氣所攝，而非太陽之自行。太陽自行黄道，較赤道之左旋者，不特東西相違，而且南北異向，故有緯南緯北、日永日短之殊。戴氏、王氏論之已詳。許氏不得其意，妄加駁詰，不幾如鼷鼠之食牛角，愈入愈深，而愈不能出乎？後附太歲太陰説，較錢詹事爲詳，然謂《漢志》歲名困敦，乃謂太初元年歲前，非本年也，則亦大誤。太初元年始以建寅爲歲首，建寅之距建亥僅三月耳，斷無以此三月别爲一年之理。況超辰之法，必俟餘分盈百四十四而後超一辰，則以太歲紀歲亦必以天正冬至歲星所在爲準，斷無一歲而名丙子，又名丁丑之理。觀歲術推歲所在用上元以來外所求年而不用盡所求年，其理固章章也。太初元年次餘百三十五，已近超辰之限。故下至王莽始建國五年距算百十六，而已超一辰。許氏疑未滿百四十四年，非超辰之本法，是按圖索驥而未能洞曉乎立法之所以然矣。僕於中西算術無所偏主，但參伍反覆，以求得夫心之所安。三復此書，似有不能釋然於心者，敢還質之足下，惟足下教之。

答席小米書

去冬，於錢水西處得讀大著《趙髙釋疏證》，曲暢旁通，實足自伸其説。鄙人於金石素未究心，不敢强作解事。惟於《乙卯説》篇稍參末議，以顓頊術易殷術，足下不以爲謬妄而節取之，辱賜手書，用意甚殷。僕不勝知己之感矣。然而尋繹之下，終有未能釋然於心者，輒以管見逐條辨論。足下實事求是，諒不以同異爲嫌也。

《開元占經》所載六術積年，❶惟魯術有誤字，無由得其立法之根。前引《大衍術議》一條，不過證魯史未嘗改晦爲朔，而足下謂「十二月」當爲「正月」，「正月」當爲「二月」，則其惑滋甚。蓋上文明云「魯術朔後九百四十分日之五十一」，今推魯僖公五年，入周術壬子蔀第四章，首以辛亥日一分合朔冬至，則魯術合朔當在辛亥日之二百八十六分，安得壬子爲二月朔乎？足下據《史》、《漢》二書，謂秦用顓頊術必在并天下後。今考始皇二十六年改年始朝賀，皆自十月朔。此《史記》文也。而昭襄王四十二年，先書「十月，宣太后薨」，繼書「九月，穰侯出之陶」。四十八年先書「十月，韓獻垣雍」，繼書「正月，兵罷」，則此時已以十月爲歲首。同是《史記》之文，何以自相矛盾？亦可見史文之不容過泥矣。又引《淮南子》顓頊元起甲寅，較今法僅退一辰，謂秦術之作距漢初不遠，宜若可信。然謂秦術必以甲寅紀元，不知秦術用超辰乎？不用超辰乎？用超辰則上元不值甲寅，不用超辰則太歲安得與歲星相應？此鄙人所展轉推求而未敢深信者也。竊疑秦術本文但有距算，後人據其時之甲子逆溯上元，故自漢初言之則曰甲寅，自東漢人言之則曰乙卯。《大衍術議》謂顓頊術本起甲寅，吕不韋更考中星，斷取近距，以乙卯爲上元。此求其故不得，從而爲之辭。上年《與錢水西書》原屬一時興到之作，故但推經朔，不及閏月，甚至莊襄王三年五月朔誤以壬子爲癸巳，得尊札而

❶「占」，原作「古」，今據《新唐書・藝文志》改。

覆勘之，不覺啞然失笑。然推是年歲首十月乙酉朔，壬戌小雪，在朔後三十七日，則歲前置閏，而十月爲甲寅朔。依法推至五月得辛巳朔二十六日丙午，亦未嘗不與《史記》合也。足下據二世二年後九月，謂秦用顓頊術，其閏餘亦與殷、周術同。此誠至當不易之論。今更以《史記》考之。二世元年入顓頊壬申蔀六年，歲首十月甲辰朔，壬午小雪，在朔後三十八日，則歲前置閏而十月爲甲戌朔，五日戊寅。故《史記》云：「十月戊寅，大赦罪人也。」二世三年，入顓頊壬申蔀八年，歲首十月癸亥朔，壬辰小雪，在朔後二十九日，則歲前置閏，而十月爲壬辰朔。依法推至八月，得丁亥朔，十三日己亥，故《史記》云「八月己亥，趙高欲爲亂也」。閏在歲終，故小雪必在十月。其餘十一中氣，則不盡然。然則秦昭王十九年正月辛巳朔，逆推歲首十月癸丑朔，丁亥小雪，在朔後三十四日，則歲前置閏，而十月爲壬午朔，依法推至九月得丁未朔，九日乙卯，而於趙爲九月者，於秦爲十二月。如此，則無疑於高文，且與殷術不謀而合。戴東原謂：「考古宜心平。凡論一事，勿以人之見蔽我，勿以我之見自蔽。」故今之所推，不欲苟同前説。然顓頊術與殷術雖不甚相遠，而戰國時之用殷術亘古未聞，不若顓頊之略有根據也。至小司馬秦不改月之説，僕竊以爲不然。夏數得天，百王所同；周正改月，《春秋》具有明文，則《詩》三百篇之用夏正者，不可枚舉。然則漢初雖承秦建亥，而賈生之賦、淮南之書何妨仍用夏正？史家敍事既改月數，則所載詔書自應追改，以從畫一。古人文網闊疏，夫亦何嫌何疑，而乃援以爲不改月之證乎？足下於始皇四年十月庚寅謂「十」爲「七」字之誤，固無不可。於始皇三十七年七月丙寅，謂正月前當置閏，則斷不可通。夫秦法閏在歲終，自古迄今，並無異説。《續漢書·律曆志》安帝延光二年，尚書令忠奏云：「漢祖受命，因秦之紀，十月爲年首，閏常在歲後。不稽先代，違於帝典。」此漢人言秦事，當得其真。如以無中氣置閏，則秦獻公四年入殷術己酉蔀四十七年，閏餘十八，當閏十二月，而正月辛亥朔，安得有庚寅乎？《史記·高祖紀》不載五星聚東井事，必班氏採他書補入，故誤仍秦正。僕非自護其前説也。請於三證外，更舉一證。古詩《明月皎夜光》篇上言「玉衡」指孟冬，下言「秋蟬鳴樹間」，秋蟬而在孟冬，則孟冬爲建申之月，非時月俱改乎？《文選注》云：「漢之孟冬，今之七月。」又云：「此明實候，故以夏正言之。」是則上冬下秋不嫌歧異，與《七月》詩前言「何以卒歲」，後言「曰爲改歲」者，其例正同，幸更詳之。方今曆學大明，敻絶前代。惟經生不能知今，而術家又疏於考古，故中西之法無由融會而得其通。僕性好此學，而用志多歧，忽忽二十餘年，未能深造。辱承下問，用敢對以所知。不識足下更有以教我否？

弧矢啟祕序

以八綫表步天，簡矣妙矣，而算表之法，必憑六宗、三要、二簡諸術，取數甚難。自西人杜德美創爲弧背求弦矢法，蒙古明靜庵又補成弦矢求弧背法，饒有巧思，然猶未及於割切也。海寧李君秋紉精思妙悟，因杜氏、明氏之術而引伸之，於是割、切二綫亦可與弧背互求，而弧綫、直綫相爲比例之法至精至備。蓋古人割圓之法，爲無數多邊形以切近圓周。李君割圓之法，爲無數諸乘尖堆，以切近圓周。圓内之諸尖堆，合之成弧矢形；圓外之諸尖堆，合之成雜綫三角形。正弦爲諸尖堆之高，則正矢爲底和，故正矢求弧背之術即從正弦出也。正切爲諸尖堆之高，則割徑差爲底較，故正割求弧背之術即從正切出也。弦切爲諸尖堆之高，其各乘方皆偶數，故以乘除所得加減弦切爲弧背，而弧背求正切之術即從正弦出也。矢割爲諸尖堆之底，其各乘方皆奇數，故以乘除所得開平方爲弧背，而弧背求正割之術即從正矢出也。此皆理數之自然，二百餘年莫之或省，一旦理解，按諸西表而無秒忽之差，詎非天學中一大快與？抑李君自謂從諸乘尖堆悟入，與西法之從連比例悟入者不同。余謂連比例與尖堆原非二法。設天元一爲一率，方根爲二率，則三率即平方積，四率即立方積，五率即三乘方積，各以乘數加一除之，即得各尖堆矣。弦矢二綫用連比例之法，具見於明氏書。今更以割切言之，半徑爲連比例一率，正切爲二率，用求弧背，應減四率三之一，加六率五之三，減八率七之五，加十率九之七，減十二率十一之九，加十四率十三之十一，合各率以加減正切，即弧背真數也。半徑爲連比例一率，倍割徑差爲三率，用求弧背，應減五率十二之五，加七率七十五之三十二，減九率四百四十八之百九十五，加十一率千九百五十之八百六十三，減十三率十一萬三千九百十六之五萬一千一百十五，加十五率九十三萬二百九十三之四十二萬二千二百三十二，合各率以加減倍割徑差，復爲連比例三率，與一率半徑相乘，開平方，得二率，即弧背真數也。半徑爲連比例一率，弧背真數爲二率，用求正切，應加四率三之一，六率五之二，八率四十二之十七，十率百五十三之六十二，十二率千七百五之六百九十一，十四率二萬六千九百四十九之萬九百二十二，合各率以加弧背真數，即正切也。半徑爲連比例一率，弧背真數爲二率，用求正割，應加三率二之一，五率十二之五，七率百五十之六十一，九率三千四百十六之千三百八十五，十一率十二萬四千六百五十之五萬五百二十一，十三率六百六十六萬八千七百七十二之二百七十萬二千七百六十五，合各率以加半徑，即正割也。所用率數竝視乘除所得，不滿一數而止。雖人算稍繁，而不用約法，似可與本書互相證明。試以質諸李君，知不免邯鄲之誚也。爰書之以爲序。

對數探原序

《對數探原》者，海寧李君秋紉所著也。西人對數之表，以加減代乘除，用之甚易，而造之甚難。李君巧借諸乘尖堆，以定其數，又化諸乘尖堆爲同高同底之平尖堆，以圖其形。由是遞加遞除，而諸對數指顧可得。精思所到，生面獨開矣。究其立法之原，不越乎天元以虛求實之理。是故尖堆之底即天元也，尖堆之高即正數也。平分其高爲若干分，依分各作横綫以截其積，而對數之法由之以生。何也？對數之首位自一至九止矣。一之對數爲〇，而百億之對數亦爲〇，故尖堆下段之積不可求，而總積亦不可求，非無積也，正以其大之極而一至九之數不足以名，故反命爲〇。此盈虛消息，如環無端之妙也。二至十之共積爲一，十一至一百之共積爲一，一百一至一千之共積亦爲一，推之至於萬億，無不如是。此尖堆漸上漸狹、漸下漸闊之理也。以加倍代自乘，則二段之積不得不同於三四兩段之積。以三因代再乘，則二段之積不得不又同於五六七八四段之積。此尖堆二段以上積數相等之理也。尖堆之底無盡，積亦與爲無盡，而求兩對數較，則所得皆爲最上一段之積。故二十尖堆已足當億萬尖堆之用。西人不達乎此，乃用正數屢次開方，對數屢次折半以求之，亦識流而昧其原矣。《易》不云乎？「易則易知，簡則易從」。李君渺慮凝思，無幽不啟，蓋實有以通易簡之原，而體神明之撰者。西人見之，應亦自悔其徒勞也。是爲序。

讀地球說書後

噶西尼新法謂太陽靜而地球動，人聞是說，鮮不駭且惑矣。今按：《尚書考靈耀》云：「地有四游，冬至地上行北，而西三萬里；夏至地下行南，而東亦三萬里。春、秋二分，其中矣，地恒動不止，而人不知。譬如人在大舟中，閉牖而坐舟，行而人不覺也。」《御覽》三十六。《河圖緯》亦有此文。《文選・勵志詩》注。鄭注《考靈耀》云：「地與星辰俱有四游升降。四游者，自立春，地與星辰西游；春分，西游之極，地雖西極，升降正中，從此漸漸而東。至春季復正。自立夏之後，北游。夏至，北游之極，地則升降正中。至秋季，復正。立冬之後，南游。冬至，南游之極，地則升降極上。至冬季復正。」《爾雅・釋天》疏。繹其文義，蓋以最高爲北游之極，最卑爲南游之極，中距爲東、西游之極也。既自西而北、而東、而南，則不能不旋轉而成圓形，而鄭言四季復正者，以其界於高卑中距之中，前後各四十五度耳。故言「北游之極」則曰「升降極下」，在地爲極下者，在天爲最高也。言「南游之極」則曰「升降極上」，在地爲極上者，在天爲最卑也。言「東西游之極」

則曰「升降正中」，於高卑爲適中者，實行與平行等也。鄭注《考靈耀》又云：「地蓋厚三萬里，春分之時地當正中，自此地漸漸而下，至夏至之時，地下游萬五千里，地之上畔與天中平。夏至之後，地漸漸而上，至秋分地正當天之中央。自此地漸漸而上，至冬至上游萬五千里，地之下畔與天中平。自冬至後，漸漸而下。」《爾雅·釋天》疏。此條專言升降不言四游，而實與四游之義互相發。錢竹汀援以爲日行高卑之證，其説良是，特不知所謂升降者，升降於日輪之四周，而徒以近日爲升、遠日爲降，故於四游之説不能無疑於心，而竟置不論。今具列其説觀之，知新法實本緯書，而人在舟中之喻尤爲若合符節。古人可作，當有相視而莫逆者矣。

或曰：新法言地球自西而東，右旋一周而爲一歲。今四游之序，自西而北、而東、而南，則是左旋也。二説何以能合爲一乎？曰：以地球靜、太陽動觀之，太陽固右旋也，則設太陽靜而地球動，亦必爲右旋無疑。而四游之説乃類於左旋者，蓋以日行盈縮言之也。普天下人皆以近日爲南，遠日爲北，冬至地距太陽極近，則角度大於積度，而實行疾於平行，是爲南游之極。冬至後地距太陽以漸而遠，其疾漸減，至於春分而升降正中，則實行與平行等，然而積疾之多正在春分。人從地面測之，則見太陽在平行之東二度有奇，爲疾差之極大者，故春分爲西游之極也。夏至地距太陽極遠，則角度小於積度，而實行遲於平行，是爲北游之極。夏至後，地距太陽以漸而近，其遲漸減，至於秋分而升降正中，則實行與平行等，然而積遲之多正在秋分。人從地面測之，則見太陽在平行之西二度有奇，爲遲差之極大者，故秋分爲東游之極也。蓋就每日之實行言之，則二分與平行同，而二至之盈縮極大，故以二分爲升降正中，而二至爲升降上下之極也。統前後之積差計之，則二至爲盈縮起算之端，而二分之積差極大，春分疾差二度奇，太陽在平行西，則地爲東游之極矣。然則新法與古法同乎？曰：亦不同也。新法恒星終古不動，而古法星辰亦有四游，則古法爲尤善矣。恒星距地雖遠，然謂太陽不動而地球行乎四周，以地半徑計之，距日最遠二萬二千三百七十四，最近二萬一千六百二十六。夫以四萬四千倍地半徑而加減於恒星天距地之數，則必同一時而某方視某星較近，其方視某星較遠；又必同一地而某時視某星較近，某時視某星較遠，安得均無遠近而地上、地下各六宫乎？古法星辰四游並與地同，故星辰距地無四時遠近之殊。而太陽終古不動，地旋轉於本心，復循環於本輪，因有晝夜永短、冬夏盈縮之異，前人皆以誕妄訾之。即梅瑴成亦謂地惟至靜，故能載萬物，必無升降之理。少見多怪，真緯書之一厄矣。王述庵歷舉緯書之有裨於經者，謂其原本聖門，非後人所能臆造。余論新法而有取於四游升降之文，竊以王説爲不可易云。

讀周髀算經書後

此書廢弃已千餘年，雖以梅定九、戴東原諸公竭力表章，而終不克大明於世者，以其所言周徑里數皆非實測故也。今按經文首章即云「笠以寫天，天青黑，地黄赤。天數之爲笠也，青黑爲表，丹黄爲裏，以象天地之位」，而《七衡圖》後又云「凡爲此圖，以丈爲尺，以尺爲寸，以寸爲分。分一千里，凡用繒方八尺一寸」，然則經中周徑里數，皆爲繪圖而設，非其真也。天本渾圓而繪圖之法必以視法變爲平圓，既爲平圓則不得不以北極爲心，而内衡環之，中衡環之，外衡又環之。夫外衡之度本與内衡等也，而自圖視之，則内衡之度最小，中衡稍大，外衡乃極大。此其出於不得已者一也。三衡之度觕細不同，繪圖之法必核其實。若以中衡爲主而齊之，則内外衡之度多寡不均，且奇零難盡，故必變度數爲里數，而取數始真。此其出於不得已者二也。中衡距北極九十一度，三一二五。本爲周天四分之一，而自圖視之，半徑六十〇度，八七五〇。僅得周天六分之一，惟内衡距北極六十六度，七五七九。與半徑略相近，故中外衡距極里數並以内衡度法起算。此其出於不得已者三也。然半徑六十〇度，八七五〇。而内衡距北極六十六度，七五七九。兩數相差五度，八八二九。乃以黃、赤二極聯爲一綫。於此綫上距北極五度，八八二九。指一星以爲識，命曰北極璇璣。一晝夜左旋一周而過一度，恒以冬至夜半加子，春分夜半加卯，夏至夜半加午，秋分夜半加酉，十二月建之名因之而起。此借象之第一根也。當時實測，内外衡相距四十九度。一〇九二。半之得二十四度，五五四六。即黃赤大距。加璇璣距北極五度，八八二九。得三十〇度，四三七五。適合周天十二分之一。夫中衡距北極本周天十二分之三也，而中衡距内衡又爲周天十二分之一，則内衡距北極必爲周天十二分之二，而與外衡距内衡之度相等。此借象之第二根也。里數之根無所取之，乃於王城立八尺表以測日景。夏至午正一尺六寸，冬至午正一丈三尺五寸，其較爲一丈一尺九寸。即命十一萬九千里爲外衡距内衡數，亦即爲内衡距北極數。此借象之第三根也。乃置十一萬九千里倍之，得二十三萬八千里，即內衡徑；三之，得三十五萬七千里，即中衡徑；四之，得四十七萬六千里，即外衡徑。以度命之，內衡距北極六十〇度，八七五〇。內衡距中衡、中衡距外衡各三十〇度。四三七五。若與實測不符，而中衡距北極九十一度，三一二五。內衡距璇璣北游六十六度，七五七九。外衡距璇璣南游百十五度，八六七一。皆與實測所得不約而同。且黃赤極並無象可見，今以璇璣表之，可以測北極之高下焉，可以得黃極環繞北極之象焉，可以明天左旋、日右旋一歲而差一周天焉。嗚呼！可謂巧之至矣。但其理隱于法中，而未嘗明言其故。自趙君卿以下隨文衍義，未有能闡其微者。戴東原直指北極璇璣爲黃極，則璇璣徑二萬三千里，而內衡距外衡十一萬九千里，判若天淵，何可混而爲一？錢竹汀以璇璣爲近北極大星，似矣，而以十一萬九千里爲內外衡相距之實數，則黃赤大距三十〇度，四三七五。亦振古未聞之異說。皆由不知《周髀》爲繪圖之法，且其圖爲借象而非實數故耳。余於是書蓋嘗展轉思之而得其解。後閱西人《渾蓋通憲》，見其外衡大於中衡，與《周髀》合，而以切綫定緯度，則其度中密外疏，無一等者，乃恍然悟《周髀》之圖，欲以經緯通爲一法，故曲折如此，非真以地爲平遠，而以平遠測天，如徐文定公所謂千古大愚者也。況地圓之理，經中已不啻三令五申，安得復生異說。故爲此論，以明其故云。

讀山海經

「海外自東北陬至西北陬者」，「東」、「西」二字當互易。下文敍次皆自西而東，非自東而西也。《淮南・地形訓》云「自東北至西北方，有跂踵民、句嬰民、深目民、無腸民、柔利民、一目民、無繼民」，其次第與《山海經》正相反，益見經文「東」、「西」二字爲傳寫之誤矣。《海内西經》「東胡」下四節，當在《海内北經》「舜妻登比氏」節之後。「東胡在大澤東」，即蒙上「宵明燭光，處河大澤」之文也。《海内北經》「蓋國」下九節，當在《海内東經》「鉅燕在東北陬」之後，「蓋國在鉅燕南」，即蒙上「鉅燕」之文。而朝鮮、蓬萊並在東海，亦灼然可信也。《海内東經》「國在流沙」下三節，當在《海内西經》「流沙出鍾山」節之後。上言流沙，故接敍流沙中外諸國。下言昆侖墟、昆侖山，故繼以海内昆侖之墟在西北，脈絡連貫，更無可疑。不知何時，三簡互誤，遂致文理斷續，地望乖違。今爲移而正之，竟似天衣無縫。作者有靈，當驚知己于千古也。

附　録

先生謂《開元占經》曆積年於算不合，因用演紀術，推其上元庚子至開元二年歲積，知《占經》少三千六十年。又以《占經》顓頊曆歲積攷之《史記·秦本紀》、《始皇本紀》，知其術雖起立春，而以小雪距朔之日爲斷。蓋秦以十月爲歲首，閏在歲終，故小雪必在十月。昔人未之言也。李尚之用何承天調日法，攷古曆日法，朔餘强弱不合者十六家，以爲未盡强弱之故，爰别立術，以日法朔餘展轉相減，以得强弱數，但使日法在百萬以上皆可求，惟朔餘過於强率者不可算耳。授時術以平立定三差求太陽盈縮，梅氏詳説，數衍未明。讀《明志》乃知即三色方程之法，謂凡兩數升降有差，彼此遞減，必得一齊同之數，引而伸之，即諸乘差，則八線對數、小輪橢圓諸術皆可共貫。讀《占經》所載瞿曇悉達《九執曆》，而知回回、泰西曆法皆淵源於此。其所謂高月者，即月孛；月藏者，即月引數；日藏者，即日引數。特稱名不同，亦猶回曆之稱歲實爲宫分日數、朔策爲月分日數之類是也。其論婺源江氏《冬至權度》，推劉宋大明五年十一月乙酉冬至前以壬戌、丁未二日景求太陽實經度，而後求兩心差，乃專用壬戌，今求得丁未兩心差，適與江氏古大今小之説相反。蓋偏取一端以伸己見，其根誤在高衝行太疾也。西法用實朔距緯求食甚兩心實相距，術繁而得數未確。改之以前後兩設時求食甚實引徑得兩心實相距，❶不必更資實朔，較本法爲簡而密矣。西人割圓止知内容各等邊之半爲正弦，而不知外切各等邊之半爲正切，乃依六宗、三要、二簡諸術，別立求外切各等邊正切線法，以補其闕。杜德美求圓周術用圓内六邊形，起算雖巧，而降位尚遲。謂内容十等邊之一邊即理分中末線之大分，距周較近，且十邊形之周與邊同數，不過遞進一位，而大分與全分相減即得小分，則連比例各率可以較數取之入算，尤簡易。因演爲諸乘差表，可用弧度入算而不用弧背數。然尤慮其難記，且仍不能無藉於表，因又合兩法而用之，則術愈簡，而弧線直線相求之理始盡。錢塘項氏《割圓捷術》止有弦矢求餘綫術，以爲亦可通之切割二線，因補立其術。西人求對數，以正數屢次開方，對數屢次折半，立術繁重。李氏《探源》以尖堆發其覆，捷矣，而布算猶繁，且所得者皆前後兩數之較，可以造表而不可徑

❶「徑」，原作「經」，今據《舒藝室雜著》甲編卷下改。

求。戴氏簡法及西人《數學啓蒙》並有新術，而未盡其理。乃別爲變通，以求二至九之八對數，因任意設數，立六術以御之，得數皆合。復立還原四術，又推而衍之，爲和較相求八術。自來言對數者未之聞也。又謂對數之用，莫便於施之八線，而西人未言其立表之根，因冥思力索得之，仍用諸承差法，迎刃而解，尤晚歲造微之詣。諸可寶撰傳。

畢先生華珍

畢華珍，字子筠，鎮洋人。道光□□舉人，❶官浙江慈谿知縣。以病乞歸，僑居嘉興，杜門著述。邃於音律之學，著有《律呂元音》一卷，其中如較正黃鍾倍律、管色不可代十二律、歌曲盡變諸篇，皆極精奧，❷能道人所未道云。參張文虎《懷舊雜記》、錢培名《律呂元音後跋》。

律呂元音自序

大樂與天地同和，其源則出於人心之感物而動，形之篇章，達之聲歌。元音之在天地，無古今一也。然而不求之於中聲，其理亦不可得而著。聖祖仁皇帝《御製律呂正義》用千二百黍之積較正黃鍾真數，又以黃鍾倍半各數比例相求，考驗金石絲竹絃匏諸器，人聲高下，自然之宜，無一不合。華珍少喜律學，偶有窺測，筆之於條。若夫本末兼賅，精麤咸貫，識禮樂之文者能述，以俟明體

❶「道光□□」，清光緒本《國朝詞綜補》卷二五作「嘉慶十二年」。

❷「奥」，原作「粵」，今據《叢書集成初編》本《律呂元音》改。

達用之君子。

錢先生熙祚

錢熙祚，字錫之，號雪枝，金山人。候選通判。勤學敦行，遇鄉邑善舉，利濟羣生者，率先倡導。設義莊、義塾，以贍宗族。性嗜書籍，嘗得昭文張氏海鵬所刻《墨海金壺》殘板，以原書采擇校讎皆未精審，因集同志數人僑寓西湖，假文瀾閣本晨夕參考，復鈔得數十種，補所未備，更益以後出之書，爲《四庫》所未著録者，輯刻《守山閣叢書》六百五十二卷，《珠叢别録》八十七卷。繼又得張氏《借月山房彙鈔》殘板，復輯爲《指海》，成十二集。每刻一書，首冠提要，末加後跋。其中或注案語，或繫札記，考訂之精，迥出諸家叢刻之上。阮文達元爲作序，盛稱其「薈萃羣書，津逮後學，於人爲有功，於己爲有福」云。道光甲辰卒，年四十有四。著有《守山閣賸稾》一卷。參淩堃撰傳、阮元撰《叢書序》、張文虎《懷舊雜記》及《賸稾序》。

守山閣叢書序

叢書者，蓋雜家之流。叢之言聚也，衆也，聚衆家之書以成書，昉自左禹錫《百川學海》。洎明以來，浸以廣矣。顧往往取盈卷袟，擇焉不精，以其私臆增删改竄；或且依託舊文，僞立名目，徒驁淺人心智，而見笑於識者。是不可以已乎？近世惟抱經盧氏、渌飲鮑氏蒐羅善本，去取謹嚴，不持穿鑿，不參臆説，敍録之家，斯爲極致。夫叢書之義，在發幽微，資考鏡，舉放失，訂譌脱，非欲誇多鬭靡，以博稱於時人；亦非矜奇炫新，冀與坊賈逐什一之利也。尼山有言，「述而不作，信而好古」，一日三復，心嘗庶幾。家故藏書，夙耽泛覽。文有異同，輒丹黄以識。曩閲昭文張若雲氏海鵬《墨海金壺》，稟依《四庫》，體例整齊，頗多祕袟，刊行無何，遽燬於火。然所采既駁，校讎未精，竊嘗糾其魯魚，幾於累牘；脱文錯簡，不可枚舉。遂擬刊訂，重爲更張。二三同人，慨焉稱善。叢書之舉，爰始於此。南匯張君嘯山文虎、同邑顧君尚之觀光，深思遐覽，實襄商榷。嘉善妹婿程君蘭川文榮、平湖族弟即山熙咸暨從兄漱六熙經、胞兄湛園熙恩、鼎卿熙輔、舍弟葆堂熙哲、鱸香熙泰同志參校，不憚往復。於是昕夕一編，靡間冬夏。咨諏詰難，或致齗齗。窺管所及，隨文附注。置圈於首，以别原案。逸文可采，並著簡末。一書甫畢，旋授梓氏。續有尋繹，别記校勘繫之。總分四部，不及專集，蓋仿張氏之例。《四庫》之外，或有遺珠，割愛綦難，依類附驥。凡此者，或以羽翼經史，或以裨補見聞，義取徵信，務歸實用。門户之見，無所隔閡。若夫瑣屑之言，里耳所諧，良難廢棄，以云甄録，《茶經》、《酒譜》、《搜神》、《諾皋》，一切支離概從舍旃。經始壬辰，迄兹十載，爲目百有十，爲卷六百五十有二。厥功告竣，用志顛末。惜乎湛園、即山先後捐館，不獲覯是書之成。言念及此，忽不覺其涕泗之交頤也。

珠叢别録序

予生平無他嗜好，惟好涉獵書史，而又不喜沾沾守一先生之言。經史以外，閒及九流雜藝、稗官小説，靡不泛覽。性顧善忘，一卷之書，裁隔旬日，便不記源委。又牽於諸冗，遇癥結處，稍致思輒爲俗物敗興。年來俗事愈繁，其牽掣而敗興者愈無以自卻。讀書真自有福哉！雖然，即又未嘗因此而廢我好也。人生天地間，事之有益莫有過於讀書者。無論聖人、賢人，單辭隻語，舉足以垂世立教。即中材以下，下至農圃、醫卜、百工、技藝，千慮一得，莫不持之有故，言之成理。自身心性命推之至於古今興廢、風俗政教，咸資實用。即一名一物，亦足以博聞多識，涵養性情。天下有益之事，庸有過於讀書者哉？或曰：著書之人不盡大賢，狃於所見，時有偏謬，若夫小道可觀，致遠恐泥，奈何兼收而並蓄耶？嗚呼！讀書貴明大義，師法舍短，在取之何如耳。苟得其意，雖解牛承蜩可以悟道；不得其意，則周公太平之書，王介甫用之以誤國。書豈能任咎者哉？向輯《守山閣叢書》，不無遺珠之憾。駒隙餘閒，復蒐得如干種，付之梓。因識鄙見於首，以質世之與予同好者。

程先生文榮

程文榮，字蘭川，嘉善人。性嗜金石。嘗得薛尚功《鐘鼎款識》，爲宋時石刻，世無二本。時阮文達雖有刻本行世，然祇據影鈔舊本參校重雕，固未見石刻也。又得蜀石經殘字原搨，亦希見之品。家有茹古樓，所藏圖籍碑帖甚富，著有《嘉興金石志》、《南邨帖考》各若干卷，《江寧金石志補》四卷，《鐘鼎款識校誤》一卷，《隸續補》一卷，《隸續目次考》一卷。金山錢氏輯刻叢書多種，恒參與校訂。咸豐初，官江寧府北捕通判。三年春，粵寇犯金陵，登陴守城，陷，殉難。贈道銜，予雲騎尉世職。參張文虎《懷舊雜記》及《感逝詩》注、《金石屑》。

韓先生應陛

韓應陛，字對虞，號緑卿，婁縣人。道光甲辰舉人，候選内閣中書。少好讀周秦諸子，爲文古質簡奥，非時俗所尚。後從同里姚氏椿游，得桐城古文義法。尤究心時務，於《算學》、《重學》、《氣學》、《光學》、《聲學》諸書，每手自校録。時李氏善蘭續譯《幾何原本》後九卷成，即爲覆校而授之梓。家藏圖籍金石甚富。咸豐十年，粤寇陷郡城，所藏與居屋俱燼。倉皇走避，卒於道。遺稾多散失。嘯山編爲《有用書齋雜著》二卷，序而行之。參張文虎《懷舊雜記》及《雜著序》。

清儒學案卷一百七十二終

清儒學案卷一百七十三

天津徐世昌

校邠學案

校邠宗尚亭林，究心經世之學。其《抗議》四十篇，亦《日知録》之支流也。昔亭林著書，謂：「若果見之行事，不難躋斯世於治古之隆。」雖託空言而聞者興起，後二百餘年而有校邠，與亭林所處不同，此心若一，使後之人讀其書，知儒效可憑，思有用於世，斯亭林之緒長已。述《校邠學案》。

馮先生桂芬

馮桂芬，字林一，又字景亭，吴縣人。道光庚子進士，官翰林院編修。咸豐初，大臣疏舉人才，以先生與林文忠並薦，旋以憂歸。比服闋，而粵匪已陷金陵。承詔勸捐輸，練鄉團。事辦，敘克復諸城勞，晉五品銜，擢中允。有間之者，告歸，不復出。會江南大營潰，數郡並陷，僅存上海一隅。羣議赴皖，乞湘鄉曾公援軍，慮不遽許，推先生具草，乃爲陳危急情狀，并時局利鈍及用兵先後所宜，語甚辨。曾公許之，令合肥李公以水陸諸營東下，遂成平吴之功。先生在滬，創議立會防局，調和中外；又設廣方言館，儲博通西學之才。而其大有造於鄉邦者，莫如蘇、松、太減漕額，長、元、吴三縣減佃租。舉歷代名公卿思爲民請命不可得者，一旦如其意而蠲除之，類沈痾之去體。蓋先生數十年夙願，亦至是克償焉。先生主講惜陰、敬業、紫陽、正誼諸書院，以實學教士，成材甚衆。卒於同治十三年，年六十有六。平生於書無所不讀，説經宗漢儒，亦不廢宋。凡天文、輿地、兵制、刑法、鹽鐵、河渠、錢漕、食貨諸書靡不窮思極慮，推究其本原，隱然有撥亂澄清之志。作《抗議》四十篇，關係民生國命。精小學、算學，著有《説文段注考正》、《校邠廬逸箋》三種、《弧矢算術細草圖解》、《西算新法直解》、《校正李氏恒星圖》、《測定咸豐紀元恒星表》、《顯志堂稾》。參左宗棠撰家傳、吴雲撰《顯志堂稾序》。

校邠廬抗議自序

三代聖人之法，後人多疑爲疏闊，疑爲繁重，相率芟夷屏棄，如弁髦敝屣，而就其所謂近功小利者世更代改，積今二千餘年，而蕩焉泯焉矣。一二儒者欲挾空言以爭之，而勢恒不勝。迨乎經歷世變，始知三代聖人之法未嘗有此弊，夫而後恍然於聖人之所以爲聖人也。試略舉數事言之。

以億萬人自養則有餘，以一人養千百人則不足。觀於今日，奉軍國則民力竭，養兵勇則國力又竭，而始知聖人兵農合一、車徒馬牛甲兵出自民間之法之善也。取士何以始澤宫？射御何以登六藝？觀於今日文臣不知兵，武臣不曉事，而始知聖人文武不分之法之善也。什而取不及一，視古爲少；倍蓰而當一，視古轉多。觀於今日倍征無藝，而始知聖人百畝而徹之法之善也。土宜出於地而無窮，遠物限於地而難致，觀於今日運道阻，天庾空，而始知聖人四百里粟、五百里米之法之善也。食爲民天，有食斯有民；水爲穀母，治田先治水。觀於今日水利塞，稻田少，民受其饑，而始知聖人盡力溝洫之法之善也。世之盛衰在吏治，治之隆汙在人才。觀於今日科目不得人，而始知聖人鄉舉里選之法之善也。郅治必先親睦，百行莫先孝弟。觀於今日期功陌路，富貴貧賤不相恤，而始知聖人宗以族得民之法之善也。廉遠堂高，箋疏有體，九重萬里，呼籲誰聞？觀於今日諫諍設專官，民隱不上達，而始知聖人懸鞀建鐸、庶人傳語之法之善也。權所屬，則末秩亦將逞志；用不贍，則中材不能無求。觀於今日奉薄官貪，而始知聖人分田制禄之法之善也。天下有億萬不齊之事端，古今無範圍不過之法律。觀於今日則例猥瑣，案牘繁多，而始知聖人不鑄刑書之法之善也。開邊拓土，石田不耕，長駕遠馭，鞭長莫及。觀於今日夷患不已，而始知聖人守在四夷之法之善也。術業以不專而疏，心思以不用而錮。觀於今日器用苦窳，借資夷裔，而始知聖人梓匠名官、倉庾世氏之法之善也。此類尚多，更僕難數。然則爲治者將曠然大變，一切復古乎？曰：不可。古今異時亦異勢。《論語》稱「損益」，《禮》稱「不相沿襲」，又戒生今反古。古法有易復，有難復，有復之而善，有復之而不善。復之不善者不必論，復之善而難復，即不得以其難而不復。況復之善而又易復，更無解於不復。去其不當復者，用其當復者，所有望於先聖後聖之若合符節矣。

復宗法議

三代之法，井田、封建一廢不可復，後人

頗有議復之者。竊以爲復井田、封建，不如復宗法。宗法者，佐國家養民、教民之原本也。天下之亂民，非生而爲亂民也，不養不教有以致之。牧令有養教之責，所謂養不能解衣推食，所謂教不能家至户到，尊而不親，廣而不切。父兄親矣切矣，或無父無兄，或父兄不才，民於是乎失所依。惟立爲宗子以養之教之，則牧令所不能治者，宗子能治之，牧令遠而宗子近也；父兄所不能教者，宗子能教之，父兄多從寬而宗子可從嚴也。宗法實能彌乎牧令、父兄之隙者也。《詩》曰：「君之宗之。」公劉立國之始，即以君與宗並重。《左氏傳》晉執戎蠻子以畀楚，楚司馬致邑立宗焉，以誘其遺民。正與《公劉》詩相表裏。蓋君民以人合，宗族以天合。人合者必藉天合以維繫之，而其合也彌固。嬴政并天下，始與井田、封建俱廢。秦亡之後，叔孫通等陋儒不知治本，坐令古良法美意浸淫澌滅不可復。故漢初知徙大姓，借其財力實邊、實陵邑，而不知復宗法。魏晉知立圖譜局，而不知復宗法。唐重門第，至以宰相領圖譜事，而不知復宗法。惟宋范文正創爲義莊，今世踵行者，列於旌典；又令甲長子没，必立承重孫。二事頗得宗法遺意，自可因勢利導，爲推廣義莊之令。有一姓即立一莊，爲薦饗、合食、治事之地。莊制分立養老室、恤嫠室、育嬰室，凡族之寡孤獨入焉。讀書室，無力從師者入焉。養痾室，篤疾者入焉。又立嚴教室，不肖子弟入焉。立一宗子，復古禮，宗子死，族人爲之服齊衰三月。其母妻死亦然，以重其事。又有宗婦死，夫雖母在，爲之禫。宗子之長子死，爲之斬衰三年，則駭俗不可行矣。名之曰族正，副之以族約。桂林陳文恭公議。○公於乾隆中年撫江西有此令，未及成而去。繼之者以他獄連及祠户，遂一律毁祠追譜，與公意正相反。族正以貴貴爲主，安陽許三禮議。先進士，次舉、貢、生、監。貴同則長長，長同則序齒。無貴者或長長，或賢賢。族約以賢賢爲主，皆由合族公舉，如今義莊主奉法。無力建莊者，假廟寺爲之。嫁娶喪葬以告，入塾習業以告，應試以告，游學經商以告，分居徙居、置産斥産以告，有孝弟節烈或敗行以告，一切有事於官府以告。無力者隨事資之。一莊以千人爲限，逾千人者分一支莊，增一族約。單門若稀姓，若流寓，有力者亦許立莊，無力者擇所附，如吴則同出泰伯之類，又如昌黎所謂何與韓同姓爲近之類。無可附者，則合數百人爲一總莊，亦領以莊正、莊約。期於億萬户皆有所隸而止。《周禮》「宗以族得民」，賅詞也。有謂庶人無宗者，非是，前人已辨之。立莊之後，敦勸集資，令經費充贍。另議永停捐例，惟存民爵，正可爲奬勵立莊之用。夫宗法既爲養民教民之原本，其有功於國家甚大，膺兹上賞，不爲過也。

竊以爲今天下之大患，有可以宗法弭之者不一端。一，宗法行而盗賊可不作。人性本善，孰不知廉耻？孰不畏刑罰？盗賊之甘於扞法網者，迫於饑寒而已。宗法既行，民無饑寒，自重犯法。《大傳》云：「愛百姓，故刑罰中。」顧氏炎武爲之説曰：「天下之宗子各治其族，罔攸兼於庶獄，而民自不犯於有司。」又云：「庶民安，故財用足。」顧氏曰：「收族之法行而歲時有合食之恩，吉凶有通財之義。本俗六安萬民，三曰聯兄弟。六行之條曰睦，曰恤。不待王政之施，而鰥寡孤獨廢疾者皆有所養矣。」此物此志也。一，宗法行而邪教可不作。宗法之善在有餘則歸之宗，不足則資之宗。邪教之宗旨大都竊此二語，以聚無賴之民，始則濟其不足，終則括其有餘。鄉愚無知，狃目前之利，陷於畔逆而不之悟。宗法既行，誰不願以其從教主者從宗子哉？一，宗法行而爭訟械鬭之事可不作。今山東、山西、江西、安徽、福建、廣東等省民多聚族而居，强宗豪族桀黠之徒往往結黨呼羣，横行鄉里，小則糾訟，乾隆中江西諸大族多互訟，輒釀大獄。巡撫輔德至疏請禁止毁祠追譜，可謂因噎廢食。大則械鬭，閩、廣最多，近來尤甚。爲害甚鉅，皆其族之不肖者號召之。夫一族中豈無賢者，無權無責，閉户不與聞而已。宗法既行，則賢者有權有責，君子道長，小人道消，即有一二不肖者，何難以家法治之哉？一，宗法行而保甲、社倉、團練一切之事可行。宗法以人人有所隸爲主，是億萬户固已若網在綱，條分縷析。於是以保甲爲經，宗法爲緯，一經一緯，參稽互考。常則社倉易於醵資，變則團練易於合力。論者謂三代以上之民聚，三代以下之民散。散者聚之，必先聚之於家，然後可聚之於國。宗法爲先者，聚之於家也。保甲爲後者，聚之於國也。彼商鞅什伍連坐之法，亦其時同井未盡離、宗法未盡壞之證。如後世之民無常居，五方雜處，比鄰或不相識，顧欲與以連坐，鞅雖酷，亦勢不可行。鞅借宗法以行其令，而即廢宗法，小人舉動往往如此。今保甲諸法之不行者，以無宗法爲之先也。《尚書》「黎民於變時雍」，始於「親九族」，《詩》以《關雎》、《麟趾》爲王化之始。《孟子》：「人人親其親，長其長，而天下平。」《大學》：「家齊而後國治，國治而後天下平。」天子自齊其一家爲治平之始，億萬姓各齊其億萬家爲治平之終而已矣。

文集

宗法論

萬氏充宗《學禮質疑》論宗法凡八篇，徵引博而斷制嚴，可謂詳且明矣。獨其四稱「大夫之子爲大宗，士之子爲小宗」，則不可以無辨。曷言乎宗也？支子不祭，祭必告於宗子。宗父之適以祭其禰，宗祖之適以祭其祖，宗曾祖之適以祭其曾祖，宗高祖之適以祭其高祖。此宗之四也，大宗、小宗所同也。又宗始祖之適以祭其始祖，此又宗之一也，大宗所獨也。鄭注、孔疏謂別子之後皆爲大宗，大宗之下乃有小宗。是人人有一大宗，而一族之人因之有聚而無散，所謂「同姓從宗合族屬」者此也。高祖以下曰族，五世以外曰屬，族與族相屬，故曰「族屬」也，所謂「宗以族得民」者此也。民之也者，衆之也。脱如萬説，爲大夫者少，爲士者多，小宗之子孫其相繫屬者，亦不過如後世有服之親耳。百餘年後，各宗其宗，國之人大半有四宗，無五宗，漸且涣散，漸且途人，所謂從之合之者安在？所謂得民者又安在？且其所據者，大夫有太祖，士祭止及高祖，是指祭者言，非指所祭者言。獨不聞禮父爲大夫、子爲士云云乎？武王責紂以世官，《春秋》譏世卿，大夫之後不恒爲大夫，士之後不恒爲士，其不足據以定宗法明矣。至鄭注《小記》指別子爲諸侯之庶子，注《大傳》則兼言始來在此國者，陳氏祥道又加起民庶爲卿大夫者而爲三。諸儒無異説。惟士庶立宗與否，經無明文。近人紀氏大奎繹經文，以爲亦當有同姓大同之始祖，説自可從。《詩·大雅》「君之宗之」，君與宗並言，可見人莫不有君，亦莫不有宗，亦是一證。錢氏大昕直謂「士庶無宗而有藉於族相葬、黨相捄、州相賙」，似近肊説。夫閭里任卹，事之變者耳。井田之法具在，六十以上上所養，二十以下上所長與强，而專藉相葬、相捄、相賙爲哉？

闕里致經堂記

説經家漢、宋一界也。漢之中，《易》則虞、王，《書》則今古文，《詩》則三家，《春秋》則三傳，各一界，甚且東、西京亦各一界。宋之中，朱、陸亦各一界。稍軼其界，則曰：此外道也，於吾家數不合。韓非子言：「儒分爲八，取舍相反不同，而皆自謂真。」蓋自周時已然。於是調人之説無所施，惟有專所學以呰所異，黨枯竹，護朽骨，攻訐狠怒，以詞氣相擊排冒没，濫觴於《箴膏肓》、《起廢疾》，流極於洪水猛獸之論。嘻！甚矣哉！平心論之，漢學雜讖緯，宋學近禪，各有所蔽。漢學善言考據，凡名物、象數、文字、形聲、訓詁非漢儒不傳。宋學善言義理，表章《大學》於羣經中，明誠正修齊治平、内聖外王、一以貫之之説，陳義大且遠，用能晚出千餘年，而儼然與漢儒埒，實亦各有所長。然則學者宜何從？曰：吾從聖。聖人問官、問禮、問樂、學琴，知殷周之損益，傷杞、宋之無徵，以及《史記》、《家語》所紀軼事甚多，實萬世博雅之宗。考據本於聖，吾不敢呰漢儒也。《論語》曰「夫子言性與天道」，義理本於聖，吾不敢呰宋儒也。且漢儒何嘗諱言義理，宋儒何嘗盡改漢儒考據。漢儒、宋儒皆聖人之徒也。漢古而宋今，漢難而宋易，毋蔑乎古，毋薄乎今，毋畏乎難，毋忽乎易，則學者之爲之也。用聖人四科四教之法取之，兼收並蓄，不調而調，聖人復起，不易吾言矣。曲阜孔君憲彝，聖人之後也，漢儒、宋儒皆通家也，以致經名堂，兼致之可也。

讀史記律書書後

「黄鐘長八寸七分一」以下十二句，訛舛不可讀。《索隱》云：「上文云『律九九八十一』，故云『長八寸十分一』。舊本『十』多作『七』，蓋誤也。」此説是也。餘十一句之誤則置之不論。《集解》、《正義》亦然。下云「以下生者，倍其實，三其法」，此即三分去一也。「以上生者，四其實，三其法」，此即三分益一也。《索隱》轉從《漢志》及《周禮·太師》注「黄鐘長九寸」立算，顯與本文不合，斯爲巨謬。今依法算之，十二句中不過衍二字、誤七字而已。七字之中，「十」誤爲「七」者居五字，蓋迻書者不知十分幾爲何語，而誤會十分應升爲寸，疑「十」字無解，故皆改之。至所謂幾分幾者，則約略之語也。《太師》鄭注以九寸立算，一字不誤。賈疏於最易者詳之，稍難者略之，與《索隱》、《集解》、《正義》同病。此亦如《王制》方田步尺，孔疏、陳《集説》皆誤，而鄭注獨不誤。康成於算學非專家，而其精若此，宜其獨有千古矣。

黄鐘長八寸十分一。原作「七分一」，今正。○「十分一」即一分，下放此。

大吕長七寸五分三分一。言七寸五分，又小餘三分之一也。下放此。此三分之一爲弱。○小餘爲八五一八五有奇，當云「又二十七分之二十三」。

太蔟長八寸十分二。原作「七分二」，今正。

夾鐘長六寸七分三分一。原作「六寸一分」，今正。此三分之一爲弱。○小餘爲四二三七六有奇，❶當

❶「七」，據下文當是「八」之訛。

云「二百四十三分之一百三」。

姑洗長六寸十分四。原作「七分四」，今正。此三分二爲强。

仲吕長五寸九分三分二。此三分二爲强。○小餘爲九三二二三有奇，❶當云「二千一百八十七分之二千三十九」。

蕤賓長五寸六分三分二。原作「三分一」，今正。此三分二爲强。○小餘爲八八八八八有奇，當云「又九分之八」。

林鐘長五寸十分四。原作「七分四」，今正。

夷則長五寸三分二。原「五寸」下衍「四分」二字，今删。此三分二爲弱。○小餘爲五六七九○有奇，當云「八十一分之四十六」。

南吕長四寸十分八。原作「七分八」，今正。

無射長四寸四分三分二。此三分二爲强。○小餘九四九一七有奇，❷當云「七百二十九分之六百九十二」。

應鐘長四寸二分三分二。此三分二適足。

算法黄鐘八寸一分，下生林鐘，應倍之爲十六寸二分，三除之得五寸四分，爲林鐘數。上生太蔟，應四乘之爲二十六寸六分，三除之得七寸二分，爲太蔟數。下生南吕，應倍之爲十四寸四分，三除之得四寸八分，爲南吕數。上生姑洗，應四乘之，爲十九寸二分，三除之，得六寸四分，爲姑洗數。下生應鐘，應倍之爲十二寸八分，三除之得整數四寸二分，餘數約之爲三分之二，爲應鐘數。上生蕤賓，應四乘之則用整數乘零分之法，以整數乘分子，得數以分母除之，即所求之數。法先以四乘四寸二分，得十六寸八分；次以四乘分子二，既乘之後，始不用原分子。得八，以分母三除

❶「二三」，據下文疑倒，當移正。

❷「一七」，據下文當是「二四」之訛。

之，滿分母便於上數加一分。今滿分母者二，以加上數十六寸八分，得十七寸。去六餘二爲今分子，是爲乘得十七寸又三分仍用原分母。之二，應三除之，則用整數除零分之法。以整數乘分母而所得之今分母與原分子，即所求之數。法先以三除十七寸得五寸六分餘二，即以原分母數化爲分得六，記於原分子之旁；次以三乘原分母三，宜用除而反用乘，以子有受除不受除，而乘母與除子比例同也。既乘之後，始不同原分母。得九，爲今分母；再以原分子二與所化之六相併得八，爲今分子。是爲除得五寸六分又九分之八，爲蕤賓數。以下皆放此。

跋海國圖志

是書以林文忠公所譯《四洲志》爲藍本，不宜轉取從前之《職方外紀》、《萬國全圖》等書以補其所無，不幾以《春秋》列國補《戰國策》乎？又西人地理書皆著經緯度，真得地理要義。正恨中國古書無此，故并省沿革多所聚訟。魏氏不知，輒多删薙。今以英人《地理全志》、米人禕理哲《地球説略》校之，多所不合。如耶穌生於猶太，《明史》據利瑪竇言生於如德亞，是如德亞即猶太，爲今土耳其東境，不宜屬之印度，誤一也。波蘭洼肖爲今西俄羅斯地，在通國五十七部之中，不宜列波蘭爲一國，誤二也。領墨國下述加納王事，即《全志》嗹國駕奴特王事。案：《説略》嗹國又名嗹馬，嗹馬即領墨之轉，乃别出嗹國，又出大尼國，臆斷領墨、大尼同用黄旗，非一國。幸所引《萬國全圖》經緯度大尼度正與《全志》嗹國度合，是止一嗹國而歧爲三，誤三也。瑞丁國即瑞顛，綏林即綏蘭，爲瑞顛之首部；又那威國久并於瑞顛，《地理全志》瑞顛國爲那威，本屬於嗹，嘉慶二十年以瑞地之近於嗹國者歸嗹，以那威歸瑞，由是合爲一國。乃別出綏林國、那威國，是止一瑞顛而亦歧爲三，誤四也。偶校數卷，即有此誤，恐全帙尚不止此。又圖中列天下萬國而旁注中國之書長書短綫，更無解於不知而作之譏矣。

附録

先生少時爲某邑令記室，兼治錢穀。令以欠糧，欲褫生員，力爭不得，拂衣去。先生澄慮寡言，及臨大事、決大疑，往往慷慨激昂，直任不辭。律己甚嚴，居常不輕與人接。客游陶文毅、裕忠靖諸公幕中。自未仕時，已名重大江南北。林文忠尤有國士之目。李鴻章撰墓志銘、吴雲撰《顯志堂稾序》。

先生艸乞援書，湘鄉曾公覽之心動，遂以合肥李公總統蘇軍，率兵一萬南援。越三年，先生謁公金陵，縱言及之。公曰：「東南事不出君書，亦一段文字因緣也。」《顯志堂稾·皖水迎師記》。

先生母夫人家爲催科所破，嘗語先生曰：「汝他日有言責，此弟一事也。」先生因是留心漕賦三十餘年，官中一言一事涉及此者，必求其詳，手録之，裒然成帙。先辭湘鄉之招，後入合肥幕府，蓋爲此也。《顯志堂稾·江蘇減賦記》。

先生謂生平好讀書，未嘗一日廢業。性迂，未嘗與一曲讌。自謂無足奇，人輒交口稱之。所自信者有二：操守第一，萬鍾、千駟不能易吾節。少賤，通知民情，留意掌故。二者竊自謂不居人下，乃人輒目爲文學之士，不以吏事相許，至以非義之取嘗試者，斥甲而乙至，斥乙而丙至。蓋自通籍二十年，雖漸久漸稀，而終不能絶，以汔於今。何與生平所自信者適相反也？《顯志堂稾·五十自訟文》。

先生喜疇人家言，師事李申耆、李尚之兩先生。嘗以意造定向尺及反羅經，用以步田繪圖，試行於川沙。李鴻章撰墓志銘。

先生治經通小學，故不爲浮詞。尤精隸首之學，能推而行之，清丈之法生焉。敍庚申間事有史筆。俞樾撰《顯志堂稾序》。

校邠弟子

吳先生大澂

吳大澂，字清卿，吳縣人。同治戊辰進士，入翰林。歷官湖南巡撫，罷歸。先生長文學，通訓詁，酷嗜金石，有所見輒手摹之，或圖其形，存篋笥，積久得百數十器，編《恒軒吉金録》。又盡取潘氏暨濰縣陳氏、福山王氏諸家，合己所舊藏拓本，攷而釋之，都十四卷，仿宋歐陽公例，名曰《愙齋集古録》。其言曰：《説文》之字皆周末相沿，非孔子六經舊簡。故求之《説文》而不可通者，往往於《經典釋文》得之。如「徐」之古文「𨛙」，《周禮·雍氏》注「征徐戎」，《釋文》「劉本作𨛙」，舉《沇兒鐘》、《魯公伐𨛙鼎》爲證。又如「來」作「逨」、「韔」通「鬯」，《釋文》所存異字，多與古器銘密合。人初不信，後見燉煌唐寫本《釋文》，《虞書》雖止十一葉，亦校《通志》、《抱經》兩刻增字不啻倍蓰。《説文》所無，殆難校舉，而今則古字亡矣。然後知初唐舊本、陸氏所存古字，實有溢出許書之外，而先生之言信而有徵也。復哀鐘鼎異文撰《説文古籀補》十四卷，附録一卷。就古今文以探製字之原，撰《字説》一卷。參家傳、《顯志堂稾序》。❶

王先生頌蔚

王頌蔚，號芾卿，又號蒿隱，長洲人。光緒庚辰進士，改庶吉士，散館授户部主事，洊升郎中，充軍機章京，記名御史。先生七歲就家塾，所讀倍年長者。每自塾歸，則爲諸兄鈔録文字，或翻檢書籍。長益肆力於學，試紫陽、正誼諸書院，受知於校邠。後校邠修《蘇州府志》，聘先生任纂藝文、古蹟諸門。與葉鞠裳交最篤，同受訓詁之學於潘鬯侯，又同爲常熟瞿氏校定《鐵琴銅劍樓書目》，左右采獲，時望益隆。吴之學者咸推王、葉齊名。在官餘暇，手不釋卷。以昭代經學超越宋明，各經皆有補疏，《周禮》爲歷朝典章制度所由出，獨無專書，毅然以義疏自任。發凡起例，實事求是，爲生平最勤心力之一。又以前人譜録金石，皆致力唐宋以前，惟遼金元建都北方，南省聞見窅遠，紀載每多失實，思以金石糾正之，乃有志搜羅近畿金石。嘗於方略館故紙堆中見殿板初印《明史》殘本，眉上黏有黄籤，審爲乾隆朝擬撰《考證》未竟之本。因多方搜求，逐條釐訂，芟其緐宂，採其精要，成《明史考證攟逸》四十二卷。卒年四十有八。所著《寫禮廎文集》、《詩集》、《明史考證攟逸》、《碑記古書經眼録》，均經其子刊行。《周禮義疏》殘稾藏於家。參史傳、《王府君事略》。

❶「顯」，原脱，今據上下文補。

文集

論語正義補序

國朝乾嘉間學者揚州爲盛。揚州之學，高郵王氏父子、儀徵相國振微扶絶，陶染後進，最稱大師。餘若李大令惇、汪明經中、焦孝廉循、江上舍藩輩，亦皆根秪漢儒，辨章古學，粹然成一家言。至於裒持遺經，綿歷數世，師傳不失，如古大、小歐陽《尚書》、平原高氏世習《魯詩》之比，則莫如儀徵、寶應兩劉氏。儀徵之劉，自孟瞻、伯山兩先生至恭甫明經，皆世《左氏》學。寶應之劉，自端臨、楚楨兩先生至我友叔俛孝廉，皆世《論語》學。顧《左氏傳疏》以三世纂集之勤，尚未卒業。而《論語正義》，則楚楨先生世屬稾已具，君遂足成之，寫定於同治丙寅，宣圅海内，學人驩印。越十有餘年，君讀書日益博，復匄集儒先古誼，參以並世諸家之説，條舉件繫，題曰《論語正義補》，其中隱文奥誼，皆前編所未及，而精審翔實亦略相等。如「傳不習乎」，魯讀傳爲專，引《廣雅》「專，業也」，可正近儒增字訓釋之非，兼可訂桂氏《説文義證》六寸簿之誤。「茍志於仁矣」，讀茍爲居力反，謂茍爲謹敕之意，引申之則爲誠，下篇「茍子之不欲」、「茍有用我者」、「茍合」、「茍完」、「茍美」皆訓誠，亦當讀居力反。案：《賈子·道術》「志操精果謂之誠」，茍訓爲誠，即急敕之意。經典茍字誤從艸，故「苟」行「茍」廢。《聘禮·記》「賓爲茍敬」，《釋文》無音，是唐以前已不識「茍」字矣。「德不孤，必有鄰」，引《文選》李少卿《答蘇武書》注爲證，訓鄰爲報，乃六朝經師舊詁之僅存者。「自行束脩以上」，據《書大傳》「太公酌酒切脯，除爲師學之禮」，謂古者事師有脩脯爲摯。案：《書・堯典》「二生一死贄」，《士相見》「摯，冬用雉，夏用腒」，鄭注：「夏用腒，備腐臭也。」是摯用脩脯之證。「億則屢中」，據《越絶書》屬貨殖言，與《論衡》合，亦西漢舊解。「魯衛之政」，引《桂陽太守周憬功勳銘》「迺宣魯衛之政，敷二南之澤」。又謂：「《詩》於二《南》後次以《邶》、《鄘》、《衛》，所以見異於諸國；《魯》列三《頌》，故不與《周》詩相次。」以此申明包説，可正後儒就衰世言之謬。「必也狂狷乎」，據《中庸》篇「賢者過之，不肖者不及」，謂「賢者即狂，不肖者即狷」。案：《後漢書・獨行傳序》孔子曰：「與其不得中庸，必也狂狷乎？」是中庸即中行，故以賢不肖釋狂狷，《集解》最諦。公伯寮，據《御覽》引《論語摘輔象》「公伯周手握直期，是謂疾惡」，謂其後或遷善爲直士。今案緯文，公伯周承仲弓、宰我、子游、公治長、子夏之次，是的然孔門弟子，又爲史遷、馬季長增一左證。蓋寮惟疾惡而過乎中，故有愬子路之事。譙周俗儒，未可援以難《史記》也。凡此諸條，誼至精塙，皆前人未發之藴，有功經訓甚鉅。竊惟國家右文稽古，鴻生魁壘，靡不轢宋祧唐。《易》、《書》、《詩》、《儀禮》、《春秋公羊》、《穀梁》、《孝經》、《爾雅》、《孟子》皆有全疏，雖純駁不一，以視六朝唐宋諸家疏誼實已過之。惟《論語》獨闕，蓋四子書限於令甲，場屋程藝，墨守宋儒，無敢踰越，故乾嘉諸老師治此經者較尠。江都徐文學復嘗箸《疏證》，見《漢學師承記》及江氏《隸經文》，其書不傳。以頌蔚所聞，近今爲此學者，君家之外，有吳縣潘氏父子朗如、邕侯兩明經。潘書集古注，此承用《集解》，猶江、孫二家《尚書》與王氏《後案》略例小異，其爲漢學一也。

葉先生昌熾

葉昌熾，字鞠裳，長洲人。性簡淡沈靜，好稽考目録，辨別版本。游幕廣州，適吴窓齋視學是邦，相與討論金石文字。光緒己丑，成進士，入翰林，出潘文勤門，即館於其家。凡滂喜齋宋槧、元鈔皆遍閲之。每自恨家貧不能多得異書。復歎自來藏書家節衣縮食，匃集善本，曾不再傳，遺書星散，有名姓翳如之感。因網羅前聞，攟摭軼事，成《藏書紀事詩》六卷，共二百餘首，由宋迄清，貴如明衡、徽諸藩，微如安麓村、錢聽默之屬，紀載靡遺。蓋著録中之別格也。交福山王文敏諸人，益研求碑版，久之積至八千餘通，更撰《語石》十卷，爲後來考斯學者入門之資。舉夫制作之名誼，標題之發凡，書學之升降，藏弆之源流，以逮氊拓裝池，瑣聞雅故，分門別類，條理秩然。邠州城西有大佛寺，石室纍纍，皆唐宋元人題刻。壬寅，督學度隴，盡拓以歸，排纘考訂，成《邠州石室録》三卷。烏程劉氏好刻書，延繆藝風與先生任讎校，題跋出先生爲多。有《奇觚庼文集》。參史傳。

文集

書宋仁宗洪範政鑒後

《尚書大傳》三卷，鄭康成注，舊本已佚，諸家所輯有孫晴川本、盧雅雨本、孔叢伯本、陳恭甫本，四家之中以陳氏本爲善。

其《洪範五行傳》五事、六沴，大要皆取諸《續漢書・五行志》，鄭君注則取諸劉昭注，顧「五行之土」、「五事之思」，劉昭注全闕，陳氏於「思、心不容，是謂不聖」節鄭注，以《文獻通考》彌逢其闕。至「治宫室、飾臺榭」一節，則無可掇拾矣。此書所引鄭注「容」，然無「思」，其他異同可以補逸刊譌者，亦不可枚舉。今以陳氏本校之，惟「金沴木」注云「人心逆則怒，木金水火土氣爲之傷，傷則衝勝來乘殄之」，此書「殄」作「沴」。案：「沴」即《傳》所謂「六沴」，作「殄」者形誤耳。又「厥咎荼」注云：「荼，緩也。君視不瞭，則荼緩矣。」此書「荼」皆作「舒」，古今字。「君視不瞭」作「臣不瞭」。案鄭於「厥咎狂」云「君臣不敬」，「厥咎僭」云「君臣不治」，「厥咎急」云「君臣不謀」，「厥咎霿」云「君臣不明」，均以「君臣」並舉，此處不當有異，此本作「臣不瞭」不誤，但上奪「君」字耳。陳本奪「臣」字，而以「視」字足之，非其舊矣。又「是謂不聖」注云「聖者，包貌言視聽而載之以思心者，通以待之。君思心不通，則是非不能心明其事也」，此書「通以待之」上重「思心」二字，「是」下無「非」字。又「厥罰常風」注云「風亦出内，雨暘寒燠之微，皆所以殖萬物之命者也」；此書「命」上有「性」字，「微」作「證」。案：作「證」者是也。此字蓋本作「徵」，宋人避諱代以「證」字，作「微」則不可通矣。又「時則有脂夜之妖」，此書有鄭注云「夜讀曰腋，脂膏所煎之物，思心實也。此謂變易八珍作新味者也」凡二十五字，陳氏闕。又「惟木金水火沴土」注云「以爲不寬容，亦皆爲陰勝陽，臣强君之異」，此書「亦」下有「近」字，絶句。「異」作「災」。又「王之不極，是謂不建」鄭注「王，君也」，此書作「皇之不極」，引鄭注云「皇作王，君也」，乃知傳本作「皇」，鄭君易爲「王」字，與「容」易爲「睿」一例，陳竟改作「王」，傳注皆失其真矣。又注「王象天，以性情覆成五事，爲中和之政。王政不中，則是不能立其事也」，此書「性情」二字倒，「不中」下有「和」字。又「厥極弱」注引《易》曰「貴而无位」，此書作《易》説亢龍曰」。又「或云懦不毅也」，此書「毅」作「恭」。案：「毅」字，劉注作「敬」，是也。「恭」字避宋諱改，陳據他書改作「毅」，非是。又「時則有射妖」注云「射，王度之極也」，此書作「王極之度」。案：注又云「射人將發矢，必先於此儀之。君將出政，亦先於朝廷度之」，以儀釋度，此節本言「王極」，則作「王極之度」於義爲長。又「時則有下人伐上之痾」注云「陰陽之神曰精氣」，此書「氣」作「神」。又「時則有日月亂行，星辰逆行」，此書「亂」作「錯」，「逆行」作「失次」。注「亂謂薄食鬬並見，逆謂縮反明、經天守舍之類」，❶「亂」字「逆」字同，「守舍之類」下有「太公曰：人主好武事兵革，則日月薄蝕，太白失行」，此鄭君所引古書僅存於今者，陳闕。又「維五位復建，辟厥沴」注云「當明其吉凶變異」，此書「吉凶」作「沴見」。又「八月、九月惟聰首司」，「聰」爲「聽」之誤。各本皆然，此書獨作「聽」。注云「此月數，夏數也」。此書作「此皆據夏數」。又「□五行相王之次」，「五」上一字陳本空圍，此書作「用」；又引「子駿曰」，此作「劉向曰」。又「於四時之氣似近其類」，此書「類」作「實」。又「傳凡六沴之作歲之中，月之中，

❶「縮」上，據清《左海文集》本《尚書大傳》當有「贏」字。

日之中，則公卿受之」，此書「公卿」作「正卿」。注「下側至黄昏」，此書「則」作「晡」。❶又「離逢非沴」注「言五行非能沴天者也」，此書「非能」作「無能」。又「故天垂變異，以示人也」，此書「示」作「沴」。又「禦貌于喬忿」及注「喬」字，此書並作「驕」，亦古今字。注云「止貌之失者在於喬忿」，此書「喬」上有「去」字。案：「喬忿」正爲「貌失」，何得云「止」？則有「去」字者是矣。又「忿戾無期」，此書作「無類」。又「禦聽于怵攸」注「謂若老夫灌灌、小子蹻蹻，誨爾諄諄」，此書「灌」作「嚾」、「蹻」作「嶠」、「諄」作「純」，嚾、嶠或爲駁文，諄諄與純純必爲三家舊文，尚未知其誰是也。又「禦思心于有尤」注云「止思心之失者在於去欲，有所過欲。有所過者，是不容之刑」，義不可通。此書無「有所過欲」四字，下「過」字作「欲」，則涣然冰釋矣。又「禦王極于宗始」注云「則録延其受命之君」，此作「延期」，無「録」字。又「飲食不享」注「享，獻也」，此書下有「不如獻禮也」五字，陳闕。又「輕百姓」注引《春秋傳》曰「師出不正反，戰不正勝也」，此書無下「正」字。又「金不從革」注「金性從形」，此書「形」作「刑」。凡此諸文，皆可訂陳本之失。至「治宫室、飾臺榭」句下引鄭康成曰「紫宫太微，宫室臺榭之象。太微西南有靈臺」。又「内淫亂、犯親戚」句下引鄭康成曰：「太帝、太子、后妃、羣妾同居紫宫，内淫亂、犯親戚之象。」又「侮父兄」句下引鄭康成曰「天文混爲一體，北斗指使四方，太微五帝轉相乘，貶侮父兄之象」。又「則稼穡不成」句下引鄭康成曰「君行此五者，爲違天中宫之政。中宫於地爲土，性安

❶「則」，據上文當爲「側」。

靜，春夏和烝，秋冬收閉，入所用，殖五穀者。無故苗生消惡，或秀實不就，是謂稼穡不成。其他變異，皆屬沴風」。鄭注百餘字，皆傳注所未采，陳氏欲補而末由者也。萬古長夜，一旦豁然，豈不快哉！然亦有此書誤而可據他書所引以糾正之者。如傳「時則有華孽爲思心之孽」，此書移於「王極」下。案：王極自有龍蛇之孽，則此句實爲錯簡。又「思心不容」鄭注「容當爲睿，通也」，是傳本作「容」字，鄭改爲「睿」。今此書凡「容」字皆竟作「睿」，則誤矣。又「厥咎瞀」鄭注：「故子駿傳曰：瞀，眊，眊，亂也。君臣不立，則上下亂矣。」《字林》曰：「目少精曰眊。」《續漢書》劉昭注如此。今此書作「故曰眊，區霿也。君臣不立，則上下霿矣。目少精曰眊」。案：霿爲思心之咎，瞀爲王極之咎，其義雖同而文則異。且「目少精曰眊」，是呂忱語，非鄭君語。此書節去「《字林》曰」三字，而羼入之，誤之甚矣。又遇宋諱如「敬」字皆代以「恭」，「恒」字皆代以「常」，「徵」字皆代以「證」，閒有删節字句以避之者，亦未可據以改今本也。此書世無傳本，再同太史自明緝熙殿寫本傳録出以見示，共十二卷，以《洪範五行傳》爲經，以諸文爲緯，所引《尚書》馬、鄭注及《史記》、《漢書》皆與今本有異同，不及悉校。第即《洪範五行》一篇論之，已與覆釜墜甑同其珍祕矣。

管先生禮耕

管禮耕，字申季，元和人。歲貢生。長訓詁。嘗言唐以《正義》立學官，漢魏六朝遺説積久泰半闕不完，凡所攷見，獨存《釋文》，而今本踳駮，非其舊。思總稽羣籍爲《校證》，未及半而卒。參史傳。

袁先生寶璜

袁寶璜，字瓌禹，元和人。光緒乙未進士，官刑部主事。通經、小學，兼及算術。著書未成而卒。參史傳。

案校邠弟子之可攷者，尚有朱培源、孫文楷、徐鳳銜、李文楷、潘其鳳、陳其錫、汪銘清、郁曾儒、夏從語、徐誦芬、黃禮讓、徐敦仁、柳商賢，附識其名。

校邠交游

姚先生瑩 別見《惜抱學案》。

陳先生奐 別爲《南園學案》。

俞先生樾 別爲《曲園學案》。

陳先生時

陳時，號若木，宜興人。究心朝章、國故、輿地、水利、河渠、鹽法、漕運，洞悉源流利弊，精於名法家言。浮沈州縣幕二十年。道光初，撫部歙縣程簡敬公閱其所上讞，大異之，招入幕，有加禮，聲譽驟起。自是三十餘年，更十數督撫，莫不以得先生一顧爲榮。生平關節不到，頗高自標置，於所主不稍假辭色，公事外不他及。所主遷去，君必先歸，代者必遣使數輩迓之始至。與校邠同客裕靖節所，爲忘年交。嘗爲校邠言：「吾人宜爲一二有益民生之事，庶不虛生天地間。蘇屬重賦困民，浮收更困民，安得一賢大吏挽回之。」厥後，蘇撫行捐抵上下忙法平價徵錢，行大小均賦法，皆先生意也。裕靖節鎮海兵潰，僚屬將擁之走。先生曰：「吾無官守，可不死。公不死，則萬矢集。公終一死，死西市，死此，孰愈？百代瞻仰在瞬息間，勿悔！」靖節以爲然。則酹酒生奠之，伏地哭曰：「公從此千古矣。」參《顯志堂稿・陳君若木家傳》。❶

清儒學案卷一百七十三終

❶「稿」，原脱，今據清光緒二年馮氏校邠廬刻《顯志堂稿》補。

清儒學案卷一百七十四

天津徐世昌

東塾學案上

自阮文達治粵，提倡學術，人材蔚興。東塾後起，尤爲大師。兼以鄭君、朱子爲宗主，通漢宋之郵，意在補偏救敝，不爲無益無用之學，其宗旨特爲醇正。述《東塾學案》。

陳先生澧

陳澧，字蘭甫，號東塾，番禺人。道光壬辰舉人。九歲能爲詩文，及長，凡天文、地理、樂律、算術、小學無不研究。中年，讀諸經注疏、子史及朱子書，日有課程。六應禮部試未第，大挑銓授河源縣訓導，到官兩月，即告歸。爲學海堂學長，歷數十年。晚主講菊坡精舍，以經史實學教士，勉諸生篤行立品，成就甚衆。光緒七年，疆吏疏陳耆年碩德，請加褒異。詔嘉其學行純篤，足以矜式士林，予五品卿銜。八年卒，年七十有二。先生尤好讀《孟子》，以爲《孟子》所謂性善者，人性皆有善，荀、揚輩皆不知也。讀鄭氏諸經注，以爲鄭氏有宗主，復有不同，中正無弊，勝於許氏《異義》、何氏《墨守》之學。魏晉以後，天下大亂，聖人之道不絶，惟鄭學是賴。讀《後漢書》，以爲學漢儒之學，尤當學漢儒之行。讀朱子書，以爲國朝考據之學源出朱子，不可反詆朱子。

又以爲國朝考據之學盛矣，猶有未備者，宜補苴之。於漢學、宋學能會其通，謂漢儒言義理無異於宋儒，宋儒輕蔑漢儒及近儒尊漢儒而不講義理，皆失之。著《漢儒通義》七卷。晚年尋求大義及經學源流正變得失所在而論贊之，外及九流、諸子、兩漢以後學術，著《東塾讀書記》二十一卷。於樂律、音韻尤能貫通古今，折衷求是，著《聲律通考》十卷，《切韻考》六卷，又《外篇》三卷。謂地理之學當自水道始，知漢水道則可考漢郡縣，著《漢書水道圖説》七卷。他注有《水經注提綱》四十卷，《水經注西南諸水考》三卷，《説文聲類表》十七卷，《三統術詳説》三卷，《弧三角平視法》一卷，《琴律説》一卷，《申范》一卷，《摹印述》一卷，《東塾集》六卷。參自述、文集、史傳。

東塾讀書記

孝經

朱子《孝經刊誤》以「仲尼居」至「未之有也」爲一節，云：「夫子、曾子問答之言，而曾氏門人之所記。疑所謂《孝經》者，其本文止如此，其下則或者雜引傳記以釋經文。」澧謂：如朱子之言，則第一節猶《大學章句》所謂「經一章」，其下釋經文者，猶《大學章句》所謂「傳」也。「雜引傳記」者，猶《中庸章句》所謂「雜引孔子之言以明之也」。朱子所疑者章首「子曰」二字及章末之引《詩》、《書》與「天之經也，地之義也」云云，乃《左傳》子太叔述子産之言。又疑「嚴父莫大於配天」，非所以爲天下之通訓。《語類》亦屢有此説。然《中庸》亦有章首用「子曰」二字者，《孟子》每章之末引《詩》、《書》者尤多。《左傳》：「仲尼曰：『古也有志，克己復禮，仁也。』」臼季曰：『臣聞之，出門如賓，承事如祭，仁之則也。』」此《論語》孔子告顔淵、仲弓者而皆見於《左傳》，則《孝經》有《左傳》語不必疑也。「嚴父莫大於配天」與《孟子》所謂「孝子之至，莫大乎尊親；尊親之至，莫大乎以天下養」文義正同，尤不必疑矣。

《孟子》七篇中多與《孝經》相發明者。《孝經》曰：「非先王之法服不敢服，非先王之法言不敢道，非先王之德行不敢行。」《孟子》曰：「子服堯之服，誦堯之言，行堯之行。」亦以服、言、行三者並言之。《孝經》天子章曰：「刑於四海。」諸侯章曰：「保其社稷。」卿大夫章曰：「守其宗廟。」庶人章曰：「謹身。」《孟子》曰：「天子不仁，不保四海；諸侯不仁，不保社稷；卿大夫不仁，不保宗廟；士庶人不仁，不保四體。」亦似本於《孝經》也。世俗所謂「不孝者五，惰其四支，不顧父母之養」云云，正與「謹身節用，以養父母」相反，亦可以爲《孝經》之反證也。司馬温公《家範》引《孝經》「五刑之屬三千，而罪莫大於不孝」，其下亦引《孟子》所言五不孝。《孟子外書》四篇，其一篇名曰《孝經》，蓋論説《孝經》之語。趙邠卿《題辭》雖以《外篇》爲後世依託，然亦必出於孟氏之徒也。

論語

《論語》最重仁字，編《論語》者以「孝弟爲仁之本」爲言仁之第一章，「巧言令色，鮮矣仁」爲言仁之第二章，他如「克己復禮」、「出門如見大賓」，皆遠在其後。且孝弟、巧言二章，以有子之言在前，孔子之言在後，尤必有故矣。蓋「克己復禮」、「出門如見大賓」，惟顔淵、仲弓乃能請事斯語。若爲人孝弟，不巧言令色，則智愚賢否皆必由此道，而孝弟尤爲至要。此其編次先後之意也。此二章之後，則弟子章曰「汎愛衆而親仁」，孔子於子路、冉有、公西華皆曰「不知其仁」，於令尹子文、陳文子皆曰「焉得仁」，此與「焉得儉」、「焉得知」、「焉得剛」句法同，上文「未知」二字爲句，知去聲，見《漢書・古今人表序》及皇疏引李充説。而教弟子則曰「親仁」，弟子安所得仁者而親之乎？惟先有孝弟、巧言二章在前，則「親仁」之「仁」不煩言而解。蓋即孝弟不巧令之人耳，此則十室之邑有之矣。以此見《論語》之言仁至平至實，而深歎其編次之善也。三省章在前，千乘章在後，治身先於治國也。弟子、賢賢二章皆言學，弟子謂年幼者，「賢賢易色」，事君致身則「壯有室」、「强而仕」矣，編次先後亦似有意也。弟子謂年幼者，劉端臨《論語駢枝》之説。「賢賢易色」，主夫婦而言，陳亦韓《經咫》之説。

德行、言語、政事、文學，皆聖人之學也。惟聖人能兼備之，諸賢則各爲一科，所謂「學焉而得其性之所近」也。惟諸賢各爲一科，故合之而聖人之學乃全。後世或講道學，或擅辭章，或優幹濟，或通經史，即四科之學也。然而後世各立門户，相輕相詆，惟欲人之同乎己，而不知性各有所近，豈能同出於一途，徒費筆舌而已。若果同出一途，則四科有其一而亡其三矣，豈聖人之教乎？朱子《名臣言行録》、黄東發《日鈔》皆載胡安定教授湖州，敦尚行實，置經義齋、治事齋。經義齋者擇疏通有器局者居之，治事齋者人各治一事，又兼一事，如治民、治兵、邊防、水利、算術之類。其在大學，有好尚經術者，好談兵戰者，好文藝者，好節義者，使各一類羣居講習。灃謂：此乃四科之遺意。《學記》云：「教人不盡其材。」如胡安定之教，可謂盡其材者也。子路、冉有、公西華所言「有勇」、「知方」、「足民」、「小相」，亦惟安定之教得此意。《元史·吴澄傳》云：「爲國子監司業，爲教法四條：一曰經學，二曰行實，三曰文藝，四曰治事。」尤合於四科之法。

《論語》言禮者凡四十餘章，自視聽言動與凡事親、教子、事君、使臣、使民、爲國，莫不以禮。其所以爲禮者，曰敬、曰讓、曰約、曰節之、曰文之，其本在儉，其用在和，而先之以仁之守、義之質、學之博；先進、後進不同，則從先進；禮雖廢而猶愛之，夏、殷禮不足徵而猶能言之；「射不主皮」之語則述《儀禮》之文也；《鄉黨》一篇，則皆《禮記》之類也。《論語》之言禮至博至精，探索之而靡盡也。

《論語》説《易》、《書》者少，《春秋》則更未論及。然有恒無大過，「思不出其位」，《易》之精義也。孝友施於有政，《書》之精義也。「巍巍乎！舜、禹之有天下也」數章及「堯曰咨」一章，論堯、舜、禹、湯、文、武，《尚書》百篇此提其要矣。「晉文公譎而不正，齊桓公正而不譎」及「天下有道，則禮樂征伐自天子出」、「禄之去公室五世矣」二章，《春秋》二百四十二年之事，尤提其要矣。陳恒弑君，孔子請討，即在西狩獲麟之年。此尤《春秋》之所以作也。《孟子》云：「臣弑其君，孔子懼，作《春秋》。」經學之要，皆在《論語》中，故曰「《論語》者，五經之錧鎋也」。此趙邠卿《孟子題辭》語。

《論語》所言，皆禮也。以其小者觀之，如趨過者，子見父之禮；沐浴者，臣朝君之禮；行束脩者，弟子初見師之禮；非公事不至者，士人見官長之禮；三愆者，侍坐之失禮；居於位、與先生竝行者，童子之失禮。小者如此，大者可知也。《謝上蔡語録》胡籍溪跋及《伊洛淵源》皆載朱子發見上蔡，上蔡云：「與賢説一部《論語》，舉「子見齊衰者」及「師冕見」二章曰：「一部《論語》，只恁地看。」此雖上蔡好爲奇談，然可見相嚮者亦有禮，天下無一事無禮者也。

《子張》篇記諸賢之語，猶後世之學案也。澧嘗分而録之，其餘十九篇所記諸賢問答，亦分而録之。附以《禮記》、《左傳》及諸古書所載諸賢之言之事，其荒唐者不録。讀之而知諸賢之性情學問，雖同在聖門而各有不同，所謂「學焉而得其性之所近」，此聖門所以爲大也。太史公爲《仲尼弟子列傳》，其自序云：「孔子述文，弟子興業，咸爲師傅，崇仁厲義。」夫既咸爲師傅，則其所傳者廣矣，惜多湮没不彰耳。朱竹垞《孔子門人考》所考甚詳，惟誤以弟子之弟子爲門人，澧嘗辨之，文在《東塾集》。

朱子《集注》多本於何氏《集解》，然不稱某氏曰者，多所删改故也。唐玄宗《孝經注》多本於先儒，元行沖爲疏一一著明之，曰此某某義也。朱注無人作疏，而世俗讀朱注者，皆不讀《集解》，遂不知朱注所自出矣。「父在觀其志」，孔曰：「父在，不得自專。」朱注不删改。「巧言令色」，包曰：「好其言語，善其顔色。」朱注：「好其言，善其色。」删包氏二字。「慎終追遠」，孔曰：「慎終者，喪盡其哀。追遠者，祭盡其敬。」朱注：「慎終者，喪盡其禮。追遠者，祭盡其誠。」改孔氏二字。「色難」，包曰：「謂承順父母顔色乃爲難。」朱注引之，但云「舊説」。惟「殷因於夏禮，所損益可知也。周因於殷禮，所損益可知也」，朱注云：「馬氏曰：『所因，謂三綱五常。所損益，謂文質三統。』」此明引馬氏，以下有「愚按」云云故也。「君子不重則不威，學則不固」，《集解》：「孔曰：『固，蔽也。』一曰：言人不能敦重，既無威嚴，學又不能堅固，識其義理。」朱注於此二説從後一説，是也。然章末采游氏説曰：「君子之道以威重爲質，而學以成之。」此游氏從前一説解「學則不固」爲「不固蔽」。朱子采之，前後不相應。此其稍未精細處也。「由也果」，包曰：「果謂果敢決斷。」「賜也達」，孔曰：「達謂通於物理。」「求也藝」，孔曰：「藝謂多才藝。」朱注云：「果，有決斷；達，通事理；

藝，多才能。」「克伐怨欲」，馬曰：「克，好勝人。伐，自伐其功。怨，忌小怨。欲，貪欲也。」朱注云：「克，好勝。伐，自矜。怨，忿恨。欲，貪欲。」如此之類，皆本於《集解》而整齊之。

孟子

荀、揚、韓各自立說，以異於孟子，而荀子之說最不可通。其言曰：「人之欲爲善者爲性惡也。」《性惡》篇。黄百家駁之，云：「如果性惡，安有欲爲善之心乎？」《宋元學案》卷一。《荀子》又云：「塗之人可以爲禹，塗之人者皆内可以知父子之義，外可以知君臣之正，其可以知之質，可以能之具，在塗之人，其可以爲禹明矣。」《性惡》篇。戴東原云：「此於性善之說，不惟不相悖，而且若相發明。」《孟子字義疏證》。澧謂：「塗之人可以爲禹」，即《孟子》所謂「人皆可以爲堯舜」，但改堯舜爲禹耳，如此，則何必自立一說乎？《漢書·藝文志》「儒家：《虞丘說》一篇」，注云：「難荀卿也。」今不得見其所難者何如，如黄、戴二說，雖荀子復生，亦無辭以對也。揚子雲但云：「人之性也，善惡混。」《修身》篇。更無一語伸明之。試問之曰：聖人之性亦善惡混乎？亦將無辭以對也。韓昌黎云：「性之品有上中下三，下焉者惡而已矣。」又云：「下之性畏威而寡罪。」《原性》篇。夫畏威而寡罪，猶得謂之惡乎？《孟子》曰：「其情可以爲善。」畏威寡罪，即可以爲善之情也，不能異於孟子也。

告子曰：「生之謂性。」此言與生俱來者也，即《孟子》所謂「非由外鑠我也，我固有之也」。其解「性」字本不誤，其誤在以仁義爲非固有。以人性爲仁義，猶以杞柳爲桮棬。夫但知固有者爲性，而不知仁義爲固有，則性中固有者惟食色而已。如此，則人之性真猶犬牛之性矣，故孟子必指出仁義禮智爲固有，固有即良知也。孟子言良知，亦必指出愛親敬長也。

孟子道性善，又曰：「先王有不忍人之心，斯有不忍人之政。」不忍人之心即性善也，先王之政皆從此出也。由性善而擴充之，爲堯舜之徒，達則行先王之政，窮則守先王之道。七篇之大旨如是，而根本在性善，故性善之說不可不明也。《孟子外書》四篇，一曰《性善辯》，見趙氏《題辭》，此必傳孟子之學者所爲也。《宋史·文苑傳》：「章望之，字民表。宗孟軻，言性善，排荀卿、揚雄、韓愈、李翱之說，著《救性》七篇。」救性之名雖太過，然其文不傳，亦可惜也。焦理堂有《性善解》五篇，文多不録。

「博學而詳說之，將以反說約也。」此孟子之學也。如說約而不博學，則其說何所以乎？既博學詳說，則當進於說約。不然，則博學詳說者將何以乎？

《史記·孟子列傳》云：「序《詩》、《書》，述仲尼之意，作《孟子》七篇。」趙邠卿《孟子題辭》云：「孟子通五經，尤長於《詩》、《書》。」澧案：《孟子》引《詩》者三十，「經始靈台」、「刑於寡妻」、「畏天之威」、「王赫斯怒」、「哿矣富人」、「乃積乃倉」、「古公亶父」、「自西自東」、「迨天之未陰雨」、「永言配命」兩引、「晝爾于茅」、「雨我公田」、「周雖舊邦」、「出於幽谷」、「戎狄是膺」兩引、「不愆不忘」、「天之方蹶」、「殷鑒不遠」、「商之孫子」、「誰能執熱」、「其何能淑」、「周餘黎民」、「永言孝思」、「周道如砥」、「天生蒸民」、「既醉以酒」、「憂心悄悄」、「肆不殄厥愠」。「畜君何尤」不在三百篇内。論《詩》者四，「普天之下」、《小弁》、《凱風》、「不素餐兮」。齊宣王引「他人有心」，王良引「不失其馳」，萬章引「娶妻如之何」，孟子無論辨之語。引《書》者十八，《湯誓》曰「時日害喪」，《書》曰「天降下民」，《書》曰「湯一征」，又「湯始征」，《書》曰「徯我后」兩引，《太甲》曰「天作孽」兩引，《書》

曰「若藥不瞑眩」，《書》曰「葛伯仇餉」，《泰誓》曰「我武惟揚」，《書》曰「丕顯哉文王謨」，《堯典》曰「二十有八載」，《書》曰「祇載見瞽瞍」，《泰誓》曰「天視自我民視」，《伊訓》曰「天誅造攻自牧宫」，❶《康誥》曰「殺越人于貨」，《書》曰「享多儀」。論《書》者一，《武成》。又有似引《書》而不言「《書》曰」者，如「放勳曰勞之來之」、「有攸不爲臣」之類。所謂尤長於《詩》、《書》者於此可以窺見矣。其引《蒸民》之詩以證性善，性理之學也。引「雨我公田」以證周用助法，考據之學也。「《小弁》之怨，親親也。親親，仁也」，此由讀經而推求性理，尤理學之圭臬也。蓋性理之學、政治之學，皆出於《詩》、《書》，是乃孟子之學也。

孟子説《春秋》者雖不多，其云「臣弑其君，子弑其父，孔子懼，作《春秋》。《春秋》，天子之事也」，此明《春秋》之所以作也。「春秋無義戰」，亦《春秋》之大義，故孟子亦惡戰也。其事、其文、其義三者，不獨深明《春秋》，凡後世史學亦包括無遺矣。

孟子説禮，有明言禮者，如「禮曰：諸侯耕助」云云、「禮，朝廷不歷位而相與言」云云是也。「諸侯失國」云云、「在國曰市井之臣」云云，下文皆云「禮也」。「丈夫之冠也，父命之」云云，上文云「子未學禮乎」。「三年之喪齊疏之服」云云、「天子一位」云云，皆曰「嘗聞」。「君薨，聽於冢宰」，引孔子曰。「天子適諸侯」云云兩見，一引晏子曰。有不明言禮者，「古者棺槨無度」云云、「夏后氏五十而貢」云云、「夏曰校」云云、「卿以下必有圭田」云云、「歲十一月徒杠成」云云、「招虞人以皮冠」云云、「天子之地方千里」云云、「犧牲既成」云云、「有布縷之征」云云。有與人論禮者。「景丑曰：『禮曰：父召無諾』」云云、「淳于髡曰：男女授受不親，禮與」、齊宣王曰「禮爲舊君有服」、《萬章》曰「父母愛之，喜而不忘」云云，與《内則》略同。其曰「諸侯之禮，

❶「宫」，原作「言」，今據《續修四庫全書》本《東塾讀書記》卷三及《孟子・萬章》改。

吾未之學」，蓋禮文繁博，間或有未學者，故趙氏不以爲尤長耳。《列女傳》：「孟母謂孟子曰：『夫禮，將入門，問孰存；將上堂，聲必揚；將入户，視必下。』」又曰：「婦人之禮，精五飰，冪酒漿，養舅姑，縫衣裳。《易》曰：『在中饋，无攸遂。』《詩》曰：『無非無儀，惟酒食是議。』年少則從乎父母，出嫁則從乎夫，夫死則從乎子，禮也。」觀此，則孟子通五經，蓋由於母教。但七篇中偶無引《易》之語耳。李榕村《語録》云：「孟子竟是不曾見《易》，平生深於《詩》、《書》、《春秋》，《禮經》便不熟。」（卷五）此語太輕率矣。朱子《集注》卷首引尹氏曰：「趙氏謂孟子長於《詩》、《書》而已，豈知孟子者哉？」近有《四書隨見録》，采南昌姜氏《樟圃經解》云：「趙氏言『通五經，尤長於《詩》、《書》』，尹氏減去『通五經』三字，並一『尤』字，加『而已』二字。必加減其辭，天下無不可議之人矣。」

《孟子》引孔子之言凡二十九，其載於《論語》者八，《日知録》詳考之矣。其不明引「孔子曰」者，「君子之德，風也；小人之德，草也。草上之風必偃」，「生，事之以禮；死，葬之以禮，祭之以禮」，《孟子》引「曾子曰」。亦見《論語》。「大人者，言不必信，行不必果」，亦本於《論語》「言必信，行必果，硜硜然小人哉」。「原泉混混，不舍晝夜」，亦本於「逝者如斯夫，不舍晝夜」。蓋孟子之言本於孔子者多矣。「在下位」一章全見於《中庸》。

《孟子》稱述曾子者最多，「曾子曰戒之戒之」，「曾子曰晉楚之富」，「曾子曰：生，事之以禮」，「曾子曰脅肩諂笑」，「曾子謂子襄」，「曾子居武城」，「曾子養曾皙」，「曾子不忍食羊棗」，「子夏、子張、子游欲事有若，曾子曰不可」，凡九條。孟子傳曾子之學，即此可見。「孟施舍似曾子，北宮黝似子夏」，是曾子、子夏皆不動心，此孟子不動心之學所自出。曾子述夫子「自反而縮」數語，即孟子所謂「浩然之氣」也。又觀「或問曾西」一節，即孟子所謂不爲管仲也，即「仲尼之徒無道桓文之事」之證也。又因此見曾西之賢而有大才，故或人以子路、管仲擬之。觀其答語醇謹而雄直，曾氏家學可以想見，且可見子路高出於管仲遠甚也。或人問管仲在子路之後，此人亦非庸俗人也。

《檀弓》：「穆公之母卒，使人問於曾子，曰：『如之何？』對曰：『申也聞諸申之父曰：哭泣之哀，齊斬之情，饘粥之食，自天子達。』」孟子告滕文公云：「吾嘗聞之矣，三年之喪，齊疏之服，飦粥之食，自天子達於庶人。」孟子所聞，蓋出於曾申所述曾子之語也。

公明儀，曾子弟子。見《祭義》鄭注。《檀弓》孔疏云「子張弟子」。孟子述其言曰：「文王，我師也，周公豈欺我哉？」孟子所謂「師文王」，蓋本於此也。又述其言曰：「庖有肥肉，廏有肥馬，民有飢色，野有餓莩，此率獸而食人也。」又以此數語告齊宣王，論逢蒙殺羿亦引其語，蓋最敬其人也。

《孟子》卒章歷序羣聖，講道統者喜言之。灃謂堯、舜、湯、文王、孔子，非後儒所可擬也。《太史公自序》云：「孔子卒後，至於今五百歲，小子何敢讓焉？」《論衡·超奇篇》云：「周長生，所謂鴻儒者也。孔子曰：『文王既没，文不在茲乎？』文王之文在孔子，孔子之文在仲舒，仲舒既死，豈在長生之徒與？」可見談道統者，漢人已有之。其上一章取《論語》狂簡、狂狷、鄉原三章合而論之，乃七篇之大義，故將至終篇而特著之，此學者所宜勉耳。孔子曰「狂者進取」，孟子申之曰「其志嘐嘐然，曰『古之人，古之人』」；孔子曰「狷者有所不爲」，孟子申之曰「不屑不潔」，然則狂狷者，古與潔也；孔子曰「鄉原，德之賊」，孟子申之曰「非之無舉，刺之無刺，居之似忠信，行之似廉潔」，其爲賊安在哉？在「閹然媚於世」之一言，在「同乎流俗」、「合乎污世」之兩言而已矣。狂狷古潔，不媚世，不同流合污，則孔子謂之吾黨。鄉原媚世，同流合污，則孔子謂之賊。不媚、不同、不合，則可以入堯舜之道，是謂反經。媚也，同也，合也，則恐其亂德，是謂邪慝。經者，常道也，即古與潔之道也。鄉原，非常道也，僞孫疏云：「如佞口鄉原者，是不經也。」此語得之，不可以其僞而棄之也。故必反之於古潔，而後爲君子也。

孟子所願則學孔子，何嘗非狂者之志？不枉尺而直尋，何嘗非獧者之潔？孟子可謂中道矣，而仍不離乎狂獧也。

宋儒持論好高，是其狂也；立身多介，是其獧也。其過中失正而或陷於異端者有之矣，未得聖人以裁之耳，固無愧於聖門也。近人詆宋儒者未之思也。

《離婁》章極論爲政用先王之道。當時諸子之説並作，皆不法先王而自爲説也。孟子距楊、墨，楊朱，老子弟子，距楊朱即距道家矣。「善戰者服上刑，連諸侯者次之，辟草萊、任土地者次之」，朱注以爲孫臏、吴起、蘇秦、張儀、李悝、商鞅之類。則兵家、縱横家、農家皆距之矣。省刑罰，可以距法家。「生之謂性也，猶白之謂白與」，可以距名家。「天時不如地利」，可以距陰陽家。「夫道一而已矣」，可以距雜家。「齊東野人之語，非君子之言」，可以距小説家。此孟子所以爲大儒也。

易

孔沖遠等作《正義》，用王輔嗣注，近人詆王注并詆《正義》，此未知《正義》之大有功也。沖遠《正義》序云：「江南義疏十有餘家，皆辭尚虚玄，義多浮誕。若論住内住外之空、就能就所之説，斯乃義涉於釋氏，非爲教於孔門也。」據此則江左説《易》者不但雜以老氏之說，且雜以釋氏之說，沖遠皆掃棄之，大有廓清之功也。《論語》「未知生，焉知死」，皇疏涉於釋氏，可見江左諸儒風氣如此。《繫辭傳》「原始反終，故知死生之說」，以釋氏之説解之者必多矣。

李鼎祚《集解》序云：「王、鄭相沿，頗行于代，鄭則多參天象，王乃全釋人事，且《易》之爲道，豈偏滯於天人者哉？」此李氏於鄭、王皆有不滿之意也。《郡齋讀書志》、《困學紀聞》皆謂李鼎祚宗鄭學，誤矣。又云：「集虞翻、荀爽三十餘家，刊輔嗣之野文，補康成之逸象。」李氏於鄭所説爻辰皆不采，是其卓識。至鄭注無逸象，乃鄭學之謹嚴，何必補之乎？且既云「刊輔嗣之野文」，而又云「自然虛室生白，吉祥止止。坐忘遺照，微妙玄通，深不可識。俾達觀之士，得意忘言」，此與輔嗣何以異乎？

《集解》多采虞氏說，但以諸家佐之耳。如艮卦惟采鄭康成一條，李氏自作案語二條，餘皆采虞氏。漸卦惟采干寶一條，李氏自作案語一條，餘皆采虞氏。兑卦李氏案語二條，餘皆采虞氏。其專重虞氏可見矣。《中孚》「豚魚吉」，李氏云：「案：坎爲豕，訟四降初，折坎稱豚；初陰升四，體巽爲魚。中，二；孚，信也。謂二變應五，化坤成邦，故『信及豚魚』矣。虞氏以三至上體遯，便以豚魚爲遯魚，雖生曲象之異見，乃失化邦之中信也。」澧案：此虞氏異見，李氏能不阿好曲從，然其所自爲說，則純似虞氏，可見李氏本虞氏之學也。孔疏則惟《繫辭上》第七引虞氏一條，《雜卦》第十一引虞氏一條，餘則未見稱引，蓋不喜虞氏之學也。此李氏所以作《集解》，與之角立也。

惠定宇易學傾動一世，平心而論，所撰《易漢學》有存古之功。孟氏、京氏雖入於術數，然自是古學，學者所當知也。所撰《周易述》淵博古雅，其改《明夷》六五之「箕子」爲「其子」，而讀爲「亥子」，則大謬也。《漢書·儒林傳》云：「趙賓以爲箕子明夷，陰陽氣無箕子。箕子者，萬物方荄滋也。」云「受孟喜，喜爲名之」。此趙賓謂「箕子」二字爲「荄滋」二字之誤也。然則趙賓所見之《易經》本是「箕子」二字矣。虞仲翔云：「箕子，紂諸父。五乾天位，今化爲坤，箕子之象。」仲翔世傳孟氏《易》，而不從荄滋之説，可見孟氏《易》不作「荄滋」矣。惠氏最尊虞氏，何以於此獨不從虞氏乎？然使惠氏竟從趙賓改經文爲「荄滋」，猶爲有所依據，乃改爲「其子」而讀爲「亥子」，則并非從趙賓矣。惠氏自爲疏云：「蜀才從古文作『其子』，今從之。」又云：「施讎讀『其』爲『箕』。趙賓以爲『其子』者，萬物方荄滋也。」又云：「漢宣帝以喜爲改師法，不用爲博士，中梁丘賀之譖也。班固不通《易》，其作《喜傳》用讎、賀之單詞，皆非實録。」澧案：孟氏《易》乃今文，非古文。惠氏尊信孟氏，何以不從今文，而從古文乎？謂施讎讀「其」爲「箕」，此語見於何書？趙賓以爲箕子者萬物方荄滋，惠氏則云「趙賓以爲其子者萬物方荄滋」，又見於何書？若趙賓云：「陰陽氣無其子，其子者，萬物方荄滋。」則《鼎》初六「得妾以其子」，趙賓何不改爲「得妾以荄滋」；《中孚》九二「鳴鶴在陰，其子和之」，何不改爲「荄滋和之」乎？謂梁丘賀譖孟喜，尤臆度之語。謂「班固用讎、賀之單詞，皆非實録」，惠氏用何人之詞爲實録乎？趙賓謂「陰陽氣無箕子」，乃其巧慧之語，然陰陽氣何以有帝乙，何以有高宗乎？惠氏謂：「五爲天位，箕子，臣也，而當君位，乖於《易》例，逆孰大焉？」此欲以大言杜人之口耳。如此説，何以處虞氏乎？且《坤》六五「黄裳元吉」，惠氏注云「降二承乾」，君位可降乎？顧亭林《與友人論易書》駁凡五必爲王者之說甚詳，文多不録。惠氏好改經字，此則改經并改史，而自伸其說，卒之乖舛疊見，豈能掩盡天下之目哉！

張皋文云：「孟氏爲《易》宗無疑。史稱孟喜自言師田生，且死時枕喜𨻶，獨傳喜。然遺文所存，皆零文碎字，其大義絶不可得見。藉非虞氏，則商瞿所受夫子之微言，其遂歇滅矣。」《易義别録》。澧案：兩漢三國說《易》之書，自王輔嗣注之外，皆散佚，賴有李鼎祚《集解》得見一斑。惠定宇《周易述》以《集解》爲本，而稍增損之。至張皋文乃獨取虞注，因其義例而補完之，以存一家之學，此可謂好古矣。乃因虞氏自言世傳孟氏《易》而推尊孟氏，且信孟氏所言田生枕𨻶獨傳之語，又推而上之，遂以爲商瞿所受夫子之微言因虞氏而不歇滅，層累遞高，至於聖人而後已，則太過矣。且夫子之微言，著在《十翼》，安有歇滅之理乎？

尚　書

《洪範》九疇，天帝不錫鯀而錫禹，此事奇怪而載在《尚書》，反復讀之，乃解所謂「我聞在昔」者，箕子上距鯀與禹千年矣。天帝之錫不錫，乃在昔傳聞之語也。《洪範》之文奇古奥博，千年以來奉爲祕寶，以爲出自天帝。箕子告武王，述其所聞如此耳。至以爲龜文則尤當存而不論。二劉輩乃或以爲龜背有三十八字，或以爲惟有二十字，見孔疏。徒爲臆度，徒爲辯論而已，孰從而見之乎？《洪範》以庶徵爲五事之應，伏生《五行傳》以五事分配五行，又以皇極與五事爲六，又以五福、六極分配之。《漢書·五行志》云：「董仲舒治《公羊春秋》，始推陰陽。劉向治

《穀梁春秋傳》，以《洪範》與仲舒錯。至向子歆治《左氏傳》，其《春秋》意亦已乖矣。言《五行傳》又頗不同。」澧謂此漢儒術數之學，其源雖出於《洪範》，出於《洪範》，不出於《春秋》。《春秋》無陰陽五行之語。然既爲術數之學，則治經者存而不論可矣。世事吉凶先見，有不必以術數推求而知者。如《宋書·五行志》云：「晉武帝泰始後，中國相尚用胡牀、貊盤及爲羌煮貊炙。太康中，天下又以氈爲絈頭及絡帶袴口。百姓曰：『中國必爲胡所破也。氈産於胡，而天下以爲絈頭、帶身、袴口，胡既三制之矣，能無敗乎？』」觀此，則五胡之亂，晉之百姓早知之矣，何待儒者講《洪範》、講《春秋》，推求五行而後知之乎？

段懋堂云：「當作僞時，杜林之桼書《古文尚書》、衛宏之《古文尚書訓旨》、賈逵之《古文尚書訓》、馬融之《古文尚書傳》、鄭君之《古文尚書注解》皆存，天下皆曉然知此等爲孔安國遞傳之本，作僞者安有點竄涂改三十一篇字句，變其面目，令與衛、賈、馬、鄭不類，以啟天下之疑而動天下之兵也？蓋僞孔傳本與馬、鄭本之不同，梗概已見於《釋文》、《正義》，不當於《釋文》、《正義》外斷其妄竄。」《古文尚書撰異序》。焦里堂亦云：「《釋文》不出鄭異字者，即僞孔本與鄭本同者也。鄭本略存於僞孔本中矣。」《禹貢鄭注釋》。澧案：此二説可以箴砭江艮庭改易經字之病。江氏好改經字，乃惠定宇之派，雖云好古，而適足以爲病也。焦氏又云：「《正義》不引鄭注者，即孔義與鄭義同者，鄭義略存於僞孔傳中矣。」同上。又云：「置其爲假託之孔安國，而論其爲魏晉間人之傳，則未嘗不與何晏、杜預、郭璞、范甯等先後同時。晏、預、璞、甯之傳注可存而論，則此傳亦何不可存而論？」《尚書補疏序》。澧案：焦氏謂《正義》不引鄭注者，即孔義與鄭義同者，此未必盡然。謂置孔傳之假託而但以爲魏晉間人之傳，則通人之論也。即以爲王肅作，亦何不可存乎？

近儒説《尚書》，考索古籍，罕有道及蔡仲默《集傳》者矣。然僞孔傳不通處，蔡《傳》易之，甚有精當者，江艮庭《集注》多與之同。《大誥》「若兄考乃有友伐厥子民，養其勸弗救」，僞孔傳云：「以子惡故。」孔疏云：「民皆養其勸伐之心，不救之。」此甚不通。蔡《傳》云：「蘇氏曰：『養，廝養也，謂人之臣僕。』言若父兄有友攻伐其子，爲之臣僕者其可勸其攻伐而不救乎？」江氏注云：「長民者其相勸止不救乎？」江訓養爲長，與蔡異，然不及蔡引蘇氏訓爲「廝養也」。《召誥》「王敬作所不可不敬德」，僞孔云：「敬爲所不可不敬之德。」蔡云：「所，處所也，猶『所其無逸』之『所』。王能以敬爲所，則無往而不居敬矣。」江云：「王其敬爲之所哉？言處置之得所也。」《召誥》「我不敢知曰」，僞孔云：「我不敢獨知，亦王所知。」蔡云：「夏商歷年長短所不敢知，我所知者惟不敬厥德，即墜其命也。」江云：「夏殷歷年長短我皆不敢知，惟知其皆以不敬德，故早墜其命。」《君奭》「襄我二人」，僞孔云：「當因我文武之道而行之。」蔡云：「王業之成在我與汝而已。」江云：「二人，己與召公也。」《多方》「我惟時其戰要囚之」，僞孔云：「謂討其倡亂，執其朋黨。」蔡云：「我惟是戒懼而要囚之。」江云：「戰，偲也。」《康王之誥》「惟新陟王」，僞孔云：「惟周家新升王位。」蔡云：「陟，升遐也。成王初崩，未葬未謚，故曰新陟王。」江云：「陟，登假也，謂崩也。成王初崩，未有謚，故稱新陟王。」《秦誓》「昧昧我思之」，僞孔云：「惟察察便巧善爲辨佞之言，使君子迴心易辭，我前多有之，以我昧昧思之不明故也。」蔡云：「昧昧而思者，深潛而靜思也。」以「昧昧我思之」屬下文。江云：「昧昧我思云者，是穆公自道，思此一介臣，非謂前日之昧昧于思也。此文當爲下文緣起。」此皆蔡《傳》精當而江氏與之同者。如爲暗合，則於蔡《傳》竟不寓目，輕蔑太甚矣；如覽其書，取其説而没其名，則尤不可也。孫淵如疏此數條皆與江氏略同，惟「戰要囚」無説。王西莊《後案》、段懋堂《撰異》皆無説，段惟以「昧昧我思之」、「如有一介臣」二句相連寫之，皆輕蔑蔡《傳》，不屑稱引之也。蔡《傳》雖淺薄，亦何必輕蔑太過，不屑引之乎？近儒惟孔巽軒《公羊通義》引宋人之説甚多，最無門户之見也。

江、王、段、孫四家之書善矣，既有四家之書，則可删合爲一書，取《尚書大傳》及馬、鄭、王注，僞孔傳，與《史記》之采《尚書》者，《爾雅》、《説文》、《釋名》、《廣雅》之釋《尚書》文字名物者，漢人書之引《尚書》而説其義者，采擇會聚而爲集解。如何氏《論語集解》之體。其兩説可兼存者，如《堯典》「欽明」，馬云：「威儀表備謂之欽。」鄭云：「敬事節用謂之欽。」雖兼存之，疏更伸明，鄭説爲長。若不可兼存者，如《金縢》「罪人斯得」，鄭以罪人爲周公官屬，則不采之，疏中仍引而駁之。孔疏、蔡《傳》以下至江、王、段、孫及諸家説《尚書》之語，采擇融貫，而爲義疏，其爲疏之體，先訓釋經意於前，而詳説文字名物禮制於後。如是，則盡善矣。吾老矣，不能爲也。書此以待後人。

詩

《六藝論》云：「注《詩》宗毛爲主，毛義若隱略，則更表明；如有不同，即下己意，使可識别也。」《釋文》引。此數語字字精要。爲主者，凡經學必有所主，所主者之外或可以爲輔，非必入主出奴也。表明者，使其深者畢達，晦者易曉，古人所賴有後儒者惟在於此。若更爲深晦之語，則著書何爲哉？如有不同者，以毛義爲非也，然而不敢言其非。下己意，使可識别者，易毛義也。然而不敢言易毛，尊敬先儒也。讀者當字字奉以爲法。

毛、鄭訓詁似異實同者，孔疏屢言之矣。如《車舝》「以慰我心」，傳云：「慰，安也。」箋云：「以慰除我心之憂也。」疏云：「以憂除則心安，非是異於傳也。」《生民》「以興嗣歲」，傳云：「興來歲，繼往歲也。」箋云：「嗣歲，今新歲也。」疏云：「其意微與毛異，大理亦同也。」凡鄭非異於毛及微異而亦同者，讀者但當如此通融之。至如「維天之命，假以溢我，我其收之」，傳云：「溢，慎。」箋云：「溢，盈溢之言也。以喜美之道饒衍與我，❶我其聚斂之，以制法度。」疏云：「『溢，慎』，《釋詁》文。易傳者，溢是流散，收爲收聚，❷上下相成，於理爲密，故易之也。」《小旻》「謀猶迴遹，何日斯沮」，傳云：「沮，壞也。」箋云：「沮，止也。」疏云：「止亦壞義，無多異，正以行惡宜爲休止，故易傳也。」凡鄭義異於毛者，讀者當求其理孰爲密，雖無多異，亦當求其宜，孔疏足以爲法矣。

鄭與毛大不同者，《關雎》傳云：「言后妃有關雎之德，是幽閒貞專之善女宜爲君子之好匹。」箋云：「怨耦曰仇。言后妃之德和諧，則幽閒處深宮貞專之善女，能爲君子和好衆妾之怨者。」此毛以爲后妃是淑女，「是」字甚明。孔疏乃謂毛以爲后妃思得淑女，强

❶「喜」，《東塾讀書記》卷六及《毛詩注疏》作「嘉」。

❷上「收」字，原脱，今據《東塾讀書記》卷六及《毛詩注疏》補。

毛從鄭。然毛傳「是」字豈可强解乎？箋所云「爲君子和好衆妾之怨者」，與《列女傳》同。《列女傳》云：「湯妃有㜪，統領九嬪，後宮有序，咸無妒媢逆理之人。《詩》云『窈窕淑女，君子好逑』，言賢女能爲君子和好衆妾。」《母儀傳》。劉子政所説，蓋《魯詩》也。然亦似以淑女指有㜪，非指九嬪。且《車舝》序云「周人思得賢女以配君子」，其四章「陟彼高岡」箋云「此喻賢女得在王后之位」，然則《關雎》序云「樂得淑女以配君子」，亦是淑女在王后之位，不知鄭君何以云「三夫人以下」也。《大戴禮·保傅》云：「《春秋》之元，《詩》之《關雎》，《禮》之《冠》、《婚》，《易》之乾、巛，皆慎始敬終。」此言婚、言乾巛、言慎始，皆是言夫婦，非言嫡妾。《論語》子謂伯魚曰：「女爲《周南》、《召南》矣乎？」《集解》：「馬曰：『《周南》、《召南》，國風之始，樂得淑女以配君子，三綱之首，王教之端。』」此言三綱之首，是夫爲妻綱，非言嫡妾。《三國志·程秉傳》：「孫權爲太子登娉周瑜女，秉守太常，迎妃於吴。既還，秉從容進説登曰：『婚姻，人倫之始，王教之基。故《詩》美《關雎》，以爲稱首。』」秉逮事鄭君，見本傳。而亦不從箋説，可謂不苟同者矣。唐來鵠《隋對女樂論》云：「高祖謂羣臣曰：『自古天子有女樂否？』房暉遠進曰：『臣聞「窈窕淑女，鐘鼓樂之」，此即王者房中之樂。』隋文悦噫。暉遠引《詩》臆對，恣率一時之言，頗昧二《南》之旨。淑女謂后妃也，安有后妃執樂也？」此唐人不依孔疏强毛從鄭者。凡引唐人文無其集者，皆見《全唐文》。

《四庫總目提要》云：「朱子從鄭樵之説，不過攻《小序》耳。至於《詩》中訓詁用毛、鄭者居多。」澧案：《朱子語類》云：「『文、武以《天保》以上治內，《采薇》以下治外，始於憂勤，終於逸樂。』此四句儘説得好。」卷八十一。《小序》之精善，朱子未嘗不稱述之也。《行葦》首章，朱傳云：「此方言其開燕設席之初，而慇懃篤厚之意藹然見於言語之外。」澧案：《小序》云：「《行葦》，忠厚也。」朱傳正可發明序意也。　至於《詩》中訓詁固多用毛、鄭，而其解釋詩意，則有甚得毛義勝於鄭箋者，如「我心匪鑒，不可以茹」，鄭箋云「鑒之察形，但知方圓白黑，不能度其真僞，我心非如是鑒」，此與毛意不同。下章「我心匪石，不可轉也；我心匪席，不可卷也」，毛傳云「石雖堅，尚可轉；席雖平，尚可卷」，然則「我心匪鑒，不可以茹」，毛意亦當以爲鑒尚可茹。朱傳云「我心匪鑒而不能度物」，得毛意矣。又如「爰居爰處，爰喪其馬」，毛傳云「有不還者，有亡其馬者」，是毛意以二者皆實有之事。鄭箋云：「今於何居乎？於何處乎？於何喪其馬乎？」此亦與毛意不同。朱傳云：「於是居，於是處，於是喪其馬。」得毛意矣。毛傳簡約，鄭箋多紆曲，朱傳解經務使文從字順，此經有毛傳、鄭箋，必當有朱傳也。《朱子語類》云：「陳君舉說《關雎》，謂后妃自謙不敢當君子，謂如此之淑女，方可爲君子之仇匹。鄭氏也如此說了。」卷八十一。朱子知后妃求淑女，是鄭如此說，而非毛如此說，真善讀毛傳者也。

戴東原《詩經補注》云：「《卷耳》，感念於君子行邁之憂勞而作也。」此從朱傳之說，不從序說。平心論之，序說雖古義，而朱說尤通，故戴氏從之也。「寘彼周行」，朱傳以爲寘所采之卷耳於大道之旁乃通，戴氏云「寘此懷念於周行之上」，則文義未安也。　二章、三章、四章則朱說亦未安。陳長發《稽古編》駁之云：「登高極目，縱酒娛懷，雖是託諸空言，終有傷於雅道。」是也。戴氏云：「陟山，謂君子行邁所陟也。酌酒，願君子且酌以解其憂也。」此實勝朱傳之說。

不拘守毛、鄭，亦不拘守朱傳，戴氏之學可謂無偏黨矣。

周　禮

周公制禮，至幽、厲而廢，至秦而燔滅，幸而《周禮》出於山巖屋壁，即不盡周公所作，終是周代典制，豈可排棄之乎？後儒考古者考一代之事，必蒐討一代之書，雖短書、小説猶不遺也，況《周禮》五官粲然具存者乎？若以爲非周公所作則棄之，然則讀《漢會要》者，但取高帝時之事，以後皆可棄乎？鄭君尊信《周禮》，乃通儒高識；林孝存之排棄，則拘儒之見也。且鄭君亦不悉信也。《職方》「荆州其浸潁湛」，注云：「潁出陽城，宜屬豫州，在此非也。」「豫州其浸波溠」，注云：「《春秋傳》曰：『楚子除道梁溠，營軍臨隨。』則溠宜屬荆州，在此非也。」此鄭君明言經文之非，豈有周公之書而可以爲非者哉？《哲蔟氏》：「掌覆夭鳥之巢，以方書十日之號，❶十有二辰之號，十有二月之號，十有二歲之號，二十有八星之號，縣其巢上則去之。」注云：「夭鳥見此五者而去，其詳未聞。」鄭君蓋不信此事，故云「未聞」耳。此事甚迂怪不足信，亦不必辯也。《鄭志》云：「不信亦非，悉信亦非。」《詩·生民》疏引。此之謂也。

賈公彦《序〈周禮〉廢興》引《馬融傳》云：「孝成皇帝時，達才通人劉向子歆校理祕書，始得列序，著于《録》、《略》。時衆儒以爲非是，唯歆獨識，其年尚幼。」據此則《周禮》得列序著録，由於劉向，其時劉歆尚幼也。後儒因劉歆而詬厲《周禮》者，誤也。《漢書·成帝本紀》云：「河平三年，劉向校中祕書。」《藝文志》云：「每一書已，向輒撮其指意，録而奏之。」《劉向傳》云：「年七十而卒，卒後十三年，而王氏代漢。」《藝文志》又云：

❶「十」，原作「卜」，今據《周禮·哲蔟氏》改。

「向卒後，哀帝復使歆卒父業。歆于是總羣書而奏其《七略》。」澧案：以年數計之，向校書閲二十年，其録而奏之者，即《別録》是也。至歆乃彙爲《七略》耳。馬融所云「《録》、《略》」者，兼向之《録》奏、歆之《七略》言之也。

鄭注三禮，以漢制況周制，而《周禮注》尤多，王伯厚皆録之，爲《漢制考》。澧案：《左傳》昭十七年郯子言：「少皞氏爲鳥師而鳥名，祝鳩氏爲司徒。」賈公彦《周禮正義》序引之云：「本名祝鳩，言司徒者，以後代官況之。」《禮器》：「周旅酬六尸。曾子曰：『周禮其猶醵與？』」鄭注云：「合錢飲酒爲醵，旅酬相酌似之也。」孔疏云：「曾子引世事證周禮旅酬之儀象也。」然則以後代之官況古官，以後代之事況古事，其來遠矣。先鄭以此法注《周禮》。杜子春亦用此法，如《典瑞》「珍圭以徵守」，杜云：「若今時徵郡守以竹使符也。」但不若先鄭注之多耳。馬融傳亦有之，如《巾車》「王、后之五路，皆有容蓋」，賈疏云：「馬氏等云：『重翟爲蓋，今之羽蓋是也。』」後鄭因之，所舉漢制愈多，而賈疏能發明其意。疏語最精要者，《鼓人》「帗舞」注云：「帗，列五采繒爲之，有秉。」疏云：「《樂師》注『帗，五采繒，❶今靈星舞子持之』，是舉今以曉古。」《方相氏》注云：「天子之椁柏黄腸爲裹而表以石焉。」疏云：「引漢法爲證。《檀弓》云『天子柏椁，以端長六尺』，漢依而用之，而表之以石。古雖無言，漢亦依古而來。」《掌節》「門關用符節，❷貨賄用璽節，道路用旌節」，注云：「符節者，如今宮中諸官詔符也。璽節者，今之印章也。旌節，今使者所擁節是也。」疏云：「周法無文，皆約漢法以況之。」《司烜氏》「邦若屋誅，則爲明竁焉」，

❶「五」上，《周禮注疏》有「析」字。
❷「符」，原作「旌」，今據《東塾讀書記》卷七及《周禮・掌節》改。

注云：「鄭司農云：『屋誅，謂夷三族。』玄謂『屋』讀如『其刑剭』之『剭』，剭誅謂所殺不於市，而以適甸師氏者也。」疏云：「夷三族，乃是亂世之法，何得以解太平制禮之事乎？」澧案：賈所謂「舉今以曉古」者，即訓詁之法也。古語則以後世之語通之，古官、古事則以後世之官、後世之事況之，其義一也。古地理亦以今地名釋之，即是此法。此乃注經一定不易之法也。「漢法依古而來」，所謂「繼周，百世可知也」。「周法無文，則約漢法以況之」，亦約他經以注此經之法也。至亂世之法，鄭君不以解《周禮》，賈疏之説尤明。《困學紀聞》引徐筠微言，謂鄭注誤引漢官以比周官，此徐筠之淺陋，蓋未讀賈疏耳。《困學紀聞》又云：「《宮伯》『掌王宮之士庶子、諸侯子入宿衛』，齊王之弟章是也。『入京師受業』，楚王之子郢客是也。其制猶古。」厚齋既引徐筠説，而又自爲此説，蓋頗悟徐説之非也。

賈疏多用鄭注之法，以唐制況周制，如《大史》「祭之日，執書以次位常」，疏云：「若今儀注。」《質人》疏云：「此質人，若今市平準。」《肆長》疏云：「此肆長，謂一肆立一長，使之檢校一肆之事者，若今行頭者也。」《司爟》：「凡國失火，野焚萊，則有刑罰焉。」疏云：「若今民失火，有杖罰。」此皆賈疏深得鄭注之法者也。又有鄭注已舉漢制況周制，賈疏復以唐制況漢制者。《掌訝》「次于舍門外」，注云：「次，如今官府門外更衣處。」疏云：「即今門外亦然。」《掌固》「設其飾器」，注云：「兵甲之屬，今城郭門之器亦然。」疏云：「亦若今城郭門傍所執矛戟，皆有幡飾之等是也。」《司市》「以質劑結信而止訟」，注云：「質劑，謂兩書一札而別之也。若今下手書，言保物要還矣。」疏云：「漢時下手書，即今畫指券。」《女巫》「掌歲時祓除釁浴」，注云：「如今三月上巳如水上之類。」疏云：「見今三月三日水上戒浴是也。」此皆以周、漢、唐貫而通之。又如《追師》「掌王后之首服，爲副、編、次」，注云：「副之言覆，所以覆首爲之飾，其遺象若今步繇矣。編，編列髮爲之，其遺象若今假紒矣。」疏云：「此據時目驗以曉古。至今去漢久遠，亦無以知之矣。」此則以漢時知周時遺象，而唐時無以知漢時遺象，其意蓋頗惜之。此可見其思古之幽情也。

《通典》云：「古者人君上歲役不過三日，歷代至今雖加至二十日，數倍多古制，猶以庸爲名。」又云：「調者，猶存古井田調發兵車名耳。」卷四。唐制與古制雖多至數倍，而杜君卿猶著其源流，此《通典》之所以爲通也。

讀《周禮》者，知漢、晉、唐儒者舉今曉古之法，則當遵循之。讀《周禮》畢，當讀《大清會典》，舉國朝之制以況《周禮》，則《周禮》更顯而易見，而今制之遠有本原亦因之而見矣。且國朝有《會典》，復有《歷代職官表》，凡今有而古無，古有而今無，與名同而實異，實同而名異者，詳爲考證，讀《周禮》者讀此，更瞭如指掌矣。《周禮》者，古之政書也。治此經者，宜通知古今，陋儒不足以知之也。

《考工記》實可補經，何必割裂五官乎？作《記》者以一人而盡諳衆工之事，此人甚奇特。且所記皆有用之物，不可卑視之。惟其卑視工事，一任賤工爲之，以致中國之物不如外國，此所關者甚大也。今時乃頗悟之矣。《記》以輪爲首，有旨哉！古人以輪行地，今外國竟以輪行水，且西洋人《奇器圖説》所載諸器，多以輪爲用。算法之割圜，亦輪之象也。其理微矣。

工事以治水爲最大，《匠人》爲溝、爲防，百餘字而盡治水之法。善溝者水漱之，善防者水淫之。漱之者，潘季馴所謂「以水刷沙」也。淫之者，賈讓所謂「左右游波，寬緩而不迫」也。凡溝逆地防，謂之不行，如廣東之西江水，盛時每爲害。昔人欲於肇慶鑿山，使西江分一支南入海，以殺水勢，則下流不受其害，而不知此所謂「逆地防，謂之不行」也。

《考工記》注疏多誤，且有圖而佚之。「鳧氏爲鍾」注云：「凡言間者，亦爲從篆以介之。」疏云：「即所圖者是也。」注又云：「鼓外二，鉦外一。」疏云：「據上所圖，鼓外有銑間。」「匠人爲溝洫，九夫爲井」云云，疏云：「此圖略舉一成於一角，以三隅反之，一同可見矣。」是《注疏》本有圖也。戴東原復爲之圖，有草創之功。阮文達、程易疇治之益精，爲古人所不及。其最精者，「車人之事，半矩謂之宣，一宣有半謂之欘，一欘有半謂之柯，一柯有半謂之磬折」，程氏以算法解之，又訂正「一柯有半」當作「一矩有半」。一矩者，九十度角也；一宣者，四十五度角也；一欘者，六十七度三十分之角也；一柯者，一百一度十五分之角也；磬折者，一百三十五度之角也，昭然若發矇矣。

儀禮

《儀禮》難讀，昔人讀之之法略有數端：一曰分節，二曰繪圖，三曰釋例。今人生古人後，得其法以讀之，通此經不難矣。

《士冠禮》「筮於廟門」，賈疏云：「自此至『宗人告事畢』一節，論將行冠禮，先筮取日之事。」賈疏全部皆如此，此讀《儀禮》第一要法也。《有司徹》鄭注屢言自某句至某句，此賈疏分節之法所自出也。

朱子《儀禮經傳通解》釐析經文，每一節

截斷，後一行題云：右某事，如《士冠禮》第一節後題云「右筮日」，第二節後題云「右戒賓」，此法亦出於鄭君。《禮記·禮器》：「天子七月而葬，五重八翣。」鄭注云「《士喪禮》下篇『陳器』曰『抗木横三縮二』」云云。灃案：《士喪禮》下篇《既夕》云「陳明器于乘車之西」，鄭君引之而摘出「陳器」二字也。較賈疏尤簡明。其《答李季章書》云：「累年欲修《儀禮》一書，釐析章句而附以傳説。元來典禮淆訛處，古人都已説了，只是其書衮作一片，不成段落，使人難看。故人不曾看，便爲憸人，舞文弄法，迷國誤朝。若梳洗得此書頭面出來，令人易看，於世亦非小助也。」《答應仁仲書》云：「前賢常患《儀禮》難讀，以今觀之，只是經不分章，記不隨經，而注、疏各爲一書，故使讀者不能遽曉。今定此本，盡去此諸弊，恨不得令韓文公見之也。」此朱子之大有功於《儀禮》者。至國朝而馬宛斯《繹史》所載《儀禮》，張稷若《儀禮鄭注句讀》，吴中林《儀禮章句》，皆用朱子之法。江慎修《禮書綱目》因朱子《通解》而編定之，固宜遵用其法。徐健菴《讀禮通考》、秦文恭《五禮通考》亦皆分節。自朱子創此法，後來莫不由之矣。《郡齋讀書志》云：「《編禮》三卷，吕大臨編，以《士喪禮》爲本，取三禮附之。」卷一。朱子《答潘恭叔書》云：「《禮記》須與《儀禮》參通，修作一書，乃可觀。中間伯恭欲令門人爲之。」然則朱子之書，本發端於吕氏也。

鄭、賈作注作疏時，皆必先繪圖，今讀《注疏》觸處皆見其蹤跡。如《士冠禮》「筮人許諾，右還，即席坐」，注云：「東面受命，右還北行，就席。」疏云：「鄭知東面受命者，以其上文有司在西方東面，主人在門東西面，今從門西東面，主人之宰命之，故東面受命可知也。知右還北行就席者，以其主人在門外之東南，席在門中，故知右還北行，乃得西面就席坐也。」如此之類，乃顯而易見者。又如《燕禮》「主人盥洗象觚」，注云：「取象觚者東面。」疏云：「以膳篚南有臣之篚，不得北面取，又不得南面背君取，從西階來，不得篚東西面取，以是知取象觚者東面也。」此必鄭有圖，故知東面取；賈有圖，故知不得北面、南面、西面而必東面也。《大射儀》「揖，以耦左還，上射於左」，注云：「上射轉居左，便其反位也。上射少北，乃東面。」疏云：「知不少南者，以其次在楅東南，北面揖時，已在次西面，故知上射少北乃東面，得東當次也。」此亦鄭有圖，故知少北；賈有圖，故知不得少南，皆確不可易也。

若夫宮室、器服之圖，則當合三禮爲之。此自古有之，今存於世者，惟聶崇義之《圖》。至國朝諸儒所繪益精，若取《皇清經解》內諸圖與聶氏《圖》考定其是非，而別爲三禮圖，則善矣。有不能定其是非者，則兼存之；明知其誤者，則不取。如張皋文《深衣圖》肩上兩幅縫合，此必不然也。《通典》卷六十三「天子諸侯玉珮、劍綬、璽印」，自注云：「秦漢以降，逮於周、隋，既多無注解，或傳寫訛舛，研覈莫辨。」澧案：此不獨玉佩、劍綬、璽印爲然，凡漢以來衣冠，讀史皆難明，而周之冠冕、衣裳乃易明，賴有諸經注疏故也。

綜而論之，鄭、賈熟於《禮經》之例，乃能作注作疏，注精而簡，疏則詳而密，分析常例、變例，究其因由。且經有不具者，亦可以例補之。朱子云：「《儀禮》雖難讀，然却多是重複，倫類若通，則其先後彼此展轉參酌，足以互相發明。」《答陳才卿書》。此所謂倫類，即凡例也。近時則淩氏《禮經釋例》善承鄭、賈之學，大有助於讀此經者矣。澧嘗欲取《儀禮》經文依吴中林《章句》分節寫之，每一節後寫張皋文之《圖》，❶又以淩次仲《釋例》分寫於經文各句下，名曰《儀禮

❶「之圖」二字，原爲空格，今據《東塾讀書記》卷八補。

三書合鈔》，如此則《儀禮》真不難讀，惜乎爲之而未成也。

韓昌黎《讀儀禮》云：「掇其大要，奇辭奧旨，著於篇。」掇其大要者，即所謂「記事者必提其要」也。昌黎著于篇者，今不得而見之，然賈疏每一節所言之事，即大要也。若掇爲一編，當無異於昌黎所云矣。初讀《儀禮》者，尤當如此。昌黎掇奇辭，欲於作爲文章而上規之也。掇奧旨，即《送陳密序》論習三禮，所謂「誦其文則思其義」也。

既明禮文，尤當明禮意。朱笥河以《儀禮》難讀，欲撰《釋例》之書。又以禮莫精於《喪禮》，欲撰禮意之書。見《笥河集》子錫庚所撰序。《釋例》則淩次仲爲之矣，禮意則鄭注最精，非獨《喪禮》也。如《士冠禮》「筮于廟門」注云：「冠必筮日於廟門者，重以成人之禮成子孫也。不於堂者，嫌蓍之靈由廟神。」夫以「筮于廟門」四字而禮意精細如此，非鄭君孰能知之？又如《鄉飲酒禮》「司正實觶，降自西階，階間北面坐奠觶，退共，少立，坐取觶，不祭，遂飲」，注云：「少立，自正，慎其位也。己帥而正，孰敢不正？」此司正拱手少立，實難知其何意，讀鄭注乃知正己以帥人之意，其深微至此，得鄭注而神情畢見，可謂抉經之心矣。

禮記

《文王世子》云：「記曰：虞夏商周有師保，有疑丞。」孔疏云：「此作記之人更書『記曰』，則是古有此記，作記引之耳。」澧案：凡《禮記》所言「記曰」，皆是古有此記也，記之所從來遠矣。

《燕義》「古者周天子之官有庶子官」，孔疏云：「作記之人在於周末，追述周初之事，故云『古者』。」《深衣》疏云：「作記之人爲記之時，深衣無復制度，故稱『古者深衣蓋有制度』。言蓋者，疑辭也。」《少儀》「聞始見君子者辭曰」云云，疏云：「作記之人，心自謙退，不敢自專，制其儀而傳聞舊説。」澧案：如此之類，作記者時代在後，《漢書·藝文志》云：「七十子後學者所記。」其述古事、述古制、述舊説，不敢自專而爲疑辭，古人著書謹慎如此。

《大戴記》有《夏小正》，此最古之書，而《小戴》不取。蓋以其記禮之語少也。不取《曾子》十篇，蓋以爲子書之類也。不取《千乘》篇，則尤有識。此篇所云「下無用則國家富，立有神則國家敬，兼而愛之則民無怨心，以爲無命則民不偷」，此則墨氏之説矣。下無用者，貴儉也；立有神者，明鬼也；以爲無命者，非命也；兼愛，則尤顯然者也。不知墨氏之説何以竄入《孔子三朝記》內，《小戴》不取，宜矣。

孔疏每篇引鄭《目録》云：「此於《別録》屬某某。」《禮記》之分類，不始於孫炎、魏徵矣。今讀《禮記》，當略仿《別録》之法，分類讀之，則用志不紛，易得其門徑。張説駁奏用魏徵《類禮》，見新、舊《唐書》本傳。謂不可改古本篇第耳，非謂不可分類讀之也。

《別録》以《曲禮》、《少儀》屬制度，《內則》屬子法。澧案：《曲禮》「凡爲人子之禮」數節，正可謂之子法也。鄭《目録》云：「名曰《少儀》者，以其記相見及薦羞之小威儀。少，猶小也。」澧案：《曲禮》多小威儀，與《少儀》同一類。至「天子建天官」、「天子當依而立」、「諸侯見天子」之類，則非小威儀而已，同屬制度而有不同矣。

《王制》、《禮器》、《深衣》三篇，《別録》屬制度。《王制》篇首所記與《孟子》答北宮錡之説略同，孔疏引鄭答臨碩云「孟子當赧王之際，《王制》

之作復在其後」，正以《王制》篇首與《孟子》同故也。此爲周室班爵禄之制，信而有徵。《王制》記大制度，《深衣》但記一衣，以其云「古者深衣，蓋有制度」，故亦屬制度耳。《禮器》當屬通論，《别録》屬制度，非其類也。《玉藻》當屬制度，《别録》屬通論，亦非其類也。當互易之。

《月令》、《明堂位》、《别録》皆屬《明堂陰陽記》，其實皆制度之類。《漢書·藝文志》有《明堂陰陽》三十三篇，班氏自注云：「古明堂之遺事。」又有《明堂陰陽説》五篇，蓋明堂陰陽在禮家内自爲一家之學，故《别録》於制度之外，又分出此一類也。《藝文志》諸子陰陽家者流，班氏以爲「出於羲和之官，敬順昊天，曆象日月星辰，敬授民時」。澧謂《月令》即是敬順昊天、敬授民時之意，其每月記日所在及昏旦中星，正是「曆象日月星辰」。陰陽家者流，蓋出於此也。《漢書·魏相傳》云：「表采《易陰陽》及《明堂月令》奏之，曰：東方之神太昊，乘震執規，司春。南方之神炎帝，乘離執衡，司夏。西方之神少昊，乘兑執矩，司秋。北方之神顓頊，乘坎執權，司冬。中央之神黄帝，乘坤執繩，司下土。春興，兑治則飢；秋興，震治則華；冬興，離治則泄；夏興，坎治則雹。」又云：「高皇帝令羣臣議天子所服，相國臣何等議春夏秋冬天子所服，當法天地之數，中得人和。」《漢儀》應劭云：「丞相舊位，在長安時有四，出門隨時聽事。」見《通典》卷二十。此皆可見《月令》之法，西漢猶行之，其時尚陰陽之學也。

《曾子問》、《喪服小記》、《雜記》上下、《喪大記》、《奔喪》、《問喪》、《服問》、《間傳》、《三年問》、《喪服四制》十一篇，《别録》皆屬喪服，《檀弓》亦喪禮之類也。《檀弓》每一節皆言死、言殺、言哭、言弔、言葬、言墓、言祔，至狗馬亦言死，惟

「衛獻公出奔」一節不然，然古人以出奔亦爲凶禮也。《大戴記》則無一篇屬喪禮者，小戴盡取之也，古人最重喪禮也。《奔喪》是《儀禮》正經，《投壺》亦然。其入於《禮記》者，蓋《儀禮》十七篇皆常禮，《奔喪》則喪禮之變，《投壺》則較射禮爲小。高堂生不傳之，遂入《禮記》耳。《郊特牲》、《祭法》、《祭義》、《祭統》，《別録》皆屬祭祀。郊祭之禮，惟見於《郊特牲》及《祭義》「郊之祭也」二節。社禮、大蜡之禮，亦惟見於《郊特牲》。天子、諸侯至官師廟祧壇墠之制，惟見於《祭法》。記禮者之功，斯爲最大。

《祭法》「夫聖人之制祭祀也」至「非此族也，不在祀典」，據《國語·魯語》，此乃柳下季之言，臧文仲使書以爲三筴。此出於孔子之前，蓋四十九篇之文，此爲最古者。

《祭義》、《祭統》皆説義理，《祭統》説博大之理，《祭義》則説精微之理。如「致愛則存，致慤則著」，又如説鬼氣「君蒿悽愴」，窮幽極微矣。

《冠義》以下六篇，略舉《儀禮》之文而解其義，朱子所謂「《儀禮》之傳」也。《祭義》則不然。《儀禮·少牢》《特牲》二篇，❶乃大夫、士祭禮。《祭義》言君夫人，則非止大夫、士矣。「先王之所以治天下者五」二節，則不專言祭。「郊之祭也」三節則非言宗廟之祭。宰我問鬼神，則因祭而説之。「天子爲藉千畝」、「養獸之官」、「公桑蠶室」三節，言醴酪齊盛、犧牲、❷祭服之事，皆因祭而説之。「君子曰：禮樂不可斯須去身」以下，則論禮樂、論孝、論尚齒尊賢，皆非論祭。此集合成篇者也。《禮記》多集合成篇者。《文王世子》、《別録》屬世

❶「牢」，原作「宰」，今據《東塾讀書記》卷九及《儀禮》改。
❷「犧」，原作「義」，今據《東塾讀書記》卷九改。

子，據篇首、篇末所記耳，中間說公族、說天子視學，非說世子，牽連入此篇耳。「文王之爲世子也」、「教世子」、「周公踐阼」三句，鄭注皆云「題上事」。說公族、說天子視學二節後，❶則無「題上事」之語。一篇之中，體例不同，此集合成篇之跡也。

《冠義》既自爲一篇，《郊特牲》復有「冠義」一節，古人傳述此義者不止一家也。「天地合而后萬物生焉」一節，即「昏義」也。此二節之間，有一節云：「禮之所尊，尊其義也。失其義，陳其數，祝史之事也。故其數可陳也，其義難知也。知其義而敬守之，天子之所以治天下也。」此記者明言禮以義爲重，乃冠、昏、飲、射、燕、聘、祭諸義之發凡也。《郊特牲》皆言祭祀，此冠、昏二節雜入於其中耳。

《郊特牲》「冠義」一節，孔疏云：「以《儀禮》有《士冠禮》正篇，此說其義。下篇有『燕義』、『昏義』，與此同。」《鄉飲酒義》孔疏云：「《儀禮》有其事，此記釋其義。」《聘義》孔疏云：「此篇總明聘義，各顯《聘禮》之經於上，以義釋之於下。」朱子謂《儀禮》爲經，《禮記》爲傳，孔疏已屢言之。蓋朱子時知此者少，故朱子特言之。此可見南宋時經學之衰也。

《坊記》、《表記》、《緇衣》、《禮運》、《儒行》、《哀公問》、《仲尼燕居》、《孔子閒居》八篇，《別録》皆屬通論。澧案：此皆記孔子之言，而其體不同。古者記言之體有三：其一聞而記之，所記非一時之言，記之者非一人之筆，彙集成篇，非箸書也，尤非作文也，《論語》是也。其一傳聞而記之，所記非一時之言，記之者則一人之筆，伸說引證而成篇，此箸書也，《坊記》、《表記》、《緇衣》是也。其一亦傳聞而記之，記之者一人之筆，所記者一

❶ 「二」，原作「三」，今據《東塾讀書記》卷九及上下文改。

時之言，敷演潤色，駢偶用韻而成篇，此作文者也，《禮運》、《儒行》、《哀公問》、《仲尼燕居》、《孔子閒居》是也。《曾子問》亦記孔子之言，而與此諸篇之體又不同。

春秋三傳

漢博士謂《左氏》不傳《春秋》，《漢書·楚元王傳》後《劉歆傳》。晉王接謂《左氏》自是一家書，不主爲經發。《晉書》本傳。近時劉申受云：「《左氏春秋》猶《晏子春秋》、《吕氏春秋》也。冒曰《春秋左氏傳》，則東漢以後之以訛傳訛者矣。」《左氏春秋考證》。澧案：《漢書·翟方進傳》云：「方進雖受《穀梁》，然好《左氏傳》。」此西漢人明謂之《左氏傳》矣。或出自班孟堅之筆，冒曰《左氏傳》歟？然翟方進受《穀梁》而好《左氏》，《穀梁》是傳，則《左氏》非傳而何哉？《左傳》記事者多，解經者少，漢博士以爲解經乃可謂之傳，故云「左氏不傳《春秋》」。《公羊·定元年》傳云「主人習其讀而問其傳」，何注云：「讀謂經，傳謂訓詁。」此可見漢人所謂傳者，訓詁解經也。然伏生《尚書大傳》不盡解經也。《左傳》依經而述其事，何不可謂之傳？傳，猶注也。裴松之注《三國志》，但詳述其事，可謂其非注乎？且左氏作《國語》，自周穆王以來分國而述其事，其作此書則依《春秋》編年以魯爲主，以隱公爲始，明是《春秋》之傳。如《晏子春秋》、《吕氏春秋》，則雖以訛傳訛，能謂之《春秋晏氏傳》、《春秋吕氏傳》乎？

杜氏《釋例》誠有未善，然其《長曆》、《土地名》、《世族譜》三篇，考據詳博，何邵公、范武子不能有此也。《公羊春秋》襄二十有一年「十有一月庚子，孔子生」，何注云：「時歲在己卯。」徐疏云：「何氏自有《長曆》，不得以《左氏》難之。」澧案：《襄二十八年》「十有二月甲寅，天王崩。乙未，楚子昭卒」，何注云：「乙未與甲寅相去四十二日，❶蓋閏月也。」何氏如有《長曆》，則可直言閏月，何必云「蓋閏月」乎？其曆論尤善，所云「當順天以求合，非爲合以驗天」二語，曆家奉爲蓍蔡矣。夫《春秋》所重者固在其義，然聖人所謂「竊取之」者，後儒豈易窺測之與？其以意窺測而未必得，孰若即其文、其事考據詳博之有功於經乎？顧震滄撰《大事表》，求杜氏《釋例》之書不得，遂自撰《朔閏表》、《卿大夫世系表》、《疆域》、《都邑》、《山川》諸表，深知讀《左傳》不可無此也。

鄭君云：「穀梁近孔子，公羊正當六國之亡。」《王制》疏引《釋廢疾》。《釋文序録》則云：「公羊高受之於子夏，穀梁赤乃後代傳聞。」澧案：宣十五年《公羊傳》云：「多乎什一，大桀小桀；寡乎什一，大貉小貉。」此用《孟子》語。公羊當六國之亡，此其證也。僖二十二年《穀梁傳》云：「故曰：禮人而不答，則反其敬；愛人而不親，則反其仁；治人而不治，則反其知。」此亦用《孟子》語，則不得先於公羊也。且穀梁不但不在公羊之先，實在公羊之後。《釋文序録》之言是也。《莊二年》「公子慶父帥師伐於餘丘」，《公羊》云：「邾婁之邑也。曷爲不繫乎邾婁？國之也。曷爲國之？君存焉爾。」《穀梁》云：「公子貴矣，師重矣，而敵人之邑，公子病矣。其一曰：君在而重之也。」劉原父《權衡》云：「此似晚見公羊之説而附益之。」《隱二年》「無侅帥師入極」、《八年》「無侅卒」，《穀梁傳》皆兩説，劉氏亦以爲穀梁見公羊之書而竊附益之。澧案：更有可證者，《文十二年》「子叔姬卒」，《公羊》云：「此未適人，何以卒？許嫁矣。」《穀梁》云：「其曰子

❶「寅」，原作「申」，今據《東塾讀書記》卷一〇及《春秋公羊傳注疏》改。

叔姬，貴也，公之母姊妹也。其一傳曰：許嫁以卒之也。」此所謂「其一傳」，明是《公羊傳》矣。《宣十五年》「初稅畝。冬蝝生」，《穀梁》云：「蝝非災也，其曰蝝，非稅畝之災也。」此《穀梁》駁《公羊》之說也。《公羊》以爲宣公稅畝，應是而有天災，《穀梁》以爲不然，故曰「非災也」，駁其以爲天災也。又云「其曰蝝，非稅畝之災也」，駁其以爲應稅畝而有此災也。范注云：「緣宣公稅畝，故生此災，以責之非責也。」此范說，文義難通。其在公羊之後更無疑矣。定三年、哀十年、十一年《公羊》皆無傳，《穀梁》亦無傳，定五年、六年、七年、九年《公羊》每年只有傳一條，《穀梁》亦然。此尤可見《穀梁》之因於《公羊》也。

《公羊》有記事之語，但太少耳。如《隱元年》「春王正月」傳云：「諸大夫扳隱而立之。」「鄭伯克段」傳云：「母欲立之。」「葬宋繆公」傳「宣公謂繆公」云云。「翬帥師」傳「翬諂乎隱公」云云。「衛人立晉」傳云：「石碏立之。」「鄭人來輸平」傳云：「狐壤之戰，隱公獲焉。」可見《公羊》亦甚重記事，但所知之事少，而又有不確者耳。狐壤之戰在春秋前，而《公羊》以爲輸平事。孔巽軒《通義序》謂《春秋》重義不重事，以宋伯姬爲證。然《公羊》記伯姬事云：「宋災，伯姬存焉。有司復曰：『火至矣，請出。』伯姬曰：『不可，吾聞之也：婦人夜出，不見傅、母不下堂。傅至矣，母未至也。』逮乎火而死。」若《公羊》不詳記此事，則伯姬死於火耳，何以見其賢乎？欲知其義，必知其事，斷斷然也。

《公羊》於春秋時人多不知者，如《文十二年》「秦伯使遂來聘」傳云：「賢繆公也。」此誤以康公爲繆公。孔巽軒云：「賢繆公，而於康公與使大夫者，明善及子孫也。」此回護太無理矣。《文十八年》「秦伯罃卒」何注云：「秦穆公也。」此明知爲秦康公而偏云秦穆公，以異於《左傳》耳。孔巽軒云：「賢繆公，未見其卒者。及康公之世，始有恩禮于內，得恩録之。」亦回護無理。《襄二年》傳云：「齊姜與繆姜，則未知其爲宣夫人與成夫人與？」《昭二十年》「曹伯廬卒于師」傳云：「未知公子喜時從與，公子負芻從與？」此《公羊》未知則直言未知，是其篤實也。何注云：「齊姜者，宣公夫人。繆姜者，成公夫人。」此惡《左傳》而不從其説耳。然以惡《左傳》之故，而互易二公之夫人，使宣公以子婦爲妻，成公以母爲妻，大倫亂矣。且《公羊》云「未知」，何氏當墨守之，安得妄爲説乎？徐疏云：「正以齊姜先薨，多是姑；繆姜後卒，理宜爲婦，實無文據，以順言之也。」此尤無理之甚。人死之先後無定，豈姑必先死，婦必後死乎？

何注多本於《春秋繁露》，而徐彥不疏明之。如《繁露》云：「《春秋》變一謂之元。」《重政》篇。《隱元年》何注亦云：「變一爲元。」《繁露》云：「始言大惡，殺君亡國；終言赦小過，是亦始於麤粗，終於精微。教化流行，德澤大洽，天下之人人有士君子之行而少過矣。亦譏二名之意也。」《俞序》篇。❶《隱元年》傳「所見異辭，所聞異辭，所傳聞異辭」，何注之説本於此。注文太長，此不具録。徐疏皆不引《繁露》。又如《隱元年》徐疏引《春秋》説云：「以元之深正天之端，以天之端正王者之政」，此《繁露》之文。《二端》篇文。而徐疏乃但云「《春秋》説」，將使讀之者不知其説出於董生矣。「教化流行，德澤大洽」，其語未安，何邵公好奇，故取之耳。

《春秋繁露》云：「王魯、絀夏、新周、故

❶「序」，原作「存」，今據《東塾讀書記》卷一〇、《春秋繁露》及沈粱校改。

宋。」《三代改制質文》篇。　《史記・孔子世家》云：「作《春秋》，據魯親周故殷。」此則異於《春秋繁露》之説。《索隱》云：「以魯爲主，故云『據魯』。時周雖微而親周者，以見天下之有宗主也。」《公羊》無此説也。《成元年》「王師敗績于貿戎」，《公羊》云：「王者無敵，莫敢當也。」既以周爲王者無敵，必無黜周王魯之説矣。徐疏云：「《春秋》之義，託魯爲王，而使舊王無敵者，見任爲王，寧可會奪？」此疏正可以駁黜周之説也。《宣十六年》「成周宣謝災」，《公羊》云：「外災不書，此何以書？新周也。」惟此有「新周」二字，何注云：「孔子以《春秋》當新王，上黜杞，下新周，而故宋。」此取《繁露》之説以解之也。孔巽軒《通義》云：「周之東遷，本在王城。及敬王遷成周，作傳者號爲『新周』。猶晉徙于新田，謂之『新絳』；鄭居郭鄶之地，謂之『新鄭』。實非如注解。『故宋』，傳絶無文，唯《穀梁》有之，然意尤不相涉。」澧案：桓二年《穀梁傳》云：「孔子故宋也。」范注云：「孔子舊是宋人。」《公羊》「新周」二字，自董生以來將二千年，至巽軒乃得其解，可謂《公羊》之功臣矣。《公羊疏》卷一引賈逵《長義》駁黜周、王魯之説，然未言此非《公羊》説。《晉書・王接傳》載接之説云：「《公羊》通經爲長，何休訓釋甚詳，而黜周、王魯大體乖硋。」蘇東坡論《春秋》變周之文云：「黜周王魯與夫讖緯之書，《公羊》無明文。何休因其近似而附成之。何休，《公羊》之罪人也。」陳直齋《書録解題》亦云：「黜周、王魯、變周文從殷質之類，《公羊》皆無其文。」此皆能爲《公羊》辨誣，然「新周」二字未得其解，《公羊》之受誣猶未明也。至巽軒之説出，乃大明耳。　劉申受《公羊議禮・制爵》篇云：「以《春秋》當新王，始朝當元勳，進小國爲大國。其書『公朝王所』，不爲『公朝』起也。王始來聘書使，與諸侯同文，著新周也。魯使如周不稱使，當王也。公如京師、如齊晉，皆不言朝，當巡狩之禮也。」此仍守何氏之説而更甚矣。其《釋三科例中》篇云：「且《春秋》之託王至廣，稱號名義，仍繫於周；挫强扶弱，常繫于二伯，何嘗真黜周哉？郊禘之事，《春秋》可以垂法，而魯之僭則大惡也。就十二公論之，桓、宣之殺君宜誅，昭之出奔宜絶，定之盗國宜絶，隱之獲歸宜絶，莊之通讐外淫宜絶，閔之見弑宜絶，僖之僭王禮、縱季姬禍鄫子，文之逆祀、喪娶、不奉朔，成、襄之盗天牲，哀之獲諸侯、虚中國以事强吴，雖非誅絶，而免于《春秋》之貶黜者鮮矣。何嘗真王魯哉？」此又言黜周王魯非真，然則《春秋》作僞歟？

《春秋繁露》有先質後文之語，見《玉杯》篇。何邵公遂謂「《春秋》變周之文，從殷之質」，且所謂質者指母弟稱弟而言，謂質家親親，明當親厚異於羣公子。《隱七年》傳「母弟稱弟，母兄稱兄」注。其説尤謬。先質後文，豈分别同母、異母之謂耶？親厚異母兄弟與同母等，豈文家之弊耶？孔子所欲變乃在此耶？《繁露·三代改制質文》篇云：「商質者主天，夏文者主地。主天法商而王，故立嗣子子，篤母弟。主地法夏而王，故立嗣子孫，篤世子。」澧案：此謂商立世子，死則立世子之母弟，即襄三十一年《左傳》穆叔曰：「太子死，有母弟，則立之也。」夏立世子，死則立世子之子，即《檀弓》所記公儀仲子舍其孫而立其子，孔子曰「立孫也」。此立嗣之法不同，非親厚之謂也。

《春秋》所書災異，惟《僖十五年》「震夷伯之廟」，《公羊》云：「天戒之。」《宣十年》「初税畝。冬，蝝生」，《公羊》云：「上變古易常，應是而有天災。」何注云：「上謂宣公。」其餘但云「何以書？記異也」，如《隱三年》「日有食之」，傳云「何以書？記異也」之類。「何以書？記災也」。如《隱五年》「螟」傳云「何以書？記災也」之類。何注則或取後事而言，如《隱三年》「日有食之」注云：「是後衛州吁弑其君完，諸侯初僭；魯隱係獲，公子翬進諂謀。」或取前事而言，如《隱八年》「螟」注云：「先是有狐壤之戰、中丘之役，又受邴田，煩擾之應。」皆《公羊》所無之説。其尤無理者，《僖十三年》「秋九月大雩」注云：「城緣陵，煩擾之應。」城緣陵在明年，而先一年致旱乎？《襄八年》「秋九月大雩」注云：「由城費，公比出會，如晉，莒人伐我，動擾不恤民之應。」徐疏云：「如晉者，即今年正月『公如晉』

是也。」澧案：「正月公如晉」注云：「公獨修禮於大國，得自安之道，故善録之。」此又以爲不恤民，自相違異如此。此乃漢儒好言災異風氣耳。夫自古國家治亂，每有吉凶先見，此必然之理。儒者陳説以爲鑒，其意甚善。然其所説必使人可信，乃爲有益。若隨意所指，則人將輕視之，復何益乎？其尤謬者，《定元年》「霣霜殺菽」注云：「示以當早誅季氏。菽者少類，爲稼强，季氏象也。」穿鑿如此，人豈信之乎？《桓三年》「秋七月壬辰朔，日有食之既」，何注云：「是後楚滅鄧穀，上僭稱王。」徐疏引《春秋》説云：「其後楚號稱王，滅穀鄧。」此何注説災異本於讖緯之證也。徐疏説災異有更謬者，《成三年》「新宫災」，何注云：「此象宣公篡立，當誅絶，不宜列昭穆。」徐疏云：「桓公亦篡立，不災其宫者，蓋以桓母右媵，次第宜立。隱是左媵之子，据位失宜，而桓弒之，雖曰篡君，其罪差輕，是以不災其廟。」此謂桓弒隱罪輕，悖謬已極。且天之災其廟，不災其廟，徐氏竟能知其意耶？《定二年》「雉門及兩觀災」，孔疏云：「天之所災，不可意卜。」孔之通，徐之不通，相去天淵矣。

《穀梁》述事尤少，近時有鍾氏文烝《補注》於隱公十一年傳下舉全傳述事者祇二十七條，謂穀梁子好從簡略。澧案：僖二年傳述晉獻公伐虢事，十年傳述殺申生事，竝詳述其語，則非盡好簡略者，實因所知之事少，故從簡略，而專尋究經文經義耳。

《穀梁》之短，范注不曲從之，此范注之善也。《哀二年》「晉趙鞅帥師納衛世子蒯聵于戚」，傳云：「納者，内弗受也。以輒不受父之命，受之王父也。其弗受，以尊王父也。」范注云：「甯不達此義。江熙曰：『齊景公廢世子，世子還國書篡。若靈公廢蒯聵立輒，則蒯聵不得復稱曩日世子也。稱蒯聵爲世子，則靈公不命輒，審矣。』然則從王父之言，傳似失矣。」《文四年》「冬十有一月壬寅，夫人風氏薨」，《五年》「春王正月，王使榮叔歸含且賵」，傳云：「賵以早而含以晚。」范注云：「成風未葬，故書早；已殯，故言晚。國有遠近，皆令及事，理不通也。」范注之不曲從傳説如此。范氏引《禮·雜記》曰：「含者入，升堂致命，子拜稽顙，含者坐委於殯東南。含不必用，示有其禮。」楊疏引舊解以爲《雜記》諸侯之禮，若天子則諸侯夫人有疾，當告於天子，天子遣使問之；有喪，則致含，無則止矣。今歸含太晚，故譏之。澧案：此舊解曲護傳文耳，豈有問疾而齎含玉以行者乎？即齎含玉以行，能必其及未殯而至乎？范氏爲《略例》百餘條，見《集解序》楊疏。楊疏引之，有稱范氏《略例》者，有稱范《例》者，有稱范氏《別例》者，皆即《略例》也。范氏注中已有例，又別爲《略例》，故可稱《別例》。楊疏所引，如《文六年》「閏月不告月，猶朝于廟」，疏云：「范《例》猶有五等，發傳者三。」以下文多不録。此但分別發傳、不發傳。如《莊二十年》「夏，齊大災」，疏引范《例》云：「災有十二，内則書日，外則書時。」以下文多不録。此分別書時月日之例，亦不穿鑿紆曲。如《閔二年》「夏五月乙酉，吉禘于莊公」，疏引范《略例》云：「祭祀例有九，皆書月以示譏。九者謂桓有二烝一嘗，總三也；閔吉禘，四也；僖禘大廟，五也；文著祫嘗，六也；宣公有事，七也；昭公禘武宫，八也；定公從祀，九也。」此以皆書月無異例，故臚舉其事而已。凡疏所引二十餘條，王仁圃《漢魏遺書鈔》已鈔出。皆無穿鑿紆曲之病。蓋《春秋》無達例，但當臚列書法之同異，有可以心知其意者則爲之説，其不可知者則不爲妄説，斯得之矣。《四庫全書提要》疑楊士勛割裂《略例》散入疏中。澧案：《隱二年》疏云「《春秋》二百四十二年，無王者一百有八」云云，與桓元年疏所引范氏《例》之語同。此楊氏取范氏《例》散入疏中之證。

杜氏云：「古今言《左氏春秋》者，引

《公羊》、《穀梁》適足自亂。」《集解序》。孔沖遠云：「張蒼、賈誼、尹咸、劉歆，後漢有鄭衆、賈逵、服虔、許惠卿之等，各爲詁訓，然雜取《公羊》、《穀梁》以釋《左氏》。」《正義序》。澧謂：此諸儒《左氏春秋》而皆取《公羊》、《穀梁》，誠以三傳各有得失，不可偏執一家，盡以爲是，而其餘盡非耳。鄭君之《箴膏肓》、《發墨守》、《起廢疾》即此意也。師法固當重，然當以一傳爲主，而不可盡以爲是。鄭君箋《毛詩》，宗毛爲主而有不同，即此法也。

鄭君注《左傳》未成，以與服子慎，見《世說·文學門》。而不聞注《公羊》、《穀梁》，是鄭君之治《春秋》，以《左傳》爲主也。陸氏《纂例》謂《左氏》功最高，蓋其意亦以《左傳》爲主，但其書名曰《集傳》，則不主一家，無師法耳。三傳分門角立，詬争已久，啖、趙、陸欲其歸於一，遂盡抉其藩籬，此亦勢所必至也。

諸子書

《荀子》書開卷即曰「學不可以已，青取之於藍而青於藍，冰水爲之而寒於水」，然則所謂「學不可以已」者，欲求勝於前人耳。其《非十二子》實專攻子思、孟子。黄東發云：「欲排二子而去之，以自繼孔子之傳也。」《日鈔》卷五十五。故其非十子但曰「它囂、魏牟也」、「陳仲、史鰌也」、「墨翟、宋銒也」、「慎到、田駢也」、「惠施、鄧析也」，獨於子思、孟子則曰「子思、孟軻之罪也」，且非子思、孟子之語亦倍多於它囂之等。《韓詩外傳》取此篇而删其非子思、孟子之語。《困學紀聞》遂謂非子思、孟子者爲韓非、李斯之流託其師説，以毀聖賢。此欲爲荀子回護耳。然又云：「『直哉！史魚』，以爲盜名可乎？」則亦不能回護矣。

其言曰「案飾其辭而祇敬之，曰此真先君子之言也，楊倞注云：「先君子，孔子也。」子思唱之，孟軻和之，世俗之溝猶瞀儒嚾嚾然不知其所非也，遂受而傳之，以爲仲尼、子游爲茲厚於後世」，據此，則當時儒者皆深信子思、孟子得孔子之傳矣，尚可排而去之乎？後來王子雍之於鄭康成，陸子静之於朱晦菴，又從而效之，夫亦可以不必矣。陸子静詆有子、子貢、子夏諸賢，亦似效荀子也。

《管子》之書，《史記》采入列傳者曰「倉廩實而知禮節，衣食足而知榮辱。上服度則六親固，四維不張國乃滅亡」，此最精醇之語，其餘則甚駁雜。其言曰：「惠者，民之仇讎也。法者，民之父母也。」《法法》篇。「羣臣之不敢欺主者，非愛主也，以畏主之威勢也；百姓之争用，非以愛主也，以畏主之法令也。」《明法解》。「凡所謂忠臣者，務明術。」同上。如此類者，法家語也。故《藝文志》以《管子》列於法家，或後之法家以其説附於《管子》書歟？《直齋書録解題》謂《管子》似非法家。又有云：「有名則治，無名則亂，治者以其名。」《樞言》。「督言正名，故曰聖人。」《心術上》篇。「凡物載名而來，聖人因而財之。」同上。如此類者，名家之言也。又云：「虚無無形謂之道。」同上。「天曰虚，地曰静，乃不伐。潔其宫，開其門，去私毋言，神明若存。紛乎其若亂，静之而自治，强不能徧立，智不能盡謀。故必知不言無爲之事，然後知道之紀。」同上。此則老子之説矣。又云：「仁從中出，義從外作。」《戒》篇。告子之説出於此歟？抑告子之徒所依託者歟？又云：「人君唯毋聽兼愛之説。」此尤後人所依託也。其《地員》篇則農家者流，《藝文志》農家之書無存者，於此可見其大略。蓋一家之書而有五家之學矣。

《老子》云：「使人復結繩而用之。」晁子止云：「蓋三皇之道也。」《郡齋讀書志》卷三上。趙邠卿云：「五帝以來，有禮義上下之事，不可復若三皇之道。」《孟子·滕文公》章句上。崔寔《政論》云：「俗士苦不知變，以爲結繩之約可復理亂秦之緒。《後漢書》本傳。好老子之説者自以爲高，而不知適成爲俗士也。」王介甫《太古篇》云：「太古之道，果可行之萬世？聖人惡用制作於其間？必制作於其間，爲太古之不可行也。吾以爲諸治亂者，當言所以化之之術，❶曰歸之太古，非愚則誣。」

「不尚賢，使民不爭。」司馬温公注云：「賢之不可不尚，人皆知之。至其末流之弊，則爭名而長亂，故老子矯之。」此一「矯」字，足以盡老子之學矣。

「古之善爲道者，非以明民，將以愚之。」吴草廬注云：「其流之弊，則爲秦之燔《詩》、《書》，以愚黔首。」程子云：「秦之愚黔首，其術蓋亦出於老子。」《二程遺書》卷十五。澧案：韓非云：「商君教秦孝公燔《詩》、《書》而行法令。」《和氏》篇。《困學紀聞》云：「《史記·商君傳》不言燔《詩》、《書》。」何義門評云：「意者商鞅所燔止於國中，至李斯乃流毒天下。」是燔《詩》、《書》始於商鞅，姚姬傳、洪稚存皆有此説。故其言曰：「民不貴學則愚，愚則無外交，國安不殆。」《墾令》篇。韓非亦云：「羣臣爲學者可亡。」《亡徵》篇。韓非之學出於老子、商鞅也。《莊子》亦云：「絶聖棄智，大盜乃止，殫殘天下之聖法，而民乃可與論議。」《胠篋》篇。惜乎！莊子不見秦始皇焚書，而勝、廣大盜乃起也。

諸子之學皆欲以治天下，而楊朱之計最疏，墨翟之計最密。楊朱欲人不貪，然人貪

❶「化」，原作「佗」，今據《東塾讀書記》卷一二及《四部叢刊》景明嘉靖本《臨川集》卷六九改。

則無如之何。老子欲人愚，然人詐則無如之何。商鞅、韓非皆欲人畏懼，而自禍其身。墨翟兼愛、非攻，人來攻則我堅守。何以爲守？蓄其人民，積其貨財，精其器械，而又志在必死，則可以守矣。此墨翟之所長也。《三國志・劉巴傳》注引《零陵先賢傳》云：「巴曰：『内無楊朱守静之術，外無墨翟務時之風。』」「務時」二字，足以盡墨氏之學。

《孟子》趙注云：「告子兼治儒、墨之道。」澧案：《墨子・公孟》篇云：「子墨子曰：告子稱我言以毀我行。」又云：「二三子復於子墨子曰：告子勝爲仁。子墨子曰：未必然也。」此告子兼治儒、墨之證也。告子毀墨子之行，墨子亦不以告子爲仁，總之相詆而已。

《韓非子》引《申子》云：「上明見人備之，其不明見人惑之；其知見人惑之，不知見人匿之；其無欲見人司之，其有欲見人餌之。故曰：吾無從知之，惟無爲可以規之。」一曰：「申子曰：慎而言也，人且知女；慎而行也，人且隨女；而有知見也，人且匿女；而無知見也，人且意女；女有知也，人且藏女；無知也，人且行女，故曰：惟無爲可以規之。」又云：「獨視者謂明，獨聽者謂聰，能獨斷者故可以爲天下主。」《外儲説右上》。又云：「失之數而求之信，則疑矣。」又云：「治不踰官，雖知不言。」《難三》。申不害之術於此可見其略矣。其所謂無爲者本於老子，因而欲使人主自專自祕，臣下莫得窺其旨。趙高説秦二世，所謂「天子稱朕固不聞聲」，秦之亡由此術也。劉向《别録》稱其尊君卑臣，崇上抑下。《漢書・元帝本紀》注引。此説則有利有病，觀於漢、魏以後可見也。

韓非之學出於老子，而流爲慘刻者，其意以爲先用嚴刑，使天下不敢犯，然後可以清静而治也。至暴秦嚴刑之後，漢初果以黄老致刑措矣。然秦以嚴刑而亡，漢以清静而治，嚴刑者近受其禍，清静者遠受其福，韓非未見及此也。彼欲於其一身先用嚴刑，後享清静，而不知已殺其身，已亡其國也。且秦雖嚴刑，而博浪之椎、蘭池之盜，陳勝、吴廣之揭竿而起，何嘗畏嚴刑哉？況漢初雖云刑措，而游俠犯禁者紛紛而出。嚴刑不可恃矣，清静亦何可恃乎？「天地不仁，以萬物爲芻狗。聖人不仁，以百姓爲芻狗」，韓非之學出於老子，而流爲慘刻者在此。

清儒學案卷一百七十四終

清儒學案卷一百七十五

天津徐世昌

東塾學案下

漢儒通義序

漢儒説經，釋訓詁，明義理，無所偏尚。宋儒譏漢儒講訓詁而不及義理，非也。近儒尊崇漢學，發明訓詁，可謂盛矣。澧以爲漢儒義理之説醇實精博，蓋聖賢之微言大義往往而在，不可忽也。謹録其説，以爲一書。漢儒之書十不存一，今之所録又其一隅，引伸觸類，存乎其人也。節録其文，隱者以顯，繁者以簡。類聚羣分，義理自明，不必贊一辭也。竊冀後之君子，袪門户之偏見，誦先儒之遺言，有益於身，有用於世，是區區之志也。若門户之見不除，或因此而辯同異，爭勝負，則非澧所敢知矣。

采録諸書

《子夏易傳》　孟氏《易章句》　京氏《易章句》　鄭氏《易注》　荀氏《易注》　宋氏《易注》　伏氏《尚書大傳》　鄭氏《注》　鄭氏《尚書注》　《毛詩》序　《毛詩詁訓傳》　鄭氏《箋》　《韓詩内傳》　薛氏《章句》　《韓詩外傳》　鄭氏《詩譜》　先鄭氏《周禮注》　鄭氏《周禮注》　鄭氏《儀禮注》　鄭氏《禮記注》　鄭氏《三禮目録》并敍　董氏《春秋繁露》　賈氏《春秋左傳解詁》　服氏《春秋左傳解詁》　何氏《春秋公羊傳解詁》　鄭氏

《發公羊墨守》《箴左氏膏肓》《起穀梁廢疾》 孔氏《論語傳》 包氏《論語章句》 周氏《論語章句》 鄭氏《論語注》 趙氏《孟子章句》并《章指》 班氏《白虎通義》 許氏《五經異義》 鄭氏《駁》 鄭氏《六藝論》 《鄭志》 孫氏《爾雅注》 許氏《説文解字》 劉氏《釋名》

條例

凡所録皆經部之書，史、子、集皆不録。

所録皆漢儒之書。録《子夏易傳》，據《釋文》引《七略》云「韓嬰傳也」。《毛詩》《大序》不録，録《小序》次句以下，據《釋文》引沈重云：「案鄭《詩譜》意，《大序》是子夏作，《小序》是子夏、毛公合作，卜商意有不盡，毛更足成之。」今録次句以下，是毛公足成之語也。經注連經文乃明者，則并録經文。《詩序》次句連首句乃明者，亦并録首句也。漢儒經説多有所本，如《韓詩外傳》多荀子語，但韓氏既取入《外傳》，則是漢儒之書，故録之也。三國以後之書不録，《鄭志》述康成語，故録之。《九家易》不盡漢儒之説，故不録也。《論語集解》所稱周氏，容有周生氏之譌，日本所傳皇疏本，則皆作周生烈，不足爲據，故仍録周氏也。所録諸書，今存於世者，每條下注篇目，無篇目者注卷數，以備檢核。惟并録經文者，則不必注也。其書已佚者，先鄭《周禮注》見於後鄭注，諸家《論語》注見於何氏《集解》，諸家《易》注見於李氏《集解》，可以依據而無疑。其餘則近人輯本，每有疏舛，今之所録，必取所出之書，復加審定。或各書竝引，文有同異，則擇善而從。每條下注所出之書，亦以備檢核也。所出之書，復有簡略，如《文選注》所稱《韓詩》，不知是韓《内傳》，抑是薛君《章句》，無可辨别，則仍之也。集衆家之説，分類爲書，漢有《白虎通》，宋有《近思録》，今兼倣其例。專采經説，《白虎通》之例也；題某家之説，《近思録》之例也。每一類中，各條次第，以義相屬，則倣《初學記》之例也。其文略同者，則附注之，不别出也。爲余校勘者，門人南海桂文烜子明、桂文燦子白、番禺黎永椿震伯、高學燿星儀、湘潭胡錫燕伯蓟也。

聲律通考序

《周禮》六律、六同「皆文之以五聲」，《禮記》「五聲、六律、十二管還相爲宫」，言聲律者，此兩言盡之矣。自漢以來，至於趙宋，古樂衰而未絶，惟今之俗樂有七聲而無十二律，有七調而無十二宫，有工尺字譜而不知宫、商、角、徵、羽。余懼古樂之遂絶也，乃考古今聲律爲一書。蓋自《周禮》三大祭之樂爲千古疑義，今考唐時三大祭各用四調，而《周禮》乃可通，以此知古樂十二宫本有轉調。又據《隋書》及《舊五代史》而知梁武帝、萬寶常皆有八十四調。宋時姜堯章最爲知樂，乃謂八十四調出於蘇祇婆琵琶。近時淩次仲著《燕樂考原》之書，遂沿其誤矣。又古樂十二律立法簡易，後人衍算術、説陰陽，皆失其旨，今爲辨正，以祛其惑。至唐宋俗樂，淩氏已徵引羣書，披尋門徑，然二十八調之四均實爲宫商角羽，其四均之第一聲皆名爲黄鐘，淩氏於此未明，故其説尚多不合。且宋人以工尺配律吕，今人以工尺代宫商，此今人失宋人之法，律吕由是而亡。淩氏乃以今人之法駁宋人，此尤不可不辯者也。若夫古今樂聲高下則有《隋志》所載，歷代律尺皆以晉前尺爲比，而晉前尺則有王厚之《鐘鼎款識》傳刻尚存，今依尺以製管，隋以前樂律皆可考見。《宋史》載王朴律準尺，亦以晉前尺爲比，又可以晉前尺求王朴樂，由是以王朴樂求唐、宋、遼、金、元、明樂，高下異同，史籍具在，可以排比句稽而盡得之矣。至於晉泰始之笛可仿而造，唐開元之譜可按而歌，古器古音千載未泯，更非徒紙上之空談也。

自念少時惟好世俗之樂，老之將至，因讀淩氏書，考索故籍，覃思踰年，始得粗通此學。其中參差變易，紛如亂絲，細如秋毫，故多爲圖表，使覽者易明焉。繕寫甫成，再值兵燹，幸未亡失。當此亂離之際，何暇言樂，惟當存此一編，以今曉古，以古正今，庶幾古樂不墜於地。其有疏謬，俟知音者正之爾。

《古樂五聲十二律還宫考》第一　《古樂五聲十二律相生考》第二　《晉十二笛一笛三調考》第三　《梁隋八十四調考》第四　《唐八十四調考》第五　《唐宋遼二十八調考》第六　《宋八十四調考》第七　《宋俗樂字譜考》第八　《歷代樂聲高下考》第九　《風雅十二詩譜考》第十

切韻考序

自孫叔然始爲反語，雙聲、疊韻各從其類，由是諸儒傳授，四聲韻部作焉，而陸氏《切韻》實爲大宗。蓋自漢末以至隋代，審音之學具於斯矣。唐季沙門始立三十六字母，分爲等子。字母之名雖由梵學，其實則據中土切音。然音隨時變，隋以前之音至唐季而漸混，字母等子以當時之音爲斷，不盡合於古法。其後切語之學漸荒，儒者昧其源流，猥云出自西域。至國朝嘉定錢氏、休寧戴氏起而辨之，以爲字母即雙聲，等子即疊韻，實齊、梁以來之舊法也。二君之論既得之矣，澧謂切語舊法當求之陸氏《切韻》。《切韻》雖亡而存於《廣韻》，乃取《廣韻》切語上字系聯之，爲雙聲四十類；又取切韻下字系聯之，每韻或一類、或二類、或三類、四類，是爲陸氏舊法。隋以前之音異於唐季以後，又錢、戴二君所未及詳也。於是分列聲韻，編排爲表，循其軌迹，順其條理，惟以考據爲準，不以口耳爲憑，必使信而有徵，故寧拙而勿巧。若夫《廣韻》之書，非陸氏之舊。《廣韻》復有二種，近代傳刻又各不同，乃除其增加，校其譌異，雖不能復見陸氏之本，尚可得其體例。又爲《通論》，以暢其說。蓋治小學必識字音，識字音必習切語。故著爲此書，庶幾明陸氏之學，以無失孫氏之傳焉。後出之法，是爲餘波，別爲《外篇》，以附於末。

條例

陸氏《切韻》之書已佚，唐孫愐增爲《唐韻》，亦已佚。宋陳彭年等纂諸家增字爲《重修廣韻》，猶題曰「陸法言撰本」。今據《廣韻》以考陸氏《切韻》，庶可得其大略也。

切語之法，以二字爲一字之音，上字與所切之字雙聲，下字與所切之字疊韻，上字定其清濁，下字定其平上去入。平上去入四聲，各有一清一濁，詳見《通論》。上字定清濁而不論平、上、去、入，如東德紅切，同徒紅切，東、德皆清，同、徒皆濁也，然同、徒皆平可也，東平、德入亦可也。下字定平上去入而不論清濁，如東德紅切、同徒紅切、中陟弓切、蟲直弓切，[1]東紅、同紅、中弓、蟲弓皆平也，然同紅皆濁、中弓皆清可也；東清紅濁、蟲濁弓清亦可也。東同中蟲四字，在一東韻之首，此四字切語已盡備切語之法，其體例精約如此，蓋陸氏之舊也。今考切語之法，皆由此而明之。切語上字與所切之字爲雙聲，則切語上字同用者、互用者、遞用者，聲必同類也。同用者如冬都宗切、當都郎切，同用都字也；互用者如當都郎切、都當孤切，都、當二字互用也；遞用者如冬都宗切、都當孤切，冬字用都字，都字用當字也。今據此系聯之，爲切語上字四十類，編而爲表，直列之。

切語下字與所切之字爲疊韻，則切語下字同用者、互用者、遞用者韻必同類也。同用者如東德紅切、公古紅切，同用紅字也；互用者如公古紅切、紅户公切，紅、公二字互用也；遞用者如東德紅切、紅户公切，東字用紅字，紅字用公字也。今據此系聯之，爲每韻一類、二類、三類、四類，編而爲表，横列之。

《廣韻》同音之字不分兩切語，此必陸氏舊例也。其兩切語下字同類者，則上字必不同類，如紅户公切、烘呼東切，公、東韻同類，則户、呼聲不同類。今分析切語上字不同類者，據此定之也。上字同類者，下字必不同類，如公古紅切、弓居戎切，古、居聲同類，則紅、戎韻不同類。今分析每韻二類、三類、四類者，據此定之也。切語上字既系聯爲同類矣，然有實同類而不能系聯者，以其切語上字兩兩互用故也。如多、得、都、當四字，聲

[1]「蟲」，原作「蟲」，今據北京市中國書店影印成都書局本《切韻考》改。

本同類，多得何切，得多則切，都當孤切，當都郎切，多與得、都與當兩兩互用，遂不能四字系聯矣。今考《廣韻》一字兩音者，互注切語。其同一音之兩切語，上二字聲必同類。如一東涷德紅切，又都貢切；一送涷多貢切，都貢、多貢同一音，則都、多二字實同一類也。今於切語上字不系聯而實同類者，據此以定之。

切語下字既系聯爲同類矣，然亦有實同類而不能系聯者，以其切語下字兩兩互用故也。如朱、俱、無、夫四字韻本同類，朱章俱切，俱舉朱切，無武夫切，夫甫無切，朱與俱、無與夫兩兩互用，遂不能四字系聯矣。今考平上去入四韻相承者，其每韻分類亦多相承。切語下字既不系聯，而相承之韻又分類，乃據以定其分類。否則，雖不系聯，實同類耳。

《廣韻》云：「郭知玄朱箋三百字，關亮、薛峋、王仁煦、祝尚丘、孫愐、嚴寶文、裴務齊、陳道固增加字，更有諸家增字，備載卷中，凡二萬六千一百九十四言。」案封演《聞見記》云：「陸法言《切韻》凡一萬二千一百五十八字。」然則《廣韻》增加者一萬四千三十六字，倍於陸氏元文矣。今欲知孰爲陸氏元文，孰爲後人增加，已不可辨。惟《廣韻》以同音之字爲一條，每條第一字注切語及同音字數，如東字注云：「德紅切，十七。」此必陸氏舊例。然有兩條切語同一音者，於例不合，而凡不合者其一條多在韻末，又字多隱僻。又字有數音，前人已據一音録之，後人別據一音增之，故多重見也。凡若此者，今不録於表，而記其字於表後焉。

切語下字當取同韻同類之字，然或同韻同類有字而取不同韻之字，或取同韻不同類之字者，蓋陸氏書同韻同類無字，故借用不同韻不同類之字耳。《廣韻》同韻同類有字，乃後人所增加也。又有字在此韻之末，而切語下字則在他韻者，此蓋他韻增加之字誤入此韻。今皆不録於表，亦於表後記之。

更有切語參錯，而其字則非增加者。此千百中之一二，其爲傳寫之誤，抑陸氏之疏，已不可辨。今亦於表後記之。

今世所傳《廣韻》二種，其一注多，其一注少。注多者有張士俊刻本，注少者有明刻本、顧亭林刻本，又有曹楝亭刻本，前四卷與張本同，第五卷注少而又與明本、顧本不同。聞有元本，在湖南袁氏家，惜未得見。今以張刻本爲主，以明本、顧本、曹本校之。又徐鉉等校《説文》云：「以《唐韻》音切爲定。」鉉爲其弟鍇《説文篆韻譜》序云：「以《切韻》次之。」今並取以校《廣韻》，其有不同者，擇善而從，而記其譌異於表後焉。

切韻考外篇序

澧爲《切韻考》以明隋唐以前切語之學，遂流覽後來所謂字母等子者，以窮其餘波。蓋自漢末以來，用雙聲、疊韻爲切語，韻有東冬鍾江之目而聲無之。唐末沙門始標舉三十六字，謂之字母。至宋人乃取韻書之字，依字母之次第而爲之圖，定爲開合四等，縱横交貫，具有苦心。遂於古來韻書切語之外，别成一家之學。然自爲法以範圍古人之書，不能精密也。澧以此學由切語之學所變而成，故復爲考覈，而題曰《外篇》，以《廣韻》切語上字考三十六字母，以二百六韻考開合四等，著其源委而指其得失，明其本也。少日爲此，迄今數十年，舊稾叢雜，爲我審定者，門人廖澤羣編修，通聲韻之學者也。

漢書地理志水道圖説序

讀史不可不明地理，考地理不可無圖。澧嘗欲爲諸史地圖而未能也，惟以地理之學水道尤難，乃考《漢志》水道，爲之圖説，起於蒲昌，訖於黑水，自西而東，自北而南，刺取《志》文，編排次第，以今釋古，著其源委，而略其中間，循班《志》之例也。兩山之間有水，兩水之間有山，山川相間，古今無改。若究其曲折，則有國朝齊氏《水道提綱》按籍可考。惟水行平土，湮變遂多，是用鉤稽本《志》，證以《水經》酈注，備詳其故瀆焉。地理羣書，皆述班《志》，前人先得，無俟引伸。若夫邊徼僻遠之域，川渠交絡之區，昔之考據，恒多闕誤，今所審定，豈免致疑，乃加自注，以明己意。然亦不爲博辯，以求勝前人也。其圖以《内府地圖》爲本，雖縮大爲小，而長短有度，方位不差。漢地、今地相並書之，庶使覽者開卷瞭然矣。昔班氏之爲此《志》也，生當東漢一統太平，親見蘭臺圖籍，故其所録簡而彌周。觀其大川所行，皆記里數，其爲精密，斯可知矣。後之作者，莫能比焉。惟我大清，奄壹寰宇，遠邁盛漢。康熙、乾隆兩朝，命官分測，仰準天度，俯繪地輿，創千古所未有。今以稽核《漢志》水道，有若重規疊矩；其有古今遷異，亦可尋其脈絡。蓋自有我朝《地圖》，而《漢書》地理乃可得而説也。澧伏處陬澨，夙好編摹，獲觀兩朝之圖，兼覽衆家之説，三歷寒暑，定著斯編，由是總繪百郡，順考歷朝，讀史者當有樂乎是爾。

水經注西南諸水考序

自《禹貢》而後，諸書言水道者，惟《漢書・地理志》，核之今日水道，無少差謬。其次則《水經》，其言「泿水過番禺，東至龍川」，則已誤矣。酈道元身處北朝，其注《水經》，北方諸水大致精確，至西南諸水則幾乎無一不誤。國初黄子鴻爲《水經注圖》，今不可見，不知其於酈氏之誤注將正之歟？若之何而爲圖也？阮太傅《浙江圖考》繪酈注之圖而指其誤，斯可爲善讀酈注者。蓋酈君之書講水道者固宜奉爲鴻寶，然於酈君之誤説墨守而沿襲之，以誤後人，不可也。余固愛讀酈氏書，其北方水道間有小差謬者不暇論，因讀《漢志》豚水、鬱水，知酈氏《温水》、《泿水》二篇註之謬，因連而及之，知《若水》、《淹水》、《沫水》、《青衣水》、《葉榆水》、《存水》諸篇之注之謬。又連及《江水》篇，自發源至若、淹二水入江以上之注之謬，條而辨之，既正以今日水道，復就酈注爲圖，俾覽者曉然於其差謬而弗相沿焉，其餘未暇悉辨。此非敢攻訐古人也，不敢迴護古人以貽誤後人也。爲書三卷，序而藏之。

文　集

黑水説

《禹貢》黑水，昔人之説不一，嘗綜諸説而考之，則以爲今潞江者是也。潞江上源曰哈喇烏蘇，蒙古謂黑曰哈喇，謂水曰烏蘇。《水道提綱》言其水色深黑，其爲黑水明矣。哈喇烏蘇源出西藏喀薩北境，東流至喀木，乃屈南流。蓋即《禹貢》雍、梁二州之界，三危當在其地。自喀木南流爲《禹貢》梁州西界，至雲南曰潞江，又南出雲南徼外，入南海。以今證古，無疑義矣。説者以雍州黑水與梁州黑水爲二水，然雍州經文云「三危既宅」，則「道水」云「至于三危」者在雍州境，而雍州不近南海，其入于南海必過梁州，不能分爲二也。《禹貢》以山水明九州之界，青、徐同一岱，荆、豫同一荆，青、徐、揚同一海，徐、揚同一淮，兖、豫、雍同一河，且雍州不但曰河，而曰西河，以明在冀州西界。若雍、梁各一黑水，豈得漫無分別？其爲二州同一黑水明矣。又有謂道黑水非雍非梁，而分爲三者，尤不足辯。胡朏明謂潞江源在河源之東，黑水不能越河而接爲一川。胡氏當國初時，所據者明人地圖，於徼外之地多不確，不知潞江源出河源之西也。雍州黑水，即潞江之源，非别有一水，與潞江接。其過梁州，尤不必越河也。或以雍州之境太廣爲疑，亦不必疑也。九州之境，大小不同。雍州東至西河，西至弱水，較兖、徐二州之廣幾及三倍，不必以黑水而疑其太廣也。雍州界至喀木，則河源在雍州境内。經言「導河積石」，昔人以爲河源不始於積石，則河源爲禹蹟所不及，不得在雍州境。澧謂：今阿木你馬勒産母孫大雪山以西至星宿海，羣山圍繞，皆《禹貢》所謂積石，河源固禹蹟所及至也。梁州南境，則非直至南海，故梁州經文不言南海也。又《漢書·地理志》不志黑水，益州郡滇池縣下云：「有黑水祠。」蓋漢時黑水不在中國，故立祠於滇池，望祀之。鄭注《禹貢》云：「今中國無也。」考《漢志》越巂郡青蛉僕水，爲今瀾滄江，漢地至此而止，又西則徼外地。《漢志》僕水爲今瀾滄江。僕水所入之勞水，爲今越南國姚江。其入僕之貪水爲今漾備江，即水爲今巴景河。詳見澧所著《地理志水道圖説》。潞江在瀾滄江之西，所行皆漢徼外地，故班《志》不載，而鄭注以爲中國無也。黑水爲潞江，得班《志》、鄭注而益明矣。班、鄭不言黑水所在，是蓋闕之義。若《通典》云「年代久遠，遂至湮没」，則非也。梁州西境皆山，與沙土平曠之地不同，水流何能湮没？若湮没，則必自雍州西流至流沙而没矣。然當其未没，則必並流沙而西南繞出哈喇烏蘇上源之西，過前藏西境、後藏東境，乃能入於南海。梁州西界必不至此也。凡考地理者，於邊徼之地，必得國朝康熙、乾隆内府地圖而始明。國朝輿地之廣大，地圖之精確，非漢、唐以後所及也。

喪服説

喪服之大限三，期也、功也、緦也。其三年者，期之加隆焉者也；其大功、小功者，功之分焉者也。上治、下治皆治三而止；旁治則有大功，有小功，至四而止也。《三年問》曰：「至親以期斷。」所謂至親者，何也？《喪服傳》曰：「父子一體也，夫妻一體也，兄弟一體也。」此所謂至親也。子於父至親，本以期斷，其服三年者，加隆也。父本以期斷，則祖父當服功，其服期者，傳曰「何以期也？至尊也」，則亦加隆者也。曾祖當服緦，而服齊衰三月，加隆其服，不加月數也。父於子至親，本以期斷，而爲長子三年，亦加隆也。爲衆子則仍以期斷也。子以期斷，則孫當服功，而爲適孫服期者，亦加隆也。爲庶孫仍服功也。曾孫本當服緦，此則無加隆，而嫡庶無異矣。此上治、下治皆以三爲限，故服上至曾祖，下至曾孫，而無高祖、玄孫之服也。若夫旁治者，則分功服爲大功、小功，至四而止。昆弟至親以期斷，不加隆也。由是旁殺，故從父昆弟大功，從祖昆弟小功，族昆弟緦也。父至親本以期斷，加隆乃三年。世父叔父本當服大功，以其與尊者一體，《喪服傳》文。加隆而服期也。從祖父小功，族父緦，則不加隆也。祖父本當服功，加隆故服期。

從祖祖父小功，族祖父緦，亦不加隆也。曾祖父加隆齊衰而本當服緦，族曾祖父可以無服，然齊衰旁殺而遂無服，不可也，故服緦也。子服期，昆弟之子當服大功而服期者，傳曰「報之也」，以彼加隆於我，我不可不加隆於彼也。然本當服大功，故從父昆弟之子小功，從祖昆弟之子緦也。孫服大功，故昆弟之孫小功，然則從父昆弟之孫當服緦而無服者，曾孫緦，故昆弟之曾孫無服也。其間參差不齊者有二焉：昆弟之曾孫無服而族曾祖父有服，族祖父有服而從父昆弟之孫無服，故學者疑焉。余竊推求禮意而知族曾祖父本可無服，其有服者以曾祖齊衰而非緦故也。從父昆弟之孫本可有服，其無服者以昆弟之曾孫無服故也。此其參差不齊之故也。其所以旁治限以四，而上下治則限以三者，旁治之人必相見，而上見高祖、下見玄孫者少也。後世於上治增高祖之服，下治增玄孫之服，又於旁治因族曾祖父有服而增昆弟之曾孫之服，又因族祖父有服而增從父昆弟之孫之服，使無參差不齊，然而非禮意矣。上治、下治之三限，旁治之四限，程易田已得其解，而參差不齊之二事，則易田未解，故説此以明之。

明堂圖説一

明堂之制見《禮記・月令》曰太廟者四、曰个者八、曰太廟太室者一，見《考工記》曰五室，見《大戴禮・盛德》曰上圓下方。其度見《考工記》曰「度九尺之筵，東西九筵，南北七筵，凡室二筵」。説者大都以四太廟、八个、五室皆在九筵七筵之内，❶其制度太狹，

❶「筵」，原作「室」，今據清光緒十八年菊坡精舍刻本《東塾集》卷六改。

廣與袤又不稱。阮太傅始辨其誤。江徵君聲、孔檢討廣森與太傅並以九筵七筵爲一面之度，舉一面以該三面，於是九筵、七筵之義始明。其三家之不同者，孔氏謂九筵爲九仞之誤，據《五經異義》、《隋書·宇文愷傳》引《明堂月令》。又謂中室方九仞，與《考工記》云「凡室二筵」不合。其説較江、阮二家爲短。阮氏《圖》个與太廟同深，四太廟、八个之中央地方九筵，中爲太室，四隅爲四室，而虚其四正。江氏《圖》太廟之左右前爲个，後爲室，四太廟之後即太室，又較阮氏《圖》爲密。然猶有未合者。每一面太廟與兩个合九筵，而其後當三室僅六筵。江氏《圖》五室離立，遂使廟、个後隅皆空缺而不能掩，且四隅室在四太廟序外，其室壁與序之間有如隘巷；又室牖爲序所蔽，不能納明，則牖亦爲無用。此由未明《考工記》「室二筵」之義也。澧謂：「室二筵」者，其地本方三筵，四壁皆厚半筵，室中方二筵也。《記》云：「室中度以几。」鄭注云：「室中，舉謂四壁之内。」即其義也。《記》不云室中二筵者，猶九筵、七筵不必云堂上也。云「二筵」不云若干几者，與上文九筵、七筵連文也。其度去聲。則二筵，而度入聲。之則以几不以筵耳。築土爲壁，上承重屋，非半筵之厚不勝其任。且古一尺當今六寸許，二筵僅當今一丈許。若復去四壁，其中太狹不足行禮，二筵不計四壁明矣。并四壁則方三筵，三室則九筵，與一面之廟个同廣也。由此計之，太室并四壁方三筵，四太廟各深七筵，則堂基廣袤皆十七筵也。太廟深七筵，兩旁室个與太廟同深，室并四壁方三筵，則个深四筵也。東南、西南、西北、東北每兩个之間，餘地方四筵，不在堂基之内。堂基爲亞字形，八隅立柱，以承圓屋也。《盛德》所云「上圓」者圓屋也，「下方」者堂基亞形八隅也。或曰：江氏據《通典》引《盛德》、《隋書·宇文愷傳》引《黄圖》及蔡邕《明堂月令論》言「堂方百四十四尺，法坤之策；屋圜徑二百一十六尺，法乾之策」，以爲兩面各七筵，加太室二筵共十六筵，適得百四十四尺。堂基正方，其東南、西南、西北、東北每兩个間餘地謂之坫，今謂堂基亞形，則非正方。謂堂基廣袤各十七筵爲一百五十三尺，則非法坤之策。以九筵八十一尺爲句，十七筵一百五十三尺爲股，求得弦一百七十三尺有奇爲堂基亞形之斜徑。南堂左隅至北堂左隅，南堂右隅至北堂右隅，東堂左隅至西堂左隅，東堂右隅至西堂右隅。其上覆圓屋之徑，必不能較堂之斜徑多至四十二尺有奇，以成二百一十六尺，則非法乾之策。然則《盛德》、《黄圖》、《明堂月令論》非歟？曰：《通典》所引《盛德》，今本《大戴禮》無之，其文與宇文愷所引《黄圖》同，而愷不云《大戴禮》，愷引《盛德》篇「明堂者古有之也」云云，則稱《大戴禮》。竊疑此非《盛德》篇文，《通典》誤也。且《盛德》有蒿爲宫柱之説，頗近荒誕，本不可盡信。至如《黄圖》云「太室方六丈」，《明堂月令論》云「太廟明堂方三十六丈」，《通典》引《盛德》同。其説與《考工記》斷不能合。其云法乾坤之策，傅會《易》義，不足據也。如其説屋圜徑二百一十六尺，較堂方一百四十四尺多七十二尺，半之得三十六尺，爲每面屋檐出於堂基外之數。屋檐之深如此，堂柱安能承之？江氏以堂基方一百四十四尺，用句股求弦法得弦二百三尺六寸爲堂基斜徑，以圜屋徑二百一十六尺較之多十二尺四寸，半之六尺二寸，爲屋檐出於堂隅之數，然但計四隅而不計四正，疏矣。江氏以爲柱立堂下，然柱豈有立於堂下者？又其增四隅以成方基，引《爾雅》郭注「坫在堂隅」爲證，然堂隅者，堂之隅也。江氏所增在八个之外，則是在堂外，不得謂之堂隅。且九筵之堂三分之，太廟、兩个各廣三筵，而所謂坫者乃方三筵有半，反廣於廟、个，必不然矣。阮氏《圖》堂基無四隅，足正江氏之誤也。江氏之誤既明，而明堂制度疑義盡析。其餘若室四户，户二牖，重檐九階，四門、應門見《盛德》及《明堂位》者，本無疑義。爰因江、阮二家之説而補苴之，擬爲明堂之圖，俟考古之君子論定焉。

明堂圖説二

澧既據《考工記》、《月令》爲《明堂圖説》，復讀汪容甫《明堂通釋》，以《月令》爲吕氏書，古未有此制，而譏宋人爲《考工》、《月令》之調人。蓋以《考工記》言堂、言五室而不言四太廟、八个，《月令》言太廟、太室而不言五室，未可合爲一也。澧謂：《考工》、《月令》正相發明。蓋室方二筵，五室平列，則廣十筵，與堂廣九筵參差不合。汪氏以五室平列堂後，阮太傅已駁之。而亦不能以四室蔽太室四面，其爲太室居中，四室居四隅，無疑義也。四隅有室，必四面有堂，故《考工記》但言五室，而四面之堂不待言而明也。四室既在四隅，則四面之堂皆中深而左右淺，故左右别名爲个。《考工記》但言五室，則四堂皆三分太廟與左右个，亦不待言而明也。明堂一面，正與路寢同制。明堂之太廟，猶路寢之堂；明堂之左个右个，猶路寢之東堂、西堂；明堂之太室，猶路寢之室；明堂每一面之二隅室，猶路寢之夾室；明堂左右个不與太廟同深，猶路寢東堂、西堂不與堂同深。《月令》但言太室，使無四隅之室，則惟四太廟有後壁，而八个竟無後壁矣。其有四隅之室，又不待言而明也。《考工記》、《月令》脗合如此，信《考工記》，安得不信《月令》耶？汪氏又以聖人南面而聽天下，天子之居不得四時易位，然《明堂位》夷蠻戎狄之國在四門外，使明堂惟南面一堂，則在東門、西門、北門之外者，或朝堂背，或朝堂側矣，來朝者不必盡北面，則天子不必恒南面，可知也。《月令》不可信，《明堂位》亦不可信耶？呂氏著書雖不盡述周制，而周制亦往往而在，況其與《考工記》、《明堂位》皆相發明，安得而不信哉？

周髀北極璿璣四游説

《周髀》所謂北極者，北極五星也；所謂北極樞者，不動處也；所謂北極璿璣者，北極五星中之一大星也。戴東原以北極璿璣爲黄道極，非也。《周髀》欲測北極樞一節，乃測不動處之法，以近極大星環繞成規而折中取之也；正極之所游一節，乃定東西南北之法，測望大星東西所極以正東西，而中折之以正南北也。《曆象考成》測句陳大星，以定北極及南北直綫，即此法。此在《周髀》本文甚明，趙君卿注亦甚明。若如戴氏説以爲黄極，黄極乃虚位，不可見，何由測其周四極乎？《周髀》云：「希望北極中大星。」黄極中豈有大星乎？戴氏云「古者冬夏致日，故《周髀》之文但舉二至，則二分可知。又錯舉冬至卯酉，則一晝夜必周四游，咸可知。」澧謂：東游、西游二至在卯酉，夏至日永，卯酉不見星；冬至日短，卯酉見星，故東游、西游皆不得舉夏至，而必舉冬至也。南游冬至在午不見星，故不得舉冬至。北游夏至在午不見星，故不得舉夏至也。南游春分在酉，秋分在卯；北游春分在卯，秋分在酉，二分卯時星已没，酉時星甫見，故南游并不得舉二分，而必舉夏至；北游亦不得舉二分，而必舉冬至也。春分夜半可見東游，秋分夜半可見西游，然欲於一夜中測定不動處及東西南北綫，不得於春分一測，直待秋分再測，故東游西游亦不得舉二分也。《周髀》之文一字不可易，非錯舉也。戴氏又引姚信《昕天論》以説黄極。按《昕天論》云：「冬至極低而天運近南，故日去人遠，而斗去人近。夏至極起而天運近北，故斗去人遠，而日去人近。」信之意，以爲日麗於赤道，日之發斂，由天有低有起。冬則天低，故斗近而赤道遠。夏則天高，故斗遠而赤道近也。然天若冬低夏起，則冬至地平上星當少於二分，夏至地平上星當多於二分矣。其説本不通，而其文則明白無疑義。戴氏以其所謂極低者爲黄道極低在赤道極之下，所謂極起者爲黄道極起在赤道極之上。若如此説，何以黄極低在赤極下時，則斗去人近；黄極起在赤極上時，則斗去人遠乎？且信之意以爲日麗赤道，是並不知有黄道，而謂其知有黄極，豈其然乎？

黄鍾之宫説

《吕氏春秋·適音》篇云：「黄鍾之宫，聲之本也，清濁之衷也。」《古樂》篇云：「黄鍾之宫，長三寸九分。」江慎修《律吕闡微》據此謂「宫聲居中，是不清不濁之聲」，是也。然黄鍾之宫，所以居清濁之中者，則未發明也。澧謂：黄鍾之宫長三寸九分者，黄鍾半律也。江氏謂三寸九分爲四寸五分之誤，非也。由此而遞濁，則有應鍾至大吕十一聲；由此而遞清，則有大吕半律至應鍾半律十一聲，故黄鍾半律居清濁之中也。謂之黄鍾之宫者，以此爲宫聲，即今所謂上字也。江氏謂宫聲爲今之四字，尤誤也。以黄鍾半律爲宫聲，其清於宫聲者，太蔟半律爲商，姑洗半律爲角；其濁於宫聲者，南宫爲羽，林鍾爲徵，故宫聲居中也。以今俗字譜言之，黄鍾之宫即上字，清於上字者，尺字、工字；濁於上字者，四字、合字。若更進而清，則林鍾半律爲徵，即今六字；南吕半律爲羽，即今五字。更降而濁，則姑洗爲角，即今低工字；太蔟爲商，即今低尺字。今俗樂最高者五字，最低者低尺字，高工、高尺、高上不常用，低上尤不用。而上字爲不高不低之聲，與黃鍾之宫居清濁之中，正相合也。蓋必以十二律與十二半律通而言之，然後黃鍾之宫長三寸九分者得爲清濁之中。否則，三寸九分比十二律爲最短，其聲比十二律爲最清，安得爲清濁之中乎？

律吕正義陽律陰吕二均十四聲説

或問曰：子爲《聲律通考》，所考古書則詳矣，國朝《律吕正義》陽律從陽，陰吕從陰，各成一均，其法若何？曰：倍半相應，三分損益，弦音則然，管音則否。《律吕正義》謂：「《吕氏春秋》三寸九分之管，聲中黃鍾之宫者乃半太蔟，合黃鍾之義。」此誠千古未發之蘊也。夫黃鍾之管截其半而吹之，其聲與黃鍾不相應，稍短而爲太蔟管之半，乃與黃鍾相應。由是黃鍾之管三分損一，下生林鍾，亦當稍短，故謂之夷則；夷則之管三分益一，上生夾鍾，當稍長，下生者當稍短，故上生者當稍長。故謂之太蔟；太蔟之管三分損一，下生南吕，當稍短，故謂之無射；無射之管三分益一，上生仲吕，當稍長，故謂之姑洗；姑洗之管三分損一，下生應鍾，當稍短，故謂之半黃鍾；半黃鍾之管三分益一，上生林鍾，當稍長，故謂之蕤賓：是爲陽律一均七聲也。大吕之管三分損一，下生夷則，當稍短，故謂之南吕；南吕之管三分益一，上生姑洗，當稍長，故謂之夾鍾；夾鍾之管三分損一，下生無射，當稍短，故謂之應鍾；應鍾之管三分益一，上生蕤賓，當稍長，故謂之仲吕；仲吕之管三分損一，下生半黃鍾，當稍短，故謂之半大吕；半大吕之管三分益一，上生夷則，當稍長，故謂之林鍾：是爲陰呂一均七聲也。皆以竹管之長短名之也。是故黄鍾所生者名曰夷則之管，其聲即古之林鍾也，至其所生者則仍爲太蔟矣。太蔟所生者名曰無射之管，其聲即古之南吕也，至其所生者則仍爲姑洗矣。姑洗所生者名曰半黄鍾之管，其聲即古之應鍾也，至其所生者則仍爲蕤賓矣。大吕所生者名曰南吕之管，其聲即古之夷則也，至其所生者則仍爲夾鍾矣。夾鍾所生者名曰應鍾之管，其聲即古之無射也，至其所生者則仍爲仲吕矣。仲吕所生者名曰大吕之管，其聲即古之半黄鍾也，至其所生者則仍爲林鍾矣。

《律吕正義》之法爲千古所未有，而古法亦在其中。今謹爲表於左，覽者可以瞭如指掌矣。

黄鍾生夷則即古之林鍾聲。

夷則生太蔟即古之林鍾生太蔟。

太蔟生無射即古之南吕聲。

無射生姑洗即古之南吕生姑洗。

姑洗生半黄鍾即古之應鍾聲。

半黄鍾生蕤賓即古之應鍾生蕤賓。

大吕生南吕即古之夷則聲。

南吕生夾鍾即古之夷則生夾鍾。

夾鍾生應鍾即古之無射聲。

應鍾生仲吕即古之無射生仲吕。

仲吕生半大吕即古之半黄鍾聲。

半大吕生林鍾即古之黄鍾生林鍾。

月令考

《月令》之作，賈、馬之徒咸謂出自周公。自鄭君以爲禮家鈔合《吕氏春秋》十二月紀之首章，其所舉證，若太尉秦官及孟冬爲來歲受朔日由秦以建亥爲歲首，其非出周公已明矣。然吕氏著書固亦蒐往古之舊文，成一家之新制，雖事有造因，體非沿襲，鉅典宏綱，往往而在。故即其大義，求之諸經，有若疊矩重規，同條共理者焉。試爲論之。

《考工記》言明堂五室而不言堂，而《堯典》言「舜格于文祖，闢四門」，《明堂位》亦有東西南北之門，使非四面有堂，何以四面有門？唯《月令》備舉四堂，厥制乃顯。又廟、个有四，總號明堂。考《明堂位》東、西、北皆一門，惟南有應門；又三階獨在南面，是堂雖四方而嚮明爲重，故總號明堂也。《孝經》：「宗祀文王於明堂，以配上帝。」鄭君注《祭法》以爲「明堂祭五帝」。後儒不信六天之説，以爲帝一而已。考《月令》季秋有「大饗帝」之文，既與祫祭同稱大饗，祫乃合祭先祖，則宗祀自爲合祭五帝，何有但祭一帝而蒙大饗之名乎？又《月令》或兼言「皇天上帝」，或但言「上帝」，明皇天與上帝有殊，天極、太微以斯而判矣。《春秋左氏傳》「啟蟄而郊，以祈農事」，而《月令》有「孟春祈穀」，孟春正當啟蟄，明祈穀即郊，而後儒乃以圜丘爲郊祭，是以孟春之時移之冬至，其爲紕繆豈待言乎？且祈穀上帝已有明文，移之圜丘，便爲昊天之祭，又其謬也。若云祈穀非郊，則一月之中再行享帝之禮，煩數如斯，禮意安在？凡茲曲説，皆賴《月令》足以訂之。他如《穀梁傳》「春曰田，夏曰苗，秋曰獮，冬曰狩」，何休《穀梁廢疾》據《運斗樞》云：「夏不田，《穀梁》有夏田，於義爲短。」案：《周禮》、《左傳》咸有春蒐、夏苗、秋獮、冬狩，《穀梁》家説自有據依，而《月令》孟夏毋大田獵，《公羊》家説乃非孤證矣。此秦尚書蕙田説。《豳風》「十月滌場，朋酒斯饗」，毛以爲鄉人飲酒，大夫加以羔羊，鄭以爲國君饗羣臣。考

《月令》「孟冬之月，大飲烝」，用知十月鄉飲非止大夫。《文王世子》亦云「於成均，取爵於上尊」，是天子飲酒於虞庠之禮也。又《豳風》、《月令》氣候或差，而典禮所垂，乃無參錯。若十月稱其「始播百穀」，而《月令》孟冬「乃祈來年」，及「二之日，鑿冰沖沖；四之日，其蚤獻羔祭韭」，若此之等，咸與《月令》如合符節矣。或其所紀未見諸經，彼時秦火未焚，古籍畢在，後儒去古已遠，烏可執其所見，輕用致疑？當時懸於國門，後世登諸經記，良有以也。

牂牁江考

牂牁江者，今廣西紅水河，首受南北兩盤江，東南流曰都泥江、曰潯江、曰龔江，入廣東界，曰西江。至廣州府境，分數支入海。《史記·西南夷傳》云：「南粵食唐蒙蜀枸醬，❶蒙問所從來，曰：『道西北牂牁，牂牁江廣數里，出番禺城下。』」《漢書》「牁」作「柯」。此由今廣西紅水河順流至廣東番禺縣也。又云：「發巴蜀卒治道，自僰道指牂牁江。」按：僰道爲今四川宜賓縣地。《漢書·地理志》越嶲郡遂久下云：「繩水東至僰道入江。」繩水，今金沙江是也，至宜賓縣入江。此治道由宜賓而南，至貴州大定府西南境，則得北盤江也。《華陽國志》云：「周之季世，楚威王遣將軍莊蹻泝沅，出且蘭，以伐夜郎，植牂柯繫船，因名且蘭爲牂柯國。」《史記正義》引《華陽國志》與今本小異，而與《後漢書》同。《後漢書》、《水經注》略同。莊蹻，《後漢書》作「莊豪」。按：且蘭，今貴州都勻縣，沅水所出。縣南之水，南入紅水河，紅水河爲牂牁江明矣。《漢書·地理志》無牂牁江之名，

❶「粵」，《史記·西南夷傳》作「越」。

益州郡毋棳縣下云：「橋水首受橋山，東至中留入潭，過郡四，行三千一百二十里。」此今紅水河首受北盤江。橋山，今雲南霑益州西北境花山，北盤江所出。東至象州與柳江合，即牂牁江也。《水經注》云：「《地理志》曰『橋水東至中留入潭』，又云『領方縣又有橋水』。余診其川流，更無殊津，正是橋温亂流，故兼通稱。作者咸言至中流入潭，潭水又得鬱之兼稱，而字當爲温，非橋水也。蓋書字誤矣。」澧按：酈以班《志》「橋水入潭」，橋字爲温字之誤。又以班《志》言「入潭」爲即「入鬱」，由其以今紅水河爲鬱水，以今南盤江爲温水，於是班《志》所云「橋水入潭，行三千餘里」者，無水可以當之，故以爲字誤，以爲兼稱耳。其鬱水、温水之誤，辯見下文。其引《地理志》領方縣橋水，以爲更無殊津，亦誤也。《地理志》「領方墧水」字不作「橋」，其水爲今廣西上思州明江，與紅水河相去遠矣。考牂牁江者，其説不一，其誤則自酈道元始。酈云：「温水自夜郎縣西北流逕談稾縣，又西逕昆澤縣南，又逕味縣，又西南逕滇池城，池在縣西北。」此指今南盤江也。酈氏以南盤江爲温水，非《漢志》温水。《漢志》「牂柯郡鐔封」下云：「温水東至廣鬱入鬱。」今廣西西林縣同舍河也，其源流甚短，若以爲南盤江，則源遠流長，《漢志》不應不記里數矣。又云：「鬱水即夜郎豚水也。東北流逕談稾縣，東逕牂柯郡且蘭縣，謂之牂柯水。又逕鬱林廣鬱縣爲鬱水。」如其言，此豚水與所云温水同出一縣，而豚水東北流，今北盤江與南盤江同出雲南霑益州，而北盤江東北流，則酈所謂豚水者，今北盤江也。酈以其下流爲牂柯水，是所謂牂柯水亦指今紅水河，未誤也。而以豚水爲牂柯水上源，以鬱水爲牂柯水下流，乃大誤矣。《漢志》「牂柯郡夜郎」下云：「豚水東至廣鬱鬱林郡。」「廣鬱」下云：「鬱水首受夜郎豚水，東至四會入海。」按：鬱水者，今廣西西洋江下流曰鬱江也。豚水者，今西洋江所受泗城府水也。夜郎，今泗城府治淩雲縣也。廣鬱，今百色廳也。百色廳以下之西洋江爲《漢志》温水也。西林爲漢鐔封縣，同舍河逕西林東界、淩雲西界，故《漢志》温水屬鐔封，《水經》則云夜郎温水，各舉一縣耳。又《漢志》俞元縣下云：「池在南橋水所出，東至毋單入温，行千九百里。」此今南盤江也。池者，今南盤江上源中延澤也。南盤江與北盤江同出霑益州之花山，爲《漢志》之橋山。《漢志》於毋棳橋水云：「首受橋山，其俞元橋水上有池。」則但以池爲橋水所出，其實池水亦出橋山，故毋棳、俞元兩大水皆名橋水矣。南盤江不與同舍河通流，《志》言「俞元橋水入温」，誤也。勝休縣下云：「河水東至毋棳入橋。」此今貴州興義縣馬別河及廣西西隆州北境之南盤江，東至淩雲縣北境，與北盤江合也。俞元橋水爲南盤江，自中延澤西南流，屈東北流，與馬別河合。《志》文當云「入河」，其云「入温」者，殆班氏之誤歟？抑傳寫者疑河爲黄河，非益州之水所得入，而《水經注》云「橋水上承俞元之南池，至毋單縣注於温」，遂據以改班《志》歟？所未詳也。廣西水道分左江、右江，鬱江爲左江，紅水河爲右江。酈以豚水爲牂柯水上源，是移左江水爲右江水上源也。又以鬱水爲牂柯水下流，是又移左江水爲右江水下流也。其誤甚矣。尋酈氏所以致誤者，由據莊蹻泝沅伐夜郎，而沅水出且蘭，遂謂夜郎豚水逕且蘭縣，不知莊蹻所伐者古夜郎國也，豚水所出者漢夜郎縣也。《史記》、《漢書》並云：「西南夷君長以什數，夜郎最大。」莊蹻泝沅至且蘭，乃甫至其國北境耳。若漢夜郎，乃牂柯郡之一縣，其縣固必在古夜郎國境内，然豈必在其國之北境耶？酈誤以莊蹻所至爲漢夜郎縣，遂以漢夜郎縣之豚水爲牂柯水上源，又以《漢志》言「鬱水首受豚水」，遂以鬱水爲牂柯水下流矣。《史記索隱》云：「《地理志》夜郎又有豚水，東至四會入海。此牂柯江也。」亦與酈同誤也。又今紅水河無支分之水，而酈云「牂柯水又東南，逕毋斂縣西，毋斂水出焉」。又《水經》云：「存水出犍爲郁鄢縣，東南至鬱林定周縣爲周水，又東至潭中縣注于潭。」酈云：「毋斂水首受牂柯水，東注于存水。」此並誤也。《漢志》牂柯郡毋斂下云：「剛水東至潭中入潭。」此今廣西融縣西北境背江也，東至縣東境入柳江。又鬱林郡定周下云：「水首受毋斂，東入潭。」此今廣西思恩縣龍江，首受貴州荔波縣勞村江，東入柳江。酈所云毋斂水，不知其指，今背江歟？抑指今勞村江歟？然二水皆非首受北盤江也。酈注又云：「牂柯水又東，驩水出焉。」又云：「驩水源上承牂柯水，東逕增食縣而下注朱涯水，又東北逕臨塵縣入領方縣，注鬱水。」此又誤也。《漢志》「鬱林郡增食」下云：「驩水首受牂柯東界，入朱涯。」此今廣西歸順州水，乃麗江之北源也。鬱林郡臨塵下云：「朱涯水入領方。」此今廣西龍州廳龍江，乃麗江之南源也。此二水與紅水江中隔鬱江，豈得越鬱江而上承紅水江耶？《漢志》言「驩水首受牂柯東界」者，言此水源出牂柯郡東界地，非謂首受牂柯水。《漢志》無牂柯水之名，酈氏誤讀《漢志》耳。漢牂柯郡地可以水道約略定之，其故且蘭沅水爲今貴州都勻縣沅水，其鐔封溫水爲今廣西西林縣同舍河，其毋斂剛水爲今廣西融縣背江，其夜郎豚水爲今廣西泗城府水。又鬱林郡定周水首受毋斂，爲今廣西思恩縣龍江，首受貴州荔波縣勞村江。又益州郡俞元縣橋水至毋單入溫，爲入河之誤，即今南盤江，至廣西西隆州與馬別河合，並已見前文。其鼈縣鼈水，今貴州貴陽府北境烏江也。《志》云：「鼈水入沅。」今烏江入沅之瀆已湮也。其西隨糜水，今雲南元江州河底江也。其都夢壺水，今雲南寶寧縣南境普梅河，入越南國境曰宣化水也。其句町文象水，今廣西天寶縣泓滹江也。又有盧唯水、來細水、伐水，今雲南土富州者郎河及廣西小鎮安廳下勞村、那旺村諸水也。又益州郡銅瀨縣迷水至談藁入溫，今雲南寶寧縣西洋江上源至廣西西林縣南境與同舍河合也。是漢牂柯郡地，北至今貴州貴陽府境，南至今越南國境，西南至今雲南元江州境，西至今廣西泗城府境，東北至今貴州都勻縣荔波縣境及廣西融縣境，東南至今廣西天保縣境。此漢牂柯郡界也。驢水爲今歸順州水，歸順州在天保縣西南，故爲牂柯郡東界矣。凡今所考《漢志》水道及考酈注之誤，詳見澧所著《地理志水道圖説》及《水經注西南諸水攷》。酈氏，北朝人，未諳南方水道，故其書於今雲、貴、兩廣諸水多不合。近人考牂柯江者，又或以爲貴州烏江，或以爲廣西柳江，烏江則入江不至番禺，柳江則距僰道太遠，皆與《史記》、《漢書》不合，其誤易見，斯不必辯矣。

等韻通序

等韻之學，其源出於切語而有異同，余爲《切韻表》因明白矣。嘗就而論之，以爲字母標雙聲之目，呼等析疊韻之條，縱横交貫，具有苦心。然三十六母既據當時之音，於隋唐以前切語之法稍有併省；又等之云者，當主乎聲，乃等韻家則因字母而定四等，於是考之韻書，有異部而同等者，有同部同類而異等者，加以舌頭、舌上、重脣、輕脣，《唐韻》時沿古音，而後人不解，益以滋惑。由是憑切憑韻，莫能畫一，而門法興焉。立一法而猶有不合，又立一法以補救之，而法與法且自爲矛盾，彼徒欲使古書切語盡合等韻，而不能泯其參差之迹，故爲此遷就之説，而學者愈無所適從，所謂治絲而棼之者也。自元明以來，作者又多據當時之音，各矜神悟，各出新制，而實未嘗明等韻本法，或且雜以方音而其法愈不可訓。此初學所以惶惑，而高明所以厭棄也。余謂聲韻惟齊梁陳隋之際爲最密，其後愈降而愈混，三十六母已爲唐季之音，而等韻家因以立法，其不能盡合隋以前之音者，勢也。元明以後，復不能盡合唐季、宋代之音者，亦勢也。今就等韻本法而推究立法之故，表其所長，而袪其流弊，爲書一卷曰《等韻通》。通也者，通其所通，且通其所不通也。覽此編者，其亦有以見余之苦心也夫！

説文聲表序

上古之世未有文字，人之言語以聲達意。聲者，肖乎意而出者也。文字既作，意與聲皆附麗焉。象形、指事、會意之字，由意而作者也。形聲之字，由聲而作者也。聲肖乎意，故形聲之字其意即在所諧之聲。數字同諧一聲，則數字同出一意，孳乳而生，至再至三，而不離其宗焉。澧少時讀《説文》，竊見此意，以爲《説文》九千餘字，形聲爲多，許君既據形分部，創前古所未有。若更以聲分部，因聲明意，可以羽翼許書。乃以暇日爲之編次，以聲爲部首，而形聲之字屬之。其屬字之次第，則以形之相益爲等級，以意之相引爲先後，部首之音相近者，其部亦以類聚。依段氏古韻定爲十七卷，其後讀戴東原書，知其嘗勸段氏爲此書，謂以聲統字，千古奇作。竊自幸所見不謬於前人。又聞姚文僖公及張皋文、錢溉亭皆嘗爲此，求其書讀之。錢氏書不可得，姚氏書改篆爲隸，張氏書則爲古韻而作，與澧所編之意不同，遂存此編，弗忍棄也。澧嘗欲爲箋附於許君解説之下，以暢諧聲同意之旨。其後更涉他學，不暇爲此，姑俟異日。古人有自悔其少作者，澧編此書，年未三十，然本昔人之意，非自出臆見，雖未必爲奇作，世之治小學者或有取焉，不必悔也。其書有等級，故名曰《聲表》。吾友桂君星垣見而愛之，欲刻於版，而屬澧自序其意，遂筆於卷端云爾。

復戴子高書

得手示，獎譽之過，稱謂之謙，不勝惶

恐。閣下之學通《毛詩》、《尚書》、《公羊春秋》，卓然爲當代經師，曷勝敬仰！承賜所著《論語疏》，高古博奥，如先秦西漢人之筆。弟暮年獲此奇書，得知海内有此奇士，曷勝慰抃！來示論宋明諸儒雜於釋老，欲輯其粹言爲一書，此尤卓識。然有甚難者，不盡讀二氏書，則諸儒之説雜於二氏者不能辨别；盡讀之則太費日力，不如還讀我書矣。澧又有鄙見，以爲自唐以後，不獨儒者混於佛，佛者亦混於儒。蓋學術未有久而不變者，自東漢時佛法入中國，至唐五百餘年，其勢不得不變。且唐以前多胡僧，唐以後則皆華僧，當其未出家時，固嘗讀儒書矣。即不識字，不讀書，而所見所聞皆中國之俗、儒者之教，後雖學佛，不能盡棄。弟未窺釋藏，然大鑒禪師粵人也，弟嘗覽其《壇經》，有偈曰：「心平何勞持戒，行直何用修禪，恩則親養父母，義則上下相憐，讓則尊卑和睦，忍則衆惡無喧。苦口的是良藥，逆耳必是忠言。改過必生智慧，護短必内非賢。」此與儒者之言無異，殊不似佛偈。其餘所説佛理，亦有同於儒理者。且大鑒自言不識字，弟亦不信也。《壇經》云：「不可沈空守寂，即須廣學多聞。」若不識字，何能廣學？即此二語，轉可爲道學末派箴砭耳。大約自唐以後，儒者自疑其學之粗淺，而騖於精微；佛者自知其學之偏駁，而依於純正。譬之西方之人向東行，東方之人向西行，勢必相遇於塗，故唐以後儒佛之説有混然而不可分别者，所謂「彌近理而大亂真」，以此故也。此愚見，閣下以爲然否？

弟所著書已刻者只《水道》、《聲律》、《切韻》及《漢儒通義》四種。此外有《朱子語類日鈔》一帙，亦頗有合於閣下粹言之旨，惜未得見顧千里《晦翁苦口》之書耳。❶閣下在江南，必當見之。近著《讀書記》多發明孟子，因而考楊、墨如何，欲知楊氏之學，故考索於《老子》、《列子》。黄涪翁云：「《列子》有禪學，蓋中國之佛乃列禦寇、僧惠能也。」《列子》盧重元注全説佛教，然未知其根源。列子言：「古今無窮，上下四方無窮，天地只一小物。」然則一身如微塵，百年如一瞬，其空之易易矣。因來示論及二氏，故就鄙見説之，以就正焉。

復曹葛民書

近得手書，論澧所著《聲律通考》，云「於此道從未究心」，因復下問。若在他人，澧不敢覼縷，足下知我者，請暢言之。澧爲此書，所以復古也。復古者，迂儒之常談，澧豈可效之哉？良以樂不可不復古故也。即世運已降，習俗沈錮已深，勢不能以復古，而吾之説終不可不伸於天下。蓋伊古以來，禮樂並重，古禮傳至今日，有失者，有未失者。以今人冠昏喪祭考之《儀禮》，可見也。樂則不然，太常樂部所掌，奏之朝廷，奏之郊廟，草茅下士不得而聞，尤不得而議。外省學宮之樂，則琴瑟弗鼓，鐘磬弗考，平時所聞者，鼓吹也、戲劇也、小曲也。其號爲雅音者，琴師之琴也。此則今所謂樂也，何爲宫商而不知也，何爲律吕而更不知也。嗚呼！樂者，六藝之一，儒者之學，而可輕褻淪亡一至於此哉！本朝古學最盛，講考據者數十百家，古禮已不行，而必考三禮；古篆已不用，而必考六書，而考古樂者絶少。近數十年，惟淩次仲奮然欲通此學，自謂以今樂通古樂。澧

❶「晦」，清道光二十九年徐渭仁刻本《思適齋集》卷一一作「膸」。

求其書讀之，信多善者，然以爲今之字譜即宋之字譜，宋之字譜出於隋鄭譯所演龜茲琵琶。如其言，則由今樂而上溯之，通於西域之樂耳，何由而通中國之古樂也？又况今之字譜非宋之字譜，宋之字譜又非出於鄭譯，古籍具存，明明不可以假借者乎？澧因淩氏書，考之經疏史志子書凡言聲律者，排比句稽以成此編，金君芑堂爲定其名，曰《通考》。竊以爲通之名未易當也，然著書之意固如是也。古十二宫之有轉調，三分損益之爲大略之法，六十調之不可施用，昔人已言之。澧但因而發明之，非所謂通也。澧所通者，將使學者由今之字譜而識七聲之名，又由七聲有相隔、有相連而識十二律之位，識十二律而古之十二宫、八十四調可識也。又由十二律四清聲而識宋人十六字譜，識十六字譜而唐宋俗樂二十八調可識也。然此猶紙上之空言也，無其器何以定其聲？無其度何以制其器？屬有天幸，《宋書》、《晉書》皆載荀勖笛，而阮文達公摹刻《鐘鼎款識》有荀勖尺，二者不期而並存於世，此其事殆非偶然者。考古樂至此，如一髮之引千鈞，將絶未絶，危矣哉！夫然後考之史籍，隋以前歷代律尺皆以荀勖尺爲比，金元明承用宋樂，宋樂修改王朴樂，而王朴律尺又以荀勖尺爲比；有荀勖尺，而自漢至明樂聲高下皆可識也。然而荀勖尺易製也，荀勖笛難知也。《宋書》、《晉書》所載荀勖笛制，文義深晦，自來讀者不能解，澧窮日夜之力，苦思冥悟而後解之，而後倣製之，於是世間乃有古樂器。又讀朱子《儀禮經傳通解》有唐開元《鹿鳴》《關雎》十二詩譜，以今之字譜譯之，於是世間乃有古樂章。即謂十二詩譜不出於開元，而爲宋人所依託，然自宋至今，亦不可謂不古，較之毛大可所稱明代之《唐譜》，不可同年而語矣。偏考古書所載樂器，從未有細及分釐如荀勖笛制者；偏考古書所載樂章，從未有兼注音律如十二詩譜者。古莫古於此，詳亦莫詳於此，授之工人，截竹可造；付之伶人，按譜可歌，而古樂復出於今之世矣。然而非僕之力也，賴有晉、宋、隋三史，賴有朱子及阮文達公耳。否則，澧何自而得之？此外，則姜堯章《七弦琴圖説》，淩氏書已爲之表。澧以其列十二調而統於五調，考之《魏書》陳仲儒之言琴有五調調聲之法，而知姜氏之説所自出，於是絲竹皆有古法。至於金石，則非寒士之所能爲矣。澧所謂復古者，如是止矣。若夫琵琶爲燕樂諸器之首，段安節《琵琶録》云「宫逐羽音，商角同用」，遥遥千載，傳此兩言，殊不可解。乃一日者觀樂工彈琵琶而問其法，始悟唐人舊法至今猶存，此亦一奇也。然琵琶非雅樂也，所謂復古者不以此爲重也。昔姜堯章以所作《大樂議》獻於宋朝。澧所考得者唐之歌、晉之笛、魏之琴，千餘年僅存之古樂，不知比姜堯章爲何如。若承平之日，誠當獻之朝廷，不敢自祕。徒以病廢之身，當兵戈之際，講明禮樂，迂儒事耳。古人云：「藏之名山，傳之其人。」今則無名山可藏，雖有門人數輩，皆爲經生，不解音樂，欲傳其人，而不知誰屬也。象州鄭小谷見此書，歎曰：「有用之書也。」又曰：「君著此書辛苦，我讀此書亦辛苦。」嗟乎！辛苦著書，吾所樂也。有辛苦讀之者，吾願足矣。若其有用，則吾不及見矣。其在數十年後乎？其在數百年後乎？

附録

先生初與同縣楊榮緒、南海桂文燿爲

友，復問詩於張維屏，問經學於侯康。於學無不研究，後乃專治經。嘗曰：吾之書但論學術，非無意於天下事。以爲政治由於人才，人才由於學術。吾之意專明學術，幸而傳於天下。此其效在數十年後。故於《論語》之四科，《學記》之小成、大成，《孟子》之取狂狷、惡鄉愿言之尤詳，則意之所在也。自述。

先生論自著《漢儒通義》，謂百餘年來，説經者極盛，然多解其文字而已。其言曰：不解文字，何由得其義理？然則解文字者，欲人之得其義理也。若不思其義理，則又何必紛紛然解其文字乎？故著此以藥其病。既成此書，乃著《學思録》，後定名《東塾讀書記》。通論古今學術，不分漢宋門户，於鄭君、朱子之學皆力爲發明。訓詁、聲音、算術、律曆、地理之類，皆儒者之事，然必專門乃能精通。若夫義理則人皆必當知之，非可分而習之者矣。《文集·與黎震伯書》。

先生論學曰：「所謂經學者，貴乎自始至末，讀之思之，整理之，貫串之，發明之，不得已而後辨難之，萬不得已而後排擊之。惟求有益於身，有用於世，有功於古人，有裨於後人，此之謂經學也。有益有用者，不可不知。其不甚有益有用者，姑置之。其不可知者，闕之。此之謂經學也。」《文集·與王峻之書》。

又曰：「於切要處用心力，於不用心力處惜精神。愈繁難，愈從容爲之。耐繁難者，養性之功。求易簡者，心得之學。無心得，與不學者同。見解貴高貴通，工夫貴平貴純。」同上。

又曰：「所謂經學者，非謂解先儒所不解也。先儒所解，我知其説。先儒諸家所解不同，我知其是非。先儒諸家各有是各有非，我擇一家爲主，而輔以諸家。此之謂經學。若隨意涉獵，隨手翻閱，得一二句輒自出其説，以駁先儒，假令先儒起而駁我，我能勝之否？即勝之矣，而先儒解全經，我但解一二句，其與先儒相去豈不遠哉？僕讀書數十年，謹守《儒行》一言曰『博學以知服』。蓋惟博學乃知服古人，不知服古人者，學不博故也。故《學記》曰：『學，然後知不足。』奉勸收斂聰明，低頭讀一部注疏，勉爲讀書人。若十三部注疏未讀一部，輒欲置喙於其間，此風斷不可長。戒之戒之！」《文集·示沈生》。

東塾家學

陳先生宗誼

陳宗誼，字孝通，東塾長子。性孝。於父學篤信謹守。父教以朱子讀《論語》法，每日一章，以其意注於卷。又命以康熙、乾隆《内府地圖》繪爲《禹貢圖》。其所定條例，凡《禹貢》地名、山名及水源皆據胡氏所考，書今地名以識之；水道源變者，據胡氏所考故道，皆書今地名識之；凡諸州以水爲界者，不必書今地名；其無水爲界者，據胡氏所考分界處，皆書今地名識之；凡胡氏説與鄭注及《漢書·地理志》不合者，如九江、大別之類，今仍之；其嶓冢、三江、黑水之類，則不從也；凡胡氏説可疑者，如冀州、青州以大遼水爲界之類，無可考證，今亦仍之；凡胡氏所繪《職方》、《爾雅》及漢以後諸圖，今不繪；島夷、西戎之類，亦不繪。卒年二十一。東塾痛惜之，爲補全《禹貢圖》，刻之。又有《讀論語日記》一卷。參東塾撰墓碣及《禹貢圖序》。

東塾弟子

桂先生文燦

桂文燦，字子白，南海人。道光己酉舉人。同治元年，獻所著書，詔嘉其考證詳明。《羣經補正》一編，於近儒惠棟、戴震、段玉裁、王念孫諸注多所糾正，具見研究之功。二年，應詔陳言論時務，曰嚴甄别以清仕途，曰設幕職以重考成，曰分三途以勵科甲，曰裁孱弱以節糜費，曰鑄銀錢以資利用，共四十事。其津貼京員、製造器械、海運滇銅先後議行。光緒九年，選授湖北鄖縣知縣。善治獄，未久卒於官。著有《易大義補》一卷，《書古今文注》二卷，《禹貢川澤考》四卷，《毛詩傳假借考》一卷，《鄭讀考》一卷，《釋地》六卷，《詩箋禮注考異》一卷，《周禮通釋》六卷，《今釋》六卷，《春秋列國疆域考》一卷，《圖》一卷，《箴膏肓》《起廢疾》《發墨守評》各一卷，《四書集注箋》四卷，《論語皇疏考證》十卷，《重輯江氏論語集解》二卷，《孟子趙注考證》一卷，《孝經集證》四卷，《集解》一卷，《羣經補證》六卷，《經學輯要》一卷，《經學博采録》十二卷，《羣經輿地表》一卷，《説文部首句讀》一卷，《子思子集解》一卷，《弟子職解詁》一卷，《朱子述鄭録》二卷，《周髀算經考》一卷，《廣東圖説》九十卷，《四海記》一卷，《海國表》一卷，《海防要覽》二卷，《掌故紀聞》二卷，《疑獄紀聞》一卷，《牧令芻言》二卷，《潛心堂文集》十二卷。參史傳。

易大義補自序

元和惠定宇徵君著《周易述》，注并疏，末附《易微言》二卷。乾隆中盧雅雨都轉刊本附《易微言》。其《易大義》三卷，《目録》云「《中庸》二卷，《禮運》一卷，并闕」。嘉慶庚辰，《中庸》二卷出於世。江鄭堂謂此非《易大義》，乃《中庸注》。又謂徵君先作此注，其後欲著《易大義》，以推廣其説，當時著其目而實無其書。嗣君漢先先生即以此爲《易大義》耳。謹案《明堂大道録》，「明堂象魏」，徵君自注有「詳《禮運》新注」之語，據此是《禮運》一卷，亦當與《中庸》無異。蓋徵君已成書，後人散佚，❶故不傳耳。江説非也。竊嘗據惠氏所著諸書參以己意，掇拾其義，以補惠氏之闕。惟是《易》義精深，禮文簡要，非譾陋所能窺測，尚冀當代通儒訂其舛誤，匡其不逮，是所厚望焉。

禹貢川澤考自序

夫川澤之書，莫古於《禹貢》，自來釋者無慮數十家矣，惟川流變遷，古今無定。究州河水徙流者五，揚州三江斷流者二，江、河且然，況乎渠瀆？其難得經意，一也。聖經簡質，誤釋者多。西漾東漢，故曰「東流」；漳降互受，乃云「北過」，不明其意，或乃疑經。其難得經意，二也。古今川瀆，名隨世易。古曰「漆沮」，周曰「洛水」；古曰「濟漯」，今曰「清河」，中原且然，況乎邊徼？其難得經意，三也。後儒注釋，各有異同。石

❶「散」，原作「敢」，今據清光緒十九年刻本《易大義補》改。

城江水，豈能越山；灃爲陵名，不當先舉，班、鄭猶誤，何況末學？其難得經意，四也。又況攷古川澤者，必先明夫今之水道，尤當觀夫今之地圖。不知其道，不得其圖，猶入闇室而辨黑白也。康熙、乾隆兩朝命官分測，仰觀俯察，以繪地圖，亘古未有。天台齊侍郎《水道提綱》於今日水道巨細無遺，番禺陳先生《漢書地理志水道圖説》於漢水、今水攷證精確。文燦此學素未問津，謹依兩朝地圖，援據二家之説，復攷羣書，兼增己意，再易寒暑，成書二卷，始於弱水，終於洛水，本聖經也。入河者附河，入江者附江，河北者次入河，江北者次入江，循其序也。《職方》、《爾雅》、《山經》皆繼此經者也，《漢志》、《説文》、《水經》皆大儒之説也，備録其文，以資參攷，餘從略焉。非敢存《檜》下無譏之見，不敢掎摭前人云爾。

鄭氏詩箋禮注異義攷自序

王伯厚謂鄭君先通《韓詩》，故注三禮與箋《詩》異。謹案范《書》志傳、孔疏、賈疏，並同此疏。❶竊謂鄭《禮注》與箋異者固多韓説，亦多齊、魯。《禮記・緇衣》引《詩・都人士》注謂「三家則亡」，《儀禮・士昏禮》注引《魯詩》「素衣朱綃」，皆其明證。阮太傅云：「漢時，《毛詩》晚出，公卿大夫多從魯説，鄭箋亦然，遵時制也。」蓋自元、成至章、和之世，毛未行而魯爲盛，如《鹽鐵論》、《列女傳》、《説苑》、《新序》、《潛夫論》、《白虎通》所徵引者多出《魯詩》，鄭氏注《禮》亦然。謂僅本韓，誤矣。王氏引「先君之思以

❶「疏」，據文義疑當作「説」。

勖寡人」八條，以自證其説。八條之内，即不盡韓。陳氏啟源《稽古篇》又舉五十餘條。竊嘗攷之，陳氏之外復有所得，有文同而義異者，有義雖無大異而文迥殊，當訂其文以攷其義者。徵諸經傳之文，以溯源於三家，間出譾陋之見，以明得失於二説，其文同義同、文異義同及本非鄭氏異義，如王氏所舉夏屋之類，概弗濫及。其鄭説實無明文，本非異義，或乃以爲異義；與鄭説文義古奥，似異義而實非異義者，間或及之，將以明鄭學云爾。

箴膏肓起廢疾發墨守評自序

昔後漢何邵公氏精研六經，世儒莫及，閉户讀書十有七年，作《春秋公羊解詁》，及據《春秋》駁漢事六百餘條，❶妙得《公羊》本意。又追述李育意，以難二傳，作《公羊墨守》、《左氏膏肓》、《穀梁廢疾》。鄭康成乃《發墨守》、《箴膏肓》、《起廢疾》，邵公見而歎曰：「康成入吾室，操吾矛，以伐吾矣。」《隋志》《膏肓》十卷，《廢疾》三卷，《墨守》十四卷。《通志》同。《唐志》《箴膏肓》十卷，《起廢疾》三卷，《發墨守》一卷。此書自宋已佚，近余氏《古經解鉤沈》所輯絶少，王氏《漢魏遺書鈔》較爲完備，然視原書實什之一二耳。文燦復於羣經傳記掇拾編輯，何、鄭異同猶可考見。嘗謂三傳皆源於孔子，授受既殊，其説自異。據《公羊》而以《左氏》、《穀梁》爲短，固非平心之論。據《左氏》、《穀梁》而以《公羊》爲短，亦非平心之論也。此書何、鄭既有同異，孰是孰非，自在人心。近武進劉

❶「事」，原作「書」，今據《後漢書·儒林傳》改。

氏逢禄專爲何氏《公羊》之學，嘗著《發墨守評》、《箴膏肓評》各一卷，《穀梁廢疾申何》二卷，自名曰《評》。評者，平也。劉氏之書左何右鄭，囂囂紛辨，非平心之論也。儒者讀書當持其平正，自不必如是耳。文燦嘗考三傳之得失，綜二家之異同，各爲《評》一卷，以求其是。疏失舛誤，自所不免。若謂稍萌私念，意存左袒，則自信其無也。當代通儒，儻承不棄，補其缺漏，匡其不逮，是所企焉。

孟子趙注攷證自序

《孟子趙注》解説句讀多異常解，爲之疏者當證明，而僞孫氏疏不然。趙氏於每章後各攝其意爲《章指》，僞疏删節其語而載於疏中，而猶曰「未嘗敢棄」。攷《崇文總目》載陸善經注《孟子》七卷，稱善經删去趙氏《章指》。陸氏自爲《孟子注》，非發明趙氏之指，删《章指》猶可。若僞孫氏爲趙注撰疏，乃删《章指》，蓋失之矣。疏家體例，凡注中名物制度、古事古言皆當博考而證明之。僞疏乃依文爲解，無異村塾講義。嘗考羣經傳注以證明之，欲補僞疏之失，積久成帙，都而録之，爲一卷焉。其遺文軼事、微言大義，周耕厓、焦里堂諸家已攷證明確者，概弗贅及。

羣經補證自序

國朝經學遠邁千載，治經者有墨守之學，有宏通之學。爲墨守之學者，如定宇惠氏是也，漢之今文家似之。爲宏通之學者，如東原戴氏是也，漢之兼通古今家似之。漢之今文家抱殘守缺，遺經賴以不墜，須在學官，故習之者多；古文家則不然，故習之者鮮。兼之者惟北海鄭氏、汝南許氏而已。文燦弱冠以前治經，道光庚子、辛丑、壬寅、癸卯四載各有《經義記》一卷。自後遊學四方，博訪通人，屢有增益。倦遊而歸，國家多故，自取舊佚，❶重編寫之，欲付梓人，以免散佚。凡文燦之説經，或以經證經，或折衷羣言，或證明舊説，或自下己意，皆平心以求其是，不敢墨守。若謂竊比戴氏，則吾豈敢？以質之當道通儒，訂其疎失，復加刊改，異時有所撰述，將賡續焉。

廖先生廷相

廖廷相，字澤羣，南海人。光緒丙子進士，官編修。親喪歸，遂不出。歷主羊城書院及學海堂、菊坡精舍學長。張文襄創建廣雅書院，延主講席，啟迪後進，多所成就。光緒二十四年卒，年五十有四。先生爲東塾入室弟子，熟精經史、小學，古音、切韻、輿圖、算術，無不綜覽詳究，所長尤在三禮。嘗謂學禮當識禮意，禮家書籍浩博，儀節繁重，乃編三禮以類從，從其文以究其意，爲學禮者示以階梯。著《禮表》十卷，《周官六聯表》四卷。參繆荃孫撰史傳稾。

附録

先生教士有法，其諭諸生曰：「《伐木》，《詩序》言『自天子至於庶人，未有不須友以成者』，始而道德相切正，終而興和而齊功。故古者《大學》之教，三年視敬業樂羣，五年視博習親師，七年視論學取友，造詣雖有淺

❶「佚」，據文義疑當作「帙」。

深，而玉石必資攻錯。子夏曰：『百工居肆以成其事。』書院者，學人之肆也。若經史、若性理、若詞章，學焉，各得其性近，爲剛克、爲柔克、爲正直。相觀而善之謂摩，豈曰侈聲氣，競門户哉？將以識師友之淵源，驗行業之成毁，切切偲偲，交相砥礪也。」採録遺文。

其論學曰：讀書所以求聖人之道也，道何在？在六經。「《詩》以道志，《書》以道事，《禮》以道行，《樂》以道和，《易》以道陰陽，《春秋》以道名分」，後世載籍紛紜蕃變，而所道終不越此數端，所謂「百家騰躍，盡入環中」也。故古人勸學，必先宗經，治經者始於專，終於通。讀《易》如無《詩》，讀《詩》如無《書》，讀《書》如無《禮》、《春秋》，「用志不紛，乃凝於神」，此專之説也。「《詩》無達詁，《易》無達旨，《春秋》無達辭」，論學可以悟《詩》，論《詩》可以悟《禮》，此通之説也。經者，事理之權衡也。權衡具，而後史之是非得失、□之情僞純駁、❶文之淺深優絀得所折衷。讀書之法，昔人言之詳矣。其大要有分有合。分者如東坡所云「欲求古今興亡治亂，聖賢作用，事迹文物，每一書皆作一次讀之」是也。合則多端，如《春秋》與《詩》相表裏，《詩》與《禮》相表裏，非總羣經不能徹一經。❷經有古今文，文有數家，非合衆説不能定一説。惟史亦然，正、别、稗、雜，鉅細各舉，此就各書言之也。紀、表、志、傳，隱顯互見，功過相錯，此就一書言之也。子、集雖一家之言，然班《志》九流必原所出，非參稽互勘，則學術淵源、文章流别，

❶「□」，據清宣統二年刊本《南海縣志》卷一一，當作「子」。

❷「徹」，原作「澈」，今據《南海縣志》卷一一改。

亦無自而明。此合之大凡也。分則能貫一事之始終，合則能訂諸家之同異。是故反覆乎句讀，沈潛乎訓詁者，基之始也。「記事者必提其要，纂言者必鉤其玄」者，業之卒也。雖然，尤有進焉，學貴自得，而非黨同伐異之謂；學貴致用，而非急功近名之謂。欲見諸事業，必先體諸身心，使書自書而我自我，則無爲貴讀矣。同上。

林先生國賡

林國賡，字歟伯，番禺人。光緒壬辰進士，改庶吉士，散館授吏部主事。九歲能詩文，二十爲諸生，力學勤苦，偕弟國贊手鈔《漢書》。肄業學海堂，從東塾受經學。南海孔氏嶽雪樓藏書至富，館於其家，得以博覽羣籍，學益閎邃。張文襄創建廣雅書院，延爲史學分校，後移督湖廣，聘爲兩湖書院分教。及官京曹，以父疾乞假歸。父歿，遂不出。主講端溪書院，教士有法。以經學非見之實用，則無裨經世，故説經每以史證之。史學以地理爲最要，於中外形勢險隘討究最詳。又以古今典籍浩如煙海，四部中佚經、佚子有馬氏國翰玉函山房輯本，佚集有嚴氏可均歷代文輯本，而佚史闕如。正史除遷書皆是官書，而范蔚宗《後漢書》全據華嶠，房喬《晉書》全據臧榮緒，豈容令其湮没？其他古史、别史、雜史皆資考據，律令、地理尤於治術有裨。於是搜輯佚史八百餘種，積稾盈兩巨簏，視章氏宗源《隋書經籍考證》之碎金零璧，蔑如也。著有《近鑒齋經説》、《輶録莽讀書記》、《元史地理今釋》、《讀陶集劄記》、《輯古佚書》若干卷，校正影宋本《北堂書鈔》一百六十卷，卒年四十九。采訪事實。

東塾交游

侯先生康 別見《月亭學案》。

侯先生度 別見《月亭學案》。

梁先生漢鵬 別見《月亭學案》。

譚先生瑩 別見《儀徵學案》。

鄭先生獻甫

鄭獻甫，因避文宗舊諱，以字行，別字小谷，象州人。道光乙未進士，官刑部主事，假歸，丁父母憂，遂不出。掌教廣西諸書院。咸豐中，避寇至廣州，亦主書院講席，尋歸桂林。廣東巡撫郭嵩燾疏薦調用，以年老辭。廣西巡撫張凱嵩奏陳品高學正，足勵風俗，詔賜五品卿銜。同治十一年，卒於桂林榕湖書院，年七十二。先生特起邊方，學行皆高。博覽强記，《十三經注疏校勘記》皆有評點，尤熟諸史。爲文貫串古今，直抒所見，所著文集六卷，詩六卷，《家記》四卷，《家藏書目解題》四卷。又《愚一録》若干卷，則説經之書。東塾與交最篤，稱其集中《法論》、《儲材議》、《士策》、《學宮議》、《治盜説》諸篇痛切時弊，乃王符《潛夫論》、仲長統《昌言》之流也。參東塾撰傳。

鄒先生伯奇

鄒伯奇，字特夫，南海人。諸生。聰穎

絶人，覃究經義，覃思聲音、文字、度數之原，尤精曆算，薈萃中西之説而貫通之。謂諸經義疏於算術未能簡要，甄鸞《五經算術》既多疏略，王應麟《六經天文編》博引傳注，亦無辨正。因取經義中涉天文、算學，爲先儒所未發者，一一加以考正，著《學計一得》二卷。如辨《王制》九州所言里數，據周尺步，不以鄭注殷制爲然。《周禮》九畿徑六千二百里有奇，《禹貢》五服徑五千里，皆不及萬里。考周初黄赤大距當二十四度零一分半，營洛時日影當一尺四寸八分。考《春秋》經傳日月，以《時憲術》上推二百四十二年朔閏食限，以經傳所書質其合否，乃知有經誤、傳誤、術誤之别，隨文加以考訂。作《明堂會通圖》，謂《大戴禮·盛德》篇「二九四七五三六一八」云者，❶蓋此篇之圖，以數識九室之位，九室廁廟、个間，恐人不審，故自一至九左右依次而列，厥後圖亡字存，寫書者連合而書之，自右而左，則爲「二九四七五三六一八」。盧注誤謂「取法龜文」，近人以爲太乙行九宫之本，皆非其本義。又「赤綴户也，白綴牖也」，亦圖中之説。綴者，點綴也。蓋以墨畫圖，復以赤白點識，别户牖之數，如《周髀經》青黑爲天、黄赤爲地之比。他若以體積論㮚氏爲量，以重心論懸磬之形，作《深衣考》以訂江慎修之誤，作《戈戟考》以指程讓堂之疏，皆繪圖立説，援引明確，爲不可磨滅之論。又通考經傳言度量衡三事者，博采故訓，爲《補小爾雅釋度量衡》三篇。古算家有所謂格術，見沈括《夢溪筆談》。述西人光學製鏡之法，爲《格術補》一卷。自出新意，造

❶「盛」，原作「咸」，今據《續修四庫全書》本《大戴禮記補注》改。

對數尺，晝數於兩尺，相併而伸縮之，使原有兩數相對，則今有數即對所求數，爲《對數尺記》一卷。隱括董方立割圜連比例、戴鄂士開方捷法之説，立開方四術於《訥白爾表》，以連比例乘除法逕開一無量數乘方以求之。又立求對數較四術，亦用連比例乘除法一以貫之。立術最爲簡易，作《乘方捷術》一卷。其測天象，則有《甲寅恒星表》、《赤道星圖》、《黄道星圖》。其論輿地，則以手摹《皇輿全圖》，又變西人之舊作《地球正背圖》，皆致極精審。先生與陳東塾交最契。先生語東塾，《墨子》書有算術，兼有西法。發書讀之，相對撫掌。又以所校正《大戴禮》説明堂二端語東塾，東塾尤心折。吴子登、夏紫笙游廣州，相與訂交。紫笙客死，爲刻其遺書，跋所著《少廣縋鑿略》，謂：「自戴東原表章古書，錢竹汀與同志而學識俱不逮，逐其塵者則李四香、焦里堂輩皆墨守古法而不通融，每算一數，用紙數十篇，需時數百刻，所得仍復粗疏，讀之祇多障礙，何如紫笙書明白易曉乎？」又嘗謂：「自董方立以後諸家，極思生巧，出於前人之外，如華嚴樓臺，彈指即現，實抉算理之窔奥。然恐後之學者不復循途守轍，而遽趨捷法，將久而忘其所自，是可憂矣。」其論不偏於一端，聞者服其持平。同治三年，郭筠仙侍郎疏薦徵入都，堅以疾辭。曾文正公督兩江，延赴上海教學子，亦不就。八年卒。丁雲梧發議刻先生所著書，東塾又録篋中雜文論天算及考訂經史者爲《存稿》一卷，合刻爲《鄒徵君遺書》。他著又有《測量備要》四卷，別行。參史傳、《鄒徵君遺書》、陳璞《遺書總序》。

恒星表自序

甲寅春，製渾球以考證經星、恒星出没，歷代歲差之故。然製器必先繪圖，繪圖必先立表，此《恒星表》之所由作也。《史》、《漢》、《晉》、《隋》諸《志》於恒星但言部位，至唐、宋始略有去極度數。蓋舊傳星圖大抵據步天歌意想爲之，與天象不符。康熙初，南懷仁作《靈臺儀象志》，然後黄赤經緯各列爲表。乾隆增修《儀象考成》，補正缺誤。道光甲辰，再加考測，入表正座一千四百四十九星，外增一千七百九十一星，洵爲明備。今踰十歲，歲漸有差，復據現時推測立表，庶繪圖製器，密合天行也。

皇輿全圖自序

地圖以天度畫方，至當不易。地球經緯相交皆正角，而世傳《輿圖》，至邊地竟失斜方形，殊失繪圖原理。其蔽在以緯度爲直綫也。昔嘗爲小總圖，依渾蓋儀，用半度切綫以顯迹象，然州縣不備，且内密外疏，容與實數不符，故復爲此圖。其格緯度無盈縮，而經度漸狹，相視皆爲半徑與餘弦之比例，横九格，縱十一幅，合成地球滂沱四頹之形，欲使所繪之圖與地相肖也。

地球正背兩面全圖自序

地球渾員，上應天度，經緯皆爲員綫，作圖者繪渾於平，須用法調劑，方不失其形似。視法有三：其一在員外視員，法用正弦，則經圈爲橢員，緯圈爲直綫。其形中廣旁狹，作簡平儀用之。其一在員心視員，法用正切，則經圈爲直綫，緯圈爲弧綫，其形中曲旁狹，内密外疏，作日晷用之。斯二者，綫無定式，量算繁難，且經緯相交，不成正角。其邊際或太褊促，或太展長，以畫地球，既昧方斜本形，復失修廣實數，所不取也。其一在員周視員，法用半切綫，經緯圈皆爲平員，雖亦内密外疏，而各能自相比例。西人以此作渾蓋儀，理精法密。今本之爲《地球圖》，分正背兩面，正面以京師爲中綫，其背面之中即爲京師對衝之處，旁分二十四向，審中土與各國彼此之勢，定準望也。經緯俱以十度爲一格，設分率也。

存稿

論西法皆古所有

《考工記》：「輪輻三十，以象日月也。蓋弓二十有八，❶以象星也。」伯奇按：輪以利轉，故取象日月，晦朔弦望，循環不窮。蓋以覆下，故取象星辰斡繫，然不過假象以記數，如《易·繫》言「乾坤之策，凡三百有六十，當朞之日」云爾，而於此可見割圜之術，古已精密。古算經不傳，至魏劉徽、宋祖沖之、元趙友欽等或以圜容六邊起算，或以圜容四邊起算，皆屢求句股而得圜周。及明末，西人入中國，又有六宗三要二簡法，以求

❶「弓」，原作「有」，今據清同治十三年刊《鄒徵君遺書》本《學計一得》卷下及《周禮·考工記》改。

割圜八綫，以爲理精法密，古所未有。然錯綜加減，僅越五分而得一正弦，其每分每秒仍用中比例。至杜德美傳求弧矢捷法九條，則任設奇零之弧弦矢，皆可猝得割圜之術，於是觀止矣。嘗謂此出於西人，必古割圜之本法。至是而後，天啟其衷，燦然復明於世，視屢求句股者，超越何啻倍蓰哉？蓋輪人之爲輪牙，其入輻之鑿及蓋弓宇際相距，其分度之均則必有數矣，非割圜則安取之？而三十邊、二十八邊又非劉、趙諸法所可得也，故欲得真數，輪則以輪崇爲徑，而求圜容六等邊爲本弧弦，又求得弧五分一之弦，或求圜容五等邊爲本弧弦，又求得弧六分一之弦；蓋則以蓋廣爲徑，而求圜容七等邊爲本弧弦，又求得弧四分一之弦，或求圜容四等邊爲本弧弦，又求得弧七分一之弦。或以輪、蓋全徑求三十分之一、二十八分之一之通弦。夫求本弧七分一之弦、五分一之弦及徑求通弦之法，爲六宗三要之所不備，而古《考工》之所需，則西法豈能度越前古哉？

《記》曰：「望而眂其輪，欲其幎爾而下迆也。進而眂之，欲其微至也。無所取之，取諸圜也。」伯奇按：「幎爾而下迆」，即《幾何》所稱圜界與輻綫必爲直角也。微至者，即八綫之正割數必大於半徑全數。西國有《圜書》，引見《天學初函》諸部。《考工》數語，其亦中國之《圜書》歟。

《考工記・築氏》：「爲削，長尺博寸，合六而成規。」又《弓人》職云：「爲天子之弓，合九而成規。爲諸侯之弓，合七而成規。大夫之弓，合五而成規。士之弓，合三而成規。」則古人於割圜弧矢之術，真知灼見，故能言之鑿鑿，而動不失規矩。爲算學者，輒以周三徑一爲古法，實末學之失也。

梅勿庵言：「和仲宅西，疇人子弟散處西域，遂爲西法之所本。」伯奇則謂：西人天學未必本之和仲，然盡其伎倆，猶不出《墨子》範圍。《墨子·經上》云：「圜，一中同長也。」即《幾何》言「圜面惟一心，圜界距心皆等」之意。又云：「同，重體、合、類。異，二體、不合、不類。同異而俱之於一也。同異交得，放有無。」此比例規更體更面之意也。又云：「日中，正南也。」又《經下》云：「景迎日。」又云：「景之大小説在地。」亦即表度説測影之理。此《墨子》具西洋數學也。西人精於制器，其所恃以爲巧者，數學之外，有重學、視學。重學者，能舉重若輕，見鄧玉函《奇器圖説》及南懷仁所纂《靈臺儀象圖志》，説最詳悉，然其大旨亦見《墨子》。《經説下》「招負衡木」一段，升重法也；「兩輪高」一段，轉重法也。視學者，顯微爲著，視遠爲近，詳湯若望《遠鏡説》。然其機要亦《墨子·經下》「臨鑑而立」、「一小而易，一大而正」數語及《經説下》「景光至」、「遠近臨正鑑」二段足以賅之。至若泰西之奉上帝、佛氏之明因果，則學天、明鬼之旨，同源異流者耳。《墨子·經上》云：「此書旁行，正無非。」西國書皆旁行，亦祖其遺法。故謂西學源出《墨子》可也。

西學之精惟在制器，然吾人非不能制器也。《考工記》曰：「智者創物，巧者述之，守之世，謂之工。百工之事，皆聖人之所作也。」後儒不讀《考工》之書，凡有造作，輒以爲器數之末，委之拙工，古法日以消盡，遂爲西人所笑。然西人説之最新者，謂日靜地動，則漢張衡曾作地動儀矣。其言橢圜兩心差，伯奇亦嘗於《緯書》及《靈憲》、《廣雅》參考得古人所定之數。日體黑點，非遠鏡莫能見者，而《淮南子》諸書傳日中有烏之説，即謂此物。是古人已於遠鏡窺得之，傳聞失實，乃謂烏爲鳥名，蔽於所見也。乃若比例規以五金與水比較輕重體積，乃重學之一種，而《史記·五帝本紀》正義引《尚書帝命驗》釋五府之名義，有曰玄矩者。黑帝叶光紀之府，名曰玄矩，矩，法也。水精玄昧，能權輕重，故謂之玄矩。然則以水權輕重，亦古算經所當有矣。❶

附録

先生精小學，謂段氏注《説文》數十年，隨時修改，其説不能畫一。大徐新補字有删者、有補者。古文不複出，又有以爲不嫌複見者。許書今古文并存，而段以爲依古則遺今，依今則遺古，本書無此例。有以篆文所無改解説者，又有以解説所無删篆文者，有據他書改解説者，又有以解説改他書者，好爲異説，是非無定。段書最精密，先生又以矛攻盾，使右楙堂者不能置辨。是其讀書得間，故非有意詆諆也。《讀段注説文札記》。

先生以天算之術治經，謂《尚書》克殷年月，鄭據《乾鑿度》以入戊午蔀四十二年克殷，下至春秋凡三百四十八年。劉歆《三統術》以爲積四年，錢塘、李鋭皆主其説。以《時憲術》上推，且以歲星驗之，始知鄭是劉非。其解《孟子》「由周而來七百有餘歲」，閻若璩《孟子生卒年月考》據《大事記》及《通鑑綱目》以孟子致爲臣而歸在周赧王元年丁未，逆數至武王有天下，歲在己卯，當得八百有九年，然共和以上年數史遷已不能紀，可考者《魯世家》耳。此爲劉歆《曆譜》所據，然

❶ 「亦」，原作「以」，今據《學計一得》卷下改。

以歆《譜》校史，歆於煬公、獻公諸君加五十二年，減其所加，則歆所謂八百有九年，實七百五十七年耳。史傳。

《測量備要》分備物致用、按度考數兩門。備物致用其目四：一丈量之器，二測望之儀，三檢數之書，四畫圖之具。按度考數其目亦四：一明數，二步量，三測算，四布圖。測量製器與西人重學、光學、化學相連。先生深明其理，故測地繪圖尤多創解。南海修志，圖出先生手，時稱密合無憾。史傳、《測量備要》。

清儒學案卷一百七十五終

清儒學案卷一百七十六

天津徐世昌

壬叔學案

論者謂有清一代天算之學，勿庵爲金聲，壬叔爲玉振，然壬叔補譯《幾何原本》，不獨爲勿庵未見之書，實綜明以來天算家治西術者而得其全。其所自造，亦皆精益求精，駕前人之上。述《壬叔學案》。

李先生善蘭

李善蘭，字壬叔，號秋紉，海寧人。諸生。嘗從陳碩甫受經。於算術好之獨深，讀古《九章》，以爲可不學而能。得李冶《測圜海鏡》，盡通其窔奥，所造益深。嘗謂：「道有一貫，藝亦有焉。《海鏡》每題皆有法、有草。法者，本題之法也。草者，用天元一曲折以求本題之法，乃造法之法，法之源也。算術大至躔離、交食，細至米鹽瑣屑，法甚繁已，以立天元一演之，莫不能得其法，故立天元一者，算學中之一貫也。」並時明算如錢塘戴鄂士、南滙張嘯山、烏城徐莊愍、汪剛木、歸安張南坪、金山顧尚之相與爲友，切磋問難。咸豐初，客上海，識英吉利文學士偉烈亞力、艾約瑟、韋廉臣諸人。偉烈亞力長於天算，通華言，善蘭與共譯《幾何原本》後九卷，以補徐光啟、利瑪竇之所未及。是書爲泰西治天算者必讀之書。第十卷最精奥，各國通行本往往於六卷後即繼以十一卷，而删其中四卷，或亦止前六卷。各本譯述互異，譌奪滋多。先生悉心校正，偉烈亞力歎服，謂：「西土欲求是書善本，當訪諸中國矣。」同時又與艾約瑟譯《重學》二十卷，以明算術之用在於製造。譯竟，又與偉烈亞力譯《代微積拾級》十八卷。西法代數即中法四元，而西人又自代數進而立微分、積分二術，於是算術中昔所謂無法者，皆有法以馭之。是書總述三術，由易入難，集西算之大成。又與偉烈亞力譯《談天》十八卷，合歌白尼、刻白爾、奈端諸家之説，爲之疏通而證明之。書成，次第刻行。善蘭自著書，曰《方圓闡幽》一卷，專言理不言數，爲諸術之綱要；曰《弧矢啟祕》三卷，以尖錐立術，而弧背、八綫皆可緣是以求；曰《對數探源》二卷，亦以尖錐截積起算，先明其理，次詳其法。三種先出，金山錢錫之刻入叢書中。咸豐十年，莊愍巡撫江蘇，招先生入幕府，挾所著書未刻諸稾以往。寇至，莊愍死難，先生諸稾皆燬。曾文正駐軍安慶，復招先生入幕府，乃收拾叢殘，壹意述作，又得若干種。同治六年，游金陵，曾國荃爲刻行，曰《垛積比類》四卷，以立天元一術推演垛積，於《九章》外，別明一法；曰《四元解》二卷，取《四元》首四問各補細草，逐節繪圖而詳釋之；曰《麟德術解》三卷，謂《麟德術》盈朒、遲速二法已開郭守敬平差、定差之先，爲推演其術；曰《橢圜正術解》二卷、《新術》一卷、《拾遺》四卷，《正術》本徐有壬所定，以其理極精深，爲之補圖詳解，更出新意以附益之；曰《火器真訣》一卷，以平圜通於拋物綫，較《重學》所述更爲簡便；曰《對數尖錐變法》一卷，以探源明對數之積與西士所立法不同，而求得數實無異，釋之以解學者之疑；曰《級數回求》一卷，以明代數彼此相推之理；曰《天算或問》一卷，則記友朋及門弟子問答之語，擇其尤精當者，録而存之；又附《考數根法》，數根者，惟一可度而他數不能度之根。立法四則，爲《幾何》所未備。冠以錢氏已刻三種，凡十三種，命曰《則古昔齋算學》。七年，以郭筠仙薦，徵入同文館，充算學總教習，與西士丁嘉理校印《測圓海鏡》，以課諸生。令用代數演之，合中西爲一法，成就甚衆。敍勞，授户部郎中，復充總理各國事務衙門漢章京，積階加三品卿銜。光緒十年卒。先生聰彊絶人，其治算能執理之至簡馭數之至繁，衍之無不可通之數，抉之無不可窮之理。他所著有《羣經算學考》，未卒業，燬於兵。所譯又有《植物學》八卷。參史傳、《疇人傳三編》、《海寧州志》、《則古昔齋算學自序》。

幾何原本序

泰西歐几里得譔《幾何原本》十三卷，後人續增二卷，共十五卷。明徐、利二公所譯，其前六卷也。未譯者九卷，卷七至卷九論有比例、無比例之理，卷十論無比例十三綫，卷十一至十三論體，十四、十五二卷亦論體，則後人所續也。無七、八、九三卷，則十卷不能讀，則後三卷中論五體之邊不能盡解，是七卷以後皆爲論體而作，即皆論體也。自明萬曆迄今，中國天算家願見全書久矣。

道光壬寅，國家許息兵，與泰西各國定約。此後西士願習中國經史，中士願習西國天文、算法者聽聞之，心竊喜。歲壬子，來上海與西士偉烈君亞力約續徐、利二公未完之業。偉烈君無書不覽，尤精天算，且熟習華言，遂以六月朔爲始，日譯一題。中間因應試、避兵諸役，屢作屢輟，凡四歷寒暑，始卒業。是書泰西各國皆有譯本，顧第十卷闡理幽玄，非深思力索不能驟解，西士通之者亦尟。故各國俗本製去七、八、九、十四卷，六卷後即繼以十一卷，又有前六卷單行本，俱與足本並行。各國言語文字不同，傳録譯述既難免參錯，又以讀全書者少，翻刻譌奪，是正無人，故夏五三豕層見疊出，當筆受時，輒以意匡補。偉烈君言「異日西士欲求是書善本，當反訪諸中國矣」。甫脱稾，韓君緑卿寓書請捐資上板，以廣流傳，即以全稾寄之。顧君尚之、張君嘯山任校覈，閱二年功竣。韓君復乞序之。

憶善蘭年十五，讀舊譯六卷，通其義，竊思後九卷必更深微，欲見不可得，輒恨徐、利二公之不盡譯全書也。又妄冀好事者或航海譯歸，庶幾異日得見之。不意昔所冀者，今自爲之，其欣喜當何如耶！雖然，非國家推恩中外，一視同仁，則懼于禁網不敢譯；非偉烈君深通算理，且能以華言詳明剖析，則雖欲譯，無從下手；非韓君力任剞劂，嘉惠來學，張、顧二君同心襄力，詳加讐勘，則雖譯有成，書後或失傳。凡此諸端，不謀麕集，實千載一時難得之會。後之學者勿以是書全本入中國爲等閒事也。

重學序

歲壬子，余游滬上，將繼徐文定公之業，續譯《幾何原本》。西士艾君約瑟語余曰：「君知重學乎？」余曰：「何謂重學？」曰：「幾何者，度量之學也。重學者，權衡之學也。昔我西國以權衡之學制器，以度量之學考天。今則制器、考天，皆用重學矣。故重學不可不知也。我西國言重學者，其書充棟，而以胡君威立所著者爲最善，約而該也。先生亦有意譯之乎？」余曰：「諾。」于是朝譯《幾何》，暮譯《重學》，閱二年，同卒業。韓君綠卿既任刻《幾何》，錢君鼎卿亦請以《重學》付手民，同時上板，皆印行。無幾，同燬於兵。今湘鄉相國爲重刊《幾何》，而制軍肅毅伯亦爲重刊《重學》，又同時得復行於世。

自明萬曆迄今，疇人子弟皆能通《幾何》矣，顧未知《重學》。《重學》分二科：一曰靜重學。凡以小重測大重，如衡之類，靜重學也；凡以小力引大重，如盤車、轆轤之類，靜重學也。一曰動重學。推其暫，如飛礮擊敵，動重學也；推其久，如五星繞太陽、月繞地，動重學也。靜重之器凡七：桿也、輪軸也、齒輪也、滑車也、斜面也、螺旋也、劈也，而其理維二：輪軸、齒輪、滑車皆桿理也，螺旋、劈皆斜面理也。動重學之率凡三：曰力、曰質、曰速。力同則質小者速大，質大者速小。質同則力小者速小，力大者速大。靜重學所推者力相定，或二力方向同定於一綫，或二力方向異定於一點。動重學所推者力生速，凡物不能自動，力加之而動。若動後不復加力，則以平速動。若動後恒加力，則以漸加速動。而其理之最要者有二：曰分力、并力，曰重心，則靜、動二學之所共者也。凡二力加於一體，令之靜，必定於并力綫；令之動，必行於并力綫。且物之定，必定於重心；物之動，必行於重心綫，并力綫必經過重心也。又凡物旋動必環重心，地動是也。二物相連而相繞，必環公重心，月地相攝而動是也。故分力、并力及重心爲重學最要之理也。胡氏所著凡十七卷，益以《流質重學》三卷，都爲二十卷。制器考天之理皆寓於其中矣。

嗚呼！今歐羅巴各國日益强盛，爲中國邊患，推原其故，制器精也。推原制器之精，算學明也。曾、李二公有見於此，亟以此付梓。上好之，下必有甚焉者。異日人人習算，制器日精，則是書之刻，其功豈淺尟哉？

代微積拾級序

中法之四元，即西法之代數也。諸元、諸乘方、諸互乘積，四元別以位次，代數別以記號，法雖殊，理無異也。我朝康熙時，西國來本之、奈端二家又創立微分、積分二術，其法亦借徑於代數，其理實發千古未有之奇祕。代數以甲乙丙丁諸元代已知數，以天地人物諸元代未知數，微分、積分以甲乙丙丁諸元代常數，以天地人物諸元代變數。其理之大要，凡綫、面、體皆設爲由小漸大，一刹那中所增之積即微分也，其全積即積分也，故積分逐層分之爲無數微分，合無數微分仍爲積分。其法之大要，恒設縱横二綫，以天代横綫，以地代縱綫，以⿰彳天代横綫之微分，以⿰彳地代縱綫之微分。凡代數式，皆以法求其微係數，係於⿰彳天或⿰彳地之左，爲一切綫面體之微分。故一切綫面體之微分與縱横綫之微分皆有比例，而疊求微係數，可得綫面體之級數、曲綫之諸異點，是謂微分術。既有綫面體之微分，可反求其積分。而最神妙者，凡同類諸題皆有一公式，而每題又各有一本式。❶ 公式中恒兼有

❶「有」，原脱，今據《疇人傳三編》卷六《李善蘭傳》補。

天地，或兼有㕠㘥，但求得本式中天與㕠之同數，或地與㘥之同數，以代之，乃求其積分，即得本題之全積，是謂積分術。由是一切曲綫，曲綫所函面、曲面，曲面所函體，昔之所謂無法者，今皆有法。一切八綫求弧背，弧背求八綫，❶真數求對數，對數求真數，昔之視爲至難者，今皆至易。嗚呼！算術至此，觀止矣！蔑以加矣！

羅君密士，合衆之天算名家也。取代數、微分、積分三術合爲一書，分款設題，較若列眉，嘉惠後學之功甚大。偉烈君亞力聞而善之，亟購求其書，請余共事，譯行中國。偉烈君之功，豈在羅君下哉？是書先代數，次微分，次積分，由易而難，若階級之漸升。譯既竣，即名之曰《代微積拾級》。時《幾何原本》刊行之後一年也。

談天序

西士言天者曰：「恒星與日不動，地與五星俱繞日而行，故一歲者地球繞日一周也，一晝夜者地球自轉一周也。」議者曰：「以天爲靜，以地爲動，動靜倒置，違經畔道，不可信也。」西士又曰：「地與五星及月之道俱係橢圜，而歷時等則所過面積亦等。」議者曰：「此假象也。以本輪均輪推之而合，則設其象爲本輪均輪；以橢圜面積推之而合，則設其象爲橢圜面積。其實不過假以推步，非真有此象也。」竊謂：議者未嘗精心考察，而拘牽經義，妄生議論，甚無謂也。古今談天者，莫善於子輿氏「苟求其故」之一語，西

❶「背」，原脱，今據《疇人傳三編》卷六《李善蘭傳》補。

士蓋善求其故者也。舊法火、木、土皆有歲輪，而金、水二星則有伏見輪。同爲行星，何以行法不同？歌白尼求其故，則知地球與五星皆繞日，火、木、土之歲輪因地繞日而生，金、水之伏見輪則其本道也。由是五星之行皆歸一例，然其繞日非平行，古人加一本輪推之，不合，又加一均輪推之，其推月且加至三輪、四輪，然猶不能盡合。刻白爾求其故，則知五星與月之道皆爲橢圜，其行法面積與時恒有比例也。然俱僅知其當然，而未知其所以然。奈端求其故，則以爲皆重學之理也。凡二球環行空中，則必共繞其重心，而日之質積甚大，五星與地俱甚微，其重心與日心甚近，故繞重心即繞日也。凡物直行空中，有他力旁加之，則物即繞力之心而行；而物直行之遲速與旁力之大小適合平圜率，則繞行之道爲平圜；稍不合，則恒爲橢圜。惟歷時等，所過面積亦等，與平圜同也。今地與五星本直行空中，日之攝力加之，其行與力不能適合平圜，故皆行橢圜也。由是定論如山不可移矣。又證以距日立方與周時平方之比例及恒星之光行差、地道半徑視差，而地之繞日益信。證以煤坑之墜石，而地之自轉益信。證以彗星之軌道、雙星之相繞多合橢圜，而地與五星及日之行橢圜益信。余與偉烈君所譯《談天》一書，皆主地動及橢圜立說，此二者之故不明，則此書不能讀。故先詳論之。

附　録

《方圓闡幽》十則：一言點綫面，皆不能無體。二言體可變爲面，面可變爲綫。三言諸乘方有綫面體循環之理。四言諸乘方皆可變爲面，并皆可變爲綫。五言平立尖錐。六言諸乘方皆有尖錐。七言諸尖錐有積疊之理。八言諸尖錐之算法。九言二乘以上尖錐，其所疊之面皆可變爲綫。十言諸尖錐既爲平面，可併爲一尖錐。先生謂十條之理既明，然後可明方圓之理。方内函圓，方圓之較，即諸乘方之合尖錐也。起再乘，次四乘，次六、次八、次十至於無窮，其數有偶而無奇，一陰一陽之道也。再乘尖錐之底，二分半徑之一也。以其餘四分之爲四乘尖錐之底，又以其餘六分之爲六乘尖錐之底，其尖錐若干乘，則底亦若干分之一焉。如是，至於無盡，生生不窮之道焉。既得諸尖錐之底，用尖錐算法以求其積四，因之以減外大方積，便見大圓真積也。《方圓闡幽》。

《垜積比類》自序曰：垜積爲少廣一支，而元郭太史以步躔離，近汪氏孝嬰以釋遞兼，董氏方立以推割圜，❶西人代數微分中所有級數大半皆是，其用亦廣矣哉！顧歷來算書中不恒見，惟元朱氏《玉鑑》茭草形段、如象招數、果垜疊藏諸門爲垜積術，然其意在發明天元一，故言之不詳，亦無條理。汪氏、董氏之書有條理矣，然一但言三角垜，一但言四角垜，餘皆不及，則亦不備。今所述有表、有圖、有法，分條别派，詳細言之，欲令習算家垜積之術，❷於《九章》外别立一幟，其説自善蘭始。《垜積比類》。

《麟德術解》自序略曰：元郭太史《授時術》中法號最密，其平、立、定三差，學曆者皆推爲創獲，不知麟德術盈朒、遲速二法已暗寓平、定二差於其中，郭氏特踵事加密耳。

❶「方立」，原倒，今據《疇人傳三編》卷六乙正。
❷「家」下，《疇人傳三編》卷六有「知」字。

竊謂僅加立差猶未也，必欲合天，當再加三乘、四乘諸差，其密合當不在西人本輪、均輪、橢圜諸術下，而李氏實開其端。取史志盈朒、遲速二法詳論之，以質世之治中法者。《麟德術解》。

《對數尖錐變法釋》自序略曰：善蘭昔年作《對數探源》，明對數之積爲諸乘方合尖錐。後與西士游譯《泰西天算》諸種，其言雙曲綫與漸近綫中間之積，即對數積。核其數，與善蘭所定諸乘方尖錐合，而其求對數諸較則法又不同。蓋善蘭所用正法也，西人所用變法也。不明其故，幾疑二法所用之根不同，故特釋之，以解學者之惑。《對數尖錐變法釋》。

諸遲菊曰：「李京卿邃於數理，所譔譯諸書，剖析入微，奥窔盡闢，體大而思精，言簡而意賅。嘗聞治算之要，理與數云爾。數有萬變，理惟一原。昔悟借根之出天元，梅氏發之於前；今知變四元爲代數，京卿證之於後。立言不朽，此類是也。吾知天下後世讀京卿書者，謂其心爲梅氏所共見之心，而其義爲梅氏所未及之義，論其世，想見其人，必曰：梅氏而後，一人而已。」《疇人傳三編》。

壬叔交游

戴先生煦 别見《梅侶學案》。

徐先生有壬 别爲《君青學案》。

張先生文虎 别爲《嘯山學案》。

顧先生觀光 别見《嘯山學案》。

錢先生熙祚別見《嘯山學案》。

曾先生國藩別爲《湘鄉學案》。

華先生蘅芳別爲《若汀學案》。

徐先生壽別見《若汀學案》。

汪先生曰楨

汪曰楨，字剛木，號謝城，烏程人。咸豐壬子舉人，官會稽教諭。光緒七年卒，年六十九。少秉母教，敦行勵志。及長，博通羣書。嘗以婺源江氏永所著《四聲切韻表》有功於音學者甚鉅，第牽引古音，强配入聲，未免啟後學之疑，且有字之音亦多漏略。因就原書，以古今音分類者删併畫一，復補所未備者千餘字，爲《四聲切韻表補正》五卷。尤精算學，初撰《二十四史日月考》，各就當時行用本法推算，詳列朔閏、月建大小以及二十四氣，爲書五十卷。其言曰：「學史者日月淆亂，則事蹟之先後不明，而興衰治忽之故亦無由考察。欲求其精，先求其粗。吾識其小而人得識其大，吾任其難而人將任其易，於學史之人不無小補云。」後以卷帙過繁，乃删爲《歷代長術輯要》十卷，附《古今推步諸術考》二卷，以明布算之原。所校《大唐郊祀録》，爲之正譌補脱甚多。又嘗修《烏程縣志》、《南潯鎮志》，俱見稱於時。他所著尚有《如積引蒙》八卷，《湖雅》八卷，《湖蠶述》四卷，《隨山宇方鈔》一卷，《荔牆詞》一卷。參《湖州府志》、張文虎《懷舊雜記》。

四聲切韻表補正自序

婺源江氏作《四聲切韻表》，以明等韻之學，可謂精矣。然牽引古音，强配入聲，未免啟後學之疑。去其一非，適所以成其百是，補正之作，烏可已也？此《補正》三卷，并首末各一卷，初屬稟於丁酉八月，至十二月編成。吾友董枯匏燿一見即録本以去，戚友從枯匏處傳鈔者又數本。既而吾友蔣季卿簦見而喜之，並謂書中尚多疑譌之處，必宜改定重録。余諾之而卒卒未暇也。至丙午秋冬閒及丁未春，皆嘗修改，並爲俗事所阻，迄未卒業。稟本旋爲季卿攜去，每論及此書，輒以余未及改定爲憾。庚申春，遭粵寇之擾，季卿避地上海，又遷海門，倉皇轉徙，恒以自隨，竟得保以不失，知其愛我者深矣。其秋，季卿病卒於海門，余方僑寓湖濱之喬漊，繼至上海，萍蹤無定。又頻年大病，屢瀕於死，家藏書册已盡爲灰燼。此書存佚，幾不復省記矣。今春，季卿之兄厚軒維基招余同至崇明，寓居七滧小陰沙之陳家鎮，甕牖繩樞，仍得以讀書遣日。偶檢季卿遺篋，則此書宛然具存，因閱蔣氏行篋所挈書中有《廣韻》、《集韻》及字書各種，乃用以檢勘，復加修改增補删易，視舊本加詳。手自繕寫，凡兩閱月，再易稟，始成定本。計去初屬稟時，已二十七年。回憶初稟草率缺謬，而傳録多本，散在四方，不可復收，示人以璞，愧悔無及矣。同人中爲此學者，惟季卿用力最深，枯匏亦嘗究心於此。今雖改定，而季卿已不及見，枯匏又遠隔數百里，皆不得與之商搉。江氏之失，余能知之。余之失，不能自知也。江氏《古韻標準》例言云：「崑山顧氏作《音學五書》，自謂五十年後當有知我者。余匪云能知顧氏，然已傾倒其書，而不肯苟同，是乃所以爲知。更俟後世子雲論定之。」蓋江氏服膺顧氏而不肯苟同如此。余之私淑江氏，亦猶是也。劉彦和有言：「茫茫往代，既洗予聞。渺渺來世，倘塵彼觀。」蓋凡古來著述之士，共有此志，今亂離未平，浮生靡託，此書能否傳流於世亦難意必，俯仰今昔，能不爲之歎息彌襟也哉？

歷代長術輯要自序

余自道光丙申夏，推算歷代長術，上起共和，下與欽天監頒行《萬年書》相接，各就當時行用本法，每年詳列朔閏、月建大小并二十四氣，略如《萬年書》之式。至同治壬戌夏，始寫定爲五十卷，附以《古今推步諸術攷》二卷、《甲子紀元表》一卷，凡五十三卷。丙寅夏，吾友獨山莫君子偲見之，謂此書爲人之所不爲，可以專門名家，而惜其卷帙過繁，宜别爲簡要之本，庶便於謄寫刊刻。因以帀歲之功，删繁就簡，仿《通鑑目録》專載朔閏，又取羣書所見朔閏不合者，綴於每年之末，編爲《輯要》十卷。其《諸術攷》二卷，乃推步之凡例，仍附於後。蓋距初布算時已逾三十年矣。歲月不居，學殖荒落，此書雖頗費日力，不過覆瓿之資耳，爲之太息！

清儒學案卷一百七十六終

清儒學案卷一百七十七

天津徐世昌

湘鄉學案上

有清中葉，漢學盛而宋學衰，湘鄉力挽其弊，以宋儒程、朱之學爲根本，兼擘訓詁、名物、典章，於漢學家言亦窮其賾而擷其精，致諸實用，乘時得位，戡定大亂，光佐中興，其勳業所就，視明之王文成超越倍蓰，真儒實效，蓋閒氣所鍾也。述《湘鄉學案》。

曾先生國藩

曾國藩，原名子城，字伯涵，一字滌生，湘鄉人。道光戊戌進士，改庶吉士，散館授檢討。兩遇大考，列高等，六遷至禮部侍郎。自爲諸生，研求宋儒諸書，洎通朝籍，與善化唐確慎公、蒙古倭文端公、昆明何文貞公、霍山吴侍郎廷棟、仁和邵位西懿辰、漢陽劉茮雲傳瑩同講學，覃精義理，兼事考據，深究古今興衰治亂，慨然有澄清天下之志。文宗即位，遵議宣宗郊配廟祔大禮，專疏上陳，受特達之知，應詔極論時政及《敬陳聖德預防流弊》諸疏，謇諤有古大臣風。咸豐二年，典試江西，未至，丁母憂。時粤匪方張，攻長沙未下，竄陷武昌。次年，循江下犯，遂踞江寧。先生奉命在籍治團練，奏言團練不食於官，緩急不可恃，請就鄉團募爲勇營，教以兵法，號曰湘軍。先清内匪，增募三千人，遣出境援南昌，力戰爲諸軍冠。以東南形勢多阻水，剿賊非有水師不可，於衡州造戰艦，博采衆議，損益舊制，艦成，集水陸萬人，選將以塔齊布公、羅公澤南、楊公載福、彭公玉麐分領之，或拔自偏裨，或起於書生，並一時之傑。乃大舉東征，初戰靖港，失利，而湘潭一路大捷，以師不全勝自劾。再進岳州，又小挫，旋大捷。克岳州，復武昌，大破田家鎮，圍九江，湘軍之名震海内。會水師入鄱陽湖，爲賊所扼，與外江水師隔爲二。武昌又陷，胡文忠公率師規復，不克。先生方與賊相持於江西，以武昌據長江上游，爲必爭之地，分遣羅公澤南鋭師回援，攻武昌未下，羅公傷殞。令李公續賓繼統其軍，再克武昌，進攻九江，軍威復振。七年，丁父憂回籍。九江既拔，迭詔促赴軍。逾小祥，乃出駐建昌，肅清江西諸郡縣，遂與胡文忠合籌全局，定三道規皖之策。弟忠襄公國荃一師直薄安慶。十年，江南大營潰，蘇、浙繼陷。先生方奉入蜀督師之命，未行。於是授兩江總督、欽差大臣，督辦江南軍務。時英、法聯軍犯京師，東南震驚，堅持安慶一師不可摇動。十一年，克安慶，進駐之。遣忠襄率師進規江寧，水師循江而下爲應援。同治元年，以兩江總督、協辦大學士先奉節制四省之命，固辭不許。舉左文襄宗棠，付以浙事。舉李文忠鴻章，付以蘇事。皖北則有多隆阿公、李公續宜諸師，皖南則有鮑公超、張公運蘭諸師，數道並進。三年，蘇、浙先後戡定，攻拔江寧僞都，粤匪平。論功，封一等毅勇侯，世襲罔替。以湘軍轉戰十有三年，慮其暮氣，大功既蔵，悉散歸農。主用淮軍，以備剿捻匪。先是捻匪肆擾皖、豫、齊、魯、鄂、陝之間，常與粵匪句結，粵匪平而捻匪猶熾。四年，科爾沁親王僧格林沁戰歿曹州，先生奉命督師，奏言賊情已成流寇，官軍不宜與之俱流，宜於安徽之臨淮、江蘇之徐州、山東之濟寧、河南之周家口駐重兵爲四鎮，别設一游擊之師，一處有急，各相應援，以有定之兵制無定之寇；又議扼黄河、運河以蹙賊兵，事始有歸宿。而言路多所指摘，乃自陳病狀，請開缺以閑散効力，並請削封爵，詔不允行。尋命回本任，以李文忠代督師，悉守成略，卒以長圍殲賊。六年東，捻平。七年，西捻竄擾畿輔，李文忠、左文襄會剿，仍用扼運河長圍之策殲之。是年，拜武英殿大學士。中原既定，召入覲，調授直隸總督，陳練兵、飭吏、清訟、治河四事爲治綱。行之期年，積弊一清。九年，天津民擊斃法國領事，焚教堂，奉命查辦。奏言小忿不足開衅，當曲全邦交，密儲兵備，乃爲立國之道。事定，仍調督兩江，以目疾乞休。優詔還鎮，中外大事皆就決之。策西邊，主先清甘肅，而後出關。籌滇、黔，主以蜀、湘爲根本。議馭夷，則購船礮，開製造局，選派出洋學生習藝交涉，不爭虚文，而重保吾民生計。其經營遠大類此。十一年，薨於位，年六十有二，贈太傅，謚文正。先生經濟本於學問，每建一議，策於受事之始，及其成功，一如所言。求才若渴，加以陶鎔，中興名臣將帥泰半出於所薦拔而造就之。服膺儒先，躬行實踐，省察克治，首重不欺。論學兼取漢宋之長，要之致用。發爲文章，起衰載道。所仰止者，自文、周、孔、孟以後，兼取道德、政事、辭章，下逮近儒顧氏炎武、秦氏蕙田、姚氏鼐、王氏念孫凡三十有四人，圖其象而爲之記，以示爲學宗旨。所著有《奏稾》三十六卷，《書札》三十三卷，《批牘》六卷，《詩集》三卷，《文集》三卷，《雜著》四卷，《求闕齋讀書録》十一卷，《日記類鈔》二卷，《十八家詩鈔》二十八卷，《經史百家雜鈔》二十六卷，《經史百家簡編》二卷，《鳴原堂論文》二卷，《古文四象》四卷，統編爲《全集》。附《年譜》十二卷，《求闕齋弟子記》四十卷，則門人所記述者也。又有《家書》十卷，《家訓》二卷，並行於世。參史傳，李鴻章撰神道碑，劉蓉、郭嵩燾合撰墓志銘，朱孔彰撰别傳，黎庶昌撰年譜。

奏稾

遵議大禮疏

奏爲遵旨敬謹議奏事：正月十六日，皇上以大行皇帝硃諭遺命四條内「無庸郊配、廟祔」二條，命臣工詳議具奏。

臣等謹於二十七日集議，諸臣皆以大行皇帝功德懿鑠，郊配斷不可易，廟祔尤在所必行。直道不泯，此天下之公論也。臣亦欲隨從衆議，退而細思大行皇帝諄諄誥誡，必有精意存乎其中。臣下仰測高深，苟窺見萬分之一，亦當各陳其説，備聖主之採擇。竊以爲遺命「無庸廟祔」一條，考古準今，萬難遵從。「無庸郊配」一條，則不敢從者有二，不敢違者有三。

所謂「無庸廟祔」一條萬難遵從者，何也？古者祧廟之説，乃爲七廟親盡言之。有親盡而仍不祧者，則必有德之主，世世宗祀，不在七廟之數。若殷之三宗、周之文、武是也。大行皇帝于皇帝爲禰廟，本非七廟親盡可比，而論功德之彌綸，又當與列祖列宗同爲百世不祧之室，豈其弓劍未忘而蒸嘗遽別？且諸侯大夫尚有廟祭，況以天子之尊敢廢升祔之典？此其萬難遵從者也。

所謂「無庸郊配」一條，有不敢從者二，何也？古聖制禮亦本事實之既至，而情文因之而生。大行皇帝仁愛之德同符大造，偶遇偏災，立頒帑項，頻年賑貸，薄海含哺，粒我蒸民，后稷所以配天也。御宇三十年，無一日之暇逸，無須臾之不誠，純亦不已，文王所以配上帝也。既已具合撰之實，而欲辭升配之文，普天臣民之心，終覺不安。此其不敢從者一也。歷攷列聖升配，惟世祖章皇帝係由御史季周琬奏請，外此繼統之聖人特旨舉行，良由上符昊眷，下愜民情，毫無疑義也。行之既久，遂爲成例。如大行皇帝德盛化神，即使無例可循，臣下猶應奏請，況乎成憲昭昭，曷敢踰越？傳曰：「君行意，臣行制。」在大行皇帝自懷謙抑之盛意，在大小臣工宜守國家之舊制，此其不敢從者二也。

所謂「無庸郊配」一條，有不敢違者三，何也？壇壝規模尺寸有定，乾隆十四年重加繕修，一磚一石皆考律吕之正義，按九五之陽數，增之不能，改之不可。今則每幄之内僅容豆籩，七幄之外幾乏餘地。我大行皇帝慮及億萬年後，或議增廣乎壇壝，或議裁狹乎幄製，故定爲限制，以身作則，世世可以遵行。今論者或謂西三幄之南尚可添置一案，暫爲目前之計，不必久遠之圖，豈知人異世而同心，事相沿而愈久，今日所不敢言者，亦萬世臣子所不敢言也。今日所不忍言者，亦萬世臣子所不忍言也。經此次硃諭之嚴切，盈廷之集議，尚不肯裁決遵行，後之人孰肯冒天下之不韙乎？將來必至修改基址，輕變舊章。此其不敢違者一也。古來祀典興廢不常，或無其祭而舉之，或有其禮而罷之，史册所書不一而足。唐垂拱年間，郊祀以高祖、太宗、高宗並配。開元十年，從張説議罷太宗、高宗配位。宋景祐年間，郊祀以藝祖、太宗、真宗並配。嘉祐七年從楊畋議，罷太宗、真宗配位。我朝順治十七年，合祀天地日月星辰于大享殿，奉太祖、太宗以配，厥後亦罷其祀。祀典改議，乃古今所常有。我大行皇帝慮億萬年後，愚儒無知，或有援唐、宋罷祀之例妄行陳奏，不可不預爲之防。故硃諭有曰「非天子不議禮」，一經斷定，巍然七幄，與天常存，後世增配之議，尚且不許；罷祀之議，何自而興？所以禁後世者愈嚴，則所以尊列聖者愈久。此其計慮之周，非三代制禮之聖人而能如是乎？大行皇帝以制禮之聖人自居，臣下何敢以尋常之識淺爲窺測？有尊崇之虚文，無謀事之遠慮。此其不敢違者二也。我朝孝治天下，遺命在所尤重。康熙二十六年，孝莊文皇后遺命願于遵化州孝陵近地安厝，臣工皆謂遵化去太宗昭陵千餘里，不合祔葬之例。聖祖仁皇帝不敢違遺命，又不敢違成例，于孝陵旁近建厝奉安殿，三十餘年未敢竟安地宫。至雍正初，敬謹葳事。嘉慶四年，高宗純皇帝遺命廟號無庸稱祖，我仁宗睿皇帝謹遵遺命。故雖乾隆之豐功大烈，廟號未得祖稱，載在《會典》，先後同揆。此次大行皇帝遺命一條，森嚴可畏。若不遵行，與我朝家法不符。且硃諭反覆申明，無非自處於卑屈，處列聖于崇高。此乃大孝大讓，亘古之盛德也。與其以尊崇之微忱屬之臣子，孰若以莫大之盛德歸之君父。此其不敢違者三也。

臣竊計皇上仁孝之心兩者均有所歉，不

奉升配，❶既有違命之嫌，又有將來之慮，是多一歉也。一經大智之權衡，無難立判乎輕重。聖父制禮，聖子行之，默契精微，不待臣僚擬議而後定。臣職在秩宗，誠恐不詳不慎，皇上他日郊祀之時，上顧遺訓，下顧萬世，或者悚然難安，禮臣無所辭咎。是以專摺具奏，干冒宸嚴，不勝惶悚戰栗之至。謹奏。

應詔陳言疏

奏爲應詔陳言事：二月初八日，奉皇上諭：令九卿科道有言事之責者，於用人、行政一切事宜皆得據實直陳，封章密奏。仰見聖德謙沖，孜孜求治，臣竊維用人、行政二者，自古皆相提并論，獨至我朝則凡百庶政皆已著有成憲，既備既詳，未可輕議。今日所當講求者，惟在用人一端耳。方今人才不乏，欲作育而激揚之，端賴我皇上之妙用。大抵有轉移之道，有培養之方，有考察之法，三者不可廢一，請爲我皇上陳之。

所謂轉移之道何也？我朝列聖爲政，大抵因時俗之過而矯之，使就於中。順治之時，瘡痍初復，民志未定，故聖祖繼之以寬。康熙之末，久安而吏弛，刑措而民偷，故世宗救之以嚴。乾隆、嘉慶之際，人尚才華，士騖高遠，故大行皇帝斂之以鎮靜，以變其浮誇之習，一時人才循循規矩準繩之中，無有敢才智自雄、鋒芒自逞者。然有守者多，而有猷有爲者漸覺其少，大率以畏葸爲慎，以柔靡爲恭。以臣觀之，京官之辦事通病有二：

❶「不奉升配」，此句疑有脱漏，清光緒傳忠書局刻本《曾文正公奏稿》卷一作「然不奉升配，僅有典禮未備之歉，遽奉升配」。

曰退縮，曰瑣屑；外官之辦事通病有二：曰敷衍，曰顢頇。退縮者，同官互推，不肯任怨；動輒請旨，不肯任咎是也。瑣屑者，利析錙銖，不顧大體；察其秋毫，不見輿薪是也。敷衍者，裝頭蓋面，但計目前，剜肉補瘡，不問明日是也。顢頇者，外面完全而中已潰爛，章奏粉飾而語無歸宿是也。有此四者，習俗相沿，但求苟安無過，不求振作有爲，將來一有艱鉅，國家必有乏才之患。我大行皇帝深知此中之消息，故亟思得一有用之才，以力挽頹風。去年，京察人員數月之内擢臬司者三人，擢藩司者一人，蓋亦欲破格超遷，整頓積弱之習染。無如風會所趨，勢難驟變。今若遽求振作之才，又恐躁競者因而倖進，轉不足以收實效。臣愚以爲，欲使有用之才不出範圍之中，莫若使之從事於學術。漢臣諸葛亮曰：「才須學，學須識。」蓋至論也。然欲人才皆知好學，又必自我皇上以身作則，乃能操轉移風化之本。臣考聖祖仁皇帝登極之後，勤學好問，儒臣逐日進講，寒暑不輟。萬壽聖節，不許間斷；三藩用兵，亦不停止；召見廷臣，輒與之往復討論。故當時人才濟濟，好學者多。至康熙末年，博學偉才大半皆聖祖教諭而成就之。今皇上春秋鼎盛，正與聖祖講學之年相似。臣之愚見，欲請俟二十七月後舉行逐日進講之例，四海傳播，人人嚮風。召見臣工，與之從容論難，見無才者，則勖之以學，以痛懲模稜罷輭之習；見有才者，則愈勖之，以化其剛愎刻薄之偏。十年以後，人才必大有起色。一人典學於宫中，羣英鼓舞於天下，其幾在此，其效在彼。康熙年間之往事，昭昭可觀也。以今日之委靡因循，而期之以振作，又慮他日之更張僨事，而澤之以《詩》、《書》，但期默運而潛移，不肯矯枉而過正。蓋轉移之道，其略如此。

所謂培養之方何也？凡人才未登仕版者，姑不具論。其已登仕版者，如内閣、六部、翰林院最爲薈萃之地，將來内而卿相，外而督撫，大約不出此八衙門。此八衙門者人才數千，我皇上不能一一周知也，培養之權不得不責成於堂官。所謂培養者，約有數端：曰教誨，曰甄別，曰保舉，曰超擢。堂官之於司員，一言嘉奬，則感而圖功；片語責懲，則畏而改過，此教誨之不可緩也。榛棘不除，則蘭蕙減色；害馬不去，則騏驥短氣，此甄別之不可緩也。嘉慶四年、十八年兩次令部院各保司員，此保舉之成案也。雍正年間，甘汝來以主事而賞入參放知府，嘉慶年間黄鉞以主事而充翰林入南齋，此超擢之成案也。蓋嘗論之，人才譬之禾稼，堂官之教誨猶種植耘耔也，甄別則去其稂莠也，保舉則猶灌溉也。皇上超擢，譬之甘雨時降，苗勃然興也。堂官常常到署，譬之農夫日日田間，乃能熟悉穡事也。今各衙門堂官多内廷行走之員，或累月不克到署，與司員恒不相習。自掌印主稾數人而外，大半不能識面，譬之嘉禾稂莠，聽其同生同落於畎畝之中，而農夫不問，教誨之法無聞，甄別之例亦廢。近奉明詔保舉，又但及外官而不及京秩，培養之道不尚有未盡者哉？自頃歲以來，六部人數日多，或二十年不得補缺，或終身不得主稾，内閣、翰林院員數亦三倍於前，往往十年不得一差，不遷一秩，固已英才摧挫矣。而堂官又多在内廷，終歲不獲一見，如吏部六堂内廷四人，禮部六堂内廷四人，户部六堂皆直内廷，翰林兩掌院皆直内廷，在諸臣隨侍御園，本難分身入署，而又或兼攝兩部，或管理數處，爲司員者晝稾則悤悤一面，白事則寥寥數語，縱使才德俱優，曾不能邀堂官之一顧，又焉能達天子之知哉？以若干人之才近在眼前，不能加意培養，甚可惜也。臣之愚見，欲請皇上稍爲酌量，每部須有三四堂不入直内廷者，令其日日到署，以與司員相砥礪。翰林掌院，亦須有不直内廷者，令其與編、檢相濡染，務使屬官之性情心術，長官一一周知，皇上不時詢問某也才，某也直，某也小知，某也大受，不特屬官之優劣粲然畢呈，即長官之淺深亦可互見，旁考參稽，而八衙門之人才同往來於聖主之胸中，彼司員者但令姓名達於九重，不必升官遷秩，而已感激無地矣。然後保舉之法，甄別之例，次第舉行乎舊章。皇上偶有超擢，則楩枏一升而草木之精神皆振，蓋培養之方其略如此。

所謂考察之法何也？古者詢事、考言二者並重。近來各衙門辦事，小者循例，大者請旨，本無才猷之可見，則莫若於言考之。而召對陳言，天威咫尺，又不宜喋喋便佞，則莫若於奏摺考之矣。國家定例，内而九卿科道，外而督撫藩臬，皆有言事之責，各省道員不許專摺謝恩，而許專摺言事。乃十餘年間，九卿無一人陳時政之得失，司道無一摺言地方之利病，相率緘默，一時之風氣有不解其所以然者。科道間有奏疏，而從無一言及主德之隆替，無一摺彈大臣之過失，豈君爲堯舜之君，臣皆稷契之臣乎？一時之風氣亦有不解其所以然者。臣考本朝以來，匡言主德者，孫嘉淦以自是規高宗，袁銑以寡慾規大行皇帝，皆蒙優旨嘉納，至今傳爲美談。糾彈大臣者，如李之芳參劾魏裔介，彭鵬參劾李光地。厥後四人皆爲名臣，亦至今傳爲美談。自古直言不諱，未有盛於我朝者也。今皇上御極之初，又特詔求言，而褒答倭仁之諭，臣讀之，至於抃舞感泣。此誠太平之象。然臣猶有過慮者。誠見我皇上求言甚切，恐諸臣紛紛入奏，或者條陳庶政，頗多雷同之語，不免久而生厭；彈劾大臣，懼長攻訐之風，又不免久而生厭。臣之愚見，願皇上堅持聖意，借奏摺爲考覈人才之具，永不生厭斁之心。涉於雷同者，不必交議而已；過於攻訐者，不必發鈔而已。此外，則但見其有益，初不見其有損。人情狃於故常，大抵多所顧忌，如主德之隆替，大臣之過失，非皇上再三誘之使言，誰肯輕冒不韙？如藩臬之奏事，道員之具摺，雖有定例，久不遵行，非皇上再三迫之使言，又誰肯立異以犯督撫之怒哉？臣亦知内外大小羣言並進，即浮僞之人不能不雜出其中，然無本之言，其術可以一售，而不可以再試。朗鑑高懸，豈能終遁？方今考九卿之賢否，但憑召見之應對；考科道之賢否，但憑三年之京察；考司道之賢否，但憑督撫之考語。若使人人建言，參互質證，豈不更爲核實乎？

臣所謂考察之法其略如此。三者相需爲用，並行不悖。臣本愚陋，頃以議禮一疏，荷蒙皇上天語褒嘉，感激思所以報，但憾識見淺薄，無補萬一，伏求皇上憐其愚誠，俯賜訓示，幸甚！謹奏。

敬陳聖德三端預防流弊疏

奏爲敬陳聖德，仰贊高深事。

臣聞美德所在，常有一近似者爲之淆，辨之不早，則流弊不可勝防。故孔門之告六言，必嚴去其六弊。臣竊觀皇上生安之美德，約有三端，而三者之近似亦各有其流弊，不可不預防其漸。請爲我皇上陳之。

臣每於祭祀侍儀之頃，仰瞻皇上對越肅雍，跬步必謹，而尋常涖事，亦推求精到。此敬慎之美德也，而辨之不早，其流弊爲瑣碎，是不可不預防。人臣事君，禮儀固貴周詳，然苟非朝祭大典，難保一無疏失。自去歲以來，步趨失檢，廣林以小節被參；道旁叩頭，福濟、麟魁以小節被參；内廷接駕，明訓以微儀獲咎；都統暫署，惠豐以微儀獲咎。在皇上僅予譴罰，初無苛責之意，特恐臣下誤會風旨，或謹於小而反忽於大，且有謹其所不必謹者。行禮有儀注，古今通用之字也，近來避皇上之嫌名，乃改爲行禮禮節；朔望常服既經臣部奏定矣，而去冬忽改爲貂褂；御門常服挂珠既經臣部奏定矣，而初次忽改爲補褂。以此等爲尊君，皆於小者謹其所不必謹，則於國家之大計必有疏漏，而不暇深求者矣。夫所謂國家之大計，果安在哉？即如廣西一事，其大者在位置人才，其次在審度地利，又其次在慎重軍需。今發往廣西人員不爲不多，而位置之際未盡妥善。姚瑩年近七十，曾立勳名，宜稍加以威望，令其參贊幕府。若泛泛差遣委用，則不能收其全力。嚴正基辦理糧臺，而位卑則難資彈壓，權分則易致牽掣。夫知之而不用與不知同，用之而不盡與不用同。諸將既多，亦宜分爲三路，各有專責。中路專辦武宣大股，西路分辦泗鎮、南太，東路分辦七府一州。至於地利之説，則欽差大臣宜駐劄横州，乃可以策應三路。糧臺宜專設梧州，銀米由湖南往者暫屯桂林，以次而輸於梧；由廣東往者，暫屯肇慶，以次而輸於梧。則四方便於支應，而寇盜不能劫掠。今軍興一載，外間既未呈進地圖規畫全勢，而内府有《康熙輿圖》、《乾隆興圖》，亦未聞樞臣請出，與皇上熟視審計。至於軍需之説，則捐輸之局萬不可開於兩粤。捐生皆從軍之人，捐資皆借湊之項，展轉挪移，仍於糧臺乎取之。此三者皆就廣西而言，今日之大計也。即使廣西無事，而凡爲臣子者，亦皆宜留心人才，亦皆宜講求地利，亦皆宜籌畫國計，圖其遠大，即不妨略其細微。漢之陳平，高祖不問以決獄；唐之房、杜，太宗惟責以求賢。誠使我皇上豁達遠觀，罔苛細節，則爲大臣者，不敢以小廉曲謹自恃，不敢以尋行數墨自取竭蹷，必且穆然深思，求所以宏濟於艱難者。臣所謂防瑣碎之風，其道如此。

又聞皇上萬幾之暇，頤情典籍；游藝之末，亦法前賢。此好古之美德也。而辨之不細，其流弊徒尚文飾，亦不可不預防。自去歲求言以來，豈無一二嘉謨至計，究其歸宿，大抵皆以「無庸議」三字了之。間有特被獎許者，手詔以褒倭仁，未幾而疏之萬里之外；優旨以答蘇廷魁，未幾而斥爲亂道之流，是鮮察言之實意，徒飾納諫之虛文。自道光中葉以來，朝士風氣專尚浮華，小楷則工益求工，試律則巧益求巧。翰、詹最優之途莫如兩書房行走，而保薦之時但求工於小楷者；閣部最優之途莫如軍機處行走，而保送之時但取工於小楷者。衡文取士，大典也，而考差者亦但論小楷、試律，而不復計文義之淺深。故臣常謂欲人才振興，必使士大夫考古來之成敗，討國朝之掌故，而力杜小楷、試律工巧之風，乃可以崇實而黜浮。去歲，奏開日講，意以人臣陳説古今於黼座之前，必不敢不研求實學，蓋爲此也。今皇上於軍務倥傯之際，仍舉斯典，正與康熙年三藩時相同。然非從容召見，令其反覆辨説，恐亦徒飾虚文,而無以考覈人才。目前之時務雖不可妄議,本朝之成憲獨不可稱述乎?今日皇上於外官來京屢次召見,詳加考覈。今之翰、詹,即異日之督撫、司道也,甫脱乎小楷、試律之間,即與以兵刑錢穀之任,又豈可但觀其舉止便捷、語言圓妙,而不深究其真學真識乎?前者臣工奏請刊布御製詩文集,業蒙允許。臣考《高宗文集》刊布之年,聖壽已二十有六。列聖文集刊布之年,皆在三十、四十以後。皇上春秋鼎盛,若稍遲數年,再行刊刻,亦足以昭聖度之謙沖,且明示天下以崇實政,不尚虚文之意。風聲所被,必有樸學興起,爲國家任棟梁之重,臣所謂杜文飾之風,其道如此。

臣又聞皇上娱神淡遠,恭己自怡,曠然若有天下而不與焉者。此廣大之美德也。然辨之不精,亦恐厭薄恒俗而長驕矜之氣,尤不可以不防。去歲求言之詔,本以用人與行政並舉,乃近來兩次諭旨,皆曰「黜陟大權,朕自持之」。在皇上之意,以爲中無纖毫之私,則一章一服皆若奉天以命德,初非自執己見,豈容臣下更參末議。而不知「天視自民視,天聽自民聽」,國家設立科道,正民視民聽之所寄也。皇上偶舉一人,軍機大臣以爲當,左右皆曰賢,未可也。臣等九卿以爲當,諸大夫皆曰賢,未可也。必科道百僚以爲當,然後爲國人皆曰賢。黜陟者,天子一人持之;是非者,天子與普天下人共之。宸衷無纖毫之私,可以謂之公,未可謂之明也。必國人皆曰賢,乃合天下之明以爲明矣。古今人情不甚相遠,大率戇直者少,緘默者多。皇上再三誘之使言,尚且顧忌濡忍,不敢輕發。苟見皇上一言拒之,誰復肯干犯天威?如禧恩之貪黷,曹履泰之汙鄙,前聞物論紛紛，久之竟寂無彈章，安知非畏雷霆之威，而莫敢先發以取罪哉？自古之重直臣，非特使彼成名而已。蓋將借其藥石以折人主驕侈之萌，培其風骨，養其威稜，以備有事折衝之用，所謂「疾風知勁草」也。若不取此等，則必專取一種諧媚輭熟之人，料其斷不敢出一言以逆耳而拂心，而稍有鋒鋩者必盡挫其勁節而銷鑠其剛氣。一旦有事，則滿廷皆疲苶沓泄與袖手，一籌莫展而後已。今日皇上之所以使賽尚阿視師者，豈不知千金之弩輕於一發哉？蓋亦見在廷他無可恃之人也。夫平日不儲剛正之士，以培其風骨而養其威稜，臨事安所得人才而用之哉？自今軍務警報運籌於一人，取決於俄頃，皇上獨任其勞，而臣等莫分其憂，使廣西而不遽平，固中外所同慮也。然使廣西遽平，而皇上意中或遂謂天下無難辦之事，眼前無助我之人，此則一念驕矜之萌，尤微臣區區所大懼也。昔禹戒舜曰「無若丹朱傲」，周公戒成王曰「無若殷王受之迷亂」，舜與成王何至如此，誠恐一念自矜，則直言日覺其可憎，佞諛日覺其可親，流弊將靡所底止，臣之過慮實類乎此。

此三者辨之於早，衹在幾微之間。若待其弊既成而後挽之，則難爲力矣。臣謬玷卿陪，幸逢聖明在上，何忍不竭愚忱，以仰裨萬一。雖言之無當，然不敢激切以沽直聲，亦不敢唯阿以取容悦。伏惟聖慈垂鑒。謹奏。

文集

原才

風俗之厚薄奚自乎？自乎一二人之心之所嚮而已。民之生庸弱者戢戢皆是也，有一二賢且智者，則衆人君之而受命焉，尤智者所君尤衆焉。此一二人者之心向義，則衆人與之赴義；一二人者之心向利，則衆人與之赴利。衆人所趨，勢之所歸，雖有大力，莫之敢逆，故曰「撓萬物者莫疾乎風」。風俗之於人之心，始乎微而終乎不可禦者也。先王之治天下，使賢者皆當路在勢，其風民也皆以義，故道一而俗同。世教既衰，所謂一二人者不盡在位，彼其心之所嚮，勢不能不騰爲口說，而播爲聲氣，而衆人者勢不能不聽命，而蒸爲習尚。於是乎徒黨蔚起，而一時之人才出焉，有以仁義倡者，其徒黨亦死仁義而不顧；有以功利倡者，其徒黨亦死功利而不返。水流溼，火就燥，無感不讐，所從來久矣。今之君子之在勢者輒曰天下無才，彼自尸於高明之地，不克以己之所嚮轉移習俗而陶鑄一世之人，而翻謝曰無才，謂之不誣，可乎？否也。十室之邑有好義之士，其智足以移十人者，必能拔十人中之尤者而材之；其智足以移百人者，必能拔百人中之尤者而材之。然則轉移習俗而陶鑄一世之人，非特處高明之地者然也。凡一命以上，皆與有責焉者也。有國家者，得吾説而存之，則將慎擇與共天位之人。士大夫得吾説而存之，則將惴惴乎謹其心之所嚮，恐一不當而壞風俗而賊人才。循是爲之，數十年之後，萬一有收其效者乎，非所逆睹已。

聖哲畫像記

國藩志學不早，中歲側身朝列，竊窺陳編，稍涉先聖昔賢、魁儒長者之緒，駑緩多病，百無一成；軍旅馳驅，益以蕪廢；喪亂未平，而吾年將五十矣。往者，吾讀班固《藝文志》及馬氏《經籍考》，見其所列書目叢雜猥多，作者姓氏至於不可勝數，或昭昭於日月，或湮没而無聞。及爲文淵閣直閣校理，每歲二月侍從宣宗皇帝入閣，得觀《四庫全書》，其富過於前代所藏遠甚，而《存目》之書數十萬卷，尚不在此列。嗚呼！何其多也。雖有生知之姿，累世不能竟其業，況下焉者乎？故書籍之浩浩，著述者之衆，若江海然，非一人之腹所能盡飲也，要在慎擇焉而已。余既自度其不逮，乃擇古今聖哲三十餘人，命兒子紀澤圖其遺像，都爲一卷，藏之家塾，後嗣有志讀書，取足於此，不必廣心博騖，而斯文之傳莫大乎是矣。昔在漢世，若武梁祠、魯靈光殿皆圖畫偉人事蹟，而《列女傳》亦有畫像，感發興起，由來已舊。習其器矣，進而索其神，通其微，合其莫。心誠求之，仁遠乎哉？國藩記。

堯、舜、禹、湯，史臣記言而已。至文王拘幽，始立文字，演《周易》。周、孔代興，六經炳著，師道備矣。秦、漢以來，孟子蓋與莊、荀並稱，至唐韓氏，獨尊異之。而宋之賢者，以爲可躋之尼山之次，崇其書以配《論語》，後之論者莫之能易也。兹以亞於三聖人後云。

左氏傳經，多述二周典禮，而好稱引奇誕，文辭爛然，浮於質矣。太史公稱莊子之書皆寓言，吾觀子長所爲《史記》，寓言亦居十之六七。班氏閎識孤懷，不逮子長遠甚，然經世之典，六藝之旨，文字之源，幽明之情狀，粲然大備，豈與夫斗筲者爭得失於一先生之前，姝姝而自悦者哉？

諸葛公當擾攘之世，被服儒者，從容中道；陸敬輿事多疑之主，馭難馴之將，燭之以至明，將之以至誠，譬若御駑馬登峻坂，縱横險阻而不失其馳，何其神也！范希文、司馬君實遭時差隆，然堅卓誠信各有孤詣，其以道自持，蔚成風俗，意量亦遠矣。昔劉向稱董仲舒「王佐之才，伊、呂無以加，管、晏之屬殆不能及」，而劉歆以爲董子師友所漸，曾不能幾乎游、夏。以予觀四賢者，雖未逮乎伊、呂，固將賢於董子。惜乎不得如劉向父子而論定耳。

自朱子表章周子、二程子、張子，以爲上接孔、孟之傳，後世君相師儒篤守其說，莫之或易。乾隆中，閎儒輩起，訓詁博辨，度越昔賢，別立徽志，號曰漢學，擯有宋五子之術，以謂不得獨尊。而篤信五子者，亦屏棄漢學，以爲破碎害道，斷斷焉而未有已。吾觀五子立言，其大者多合於洙泗，何可議也？其訓釋諸經，小有不當，固當取近世經說以輔翼之，又可屏棄羣言以自隘乎？斯二者亦俱譏焉。

西漢文章如子雲、相如之雄偉，此天地遒勁之氣得於陽與剛之美者也，此天地之義氣也。劉向、匡衡之淵懿，此天地温厚之氣得於陰與柔之美者也，❶此天地之仁氣也。東漢以還，淹雅無慙於古，而風骨少隤矣。韓、柳有作，盡取楊、馬之雄奇萬變而內之於薄物小篇之中，豈不詭哉？歐陽氏、曾氏皆法韓公，而體質於匡、劉爲近。文章之變，莫可窮詰。要之，不出此二途。雖百世可知也。

余鈔古今詩，自魏晉至國朝，得十九家。蓋詩之爲道廣矣，嗜好趨向，各視其性之所近。猶庶羞百味，羅列鼎俎，但取適吾口者嚌之得飽而已。必窮盡天下之佳肴，辯嘗而

❶「於」，原作「與」，今據清同治傳忠書局刻本《曾文正公文集》卷二作「於」。

後供一饌，是大惑也。必强天下之舌，盡效吾之所嗜，是大愚也。莊子有言：「大惑者終身不解，大愚者終身不靈。」余於十九家中，又篤守夫四人者焉。唐之李、杜，宋之蘇、黄，好之者十有七八，非之者亦且二三。余懼蹈莊子不解、不靈之譏，則取足於是，終身焉已耳。

司馬子長網羅舊聞，貫串三古，而八書頗病其略。班氏《志》較詳矣，而斷代爲書，無以觀其會通。欲周覽經世之大法，必自杜氏《通典》始矣。馬端臨《通考》，杜氏伯仲之間，鄭《志》非其倫也。百年以來，學者講求形聲故訓，專治《説文》，多宗許、鄭，少談杜、馬，吾以許、鄭考先王制作之源，杜、馬辨後世因革之要，其於實事求是一也。

先王之道，所謂修己治人，經緯萬彙者，何歸乎？亦曰禮而已矣。秦滅書籍，漢代諸儒之所掇拾，鄭康成之所以卓絶，皆以禮也。杜君卿《通典》言禮者十居其六，其識已跨越八代矣。有宋張子、朱子之所討論，馬貴與、王伯厚之所纂輯，莫不以禮爲兢兢。我朝學者以顧亭林爲宗，《國史·儒林傳》褎然冠首。吾讀其書，言及禮俗教化，則毅然有守先待後，舍我其誰之志，何其壯也！厥後張蒿菴作《中庸論》，及江慎修、戴東原輩尤以禮爲先務，而秦尚書蕙田遂纂《五禮通考》，舉天下古今幽明萬事而一經之以禮，可謂體大而思精矣。吾圖畫國朝先正遺像，首顧先生，次秦文恭公，亦豈無微旨哉？桐城姚鼐姬傳、高郵王念孫懷祖，其學皆不純於禮，然姚先生持論閎通，國藩之粗解文章，由姚先生啟之也。王氏父子集小學、訓詁之大成，敻乎不可幾已，故以殿焉。

姚姬傳氏言：學問之途有三：曰義理，

曰詞章，曰考據。戴東原氏亦以爲言。如文、周、孔、孟之聖，左、莊、馬、班之才，誠不可以一方體論矣。至若葛、陸、范、馬，在聖門則以德行而兼政事也。周、程、張、朱，在聖門則德行之科也，皆義理也。韓、柳、歐、曾、李、杜、蘇、黄，在聖門則言語之科也，所謂詞章者也。許、鄭、杜、馬、顧、秦、姚、王，在聖門則文學之科也，顧、秦於杜、馬爲近，姚、王於許、鄭爲近，皆考據也。

此三十二子者，師其一人，讀其一書，終身用之，有不能盡。若又有陋於此而求益於外，譬若掘井九仞，而不及泉，則以一井爲隘，而必廣掘數十百井，身老力疲，而卒無見泉之一日，其庸有當乎？

自浮屠氏言因果禍福，而爲善獲報之説深中於人心，牢固而不可破。士方其佔畢咿唔，則期報於科第禄仕。或少讀古書，窺著作之林，則責報於遐邇之譽，後世之名。纂述未及終編，輒冀得一二有力之口，騰播人人之耳，以償吾勞也。朝耕而暮穫，一施而十報，譬若沽酒市脯，喧聒以責之貸者，又取倍稱之息焉。禄利之不遂，則徼倖於没世不可知之名。甚者，至謂孔子生不得位，没而俎豆之報隆於堯舜，鬱鬱者以相證慰，何其陋歟！今夫三家之市，利析錙銖，或百錢逋負，怨及孫子。若通闤貿易，瓌貨山積，動逾千金，則百錢之有無有不暇計較者矣。富商大賈黄金百萬，公私流衍，則數十百緡之費有不暇計較者矣。均是人也，所操者大，猶有不暇計其小者，況天之所操尤大，而於世人豪末之善、口耳分寸之學，而一一謀所以報之，不亦勞哉？商之貨殖同，時同，而或贏或絀；射策者之所業同，而或中或罷；爲學著書之深淺同，而或傳或否、或名或不名，亦皆有命焉，非可强而幾也。古之君子蓋無日不憂，無日不樂。道之不明，己之不免爲鄉人，一息之或懈，憂也。居易以俟命，下學而上達，仰不愧而俯不怍，樂也。自文王、周、孔三聖人以下至於王氏，莫不憂以終身，樂以終身，無所於祈，何所爲報？己則自晦，何有於名？惟莊周、司馬遷、柳宗元三人者，傷悼不遇，怨悱形於簡册，其於聖賢自得之樂稍違異矣。然彼自惜不世之才，非夫無實而汲汲時名者比也。苟汲汲於名，則去三十二子也遠矣。將適燕、晉而南其轅，其於術不益疏哉？

文、周、孔、孟，班、馬、左、莊。葛、陸、范、馬，周、程、朱、張。韓、柳、歐、曾，李、杜、蘇、黄。許、鄭、杜、馬，顧、秦、姚、王。三十二人，俎豆馨香；臨之在上，質之在旁。

箴言書院記

國藩以道光戊戌通籍於朝，湘人官京師者多同時輩流，其射策先朝耆年宿望凋散略盡，而少詹事益陽胡雲閣先生獨爲老師祭酒，鄉之人就而考德稽疑，如幽得燭，衆以無隕。而喆嗣潤之亦以編修趾美名父，迴翔館閣，今兵部侍郎、湖北巡撫，海内稱爲宫保胡公者是也。少詹君晚而纂《弟子箴言》十四卷，國藩實常受而讀之。自灑掃應對以暨天地經綸、百家學術，靡不畢具。甄録古人嘉言，衷以己意，辭淺而指深，要使學者自幼而端所習，隨其材之大小，董勸漸摩，徐底於成而已。

竊嘗究觀夫天之生斯人也，上智者不常，下愚者亦不常，擾擾萬衆，大率皆中材耳。中材者導之東而東，導之西而西，習於善而善，習於惡而惡。其始憧焉無所知識，未幾而騁耆欲，逐衆好，漸長漸貫而成自然。由一二人以達於通都，漸流漸廣而成風俗。風之爲物，控之若無有，鰌之若易靡，及其既成，發大木，拔大屋，一動而萬里應，窮天人之力而莫之能禦。先王鑒於此，欲民生蚤慎所習，於是設爲學校以教之，琴瑟鼓鐘以習其耳，俎豆登降以習其目，《詩》、《書》諷誦以習其口，射御、投壺以習其筋力，書升以作其能，而郊遂以作其恥，故其高材則道足濟天下，而智周萬彙；其次亦不失爲圭璧自飭之士。賈生有言：「習與正人居之，不能毋正，猶生長於齊，不能不齊言也。」其不然歟？

侍郎自開府湖北以來，即以移風易俗爲己任，自部曲之長、郡縣之吏曁百執事，片善微長，不敢自襮，而褒許隨之，曰：「爾之發見者微，而善端宏大，不可量也。」或有過差，方圖蓋覆，譴亦及之，曰：「此猶小眚，過是誅罰重矣。」與其新，不苛其舊；表其獨，不遺其同。上下兢兢，日有課，月有舉。當世推湖北人才極盛，侍郎則曰：「吾先人《箴言》中育才之法如此，吾詎能繼述，直什一耳。」咸豐十年，侍郎治鄂六載矣，功成而化洽。又以一湖之隔，吾教成於北而反遺吾父母之邦，其謂我何？於是建箴言書院，將萃益陽之士而大淑之。置良田以廩生徒，儲典籍以饋孤陋。寬其涂轍而嚴其教條，崇實而黜華，賤通而尚介。循是不廢，豈惟一邑之幸，即漢之十三家法，宋之洛、閩淵源，於是乎在。後有名世者出，觀於胡氏父子仍世育才肫肫之意，與余小子慎其所習之説，可以興矣。

鈔朱子小學書後

右《小學》三卷，世傳朱子輯。觀朱子癸

卯《與劉子澄書》，則是編子澄所詮次也。其義例不無可訾，然古聖立教之意、蒙養之規差具於是。蓋先王之治人尤重於品節，其自能言以後，凡夫灑掃應對、飲食衣服無不示以儀則，因其本而利道，節其性而不使縱，規矩方圓之至也。既已固其筋骸，劑其血氣，則禮樂之器蓋由之矣，特未知焉耳。十五而入太學，乃進之以格物，行之而著焉，習矣而察焉，因其已明而擴焉，故達也。班固《藝文志》所載小學類皆訓詁文字之書，後代史氏率仍其義。幼儀之繁，闕焉不講。三代以下，舍佔畢之外，乃別無所謂學，則訓詁文字要矣。若揆古者三物之教，則訓詁文字者亦猶其次焉者乎？仲尼曰「行有餘力，則以學文」，「繪事後素」，不其然哉？余故録此編於《進德門》之首，使昆弟子姓知幼儀之爲重，而所謂訓詁文字別録之《居業門》中。童子知識未梏，言有刑，動有法，而蹈非彝者鮮矣。是編舊分内外，内編尚有《稽古》一卷，外編《嘉言》、《善行》二卷，采掇頗淺近，亦不録云。

書儀禮釋官後

侍郎胡君季臨重刻其曾祖王父樸齋先生所著《儀禮釋官》，寄示國藩，屬爲識於簡端。余嘗從《皇清經解》中得讀此書，粗識崖略。先生治禮，崇信鄭氏，而於鄭説之歧誤者亦不苟爲附和。如《燕禮》宜以膳宰爲主人，而辨注釋爲宰夫者之非；司宮即《周禮》之宮人，而指注比於小宰之失；左右正即僕從之官，若《書》之左右攜僕、《詩》之趣馬左右，而證注中稱樂正、僕人正者之謬；《特牲》士有私臣，而歎注謂士無臣者之疏。其説既允矣，至於曲證旁通，往往即一事而洞見本原。先王之制禮也，因人之愛而爲之文飾，以達其仁；因人之敬而立之等威，以昭其義，雖百變而不越此兩端。先生以爲《士喪》、《既夕》二篇所言甸人、管人、夏祝、商祝、冢人、卜人、隸人、遂匠之屬，皆公家之臣來執事者也。又以爲諸侯之官其爵必降等於天子，聖人別嫌明微之意寓乎其間，使周之諸侯遵而守之，何至有僭越而置六卿、稱縣公者？由前之説，則臣下之喪，君既臨其小斂，又遣官助其百役，有若家人骨肉愴惻纏綿。由後之説，則侯國之百職庶司不敢毫髮僭擬於天王。恩誼之篤如彼，名分之嚴若此，皆禮之精意，祖仁本義，又非僅考核詳審而已。

《儀禮》一經，前明以來，幾成絶學。我朝鉅儒輩出，精詣鴻編迭相暎蔚，而徽州一郡尤盛。自婺源江氏永崛起，爲《禮經》大師，而同邑汪氏紱、休寧戴氏震亦皆博洽，爲世所宗。其後歙縣金氏榜、淩氏廷堪并有纂述，無慚前修。先生世居績溪，與諸儒地相比，時相接，宜入《國史·儒林傳》，列於江氏、汪氏之次。而哲孫培翬又能紹其家學，著《儀禮正義》，薈萃羣言，衷於至當。徽州爲朱子父母之邦，典章文物固非他郡所敢望，而胡氏世傳禮教，故家文獻綿延無替，亦足使篤古之士低徊而興慕也。

書學案小識後

唐先生撰輯《國朝學案》，命國藩校字付梓。既畢役，乃謹書其後，曰：

天生斯民，予以健順五常之性，豈以自淑而已，將使育民淑世而彌縫天地之缺憾。其於天下之物，無所不當究；二儀之奠、日月星辰之紀、氓庶之生成、鬼神之情狀、草木鳥獸之咸若、灑掃應對進退之瑣，皆吾性分之所有事，故曰「萬物皆備於我」、「人者，天地之心也」。聖人者，其智足以周知庶物，其才能時措而咸宜，然不敢縱心以自用，必求權度而絜之。以舜之濬哲，猶且好問好察。周公思有不合，則夜以繼日。孔子，聖之盛也，而有事乎好古敏求。顔淵、孟子之賢，亦曰博文、曰集義。蓋欲完吾性分之一源，則當明萬物萬殊之等；欲悉萬殊之等，則莫若即物而窮理。即物窮理云者，古昔聖賢共由之軌，非朱子一家之創解也。自陸象山氏以本心爲訓，而明之餘姚王氏乃頗遥承其緒，其説主於良知，謂吾心自有天則，不當支離而求諸事物。夫天則誠是也，目巧所至，不繼之以規矩準繩，遂可據乎？且以舜、周公、孔子、顔、孟之知如彼，而猶好問好察、夜以繼日、好古敏求、博文而集義之勤如此，況以中人之質而重物欲之累，而謂念念不過乎則，其能無少誣耶？自是以後，沿其流者百輩，間有豪傑之士思有以救其偏，變一説則生一蔽。高景逸、顧涇陽氏之學以靜坐爲主，所重仍在知覺。此變而蔽者也。近世乾、嘉之間諸儒務爲浩博，惠定宇、戴東原之流鉤研詁訓，本河間獻王實事求是之旨，薄宋賢爲空疏。夫所謂事者非物乎？是者非理乎？實事求是非即朱子所稱「即物窮理」者乎？名目自高，詆毁日月，亦變而蔽者也。别有顔習齋、李恕谷氏之學，忍嗜欲，苦筋骨，力勤於見迹，等於許行之並耕，病宋賢爲無用，又一蔽也。由前之蔽排王氏而不塞其源，是五十步笑百步之類矣。由後之二蔽矯王氏而過於正，是因噎廢食之類矣。

我朝崇儒一道，正學翕興，平湖陸子、桐鄉張子闢詖辭而反經，確乎其不可拔。陸桴亭、顧亭林之徒博大精微，體用兼賅，其他鉅公碩學，項領皆望，二百年來，大小醇疵，區以別矣。唐先生於是輯爲此編，大率居敬而不偏於靜，格物而不病於瑣，力行而不迫於隘。三者交備，采擇名言，略依此例。其或守王氏之故轍，與變王氏而鄰於前三者之蔽，則皆釐而剔之。豈好辯哉？去古日遠，百家各以其意自鳴，是丹非素，無術相勝，雖其尤近理者，亦不能饜人人之心而無異辭。道不同，不相爲謀，則亦已矣。若有嗜於此而取途焉，則且多其識，去其矜，無以聞道自標，無以方隅自囿，不爲口耳之求，而求自得焉，是則君子者已，是唐先生與人爲善之志也。

孟子要略敘跋

朱子所編《孟子要略》，自來志藝文者皆不著於録。朱氏《經義考》亦稱未見。寶應王白田氏爲《朱子年譜》，謂此書久亡佚矣。吾亡友漢陽劉茮雲傳瑩始於金仁山《孟子集注考證》内搜出，復還此書之舊。王氏勤一生以治朱子之業，號爲精核無倫，而不知《要略》一書具載金氏書中。即四庫館中諸臣，於金氏《集注考證》爲提要數百言，亦未嘗道及此書。蓋耳目所及，百密而不免一疏，事之常也。觀金氏所記，則朱子當日編輯《要略》，別爲注解，與《集注》間有異同。金氏於「人皆有所不忍」章云：「《要略》注尚是舊說。」「桃應問曰」章云：「《要略》注文微不同。」今散失既久，不可復覩。茮雲僅能排比次第，屬國藩校刻，以顯於世，抑猶未完之本與？然如許叔重《五經異義》、余隱文《尊孟辨》之類，皆湮晦數百年矣，一旦於他書中刺取，掇零拾墜，遂復故物，則此書之出，安知不更有人焉，蒐得原注，以補今日之闕乎？天下甚大，來者無窮，必有能篤者朱子之書，罔羅以彌遺恨者，是吾茮雲地下之靈禱祀以求之者也。

孟子之書，自漢唐以來不列於學官。陸氏《經典釋文》亦不之及，而司馬光、晁説之之倫更相疑詆。至二程子始表章之，而朱子遂定爲四書。既薈萃諸子之説爲《孟子精義》，又采其尤者爲《集注》七卷。又剖晰異同，爲《或問》十四卷，用力亦已勤矣。而茲又簡擇爲《要略》五卷，好之如此其篤也。蓋深造自得，則夫泳於心而味於口者，左右而逢其原，參伍錯綜而各具條理。雖以國藩之蒙陋，讀之亦但見其首尾完具，而不復知衡抉顛倒之爲病，則其犁然而當於人人之心可知已。國藩既承亡友劉君遺令，爲之排定付刻。因頗仿《近思録》之例，疏明分卷之大指，俾讀者一覽而得焉。大賢之旨趣，誠知非末學所可幸中，獨未知於吾亡友之意合邪？否邪？死者不可復生，徒使予茫然四顧而傷心也夫。

書札

致劉孟容

去歲辱惠書，所以講明學術者甚正且詳，而於僕多寬假之詞，意欲誘而進之，且使具述爲學大指，良厚良厚！

蓋僕早不自立，自庚子以來稍事學問，涉獵於前明、本朝諸大儒之書，而不克辨其得失。聞此間有工爲古文詩者，就而審之，乃桐城姚郎中鼐之緒論，其言誠有可取，於是取司馬遷、班固、杜甫、韓愈、歐陽修、曾鞏、王安石及方苞之作悉心而讀之，其他六代之能詩者及李白、蘇軾、黄庭堅之徒，亦皆泛其流而究其歸，然後知古之知道者未有不明於文字者也。能文而不能知道者或有矣，烏有知道而不明文者乎？

古聖觀天地之文、獸迒鳥迹而作書契，於是乎有文。文與文相生而爲字，字與字相續而成句，句與句相續而成篇。口所不能達者，文字能曲傳之。故文字者，所以代口而傳之千百世者也。伏羲既深知經緯三才之道，而畫卦以著之。文王、周公恐人之不能明也，於是立文字以彰之。孔子又作《十翼》，定諸經，以闡顯之，而道之散列於萬事萬物者亦略盡於文字中矣。所貴乎聖人者，謂其立行與萬事萬物相交錯而曲當乎道，其文字可以教後世也。吾儒所賴以學聖賢者，亦藉此文字以考古聖之行，以究其用心之所在。然則此句與句續、字與字續者，古聖之精神語笑胥寓於此。差若毫釐，謬以千里。詞氣之緩急，韻味之厚薄，屬文者一不慎，則規模立變；讀書者一不慎，則鹵莽無知。

故國藩竊謂今日欲明先王之道，不得不以精研文字爲要務。三古盛時，聖君賢相承繼熙洽，道德之精淪於骨髓，而問學之意達於閭巷，是以其時雖罝兔之野人，漢陽之游女，皆含性貞嫻，吟詠若伊、萊、周、召、凡伯、仲山甫之倫，其道足文工又不待言。降及春秋，王澤衰竭，道固將廢，文亦殆殊已。故孔子覩獲麟，曰「吾道窮矣」，畏匡曰「斯文將喪」，於是慨然發憤，修訂六籍，昭百王之法戒，垂于世而不刊。心至苦，事至盛也。仲尼既没，徒人分布，轉相流衍。厥後聰明魁桀之士，或有識解譔著，大抵孔氏之苗裔。其文之醇駁，一視乎見道之多寡以爲差。見道尤多者文尤醇焉，孟軻是也，次多者醇次焉，見少者文駁焉，尤少者尤駁焉。自荀、揚、莊、列、屈、賈而下，次第等差略可指數。夫所謂見道多寡之分數何也？曰深也、博也。昔者孔子贊《易》以明天道，作《春秋》以衷人事之至當，可謂深矣。孔子之門有四科，子路知兵，冉求富國，問禮於柱史，論樂於魯伶，九流之説皆悉其原，可謂博矣。深則能研萬事微芒之幾，博則能究萬物之情況而不窮於用。後之見道不及孔氏者，其深有差焉，其博有差焉。能深且博，而屬文復不失古聖之誼者，孟氏而下，惟周子之《通書》、張子之《正蒙》，醇厚正大，邈焉寡儔。許、鄭亦能深博，而訓詁之文，或失則碎；程、朱亦且深博，而指示之語，或失則隘。其他若杜佑、鄭樵、馬貴與、王應麟之徒，能博而不能深，則文流於蔓矣。游、楊、金、許、薛、胡之儔能深而不能博，則文傷於易矣。由是有漢學、宋學之分，齗齗相角，非一朝矣。僕竊不自揆，謬欲兼取二者之長。見道既深且博，而爲文復臻於無累，區區之心，不勝奢願。譬若以蚊而負山，盲人而行萬里也，亦可哂已。蓋上者仰企於《通書》、《正蒙》，其次則篤耆司馬遷、韓愈之書，謂二子誠亦深博而頗窺古人屬文之法。今論者不究二子之識解，輒謂遷之書憤懣不平，愈之書傲兀自喜。而足下或不深察，亦偶同於世人之説，是猶覩《盤》、《誥》之聱牙，而謂《尚書》不可讀；觀《鄭》、《衛》之淫亂，而謂全《詩》可删。其毋乃漫於一概，而未之細推也乎？《孟子》曰：「君子所性，雖大行不加焉，雖窮居不損焉。」僕則謂君子所性，雖破萬卷不加焉，雖一字不識無損焉。離書籍而言道，則仁義忠信反躬皆備，堯、舜、孔、孟非有餘，愚夫愚婦非不足，初不關乎文字也。即書籍而言道，則道猶人心所載之理也，文字猶人身之血氣也。血氣誠不可以名理矣，然舍血氣則性情亦胡以附麗乎？今世雕蟲小夫，既溺於聲律繢藻之末，而稍知道者又謂讀聖賢書當明其道，不當究其文字，是猶論觀人者當觀其心所載之理，不當觀其耳目言動血氣之末也，不亦誣乎？知舍血氣無以見心理，則知舍文字無以窺聖人之道矣。周濂溪氏稱文以載道，而以虛車譏俗儒。夫虛車誠不可，無車又可以行遠乎？孔孟没而道至今存者，賴有此行遠之車也。吾輩今日苟有所見而欲爲行遠之計，又可不早具堅車乎哉？故凡僕之鄙願，苟於道有所見，不特見之，必實體行之；不特身行之，必求以文字傳之後世。雖曰不逮，志則如斯。其於百家之著述，皆就其文字以校其見道之多寡，剖其銖兩而殿最焉；於漢、宋二家搆訟之端，皆不能左袒以附一鬨；於諸儒崇道貶文之説，尤不敢雷同而苟隨，極知狂謬爲有道君子所深屏，然默而不宣，其文過彌甚，聊因足下之引誘而一陳涯略。伏惟憫其愚而繩其愆，幸甚，幸甚！

答劉孟容

孟容足下：

二年三辱書，一不報答，雖槁木之無情，亦不恝置。若此性本懶怠，然或施於人人，豈謂施諸吾子。每一伸紙，以爲足下意中欲聞不肖之言，不當如是已也，輒復置焉。日月在上，惟足下鑒之。

伏承信道力學，又能明辨王氏之非，甚盛甚盛！蓋天下之道非兩不立，是以「立天之道曰陰與陽，立地之道曰柔與剛，立人之道曰仁與義」，「乾坤毁則無以見易」，仁義不明，則亦無所謂道者。《傳》曰：「天地温厚之氣，始於東北而盛於東南，此天地之盛德氣也，此天地之仁氣也。天地嚴凝之氣，始於西南而盛於西北，此天地之尊嚴氣也，此天地之義氣也。」斯二氣者，自其後而言之，因仁以育物，則慶賞之事起，中則治，❶偏則亂。自其初而言之，太和絪緼流行而不息，人也、物也、聖人也、常人也，始所得者鈞耳，人得其全，物得其偏，聖人者既得其全而其氣質又最清且厚，而其習又無毫髮累。於是曲踐乎所謂仁義者，夫是之謂盡性也。推而放之，凡民而準；推而成之，庶物而準。夫是之謂盡人性、盡物性也。常人者雖得其全而氣質拘之，習染蔽之，好不當則賊仁，惡不當則賊義，賊者日盛，本性日微，蓋學問之事自此興也。學者何？復性而已矣。所以學者何？格物誠意而已矣。格物則剖仁義之差等而縷晰之，誠意則舉好惡之當於仁義者而力卒之。茲其所以難也。吾之身與萬物之生，其理本同一源，乃若其分則紛然而殊矣。親親與民殊，仁民與物殊，鄉鄰與同室殊。親有殺，賢有等，或相倍蓰，或相什伯，或相千萬，如此其不齊也，不知其分而妄施焉，過乎仁，其流爲墨；過乎義，其流爲楊。生於心，害於政，其極皆可以亂天下，不至率獸食人不止。故凡格物之事所爲委曲繁重者，剖判其不齊之分焉爾。朱子曰：「人心之靈，莫不有知。」此言好惡之良知也。曰：「天下之物莫不有理，惟於理有未窮，故其知有不盡。」此言吾心之知有限，萬物之分無窮，不究乎至殊之分，無以洞乎至一之理也。

❶「中則治」上，清光緒傳忠書局刻本《曾文正公書札》卷一有「因義以正物則刑罰之事起」句。

今王氏之説曰致良知而已，則是任心之明而遂曲當乎萬物之分，果可信乎？冠、履不同位，鳳凰、鴟鴞不同栖，物所自具之分殊也。瞽瞍殺人，臯陶執之，舜負之；鯀堙洪水，舜殛之，禹郊之，物與我相際之分殊也。仁義之異施，即物而區之也。今乃以即物窮理爲支離，則是吾心虚懸一成之知於此，與凡物了不相涉，而謂皆當乎物之分，又可信乎？朱子曰：「知爲善以去惡，則當實用其力，務決去而求必得之。」此言仁義之分既明，則當畢吾好惡，以既其事也。今王氏之説曰：「即知即行，格致即誠意工夫。」則是任心之明，别無所謂實行。心苟明矣，不必屑屑於外之迹，而迹雖不仁不義，亦無損於心之明。是何其簡捷而易從也。循是説而不辨，幾何不胥天下而浮屠之趨哉？堯、舜、禹、湯、文、武、周公、孔子之學豈有他與？即物求道而已。物無窮，則分殊者無極，則格焉者無已。時一息而不格，則仁有所不熟，而義有所不精。彼數聖人者惟息息格物，而又以好色惡臭者竟之，乃其所以聖也。不如是，吾未見其聖也。自大賢以下，知有精粗，行有實不實，而賢否以次區焉。國藩不肖，亦謬欲從事於此。凡倫類之酬酢，庶務之磨礱，雖不克衷之於仁，將必求所謂藹然者焉；雖不裁之於義，將必求所謂秩然者焉。日往月來，業不加修，意言意行，尤悔叢集，求付一物之當其分而不可得，蓋陷溺者深矣。自維此生縱能窮萬一之理，亦不過窺鑽奇零，無由底於逢原之域，然終不敢棄此而他求捷徑，謂靈心一覺，立地成聖也。下愚之人甘守下愚已耳，智有所不照，行有所不慊，故常餒焉，不敢取彼説者廓清而力排之。愚者多柔，理有固然。今足下崛起僻壤，迺能求先王之道，開學術之蔀甚盛。此真國藩所禱祀以求者也。

此間有太常唐先生，博聞而約守，矜嚴而樂易，近著《國朝學案》一書，崇二陸、二張之歸，闢陽儒陰釋之説，可謂深切著明，狂瀾砥柱。又有比部六安吴君廷尉、蒙古倭君，皆實求朱子之指而力踐之。國藩既從數君子後，與聞末論，而淺鄙之資兼嗜華藻，篤好司馬遷、班固、杜甫、韓愈、王安石之文章，日夜以誦之不厭也。故凡僕之所志，其大者蓋欲行仁義於天下，使凡物各得其分；其小者則欲寡過於身，行道於妻子，立不悖之言，以垂教於宗族鄉黨。其有所成與，以此畢吾生焉！其無所成與，以此畢吾生焉！辱知最厚，輒一吐不怍之言，非敢執塗人而斷斷不休如此也。賤軀比薄弱，不勝思，然無恙，閤室無恙。郭大棲吾舍，又有馮君卓懷課吾兒，都無恙，且好學。國藩再拜。

覆夏弢甫

頃接惠書並送到大著，具見研經耽道，學有本原。軍中少暇，不及悉心紬繹，但繙閲一二，《檀弓辨誣》發千古之覆，成一家之言，足與閻氏《古文尚書疏證》同爲不刊之典。《轉注説》與鄙人所見不甚符合。而《述朱質疑》中所論朱子之學得之艱苦，則國藩生平之宗旨，治軍之微尚，有如桴鼓之相應。自以秉質愚柔，舍「困勉」二字，别無入處，而不意閣下尚論大賢，亦以「艱苦」二字發其微也。乾嘉以來，士大夫爲訓詁之學者，薄宋儒爲空疏；爲性理之學者，又薄漢儒爲支離。鄙意由博乃能返約，格物乃能正心，必從事於《禮經》，考覈於三千三百之詳，博稽乎一名一物之細，然後本末兼該，源流畢貫，雖極軍旅、戰爭、食貨淩雜，皆禮家所應討論之事。故嘗謂江氏《禮書綱目》、秦氏《五禮通考》可以通漢、宋二家之結，而息頓漸諸説之爭。足下講學有年，多士矜式，如能惠然肯來啟牖愚蒙，實所忻望。

覆潁州府夏教授書

昨奉手畢，備荷心注，並惠寄大著四函，羽書偶暇，時一雒誦，尊意在於宗紫陽，捄時弊，不沈溺於功利，不汜濫於記問，不參錯於二氏，於此道中切實折肱，直欲造古人第一等地位，敬服無量。

承示黃南雷、孫蘇門、顧亭林、李盩厔諸先生學稍偏；而毛西河、紀河間、阮儀徵、戴東原、程綿莊諸君放言高論，集矢洛閩；陸清獻謂明季學術足以致寇，寔非苛論云云，具見日弓月矢，衛道苦心，閩洛干城，老當益壯。《漢書》申公云：「爲政不在多言。」爲學亦然。孔孟之學，至宋大明。然諸儒互有異同，不能屏絶門户之見。朱子五十九歲，與陸子論無極不合，遂成冰炭，詆陸子爲頓悟，陸子亦詆朱子爲支離。其實無極矛盾在字句毫釐之間，可以勿辨。兩先生全書具在，朱子主道問學，何嘗不洞達本原？陸子主尊德性，何嘗不實徵踐履。姚江宗陸，當湖宗朱，而當湖排擊姚江不遺餘力。凡涇陽、景逸、梨洲、蘇門諸先生近姚江者，皆徧摭其疵痏無完肌，獨心折於湯睢州。睢州嘗謂姚江致良知，猶孟子道性善，苦心牖世，正學始明，特其門徒龍谿狂談，艮齋邪説，洸洋放肆，殃及師門，而羅近溪、周海門踵之。然孔門有子夏，子夏之後田子方，子方之後莊周，説近荒唐，此不足以病子夏。況《莊子·外篇》多後人僞託，《内篇》文字看似放蕩無拘檢，細察内行，岌岌若天地不可瞬息。錢衎石給諫曰：「堯、舜、巢、許皆治亂之聖人。有堯、舜而後能養天下之欲，有巢、許而後能息天下之求。」誠至論也。姚江門人勳業如徐文貞、李襄敏、魏莊靖、郭青螺諸公，風節如陳明水、舒文節、劉晴川、趙忠毅、周恭節、鄒忠介諸公，清修如鄧文潔、張陽和、楊復所、鄧潛谷、萬思默諸公，皆由致良知三字成德發明者。睢州致書稼書，亦微規攻擊姚江之過，而於《上孫徵君鍾元先生書》及墓志銘，則中心悦服於姚江者至矣。蓋蘇門學姚江，睢州又學蘇門者也。當湖學派極正，而象山、姚江亦山河不廢之流。蘇門則慎獨爲功，睢州接其傳，二曲則反身爲學，鄠縣存其録，皆有合於尼山贊《易》損益之指。明儒之不善學姚江而禍人者，莫如「以懲忿窒欲爲下乘，以改過遷善爲妄萌」二語。人之放心，豈有底止乎？

乾嘉間，經學昌熾，千載一時。阮儀徵、王高郵、錢嘉定、朱大興諸公倡於上，戴東原、程瑶田、段玉裁、焦里堂十餘公和於下，羣賢輻輳，經明行修。國藩嘗謂性命之學，五子爲宗；經濟之學，諸史咸備；而淵源全在六經。李斯一炬，學者不復覩六經之全。至秦漢之際，又厲禁挾書，舉世溺於功利，抱經諸儒視爲性命，身與存毁，非信道之篤不能。天下相尚以僞久矣，陳建之《學蔀通辨》，阿私執政；張烈之《王學質疑》，附和大儒，反不如東原、玉裁輩卓然自立，不失爲《儒林傳》中人物。惟東原《孟子字義疏證》一書，排斥先賢，獨伸己説，誠不可以不辨。姚惜抱嘗論毛大可、李剛主、戴東原、程綿莊率皆詆毁程朱，身滅嗣絶，持論似又太過。無程朱之文章道德，騰其口舌，欲與爭名，誠學者大病。若博覈考辨，大儒或不暇及。苟有糾正，足以羽翼傳注，當亦程朱所心許。若西河駁斥漫駡，則真說經中之洪水猛獸矣。國藩一宗宋儒，不廢漢學。足下著作等身，性命道德與政事幹濟，相輔而成。名山萬仞，歲寒共勉，無謙言草茅佔畢也。

與朱仲我

來函具悉，所論轉注謂戴氏專以訓詁解轉注，義有未盡，誠爲確論。至謂會意之老、形聲之考，焯然已知，而疑許氏合此二字爲轉注者爲失之贅，則竊以爲不可。許君固非絶無可議者，惟指考、老爲轉注，則在不可議之列。尊意履本訓踐，其所爲踐之具者爲轉注，是以虚用者爲本訓，實用者爲轉注。凡古今文字何字不有虚實兩用，如屨字以實用者爲本訓，而《羽獵賦》之「履般首」，❶則虚用矣。舄字以實用者爲本訓，而《魯頌》之「松桷有舄」，則虚用矣。推之衣巾冠帶，皆實字也，而《孟子》之「衣褐」、《周禮》之「巾車」，《史記》之「冠玉」、《月令》之「帶弓」，則虚用矣。宫室門户皆實字也，而《爾雅》之「大山宫小山」，《左傳》之「復室其子」、《公羊》之「無人門焉者」、《漢書》之「王嘉户殿門」，則虚用矣。將循履字之例，概以虚者爲本義，實者爲轉注乎？抑有時以虚者命爲轉注乎？曩嘗譏戴、段二家以一部《爾雅》全目爲轉注，以五百四十部首全目爲轉注，以爲何必六書，衹此一書足矣。今來函所述庭訓，其病殆已近之。不佞竊不自揆，謬立一說，篤守許氏考、老之指，以爲老者會意字也，考者轉注字也。部首之可指數者，如《犛部》、

❶「履」，《曾文正公書札》卷一三作「屨」。

《爨部》、《畫部》、《倉部》、《冓部》、《筋部》、《稽部》、《㯻部》、《㝱部》、《重部》、《老部》、《履部》、《㱃部》、《鹽部》、《弦部》、《酉部》皆轉注之部也。凡形聲之字，大抵以左體爲母，以右體之得聲者爲子，而母子從無省畫者。凡轉注之字，大抵以會意之字爲母，亦以得聲者爲子，而母字從無不省畫者。省畫則母字之形不全，何以知子之所自來？惟好學深思，精心研究，則形雖不全，而意可相受。如老字雖省去匕字，而可知考、耋等字之意從老而來。履字雖省去舟文，而可知屨、屐等字之意從履而來。㯻字雖省去豕字，而可知囊、橐等字之意從㯻而來。㝱字雖省去夢字，而可知寤、寐等字之意從㝱而來。推之犛、爨、畫、倉等部，莫不皆然。其曰「建類一首」者，母字之形模尚具也。其曰「同意相受」者，母字之畫省而意存也。抑又有進者，轉注之字其部首固多會意者矣，亦有不盡然者。如鹽從鹵監聲，形聲字也，而所屬鹽、鹼等字仍不害其爲轉注之字。㱃從欠酓聲，形聲字也，而所屬之歠仍不害其爲轉注之字。至於酉者，象形字也，本得目爲轉注之部，❶特以酉字之才不足以統所屬之字，似應別立酒部，而於醞、釀、醻、醋、醇、醨等字，增曰「從酒省昷聲」、「從酒省襄聲」、「從酒省壽聲、昔聲、享聲、离聲」云云，乃與全書義例相合。蓋此等字本不僅胚胎於酉字，實由酒字貫注而來，斯又許君所未指爲轉注，而不害其爲轉注者也。此説蓄諸鄙心，歷有歲年，間語朋輩，疑信參半。以生平於小學致力甚淺，不敢有所造述，因來函陳義頗堅，輒復貢其膚末，以相質證。惟希

❶「本」下，據《曾文正公書札》卷一三，疑當補「不」字。

雅鑒。

覆劉霞仙中丞

十二月初接八月二十六日惠書及《繹禮堂記》，敬悉。興居康勝，勤學不倦，所居疑在蓬島之間，置身若在周秦以前，非泊然寡營，觀物深窈，翫希聲而友前哲，殆未足語於此。犨究三禮，洞澈先王經世宰物之本，達於義理之原，遂欲有所撰述，以覺後世之昏昏。甚盛甚盛！欽企何窮？

國藩於《禮經》亦嘗粗涉其藩，官事繁宂，莫竟其業，所以沮滯而不達者，約有數端。蓋禮莫重於祭，祭莫大於郊廟，而郊祀裸獻之節、宗廟時享之儀，久失其傳，雖經後儒殷勤修補，而疏漏不完，較之《特牲》、《少牢饋食》兩篇，詳略迥殊，無由窺見天子、諸侯大祭致嚴之典。軍禮既居五禮之一，吾意必有專篇細目，如戚元敬氏所紀各號令者，使伍兩卒旅有等而不干，坐作進退率循而不越。今十七篇獨無軍禮，而江氏永、秦氏蕙田所輯乃僅以兵制、田獵、車戰、舟師、馬政等類當之，使先王行軍之禮無緒可尋。國之大事在祀與戎，而古禮殘闕若此，則其他雖可詳考，又奚足以經綸萬物？前哲化民成俗之道，禮樂並重，而國子之教，樂乃專精。樂之至者，能使鳳儀獸舞，後聖千載聞之忘味。欲窺聖神制作，豈能置聲樂於不講？國藩於律吕、樂舞茫無所解，而曆算之學有關於製器審音者，亦終身未及問津。老鈍無聞，用爲深恥。夫不明古樂，終不能犨究古禮，國藩之私憾也。郊廟、祭儀及軍禮等殘闕無徵，千古之公憾也。是皆用以自沮而不達者也。

所貴乎賢豪者，非直博稽成憲而已，亦

將因其所值之時、所居之俗而創立規制，化裁通變，使不失乎三代制禮之意。來書所謂「苟協於中，何必古人」，是也。然時俗亦有未易變者。古者祭祀必有主婦，聘饗亦及夫人，誠以在宮雍雍，斯在廟肅肅，妃匹有篤恭之德，乃足以奉神靈而理萬化。所謂「有《關雎》、《麟趾》之精意，而後可行《周官》之法度」也。自陽侯殺繆侯而大饗廢夫人之禮，後世若以主婦承祭，則驚世駭俗，譏爲異域。然全行變革，則又與《采蘩》、《采蘋》諸詩之精義相悖。古之宮室與後世異，議禮之家必欲强後代之儀節就古人之室制，如《明史》載品官冠禮，幾與《儀禮》悉合。不知曰東房西牖，曰房内户東，曰坫，明世已無此宮室也。然稍師《儀禮》之法，則堂庭淺陋，必有齟齬而難行者。誠得好學深思之士不泥古制，亦不輕徇俗好，索之幽深而成之易簡，將必犁然有當於人心。國藩於《昏》、《喪》、《祭》三禮，亦頗思損益涑水《書儀》、紫陽《家禮》，纂訂一編，以爲宗族鄉黨行習之本。守官少暇，不克斟酌禮俗之中，卒未能從容爲之，斯亦自沮而不達之一端也。閣下山居靜篤，將爲《禮經發微》及《或問》等書，何不先取此三禮撰著鴻篇，使品官士庶可以通行，用今日冠服拜跪之常，而悉符古昔仁義等殺之精，儻亦淑世者所有事乎？

日記

「神明則如日之升，身體則如鼎之鎮」，此二語可守者也。惟心到靜極時，所謂未發之中寂然不動之體，畢竟未體驗出真境來。意者只是閉藏之極，逗出一點生意來，如冬至一陽初動時乎？貞之固也，乃所以爲元也；蟄之坏也，乃所以爲啟也；穀之堅實也，乃所以爲始播之種子也。然則不可以爲種子者，不可謂之堅實之穀也。此中無滿腔生意，若萬物皆資始於我心者，不可謂之至靜之境也。然則靜極生陽，蓋一點生物之仁心也。息息靜極，仁心之不息，其參天兩地之至誠乎？顔子三月不違，亦可謂洗心退藏，極靜中之真樂者矣。我輩求靜，欲異乎禪氏入定冥然罔覺之旨，其必驗之此心，有所謂一陽初動，萬物資始者，庶可謂之靜極，可謂之未發之中，寂然不動之體也。不然，深閉固拒，心如死灰，自以爲靜，而生理或幾乎息矣。況乎其並不能靜也，有或擾之，不且憧憧往來乎？深觀道體，蓋陰先於陽，信矣。然非實由體驗得來，終掠影之談也。

人必中虛，不著一物，而後能真實無妄。蓋實者，不欺之謂也。人之所以欺人者，必心中別著一物，心中別有私見，不敢告人，而後造僞言以欺人。若心中了不著私物，又何必欺人哉？其所以自欺者，亦以心中別著私物也。所知在好德，而所私在好色，不能去好色之私，則不能不欺其好德之知矣。是故誠者，不欺者也。不欺者，心無私著也。無私著者，至虛者也。是故天下之至誠，天下之至虛者也。當讀書則讀書，心無著於見客也；當見客則見客，心無著於讀書也，一有著則私也。靈明無著，物來順應，未來不迎，當時不雜，既過不戀，是之謂虛而已矣，是之謂誠而已矣。以此讀无妄、咸、中孚三卦，蓋扞格者鮮矣。

治心之道，先去其毒，陽惡曰忿，陰惡曰慾。治身之道，必防其患，剛惡曰暴，柔惡曰慢。治口之道，二者交惕，曰慎言語，曰節飲食。凡此數端，其藥維何？禮以居敬，樂以道和。陽剛之惡，和以宜之；陰柔之惡，敬以持之。飲食之過，敬以檢之；言語之過，和以斂之。敬極肅肅，和極雍雍，穆穆綿綿，斯爲德容。容在於外，實根於内，動静交養，睟面盎背。

本朝博學之家，信多閎儒碩士，而其中爲人者多，爲己者少，如顧、閻並稱，顧則爲己，閻則不免人之見者存；江、戴並稱，江則爲己，戴則不免人之見者存；段、王並稱，王則爲己，段則不免人之見者存；方、劉、姚並稱，方、姚爲己，劉則不免人之見者存；其達而在上者李厚菴、朱可亭、秦味經，則爲己之數多；紀曉嵐、阮芸台，則不免人之見者存。學者用力，固宜於幽獨中先將爲己、爲人之界分別明白，然後審端致力，種桃得桃，種杏得杏。未有根本不正，而枝葉發生，能自鬯茂者也。

周末諸子各有極至之詣，其所以不及孔子者，此有所偏至，即彼有所獨缺，亦猶夷、惠之不及孔子耳。若遊心能如老、莊之虚静，治身能如墨翟之勤儉，齊民能如管、商之嚴整，而又持之以不自是之心，偏者裁之，缺者補之，則諸子皆可師不可棄也。

前以八德自勉，曰勤、儉、剛、明、孝、信、謙、渾。近日於勤字不能實踐，於謙、渾二字尤覺相違，悚愧無已。勤、儉、剛、明四字，皆求諸己之事。孝、信、謙、渾四字，皆施諸人之事。孝以施於上，信以施於同列，謙以施於下，渾則無往不宜。大約與人忿爭，不可自求萬全處；白人是非，不可過於武斷。此渾字之最切於實用者耳。

古來聖哲名儒之所以彪炳宇宙者，無非由於文學、事功。然文學則資質居其七分，人力不過三分；事功則運氣居其七分，人力不過三分。惟是盡心養性，保全天之所以賦於我者，若五事則完其肅、乂、哲、謀、聖之量，五倫則盡其親、義、序、別、信之分，充無欲害人之心而仁足，充無穿窬之心而義足。此則人力主持，可以自占七分。人生著力之處，當自占七分者黽勉求之，而於僅占三分之文學、事功，則姑置爲緩圖焉，庶好名爭勝之念可以少息，徇外爲人之私可以口消乎？老年衰髦，百無一成，書此聊自警。

竹如說理，實有體驗。言：「舍敬字別無下手之方，總以嚴肅爲要。」自問亦深知敬字是喫緊下手處，然每日自旦至夜，瑟僴赫喧之意曾不可得，行坐自如總有放鬆的意思。及見君子時，又偏覺整齊些，是非所以揜著者耶？

唐先生言：「最是靜字工夫要緊。大程夫子是三代後聖人，亦是靜字工夫足。王文成亦是靜字有工夫，所以他能不動心。若不靜，省身也不密，見理也不明，都是浮的，總是要靜。」又曰：「凡人皆有切身之病，剛惡、柔惡各有所偏，溺焉既深，動輒發見，須自己體察所溺之病，終身在此處克治。」余比告先生謂：「素有忿很不顧，氣習偏於剛惡。」既而自窺所病，只是好動不好靜，先生兩言蓋對證下藥也。務當力求主靜，使神明如日之升，即此以求其繼繼續續者，即所謂緝熙也。知此而不行，真暴棄矣，真小人矣。

心緒憧憧，如有所失，念人生苦不知足。方望溪謂「漢文帝之終身常若自覺不勝天子之任者」，最爲善形容古人心曲。大抵人常懷愧對之意，便是載福之器，入德之門。如覺天之待我甚厚，我愧對天；君之待我過優，我愧對君；父母之待我過慈，我愧對父母；兄弟之待我過愛，我愧對兄弟；朋友之待我過重，我愧對朋友，便覺處處皆有善氣相逢。如自覺我已無愧無怍，但覺他人待我太薄，天待我太嗇，則處處皆有戾氣相逢。德以滿而損，福以驕而減矣。此念願刻刻凛之。

天下之大事宜考究者凡十四宗，曰官制、曰財用、曰鹽政、曰漕務、曰錢法、曰冠禮、曰昏禮、曰喪禮、曰祭禮、曰兵制、曰兵法、曰刑律、曰地輿、曰河渠。皆以本朝爲主，而歷溯前代之沿革本末；衷之以仁義，歸之以易簡，前世所襲誤者可以自我更之，前世所未及者可以自我創之；其苟且者知將來之必敝，其至當者知將來之必因，所謂「雖百世可知」也。

人才以陶冶而成，不可眼孔甚高，動謂無人可用。

盛世創業垂統之英雄，以襟懷豁達爲第一義。末世扶危救難之英雄，以心力勞苦爲第一義。

爲政之道，得人、治事二者並重。得人不外四事：曰廣收、慎用、勤教、嚴繩。治事不外四端：曰經分、綸合、詳思、約守。操斯八術以往，其無所失矣。

古聖王制作之事，無論大小精粗，大抵皆本於平爭、因勢、善習、從俗、便民、救敝。非此六者，則不輕於制作也。吾曩者志事以老莊爲體，禹墨爲用，以不與、不遑、不稱三者爲法。若再深求六者之旨，而不輕於有所興作，則咎戾鮮矣。

兵者，陰事也。哀戚之意如臨親喪，肅敬之心如承大祭，庶爲近之。今以羊牛犬豕而就屠烹，見其悲嗁於割剥之頃，宛轉於刀俎之間，仁者將有所不忍，况以人命爲浪博輕擲之物，無論其敗喪也，即使倖勝而死傷相望，斷頭洞胸、折臂失足，血肉狼籍，日陳吾前，哀矜之不遑，喜於何有？故軍中不宜有歡欣之象。有歡欣之象者，無論或爲和悦，或爲驕盈，終歸於敗而已矣。田單之在即墨，將軍有死之心，士卒無生之氣，此所以破燕也。及其攻狄也，黄金横帶而騁乎淄澠之間，有生之樂，無死之心，魯仲連策其必不勝。兵事之宜慘戚，不宜歡欣，亦明矣。嘉慶季年，名將楊遇春屢立戰功，嘗語人曰：「吾每臨陣行間，覺有熱風吹拂面上者，是日必敗。行間若有冷風，身體似不禁寒者，是日必勝。」是亦肅殺之義也。

古聖人之道，莫大於與人爲善。以言誨人，是以善教人也；以德薰人，是以善養人也，皆與人爲善之事也。然徒與人，則我之善有限，故又貴取諸人以爲善。人有善則取以益我，我有善則與以益人，連環相生，故善端無窮；彼此挹注，故善源不竭。君相之道莫大乎此，師儒之道亦莫大乎此。仲尼之學無常師，即取人爲善也。誨人不倦，即與人爲善也。念忝竊高位，劇寇方張，大難莫平，惟有就吾之所見，多教數人，因取人之所長，還攻吾短，或者鼓盪斯世之善機，因以挽回天地之生機乎？

附　録

先生嘗謂四部之書浩如淵海，而其中自爲之書、有原之水不過數十部耳。經則十三經是已，史則廿四史暨《通鑑》是已，子則五子暨《管》、《晏》、《韓非》、《淮南》、《吕覽》等十餘種是已，集則《漢魏六朝百三家》之外，唐宋以來廿餘家而已。此外入子、集部之書，皆贋作也，皆剿襲也。入經、史部之書，皆類書也。不特《太平御覽》、《事文類聚》等爲類書，即《三通》亦類書也。《小學》、《近思録》、《衍義》、《衍義補》，亦類書也。修《藝文志》、《四庫書目》者，當以古人自爲之書另行編列，別白而定一尊。其分門別類，雜纂古人成書者，別爲一編，則蕩除廓清，而書之可存者少矣。《與何廉昉書》。

先生晚年以《周易》之象及常用之字分爲條類，別而録之，使取象於天文地理，取象於身於物者一目了然，而自以老而爲此爲陋。《日記》。

先生嘗曰：「先哲經世之書，莫善於司馬文正公《資治通鑑》，其論古皆折衷至當，開拓心胸。如因三家分晉而論名分，因曹魏移祚而論風俗，因蜀漢而論正閏，因樊英而論名實，皆能窮物之理，執聖之權。又好敘兵事所以得失之由，脈絡分明。又好詳名公巨卿所以興家敗家之故，使士大夫怵然知戒。實六經以外不刊之典也。」《與羅少村書》。

先生嘗曰：「自孔孟以後，惟濂溪《通書》、横渠《正蒙》，道與文可謂兼至交盡；其次如昌黎《原道》、子固《學記》、朱子《大學序》寥寥數篇而已。此外則道與文竟不能不離爲二。鄙意欲發明義理，則當法經説及各語録劄記，如《讀書録》、《居業録》、《困知記》、《思辨録》之屬。欲學爲文，則當掃蕩一副舊習，赤地新立，將前此所業，蕩然若喪其所有，乃始別有一番文境。」《與劉霞仙書》。

郭筠仙欲彙刻先儒諸書，先生答之曰：「纂敘先儒之事實，則全氏《宋元學案》、黄氏《明儒學案》及次青《先正事略》等書搜採粗備。若必盡求諸儒著述，而仿張清恪之例，彙刻巨編，則無論訪購，不可徧求。即使全數得之，不擇而刻之，卷帙固不勝其繁；芟節而刻之，則孝先之芟節已爲有識所詬病。且所貴儒先之書，謂能示人以爲學之軌塗，若者正路，若者歧趨，懸之不移之鵠，而辨其豪釐之差。若無一定準，則既似散錢委地，爲知德者所不貴。若有不易宗旨，則進退百家，亦非數十年不能卒業。惟取所尤好者酌加評隲，先刻一二種，其餘則俟日力果長，而次第及之。是或一道也。」《覆郭筠仙書》。

先生閲《宋元學案》中《百源學案》，於邵子言數之訓，自言一無所解，引爲愧憾。蓋致疑也。《日記》。

湘鄉家學

曾先生紀澤

曾紀澤，字劼剛，文正公長子。正二品廕生，用户部員外郎。光緒三年，襲封一等毅勇侯，以四五品京堂候補。四年，充出使英法欽差大臣。六年，兼使俄大臣。先是俄人乘中國用兵，竊據伊犁及新疆，事定，朝旨以崇厚爲全權公使，往議索還，乃失詞專擅，遽許其成。先生奉命改約，未發，致書總理衙門，並上《敬陳管見》一疏，剖析利害，深中機宜。至則與俄外部及駐華公使諸人筆舌辨爭，往覆十數萬言，歷十閲月，卒毁成約，更立新章。其大端關於界務者三，商務者四，挽救實多。十一年歸朝，官至户部右侍郎。十六年卒，謚惠敏，年五十有二。先生少秉庭訓，究心經史，喜讀《莊子》、《離騷》。所爲詩文卓然成家。兼通小學、音律，旁涉篆刻、丹青、騎射。從文正軍中久，戰守形勢咸得其要領。同治以來，中外之事益繁，先生精習泰西語言文字，講論天算之學，訪求制器之法，於海外諸洲地形國俗如指諸掌。所著有《奏疏》六卷，《文集》五卷，《歸樸齋詩鈔》四卷，又著《地輿輯要》未成。其早歲所撰有《佩文韻來古編》、《説文重文本部考》、《羣經臆説》等書，稾藏於家。參史傳、俞樾撰墓志銘、《曾惠敏公全集》。

文集

書江艮庭六書説後

古者五尺之童足以知之，今之績學之士窮年累月以求之而不能盡合焉者，六書其一乎？非今之人智不逮古如是其遠也，師承不絶，則淺顯而易通；苟失其傳，則易者難而顯者晦矣。鄭氏注《周禮》舉六書之目而不箸其説，許叔重箸其説矣，設辭簡略，不可驟明。意者當漢之世，去古未遠，雖無保氏之官，而人間師弟子以經學相授受者，尚皆不廢六書，舉世翕然務之，不待推演而覼縷者歟？象形、諧聲、會意、指事、叚借五者，得許氏之説，其義至今可曉。獨其釋轉注曰「建類一首，同意相受」，語意較爲通泛，不如「畫成其物，隨體詰屈」、「本無其字，依聲託事」諸語之確不可移也。所以考、老之字，又不如武、信、江、河諸字之灼然易知也。證以全書而莫相發明，不如象形、會意諸語往往散見於各部説解中也。於是談六書者至於轉注，則紛紛然不一其議。近世江艮庭作爲《六書説》，旁通曲證，援據鑿鑿，足以大明許氏之恉。其説彼五者，諸學士亦無異意焉，而江氏之言詳矣。若其説轉注，則亦似有未安者，曰：「考與老同意，故受老字而从老省，凡耆、耋、壽、耉之類與老同意者，皆从老省而屬老。」此言是也。曰：「《説文解字》一書五百四十部，即『建類一首』也。下云『凡某之屬皆从某』即『同意相受』也。」此言非也。夫六書者，書之體用厥有六端：象形、諧聲、會意、指事、轉注主言體，叚借主言用。此六者缺其一不可，是故象形之字不得謂之諧聲，會意之字不得謂之指事。形者，母也。聲者，子也。具物之形，命曰象形。形相合併，命曰指事。合而語意貫通，命曰會意。母子並重，命曰諧聲。重其子而輕其母，命曰叚借。各有其義而不得相混，各有其名而不得相賅者也。今而曰五百四十部皆建類一首，屬而从之者皆同意相受也，果爾，則轉注一端遂足以賅彼五者，而許書九千餘文無一非轉注矣。豈其然哉？

聞嘗取許氏「建類一首，同意相受」之語與所引考、老之字參稽於全書，而徵其義例，以爲轉注云者，有全子而無全母，無可徑從之部，託於一字而轉相貫注，故謂之轉注。老字从人毛匕，會意字也。考从老省丂聲。老之形不全而知其從老來者，轉注字也。譬諸犛从牛𠩺聲，形聲字也，斄從犛省來聲，犛之形不全而知其從犛來者，轉注字也。許書如《犛部》、《谷部》、《爨部》、《畫部》、《殺部》、《眉部》、《鳥部》、《冓部》、《筋部》、《畐部》、《稽部》、《巢部》、《橐部》、《瓠部》、《㝱部》、《重部》、《老部》、《履部》、《㱃部》、《鹽部》、《弦部》，或會意或形聲，皆轉注字之部首也。其所屬从之字，損其母之點畫，以容其子，而轉注之例生焉。是故存人毛而去匕，無是字矣，而考、耋諸文非《老部》莫可歸也。存尸彳而去舟夂，無是字矣，而履、屐諸文非《履部》莫可歸也。存禾尤而去旨，存宀爿而去夢，無是字矣，而䅲、𥡴、寤、寐諸文非《稽部》、《㝱部》莫可歸也。推之而《犛》、

《爨》、《畫》、《眉》諸部莫不皆然。犛去牛而存𠩺，雖有其字，而𠩺坼之義與長髦牛之義無涉也，則氂、斄諸文非《犛部》亦莫可歸矣。曰「建類一首」者，指部首而言，母字之形體悉具也。曰「同意相受」者，指屬从而言，母字之點畫雖虧而其意猶存也。後之學者必明此例，然後見考、耋而知在《老部》，見履、屐、𥟇、穭、寤、寐而知在《履部》、《穭部》、《㝱部》，不然則朝夕臨視之字有不能辨其所从，將終日披覽而無所稽攷者矣。然則若此類者固文字中之一大端，去之則有所不備，命以轉注之名而合，參諸「建類一首，同意相受」之語而可通，證以考、老二字而援引適當也。以此爲轉注，庶幾其不違於古乎？恨世無許、鄭諸儒一決各説之是非，且不得起江氏暨戴、段諸公而商榷之耳。抑又有許書屬之形聲而似宜在轉注之列者，段若膺爲《説文解字注》，其在十四篇「酉」字下注云：「凡从酉之字，當別立《酒部》。解云从酒省，許合之，疏矣。」段氏本宗戴東原之説，以互訓爲轉注。「酉」下此論，非爲轉注發也，然而有合於轉注之義，蓋酒字亦轉注字之部首也。凡夫醪、醮、醞、釀諸字皆應別立《酒部》以統之，而解云从酒省冢聲，从酒省甚聲，从酒省昷聲、襄聲，乃與全書義例相合。許君釋酉云「八月黍成，可以酎酒」，遂舉从酒省之字概以屬之「酉」下，實不如屬之《酒部》之爲近也。是則讀許書初不知爲轉注，而本與考、老同例者也。亦有雖入轉注之部，而可謂之非轉注者。「鹼」之字从鹵僉聲，鹵亦部首，而與鹽同義也，鹼不入《鹽部》可也。

曾先生紀鴻

曾紀鴻，字栗諴，文正公少子。同治十一年，賞給舉人。光緒三年，會試未第而卒，年三十。少年好學，與兄襲侯並精算術，先生尤神明於代數。鋭思勇進，創立新法，同輩多心折之。嘗謂大衍求一術亦可以代數推求，依題演之，理正相通。撰《對數詳解》五卷。參《疇人傳三編》、《曾文正公年譜》。

綴術釋明序

《易·繫》曰：「極其數，遂定天下之象。」則綜天下難定之象，以觀於有定，莫數若矣。在昔聖神制器尚象，利物前民，其於數理必有究極精微，範圍後世者，代久年湮，其數學漸至失傳。近三百年，泰西猶能推闡古法，翻陳出新，而中國之才人智士或反蹈其成轍，而率由之。孔子曰：「天子失官，學在四夷。」正今日數學之謂也。中國舊有弧矢算術，而未標角度、八綫之名，未立八綫鈐表，則雖有用其理以入算者，而無表可稽，則每求一數，必百倍其功而始得，且得而仍非密率。明代譯出泰西《八綫表》及《八綫對數表》，核其立法之源，得數之初，甚屬繁難，而成表之後，一勞永逸，大至於無外，細至於無微，莫不可以此表測之，則其用之廣大可想。然得表之後，雖無事於再求，而任舉一數，何能較其訛誤？若仍用舊術，則非匝月經旬不得一數。此明靜菴、董方立推演杜德美弧矢捷術之可貴也。向來求八綫者例用六宗、三要、二簡各法，若任言一弧度，必不能考其弦矢諸數。至杜氏創立屢乘屢除之法，則但有弧徑而八綫均可求。董方立解杜術，先取直綫之極微者，令與弧綫合，而後用連比例以推至極大；又考諸率數與尖錐理相合，故用尖錐以釋弧矢，而弧矢之理以顯，而數亦顯。明静菴解杜術先取四分弧通弧、十分弧通弦，直綫之極大者，用連比例以推至千分萬分弧通弦之極微者。考其乘除之率數，與杜氏原術乘除之理相合，故用綴述以釋弧矢，而弧矢之數以出，而理亦出。董、明二君均爲弧矢不祧之宗，無庸軒輊。其間邇百年中，繼起者如戴鄂士煦、徐君青有壬、李壬叔善蘭所著各書，雖自出新裁，要皆奉董、明爲師資也。吾友左君壬叟，湘陰相國之姪也，英年積學，於詩文賦字無不深純。每應試，必冠其曹，而於數學一道尤孜孜不倦。遇有疑難之題，必窮力追索，務洞澈其奥窔而後止。嘗謂：方圓之理乃天地自然之數。吾之宗中、宗西，不必分其畛域，直以爲自得新法也可。曾釋徐君青氏綴術，又釋戴鄂士求表捷術，兹又釋明静菴弧矢捷術，而一貫以天元寄分之式，於圓率一道三致意焉，可謂勇矣。余癸酉從丁果臣先生游，始識壬叟，繼與共述《粟布演草》、《圓率考真》二書，相得甚歡，不啻古所謂同方合志者。孰意天厄良才，壬叟竟於甲戌秋不永年而逝，凡在同學諸人無不歎息不置。況余與壬叟兩世神交，安能無愴切耶？果臣先生爲湖南數學之領袖，所刊《二十一種算書》嘉惠士林，良非淺尠。兹又集壬叟遺書而彙刊之，倩新化黄君玉屏宗憲任讎校之役，訂正精審，毫髮無憾。壬叟得此不朽矣。若夫詩、古文詞，古人之門徑，業已搜括殆盡，即附爲壬叟之緒餘，剞劂尚需諸異日也。

湘鄉弟子

黎先生庶昌別見《巢經學案》。

俞先生樾別爲《曲園學案》。

黄先生彭年別爲《陶樓學案》。

吴先生汝綸別爲《摯甫學案》。

劉先生書年

劉書年，字僊石，獻縣人。道光乙巳進士，改翰林院庶吉士，散館授編修，出爲貴陽府知府。丁母憂歸。敍前在貴州省會團練城守功，以道員記名簡用。咸豐十一年卒，年五十一。先生少孤，所生母黄峻猛善怒，怒必長跪涕泣求解。胸有尺寸，崖岸斬絶，一不爲不義所撓。貴陽有錢冶，先生摘發其奸，不爲私計，歲益官錢六百萬。賊迫省城，有密白優人王大糾黨謀變，按驗無實。巡撫欲盡殲之，執辯數十日，卒斬王一人，全活二十餘人。安順土司反，討之不克，揚言曰：「若劉君來，乃不反耳。」大吏令先生往諭之，召其酋立至，旬日而定。蓋先知安順時，以恩信服之也。其遭母喪，巡撫欲奪情，餌以監司，以死爭，乃聽罷。其成進士，出文正公門下，最爲文正愛重，以學行相切劘。又與河間苗仙麓、善化孫鼎臣、遵義鄭子尹、獨山莫郘亭友善，討論學業。於書無所不讀，手寫口誦，至能諷乃已。雖在軍旅行役憂患疾苦中，未嘗一日去書。其説經篤守本朝諸大師，務爲詳密，欲有所著述，未就，所爲經説數十條爲一卷，詩文雜著各數十百首，藏於家。參張之洞撰墓碑。

劉貴陽經説

獻　犧

《周禮·司尊彝》曰：「春祠夏禴，其朝踐用兩獻尊，其再獻用兩象尊。」鄭氏注曰：「獻，讀爲犧。犧尊飾以翡翠，象尊以象鳳皇。」陸德明《音義》曰獻、犧「同素何反」。《司尊彝》又曰：「凡六彝六尊之酌，鬱齊獻酌。」鄭氏注曰：「獻讀爲摩莎之莎。摩莎，泲之，出其香汁也。」陸德明《音義》曰：「獻，素何反。」案：獻尊即犧尊，與象尊相須爲用。舉其事則謂之獻尊，舉其名則謂之犧尊，本一物有二名。《春秋傳》曰：「犧象不出門。」《禮記》曰：「君西酌犧象。」又曰：「尊用犧象。」又曰：「犧象，周尊也。」是二尊相須爲用之驗。蓋犧尊爲牛形，象尊爲象形。犧音羲，獻音憲，各讀如本字，其義自明。《司尊彝》變犧爲獻者，朝踐乃始獻之禮，以祀事之始獻言之，故謂之獻尊。若舉其形與名言，實即犧尊也。鄭氏讀獻爲犧，又以二字皆音莎，是不知二者固是一物，其本字則各有音義，無庸牽混。陸氏沿鄭氏之説，以犧、獻二字並音莎，而於他經凡言「獻」、言「犧」處悉音以爲莎，不能訂正其義，而反據以改他經音訓，是二字始誤於鄭氏之穿鑿，繼又誤於陸氏之因襲，而經文因之愈晦矣。

考《詩·頌》毛傳説「犧尊用沙羽以飾尊」，是鄭氏讀犧爲莎之所本，意謂刻鳳皇之象於尊，其形娑娑然。又考《詩傳疏》引王肅注《禮》以犧、象二尊並全刻牛、象之形，鑿背爲尊。此説甚確。《南史·劉杳傳》杳嘗於沈約坐語及犧尊，約云：「鄭康成答張逸謂畫鳳皇尾娑娑然。」杳對以「此言未必可安。古者尊彝皆刻木爲鳥獸，鑿頂及背以出内酒。魏時，魯郡地中得齊大夫子尾送女器犧尊，作犧牛形。晉永嘉中，賊曹嶷于青州發齊景公冢得二尊，形亦爲牛、象。二處皆古之遺器也」。約以爲然。是犧、象皆刻木爲形，灼然無疑。乃聶崇義《三禮圖》既采阮氏義，于犧、象尊皆作一器，繪牛、象形，并云：「諸侯飾口以象骨，天子飾以玉。」又采鄭氏義犧尊飾以翡翠，象尊以象鳳皇，因仍謬誤，誠有如沈括、趙彦衛、林光朝諸人所譏者，其殆未考劉杳之説乎？

矜

徐華野太守偶語及爲諸生時，應經古試策問：矜字從矛，何以訓爲「矜，憐」，且從今得聲？何以收入蒸登部？爾時茫無以應也。請申其説。予按矜、矝判然兩字，一從矛今，一從予令，不容相溷。《華嚴音義》上卷云：「矝，《毛詩傳》曰：『矝，憐也。』《説文》、《字統》：林罕《小説敘》所謂「李陽冰就《説文》刊正作三十卷，其時復於篆字下便以隸書照之，名之『字統』」者是也，非後魏楊承慶《字統》。『矝，怜俗「憐」字。也』，皆從予令。若從矛今者，音巨斤反，矛柄也。《玉篇》二字皆從予令，無矛今者。」是慧苑在唐時所見《毛詩》經傳並作「矝」，而《玉篇》則有「矝」而無「矜」。此古本未經竄改之據也。今考《詩》之「矝憐」字爲韻者，《菀柳》以叶天、臻，《桑柔》以叶旬、民、填、天，皆真諄部中字。古矝、憐通用。《論衡》引《書》「予惟率肆矝爾」，引《論語》「則哀矝而勿喜」，並作「憐」字，憐亦真諄部中字也。故矝與從矛今聲訓矛柄入蒸登部之矜斷是兩字。《詩》「戰戰兢兢」，《左傳》引作「矜矜」，《說文・兄部》云：「兢，讀矜。」此從矛今字，故通蒸韻之「兢」。　自漢人以二形相似，隸體雜書，如《東海廟碑》「矜閔」，《費鳳別碑》「恤憂矜厄」，又「矜此黔首」，石經《論語》「則哀矜而勿喜」，《辛李造橋碑》「哀矜下民」，左雖從矛，右仍從令。　至《孫叔敖碑》「鰥寡是矜」，右雖從今，左仍從予。　石經《尚書》「惠于矜寡」，乃直從矛今矣。　於古從令聲之字皆入真諄部，其從今聲者則入侵覃部。　自晉潘岳《哀永逝文》用「矜憐」之「矜」叶興、承、升，從令聲者乃混入蒸登部，而矛柄之矜俗別從堇聲。　郭注《方言》云：「矜，今字作𥎊，巨巾反。」於是從今聲者又混入真諄部。　降及唐時，《玉篇》乃概作一「矜」字，今本作「矜」，宋陳彭年等所改。　《廣韻・十七真》云：「𥎊，矛柄也。　古作矜，巨巾切。」《十六蒸》云：「矜，本矛柄也。　巨巾切。」《字樣》借爲「矜憐」字，居陵切。　又概作一「矜」字，而分矛柄義入蒸，互易二字古讀，此古今音義之大變也。　《廣韻》已後，矜獨行而矝遂亡，《說文》亦因以删削矣。

顏讎由爲子路妻兄

《孟子》言：「孔子於衛主顏讎由，彌子之妻與子路之妻兄弟也。」孫疏云「彌子之妻與子路之妻是兄弟也」，與上文「顏讎由」截然若不相涉，後人相承此讀不改。　考《史記》云「孔子適衛，主子路妻兄顏濁鄒家」，《索隱》謂：所云「妻兄」，與《孟子》說不同。　全謝山《答問》從孫疏，以讎由即濁鄒，而引《孔叢子》讎由善事親，其後有非罪之執，子路哀金以贖之，或疑其私於所昵，因舉此爲史公指作妻兄之證。　閻氏《釋地》云：「讎由爲子路妻兄，則亦彌子瑕妻兄也。」余案：史公以顔濁鄒爲子路妻兄，正據《孟子》此文，非别采自他書。古蓋讀「彌子之妻與子路之妻兄弟也」爲一句，言讎由爲二妻之兄弟也。觀小司馬云云，知後世誤讀自唐已然，至孫疏始明見讀法。閻、全亦相沿俗讀習慣，多方推揣，以求其合，不知《孟子》本文明白易見，即史公所據以立説者也。

孔惠藏書

孔子壁中經，其藏之者諸説不一。《家語》云：「孔騰，字子襄，畏秦法峻極，藏《尚書》、《孝經》、《論語》於夫子舊堂壁中。」《漢紀・尹敏傳》云：「孔鮒所藏。」《釋文敍録》云：「《書》凡百篇，及秦禁學，孔子末孫惠壁藏之。魯共王壞孔子宅，於壁中得之，並《禮》、《論語》、《孝經》。」《隋書・經籍志》同。愚按：《家語》、《漢紀》之言恐誤。《漢書・孔光傳》孔子之後七傳至順，順生鮒，鮒爲陳涉博士，死陳下。鮒弟子襄爲孝惠博士，長沙太傅。襄生忠，忠生武及安國，武生延年，安國、延年皆以治《尚書》爲武帝博士。若壁經爲襄所藏，襄既入漢，及爲孝惠博士，孝惠三年已除挾書之律，未有不出而獻之者。即是孔鮒，襄與鮒爲兄弟，雖未入漢，而鮒藏書，襄宜知之，亦未有不出而獻之者。即未獻之，安國，襄之孫耳，豈有不知其祖之所爲，而待共王壞宅，然後從而得之哉？於情事頗不合。《釋文》、《隋志》屬諸孔惠，當出劉向《别録》、康成《六藝論》等書，是爲得之。惠與鮒、騰並世，其所爲二子不及知也。

宰我不死田常

《史記・仲尼弟子列傳》載：「宰我與田

常作亂，以夷其族，孔子恥之。」小司馬謂《左氏》無其事，「有闞止字子我，田、闞爭寵，子我爲陳恒所殺。字與宰我相涉，因誤」。蘇子瞻據李斯之言「田常陰取齊國，殺宰予於庭，遂弑簡公」，尤與《左傳》陳、闞事合。本譌「闞止」爲「宰我」，至史公其事並誤。楊修則謂斯去宰予未遠，當得其實，宰予之死，仇牧之類，惟史公誣以作亂爲非。閻百詩又據洪容齋説《孟子》載三子論聖人賢於堯舜等語，似是夫子没後所談，未有師在而各出意見議之，無復質正者。宰我不死於田常，更可見。愚按：《淮南・人間訓》云：「諸御鞅復於簡公，曰：『陳成常、宰予二子甚相憎也，君不如去一人。』簡公不聽，居無幾何，陳成常果攻宰予於庭，而弑簡公於朝。」全是《左傳》陳、闞事，宰我爲闞子我之誤，更無可疑。然《韓非子》云：「宰我不免於田常。」韓非、李斯同學，其事之誤屬宰予久矣，史公亦誤據諸子耳。因慨宰予生平以短喪、晝寢諸事爲後世口實，史公復以大節誣之，聖門高弟乃遭此不幸。愚謂即短喪、晝寢亦未足爲宰予詬病。當時七十子受裁於孔子者不知幾入歧途，幾經指斥，而後能無乖大義，特其事不具傳耳。其能循序漸進，不涉障蔽者，惟顔、閔、冉庶幾焉。宰予之學，孟子稱「其知足以知聖人」，較游、夏、顓孫於夫子殁後，乃欲重事有子爲知聖人有不到處，其造就出三子上可知。《孟子》已論定矣，後人更何所置喙哉！

張先生裕釗

張裕釗，字廉卿，武昌人。道光丙申舉人。少承家學，又從曾文正公游，篤志古文，學以大進。其爲文叚涂韓、歐，上推秦漢，原本六經，沈潛乎許、鄭之訓詁，程、朱之義理，以究其微奥。嘗謂：宋儒有言，學者學爲仁義也。《孟子》七篇，一以仁義曉人。若能即「無欲害人」、「無穿窬」二語深繹而内省之，則爲人之大本立矣。其與鍾子勤書曰：「自康雍乾嘉以來，經學極盛，遠軼前代。然窮末而置其本，識小而遺其大，反以詆訾宋賢，自立標幟，號曰漢學，天下承風相師，爲賢君子病焉。近乃復有篤志之士，求宋儒之遺緒，推闡大義，然或專事義理，而屏棄考證爲不足道，雖其説甚美，而訓故制度之失其實，則於經豈有當歟？」其持論平實，蓋確守文正之家法也。平生淡於仕宦，中年以後，主講金陵文正、江漢經心、鹿門及保定蓮池書院，聲望益高。晚客西安將軍所。光緒二十年，卒於關中，年七十二。將死，自營壙於有宋大儒張子墓旁，可以知其嚮往矣。所著有《濂亭文集》八卷，《遺文》五卷，《遺詩》二卷。又有《左氏服賈注考證》、《今文尚書考紀》，未刊行。參夏寅官撰傳。

文集

禹貢三江考

自漢以來，説經之紛出而不可紀者，其莫甚於《禹貢》之三江乎？説三江，班氏《志》爲最先，亦最爲近之，然要不能以無失也。而近世之説者，率墨守班氏，以爲不易，則皆信漢人而過者耳。夫漢人之説誠近古而得實矣，雖然，必以其實攷之。攷之而得其實，是誠古人之説也，吾從之宜也；攷其實而不得，甚者與實相背戾，雖古之説吾未之敢從也。然則何以攷之？還以《禹貢》之言與説者所稱之地攷之而已。按之《禹貢》，驗之其所稱之地而合，則得之矣；按之《禹貢》，驗之其所稱之地而不合，則其説失之矣。吾故有取於顧寧人氏以北江、中江、南江傅於郭景純之以岷江、松江、浙江爲三江者爲得其實也。景純之説，全謝山亦嘗取之。全氏之取景純是也，其謂三江不必涉北江、中江之文者非也。《禹貢》固明言東爲北江，東爲中江矣，舍三江而北江、中江將安處乎？夫有北，有中，則有南。兼南北中爲三江，此皆其相因以至，而必無可置辯者也。而謂三江不涉北江、中江，其可乎？彼全氏獨疑江之不可通於松江、浙江耳，疑班氏《志》所謂中江者之非禹迹耳。吾謂江誠不可通於浙江，若松江則固即《禹貢》之中江，而爲禹所通者。夫全氏取景純之言，而未得其指也。景純固以爲松江爲《禹貢》之中江矣，其所爲《江賦》有曰「表神委於江都，混流宗而東會，注五湖以漫漭，灌三江而湍沛」者，即《墨子》所謂「禹南爲江、漢、淮、汝，東流之，注五湖之處，以利楚、荆、越南夷之民」者也。景純之松江，班氏《志》之中江，《禹貢》之中江，一而已。吾獨以班氏《志》之南江與所謂分江水者爲非其實耳。攷班氏之意，蓋以中江與南江皆江之所爲也。不知中江江爲之者，南江則自爲一江，而非江爲之者。奚以知之？以《禹貢》之文知之。《禹貢》曰「東爲中江」，不云「爲南江」也。如江而更爲南江，《禹貢》必言之矣，不能遺之矣。以《禹貢》之不言而知南江之自爲一江也。且以形勢求之，江固不可通於衍南江矣。夫班氏《志》之中江即松江，此必無以易之者也。乃其所謂南江在吴南東入海者，以其地攷之，則適亦松江而已。且班氏於石城之分江水云「至餘姚入海」，而未以爲南江，於吴之南江但云「東入海」而不云「至餘姚」，其各分爲二水，抑或更以分江水爲南江，蓋頗不可究詰。酈善長乃徑合以爲一，備箸其所經歷，言之鑿然，然其所舉之地故皆窮岫複嶂、萬山之所蟠結，而謂江水經行於其中，其孰從而信之邪？自乾嘉以來，言《禹貢》者，若金蘂中、姚姬傳、錢學淵、孫淵如、阮芸臺之徒壹歸命於班氏之書，其於班氏之混南江於中江與分江水之不可達於餘姚，蓋亦微知其然，而不勝其信之篤也，乃益爲之傅合疏罅，辯説紛紜，左右遷貿，故卒不得其所安。而阮氏又益繪南江圖而爲之攷，稽之於經，察之以形勢，而無一可通者，大惑者終身不解，豈不信哉？吾故曰南江者自爲一江，而非江爲之者也。舍景純所謂浙江，無以處之矣。《國語》載伍子胥之言曰「吴越之地，三江環之」，夫不南盡浙江，故不足以環吴越之境。此南江之爲浙江，於古可徵。全氏所謂景純之三江，實盡揚州之大望，而顧氏之言考之於經而不謬者也。余又觀班氏所謂「分江水至餘姚入海」者，與《水經·沔水》篇之「東至石城爲二」及鄭康成之説「東迤」略同，而《説文》所謂「江水至會稽山陰爲浙江」者，其説亦頗相類，而益明箸其爲浙江。浙江之稱南江，其自古所傳，而漢人猶及聞之者歟。然展轉膠轕，而卒疑莫能明者，蔽於必以南江爲江所分，而不知其自爲一江也，其讀《禹貢》誠未審耳。夫有北江、中江，則必有南江者，此《禹貢》所未言，而可因其言以求之者也，吾之所敢知也。以南江爲江水所分者，此《禹貢》所未言，而後人以其意言之者也，吾之所不敢知也，况以地求之而往往不合者邪。吾因是而思漢以後之説彭蠡者，其不審亦若是云爾。夫曰「東匯澤爲彭蠡」，明彭蠡漢水所自匯，乃因其所匯之澤而揭其名曰彭蠡，與他水故無與焉。酈氏之説滄浪也得之矣。以《禹貢》之文，江漢之水道，參以《禹貢山水澤地記》之説彭蠡者攷之，吾斷以彭蠡之在江北，而非後世之所謂湖漢水者也。

答吴摯甫論三江書

前辱教，以《禹貢》三江必宜從班《志》，博辨閎肆，篤信好古，甚盛甚盛！顧鄙志猶有不敢安者。天下地勢凡山脈經過之地處，其水皆左右分流，判不相入，雖行至平地中斷，其中亦有微有岡阜隆起，以爲之障，然故可以人力疏鑿。如班《志》之中江，經由銀林、鄧步之間，説者以爲禹迹，此自可信者。若其南徽、寧、池諸郡，萬山複沓，峻極于天，旁魄綿亘數百里，絶無平迤中斷之所，雖神禹無所施其開鑿之功。其左右諸水并各自分注，且其上游亦皆山谿澗谷湍激峻悍之流，舟楫之所不至，問之行旅商賈皆能言之，而謂大江洪流徑行於其間，此萬無一可通之説也。吾意足下雖篤信班氏，曲爲之辭，而固亦心知其不可通乎？足下且以我非考之本經，徒以其不可通，避就而爲之辭。不知裕釗正以班氏之不合於經，而後乃悟其非耳。經於導江曰「東爲中江」，此南之别爲一江，居然可知者也。今乃以禹厮二河，不見《禹貢》爲解。夫《禹貢》之所略者固多矣，漯川之流於大河，特爲枝津，固不可以耦北行之經流。《禹貢》但以兖州之漯貶之，於導河略而不述，自固其所。若夫南江、中江同爲江之所分，勢均力敵，乃僅舉其一，而其一顧置而不言邪，則其義果何居邪？足下又據鄭康成之説，謂「東迆」者爲南江，《禹貢》既言之矣，蒙又非之。《禹貢》導山導水曰「至于某」、曰「會于某」、曰「過某」、曰「爲某」，皆實指其地，無虛言之者。南江爲江所分，則質實言之，曰「東爲南江」宜也，顧乃迂其辭曰「東迆」，爲此孤懸隱射之語，以疑後世，此何爲者邪？且迆，邪行也。大江下流自東邪行而北，適與《禹貢》「東迆北」之文合，其嚴於辭也若是。許叔重説「迆」，文亦即引《夏書》「東迆北，會于匯」以釋之，正其明徵。今曰「東迆」者爲南江，則江本東注。且如班、酈之説，其下亦自石城直東指吳，何迆之所稱？鄭康成及國朝漢學家故皆不知文者，爲此説誠無足怪。知文如姚惜抱及足下，亦從而和之，誠愚之所未解也。足下又謂江河各有主名，非河不得名河，非江不得名江。是説也，於古未之聞也。蓋程泰之始倡之，而胡朏明實堅持之，胡氏特以此鎮壓他人之口，以自伸其説耳。且漢非江也，而曰「東爲北江」者，何也？則將曰「漢入於江，即謂之江」云爾。然則「導漾」之文，宜至「南入於江」已，而其下三語誠當爲衍文，有鄭夾漈之説者矣。則又曰「漢自爲一瀆入海，故不可以附於江也」，若然，胡又被以江之名也？吾故曰胡氏之説進退無據之説也。夫非獨漢而已，九江亦非江也。《禹貢》導水凡即是水而異其名者，則曰「爲」，若「北播爲九河」、「東流爲漢」、「又東爲滄浪之水」之類是也。其所過他水，則曰「過」，若「東過洛汭」、「北過洚水」、「過三澨」、「過漆沮」之類是也。今曰「過九江」，他水而非江也明矣。江之可爲通稱，不待辯而晰矣。夫誠釋然於「東迆」之説之疏舛不足據，與浙之可通名爲江，則更取《禹貢》之文夷懌以善，虛志而讀之，將以班氏之以南江爲江所分者之合於經乎？抑將以南江自爲一江者之合於經乎？且班氏之説其失尤未可以一二數也。彼所謂「分江水至餘姚入海」者，誠即南江也，則吴特南江中途所經之一縣耳，奚獨以系之吴也？況自吴歷由拳、海鹽、烏程、餘杭、錢塘諸縣以達餘姚，相距且數百里，而云「在吴南東入海」，自昔紀水道未聞有若是者。錢氏塘亦知其不可通也，從而爲之説曰：「由拳以往諸縣，故皆居吴國南，國後爲縣，是以南江入海於餘姚言之，又於吴言之。」且班《志》之吴，國邪？縣邪？曰吴國南東入海則可，曰吴縣南則不可，人能知之矣。即若班《志》湔氏道毘陵所紀皆江水，然北江於毘陵言之者，以湔氏非揚州之境，必毘陵可言北江也，非若石城、吴之皆在揚州也。其入海毘陵之北，即江都之南，非若吴、餘姚之相去懸絶也。雖若歧爲二，其爲一水，讀者可以立喻。誠有如來書所云「《志》文簡核，彼此相備」者。若所云「分江水與南江」者辭不別白，指不分明，求之而邈不得其所歸，足下乃援湔氏言岷江、毘陵言北江以例之，豈其倫哉？豈其倫哉？抑其所謂中江者，其上由今之當塗、高淳、溧陽至荆溪縣東南，經東氿以入太湖中，僅一東壩爲之限。自東壩而東爲胥溪、爲永陽江、爲荆溪，故道歷歷。中江左會滆湖，以入太湖，不入滆湖。且雖滆湖亦入太湖，由太湖入海，莫大松江。中江經太湖以入於海，而南江固亦在吴南東入海者也，則適皆松江而已。足下引酈書佚文謂班氏未以松江爲中江，中江乃自滆湖東出，直吴淞之口。不知足下何從更得此水道，誠蒙之所未喻者。夫班氏《志》之中江即松江，非獨景純一人言之，自昔説班《志》者亦皆言之。雖以錢溉亭墨守班氏，然生長是邦，目驗較確，亦以庾仲初所云松江，即《漢志》之中江，初無異辭。此誠所謂不能更創一説以易之者也。班氏之混南江於中江，更無能爲之解者也。裕釗亦豈不知而妄言者哉？夫裕釗非故欲異於班氏也，以從班氏不若從景純之於事理爲協耳。景純所注《水經》久佚，不可知其詳。其與班氏異同，蓋無由考定。然即果與班同者，則吾亦但取其岷江、松江、浙江之一言而已矣。班氏推表山川，以綴《禹貢》、《周官》，立言矜慎，誠如尊論，然亦安知非傳寫譌誤，以至是邪。若鄭康成之説三江，單詞孤義，僅佚而見於《兼明書》、《初學記》及孔疏之所引，其江至彭蠡分爲三，孔之説亦未必果與班氏符合。且班氏合岷江、北江而一之，鄭康成乃以岷江爲中江，尤其乖戾之顯然者。至《説文》稱江水至會稽山陰爲浙江。王鳳喈謂江水當作漸江水，其説浙、漸二水與尊説乃若兩己之相背。王氏祖詘明之説，謂三江實一江者，固不可從。其以江不可通於浙江説，不可易也。年代遐邈，古書舊説殘譌舛錯，往往有之。重以經師儒生紛庬歧異，不可究詰，獨以爲但當據經辭及事理以斷之耳。足下或謂我師心背古，果於自用，固所甘之，不敢辭也。惟亮察，不宣。

李先生鴻裔

李鴻裔，字眉生，號香嚴，晚號蘇鄰，中江人。咸豐辛亥舉人，入貲爲兵部主事。才高學贍，名動公卿。間有達官諷使出其門，許以鼎甲，不顧。某相國素與之善，見其權勢日盛，亦謝絶之。十年，南游江淮，胡文忠公奏調赴英山軍，未幾，文忠歿，乃從文正於安慶，本文正門下士也。是時，開府辟召，極英儁之選。程其器能，先生恒爲之冠。文正嘗曰：「豁達精敏，應世才也。」密疏薦舉。江南平，遂署糧道，尋補徐海道。剿捻興師，以徐州爲總匯。先生内筦胥儲，外充營務，治民持法，接納諸將，方略甚具。擢江蘇按察使，遽以耳疾乞休。既罷官，樂吴中山水，因家焉。得網師園，葺治之，有樹石池亭之勝，積書數萬卷，益蓄三代彝器、金石、書畫以自娱。閉門謝客，不復與世相關。光緒十一年卒，年五十有五。先生工書法，能古文，身後多不傳，傳者其詩二卷。參黎庶昌撰墓志銘。

李先生榕

李榕，原名甲先，字申夫，號六容，劍州人。曾文正公督學四川，得先生及李香嚴、李芋仙士棻，一時有三李之目。咸豐壬子成進士，由庶吉士改禮部主事。文正駐軍祁門，先生入幕府，參機務，並時監司、將領才識與相頡頏者不過數人。自咸豐九年至同治五年，常將萬人克太湖，圍安慶，攻建德，戰彭澤湖口，解青陽之圍，未嘗挫失。以功擢至鹽運使。朝廷知其久於軍事，嘗以秦中事急，有詔垂詢，蓋欲大用之也。及剿捻山東，用文正密薦，授湖北按察使，遷湖南布政使。未幾，罷職歸，主講江油、匡山、龍安書院，前後十餘年，乃卒。所著有《十三峯書屋文稾》一卷，《詩》二卷，《書札》四卷，《批牘》二卷。參《十三峯書屋文稾書牘》。

薛先生福成

薛福成，字叔耘，號庸庵，無錫人。少時

喜觀儒先性理書，縱覽經史，爲經世之學。同治丁卯副貢生。曾文正公剿捻北上，張榜郡縣招賢才。先生上萬言書，文正大奇之，謂李申夫曰：「吾此行得一學人。」延入幕府。西捻平，敘功，以直隸州知州用。光緒元年，應詔陳言，上《治平六策》、《海防十議》，一時傳誦，以爲馬周、陳亮復出。八年，在直隸總督幕，朝鮮内亂，建議立遣三兵輪東駛，陸軍隨發，先日本軍半日抵仁川，入定其亂，日軍無所施，尋盟而退。十年，授浙江寧紹台道。會法越搆兵，馬江敗，浙防戒嚴。法兵犯鎮海，先生築長牆，亘二三十里，擇要隘埋地雷，於山頭設疑兵，以沙土隱礮臺，相持四十餘日，法將孤拔終不得逞。十四年，授湖南按察使。十五年，以三品京堂出使英、法、義、比四國大臣，補都察院左副都御史。至英，疏請增設南洋羣島領事。又請蠲除舊禁，保護僑民，以擴生計。與英爭議滇緬畫界事，預索野人山地以挾之，始得展讓近邊各地。二十年，歸至上海，卒，年五十有七。

先生之學，初私淑陽明，以收斂身心爲主。自師事文正，學識日充。凡歷史掌故、山川險要，以至兵機、天文、陰陽、奇遁之書靡不鉤稽講貫，洞然於心。治古文，不拘宗派，要以暢達真摯爲主。所著有《庸庵文編》四卷，《續編》二卷，《外編》四卷，《海外文編》四卷，《籌洋芻議》一卷，《浙東籌防録》四卷，《出使日記》十六卷，《出使奏疏》二卷，《出使公牘》四卷，《庸庵隨筆》十卷。又有《幕府古文書牘》、《東西洋地誌》諸稾藏於家。參史傳、夏寅官撰傳、錢基博撰傳。

文集

治河

自古治河無善法，河之經流久而不能不變者勢也。自禹疏九河，河自碣石入海，迄王莽時逾二千歲，河之變遷不一次，而大勢以北流爲歸。自東漢王景導河由千乘入海，歷唐至宋九百餘年，河之變遷不一次，而大勢以東流爲歸。自宋仁宗時，横壠、商胡頻年大決，東流、北流迭爲開閉，朝議紛紜；訖北宋之世，東、北分流，靡有定局。自金明昌之世，河始分入於淮。有明中葉，北流斷絶，而全河遂奪淮流，於是向之東北流者，改而南流矣。咸豐乙卯，河決銅瓦廂，全河去淮由大清河入海。於是向之南流者復改而東流。綜計四千餘年之中，河流之大變，惟此數者爲最甚。今值大變未久，當事者不能不謀所以善其後，於是有議復淮河故道者，是欲挽之南流也。有議就大清河築隄者，是欲保其東流也。更有恐其北入畿甸，挾滹沱河爲患者，是逆慮其北流也。事體既宏，興舉不易，且中外之論不合，而南北之見復歧，夫事之不易決也審矣。

蓋嘗攷之中國之水，惟河最濁，沙淤既久，下流必先壅滯，河乃決其上流卑下之所，故黄河無千年不變之道。宋歐陽修謂河水已棄之高地決不可復，其理然也。今自淮河之雲梯關以東，康熙之世諸鉅公所迭議疏濬而未能如志者，況其後受病益深，河道且淤爲平陸，夷爲田廬。今誠挽河使南，而河之故道積沙久淤，且高於平地一二丈，必不能容受全河也，則其勢必將復決，決而北，則山東、河南先被其災，是徒費財力而啟泛濫之禍也。決而南，則淮揚通海先罹其禍，且騷騷乎有入江之勢，是混江、淮、河三瀆爲一也，豈非宇宙一大變哉？且不觀南河未徙之時乎？曩者以全盛之際，專力河工，耗竭天下財賦奚啻三之一，猶且聖主宵旰於上，勞臣奔走於下，僅得一日以安，未幾而險工又見告矣。今幸全河北徙，經費裁減什八九，顧猶必欲復之，何邪？噫！是必廳汛官弁之素酣豢於斯者也，否則貧員游客之素仰給於斯者也，否則狃於習見而不能統觀全局者也。

議者又曰：今故道之不能容河固已，則請以北隄爲南隄，而復築隄于其北，可省隄工之半費。是又不然。蓋河隄之北皆平地也，今欲行河於平地之上，是猶築垣而居水也，亦已危矣。然則謂河之南流有害，而河之奪濟遂無害乎？曰否。自河由張秋穿運而東挾汶入海，而汶水不能濟運，則有阻運之患。大清河河身狹隘，全河貫注其中，游盪靡定，頻年大溜，衝齧隄埝，決溢田疇，山東之民告昏墊矣，則有病民之患。河之患先中於山東沿河州縣，及直隸之開州、長垣、東明，而其他如曹州之多水套，沮河侯家林、石莊户之累告決溢，沙河、趙王河之淤爲平地，皆河流游盪所致失，今不治，誠不知其何所底止矣。夫議復淮河之害既如彼，河奪濟流之害又如此，兩害不能兼去也，於是徇北人之見者則欲驅河使南，徇南人之見者則欲留河在北，是皆以鄰國爲壑也，非公論也。夫兩害相形取其輕者，今山東侯家林諸工猶不如向者豫工、豐工之鉅也。歲修搶修之費，猶不如向者南河廳汛之繁也。若謂河流遷徙靡常，十年之後恐有大決，則今將挽之南流，而大決立見。與其糜數千萬之鉅費，而自致決裂之大變，不如因氣運之自然，猶可以無悔也。爲今之計必不得已，則用大清河築隄之説乎？夫自銅瓦厢至利津海口約千數百里，自銅瓦厢至雲梯關亦千數百里，其地相等也。規復故河需銀二三千萬，大清河築隄亦需銀二三千萬，其費又相等也。以相等之地與費，而改其已然者，其勢逆；因其自然者，其勢順。順逆之分明者，必能辨之矣。是故慮大清河之狹不能容河也，則寬其隄以蓄之。慮山東之有棄地耗正賦也，則以淮河涸出之地抵之。慮山東之物力不能獨舉也，則以數省協助之。而況以濟之清刷河之濁，前人已有主其説者，而其地又與漢之東流故道爲近。儻治之有人，目前之患或可少弭。若必求萬全之策，使無一地一民之被其害，則自古所未見也。所謂「治河無善法」也。

大九州解

昔者鄒衍談天，以謂「儒者所稱中國者，乃天下八十一分之一耳。中國名曰赤縣神州，赤縣神州内自有九州，禹之所奠九州是也，不得爲州數。中國外如赤縣神州者九，乃所謂九州也。於是有裨海環之，人民禽獸莫能相通者，各爲一區，乃爲一州。如是者九，乃有大瀛海環其外，爲天地之際焉」。司馬子長謂其語閎大不經，桓寬、王充並譏其迂怪虚妄。鄒子乃推之至於無垠，以聳人聽聞斯遼闊。余少時亦頗疑六合雖大，何至若耳。今則環游地球一周者不乏其人，其形勢方里皆可覈實測算，始知鄒子之説非盡無稽。或者古人本有此學，鄒子從而推闡之邪，未可知也。

蓋論地球之形，凡爲大州者五，曰亞細

亞洲、曰歐羅巴洲、曰阿非利加洲、曰亞美理駕洲、曰澳大利亞洲。此因其自然之勢而名之者也。亞美理駕洲分南北，中間地頸相連之處曰巴拿馬，寬不過數十里，皆有大海環其外，固截然兩洲也，而舊文早有分爲二洲者。即以方里計之，實足當二洲之地。是大地共得六大洲矣。惟亞細亞洲最大，大於歐洲幾及五倍。余嘗就其山水自然之勢觀之，當分爲三大洲。蓋中國之地東南皆濱大海，由雲南徼外之緬甸海口溯大金沙江，直貫雪山之北而得其源，於是循雪山、蔥嶺、天山、大戈壁以接瀚海；又由瀚海而東接於嫩江、黑龍江之源，至混同江入海之口，則有十八行省、盛京、吉林、朝鮮、日本及黑龍江之南境，内蒙古四十九旂，西盡回疆八城，暨前後藏，剖緬甸之東境，括暹羅、越南、南掌、柬埔寨諸國，此一大洲也。由黑龍江之北境訖瀚海以北，外蒙古八十六旂及烏梁海諸部，西軼伊犁、科布多、塔爾巴哈台，環浩罕、布哈爾、哈薩克、布魯特諸種，自鹹海逾裏海，以趨黑海，折而東北，依烏拉嶺劃分歐、亞兩洲之界，直薄冰海，奄有俄羅斯之東半國，此又一大洲也。雪山以南，合五印度及緬甸之西境，兼得阿富汗、波斯、亞剌伯諸國，土耳其之中東兩土，此又一大洲也。亞細亞之判爲三洲，既有確然不可易之勢。

余又觀阿非利加洲内撒哈爾大漠之南有大山起於大西洋海濱，亘塞内岡比亞之南境，幾内亞之北境，尼給里西亞及達爾夫耳之南境，延袤萬餘里，直接於尼羅江之源，此其形勢殆與亞洲之雪山、蔥嶺界劃中外者無異。尼羅江又曲折而北以入於地中海，是阿非利加一洲顯有南北之分矣。今以《瀛環志略》所稱北土、中土者謂之北阿非利加洲，所稱東土、西土者謂之南阿非利加洲，此又多一大洲也。而南洋中之噶羅巴、婆羅洲、巴布亞諸大島似當附於澳大利亞一洲。夫然則亞細亞判爲三，阿非利加及亞美理駕各判爲二，世俗所謂五大洲者實有九大洲，而鄒子大九洲之説可得而實指其地矣。雖其地之博隘險易不同，人民物産之旺衰不同，然實測全地之方里，謂其八倍於昔日之中國，自覺有贏無縮。所謂裨海者，若紅海、地中海皆是矣。即有沙無水之瀚海，亦可謂之裨海。即中國東隅之黄海、渤海，有日本三島障其外，亦可謂之裨海。是裨海與大瀛海殆一而二，二而一者也。而彼所謂大九州者，在鄒衍時豈非人民禽獸莫能相通者乎？至於禹迹之九州，要不出今之十八行省。若福建、廣東、廣西、貴州諸省則《禹貢》並無其山川。今於以上所敘一州之中約略計其方里，要亦不過得九分之一。然則禹迹之九州，實不過得大地八十一分之一，而《禹貢》所詳之一州，又不過得大地七百二十九分之一耳。余釋其梗概如此，然後知考地形者不居今日，則鄒子無解於荒誕之譏；稽古説者不求實事，則譏鄒子者亦終未擴拘墟之見也。

清儒學案卷一百七十七終

清儒學案卷一百七十八

天津徐世昌

湘鄉學案下

湘鄉交游

梅先生曾亮別見《惜抱學案》。

朱先生琦別見《惜抱學案》。

龍先生啓瑞別見《惜抱學案》。

王先生拯別見《惜抱學案》。

馮先生志沂別見《惜抱學案》。

苗先生夔別見《鶴皋學案》。

唐先生鑑別爲《鏡海學案》。

何先生桂珍別見《鏡海學案》。

錢先生泰吉別爲《嘉興二錢學案》。

陳先生奐別爲《南園學案》。

劉先生毓崧別見《孟瞻學案》。

柳先生興恩別見《孟瞻學案》。

夏先生炘別爲《心伯學案》。

吴先生廷棟別爲《拙修學案》。

湯先生鵬別見《古微學案》。

李先生棠階別爲《强齋學案》。

倭先生仁別爲《艮峯學案》。

竇先生垿別見《艮峯學案》。

何先生秋濤別見《月齋學案》。

莫先生友芝別見《巢經學案》。

羅先生澤南別爲《羅山學案》。

李先生續賓別見《羅山學案》。

張先生文虎別爲《嘯山學案》。

馮先生桂芬別爲《校邠學案》。

郭先生嵩燾別爲《養知學案》。

邵先生懿辰別見《諸儒學案》。

何先生紹基

何紹基，字子貞，號蝯叟，道州人。父凌

漢，嘉慶乙丑進士，翰林院編修，官至户部尚書，謚文安。先生，其長子也。道光丙申進士，改翰林院庶吉士，散館授編修，歷典福建、廣東、貴州鄉試。咸豐二年，充四川學政。崇學敦教，士皆悦服。未幾，以言事罣吏議，歸。先後主山東濼源書院、湖南南城書院、浙江孝廉堂講席。同治十三年卒，年七十五。生平於經史、《説文》、考訂之學嗜之最深，旁及律算、金石、圖刻，博綜覃思，實事求是。其書法卓然成家，一時紙貴，海外亦知其名。又通知掌故，爲國史館提調時，擬遵純廟諭旨，纂集三品以下名臣列傳，條例已具，爲政府所尼，論者惜之。全謝山更訂梨洲《宋元學案》，屬草僅存。先生仰承父志，助王臒軒補輯校正，成書百卷，傾貲刊之，以傳於世。自著有《東洲草堂文鈔》二十卷，《詩鈔》三十卷。又有《惜道味齋經説》、《説文段注駁正》，未見刊行。參史傳、林昌彝撰小傳、熊少牧撰墓志銘。

宋元學案敍 大人命代作。

《周官經》曰：「師以賢得民，儒以道得民。」鄭注以德行、六藝分屬師、儒，蓋以小成、大成别之，實非有區域也。然《魯論》孔子及門分爲四科，《小戴記·儒行》列爲十五，《韓非子》曰「孔子之後，儒分爲八」，蓋道合於一者，聖也；其分而屬者，儒也，各就其性，以成爲學，而傳授淵源遂亦不能强同。《漢書·儒林傳》專主傳經，其言曰：「六學者，❶王教之典籍，先聖所以明天道、正人倫、致至治之成法也。」豈非以

❶「學」，《漢書·儒林傳》作「藝」。

聖人之道悉備於經，不待舍文章而別求性道哉？歷代史家悉從其例，《唐書》始易爲《儒學》，至《宋史》而《道學》、《儒林》肊分本末，識者歎之，故《元史》仍爲《儒學》。至我朝纂修《明史》，仍從班掾，統以《儒林》。夫漢代醇儒皆敦行義，有宋大儒無不治經，或持所專習，互相詆譏，褊且閡矣，何與聞道乎？

余生於濂溪之鄉，幼稟庭訓，讀宋五子書，後乃從事漢儒傳注，自知所造匪深，而於立身行事植矩度繩斤斤有以自守者，於漢宋儒先遺緒不無萬一之得焉。昔讀《鮚埼亭集》，知黄梨洲先生於《明儒學案》外，尚有《宋元儒學案》，未及成編，其子耒史先生暨全謝山先生後先修補，而世無傳本。道光辛卯，奉命典試浙江，留督學事。壬辰，按試至寧波，得樸學士王生梓材，因以叩之，以未見對。甬上多藏書家，屬其勤爲蒐訪。歲試未畢，余奉召還京，然未嘗一日忘是書也。今兹戊戌，王生再入都門，居然以校刻《宋元學案》百卷定本至。欣然詢其所自，始知陳碩士少宗伯繼視浙學，先得梨洲後人補本八十六卷，而謝山原本之藏於月船盧氏、樗庵蔣氏，珍祕不示人者，亦次第出之。王生乃與馮生雲濠合而定之，整比謌舛，修輯缺遺，謝山序録百卷頓還舊觀。馮生復獨任梨棗之費，剋日告成，可不謂儒林之盛事乎？

抑論先河後海之義，漢儒之功實先宋儒。自先秦以迄有唐，六藝源流具有端緒，余門下士自王生、馮生外，若許生瀚、沈生垚諸子皆研覃傳注，能推明學術。梨洲之於學案，由明儒以及宋元，然則由宋元以上溯漢唐，綜其師承門徑，輯成一書，其可少也哉？

余日望之矣。

重栞宋元學案書後

先文安公生平服膺許、鄭之學，而於宋儒之言性理者亦持守甚力，嘗命仲子紹業畫康成先生像及周子、邵子、司馬公、兩程子、朱子像，懸之齋壁，以明祈嚮。俗儒小生有訾議儒先者，必正色訓戒之。道光壬辰，督浙學至寧波，以《宋元儒學案》發策，浙士始知有此書。越七年戊戌，王君臒軒、馮君五橋蒐得各本，合校栞成，以印本攜呈。此事實自先公發之，故嘉其有成，欣然作敍也。及庚子仲春，先公見背。壬寅春，馮氏書版燬於兵火，幸臒軒所呈印本尚存余家。是歲秋，余服闋入都，思有以卒成先志。臒軒曰：「果擬重栞，且宜少待。」乃復精心勘閱，又爲補脱正誤，至甲辰冬而竣事。適余方典黔試歸，傾使橐以營剞劂。先是癸卯之夏，余集同人勼資創建顧亭林先生祠於城西慈仁寺之隙地，軒亭靜奥，因請臒軒下榻其中，悉檢家中藏書有係《學案》者移庋祠屋，供其尋討。余亦竭力襄事，校出譌漏甚多。手民亦悉萃居於是，隨校隨刻，至丙午夏而事竣。海内同志諸君子若湯敦甫協揆丈、潘芸閣河帥師、賀耦庚制府丈、祁春浦大司農、李石梧中丞、但雲湖都轉、唐子方方伯、羅蘇溪方伯、勞星皆觀察、何根雲通政、栗春坪太守、楊墨林州牧聞有是舉，均出資相助，且敦促其成。時仲弟紹業已先殁，與校字之役者叔弟紹祺、季弟紹京及兒慶涵、姪慶深也。烏乎！先公拳拳於是書，非視浙學則無以發其扃。其已刻而旋燬，燬而復刻，固非先公所及知。摩挲鉛槧，逾閲歲時，悚與愧俱，敢云負荷耶。臒軒於重校之次，徧涉四部書，復成《宋元學案補遺》百卷，與原編相埒。余爲録副墨，以俟續栞。此尤黄、全二子之功臣，恨先公未及見也。

吴先生嘉賓

吴嘉賓，字子序，南豐人。道光戊戌進士，授編修。究心當世利病，嘗條陳海疆事宜，被嘉納。二十七年，緣事謫戍軍臺。越四年，釋回。粵匪蔓延江楚，以防堵武陽渡，收復新城、彭澤諸縣，督辦本籍團練，援郡城功，賞内閣中書，加侍讀銜。同治三年，於本邑三都墟口擊賊遇害，年六十二。奉旨賜卹，並建專祠。先生好學深思，與倭文端、曾文正相友善。嘗言：「性是人之命根，與天呼吸相關處。此處一斷絶，便自棄其天，無以爲人。」文端稱其言。又云：「聖人言保國保天下，老氏言取國取天下。吾道祇自守，老氏有殺機。」文正亦稱其言。其治經字疏句釋，而要歸於潛心獨悟，力求自得，尤長於禮。所著有《周易説》十四卷，《尚書説》四卷，《詩説》四卷，《儀禮説》二卷，《禮記説》二卷，《喪服會通説》四卷，《四書説》六卷，《求自得之室文鈔》十二卷，《尚絅廬詩存》二卷，又有《禮記匡註》，未刊行。參史傳、《南豐縣志》。

禮記説序

《記》曰：「經禮三百，曲禮三千。」而聖人之道曰「約之以禮」，何哉？計禮之行於日用者悉數之，何止三百、三千？蓋自古及今，雖號之曰萬，猶有不齊也，而禮之意實約。後世儒者乃欲徧考古人之名物象數以爲禮，是猶拾故都之遺甓，謂吾將以成室，可乎？無惑乎其求禮者愈詳，而禮愈不可得而復也。天下之土壤皆可以成室，百世之人心皆可以爲禮，禮者所以止萬物使之不過。知萬物之各有己分，則知禮矣。《春秋傳》謂魯昭公所習者，「儀也，非禮也」。《中庸》曰「禮儀三百，威儀三千」，所謂三百者，禮之儀；所謂三千者，又其威儀。今周公所作猶名之《儀禮》，而漢戴氏所集諸子之論禮者，乃統名之曰《禮記》，其無乃昧乎禮之所以爲禮也歟？

余始習經，即先治禮學，苦其煩也。以世多稱漢鄭君優於《禮》，宋人廢其學而古禮遂湮，本朝江氏、戴氏兩先生皆尊鄭君，其書最爲當時所重，其他言鄭君者大小以十百數。嘉賓獨嘗博求其説，以爲其所是正者文字耳，尚不得謂之儀，况禮乎？鄭君未爲能知夫禮之意者。予既論《儀禮》十七篇之大旨，以爲小戴所輯四十九篇列於學官，學者欲考其説，非鄭君莫從也，然其書純駁不一，以其非出於一人，其高者蓋七十子之微言，下者乃諸博士所摭拾耳。自宋以來，取《大學》、《中庸》與《論》、《孟》並列爲四書，世莫有異議者，則多聞擇善之義，固有不必盡同者邪。余獨以《禮運》、《内則》、《樂記》、《孔子閒居》、《表記》諸篇爲古之遺言也，備録其文，以資講肄。其餘論説多者亦全録之，否則但著吾説所以與鄭君别者，以備異同焉。

《易》曰「知崇禮卑」，又曰「謙以制禮」。夫禮者，自卑而尊人。古之制禮者，上也。上之人能自卑，天下誰敢不爲禮者。後之考禮，每稱明堂、封禪、辟雍、巡狩以張大世主，欲假借古禮自比盛王，此豈禮之意邪？先王之禮行於父子、兄弟、夫婦，養生送死之間，而謹於東西、出入、升降、辭讓、哭泣、辟踊之節，使人明乎吾之喜怒哀樂，莫敢踰夫親疏、貴賤、長幼、男女之分，而其至約者，則在於安定其志氣而已。故曰「禮樂不可斯須去身」。樂者，動於内者也；禮者，動於外者也。孔子曰：「禮云禮云，玉帛云乎哉？樂云樂云，鐘鼓云乎哉？」夫禮樂不外乎吾身之自動，而奚以求諸千載而上不可究詰之名物象數也乎？

文集

祀帝篇

五帝者何也？天也。天有五帝，以象覆也。《月令》言木德王者，帝大皞；火德王者，帝炎帝；土德王者，帝黄帝；金德王者，帝少皞；水德王者，帝顓頊。此宰我論五帝德之説也，自春秋以來有之。夫帝王乘五行，猶諸侯國野列十二星，未有知其所由來者，然神不歆非類，盛德之祀必在其子孫，故先王重繼絶世焉。古之聖帝明王多矣，謂祀五帝即祀太皞以下五帝及謂當配祀者，皆非也。五行秉精於天，施用於地，列在五祀，是爲地示，復以號五帝，是以卑名尊也。謂以五行及五色號五帝者，亦非也。號之自秦始，而漢以來因之。至於讖緯爲之名，乃益矯誣矣。先王紀五帝之號，以《周官》徵之，則「昊天上帝」其一也。《爾雅》「春爲蒼天，夏爲昊天，秋爲旻天，冬爲上天」，意者其祀五帝之别歟？抑言其神則爲昊天上帝，言其位則爲五帝。昊天上帝者，天之主宰，而五者特昊天上帝周流之行位。故《大宗伯》言其神則曰「昊天上帝」，不曰「五帝」；《小宗伯》言其位，則曰「五帝」，不曰「昊天上帝」

歟？要之，祀昊天上帝必於南郊，祀五帝必徧於四郊，祀帝者皆祭天，此其可知者也。昔之言祭天者曰一歲凡九：春祈穀；夏大雩；秋祀五帝明堂，以先王配；冬合樂圜丘；又分祀五帝於其始王。益以夏合樂方丘在北郊，則一歲有事於郊者，凡十也。以四時言之，春有事郊者二：迎於東，祈穀於南。夏有事郊者四：迎於南，雩於南，祭地於北，季夏又迎於南。秋迎於西，❶又於南明堂。冬迎於北，又於南圜丘。夫祭不欲數，郊如是，無乃數乎？先王盛夏則簡祭祀，故廟皆禴祭。郊禮最大，上下盡有職焉，在民則氾埽反道，鄉爲田燭。今一時之中用事更倍，毋乃違於義而遠於情乎？郊祀之服大裘，今祀五帝可服者二，不可服者四。夏、季夏、秋及明堂爲四。則《司服》之義非乎？

竊嘗論之，夫迎四時盛德之神於當方之郊，此《月令》説也。《月令》非先王之制，且《月令》但迎四時於四郊，土居中央，無外迎之説。漢永平中，始以此爲祀五帝，其以季夏迎黃靈於中兆，雖《月令》未嘗言之。《周官》祀五帝必卜日，苟用四立，何卜之爲？然則迎盛德非祀五帝甚明矣。秋饗五帝明堂，亦采《月令》。《月令》：「季秋之月，大饗帝，嘗，犧牲告備於天子。」察其文，主爲告犧牲備云爾。告犧牲備於是月，則祭猶不於是月。蓋《月令》自季夏「命合秩芻，養犧牲，以共皇天上帝、名山大川、四方之神，以祠宗廟社稷之靈」，仲秋又「命循行犧牲，五者備當，上帝其饗」，至此告備，凡三言「上帝」。犧牲之用至廣，特以饗帝爲重。季夏合芻，秋始

❶「西」，原作「酉」，今據清同治廣州刻《求自得之室文鈔》卷二改。

繫於牢，仲秋、季秋皆巡牲，其辭相承，至孟冬始大割之也。《月令》爲吕不韋書，乃秦制。秦以十月爲歲首，上雍祠帝畤用牲三百牢，又禱賽山川，亦謂之嘗。《封禪書》言「四大冢鴻、岐、吴、岳皆有嘗禾，河皆有嘗醪」是也。其用犧牲尤多，皆以十月祠，故先時發命如此。若周之宗廟始殺而嘗非季秋，安得以《月令》季秋所言之嘗爲周之嘗？更以是爲周大饗及宗明堂乎？然則是亦非《月令》説又明矣。《月令》非古書，稱《月令》者又假以文後世之制，是以其論益棼。惟春祈穀上帝、夏大雩帝，諸傳記頗有之。孟獻子曰：「啟蟄而郊，郊而後耕，以祈農事。」謂祈穀也。周祈穀上帝，歌《噫嘻》。大雩亦祈穀。《詩序》曰：「《噫嘻》，春、夏祈穀於上帝也。」顧雩亦非禋祀之比。《春官·司巫》「掌帥巫而舞雩」。雩者，歌舞吁嗟以求雨，掌于司巫，而謂之舞雩，其義輕矣。雩宗别爲壇，非帝兆，謂之大雩帝，以南郊上帝所在，呼禱羣祀，必先及焉，故用盛樂而歌《噫嘻》之詩，亦命有司爲之耳。《月令》言「天子乃以元日祈穀于上帝」、「天子乃薦鞠衣于先帝」、「天子乃祈來年于天宗」，皆特言「天子」，惟大雩帝蒙「命有司」文，「大饗帝」起下「告犧牲」，非於是月饗帝，以此義類求之，亦可見。故祭天之禮歲二而已矣，一祀昊天上帝，一祀五帝。《周官·司服》：「王祀昊天上帝，則服大裘而冕。祀五帝亦如之。」大裘，祭天之服，惟盛寒乃得服焉。冬至祭天南郊，見《封禪書》與《周官》。《大司樂》「合祀五帝，前期十日而卜日」。祀昊天上帝彌尊，故無卜日，日以至歟？冬至爲陽之始復，於專祀上帝宜。《周官》言「祀五帝」皆一之，又服裘冕，是同時而遍祀也。穀者，終歲之獲。春者，正歲之始。以正歲之始祈終歲之獲，其道當求諸偏，於祀五帝宜。傳者曰：「周有二郊，魯惟祈穀之郊，故魯郊以爲祈農事。」然則言祈穀之郊，當徵諸魯。《魯僖公三十年》「夏四月，四卜郊，不從，乃不郊，猶三望」，望，郊之細也。郊祀祈穀，偏於羣望，況四郊之帝乎？先王以正歲請命于上下神示，凡在祀典皆當舉焉。《詩》曰：「不殄禋祀，自郊徂宫。上下奠瘞，靡神不宗。」既以敬歲事之始，又以國之大典不可數興，故誓於百官，戒於百族，弗命而民聽上。大祀告虔，百靈從秩，於是望類兆於郊者，莫不畢禮；山川丘陵墳衍，兆於其方者，莫不畢祭；社稷五祀，莫不畢祈，故曰「禮行於郊，而百神受職」者，此也。《傳》曰：「不郊，亦無望可也。」祀莫尊於郊，苟廢郊則百祀無由舉。王者闕郊，猶諸侯無王也。既郊乃奉天命，以懷柔百神，不更事矣，所謂「并百神于上天而祀之」者如此。豈若後世於一兆之壇，萃百神之位也哉？

古者舉大事必順其時，慎因其類。子服景伯曰：「魯將以十月上辛有事于上帝先王，季辛而畢。」由是推之，其類廣則其時久，蓋有浹日歷旬者。書缺有間，其詳不可得聞已。《記》曰：「郊之祭，大報天而主日，配以月，遍祀五帝。」所謂「大報天」也，「主日」、「配月」，主於陽位而配以陰位也。《覲禮》曰：「天子乘龍，載大旂，象日月升龍、降龍，出拜日于東門之外，反祀方明。禮日於南門外，禮月與四瀆於北門外，禮山川丘陵於西門外。祭天，燔柴。祭山丘陵，升；祭川，沈；祭地，瘞。」《郊禮》之記曰：「天子適四方，先柴。」王者適四方，合諸侯，本天以震之，謂之天子。將行覲禮，祀方明，必先燔柴，其禮與郊祀同，故記郊者首及焉。旂十有二旒，龍章而設日月，郊祀所載之旂也。

南門之外當爲祭天，而復言禮日，日者陽之盛也。北門之外當爲祭地，而兼言月與四瀆，月與四瀆陰之盛也。卒釋其别，則言天地山川丘陵，不言日月者，明日月之爲天地也。此主日配月之義也。其辭及於四瀆、山川、丘陵者，象郊之及於望也。南爲尊而先至於東拜日，郊祀亦然。故《掌次》稱「朝日祀五帝」，以東爲始，以南爲正。是故先言朝日，後言祀五帝也。日生於東，月生於西，春朝日則於東，秋夕月則於西，何以復禮于南北？月，天神也；四瀆，地示也，何以并禮？則知其義存乎陰陽矣。不言天地，天地至尊也。不言陰陽，陰陽隱而日月顯也。曰「主日」「配月」，主於陽位而配以陰位也，南郊陽位，東郊亦陽，則從日；北郊陰位，西郊亦陰，則從月。郊者事天，山川丘陵四瀆亦陰也，然非事天之義，不言配。且祭之别有兆，以是爲異於《覲禮》云爾。《記》曰：「祭日於壇，祭月於坎，以别幽明，以制上下。」壇者南郊泰壇，所以燔。坎者北郊泰折，所以瘞。幽明，陰陽也。上下，天地也。「祭日於壇，祭月於坎」，依乎陰陽天地而名之，故曰「以别幽明，以制上下」也。此「禮日南門外」，即「祭天燔柴」；「禮月北門外」，即「祭地瘞」之説也。祭日於東，祭月於西，然後爲日月生没之正位，故曰「以别外内，以端其位」，此「朝日夕月」之説也。大報天則兼是二者。

或曰古祀五帝，蓋終日而畢事。《記》曰：「夏后氏祭其闇，殷人祭其陽，周人祭日以朝及闇。」日未出、既入，皆謂之闇。以朝日出而朝日，及闇日入而夕月。祀帝之禮，貴質貴誠，埽地稽首，器用陶匏，無獻祼，雖終日而畢事，可矣。《傳》曰：「吉行日五十里，師行日三十里。」王巡狩、會同皆師行，惟祭祀謂之吉禮。吉行者，祭祀也。都城方十二里，郊兆在其外。王行一日而周，則五十里矣。師行每日遷次，故日三十里而一舍。吉行掌次張大次、小次有常法，故日五十里，而足以容禋祀。古者儀用簡而禮官備，祀五帝以一日徧；後世儀用侈而禮官闕，郊或十年乃再舉。猶古者一歲巡四嶽，而後世巡狩之禮至曠而不可行。若以後世之不可行疑古人之難行則過矣。或曰：《曾子問》言「諸侯告於山川」，告者五日而徧，過是非禮也。是天子祀帝猶五日而徧，故諸侯不敢踰焉。是皆不可知，要其爲同時而祭四郊，則斷可識矣。《易》曰「陰陽之義配日月」，天子搢大圭，執鎮圭，以朝日；公侯伯子男執瑞圭璧，以朝王。天子朝日與諸侯朝王比，配以月，猶享王及后，非事天之義，何以及此？烏有所謂一歲九祭天也哉？

喪服正等篇

服有五，其等三也。三族相與爲主人，以三爲五，相與爲親。以五爲九，相與爲兄弟，而分親昭矣。既葬卒哭，親者變，兄弟除。朞而成吉主，主人變，親者除。再朞大祥，主人除而喪節辨矣。分親以三列，喪節以三成，然而服之殺五，何也？《周官·司服》天子諸侯之凶服有斬衰，有齊衰，有緦衰，大夫士加以大功、小功，大功與不杖朞爲一等，小功與緦爲一等。經曰：「親者禯，不將命以即陳。」説者曰：「不將命以即陳，大功以上有同財之義也。」傳又曰：「如何而謂之兄弟？小功以下謂之兄弟。」然則大功上同期，小功下同緦，章章明矣。大功者，旁治則從父昆弟，下治則庶孫，外喪則姑、姊、妹、女子子適人者。姑、姊、妹、女子子其本固朞也。昆弟之子期，從父昆弟非父之所爲期乎？適孫朞，庶孫非期降乎？故大功上同期。小功者，同姓則從祖之屬，異姓則外祖父母。同姓因其等，異姓以名加，皆外喪也。故小功下同緦。

先王制禮明內外，內之降也，不使至乎外，因是以爲大功焉爾；外之加也，不使至乎內，因是以爲小功焉爾。服之備五也，惟旁治、治上止乎三，治下止乎三，大功、小功之加，上不以施於祖，下不以施於適，中不以施於宗子宗婦，其故何也？凡正體之除喪也，必因有事而除。三月除以卒哭，期以小祥，杖期三年以祥禫，主人之喪節也。凡屬之於主人者皆視焉，是服之正等也。若夫九月、七月、五月之喪，既葬即葛，歸其宮，自終其月算而除，親者避主人，疏者以爲私隆焉，是非服之正等也。非服之正等，故「上不以施於祖，下不以施於適，中不以施於宗子宗婦」。

或曰：古者三十年爲世，人壽百年，上不以及高祖，下不以及玄孫，服上下殺止於三可矣。有及之者，其服也如之何？曰：曾祖以上苟有及者，皆爲之齊衰三月可也。曾祖以下苟有及者，皆爲緦可也，等之極則通。齊衰三月，正體之服也。丈夫婦人爲宗子、宗子之母妻是也。宗子且然，況其祖乎？緦，服之末也。傳：「同爨緦。」同爨猶服之，況其子孫乎？故服等之三，其道至於無窮。

喪服改制篇

周公之禮未有行於今者也，而《喪服》勵存，存之者非後王之所能爲也，有由然者也。人倫具乎是，尊卑、貴賤、親疏、長幼、內外之交麗乎是，嫌疑、猶與、分爭、辨訟之端決乎是。故是禮之行缺如，而其體存。雖然，果存乎哉？凡《喪服》之大義三：一曰父，二曰君，三曰宗。繼周者，喪服三變矣：漢文帝詔吏民短喪，而君之義微；唐以後加異姓服有大功袒免，而宗之義微；明制加子爲母、婦爲舅姑皆斬衰，子爲庶母期，父爲長子同衆子皆期，而父之義微。先王制禮，莫敢公訾而顯易之者，其散亡磨滅則欲復而不可，非可而不欲也。喪服，先王之所尤盡心也。其書幸詳，今枝條節目猶相與奉帥而守之，而其大義先變，何哉？變之者亦非後王之所能爲也，有由然者也。古者君世其國，臣世其家，相與爲一體。自戰國並起，國無定臣。及秦行督責之術，民忘君矣。且秦人子壯則分出他贅，父喪已不行，而君喪何爲？文帝因是以變之爾。古者士大夫有廟則有族，廟制不立，民忘宗矣。且自漢以來，人君疏骨肉，親外親，下習化之，以爲風俗，同姓邇而易暌，異姓私而易合，唐之君臣因是以變之爾。古者田宅受之君，職業受之父。士之子既冠傅之，疇人各從其父疇學之，爲子者思在能繼父而已。後世職業廢而智力興，父子兄弟競爲行能，不相資稟，拙者自求不贍，巧者以得爲榮，民忘父矣。士大夫知生我之恩，莫知象賢之義，皆曰父母何算焉。明之制因是以變之爾。且夫禮之作，由人心生也。明乎先王所以興人之心，則知禮之不可以損益也矣。語曰「父子主恩，君臣主義」。服者，恩義合。義非恩無以有服，恩非義無以有服。臣爲君服，義也，有恩焉，恩不至，徒畏而不愛。子爲父服，恩也，有義焉，義不至，徒愛而不畏。臣畏君，天也，不愛則畏之道不可以久也。子愛父，天也，不畏則愛之道不可以久也。故先王爲喪祭之禮，使臣知愛其君，使子知畏其父。論喪服者曰：「縗絰哭泣，恩之飾也。哀痛惻怛，愛之情也。」言愛則母與父固同矣，故隆母以敵父，隆母之黨以敵父之黨，反以疵禮。夫謂禮爲由於愛之情者，爲無愛者言之也，非以盡禮也，禮未有徒愛而行者也。孔子曰：「孝莫大於嚴父。」父母，家之尊也。子婦，家之卑也。尊以臨卑，卑以事尊。雖然，家之命，父制之而母從焉，子承之而婦從焉，貳之則亂，故夫妻敵體，妻爲夫斬衰，夫爲妻期，未有疑焉者也。子之服母由是別焉。子居父喪，時見乎母，母服斬與子同。母之喪期，父釋服矣，子自若遂服，則何以事父乎？故父在爲母期。家之中，居處宫室從乎父，飲食養御從乎父，往來交際從乎父，父子異，物雖小而不行，故父服未釋，而子即吉者有之矣，未有父除服而子猶行喪者也。今也子與婦自俱服斬，則是與尊者異物也。出妻之子爲母，庶子爲其母不從乎父而自爲服，君子不奪人之親，父命爲之焉；且家所重者長子，長子事父，故出妻之子、庶子爲父後者皆不得爲其母服，制於父也。士爲妾之有子者緦，衆子爲庶母緦，亦制於父也。今爲庶母期，是從其庶昆弟，不從其父。父不貴妾，子之尊庶母也安從生？人道莫親於父母，婦人則重承夫，重承夫則降其父母，而事夫之父母。凡親上之服降其夫一等，由夫而推也。子則夫婦皆親之。凡親下之服同其夫，由子而推也。今服舅姑與夫同，則親上之服當畢同。自夫之祖父母、世父母、叔父母至於夫之諸祖父母所進多矣，内外之際若是，其無等與？子天親也，婦則異姓也，婦人之義事夫而止，夫之外未有可以自親者。傳曰：婦人無二斬，不能二天也。先王之爲斬衰，使臣以事其君，子以事其父，妻以事其夫，三綱之表也。故斬衰至重，斬衰之倫多，則將不重。古者天子謂之王，王之號至尊。其後列國稱王，國猶是也，而王之號不尊。夫服亦若是焉爾矣。子事父母與婦同，何以爲親其父母？婦自同其夫以事舅姑，何以爲尊夫？故子之於父、妻之於夫猶斬衰也，然而已輕也。然則禮爲長子斬衰，何也？曰：世之正體也。妻、子一也。妻繫其夫姓，夫不繫其妻姓，是爲附體。子以世繫之父，父以世繫之長子，是爲正體。長子死，當以昭穆祔於考父，不可不主也。主正體者必斬，且長子死，適孫爲祖後，祖不服重服，則孫莫敢服重服也。繼世者嘗重其世，重之則有所授也，有所受也。不授不受與不繼同。後之姓非不繼世也，古之繼世者如種樹木，末雖大，必從其本；後之繼世者如種穀，實落則根荄。夫宗子之義自長子始，斬衰之爲長子服也，義之大者也，與君父等。《易》曰：「天尊地卑，乾坤定矣。乾道成男，坤道成女。」先王之喪服不爲婦人斬衰，豈苟焉而已哉？男子重其君父，又自重其世，而後家國之道成。婦人卑於男子，專爲其夫重，故男子百世，奉其宗廟之道也；婦人一世，屬其身之道也。子爲父黨以三爲五，以五爲九，服窮猶爲之袒免。族人又服其宗子，以事大祖，若是者百世之道也。爲母之黨三族而止，若是者一世之道也。昔者黃帝始建萬國，封諸子而命以姓，遠者傳三四千年，言世本者必自黃帝始。爰及三王，禹始傳子；文王治岐，仕者世禄。蓋繼世之道兆於諸侯，成於天子，施及士大夫，非一日之故矣。當其始，雖天子不能以繼世，勞之至也。及其後，雖士庶人皆得以繼世，安之至也。其先成於諸侯也，天子命之也。天子不世，無以治天下。國不世，無以治其國。家不世，無以治其家。治成而上下達，有天道焉。士未平，天子不能世天下；禮未詳，士大夫不能世其家。士平於夏，禮詳於周，先王之制經乎天地。今之爲喪者蓋略矣。民迫於求生不暇，哀死輕喪，無一日之感，期、大功僅視古兄弟之喪，以是而爲尊親。若有不釋然者，於是益之，益之非能踰禮，咎在不及禮爾。王者帥天下以嚴父，民知大義矣。先王之喪服，其於人心猶呼而響也，不爲禮則已，爲禮安可變哉？

吴先生敏樹

吴敏樹，字本深，號南屏，巴陵人。道光壬辰舉人，選瀏陽縣教諭，小有不合，即自免歸。先生少工詩文，試禮部時，梅伯言、朱伯韓、邵位西、王少鶴相與倡古文義法於京師。有以先生所序《歸文別鈔》示伯言者，於是能爲古文之名日盛，而先生雅不取宗派之説，謂當博取古書，烏有建一先生之言以自域者？平生辭受取予兢兢自持，不使一事攖其胸肊。與文正交最篤。當率師東向，賢豪景從，文正堅請與俱，先生不可，終身未嘗干以私。文正督兩江，延爲上客，先生因以其間偏攬緣江名勝及西湖而歸。同治十二年卒，年六十九。所著《柈湖文集》十二卷，又有《周易注義補象》、《國風原指》、《春秋三傳義求》、《大學中庸考義》、《孟子考義》、《孝經章句》、《柈湖詩録》、《柈湖詩話》、《年譜》，藏於家。參史傳、杜貴墀撰傳、郭嵩燾撰墓表。

詩國風原指序

始余讀書，竊好思議古人之事，以今事情而度之，常多有疑而不可決者，而《詩·國風》疑之最甚。蓋孔子云《詩》三百，蔽之「思無邪」。是該《國風》與《雅》、《頌》同義，❶而《風》獨多男女之言，其言或至猥褻，乃邪之甚者，將使讀者思而正之，是謂「諷一而勸百」。可疑一也。閭巷田野之人豈能爲詩，而《風》之辭婉而工，其用聲韻十五國若一，無方音，數千年讀者尚可尋其聲部，是必學士大夫之能者爲之，而其義若僅可覘覽風俗而已。❷可疑二也。《詩》皆以入樂，《國風》者，國之樂也，掌於樂官，工者歌之，是宜揚其美而諱其惡，而其先君夫人醜穢之刺不能除去，使布在天下。可疑三也。《詩》樂皆在其國而已，《左氏》所稱七子之賦不出鄭志，今其篇皆在《鄭風》，而他賦常不限國，則諸國通習之。傳又稱吴季子觀樂於魯，魯樂師爲徧歌諸國，其數正同，但其次稍差爾。此皆在孔子之前，孰爲定其篇章而傳之如此？可疑四也。國以美刺而有詩，其爲之者前後宜無算，而《衛風》僅自莊、桓、宣、惠以逮文公之世，鄭亦惟武、莊、昭、文，齊則明見襄公而已，不知《詩》樂之作實起一時，而前此未有之與？又何一時之事累篇競詠，而後此斷絶與？可疑五也。此五疑者，余私畜之鄙衷，嘗以稽諸古志之遺，按之先儒之論，而皆未有以合也。若夫一詩之説，往時讀《集傳》

❶「頌」，原作「訟」，今據清光緒十九年思賢講舍刻《柈湖文集》卷三改。

❷「俗」，原爲空格，今據《柈湖文集》卷三補。

以校諸古序、傳、箋多有不同，而得失短長亦均有之，未可以定也。竊嘗欲審揣《詩》之時世以求其歸，而心難之。今年夏，余治《論語》義方畢，而塾有課童孫讀者，間與論《風詩》意，忽有所發，乃獨卧一靜室，隨所憶之篇微諷之，又起誦之，既似有的矣，乃以其言之隱與其時之事合之，則見夫《風詩》之指全在託興寓物，遂得《日月》、《終風》之解。因以是推之，日有所出，其事皆東遷後諸國之大故，而《詩》者直如史官之書其事爾。今而後乃知《國風》之義之大，繼王迹之熄，匡諸侯之政，存人治之綱紀於横流波靡之時，故諸國之作可與二《南》、《豳詩》並列爲《風》，而以與二《雅》、三《頌》同載爲經。其一出而當時君卿大夫歌之於禮會，學士肄之以爲業，孔子用之以爲教，而其事之與《春秋》相出入者，其取義未之有異也。然則其書當出於周之太史所集，諸國前後自皆多有其詩，而此其所斷録者也。故吴季子之請觀，通曰「周樂」云。余既説《邶》，至《檜》終《豳》，乃還於二《南》，即皆以史志之義得之，與古之説者大異。然私以爲吾之説之者，幾其本指也。既成，以序次之，命之曰《詩國風原指》。

詩國風原指後序

《詩》之道用於邦國天下，與《尚書》同，其體有别爾。《書》者，直書其事，或述其事之言，常以一事爲一篇，多或數篇而一事，其本末皆具也。《詩》則取其事播之樂歌，其辭或顯或微，而皆以抑揚反復曲盡其事之情。《書》之所不能，直言之所不能畢者，皆於《詩》見之。蓋《雅》、《頌》之事大指章明矣，至於《風》則隱焉。及余竊以是説求之，乃知其多出於史氏以志其國之故。其一事爲篇，或數篇一事，尤與《書》同。余於《周》、《召》二《南》見其皆爲志文王時事之大者，於《邶·柏舟》《緑衣》《燕燕》《日月》《終風》《擊鼓》皆爲州吁之亂；而《新臺》《二子乘舟》與《鄘·柏舟》《牆有茨》《君子偕老》《桑中》《鶉之奔奔》皆爲宣姜；於《衛·考槃》《碩人》皆爲莊姜；於《王·黍離》《君子于役》《君子陽陽》皆爲東遷；《葛藟》《采葛》《大車》皆爲鄭伯來朝，於《鄭·將仲子》、兩《叔于田》皆爲克段，其諸詩皆爲公子爭立。於《齊·著》《東方之日》《南山》《甫田》《盧令》《敝笱》《載驅》皆爲襄公、文姜；於《魏·汾沮洳》《園有桃》，❶《唐·椒聊》《杕杜》皆爲晉棄公族，而《唐·蟋蟀》《山有樞》亦皆爲沃；❷於《秦·蒹葭》《終南》《黄鳥》《晨風》《無衣》皆爲穆公；於《陳·衡門》以下八篇皆爲靈公淫夏氏；《檜》之四篇皆爲鄭桓、武立國；《曹》之四篇皆爲晉文公入曹；《豳風·鴟鴞》下六篇爲周公東征一役之始末。以是推之，一國一公之詩其多宜數十百篇，通諸國歷數公多且無算，而所録者一事必全而已。甚矣！其取之少也。然則其在録者，蓋非獨其事義之大，抑其文詞之工足以稱之。今之傳説者特失其所以爲工者而不知也。若夫録《詩》三百之由，吾度之，蓋二《雅》、商周之《頌》、二《南》、《七月》之風興於前世者，世宜稍見之矣。其成録之書，與《國風》《魯頌》而爲三百者，則宜一時之所出。其爲《魯頌》之僭而作乎？《春秋·僖公三十一年》「夏四月，四卜郊，不從，乃免牲，猶三望」，《春秋》書「魯郊」

❶「汾」，原脱，今據《毛詩正義》篇名補。
❷「有」，原脱，今據《毛詩正義》篇名補。

以譏其僭，不可悉書，書其有變故者。此始見於僖公之編，則僭郊者僖也。晉文公嘗請隧於襄王而不許矣，魯何敢僭郊？魯舊有禘樂，成王所賜，以世祀周公者，而禘樂之用，實周之「郊祀后稷以配天、宗祀文王於明堂以配上帝」者，故其名曰禘。魯之舊用禘，其樂章無聞，蓋必有減制者，而僖公嘗從齊桓逐狄，定邢、衛，備戎，戍周及伐楚，通徐以取舒，又會于淮。齊桓既没，僖乃竊自爲功，必緣禘樂之舊以作頌，請於周，並立周廟以祀稷，而王許之，亦賄取之爾。魯遂以配稷於郊。其詩曰「皇皇后帝，皇祖后稷」，又曰「周公之孫，莊公之子」。「龍旂承祀」，僖之始郊也。是時周蓋有良太史者，傷王室之遂微，諸侯之廢法，以周公之後而僭亂至此，故得其詩而出之，間之商周二代盛烈之中，以顯其夸大虚美之恥，其頌也乃所以爲刺也。而又並出諸國之風可爲法戒者。魯雖去其風，其見於齊之刺者，抑又不可掩也。是故其義公，其法平，諸侯不敢非以怨，而學者爭誦其書，遂爲一經之定本矣。《左傳》文公十五年有鄭子家賦《載馳》，是時《國風》已行於世，而《魏》、《秦》、《陳》之詩之時猶有在此後者，其詩後得也。蔡無風者，無得也。杞、許、邾、莒諸國亦當有詩，不録，微也。燕無風，遠也。宋風不入，有《商頌》也。楚大國，其人最能詩，而無風。或曰二《南》當之，非也。二《南》，周《詩》也。楚稱王，其詩必言，其風無楚者，亦《春秋》之法也。

文集

爲曾侍郎論金革無辟

古今軍旅遭喪起復之事，必取斷於《戴

記》「金革無辟」之條。子夏問曰：「三年之喪卒哭，金革之事無辟也者，禮與？初有司與？」孔子曰：「夏后氏三年之喪既殯而致事，殷人既葬而致事。《記》曰：『君子不奪人之親，亦不可奪親也。』此之謂乎？」子夏曰：「金革之事無辟也者，非與？」孔子曰：「吾聞諸老聃曰：『昔者魯公伯禽有爲爲之也。』今以三年之喪從其利者，吾弗知也。」竊詳讀此文，蓋春秋大夫卒哭從戎習爲常事，故聖賢嚴辨而正之如此。然孔子既言其不可矣，而子夏復問，孔子復引魯公之事以答之，何也？豈不以國家有急，而任事之人或不得代，於此之時，君有不得不命，臣有不得不受。若魯公伯禽之事，必不得已而行之，其可也。人之賢者少，不肖者多，金革無辟，雖禮之變，古有行之者，而必不可以許人，聖人之意略可於言外見之。蓋有爲爲之，非從其利者，猶聖人之所許也。後世無故奪情之事紛紛而有，而金革無辟幾爲正文，動可援引，然後知聖賢防慮之深，禮之不可以幾微假借也。今兵部侍郎湘鄉曾公討賊江西，而遭父憂，既聞訃奔還，而以不得請終制爲疑，以書商之左郎中季高，並屬及於敏樹。先是，曾公本以母喪在籍，被朝命與辦湖南防堵，遂以募勇起軍。曾公之事暴於天下，人皆知其有爲而爲，非從其利者。今賊固未平，軍未少息，而疊遭家故，猶望終制，蓋其心誠有不能安者。曾公誠不可無是心，其有是心而非僞言之者，人又知之。然其事固有所不能得也，所謂「君有不得不命，臣有不得不受」，非今日之謂乎？果朝旨仍命之，即無可辭者矣。愚聞曾公前日嘗數請於朝，乞無加官賞。奏摺中嘗以不填官銜，致被旨責。其心事明白，實非尋常所見。左季高之論今事曰：「曾公終制不得請，宜請開兵部侍郎缺，而身討賊如故。」此論與曾公前所自處正合。愚又竊以金革者，國之變故，非吉事也。鑿凶門而出，戰勝以喪禮處之，與居憂之義猶不甚相遠。故古人有不得已而行之，非諸奪情起復，公然爲朝官之比也。喪禮之廢壞久矣，獨丁憂之名存，而古人居喪之實盡去，哀亦無弗墨者。曾公素講於禮，今不得已而從金革，所猶可私自盡者，哀痛之實，寢處飲食之事，視世之名爲居廬者相去大遠，如是亦可以無譏矣。輒不自忖，書此以質於季高，而附致之曾公焉。

自書金革無辟論後

曾侍郎之以兩次奪情爲疑也，蓋其起前喪從戎之日，嘗有事乎補行心喪之請，故欲遂請終制而以問於人。答其問者皆曰當依朝命而已，愚獨以爲未盡。蓋《記》之言「君子不奪人之親」者，謂君不以事命之；「亦不可奪親」者，謂君雖命之而亦不受也。君、父之重一也，一故不能以相奪。今身在軍者，雖父母在，不得顧養而必致於一死，此義人人之所曉也。君之重，可以奪人之子之養者，父不得以私其子，其義不係於其子也。若喪，則子之事也，子之義固可以辭於君。有以君重而不得自私其子者，無以君重而不得自私其父者。然則曾公必當終制與？曰：當終制而必不得，然非獨朝命之謂也。曾公以募勇起軍，於今六年，東南之事曾公實爲之倡，兵勇將佐相隨起者實尸主之。而江西諸郡方急，釋而去，其憂彌大。假而當終制三年，其卒能自安於其心乎？始曾公在軍中聞訃，奏後遽馳歸。左郎中以其不俟朝命大非之。愚以爲江西去其家近，而軍事暫有所付，雖未盡於禮，其心可原也。奔喪之急，急在其爲子而不能無少緩於爲臣。既葬卒哭矣，則若曾公之爲臣者又急於其爲子也。古者臣有大喪，君命三年不呼其門。而《記》又有曰：「君既葬，王政入於國，既卒哭而服王事。大夫士既葬，公政入於家，既卒哭，弁絰帶，金革之事無辟也。」竊嘗思之，古天子諒闇三年，百官聽於冢宰之禮，自周世已不能行，而天子於諸國及諸國君臣之所有共事者，亦必不能以終喪無與，固時勢然也。此金革無辟之所以通行，而子夏氏之所以疑也。今若曾公之事而百日之後復起從戎，有何嫌乎？此聞朝旨已給假三月，且賞銀四百兩治喪，聖恩高厚，非尋常奪人親之可論。而曾公於事必不可辭，則又非奪親也。其爲子也，其爲臣也，一事而已矣。今曾公實有終制不得之心，而余幸無他私於曾公之意，然余之議此猶懼焉。司士賁告於子游曰：「請襲於牀。」子游曰：「諾。」縣子聞之曰：「汰哉！叔氏。專以禮許人。」夫禮者，固士人之所得議。襲於牀，禮也，又禮之微也，而子游以專諸蒙議，況於喪不終制，犯禮之罪無大於此，而余何人，敢言之？故復著其說，以白於當世之知禮者。

胡先生林翼

胡林翼，字貺生，號潤芝，益陽人。父達源，字清甫，嘉慶己卯進士，授翰林院編修，官至詹事府少詹事。爲學鞭辟近裏。嘗採先儒諸說有裨世教者爲《弟子箴言》十六卷。自序曰：「士莫先於奮志氣，而學問則擇執之功；莫切於正身心，而言語則榮辱之主。

修其彝倫族黨之誼，謹其直諒便佞之閑，嚴其禮教範圍之防，辨其義利公私之界。謙讓節儉，善之修也；驕惰奢侈，惡之戒也。德備而才全，體明而用達，故以擴才識，裕經濟終焉。」又著有《聞妙香軒文集》。卒年六十四。先生夙秉庭訓，授以儒先性理書，而少負才氣，不甚措思。道光丙申成進士，選庶吉士，授編修。庚子典試江南，坐事降一級調用。父喪服除，捐升知府，發貴州，歷任安順、鎮遠、思南、黎平府事。所至詰奸捕盜，築堡儲糧，民賴以安。咸豐元年，詔舉才堪大任者。雲貴總督吴文節公文鎔以先生之名應。三年，文節督湖廣，奏調赴軍，率千人以行，未至，而文節戰歿，遂留湖南。已補貴東道，遷四川按察使，俱未赴調。湖北按察使曾文正公圍九江，檄先生會討，屢破賊於湖口。五年，自請回援武昌，以布政使署巡撫。是時，武昌三陷，公私赤立，軍飢餉絶，先生爲書告鄰省，情詞深痛。人敬其誠，稍資助之，不足則發其私家之穀以濟軍食，士卒感動，聲威復振。駐軍金口、洪山之間，與賊相持，從容談笑，雖困彌厲。卒以偵知賊謀，先發制勝。六年十一月，克之，實授巡撫。乃一意振興，手定條教，清倉庫，理漕政，設鹽課，榷貨釐，選牧令，屏浮華，表節義，興廉尚能，與吏民更始。鄂戰初捷，進規九江，遂令李忠武公續賓統所部往攻，而巨寇自江西、皖北來犯，冀解其圍。先生分兵拒擊，不爲所擾。八年四月，拔之。潯戰初捷，進圖安慶，繪圖數十紙，分致督師將領，遂定分路進攻之策。旋丁母憂歸，而李忠武戰歿於三河。先生被詔即起，親駐英山、太湖，爲之策應。賊紛擾鄂境，冀弊其力，如九江之謀，而加甚焉。先生之鎮定不移亦如其初。是時，湖北轉弱爲强，越境分援，練兵籌餉，引爲己任，一無所諉於人。十一年八月，曾忠襄公國荃殲其巢而復之。先生病已亟，聞文宗崩，悲慕嘔血而卒，年五十，謚文忠。所著有《讀史兵略》四十卷。但湘良爲編輯《奏疏》六卷，《書牘》七卷，《批札》一卷，名曰《胡文忠公政書》，别本題曰《遺集》者八十六卷。參史傳、李元度撰别傳、朱孔彰撰别傳。

讀史兵略序

天下之治常肇於憂勤，而其亂也皆由於逸樂。君子妣其禄而不憂其職，小人溺於俗而不憂其不可常，顧屑屑焉上下媮薄，幸其苟且安樂以没其世，此召禍之最巨者也。然而轉移氣化之柄，則賴在上者有以防患於未萌。是雖忘寢食以憂之，猶懼其罔濟，而敢自存幸心乎？是故激而爲兵戎，禍之燎原者矣。或營或競，爭踰其則，知巧迭構，强弱相賊，於是敵國外患糾紛侵奪，神農、軒轅愍然憂之，赫然伐之，迺得安謐。蓋上古聖人憂兵戈之爲害烈也。世歷三古，弼治以武。有周畫井田，置六鄉，其鄉遂之民皆兵也，其六官之長皆師也，其教士也射御，其取士也射於澤宫，貢於鄉射，若有斯須不忘武備者。周德不競，陵夷至於春秋，大小相并，弱肉强食，孔子憂之，作爲《春秋》，垂法來世。左氏承聖緒，萃諸國寶書以爲之傳，權術詭譎，靡不畢究。後暨漢唐，以逮有宋，蹂踐吞并，亂靡有届。宋臣司馬温公憂之，輯爲《通鑑》，覽古考新，憲章聖學，而成敗利鈍之效或悊或謀，燀然炳若爟火焉。嗚呼！蓋君子之憂世如此其深，故其紀載如此之詳也。

林翼遭時多故，過蒙殊恩，畀以疆事，與

使相襄平官公同修兵戎於江漢，受任既重，深惟負乘之懼，顧才不副志，略不稱心，私竊憂之。戎幕相與從容風議者，輒及二書，因條取其言兵者彙編之，以朝夕循覽，期牖頑鈍。嗚呼！監於成憲，其罔有愆。蓋自憂其德薄而任重，知小而謀大也。然而煦嫗覆育，滋愆無極。鬬詐矜力，雄桀以爲德，毋曰胡害，其禍將大。庶幾覽斯編者憂世風之日下，而思整武以豫爲之防，以無悖於「臨事而懼，好謀而成」之義云爾。是書經始於九年二月朔日，蕆事於十年十二月十二日。編輯者及門江寧汪孝廉士鐸，分輯者漢陽孝廉胡君兆春、武昌孝廉張君裕釗、獨山孝廉莫君友芝、長沙明經丁君取忠、長沙布衣張君華理也。其宋元明三史亦皆告成，將俟續刊之。

左先生宗棠

左宗棠，字季高，湘陰人。少有大志，負奇氣，喜爲壯語。道光壬辰，與兄宗植同舉於鄉。三試禮部不第，遂絶意仕進，究心輿地、兵法，討論國聞。陶文毅公澍引與計事，驚歎曰：「天下奇才也。」咸豐初，粤寇起，湖南巡撫張亮基延居幕府。駱文忠公秉章繼至，尤倚重之。寮屬白事文忠，一則季高，二則季高可否，畢聽其意。胡文忠在鄂，屢謀挽之出助。曾文正曰：「湖南吾根本，不可無左公。」於時名聞朝右。文宗召問編修郭嵩燾，且命爲書諭意，會有以蜚語上聞，文宗察其誣，詔問文正，遂命以四品京堂，從文正軍。十年秋，提兵而出，轉戰江西、皖南之間。次年，八戰八捷，斬馘逾萬。補太常寺卿，幫辦江南軍務。杭州陷，授浙江巡撫。同治元年，自婺源進攻開化，克嚴州。二年，克金華、紹興，晉閩浙總督，仍兼浙撫。三年，克杭州，會蘇軍克湖州，統軍入閩，追寇至嘉應，殲焉，至是粵寇之根株始絶。封一等恪靖伯。在閩肅官方，修武備，設船廠，購機器，造輪船。又設求是堂，教子弟習外國語言文字、算學、測繪，以儲實用。五年，移督陝甘，並授欽差大臣，督辦軍務。先生奏言：「方今所患惟捻與回，以地形論，中原爲重，關隴爲輕；以平賊論，剿捻宜急，剿回宜緩；以用兵次第論，欲靖西陲，必先清腹地。」六年，入秦部署防剿諸師，不使捻與回合。西捻南竄，擾及畿輔，督師回援，命將繞出其前，大破之於獻縣。七年，會淮、魯諸軍，滅之於茌平。始入覲，穆宗問西征師期，對以五載。還至西安，遂定三路平回之策。八年，陝境肅清，進規甘肅。九年，破金積堡。十年，克寧夏。十一年，克河州。十二年，克肅州。關内悉平。以總督協辦大學士。是時，海防事起，有議棄關外地者，先生持不可。德宗即位，遂有督辦新疆軍務之命。先生慮協餉不繼，貸外商與民錢并帑項足千萬，士飽馬騰。光緒元年，大舉出關，越戈壁，復新疆北路。二年，拔吐魯蕃。一月之中行三千餘里，遂以其冬盡復南路八城。晉爵二等侯。惟伊犁爲俄人所踞，朝廷因西師甫定，遣使索還，議久不決。當事之亟，有詔備邊，先生舁櫬以行，出至哈密。六年，奉召入朝，留值軍機。七年而伊犁還，晉東閣大學士，出督兩江。八年，法人侵越南，先生自請赴滇督師，以議和而止。十年，再入值軍機。法人擾臺灣，出視師福建。十一年，和議成，引疾乞休，尋卒，年七十有三。先生策西事時，於地形要害、敵情虛實剖晰上陳，如指諸掌。初議主興屯田，聞者迂之。及觀其措施，簡精壯爲兵，使愿弱屯墾，玉門内外草萊盡闢，官柳夾道成陰，化窮邊爲勝景，恢戎索於職方。蓋其學術志事素所蓄積者厚，故發之者宏遠也。所著有《奏稾》六十四卷，《書牘》二十六卷，文集五卷，詩一卷，聯語一卷，別刻爲《盾鼻餘瀋》一卷，家書二卷。參史傳、吴汝綸撰神道碑、朱孔彰撰別傳。

奏稿

請禁絶回民新教摺

奏爲請禁絶回民新教，以弭釁端而崇聖化事。竊回民以西戎族類雜居中土，自古已然，載籍詳矣。就回民自數之典言之，祖曰阿丹，生於天方之野，産七十二胎，每胎男一女一，自爲夫婦。至嘛撒而其教始興。又六百年，當隋開皇中，有穆罕默德者，生而神靈，闡明清真之教，回衆翕然從之，其教始盛。今回民稱天方教，自稱曰穆民，以尊穆罕默德故也。又曰膜民，以阿丹初生之祖言也。其書有《天經》一部，回族稱爲穆罕默德所受之天者。又《天方性理》、《天方經典》兩部，則明代金陵回人劉智所撰，皆發揮《天經》遺意，以華人文字潤色之。其教以識主爲宗旨，似儒者所言明心見性；以敬事爲工夫，似儒者所言制外養中。其教規所謂天道者五：一曰唸，謂誦經；一曰禮，謂報恩；一曰齋，謂絶物；一曰課，謂忘己；一曰朝，謂歸真。所謂人事者五，謂倫常之理。七日一禮拜，亦與泰西各國同。蓋其原本出於天主耶蘇，而時雜以佛氏之説。稱華人爲大教，自稱小教，非如奇衺詭異之流事以句結爲事，煽誘爲能也。是故雜處中國千數百年，婚媾未通，俗尚各别，傳習不同，而未嘗敢萌他志。歷代任其翔泳區宇之内，譏禁無聞。我朝録其人才，准其仕進，由文武科甲得官，擢至督撫提鎮者亦不乏人，固未嘗以其進於中國而外之也。乾隆年間，兩江督撫臣奏回教不宜留於中國，高宗純皇帝特加訓飭，聖謨洋洋，足爲百世法。乾隆四十六年，逆回馬明心、蘇四十三由西域歸，詐稱得天方不傳之祕，創立新教，煽惑愚回，謀爲不軌。四十九年，田五繼之。大軍先後致討，罪人斯得，然其根株未能淨絶也。嘉慶年間，有穆阿渾者，與首逆馬化瀧之父馬二復以新教私相傳授。至馬化瀧而其燄漸張，復託名經商，到處煽惑回民，行其邪教。近據各賊供，京師齊化門、直隸、天津及黑龍江，吉林之寬城子，山西之包頭，湖北漢口等處，均有新教徒黨在彼傳教。其傳教之人曰海裏飛，如内地之稱經師；曰滿拉，如内地之稱蒙師，而品望皆在阿訇之次。馬化瀧則自稱總大阿訇也。其教規大略與回回老教亦同，惟老教誦經則合掌向上，新教則兩掌向上而不合；老教端坐誦經，新教則夥誦咿嗯，頭摇而肩聳；老教送葬不脱鞋，新教則脱鞋送葬。凡兹細節異同，固無關彼教輕重。然新教之所以必宜斷絶者，爲其自託神靈，妄言禍福，行爲詭僻，足以誘惑愚回，俾令甘心役使，同陷大逆而不知，加以顯戮而不悔。一如白蓮、清香、無爲、圓頓諸邪教之足以釀亂階而禍天下也。臣於金積各犯解訊時細心推鞫，有供稱馬化瀧能知未來事者，如遠客來訪，必預知同伴多寡之數；從前官軍攻剿寧靈，馬化瀧父子兄弟悉衆抗拒，預言官軍將退，回民無事之類。有供稱馬化瀧時露靈異，療病則愈，求嗣則得之類。有供稱馬化瀧於投入新教之人向其自陳過犯，罰撻皮鞭代爲懺悔，即可免罪之類。回性多疑善詐，異於常人。然一經新教蠱惑，即如醉如癡，牢不可破。方金積長圍久合時，陝甘各回飢困殊常，至殺人以食，而馬化瀧父子兄弟藏有餘粟，無敢竊議之者。迨局勢危迫至極，猶且互相寬慰，謂總大阿訇必有保全之法。馬化瀧詣營求撫，意在一身塞咎，見好諸回，而諸回目踵營看視者日凡數輩，見馬化瀧輒雙膝齊跪，不呼之起不敢起。如非迷惑陷溺之深，豈能至此？兹幸誅夷遷徙，異患可冀永除。惟新教傳染已廣，回民聚集之處率有傳習新教之人，不及時嚴加禁絶，仍慮歷時稍久，故智復萌，不逞之徒時思竊發，又將重煩兵力也。除已獲海裏飛、阿訇諸逆穆四、穆五、馬承祺、牛占元、牛占寬等業經訊明懲處，未獲之金師傅、馬篆鮮二犯咨行各省一律捕治外，一面出示曉諭所屬各府廳州縣回民嚴禁傳習新教，其從前誤被新教迷惑之人，概准自首悔教，免其治罪，庶幾漸趨覺路，永拔迷津。新教絶而回族安，關隴可保百年無事也。至各省傳習新教爲時尚淺，良回僉稱新教傳染雖廣，各省回民亦頗知爲彼教異端，多有不肯遽信者。如黑龍江回民約二千餘，而傳習新教者僅衹百餘，即其明驗。若乘此時，嚴加諭禁，無難預杜，亂萌合無。仰懇聖慈，敕下各將軍、督撫大臣，嚴禁回回新教，出示轄境各回寺，嗣後遇有新教阿訇、海裏飛等到境，煽誘愚回，即由各回寺首董縛送所在官司，訊明懲處。其從前被誘誤入新教之人，仍准首悔免罪，則愚回有所懼，良回有所慕，不但地方可臻安謐，即回民亦長荷高厚保全之恩於無既矣。臣每繹廷旨，分良匪不分漢回，敬仰我皇上仁育義正之德上符高宗，實握千古治戎機要。謹就愚昧之見據實陳奏，伏乞皇太后、皇上聖鑒訓示施行。謹奏。

書牘

上賀蔗農先生

奉别後月紀兩更矣，敬維德業日盛，起居安樂，祗以爲慰。爾維春龢，風日晴美，南城杖履，山仁水智，固衆芳之所在。惟君子能得朋，雍雍經堂，粲粲門子，晨彝夕訓，步步趨趨，顧而樂之，樂可知矣。宗棠頑劣不足算，事先生二年於茲，請益徒殷，末由苦卓，猶且開蒙發凡，寸詣有進，矧諸狂簡，亦越中行，其能傳文章、通性道，以無慚吾師之弟子者，當更何量耶？

宗棠見假館隱山，鍵居西樓，肇事方輿家言，爰披圖乘。竊意古今談地理者，索象於《圖》，索理於《書》，兩言盡之矣。然而陵谷之變遷，河渠之決塞，支原之遠近，疆索之沿革，代不侔也。又土宇有分合，則城治有興廢。於是疆域襍錯，攻守埶殊，故有古爲重險，今爲散地；彼爲邊處，此爲腹裏者。如此，則圖不能盡紀也。廣輪之度，山川所著也。山川脈絡，準望所生也。於是方邪、迂直、高下，均於是乎憑之。然而一言東，則東南東也，東北東也，果何據以爲此郡此縣之東乎？既辨其爲東南矣，又或以東兼南，以南兼東，或東南各半，始以毫釐，終以千里，果何據而得其東南之數乎？既得其東南之數矣，或自某省量至某府，某府量至某縣，又自所界之府州縣治忖之，或饒或減，歧出不定，果何從而折衷至是乎？如此，則書亦不能盡告也，亦不能盡信也。宗棠不揣，竊自思惟，以爲欲知往古形似，當先據目前可據之圖籍，先成一圖，然後辨今之某地即先朝之某地；又溯而上之，以至經史言地之始，亦猶曆家推步之法，必先取近年節令氣候，逆而數之，乃爲有據。故千歲日至，可坐而定也。欲知方位之實，當先知道里之數；欲知道里之數，當先審水道經由之鄉。凡夫行旅輿程之記，村驛關口之名，山岡起伏之迹，參伍錯綜以審之，直曲圍徑以準之，以志繩史，以史印志，即未必盡得其實，其失實也亦寡矣。古書流傳絶少，賈《圖》李《志》恒不多見，諸書引注除蔡沈、王伯厚、胡身之數家外，類多牽鑿。而外間所行諸圖，位置乖舛，尤無足觀。大率先畫疆域大界，稍依各書填載方向，展轉增竄，不求其安，譬猶鑿趾以適其屨，誠不知其不可也。

宗棠才識昏陋，詎能辨此？又僻處深山，雖稍有書籍，究尠友朋討論之益，良用慨然。懼不自克，以爲儒者羞。辰下左圖右書，以日以夜，擬先作《皇輿》一圖，計程畫方，方以百里，別之以色，色以五物，縱橫九八，稍有頭緒，俟其有成，分圖各省，又析爲府，各爲之説。再由明而元而宋，上至《禹貢》九州，以此圖爲之本，以諸史爲之證。程功浩蕩，未卜何如。竊有志焉，不知當否。伏乞夫子不以爲不可教誨而卒訓之，辨疑解惑，加以督課，小子不敏，未或敢怠。

劉先生蓉

劉蓉，字孟容，號霞仙，湘鄉人。少負奇氣，能文，不事科舉，與曾文正公、羅忠節公力求程朱之學，尤務通知古今因革損益、得失利病，與其風俗人才所以盛衰，慨然有志於三代，思一用其學術以興起教化，維持天下之弊，不樂貶道以求仕進。年三十，其父督令就試，補弟子員。會兵事起，與羅忠節公、王壯武公鑫治團練。已而從文正軍中，以功保訓導。軍至義寧，忠節建議規復武昌，據天下形勝。文正韙之。於是忠節以左營屬先生，累功至知府。旋以弟蕃戰死，念父年高，解兵歸。咸豐十一年，駱文忠公總督四川，奏調佐其軍，署布政使，尋授實。藍、李諸賊縱橫眉、綿者久，先生策其緩急，數擊破之，而巨寇石達開自黔入蜀，其勢將與之合。先生即自視師敘州，再戰，石逆就禽，蜀事大定。奉詔督軍陝南，就授陝西巡撫。其時粵寇距漢中，回逆起甘肅，捻匪自商南内犯，蜀賊餘黨亦入陝境。先生外摶擊肆應，而内拊循其人民，噓枯蘇困，開化勵學，清理回産，歲墾獲數百萬斛，政教大行，吏民欣欣嚮治。以忌者中傷，爲言官所劾。先生疏辯，論者又以爲激切，坐是革職留任。再疏引疾，乃開缺，留陝辦理軍務。後有灞橋之敗，自劾歸。益自刻厲，築玩易閣，讀書其中，足不出庭户者七年。自言：「志幾於道，而行之有弗達，學不足也。天下之變無方，而吾心之知有間，及時勤吾學焉可矣。」同治十二年十月卒，年五十有八。所著有《奏疏》二十卷，《養晦堂文集》十卷，《詩集》二卷，《思辨録疑義》二卷。其他經史撰論甚夥，皆未成書。參史傳、郭嵩燾撰墓志銘。

文集

復羅仲嶽論養氣説書

伏承不鄙，辱示所著《養氣説》一篇，使

之參訂，引伸觸類，約數萬言，所以發明此氣之浩然者，行夫一身之中，而充夫六合之内；貫幽明，徹上下，亘古今，通人物，無有乎或間，無有乎或息，無有乎或遺；而又即古昔聖賢所以窮理去私，盡心知性，以復本體之剛大，而致一身之中和者，推而極之，以至參天地、贊化育，莫不由此氣之得所養以成之也。此其識量之大，規模之宏，蓋非嵬儒隘淺之見所能彷彿。顧私心有不能無疑者，感下教之忱，輒獻其愚，惟明者察焉。其或未安，亦望反復詳論，以匡不逮，則淺陋之望也。

蓋嘗推尊著名篇之義，證諸孟子答問之説，覺其所以論述先儒之旨要，雖若多所發明，而或頗失其本旨；所舉功夫之節度，雖若極其詳密，而或不得其要領；所推功效之極至，雖若極夫高遠，而或頗過其分際。至其所以反覆推闡之意，雖若極其深切，而或不能使讀者有所感發興起於其中也。是以綱領雖具，而每有過自主張之嫌；條目頗繁，而不免强求貫通之弊。至於行文措詞，亦或未中步趨，往往累幅盈篇，莫得其真意要切之所在。若出一時倉猝，掇拾補苴而爲之者，亦恐未能果當於修詞立誠之旨也。

夫孟子當日答公孫之本意，蓋言所以當大任而不動心者，惟能養此浩然之氣，以配道義，是以事至而不爲之懼，禍至而不爲之怵，而措施之際剛果勇決，雖極天下艱大重遠之任，處之裕如，不以自怍。至其所以養成此氣者，則又由平日所爲事事求合夫義，而又不雜人爲以害之。及其積累之久、完養之固，仰無所愧於天，俯無所怍於人，則此氣之生於中者自然盛大流行，非衆物之所得撓也。其或有一毫不自快足之意，則此氣之浩然者亦遂欿然消阻，而不足爲道義之助。學者於此不可不加戒欺求慊之功，以爲任重致遠之計。此《孟子》「養氣」一篇，所以開益後學而擴前聖所未發也。

今徒見其本體功用之大而樂言之，而於孟子喫緊爲人之意反未能有所發明，此弟所以妄疑其本旨之未當也。至於功夫之節度，則下文所謂「必有事焉而勿正，心勿忘、勿助長」者盡之矣。四者有一定之準則，而不可雜以紛紜馳騖之意；有自然之積累，而不可求以淺狹躁急之心。其爲教甚詳而操之也約，其用力有漸而資之也深，其慮患已周而戒之也切。蓋不必鰓鰓焉較計此氣之得失，而養氣之功已無不備。此聖賢之言所以渾融該徧，自無支離疏漏之弊也。今不即是四者程其功、戒其弊，而屑屑推於一二行事之間，宛轉牽合，以爲所養得失之驗。此弟所以妄疑其要領之未得也。若夫功效之呈，則本文所云塞天地、配道義者既已舉其要矣。是惟自反常縮，乃曾子所謂大勇，非黝舍之守氣、告子之外義所得擬焉。而其他所謂居廣居、立正位、行大道，富貴、貧賤、威武不能移屈之説，又其驗也。蓋惟有以養其剛大之氣而本體不虧，斯足以塞天地而無間；惟有以極其快足之意而内省不疚，斯有以配道義而無懼。是其爲説既各有所當而不容混，而其爲效亦自有其等而不可差。至於養之粹、居之安，則與天地參；由仁義行而塞之與配，又不足以言之矣。七篇中所舉睟面盎背之説，動容周旋中禮之云，皆不以養氣爲言。蓋由充養之純粹，乃著盛德之光輝，與此所謂浩然者，又自有精粗之别，而功候詣力亦各有淺深、難易之不同，未可相提而並論也。今一以養氣爲説，而於聖賢德盛化神之詣率皆擬議妝點，以爲養氣之效，此弟所以妄疑其分際之或過也。

凡此皆鄙見所未安，而細推一篇大旨，則所以立論蓋亦姑襲其名而不必盡循其意，以是掃去羣言，特標宗旨，務欲大其規，博其趣，自成一家之言，其用意則既高且遠矣，顧於私心有未安者，竊恐不僅微言之失，亦懼夫大義之或乖也。夫古者聖賢教人之意，著於書者詳矣，要其旨歸，類皆先其本而後其末，制於外以安其內，以此爲下學之功，即以此爲上達之道。此宗旨所以不偏，門徑所以無失也。今皆置此而別標宗旨之名，舉聖賢所謂精一執中、博文約禮、明德新民、主敬窮理之訓，悉推而內諸養氣之中，則其立言之大旨固已不能無偏矣。因其大旨之偏不足爲衆理之綱領，立羣言之折衷，於是强彼之意爲我之説，反復遷就，牽合膠附，以曲爲左驗，雖其引類連義，若有據依，而詞意支蔓，不能果當於義類之所安者，蓋亦多矣。使學者因是以求之，舍其志之本而馳騖於氣之末，則向外走作，揠苗助長之弊，將有不可勝言者，恐亦不待末流而後失之也。至於措辭命語，或不能盡如其意，則由平日積累之久，蘊蓄之多，亟欲假此一論，盡吐胸中之奇，以大其觀，而伸紙行文之頃，頭緒繁多，往往一意未盡，一意又生；一波未平，一波旋起，及總衆説而考其歸趣，亦似未能各盡其曲折，而悉中夫肯綮。所以辭費而理轉不明，語滯而意或不達，推原其故，殆亦有由然者。舉聖賢廣大精微之藴，綴數萬言，畢發於一朝夕間，宜不免迫遽苟且之病矣。

夫聖賢之道形於言，猶化工之妙著於物，隨所值短長鉅細、方圓曲直，莫不以類相從，各有一定之形色，而不可亂。將欲立言以垂訓後世，顧可苟然爲之哉？伏望深體明道「涵泳義理，完養思慮」之訓，究其指歸，删其繁亂，擇其要切之旨，出以精約之詞，務期有當於古之立言者，而勿求文字之速成，則夫斯文絶續之際，將有身承其任而重爲久遠之賴者，即又不獨一時友朋之私幸矣。意所欲陳頗多，來使敦促，不及曲盡所懷，惟明者略其詞而采其意。至於異同之見，則世俗淺狹之心，非所以測於大君子之懷者也。近月人事煩劇，頗以爲撓。大著衹及讀一兩過，或有所疑，亦輒一一簽出。諸俟晤悉，惟諒察。不宣。

復曾滌生檢討書

伏蒙垂諭，邇來讀《易》頗服膺《程傳》，而或不滿於朱子《本義》，蓉誠不敏，未達所云。

竊以《易》之爲書，更歷三聖而制作不同，伏羲畫卦以明象，文、周因象以繫辭，皆所以爲卜筮者決吉凶而垂訓戒，故其書但掌於太卜之官，不以頒於學校。至孔子《彖》、《象》、《文言》、《繫辭》之作，則又因吉凶訓戒之意推明其理之所以然者，其道雖未始不同，而所以爲教、爲法者則既異矣。自是而後，兩漢諸儒泥於術數之陋，雜以變卦、互體、五行、納甲、飛伏之法，則既穿鑿附會而不根於理。輔嗣王氏始覺其陋，力闢諸家之説，一以義理爲斷，又未免溺於莊、老之教，而不適乎中正仁義之歸，其爲得失，先儒蓋嘗論之。逮伊川程子之《傳》出，然後一洗諸家膠固支離之失，畢發先儒廣大精微之藴，蓋凡後世以義理解《易》者莫能尚焉。然學者苟不得羲、文設卦觀象之本意，而專欲據此以明《易》，則於三聖制作之本旨，既未免得其一而失其二，而一卦一爻僅爲一事，又不免偏執固滯，無復包含該貫、曲暢旁通之趣。此朱子《啟蒙》、《本義》之書所由作也。故嘗妄謂學者苟有志於《易》學，則必先讀《啟蒙》以明象數之大端，次及《本義》以會卦爻之大意，則所謂絜靜精微之體，開物成務之用，皆將於是乎見之，而凡羲、文以後，周、孔、程子諸聖賢之説，亦可推類引伸，無不各盡其妙。此朱子之功所以爲大，而列聖之制所以並垂古今，靡不同條而共貫者。若徒以其義藴之廣大而樂言之，於先聖所以畫卦觀象、教人卜筮之本意或鄙棄以爲不足言，則《易》之爲用有窮，而周子所謂「聖人之精，畫卦以示」與邵子所謂「畫前之易」者，皆不可復見矣。

《安溪集》惟見其《學》、《庸》、《語》、《孟》、《洪範》説數種。《船山集》惟見其《正蒙》、《老莊解》及雜著數種，獨於所謂《易》説者皆未之見，然就所見數種者觀之，則恐其未嘗深究古昔聖賢之本意，而或不免以己意牽强之失。老兄既讀其書而深好之，其必有取焉矣。俟他日購得之，當更條晰請教，兹不敢妄議也。

承諭將撰次經史子集之言彙爲家訓，並得與聞綱領節目之詳，其規模條理可謂宏遠矣。顧蓉謂爲學之道莫先於明善以誠其身，而著書垂訓則成德以後之事，非當務之所宜急。大抵編次之體不難於采之之博，而難於采之之精。苟非學識精醇，有以窮極事物之理，斟酌古今之制，使衆説之陳於吾前者，皆有以析其精粗，燭其本末，而無纖悉毫髮之不盡，則所以定權衡、決去取者，將不免淆雜疏漏乖謬之弊，而徒疲精神、糜歲月以取不知而作之誚，則亦何益哉？以執事之高明，則固無慮乎此。顧區區之愚，竊願執事收拾身心，著己近理，以盡居敬窮理之實，勿汲汲以撰述爲事，則夫深思力踐之餘，將有不俟他求而得之於此者。其或欲假采輯之功，以資玩索之益，則莫若且就德行、學問兩門加意討論，而姑置經濟各門於後，以俟餘力之及，則亦要切之道也。

《衍義》一書，闡發格致、誠正、修齊之道特詳，而獨不列治平之目。意者政治規爲古今異道，苟非酌斟古制，損益時宜，則無以盡變通之妙，故不若姑從闕略，以待後世人主之自擇乎。是其然否雖不可知，而要之制治之原，自有根本當先之地。本既立矣，末斯舉焉。政治所宜，方策具在，舉而措之，夫亦存乎其人焉耳。若欲藉以博通世故，諳悉事機，則當參考制度之詳，深究利病之實，因時制宜，固匪一道，而非理明義精，無微不燭，則亦徒爲故事之陳，終無當夫推行之實者也。

前書所舉本朝先達如二李、湯、陸諸公者，管見所窺，諸公學術各有不同，似未可一律論也。二曲既是禪宗，安溪頗近學究，潛庵德業偉然而著述不少概見，見其所刊《洛學編》而已。求其謹守繩墨、純一不雜者，其稼書陸先生乎？雖於充養成德之際未知若何，而言論平實，踐履醇篤，要亦無愧於聖人之徒者矣。

近日湯吏部、唐太常皆有時望，心儀之久，頗欲聞之，想深悉其素履，因書並希示及。聖學衰微，士習浮靡，方賴一二賢達加意主持，以振頑懦。學之不講，古聖所憂，計尊兄亦當同此懷也。時事多艱，邊陲不靖，連年退避，遂此削弱。和議之成，令人憤悒。彼虜何厭，行復逞耳。然往者莫追，來者可懲。及此閒暇，亦頗爲内修外攘之計否也。執事既列朝籍，正宜藴蓄經綸，以需時用。材力所及，固已偉然，勉而進之，其何可量。伊、傅之業待人而行，要惟有其學者能不讓耳。

伏蒙不鄙，屢賜手示，使論爲學大意。某不敏，於道無所見，弗敢知也。然竊聞之，主敬者存心之要，致知者進學之功，二者相資，其道始備。歷考前聖之訓，蓋未有不由於此而可以幾於成德之域者也。然則學者苟有志於古人之道，固舍是而末由，但功利之習溺人最深，時會所趨，靡然向之。苟非豪傑，未有能自拔於風波頽靡之中者。此病不除，雖欲入道而不可得，則義利、理欲之辨，爲己爲人之分，抑又學者之所宜自力者矣。執事勵志有日，必有深造自得於此者，伏望日新其德，以自進於高明之域，終爲斯道之幸，則區區之望也。

答曾滌生檢討書

來教謂宋之五子、明之王文成、薛文清、胡文敬、劉蕺山諸儒，皆墨守《大學》一書，遂成大儒。薛、胡二子謹守繩墨，醇正無疵，以繼程、朱之後，良無間然。王、劉二公功業人品卓卓可頌，至於學術則有不能無議者。陽明首倡異説，痛詆紫陽，欲立異以爲高，乃援儒而入釋，畏格致之難幾，則倡古本《大學》之説；知日月之莫踰，遂訂《晚年論定》之書，貽誤後學，實非淺鮮。念臺鑒其禪悟，倡言辯説，蓋亦頗覺王學之弊，而知講學之不可廢矣。顧其所謂「無善而至善」云者，仍然心體無善惡之説也；所謂默坐静觀云者，猶然體認良知之旨也。名爲救陽明之失，而實未能盡脱陽明之習。其爲蔽雖有淺深大小之不同，而其不能實體夫《大學》之教則一也。謂之墨守，豈盡然乎？夫詆訕先儒，學者大病。如弟固陋，甯不鑒茲，顧於學術是非之際，則有不能不辨者。譬諸行路必先辨其孰爲坦道，孰爲歧途，然後趨向端焉，不見異而遷焉，是《中庸》擇善之道，亦即《大學》格物之一端也。不然，將使荀、楊與孟子同科，楊、墨與吾儒角立。門户之分既混，則升堂入室將迷其所入之途；黑白之辨既淆，則眩紫奪朱，或轉亂吾心之鑒，其爲害道可勝言哉！

李二曲《格物解》蓋本心齋、涇陽之説，初亦似無大謬，然聖賢言語意各有屬，經所謂「物有本末」之「物」，則實指其條理，以物之有則者言之也，故謂格物之物不外身心家國天下之物則可，謂格物即格夫物有本末之物，則自有綱領之分，不可牽連而混同之也。夫格致之功，程朱言之備矣。自陽明王氏目爲支離，力攻補傳，有明諸子翕然和之，間或小變其説，要皆祖述其意，求其謹守而篤信之者，千百中僅一二焉。不知程朱之説本末兼賅，精粗備舉，良以人之一身萬物皆備，故自日用倫常以迄天地陰陽、萬事萬物之理，莫非學者所當窮。而窮之之功又自有道，不可求精而遺粗，亦不可逐末而忘本也。孔、曾之教，於茲備矣。紛紛之説，果何謂哉！吾兄直指學問思辨四者爲格物首功，最得聖賢立教之意。所謂「學問思辨有次第，而所格之物無次第，非謂格得誠正，再講修齊；格得修齊，再講治平」云云，則似微有可商者。古人格物之功在即物而求其理，固非有次第之可言。然推其用功之方，亦自有先後緩急之序，不可泛騖而并營也。譬治水然，其於支派之所匯、衆流之所歸，某水宜疏，某水宜鑿，某水宜排、宜決，固當盡數講求，而謀施治之功，則必自有源始，固不可謂吾物未格、知未至，則意可不求其誠，心可不求其正，身可不求其修，家國天下可不求其齊治且平，但欲求所以齊治均平之道，則必自誠正修身始。蓋誠正修身者，明明德之事，其本也。齊治均平者，新民之事，其末也。本末先後之際，雖不可過爲拘泥，亦豈漫無次第之言哉！

來教又謂慎獨之功或因其氣禀所偏而施檢察之力，是亦切論。第古人造詣用力有深淺之異，賦質有純駁之殊，故其自道得力亦各就其艱苦之所歷、詣力之所及者言之。學者於此考之衆説以會其歸，體之一身以要其守，精擇而慎取焉可矣。不察乎此而偏執一説以自囿，得其偏以遺其全，謹乎此或忽乎彼，則吾身之患必有所偏而不舉之處。嚴其所及防者而寬其所不及檢者，則夫弊竇所存，其潛伏而竊發者不知其凡幾也。

至於靜坐之説，實吾人切要之功，但須中有所主，方爲無弊。不然，或且墮於空寂。明季學者所以多詭於程朱而流於禪悟者，蓋皆坐此。吾兄其亦慎之。惟敬之一字實該貫動靜之法，前聖心傳舉不外是，因而存之，其亦可以杜偏勝之弊，而絶放佚之萌矣。

凡兹瑣屑，不過因來教而並及之。一隅之見，知無補於高明，聊陳所疑，以供采擇之萬一。若夫規模之大、節目之詳，《大學》言之備矣。以吾兄之明敏，又加以刻厲精進、不自滿假之盛心，其將來所樹立以報國家知遇之恩，而造天下蒼生之福者，意必與古人相頡頏，使學術、事功出於一轍，而不屑屑於功名之顯赫也。吾以君之言卜之矣。吾兄既列朝班，則當以皋、夔、伊、傅自期許，須知彼數聖賢者不過各盡其職分所當爲，雖功業彪炳，要非於性分之内有增益。顧其學則有不可不亟講者，謨訓具在，取而讀之，亦可知學問之與功業初無兩途，而古人之與今人未必遽不相及也，亦顧其志之所在與學之所至者何如耳！京國聲華馳逐之地，炎炎之勢衆所共趨，苟非道力堅定，鮮有不喪其守者，吾兄慎旃！

復曾滌生侍講書

正月初四日，奉到去秋所寄手帖並詩五首，開緘疾讀，如共晤言，實用慰幸。書詞明快俊偉，所以辨王氏之失者甚至，仰見析理之精、衛道之勇，而自視欿然，若望道而未之見者。蓋學逾進則心逾下，此意可欽仰也。

王氏之學自明嘉、隆時已徧天下，至今逾三百年。弟往歲嘗讀其書，亦恍若有得焉，以爲斯道之傳果出語言文字之外，彼沾沾泥書册求之者，殆未免乎澤藪之見也。其既以措諸事而窒焉，徵諸古而無據焉，反諸心而不得其安焉，向所謂恍若有得者，乃如星飛電馳，不可得追。困而自悔，始徐檢孔孟程朱之訓，逐日玩索，乃粗得其所以蔽陷離窮之説，亦已久矣。蓋迷溺於詖淫邪遁之端。間緣來諭之及而略辨數焉，乃若其所以害人心、傷世教、亂古訓、誤後學之本，則固未遑卒言也。執事乃獨灼見其病，而以判心迹、離仁義、任心之明而不察乎理一分殊者闢之，則既已極其明辨而深中其病矣。某愚以爲其所以受病之本，尤在認氣爲理，執知覺運動爲性，是以昧乎人心、道心之别，而直以此心之虚明靈覺者爲天理之本然，則良知之説誤之也。且夫人之有知，蓋氣之精英者爲之。凡其養於静而明，感於物而通，觸於欲而覺者，皆是也。乃其所知之理，則性實命之。由其理以發於知，雖麗於氣而氣不得預焉，孩提之愛敬是也。孟子謂之良知云者，以其原於性命之正，無一毫人僞雜乎其間，故爲别夫凡言知覺者言之耳。今乃舍其愛敬之實，而第竊其良知之名，曰良知即天理也，即未發之中也，即廓然大公、寂然不動之本體也，斯已謬矣。及考其所以名言之實，乃獨指心之湛然虚明、靈妙不測者當之。一有感觸於中，不問所從來者之善與否，而即詑而奉之，曰此吾心之良知然也，舍其所知所覺者而取其能知能覺者，則知與愚、人與物奚别焉？告子惟不知此，所以同人性於牛犬而莫之辨也。如彼之説，既以能視聽言動者爲性矣，又以無善無惡者爲心之體矣，是所謂良知云者，特此無善無惡之發見者耳，夫豈仁義禮智之根於心者然哉？既取孟子所深闢者以自珍，又假其所謂良知者以立教，欲欺人而先已自欺其心，吾見作僞者之心勞而日拙也。彼其所深惡而欲去之者，則物欲之昏焉爾。知有物欲之昏而不知有氣稟之雜，知其昏焉者足以爲良知病，而不知氣稟既拘以後，此心之發於知覺者久已雜於形氣，而非義理之本然，則已蔽於理矣。乃所惡乎物欲之昏者，又非惡其蔽吾心之理而欲去之也，亦惡其足以昏吾之神識焉耳。故其言曰：「良知苟存，自能酬錯萬變。」又曰：「夫良知一也，以其妙用言，謂之神；以其流行言，謂之氣；以其凝聚言，謂之精。」精也、氣也、神也，皆所謂形而下者。今陽明所欲保養而勿失者，惟此而已，則亦何有於仁義？何有於人倫？何有於庶物？彼方將掃見聞、空善惡以求之，又安肯屑屑效吾儒即物窮理，從事於格物誠意之學哉？凡此皆其蔽之大者。其他詖淫邪遁之端，雖若變幻滉漾，莫可究詰。要其宗旨所歸，則已不出於此矣。因其宗旨之偏，成爲門户之見，於是果於自師，鋭於自用，遺實修而矜冥悟，捐下學以期上達，以名節忠義爲粗迹，而不事躬行；以《詩》、《書》、《禮》、《樂》爲陳編，而無庸誦法，私意既盛，詭道相蒙，傲然自謂足以超千聖而邁百王矣，其於聖賢之訓、事物之理，雖其歸萬殊，舉不難以心爲範圍而籠罩之，雖或離乎經、叛乎道而莫之辨也；其於倫類之等、庶物之繁，雖其變萬端，舉不難以心爲權衡而低昂之，雖或瀆於禮、悖於義而不之顧也。陰挈禪門之旨以爲之宗，而陽託良知之名以樹其幟，其稱説既侈而託名也高，其用力不勞而獲效也捷，於是世之好從事而欲速成者，遂以靡然向之，以爲果足以紹前聖之心傳矣。有疑其不然者，則告之曰此非吾一人之私言也，蓋孟子之説云爾。聞者不察其名同實異之故，而翻然從之，三百年來，以此塗天下之耳目，誤後學之心思，其爲禍豈不酷哉？

今天下爲科舉之學者，既相率競逐於利禄詞翰之途，迷溺焉而不知返，不知有所謂王氏之學者。苟有向學之心，則已拱手匍匐而歸之矣。羣講學者於此，與之言主敬、言窮理、言篤行，則逡巡斂衽而謝不敏焉。及與之言良知、言頓悟、言神通妙用，則勇者奮袂以前驅，懦者欣然而色動矣，爲其可以一超而立悟也。夫不藉彊探力索之勞、履規蹈矩之苦、銖積寸累之勤，不踐其迹，不考其行，而可以高視大言，自託於聖賢，則誰不欲安坐拱手，希俎豆於洙泗之堂者，此王氏之學所以蔓延天下，雖以諸先達排斥之力，而其焰方張，未之熄也。執事乃獨深燭其弊而力闢之，其爲功於世教何如哉？

抑某於此重爲慨焉。大道之傳，如正統然，不可一日廢絶於天下，必有任其傳者而後人極立焉。今爲彼之説者既日趨於迷而無所事於學，其服吾之教者雖頗事於學而不能盡其材，蓋任斯道者之難其人也。以某所見當世之士衡之，大抵高明者有進取之資而無其學，則踐履闊疏而無可成就之實；謹愿者有狷介之守而無其識，則志趣庸陋而無復遠大之規。其他本庸愚甘暴棄者，則益無望於此。是以私竊憂之。蓋斯道之傳不絶如綫。及讀執事之書而爲之瞿然喜也。士之能任重致遠者，非獨其學力之優也，亦必有過人之質焉。質既殊絶，學又足以副之，則事半功倍，不懈而以幾於成。明道先生有言：「弘而不毅則難立，毅而不弘則無以居之。」方期其任重致遠，以紹前聖，開來學，而豈淺狹柔懦者之所能勝哉？執事器識所該，材力所及，蓋庶幾其弘且毅而有作聖之資者矣，而志所存、學所至又皆聖賢之道之大者，則夫夙昔所仰望任重致遠以永斯道之傳者，執事豈非其人乎哉？當吾世而有斯人，亦其所寤寐求而心焉慰者，况其在夙昔相與稱知交、託同氣者哉？此某之所欣幸也。冀執事於此毋自諉焉，勉而循之，竭吾力以赴之，其居敬也已密而益期其密，其窮理也已精而益求其精，其篤行也已力而益致其力。以德之修悖責之己，而以道之興廢聽之天。其見用於世歟，是道之將行也，其所謂行仁義於天下，使凡物各得其所者，固可以畢吾之志矣；其不見用於世歟，是道之將廢也，則修之於身，傳之其人，俾後世學者有所取法。蓋終身肥遯而無所怨尤焉。若是者，其真可以立人極而任斯道之傳者矣。雖然，未可泛望諸人人也，識有所不周，材有所不逮，吾無責焉。其足以勝斯任者不容自恕，執事尚勉圖之。如弟資既愚柔，識復鄙闇，蓋不足以語乎此。顧維天命之重，聖訓之詳，不敢自暴殄焉。他日以君之靈，幸得苟全素履，不負疚於天地，不得罪於聖賢，不見絶於世之君子，而卒免於小人之歸，則區區之願千萬滿足。雖然，亦豈易幾哉？懍之以終身，要之以不懈，庶幾斯言之或踐焉爾。

班、馬、韓、杜之文，弟早歲蓋嘗好之。比守明道「玩物喪志」之戒，六七年不復措意於此，間以結習未忘之故，取而讀之，惟其華藻是耽，而不復審意趣所寄；愛其議論之辨，而不暇察義理所歸。見其怨懟不平也，則亦從而怨懟不平焉；見其傲兀自喜也，則亦從而傲兀自喜焉，由是吾心所好惡浸以失其天理之本然。及夫漸漬既久，日變月化，如入鮑魚之肆然，久而不聞其臭矣。厥或告之以爲害道，則且拒之以弗信，謂是耳目之娱，初無與於身心之故，況其立言之大旨，固亦無悖於理，抑或以爲雖悖於理而不害其文之工，故意恒左袒焉。及反而檢諸言動之間，驗諸心性之地，乃多有失其故步而不得其安者，於是乃心惶然，始信先賢之訓之果不謬也。今執事所以篤嗜之者如此，固必有取於其大者。然試察焉，得毋有近於弟之所病者乎？果有一二近似之者，恐亦未可以爲耳目之娱而不之戒也。

周先生壽昌

周壽昌，字應甫，一字荇農，晚號自菴，長沙人。道光乙巳進士，改翰林院庶吉士，散館授編修。與文正及孫芝房、郭筠仙以文章道義相砥礪。擢侍講，轉侍讀。咸豐二年，粤寇犯湖南，督師賽尚阿、總兵和春遷延不戰，先生疏劾之，並條陳剿賊事宜，有「皇上不惜千萬帑藏，拯民水火，而諸臣忍心老師縻餉，坐失事機」等語，一時服其敢言。其後連上封事，召對稱旨，命在巡防王大臣上行走，兼辦京畿團防。有鄉愚十七人入城爲防卒，偵獲擬以賊諜，先生廉得其實，趣令釋之。或恐忤長官意，先生曰：「我豈以十七人命阿附權貴哉。」然卒以論事切直，爲時所忌。同治五年，擢詹事府詹事。光緒二年，遷内閣學士，署户部侍郎。四年，以足疾予告。十年卒，年七十一。生平酷嗜班書，丹黄點勘，稿凡十七易，成《漢書注校補》五十六卷。又著有《後漢書注補正》八卷，《三國志注證遺》四卷，《五代史注纂注補續》一卷，《思益堂文集》十卷，《詩集》二十卷，《日札》六十卷。已刊者文二卷，詩六卷，日札十卷。

參史傳、周禮昌撰行狀。

思益堂日札

吴楚無詩

吴、楚諸國無詩。鄭氏《詩譜》云：「時徐及吴、楚僭號稱王，不承天子之風，今棄其詩，夷狄之也。其餘江、黄、蓼、六之屬，既驅陷於彼俗，又亦小國，如邾、滕、紀、莒之等夷，其詩蔑而不得列於此。」其説非也。謂吴、楚夷狄，則非子之封不齒中夏，何以列《秦風》？謂不承天子之風，則寤生繻葛之役逆天甚矣，何以列《鄭風》？謂小國不得列，曹、檜又何取乎？鄭漁仲《六經奥論》云：「太師編《詩》，大抵得其鄉聲則存，不得其聲則不存。周之列國如吴、楚、滕、薛、邾、許、蔡、莒等國，夫豈無詩，但魯人不得其聲則不存耳。」說又不塙。夫聲成文謂之音，鄉聲雖異，文與音則同。即如所云，吴、楚距魯或較遠，滕、薛諸國去魯較秦、晉爲近，何反不得其鄉聲乎？惟顧亭林云：「吴、楚本無詩可采，虢、蔡無詩，爲有司失其傳。」此較可通。觀《左氏》所紀列國燕享歌詩，不出三百篇所載。此外所引逸《詩》不過《轡之柔矣》、《河水》、《茅鴟》、《祈招》數章，而皆非吴、楚詩。即謂刪《詩》者夷狄之，當時歌詩者皆在未刪以前，何亦曾不肄業及此？且楚子革能誦《祈招》，獨不能誦其本國詩耶？

買妾不知其姓則卜之

《禮記·曲禮》：「故買妾不知其姓，則卜之。」熊氏云：「卜者，卜吉凶。既不知其姓，但卜吉則取之。」義或然也。據此，則同姓而吉，亦買之乎？《論衡·詰術篇》曰：「不知者，不知本姓。夫妾必有父母家姓，然而必卜之者，父母姓轉易失實，禮重取同姓，故必卜之。」《易緯是類謀》：「聖人興起，不知其姓，當吹律聽聲，以別其姓。黄帝吹律以定姓是也。」《論衡》：「孔子生，不知其父，其母匿之，吹律自知殷宋大夫子氏之世也。」王符《潛夫論》：「凡姓之有音也，必隨其本生祖之所出也。太皞木精，承歲星而王，凡其子孫皆當爲角。神農火精，承熒惑而王，夫其子孫咸當爲徵。黄帝土精，承鎮星而王，夫其子孫咸當爲宫。少皞金精，承太白而王，夫其子孫咸當爲商。顓頊水精，承辰星而王，夫其子孫咸當爲羽。雖號百變，音形不易。」是吹律定姓，漢時猶有傳者。或有引京房與陸鴻漸事以證者，恐又不然。案房本姓李，推律自定爲京氏。唐陸鴻漸不知其姓，卜得「鴻漸于陸」，遂姓陸，是姓可因卜而遷改，失古者卜其姓之本意矣。

嫂叔無服

禮制莫密於今而實有大過乎古者。《禮·檀弓》：「嫂叔之無服也，蓋推而遠之也。」又云：「子思之哭嫂也爲位。」《奔喪·記》云：「無服而爲位者，唯嫂叔及婦人降而無服者麻。」夫謂推而遠之爲遠嫌，説禮者至引嫂不撫叔、叔不撫嫂之訓，則哭之爲嫌較甚於服矣。無服而猶麻，麻不亦服乎？程子曰：「推而遠之，此説不是。古之所以無服者只爲無屬。今上有父有母，下有子、有婦。叔父、伯父，父之屬也，故叔母、伯母之服與叔父、伯父同。兄弟之子，子之屬也，故兄弟之子、之婦服與兄弟之子同。若兄弟則己之屬也，難以妻道屬其嫂。此古者所以無服。以義理推不行也。」愚謂程子發明禮意甚暢，而謂無服必因無屬，竊不敢謂然。父母之視嫂，非冢婦即介婦也，猶爲之服三年、服期，子獨不可推父母之愛以愛之乎？兄弟之子即嫂與弟妻之子也，其子爲吾服期，吾亦以期報之，獨不可以待其子者推以待其母乎？此似皆義理之可以推，屬之上而可，屬之下而亦可者也。《儀禮·喪服傳》曰：「何以大功也？從服也。夫之昆弟何以無服也？其夫屬乎父道者，妻皆母道也。其夫屬乎子道者，妻皆婦道也。謂弟之妻婦者，是嫂亦可謂之母乎？故名者人治之大者也，可無慎乎？」而下章《喪服·記》曰：「夫之所爲兄弟服，妻降一等。」晉成粲據此以爲嫂叔有服，是也。而庾蔚之謂其排棄經傳，苟樹己説。應撝謙則謂此語可疑，當闕。善夫萬斯同之言曰：「鄭氏於此條無注，賈氏亦不得其解，謂當是夫之從母之類。噫！從母之類而可稱之爲兄弟乎？既言兄弟，而可索之於兄弟之外乎？」又曰：「此正嫂叔有服之明證也。《喪服》經雖不言嫂叔之有服，亦未嘗言嫂叔之無服，子夏作傳，自爲問而以母道、婦道解之，以此爲子夏之意則可，以此爲經之本旨則未可。蓋記禮者於經之所未及，往往見之於記，人無不以記與經並信，獨此條之記不可信乎？所爲没其文於經而補其説於記者，蓋從古嫂叔原未制服，至作《儀禮》之人見其不可無服也，故不直筆之於經，而但附著之於《記》，以見後人之所補，而非先王之所制也。至《大傳》所言名治之説，即引子夏傳。且細觀之，只言名之宜慎，而未嘗言服之宜無，則亦不足以爲無服之據。」

徐乾學《讀禮通考》亦因萬氏説而衍之，以《儀禮》爲信，謂：「《戴記》實多漢儒之語，《儀禮》自是周代之書，是作記者因古制五服不列叔嫂而補之於《記》，猶之唐以前未有嫂叔之服，貞觀時始補之爾，豈可因《檀弓》諸説反不信《儀禮》乎？」又云：「後世如五代與宋初，固嘗增叔嫂爲大功矣，當時亦未嘗以爲非，然則何疑於《儀禮》哉？」近世胡培翬《儀禮正義》於此條特從而爲之辭，曰：「《記》明云『夫之所爲兄弟服』，不云『夫之兄弟』，則兄弟指服言，不指人言，明矣。」愚謂兄弟非人，則「兄弟」二字可删，删去「兄弟」，則所爲服當何等乎？不解一也。其引沈彤説云：「若夫之從祖父母、夫之從父姊妹之類，皆以小功而降爲緦；夫之族曾祖父母及夫之從祖姑姊妹適人者之類，夫皆爲之緦，妻皆降而無服，並包含於其中矣。」是直以「兄弟」兩字總括諸人，如何包含法？不解二也。引江筠説云：「此與上『室老』兩條非止爲服不見者，以此求之，亦兼爲不服者明之也。蓋小功降一等則緦，緦降一等則無服矣。」是應云降二等，非降一等。不解三也。且胡氏獨不記前一條乎？《記》云：「君之所爲兄弟服，室老降一等。」其《正義》云：「兄弟服者，指小功以下言之。」小功是兄弟之服，不云「不指人言」也。降一等者，君服小功，室老則服緦也，不云「無服」也。記語皆同，何獨於此條相違反乎？自《開元禮》定爲五月，宋以後因之，今律文定爲小功之服，酌古準今，於禮真無遺憾矣。

或謂：據此則「推而遠之」一語爲無當乎？曰：萬氏曾言之矣。萬氏曰：「此世儒附會之説也。先王之制禮，豈專爲不肖者設哉？世之亂常瀆倫之事，苟非大不肖者必不至此也。欲爲不肖者立防，而反廢親親之紀，先王之所不忍也。且彼之所爲遠嫌者，將由夫淫邪之人歟？雖無服制，豈能禁之？將由夫脩飾之君子歟？雖有服制，豈能亂焉？況所爲遠別者，亦當遠之於生前，而不必遠之於身後。當夫身没之後，舉家縞素，而我獨吉服於其間，曰將以遠嫌也，天下豈有此不情之人哉？」此論最快。或又謂：禮，嫂叔不通問。既不通問於生前，而轉服於身後爲無謂。愚謂：此即萬氏所説也。不通問，所以遠嫌於生；若既死，尚何嫌之可遠乎？唐貞觀十四年，太宗曰：「同爨尚有緦麻之恩，而嫂叔無服，宜集學者詳議。」於是魏徵、令狐德棻等奏議請服小功五月，服其弟妻及夫兄亦小功五月，制可之。厥後韓昌黎之於嫂鄭氏服期以報，人皆賢之。蓋稚叔鞠於長嫂，雖千百中僅一見，亦不得謂禽獸之行。千百中即常見也，君子亦道其常而與其善而已。

又按《檀弓》：「曾子曰：『小功不爲位也者，是委巷之禮也。子思之哭嫂也爲位。』」細繹之，此言是爲小功爲位立案，而子思爲位乃合乎小功之禮也。古豈有爲喪位而無服者乎？《禮記·奔喪記》之言，漢儒説經者之自爲言，皆以「嫂叔無服」之一言囿之也。

劉先生傳瑩

劉傳瑩，字實甫，號椒雲，漢陽人。道光己亥舉人，官國子監學正。其爲學篤嗜德清胡氏、太原閻氏之書，凡方輿、六書、九數之學及古文詩家之法，皆已規得要領，日夜鉤稽。久之，疾作，自以所業繁雜，無當身心，發憤歎曰：「舍孝弟取與之不講，而旁騖瑣瑣，不已傎乎？」乃取濂洛以下切己之説而反覆之。常語曾文正曰：「君子之學，務本而已。吾與子敝精神於讐校，費日力於文詞，儌幸身後不知誰何之譽，自今可一切罷棄，各敦内行，没齒無聞不悔。」遂移疾歸養，家居授徒，著《明性》、《明教》、《明治》三篇，以詔學者。首言人之所以異於禽獸，以其得性命之正而已。性命之實著於五倫，愚不肖者日用而不知，賢知之過又好高而失實，此所以違禽獸不遠也。中言二帝三王之立教，皆以明倫。學校之勸懲，朝廷之舉錯，悉不外是，是以其時風俗醇厚。三代而下，惟漢置孝弟、力田、科舉、孝廉、方正，猶存此意，故其風俗近古。自唐以外，專以詩賦帖經取士，不復知先王立學本意。士苟長於詞章記誦，則雖不孝不友、無禮無義，皆可以掇巍科，取高位，無怪乎風俗薄惡，而凶荒盜賊不絶於史策也。終言帝王之治通乎神明，光於四海，不過盡人倫之實，推之天下，使各盡其實而已。後世不乏有志治平之士，或徒以事功爲意，而忽於家室彝倫之近，亦見其推之無本，行則必躓而已矣。又嘗於金仁山《孟子集注考證》中輯得朱子所編《孟子要略》，復還其舊。曾文正爲校刊之。二十八年卒，年三十一。桐城方存之編其遺集爲四卷。參史傳、曾國藩撰墓志銘、方宗誠撰傳。

孫先生鼎臣

孫鼎臣，字子餘，號芝房，善化人。道光乙巳進士，改翰林院庶吉士，散館授編修，擢侍讀。嘗應詔陳言，謂因循之弊，宜用法以治標，用人以治本。又疏陳團練籌餉事宜。時粵寇滋擾，朝旨釋琦善於戍所，使署河南巡撫，備賊北竄。又出賽尚阿、徐廣縉於獄，赴軍自效。先生先後上言，其人不足復用。且賽、徐失律，用之無以申軍法。皆不見聽。後以母憂歸。咸豐九年卒，年四十一。先生少習駢麗，及與曾文正、梅柏言游，乃專力古文，益取古今學術政教治亂所由，及鹽漕、錢幣、河渠、兵制諸大政，考其利害而察其通變，所宜與其所不可者，爲書論數十篇。其言明達，適治體，屏斥小利，要歸大道，所著文十卷，詩十卷，與《畚塘芻論》三卷，《河防紀略》四卷，總爲《蒼筤集》。參史傳、吴敏樹撰墓表。

芻論

論治

天下之不治，非無法之過，無人才之過也。人而無才，其教之不豫而取之不精也。

天下之士皆教於學，今之學非古之學也。古者設爲庠序學校而處士於其中，凡所以修其身者無弗備焉，凡所以爲天下國家之用者無弗詳焉。其爲士者博學而篤行，尊師而取友，淬磨漸漬，以歸於成。蓋方其未仕也，天下之事無不經其慮，萬物之理無不明於心。故及其取而用之，如挽水於河而取火於燧也，以是應天下之變而不窮。天下之學嘗有官矣，又嘗有督學之使矣，學官之秩卑而其選輕，固未嘗責以成就人才之事。督學之使體崇而勢絶，歲時集士於州郡而課試之，浹旬而去，其於士之情不相接，雖有教人之意，無由而施其選。隆其官，備與士相接，可以施吾教者，惟太學。而太學之教士，亦徒歲時集而課試之，古之學者所以修身而爲天下國家之用者不之及也。上之所以教，下之所以學，惟科舉之文而已。道德性命之理，古今治亂之體，朝廷禮樂之制，兵刑、財賦、河渠、邊塞之利病，皆以爲無與於己而漠不關其心。及夫授之以官，畀之以政，瞢然於中而無以應，則拱手而聽胥吏之爲，故夫司計之臣有問以鉤考而不能矣，治獄之吏有詢以律令而莫對矣，無他，非其素習而教之不豫也。且夫天下固有不待教而從之者，蓋爵賞爲之招也。是以不惟其教而惟其所取，所取而爲科舉之文歟，則其學爲科舉之學，奚惑焉？四子五經之精微，非老師宿儒專力致精不能究其義，而禮樂、兵刑、財賦、河渠、邊塞之類，皆專門名家之學，聰明才傑之士爲之數十年，僅乃通之，而舉責之於一人之身。而士不能副其求，則襞積剽略，苟且以塞責，而上之求士，取盈其數而已。故雖不如所求而亦收之，雖有賢能出於其間，然而寡矣。不悟其失，猶以爲吾所得者固可以應天下之變而不窮也。治河者使之典兵，理刑者使之主財，朝官秦而夕徙越矣，春治閩而秋守蜀矣，人有苟簡之心，政無經久之實，雖有一切之法，適爲貪婾巧僞之所託而藏，人敝而法亦敝，蓋其始任法之過而視人爲輕，以爲吾之法足以爲治。其取人也不必皆才，但能奉吾法，循之勿失而已。至於天下已敝，所任之法有時而窮，向之所進之材不足以備用，乃泛泛然猥取而雜試之，是以天下之大未嘗無才，而朝廷常有乏才之患，是取之不精之過也。昔宋胡瑗教士，分經義、治事兩齋，其弟子出而筮仕，多適於世用；而司馬光嘗建十科取士之議，誠仿胡瑗之法教士，而用司馬光之意取之，以四子之書爲本，以《易》、《詩》、《書》、《春秋》、三禮、三傳、諸史與夫禮樂、兵刑、財賦、河渠、邊塞之事各爲之學，如漢置博士多爲之科，如唐宋之制科因其才之所近而時肄之，俟其成而分收之，以之備國家之任，使天下之才庶幾不可勝用，而天下之變可以應之不窮歟。

論鹽

以天地自然之利利民，而國亦賴其利者，鹽也。自漢至今，搉鹽之法隨時損益，法之興也愈緐，則弊之出也愈滋。善爲法者，以民之利散之於民，制其出入，不務與民爭利，而其利究歸於國家。人第知厲禁之爲禁，不知不禁之禁爲無形也；知多取之爲取，不知薄取之取爲無窮也。宋咸平中，度支使梁鼎請官自鬻解鹽於邊。内殿崇班杜承審言：「往者鄜、延、環、慶、儀、渭等州禁青鹽，令商入芻粟運解鹽於邊，直與青鹽不遠，是以蕃部青鹽欲售而無從。今官運解鹽，欲與内地同價，邊民必入蕃販鹽徼利，而居者亦樂其價廉，與之市，是助寇而結民怨也。」事乃已。其後河潰運艱，增江、淮、兩浙、荆、湖鹽價。兩浙轉運使沈立言：「本路鹽課緡錢歲增七十九萬，官估高而私販轉熾，誠恤亭户，裁官估，令人得詣場取鹽，則鹽善而價平，人不肯冒禁私售。」帝納其言，而歲課視舊額倍增。元至大、延祐間，鹽一引增至鈔一百五十貫，積而不售。明初開中之制，凡引準銀八分，商費少利厚，邊粟不可勝食。夫禁蕃部之私與禁内地之私，其難易可知，而宋之所以絶之者，惟在於平價增課以給用，人之所知也，乃官估裁，而歲入轉溢於舊。元之一百五十貫而不售，明之八分而邊饟充。由是觀之，推鹽利者，豈在嚴禁防而重徵斂歟？夫穀與鹽皆民之所以生，而不可一日闕者也。五穀無地不生，鹽亦無地不産，有天下者制田爲賦，五穀之糴糶未嘗有禁，而鹽獨有官私之别，畫之地以限之，又欲其流行而無壅，此於理則不順，於情則不協，於勢則不便，無怪乎法變事棼，心徒勞而政彌拙也。唐劉晏論鹽法謂：「官多則民擾，惟於出鹽之鄉置吏及亭户，收鹽轉鬻，任其所之。」晏之言非唐一代之法，百世之法也。

郭先生柏蔭

郭柏蔭，字彌廣，號遠堂，侯官人。道光壬辰進士，改翰林院庶吉士，散館授編修，轉都察院監察御史。出爲甘涼道，緣前事革職。旋以主事用，遂歸養親，主清源、玉屏、鼇峯諸書院講席。會辦本省團練有功，累擢郎中。同治元年，得旨赴曾文正公安慶軍營差，委補蘇、松、常、鎮、太道。歷兩司護理、江蘇巡撫。六年，授廣西巡撫。

未履任，調湖北巡撫，再署湖廣總督。十二年，以病乞歸，再主鼇峯書院，生徒日衆。每旬必蒞講堂，勤爲講解，獎借誘掖，多所成材。福州文廟舊燬，至是集資修復，身董其役。既成，月率諸生習禮樂其間，佾佾稱盛。光緒十年卒，年七十八。所著有《變雅斷章衍義》一卷，《嘐嘐言》六卷，《續》四卷，《天開圖畫樓文稿》四卷，《石泉集》四卷。參史傳、子式昌撰家傳。

湘鄉從游

方先生宗誠 別見《惜抱學案》。

程先生鴻詔 別見《理初學案》。

李先生元度

李元度，字次青，一字笏庭，平江人。道光癸卯舉人。游奉天學政幕，得窺陪都列朝《實録》，通知一代政事。又徧覽關東形勢，益肆力掌故、地理之書，旁稽百家載籍，才識因以宏裕。大挑授黔陽縣教諭。咸豐二年，曾文正公奉詔團練，先生上書數千言而隱其名。既相見，詢知所爲，引與規畫，遂從軍中，多所防捄。以功奏保知縣。五年，自請募平江勇爲一軍，攻守撫州、貴溪、玉山、廣豐之間，屢戰輒獲。歷擢以道員，記名加按察使銜，賞色爾固楞巴圖魯勇號。十年，授浙江温處道，調皖南道，移防徽州，率卒三千以行，而寧國先失。到未十日，賊衆十數萬來攻，先生督戰，墮馬暈絶，爲親卒負出。城陷，文正疏請逮治。浙撫王有齡奏調援浙，乃歸里，募八千人爲安越軍，轉戰而出，連復湖北、江西七縣，賞還原銜，再賞布政使銜。未至，杭州陷。同治元年，力挫李侍賢於江山。復與左文襄公會師，大破之。授浙江鹽運使，晉按察使，署布政使。文正以先生議罪未定，遽回籍，疏劾褫職，先生遂歸。及金陵克復，文正特疏追原其失，自以前奏過嚴，文襄亦疏稱杭州之陷非其逗留所致，有詔遣戍，從寬留養。五年，貴州巡撫張亮基奏起先生專辦教匪。於是督軍入黔，兩年之間剿撫九百餘寨，廓清五六百里。設屯田局，墾田二萬餘畝。教匪平，屯政亦竣。詔復原官，授雲南按察使。陳情終養。光緒十一年，母喪服除，補貴州按察使。十三年，遷布政使。未幾卒，年六十七。所著有《國朝先正事略》六十卷，《平江縣志》五十六卷，《平江十三君子事略》二卷，《十忠祠紀略》二卷，《南岳志》二十六卷，《天岳山館文鈔》六十卷，未刊者《四書廣義》六十四卷，《國朝彤史略》十卷，《名賢遺事録》二卷，《國朝先正文略》二百卷，《安貧録》四卷，《古文話》六十四卷，《天岳山館詩集》十二卷，《四六文》二卷，文續集若干卷。參史傳、王先謙撰神道碑。

國朝先正事略序

李習之嘗歎魏晉以後，文字黮昧，雖有殊功偉德非常之蹟，亦闇鬱而不彰。而昌黎韓子則嘗欲作唐一經，垂之無窮，誅奸諛於既死，發潛德之幽光。論者謂其書若成，當不在龍門、扶風下，惜乎其未就也！宋朱子撰《言行録》，取並世名臣事蹟件系而條綴之，爲後世法。文雖不迨昌黎，而其扶世翼教，厥功懋矣！嗣是，杜大珪有《名臣碑傳録》，蘇天爵有《元名臣事略》，徐紘有《明名臣琬琰録》，項篤壽有《今獻備遺》，皆祖述朱子之意以成書者也。我國家列聖相承，重熙累洽，炳焉與三代同風。二百餘年，名卿鉅儒、鴻達魁壘之士應運而起者不可殫數，其訏謨政績具在國史，類非草野之士所能窺，而其遺文佚事、嘉言懿行，往往散見於諸家文集中，特未有薈萃成書，以備掌故，而爲徵文考獻之助者。元度山居多暇，閲本朝人文集，遇偉人事蹟輒手録之，積久成《先正事略》六十卷，分名臣、名儒、經學、文苑、遺逸、循良、孝義七門，人爲一傳，計五百人，附見者六百一十人，亦當世得失之林也。每空山月上，一鐙熒然，披吟斗室中，如與諸鉅公才人節士聯襼掎裳，親承其謦欬，而上下其議論也；如臨泰華嵩衡、黄河瀚海之高深，莫測其顛委也；如羅列商彝周鼎、天球弘璧，古光出几案，莫敢逼視也。

昔歸震川自恨足跡不出里閈，所見無奇節偉行，以發攄其文章之氣。今元度放廢歸田，得網羅散失，以成此編，可謂極尚友之樂矣。稿甫脱，適奉于役黔疆之命，以兩年心力所萃，不忍敝帚棄之也，爰付諸剞劂氏。客有議其去取失當，且悤促成書，慮挂一而漏萬者。應之曰：是固然，然以朱子之賢，手訂《言行録》，如進王荆公，黜劉忠定之類，吕東萊、汪玉山皆不謂然，即朱子亦自謂尚多謬誤，況下此乎？太史公作列傳，二千年中僅七十篇，《循吏》、《儒林》則皆止數人耳，未有議其疏漏者也。惟是國朝治跡磊磊軒天地，遠邁唐宋元明世，苟有昌黎、習之、考亭其人者，出其文章以潤色鴻業，斯不負千載一時之盛。若蒙者所述，雖皆奇節偉行，文不足以張之，終爲震川所竊笑耳。抑又聞蘇文定公曰：「古之君子不用於世，必寄於物以自遣。」然則是編亦寄焉耳，烏庸深較其得失哉？客既退，遂筆之簡端，用以就正海内君子焉。

文集

關雎説

説《關雎》者言人人殊，於夫子所云「哀而不傷」之指，率牽强不相入。《集傳》謂：「求之未得，不能無寤寐反側之憂；求而得之，宜其有琴瑟鐘鼓之樂。」夫寤寐反側，思也，非憂也；憂也，抑非哀也。其何傷之有？《集傳》又謂：「極其哀樂而皆不過其則。」夫思至於哀，則已過矣，尚何則之有？《小序》曰：「哀窈窕，思賢才。」此古訓也，然使但爲妃匹計，則第思窈窕耳，胡哀爲？故必先知文王后妃之本末，然後能得《關雎》之解，且可得聖人哀樂之解也。夫《關雎》一詩爲文王繼娶太姒而作也，於何徵之？於《大明》、《思齋》諸詩徵之也。《詩》曰「思齋太任，文王之母」，即所謂「摯仲氏任，生此文王」者也。曰「思媚周姜」，則指文王元妃姜氏也。蓋文王初娶亦姜氏，不獨前有太姜，後有邑姜也。「思媚」猶「思齋」，非謂太任之媚於太姜也。果指太姜，則不應稱周姜。太任爲婦，太姜爲姑，豈有尊稱其婦，而獨殺於其姑之理？其曰「京室之婦」，蓋文王方爲世子，未即位而周姜卒，故止稱京室婦，明其未爲國妃也。曰「太姒嗣徽音」，則姜氏卒，而姒氏繼之。嗣者，繼也，猶其言「纘女維莘」也，纘亦繼也。曰「則百斯男」，則姜氏止生伯邑考，及繼娶太姒，乃生武王、周公及管、蔡、康、聃諸叔季也。曰「長子維行，篤生武王」，武王實太姒長子，子以母貴，故文王舍伯邑考而立武王也。説者以姒氏爲莘國長子，支離甚矣。凡此非肊説也，《詩》固明言之矣。其曰「文王初載，天作之合，在洽之陽，在渭之涘。大邦有子，親迎于渭」，指初娶之姜氏也。國君十五娶而生子，古雖不盡然，計亦在弱冠前，故曰「初載」也。既曰「有命既集」，又曰「有命自天」，「命此文王，于周于京，纘女維莘」，明乎其爲繼娶，故更端言之，更迭舉之。若均指太姒，不應言重而詞複也。且洽、渭與莘地勢渺不相屬，明其爲兩人兩地也。凡人之情，當少小時縱有室家之慕，必不至寤寐反側。《蝫蝀》之詩人，❶譏懷昏姻者爲無信不知命，聖人豈若是乎？況文王之爲世子，朝於王季者日三，雞初鳴而盥漱問視，又何暇及此乎？惟當嗣位後，開國承家，中年喪偶，任重而勢孤，苟不得聖女以嗣徽音，則無以奉神靈之統，故哀情不能自抑。哀則思，思則求，求而得之，宜其有琴瑟鐘鼓之樂也。《序》云「哀窈窕，思賢才」，正謂哀逝者而思繼續者耳，第詞意引而不發，故説者胥失之。且夫文王受命惟中身，厥享國五十年，年九十七乃終，計其即位蓋四十七八歲矣，又終王季之喪三年，然則太姒來嬪，文王年蓋五十矣。當元妃初逝，内政無所統屬，於是妾媵皆哀其無以共承宗廟，幸而得姒妃，乃作此詩。蓋嬪御之倫深知文王之隱微寤寐，故能爲此言，亦性情之正所感也。然古無未立后妃，先有妾媵者。

❶「蝫」，清光緒六年刻本《天岳山館文鈔》卷三同，疑當作「螮」。螮同蝃，今《毛詩》篇名作「蝃」，《爾雅·釋天》作「螮」。

若非太姒爲繼妃，則方其初載作合，安所得魚貫之宫人？其人又安能備知主君之隱曲一至如此？故惟先有周姜，則妾媵之同侍文王者且數十年，故能言之親切若此也。明乎此，而後哀而不傷之義爲可通，而《大明》、《思齊》諸詩亦豁然見真面矣。

讀大學

人知子思作《中庸》，不知《大學》亦子思作也。漢賈逵曰：「孔伋窮於宋，懼先聖之學不明，而帝王之道墜，故作《大學》以經之，《中庸》以緯之。」鄭康成《禮注》及《孔叢子》並云：「《大學》、《中庸》皆子思作。」惜後儒無申其説者。程子以《大學》爲孔氏遺書，朱氏則謂首章爲孔子之言，曾子述之，其下十章乃曾子之意而門人記之。夫曾子之門人，孰有賢於子思者？曾子得一貫之傳，使門人作《大學》以明聖道，豈有舍子思而他屬者？是賈氏説正與程、朱合也。第朱子分爲經傳，不能無疑。蓋《易》之《彖》、《象》，經也；《繫辭》，傳也；《春秋》，經也，《左氏》、《公》《穀》，傳也，皆各自爲篇者也，從未有一篇之中兩人分撰經傳，而以首章爲經，後數章爲傳者。惟知爲子思一人所作，則可以無疑。蓋其書首末相應，實非兩人之辭，而其中復引曾子之言，則非曾子所自作，明矣。微子思，誰其作之哉？抑又思曾子聞一貫之道，門人問曰「何謂也」，曾子以忠恕示之，門人中縱不止一子思，然子思必在其中。是一貫之傳傳曾子，即傳子思矣。惟子思深得忠恕之傳，故其作《大學》言治平必本於藏身之恕，而又以所惡於上下前後左右者明絜矩之道，絜矩即忠恕也。及其作《中庸》，則曰「忠恕違道不遠」，又特歸重於恕，曰「施諸己而不願，亦勿施於人」，又以所求乎子臣弟友而未能者，明恕字之義。蓋忠恕本一理，惟其爲一理，故曰一以貫之。然則《大學》與《中庸》皆發明一貫之道，其出子思一手無疑也。不寧惟是，子貢問終身行之，夫子既告以恕；及其問仁，又以能近取譬勖之。子貢久而有得，乃曰吾亦欲無加諸人，故卒聞一貫之學。論者謂曾子從行入，子貢從知入。夫聖學知行合一，未有知不本於行者，況明曰「終身行之」乎？夫「一言可以終身行」，是即一貫之道也。孟子，子思之門人也，其言曰「反身而誠，忠恕也」。又曰：「强恕而行，求仁莫近焉。」其歸重「恕」字，與《大學》、《中庸》之訓若合符節，則仍發明一貫之道也。聖門之學莫切於求仁，而求仁必自恕始。孔子傳之曾子，曾子傳之子思，子思傳之孟子，無二道也。然則賈逵所謂「作《大學》以經之，《中庸》以緯之」，殆塙不可易也。

孔子誅少正卯論

《家語》：「孔子爲魯司寇，攝行相事，七日而誅亂政大夫少正卯，戮之兩觀之下。數其罪曰：心逆而險，行僻而堅，言僞而辯，記醜而博，順非而澤。」《荀子・宥坐篇》亦有此說。朱子疑之，以謂《論語》所不載，子思、孟子所不言，《春秋》內外傳所不道，獨荀況言之，是必齊魯陋儒憤聖人之失職，故爲此說，以夸其權。其論偉矣。惜乎《論語序說》引《史記世家》仍存攝行相事、誅少正卯之文，而未之削，《通鑑綱目前編》因之，後且成爲不刊之典。予懼果於殺戮者一旦乘權位，或假孔子之說，以遂其武健苛鷙之私而莫之返，是不可以不辨也。

夫知人必論其世，孔子爲司寇時，禄去

政逮已四五世矣。自宿專魯政，意如且逐君，昭不能正其終，定不能正其始。當是時，歌《雍》、舞佾、旅泰山、伐顓臾，冒上亡等，陪臣效尤而執國命，於是南蒯、公山各以費叛，侯犯以郈叛，陽虎且囚季桓子，盜寶玉、大弓以出，其亂政之當誅倍蓰什伯於少正卯者，可勝道哉？然孔子不能操之過蹙也。墮三都，出藏甲，張公室，抑私家，默爲轉移而已。且公斂處父堅不肯墮成，孔子亦末如之何，不能立肆諸市朝也。他日請討陳恒公，命告三子，三子不可，亦付之太息而已。而獨於無足輕重之少正卯，誅之惟恐或後，是柔則茹、剛則吐也？是放飯流歠而問無齒決也？聖人顧若是乎？豺狼當道，安問狐狸？聖人豈張綱之不若乎？況專殺大夫，諸侯且有厲禁。司寇亦大夫也，任意相殺，魯君及三卿能容之乎？夫心逆行僻而順非，誠不爲無罪，然視逐君、叛主固大有間也。若記醜而博，更不足爲罪矣。聖人行法，必取其萬不可宥者，與衆棄之，未有惡其爲聞人，出不意而驟加顯戮者。此穰苴、孫武輩行軍立威之術也，聖人肯爲之乎？據《家語》則子貢嘗疑之矣。子曰：「此人之姦雄者也，不可以不除。昔殷湯誅尹諧，文王誅潘正，周公誅管、蔡，太公誅華士，管仲誅付乙，子産誅史何，皆異世而同惡，故不可赦也。」嘻，異矣！尹諧、潘正、付乙、史何，不見經傳，事之有無不可考。若管、蔡則本末具在《詩》、《書》，豈少正卯比邪？惟世稱太公誅海上華士，與孔子誅聞人，往往相提並論。後世英君、察相、悍帥、健吏動示不測之威，以聳衆而立名，未必非此語階之厲也。前明之季，莊烈帝廷詰黄道周，猶以言僞行僻見責，口實之貽遠矣哉！抑考《家語》、《史記》並稱孔子爲司寇，攝行相事。相者，相禮也。即夾谷之會，傳稱孔某相是也。若魯相自有三卿，執政自係季氏，孔子何由攝相事哉？此又不可不知也。

清儒學案卷一百七十八終

清儒學案卷一百七十九

天津徐世昌

融齋學案

融齋治學，不持漢、宋門户之見，而於程、朱、陸、王亦能兼取。其訓士有云：「真博必約，真約必博。」可謂要言不煩。述《融齋學案》。

劉先生熙載

劉熙載，字伯簡，號融齋，江蘇興化人。道光甲辰進士，改翰林院庶吉士，散館授編修。咸豐三年，入直上書房。與倭文端仁以操尚相友重，論學則有異同。文端宗程、朱，先生兼取陸、王，以慎獨主敬爲宗，而不喜《學蔀通辨》以下掊擊之談。文宗嘗問所養，對以閉户讀書，因書「性静情逸」四大字賜之。旋以病歸里。十年，胡文忠林翼特疏薦先生貞介絶俗。同治三年，補國子監司業，遷左中允，督學廣東，作《懲忿》、《窒慾》、《遷善》、《改過》四箴訓士，謂士學聖賢，當先從事於此。未滿任，乞歸，襆被篋書而已。先生治經，無漢、宋門户之見。其論格物，兼取鄭義。論《毛詩》古韻，不廢吴棫叶音。讀《爾雅·釋詁》至「卬、吾、台、予」，以爲四字能攝一切之音，以推開、齊、合、撮無不如矢貫的。又論六書中較難知者，莫如諧聲，疊韻、雙聲皆諧聲也。許叔重雖未有疊韻、雙聲之名，然河、可疊韻也，江、工雙聲也。孫炎以下切音，下一字爲韻，取疊韻；上一字爲母，取雙聲。蓋開自許氏。又作《天元正負歌》，以明加減乘除相消開方諸法。生平於六經子史及仙釋家言靡不通曉，而一以躬行爲重。嘗戒學者曰：「真博必約，真約必博。」又曰：「才出於學，器出於養。」又曰：「學以盡人道而已。士人所處無論窮達，當以正人心、維世道爲己任，不可自待菲薄。」平居嘗以「志士不忘在溝壑」、「遯世不見知而不悔」二語自勵。自少至老，未嘗作一妄語。主講上海龍門書院十四年，以正學教弟子，有胡安定風。著有《持志塾言》二卷，《藝概》六卷，《四音定切》四卷，《說文雙聲》二卷，《說文疊韻》二卷，《昨非集》四卷，爲《古桐書屋六種》。光緒七年卒，年六十九。參史傳、俞樾撰墓碑。

持志塾言自序

孟子始言持志，志之賴於持也久矣。持之義不一端：大要維持之，欲其正也；操持之，欲其久也。持之之方亦不一端：大要善其志之所以養也，慎其志之所以發也。每念古人之學無不以此爲兢兢，而即可準此以見吾人之失。故余之教於塾也，嘗以「持志」二字額其齋焉。塾中講貫，自聖賢經義以及先儒格言，固皆日有課程矣。其有不及舉古人之辭，但自言之，以取易明者，則隨時筆而存之，蓋以便學者之復習也。原本即名《持志塾言》，惟不立門類，不避重複，未免雜而難約。今姑删複分類，以成二卷。然亦但如原本之所有，而未嘗增益，實亦未嘗得整齊次第之宜焉。夫持志之功深，求之而未有盡者也。學者誠由所至而進推焉，則是編者或亦由淺之深之藉也與。

立志

志乃人之大主意，一生之學術事業無不本此以貫之，故不可容其少有差失。志於道，則藝亦道也。志於藝，則道亦藝也。故君子必先辨志。

自問其志與聖賢之志同否，同則固而存之，不同則務絶去，而求同者存之。

具聖人之才者，千萬人中不能有一人。若聖人之志，是人人能存底，不存之是自棄也。

人若半塗能立志，直如起死回生，半塗自隳其志者反是。

爲學

學也者，學其性之所固有也。聖人之教，無非要人用力於仁義禮智，仁義禮智非性所固有者而何？

學求盡人道而已，踐形復性，那有不從人身上責成之事？

伊川程子釋《中庸》「博學之」五句，曰：「五者廢其一，非學也。」後人由此識得「學」字全身，爲益不小。

讀書之法，當發其饑而食之，發其渴而飲之，發其病而藥之。

善讀書者，不以書累己，故擇書；不以己累書，故責己。

人不好學，每因天事不美。蓋昏弱者欲進不能，又以無所得，故止也。然果硬地學向前去，久久便能學出天事來，所謂「中道若性」是矣。

論學當先在大同處著眼，如辨義利之界、嚴誠僞之關，先儒之指無不同者，後人失大同而爭小異，非爲己取善之道矣。

唤寐者而使之覺，扶卧者而使之起，詩書師友之益蓋如是。若呼而不覺，扶而不起，是自棄也。

學者於理日有所知，而存心行事依然故我，玩矣。病玩，藥則不可治。玩理者亦如之。

能事人而後能使人。知親上敬上，推之即知慈下禮下矣。故小學之教自事人始。

蒙養以德行爲先，觀《蒙》之《大象》可見矣。《周官》三物之教，亦欲於此先立乎其大。

人有謂年暮不及學者，是猶謂日暮不及食也，非大惑而何？

没要緊底骨董，知之無所加，不知無所損者，偏以不知爲恥。至内有益於身心，外有益於世道者，不知則安焉。於此見俗學之蔽甚矣。

所學者既是，須澹泊無外慕，乃能持久。不然，鮮有不轉爲俗學移者。

窮　理

有自用之心者，不能見理。見理者大抵皆能虚心、平心、降心者耳。

一事有一理，萬物共一理，專尚通與專尚別者皆蔽。

問讀書法，曰：讀義理書要推出事實來，讀事實書要推出義理來。

窮得實理，方能做得實事。學者視理自理而事自事，宜不以窮理爲切務矣。

因時制宜，因地制宜，因人制宜。窮理

須是將理窮得活了，方有用。

窮理須有日新之功、大公之量。謂今日所窮之理，後此無可進；一己所窮之理，他人無可正者，皆非也。

存　省

至善無惡之本體，人人有之，存養是於這本來共有底保得定，淡然無欲，粹然至善。存養者養此而已。

「主敬」「主」字，「居敬」「居」字，要認得定，主則非客也，居則無去也。此當合動静語默而一之。

不違仁，必以「造次」、「顛沛」言者，不如此，便當面錯過，何從覓得閒時光、閒境界，放你不違仁乎？

不達天，不可謂聖學；不慎獨，不可以達天。

他人底事己不能知，雖知亦不能代之做主。若獨則己能知之，慎獨則己能做主，不慎奚待？

養善於方始，防欲於未萌，《復》、《姤》之旨也。

擴　充

擴充之功須密而無間，不然則動静語默常變，難易時境參差，鮮不當面錯過矣。

物類所稟，往往亦有一偏之善，所以推擴不得者，限於天也。人性萬物皆備，而可自限乎？

克　治

害仁莫如忿，害義莫如欲，懲之窒之，乃所謂「損以遠害」也。

輕喜易怒，多至以小害大。回想時始知

一毫值不得，何不移事後之覺悟爲當幾之凝定耶？

醫書無病者爲平人，以此思身心疵累去之務盡，亦只是求爲平人而已。

時時洗除舊習，方是日新。能洗除之本全在不吝，吝則如認垢作身，幾時去得？

一息尚存，尚可改過，亦尚可得過，念此能無喜懼交至？

力行

《中庸》言「或勉强而行之」，《孟子》言「强恕而行」，董子言「勉强行道」、「設誠於内而致行之」，大凡人要望好處行，如逆水行舟，不極力撑之，那能向前？

人外無道，道要在人上盡；事外無理，理要在事上盡。

人以古聖賢之言責諸己，亦可以己之言責諸己，責己周則行必力矣。

盡倫

理以倫爲著落，倫以理爲主持，故性分、職分一以貫之。

責己者，盡倫之本。舜之負罪引慝，孔子之所求未能，只是常見己之不是耳。

取友不外尊賢、友賢，則身益修，然苟非先能自修，則賢棄之矣。

宇宙間當然之責，總不出乎推恩引義，而無不統攝於人倫者。

立教

師者，所以傳道，道字極宜守定。若除了道，則所謂授業、解惑者第在文藝之末，古固不言「修藝之謂教」也。

《學記》曰：「教也者，長善而救其失者

也。」學者之質地不同，則各有當長之善、當救之失，教者豈得執一例以施之？

人品

立品要不自菲薄，又要不自滿假。菲薄則不知聖賢人人可學，滿假則不知才傑往往無成。

狂狷可爲社稷之臣、直諒之友，鄉愿則容悦而已矣，善柔而已矣。餘事以是推之。

才器

才不出乎智勇，以見得透爲智，尤以不參偏見爲智；以做得到爲勇，尤以不涉浪做爲勇。

才用之於大則所就大，用之於小則所就小，故擇術不可不慎。瞽者善聽，聾者善視，用人者豈可以不能棄其所能？

致用

人必自憂其心之不治、身之不修，而後能憂國憂民。故不知憂之人，識者患之。

仁術二字要善認，蓋從仁生術，術即仁也。若以術字當先，術且爲仁之賊矣。

德外無功，德外無言。功不本於德，功即罪也，言可知矣。

智於私者愚於公，勇於私者怯於公，故智勇離仁字不得。

古與今理同勢異，不能貫通之，是不知本；不能變化之，是不知用。

無位能化人，然後有位能治人。《易》卦初爻其位未及於治人，然所言修己之事，即所以化人者立矣。

濟物

己富而能濟人之貧，己貴而能恤人之賤，己智而能覺人之愚，己勇而能振人之弱，與物爲體，即是可推。

君子推樂於人，引憂於己，小人反是。

善操舟則風不爲患。人事之可以挽回氣數何疑？

正物

人心之不正，而世道從之。正人心，乃撥亂反正之本；而自正其心，又正人心之本也。

上者能變俗，其次不爲俗變，其下變於俗。人苟不能堅不易之操尚，何以膺世道之責耶？

俗之流失無非便其忿欲而已。君子內能克己，故能外不徇俗也。

處事

一幾字而事前事後、事內事外無不畢貫，故作事在先審其幾。順理以應事，則終日應事如未嘗應；役於私意，則己先自擾，復益之以事，自覺不勝其勞。

害事之人凡有兩樣：一畏事事廢，一喜事事生。

處境

處逆境之要，蔽之以兩言曰：「風雨如晦，雞鳴不已。」處順境之要，蔽之以兩言曰：「無已太康，職思其居。」

心貪爲貧，屈爲賤，衰爲老，疢爲病，亡爲死。若心無累，境自不能困之。

處世

「人非聖人，誰能盡善」二語，責己時勿想著，恕人時須想著。

王道聖學不外人情，人情以大公至是者言之。善夫伊川《易傳》釋《睽·象》「君子以同而異」曰：「蓋於秉彝則同矣，於世俗之失則異也。」

人有不是而隨順之，不惟失己，且益人之疾也。己有不是而欲人隨順之，不惟屈人，且益己之疾也。仁者人己並愛，豈忍出此？放於名而行亦多怨，名歸己，謗必歸人也。

天地

天只是以人之心爲心，人只當體天之心以爲心。天人之理，孝慈而已矣。

誠自可格天地，孝自可格父母。其有未格者，誠、孝未至也。

心性

知性善則知一切好事皆本分中所有，一切不好事皆本分中所無，斯於當爲當去者自爲之、去之而不能已。

心役於物，非必外物，如役於忿、役於欲皆是。

禮樂

禮樂之道，中而已矣。先王欲節人情之過不及，禮樂所以不可已於作也。

禮樂不外律度而已，君子言不過辭，動不過則，是即吾身之律度也。

飲食宴樂本生人嗜慾所存，而以禮樂節之，聖人教世之微意可思。

四音定切序

余幼讀《爾雅·釋詁》至「卬、吾、台、予」四字，忽有所悟。以爲此四字能收一切之音，後證之諸韻書皆合，益自信，乃易以欸、意、烏、于四字。蓋欸、意、烏、于皆取聲音之名以爲名，其於卬、吾、台、予，則欸代卬、意代台，烏代吾、于代予也。前數年，客有問余以切字法者，余先問之曰：「子知開口正音、開口副音乎？」曰：「知之。」「子知合口正音、合口副音乎？」曰：「知之。」「開正一名開口，開副一名齊齒，合正一名合口，合副一名撮口，子知之乎？」曰：「知之。」曰：「吾有常言之四字，欸、意、烏、于是也，子知之乎？」客曰：「將焉用此？」曰：「然則子之所謂知者，豈誠知乎？夫欸字收聲者名開口音，意字收聲者名齊齒音，以及收烏名合口，收于名撮口，自非先辨欸、意、烏、于，何以能定開、齊、合、撮也。不能定開、齊、合、撮，而欲切音，更何以能定上一字母下一字韻也？吾試問子『關雎河洲』四字，於欸、意、烏、于宜若何分屬？」客謝未能。余曰：「子試於關字長其聲以讀之，雎、河、洲三字皆長讀之。」客從余言。余曰：「子覺關字下隱然有一彎字乎？雎字下隱然有一于字乎？河字下隱然有一阿字，洲字下隱然有一優字乎？」曰：「然。」曰：「彎亦烏也，阿亦欸也，優亦意也，于則無俟復言。是則開、齊、合、撮不既定矣乎？推之一切韻之收聲可知矣。」客悦曰：「此愔吾未前聞，然尤願論撰以貽後學，俾得與能也。」余時頗心許之。今余爲《圖説》既成，又因及門黄接三鑽研韻學，與之準《佩文詩韻》字數，輯爲《韻釋》四卷。事固有難已者，書名《四音定切》，蓋原其實，且使余向者之所以自悟與所以告客者胥統焉。

說文雙聲序

切音始於西域乎？非也。始於魏孫炎乎？亦非也。然則於何而起？曰：起於始制文字者也。許氏《說文》於字下繫之以聲，其有所受之矣。夫六書中較難知者莫如諧聲，疊韻、雙聲皆諧聲也。許氏論形聲及於江、河二字，方許氏時未有疊韻、雙聲之名，然河、可爲疊韻，江、工爲雙聲，是其實也。後世切音下一字爲韻取疊韻，上一字爲母取雙聲，非此何以開之哉？余於是編獨詳雙聲者，以韻有古今之別，雙聲則今古一也。徐鉉等註《說文》字音，以孫愐《唐韻》音切爲定。要之，許氏之聲本可爲切，由古人制字其中本具字母也。是編韻借孫氏，母即用許氏之聲，如江字許云工聲，註古雙切，今用許之本聲，易古雙切爲工雙切，不正切江字乎？由江字推之，如脂字許云旨聲，模字許云莫聲，孫氏業已取其聲以爲母矣。至於虞、佳、殷、蕭、宵、尤等字，虞吴聲、佳圭聲、殷㐆聲、蕭肅聲、宵肖聲、尤又聲，苟以許聲加孫韻，皆爲可切，而一切雙聲之字不皆可知乎？夫雙聲之大略，不外乎清濁二聲之從類及開口、齊齒、合口、撮口四呼之相通。自有切音以來，學者固皆知之。惟其知之，則與余之溯源於古人制字之本音必有合也。余纂《說文雙聲》僅舉崖略。及門陳仲英以爲裨於小學，孜矻助余成之。學者誠因是編以契許氏之聲，因許氏以契古人制字之音，庶無負諧聲之本指也哉。

説文疊韻序

書以《説文疊韻》名，疊韻也者，疊古韻也。古韻有與今同，有與今異。與今同者，即爲今韻，何以不疊今韻？今韻不勝疊也。夫古韻可據者，有若《詩》三百篇焉，有若屈、宋之辭焉。推之，凡古有韻之文無不可見，何必許氏一人之書。顧許氏於字下繫聲，所以著韻即出於其字，雖雙聲亦在其內，要不及疊韻之多。即但以疊古韻而言，其字亦豈少哉？論者於河、可共知爲疊今韻，於江、工或但以雙聲目之。其實雖取雙聲，亦取疊古韻也。然則欲明古韻，舍《説文》其可乎？閒嘗以此語及門袁竹一，竹一所見輒符，余因與之輯《疊韻》上下卷，以明《説文》合體之字與獨體之聲，體既相因，韻自相合，即有不合，亦由後人之失讀，類非古韻之本然。是編於許聲雖若有信之過者，然過信猶愈於過疑，況信固未必過也。同校者爲及門黄淵甫，蓋亦以其明於許書而屬之。至《古韻大指》爲余舊著，今列爲首卷，雖所言不專在《説文》，要與《説文》相發云。

文集

儒論

儒之道得乎至中，他學無可方者，然往往爲他學之所共附。蓋中者，無定而易混者也。是則儒之爲儒，其如人之爲人乎？人以無失其純氣而名，然乖盭者亦莫不附於純也，甚則盜賊皆曰吾人也。儒以無失其中道而名，然偏陂者亦莫不附於中也，甚則雜家、小説皆曰吾儒也。夫附儒者將以壞儒也，然使之得以壞儒者，由儒之自壞也。人未能充其不爲盜賊之心，安能禁盜賊之附人乎？儒未能充其不爲雜家、小説之心，安能禁雜家、小説之附儒乎？於此見學固貴於適道，而適道者尤貴乎立也。

箴言四首并序

《易》損、益二象示人以懲忿窒欲、遷善改過，指深切矣。顔子好學，見稱於聖人，其「不遷怒」，則懲忿而窒欲存焉；其「不貳過」，則改過而遷善存焉。余校士粵東，以爲士學聖賢，當先於四者從事。爰本是義，爲箴言以贈之。

懲忿

仁者愛人，忿於何起？順事恕施，自勝以理。意氣自任，爭競乃生。日用飲食，訟象或成。木火然物，木先自燼；忿加於人，實惟身疢。轉忿爲懲，因病得方。辨惑思難，德義日强。

窒欲

欲來有隙，必乘怠昏。曾是戒盜，而啟之門。君子察幾，重防於豫。萌芽滋長，曷其弗懼？萌欲而學，何道之明？萌欲而仕，何義之行？害道傷義，罔非私利。拔本塞源，是在有志。

遷善

聞義不徙，義在千里。允哉遷善，急不

可已。善具性初，中被物牽。遷非他適，還厥本然。孳孳爲善，僅免爲蹠。矧復瞻顧，嚮往不力。變動光明，善乃日新。道岸無盡，誕登在人。

改過

嘗聞護過，與護疾同。自謂無過，即過之叢。過辨隱顯，心身及口。上遏於先，次謹於後。昔疾今愈，不名病人。水涵生意，堅冰曷存？最可患惜，戒而復弛。常覺常警，失庶鮮矣。

附録

先生少孤苦，及貴，不改其初。以翰林直內廷，徒步無車馬。視學廣東，一介不取，諸生試卷無善否，畢讀之。或曰：「次藝可無閱。」先生曰：「不觀其全，而謂吾已得之，欺人乎？自欺也。」墓碑。

先生主講龍門，與諸生講習，終日不倦。每五日必一一問其所讀何書，所學何事，講去其非而趨於是。丙夜或周視齋舍，察諸生在否，其嚴密如此。同上。

先生作《痯崖子》，滿洲文秀菴見其書，云：「取類得於《易》，博依得於《詩》，敷暢似《說苑》、《新序》，非深悉事物之理，其何能爲？」《痯崖子序》。

先生兼長算學，箸有《天元正負歌》四則，簡捷易明，最便初學。《疇人傳三編》。

融齋弟子

費先生崇朱

費崇朱，字敬廬，浦江人。諸生。潛心

性理，長白倭艮峯相國聞其名，郵書問學。同治間，偕邑人王茂才文炳從融齋學。融齋大器之，曰：「吾道得傳人矣。」嘗與友人書云：「近讀山陰向惕齋《志學後録》，歎其切實純正，與薛、胡相類。其論仁、論理氣、論心性處極爲分明精確，惟其謂太極無動静，乘氣以爲動静，尚襲草廬之誤。蓋太極者理也，理有動静，故氣有動静。若理無動静，則氣奚自而有動静乎？朱子言之明矣。張南軒亦嘗云：『太極不能無動静。』薛文清亦云：『動静雖屬陰陽，而所以能動静者，實太極爲之。』惕齋於此尚未見及，特其一隅之蔽，不足掩其全體之純。其造詣精深，足與楊園、稼書鼎立，而表章無人，真堪廢書三歎。」後病歿於龍門書院，融齋哭之慟。遺箸七種皆藏書院中。參章耒撰傳略。

章先生耒

章耒，字韻之，號次柯，婁縣人。同治癸酉拔貢，銓選教諭。先生學問淵博，於書無所不窺，凡天文、曆算、輿地、兵防，下至醫卜、壬遁家言，胥潛心研究，而尤篤好性理訓詁之學。及從融齋游學，益純粹。以唐確慎《學案小識》爲太簡，撰《國朝學略》若干卷，一以《宋元學案》、《明儒學案》爲宗。其教人也一本至誠，各量其材力所逮以相授。遇有質疑問難者，口講指畫，至領解乃罷。無力者則歸其束脩，故寒畯子弟裁成尤多。光緒十二年卒，年五十五。又著有《春秋内外傳箋辭攷證》。參張永祚撰傳。

陳先生維祺

陳維祺，字仲周，嘉善人。諸生。孤貧績學，入上海龍門書院，從劉省庵游，學益進。數應鄉舉，不售，去，習錢穀。初佐兩淮運司幕，繼佐蘇松太道，專治洋務，幾廿載。生平覃孯經傳，尤致力於疇人之學。嘗輯《中西算學大成》一書，都一百卷，閱十五年而成，風行一時，爲後學津梁焉。參錢明訓撰家傳。

中西算學大成序

黄帝《九章》、《周官》九數，其詳均不可得聞已，世所傳方田、粟米、衰分、少廣、商功、均輸、盈朒、方程、句股諸術皆秦火之後，漢儒張蒼等所删補，然觀其引端發凡，言簡義賅，舉後世天元、四元、借根、代數俱胚胎朕兆於借衰、盈朒、方程、正負之閒。苟非聰明睿志之聖，其孰能與於斯哉？夫前聖人修道設教，開後人心思智慧於數千百年之上；後人承其餘緒，推波助瀾，如河決下流而東注，勢甚易易，而況數爲六藝之一，益以積世之測、積人之智，以上追古之聖人，有不得天地自然之利者乎？漢唐以來，績學之士知算學與曆法相表裏，故新曆日變，而斯學亦日盛。宋元之際，天元始出，發源於道古之《數書九章》，泛濫於欒城之《測圓海鏡》、漢卿之《四元玉鑑》，涵羅衆象，樞紐萬變，煌煌乎極中法之大觀矣。世言漢卿嘗游廣陵，學者雲集。乃一再傳至明季，斯道遂廢。雖以唐荆川之大儒，至《海鏡》猶曰無下手處，豈絶學之難傳，而有志之士不可多得歟？抑術士自祕其機緘，使斯道絶而復振，而後人乃益信其真歟？抑天將有啟於西人，俾幾何、八線、借根之術得以承其乏歟？

我朝西學初興，名儒輩起。聖祖仁皇帝聰明天亶，御製《數理精蘊》以詔來兹。又以西人所進之借根方術親授蒙養齋諸臣，震古鑠今，遂開一代疇人之盛。厥後梅循齋因借根而悟天元，羅茗香因天元方程而釋四元，李氏壬叔、華氏若汀又因四元借根而譯《代》、《微積》、《重》諸學。一時專門名家如董方立氏、項梅侶氏、徐君青氏、戴鄂士氏、夏紫笙氏、鄒特夫氏、劉師省庵各有著述，殫精極微，駕西人而上之，則信乎借根方之有造於中國矣。

借根方不知其自始，以近譯《代》、《微積》、《重》諸書攷之，其所引證皆西國百餘年來學士之所創設，以此例之，當亦不甚相遠。顧西人謂是術前於天元四百餘年，豈以爲若是遂不得爲東來法之證乎？余謂借根是否出於天元，借衰姑不深論，第代數出於借根，猶四元出於天元，微積出於代數，乃天元、四元、代數、微積遞變之勢甚近，而代數獨遲出於借根方後六七百年。揆之西人精思果力，當不若是之滯矣。然吾儒與人爲善，苟知西法之無殊於中法，則引西人而進之可矣；知算數之有裨於格致，則由西法而精之可矣，夫何庸所辯論於中西二學之先後哉？格致之學本西人所最精，又有代、微積、重諸術以資其推測之用，而增益其堅忍之性，於是一切天文、曆法、測繪、製造，大而軍國，小而市廛，以及化電光氣種種新學，爭奇競勝於寰海七萬里中，駸駸乎其未有艾。朝廷知其然，詔於京師及各直省設同文、方言等館，選聰穎子弟以時習之，諸生有肄業及此者，並於歲科兩試，覘其造詣。京兆試又擇其成材者而舉之，俾片長隻藝均有以自奮。嗚呼！至矣！方今國家幅幁之廣，藝能之士日出，斗量車載而不可數計。使人人於經史之外，父以此教子，兄以此勉弟，童而習之，以底於成，以算學爲初基，以格致爲究竟，上焉者達乎道，下焉者成乎器，豈非富强之道盡在是哉？

維祺少而愚陋，比長稍聞庭訓，知算數爲當務之急，沈心研幾垂十五年，撰有《海鏡》、《比例》等表，《玉鑑》垛積招差、弧度求弦矢、圓徑求内容、無數等邊形之邊線面積各術，雖不敢自謂有功於古人，而於新舊著譯諸書尚能正其紕繆。嘗欲推廣《數理精蘊》之例，取新舊著譯各種彙爲一編，删繁訂誤，以惠初學。草創事例，就正於劉師省庵先生，輒蒙許可，並囑同門友葉君子成、朱君吉臣、鶴汀李君煜廷分任校繪之事。海鹽干君衡甫亦與斯役。諸君子敝精勞神，考正得失於豪毫絲忽之間，寒暑無間，而子成並能畢余未竟之緒，免余功虧一簣之誚，則是編之大幸者耳。書既成，略敍其所見如此。世之學者從四元代數以盡得西人格致之妙用，而上窺古人創制之精心，則庶幾近矣。

融齋交游

倭先生仁

別爲《艮峯學案》。

丁先生取忠

別見《雲梧學案》。

清儒學案卷一百七十九終

清儒學案卷一百八十

天津徐世昌

心巢學案

道、咸以來，儒者多知義理、攷據二者不可偏廢，於是兼綜漢宋，學者不乏其人。心巢博通六藝，尤重力行。授經養母，依依孺慕，身爲孝子，子又忠臣，足爲經儒增重矣。述《心巢學案》。

成先生孺

成孺，原名蓉鏡，字芙卿，一字心巢，寶應人。諸生。性至孝，父没，三日哭，氣絶而復屬者再。授經養母，歲饑，家人或不得食，而奉母不少損。母苦癥，寒夜尤劇。先生屏息牖户外，廉其衰數而調劑之，或至申旦。事母垂六十年，起居飲食之節有《禮經》所未嘗言，而先生以積誠通之。早邃經學，旁及象緯、輿地、聲韻、字詁，靡不貫徹。有所纂述，必折衷於程朱。操履敦篤，恥爲空言，一屏主奴出入之見。與門弟子論學，亦以主敬窮理爲宗，又隨其材器而牖之。嘗曰：「爲己，則治宋學，真儒也；治漢學，亦真儒。爲人，則治漢學，僞儒也；治宋學，亦僞儒。」又曰：「義理，《論語》所謂『識大』是也。考證，『識小』是也。莫不有聖人之道焉。事父、事君，『識大』也；『多識鳥獸草木之名』，『識小』也，皆師教所不廢，然不可無本末輕重之差。」主講長沙校經堂，爲博文、約禮兩齋，湘中人士爭自興學。光緒九年卒，年六十有八。著有《太極衍義》一卷，《我師録》一卷，《紫陽學則》二卷，《必自録》二卷，《庸德録》二卷，《心巢困勉記》一卷，《論語論仁釋》一卷，《明明德解義》一卷，《長沙校經堂學程》一卷，《山東政教録》三卷，《大清儒學案目録》一卷，《學案備忘録》一卷，《語録》若干卷，《國朝師儒論略》一卷，《周易釋爻例》一卷，❶《尚書曆譜》二卷，《春秋日南至譜》一卷，《太初曆譜》一卷，《三統算補衍》一卷，《五經算術補注》二卷，《步算釋例》六卷，《推步迪蒙記》一卷，《禹貢班義述》三卷，《詩聲類表》一卷，《切韻表》五卷，《春秋世族譜拾遺》一卷，《經史駢枝》若干卷，《鄭志考證》一卷，《釋名補證》一卷，《宋州郡志校勘記》一卷，《駉思室答問》一卷，《文録》若干卷，《詩録》若干卷，《可興集》六卷，《寶應儒林》《文苑事略》各一卷，《成氏先德傳》一卷。子壽麐，同治癸酉舉人，官直隸靈壽知縣，光緒二十七年各國聯軍陷靈壽，死之，贈太僕寺卿銜，謚恭恪。參馮煦撰墓志、行狀。

禹貢班義述序

攷輿地者，必溯《漢志》，而《禹貢》特甚。先儒言之譸矣。蒙竊以爲欲言《禹貢》，當先明班氏之例。《志》偁《禹貢》者凡三十有八，梁山、龍門、北條荆山、岐山、澗水、雒水、析城、王屋、壺口、灉水、桐柏大復、南條荆山、九江、菏水菏澤、陶丘、雷澤、大陸、衛水、恒水、汶水、蒙山、維水、羽山、彭蠡、桓水、江沱、蒙山、嶓山、養水、鳥鼠同穴、西頃、嶓冢、朱圄、涇水、絳水、盟諸、大別、衡山。偁禹治者凡一，漯水。偁古文

❶「一」，原闕，今據民國影十通本《清續文獻通考》及民國十七年清史館鉛印本《清史稿》補。

者凡十有一，汧山、終南、敦物、外方、内方、倍尾、嶧陽、震澤、傅淺原、豬壄、流沙。皆述首所云「推表山川，以綴《禹貢》」者也。于桑欽言則七偁之，絳水、漯水、汶水、淮水、弱水、漁澤障、易水。此君長《地理志》文，其中如洚、漯、汶、弱四水，即《尚書》古文家説，是可推而知也。或謂《地志》所引桑欽，即説古文《尚書》文，非别有《地理志》。案：《水經·河水》篇「又東北過高唐縣東」，酈注引桑欽《地理志》曰「漯水出高唐」，與「平原郡高唐」下所云「桑欽言漯水所出」正合。于平當則一偁之，鬲津。攷《儒林傳》，林尊事歐陽高，爲博士，授平陵平當。然則班氏亦兼采今文説也。有綴《周官》即綴《禹貢》者，如華陰大華、沾漳水、華容雲夢、鉅壄大壄、博岱山、蓋沂水、萊蕪甾水、毗陵北江、蕪湖中江是也。有不綴《禹貢》而可知者，如鄠酆水、盧氏伊水、蒲反雷首、壄王大行、枝江江沱、乘氏泗水是也。夫《志》推表山川，始《禹貢》，訖秦漢，若盧氏之熊耳，「道雒」之熊耳，《志》謂之「冢領山」，鄭注以下並以盧氏熊耳當之，誤。若山陽之東大行，古大行在丹水西，其在丹水東者曰「白陘」，即東大行也。若金蘭之東陵鄉，廬江郡金蘭西北有東陵鄉，淮水出。王氏念孫《讀書雜志》云：「『出』上脱『所』字，『淮』當爲灌。」《水經·決水》注：「灌水導源廬江金蘭縣西北東陵鄉大蘇山。」金蘭，《前》《續志》並闕，蓋廬江郡屬之故縣也。據《説文》云：「灌水出廬江雩婁，北入淮。」是金蘭省入雩婁，雩婁縣省，故附注郡下。焦氏循《禹貢鄭注釋》以爲郡治，非。酈注之金蘭，則後魏以前所復置也。雩婁故縣在今河南光州商城縣東，金蘭當在商城東南百里外。灌水即石槽河，源出大蘇山，即《漢志》之東陵鄉，在商城東南五十里，南距江三四百里，與「道江」「至于東陵」之文不合。又據經偁「至于東陵，東迆」，鄭注謂「東迆」者爲南江，即石城分江水，在今安徽池州府貴池縣西，東陵當去東迆處不遠，西北距東陵鄉亦三四百里。然則東陵鄉非斥《禹貢》東陵甚明，鄭注及蘇氏軾《東坡書傳》率本《地志》，于東陵則闕如。胡氏渭《禹貢錐指》亦云：「東陵鄉非《禹貢》之東陵。」斯爲有識。而《禹貢山水澤地所在》云：「東陵地在廬江金蘭縣西北。」酈道元《江水》注即援《漢志》釋《尚書》。薛氏季宣《書古文訓》、蔡氏沈《尚書集傳》反譏《漢志》爲非，均失之矣。近阮氏元《揅經室集》牽合《漢志》金蘭西北之東陵鄉及《續漢志》廣陵之東陵亭，至謂舒城爲東陵之首，江都爲東陵盡處，彌支離，不足辨云。**若朱虛之汶水，**《志》有兩汶：萊蕪汶，《禹貢》之汶也；朱虛汶，今東汶河，與此別。**若充之澧水，**經「又東至于澧」，《史記·夏本紀》、《漢書·地理志》及馬、鄭、王本並作「醴」。鄭注云：「醴，陵名也。」王氏鳴盛《尚書後案》云：「鄭例以言『至于』者，皆非水名故也。」據此，則《志》所云「武陵郡充歷山，澧水所出，東至下雋入沅」者，與經曾不相涉。自馬、王、僞孔以澧爲水名，而孔疏以下多從之，失經例矣。**若南廣之符黑水，**犍爲郡南廣汾關山，符黑水所出，北至僰道入江。符黑水，今之宋江也。蔡《傳》據以釋「道川」之黑水，蓋非。**若河關之積石，**「道水」之例有三：言水不言所出山，則第云「道某水」，如「道弱水」、「道黑水」、「道沇水」是。山水並偁而先言山，後言水，則云「某山道某水」，如「嶓冢道養」、「嶓山道江」是。若先言水，後言山，則必繫以「自」，云「道某水自某山」，如「道淮自桐柏」、「道渭自鳥鼠同穴」、「道雒自熊耳」是。故鄭君云：「凡言『自』者，發源于上，未成流。」道河先言河，後言積石，當如淮、渭、雒之例。曰「道河自積石」，而經不云「自」者，明積石非河所出山也。雍州「浮于積石」，謂貢道也。昆侖、析支、渠叟在今青海南境迆西，自西頃以西至巴顔喀喇以東，皆是貢道。言「浮積石」，則當在西頃東北。《禹貢山水澤地所在》云「積石山在隴西河關縣西南」是也。而近今圖、志乃以阿木你麻禪母孫山，《唐書·吐蕃傳》所偁「紫山，虜曰悶摩黎山」，《元史·地理志》河源附録所偁大雪山，一名亦耳麻不莫剌，譯言騰乞里塔者，目爲《禹貢》之積石。蒙謂西頃以西，皆非禹跡所至。觀于道中條山始西頃，而不從積石起，則積石之不在西頃西可知。圖、志並誤。若《漢志》金城郡河關積石在西南羌中，此則今之巴顔喀喇山，河重源之所發也。故《西域傳》云「蒲昌海，今羅布泊也。潛行地下，南出積石爲中國河」。《後漢書·段熲傳》「追西羌至河首積石山」。成公子安《大河賦》「出積石之嵯峨」。釋氏《西域傳》「河自蒲昌，潛行地下，南出積石」。新、舊《唐書·吐谷渾傳》侯君集與江夏王道宗望積石山、觀河源，皆即此。竊意此積石之名當起于漢孝武元鼎六年李息、徐自爲平羌以後，班氏因而載之。蓋以綴漢代之山，非謂即《禹貢》之積石也。若以是爲《禹貢》積石，則似反出昆侖、析支、渠叟西矣，貢安得浮于此耶？故《志》不綴以《禹貢》。自《海内西經》有云「河水出昆侖東北，西南流入渤海。又出海外，即西而北，入禹所導積石山」，《淮南子·墬形訓》因之，而高誘、酈元遂以河出積石，爲禹所導，于經例竟莫能辨。不知《山海經》詞多荒誕，本不足據，即其西南、西北方鄉已誤，遑論其他乎？高、酈之識蓋出孟堅下矣。徐氏松《西域傳補注》云：「傳謂重源出於積石，仍因《山海經》之訛。」蓋未明巴顔喀喇乃漢代積石，非《禹貢》積石，而妄疑班氏也。

若驪成之大揭石，右北平驪成大揭石山在縣西南，不云《禹貢》也。《禹貢山水澤地所在》「碣石在遼西臨渝縣南水中」，注：「海水西侵，歲月逾甚，而苞其山，故言水中。」又《河水》注：「漢司空掾王璜言：『往者天嘗連雨，東北風，海水溢西南，出侵數百里，故張君云碣石在海中。』」善長家酈亭，距臨渝厓五六百里，當以目驗知之。明此與大碣石了不相涉也。故《志》于驪成不綴以《禹貢》。且《志》述經文字作「碣」，「驪成」下作「揭」，經文「碣石」，驪成「大揭石」也，兩不相合。《説文》：「碣，特立之石。東海有碣石山。」云特立之石是碣，石不甚鉅。《志》言大揭石山，明非《禹貢》碣石，故特繫以大，而《説文》「東海有碣石山」，正謂碣石在東海中，尤與《水經》張、酈義合。閻氏若璩《古文尚書疏證》、江氏昱《尚書私學》不從酈説，而《禹貢錐指》、《三史拾遺》、《地理志斠注》、《乾隆府廳州縣圖志》、《禹貢鄭注釋》必欲以大揭石爲禹跡，抑疏矣。蔡《傳》謂歷世既久，爲水所漸，淪入于海，説本不誤。徐氏文靖《禹貢會箋》據《漢志》以駁之，亦誤會班恉。

若騶之嶧山，魯國騶嶧山在北。李泰《括地志》、張守節《史記正義》、王應麟《詩地理考》、《通鑑地理通釋》、薛季宣《書古文訓》、黄度《尚書説》並以當「嶧陽孤桐」之「嶧」，蓋非。是皆推表漢世山川，其名偶同《尚書》，或者不察，而以之證經，非班氏之恉也。

匪直此也，褒德之洛即漆沮，毚之霍大山即大嶽，西之西漢水即灊，然《禹貢》不云「洛」、不云「霍大山」、不云「西漢水」，而《志》亦無漆沮、大嶽、灊之目，故雖異名同實，而未可厠諸綴《禹貢》之例也。至如厎柱、大伾、三危、黑水之屬，班《志》所闕，尤未可以後出之義黷之也。竊不自揣，謹采《禹貢》古義存于《漢志》者，依例編入，循經爲次，稽譔其説，成《禹貢班義述》三卷，而其偁述經字，與《夏本紀》、《史記》所述《尚書》字皆今文。《儒林傳》孔氏有《古文尚書》，「孔安國以今文字讀之，因以起其家」。又云：「司馬遷亦從安國問故，故遷書載《堯典》、《禹貢》、《洪範》、《微子》、《金縢》諸篇多古文說。」據此則此五篇義皆古文說，而字皆今文，從孔讀矣。故「平在朔易」，伏生《大傳》作「便在伏物」，「歸格于藝祖」作「禰祖」，「洪範」作「鴻範」，而《五帝紀》、《宋微子世家》皆與之合。「五流有度，五度三居」，鄭本作「宅」，古文也，而《紀》作「度」。《立政》「文王惟克宅厥心」，蔡邕石經亦正作「度」。偶舉一二，可例其餘。枚《尚書》異者，皆古文也。王氏應麟《漢藝文志攷證》謂班固不見真古文。《古文尚書撰異》謂《史》、《漢》皆今文。陳氏壽祺《左海經辨》難之曰：「段氏堅執《史》、《漢》引《尚書》悉用今文，遂以《地理志》中之脗合古文者盡斥爲後人改竄，並古文十事明在《禹貢》者，亦强目爲今古之異，而謂非壁中之古文，殆不可憑。」指斥段誤，適中其竅，并足鍼厚齋之失。故坿攷焉。昔鄭高密之釋《禹貢》山水也，根據《地理志》者蓋十七八。是編之作，竊亦師其意云。惟是質性檮昧，學殖荒落，舟車所及，不越千里，雖閱歲者六，易稾者四，而疏略繆悠，自知不免。世有好學深思之士，亮其孤陋，董而正之。

駉思室答問

世傳孔子生於魯襄公二十二年十月庚子，爲今之八月二十七日。攷杜氏《春秋長曆》，是年十月甲戌朔，二十七日正得庚子，此即《孔子家譜》、《祖庭記》、《路史·餘論》、《山堂肆考》諸書所本。近黄南雷氏、閻百詩氏據新曆推算，亦爲八月二十七日，似可信已。然以古曆步之，實八月二十八日也。甄鸞《五經算術》推《春秋》至、朔皆用周曆。周曆上元丁巳至僖公五年丙寅積二百七十五萬九千七百六十九算。加入僖五年至襄公二十二年距積一百四算，得積年二百七十五萬九千八百七十三。盈元法去之，入紀一千七十三年，如蔀歲而一，得積蔀一十四。命甲子一，癸卯二，壬午三，辛酉四，庚子五，己卯六，戊午七，丁酉八，丙子九，乙卯十，甲午十一，癸酉十二，壬子十三，辛卯十四，算外得庚午蔀，不盈九爲入蔀年。以章月乘之，如章歲而一，得積月一百一十一，閏餘六。以蔀日乘積月，如蔀月而一，得積日三千二百七十七，大餘三十七，小餘八百六十九。加朔策九，得酉月大餘三，小餘六百六十。命起庚午，算外得癸酉朔，二十八日庚子。《世經》四分上元至伐桀十三萬二千一百一十三歲。加入伐桀至襄二十二年距積一千二百算，得積年十三萬三千三百一十三。依四分術推之，亦得癸酉朔，二十八日庚子。班孟堅偁劉歆作《三統曆》及《譜》以説《春秋》。《三統》上元至僖五年十四萬二千五百七十六歲，加距積一百四算，得積年十四萬二千六百八十。滿統法去之，入甲申統一千九十二年。以章月乘之，如章法而一，得積月一萬三千五百六，閏餘六。以月法乘積月，如日法而一，得積日三十九萬八千八百四十三，大餘二十三，小餘六十九。加朔策九，得酉月大餘四十九，小餘五十一。命起甲申，算外得癸酉朔，二十八日庚子。古六曆以周曆爲可信。兩漢以來演撰諸家以《三統》爲最古，而並得二十八日庚子，後世二十七日之説雖一日之差，然所係匪輕，有志之士當亟爲正之。

孔子卒日，蔣學鏞以杜氏《長曆》與《史記》不合，偁吳程用《大衍曆》推之，乃四月十一日。而謝山先生謂：前二年五月庚申朔，是《左氏》所紀，下距是年四月，中間當有一閏。以庚申朔遞推之，是年四月朔爲戊申，十八日爲乙丑，杜似不謬。謹案：漢末宋仲子嘗集十曆以考《春秋》，今竊師其意，集古今諸侯曆校之。如《殷曆》、上元甲寅距積二百七十五萬九千八百八十八，入庚午蔀二十四年，積月二百九十六，閏餘十六，積日八千七百四十一，大餘四十一，小餘一百二十四，周四月大餘九，小餘六百八十一。魏楊偉《景初曆》、上元壬辰距積三千三百三十一，入甲戌紀一千四百八十七年，積月一萬八千三百九十一，閏餘十六。朔積分二億四萬七千五百九十八萬三百三十，積日五十四萬三千九十七，大餘三十七，小餘一千一百七，周四月大餘五，小餘三千八百五。後秦姜岌《三紀甲子元曆》、上元甲子距積八萬二千九百七十八，入甲子紀二千九十五年，積月二萬五千九百一十一，閏餘十六，朔積分四億六萬三千九百二十萬九千八十四，積日七十六萬五千一百六十七，大餘四十七，小餘一千五百六十三，周四月大餘十五，小餘五千一百五十一。宋何承天《元嘉曆》、上元庚辰，距積四千七百八十二，入甲戌紀五百二十六年，積月六千五百五，閏餘十五，朔積分一萬四千四百四十五萬六千五百三十五，積日一十九萬二千九十六，大餘三十六，小餘三百四十三，周四月大餘五，小餘七百四十二。齊祖沖之《大明曆》、上元甲子距積五萬九百九十八年，積月六十三萬七百五十七，閏餘三百四十一，積日一千八百六十二萬六千六百二十七，大餘四十七，小餘一千二百四十四，周四月大餘十五，小餘三千五百七十五。東魏李業興《興和曆》、上元甲子距積二十九萬二千九百七十九，入甲戌紀十二萬四千三百七十九年，積月一百五十三萬八千三百四十七，閏餘四百六十四，朔積分九千四百七十三億一萬六千六百九十七萬七千八百九十九，積日四百五十四億二萬八千三百一十七，大餘三十七，小餘三萬三千八百八十九，周四月大餘五，小餘一十五萬七千三百。隋劉焯《皇極曆》、上元甲子距積一百萬七千七百五十八，積月一千二百四十六萬四千二百九十六，閏餘五百四十二，積日三萬六千八百七萬八千八十七，大餘四十七，小餘三百三十八，周四月大餘一十五，小餘一千七十三。後周王朴《欽天曆》、上元甲子距積七千二百六十九萬七千一十八年，氣積一十九萬一千一百七十五億七萬三千九百一十三萬四千四百八十七杪二十，閏餘一十七萬二百一十八杪九十二，朔積一十九萬一千一百七十五億七萬三千八百九十六萬四千二百六十八秒二十八，積日二十六萬五千五百二十一億八萬五千六百七，大餘四十七，小餘一千八百六十八秒二十八，周四月大餘十五，小餘六千一百二十九秒一十二。元郭守敬《授時曆》、至元辛巳距積一千七百五十九年，中積六十四億二千四百六十四萬二百一分，冬至一十一萬三百九十九分，閏餘二十三萬七千六百六十二分八秒。天正經朔四十七萬二千七百三十六分九十二秒，周四月經朔一十五萬八千六百五十四分七十一秒。本朝《時憲曆》，雍正癸卯距積二千二百一年，中積分八十萬三千八百九十八日三七八零五八四二，通積分八十萬三千八百六十六日二五五五一八四二，天正冬至一十三日七四四四八一五八，紀日一十四，積日八十萬三千八百九十九日，通朔八十萬三千九百一十三日五零四三八八四二，積朔二萬七千二百二十三，首朔二日二三八三九零二三，周四月平朔一十五日二九九五七一二九。皆四月己卯朔，十一日己丑，與《大衍》同。全氏所以致疑者，以《左氏》「五月庚申朔」之文耳。今以實法步之，哀公十四年距雍正癸卯積年二千二百三，中積分八十萬四千六百二十八日八六二七二七二六，通積分八十萬四千五百九十六日七四零一八七二六，天正冬至三日二五九八一二七四，紀日四，積日八十萬四千六百二十九日，通朔八十萬四千六百四十四日一二六三三，積朔二萬七千二百四十七，首朔二十四日一二六一五九零九。以朔策三相乘，加首朔紀日，得五十六日七一七九三零六八。命起甲子，算外得周五月庚申朔，累加朔策得六月庚寅朔，七月己未朔，八月己丑朔，九月戊午朔，十月戊子朔，十一月丁巳朔，十二月丁亥朔，十五年周正月丙辰朔，二月丙戌朔，三月丙辰朔，四月乙酉朔，五月乙卯朔，六月甲申朔，七月甲寅朔，八月癸未朔，九月癸丑朔，十月壬午朔，十一月壬子朔，十二月辛巳朔，十六年周正月辛亥朔，二月庚辰朔，三月庚戌朔，四月己卯朔，中間並無閏月。四月己卯朔，十一日，正得己丑，可以釋全氏之疑。吴簡舟英謂：「魯曆十五年不置閏，衛曆則置閏。」孰是孰非，不得而攷。據今所推魯曆是而衛曆非，并可釋吴氏之疑矣。

《提要》謂：「《集傳》廢《序》，成於東萊之相激。」偏攷《語類》、《文集》並無此説。蓋本之《丹鉛録》。其言曰：「文公因吕成公太尊《小序》，遂盡變其説。」此升庵臆度之詞，元以前無言此者。夫攷亭《詩序辨説》，後儒以負氣求勝譏之，固所不免。然謂「成於東萊之相激」，亦攷之未審耳。庚子凡三《答吕伯恭書》，玩其辭氣，皆無彼此相激之語。其甲辰《答潘文叔書》云：「舊説多所未安，見加刪改，別作一小書，庶幾簡約易讀。若詳考則自有伯恭之書矣。」此豈與吕相難者乎？《語類》葉賀孫録云：「鄭漁仲《詩辨妄》力詆《詩序》，始亦疑之。後來仔細看一兩篇，因質之《史記》、《國語》，然後知《詩序》之果不足信。」然則《集傳》之廢《序》，亦文公自廢之耳，其不因成公之尊《序》而盡變其説，亦明矣。又案壬寅序《吕氏家塾讀詩記》云：「此書所謂朱氏者，實熹少時淺陋之説。其後自知其説有所未安，或不免有所更定，則伯恭父反不能不置疑於其間，熹竊惑之。」《黄氏日鈔》亦云：「晦庵先生因鄭公之説，盡去美刺，其説頗驚俗，雖東萊先生不能無疑。」據此，則朱、吕論《詩》誠有不合焉者，然因廢《序》而有異同，非因所見不合而乃廢《序》也。

漢太初曆考序

《曆術甲子》篇，世謂褚少孫補，非也。

夫少孫生元、成間，當代曆憲何遽憒焉，舍《太初》步《殷曆》？竊疑是篇之作，蓋在元和以後與？《曆書》太初元年年名焉逢攝提格，斥歲陰也。其于太歲則爲柔兆困敦，故《漢書・律曆志》云：「迺以前曆上元泰初四千六百一十七歲，至于元封七年，復得閼逢攝提格之歲中冬十一月甲子朔旦冬至，太歲在子。」昧斯義恉而疑元用甲寅，遽以《殷曆》步之。嘻！疏矣。余既攷得《三統》即《太初》，輒依其術譔爲《曆譜》，始太初元年，終元和元年，歲名則仍據《爾雅》云。嘗以《甲子》篇演校之，冬至大餘無殊科，其異焉者，惟初元四年天正朔旦，《太初》大餘四十八，《殷曆》大餘四十七耳。至太始元年、小餘二十二，《甲子》篇作「二十四」。初元元年、小餘二十八，「二二」上脱「三百」二字。永光四年、大餘三，下脱「十六」二字。建昭元年、大餘四十六，作「三十六」。二年大餘三十，下脱「一」字。數事，則皆栞本之譌，非術異也。附于此，以質之世之讀龍門書者。

文録

釋亏

《方言》：「于，大也。于，通語也。」《尚書大傳》「名曰朱于」，鄭注：「于，大也。」案：于蓋「夸」之省借字。《説文・大部》：「夸，奢也。從大亏聲。」「奢，張也。從大者聲。」《詩・韓奕》「孔修且張」，《毛傳》：「張，大也。」故《廣雅・釋詁》云：「夸，大也。」凡從于聲之字，皆夸之聲同叚借。《爾雅・釋詁》：「訏、宇，大也。」《廣雅》「訏」作「訏」。《易・豫》「盱豫」，王肅注：「盱，大也。」《詩・斯干》「君子攸芋」，《毛傳》：「芋，大也。」《釋文》「芋，本作吁」。鄭箋：「芋，當作幠。」于聲、無聲音亦相近。《爾雅》：「幠，大也。」《周官・腊人》「凡田獸之脯腊膴胖之事」，鄭注：「膴與大一也。膴又詁曰大，二者同矣。」《尚書・洪範》「庶草蕃廡」，某氏傳：「廡，豐也。」《易・序卦傳》：「豐者，大也。」《説文・林部》引作「庶艸緐無」。《詩・巧言》「亂如此幠」，《毛傳》：「幠，大也。」《説文》訓夸爲奢，夸、奢並從大而亏聲者，聲音義並近，故《廣雅》云：「觰、都，大也。」夰亦從大，故《詩・豐年》「亦有高廩」，《噫嘻》「亦服爾耕」，箋註云「亦，大也」。《文王》「不顯亦世」，《後漢書・袁術傳》注、《魏書・禮志》作「不顯奕世」。《説文・介籀文大。部》「奔，大也」。夸、奢、夰從大，奔從籀文大，故皆有大義。然亦有不從大而聲義與夸、奢近者。《説文・言部》：「誧，大也，讀若逋。」《水部》：「溥，大也。」《詩・韓奕》「溥彼韓城」，《潛夫論・志氏姓》作「普彼韓城」。《禮記・祭義》「溥之而横乎四海」，定本「溥」作「傅」，《釋文》：「溥，本作敷。」因而凡父聲字皆得訓大。《爾雅》：「甫，大也。」《詩・車攻》「東有甫草」，《文選・東都賦》引《韓詩》作「東有圃草」，薛君曰：「圃，博也，有博大茂草也。」《説文・古部》：「嘏，大遠也。」《爾雅》：「嘏，大也。」《左・昭二十年》傳引《詩》「鬷嘏無言」，今《毛詩》作「鬷假無言」。《儀禮・少牢饋食禮》「以嘏於主人」，鄭注：「古文嘏爲格。」凡各聲字亦有大義。《爾雅》：「路，大也。」舍人本作「輅」，云「車之大也」。《淮南子・氾論訓》「總其略行」，高注：「略，大也。」《説文・頁部》：「碩，頭大也。」省作石，亦訓大。《漢書・律曆志》：「石者，大也」。故《文選・爲曹公作書與孫權》注云：「碩與石古字通。」亦通作「袥」，《廣雅》：「袥，大也。」王氏《疏證》云：「《莊子・田子方》篇

『揮斥八極』，《漢書・揚雄傳》『拓迹開統』，拓、斥並與祏通。《魯頌・閟宮》篇『松桷有舄』，《毛傳》：『舄，大貌。』義亦與祏同。《説文・水部》：「湖，大陂也。」湖從胡聲，胡亦訓大。《逸周書・謚法解》：「胡，大也。」胡古聲，祜亦古聲也。《賈子・容經》篇：「祜，大福也。」亦通作「壺」。《方言》：「蠭，大而蜜者。燕趙之間謂之壺蠭。」匪直此也，且有不訓大而聲義與夸、奢近者。《説文・草部》：「蓆，廣多也。」《爾雅》：「蓆，大也。」廣多亦大義也。通作席。《漢書・賈誼傳》「非有仄室之執，以豫席之也」，《集注》引應劭曰「席，大也」。以是例之，巨、渠同爲巨聲而皆訓大。《方言》：「巨，大也。」《周官・鐘師》「肆夏」注：「呂叔玉云：『渠，大也。』」廓、郭、椁同爲𦎫聲而皆訓大。《爾雅》：「廓，大也。」《玉篇》引《白虎通》云：「郭之爲言廓也，大也。」《禮記・檀弓上》「殷人棺椁」，鄭注：「椁，大也。」由是更推而廣之，粗、麤、膚、疏、夏同在古魚、虞、模部而皆訓大。《廣雅》：「粗、麤，大也。」《詩・六月》「以奏膚公」，《傳》：「膚，大。」《太玄・玄首都序》「三位疏成」，范望《集解》：「疏，大也。」《詩・權輿》「於我乎？夏屋渠渠」，《傳》：「夏，大也。」並與夸、奢聲近義同。

釋眔

客有以《説文》「眔」字兩説見詢者，余應之曰：後説眔从隶省亦聲。褱从眔，以疊均爲聲。鰥罤則以雙聲爲聲。當以此爲確論。《尒疋・釋言》：「逮，遝也。」郭注：「今荊楚人皆云遝音沓。」《釋文》：「遝，孫、郭徒答反。沓，與上同，亦徒答反。」故大徐之音《説文》亦云「徒答反」，而段大令因之注曰「八部」，不知眔、沓古音皆與逮相近。《說文》云：「眔，讀若疑衍。與隶同。隶，及也。」「逮，唐逮，及也。从辵隶聲。」眔、隶、逮音誼並同，遝以眔得聲，而石經《公羊傳》「祖之所遝聞」，洪适《隸釋》云：「版本作『逮』。」《中庸》「所以逮賤也」，《釋文》：「逮，本又作『遝』，同。」漢《劉寬碑》「未遝誅討」、《陳球後碑》「遝完徂齊」，誼皆作「逮」。《州輔碑》「遝事和熹后孝安帝」，遝事猶逮事也。然則遝、逮音誼亦同，明矣。《釋言》「逮，遝」，蓋以聲爲訓耳。嚃以遝得聲，《一切經音義》十五引《埤蒼》云「歠也」。歠从叕聲，或體作吷，以夬得聲，並與逮同部。「嗻，歠」，亦以聲爲訓也。眔、遝、沓，《廣韻》並在《二十七合》。敋合韻字古音多與逮近。答，《詩·雨無正》「聽言則答」以均退、遂、瘁、誶諸字，而《新序·雜事》、《漢書·賈山傳》作「聽言則對」，知答古有對音。納，《周官·鍾師》「納夏」，「故書納作内」。《書·咎繇謨》僞孔本作《益稷》。「以出納五言」，《漢書·律曆志》作「出内」。《禹貢》「百里賦納總，二百里納銍，三百里納秸」，《地理志》作「内總」、「内銍」、「内戛」。《荀子·臣道》「時關内之」，楊倞注：「内與納同。」《說文》納从糸内聲，據此知納古音如内。蓋，《說文》「从艸盇聲」，《孟子》「蓋亦反其本矣」，下云「則盇反其本矣」，誼同。《史記·孔子世家》「夫子蓋少貶焉」，《檀弓》「子蓋慎諸」，並以蓋爲盇，知盇古與蓋同，則溘、⿰歹盇等字从盇得聲者，亦皆讀蓋可知。遝、眔、沓古音與逮近，即此例。《孟子》：「泄泄，猶沓沓也。」此亦音訓相兼，猶庠者養也、校者教也、序者射也之例，茆泮林案：此說足補顧氏《韻正》所不及。亦其證矣。而陸元朗乃音徒答反，毋乃昧於古本音乎？

釋飯鬻

飯，食也。

《逸周書》「黄帝始蒸穀爲飯」，《説文》：「飯，食也。从食反聲。」段注：「食也者，謂食之也，此飯之本義也。引伸之，所食爲飯。」案：此注似是而實非也。許君以食釋飯，食即部首之食，「食」篆下云「一米也」，段本「一」作「亼」。然則許君正讀「食」爲「食居人之左」之「食」。其釋飯爲食，亦正讀「飯」爲亞飯、三飯、四飯之飯可知。「餴」篆云：「滫飯也。」「餾」篆云：「飯气蒸也。」「𩚵」篆云：「䙉飯也。」「饡」篆云：「㠯羹澆飯也。」皆顯證矣。《周官·膳夫》「掌王之食飲膳羞」，鄭君注：「食，飯也。」與《説文》爲互訓，而于《曲禮》「食居人之左」，則注云：「食，飯屬也。」孔疏申其義曰：「《左傳》『粢食不鑿』，《論語》『一簞食』，《玉藻》『子卯稷食』，皆飯也。言『屬』者，諸飯悉然，故云屬。」斯得之矣。

餐飯謂之餴，餴熟爲餾。

《倉頡篇》云：「餐，饙也。」《爾雅釋文》引。餐，《説文》作「滫」，云：「餴，滫飯也。从食桒聲。或从賁作饙，或从奔作餴。」又云：「餾，飯气蒸也。」蒸，《詩正義》引作「流」。《詩·大雅·泂酌》「可以餴饎」，《毛傳》：「餴，餾也。」《爾雅·釋言》：「餴，餾稔也。」郭注：「今呼餐飯爲饙，饙熟爲餾。」《廣雅·釋器》：「饙謂之餐。《一切經音義》引作「餐」。餾，飵䭀也。」案：此蓋謂蒸飯也。孫炎《爾雅注》：「蒸之曰饙，均之曰餾。」《詩正義》引郭注亦云：「飯均熟爲餾。」《詩釋文》引《字書》曰：「饙，一蒸米也。」《一切經音義》十六引《字書》云：「饙，蒸米。」蓋捝「一」字。《玉篇》云：「米蒸飯。」《字書》、《玉篇》義互相莆。以米言之，則已蒸矣，特尚未均而餾耳。以飯言之，則尚未全熟，故僅云「米蒸」。而《爾雅釋文》及《廣韻》乃云「一蒸飯」，失其義矣。蒸飯不相黏著，與煮飯異，故《釋名·釋飯食》云：「饙，分也，衆粒各自分也。」考劉義慶《世説新語》稱「炊忘著箅，飯落釜中，太丘問炊何不餾」，飯落釜中，則傷熱溼，故太丘疑其未均耳。

麥飯謂之麮。

《説文》：「陳、楚之間相謁食麥飯曰餥。」《急就章》：「餅餌麥飯甘豆羹。」❶顔師古注：「麥飯，磨麥合皮而炊之。」《荀子·富國篇》：「夏日則與之瓜麮。」楊倞注：「麮，煮麥飯也。」《一切經音義》十三引《倉頡》云：「麮，煮麥也。」《釋名》：「煮麥曰麮，麮亦齲也，煮熟則齲壞也。」

䅽飯謂之粈。

《説文·米部》：「粈，䅽飯也。」段注：「《食部》曰：『鈕，䅽飯也。』《廣韻》曰：『鈕亦作粈。』然則鈕、粈一字，今之『糅䅽』字也。」案段説是也。《玉篇·食部》：「鈕，雜飯也。」《米部》：「粈，雜飯也。糅同。」本《説文》。《集韻》：「鈕，雜飯也。或從柔作餜。」「餜」亦「糅」之別體。《五音篇海》又作「飷」，云：「女救切，音糅，雜飯也。」蓋即「鈕」之壞字。

乾飯謂之糒。

《説文》：「糒，乾飯也。」《釋名》：「乾飯，飯而暴乾之也。」今本作「干飯」，畢校據《太平御覽》作「乾飯」。《玉篇》：「糒，乾飯。」《漢書·李廣傳》：「大將軍使長史持糒醪遺廣。」

❶「餌」、「甘」，原作「餅」、「廿」，今據明松江本《急就篇》改。

《李廣利傳》：「及載糒，給貳師。」《匈奴傳》：「又轉邊穀米糒。」《王莽傳》：「太官齎糒乾肉。」《後漢書・孝明帝紀》：「杅水脯糒而已。」《和熹鄧皇后紀》：「儲峙米糒薪炭。」《隗囂傳》：「出城餐糗糒。」《張禹傳》注引《東觀記》曰：「禹巡行守舍，止大樹下，食糒。」皆是。

糒謂之糗，糗謂之𪌭，糗亦謂之䊗。

《春秋》昭公二十五年《公羊傳》：「敢致糗于從者。」何休注：「糗，糒也。」《廣雅・釋器》同，而杜預注哀十一年《左傳》云：「糗，乾飯也。」趙岐注《孟子》云：「糗飯，乾飯也。」《文選・聖主得賢臣頌》注引服虔云：「糗，乾食也。」乾食即乾飯。《説文・米部》云：「糗，熬米麥也。」熬米麥者，鬻米麥。《鬲部》云：「鬻，熬也。」《火部》云：「熬，乾煎也。」王氏懷祖《廣雅疏證》云：「糗之言炒，鬻俗字。糒之言𤒅也。《方言》：『凡以火而乾五穀之類，關西、隴、冀以往謂之𤒅，秦、晉之間或謂聚。』聚與炒同。鄭注《籩人》云：『鮑者於楅室中糗乾之。』楅與𤒅同。」案：王説是也。蓋聚之曰糗，所聚亦曰糗；𤒅之曰糒，所𤒅亦曰糒矣。糗謂乾飯之整者，亦兼屑者言之。《周官・籩人》：「羞籩之實：糗餌粉餈。」後鄭云：「糗者，擣粉熬大豆。爲餌餈之黏著，以粉之耳。」《禮・内則》：「糗餌粉酏。」《書・費誓》：「峙乃糗糧。」鄭君注並云：「糗，擣熬穀也。」《儀禮・燕禮》注：「糗餌粉餈。」《釋文》：「糗，乾食屑也。」《釋名》：「糗，齲也，飯而磨散之使齲碎也。」《齊民要術》有「作粳米糗糒法」：「取粳米沃灑作飯，曝令燥，擣細磨粗作兩種折。」《集韻》別作「䴛」，云「乾飯屑也」。據此諸說，則糗之爲屑，蓋既聚之而復擣之耳。《廣雅・釋器》：「⿰麥此⿰麥黎謂之䴭。」又《釋言》：「糗，䴭食也。」《玉篇》：「䴭，糗也。麨同。」蘇恭《唐本草》注：「麨，蒸米麥，熬過磨作之。」陳藏器《本草》：「河東人以麥爲之，北人以粟爲之，東人以粳米爲之，炒乾飯磨成也。粗者爲乾糗糧。」《急就篇》顏師古注：「今通以熬米麥謂之麨。」《齊民要術》有「作奈麨法」，有「作林檎麨法」，是䴭亦兼屑者言之。糈，《玉篇》云「碎米也」，《廣韻》云「米麥破也」，《集韻》云「舂餘也」。或作麥、作⿰麥胥。《玉篇》：「⿰麥胥，麥屑也。䴭同。」

糈謂之⿰米蔑，亦謂之⿰米靡，亦謂之⿰米冥，亦謂之⿰米蒙，

《說文》：「⿰米蔑，⿰麥末也。」《玉篇》：「⿰米蔑，麵也。」或作「⿰麥末」。《廣雅・釋器》：「⿰米蔑謂之麪。」《廣韻》、《集韻》作「⿰米丏」，云「糈，⿰米丏也」。案：⿰麥末字從麥末得義，故《說文・麥部》云「麪，麥也」。《御覽》八百五十三引《倉頡解詁》云：「麵，細麩也。」《說文》：「麩，小麥皮屑也。」劉氏楚楨《釋穀》云：「細麩之麩，亦當作⿰麥末，末也。」其實凡末皆得稱⿰麥末。《玉篇》：「麪，麥⿰麥末。蜀以桄榔木屑爲麪。麵同。」又云：「⿰麥末，麪也，今呼米屑爲⿰麥末。」是其證。凡從蔑之字，皆有末義。故《廣雅・釋詁》云：「懱，末也。」《顧命》「眇眇予末小子」，《漢書・韋玄成傳》云：「於蔑小子。」《離騷》「精瓊靡以爲粻」，王逸注：「靡，屑也。」靡，《說文》作「⿰米靡」，云「⿰米靡，碎也」、「碎，⿰米靡也」，轉注。《廣雅》：「糜，糈也。」靡、⿰米靡、糜並同。《玉篇》：「⿰米冥，屑米。」《集韻》：「⿰米冥，米屑也。」《廣雅》：「⿰米蒙，糈也。」《疏證》：「⿰米蒙之言濛

濛也。」❶糲、粖、麪、麲、粡、糰、糜、糜、糗、䅽並聲之轉。

亦謂之臬，

《説文》：「臬，舂糗也，從米臼。」《玉篇》：「臬，舂糗米。」《廣韻》：「臬，糗米。」《篇海》：「臬，乾飯屑。」義並同。《集韻》誤以臬爲糗之或體。

亦謂之麲，

《説文》：「麲，小麥屑之覈也。」《廣雅》：「麲，糒也。」《玉篇》：「麲，❷麤麥屑。」《齊民要術》引《四民月令》云：「夏至後，糴麲麲。」《廣雅疏證》云：「麲之言瑣瑣也。」

亦謂之粿，

《廣雅》：「粿，糒也。」

亦謂之麱，

《説文》：「麱，麥覈屑也。十斤爲三斗。」《廣雅》：「麱，糒也。」《玉篇》：「麱，麩也。麩，麱也。」《廣韻》：「麱，麩也。」《九章算術·粟米》章云：「小麱之率十三半，❸大麱之率五十四。麥八斗六升七分升之三得小麱二斗五升一十四分升之十三。麥一斗得大麱一斗二升。」李籍《音義》：「細曰小麱，粗曰大麱。」段氏《説文注》云：「《九章》之小麱，許所謂麲也。大麱，許所謂麩及麲也。」

亦謂之粉，

《周官·籩人》「糗餌粉餈」，司農注：「粉，豆屑也。」粉從米，則米屑亦稱粉。《説文》：「粉，傅面者也。」小徐曰：「古傅面亦

❶「濛濛」，原作「涿涿」，今據清嘉慶元年刻《廣雅疏證》改。

❷「麲」，原作「糂」，今據清康熙澤存堂刻本《玉篇》卷一五改。

❸「半」，原作「米」，今據清微波榭叢書本《九章算術》改。

用米粉，故《齊民要術》有傅面英粉。」段氏難之曰：「傅人面者，胡粉也。」案《釋名》「粉，分也，研米使分散也」，而繫之《釋首飾》篇，則小徐是也。《急就章》「芬薰脂粉膏澤筩」，師古注：「粉謂鉛粉及米粉，皆以傅面，取光澤也。」《玉篇》粉在糧、粈二文之間，而亦云「可飾面」。《韻會》亦謂古傅面亦用米粉，並與《釋名》合。

粉謂之䊐。

《説文》：「䊐，粉也，從米卷聲。」小徐本以䊐爲粉或字，非。《玉篇》云：「粯同。」《集韻》作「⿰黍卷」，云「粉也」。

糒謂之餱，餱謂之餥。

《説文》：「餱，乾食也，从食侯聲。《周書》曰：『峙乃餱粻。』」乾食即乾飯，故《字林》云「餱，乾飯也」。《一切經音義》七引。徐鍇《繫傳》云「今人謂飯乾爲餱」是也。今本《尚書·費誓》作「糗糧」，義同。《廣雅·釋器》「餱」作「糇」，云「糒也」。《詩·伐木》「乾餱以愆」，《無羊》「或負其餱」，《公劉》「迺裹餱糧」，《白帖》十四引作「糇粻」。《左氏·宣十一年》傳「具餱糧」，《襄九年》傳「盛餱糧」皆是。《釋名》云：「餱，候也，❶候人飢者以食之也。」糇亦兼屑者言之。《文選·思玄賦》「屑瑶蘂以爲糇」是也。《爾雅·釋言》：「餥，餱，食也。」郭注《方言》云：「陳、楚之間相呼食爲餥。」案：《説文》：「餥，餱也，從食非聲。陳、楚之間相謁而食麥飯曰餥。」《爾雅》所釋即《説文》前一義。其云「陳、楚之間相謁而食麥飯曰餥」，乃別一義，即《方言》所云

❶「候」，原作「侯」，今據《南菁書院叢書》本《心巢文録》卷上改。下一「候」字同。

「養、飵，食也。陳、楚之間相謁而食麥饘謂之養。楚曰飵。凡陳、楚之郊，南楚之外，相謁而餐，或曰飵，或曰鮎。秦、晉之際、河陰之間曰饘餭」者也。郭氏援以注《雅》，溷而一之，疏矣。

水澆飯謂之餐，亦謂之飧，亦謂之饡。

　《列子·說符》「而下壺餐以餔之」，張湛注：「餐，水澆飯也。」《說文》餐，重文作「湌」，云「餐或從水」，是許氏亦有水澆飯之義。《詩·伐檀》正義引《說文》云：「飧，水澆飯也，從夕食。」今本作「飧，餔也」。《釋文》引《字林》亦云：「飧，水澆飯也。」《玉篇》：「飧，水和飯也。」《釋名》：「飧，散也，投水於中解散也。」《太平御覽》引云：「投飯于水中各散也。」《齊民要術·作粟飧法》：「投飧時，先調漿，令甜酢適口，下熱飯於漿中，尖出便止。宜少時住，勿使撓攪，待其自解散，然後撈盛，飧便滑美。」《說文》：「饡，以羹澆飯也。」餐、飧、饡音近義同。今江淮間曰水羹飯亦曰湯去聲。飯。

鬻，𩱦也，

　《逸周書》：「黃帝始烹穀爲粥。」《說文》：「鬻，鍵也。從䰜米。」「𩱦，鬻也。從䰜侃聲。餰，或從食衍聲。飦，或從食干聲。鍵，或從食建聲。」𩱦、鍵轉注。鍵，《集韻》亦作「⿰米建」，古籍多作「飦」、「餰」，如《莊子·讓王》「回有郭外之田五十畝，足以給飦粥」，《荀子·禮論》「酒醴餰鬻」是也。

亦謂之鬻，

　《說文》：「鬻，陳留謂鍵爲鬻。餗，或從食束聲。」《易·鼎》「覆公餗」，《釋文》引馬云：「鍵也。」《字林》省作「鬻」。《漢書敍傳》音義引。

亦謂之䰞。

《説文》：「䰞，鬻也，從䰜毓聲。䰞，或省從米。」《隸釋·王純碑》䰞、鬻作糜。《集韻》或作粥、鬻。段氏云：「䰞切余六，鬻切之六，本分别不同，後人以䰞之切爲鬻之切，而混誤日甚。」

鬻謂之鬻，

《説文》：「鬻，鍵也。」《爾雅·釋言》：「餬，饘也。」餬者鬻之借，饘者鍵之借也。《孟子》「飦粥之食」，《檀弓》作「饘粥之食」，《釋文》：「饘，本作飦。」而趙注《孟子》即釋飦爲糜粥也。飦、鍵皆鬻之或體。鬻亦粘。《廣雅》：「粘，饘也。」亦作「粰」。《類篇》：「煑米及麪爲粰。」《集韻》粘、粰同。亦作「糊」。《玉篇》：「鬻，或作糊。」《篇海》：「糊，煑米及麪爲粥。」焦氏理堂《孟子正義》曰：「今俗以整米煑爲粥，粉米煑爲糊。古之饘，即今之粥。古之粥，則今之餬。」是其義矣。

麥甘粥謂之麮。

《急就章》：「甘麮殊美奏諸君。」顔注：「甘麮者，煑麥爲甘粥也。麮之言齲也，齲，爛也。一曰：麮者，糗也。麮、糗聲相近，實一物也。甘麮者，以蜜和糗，故其味甘也。」案：顔前説是也。《説文》：「麮，麥甘鬻也。」《一切經音義》十三引《字書》云：「麥甘粥也。」《方言》：「陳楚之間相謁而食麥饘謂之餥。」麥饘即麥粥矣。《廣韻》：「麮，麥粥汁。」《集韻》：「麮，鬻麥。」當爲「麥鬻」。黄魯直釋《急就》亦云「麮，麥粥汁」，皆無以麮爲糗者。

寒粥謂之糗。

《釋名》：「寒粥，末稻米投寒水中育

育然也。」《周官・漿人》「六飲」注：「涼，若今寒粥，若糗飯雜水也。」《國語・楚語》「糗一匡」、《穆天子傳》「糗韭」，韋昭、郭璞並以爲寒粥。

薄粥謂之酏。

《說文》：「酏，賈侍中說酏爲鬻清。」《周官・酒正》「四曰酏」，鄭注：「酏，今之粥。《內則》有『黍酏』，酏飲，粥稀者之清也。」《禮・內則》「饘酏」、「黍酏」注並云「酏，粥也」。字亦作「䤼」。《穆天子傳》「脯棗䤼」，郭注：「䤼，粥清也。」

厚粥謂之饘，亦謂之糜，

《廣雅・釋器》：「粥、糜，饘也。」考《說文》：「饘，糜也。」僖公二十八年《左傳》「甯子職納橐饘焉」，杜注：「饘，糜也。」《禮・內則》「饘酏」，《釋文》：「饘，厚粥也。」《檀弓》「饘粥之食」，《正義》曰：「厚曰饘，希曰粥。」《廣雅》粥、糜並釋爲饘，亦通言之耳。《說文》：「黃帝初教作糜。」《爾雅・釋言》：「鬻，糜也。」《儀禮・既夕》「歠粥」，鄭注：「粥，糜也。」其實鬻、糜小異。《釋名》：「糜，煮米使糜爛也。」畢校云：「《說文》云：『爢，爤也。』此當云：『糜，爢也，煮米使爢爛也。』」粥濁于糜，粥粥然也。濁者淖之借字。《字林》：「濡甚曰淖。」《一切經音義》十二引。《爾雅釋文》引作「淖，濡甚也」。糜者粥之稠，故《爾雅釋文》云：「粥之稠者曰糜。」昭公七年《左傳正義》亦云：「稠者曰糜。」鬻者糜之淖，故《字林》云：「粥，淖糜也。」《禮・檀弓》《爾雅釋文》引孫炎《爾雅注》同。《左傳正義》亦云：「淖者曰粥。」❶《漢書・文帝紀》「當受鬻者」，顏注亦本《字林》、《釋言》及《既

❶「粥」，《左傳正義》作「鬻」。

夕》注，亦通言之耳。

亦謂之餰，

《廣雅》、《玉篇》並云：「餰，饘也。」

亦謂之⿰米尾，亦謂之毇，

《廣雅》：「⿰米尾，饘也。」《玉篇》作「⿱尾米」，云「粥，粖也」。《廣雅》：「毇，饘也。」茆氏雩水《廣雅疏證遺字拾》云：「毇與⿰米尾通。《詩·周南》『王室如燬』，韓作『焜』，是其證。」

亦謂之𩱝，

《説文》：「𩱝，涼州謂鬻爲𩱝，從䰜䊮聲。粖，或省從末。」段注：「鬻，鍇本作『糜』爲長。」案：段説是也。《廣韻》：「𩱝，糜也。」是其證。𩱝之爲粖，猶䊮之爲⿰麥末矣。❶《廣雅》：「𩱝，饘也。」亦作「⿰米必」。《集韻》、《韻會》並云：「⿰米必音蔑，粖也。」

亦謂之粰，

《月令》「行糜粥飲食」，《淮南子·時則訓》作「粰鬻」，《天文訓》亦云「行粰鬻」。《廣雅》：「粰，饘也。」《篇海》：「粰，一曰鬻也。」

亦謂之糪。

《玉篇》、《廣韻》、《集韻》並云：「糪，饘也。」《廣雅》作「糮」，云「饘也」。

糜上汁謂之敵。

《字林》：「敵，糜上汁。」《集韻》引。

饘粥多瀋者謂之滒。

《説文》：「滒，多汁也。」《廣雅·釋言》：「滒，溏淖也。」《淮南子·原道訓》「甚淖而滒」，高誘注：「滒亦淖也。饘粥多瀋者謂之滒。」《説文》：「淈，滒泥也。」

亦謂泥之多汁者。

煮米多水謂之⿰米素。

❶「爲」，原脱，今據《心巢文録》卷上補。

《通俗文》：「煮米爲𥻗。」《太平御覽》八百五十九引。《廣韻》：「𥻗，煮米多水。」《食經·作𥻗法》：「取蒸米一升，置沸湯，勿令過熱，出著新籠内。」

屑米爲飲謂之粍。

《集韻》：「粍，粍屑米爲飲。」《齊民要術·煮糗法》云：❶「《食次》曰：宿客足，作糗粍。糗米一斗，以沸湯一升沃之，不用膩器，斷箕漉出滓，以糗箒舂取勃，勃别出一器中，折米白煮，取汁爲白飲，以飲二升投糗汁中。」

以米和羹謂之糂。

《説文》：「糂，以米和羹也。」糂，通作「糝」。《禮記》：「和糝不蓼。」《墨子》：「孔子窮陳、蔡之間，藜蒸不糝。」

久泔謂之滫。

《説文》：「滫，久泔也。」

釋餅餌

近世餅、餌不分，竊謂溲米屑蒸之曰餌，溲麥屑蒸之曰餅。《説文》：「鬻，粉餅也。从䰜耳聲。餌，或从食耳。」「餅，麫餈也。从食并聲。」粉餅謂米粉餅，麫餈謂麥麫餈。《方言》「餌謂之餻，或謂之餈，或謂之䬆，或謂之餣，或爲之䬴」，皆謂米粉所爲。又云「餅謂之飥，或謂之餦餭」，皆謂麥麫所爲。《釋名》亦云：「餌，而也，相黏而也。兖豫曰溏浹，就形名之也。」溏浹，當作「餹餅」。「餅，并也，溲麥麫使合并也。」餅爲溲麥麫，則餌爲溲米粉可知。《廣雅》「餻、䭫、䬆、餣、䬴，餌也」，「餛飩，餅也」。亦分爲二。故小顏注《急就章》「餅餌」

❶「糗」，原作「粗」，今據《四部叢刊》景明鈔本《齊民要術》改。本篇下「糗」字同。

云：「溲米而蒸之則爲餌，餌之言而也，相黏而也。溲麪而蒸熟之則爲餅，餅之言并也，相合并也。」自賈思勰著《齊民要術》，米粉、麥麪皆入之餅法，而後世言《食經》者，鮮知其分矣。

跋戴校水經注

戴氏據廣魏、魏寧定《水經》爲魏人纂。今攷此書之作，其剏始當在建安十三年以前，其成書不在黄初七年以後。《晉志》：「建安十三年，魏武盡得荆州之地，分南郡以北立襄陽郡。」《宋書·州郡志》：「襄陽公相，魏武帝平荆州，分南郡編以北及南陽之山都立。」邔縣即於此時改屬，而《禹貢山水澤地所在》猶偁「南郡邔縣」。《魏志》「建安十七年割河内之蕩陰以益魏郡」，而《蕩水》篇猶偁「河内蕩陰」。「建安二十年省雲中、定襄、五原、朔方郡，郡置一縣，領其民，合以爲新興郡」，《晉志》序例偁魏武所省，亦有上郡、朔方、五原、雲中、定襄、漁陽等郡，而《河水》篇猶偁雲中楨陵、定襄桐過、五原西安陽、朔方臨戎、上郡高奴，《㶟水》篇猶偁漁陽雍奴，《沽水》篇亦偁漁陽狐奴。故曰剏始在建安十三年以前也。《晉志》魏文帝以漢中遺黎立魏興郡，而《沔水》篇有魏興安陽，於漢屬漢中，於魏屬魏興，而《沔水》篇偁「魏興安陽」。兩漢皆偁左馮翊、右扶風，魏去左右字，《禹貢山水澤地所在》馮翊夏陽、馮翊懷德、扶風美陽、扶風汧縣、扶風武功，《漆水》篇「扶風杜陽」，並無左右字，知是書之成在入魏以後無疑矣。然必謂魏初者曷故？黄初七年，改涿郡爲范陽，而《易水》篇傳「涿郡」不偁「范陽」。太和六年魏復改廣陽爲燕國，而《㶟水》篇偁「廣陽」不偁「燕國」。景初二年省狐奴縣，而《沽水》篇猶偁「狐奴」。正始三年割河南郡縣自鞏闕以東，創建滎陽郡，陽武、密縣與焉，而《陰溝水》篇猶係「河南陽武」，《潁水》、《洧水》、《潩水》三篇並係「河南密縣」。正始八年分河東之汾北十縣爲永安郡，永安、濩澤、北屈、皮氏皆與焉，而《禹貢山水澤地所在》猶係河東永安、河東濩澤、河東北屈、河東皮氏，故曰成書不在黄初七年以後也。至酈道元之作注，考《江水》注云「晉沙陽縣，宋元嘉十六年割隸巴陵郡」，而沈約《宋書·州郡志》「郢州江夏郡沙陽縣」云「文帝元嘉十六年，度巴陵。孝武孝建元年度江夏」，宋元嘉十六年當後魏太武帝太延五年，宋孝建元年當後魏文成帝興光元年，然則是注之成在太延五年以後，興光元年以前可知。

汝水考

《禹貢》不詳導汝水，而獨見於《孟子》。今之汝河有三：一自魯山縣西東北流，屈而東南，至郾城縣南東入潁。一自舞陽縣西南東北流，屈而東南，至新蔡入汝，俗稱洪河，亦曰汝河，其源曰滚河。一自泌陽縣東北東北流，屈而東南，至汝口入淮。自有三汝之名而禹跡不可復識矣。謹案：魯山之汝，自郾城以西，皆禹時故道也。舞陽之汝，自西平以西，古潕水也。上蔡以東，則澺水故瀆也。泌陽之汝，自汝陽以西，古瀙水也。汝陽以東，則皆禹時汝水故瀆也。蓋嘗考之，《淮南子·墬形訓》：「汝出猛山。」高誘注：「猛山，一名高陵也，在汝南定陵縣，汝水所出，東南至新蔡入淮。」《漢書·地理志》「汝南郡定陵」：「高陵山，汝水所出，東南至新蔡入淮。過郡四，行千三百四十里。」《説文·水部》：「汝水出弘農盧氏，還歸山東入淮。」《水經·汝水》篇：「汝水出河南梁縣勉鄉西天息山，東南過其縣北，又東南過潁川郟縣南，又東南過定陵縣北，又東南過郾縣北，又東南過汝南上蔡縣西，又東南過平輿縣南，又東南至原鹿縣南，入于淮。」《山海經·海内東經》：「汝水出天息山，在梁勉鄉西南入淮極西北。」郭璞注：「今汝水出南陽魯陽縣大盂山，東北至河南梁縣，東南經襄城、潁川、汝南，至汝陰褒信縣入淮。」杜預《春秋釋例》：「汝水出南陽魯縣「魯」下脱「陽」字。晉魯縣屬豫州魯郡，即今曲阜縣治，與此別。大蓋山，東北至河南梁縣，東南經襄城、潁川、汝南，至汝陰褒信縣入淮。」《括地志》：「汝水源出魯山縣西伏牛山，亦名猛山。」酈道元《水經注》：「高陵山，即猛山也。」亦言出大孟山，又言出還歸山。《博物志》曰：「汝出燕泉山。」並異名也。今汝水西出魯縣之大孟山蒙柏谷，西即盧氏界。李吉甫《元和郡縣志》：「汝水出魯山縣之天息山。」今按：《漢志》、高注之定陵，在今舞陽縣西十五里。《説文》之盧氏，即今縣治。《水經》、《山海經》之梁山，在今汝州西四十里。郭注、《釋例》、《酈注》之魯陽，《括地志》、《元和志》之魯山，並今魯山縣治。猛山、還歸山、伏牛山、燕泉山，皆一山之異名。又稱蒙柏谷者，長言之爲蒙柏，短言之即爲猛也。大盂、大蓋，並「大孟」形近之譌。孟、猛音同。大孟山，即猛山矣。今魯山縣西汝水所出之山是其地。盧氏縣治在其西北，故酈云「西即盧氏界」。鄭樵《通志略》云「許慎誤謂出盧氏」，非也。汝水東北流至汝州西南，天息山在焉。自發源至此，已百餘里，其非出天息山可知。《水經》、《山海經》以爲出天息山，誤。且天息山在梁縣，不在魯山。《元和志》以爲出魯山之天息山，亦失之。焦氏循譏之，是也。又東南至舞陽縣北，逕高陵山，即《漢志》所偁「定陵高陵山，汝水所出」，是高注作「高陸」者，形近之譌。高、酈並以爲即猛山，非也。焦氏云：「班氏於魯陽序潕水至定陵入汝，於定陵序汝入淮，定陵以西統汝於潕，潕亦汝也，連潕水數之，歷南陽、河南、潁川、汝南，故有四郡。」按：焦説是也。酈注「汝水東北流逕太和城西，又東流逕其城北，又東屈堯山西嶺下，水流兩分，一水東逕堯山南爲潕水，一水東北出爲汝水」，明是二水同源。故班《志》統汝於潕耳。潕水即今之沙河。《説文》：「潕水出南陽魯陽堯山，東北入汝。」《水經》：「潕水出南陽魯陽縣西之堯山，東北過潁川定陵縣西北，又東過郾城南，東入於汝。」酈云：「潕水於定陵城北，東入汝。郾縣在南，不得過。」今沙河入汝在舞陽縣西北，汝水又東南至舞陽東北，東北別出爲濆。《爾雅》説「大水溢出別爲小水之名」曰「汝爲濆」，郭注引《詩》曰「遵彼汝濆」。酈云：「汝水又東南逕奇頟城西北，今南潁川郡治也，濆水出焉。世亦謂之大㶏水。濆者，汝別也。是或濆、㶏之聲相近矣。」《㶏水》注亦云：「汝水於奇頟城西別東派，時人謂之大㶏水。東北逕召陵城北，練溝出焉。」召陵故縣，在今郾城縣東三十五里。其下流即澺水也。酈云：「澺水上承汝水，別流於奇頟城東，東南流爲練溝；逕召陵縣西，東南流注，至上蔡西岡北爲黄陵陂；上蔡故縣在今縣西十里。陂水東流於上蔡岡東，爲蔡塘；又東逕平輿縣故城南，爲澺水。」縣在今汝陽縣東南六十里。是矣。奇頟城在今舞陽東北，即故郾城西境。故縣在今縣南。故《括地志》云：「汝水至豫州郾城縣，名濆水。」濆亦偁涓，《説文》引《爾雅》曰「汝爲涓」是也。汝水又東至郾城縣南，澧水西來注之，即酈注所稱「汝水又東，得醴水口」者也。汝水又東南逕故鄧城西，杜預云「潁川召陵縣西南有鄧城」，即酈注所稱汝水。又東南流逕故鄧城西，《春秋左傳》「桓公二年，蔡侯、鄭伯會於鄧」者也。汝水又東南，潕水西來入之，《水經》：「潕水出潕陰縣西北扶予山，故縣在今泌陽縣西北六十里。東過其縣南，又東過西平縣北，故縣在今縣西四十五里。又東過郾縣南，故縣在今郾城縣南，酈云「郾縣去此遠矣，不得過」。又東過定潁縣北，故縣今在西平縣東。東入於汝。」《說文》云：「潕水出南陽舞陰東入潁。」潁當作汝，字之誤也。汝水又東南逕上蔡故城西，又東逕縣瓠城北。酈云：「今豫州刺史汝南郡治城之西北，汝水枝別左出，西北流，又屈西東轉，又西南會汝，形若垂瓠。」即其地矣。考縣瓠城之名，始於晉。《水經》之成在漢末魏初，故但云「又東南過汝南上蔡縣西」，而不云「枝流別出」。酈善長蓋據當時所見云爾耳。秦淮海《汝水漲溢說》云：「今汝水故道已亡，惟存別枝。」即酈氏所謂「形若垂瓠」者也。汝水又東南過平輿縣南，酈云「至平輿故城南爲澺水」，而《說文》則云「湆水出汝南上蔡黑閭澗入汝」，蓋許氏通黃陵陂蔡塘而皆斥之爲澺耳。汝水又東南流至汝陽縣北，瀙水西來入之。《水經》云：「瀙水出潕陰縣東上界山，東過吳房縣南，故縣在今遂平縣西四十里。又東過灈陽縣南，故縣在今遂平縣東南。又東過上蔡縣南，東入汝。」自汝寧府治以西，皆是汝水。又東南至新蔡縣城東南，澺水西北來入之。又東南至汝口入淮。自郾城縣南之汝，由醴水口而東入潁。於是西平縣東之汝，乃上承潕水以爲源，而濆流既斷，澺水亦遂從潕水別出，由故道入汝。《一統志》謂：

「元末因汝水泛溢爲蔡害，於無陽堨斷。」近高郵茆君泮林獨據秦淮海語以正之，然則故道之改在熙寧、元豐以前可知矣。明嘉靖中，西平汝水復斷，潕水逕由澺瀆入汝，而以溵水爲汝源，故今俗亦稱爲汝河。於是郾城以南，汝陽以北，禹時故跡蕩然無復有序云。

西海辨

古籍所稱西海有五，《漢書·王莽傳》：「元始五年，羌豪良願獻鮮水海允谷鹽池，爲西海郡。」《隋書·煬帝紀》：「大業五年，置西海郡。」此皆以青海得名，《漢志》謂之「僊海」，《趙充國傳》謂之「鮮水」，《水經注》謂之「卑禾羌海」。青海之爲西海，一也。《水經注》「休屠澤俗謂之西海」，此即今昌寧湖。酈元以今昌寧湖爲休屠澤，以今白海爲豬野，故有東西之分。昌寧湖之爲西海，二也。《水經注》：「敦薨之水自西海逕尉犂國。」敦薨之水，今名開都河。西海即古敦薨之渚，一名敦薨之藪者也。《漢書·西域傳》：「焉耆近海。」《水經注》引作《史記》。《後漢書·西域傳》：「有海水曲入四山之内。」《班超傳》：「相腹久等懼誅，❶已入海。」《魏書》：「員渠城南去海十里。」海即敦薨之渚，今名博斯騰泊。博斯騰泊之爲西海，三也。《漢書·西域傳》：「于闐之西，水皆西流，注西海。」此即《涼土異物志》所云「葱領之水分流東西，西流入大海」者，是今名裏海，《水經注》謂之雷翥海。《唐書·西域傳》：「細葉川長千里，自此抵西海矣。」亦謂雷翥海。雷翥海之爲西海，四也。《漢書·西域傳》：「犂軒

❶ 「久」，原作「公」，今據《後漢書·班超傳》改。

條支國臨西海。」《後漢書・西域傳論》：「甘英臨西海，以望大秦。」《通典》：「大秦國在西海之西，亦云海西國。」《晉書》：「安息、天筑人與大秦國交市海中。」即此西海，今地中海。地中海之爲西海，五也。若以東南北三海例之，則五者皆非真西海，乃從地中海西出，歐羅巴人命之曰大西洋，此與俄羅斯北之北海，閩廣越南迤西至五印度諸地南境之南海，俄羅斯東藩第四部迤南至黑龍江、吉林、朝鮮訖江、浙東境之東海，合爲四大海，而彼五者顧猶不在斯數也。偶讀洪稺存編修《西海釋》，其中有未盡確者，爰爲之舉正如右。

附録

易有太極，濂溪明之於前，考亭尊之於後，後儒不根，轉相疑謬。先生折周、朱同異之故，而得其衷，著《太極衍義》。趙宋代嬗，多有體無用之儒，爲世訾謷。先生取《魯論》論政者條舉件繫，斷以後儒之説與當時之宜，著《山東政教録》。先生於曆通《三統》，下逮《時憲》諸術，於算申中抑西，不阿世好，著《尚書曆譜》、《春秋日南至譜》、《太初曆譜》、《五經算術補注》、《步算釋例》。古之方輿，《禹貢》始詳，《漢志》所援尤爲精碻。先生本孟堅之説以釋之，復旁取百家證通疏滯，著《禹貢班義述》。墓志。

先生初爲《祭禮釋例》，凡十篇。《祭名》一，《祭時》二，《祭地》三，《祭人》四，《祭服》五，《祭器》六，《祭品》七，《祭儀》八，《正祭》、《因祭》、《告祭》九，《分祭》、《合祭》、《配祀》、《從祀》十。後稾本散佚，僅存《祭名》一則，載《文録》中。

心巢弟子

孔先生廣牧

別見《四農學案》。

馮先生煦

馮煦，字夢華，號蒿盦，金壇人。少孤，依外家居寶應，從心巢先生學。初以詞賦名於時。校書金陵書局幾十年，學益進。光緒丙戌，成一甲三名進士，授編修。年已逾五十。當時進奉文字，鴻篇鉅製，多出其手。兼充國史會典總纂，史館續修《地理志》及《會典》諸圖説，皆視舊例加詳備。先生殫心考訂，精密過於前人。出爲鳳陽知府，多惠政。兩攝鳳、潁、六、泗道司關榷，剔除積弊，累擢安徽巡撫。盡心民事，治賑之績尤著。上疏言時事阽危，民心實爲邦本，請戒粉飾因循，以天下一家、中國一人爲心，匪特無歧視滿漢之見，亦並不存化除滿漢之見。惟以覈名實、明賞罰責之政府。政府能使天下自治，則天下莫能亂。政府能使天下舉安，則天下莫能危。時以爲讜言。尋去官。宣統二年，江皖大水，特詔起爲查賑大臣。親歷灾區，凡賑三十九州縣。國變後，家居不出，遇有東南告灾，立義賑協會，助官賑所不逮。歷十餘年，其功甚偉。民國十六年卒，年八十有五。所著有《蒿盦類稾》三十二卷、《續稾》三卷、《奏稾》四卷、《賸稾》十六卷、《雜俎》四卷、《隨筆》十卷。參魏家驊撰行狀。

蒿盦類稾

水經釋例序

《水經》一書，簡嚴有法，當作經之恉，故

目之爲經。明楊氏慎舉其例有八：曰出，曰過，曰逕，曰合，曰分，曰屈，曰注，曰入。然書「逕」始於酈亭注，經無其文。故戴氏震曰：「經例云過，注例云逕。」則「逕」之云者，注例，非經例也。胡氏渭又曰：「小水合大水謂之入，大水合小水謂之過，二水勢均相入謂之會。」攷之經文，濟水亦書「入淮」，濛水亦書「入笥溝」，淮不大於濟，笥溝不大於濛，是大水合小水亦可謂之入，不惟小水合大水也。經之書「過」皆水所經之郡縣鄉亭山澤，無大水合小水書「過」之文。酈注亦不恒有。渭之所詁未達其指。「會」惟一見《濁漳水》，經中其他更無書「會」者。注中雖屢見，亦不必勢均始云「會」。蓋注之互文，非經之通恉也。胡氏所舉既有滲漏，楊氏視胡氏差詳。又經、注溷一，蒙並惑焉。丙子冬十二月，校《水經》既卒業，竊不自鏡，少事排比，凡通例九：出、入、過、至、分、屈、爲、注、合；變例十一：來、當、直、別、行、折、絡、繞、歷、會、到。出之例有二：我所出者，書「出某」。出於我者，書「某出」焉。入之例亦有二：我所入者書「入於某」，入於我者書「某入」焉。其出於斯而復入於斯，入於斯而復出於斯者，亦書「出」書「入」，如「河入蒲昌海，又出海外」、「大遼出塞外，又入塞」之屬，則又一例也。由出之例廣之，出有所經則曰過，出有所止則曰至，出而二者則曰分，出而異方與異名者則曰屈、曰爲，出而合一水而從之變之者，亦曰爲，皆出例也。由入之例廣之，自他入者則曰注，間有我所入者亦曰注，兩相入者則曰合，皆入例也。若夫變出之例而爲來、當、直、別、行、折、絡、繞、歷，變入之例而爲會、到，皆偶一見於經中，疑有寫官之失，不則後之所坿益也。既各爲之釋，復敍其谿如此。

嗟乎！窮陰沍寒，旅泊荒江中，積雪沙岸，一白無際，船隙冰垂，垂可二寸許，風來有聲，若碎玉。重裘不温，十指僵如椎。家在二千里外，安否不可知。而左披右檢不少休，亦大愚已。雖然，不左披右檢，又何以過日邪？

心巢交游

孔先生繼鑅 別見《四農學案》。

劉先生毓崧 別見《孟瞻學案》。

劉先生恭冕 別見《端臨學案》。

高先生均儒 別見《柘唐學案》。

茆先生泮林

茆泮林，字魯山，號雩水，高郵人。廩生。力學好古，嘗輯《古逸書》十種：《世本》一，《楚漢春秋》二，《古孝子傳》三，《伏侯古今注》四，《淮南萬畢術》五，《計然萬物録》六，趙岐《三輔決録》七，司馬彪《莊子注》八，晉《玄中記》九，《唐月令注》十。積數十年之力，裒集編次，既博且精。又著有《孫莘老年譜》、《甓社餘聞》等書。參《揚州府志》、《揅經室再續集》。

輯古孝子傳自序

孝爲百行之原，故諸史自《晉書》以下，於孝行必立傳焉。然其餘湮没而不傳者甚夥，是則賴乎傳之者之有以傳之也。顧傳之而又逸之，其得傳者則仍史傳中寥寥數人而已。而其軼之散見於他書者，其人其世往往失考。泮林繙閲之餘，如蕭廣濟、師覺授、宋躬諸孝子傳，遇輒録之，每讀一過，覺至性過人，溢於楮墨。世有流覽於斯文者，其亦可以油然而生感矣。兹特略因時代次序之，其中有未及詳考者，仍即分附於各篇之後。至更定增益，姑並俟之博識君子焉。

世本序

《世本》十五篇，見《漢·藝文志》，蓋古史官所記也。其書舊目不可復得，今可識者，《世本》有《帝繫篇》，見《書序》正義及釋玄應《一切經音義》二十三。有《世本·本紀》，見《春秋穀梁》襄二十五年疏、《史·三代世表》索隱，《左》襄二十一年正義引《世本·記》，記、紀同也。有《世本·世家》，見《左》桓三年、閔二年、襄二十一年、二十九年、定元年正義、《史·田齊世家》索隱。有《傳》，見《史·魏世家》索隱。有譜，見《隋·經籍志》。又有《氏姓篇》，見《左》隱十一年正義及《史·秦本紀》集解。有《居篇》，見《史·吴世家》《魏世家》索隱。有《作篇》，見《周禮》及《禮記》鄭注，《禮正義》亦云「《世本》有《作篇》」。又當有《謚法》一篇，見沈約《謚法序》。故司馬遷作《史記》，多依用之。然《春秋正義》云：「今之《世本》，與遷言多有不同。」如《世本》陳無利公見《左》桓十一年正義，韓無列侯、趙無武公、田齊無悼子及侯剡見《史索隱》。大抵秦火之餘，轉寫訛脱，孔穎達諸儒得此失彼，往往以爲未可據信，其實非原書之失也。至如《世本》無有陽國見《左》閔二年正義，《世本》無魏君名謚、檜君號謚並見《左》襄二十九年正義。杜預《釋例》引《世本》無許叔。皆晉、唐人所見之本，雖非原書，然猶可想見此書之舊。又如《史·夏本紀》索隱引《世本》姒姓不云彤城及褒，《殷本紀》索隱引《世本》子姓無稚氏，《孔子世家》索隱引《世本》無漆姓，亦並足與後來氏姓之書互相取證。王應麟讀《孟子注》，謂「可備參攷」，良有以也。他如《世本》琵琶不載作者，引見《初學記》引傅玄《琵琶賦序》，則《世本·作篇》之所載者不可不知。其書至宋已不傳。國朝錢大昭嘗據書傳所引集爲《作篇》、《居篇》、《氏姓篇》、《王侯大夫譜》共四篇。孫馮翼復據諸書補其未備，刊載《問經堂叢書》中，然其中失載者亦夥。至孫星衍所藏淡生堂抄輯《世本》二卷，洪飴孫所編《世本》四卷，外間俱未之見。江都秦嘉謨因其書作《世本輯補》刊行，而所補者類皆司馬遷、韋昭、杜預之説，注欠分曉，多與《世本》原文相汩，轉覺《世本》一書蕩然無復畺界矣。泮林輯爲此書，與秦同時。繼聞秦書刊行，遂置不録，而又終恐後日之以似失真也，爰仍據所輯舊稾釐爲六卷，録成一編，并附纂《謚法》數條於後，庶幾周秦以上之書，可藉是以傳其舊。且其中尤有補秦書之所未備者，攷古者或有取焉爾。

清儒學案卷一百八十終

清儒學案卷一百八十一

天津徐世昌

子勤學案

《穀梁》爲孤經，自漢以來，治其學者絶尟。嘉道閒，丹徒柳氏、海州許氏始各有述作。子勤與同時，爲《補注》。自言未見柳氏書，於許説僅采一條，專門之業，視柳氏、許氏致力較深焉。述《子勤學案》。

鍾先生文烝

鍾文烝，字朝美，又字伯㦸，號子勤，嘉善人。道光丙午舉人，候選知縣。先生於學無所不通，其全力尤在《春秋》。初兼讀三傳，參稽互考，以爲《左氏》博采國史書，詳陳事迹，本末具見，爲有功於經，但於經之取義則罕有合。《穀梁》、《公羊》實得其傳，而《穀梁》尤得所傳之正。傳述經指，有在《論語》中者，有與《儀禮》、《禮記》諸經合者，有與《毛詩傳》合者，文句多與《易·彖》《象傳》相似。蓋穀梁受業於子夏之門人，而爲荀卿師。荀卿書中，如言師不越時、言天子以下廟數及賻賵襚含之義，誥誓、盟詛、交質子之文，諸侯相見使人居守，以大上爲天子，皆本《穀梁》之説，淵源傳受，確可依據。用網羅衆説，成《補注》二十四卷。自謂徵引該貫，學鄭君《三禮注》；以探索精密，學朱子《四書章句集注》《或問》。凡《春秋》中不決之疑，今悉決之。其未經人道者，比於梅鷟之辯僞《書》，陳第之談古韻。書成，又十年，修飾暢檃，更爲寫定。復八年，諸弟子爲校勘刻行。其治他經，有《論語序詳正》一卷，《刪定阮福孝經義疏補》九卷。光緒初卒。參史傳、《穀梁傳補注》。

穀梁傳補注

序曰：魯之《春秋》，魯所獨也。孔子之《春秋》，孔子所獨也。魯所獨者，王禮所在，其史法較諸國爲備。故石尚欲書《春秋》，當時以爲重。孔子所獨者，是非二百四十二年之中，修其辭以明其義，子游、子夏不能贊一辭，改一字。故梁、鄭正其名，石、鶂盡其辭，正隱治桓，皆卓然出於周初典策之上。夫梁、鄭之事，舊文也，而名有所必正，則其加損舊文者可知矣。石、鶂之事，微物也，而辭有所必盡，則大焉者可知矣。正隱治桓，揭兩字於卷首，則全書悉可知矣。然而斯義也，《左氏》、《公羊》不能道，獨穀梁子稱述而發明之，實爲十一卷，大指總要之處，推之千八百事，無所不通。故《穀梁傳》者，《春秋》之本義也。蓋嘗論之，聖人既作《春秋》，書於二尺四寸之策，其義指數千，弟子口受之。自後遞相授受，録以爲傳，則《穀梁》之與《左氏》、《公羊》宜若無大異者，而漢博士言「《左氏》不傳《春秋》」，實以其書專主記事，不若二家純論經義。二家之中，公羊當六國之亡，穀梁去孔子近，則見聞不同。公羊五傳，至其玄孫，當漢孝景時，始著竹帛。穀梁作傳，親授荀卿，則撰述亦不同。《公羊》爲齊學，《穀梁》乃魯學，則師承又不同。今觀《穀梁》「隕霜不殺草」之傳，據韓非書，乃夫子答哀公問《春秋》之語，而《公羊》無之。《穀梁》

引尸子、公子啟、蘧伯玉、沈子之外，有稱「傳曰」者十，傳者，七十子所記，其來甚古，《儀禮・喪服傳》亦有此例，而《公羊》又無之。以公羊氏所未聞，明穀梁氏之近古；以《儀禮・傳》之可信，明《春秋傳》之得真，知其爲《春秋》之本義無疑也。《左氏》、《公羊》之失甚多，就其最淺著者，如《左氏》於仲子之賵，以爲桓母未死而豫賵；誤紀子伯爲紀子帛，則以君爲臣；誤尹氏爲君氏，則內外男女皆失其實。開卷之初，其謬如是。《公羊》妄意曹伯爲有罪，則曰「甚惡也」，又不能言其惡，則曰「不可以一罪言也」；妄意盟宋再出豹爲殆諸侯，則曰「衛石惡在」，是「惡人之徒」也；妄意西宮爲宮寢之宮，又不敢決言三宮之制，則曰「以有西宮，亦知諸侯之有三宮也」。凡若此類，第在事實、人名、禮制之間，亦不及《穀梁》遠，何論其他矣。

漢世三傳並行，大約宣、元以前則《公羊》盛，明、章以後則《左氏》興而《穀梁》之學頗微。江左中興，妄謂《穀梁》膚淺，不足立學，相沿至唐初，謂之小書，而《穀梁》之學益微。苟非有范甯、徐邈闡明於前，楊士勛輩纘述於後，則《穀梁傳》之在今日，幾何不爲十六篇《書》、三家《詩》之無徵不信哉？吾於此歎唐人義疏之功大也。大曆以降，經學一變。前此說《春秋》者皆說三傳主於一而兼其二，未有自我作故，去取唯欲者。啖助、趙匡、陸淳之書出，而兩宋孫復、劉敞、孫覺、程子、葉夢得、胡安國、陳傅良、張洽之徒繼之，元之黃澤、趙汸用功尤深，又踵而詳之，於是三家之書各不成家，而《春秋》之說滋亂，至於今未已也。然而風氣日開，智慧日出，講求益密，義理益詳，則亦自有灼然不惑之說。故啖助謂「《穀梁》意深」，陸淳謂「斷義不如

《穀梁》之精」，孫覺謂「以三家之説校其當否，《穀梁》最爲精深」，葉夢得謂「《穀梁》所得尤多」，胡安國謂「義莫精於《穀梁》」，蔡元定謂「三傳中道理，《穀梁》及七八分」，某氏《六經奥論》謂「解經莫若《穀梁》之密」，而乾道中浦江鄭綺遂著《穀梁合經論》三萬言，惜不可見矣。清興，李文貞公光地變通朱子之學，以治羣經，其論《春秋》曰：「三傳好，《穀梁》尤好。」迨後惠士奇父子倡古學於東南，亦云：「論莫正於《穀梁》。」其專宗《穀梁》者，溧水王芝藻，而後亦頗有人，而書皆不行。竊以國家二百年來，經籍道盛，宜有專門巨編，發前人所未發者。且以范注之略而舛也，楊疏之淺而庬也，苟不備爲補正，將令穀梁氏之面目精采永爲《公羊》、《左氏》所掩，謂非斯文之闕事乎哉？

文烝年九歲、十歲時，先君子親以三傳全文授讀，備承庭訓，兼奉慈箴。後來，博搜諸家書，見而記，記而疑，其甚疑者則時時往來於心，不能自已。年將三十，始知《穀梁》源流之正，義例之精。數年之間，所見漸多，頗有所得，用是不揣檮昧，詳爲之注。存豫章之元文，擷助教之要義，繁稱廣引，起例發凡，敷暢簡言，宣揚幽理，條貫前後，羅陳異同，典禮有徵，詁訓從朔，辭或旁涉，事多創通。竊謂《穀梁》解《春秋》似疏而密，甚約而該。經固難知，傳亦難讀。學者既潛心於茲，又必熟精他經，融貫二傳，備悉周秦諸子及二千年説者之得失，然後補苴張皇，可無遺憾。以予淺學，蓋未之逮。唯曰實事求是而盡心平心，則庶幾矣。夫不得於心，則不得於言。趙岐之拙、王弼之巧，皆失之不明。李鼎祚、衛湜之浩博，又苦於不斷。予期於明且斷而已矣。乙巳迄癸丑歲稾立，己未歲始有定本，直題《補注》，無取異名。疏卷二十，今二十有四。《左氏》、《公羊》之經異者，具列經下，并證明之。別爲《論經》《傳》各若干條冠書首焉。

論　經

《春秋》十一卷，千八百餘事，萬六千五百餘言，義指宏多，科條周委，至精至深，至纖至悉。王充《論衡》云：「孔子意密，《春秋》意纖。」猶周公制作禮樂之書，無鉅無細，無不備舉。劉勰《文心雕龍》論《儀禮》云：「禮以立體，據事制範。章條纖曲，執而後顯。」而凌廷堪作《釋例》，具言同中之異、異中之同。「先聖、後聖，其揆一也」，此之謂作，《孟子》。此之謂游、夏不能贊一辭，《文選注》引《史記》。改一字，《公羊疏》引《春秋説》。此之謂其義竊取，此之謂見素王之文，《漢書·董仲舒傳》。明素王之道，《説苑》。立素王之法，《左傳正義》引賈逵序。此之謂微，《荀子》。此之謂推見以至隱，《史記》。此之謂議而不辯，此之謂約而不速，《荀子》。即杜預云「辭約義微」、趙匡云「辭簡義隱」是也。此之謂能繫心於微而致之著，《春秋繁露》。此之謂約其文辭而指博，《史記》。此之謂殺史見極、平易正直，《後漢書·班彪傳》引傳曰。此之謂立義創意，眇思自出於胸中。《論衡》。統而論之，大氐明於辨是非而嚴於正名分，本之以智，約之以禮，智崇禮卑，故其制作侔天地。

《春秋》以義修辭，不以記事爲重。徐邈於「重耳卒」下論之曰：「事仍本史，而辭有損益。」又曰：「若夫可以寄微旨而通王道者，存乎精義窮理，不在記事多少。」案：堯、舜百五十載之久，孔門七十餘賢之多，而《典》《謨》、《論語》事迹人名闊疏寥落，古人爲書，意別有在也，況聖者之制作乎？此數語包絡全旨，開釋羣疑，爲諸儒所不及。學者先識此義，乃可與論《春秋》矣。若欲求解經之法，則當先讀何休注。何氏固多怪妄之説，而條例文義細密融貫，實爲古今第一。凡讀諸經典，須通全部，先定大主意，必如徐仙民則可。又須用逐句逐字之功，必如何劭公則可。殷侑作《公羊注》，欲得韓子爲之序。韓子答書以爲：「前聞口授指略，如遂蒙開釋，章分句斷，其心曉然，直使序所注，其又奚辭？」既言指略，又言章句，此真讀書之法歟。

戊午冬日，病中偶思《論語》麻冕章，深悟《春秋》之義。純也，拜上也，皆是俗尚苟簡，積漸使然，非儉亦非泰也。但純之本意雖非儉，以義斷之則儉也。聖人之從純，自取義於儉，此《春秋》因舊之比也。拜上之本意雖非泰，以義斷之則泰也。聖人不從其泰，乃據禮以正其義，此《春秋》改舊之比也。

讀《春秋》者當知其辭之深微隱約，而不可以史家之學求之。雖曰左史書動爲《春秋》，右史書言爲《尚書》，然而《尚書》説事者也，《春秋》説理者也。並本《法言》。説事故覽文如詭，而尋理即暢也；説理故觀辭立曉，而訪義方隱也。並本《文心雕龍》。後人以史視《春秋》，一誤於杜預，則謂《春秋》不可無《左傳》；再誤於劉知幾，則謂《左傳》勝於《春秋》。異言喧豗，而斷爛朝報之説起矣。韓子《答劉秀才論史書》曰：「凡史氏褒貶大法，《春秋》已備之矣。後之作者，據事蹟實録，則善惡自見。」司馬光作《通鑑》，於《魏紀》特言之曰：「臣今所述，止欲敘國家之興衰，著生民之休戚，使觀者自擇其善惡得失，以爲勸戒，非若《春秋》立褒貶之法，撥亂世反諸正也。」由二子之言思之，可以知史，可以知經。

論傳

《穀梁》文章有二體：有詳而暢者，有簡而古者。要其辭清以淡，義該以貫，氣峻以厲，《春秋》謹嚴，《穀梁》峻厲，韓柳二子確論。意婉以平，徵前典皆據正經，述古語特多精理，與《論語》、《禮記》最爲相似。《論語》述古語如克復、敬恕之類甚多，惟傳亦然。古書之不可考者多矣，如《丹書》敬義之訓、《道經》危微之言，非有《大戴禮》、《荀子》，則無以知其書名。古人學問無方，豈專四術哉？至其解經之妙，或專說，或通說，或備言相發，或省文相包，或一經而明衆義，或闡義至於無文，此乃程瑶田之論《喪服傳》所謂「端緒雖多，一線不亂」，而淩曙以爲「唯鄭氏能綜核不誤」者也。若夫《左氏》得之品藻，失之浮誇；《公羊》得之於辯，失之於俗，具如舊說。揚雄、韓子、范序語。其解經不及《穀梁》，又無論矣。鄭君論三傳曰：「《左氏》善於禮，《公羊》善於讖，《穀梁》善於經。」案：《左氏》言禮未必盡當。圖讖起於哀平，乃附合《公羊》家説爲之。鄭評二傳，竊所未安。唯《穀梁》善經則不可易。《墨子》曰：「夫辯者將以明是非之分，審治亂之紀，明同異之處，察名實之理，處利害，決嫌疑焉。摹略萬物之然，論求羣言之比，以名舉實，以辭抒意。」文烝爲此書，頗有志乎此數語，而要以《穀梁》善經一語爲準。

《穀梁》多特言君臣、父子、兄弟、夫婦，與夫貴禮賤兵、内夏外夷之旨，明《春秋》爲持世教之書也。家鉉翁謂三代下有國家者，所恃以扶綱常、植人極，皆《春秋》之大經大法，而公、穀氏所傳。其實公與穀異。《穀梁》又往往以心志爲説，以人己爲説。桓、文之霸曰信、曰仁、曰忌，僖、文之於雨曰閔、曰喜、曰不憂，明《春秋》爲正人心之書也。持世教，易知也；正人心，未易知也。然而人事必本於人心，則謂《春秋》記人事即記人心，可也。謂孟子「亦欲正人心」直承上文「成《春秋》」，可也。災異以人事統之，又所謂「洚水警余」者也。故《春秋》非心學，亦心學也，唯傳知之。愚至癸酉季夏而後悟之。

補注

《隱二年》：「無侅帥師入極。」《傳》曰：「苟焉以入人爲志者，人亦入之矣。」補曰：「此合上『入向』言之，我欲『入極』，人亦入我向矣。事在而志著，全經推見至隱之教也。志動而機應，此經屬辭比事之旨也。凡外來伐者皆言『伐我某鄙』，今特變言『入向』以顯茲義。然則『入極』變『取』言『入』，實爲此歟？春秋亂世，日尋干戈，受師出師，内事先見。若同常文，無以寄義，故因連文書『入』，蓋曰天道好還，貪兵必死，己所不欲，勿施於人，乃治國之要道。開篇設戒，餘從同矣。《春秋》以一心正萬心，《傳》諸解經，曰『探邪志』、曰『處心積慮』、曰『以入人爲志』，此類皆卓絶於《左氏》、《公羊》之外。」

《桓元年》：「春王正月。」《傳》曰：「元年有王，所以治桓也。」補曰：「治，討也。此申足上『謹始』義也。謹始即以治桓。隱之書『正』，曰『謹始也』，又曰『所以正隱也』。桓之書『王』，曰『謹始也』，又曰『所以治桓也』。文意一例，以明二字爲兩篇大要也。《春秋》撥亂反正，以當王法，故隱之始有正，桓之始有王，冠兩篇而冒全書者也。」

《二年》：「宋督弑其君與夷及其大夫孔父。」《傳》曰：「父，字謚也。或曰其不稱名，蓋爲祖諱也。孔子故宋也。」補曰：「《春秋》

因舊文爲一義，出聖筆又爲一義，相兼乃備。嘗讀《詩》而益信。凡《詩》有兩作者，即有兩義，可明證者三焉。其一，《左傳》富辰論《常棣》詩，既以爲周公作，又言召穆公作。『召穆公亦云』，鄭君解之，以爲凡賦詩者，或造篇，或誦古也。其二，晉郤至曰：『世之治也，公侯扞城其民，故詩曰「赳赳武夫，公侯干城」；及其亂也，略其武夫，以爲己腹心、股肱、爪牙，故詩曰「赳赳武夫，公侯腹心」。』此《兔罝》一篇之文，而以一章爲治詩，三章爲亂詩，明是互文錯舉也。其三，❶《毛詩》以《關雎》爲文王之時后妃之德，魯、韓《詩》則以爲康王房后佩玉晏鳴，應門失守，畢公作諷。而觀《論語》夫子之言曰『《關雎》樂而不淫，哀而不傷』，上句謂文王詩，下句謂康王詩，則亦兩義兼用也。劉向《說苑》稱傳曰『《詩》無通故，《春秋》無通義』，此類皆是也。」

《十二年》：「丙戌，衛侯晉卒。」《傳》曰：「再稱日，決日義也。」補曰：「《玉篇》：『決，判也。』《廣韻》：『決，斷也。』決日義者，謂日義有嫌，判斷以明之。與《僖十六年》傳『決不日而月』同意。再稱日，是決異日之嫌；是月，是決同日之嫌。經本相對見義，皆爲特文，故《傳》釋同也。」

《十四年》：「夏五。」《傳》曰：「夏五，傳疑也。」補曰：「此承孔子言而述其意。世近則無疑，疑由遠而起，故於《桓篇》遠日，特仍闕文，以示傳疑之義。與《五年》傳言『疑以傳疑』爲一經通例者又略異也。言『夏五，傳疑』以例其餘，明上四年、七年無『秋七月』、

❶「三」，原作「二」，今據清光緒刻本《春秋穀梁經傳補注》改。

『冬十月』皆同此義，而莊與桓接，二十年『夏五月』下無事，明亦同義可知也。子曰『多聞闕疑』，又曰『吾猶及史之闕文也』，又曰『蓋有不知而作者，我無是也』。《春秋》月字之闕不補，『秋七月』、『冬十月』之闕不補，『夏五月』不改爲『夏四月』，並以世遠傳疑見義，此之謂也。或謂此等闕文之理易知，何必傳疑？夫唯理所易知，故傳疑之義得因以見也。」

《十七年》：「及齊師戰于郎。」《傳》曰：「不言及之者，爲内諱也。」補曰：「桓，賊也，故無恕辭。桓，君也，故有諱義。子曰：『舉一隅不以三隅反，吾不復也。』子貢曰：『回也聞一以知十，賜也聞一以知二。』伯御之誅死也，不作諡，不序昭穆，而其稱公紀年以書事，則十一年矣。設以君子修之，亦若是而已矣。」

《莊元年》：❶「夫人孫于齊。」《傳》曰：「人之於天也，以道受命。」補曰：「賈子曰：『命者，制令也。』制謂限制，令者號令。人爲父母所生，其中有天焉。下《三年》傳曰『三合，然後生』是也。道者，天人之際可言可行之名也。自天之人則曰『自誠明謂之性』，自人之天則曰『自明誠謂之教』。性始之，教終之，道在其中矣。堯舜性之，自誠明也。誠之者，天之道也。湯武身之，自明誠也。誠之者，人之道也。誠之者，思誠也。身之者反之，謂反身而誠也。不明乎善，則不誠其身。善者，所性而有也。誠言乎自誠也，道言乎自道也，皆大名也。若道與德對文，則道者若大路也，德者自得於身也。其綱：親親，仁也；尊賢，義也。其殺其等，禮所生也。

❶「莊」，原作「閔」，今據《春秋穀梁經傳補注》改。

其目：君臣也，父子也，夫婦也，昆弟也，朋友之交也，皆道也。所以行之者，知也，仁也，勇也，皆德也。言乎心之皆有，則曰仁也，義也，禮也，知也。言乎心所同然，則曰理也，義也。此夫子、子思、孟子之精言而傳之所指也。《中庸》曰：『自誠明，謂之性。自明誠，謂之教。』而其發端則曰：『天命之謂性，率性之謂道，修道之謂教。』陸賈曰：『天地生人以禮義之性，人能察己所以受命則順，順謂之道。』董仲舒曰：『明於天性，知自貴於物，然後知仁義。知仁義，然後重禮節。重禮節，然後安處善。安處善，然後樂循理。』諸文語意皆與《傳》同，而陸生似即本《傳》義，但陸以受命之後能順爲道，《傳》言受則已兼有順義，與下『以言受命』一例。天者自始生而然也，『天命之謂性』也。受命者，終身之所受也，『率性之謂道』也。下《傳》『三合然後生』。《詩·大雅》曰：『天生烝民，有物有則。』《左傳》劉康公曰：『民受天地之中以生。』《論語》曰：『人之生也直。』諸生字皆謂始生，而《左傳》、《論語》二生字又爲生存、生活之生，與始生之生相因爲義。可知此《傳》二句之説矣。』

《三年》：「葬桓王。」《傳》曰：「獨陰不生，獨陽不生，獨天不生，三合然後曰生。故曰：母之子也可，天之子也可。尊者取尊稱焉，卑者取卑稱焉。」補曰：「《喪服傳》曰：『禽獸知母而不知父。野人曰：父母何算焉。都邑之士則知尊禰矣，大夫及學士則知尊祖矣，諸侯及其大祖，天子及其始祖所自出。尊者尊統上，卑者尊統下。』鄭君曰：『及始祖之所由出，謂祭天也。』案：此段與傳義相表裏。夫禰也、祖也、大祖也、始祖也，祭祀之鬼神，吾心之鬼神也。故祭祀之天，吾之天也。吾之天者，三合是也。此爲道之本，教之至。」

《莊十三年》：「齊人、宋人、陳人、蔡人、邾人會於北杏。」《傳》曰：「桓非受命之伯也，將以事授之者也。」補曰：「齊桓、晉文，《春秋》所重，故《繁露》言曾子、子石盛美齊侯安諸侯、尊天子，而孟子亦曰『其事則齊桓、晉文』，是《春秋》之志也。孟子他日又言『以力假仁者霸，五霸假之，五霸者，三王之罪人』，謂之小補。此則《論語》小管仲之意，亦即《僖二年》傳『仁不勝道』之意，乃義理之極至，述作之指歸，而不害其爲與桓、文也。總之，謂《春秋》尊王而亦與霸可也，謂《春秋》貴王賤霸亦可也。尊王而亦與霸者，以位言之王霸也，故孫復、李覯、司馬光既以霸爲伯，則謂王霸無二道也。貴王賤霸者，以德言之王霸也，故孟子、荀卿、董仲舒皆以爲霸劣於王，而漢孝宣言漢家本以霸、王道雜之也。宣帝習《穀梁》家言，可與《傳》相證矣。」

《三十二年》：「冬十月乙未，子般卒。」《傳》曰：「卒日，正也。不日，故也。有所見則日。」補曰：「不日者，削史文。若亦書日，無以别於正矣。未成君不稱薨，則皆不地，故以日不日爲例。」又曰：「既有所見矣，故還從常例，不削舊史書日文也。君子之爲《春秋》，董仲舒所謂『明其義之所審，勿使嫌疑』者也。故唯取其文之足以明義，斯已矣。既足見義，不改恒例。全經之文，皆以是求之。」

《僖二年》：「城楚丘。」《傳》曰：「諸侯專封，諸侯雖通其仁以義而不與也。故曰仁不勝道。」補曰：「《傳》引古語足上意也。《荀子》曰：『君子處仁以義，然後仁也。行義以禮，然後義也。制禮反本成末，然後禮也。三者皆通，然後道也。』然則道者，仁義禮之合，故仁不勝道。以《論語》夫子之言求之，『管仲之力到今受賜，言仁也。『管仲之器小哉』，言道也。孫綽解『器小』曰『功有餘而德不足』，是孟子德力之説，小補之義也。」

《八年》：「用致夫人。」《傳》曰：「言夫人而不以氏姓，非夫人，立妾之辭也。非正也。夫人之，我可以不夫人之乎？夫人卒葬之，我可以不卒葬之乎？一則以宗廟臨之，而後貶焉。一則以外之弗夫人而見正焉。」補曰：「『夫人之』、『夫人卒葬之』者，紀其實也。『貶焉』、『見正焉』者，所謂《春秋》視人之惑，立説以明之也。略舉數事，以證斯文。桓也而公，我亦公之；文姜也而夫人，我亦夫人之；楚商臣、蔡般而楚子、蔡侯，我亦楚子、蔡侯之。惑則有説焉，桓不可爲公而王不討，疑若可也，故將公之而先譏之也；文姜不可爲夫人而子念母，疑若可也，故既夫人之而又貶之也。不惑則無説焉。楚商臣、蔡般，夫人而知其不可爲楚子、不可爲蔡侯也，故楚子之、蔡侯之，如恒文也。是故我紀其實而已矣。紀其實而無説，我寄其意而已矣。寄其意者，亦所謂我無加損焉，而名未嘗不正也。後世史書既非聖筆，不足寄意，乃競立説，小失則乖礙文體，大失則變亂事實。自王通、沈既濟、孫樵以來，又不第如譙周、干寶、孫盛之書，以模擬文句爲病矣。」

《十六年》：「隕石于宋五，六鷁退飛過宋都。」《傳》曰：「君子之於物，無所苟而已。石、鷁猶且盡其辭，而況於人乎？故五石六鷁之辭不設，則王道不亢矣。」補曰：「亢爲人頸，引申之爲高也，舉也。舉王道者，劉軻所謂『三代聖王死，其道盡留於《春秋》也』。

此云五石六鷁之辭不設，則王道不舉者，務大而緩小，學者之事也；即小以見大，聖人之心也。耳治目治之異，有知無知之分，其稱名也小，其取類也大，故《春秋》王法不越乎此。此六句，亦夫子之言。與《十九年》『梁亡』傳，皆見一經大指。在《左氏》則曰『非聖人，誰能修之』，在《公羊》則曰『君子制《春秋》之義，以俟後聖』，在《傳》則直述聖言也。學者詳焉。」

《十九年》：「梁亡。」《傳》曰：「梁亡，鄭棄其師，我無加損焉，正名而已矣。梁亡，出惡正也。鄭棄其師，惡其長也。」補曰：「此下皆夫子自述之言也。不言『子曰』者，《傳》省文。正即政字。梁以出惡政而亡，故正其名直云梁，不言秦滅之。鄭伯以惡其長而棄師，故正其名直云鄭，不罪主將高克。此二事適合聖意，故無可加損也。加損、正名者，修《春秋》之大宗指。《左氏》、《公羊》皆言修，《穀梁》言加損，言修、言加損皆在文辭之間，而一經之事迹，皆史氏之本書，從可見焉。故曰：『蓋有不知而作之者，我無是也。多聞，擇其善者而從之，多見而識之，知之次也。』又曰：『吾猶及史之闕文也。』故《春秋》作也，猶述也。」

《成十二年》：「周公出奔晉。」《傳》曰：「周有入無出，其曰出，上下一見之也。言其上下之道，無以存也。上雖失之，下孰敢有之？今上下皆失之矣。」補曰：「《傳》解兩『出』字，總僖、成、襄、昭五文以爲説。其爲《春秋》本意決然無疑。《左氏》、《公羊》亦知『天子無出』，『自周無出』，『王者無外』，而於其言『出』則莫能明其説，乃沾沾然就一事求之，宜其膠滯瑣屑而終不能通也。《穀梁》之得，二家之失，大都如此。」

《襄三十年》：❶「晉人、齊人、衛人、鄭人、曹人、莒人、邾人、滕人、薛人、杞人、小邾人會于澶淵。」《傳》曰：「澶淵之會，中國不侵伐夷狄，夷狄不入中國，無侵伐八年，善之也。晉趙武、楚屈建之力也。」補曰：「全經十一卷，從未有三年之外，不見中國、夷狄滅、入、圍、戰、侵、伐之事者，獨襄二十七年盟宋以訖昭三年，絶無滅、入、圍、戰、侵、伐之事。昭元年雖有取鄆、敗狄二事，而鄰近之爭、曠遠之役，固與諸滅、入、圍、戰、侵、伐者異例。君子作《春秋》，愛民重衆而惡戰。習亂既久，則好始治，故於澶淵特見善者，乃善其不事兵戎，同恤災患。其事其時，前後僅見也。要之，皆趙武、屈建弭兵通好之力。力如《論語》『管仲之力』，《周禮》所謂『治功曰力』者。用是又可知宋盟乃《春秋》所貴，灼然著明，《傳》特發此數語者，以明君子書經，用意深遠，有文中之義，又有文外之文，前後相屬，彼此相明者也。董仲舒曰：『《春秋》論十二世之事，法布二百四十二年之中，相爲左右，以成文采。其居參錯，非襲古也。』是故論《春秋》者，合而通之，緣而求之，伍其比，偶其類，覽其緒，著其贅，是以人道浹而王法立。又曰：『不在經與在經無以異，有所見而經安受其贅也。』如董生之言，則知盟宋不言所爲，而會澶淵言所爲，誠聖者之文也。」

《昭十二年》：「晉伐鮮虞。」《傳》曰：「不正其與夷狄交伐中國，故狄稱之也。」補曰：「《襄二十七年》『盟于宋』，晉楚弭兵，而《三十年》傳曰『無侵伐八年』，則明昭元年晉荀吳敗狄一事，經所不論，以其絶遼遠也。自後楚三伐吳，滅厲，滅陳，圍蔡，滅蔡二君，

❶「襄」，原作「僖」，今據《春秋穀梁經傳補注》改。

至此又伐徐，背盟用兵，暴横不道者，皆楚也，晉未嘗一用兵，用兵於此焉始。舍楚不問，乃伐鮮虞，非有特文，不足著義，以其與夷狄交伐，則亦夷狄而已矣。故曰：『不正其與夷狄交伐中國，故狄稱之也。』中國兼陳、蔡、徐、鮮虞，要以晉不能伐楚，而反與楚共伐人，大概言之也。弭兵則善之，用兵則狄之，取義之相因也。楚則生名之，晉則狄之，立文之相稱也。經既深微，傳亦簡淡，自來遂失其解，實則前後貫通。」

附録

揚州阮氏福撰《孝經義疏補》，先生得其書而善之，爲刪其蕪贅，改其疏謬，又補所未及，書於上方。中有二條，先生自題爲「確不可易」，今録如左：

釋《孝經》定名曰：《曾子大孝》篇云：「夫孝者，天下之大經也。」蓋即本《孝經》名經之義。書名《孝經》，猶《堯典》、《舜典》、《洪範》、《内則》、《中庸》之等，皆取常法之義，以爲篇名。《爾雅·釋詁》云：「典、法、則、範、庸，常也。」又云：「範、則，法也。」《釋言》又云：「典，經也。」此七字皆同義也。《孝經》二字之名，即出於第七章中，又猶《洪範》、《中庸》之名，亦皆即出於篇中也。《刪定孝經義疏補》。

釋仲尼書字曰：《春秋》之法，稱子進於稱字，季子、高子進於公子季友、女叔之屬是也。據《儀禮·鄉射禮》「某酬某子」，鄭注以爲「旅酬下爲上，尊之」，是本周禮之舊也。今曾子承夫子之意作《孝經》，下稱曾子而上稱字，不應師下於弟子一等。故知夫子於此，特發非常之例，乃是深敬孝道，故稱表德之字也。殷仲文説確不可易。元氏不取，不知以《春秋》之義斷之，不如殷説則不可通也。《禮記》稱「仲尼燕居，子張、子貢、言游侍」，「孔子閒居，子夏侍」；《大戴禮記》稱「孔子閒居，曾子侍」。此皆弟子效《孝經》而爲之，其文各異，要未有師稱字而弟子稱子者。《禮運》之篇，上稱仲尼，則下稱言偃矣。同上。

子勤弟子

沈先生善登

沈善登，字穀成，桐鄉人。同治戊辰進士，選庶吉士，歸，杜門讀書終其身，未散館授官。事子勤最久。子勤輯《穀梁補注》，與商榷。書成，爲《書後》述書指甚詳盡。其所著書，論經學者曰《需時眇言》十卷，刊行。未刊者，《師學説》三卷，《大學古本順文》一卷，《證心室文集》若干卷，藏於家。參史傳。

穀梁補注書後

六經惟《春秋》爲聖人手筆，而穀梁子獨得真傳，先生《自序》及《論經》、《論傳》兩篇言之詳矣。道光己酉，善登年二十，始受業於先生之門，每見，未嘗不言《穀梁》，然亦未嘗得讀稾草。越九年，咸豐丁巳，始授以《隱公經傳補注》一卷，曰：「是未敢自信，以子請之勤，可先覩吾書大略耳。」既更亂離，違函丈者三閱寒暑，同治癸亥夏，復得侍於滬瀆客舍，曰：「吾書首尾略具矣，曩子所見十不存六七，吾益以知此事之難也。」又曰：「《傳》稱梁、鄭，正其名。石、鶂，盡其辭。豈惟是一經之通體，抑凡學者所當究心焉。吾猶未敢自信也。」他日，又録示《莊元年傳補注》，論性累千言，曰：「吾自問於體驗功少，子好深思，其爲我熟復之。」小子有所請，未敢竟。越二年，又録示今所定本，曰：「曩者子言實起予，今以《孟子》爲主，而通諸《論語》，殆不背於相近之指矣。吾於《昭十九年》傳論爲學之序，亦以《内則》爲主，而通諸《論語》，皆用意之最深者也。子其識之。」自是每見必言《論語》與本傳印證處，或指授稾本若干條使讀，讀或反覆不能下，必曰：「得毋猶有疑義否？」蓋先生於此見愈實，而心愈虚，歷二十餘年，未嘗厭倦如此也。戊辰冬，始手自寫定。越四年，潔本成，復塗乙數十事。既又命工録副，又數數塗乙之，乃舉全書二十四卷畀讀。賜書曰：「吾此中甘苦，舍子殆無可告語者。今將授梓問世矣，其不可以無言。」則又録示所致德清俞編修樾書，略謂：《穀梁》家學已微甚，私竊愍歎，專力成書，會萃見聞，折衷一是，於范注載其全，於楊疏擷其要，而一一指其違謬。於墜文佚注，則從他籍弋獲。於二傳、《國語》、《管》、《晏》、《史記》，則舉其可相補備者，辨其大相乖刺者。於羣經及唐以前諸古書，苟相出入，必備援證。於董、何、賈、服、韋、杜諸説及徐、孔二疏，與夫啖、趙以來百餘《春秋》家并諸雜著，一字可用，亦必摘采；有數説同者，則舉其最先。有已説爲昔人所已道者，則改從昔人。大氐風氣日開，聰明亦日啟。至近儒講制度訓詁，更有突過前賢者，要無取乎過鑿過巧。此皆二十餘年來實事求是之意，而究不知其真是與否也。小子荒經不學，於《穀梁傳》尤無所窺測，先生不謂其不肖，使得掛名簡末，又從而教督之如此，其何敢辭？

竊嘗聞先生稱莊生之言矣，曰：「《春秋》以道名分。」曰：「《春秋》經世，先王之志，聖人議而不辯。」夫道名分者，即正名之謂也。❶議而不辯者，即盡辭之謂也。蓋萬物載名而生，大則君臣、父子，小則事物細微，皆名也。名生於真，《春秋》則因任以紀其真。紀其真而意有餘焉，《春秋》則又委曲以表其意。其真、其意，名所由載也。而紀之、表之，則辭也。故曰「君子之於物無所苟」，猶曰君子於其言無所苟也。凡《傳》議經之所紀所表，增多於經者二萬五千餘言，宜若辯矣。《補注》議《傳》之所議，增多於《傳》者三十六萬九千餘言，抑尤辯矣。要於無所苟，一也。是故名有專有通，曰義理、曰訓詁，曰功用，專名也，羣經所同也；而統貫以異同、詳略、先後、離合、婉直、微著諸書法，其密極於名字日月之間，則通名也，《春秋》所獨也，皆不可以不辯也。小子乃今卒讀先生此書，乃今敢舉此書之辜較爲讀者告焉。有如道，恒言也，先生辯之曰：天人之際，可言可行之名，則義理備而訓詁在其中矣。推此類於全書，則有若性命之原，死生之説，天人虛實之應，仁義人我之施，王霸勤怠之所以分，夷夏内外之所以辨，伊、管之所以異術，儒、墨之所以殊塗，凡古今講學家所謂「反之於心而胥同，推之於事而無不曲當」者，皆爲之根據《雅》故，別白其淺深，而未嘗有鑿空過高之蔽。又如君子，常稱也，先生辯之曰：伊尹所謂君國子民，孔子所謂人之成名，則訓詁明而義理亦在其中矣。推此類於全書，凡古今考據家所持論斷斷者，若立

❶「即」，原作「既」，今據《春秋穀梁經傳補注》改。

君、若世卿、若田制、軍制、廟制、宮寢之制、冕弁之制、喪葬祔練之制、祖禰昭穆之制，其小者若形聲、假借、近似、傳譌，以至一名、一物、一助字之用，亦莫不貫穿羣籍，擇精而語詳。而其諸家聚訟之展轉不可通者，若禘、若祫、若日食、若五等封地、六國年數之類，則又爲之備論同異，聞疑載疑，不敢顓己是非，巧求其必合，又慎之至也。蓋先生初治鄭氏三禮，於小學諸書，亦偏歷其堂奧。繼乃由博反約，一宗朱子之學，歸宿於此書。故能義理、訓詁本末一貫，不少偏倚，而功用出焉。功用者，其審端在正名，其致力在盡辭，而其大效則極於可正可變，可經可權，可以別等衰，可以識時勢，可以裁成庶政，可以治平四民。是何也？是經世之要務，不外乎三者，而一於書法之異同、詳略、先後、離合，婉直、微著求之，則是非之斷無弗平，而真似之界無或亂也。是《春秋》所以爲聖筆，《穀梁》所以爲真傳，而先生此書所以爲二千年來諸家之師匠也。

抑又思之，名者以口自命，人治之大者也。《春秋》所治，莫非朝聘、會盟、喪祭、嫁娶、軍旅、賦役之大經大法，而其所命則至孅至悉，即所以稱其人者與所以記其時月日者，亦井然布列於章句而不可紊，非故爲是怪異曲折也。今人述身事，證舊聞，或日決之，月決之；於其所愛敬，所賤惡，或官稱之，字稱之，否則，名稱之。彼其緩急抑揚之間，豈有成例？而肖中以出，聽者不煩。《春秋》書法猶是已。魯之典策，本於周禮。周之禮無所不備，將使後人各因其心口所同，觸類參稽，以爲勸戒，固未有平易明顯之過。於是者而積之既久，聚之益多，則物情之變，又各自有其差次分劑，雜然其不齊。等而上之，則仁不勝道之説也。等而下之，則亂極思治，雖一節之可取，亦以爲彼善於此，而不忍没焉。蓋美惡始於相形，而成於各足。權以權輕重，而輕重實生權。度以度長短，而長短實生度。聖人之於《春秋》，亦因其本有之差次分劑與爲權度焉已耳。是故王在辭端必加天，而文五年則無天矣。晉文公一年七見，其六皆爵之，而其一則人之矣。猶是尹氏也，《隱篇》氏之，《成篇》子之，《昭篇》則又氏之矣。猶是高傒也，《莊篇》名之，《閔篇》則子之矣。猶是殺大夫也，於宋則不名不氏，不目其人矣。猶是序王人也，於救衛則人之字之，且月之矣。猶是會盟也，十一公之會皆不月，而桓則獨月矣。公與外諸侯盟皆日，於齊桓獨不日，而葵丘則又日矣。如此之類，隨舉即是。使魯史之所記本若是其錯出不倫也，聖人何難整齊之？使本整齊，聖人又豈無故而紛更之也？讀者狃於後世史法，但欲以據事直書之説推測乎聖心，無怪乎愈解而愈惑已。且孔子之作《春秋》，非爲史也，不獨心異，其事亦不同。何則？史官載筆不出一手，編年繫事，此不及待彼，後不必顧前，廣記備言，取足傳信，斯善已。至孔子託以見志，則策書所載事實，與其一時禮俗教治之得失，朝廷宫闈之臧否，往來赴告之睽合，固已本末具存，而其舊制之顛若畫一者，又足因之以爲損益。苟適於義，無爲仍用其文。故董生言：「《春秋》論十二世之事，人道浹而王道備，法布二百四十二年之中，相爲左右，以成文采，其居參錯，非襲古也。」此之謂也。今更觀其犖犖大者，如正隱、治桓、美齊桓、偵晉文之屬數百十條，一經之綱要也。有所謂「内外一疑之，上下一見之」者，霸之興，周之衰，一焉而義足也。

有具一人之始終，繁而不殺者，文姜之惡、共姬之賢，不詳則不著也。亦有孤文細事，無關宏指，又前後無所屬比，而特存史文者，介人侵蕭之屬是也。蓋聖心猶天，初無方體，因物付物，莫非化工。《論語》弟子好學之對，君詳而臣略，聞斯行諸之告，進求而退由，於言且然，況在文字？不然，後世《綱目》之作，先具條例，可受可傳，而謂文學高第游、夏之徒顧不能贊一辭、改一字，豈通論哉？然則何以知《穀梁》之必合聖心也？曰：三傳皆出周、秦之交，皆有所受，皆託於孔子。然《左》、《公羊》之述聖言，何寥寥也！《傳》則明稱「子曰」，與其顯白自言者無慮十許事。此一證也。《左》、《公羊》所言趙盾、泄冶、伯于陽三事，其意象不似聖人，《傳》則多爲答述語，不獨「取郜大鼎」、「用致夫人」諸文灼然訓釋當經也。此又一證也。抑梁鄭、石鶪兩傳尤有明徵矣。曰「我無加損焉」，曰「故月之」、「故日之」，聖人豈發凡起例，自申其説哉？亦應問之辭爾。史稱七十子之徒口受義指，蓋即此類，而《左》、《公羊》皆無之，是以知其可信也。且《春秋》萬六千字，其指數千，西河卒業，共撰微言，固必有質疑問難之事。此兩條尤爲千八百事筆削之宗本，故告語特詳，用祛未寤。而其餘采善鉏醜諸例，與夫漢儒所稱「因行事而加王心」者，則屈伸之志，文皆應之。舉一反三，本無通義。史乃謂其「有所諱避，不可以書見」，又何誣也？

小子曩讀舊注，嘗請仿杜氏《釋例》意，刺取楊疏以補范氏《略例》之闕。先生不可，曰：「經圓而例方，難可具釋，要在隨事觀理，得其會通。如昔人之訓《論語》爲倫次、倫理，爲經綸今古，爲輪環不窮。妙達此旨，始爲善讀。」他日又謂：「近時張氏《屬辭辨例編》，門目過碎，義類太煩，轉恐與聖心不相似。」然則，古學三體五例之設，今學三科九旨之分，其必不免於鑿枘不入也，亦較然明矣。是故學者欲求聖人之心，必於《春秋》；欲通《春秋》，必於《穀梁》；而欲通《穀梁》，又必於先生此書。信如先生之盡心平心，而不自絕於希通也，當必深韙乎斯言。夫著書之難，與讀書者所得之深淺，誠不可誣也。以鄭君之括囊大典，而魏儒猶巧詆之。以朱子析理之精審，而或信或疑，至今不能無異説。天下之爲鄭學、朱學者多矣，又未嘗不區分時代，矜守其一塗。而自知言者觀之，固昭昭然猶白黑也。今小子於先生此書，穴知孔見，鑽仰無成，誠不能道萬分一，顧竊以爲異同之見，賢者不免，而治教方興，瓌望碩儒亦不絶於天壤，意必有合鄭、朱爲一其人者出，而尊信表章之，使吾道不孤，絶學有繼，則豈惟小子之私言哉？聖經廢興，上關天運。先儒卓論，蓋不我欺也。小子敢再拜稽首，綴言以竢。

趙先生銘

趙銘，字新，又號桐孫，秀水人。同治庚午舉人，官直隸候補知府。嘗權知順德府及易、冀二州。通博淹雅，撰《左傳質疑》，李慈銘爲之序，推許甚至。又有《讀左傳餘論》、《琴鶴山房集》、《梅花洲筆記稾》，佚不傳。惟詩文稾僅有存者。參李慈銘《越縵堂日記》。

張先生王熙

張王熙，字欣木，秀水人。同治丁卯舉

人，官太平訓導。治宋五子之學，制行方嚴。授經守家法，教弟子反覆開説，必達其旨。《穀梁補注》授刻，與穀成、桐孫共相讐校。子勤弟子又有南匯于鬯、烏程鄭興森、上虞經元智、上海李邦黻。參《嘉興府志》。

清儒學案卷一百八十一終

清儒學案卷一百八十二

天津徐世昌

養知學案

養知始宗晦庵，後致力於考據、訓詁。其治經先玩本文，采漢、宋諸説以求義之可通，博學慎思，歸於至當。初不囿於一家之言，故能温故而知新，明體以達用。述《養知學案》。

郭先生嵩燾

郭嵩燾，字伯琛，號筠仙，湘陰人。與曾公國藩、劉公蓉相友善，切劘道義。道光丁未進士，改庶吉士。丁父憂，回籍。粵寇圍江西省城，率湘勇往援，圍解，論功授編修。參蒙古親王僧格林沁軍幕，回京入直南書房，出爲蘇松糧儲道。歷兩淮鹽運使、福建按察使，擢廣東巡撫。治軍理財，負時望。與總督不合，去職歸里。光緒初，召授兵部左侍郎，充總理各國事務大臣，出使英、法兩國，以病乞歸。嘗以海外諸國非撻伐所及，當深思因應之宜，力戒宋明紛呶，以弭近憂而宏遠謨。其與外人交，一持公誠，屏矜氣，歸於和劑，於應辨難者仍直爭，西人咸敬服焉。光緒十七年，卒於家，年七十四。在里主講城南書院兼思賢講舍，啟迪後進如不及。尤以扶植善類，獎拔孤寒爲己任。學者稱養知先生。所著書《禮記質疑》四十九卷，《大學質疑》一卷，《中庸質疑》二卷，《訂正朱子家禮》六卷，《養知書屋文集》二十八卷，《詩集》十五卷，《奏疏》十二卷，《讀書記》若干卷，《湘陰圖志》三十四卷，已刻行。其未刻者，《周易釋例》四卷，《毛詩餘義》二卷，《綏邊徵實》二十四卷。參神道碑。

大學章句質疑

「知止」之「知」，即下「致知」之「知」。《大學》工夫，歸重誠意，然非致知，則意之誠或流於偏，而不足以盡道。《大學》開端説箇「知止」，而推言始終、本末之序，始提出「明明德於天下」，窮究到致知、誠意，以顯明德、新民之實功。大義微言畢具於此。《孟子》言知言、養氣，其論伯夷之隘、柳下惠之不恭，即從知言推出。於此體察入微，乃見聖功之有本。《大學》於致知、誠意二者兩言「此謂知本」，正是一串工夫。章内「知止」、「知所先後」與下「知本」皆喫緊歸到「致知」上，所以「致知」二字，尤爲《大學》之首功也。

「物有本末」之「物」字，即「格物」之「物」。「知所先後」之「知」字，即「致知」之「知」。明德也、民也，所謂物也。所以明之新之，則事也。「修身」以下，明明德之事也。「齊家」以上，新民之事也。「知止」者，所以致其知也。「知所先後」，亦即知止中事。「知止」字重，「知所先後」字輕。此節申明上義，正見「知止」歸重「明明德」上。能明其德，則所以新民者舉而措之而已。德者，本也。格物、致知、誠意、正心以修其身，始事也。民，末也。齊家、治國、平天下，終事也。有本而後有末，能始而後能終，故知止者，知所以明明德而止矣。下云「壹是皆以修身爲本」，即「知所先後」之謂也。

鄭注以「致知在格物」別爲一節，格物即是致知，故直曰「在」而不曰「先」。自誠意章以下，首言所謂「修身在正其心」，齊家、治國諸章並同此例。疑此云「致知在格物」而結之以「此謂知本」、「此謂知之至也」，即朱子所補格物致知一章之義，經文本自無缺也。致知、誠意兩項並重，致知屬知，誠意屬行。《大學》首言欲誠其意，先致其知，即《中庸》明善誠身之意，非明無以爲誠也。朱子以格物致知爲入道之門，務使人從事問學，理明義足，充積於心，自有以審乎善惡之歸，以爲誠意之資。《中庸》之以博學、審問、慎思、明辨爲擇善之功者，亦此義也。然誠意、致知兩項工夫，卻是並進，不能劃分先後。故云「致知在格物」，即結之以「此謂知之至也」。云「所謂誠其意」，即結之以「故君子必誠其意」。徑直析分兩章，不更相爲聯屬，於此正見聖賢喫緊用工處。其言致知處淺而略，言誠意處深而詳。蓋致知之理易明，而誠意之功難盡。誠意者，又爲聖學之基也。必致知乃能誠意，尤必誠意乃能致其知。《大學》之精蘊，正須熟讀深思而自得之。

格物即所以致知，並非格物之外又別有致知工夫，故曰「致知在格物」。格物二字已足盡致知之義，包括《中庸》博學、審問、慎思、明辨四項在內。乃其所謂物者，非引外物以爲誠意、正心之資也。在身曰意、曰心，推而暨之曰家、曰國、曰天下，皆物也。意心身所以自治與家國天下所以待治之理，推而至於名物度數、因革損益，窮究其所以然而盡其所當然，皆有一定不移之程度，是謂之格。《爾雅·釋詁》：「格，至也。」此格字本義，須是窮究到至處。引申爲度。格凡物到至處，亦各有其限量。格字兼此二義。「致知所以在格物」者，極吾知之量不能踰乎物之則也。致知即知止之義。又案：「誠意」之下接言「正心」，此是聖功大段歸宿處，所以顯致知之用。蓋此正字，即《中庸》之所謂中，發之則爲中節之和，其工夫全在誠意，而意之既誠，停停當當，不失其正，則皆致知之功也。聖人「從心所欲不踰矩」，正心之謂也。劉蕺山於此言「莫精於意，莫粗於心」，豈非孟浪？

「毋自欺」者，是誠意入手工夫。自慊是誠意歸根氣象。澈始澈終，祇是一箇慎獨工夫。到誠意已是全體發見，心隨理動，一氣透發出來，更無客感紛馳，攙入其中。「如惡惡臭，如好好色」，歸併到一條路上，一發而全體俱見。兩「如」字形容得氣象如此，工夫祇在「毋自欺」上，此處更著不得工夫。「惡惡臭，好好色」，全是從心款中發出，自然十分滿足，是以謂之自慊。

心廣體胖，自是誠意之效。置心廣大之中，更無偏私之累，已是正心大段規模。蓋誠意者，盡性之功。正心者，定性之誼。程子所謂「靜亦定，動亦定，廓然大公，物來順應」，即《大學》所謂正心，而其功全在誠意。《大學》之要至誠意而極矣，故曰「必誠其意」，爲聖功揭示第一要義，不可輕易看過。

中庸章句質疑

言天命固是人物統宗，程子以上二語兼人、物言之，蓋謂《中庸》「盡人性以盡物性」，體物不遺，道體元自如此。然《中庸》喫緊在慎獨，而推本性之原於天，以見人之所以與天地同量者，其原固無二也。性含萬善者也，道者仁義禮智信，性之德也。性麗於道而原於天，以待體於人，則人自效其成能而物無與。注以人物各循其自然而謂之道，疑所謂自然者，天道之無爲者也。率乎性而爲道，聖人盡性之功也，人道也。天既命於人而有性，而凝之以爲道，則此道字不必虚屬之天。率性者，人道之有事乎率也，非循其自然之謂也。

朱子於《大學》補格物致知一章，於《中庸》之慎獨分存養、省察二義，皆得之身體力行，爲學者指示入德之方，使有所據，以自致其功。姚江王氏極力攻之，而卒無以相勝也。然聖人之言包涵萬有，於審端用力之初揭示其精微，以待學者之自得之，初不必繁爲之節目，委曲詳備，示人以不遺。《中庸》之慎獨，即《大學》之誠意也。非誠意，則致知、格物皆循外爲人者也。工夫喫緊全在此慎獨二字，又爲誠意喫緊工夫。戒慎恐懼寫出慎獨一段精神，正示人親切下手處。推至聖人之至誠，澈上澈下，工夫不越慎獨。心意之存，未有不發之於外者；幾微之積，未有不成之於鉅者。故慎獨二字，工夫至密，操存卻至約。朱子於此分存養、省察二義，加一倍提撕，最有功於學者。而以經旨求之，所謂慎獨者，直是常惺惺法。工夫更無間斷，於幾之動而更加省察，乃爲初學入手工夫，疑於慎獨全體反有未盡。

中和之具於人心者，原是人人皆備，然未發之中、發皆中節之和，何人體會得？此由慎獨之極功，聖人之成德有以立其本，而舉天下以偕之達道，乃盡中和之義。其未發也，未嘗不和，然喜怒哀樂之未形，則和之理含於心，祇可謂之中。發皆中節，亦中之至矣，而納民物於一中，與爲酬錯而不踰其則，氣象何等和！和者，中之發也。中、和二字，直作兩項分析不得。大本者，自盡其性，孟子所謂「反身而誠」者是也。達道者，盡人之性，下文所謂「非自成己而已，所以成物也」，合外内之道也。中和原是性情之德，卻須是有慎獨工夫，乃能見之。仁義禮智信，實言其德，人所同具者也。中和者，虛擬其狀，惟聖人有此極詣，似未可概之人人也。

《章句》析中和爲二，乃朱子喫緊用功語。《或問》亦以詳辨之，究其實，中和二字微有體用之分，而但就喜怒哀樂之情以未發已發言之，則體用本自合一，不能劃分爲二。子思舉此二字形容道體，其實即中庸之道也。以戒懼致中，以慎獨致和，朱子固有此一段涵養省察工夫。而於操存處言中，發動處言和，工夫自是兼進。朱子直自道其所學，不必求合經旨。至於致中以位天地，致和以育萬物，看成天地靜而萬物動，天地爲體而萬物爲用，又爲之説，曰「初非有待於外」。《中庸》固言「成己，仁也；成物，知也。性之德也，合外内之道也」，於此正見聖學之全功，無庸强生分别。

生安、學利、困勉立此三義，以示人求知仁勇之方。知仁勇三者各有知行之别，如求明理，即知中之知；求勝私，即仁中之知；求養氣，即勇中之知。行字更是顯易，據理以行，知也；秉公以處，仁也；以全力任之，勇也。《章句》以其分而言，以其等而言，似説得惝怳無歸宿。自横渠及吕與叔、游定夫、楊中立、侯師聖諸儒並將勇字看得太輕，致有此等分别。經文分明言知仁勇三者天下之達德，如何輕易低昂？張、吕諸儒以生知、安行屬仁，尤爲倒亂經文。知仁勇三者，不能分輕重，惟吕東萊一人見及之耳。

《中庸》下半篇發明誠字之用，皆據成德言之，而發端言誠，先推出誠字原由。曰明善，程子所謂「義理之精微無可名，但以善名之」。明善之功，即下博學、審問、慎思、明辨、篤行是也。於此明即於此誠。疑此節引成語，但歸重在明善、誠身上。又案「在下位」節與《孟子》所引略同，疑古有是語，而子思引之，不必夫子之言也，於獲上、信朋友之義無取。引此以揭出明善、誠身之説，而申上前定之旨，亦見居下位而欲獲上治民，必原本明善、誠身。道之存乎人，無二致也。章旨歸重「誠」字，獨於此補出明善一層，蓋聖功之本，自上知以下，皆必由明而誠，爲困勉者示之程也。

《中庸》以知仁勇爲綱，以誠字爲歸宿。知仁勇是發用工夫，誠字是本，始終離一誠不得。知仁勇之極功，惟其誠也，所以爲誠亦即在知仁勇上顯出。擇善者，擇此而已。固執者，執此而已。擇善、固執，微分體用，然擇善亦自有行在，固執亦自有所學、所問、所思、所辨在。五者之目卻不必分承擇善固執言之。蓋此五者正兼指所擇、所執之實功也。擇善固執者，求誠之方。誠者，體道之撰。知仁勇三者，則存誠之實也。誠，所以爲知仁勇之府也。《章句》以擇善爲知，固執爲仁，於三達德中退除一勇字，又析知、仁而二之，疑非經旨。

《中庸》末章與首章相應，首章言其全體，末章則言其細密工夫也。《中庸》開端便揭出「慎獨」字，以後更不申序，到此始顯出慎獨之全功。曰「闇然」者，慎獨之實體也。曰「淡」、曰「簡」、曰「温」，慎獨之德之隨處呈露也。曰「知遠之近，知風之自，知微之顯」，則慎獨切實下手工夫。知民勸、民威及天下平之徵於遠，不在賞與怒之施，而一皆其德之顯，而求之於己，而戒慎恐懼之心自生。知敬、信、勸、威爲德之符，而由其風之動也，則不睹不聞之中而幾生焉，道凝而心以裕。知相在無言之存乎微而潛之必昭，人不見而己固見；德之必顯，天下仰之，則固不踰隱微之地自繕其性功。知者知所以致力之方也。

「闇然日章」，是此章之要旨，亦即《中庸》一書之要旨。曰「拳拳服膺」、曰「遯世不見知而不悔」、曰「庸德之行」、曰「庸言之謹」、曰「素其位而行」、曰「必自邇」、「必自卑」，而總攝之曰「慎獨」，皆所謂「闇然」者也。曰「誠之不可揜」、曰「誠則形」、曰「不息則久，久則徵」、曰「不見而章，不動而變，無爲而成」、曰「遠之則望，近之則不厭」、曰「見而民莫不敬，言而民莫不信，行而民莫不說」，皆所謂「闇然而日章」者也。

《中庸》慎獨，兼有《大學》正心誠意工夫。蓋慎獨者，性功也。統乎性之全體者心也，而心之存主謂之志。志蘊於心，顯别乎善與惡之兩境，而皭然不能以自欺，則以心涵性，而持養弗失，《章句》所云「存養」，❶正心之謂也。心發爲意而得於存養之後，則於意之發固已有所擇矣。而幾微念欲之私，隨意而動，則反而繫之於心，而性之本體已漓其故。《章句》所云「省察」，誠意之謂也。二者相資，而其幾尤莫切於意之發。内省者於其意之發而省之而皆可以無疚，則其志慊，斯以無惡於其心矣。《大學》所謂「意誠而後心正」，此也。《章句》於此言慎獨之事，蓋慎獨者，正心誠意所有事也。末節承上二節言德之化民有淺深，仍繳歸到慎獨上。慎獨者，澈始澈終之義也。聲色，即賞與怒之發。

❶「存」，原作「養」，今據清光緒十六年思賢講舍刻本《中庸章句質疑》卷下改。

德即敬信之存。無聲無臭，則於穆不已，而但見爲篤恭者也。船山云：「誠者所以行德，敬者所以居德。無聲無臭，居德之地也。無妄之謂誠。無妄者，行焉而見其無妄也。無聲無臭，無有妄之可名也。故誠，天行也，天道也；敬，天載也，天德也。」君子以誠知仁勇，而以敬居誠，聖功極矣。此《中庸》一書歸結到慎獨之旨，故僅謂聖人與天德合，無聲無臭而人自化，猶未盡《中庸》之旨趣也。《章句》但以爲「形容不顯、篤恭之妙」，則於義爲贅矣。

禮記質疑

《王制》：「小學在公宮南之左，大學在郊。」鄭注：「此小學、大學，殷之制。」孔疏下云：「殷人養國老於右學，養庶老於左學，左學小，右學大。此云『小學在公宮南之左』，故知殷制也。」嵩燾案：《周禮·師氏》：「居虎門之左，以教國子弟。凡國之貴游子弟學焉，使其屬守王門。」《保氏》「使其屬守王闈」。蔡邕《明堂論》所謂《周官》有門闈之學是也。此「公宮南之左」，即虎門之學，以教國子者。《禮》言諸侯之學僅見於此，而《文王世子》言「始立學」，似亦據諸侯之學言之。而東序、瞽宗、上庠之名畢具，後言「語於郊」，以德進、事舉、言揚三者爲之程，而兼及曲藝，則又學之通及於庶人者。辟雝爲天子之學，頖宮爲國學，則專以教國子。《大司樂》「掌成均之法，而合國之子弟」，《樂師》「掌國學之政，以教國子小舞」，《大胥》「掌國士之版，以待致諸子」，鄭注並以公卿大夫之子弟言之，正與虎門之小學相當，不得下及庶民。州里庶民之秀者，由鄉學升之國學。

國都以内庶民學者，必由郊學升之國學。《文王世子》所云「四郊之學」，以德、事、言三者之選，即升學之法也。《禮》文錯綜言之，可以推考而知其大略。鄭氏援此以定四代學制，而云「上庠，右學，大學也，在西郊。下庠，左學，小學也，在國中王宫之東。東序，東膠，大學也，在國中王宫之東。西序，虞庠，小學也，在西郊」。《禮器》注云：「頖宫郊學，字或爲郊宫。」孔疏因謂魯以小學爲頖宫，天子亦以小學爲辟雝，引鄭《駁異義》三靈一雝在郊，展轉相沿，與《禮經》之言學制無一合者。周立四代之學，《文王世子》言上庠，虞學也；東序，夏學也；瞽宗，殷學也。庶人之學名虞庠，所謂「虞庠在國之西郊」是也。所以名之大學者，亦國學之分。凡州黨之學，貢之成均者，必升之郊而序進焉，曰大學、大郊，重其名也。國老者，卿大夫致仕之老。庶老者，庶人之老。養國老於國學，養庶老於庶人之學，經義原自分明。虎門之學，自八歲以至十五始就學者入焉，故曰小學。其餘通謂之大學。小學爲子弟之始學者羣聚其中，而以之養老，可乎？鄭氏於大學、小學之名言之未晰，而學名之與學制聚訟至今，益滋淆亂矣。

《王制》：「析言破律，亂名改作，執左道以亂政，殺。」鄭注：「析言破律，巧賣法令者也。亂名改作，謂變易官與物之名，更造法度。左道，若巫蠱及俗禁。」嵩燾案：鄭意分列三項言之，疑此云「亂政」，即《孟子》所謂「作於其心，害於其事；作於其事，害於其政」，而統括之於左道。「析言」以下四者，皆左道也。析言，如《鬼谷子》之七術，《鶡冠子》之四稽五至，《韓非子》之五蠹。破律，如《老子》之「絶聖棄智」，《莊子》之「剖斗折衡」,《墨子》之非樂、非儒。亂名,如公孫龍子之堅白異同,慎子之椎拍輐斷。改作,如商君之開塞耕戰書,鄧析子之竹刑。其言悖於聖賢之道,而用以矯虔天下,終至於亂政。下文「行堅言僞,學博順非」,用之爲學,足以害教,此用之爲道,足以害治,其事同也。

《文王世子》:「況于其身,以善其君乎?周公優爲之。」鄭注:「于讀爲迂,猶廣也,大也。」孔疏:「古人益君則勤苦,周公益君則逸樂。」嵩燾案:陳氏祥道云:「周公以臣而攝君之政,成王以君而學世子之事,此所謂迂也。」自勝鄭注。然據下文「君之於世子也,親則父也,尊則君也」,是教世子之責,惟君任之。周公抗世子之法於伯禽,迂其道以曲善其君,聖人之心之所以爲仁至而義盡也。武王始崩,周禮未定,周公攝政用殷禮,以冢宰總己以聽,而成王之德固未有成,而已立爲君,不當以世子之教督責之,故齒伯禽於學,以使與成王居,習聞正言,行正道,相與有成。伯禽非世子也,教以世子之法,而不嫌於偪,故抗。教伯禽,即所以善成王,而不涉於專,故曰迂。方氏慤云:「優爲之者,言爲之有餘而不迫也。」

《禮運》:「魯之郊禘,非禮也。周公其衰矣!」鄭注:「魯之郊牛口傷,鼷鼠食其角。又有四卜郊不從,是周公之道衰矣,言子孫不能奉行興之。」嵩燾案:《義疏》引蔣氏君實據《吕覽》魯惠公使宰請郊廟之禮,天子使史角諭止之,以正《注疏》之失。郝氏敬據《魯頌》「周公之孫,莊公之子」,言「《春秋》書郊自僖公始」,義至詳矣。然考《論衡》引今文《尚書》説「周公死,成王感風雷之變,以天子禮葬周公」,説與《洪範五行傳》同。《史記》:「周公卒曰:『必葬我成周,以明不敢離成王。』成王葬周公於畢，示不敢臣周公也。」説與《尚書大傳》同。《史記》又言：「成王命魯郊。魯有天子禮樂者，以褒周公之德也。」漢初諸儒傳説皆如此，細玩《明堂位》之文「以禘禮祀周公於太廟，牲用白牡」，又云「大路，殷輅也」，蓋周公攝政用殷禮，殷有天下三十二世，兄弟相及者十五世，凡九傳而至太戊以弟繼雍己而立爲殷中宗，又十年而至盤庚以弟繼陽甲而立，殷道復興。周公遂繼武王以有天下，猶之用殷禮也。既定周禮，歸政成王，而後世及之制定。所以祀周公以天子之禮樂，周公固已攝位爲天子也。其禘周公用白牡而乘大路，❶猶之用殷禮也。經言「以禘禮祀周公」，周公而下，不敢干也。周公制禮作樂在成王時，方策所載，制度所貽，魯必備有之，其儀文亦習而行之。春秋列國大夫相語，皆言魯秉周禮，正以儀文典策之備存也。東遷以後，王室板蕩，故府無徵，僖公因周禮舊文僭行祈穀之祭，《春秋》之書郊，聖人之微旨也。成王命魯公祀周公而用禘禮，未嘗命之郊也。漢初諸儒展轉傳會，其義亦隱。經並郊、禘言之，若《春秋》書「吉禘於莊公」，書「禘於太廟，用致夫人」，禘禮之失亦多矣，而終引杞之郊禹、宋之郊契爲説，仍但以郊言之，以明魯郊非周公之法度也。

《明堂位》：「昔者周公朝諸侯於明堂之位。」鄭注：「周公攝王位，以明堂之禮儀朝諸侯。不於宗廟，辟王也。」嵩燾案：《逸周書·作雒解》：「作大邑成周，乃位五宮：太廟、宗宮、考宮、路寢、明堂。」其《明堂解》：「周公攝

❶「大」，原作「木」，今據上下文改。下「乘以大路」之「大」同。

政六年，會方國諸侯於宗周，大朝明堂之位。」《周頌・清廟》序：「周公既成雒邑，朝諸侯，乃率以祀文王。」《我將》序：「祀文王於明堂也。」周公營東都，朝會諸侯，因建明堂。《洛誥》云：「王在新邑，烝祭歲，王賓，殺禋咸格。」是爲成王始政，會諸侯東都，而周公刱爲之制，故曰周公朝諸侯明堂之位，爲其位皆周公所刱定也。其云天子，則成王也。自漢以來，明堂之説聚訟尤紛。鄭氏以爲明堂、太廟、路寢異實同制。蔡邕以爲明堂、太廟、辟雝同實異名。鄭所據《周禮・匠人》，蔡氏所據《大戴禮・盛德》篇，皆各得其仿佛而未盡也。《覲禮》：「諸侯覲於天子，爲宫方三百步。四門壇十有二尋，深四尺，加方明於其上。上介奉其君之旂，置於宫。公侯伯子男就其旂而立。」《周禮・司儀》「將合諸侯，則令爲壇三成，宫旁一門」，即《太宰》所謂「大朝覲會同」是也，疑古皆同此制。周公營洛邑，朝會諸侯，始正其名曰明堂，而宗祀文王於此。《明堂位》一篇，正詳此制。此東都朝會諸侯之明堂也。《考工記》：「夏后氏世室，殷人重屋，周人明堂。」明指王宫言之，故其前曰「左祖右社，面朝後市」，其後曰「内有九室，九嬪居之；外有九室，九卿朝焉」，所謂「明堂」者，天子之路寢也。文二年《左傳》：「《周志》有之，勇則害上，不登於明堂。」杜注：「明堂，祖廟也。」言《周志》，則自周相承以太廟爲明堂。《樂記》「祀乎明堂而民知孝」，《祭義》「祀乎明堂，以教諸侯之孝」，此又宗廟之明堂也。先儒必合而一之，其説乃始支離而不可通。《考工記》「東西九筵，南北七筵，五室凡室二筵」，凡堂後曰室，室左右曰東西房，房前曰東西序，序左右曰東西夾室，分言之曰室、曰房，合言之曰五室。房室之廣視堂，而室有四隅，户東牖西。其户牖之間謂之依，其廣視堂之中房與夾室之廣半之。《周禮》所謂「二筵」者，言其脩也，非言其廣也。以其前敞通，謂之明堂。其朝會諸侯之明堂，即《覲禮》所謂「爲宮方三百步」、「四門四傳擯」，天子亦以其時拜日東門外，禮日南門外，禮月與四瀆北門外，禮山川丘陵西門外。《家語》「孔子觀乎明堂，覩四門墉」，蓋堂中而門四達，周公始定其制曰明堂。東遷以後，無復朝會諸侯之盛。天子即其地以視朔，於是有《明堂月令》之書，其云青陽、明堂、大室、總章、玄堂，蓋周秦諸子剏爲之名。《呂覽》、《淮南子》言以出四時之令，因謂之月令。而《淮南子》云東宮御女、南宮御女、中宮御女、西宮御女、北宮御女。又因鄭注《周禮》「小寢五」之文傅會及之。然其言朝於青陽、明堂、太室、總章、玄堂，與所居宮二事，自較《月令》爲明晰。《大戴禮》因有九室十二堂之説。李謐《明堂論》始牽合《考工記》之五室通左右夾房爲九。其實明堂南嚮，其中太室宗祀文王，《月令》之言左个、右个謂左右隅耳，安得有九室之制，如《大戴記》所云乎？周秦諸儒博采異聞，證成其説。其後漢武帝時，公玉帶上黄帝時《明堂圖》，大率依倣《大戴記》之文。後世儒者能辨公玉帶之誕，而於《大戴記》之泛引異聞，無能一加辨證，固不如鄭注之依《考工記》爲説，猶爲得其正矣。

「命魯公世世祀周公以天子之禮樂」，鄭注：「同之於周，尊之也。」嵩燾案：世及之禮，至周始定。殷以前兄弟相及，苟長且賢，則民望歸之。武王崩，而周公總己以聽，殷禮也。是時周禮未定，周公遂踐阼，以君臨天下，亦猶行殷之禮也。傳曰「周公成文武之德」，蓋武王在位三年，未遑禮樂，周公踵而成之，而後禮樂備，王道洽。所以七年而始歸政者，周公身任聖人之德，爲萬世定禮樂之準，有所不得辭也，而周世之基亦定於此。至於七年歸政，天下曉然於周公之用心，而其經營周室之大勳，亦昭然並揭於天下。成王賜周公以天子之禮樂，惟歲時祭饗周公爲然，非魯之君所得僭也。《明堂位》一篇多出魯儒之附會，然其言固亦有本。周公之得踐阼爲天子，殷禮也。成王以天子禮樂祀周公，而乘以大路，牲以白牡，亦猶行殷之禮也。辭雖誇而意有專繫，魯之僭郊、僭禘，非成王之過也。於「命魯公世世祀周公以天子禮樂」一語，見其義之嚴矣。

《喪服小記》「王者禘其祖之所自出，以其祖配之，而立四廟」，鄭注：「始祖感天神靈而生，祭天則以祖配之。」嵩燾案：鄭注《祭法》以祭昊天於圜丘曰禘，祭上帝於南郊曰郊，祭五帝、五神於明堂曰祖宗。其注《大傳》云：「王者之先祖，皆感太微五帝之精以生。《孝經》曰『郊祀后稷以配天』，配靈威仰也。」其注《周禮・大司樂》云：「天神主北辰，地示主崑崙，人鬼主后稷。三禘，大祭也。此祭天圜丘，以嚳配之。」鄭意圜丘祭天，南郊祭感生帝，而以圜丘之祭爲禘，又併禘、郊二者混合爲一，其義皆主於祀天。《祭法》疏：「禘文在郊前，故知是圜丘。《爾雅・釋天》『禘，大祭』，大祭總得稱禘。」引《河圖握矩記》云「姜嫄履大人迹，生后稷」，又《中候》云「姬昌，蒼帝子」，以證感生帝之說，實爲鄭義所本。然《爾雅・釋天》先舉四時之祭，以次及祭天、祭地、祭山、祭川，兼及師祭、馬祭，而後言禘、言繹，所謂「禘，大祭」，實主宗廟言之。《祭法》言禘、郊、祖、宗，則四代所以宗事其先，既配其祖於郊，又推其祖所自出而祭之爲禘。《魯語》言禘、郊、祖、宗、報五者，國之典祀，似祖、宗有廟，禘、郊、報三者皆無廟。周人宗祀文王於明堂，而以后稷兼郊與祖，周之創制也。而世室之祭不遷，則猶祖、宗之義也。《漢書·韋玄成》《毁廟議》云：「《祭義》：『王者禘其祖之所自出，以其祖配之，而立四廟。』言始受命而王，祭天以其祖配，而不爲立廟，親盡也。立親廟四，親親也。」極合此經之義，而以祭天爲言。周秦之交，禮經潰失，褻天誣祖。漢儒因相承爲説，董仲舒亦曰：「天者，祖之所從出也。」其云「立四廟」，自據始有天下言之。祖者，四廟之始祖。虞夏之祖顓頊。有未及四世者，其時祖、宗之名未立，而推原四廟之祖所從出而爲之祭。殷周以後沿之，而奉契與祭爲始祖。祭禮之相襲而文乃漸備也，亦時爲之也。其四廟之制，則自三代以前所沿而不變者也。韋氏玄成爲得其義，而據祭天爲辭。鄭注因之，遂以禘當圜丘之祭。王肅之難鄭義，於此爲尤允。國朝諸儒猶援《國語》言禘、郊者與烝、嘗、宗廟對文，以申鄭義。不知烝、嘗有廟，禘、郊無廟，而《楚語》之言天子禘郊、諸侯宗廟，則正以禘、郊賅宗廟之義，明禘、郊之禮惟天子行之，諸侯不得同也。固不能據此以證禘、郊之均爲祭天矣。

《祭法》：「有虞氏禘黄帝而郊嚳，祖顓頊而宗堯。夏后氏亦禘黄帝而郊鯀，祖顓頊而宗禹。殷人禘嚳而郊冥，祖契而宗湯。周人禘嚳而郊稷，祖文王而宗武王。」案：《喪服小記》、《大傳》兩言「王者禘其祖之所自出，以其祖配之」，並述宗廟之制。《史記》紀五帝世繫，一依《大戴記·帝繫》之文，其流傳蓋遠。此經言禘法與《帝繫》之文正合，即諸經之言「禘其祖之所自出」亦足互相證明。堯與舜同祖黄帝，而堯之先玄囂降居江水，舜之先昌意降居若水，推原所出，而禘黄帝不得稱祖，而祖嚳以爲有天下之始。《史記》舜「受終於文祖」，固曰「文祖者，堯，太祖也」。舜承堯有天下，不能遂廢堯祀，於是推嚳以配天，而自以世繫祖顓頊而奉堯爲宗，明天下之統之有由受也。《尚書》又曰：「受命于神宗。」神宗者，堯也。禹有天下而宗舜，猶舜之宗堯也。啟以後之宗禹，則三代家天下者之法也。其稱祖則必先祖之始受命者。《穀梁傳》曰：「始封必爲祖。」舜禹之祖顓頊，殷祖契，周祖稷，其義一也。而后稷以始祖配郊，周人於此制義尤精。自夏殷襲虞制，郊其所親，非推本所出以配天之義。程子曰：「萬物本乎天，人本乎祖。」本所自出，以祖配天，未宜援親與功，以示尊也。文武二世室之祖宗，與太祖同不祧，又與夏殷之稱祖義别。《傳》曰：「周公郊祀后稷以配天，宗祀文王於明堂以配上帝。」宗祀文王，爲周公言也，周之刱制也。東周以後，因東都明堂之舊，竝祀文武，《左傳》所謂「天子有事於文武」是也。記禮者彙次以爲之説，四者之祭歷代各有取義，不必强而同之。鄭注《喪服小記》「始祖感天神靈而生」，注《大傳》「王者之先祖皆感大微五帝之精以生」，遂以郊祀之天爲感生帝之説。《生民》之詩曰「履帝武敏」，因是有姜嫄履拇之説。《商頌》曰「天命玄鳥」，因是有簡狄吞卵之説。詩人之言明天命之有自來也，殷、周之祖之所自出，嚳也，豈曰感生自天哉？自萇弘明鬼神以誘惑末世之人心，流傳誣謬，遂至於此。漢儒傳經者樂據之以爲説，而感生帝之名以立，王肅辨之允矣。今但據經以明其義，於諸儒聚訟之言略而不論，黷天誣經，實周秦間儒者爲之也。

文集

周官九兩繫民説

《周官》「九兩繫邦國之民」，兩者，比而合之，聯而屬之。聖人知民之情散而無紀，羣而無序，無紀則亂，無序則爭，使相與比合聯屬，以自爲理；制爲封建，使各君其地。牧者，諸侯之任，牧民者也。六官之長各以其職屬民，觀象讀法，以作其役。民知其爲貴者，順而從之。大司樂及師氏、保氏任教國子，皆師也。成均之法，凡有德者、有道者使教焉，則儒也。是四者，制之國家者也。宗法者，士大夫之各繫屬其家者也。主者，賓之對也。凡坐而制人，以資其衣食，皆謂之主。國有六職，百工與居一焉。輪、輿、鳧、㮚之屬，皆任爲主。《史記·貨殖傳》：「行賈之地，名之都會。」鐵冶鼓鑄，或役僮千人。是二者，任之士民者也。吏，則比閭族黨之能屬其民者。友，如以文會友。老聃在孔氏前，已有徒衆。孔氏之徒至三千人。子華使齊，冉子請粟，任之義也。藪者，虞衡作山澤之材藪，牧養、蕃鳥獸皆是也。是三者，任之有司。及有學行，與其任之地，皆使自相聯屬者也。謂之得民，蓋實分有其民，而使知所因依，以盡其力。道有三：養之、教之、董而治之，使人人自相親，亦使人人自相理。周秦之交無與繫民，民乃起而爲盜。於是國家制爲法令，禁使不得相聚，而爲盜者籠致天下之民，亦各有其術焉。禁之愈嚴，其趨愈衆。民之羣分而類聚也，亦天地自然之機也。分民以與天下共之，使自爲聚，而後民氣深固而不可摇。聖人觀人心之通，以達人情之變。嗚呼微矣！

讀孟子

《孟子》曰：「人不足與適也，政不足間也，惟大人爲能格君心之非。」夫使其君昵比匪人，亟行亂政，坐視而莫之救，而曰格其心之非，君心之非烏從辨之，然且曰「譽望足以弭其邪心，容止足以銷其逸志」，彼其用人行政彰彰者如是，而何譽望、容止之足以相懾哉？嗚呼！孟子之言至矣。君心之非，非能虛擬其然也，必實有所存。漢武帝之用桑弘羊、孔僅而行均輸之政也，征討、巡行、宫室之所取給也。唐德宗之用竇參、裴延齡，而建瓊林、大盈二庫也，所好利也。宋神宗之用王安石行新法也，志不忘幽、燕也。辨君心之非者，亦辨之所用之人、所行之政而已矣。神宗初立，文潞公方爲宰相，上以理財爲急，責宰相以養兵備邊，留意節財，潞公不能辨也。畢仲游上書温公，安石以興作之説動人主，患財之不足也。爲今之策，當大舉天下之計，深明出入之數，以諸路所積之錢穀一歸地官，使天子曉然知天下之餘於財。温公不能辨也。明道程子自安石用事，未嘗及於功利。夫神宗之言功利，則亦當世之急務矣。太宗謀任曹翰取幽燕，趙普阻之，則急儲封樁以待子孫之興，然卒無益。神宗之心猶是也，賢如程子不能辨也。夫能辨知其心之非而格之，人與政之得失皆可言也。不能辨知其心之非而格之，人與政之得失無可言也。無能勝其私與欲，而持之也益堅，未有幸而聽焉者也。神宗之心，賢者之心也，其所爲非易格也，然且不能，彼伊、周之贊成君德者何如哉？

綏邊徵實序

堯舜三代封域可考見者，蓋莫遠於唐，莫狹於周。古之有天下，因朝會之國奠定之而已。其不與朝會者，王者不相强也，而屏之爲夷狄，非有劃然中外之分也。司馬遷言黄帝北逐葷粥，《匈奴傳》又稱其先夏后氏之苗裔曰淳維。樂彦《括地志》：「湯放桀於鳴條，其子獯鬻避居北野，中國謂之匈奴。」獯鬻即葷粥，其原始於黄帝時，桀子亦君其國，歷周又爲玁狁，懿王時玁狁侵暴及涇陽，遂爲夷狄深入中國之始。戰國之世，燕趙世有邊患，趙築長城自代至陰山下，傍高闕爲塞。燕亦築長城，自造陽至襄平。秦併天下，築長城，渡河，蓋亦循燕趙之舊，而西北因河爲塞。自是以後，中國地逾萬里，而邊防戰守之略益繁矣。善夫班氏之論，曰：「聖王制御，蠻夷來則懲而禦之，去則備而守之。其慕義貢獻則接之以禮，羈縻不絶而常使曲在彼。」自唐劉貺述《武指》，駁班氏之失，以謂詳而未盡。後世儒者襲用其説，務爲誇誕，而後漢唐控御夷狄之大略絶於天下者七百餘年。新莽時，嚴尤論御匈奴，無得上策者，周得中策，漢得下策，秦無策焉。劉貺反之，以爲周得上策，秦得中策，漢得下策。周世玁狁未至彊盛，畎戎之難，平王東遷，遂喪成周，安得有策哉？持論者徒曰：「間隔華夷，無窮兵而已。」不欲窮之於秦漢彊盛之時，而乃窮之於靖康、紹興積弱之日，此又何説也？班氏之言曰：「搢紳之儒則守和親，介胄之士則言征伐。」董仲舒大儒，魏相名臣，皆搢紳之儒也。南宋之初，言戰者一出於搢紳，而韓世忠、岳飛之流猶齗齗然能以戰自效。繼是而文吏高談戰略，武夫將帥屏息待命，神沮氣喪，功實乖矣。是以宋、明之世，議論多可觀者，而要務力反班氏之言，常使曲在我。曾太始中，西河郭欽請及平吴之威，徙南匈奴、雜胡塞外，最爲要略。蓋漢之失計莫甚於處匈奴西河美稷。平吴之初，謀臣武士之略其機可用也，過此而固不能矣。唐世因之，令回鶻屯沙苑，留族太原，列舍雲朔間，而不知懲。書生之言，競其虛而不務詳其實，持其末而不務竟其原。於是論次秦漢以來，下訖於明邊防戰守之宜，著其得失。其於歷代成敗之跡折衷一是，不繫功過，而興衰治亂之大原，因是可以推見。命曰《綏邊徵實》。徵實者，所以砭南宋以後虛文無實之弊也。後有君子，以覽觀焉。

罪言存略小引

嵩燾年二十而煙禁興，天下紛然議海防。明年，定海失守。又明年，和議成。又五年，而有《金陵條約》。又十二年，而有《天津條約》。又二年，定約於京師。又十七年，而有《煙臺條約》。凡三十七八年，事變繁矣。當庚子、辛丑間，親見浙江海防之失，相與憤然言戰守機宜，自謂忠義之氣不可遏抑。癸卯館辰州，見張曉峯太守，語禁煙事本末。恍然悟自古邊患之興，皆由措理失宜，無可易者。嗣是讀書觀史，乃稍能窺知其節要，而辨正其得失。久之，益見南宋以後之議論與北宋以前判然爲二。然自是成敗利鈍之迹亦略可覩矣。間語洋務，則往往摘發於事前，而其後皆驗。於是有謂嵩燾能知洋務者。其時於泰西政教風俗，所以致富彊，茫無所知，所持者獨理而已。癸亥秋，權撫粵東，就所知與處斷事理之當否，則凡洋人所要求，皆可以理格之；其所抗阻，又皆可以禮通之，乃稍以自信，退而語諸人，一皆扞格而不能入，矜張傲睨而不能與深求。蓋南宋以來，諸儒之議論錮蔽於人心七八百年，未易驟化也。衰病頹唐，出使海外，羣懷世人欲殺之心，兩湖人士指斥尤力，亦竟不知所持何義，所据以爲罪者何事，至摘其一二言，深文周内，傅會以申其説，取快流俗。竊論洋人之入中國爲患已深，夫豈虚憍之議論、囂張之意氣所能攘而斥之者？但幸多得一二人，通知其情僞，諳習其利病，即多一應變之術，端拱而坐收其效，以使奔走效順而有餘，非徒以保全國體、利安生民而已。奉使兩年，處置事理蓋繁，要皆一時一事之利，無當安危大計。稍檢奏議書説詳論洋務機宜數通，刊而存之，爲夫鄉里士大夫羣據以爲罪言，命曰《罪言存略》，質諸一二至好，以通其蔽而廣其益，亦不敢望諸人人能喻知此理也。

致曾沅甫書

常論宋儒發明聖學至精密，獨有一事與聖道大反，數百年無能省悟。聖人之立教曰慎言、曰「其言也訒」、曰「古者言之不出」、曰「巧言亂德」、曰「言無實不祥」，無相獎以言者。堯舜之授禹曰：「惟精惟一，允執厥中。」内自毖於一心，而不敢及於天下之得失，而即繼之曰「無稽之言勿聽」，是自聖賢之治天下與其所以自治者，無不以言爲大戒。宋儒顧不然。凡有言者皆善也，乃至劾歐陽公，劾富鄭公、文潞公，皆謂之直臣矣。凡事皆可言也，乃至採宫禁之傳聞，陳鄙夫之猥陋，皆謂之善諫矣。歷觀言路得失，其間賢愚錯出，人才勿論也。較其功過與其利病，敢直斷之曰：自宋以來，亂天下者，言官也。譬之一家有家督，有百執事，有役耕之農，有書記教讀，而爲之家主者一切漫無考究，而專責一二人以言，其家必亂。一家之微猶足以亂，況天下乎？諫臣之有專官，隋唐不得已之政也。其以諫爲名，猶曰所匡正者君德也。爲之名曰通言路，所通者主德之蔽也，民情之隱也。豈若自宋以來，縱言官之囂，賄賂恩怨惟其所陳。既有罪矣，猶羣相與力護之。以是爲通言路，人心之蔽豈有窮哉？

唐宋之言官雖囂，尚無敢及兵政。南渡以後，張復仇之議，推陳兵事，自諸大儒倡之。有明至今，承其風，持兵事之短長尤急。末流之世，無知道之君子正其議而息其辯，覆轍相尋，終以不悟。西夷之專求實用，由中國虛文無實，相推相激以贊成之，亦豈非天道然哉？又鄒衍五德相嬗之説，上古以來，一姓代興，各有崇尚，以成風俗，蓋亦自然之理，區區假五行之説索之於微，此鄒衍之陋也。自漢唐迄今，政教人心交相爲勝，吾總其要曰名利，西漢務利，東漢務名，唐人務利，宋人務名，元人務利，明人務名，二者不偏廢也，要各有其專勝。好名勝者氣必彊，其流也攬權怙黨，而終歸於無忌憚。好利勝者量必容，其流也倚勢營私，而終歸於不知恥。是説也，吾於數年前及之，曾以告胡文忠公，自謂篤論。故明人以氣勝，得志則生殺予奪泰然任之，無敢議其非。本朝以度勝，得志則利弊賢否泛然聽之，亦無敢議其非。一代之朝局成，而天心亦定。終明之世，居位者大率負彊使氣傑魁人也。本朝則賢者優容，不肖詭隨，非是則羣以爲怪愕，而天亦常假手不肖以傾去之，使不得發攄。稍能持正議，務名實，振厲紀綱，考攬人才，輒曰是無度量。吾抑不知所謂度量者，將用以何爲也。司馬德操之言曰：「識時務者爲俊傑。」吾則以不爲風氣所染爲俊傑，講學、治經亦然。宋明之語録，本朝之經説，皆風氣之爲也。君子未嘗不爲之，而固非道之所存矣。自非深識特立之君子，介然無與於風氣，烏足與論時務哉？

附録

陳蘭甫云：「經學難者三禮，國朝經學極盛，諸經師林立，而兼治三禮者蓋寡。湘陰郭公兼治三禮，著書滿家。紬繹乎禮文，反復乎《注疏》，必求心之所安而後已。其有不安，則援據羣經，稽覈六書，而爲之説。故有易注者，有易疏者，有與注疏兼存者，於國朝經師中卓然爲一家。」《禮記質疑序》。

王益吾云：「先生當咸豐己未從僧王贊理天津海防，於當日中外違言積釁，其機易轉，其事至順，卒以至計不定，一潰不可收拾，拊膺裂眦，憾事權之不己屬。厥後，外綰疆符，内趨譯署，熟睹外患日深，中國應之愈無其具。其密陳於君父之前，及與同僚爭論，侃侃不少避屈。常思發抒志慮，爲國家定長治久安之局，而卒不得一遂。及奉使，務平情達理，一切決去壅蔽，順事而恕施之，使人驩然自通其意。此先生學問之緒餘，而西人所以尊重先生惟是而已。至於沈幾覘國，常維持於未然，而國家隱受其益，則西人無由知，而中國亦未有知先生之深者。」《畫像序贊》。

繆藝風云：「先生於舉世譁笑之中，求其所以爲保邦制治，以自立於不敗，而知宋以來士大夫之議論虛憍誇張，不求實用，一禍宋，再禍明，以至本朝所言，均決於機先。並以鴉片爲當禁，教民應分別約束，鐵路應辦，鑛務應開，一切内政當整頓，而練兵爲後，皆閲歷有得之言。」《書事》。

養知家學

郭先生慶藩

郭慶藩，原名立壎，字孟純，號子瀞，養知先生弟崑燾之子也。幼敏異，年十五補縣學生，食廩餼。屢躓鄉舉，援例得通判，軍功累保至知府，分發浙江，乞假歸養。黎蒓齋出使日本，奏調爲參贊官，以嬰疾未赴。嘗上書李文忠公鴻章，以爲製造、招商等局僅收外人所得利什一，宜刱輪舟，倣公法貿易外洋，收利權。又言於王文勤公文韶論鐵路、電報、郵政、礦務四者宜急舉。其明識遠慮，已抗言於事前二十年矣。後以道員改發江蘇。光緒二十二年，遭母喪，以毀卒，年五十有三。所著有《許書轉注説例》一卷，《説文經字攷辨證》四卷，《説文答問疏證補誼》八卷，《説文經字正誼》四卷，《合校方言》四卷，《莊子集釋》二十四卷，《泊然盦文集》二卷，《梅花書屋詩集》六卷，《瀞園賸稾》二卷，《尺牘》八卷。參王先謙撰墓志銘。

養知交游

曾先生國藩 別爲《湘鄉學案》。

劉先生蓉 別見《湘鄉學案》。

陳先生澧 別爲《東塾學案》。

王先生先謙 別爲《葵園學案》。

清儒學案卷一百八十二終

清儒學案卷一百八十三

天津徐世昌

曲園學案

曲園之學，以高郵王氏爲宗，發明故訓，是正文字，而務爲廣博，旁及百家，著述閎富。同、光之間，蔚然爲東南大師。述《曲園學案》。

俞先生樾

俞樾，字蔭甫，德清人。道光庚戌進士，改庶吉士，授翰林院編修。咸豐五年，爲河南學政，奏請以公孫僑從祀文廟，聖兄孟皮配享崇聖祠，並邀俞允。七年以御史曹登庸奏劾罷職。既返初服，一意著述。嘗曰：「治經之道大要有三：正句讀，審字義，通古文叚借。三者之中，通叚借爲尤要。」蓋以高郵王氏父子之學爲主。最先著《羣經平議》，自謂竊附《經義述聞》之後。又著《諸子平議》，校正誤文，發明古義，則繼《讀書雜志》而作。又以周秦兩漢至於今遠矣，執今人尋行數墨之文法而讀周秦兩漢之書，執今日傳刻之書而以爲古人之真本，此疑義之所日滋。因刺取九經諸子，爲《古書疑義舉例》七卷，爲例八十有八，每條各舉古書數事，使讀者習知其例，有所據依。蓋小變《經傳釋詞》之例而推衍之。先生説經之作甚多，而於《易》尤深。所著《易窮通變化論》，以虞氏之旁通行荀氏之升降，力闢焦循先以本卦相易之謬，其説最爲精確。又著《卦氣直日考》、《卦氣續考》、《邵易補原》、《互體方位説》，皆得先儒説《易》之要。若《艮宧易説》則不離乎訓詁之學，《易貫》則發明聖人觀象繫辭之義，《玩易》五篇則自出新意，不專主先儒之説。先生罷官後，主講蘇州、紫陽、上海求是各書院，而主杭州詁經精舍三十餘年，課士一依阮文達成法，著籍門下者甚衆。自少即有著述之志，中歲以後，纂輯尤勤。所著有《羣經平議》三十五卷，《諸子平議》三十五卷，《第一樓叢書》三十卷，《曲園雜纂》五十卷，《俞樓雜纂》五十卷，《茶香室經説》十六卷，《經課續編》八卷，《茶香室叢鈔》二十三卷，《續鈔》二十五卷，《三鈔》二十九卷，《四鈔》二十九卷，《賓萌集》六卷，《外集》四卷，《春在堂雜文》二卷，《續編》五卷，《三編》四卷，《四編》八卷，《五編》八卷，《六編》十卷，《補遺》六卷，《春在堂詩編》二十三卷，《春在堂詞録》三卷，并隨筆、尺牘、雜著總稱爲《春在堂全書》，都二百五十卷。光緒二十八年，以鄉舉重逢詔復原官。三十二年卒，年八十有六。參史傳、尤瑩輯年譜、繆荃孫撰行狀。

羣經平議序

同治建元之歲，由海道至天津，寓於津者三載，而《羣經平議》三十五卷乃始告成。念少年精力爲舉業所秏，通籍後，又居館職，習詩賦，至中歲以後，始退而孯經，所謂困而學之者，非歟？庸足以知聖人之微言大義乎？雖然，本朝經學之盛，自漢以來未之有也。余幸生諸老先生之後，與聞緒論，粗識門户，嘗試以爲治經之道大要有三：正句讀、審字義、通古文假借。得此三者以治經，則思過半矣。《詩》曰：「昔我有先正，其言明且清。」聖人之言，豈有不明且清者哉？其詰籥爲病，由學者不達此三者故也。三者之中，通假借爲尤要。諸老先生惟高郵王氏父子發明故訓，是正文字，至爲精審。所著《經義述聞》，用漢儒讀爲、讀曰之例者居半焉。或者病其改易經文，所謂「焦明已翔乎寥廓，羅者猶視乎藪澤」矣。余之此書，竊附王氏《經義述聞》之後，雖學術淺薄，儻亦有一二言之幸中者乎？以其書成最先，故列爲匧書第一。

是書也成，藏之匧中未出也。同治四年春，天津有張少巖汝霖者，取其書第十四卷刻之。以此卷專論《考工記》世室、重屋、明堂制度，可單行也。壽陽相國見而好之，寓書曰：「歷代明堂之制，見於秦氏《五禮通考》，其中辨正舊注者，不爲無功，要亦互有出入，未足以難鄭也。陳氏《五經異義疏證》采輯近儒新説，又案而不斷，鮮所折衷。吾子據《隋書·宇文愷傳》訂正《考工記》一字之衍，遂使《記》文八十一字略無齟齬。且於鄭注之誤，駁正無遺。三代世室、重屋、明堂相因之制，燦然在目，而秦漢以來規模亦略具於斯。誠覃思精義，有功經傳者也。」閻夢巖農部汝弼亦好之，介相國而求焉。於是人始稍稍知有此書矣。是年夏，宋雪帆侍郎以使事至津，索觀《三禮平議》，謂余曰：「高郵王氏之學固極精審，然多考訂於一字一句之間。若子之書，則有見其大者，殆將駕而上之乎？」因謀以《儀禮平議》二卷刻之京師。余旋南歸，未果也。余既南歸，蔣薌泉撫部時爲吾浙方伯，知余有此書，力以刊刻自任。杭州劉笏堂太守以余書尚無定本，以時寫定。嗟乎！本朝經術昌明，諸老先生説經之書浩如煙海，余此書又何足道，而諸巨公必欲刻而行之世，豈以其中固有一二言之幸中者乎？抑或以數十年來茲道衰息，將振而起之，而姑以余此書爲嚆矢乎？後之君子必有以辨之。

考工記世室重屋明堂考

夏后氏世室，

樾謹按：世室即大室也。世、大古通用。合五室而名之，故曰大室。

堂脩二七，

樾謹按：「二」字衍文也。《隋書・宇文愷傳》，愷奏《明堂議》曰：「《記》云『堂脩七』，山東禮本輒加『二七』之字，何得殷無加尋之文，周闕增筵之義？研覈其趣，或是不然。讎校古書，並無『二』字，此乃桑間俗儒信情加減。」然則隋時古本並作「堂脩七」，鄭君所據之本亦當如是。鄭意五室皆在一堂之上，疑堂脩七步，不足容之，以爲是《記》人假設之數。使人以七步推算，非是止脩七步，故下注云「令堂脩十四步」，此乃鄭君以意說之。謂設以二七推算，則是十四步也。下注又云「令堂如上制」，可見十四步之數是鄭君假設。若《記》文本作「堂脩二七」，則是實數如此，何言「令」乎？學者從鄭義作十四步，遂增《記》文作「二七」，改經從注，貽誤千古矣。今以下文證之，殷度以尋，堂脩七尋；周度以筵，堂脩七筵；然則夏度以步，堂脩七步，理無可疑。當據宇文愷《議》訂正。大室之外四面有堂，其南明堂，其北玄堂，其東青陽之堂，其西總章之堂，凡堂皆脩七步。

廣四脩一，

樾謹案：廣四脩一者，廣二十八步也。堂脩一七，其廣四七，廣之四，脩之一也，是謂廣四脩一。雖然，堂不已廣乎？曰：此兼四旁兩夾而言也。中央爲大室，四面爲堂，東堂之南即南堂之東，南堂之西即西堂之南，西堂之北即北堂之西，北堂之東即東堂之北。是故東西兩面各廣四七，而南北兩面之各脩一七者即在其中矣。南北兩面各廣四七，而東西兩面之各脩一七者即在其中矣。《記》文不曰「廣四七」，而變其文曰「廣四脩一」，明廣之數兼有脩之數也。於是堂基定而大室之基亦定。堂基方二十八步，大室之基方十四步。爲圖如左：

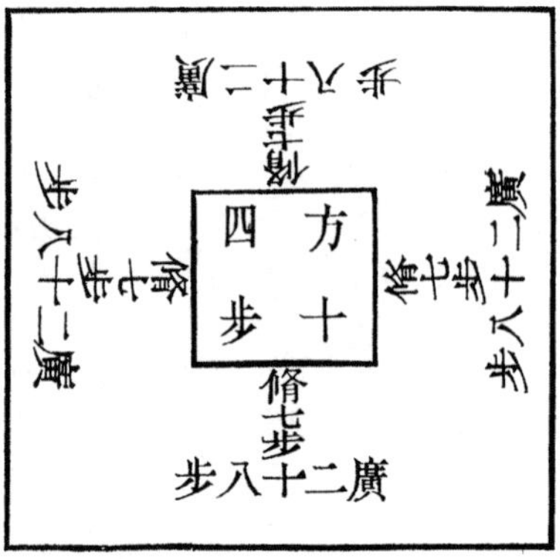

五室三四步四三尺。

樾謹按：三四步者，十二步也。不曰十二步而曰三四步，明四步者三也。四三尺者，十二尺也。不曰十二尺而曰四三尺，明三尺者四也。大室方十四步，於其中分爲五室，正中土室，正東木室，正南火室，正西金室，正北水室，室各四步，室之外各有餘地三尺。於是東西度之爲四步者三，爲三尺者四。南北度之亦爲四步者三，爲三尺者四。是爲三四步四三尺。古者六尺爲步，四步者三，三尺者四，適合大室方十四步之數。爲圖如左：

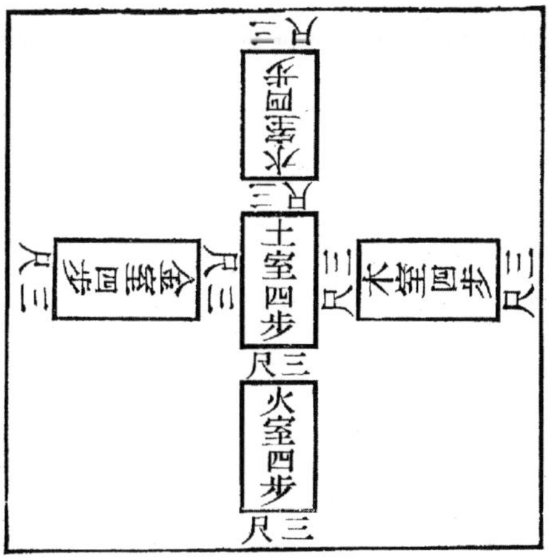

堂室既定，然後其制可得而言焉。堂必有棟，棟必居中。四堂則四棟可知，四棟則内外各四宇可知。青陽與總章爲東西兩下之屋，明堂與玄堂爲南北兩下之屋。蓋亦如門堂之有内外霤矣。爲圖如左：

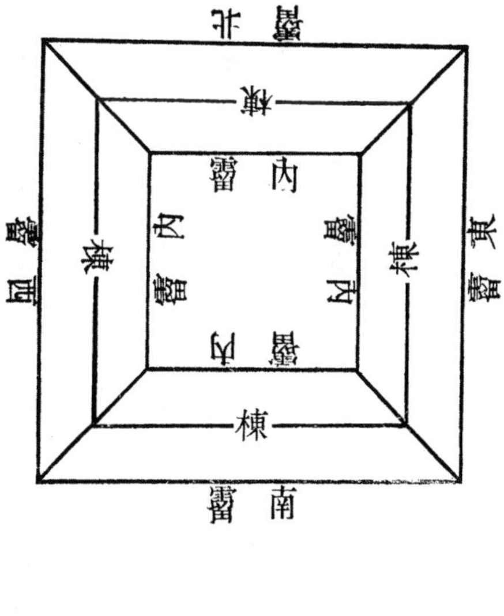

大室四面有墉，墉皆有户有牖，故各就一面觀之，皆前堂後室，有户有牖，猶常制也。其上面無棟宇，而四堂之内霤皆注其中，乃古中霤之遺象也。於是其中五室各有棟宇，以蔽風雨；各有户牖，以受天陽。木室户牖東鄉，金室户牖西鄉，其屋皆東西兩下。火室户牖南鄉，水室户牖北鄉，其屋皆南北兩下。蓋室各視其堂也。土室無堂，而四堂皆其堂。此土寄王四時之義也。其於四堂將奚視？董仲舒曰：「土者，火之子也。」《淮南子》曰：「土壯於午。」然則土室亦視明堂，户牖宜南鄉，屋宜南北兩下矣。爲圖如左：

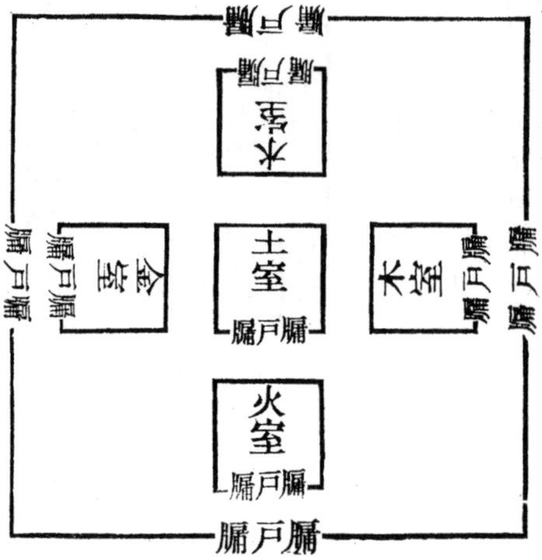

凡廟寢之制，兩牖夾一户，於當户設扆焉。《尚書·顧命》篇：「設黼扆綴衣，牖間南嚮。」曰牖間，則有兩牖明矣。至尋常宫室皆左户而右牖，制不備也。故設扆即在牖户之間。自來説宫室者未達斯旨。

九階，

樾謹案：《禮記·明堂位》篇有中階、阼階、西階，則南面三階，《禮》有明證。鄭注謂南面三，三面各二，其義塙矣。然四堂之制如一，何以南面獨多一階？蓋土室户牖南鄉，必由明堂而入，故於南面特設中階，將有事乎土室，則由中階升堂焉。秦制增爲十二階，惡知此意哉？

四旁兩夾，窗白盛。

樾謹按：夾字絶句。四旁者，堂之四旁也。堂基方二十八步，而中央大室方十四步，則堂之四旁各方七步。此方七步者，在東堂爲南，在南堂即爲東，在南堂爲西，在西堂即爲南，在西堂爲北，在北堂即爲西，在北堂爲東，在東堂即爲北，是謂四旁兩夾。以其夾於兩堂，不可屬之於堂，故爲窗白盛以隔之。白盛者，以蜃灰堊牆也。

《爾雅・釋山》曰：「山如防者，盛。」白盛之名，蓋取此義。即《周書・作雒》篇所謂「山廧」矣。其上爲窗，其下爲白盛。若今窗上而牆下者然，故曰「窗白盛」。爲圖如左：

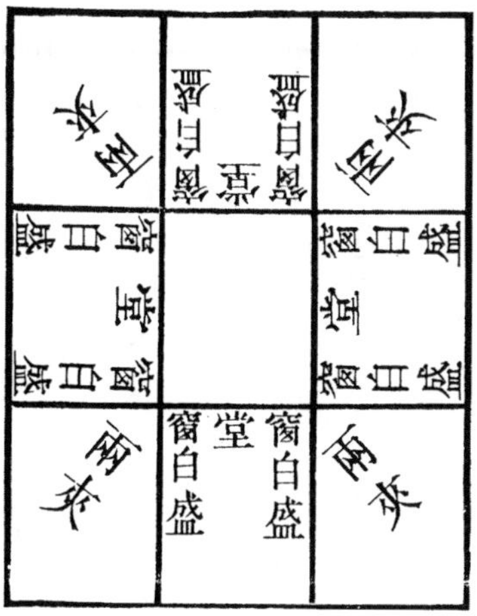

古制堂東西有牆，謂之東序、西序。序外有室，謂之夾室。其制皆出於此。此《記》但言夾不言室者，室必四面有墉，而此惟兩面有窗、有白盛，可以謂之堂，不可以謂之室也。然《周書・作雒》篇有所謂「反坫」者，孔晁注曰：「外向室也。」疑即謂此矣。故《廣雅・釋室》曰：「反坫謂之堺。」堺即序也。四傍兩夾之制，序外即反坫，故得通稱。若以常制論，則序與坫相去絶遠，不可得而通矣。據《月令》四堂皆有左右个，《説文》無个字，个者介之變體。王氏引之《經義述聞・通説》言之詳矣。左个、右个實即左介、右介，而左介、右介即四旁兩夾也。《史記・十二諸侯年表》曰：「楚介江淮。」《索隱》曰：「介者，夾也。」是介與夾義通矣。此《記》止言四旁兩夾，而《月令》分之爲八个，亦猶《月令》止言大廟大室，而此《記》分之爲五室也。《魏書・賈思伯傳》載其議曰：「青陽右个即明堂左个，明堂右个即總章左个，總章右个即玄堂左个，玄堂右个即青陽左个。」是説也，與《月令》之八个雖未必合，而與《考工記》之四旁兩夾則適合矣。夾亦謂之達。《禮記・内則》篇注曰：

「達，夾室也。」而《後漢書・祭祀志》注引桓譚《新論》有「四達八窗」之文，四旁兩夾是即四達，其兩面各有窻，非四達而八窻乎？《白虎通・辟雍》篇亦有是文，而「達」字今誤作「闥」，則失之矣。彼以四達八窻與三十六户七十二牖别而言之，非以達爲户、窻爲牖也，安得加門作闥乎？三十六户七十二牖，非古制也。四達八窻，古制也。是可剌取以爲四旁兩夾之證。堂一面本廣二十八步，除四旁兩夾，則一堂之廣止十四步矣。

門堂三之二，

樾謹案：門堂者，門基也。門居正中，其内其外皆謂之堂。正堂脩七步，廣十四步。門堂三之二，則脩二丈八尺，廣五丈六尺。

室三之一。

樾謹按：門内外各有堂，堂左右各有室。堂取數於正堂，❶則室亦取數於正室。大室方十四步，三分取一，方二丈八尺，以此方二丈八尺者，分而左右之，又分而内外之，於是堂二而室四。爲圖如左：

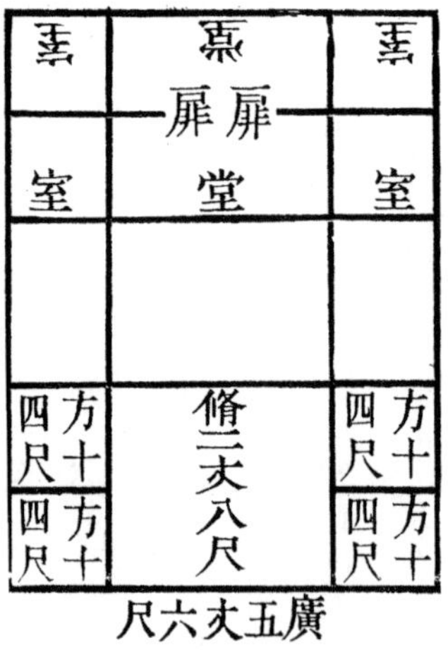

合堂室之廣共八十四尺，以步法六尺收之，得十四步，與正堂之廣適合。聖人之制，固無齟齬不齊者也。不然，門堂何以必三之二，門室何以必三之一哉？凡此《記》所載之

❶「堂」，原作「室」，據清光緒二十五年刻《春在堂全書》本《群經平議》卷一四改。

數，不可得而損益，類如此。世室之制定，而重屋、明堂皆可以此而推矣。今爲全圖如左：

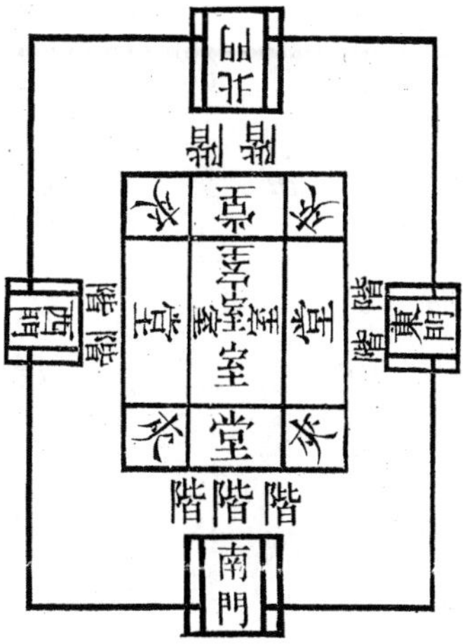

殷人重屋，堂脩七尋，

樾謹按：殷制脩廣一如夏制，但夏度以步，殷度以尋，此爲異耳。故《記》者止標「堂脩七尋」之句，不著「廣四脩一」之文，蒙上而省，從可知也。堂脩七尋，廣四脩一，則其廣二十八尋，中央大室方十四尋，五室各方四尋，四旁兩夾各方七尋，其數皆與夏同。惟易六尺之步爲八尺之尋，則五室之外各有餘地四尺，當曰三四尋四四尺矣。門堂、門室丈尺亦殊，可以推知，故不具說。

堂崇三尺，

樾謹按：此兼明夏制也。夏、殷之異，惟在變步爲尋，而其數皆同。故《記》文亦彼此互見矣。

四阿重屋。

樾謹按：下文門阿之制，注曰：「阿，棟也。」然則四阿即四棟也。四堂各有棟，故曰四阿矣。四阿重屋者，於大室之上爲重屋，其四周覆冒乎四堂之棟之上。自四面視之，棟上又有屋，是爲四阿重屋也。夏制無重屋，則以五室言，固成爲室矣；而以大室言，若未成乎室者，何也？室非可以露處也，且四堂内霤皆注大室，雖本古中霤之遺，然自堂入室，亦憂雨水之霑濡。殷人益以重屋，重屋四下之水皆由堂之外霤以注於庭，則大室之中無雨霑服失容之患矣。此殷人之鑒於夏制而益加詳焉者也。大室四隅設礎立柱，以載重屋，當自有制。《記》人既無明文，故亦不敢輒爲之説。

周人明堂，度九尺之筵，東西九筵，南北七筵，堂崇一筵，五室，凡室二筵。

樾謹按：上文言夏制曰「堂脩七，廣四脩一」，兼四旁兩夾而言也。此曰「東西九筵，南北七筵」，不兼四旁兩夾而言也。於夏制見四堂之全基，於周制見一室之實數。前後互見，古人之文所以簡而備也。其曰東西、曰南北，蒙明堂爲文耳，在玄堂亦然。若青陽、總章則東西七而南北九矣。《記》不言者，既以明堂標題，從可知也。上文言夏制，亦舉一面言之。然上文言脩廣而不言東西南北，則又其屬辭之密也。何也？東西南北固蒙明堂爲文也，《記》者之文豈有一字苟焉而已哉？世室之制既定，則明堂之制不待更説，但明其數可矣。四堂全基方二十三筵，中央大室方九筵。爲圖如左：

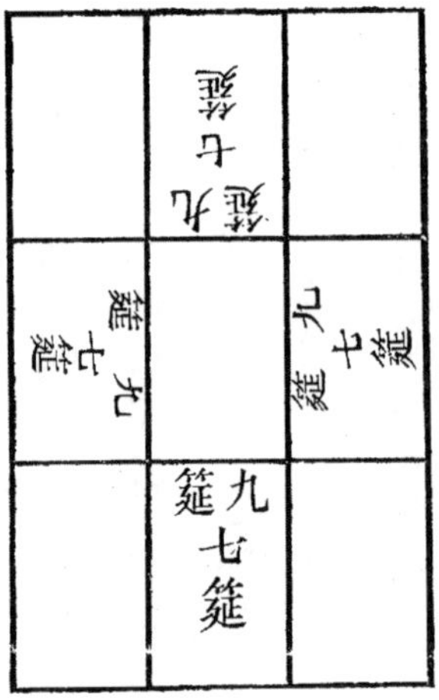

世室、重屋、明堂數各不同，然夏、殷之制並廣四而脩一，則其數雖殊，其制不異也。周人明堂改而爲「東西九筵，南北七筵」，以七、九爲差，不循廣四脩一之舊。於是門堂、門室始有異於二代矣。何以知之？以其數知之也。正堂廣九筵，脩七筵，門堂三之二，則廣五丈四尺，脩四丈二尺。大室方九筵，門室三之一，則方二丈七尺。分而左右之，又分而内外之，則每室方一丈三尺五寸。置之於堂之兩頭，則其前其後各有餘地一丈二尺五寸，於是有門側之堂焉。周公作《爾雅》曰：「門側之堂謂之塾。」此周制然也。爲圖如左：

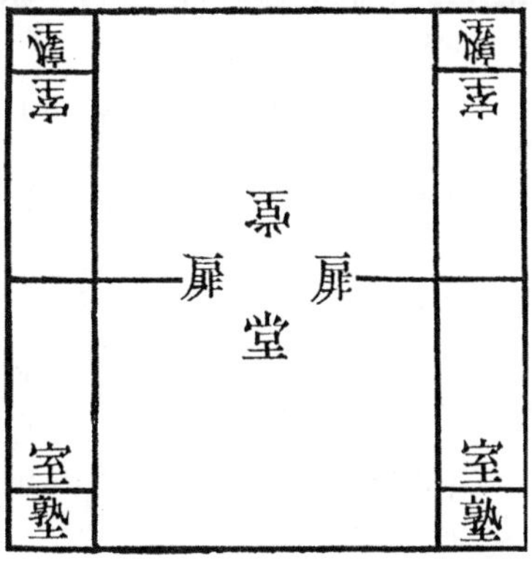

附九室十二堂考

《大戴記》説明堂有九室十二堂，蓋秦漢之制也。《藝文類聚》三十六引《三禮圖》曰「秦爲九室」，則九室始於秦明矣。古大室四隅本有隙地，秦於其地各置一室，即并五室而九，於是自一面視之，❶皆中爲室，左右爲房。東南之室，木室之南房，火室之東房也。西南之室，火室之西房，金室之南房也。西北之室，金室之北房，水室之西房也。東北之室，水室之東房，木室之北房也。雖爲九室，而於五室配五行之始，意初不相背。何也？四隅之室名室而實房也。《説文·户部》：「房，屋在旁也。」是房者在旁之室。高誘注《淮南子》、王逸注《楚辭》竝曰：「房，室也。」房之與室義得相通，故并五室而稱九室矣。《隋書·禮儀志》載梁武帝制曰：「明堂之義，本是祭五帝，九室之數未見其

❶「面」，原作「而」，今據《群書平議》卷一四改。

理。」《魏書·賈思伯傳》載其議曰：「蔡邕論明堂之制，皆以天地陰陽氣數爲法，而室獨象九州，何也？若立五室以象五行，豈不快也。」凡此諸論，皆由聞九室之名而不達九室之義。且秦分天下爲三十六郡，又何取乎古之九州而法之哉？審知四隅之室即爲左右之房，自無疑乎此矣。若夫十二堂者，通四堂八个計之也。个即介也，八个者八夾也。於堂之四旁兩夾各置一室，則皆後爲室，前爲堂。以室而言則四，以堂而言則八矣。是故東南夾室，青陽、明堂共之，其東爲青陽右个，其南爲明堂左个。西南夾室，明堂、總章共之，其南爲明堂右个，其西爲總章左个。西北夾室，總章、玄堂共之，其西爲總章右个，其北爲玄堂左个。東北夾室，玄堂、青陽共之，其北爲玄堂右个，其東爲青陽左个。於是青陽、總章有中堂，又有南北堂。明堂、玄堂有中堂，又有東西堂，而十二堂之名從此始矣。《魏書·袁翻傳》引裴頠云「漢氏作四維之个」，或即謂此乎？秦人既於大室四隅置室，漢人又於堂之四旁兩夾置室，亦事之相因者矣。張衡《東京賦》曰：「乃營三宮，布教頒常。複廟重屋，八達九房。」九房即九室也，八達即八个也。房屋達个，古通稱耳。準古廟寢之制，室左右必有房，堂左右必有夾室。明堂既四面周四，是以室分而房合，堂分而夾室合。此其爲制，非無思議。然而三代世室、重屋、明堂之制皆無是焉。《禮》曰：「所以交於神明者，不可同於所安褻之甚也。」明堂所以事五帝，尊嚴之地，宜與常制有殊。是故內之有室而無房，外之有堂而無夾室，固非古制之闊疏矣。茲故詳考之，俾學者無以秦漢之制當古制也。附圖如左：

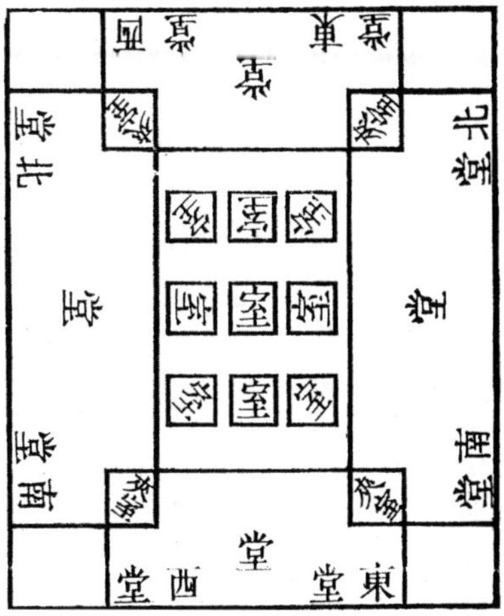

樾既爲《世室、重屋、明堂考》，乃申論其後，曰：粵惟上古，五德代興，徽號器械，莫不視此。故黄帝以來，皆嚴事焉。此明堂所自始也。其制中央爲室，四面爲堂，則其專爲祀五帝而設可知矣。不然，「聖人南面而聽天下，鄉明而治」，何取乎四面之堂哉？世傳黄帝曰合宫，堯曰衢室。夫四面四堂，環乎大室，非所謂合宫乎？中央大室，若處乎四達之衢，非所謂衢室乎？然則自上古迄周，其制略同矣。明堂既爲祀五帝之地，故每月之朔，天子即於其地聽朔焉。春三月於青陽，夏三月於明堂，秋三月於總章，冬三月於玄堂。是以《禮》逸篇有《王居明堂禮》之名，鄭康成引以注《月令》。此建立明堂之本意，百王通行之典禮也。周制祀天於南郊，以后稷配；祀五帝於明堂，以文王配。故《孝經》曰：「周公郊祀后稷以配天，宗祀文王於明堂，以配上帝。」《詩序》曰：「《我將》，祀文王於明堂也。」竝其事也。《周書·明堂》篇載：「周公攝政六年，會方國諸侯於宗周，大朝諸侯於明堂之位。」此則禮以義起，乃有周一代之大事，而非有周一代之常法。蓋以成王幼弱，四方未靖，懼天下諸侯或有疑貳，故既定宗祀文王之大典，即於其地爲位以朝諸侯，欲天下思文王之德而歸心周室也。其曰「天子之位，負斧依，南面立」，然則所用者止明堂之一面，故曰「明堂者，明諸侯之尊卑也」。其東青陽，其西總章，其北玄堂，皆無取焉。明年而周公歸政，則此禮亦不復舉矣。然而有周一代以爲美談，周之史臣既備載其位，而魯之儒者又增益爲《明堂位》篇，明堂之名於是特著。故夏曰世室，舉中以見外。殷曰重屋，舉上以見下。而周曰明堂，則獨舉南之一面以包其三面，其義在此也。明堂之名既著，故周人於制度之大者皆取法於明堂，而亦皆有明堂之名。於是有宗廟之明堂，有路寢之明堂，有辟雍之明堂，有方岳之明堂，❶豈其制皆如前所圖歟？曰非然也。明堂者，其南面一堂之名也。以南面一堂之名名之，則亦南鄉可知也。其取法於明堂者，準其脩廣之數也。賈公彦疏引《書傳》云：「周人路寢，南北七雉，東西九雉，室居二雉。」雖變筵爲雉，而其數則同。凡所稱與明堂同制者，胥視此矣。周室既衰，諸侯去籍，明堂之制言人人殊。大略上圓下方，九室十二堂，堂四户八牖，則皆秦、漢法程，難言古典。九室十二堂，其説具前。今且以户牖言之，大室所以四面有户牖者，正以四面皆堂耳。《説文》曰：「室，實也。」二筵之室才一丈八尺，而四面各設一户二牖，麗廔闓明，内外迵達，是爲樓觀之形，非復室實之義。此之虚罔，昭然可知。是故言明堂者，當以《考工記》爲主。古之工師識其遺言，高曾規矩於焉可見，非如禮家掇拾於煨燼之餘也。然其文辭簡古，前後互見，章句之

❶「岳」，原脱，今據《群經平議》卷一四補。

儒莫能通曉。樾據《隋書·宇文愷傳》訂正一字之衍,而三代制度燦然復明。於《記》文八十一字無一字齟齬,明堂之制定於斯矣。鄭康成注三《禮》,最號淹通,而於此《記》抑何疏闊。其謬誤之處,蓋非一端,輒援鄭《駁異義》之例,駁而正之,匪曰好辯,亦惟求是。

「廣四脩一」注曰:「令堂脩十四步,其廣益以四分脩之一,則堂廣十七步半。」樾謹按:如鄭義,則當云「益以四脩一」,其文方明。不得但云「廣四脩一」也。且其數畸零不齊,於義無取,足知其非。

「五室三四步四三尺」注曰:「堂上爲五室,象五行也。三四步,室方也。四三尺,以益廣也。木室於東北,火室於東南,金室於西南,水室於西北,其方皆三步,其廣益之以三尺。土室於中央,方四步,其廣益之以四尺。此五室居堂南北六丈、東西七丈。」樾謹按:前堂後室,乃堂室之定制也。而鄭謂堂上爲五室,其謬一矣。《藝文類聚》卷三十八引《三禮圖》曰:「明堂者,周制五室,東爲木室,南火,西金,北水,土在其中。」此五行之正位,三代之所同,未有能易者也。而鄭謂木室東北,火室東南,金室西南,水室西北,其謬二矣。下文言周制曰「凡室二筵」,不言脩廣,是室脩廣如一也。而鄭謂「四三尺以益廣」,其謬三矣。且如鄭注,則一室四室必當分別言之,不然則與周制之五室如一者奚別焉?即謂古人語簡,不屑屑分别,亦當云「三四步三四尺」方見以三尺益三步、四尺益四步之義。乃步言三四、尺言四三,必顛倒其文,何義乎?不於此深求其義而臆決焉。其謬四矣。

「四旁兩夾窻」注曰：「窻，助房爲明。每室四户八窻。」樾謹按：古言户牖，不言窻户。窻之與牖，義蓋有別。愚嘗有《窻牖辯》，其略曰：窻與囱同，古文作「囪」，小篆作「囱」。觀其形，知其制，蓋以木縱横界之，不可開闔者也。牖字從片，片者判木也。故板字從片，牖爲木版，亦從片。牏，築牆短版，亦從片。然則，牖蓋以版爲之，爲可開可闔者也。鄭君以窻爲牖，無乃疏歟？且四户八牖，非古制也。義已具前，故不復説。

「門堂三之二」注曰：「門堂，門側之堂，取數於正堂。令堂如上制，則門堂南北九步二尺，東西十一步四尺。《爾雅》曰：『門側之堂謂之塾。』」樾謹按：鄭君誤以堂脩七爲假設之數，於是正堂之制失，而門堂之制亦失。今既訂正，可弗論矣。惟以門堂爲門側之堂，則亦非也。若門側有堂，而門中無堂，則《爾雅》直曰「門堂謂之塾」可矣，何必別之曰「門側之堂」哉？且夫門側有堂，周制也，夏、殷所不得而有也。鄭失其數，難與語此。

「室三之一」注曰：「兩室與門各居一分。」樾謹按：兩室各居一分，則於門堂占三分之二，何云「三之一」乎？且門堂既取數於正堂，則門室亦必取數於正室，安得即於門堂取之？

「殷人重屋，堂脩七尋」注曰：「其脩七尋五丈六尺，放夏、周，則其廣九尋七丈二尺也。五室各二尋。」樾謹按：殷制一如夏制，鄭不達夏制，因不達殷制，而以周制説之，此大誤也。周制尚在下文，何得逆探爲説乎？

「四阿」注曰：「若今四注屋。」樾謹按：此當連下「重屋」爲文，謂於四棟之上作重屋也。《爾雅》曰：「偏高阿丘。」凡屋上棟下宇，自一面視之，有偏高之形，故棟宇通有「阿」稱。《儀禮》「當阿」，以宇言也。此《記》四阿，以棟言也。說詳《儀禮》。鄭斷「四阿」二字爲句，而訓爲「四注屋」，夫四阿則四注可知，鄭君此注於義無違，然學者因此便謂四注之屋始自殷人，夏后氏世室尚是兩下屋，則大不然矣。既爲四面之堂，豈得爲兩下之屋，所以有夏屋兩下之說者，蓋後世廟寢皆爲四注屋。夏后以前，廟寢之屋，惟南北兩下，是以傳於此名也。若夫世室、重屋、明堂異名同實，其東堂、西堂東西兩下，其南堂、北堂南北兩下，合而爲四注之屋，是其四注也。實則皆兩下也。古者無可減，後世無可加。

「重屋」注曰：「複，笮也。」樾謹按：古有重屋，有複屋。重屋者，此《記》所說是也。複屋者，於棟之下復爲一棟，以列椽，亦稱重橑。徐鍇《說文繫傳》於「橑」篆下引《東方朔傳》「後閣重橑」而釋之，曰「大屋廡下椽自上峻下，則自其中棟假裝其一旁爲椽，使若合掌然，故曰重橑」。此說重屋之制至詳盡矣。《說文·木部》：「樓，重屋。」《林部》：「棼，複屋棟也。」重屋、複屋不可混而一之。《周書·作雒》篇：「重亢重廊。」孔晁注曰：「重亢，累棟也。重廊，累屋也。」所謂「累棟」者，即複屋矣。所謂「累屋」者，即重屋矣。是古制明分爲二，鄭君此注殆誤以複屋說重屋乎？《春秋·文十三年》：「大室屋壞。」《漢書·五行志》引《左氏》說曰：「前堂曰大廟，中央曰大室屋。其上重屋，尊高者也。」《隋書·牛弘傳》引服虔說曰：「大廟，大室之上屋也。」此皆經師舊説，足可依據。

「堂崇一筵」注曰：「周堂高九尺，殷三尺，則夏一尺矣。相參之數，禹卑宮室，謂此一尺之堂與。」樾謹按：堂崇三尺，夏、殷同之。《禮》曰：「天子之堂九尺，諸侯七尺，大夫五尺，士三尺。」是三尺之堂已爲極卑，一尺之堂古無有也。《呂氏春秋・召類》篇曰：「明堂茅茨蒿柱，土階三等。」若有一尺之堂，則當有一等之階。呂氏方極言古制之儉，何不言一等而必言三等乎？鄭注又以世室爲宗廟，重屋爲王宮正室，明堂爲明政教之堂。❶不知三者一也，已具論於前，不復説矣。夫世室、重屋、明堂之制，雖大儒如鄭君猶不能曉然，則李謐、牛弘之議又何譏焉。近代學者覃思古義，多所發明，而於斯制，實猶未得。此《世室重屋明堂考》所以作也。雖然，世室、重屋、明堂，三代之制也。吾論三代之制而下及秦漢者，何也？秦漢之制，亦從三代出也。然則三代其遂無所出乎？蓋必出於唐、虞可知矣。唐虞久遠，工師失傳，故《考工記》不載其制，乃文祖之名見於《堯典》，鄭康成謂若周之明堂。《史記・五帝本紀》正義引《尚書帝命驗》曰：「帝者，承天立五府。五府者，唐虞謂之天府，夏謂之世室，殷謂之重屋，周謂之明堂，皆祀五帝之所也。赤帝熛怒之府，名曰文祖，周曰明堂。黄帝含樞紐之府，名曰神斗，周曰大室。白帝招矩之府，名曰顯紀，周曰總章。黑帝光紀之府，名曰玄矩，周曰玄堂。蒼帝靈威仰之府，名曰靈府，周曰青陽。」然則唐虞之制亦略可見矣。爲圖如左：

❶「明堂」，原作「明當」，今據《群經平議》卷一四改。

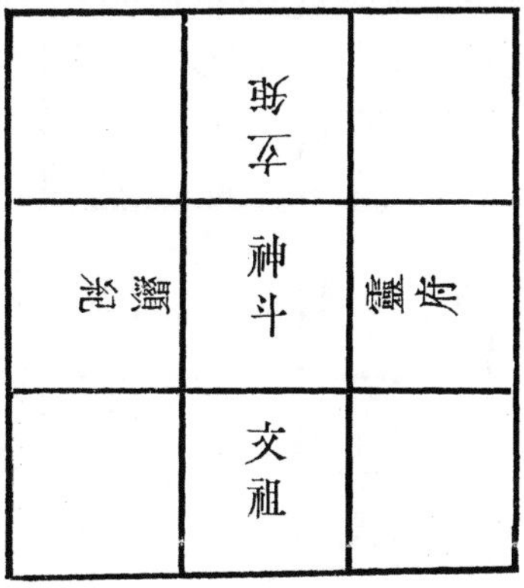

土居中央，有室無堂，以木、火、金、水四堂爲堂，明土於五行最尊，不自任部職也。木火金水居四方，有堂無室，皆以土室爲室，明土最大，能包含物也。唐虞之制，豈後世所及哉？其脩廣之數，雖無得而言，然後世五室如一，則唐虞五府亦必如一矣。夏后氏以五帝宜各有室，乃斥大其中央之室，而置五室焉，因改天府之名而曰世室。自夏迄周，五室四堂遂爲定制，莫之易也。秦漢以降，宏規大起，增五室爲九室，分四堂爲十二堂，其於古制去之彌遠矣。《月令》所説止有大廟大室，而無五室之别，或猶唐虞之遺制乎？然四堂各有左右个，又近乎十二堂矣。《月令》本出吕不韋意者，吕氏廣集賓客，作爲此書，固欲自成一代之制，童牛角馬，不今不古者歟？《周書·明堂》篇止記周公明堂之位，而《太平御覽》、《事文類聚》載其逸文，曰：「明堂方一百一十二尺，室居中，方百尺，室中方六十尺，東方曰青陽，南方曰明堂，西方曰總章，北方曰玄堂，中央曰大廟。左爲左个，右爲右个。」其制正與《月令》同。夫有左右个，則必有四維之室矣。所謂室居中、方百尺者，通堂上四維之室言之也。所謂室中方六十尺者，大室也。大室方六十尺，四維之室各方二十尺爲四十尺，適合方百尺之數。然則大廟脩二十六尺，左右个各脩六尺矣。此制或即吕氏之徒所定，而後人載之《周書·明堂》篇之末，亦若《王會》篇載伊尹朝獻歟？附圖如左：

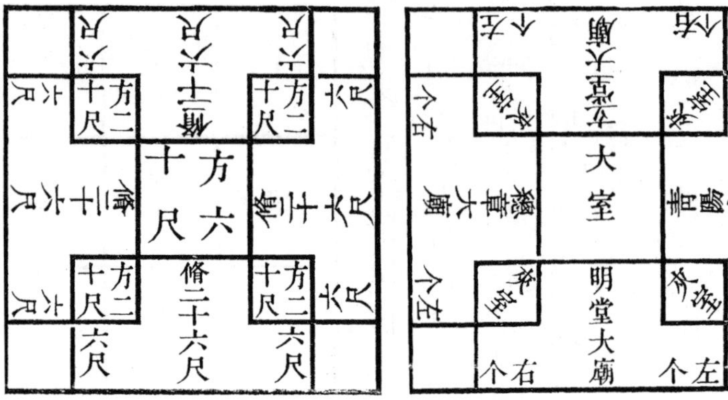

吕氏之説雖不足據，然而五府遺意猶有存焉。其青陽、總章諸名，亦未知所自始。《帝命驗》謂皆周制，非也。《隋書·牛弘傳》稱「堯曰五府，舜曰總章」，然則四堂之名古矣。堂有四而舉總章者，自大室而言之也。土生金，金生水，水生木，木生火，是故總章者，四堂之首也。虞曰總章，猶周曰明堂。金爲土之子，而火爲土之母，故以總章統四堂可也。以明堂統四堂，亦可也。要而論之，一室四堂，唐虞之制。五室四堂，三代之制。九室十二堂，秦漢之制。孟子言性善，必稱堯舜。夫五性本於五行，然則言明堂者，豈可遺唐虞之制乎？愚謂《世室重屋明堂考》而以五府終焉，觀止矣。

諸子平議序

聖人之道具在於經，而周秦兩漢諸子之書亦各有所得，雖以申、韓之刻薄，莊、列之怪誕，要各本其心之所獨得者而著之書，非如後人剽竊陳言，一倡百和者也。且其書往往可以考證經義，不必稱引其文，而古言古義居然可見。故讀《莊子·人間世》篇曰「大枝折，小枝泄」，泄即抴之叚字，謂牽引也，而《詩·七月》篇「以伐遠揚，猗彼女桑」之義見矣。讀《賈子·君道》篇曰「文王有志爲臺，令匠規之」，而《詩·靈臺》篇「經始靈臺，經之營之」之義見矣。讀《管子·大匡》篇曰「臣禄齊國之政」，而知《尚書》今文家説「大麓」，古有此説。讀董子《春秋繁露·王道》篇曰「恩衛葆」，而知《春秋左氏傳》「齊人來歸衛俘」，字固不誤。讀《商子·禁使》篇曰「騶虞以相監」，而知韓、魯《詩》説以騶虞爲掌鳥獸官亦古義也。讀《楊子·吾子》篇曰「如其智，如其智」，而知《論語》「如其仁，如其仁」，非孔子之許管仲以仁矣。讀《楊子·五百》篇曰「月未望則載魄於西」，而知僞孔傳解「哉生魄」之誤。讀《商子·刑賞》篇曰「昔湯封於贊茅」，而知皇甫謐謂「湯居穀熟」之非。讀《吕氏春秋·音律》篇曰「固天閉地，陽氣且泄」，而知《月令》「以固而閉，地氣沮泄」之文有奪誤也。讀《淮南子·時則》篇曰「大禱祭於公社」，而知《月令》「大割祠於公社」，割乃周之誤字，周乃禂之叚字，禂祠即禱祭也。凡此之類，皆秦火以前六經舊説，孤文隻字，尋繹無窮。烏呼！西漢經師之緒論已可寶貴，況又在其前歟？然諸子之書，文詞奥衍，且多古文叚借字，注家不能盡通，而儒者又屏置弗道，傳寫苟且，莫或訂正，顛倒錯亂，讀者難之。樾治經之暇，旁及諸子，不揣鄙陋，用《羣經平議》之例，爲《諸子平議》，亦三十五卷。

易貫序

孔子稱：「聖人設卦觀象，繫辭焉而明吉凶。」夫卦象不過陰陽奇偶而已，聖人於何觀之而各繫以辭哉？曰：機之所觸，象即呈焉。今日觀之如是，明日觀之或未必如是矣。聖人之辭，亦姑就所見者而繫之耳。然而「輿説輹」、「臀無膚」之類，又一見再見，何也？曰：此聖人示人以端倪之可見者也。引而申之，觸類而長之，則「輿説輻」、「臀無膚」，又豈止此兩卦哉？其不必皆同者，機之所觸無一定也，其不妨偶同者，使人得由此而測之也。若并無此一二卦之偶同，則聖人之情不見於辭矣。樾憂患餘生，粗知學《易》，隨其所得，筆之於書，一以貫之，請竢異日。

玩易篇序

《傳》曰：「君子所居而安者，《易》之序也；所樂而玩者，爻之辭也。是故君子居則觀其象而玩其辭，動則觀其變而玩其占。」然則，《易》也者，其君子之所玩乎？樾憂患餘生，蹉跎半百，韋編三絶，聊以自娱。若夫河洛之學久失其傳，漢宋諸儒各樹其幟，禮家聚訟，而《易》尤甚。以樾檮昧，固無聞焉。

論語小言序

昔孔子贊《易》，舉《中孚》九二等七爻而

説之，又舉《咸》九四等十一爻而説之，叚藉經文，發揮意義，此其濫觴矣。漢韓嬰著《詩外傳》，褋引古語古事，證以《詩》詞，於經義不必盡合。班固稱三家之《詩》或取《春秋》，采褋説，咸非其本意。是古之經師固有此例。《韓非子》書有《解老》、《喻老》兩篇，引老氏之文成一家之説，亦其流乎？呫畢之餘，偶有一得，輒引《論語》以證成之。詹詹小言，無當大道，至其體例，蓋有自來。先民有作，非曰侮聖。

春秋名字解詁補義序

本朝經術昌明，詁訓之學超踰前代，而余尤服膺高郵王氏之書。其所著《經義述聞》、《讀書褋志》，發明義理，是正文字，允足以通古今之言，成一家之學。《經義述聞》中附《春秋名字解詁》二卷，於古人名字相應之義鉤深索隱，曲而能中，尤爲先儒所未及。然自唐以來，典籍散佚，古義不盡有徵。王氏所説，得者大半，而千慮一失，亦或有之。余鑽孯既久，妄有訂正。又篇末所列闕疑三十餘條，亦以己意補其數事，依原書之次録之，題曰《春秋名字解詁補義》。

詁經精舍自課文

爾雅釋詁釋言釋訓三篇名義説

《爾雅》首三篇《詁》、《言》、《訓》之名，邢疏所説不了。其云「《釋言》，則《釋詁》之别」，然則二篇猶一篇矣。竊謂不然。以愚論之，《釋詁》一篇，所説皆字之本義，故謂之詁。詁者，古也，言古義本如此也。即如初、哉、首、基四字，邢疏曰：「初者，《説文》云

『從衣從刀，裁衣之始也』。哉者，古文作『才』，《説文》云『才，草木之初也』。以聲近借爲『哉始』之『哉』。首者，頭也，首之始也。基者，《説文》云『牆始築也』。」然則初、哉、首、基之爲始，非皆字之本義乎？《釋言》一篇所説，則字之本義不如此，而古人之言有如此者。即以篇首「殷、齊，中也」言之，殷本不訓中，而《書》云「以殷仲春」，此殷字則訓爲中；齊本不訓中，而《釋地》云「距齊州以南」，此齊字則訓爲中，故曰「殷、齊，中也」。此《釋言》所以異於《釋詁》也。至《釋訓》一篇所説，則直是後世箋注之祖，所以解釋經文，如斤字並不訓察，而《周頌》云「斤斤其明」，合二字爲文，則有察義矣，故云「斤斤，察也」。秩字並不訓智，而《小雅》云「左右秩秩」，合二字爲文，則有智義矣，故曰「秩秩，智也」。本篇所釋多重言，皆本經文，并有舉全句而釋之者。此《釋訓》所以異於《釋言》也。三篇之分，初意如此。周公體例本是秩然，叔孫、梁文繼事增益，遂多羼亂，或失本真，要其大旨，可覆按也。漢世經師，去古未遠，其所訓釋，猶合《雅》義。今即以鄭君《儀禮注》言之，如云：饌，陳也；兼，併也；進，前也；自，由也；贊，佐也；命，告也；即，就也；卒，已也；反，還也；旅，衆也，若此之類，直舉其字而説其義，例之《爾雅》，其《釋詁》乎？如云：積猶辟也，屬猶著也，側猶特也，攝猶整也，病猶辱也，于猶爲也，彌猶益也，殺猶衰也，請猶問也，與猶兼也，若此之類，並加猶字，以成其義，明字之本義，初不如此，例之《爾雅》，其《釋言》乎？如曰「禮辭，一辭而許也」、「側酌，言無爲之薦者也」、「大古，唐虞以上也」、「扱地，手至地也」、「傳言，猶出言也」、「改居，謂自變動也」、「舉前曳踵，備蹻跆也」、「問夜，問其時數也」、「拜辱，出拜其屈辱至已門也」，如此之類，並舉經文而釋之，例之《爾雅》，其《釋訓》乎？惟《詩》人多重言疊語形況之辭，而《禮經》罕見，故此條所舉，與《釋訓》篇畧殊。至其詮釋經文，固無異也。愚嘗欲刺取三禮鄭注分別部居，依《爾雅》之例，爲《鄭雅》一書，有志未逮。姑撮舉其略如此，且以發明《雅》義也。

左傳古本分年考

凡作傳之例，每年必冠以年，每月必冠以月，此紀事之定例也。然事必有其緣起，不能一例。冠以年月，如「陳及鄭平」，「十二月，陳五父如鄭涖盟」，五父如鄭雖在十二月，而其事不始於十二月，故於十二月之前先書「陳及鄭平」也。又如「鄭伯請釋泰山之祀而祀周公，以泰山之祊易許田」，「三月鄭伯使宛來歸祊」，宛之來雖在三月，而其事不始於三月，故於三月之前先書「鄭伯請釋泰山之祀而祀周公，以泰山之祊易許田」也。如此之類，學者皆以爲當然，未嘗謂每篇必當從某月起，而某月之前不容著一字也。夫年之與月亦等耳，乃月之上不礙有文，而年之前不容有字。每年必以某年建首，而某年之前所有文字必截附上年之末，於是文義之不通者多矣。此編次之失也。今一一正之，以存《左氏》古本之舊。以下引證凡三十二條，略。

凡左氏之傳本非年各爲篇，以上諸條皆牽連爲文，初無間隔。至後人合傳於經，乃始有經文間隔其中，而又編次失當，每年必以年建首，年以前所有文字一一割歸上年之末，於是文義多不可通。如云「十九年春，遂城而居之」，無上文則所城何地，居者何人？「二十四年春，王正月，秦伯納之」，無上文則所納何人？「九年春，王正月己酉，使賊殺先克」，無上文則使者何人？「五年春，原屏放諸齊」，無上文則所放何人？古人必無此鶻突文法也。余一一爲之訂正，雖於文義無所損益，要是古本如是，後人依此刊刻，庶存《左氏》之本來也。

易窮通變化論

《易》之大義，歸於既濟定而已。六十四卦爲三百八十四爻，初九、九三、九五、六二、六四、上六，陰陽得正者一百九十二爻。九二、九四、上九、初六、六三、六五，陰陽失正者一百九十二爻。得正則定矣，所謂「既濟定」也。失正則宜化不正爲正，然後可以定，故於旁通之卦彼此互異。如以此卦之二易彼卦之五，則即以彼之五爻爲此之二爻；如以此卦之五易彼卦之二，則即以彼之二爻爲此之五爻，初與四、三與上亦然。然此一百九十二爻中，陰遇陽，陽遇陰，可得而易者，九十六；陽遇陽，陰遇陰，不可得而易者，亦九十六。可得而易，斯謂之通；不可得而易，斯謂之窮。《繫辭傳》曰：「往來不窮謂之通。」然則往來不通謂之窮矣。以三百八十四爻觀之，定者半，不定者半。以不定之一百九十二爻觀之，通者半，窮者半。

☰乾	二通	四通	上通
☷坤	五通	初通	三通
☳震	五通	四通	三通
☴巽	二通	初通	上通
☵坎	二通	初通	三通
☲離	五通	四通	上通
☶艮	五通	初通	上通
☱兌	二通	三通	四通

同人　四通　上通
師　二窮　五窮　初通　三通
比　初通　三通
大有　二窮　五窮　四通　上通
隨　四通　三通
蠱　二窮　五窮　初通　上通
漸　初通　上通
歸妹　二窮　五窮　三通　四通
屯　三通
鼎　二窮　五窮　初窮　四窮　上通
家人　上通
解　二窮　五窮　初窮　四窮　三通
革　四通
蒙　二窮　五窮　初窮　三窮　上窮
蹇　初通

睽　二窮　五窮　四通　三窮　上窮
小畜　二通　上通
豫　五通　初窮　四窮　三通
復　五通　三通
姤　二通　初窮　四窮　上通
夬　二通　四通
剥　五通　初通　三窮　上窮
謙　五通　初通
履　二通　四通　上窮　三窮
節　二通　三通
旅　五通　初窮　四窮　上通
賁　五通　上通
困　二通　初窮　四窮　三通
豐　五通　四通
渙　二通　初通　三窮　上窮
井　二通　初通

䷔噬嗑　五通　四通　三窮　上窮

䷒臨　二窮　五窮　三通

䷠遯　初窮　四窮　上通

䷭升　二窮　五窮　初通

䷘无妄　四通　三窮　上窮

䷙大畜　二窮　五窮　上通

䷬萃　初窮　四窮　三通

䷡大壯　二窮　五窮　四通

䷓觀　初通　三窮　上窮

䷄需　二通

䷢晉　五通　初窮　四窮　三窮　上窮

䷣明夷　五通

䷅訟　二通　初窮　四窮　三窮　上窮

䷊泰　二窮　五窮

䷋否　初窮　四窮　三窮　上窮

䷨損　二窮　五窮　三窮　上窮

䷞咸　初窮　四窮

䷟恒　二窮　五窮　初窮　四窮

䷩益　三窮　上窮

䷼中孚　二通　三窮　上窮

䷽小過　五通　初窮　四窮

䷛大過　二通　初窮　四窮

䷚頤　五通　三窮　上窮

䷾既濟

䷿未濟　二窮　五窮　初窮　四窮　三窮　上窮

夫物不可以終窮也，於是有變而通之之法，所謂「窮則變，變則通」也，所謂「變而通之以盡利」也。何謂變？謂變其陰陽也。變則化矣，化不正以爲正者，所謂「化而裁之存乎變」也。二爻窮者，二一變而化。四爻窮者，四變而化。六爻窮者，六變而化。

師　初三通同人成泰　二變成明夷　五變成既濟

大有　四上通比成泰　二變成明夷　五變成既濟

蠱　初上通隨成泰　二變成明夷　五變成既濟

歸妹　三四通漸成泰　二變成明夷　五變成既濟

豫　五三通小畜成泰　初變成革　四變成既濟

姤　二上通復成咸　初變成革　四變成既濟

剥　五初通夬成益　三變成家人　上變成既濟

履　二四通謙成益　二變成家人　上變成既濟

旅　五上通節成咸　初變成革　四變成既濟

困　二三通賁成咸　初變成革　四變成既濟

涣　二初通豐成益　三變成家人　上變成既濟

噬嗑　五四通井成益　三變成家人　上變成既濟

臨　三通遯成泰　二變成明夷　五變成既濟

遯　上通臨成咸　初變成革　四變成既濟

升　初通无妄成泰　二變成明夷　五變成既濟

无妄　四通升成益　三變成家人　上變成既濟

大畜　上通萃成泰　二變成明夷　五變成既濟

萃　三通大畜成咸　初變成革　四變成既濟

大壯　四通觀成泰　二變成明夷　五變成既濟

觀　初通大壯成益　三變成家人　上變成既濟

泰　二變成明夷　五變成既濟

咸　初變成革　四變成既濟

益　三變成家人　上變成既濟

中孚　二通小過成益　三變成家人　上變成既濟

小過　五通中孚成咸　初變成革　四變成既濟

大過　二通頤成咸　初變成革　四變成既濟

頤　五通大過成益　三變成家人　上變成既濟

鼎　上通屯成恆　五變成大過　二變成咸　初變成革　四變成既濟

解　三通家人成恆　五變成大過　二變成咸　初變成

革　四變成既濟

蒙　初通革成損　五變成中孚　二變成益　三變成家人　上變成既濟

睽　四通蹇成損　五變成中孚　二變成益　三變成家人　上變成既濟

晉　五通需成否　初變成无妄　四變成益　三變成家人　上變成既濟

訟　二通明夷成否　初變成无妄　四變成益　三變成家人　上變成既濟

否　初變成无妄　四變成益　三變成家人　上變成既濟

損　二變成頤　五變成益　三變成家人　上變成既濟

恒　二變成小過　五變成咸　初變成革　四變成既濟

未濟　二變成晉　五變成否　初變成无妄　四變成益　三變成家人　上變成既濟

變也者，聖人之所不得已也。其已定之爻，無所用吾變也。未定之爻，而有可通，則亦不必用吾變也。窮而無所通，乃不得已而變以求通。此聖人所上以贊天地之化育，而下以左右民也。學者不知窮通之故，安足與言變化之道哉？然而欲知窮通，必先知升降。荀慈明謂「坤五之乾二成離，乾二之坤五成坎」，又謂「乾二居坤五爲含，坤五居乾二爲弘」，「坤初居乾四爲光，乾四居坤初爲大」，此升降之説也。欲知升降，宜先知旁通。虞氏謂比與大有旁通，小畜與豫旁通，履與謙旁通，同人與師旁通，此旁通之説也。然非旁通，何所施其升降？荀氏升降之説，實已具旁通之説。近儒焦氏循專用此以説《易》，其説曰：「《傳》云：『六爻發揮，旁通情也。』凡爻之已定者不動，其未定者，在本卦初與四易，二與五易，三與上易。本卦無可易，則旁通於他卦，亦初通於四，二通於五，三通於上。」成己所以成物，故此爻動而之正，則彼爻亦動而之正，未有無所之自正不正人者也。枉己未能正人，故彼此易而各正，未有變已正之爻爲不正，以受彼爻之不正者也。虞仲翔三變受上之説，其悖道甚矣。初必之四，二必之五，三必之上，各有偶也。虞仲翔謂「過以相與」爲初與五應、二與上應，無是義矣。按焦氏説《易》，獨闢畦町，以虞氏之旁通行荀氏之升降，爲自來説《易》者所莫及。然愚猶病其知通而不知窮也。《傳》曰：「未濟，男之窮也。」説者以爲三陽失位。夫乾之九二、九四、上九亦皆失位，然乾可與坤易，故不窮而通。未濟不能與既濟易，故不通而窮。如焦氏之説，未濟五之二，二之五，初之四，四之初，三之上，上之三，則未濟不窮矣。其誤由於先以本卦相易，本卦無可易，乃始旁通於他卦。夫陰陽之往來，猶男女之嫁娶也。男女辨姓，故男必娶於他姓之女，女必嫁於他姓之男。荀氏之言升降也，乾二之坤五，坤五之乾二，乾四之坤初，坤初之乾四。譬猶男居女室，女歸男家，夫婦之道，嫁娶之禮也。《白虎通·號》篇云：「伏羲仰觀象於天，俯察法於地，因夫婦，正五行，始定人道；畫八卦，以治天下。」蓋伏羲始畫八卦，亦始制嫁娶儷皮之禮，由伏羲氏始也。既定嫁娶之禮，必別男女之姓。然則畫八卦以定人道，其必首嚴乎此矣。故愚謂非旁通之卦，無所施其升降。荀氏升降之説，實已具旁通之説。焦氏不務求之旁通之卦，而先於本卦相易，則是先於一家之中兄弟姊妹自爲配也。至本卦無可易，然後旁通於他卦，是必兄弟姊妹無可配，然後求之他族也。於人道不大悖歟？夫既得與本卦之爻相易，又得與旁通之卦之爻相易，則無不可易之爻。故曰「未有無所之者，而知有通，不知有窮矣」。夫有通而無窮，則何所施其變？而聖人通變宜民之道不見矣。愚故本荀、虞兩家之說，參用焦氏之例，其通者半，焦氏所知也；其窮者半，焦氏所不知也。爲之說曰：通於他卦謂之通，不通於他卦謂之窮。窮於他卦而自變其陰陽，化不正以爲正，謂之變化。

茶香室經說

穆卜

《金縢》篇二公曰：「我其爲王穆卜？」周公曰：「未可以戚我先王。」《枚傳》曰：「穆，敬；戚，近也。召公、太公言王疾當敬卜吉凶，周公言未可以死近我先王，相順之辭。」愚按：二公欲卜而周公言未可，其非相順，顯而易見。《蔡傳》謂：「未可以武王之疾憂惱先王。蓋卻二公之卜。」自較《枚傳》爲得旨矣。但如其說則下文「植璧秉圭以告太王、王季、文王」，先王其不憂乎？以此卻二公而公所爲又甚之，無乃不可歟？愚謂說此經者未解「穆卜」二字，穆乃昭穆之穆。僖二十四年《左傳》：「邘、晉、應、韓，武之穆也。」《正義》曰：「自后稷以後，一昭一穆。文王於次爲穆，故文子爲昭，武子爲穆。」二公欲爲王穆卜者，蓋以武王疾已不可爲諱，欲卜立後也。《毛詩・斯干》篇正義云「《書傳》說成王之幼云在襁褓」，則克商二年，成王生否未可知。天下甫定，太子未生，而王疾不可爲，則二公之爲此謀，亦當時之急務也。且其時亦未必有倫序相當，可爲武王後者。二公殆必援殷家兄終弟及之例，屬意周公矣。故周公拒之，曰：「未可以戚我先王。」乃禱於三王，請以身代。此正力拒二公爲王穆卜之意也。下文「王執書以泣，曰『其勿穆卜』」。案：上文但言開金縢之書，《正義》曰：「開金縢之書，案省故事，求變異所由。」未嘗言王欲卜也，何以云「其勿穆卜」乎？《漢書・梅福傳》注引《尚書大傳》：「王與大夫開金縢之書，執書以泣，曰：『周公勤勞王家，子幼人，弗及知。』」無「其勿穆卜」之語。《史記・魯世家》云：「成王執書以泣，曰：『自今後，其無繆卜乎？』」此語更不可通。開金縢，得周公書，與卜何干？乃并戒後世勿穆卜乎？愚謂：「其勿穆卜」一語，即周公「未可以戚我先王」一語也。在周公當日委宛言之，則曰「未可以戚我先王」。在成王此時徑遂其辭，則直道周公之意，曰「其勿穆卜」而已。夫自《金縢》既發，成王與二公偏問諸史與百執事，當日情事已備知之矣，成王不歎美其請以身代之事，而獨於此一語且泣且言者，蓋「公將不利于孺子」之言久在成王意中，至此乃知當時二公固屬意周公，而周公尚謝而勿受，豈有武王崩後，成王既立，而反包藏禍心，窺伺神器，謀爲不利者乎？成王曉然於周公無利天下之心實在於此，故感動於心，即出之於口，而史臣亦即載之於書，雖史遷不能得其微意，千載以下所當以意逆志也。

與爲人後者

《射義》篇：「賁軍之將、亡國之大夫與爲人後者不入。」鄭注曰：「與猶奇也。後人者，一人而已。既有爲者而往奇之，是貪財也。」愚案：爲人後者，禮之所有，而此與賁軍之將、亡國之大夫同科，故鄭注曲爲之説。然「與」字實止尋常連屬之辭，鄭訓爲奇義，殊未安。今案：爲人後之禮當始於周，周之前實未之有，何以明之？以殷事明之。殷人立弟之法，以次傳訖，仍歸其兄子。如大丁未立而卒，立其弟外丙、中壬，而復立太丁之子太甲是也。然沃丁崩，立其弟大庚；崩，立其子小甲，不復立沃丁之子；小甲崩，立其弟雍己；雍己崩，立其弟大戊；大戊崩，立其子中丁，不復立小甲之子。如此之類，蓋以沃丁、小甲無子故也。無子即無後，可知殷禮不爲無子者立後也。是以文王有長子伯邑考，不以武王之子爲之後，猶用殷禮也。孔子有兄孟皮，不以伯魚爲之後，孔子自言殷人，行殷禮也。推上古大同之義，「不獨親其親，不獨子其子」，人固不必皆有後，故古有無服之喪。而喪之無主者，族人與前後家、東西家及里尹皆得主之，何以立後爲？立後之禮其起於後世之「各親其親、各子其子」乎？孔子有志於大道之行，故矍相之圃創立此法。《儒行》篇正義曰：「孔子自以爲制法之主，故有異於人所行之事，多用殷禮，不與尋常同。」是説也，説《儒行》之「章甫逢掖」未合，説此經則正得之矣。余從前著《羣經平議》，妄疑「後」字爲「役」字之誤，未見及此也。

秦始皇論下

昔周公制謚法，使大行受大名，細行受細名，行出於己，名生於人。秦始皇帝以爲如此則是臣子得議其君父也，於是廢謚法而自稱始皇帝，其子稱二世皇帝，自二世、三世以至萬世，傳之無窮。後之論者，莫不以周公之制爲是而非始皇帝。夫謚法非古也，堯、舜、禹皆名耳，未有謚也。自周而興之，自秦而廢之，何必周之是而秦之非哉？周以前蓋有以十干爲號者，然而以十干爲號，則前後有時而相襲，故成湯曰乙，紂之父亦曰乙，讀《易》者疑焉。湯之孫曰甲，武丁之子亦曰甲，讀《尚書》者疑焉。秦以世爲號，則雖質而不至於無別，視古人十干之號或反勝之矣。漢世諸事皆仍秦舊，而獨復謚法，然太史公於《高帝紀》曰「上尊號爲高皇帝」，於《文帝紀》曰「上尊號爲孝文皇帝」，稱尊號而不稱謚，蓋亦避秦人臣子議君父之嫌也，則何如仍用秦法而以世紀哉？後世浮文日盛，而謚號益繁。唐德宗時，顔真卿言：「玄宗末，姦臣竊命，列聖之謚有加至十一字者。謚號太廣，有踰古制。請皆從初謚，以省文尚質，正名敦本。」而議者以陵廟玉册木主皆已刊勒，不可輕改，竟不果行。夫使後世而亦如秦人之以世爲號，又安有此紛紛者哉？是故秦人之制雖異於古，未可盡以爲非也。孔子曰：「唐、虞禪，夏后、殷、周繼，其義一也。」夫禪之與繼至不一矣，而孔子以爲一者，惟其宜而已矣。故曰：以變古罪始皇，不知變者也。

明代爭國本諸臣論

有明一代士大夫喜名譽，好議論，乃宋以來之積習也。其爭大禮，爭國本，稍有依違，即爲公論所不容。以今論之，大禮之議互有得失，而其爭國本者亦未爲得也。夫光宗生於萬曆十年，福王生於十四年，相去纔四歲。是時神宗春秋尚富，國賴長君之説固無取也。且《春秋》之義，立嫡以長，立庶以貴。神宗孝端王皇后無子，則光宗與福王皆庶也，非所以論長幼也，論貴賤可矣。光宗母王氏，乃慈寧宮宮人，神宗私幸而有身，萬曆十年始封恭妃，是年光宗生，其微矣。福王母鄭氏，始入宮即爲貴妃。福王生，又進封皇貴妃。然則以《春秋》之義而論，光宗猶魯之隱公也，福王猶魯之桓公也。公羊子曰：「隱長則何以不宜立？立嫡以長不以賢，立子以貴不以長。桓何以貴？母貴也。」又曰：「其爲尊卑也微，國人莫知。」夫隱、桓之母尊卑至微，而隱猶不宜立。有明諸臣，其未讀《春秋》者矣。且神宗執祖訓立嫡不立庶之説，❶謂：「皇后尚少，儻後有出，是二儲也。」其議甚正，而王如堅、朱維京乃云：「后若有出，所册元子自宜避位，何嫌何疑？」夫所以立太子者，爲國本也，國本不可數易也。如諸臣之言，則是立之之時，先存廢之之意，狐埋狐搰，事同兒戲，豈所以重國本乎？若謂福王得立，則鄭氏擅政，將不可制。夫如是，必立無母之人而後可也。且必如元魏子貴母死之例而後可也。天下未來之禍，豈勝防哉？光宗即位，其母先死，無母后之亂矣，而李選侍者恣睢其間，至於宫府交鬨而後已。熹宗即位，李選侍無權矣，而奉聖夫人客氏乃挾阿母之恩，與魏忠賢表裏相煽，荼毒天下，馴致亂亡。使爭國本者將逆杜未來之禍，則吾謂天啟之亂，諸臣爲之也，而諸臣又豈受之乎？是故諸臣之爭，皆爭所不必爭。而其甚者，因神宗有立嫡之説，遂疑后病已殆，帝且立妃爲后，然孝端至四十八年始崩，崩而鄭貴妃竟不進位。爲人臣子而逆探君父所未有之邪志，罪莫甚焉。且使孝端竟殁於太子未立之前，鄭貴妃果進位爲后，則亦聽其以福王爲太子，可矣。諸臣獨未聞殷太史之事乎？乃必乘后之猶在，先擁光宗而立之，使夫福王者必無可立之道，吾不知其何心也。至於妖書之獄，梃擊之案，盈廷喧鬨，意主攻擊，古之君子處人骨

❶「不」，原作「以」，今據《春在堂全書》本《賓萌集・論篇一》改。

肉之間，豈如是歟？嗟乎！明人之學未有自得者也。小而詩文之體，規規摹擬；大而乘朝車、議國事，亦徒泥夫古人之見，而不知所以裁之。其爭大禮、爭國本，皆宋人之緒論也。然而宋之英宗受命於仁宗而爲之子，明之世宗未嘗受命於孝宗而爲之子，則大禮之議固已襲宋人而失之矣。若夫宋人之爭國本，其君無子也。明神宗既有子矣，自臣子觀之，均之吾君之子，而又皆非嫡也，諸臣不知《春秋》之義，區區以長幼之説爭之，何其陋也！記曰：「天下無道，則辭有枝葉。」其明人之謂歟？

周書明醜説

吾讀《周書·度訓》篇曰：「罰多則困，賞多則乏，乏困無醜，教乃不立。是故明王明醜，以長子孫。」《命訓》篇曰：「夫民生而醜不明，無以明之，能無醜乎？若有醜而競行不醜，則度至於極。」又曰：「天道三，人道三，天有命、有禍、有福，人有醜、有紼絻、有斧鉞。以人之醜當天之命，以紼絻當天之福，以斧鉞當天之禍。」《常訓》篇曰：「明王自血氣耳目之習以明之醜，醜明乃樂義，樂義乃至上。」此三篇者，皆文王之書，而其書皆言醜，且與紼絻、斧鉞並列而爲三。嗚呼！古之聖人所爲移風易俗，使民日遷善遠罪而不自知者，其莫大於醜乎！蓋聞上古之時，無所謂五刑也。畫衣冠，異章服，以醜之而已矣。故曰「以幪巾當墨，以草纓當劓，以菲履當刖，以艾韠當宫，以布衣無領當大辟」。夫如此者，其於人非有毫髦之損也，然而人之受之者不啻刀鋸之在其身。是何也？曰醜也。至於後世，刑不可得而廢矣，然而人之耳目形色猶古也，其血氣心知亦猶古也，亦安在不可以醜之哉？是故聖人之立教也，曰：「不用吾教者不與之齒。」夫不與之齒，亦於其人無毫髮之損也。然而是人也，行乎國中而居乎宗族鄉黨，鄙之時有與我等夷者焉，今不與我齒矣；有卑幼於我者焉，今不與我齒矣。此其醜，豈直撻之於市而已哉。今夫紼絻也、斧鉞也，實焉者也；醜則虚焉者也。實之爲用有窮，而虚之爲用無窮。故醜者，聖人治天下之大權也。今之世，孝子順孫、義夫節婦有聞於朝而旌其閭者矣，至於干名犯義、傷風敗俗者未聞別異其衣服居處，禁不與齊民齒也。是民知爲善者之榮，而不知爲不善者之醜也。此刑罰之所以日繁，而奸宄之所以不息歟？昔孔子射於矍相之圃，使子路出延射曰：「賁軍之將、亡國之大夫與爲人後者不入。」是亦醜之意也。後世若蔡興宗之於王道隆、江斆之於紀僧真，其有矍相之遺風乎？是故紼絻也、斧鉞也，朝廷之事也，不在其位不得議也。至於醜，則士大夫與有責矣。

蜀漢非正統説

以正統予蜀者，朱子之失也。自陳壽《三國志》之後，皆以魏爲正統。習鑿齒生東晉之時，刱爲帝蜀之説，而温公《通鑑》仍以魏爲正統，固知其説之不足據矣。至朱子作《綱目》，乃始黜魏而帝蜀。嗚呼！正統者，天下之公，非可以私意予敓其間。當是時，中原之地已盡入於魏，安見夫天下之統不在中原之魏，而反在區區一州之蜀歟？先主於漢，無論其昭穆無考，不得以光武比。即使其果爲漢裔，而漢自桓、靈失道，自絶於天，天命不常，豈一姓所得而私哉？先主崎嶇畢世，不能爭尺寸於中原。孔明繼之，亦無所濟。天之棄漢，已可知矣。而作史者，乃欲於千百年後，追而予之，不亦誣乎？且夫漢有天下四百餘年，當時臣子或不忍其遽亡，而冀幸其少延於蜀。此固仁人誼士之用心，而亦君子之所許也。是故晉既亡矣，而韓延之之徒不忘晉。唐既亡矣，而孫郃、韓偓之徒不忘唐。君子未始不哀其遇而悲其志。然而此一二人之私也。由百世之後等百世之王，奈何徇一二人之私而廢天下之公乎？天下重器，王者大統，天實主之，亦豈儒者所能敓彼以與此乎？故曰：以正統予蜀者，朱子之失也。或曰：《春秋·僖公十七年》「齊人殲于遂」，穀梁子曰：「無遂則何以言遂，其猶存遂也。」《昭公九年》「陳火」，公羊子曰：「存陳也。」然則聖人之重絶人國固如此。今子之説，無乃非《春秋》之義乎？曰：陳滅於楚，不久而復，此可以例西漢之中絶，而不可以例東漢之亡。是故王莽與朱温均之篡也，漢能復興，則王莽不得成其爲新。唐不復興，則朱温得成其爲梁。使昭烈而能爲光武，以之黜魏可也。若夫據一州之地，而欲竊天下之統，君子不許也。且《春秋》之「存遂」，非存遂也。當是時遂既亡矣，而遂之遺民不忍其亡，殲齊之戍者，以報故主之怨，雖不足以復國，亦仁者所哀矜焉。是故《春秋》書之，以勸後世之爲人臣子者。《綱目》於宋元嘉四年書「晉處士陶潛卒」，吾以爲得《春秋》「存遂」之意，而豈所以論天下之統乎？故曰：以正統予蜀者，朱子之失也。

文廟祀典議

咸豐六年，樾在河南學政任，奏請援蘧瑗之例，以鄭公孫僑從祀文廟兩廡，又請以孔子兄孟皮配享崇聖祠。詔下禮部議，皆如所請。樾旋以人言去職，跧伏草野，又經兵亂，流離奔走，靡有定居。念文廟祀典，尚有宜增益者，樾故官學政，俎豆之事，固所職也。兹雖放棄，敢默而息乎？謹私議之如左：

一曰：今所傳《毛詩故訓傳》者，大毛公亨所爲也。謹按：陸德明《經典釋文序録》曰：「《毛詩》者，出自毛公。徐整云：子夏授高行子，高行子授薛蒼子，薛蒼子授帛妙子，帛妙子授河間人大毛公。一云：子夏傳曾申，申傳魏人李克，克傳魯人孟仲子，孟仲子傳根牟子，根牟子傳趙人孫卿子，孫卿子傳魯人大毛公。」是大毛公之《詩》，其原出於子夏，鄭康成本之而爲《箋》，孔穎達因之而爲《正義》，至今學者誦習，謂之《毛詩》。齊、魯、韓三家之《詩》皆不傳，而《毛詩》獨行。昔唐貞觀二十一年，詔以左丘明、卜子夏等二十二人代用其書，垂於國胄。自今有事大學，並令配享。若大毛公之《故訓傳》，非所謂代用其書者歟？徐堅《初學記》載大毛公之名曰亨，是較高行子之徒傳其氏而不傳其名者，其迹之顯晦有殊矣。乃文廟從祀有小毛公萇，而無大毛公亨。《禮》曰：「三王之祭川也，先河而後海，或原也，或委也，此之謂務本。」今祭小毛公而不及大毛公，無乃飲其委而忘其原歟？非先河後海之誼也。是宜增入者一。

一曰：義理存乎訓詁，訓詁存乎文字，無文字是無詁訓也，無詁訓是無義理也。然則文字所繫，顧不重歟？漢太尉南閤祭酒許慎，生東漢中葉，去古稍遠，俗儒或詭更正文，以耀於世。慎學於賈逵，從受古學，著《說文解字》十四篇，五百四十部，九千三百五十三文。敍篆文合以古籀，使學者得以考見六書之原。因文字而通訓詁，因訓詁而明義理，厥功甚巨。其稱《易》孟氏、《書》孔氏、《詩》毛氏、《禮》、《周官》、《春秋左氏》、《論語》、《孝經》，皆古文也。凡古文舊說散失無傳者，賴其書猶存什一。鄭康成注《禮》，嘗徵引及之。鄭之於許，年代未遠，而其書已爲鄭所刺取。慎又著《孝經孔氏說》及《五經異義》，是其貫通經學，著述非一。而《說文解字》一書，尤爲言小學者所宗。士生今日，而欲因文見道，舍是奚由哉？伏念我朝同文之治，超踰前代，家有許氏之書，人習《說文》之學，而春秋有事文廟，慎不得與配享之列，無乃闕歟？是宜增入者二。

孔忠移祀崇聖祠議

謹按：《家語》：「孔忠，字子蔑，孔子兄子。」蓋即孟皮之子也。今從祀大成殿東廡，其位在狄黑之下，公西蒧之上。《說苑》載孔子弟子有孔蔑者，與宓子賤同仕。孔蔑，即孔忠也。其賢固不若子賤，然既爲孔子兄子，則子思子之從伯叔父也。子思爲四配之一，祭於殿上，而孔忠祭於廡，揆之倫理，有未順焉。伏思顏路、曾皙並孔子弟子宜從祀大成殿兩廡，而今入崇聖祠者，避其子顏子、曾子也。孔忠於子思固非父子，然而《禮》曰「兄弟之子猶子也」，竊謂孔忠宜移祀崇聖祠，以安子思之神。樾於咸豐六年奏請以孟皮配享崇聖祠，而未見及此，因著其說，俟後之君子焉。

學校祀倉頡議

古者崇德報功，凡有功德於民者必在祀典。是故農則祭先嗇，蠶則祭先蠶，使民反本追遠，不忘所自始也。夫文字之興，自倉頡始矣。謹按：許慎《說文解字序》曰：「黃帝之史倉頡見鳥獸蹏迒之迹，知分理之可相別異也，初造書契，百工以乂，萬品以察，蓋取諸夬。」是易結繩而爲書契，皆倉頡之功。慎又曰：「文字者，經埶之本，王政之始。前人所以垂後，後人所以識古。」然則倉頡之功不在嗇與蠶之下矣。鄭康成注《周官·肆師》曰：「貉，師祭也，祭造軍法者，其神蓋蚩尤。」夫兵者凶器，聖人所不得已而用者也，然既用其法，則不得不報其功。故雖以蚩尤之凶人，而亦祀典之所不廢，況倉頡親爲黄帝史，剏造書契，以利萬世者乎？竊謂天下學校，上自京師，下至郡縣，宜皆建立倉頡祠，祭孔子前一日，祭以少牢，以報其剏造文字之功，亦祀典之所不容已者也。

倉頡祠既立，謂定配享之位。衛恒《四體書勢》曰：「昔在黄帝，創制造物，有沮誦、倉頡者始作書契，以代結繩。」然諸書多言倉頡，少言沮誦，意沮誦其倉頡之佐歟？今定沮誦爲配享第一。周宣王時，太史籀著《大篆》十五篇，是大篆所自始。今定周太史籀爲配享第二。秦始皇帝既并天下，丞相李斯作《倉頡篇》，中車府令趙高作《爰曆篇》，太史令胡毋敬作《博學篇》，媘改大篆，是小篆所自始。李斯、趙高其人均不當祀，今定秦太史令胡毋敬爲配享第三。秦下杜人程邈得辠幽繫雲陽，增減大篆體，去其繁複，始皇善之，出爲御史，名其書曰隸書，是隸書所自始。今定秦御史程邈爲配享第四。配享既定，請定從祀之位。自李斯作《倉頡篇》，漢初學者以《倉頡》、《爰曆》、《博學》合爲《三倉》。嗣漢武帝時，司馬相如作《凡將篇》。元帝時，黄門令史游作《急就篇》。成帝時，將作大匠李長作《元尚篇》。平帝時，揚雄作《訓纂篇》。至後漢班固又續作十三章，有

《太甲篇》、《在昔篇》。和帝時，郎中賈魴又作《滂喜篇》。而後之學者因以李斯、趙高、胡毋敬所作爲上卷，揚雄所作爲中卷，賈魴所作爲下卷，亦謂之《三倉》。凡此諸書，今惟《急就篇》尚存，餘並散佚，然有功小學。許慎《説文解字》之書，蓋本於此，淵源所自，不可没也。竊謂自司馬相如至賈魴六人，並宜從祀倉頡祠。至許慎《説文解字》爲言小學者所祖，俾學者因文字而通訓詁，因訓詁而通義理，厥功甚巨，當從祀文廟，故不列於此。若夫言書法者，以羲、獻爲聖，言韻學者以周、沈爲宗，實則破壞字體，變亂古音，斯乃六蓺之辠人，八體之巨蠹。後之議者無儳入也。

考定文字議

孔子曰：「必也正名乎！」鄭康成曰：「正名，謂正書字也。古者曰名，今世曰字。」夫文字之不正，似於爲政無損，而孔子論政以此爲先，且曰「名不正則言不順，言不順則事不成」，推而極之，至於「禮樂不興，刑罰不中，而民無所措手足」，然則文字之所繫，顧不重歟？嬴秦氏興，事不師古，變改籀文，以從簡易，周内史之職廢，而所謂「達書名於四方」者不可復見。漢儒許慎於是有《説文解字》之作，「敘篆文合以古籀」，古聖人刱造書契之意，其不盡泯滅者，賴有此書之存。而經典相承，尚沿譌體，類多苟且，不合六書。今宜考正文字，專以許氏書爲壇。

一曰正字義。夫古人制字皆有本義，經典所用每多叚借，而許君解字必從其朔，所以明字之本義也。如逆爲送逆字，而順逆字止當作屰。降爲升降字，而降伏字止當作夅。化爲教化字，而變化字止當作匕。氣爲氣稾字，而雲氣字止當作气。樹爲樹木字，而樹立字止當作尌。漏爲漏刻字，而穿漏字止當作屚。假爲真假字，而假借字止當作叚。湮爲湮没字，而湮塞字止當作垔。微爲隱微字，而微細字止當作敳。違爲違離字，而違背字止當作韋。懷爲懷思字，而懷俠字止當作褱。辯爲辯治字，而辯訟字止當作辡。垂爲邊垂字，而下垂字止當作𠂹。距爲雞距字，而距止字止當作歫。鄙者，五家爲鄙也，而鄙嗇字止當作啚。災者，天火曰災也，而災害字止當作𢦏。厚者，山陵之厚也，而厚薄字止當作𣆪。兩者，二十四銖也，而參兩字止當作㒳。温者，水名也，而温良字止當作昷。蒙者，艸名也，而蒙覆字止當作冡。郭者，齊之郭氏也，而城郭字止當作𩫏。節者，竹約也，而符節字止當作卩。捷者，軍獲得也，而捷速字止當作疌。啟者，教也，而開啟字止當作启。敶者，擊也，而敶始字止當作庫。㪔者，雜肉也，而分散字止當作㪔。裂者，繒餘也，而分裂字止當作列。❶備者，慎也，而具備字止當作葡。愛者，行皃也，而慈愛字止當作㤅。憂者，和之行也，而憂愁字止當作𢝊。稱者，銓也，而稱舉字止當作爯。譟者，擾也，而呼譟字止當作喿。私者，禾也，而公私字止當作厶。遂者，亡也，而遂意字止當作㒸。腥者，星見食豕肉，令肉中生小息肉也，而腥臭及腥熟字止當作胜。此皆增益之而失其本字者也。又如旨爲甘旨字，而意旨字必當從心作恉。敳爲敳細字，而敳伺字必當從見作䁻。須爲須𩑋字，而須待字必當從立作䇓。咎爲災咎字，而咎怨字必當從心作𢙴。卒爲隸卒字，而生卒字必當

❶「列」，原作「裂」，今據《賓萌集·議篇四》改。

從歹作殚。交爲交脛字，而交會字必當從辵作迯。芻爲芻蕘字，而芻豢字必當從牛作犓。典爲典謨字，而典主字必當從攴作敟。美爲甘美字，而美色字必當從女作媄。陳者，國名也，而陳列字必當從攴作敶。强者，蟲名也，而勉强字必當從力作勥。淨者，魯北城門池名也，而潔淨字必當從靜作瀞。朱者，赤心之木也，而朱紫字必當從糸作絑。衰者，艸雨衣也，而衰減字必當從疒作㾮。黨者，不鮮也，而朋黨字必當從手作攩。乂者，芟艸也，而乂治字必當從辟作嬖。率者，捕鳥畢也，而率先字必當從辵作達。渴者，盡也，而飢渴字必當從欠作㵣。蔑者，目無精也，而輕蔑字必當從心作懱。尤者，異也，而尤悔字必當從言作訧。臾，束縛捽抴也，而筌臾字必當從斗作斞。❶弭者，弓無緣也，而弭止字必當從心作㥹。監者，臨下也，而監視字必當從目作瞷。專者，六寸簿，又紡車也，而專壹字必當從女作嫥。復者，往來也，而重復字必當從勹作復。此減消之而失其本字者也。又若鬱鬯字當作鬱，鬱則森鬱字矣。涼風字當作飆，涼則涼薄字矣。烈風字當作颲，烈則火烈字矣。敷播字當作譒，播則播種字矣。保守字當作宲，保則保養字矣。扶疎字當作枎，扶則扶佐字矣。期年字當作稘，期則期會字矣。偏枯字當作㾱，偏則偏頗字矣。媄異字當作祅，媄則媄娙字矣。接續字當作椄，接則交接字矣。漸進字當作𨗨，漸者，水名也。蒿里字當作薨，蒿者，艸名也。耕芸字當作䢵，或作藝，芸者，艸名也。懲艾字當作忢，艾者，艸名也。觚棱字當作柧，觚者，酒器也。敷施字當作敀，

❶「筌」，原脱，今據《賓萌集·議篇四》補。

施者，旗皃也。昭穆字當作佋，昭者，日明也。柴望字當作祡，柴者，小木散材也。遷移字當作迻，移者，禾相倚也。兼該字當作晐，該者，軍中約也。渾厚字當作惲，渾者，混流聲也。合巹字當作𧯷，巹者，謹身有所承也。煩亂字當作𢿢，亂者，治也。範法字當作笵，範者，軷也。稍地字當作𨛍，稍者，出物有漸也。急㬥字當作暴，㬥者，晞也。戮力字當作勠，戮者，殺也。朔望字當作朢，望者，出外望其還也。商賈字當作商，商者，從外知內也。蕚嶽字當作崿，蕚者，榮也。沖虛字當作盅，沖者，涌搖也。披靡字當作旇，披者，從旁持也。格鬭字當作挌，格者，木長皃也。徼幸字當作儌，徼者，循也。俟待字當作竢，俟者，大也。詭譎字當作恑，詭者，責也。抵觸字當作牴，抵者，擠也。混同字當作掍，混者，豐流也。袒裼字當作但，袒者，衣縫解也。攜貳字當作㩗，㩗者，提也。又若容爲容受，非頌皃之頌。周爲周密，非匊徧之匊。墳爲墳墓，非坋衍之坋。殘爲殘殺，非㱚餘之㱚。原者，水泉本也，非平邍之邍。昆者，同也，非罤弟之罤。梟者，不孝鳥也，非県首之県。豪者，豕鬣也，非勢彊之勢。窪者，清水也，非窊下之窊。序者，東西牆也，非次敍之敍。暨者，日頗見也，非臮與之臮。篤者，馬行遲也，非管厚之管。蛉者，青蛉也，非螟蠕之蠕。爪者，丮也，非叉甲之叉。頒者，大首也，非棻賦之棻及攽分之攽。鮮者，魚名也，非新鱻之鱻及尟少之尟。此其始皆由同音叚借，而積久相沿，遂失其本字。又若帥、帨一字也，杭、抗一字也，糠、康一字也，簋、匭一字也，呂、膂一字也，或、域一字也，昔、腊一字也，咳、孩一字也，臚、膚一字也，枹、桴一字也，冰、凝一字也，常、裳一字也，今則誤分之。詞爲言詞，而詞訟字當爲辭，辭受字當爲辤。讓爲責讓，而推讓字當爲攘，攘臂字當爲纕。圄爲守圄，而囹圄字當爲圉，禁圉字當爲敔。溺爲弱水，而陷溺字當爲㲻，便溺字當爲𡲍。各有本義，元非一字，今則誤合之。如此之類，不可悉數。夫叚借爲六書之一，必欲盡改經典，以從許氏之書，非通論也。然至於操筆吮墨，自爲文字，則本字具在，何不可書？必舍本字而用叚字，又豈理乎？所爲正字義者此也。

二曰正字體。許氏《説文》兼收或體，蓋其博采通人，以成一家之書，用力勤矣。然每字必先列正文，次附或字，許君所重，固自有在也。今乃有以或體而廢正體者。如𥛱或作祊，祊行而𥛱廢矣。靈或作靈，靈行而靈廢矣。𡴂或作芬，芬行而𡴂廢矣。藼或作萱，萱行而藼廢矣。莕或作荇，荇行而莕廢矣。薻或作藻，藻行而薻廢矣。延或作征，征行而延廢矣。逎或作遒，遒行而逎廢矣。衙或作衒，衒行而衙廢矣。䶵或作篪，篪行而䶵廢矣。詾或作訩，訩行而詾廢矣。對或作對，對行而對廢矣。鬴或作釜，釜行而鬴廢矣。䰘或作餌，餌行而䰘廢矣。鬻或作煮，煮行而鬻廢矣。厷或作肱，肱行而厷廢矣。蒦或作彠，彠行而蒦廢矣。雧或作集，集行而雧廢矣。㱙或作朽，朽行而㱙廢矣。肊或作臆，臆行而肊廢矣。胑或作肢，肢行而胑廢矣。𦞦或作膟，膟行而𦞦廢矣。觵或作觥，觥行而觵廢矣。𩰲或作秬，秬行而𩰲廢矣。餴或作饙，饙行而餴廢矣。亩或作廩，廩行而亩廢矣。𩏩或作摯，摯行而𩏩廢矣。櫑或作罍，罍行而櫑廢矣。郂或作岐，岐行而郂廢矣。曐或作星，星行而曐廢矣。

曑或作參，參行而曑廢矣。曟或作晨，晨行而曟廢矣。艬或作[illegible]，[illegible]行而艬廢矣。躳或作躬，躬行而躳廢矣。幝或作褌，褌行而幝廢矣。㑵或作嫉，嫉行而㑵廢矣。臝或作裸，裸行而臝廢矣。[illegible]或作剸，剸行而[illegible]廢矣。厎或作砥，砥行而厎廢矣。彙或作蝟，蝟行而彙廢矣。[illegible]或作麂，麂行而[illegible]廢矣。㹤或作怯，怯行而㹤廢矣。悑或作怖，怖行而悑廢矣。瀚或作浣，浣行而瀚廢矣。鰻或作鰋，鰋行而鰻廢矣。[illegible]或作鯨，鯨行而[illegible]廢矣。聝或作馘，馘行而聝廢矣。㨨或作抽，抽行而㨨廢矣。繛或作綽，綽行而繛廢矣。䋲或作緩，緩行而䋲廢矣。螾或作蚓，蚓行而螾廢矣。蠃或作蜾，蜾行而蠃廢矣。[illegible]或作蚍，蚍行而[illegible]廢矣。鼄或作蛛，蛛行而鼄廢矣。畺或作疆，疆行而畺廢矣。処或作處，處行而処廢矣。𢍜或作尊，尊行而𢍜廢矣。鸈或作難，難行而鸈廢矣。羴或作羶，羶行而羴廢矣。[illegible]或作焦，焦行而[illegible]廢矣。它或作蛇，蛇行而它廢矣。䞓或作赬，赬行而䞓廢矣。滕或作凌，凌行而滕廢矣。夫許君既收此字，則間一用之，固無不可，乃承用既久，至以正體爲僻字，廢而不用，大非許君雅意矣。又如肎俗作肯，今用肯而廢肎。盥俗作膿，今用膿而廢盥。采俗作穗，今用穗而廢采。敊俗作豉，今用豉而廢敊。[illegible]俗作[illegible]，今用[illegible]而廢[illegible]。欶俗作嗽，今用嗽而廢欶。[illegible]俗作灘，今用灘而廢[illegible]。則以俗體而廢正體，尤乖許君之恉。此雖《説文》所有者，不可不正也。若乃許氏所載九千三百五十三文，今不盡用，而所用率多俗字，不合六書。如童增作瞳，須增作鬚，雒增作額，壁增作躄，番增作蹯，景增作影，縣增作懸，淖增作潮，鉏增作鋤，幏增作幪，叉增作釵，莫增作暮，汻增作滸，筱增作篠，虛增作墟，頻增作顰，䍃增作謠，鮏增作鯹，糲增作糲，賷增作贐，飻增作餮，❶痁增作痼，皆俗書誤增者也。如蘁省作薑，娒省作姆，餀省作飫，茯省作沃，媄省作妖，澿省作洳，錫省作鍚，❷蔆省作菱，衞省作衛，菭省作苔，䫐省作岷，樊省作焚，侵省作侵，㝷省作尋，獼省作獮，䰞省作䰠，誒省作唉，皆俗書誤省者也。它若譞之爲髭，鱳之爲機，胆之爲蛆，餔之爲晡，鑺之爲戳，❸谿之爲溪，鼃之爲蛙，闠之爲續，貾之爲紜，殽之爲淆，佗之爲鮀，雅之爲鴉，譽之爲嚶，斻之爲航，缾之爲瓶，儋之爲擔，㝷之爲髳，厀之爲膝，趮之爲躁，岠之爲拒，綵之爲褓，裖之爲脤，髕之爲臏，宊之爲疢，柭之爲艐，輓之爲挽，稛之爲捆，版之爲板，嫍之爲惱，瀫之爲讞，闓之爲錀，則聲是而形非也。錘之爲鎚，鞵之爲鞋，齗之爲齦，鶤之爲鶍，瞑之爲眠，鳶之爲鳶，次之爲涎，㛹之爲婆，拕之爲拖，酗之爲酗，撐之爲撐，㹊之爲猘，崝之爲崢，黱之爲黛，瀓之爲澄，瞚之爲瞬，蕡之爲蘋，侚之爲徇，蹸之爲躪，汳之爲汴，瀳之爲溶，捦之爲擒，棓爲之棒，韃之爲屣，礳之爲磨，蝩之爲蟀，則形是而聲非也。至於亘之爲亙，㝈之爲票，秊之爲年，昦之爲昊，竝之爲並，晉之爲替，晉之爲晉，驏之爲舜，椉之爲乘，競之爲兢，𢍏之爲彝，皃之爲兜，絫之爲累，壺之爲壼，屑之爲屑，烾之爲赤，歬之爲前，則似是而實非。又若黏之爲糊，陛之爲狴，雞之爲鸝，薶之爲埋，姓之爲晴，蔽之爲蒯，沫之爲醴，擘之爲腕，

❶「餮」，原作「餐」，今據《賓萌集·議篇四》改。
❷「錫」，原作「鍚」，今據《賓萌集·議篇四》改。
❸「鑺」，原作「钁」，今據《賓萌集·議篇四》改。

凭之爲憑，藃之爲耄，傚之爲媵，頫之爲俯，鬻之爲炒，塙之爲確，膌之爲瘠，則於正書絶遠，形聲俱異矣。若夫竵之爲歪，㰤之爲甦，冃之爲帽，𠂤之爲堆，則本有形聲字而造爲會意字。冃之爲帽，𠂤之爲堆，則本有象形字而造爲形聲字。

凡此之類，皆許君所謂「詭更正文，以燿於世」者。胥史文書，市井簿記，承襲舛譌，或無譏焉。大疋君子，高文典册，豈宜有是哉？此《説文》所無者，尤不可不正也。所謂正字體者此也。字義與字體皆考正文字所宜先。好古之士儻有取乎是而更廣其所未備，箸爲一書，使學者有所依據，視《佩觿》、《干禄》諸書誼例尤精矣。或於正名之道，未始無補與。

附　録

先生在河南學政任内，曾以所著《易原圖》三卷奏進，奉旨發還。先生《述懷詩》所云：「議禮偶增新俎豆，談經難闡古圖書。」議禮指請以子産、孟皮從祀。下句即指此也。今《易原圖》不在《春在堂全書》，海内亦無知者。弟子尤瑩嘗問之，先生云：「即《曲園雜纂》中之《邵易補原》，而稍有異同。」尤瑩輯年譜。

先生省母於其兄福寧官舍，晤閩浙制府英香巖相國，爲道咸豐間以河南巡撫入覲文宗，猶詢及姓名，有「人頗聰明，寫作俱佳」之諭。先生聞之，不覺失聲。及光緒癸卯，重宴鹿鳴，得旨復編修原官，有「早入翰林，殫心著述，啟迪後進，人望允符」之諭。稽古之榮，一時無兩。曾文正謂先生：「拚命著書，食報之隆，乃償於後。可謂極儒生之殊遇。」繆荃孫撰行狀。

先生於道光庚戌禮部覆試，詩題爲《澹煙疏雨落花天》，首句云「花落春仍在」，爲曾文正所賞，謂：「詠落花而無衰颯意，與小宋落花詩意相類。」言於同閱卷諸公，置第一。此受知文正之始，後遂以「春在堂」名其全書，志知遇也。同上。

曾滌生曰：「蔭甫所著《羣經平議》論《考工記》世室、重屋、明堂之制，駁正鄭注，思通鬼神，有超乎戴氏《考工記圖》者。」《求闕齋日記》。

曲園弟子

戴先生望別見《南園學案》。

劉先生恭冕別見《端臨學案》。

黄先生以周別見《儆居學案》。

朱先生一新別見《越縵學案》。

吴先生大澂別見《校邠學案》。

吴先生慶坻別見《葵園學案》。

譚先生獻

譚獻，字仲修，仁和人。同治丁卯舉人，歷官歙全椒、合肥、宿松知縣。少負志節，學有體用。又通知時事，於古今治亂、天下得失如指諸掌。國家大政制、大典禮，能講求其義。博通羣籍，原本經訓。其治經必求西漢諸儒微言大義，不屑屑章句。讀書日有程課，舟車南北及在官退食，未嘗一日輟。凡所論述，檃括於所爲日記，有《復堂類集》。參史傳、吴慶坻撰傳。

類　集

六義篇

夫明陰洞陽，人聲幽越，莫知所起，原本自天。性情畢宣，託於萬彙；神人和協，表於笙鍾。大吕《雲門》，亦云遐矣。周宗太師，分職宗伯。迺教六詩，其一曰風，曰賦比興，疋誦成焉。紘《詩》三百，六篇無辭。自衛反魯，然後樂正。不經孔公，《風》、《疋》無别。西河老師，高足傳授。命筆敍之，端本教化，六義次第，亦亡革焉。禁邪止姦，《春秋》成法。蚰蟲草木，通乎《易》象。成厥王政，《尚書》典要。升降品節，攷《禮》古經。然而人心幽玄，陰氣有欲，化匪在著，不疾不除。好學深思，請陳其略。功德隆盛，朝廷清明，春大合樂，宜首《頌》聲。《疋》有正變，上宣治理，下道疾苦，亦堪弁冕。鋪陳其事，厥制富有，賦且先焉。聖師萬物，援爲法戒，比引大端。毛公説《詩》，獨標興體。經師家法，夫有所受，則亦綜括，一而周五。昔抱遺經，諷誦言語，述東西京，博士所業。側聞吹《豳》，堂上樂作，《豳疋》、《豳頌》，統於一詩。豳公之孫，實惟周公，王基肇始，以詔子姓，非風而風，旦詩附之。又聞《崧高》，天子大功，命將策勳，宜告清廟。《生民》推本，皇祖發祥。《雅》亦有《頌》，各還其曹。《有客》紀宋，《韓奕》大韓，列國之風，亦有推本。故知篇什，脈絡可通。若賦比興，《詩》以爲緯，匪可別白，判爲異製。惟風也者，上以化下，下以風上，吟詠情性，本末條貫。如其無風，是無《詩》也。四方所形，乃名曰《疋》。各有正變，與《風》不殊。《頌》雖巨禮，不出民間。

風化初徧，乃告成功。五風之極，匪殊涂軌。賦比與興，陳事託物。六情五性，風以動之。由斯以談，故書雅記，多陳六義，次第勿章，以《風》首列，可以意逆。或者户曉，未有敷陳，憑臆而言，以俟達者。且夫風者，終始化本，世與世續，旋轉簸蕩。天人盛衰，古古相禪，乾坤未息，風且不窮。人心永靈，風爲職志。金水木火，天門開闔，皆以其物。《周官》所掌，《大敍》所陳，齊魯毛韓，一以貫之，豁滯椒疑，又何嫌乎？

書皋陶謨後

僞孔傳本《益稷》篇「在治忽」傳曰：「在察天下治理及怠忽者。」忽之訓怠，於古無徵。「治忽」連文，句乖師法。《史記集解》引鄭注云：「曶者，臣見君所秉，書思對命者也。君亦有焉，以出内政，教於五官。」是「在治」句絶，下云「曶以出内五言也」。此古文家説與？《説文解字・曰部》「曶，籀文曶」，注：「一曰佩也。象形。」然《夏本紀》作「來始滑」，裴駰云：「滑字，《尚書》作曶。」不言「來」、「始」字異同。司馬貞《索隱》乃曰：「古文《尚書》作『在治忽』。」小司馬時《正義》已頒，❶以僞傳爲真古文，所謂古文者僞孔本，非鄭注本也。史公從安國問故，所見壁中真本，而《史記》傳寫「來」爲形誤，「滑」爲聲誤。❷蓋一求之《漢書》，再求之《尚書大傳》而知之矣。《漢書・律志》曰：「《書》曰：『予欲聞六律五聲八音七始，詠以出内五言。』」《尚書大傳》曰：「定以六律、五聲、八音、七始，著其素。」伏生所傳，孟堅同之，

❶「頒」，原作「頌」，今據清光緒十一年刻本《復堂類集一》改。
❷「滑」，原作「渭」，今據《史記・夏本紀》及上文改。

足攷今文家法。至《史記》所引「七」乃作「桼」，轉寫成「來」，非史公本然也。自「七始」之文見於漢初，「七始華始」，唐山夫人歌之，孟康注之，則在安國、史遷之前者矣。由是觀之，今文作「七始」，古文作「桼始」，初無異文。鄭氏注《大傳》曰：「七始，黄鍾、太簇、大吕、南吕、姑洗、應鍾、蕤賓也。」其注《虞書》未必不合，後人自爲小司馬誤耳。至於《史記》之「滑」與鄭注之「曶」同一古文，而殊别者，裴駰所謂「音近致誤」，曶之與詠乃爲今、古文之異。《索隱》又云「今文作『采政忽』」，近儒或以爲蔡邕石經本，或以爲夏侯三家本。竊謂貞之言古文不可信，言今文庸渠可信乎？

周公居東記

《書·金縢》紀周公居東，儒者紛紜異説。案《説文·辟部》「辥」注曰：「治也。《周書》曰：『我之不辥。』」此壁中古文，本之孔氏者也。馬、鄭所傳㴵作辟，遂讀爲避，言避居東都。而王肅乃曰：「周公攝政，遭流言，作《大誥》而東征。」是以居東即東征。證之《詩序》言「東征三年而歸」，與「居東二年」不合。《史記·周公世家》云：「東土二年而畢定。」《周本紀》則作「三年」，當以《本紀》爲正。蓋征東三年事，非居東二年事。公方攝政，聞流言。史臣紀管叔及其羣弟乃事後之文。當居東時，未有主名。家宰大臣巡方以廉之，亦以鎮撫遠近。久之，蹤跡顯著，反形益成。周公乃賦《鴟鴞》之詩，垂涕而道。《書》言：「於後，公乃作詩以貽王。」居東既久，已得主名也。三監遂畔，始有東征之師，當在二年之後，不得遂以東征當之。馬、鄭之言「避居」，似本《周公世家》而失其義。《史記》云：「我之所以弗避而行攝政。」蓋謂不避攝政，亦非出避之謂。壁中古文安國以今文讀之，故以辟當𢍉，與退辟之辟同文。子長問故，馬、鄭傳經，至生異議。倘文從遺簡，事訪古初，則「𢍉者，治也」，居東二年所以治之也。罪人斯得，得主名也。二公分陝，召伯巡行，則周公居東，亦猶召公聽訟而已，與夫冢宰攝政，皆其分所當爲，無滋曲説可也。若夫揃蚤沈河，走而奔楚，傳聞異辭，當衷諸聖。魯襄適楚，夢公祖道，左氏爲六國時人，炫奇奮筆，未足爲左契也。

林先生頤山

林頤山，字晉霞，慈谿人。光緒壬辰進士，江蘇即用知縣。先生早負文譽。上元宗湘文源瀚守寧波，創設辨志文會，講經史經世之學，先生爲會中高才生。長沙王祭酒先謙督學江蘇，延佐輯校《經解續編》。迨通籍後，服官江蘇，淡於榮利，著述不輟。繼黃季儆主講南菁書院，教士一秉遺規，士林翕服。宣統初，聘任禮學館纂修。著有《經述》三卷及《經解續編著録》，行於世。又有《羣經音疏補證》、《水經注箋疏》稾，未傳。參事略。

經述

土圭測土深攷一

《周禮·地官·大司徒》：「以土圭之灋測土深，正日景，以求地中，日南則景短，日北則景長，日東則景夕，日西則景朝。」注：「晝漏半而置土圭，表陰陽，審其南北東西。凡日景於地千里差一寸。」謹案：《周髀算經上》：「夏至日晷一尺六寸，正南千里一尺五寸，正北千里一尺七寸。」《淮南·天文訓》：

「欲知天之高，樹表高一丈，正南北相去千里，同日度其陰，北表二尺，南表尺九寸，千里陰短寸。」《淮南》根據《周髀》，因有千里差一寸之説。《周髀算經上》李淳風注：「宋元嘉十九年，歲在壬午，遣使往交州度日影。夏至影在表南三寸二分。《太康地理志》交趾去洛陽一萬一千里，陽城去洛陽一百八十里。交趾西南望，陽城、洛陽在其東南。較而言之，陽城去交趾近於洛陽去交趾一百八十里，則交趾去陽城一萬八百二十里，而影差尺有八寸二分，是六百里而影差一寸。況復人路迂迴，所較彌多，又未盈五百里而差一寸。千里之言，固非實也。」據此知千里差一寸，其説昉自《周髀》、《淮南》，至宋元嘉以後，已知其説之不實。再以今《時憲術》依次推之，自其地景〇寸至一寸，景一寸至二寸，景二寸至三寸，景三寸至四寸，景四寸至五寸，景五寸至六寸，景六寸至七寸，景七寸至八寸，景八寸至九寸，太陽兩高弧較四十三分，約一度二百里，化作一百四十三里强，而景差一寸。景九寸至一尺，景一尺至一尺一寸，景一尺一寸至一尺二寸，景一尺二寸至一尺三寸，景一尺三寸至一尺四寸，太陽兩高弧較四十二分，化作一百四十里，而景差一寸。景一尺四寸至一尺五寸，景一尺五寸至一尺六寸，太陽兩高弧較四十一分，化作一百三十七里弱，而景差一寸。然則千里差一寸，與一百四十三里强差一寸，一百四十里差一寸，一百三十七里弱差一寸，相去甚遠。即使古里小而今里大，亦不應相去至八九倍之遠。鄭君當後漢時，曆學尚疏，此亦時使之然矣。

土圭測土深攷二

《大司徒》又云：「日至之景尺有五寸，謂之地中。」注：「鄭司農云：『土圭之長尺有五寸，以夏至之日立八尺之表，其景適與土圭等，謂之地中。今潁川陽城地爲然。』」謹案：《續漢・郡國志》「潁川郡陽城」：「《水經》潁水東過其縣南。」注：「周公以土圭測日景處。」顧處士《方輿紀要》引《登封縣志》：陽城廢縣故城中有測景臺，周公立土圭測景，漢唐皆因之。即疏所云「古跡猶存」也。漢陽城縣故城在今河南河南府登封縣東南三十五里。丁長沙依《内府輿圖》經緯度作《度里表》，登封縣北緯三十四度二十九分，據泰西侯失勒《談天》卷末所附天學常用數，咸豐九年黄赤大距二十三度二十七分二十七秒三八。顧金山《九數外録・天重學記》：「黄赤距古大今小，約百年差四十八秒，每年差〇秒四八。」今以咸豐九年依疏義上推周公攝政四年，而周之紀年依《漢志》《大統曆》得積年二千九百七十一，與〇秒四八相乘得一千四百二十六秒〇八，收作二十三分四十六秒〇八，加咸豐九年黄赤大距二十三度二十七分二十七秒三八，得周公攝位四年黄赤大距二十三度五十一分一十三秒四六，轉減登封縣北緯三十四度二十九分，餘十度三十七分四十六秒五四，轉減象限九十度，餘七十九度二十二分十三秒四六，即周公攝政四年夏至午正太陽高弧，乃與先鄭注「夏至立八尺表，其景適與土圭尺有五寸等」，較其高弧度分秒，則以景一尺五寸爲一率，表八尺爲二率，半徑一千萬爲三率，求得四率正切五千三百三十三萬三千三百三十三。檢《八線表》，知太陽高弧七十九度二十二分四十九秒二三，減所推太陽高弧七十九度二十二分十三秒四六，餘三十五秒三七，轉減登封縣北緯三十四度二十九分，餘三十四度二十八分二十四秒六三，即周公測景處北緯。以一度二百里約之，在今登封縣南二里許。《唐會要》四十二：「儀鳳四年五月，姚元辯奏於陽城測景臺，依古法立八尺表，夏至日中測影尺五寸。」正與古法同。唐儀鳳四年，即調露元年，上距周公攝政四年得積年一千七百九十一年，而日景差數猶不之覺，益信陽城廢縣故城中有測景臺，必非周公測景古跡矣。《周髀算經上》李淳風注：「《周禮》夏至景尺有五寸，馬融以爲洛陽，鄭玄以爲陽城。」果使陽城測景臺是周公古跡，馬季長不應改先鄭注陽城爲洛陽。且先鄭明云「今潁川陽城地爲然」，顯係測景臺爲漢時所造。《周髀算經上》李淳風注「劉向《洪範傳》『夏至影一尺五寸八分』」，與《周禮》尺五寸不合。知陽城測景臺不昉自西漢，而自東漢。《續漢·律曆志下》「晷景夏至尺五寸」，與《周禮》合。《天文志上》劉注「張衡《靈憲》『用重句股，懸天之景，薄地之義』」，然則陽城測景臺當是東漢張衡等測景古跡與？

清儒學案卷一百八十三終

清儒學案卷一百八十四

天津徐世昌

陶樓學案

陶樓爲學根本盛大，無門户之見。入建讜言，出宣善政，皆折衷經術，體用兼賅。平生以實學倡導後生，殫竭心力，惜所遇限之，不得盡行其志。設躬逢清晏，名位極隆，固大興、儀徵之亞也。述《陶樓學案》。

黄先生彭年

黄彭年，字子壽，貴筑人。原籍醴陵。父輔辰，績學，尚氣節，由吏部主事洊遷陝西督糧道。國史入《循吏傳》。先生少承家學，有經世之志。道光丁未成進士，改庶吉士，授編修，見知於曾文正公。咸豐中，草《平賊議》，陳御史慶鏞，取以上聞。同治初，佐川督駱文忠公幕，贊畫戎機，力辭保薦。劉巡撫蓉聘主關中書院，當兵燹後，士鮮知學，廣置書籍，手定課程，學風漸盛。回京供職，上疏請修省自强，曰：「懋聖學，戒臣工，節財用，廣言路，而歸本於固民心，求人才。」温詔褒答。李文忠公聘修《畿輔通志》，十年而成，於水道源流、郡縣沿革考證詳確，補舊志所未備。兼主講蓮花書院，其教士一如在關中而擴充之。中外大臣論薦，特起授湖北安襄鄖荆道，就遷按察使，調陝西攝布政使，授江蘇布政使，護江蘇巡撫。調湖北布政使，至任，數月而卒。所莅治盜、清獄、課吏、教士並有異績。在江蘇因災減漕折，後復有議增者，以定例收運費，本有贏餘，何不將有餘補不足，持不可。懲貪除弊，吏風一變。遇災籌賑，款至百數十萬緡，事蕆，餘款三十萬，請修濬吴淞江、白茆河、藴藻浜，事未舉而去。吴民尤感之。先生於學規模閎博，自言早歲無他嗜好，惟好聚書，故於經史百家靡不綜貫。教人一守乾嘉諸老途轍，而尤期於致用。主講蓮池，時以劄記課士，人專一藝，選刻三十二卷。於陝西創博學齋，於蘇州創學古堂，皆廣儲經籍，課程與蓮池同法，先後成就人才甚盛，世以比浙之詁經精舍、粤之學海堂，足稱繼美云。著有《陶樓詩文集》、《東三省邊防考略》、《金沙江考略》、《歷代關隘津梁考存》、《銅運考略》。參史傳、《陶樓文鈔》。

文鈔

釋性

性善之説不自孟子始也，論者動曰「孔、孟之言性不同」，所以紛然而歧出也。《易》曰：「一陰一陽之謂道，繼之者善也，成之者性也。」陰陽之理爲太極，其分爲五行、爲四時，在人爲仁義禮智，在天爲元亨利貞。《文言》曰：「元者，善之長。」則四德之皆善可知也。本朱子説。《書》曰：「維皇降衷，若有恒性。」衷者，中也。《春秋傳》曰：「民受天地之中以生。」即此中也。《詩》曰：「民之秉彝，好是懿德。」孔子曰：「人之生也直。」《中庸》曰：「大命之謂性。」皆是也。是《易》、《書》、《詩》、《禮》、《春秋》、《論語》言性善也。本程子、真西山先生、顧亭林先生説。《書》之言「恒」，《詩》之言「彝」，猶言常也。人性果不善，則烏可以常？《易》又曰：「成性存存。」又曰：「順性命之理。」存也、順也，猶《書》之言「若」，《中庸》之言「率」。若者，順也。率者，循也。是孟子「故者以利爲本」之説也。人性果不善，則宜如荀子所謂「矯而正焉」，烏有存之、順之、循之者哉？且孔子謂「性相近」者，爲其善也，猶孟子「堯舜性之，湯武反之」之説也。若有善有不善，烏得云「相近」乎？衛先生嵩、顧亭林先生説。然則孔子曷言：「中人以上可以語上，中人以下不可以語上，唯上智與下愚不移也。」曰：此之謂智愚，非所謂善惡。惡者之於善爲之斯善矣，而愚者之於智不能也。王荆公説。性有仁義禮智，猶身有五官百骸；其愚智上下，猶强弱長短肥瘠也。然則人之生而不善，若越椒生而知其必滅若敖，食我生而知其必滅羊舌，何也？曰：五官百骸人所同，亦有生而不具，或生而易位，此其變也。君子道其常，孔、孟之言性一也。顧亭林先生説。

荀子之言性惡也，猶告子杞柳之喻也。夫人而知其非也，孰知其所以非？彼謂可以見之明不離目，可以聽之聰不離耳，孰知夫聰明之生於耳目？彼謂器生乎工人之僞，僞，猶爲也。孰知夫埴之可以爲埏？彼謂拘木必待烝矯而後直，鈍金必待礱厲然後利，孰知夫木之可直、金之可利？且謂生而離其朴、離其資，必失而喪也，將以朴與資之過乎？抑離之者之過乎？是不待舉孟子戕賊人之喻，而其説已窮也。杜牧之曰：「愛怒生而自能爲性之根，惡之端。」其荀子之徒歟？《荀子·正名篇》：「生之所以然謂之性，性之和所生，精合感應，不事而自然謂之性。」又曰：「性者，天之就也。」然則性惡之説殆有激而言。荀子亦不專言性惡也。

董子曰：「性比於禾，善比於米，米生禾中，而禾未可全爲米；善出性中，而性未可全爲善。」又曰：「性如繭如卵，卵待覆而爲雛，繭待繰而爲絲，性待教而爲善。」又曰：「性有似目，目卧幽而瞑，待覺而後見。」董子知夫無禾不可爲米，無繭不可爲絲，無卵不可爲雛，無目不可爲見，則知性善之説矣。而又曰：「聖人言中，無性善名。」夫繼善成性，非聖人之言歟？聖人言善，人不得見，自其成德言之，猶言成人。成人不易得，不可謂未成者之非人也。成孝者爲孝子，孝子不易得，不可謂人生而不孝也。執斯言以疑性善，不亦泥乎？揚雄曰：「人之性也善惡混，修其善則爲善人，修其惡則爲惡人。」司馬文正公伸之曰：「譬之於田，稻粱、藜莠相與並生。」是董子兩有仁貪之性，告子湍水之説也。土之未墾者，吾不得而知，既曰田矣，固以爲稻粱也。不能治田而有藜莠，乃曰田之生，無怪以習之不善而誣性也矣。

韓文公曰：「性之品有三，所以爲性者五。」既曰仁義禮智信是爲性矣，又曰「下焉者惡焉而已矣」，五者而可謂惡乎？曰「反於一而悖於四矣」，則何以謂五者爲性乎？三子之言之各異也，而强同之，學者何所折衷乎？皇甫湜論謂孟、荀、揚殊趨而一致，尤爲騎牆之論。

王荆公之言曰：「性者，五常之太極也，而五常不可謂性，吾所以異於韓子。性生乎情，有情然後善惡形焉，而性不可以善惡言也，吾所以異於孟、荀。」又曰：「揚子之言爲近似，猶未出乎以習而言性。」荆公謂揚雄以習言性，是也。然荆公之論又竊善惡混之説，而求勝孟、荀、韓者也。離五常而言性，太極果何物乎？太極動而爲陰陽，今性動而爲善乎？爲惡乎？動而爲善，則性善矣。若有善、有不善，則何以謂五常之太極乎？且有情而善惡形，然後命曰仁義，曰不仁不義，然則仁義其皆在外乎？

吕子歷舉《易》、《書》、《詩》、孔子、孟子、周子、程子之言，謂皆不專言「性善」。其稱孟子之言曰「聲色、臭味、安佚，性也」。孟子之言，爲世有以數者爲性，若告子食色、荀子聲色飽煖之説，故舉其説而斷曰「君子不謂性也」，何反以是疑吾孟子乎？周子「五性感動而善惡分」，五性，善也；感動而分善惡，乃其情也，非謂五性有惡也。惜也性善之説，孟子明之，程、朱持之，而程子又有「惡亦不可不謂之性」之言，後儒因是論説又紛然矣。

釋氏以寂滅爲見性，又以作用爲性，不知性也。李翺學於昌黎，其言性乃曰：「動靜皆離，寂然不動。」白雲郭氏斥爲異教，蓋昌黎所謂雜佛老而言者。

荀、董、韓、李、司馬、吕之數子者，皆古之大儒，賢者也，曷爲不言性善，將以明先王之教而勵學也？若以爲性已善，則安用教與學？豈知夫率性修道之不可以已，非若今人之言性也？今人之言性者，空言也。空言者，無以異晉、宋之清談也。孟子言「堯舜性之」，而繼以「動容周旋中禮」，又曰「堯舜之道，孝弟而已矣」。真西山《大學衍義》以天理、人心之善爲致知之要。知性者，盡心之本也。羣言淆亂衷諸聖，言性者亦衷諸孔、孟而已。

釋情

《記》曰：「感於物而動，性之欲也。」又

曰：「喜怒哀懼愛惡欲，七者弗學而能。」《易》曰：「觀其所感，而天地萬物之情可見。」又曰：「正大而天地之情可見。」是性善則情無不善，然而有惡焉者，何也？物交物而心隨之，心交物而氣隨之，氣有正有偏，心有真有僞，而善惡分矣。是故舜喜象愛兄，孟子喜樂正子好善，喜之正也。樂而淫，非喜之正也。文、武怒而安民，顔子怒而不遷，怒之正也。忿而亡身，非怒之正也。哭死而哀，哀之正也。哀而傷，非哀之正也。孔、孟之懼，懼之正也。不慊而餒，非懼之正也。仁者愛人，愛之正也。愛而不知其惡，愛而欲其生，非愛之正也。惡莠，惡鄭聲，惡鄉原，惡之正也。惡而不知其美，惡而欲其死，非惡之正也。臭味、聲色、安佚，欲之正也。欲所不欲，非欲之正也。若夫令色、諂笑，則僞喜矣。色厲内荏，則僞怒矣。由此推之，凡七情之出於僞者，何所不至哉？聖人知其然也，故備物以養之，制禮以節之，爻象以窮之，《詩》、《書》以牖之，史以示之戒，刑以示之防，官師之所程式，父兄之所詔告，凡以去其偏與僞而已。《記》曰：「以陰陽爲端，則情可覩也。」《易》曰：「吉凶以情遷。」《荀子》曰：「兩情者，人生固有其端焉。」情之發也，或失則縱，或失則塞。縱而莫爲之閑，塞而莫爲之竇，終歸於惑。於是有以殺爲喜，臨喪而歌，變而反其常矣。其始也，苟求其端，則以陽制陰，化凶爲吉。且《易》之「情近而不相得則凶」，求其端者固不在遠也。《孟子》曰：「人見其禽獸也，以爲未嘗有才焉，是豈人之情也哉？」夫情之惡而入於禽獸者有矣，曷於平旦而省之？省之而發而中節，即天下之達道也。或曰：情之偏者矯而正之，若僞則固已喪其良心。曰：是不然。其僞也，喪其良心也。其所以僞也，正其良心之不没而假焉者也。著其誠，去其僞，而正大之情見矣。欲者，七情之一。情之中有欲，不得以欲爲情。譬之水，性，源也；情，流也，欲則流之支派也，支派污下，或泛溢横決而奪水之正流，人見其汪洋也，以爲流固如是，豈其然哉？荀子之言性惡也，以欲爲性，儒者咸知其非，未有知以欲爲情之誤者也。《書》曰：「惟天生民有欲。」又曰：「民之所欲，天必從之。」孔子曰：「富與貴，是人之所欲也。」《孟子》曰：「欲貴者，人之同心也。」皆舉情之一端言之。世人以欲爲情，於是淫亂狎褻之狀，夤緣奔競之私，皆以爲情之不容已，已借以自解，人亦因以相原，或且尤而效焉，禮義廉恥之防遂蕩然無存矣。朱子曰：「欲動情勝。」言欲之縱恣而害情也。故治欲如治水，治水者導其流則源不滯，而支流無横溢矣；治欲者導其情則性常存，而欲無縱恣矣。喜怒哀懼愛惡欲七者，人情也。人能無以六者爲一用，則善用其情矣。

釋心

草木無心，禽獸有心而無心，惟人有心。知覺之心，人與禽獸同；理義之心，人與禽獸異，故曰良心。耳能聽，目能視，口能言，手足能動，心無能也，然是數者不得心，則若聾，若聵，若嚚，若痿痹，故無能而無不能。其生也蒙蒙，其寐也默默，心無有也，然君臣、父子、夫婦、昆弟、朋友之義，禮樂刑政之文，日用飲食之節，六合之廣，秋毫之細，知無不徧，思無不周，故無有而無不有。古之喻心者，如天、如日、如水、如鏡、如翻車，故無動而無不動。智者此心，愚者亦此心；賢者此心，不肖者亦此心。故曰固有、曰皆有、曰同然。宮室、車馬、衣服、飲食、聲色、貨利、玩好之物，富貴、貧賤、生死、險夷之形，或交於外，或引於内，於是有忿懥、恐懼、好樂、憂患，於是心有出入，有存亡。其始也違，其繼也失，其卒也喪。其弊之小者，則飽食終日無所用心；其弊之大者，則淫詞邪説作於其心，甚至無所不爲。總而究之，則放而已矣。雖然放，其良心未嘗梏亡。其良心也，惻隱、羞惡、辭讓、是非之在心者，其發見，則爲無欲害人，爲無穿窬，爲乍見孺子將入井而怵惕、惻隱，爲平旦之好惡，故曰「仁義禮智根於心」，曰「有是四端」。根者，本也，枝幹雖彫，而本未即死；端者，緒也，治絲雖紛而緒固仍在，患不能培之、理之耳。故學者莫患乎失其本，莫要於求其端。求端莫先於致知，故哀放心而不知求；既知之則宜知恥，故戒心不若人而不知惡。由近以及遠，謂之推；由小以及大，謂之擴；由虚以及實，謂之充。猶懼其出入也，於是乎言操；猶懼其多欲也，於是乎言養；猶懼其或忘也，於是乎言盡。其用力之始也曰困、曰苦、曰危，其用力久而有得也曰廣、曰慊。「閑邪而存誠，下學而上達」，如是而已矣。聖人之「從心所欲，不踰矩」，不得而聞也，而矩可知也。「十五而志於學」，志此矩，學此矩也。矩者何？道也，即所謂仁義禮智也。「仁之實，事親是也；義之實，從兄是也。智之實，知斯二者弗去是也；禮之實，節文斯二者是也」，即所謂「必有事焉」也。凡孔、孟之言心皆實也，惟實故能由身而推之家國天下也。荀卿之言曰：「養心莫善於誠。」斯言也有合於《大學》所謂誠意、正心者，而儒者猶或非之，不亦過乎？老子之言心也，曰虚、曰恍惚，猶有物有象也。莊周譬之死灰，欲無是非，掊仁義，心齋坐忘，皆周寓言，非孔子、顔子之言也。釋氏以心法起滅，天地不能窮，則謂之幻妄，張子所謂疑。冰也。《易》始八卦，惟坎言心，其中實也。張子之言心大乎道，程子之言心主乎敬，司馬文正公之言心繫乎中，王文成公之言心求乎己，皆實也。朱子之言曰：「心具衆理，應萬事，體無不備，用無不周。」大哉言乎！若夫程子言傳授心法，謝氏言非有所存，語偶同於釋氏，義或高過《大學》，蓋因俗沿譌，未可遂爲詬病，而唐仁卿遂謂「古有學道，不聞學心」，斯大謬矣。

釋意

統包萬慮謂之心，心之所發謂之意。《易》曰：「入於左腹，獲心意也。」朱子以爲左腹者，幽隱之處。然則意其不覩不聞者乎？危乎危乎？之善而善，之惡而惡。微乎微乎？善獨知之，惡獨知之。周子曰：「誠無爲，幾善惡。」劉念臺先生曰：「卜動念以知幾。」「幾者，動之微也。」人言懲忿窒欲，如堆山填壑，圖之於蔓，何若慎之於微？心本無忿而有忿也，吾知之。心本無欲而有欲也，吾知之。知而誠懲窒之，是謂自慊。知而不誠懲窒之，是謂自欺。故誠意莫切於慎獨，慎獨莫切於閒居。勿謂幽，鬼神通焉。勿謂隱，指視叢焉。物格知致者，意循理而出，是謂誠意。未能格物致知者，意不循理而出，是謂私意。孔子毋意，絕於意未發之前也。毋自欺，禁於意已發之後也。聖人之意不可見，於是設象以盡意，推之家國天下也。「書不盡言，言不盡意」，以意逆志，學者之事也。

釋志

人之生，耳目口鼻百骸同所，性仁義禮智同然，而或爲聖人，或爲賢人，或爲庸人，或爲小人，其始混然，其卒判然，豈不以其志哉？程正公未冠上書，遂談王道；朱文公十八對策，欲措大事，卒能上承絶學，垂法萬世。終軍請纓，班超投筆，范滂攬轡，祖逖擊楫，劉琨聞雞而起，王猛捫蝨而談，莫不奮志青雲，聲流丹史。蘇秦、韓非志在游説，商鞅、王安石志在變法，一身蒙其難，天下被其災。又如管甯、華歆同學而異操，陶潛、周續之共隱而殊節。人之有志也猶田之有種也，其行也，若種之熟也，種稻粱者，熟則人食其利；種烏附者，熟則人被其毒。本張爾岐説。故孟子言尚志必本仁義，必辨殺一無罪之非仁，非其有而取之之非義，而後可言仁義，而後可言志，所謂「知止而後有定」，若射之於的焉爾矣。求也者，求此志也。致也者，致此志也。立也者，立此志也。篤也者，篤此志也。得志，澤加於民；不得志，修身見於世。常則居仁由義，變則殺身成仁，故曰「志爲氣之帥」。《柏舟》婦人能矢其志，矧在丈夫？匹夫不可奪志，矧在君子？志不可欺，故君子内省不疚，無惡於志。志不可苟同，故子路、冉有、曾晳、公西華各言其志，子路、顔淵、孔子又各言其志。如適王畿者，或自秦晉，或自楚豫，此衆賢之所以異也。或計日而至，或計月而至，此聖人、賢人之所以異也，歸於道而已矣。人或言聖賢不可及，王道不可成，此孟子所謂自賊而賊其君。賊者，害也，害志也。故「士志於道，而恥惡衣惡食者，未足與議」。《禮》曰：「凡學，官先事，士先志。」《易》之言志者屢矣，言其體則曰剛、❶曰正、曰信、曰固，言其用則曰遂、曰通、曰定、曰合、曰行，言得志、大得志者一，而言未平、未得、未變，言不同行、不相得，言末、言窮、言窮災尤詳，孰謂志可苟哉？

釋思

《易》之无思也，猶人之始生也，道之體也，而非其用也。思在五事，猶土在五行，無往而不入焉。其作聖也，心得其職而物不能蔽。其曰蒙也，心失其職而物來蔽之。凡心之有條理者謂之思，其無條理者謂之淫。凶人爲不善，計利遠害，掩著未嘗不周且密，其本不誠，精氣不能以自固也，於是有忿怒、眩惑、恐懼之心。善思者怨而不怒，疑而不惑，憂而不懼。思之動也，若女之抽絲；思之止也，若農之有畔，蓋言慎也。其慎也誠也，其誠也近也。近思云者，以類而推也。君子之思有九，各專其一也。各專其一，則不獨九也。凡人勞則思，開而弗達則思，求而弗得則思。《詩》三百篇，無非思也。季札之論《詩》也，惟《王》言思，《唐》言思，《小雅》言思，皆衰亂勤苦之尤者也。禹、周公、伊尹、伯夷之聖也，其思也凡。人不能思，則仁義禮智之固有者而不知也。故近思者，學之要也。不思而得，思之至也。三思之惑，不學殆也。

釋命

性命之命與禍福之命有以異乎？曰：劉子有言：「民受天地之中以生，所謂命也。是以有動作禮義威儀之則，以定命也。能者

❶「體」，原作「禮」，今據民國十二年刻本《陶樓文鈔》卷一改。

養以之福，不能者敗以取禍。」天命善不命惡，故福善而禍淫。然孟子於耳目口鼻四肢則曰「性也，有命焉，君子不謂性」，於仁義禮智聖則曰「命也，有性焉，君子不謂命」也。又曰「求則得之」，求在我者也。「得之有命」，求在外者也。若析而二之者何哉？曰：天道福善而禍淫，世人舍善惡而言禍福，舍其所固有而求其不可知，聖賢懼求之不已而貪縱巧奪以成世變也，故安命、俟命之説出焉。人見聖賢之罕言命，又以其私心所禱畏而不盡然也，則謂禍與福皆氣數之適。然而善無以勸，惡無以懲，益肆其惡而無所忌憚矣。於是有爲立命之説者，曰人爲善則美報隨之，有一善必有一報，天將絜其多寡、長短、輕重以酬，不差爽厥分。明袁氏了凡立命説。儒者或非之，以爲人臣而矜功伐，邀寵利，不可謂忠。人子而顯勤勞，邀厚分，不可謂孝。藉小惠微勤邀福報於天，不可謂善人。濟陽張氏之説。非之，誠是也，吾懼其塞中下爲善之路也。《記》曰：「無欲而好仁者，無畏而惡不仁者，天下一人而已矣。」上焉者，天地清純之氣之萃而間有者也。下焉者，天地濁駁之氣之萃而間有者也。常有者，中人耳。中人之好仁惡不仁也誠、不誠雜，而其於欲、畏也無不誠，斯其良知良能之見端，可牖馭而充之者也。羅氏有高説。故舉人之所甚欲而誘之爲善，舉人之所甚畏而使之去惡。《書》曰：「惠迪吉，從逆凶。」《易》曰：「天道虧盈而益謙。」《左氏傳春秋》於一言一事、動作威儀之間而卜國家之興廢與人之生死禍福無不應者，故知《孟子》所謂「莫之爲而爲」、「莫之致而至」，非覗髣闊略偶會其適之謂。至神至精，肖類應辨，若刻符契，眇不睹其朕，故曰「各正性命，保合太和」。羅氏有高説。今夫天之生人也，理至而氣亦至焉。天地猶江海也，人猶魚也，氣猶水也；魚腹之水猶江海之水，人之氣猶天地之氣。天不必伺察乎人，而爲善天必知之，爲惡天必知之。理有以相通，即氣可以相觸也。人之一身一髮之痛，一肢之癢，心無不覺者，天之於人猶心之於四體爾矣。張氏鈐《天人篇》。人之不可絶於天，猶草木之不可絶於地，根荄不屬，非地故奪之，而自不生。人之受是氣也，其本在天，其末在人。持其末以動其本，爲善爲惡必有相及者矣。相反而逆其常然之性，則自爲竭絶之道也。張氏爾岐《天道論》。《本命》曰：「分於道之謂命。」又曰：「命者，性之終也。」命與性爲終始，未有離性而言命者也。夫人之生死，必有其期。然精明强固每得之淡嗜欲、平心氣之時，知生之可引以長也；昏惑疾病每得之恣歡娱、極思慮之時，知生之可迫以短也。有時養者未必長，而不養者未必短。其及是適止也，安知不養之不先是止也？其能及是乃止也，安知善養之不更進於是也？禍福之來，亦若是焉。君子於其可知者以自勸也，於其不可知者以自威也。可知不可知，交信其必有而已。張氏爾岐《天道論》。惟信其必有，故畏天命；畏天命，故安天命，是之謂知命也。世儒求其故而不得，乃曰：人事有順逆，天命有治亂。以堯舜湯武之迪吉、桀紂幽厲之逆凶爲治命，以羿篡夏、秦伐周，咸陽之士無孑遺、長平之屍數十萬爲亂命，跖修而回夭、牛疾而鯉亡、孔窮於魯、孟老於鄒爲命亂而不可復治。其言曰：「理得其衡，則氣效順而天命治；理失其衡，則氣侵權而天命亂。」張氏望《原命》。嗚呼！天曷嘗有亂命哉？臣賊其君，子誹其父，啟小人無忌憚之心，必自此言始矣。知命者不强其所不可知以爲知，乃可以堅爲善去惡之志。

易用九用六説

《易》之用九、用六，何也？或曰：三奇而三偶。朱子説三奇則三三而九，三偶則三二而六。或曰：函三爲一，兼三爲六，三三爲九。説出《算經》。或曰：卦之數生於一，偶於二，成於三，而其中所含之二即爲坤之偶。三一而三，推之三三而九，數極於九，而其中所含之六，即爲在中之坤。此葉佩蓀説。即九終數、六中數之説推衍之。此皆以三起數，而未括乎數之全也。數之奇一、三、五、七、九，數之偶二、四、六、八、十，何獨取乎九、六？或曰：九，陽之終數。六，陰之中數。其説以乾不用一而用九爲无首之義，則用六之象不曰「以大終」乎？終之不繫乎十，則首之不繫乎一也明矣。不以一爲首，則不以九爲終，而六爲中也又明矣。葉佩蓀説：「一者，首也，乾之所本而非所用也。由一而至於九，浸歷一、三、五、七之全，中包二、四、六、八之配，用以終陰而始陽，乃可以貞既往之全功，而復釀方來之元化。是九爲陽之終，乾用在九，故陽爻皆用九。用九而不見其一，所謂『見羣龍无首』而吉也。陰之道，乃順承天。『无成』爲能順，『有終』爲能承。若究而極於十，則已在九終之後。十即一之所藏，而不可以爲順。或微而起於二，則伏於一始之下，物猶不得其養，而不足以相承。惟六者前已進於二、四，後未過於八、十，居陰數之中，起而從陽於光大之時，長養萬物，以極陽之大生。是六者，陰之中數。坤用在六，故陰爻皆用六。用六以承天時行，所由利於永貞。」彭年按：葉氏此説，與用六象詞「以大終也」句不合。然則何以用九、用六也？曰：釋所以不用七、八也。何以言七、八、九、六？曰：一者數之始，十者數之終，而將復其算也。《説文》：「惟初太極，道立於一，造分天地，化成萬物。」算法十、百、千、萬皆一數冠首之名，故算法乘除必終於九。五者，陰陽交午，而二、三、四皆積數也。《説文》：「五，五行也。从二，象天地陰陽在天地間交午也。」若六者，從入而八分，七則微陰從一衺出，八象分別相背，九象屈曲究盡。此七、八、九、六之義也。張惠言説本《説文》。或以爲七、八、九、六已含全數焉，皇侃《禮記義疏》：「金木水火得土而成，水數一，得土數五，故六也；火數二，得土數五爲成數七；木數三，得土數五爲成數八；金數四，得土數五爲成數九。」其不用七、八者，或謂《連山》、《歸藏》皆以七、八爲占，《周易》則用九、六。今二《易》並亡，不可考。賈逵、鄭康成、杜預、韋昭説並同。《襄九年》正義云：「揲蓍求爻繫詞有法，其揲所得，有七、八、九、六，説者謂七爲少陽，八爲少陰，其爻不變也；九爲老陽，六爲老陰，其爻皆變也。《周易》以變爲占，占九、六之爻。《連山》、《歸藏》以不變爲占，占七、八之爻。二《易》並亡，不知其實然否，賈、鄭先儒相傳云耳。」彭年按：《左傳》、《國語》筮或言《周易》，或不言《周易》，其不言者必二《易》也。惟九、六爲老，七、八爲少之説，傳之既久，《説文》：「《易》之數，陰變於六，正於八。」又云：「七，陽之正也。」孟氏《章句》、《易正義》引張氏注、歐陽修《易童子問》、朱子《本義》、《啟蒙》説並同。老變而少不變，《周易》以變爲占，不變者占象，變者占爻。金榜曰：「《乾鑿度》謂七、八爲彖，九、六爲變。故彖占七、八，爻占九、六。一爻變者，以爻辭占，是『爻占九、六』也。六爻變及變兩爻以上者，占之彖辭，是『彖占七、八』也。後世以錢卜，則爲重交單坼。」占變之説，徵於蔡墨之論，乾龍，《昭二十九年》傳蔡墨曰：「《周易》有之，在《乾》之《姤》，曰『潛龍勿用』，其《同人》曰『見龍在田』，其《大有》曰『飛龍在天』，其《夬》曰『亢龍有悔』，其《坤》曰『見羣龍无首，吉』。《坤》之《剥》曰『龍戰於野』，《乾》之《坤》者，六爻皆變也。」所謂「陰陽相爲用」，張行成曰：「用九以六，故乾之用在離。用六以九，故坤之用在坎。《參同契》云：『坎、離者，乾、坤二用。惠棟曰：「十二消息不見坎、離象。《朱子語類》解《參同契》二用即乾、坤用九、用六，殊誤。」彭年按：坎、離即九、六，虞翻所謂乾、坤二五也。惠駁朱子未當。二用無爻位，周流行六虛。』『乾道變化，各正性命』，性命者，坎、離也。」「剛柔相推，變在其中」也。虞翻曰：「十二消息，九六相變，剛柔相推而生變化，故變在其中矣。」

七、九之義，徵諸《列子》，雖非聖人之書，然所傳周以來古義也。《列子·天瑞》篇：「易無形埒，易變而爲一，一變而爲七，七變而爲九，九變者究也，乃復變而爲一。一者，形變之始也。」六、八之義，徵諸公子重耳筮得貞屯悔豫皆八，韋昭解：「内曰貞，外曰悔。震下坎上，屯。坤下震上，豫。得此兩卦，震在屯爲貞，在豫爲悔。八謂震兩陰爻，在貞、在悔皆不動，故曰『皆八』，謂爻無爲也。」董因筮得泰之八，韋昭解：「陰爻不動，其數皆八，故『得泰之八』，與『貞屯悔豫皆八』義同。」穆姜筮遇艮之八，史曰「是謂艮之隨」，朱子曰：「五爻皆變，惟二得易，故不變。」林堯叟曰：「用九，故老陽變而爲少陰。不用七、八，以少陰、少陽不變。此言遇艮之八，蓋三、上以九變，初四、五以六變，惟二得八，不變。」或以爲九、六、七、八老少之名不見於文、周、孔三聖人之書。夫書不盡言，聖人未言者多矣，徵以《左》、《國》，固知去聖言未遠也。葉佩蓀謂：「《易》之取象陽陰，俯仰遠近，靡物不備。又列八卦，以父母，男女長中少之分，而不聞一言及於九六爲老、七八爲少，則必非文、周、孔之含意未申，而有待於後人之發所未發也。」彭年按：葉氏之言辨矣，第不知所謂六爲中數者，三聖人言之否耶。或又言陽數既極而謂之老，猶可。若陰六之後，尚有八、十律吕相生，以五、六爲天地之中合，安得以方中之數而顛倒之爲既老？此又未明乎陰陽進退之言也。《乾鑿度》陽動而進，陰動而退，故陽以七，陰以八。然則所謂用者，自爻例而言之，則剛柔有體。陸績說：純陽用九之德。劉瓛說：總六爻純陽之義，九言純陽，則六純陰可知也。自爻變而言之，則剛柔相濟。《易童子問》：「陽過乎亢則災，數至九而必變，故曰『見羣龍无首，吉』。物極則反，數窮則變，天道之常也，故曰『天德不可以爲首也』。陰柔之動多入於邪，聖人因其變而戒之，故曰『利永貞』。」大哉《易》乎！分陰分陽，迭用柔剛，非天下之至精、至變、至神，其孰能與於斯乎？葉佩蓀謂以「无首」爲「剛而能柔」者，本於王輔嗣老氏尚柔之旨，而以變坤附會之，則《易》所謂「剛來而下柔」、「柔來而文剛」者，皆老氏言耶？至十五、三十之數，世爻、遊魂之辨，猶非九、六、七、八之要義云。七、八數十五，九、六亦相應，四者合三十，本《參同契》文。劉禹錫辨九、六用世爻，張行成用遊魂，本鄭康成「精氣遊魂」之說。

豳風夏正周正中星辨

《豳風・七月》之詩，當如張子言，專以夏正爲斷，而後人誤以爲兼用周正，則以誤會經文及傳義也。凡經文之可疑而不必疑者有三：一則因「一之日」、「二之日」、「三之日」、「四之日」之文而疑也。此篇自夏之十一月至二月，以數配日而稱之。自夏之四月至十月，以數配月而稱之。其「一之」、「二之」，朱子以爲一陽之月，二陽之月，戴氏震以爲子一、丑二、寅三、卯四，皆有實義，而《毛傳》云「一者，十之餘也」，尤得《詩》辭之旨。《尚書・泰誓》序「一月戊午」，劉歆《三統曆》引《武成》篇「惟一月」，是子月可稱一月，但《泰誓》、《武成》專紀周事，與《豳風》述夏時事者不同。且史家紀實必以月，而詩人因事託詞，體有不同，亦可稱日也。《正義》「一月之日」、「二月之日」解最直捷。又云「物成稱月，物生稱日」，則甚鑿。何氏楷以冬至爲日長之始，本天而言主日；孟春爲建寅之始，本曆而言主月，尤爲附會。經明言「三之日」、「四之日」，何謂建寅主月耶？善夫戴岷隱之説曰：「十者，數之窮也。明夫十之數窮，則知一之爲十餘。知一之爲餘，則知三四之爲蒙上便文。三四之不言正月、二月，猶古書蒙十二月而謂正月爲十三月，無他義也。」知此而周先用此紀候，遂爲正朔之説可無惑矣。此不必疑者一也。一則因「曰爲改歲」之文而疑也。承上文十月之後言改歲，自指十二月歲終後而言，故鄭箋云「歲終」。而「一之日觱發，二之日栗烈」，當避寒氣而入所穹室、墐户之室。《正義》亦云：「過十月則改歲，乃大寒。」言過十月，則非十月改歲也。非十月改歲，則仍夏正也。而吕氏乃曰：十月改歲，三正通於民俗，自古已然。儒者遂以此爲《豳》用周正之證，誤矣。首章「二之日」始言「卒歲」，則十月歲尚未卒，何言改哉？此不必疑者二也。一則因《豳風》所記與《月令》參差而疑也。《月令》「仲夏鳴鵙」，《豳風》「七月始鳴」；《月令》仲春「倉庚鳴」，《豳風》「蠶月始鳴」；謂三月。《月令》「季秋草木黄落」，《豳風》「十月隕蘀」；《月令》「季秋令民入室」，《豳風》「改歲入室」；《月令》「季秋嘗稻」，《豳風》「十月穫稻」；《月令》「仲秋嘗麻」，《豳風》「九月菽苴」；《月令》「季冬取冰」，《豳風》「三之日納於凌陰」。後人因二書不同，有疑《豳》非盡夏正者，不知箋、傳三言晚寒，蓋地氣不同，難以齊校。《月令》總舉大概，《豳風》專言一方，其不能盡同，理固然也。若因紀候之殊，疑爲周正，則條桑其穫、食瓜剥棗、肅霜滌場之類，何不異邪？此不必疑者三也。至傳文之可疑者，則首章傳云：「一之日，周正月也。二之日，殷正月也。三之日，夏正月也。四之日，周四月也。」此不過指類以曉人，胡承珙說。何嘗謂通用三正？果通用三正，則何以「二之日」言「卒歲」？《禮記》一書，屢舉三代通言，不過欲人知源流耳。孟子論田賦，亦通言三代，何嘗謂貢、助、徹一時並舉哉？此又傳文之不必疑者也。經傳皆無可疑，則夏正、周正之辨已明，而猶有可疑者，則中星之説也。《堯典》「日永星火，以正仲夏」，而《月令》「季夏之月火星始中」，《豳詩》「七月流火」，周氏洪謨謂是歲差，劉安成謂堯至周公千二百四十餘年，歲差當退十六七度，故六月而後日在鶉火，七月則日在鶉首，而昏時大火西流，此詩上述豳俗，而「七月流火」蓋據周時所見而言。其言歲差，誠爲有據。但《鄭志》謂「日永星火」是大火之次。季夏中火，是火之心星。《正義》則謂《尚書》總舉一月，《月令》舉其月初，故有不同，未嘗以七月所言必是周初星宿。《詩》三百篇皆用夏正，無《七月》一詩獨雜周正之理。《七月》既用夏正，亦無舉周時星象以述夏時之事之理。以經證經，參之傳注，確有可徵，無煩聚訟也。

庶母慈己不得同慈母服制對

某大夫，妾出子也。三歲，生母死，育於祖母。十歲，祖母死，育於父之別妾，未嘗受父命爲母子也。大夫欲以慈母之服服之，問禮於家君。彭年承庭，命檢《禮經》律例以對，曰：《禮》：「慈母如母。」傳曰：「父命妾曰：『女以爲子。』命子曰：『女以爲母。』若是，則生養之終其身如母；死，則喪之如母，貴父之命也。」疏云：「《小記》云：『慈母不世祭。』見輕之義，一非骨血之屬，二非配父之尊，但惟貴父之命故也。」《禮》又云：「士爲庶母緦麻。」傳：「何以緦也？以名服之也。大夫以上爲庶母無服。」又云：「君子子爲庶母慈己者小功。」傳曰：「爲庶母何以小功也？以慈己加也。」又《通典》引譙周說云：「妾不得有繼母名。慈母但慈己，無父命也者，不過小功也。」是慈母之服所以三年爲父命，不爲慈己，慈己之庶母自有服制，不得比於父命之慈母，明矣。國朝律例庶母謂父妾有子者，爲嫡子、衆子齊衰杖期。慈母謂所生母死，父命別妾撫育者，斬衰三年。曰父命者，亦明非父命不得謂之慈母也。稽勳司例：「官員慈母病故，准離任丁憂二十七個月。」又云：「如有假捏，照例議。」處丁憂而防其假捏，是教人重父命而抑私恩，非獨防作僞也。范氏説《穀梁》謂：「以妾體君，則上下無别，雖尊其母，實卑其父。」彼僖公於生己之母尚有尊母卑父之譏，況於慈己而無父命者哉？或曰：「士爲庶母緦麻。君子子爲庶母之慈己者小功。」古人爲慈己者則有加矣。今律庶母已加至齊衰杖期，則慈己者宜有加也。曰：禮無二斬，故期服以下有加，至期則無可加也。然則慈己恩之篤者宜如何？曰：先王制禮，不敢過也。是所謂厭於尊而絀於服，絀於服者心喪可也。心喪何如？曰：期服不去官，例也。心喪則解官可也。期服終三年，不飲酒食肉，不處内，不聽樂，如是而已矣。必變國家之定制，而伸一己之私恩，亦非敬父事君之道也。若夫八旗官員，則庶母出殯後七日剃頭當差，撫養庶母兩月後剃頭當差，自有制度，不得援古以請也。大夫曰諾。

大别山考

《漢書・地理志》「安豐」：「《禹貢》大别山在西南。」《水經》大别山在廬江安豐縣西南。鄭康成《尚書》説、顔師古《漢書注》並同。安豐，今六安州之霍山縣、穎州府之霍丘縣地，後漢屬廬江郡。《正義》曰：「《地志》無大别。」蓋失。杜預始云：「大别闕，不知何處。或曰大别在安豐縣西南。《左傳》云：吴既與楚夾漢，然後楚乃濟漢而陳，自小别至於大别。然則二别近漢之名，無緣得在安豐也。」又云「《禹貢》漢水至大别南入江」，然則此二别在江夏界。胡氏曰：「杜元凱已知在江夏而不在安豐。」彭年按：杜蓋據當時圖籍，非復漢以前漢入江故道矣。《地説》云：「漢與江合於衡北翼際山旁者也。」又云：

「漢水東行觸大别之坡，一作陂。南與江合。」蔣君湘南曰：「陂者，山之餘氣所盡處，非山之麓也。其山必在百數十里外，今漢水入江，明明在翼際山下，是直觸山根，而非山陂。豈非作《地説》者不識字義乎？」彭年按：據蔣君説，則《地説》蓋亦兩存其説，不專主翼際山也。❶酈道元《水經注》引其説，而云「不知所在」，蓋亦存疑之意。胡氏曰：「酈氏亦主杜説，而終不能指魯山爲大别。」彭年按：酈氏非專主杜説者，説詳見後。《元和志》曰：「魯山，一名大别。」始直指魯山爲大别。《水經注》：「魯山，古翼際山也。」蔡沈《尚書集傳》云：「大别在今漢陽軍漢陽縣。」胡氏《禹貢錐指》專主其説。蔣君曰：「漢水入江在翼際山下，志地理者無不指翼際爲大别。」按《水經·沔水》篇有「南至江夏沙羨縣，南入於江」之文，後人因沿譌，此不善讀《水經》之過也。方君堃曰：「《水經》固謂沔至沙羨合於江之支流，而正流則東至彭蠡乃合，與安豐縣大别之文正相合，與《尚書》彭蠡下江、漢分中江、北江之義初不悖。何以見之？夫《水經》先敘沔、漢，因以沔爲經，江爲緯，沔水直敘至太湖入海，而江水祇敘至青林口而止。青林在湖北黄梅江南宿松界，豈不謂江水於此正流，乃合漢沔乎？《水經注》江之支流曰夏，夏自雲杜合漢，後漢亦通名爲夏。若江自沙羨之下正支已與漢合，則江與沔不得復區。然考《水經》沔水合後，又云：『江水又東，合灄口水，上承沔水於安陸東，今安陸府之應城、漢陽府之漢陽、潛江、漢川、孝感皆古安陸。南注江。江水又東，湖水自北注南。右岸頻得二夏浦。江水又東，逕若城南。』經又云：『江水東逕白虎磯北，又東會赤溪、夏浦二口。』又云：『又東，得苦菜水，水口夏浦也。』❷其下『又東，爲青林口』，而江水乃終。向使江至沙羨已合於沔，則沙羨以下不應判爲二流。《沔水》篇既至巢湖以下始詳記，而沙羨以下不詳記於沔，而詳於江，又别江與夏而志之，則是江流南，沔流北，中隔州岸，雖川脈時通，勢趣自别，何疑於大别之不在沙羨，乃在安豐哉？」《水經注》巴水出下靈山，決水出檀公

❶「主」，原作「王」，今據《陶樓文鈔》卷二改。
❷「口」，原脱，今據《水經注》卷三五補。

峴，皆謂之大别山。蔣君曰：「二山本金岡臺之支峯，相去各廿餘里。」又曰：「大别山者，羅田、蘄州、黄梅、英山、六安、固始、商城羣山之總名。盤回五百餘里，其主峯則在商城、羅田二縣境，大而且高，俗名金岡臺是也。」彭年按：酈氏於此二山直指爲大别，《沔水》篇引《地説》則云「不知所在」，是不以翼際山爲大别。京相璠《春秋土地名》曰：「大别，漢東山名也，在安豐縣南。」若翼際山，則在漢西矣。蔣君曰：「『導嶓冢至於荆山，内方至於大别』，言此四山共一大幹，自嶓冢起至大别止也。嶓冢者，漢所出之山。荆山、内方、大别者，漢所經之山。嶓冢、荆山、内方三山，皆在漢東，自甘肅秦州至湖北襄陽四千里，一脈相承，豈有山脈將盡，忽逾漢水西結者乎？」其言雖近於術家，而實有至理。《左傳》定公四年：吴舍舟於淮汭，自豫章與楚夾漢。子常濟漢而陳，自小别至於大别。三戰，子常知不可。十一月庚午，❶二師陳於柏舉。若以翼際當之，其形勢亦不合。蔣君曰：「吴既與楚夾漢，而又自淮汭來，是吴在漢東，楚在漢西，無疑也。下文曰『濟漢而陳，自小别至於大别』，是令尹自漢西渡至漢東，而後結長陳以拒吴，則小别、大别之山皆在漢東無疑也。柏者山，舉者水，在今麻城縣。」方君曰：「若大别果在漢陽，豈吴三勝後轉退至麻城？楚三敗後轉進至麻城？」又云：「吴從楚師及清發，今德安府安陸縣地，豈吴追楚、師不進，而反自漢陽之安陸乎？」蓋後世漢岸崩潰，至翼際山下，江漢已合，人遂疑翼際爲大别。漢以前無不主安豐之説，知當時江漢合流仍如故道也。晉以後始有疑之者，然則江漢合於翼際山下，當在漢之末造，魏晉之際。否則元凱不應有疑也。胡氏乃因是究班《志》之疏，彌失之矣。近方君堃、蔣君湘南始確宗班、鄭、桑、顔之説，讀《禹貢》者可以無疑矣。

沿譌既久，《明史稿》至漢陽、霍丘並載大别山名，蓋鮮能篤信班《志》者。彭年初至湖北，取《通志》讀之，竊疑其説，雖與龍君翰臣論及，嫌於敷證單薄，不敢妄與

❶「一」，原作「二」，今據《左傳正義》改。

古人爲難。舟行多暇，燒燭檢書，得方君、蔣君論，與余説若契合焉。因芟其蕪累，擇其精要，彙爲一篇，與龍君相質，冀有以益余也。方君，湖南人，著有《禹貢水道考異》。蔣君，河南人，著有《七經樓文集》。二君皆余所嚮慕而未得見者，讀其書如晤其人矣。

與耿立齋書

承示所撰性道教文字，細讀數過，説性字處本朱子陰陽五行及氣成形而理亦寓之説，而以《太極圖解》敷衍之。朱子非不讀《太極》者，此注只從陰陽五行説起，正朱子示人切實處。彭年平生最喜魏環溪先生言：「開口便説太極差了，還是從五倫做起的好。」大著推原無極太極，此未敢附和者，一也。大著又言：「一理即一氣之理。」按朱子云：「若無此氣，則此理如何頓放。」理與氣原相離不得，但氣是理之所生，竟認氣爲理，則整庵舊説之弊。此未敢附和者，二也。説道字處，如以五事、五倫動念處爲道心。此等所見極是，而忽雜「三教聖人」一語，將援儒入二氏耶？則彭年未嘗讀二氏之書，未足喻所言之旨。將暢二氏之旨耶？則何不向禪室、道院共相參證也。此未敢附和者，三也。性善之説，義理之性也，張、程補出氣質之性。足下謂義理之性不離氣質之性，似也。然氣質不免有偏雜，終不能强合爲一。大著「纔覺是二，放下即一；才欲合一，執著則二」，純是口頭禪。且既曰義理、氣質一矣，又曰「别乎人之心而曰道」，則非指氣質之性。又曰「義理之性，道心也；氣質之性，人心也」，道心、人心可謂一乎？執子之矛刺子之盾，此未敢附和者，四也。修道之教，朱子禮樂刑政之屬最爲切實。大著專就心上説，則竊明季心學之説，而演内典之旨也。修字訓飾訓治，朱子訓品節，即治字意已明白了當。大著養、除兩義，轉覺支離。且云「除此非道之穢雜」，不知率性之道，安得有穢雜耶？此未敢附和者，五也。大著又云：一物不攖，即一念不起。並去不起念之念。此朱子所謂寐時之心如木石者，不可以爲未發之中，直是釋氏寂滅之旨。大著又云：「即覺得是理念，而此時用不著。若不急捨此念，則爲理障，障我之虚，障我之靈。」不知所謂虚靈者何境？朱子所謂虚靈，固指具衆理、應萬事而言也。欲念可除，理念亦可除耶？道心惟微，方持守擴充之不暇，而顧可捨耶？此未敢附和者，六也。大著又言：「良知二字，發自孟子，吕氏啟其端，❶王氏暢其旨，欲求良知之説，宜讀陸王之書。」然陸至鹿洞惟講義利之辨，王氏文集特著《諫佛》一疏，其立説雖與程朱稍有不同，而終不背乎聖人之道者，大端不錯也。足下老而好學，勤勤於性道教之辨，不可謂非有心人。而專欲爲無心之解，豈有所激而言耶？抑真惑於他歧耶？又命字从口从令，朱子解作「猶令也」，尚得造字之意，而大著云「从人从口从耳」，望文臆造，殊非古義。卩本作卪，即節字，非耳，篆文亦不象耳也。

附録

先生於咸豐初年乞假侍親歸黔，過白茆灘，舟破於石。先生偕婦劉氏各負其父姑以出於險，俱得無恙。史傳。

❶「吕」，據下文當作「陸」。

先生隨父辦理貴州團練，長寨等處苗、漢積不相能，下游清水江猜怨尤深。先生親入苗寨勸諭，盡得漢民侵欺狀，爲蠲除之，使合團苗民翕然聽命。同上。

先生《答竇蘭泉書》云：「奉手書，進而教之以德才之辨，用君子、小人之微權，義至精也，志至廣也。然細繹來書，尚有未盡愜者，如謂用有才之君子、有德之小人。夫君子信有無才者矣，小人則安有德哉？如其有德，不得謂之小人矣。古者德與才一，後世歧而二之。十六族之才子，皆有德者也。四凶之不才，皆凶德者也。鯀之方命圮族，堯以四岳之言而試之，知人則哲，惟帝其難，當時不能爲堯諱也。堯不能去，後人亦不能爲堯諱也。而所以致堯有此遺憾，以俟之舜者，四岳也。後之法四岳者，法其薦賢而無法其舉鯀以累堯，則善矣。謂此不足爲堯累，而姑且舉之，姑且試之，不幸而無如舜者出，方命久而朝命廢，圮族甚而人類絶，可不爲寒心哉？來書又言：『盜嫂受金之陳平，苟能安漢，則四百年之人民受其賜。當日若用四皓、兩生，不知能安漢否？』彭年竊謂兩生謂禮樂百年然後可興，不知人不可一日無禮樂，亦無日不可興禮樂。兩生之迂，誠不足以安漢。四皓之語言氣象，蓋策士之雄，亦不足以安漢。至於陳平小智巧言，幸而依附陵、勃，乘呂后之死以成名耳。謂『四百年之人受其賜』，亦太過。盜嫂受金，不足爲平玷汙，謂并此可以取而用之，則魏無知一時辨詞，何遽爲定論也。彭年就平生所見治事須才，而事之成與否則不在才之大小，而在心之到與不到。其阻於天時，格於人事者，又非心所能强。故嘗持謬拙之見，以爲方今用人，不必苛求其才，惟當先考其心。心至而才或不至，事未必遽壞，即壞而其理尚存。才至而心不至焉者，事未必不成，即成而其人不可復去。十年之間，往事可睹，何待援千古以上事爲例也。」《陶樓文鈔》。

先生《上吴江相國書》云：「人存政舉，人亡政息。當軸若不早圖變計，國事將有不可問，不忍言者。彭年輒因執事用人行政之語妄益兩言曰：『用人以公，行政以誠。』公則爲國擇人，不爲人擇官，量才授事，不以事困才。愛人之長，而必知其短；知人之惡，而不掩其善。不以淺智小忠而付之重寄，不以微失小眚而没其大端。不憑一己之愛憎，不徇同官之好惡，勤於延攬而干謁必懲，廣爲諮詢而游譽必察。簿記而參稽之，隨時而考核之，因事而磨錬教戒之，巧詐圓熟之徒無所售其技，而善類得以保全，則人盡其才，事無不舉矣。誠則不事虚文，必求實濟；不持己見，必集衆思。利害所關，不容含混；得失共見，不待彌縫。論者謂中國所行皆王道，而不免於假；外國所行皆霸術，而事事皆真。果能去假見真，何至中不敵外？非積誠而出以大力，百年積習，旋轉甚難，履霜堅冰，良爲可懼。譬如治病，遣使防邊，治標也，一藥不慎，外邪深入；用人行政，治本也，藥非真品，元氣難培。當今日而言自强，必須真自强，且須時時自强。自强而不息，何患乎貧弱？如其徒託空言，雖有智者，不能代爲謀矣。」同上。

先生《致王晉卿書》云：「僕自入柏垣，終日兢兢，惟恐冤人。計平反二十餘起，活數十命。竟有格於勢力，不能如願，如鄖獄者。然以去就爭之，不入情實，不爲人作劊子也。就所察覺者平反之，其不及覺者能必無耶？所以日日求去，非曰高蹈，懼作孽耳。紀綱久弛，整頓殊艱。法師遇魔，持以定力。貪吏稍稍斂迹，民氣得以上通。若謂吏治遂可澄清，則猶未也。近以海氛日熾，奉檄覈軍實。中華舊有利器，尚多朽敝，何論洋製？至於選將治兵，則非職分所及。以地形敵情度之，未必深入。如其果至，則致身之義，能自爲政。」同上。

曾滌生曰：「英氣逼人，志大神靜，則有黄子壽。子壽近作《選將論》一篇，共六千餘字，真奇才也。子壽戊戌始作破題，而六年之中遂成大學問。此天分獨絕，萬不可學而至。」曾文正《與諸弟書》。

陶樓家學

黄先生國瑾

黄國瑾，字再同，陶樓子。光緒丙子進士，改庶吉士，授編修。幼時大父琴塢觀察病篤，以聯語書賜曰：「讀書有種子，立志爲名儒。」越日，復召至榻前，諭曰：「務名非所以示子孫。」爲易書下聯曰：「力學爲真儒。」蓋期望甚至。既長，與通人游處，所學日進。入詞館後，聲譽鵲起。充會典館畫圖處總纂，勤於職事，發凡起例，考訂精詳，未及成書，遭父憂，以哀毁卒。入《國史·孝友傳》。著作散佚。參《陶樓文鈔》、《清史稿》。

陶樓弟子

王先生仁俊

王仁俊，字扞鄭，吴縣人。光緒壬辰進士，改庶吉士，散館授吏部主事。秉性穎悟，自幼喜治經小學。既長，肆力考據。肄業學古堂，學以大進。張文襄公招之入幕，改湖北知府，歷署宜昌、黄州。文襄創存古學堂，羅致高材生補史箋經，列爲日程，以爲教務長。蘇州學古堂改建存古學堂，奏調回籍主其事。又調充學部圖書局副局長，兼大學堂教習。其治經宗許、鄭，尤以保存國粹，尊經衛道爲己任。中年以後，邃於金石文字。所著《格致古微》六卷，進呈乙覽，有「好學深思，周知時事」之褒。歿於京寓，年四十有八。著有《羣經講義》三卷，《孔子集語補遺》一卷，《毛詩草木今名釋》一卷，《爾雅疑義》一卷，《倉頡篇輯補斠證》一卷，《説文引漢律令考》二卷，《附録》二卷，《説文一家學》一卷，《説文獨字成部考》一卷，《漢書許注輯證》一卷，《周秦諸子敍録》一卷，《淮南子萬畢術輯證》一卷，《正學篇》三卷，《闢謬篇》二卷，《遼文萃》七卷，又《藝文志補證》一卷，《西夏文綴》二卷，又《藝文志》一卷，《存古學堂叢刻》四卷，《感應篇儒義》六卷，又《古本攷》一卷，《學堂歌箋》六卷，皆手自編訂，先後刊行。其屬草已定，尚待理董者，有《孔子經解》、《兩漢傳經表通經表訂補》、《吴郡漢學師承表》、《吴郡著述考》、《羣經漢注輯證》、《玉函山房續編》、《春秋左氏傳學》、《爾雅讀》、《爾雅大字本校勘記》、《説文攷異纂》、《小學鉤沈補續》、《釋名補校》、《白虎通義補校》、《三代教育史》、《大學堂文學研究法》、《周秦學術源流考》、《古今中外文字考》、《管子訓纂》、《商君書微》、《白虎通義引書表》、《鶡冠子閒詁》、《老子正誼》、《淮南子許注異同三詁》、《淮南子揚搉》、《墨子經説疏》、《諸子札記》、《意林周注訂》、《景佑六壬神定經纂佚》、《祕府略箋》、《漢書藝文志校補》、《隋書經籍志校補》、《古類書輯録存佚表》、

《許學》、《鄭學》、《武廟祀典考》、《西遼書》、《三代吉金跋》、《秦權衡度量攷》、《滎陽鄭氏石刻考》、《歷朝石刻跋》、《金石萃編補跋》、《金石續編補跋》、《金石萃編三續》、《匋齋金石文録》、《金石通考》、《寰宇吉金録》、《寰宇訪碑録三續》、《新墨緣彙觀》、《聖哲辯誣録》、《鄭鄤辯誣録》、《小畜集考證》、《王氏文獻録》、《正學堂集》、《正學堂筆記》、《軍歌箋》、《吴諺證》、《籀鄦簃文集》等，累百餘卷，藏於家。參傳略。

許先生克勤

許克勤，字勉夫，海寧人。諸生。僑居蘇州，於書無所不窺。凡經史、天文、地理及五行、術數之學，皆喜探討，有所見，則筆之簡端。《説文》段注本、《水經注》趙箋本用力尤摯，密行細書眉端幾滿。嘗謂學問當法漢儒，品行當法宋儒。生平無疾言遽色，雖盛暑必長衣。其爲學一歸於徵實。朋輩中無論學術互有異同，皆曰君子人也。年未五十卒。著有《讀周易日記》、《經誼雜識》各一卷。參胡玉縉撰小傳。

于先生鬯

于鬯，字醴尊，號香草，南匯人。光緒丁酉拔貢，以直隸州州判用。母年高，絶意仕進。薦經濟特科，亦不赴。其學長於三禮、《説文》，著有《讀周禮儀禮禮記日記》各一卷，《説文職墨》三卷。墨守漢學，以形聲故訓展轉通假之例徧讀周秦漢魏古書，刊正奪訛，稽合同異，成《校書》六十卷、《續校》二十三卷、《戰國策注》三十三卷。參繆荃孫撰墓志、胡玉縉撰小傳。

吳先生壽萱

吳壽萱，字紫珺，吳縣人。諸生。家貧力學，一介不苟取。故事，諸生極貧者，每歲終，藩司給以錢幣。學官以其名列入貧生內，送錢幣於其家。謝曰：「余雖貧，尚有貧於余者，請轉給他人。」陶樓聞之，調入學古堂，充齋長。年未五十卒。生平喜輿地學、算學。其算學貫通中西，著有《垂綫互求術》、《平方和較術》、《疊比例術》各一卷。參胡玉縉撰小傳。

董先生瑞椿

董瑞椿，字棶堂，原籍安徽，侍宦江蘇，遂爲吳縣人。光緒癸巳副貢。其學專攻《爾雅》，頗欲於邵、郝諸家外別爲一書，積稾已盈尺，爲人竊去，遂憤懣，盡棄其所學，絶口不譚經術。今所傳《讀爾雅日記》二卷，雖首尾完具，實非其至者也。游學日本歸，一意肈究教育。後以喪子，攖心疾卒。參胡玉縉撰小傳。

汪先生之昌

汪之昌，字振民，新陽人。同治丁卯副貢。光緒中，陶樓創設學古堂於吳中，聘爲齋長，與諸生講解切磋，多所造就。二十一年卒，年五十九。少本庭訓，謂攷訂古書，可自驗識力。因先讀遼金元三史以期用心入細，後復專研經義，以《説文》爲輔，旁及諸史、諸子與夫輿地、目録、《九章》家言。嘗先後肆業正誼、求志、辨志、南菁諸書院，寢饋其中，著有《孟子鎦熙注輯補》一卷、《青學齋集》三十六卷、《裕後録》二卷。參《青學齋集》胡玉縉序、章鈺所撰墓表。

輯補孟子鎦熙注自序

《隋書·經籍志》：「《孟子》七卷，鎦熙注。」書久佚，吾吴宋于庭先生嘗取他書所引鎦注，仿王伯厚輯《周易鄭注》例，録存一卷刊行。余讀《文選》，見注引鎦書，宋氏容有未録。嗣後讀書，凡關涉鎦注，必記諸册。上年見日本新出《玉篇》，雖非完帙，而引鎦君《孟子注》又得若干條。吁！載籍極博，見聞有限，況耄將及之，爰就所録鎦注，依宋氏例，按次排比，輒注補字於下，以爲識。仿丁小雅先生《周易鄭注補》之例也。搜輯以竟宋氏未竟之緒，是所望於博雅好古之君子。

文集

漢魏經儒習魯詩者傳經表外尚有何人説

《漢書·藝文志》：「《詩》經二十八卷，魯、齊、韓三家。《魯故》二十五卷，《魯説》二十八卷。」又曰：「與不得已，魯最爲近之。」是漢儒於《詩》三家中，尤重《魯詩》。《儒林傳》敍授受源流甚備，而習《魯詩》者，西漢彌盛。蓋漢儒夙重師法，班、范兩《書》略見大概。《隋書·經籍志》言《魯詩》亡於西晉，而所敍石刻有一字石經《魯詩》六卷。《志》以一字石經立於魏正始朝，則魏時《魯詩》具存，經儒當有講習之者。近畢氏沅撰《傳經表》一卷，備舉周秦漢魏經學傳授流派，凡經說不名一家，史傳亦無所習某經之文，則概列《通經表》，限斷謹嚴，自敍較朱睦㮮《授經圖》、朱彝尊《經義考》師承所録詳實倍之。《表》於《魯詩》，首尊孔子，下逮李業，凡五十二人。傳自何人，所傳世次，一一考訂分注，罔非信而有徵。然尚有經習《魯詩》而《表》未敍入者。《表》列楚元王交、夷王郢客，蓋以《魯詩》之學衍於申公，而元王與之同學同師，《魯詩》自是元王專家之學。劉向爲元王後裔，通習經典，斷無不恪守家法。向撰《列女傳》所引《詩》説率皆《魯故》，即習《魯詩》之明證。《後漢·魯恭傳》與弟丕俱習《魯詩》，丕教授《魯詩》外，兼以《尚書》，雖門生就學者常百餘人，其間容或不盡《魯詩》。恭拜《魯詩》博士，傳言「家法學者日盛」，則恭於《魯詩》洵足當傳經之稱。蔡邕習《魯詩》，未知授自何人，而據以書石經，雖經殘毁，而留存之字尚可想見《魯詩》之一二。以例《獨斷》所述《頌》序三十一篇，當亦《魯詩》家遺説，則邕於《魯詩》正不得没其傳經之功也。王逸《楚詞章句》引《詩》每與韓、毛不同，而與《爾雅》及《列女傳》輒合。近臧庸定爲多《魯詩》説，羅舉證明，見《拜經文集》。據此，則逸亦習《魯詩》者。《魏志·王肅傳》注：「隗禧説齊、魯、韓、毛四家義。」雖非專習《魯詩》，可見魏儒於家法頗知分别。《魏風》「三歲貫女」，《釋文》：「徐邈音貫爲官。」近惠棟謂官是宦字之誤。案石經本作「宦女」，則魏儒習《魯詩》者，邈亦其一。自孫炎、王肅以後，漢儒專門之學一變殆盡。畢氏此表，於經學不爲無裨。即就《魯詩》論，於《通經表》所未及者，更考之史籍而更正之，亦不可少之作也。

淮南子墬形訓書後

《淮南子》一書，出衆賓客手，雜舉經傳百家之説，即如《墬形訓》篇首「地形之所載」數句，乃節取《山海經·海外南經》海外三十六國；及諸名川所出，亦約舉《山海經》爲文；若「東方之美者，有醫毋閭之珣玗琪」一節，則取《爾雅·九府》；「凡地形東西爲緯，南北爲經」以下皆取之《大戴記·易本命》篇；「土有九山，山有九塞」以下，則取之《呂氏春秋·有始覽》也。其他當亦采輯古人成説，特原書佚久不可知。吾謂《地形訓》一篇，不獨述古，近西洋人所爲格物之學已隱括焉而略見端倪。西洋人步算爲最精。案《地形訓》「禹乃使大章步自東極至於西極二億三萬三千五百里七十五步，使豎亥步自北極至於南極二億三萬三千五百里七十五步」，有似乎周行地球。案：大章、豎亥乃推步天象之人，東極、西極即謂日本天之徑，就地形以定其方位也。其云「八紘之氣，是出寒暑，以合八正，必以風雨」，此言寒暑風雨雖頃刻百變，要各有所自來。西洋人風雨有表，寒暑有表，咸與天氣相應準，而歷試不爽，並用以測量地形高下。其云「音有五聲，宮其主。色有五章，黄其主。味有五變，甘其主。位有五材，土其主」，格物家原質之説綜括於數語中，物雖屢變，要必不離其宗，而微及聲、光二學。「鍊土生木，鍊木生火，鍊火生雲，鍊雲生水，鍊水反土。鍊甘生酸，鍊酸生辛，鍊辛生苦，鍊苦生鹹，鍊鹹反甘」，則格物家化學之輾轉不窮，或合而仍可分，或合而無復別。《地形訓》曰「鍊」曰「生」，亦撮舉其凡。西洋人以製造各物咸備世所需用自矜，中土亦以之相推。案《地形訓》：「以水和土，以土和火，以火化金，以金治木，木復反土，五行相治，所以成器用，所謂立成器以天下利者，在審乎五行之宜，而器物遂日出，以給生人所求。」篇末條別五土所生黄埃青曾等，頗與礦學近似。當由古今之殊號加以中外之異稱，幾至於不可解。其歷言「陰陽相薄爲雷，激揚爲電」，「凡物罔不具有陰陽」，據此則電學所云雷電一物。又云「電氣隱伏於萬物」者，正未可謂得未曾有矣。尤可異者，《地形訓》歷敍五方人民之形狀及所宜之穀與大獸，西洋人所撰《地球説略》每繪畫各國人形及植物、動物，其下説於數端尤詳，則彼著書之體例，且隱師乎《地形訓》矣。然則西洋人於格物動輒以爲心得者，不知古人早已知之，特其説未嘗詳盡，見之者亦漫不加研究耳。讀《淮南子·地形訓》，略舉以相印證，即書之於篇後。

黄老異同辨

黄老之學，肇始於戰國，崇尚於漢代。黄謂黄帝，老即老子。據《史記》以黄帝居五帝之首，老子生東周之季，時代之先後懸殊。近俞長城《黄老對》以爲黄、老教同。宋翔鳳《過庭録》言：「老子著書以明黄帝自然之治。」似黄、老無異學。吾謂以老子爲宗黄帝之學，非真老子之學不異於黄帝，世之爲老子之學者張大之，以爲一同乎黄帝也。案：今所傳黄帝遺文，若《陰符經》、《素問》等書，咸出後人依託，見者具知爲未可盡憑。而老子所著上下篇，言道德之意五千餘言，其書完備，姑就五千言所設教，與經史所述黄帝事迹，以參考其異同。案《老子傳》以「無爲自化，清靜自正」綜括老子言行。大概論者以《易傳》言「黄帝垂衣裳而天下治」，正可爲無爲之證。無論《易傳》言通變宜民，初非不爲而成者。《易傳》所謂「後世聖人」，解者謂即指黃帝、堯、舜，則自「作舟楫」以迄「作書契」，何一不爲斯民計？何嘗使民無知無欲？且《禮記・祭法》言「黃帝正名百物，以明民共財」，是創制立法，亦非所謂「使民復結繩而用之」。《左傳》言「黃帝以雲紀官」，《帝紀》言「置左右大監，監于萬國」，當日陳綱立紀，蘄至詳密，正《老子》所謂「法令滋章」，而絕不聞「盜賊多有」也。舉風后、力牧、常先、大鴻以治民，與「不尚賢，使民不爭」之義正相反。《紀》又歷敍帝順天地之紀、幽明之占，以及播百穀，草木化，鳥獸蟲蛾，勞勤心力耳目，無微不至，何莫非納斯民於軌物，以言乎「絕仁棄義，民復孝慈；絕聖棄智，民利百倍」？老子慨乎其言之者，皆黃帝所躬行矣。然則黃帝之所爲，驗諸老子之所言，爲異爲同較然，無待於辨。案史遷傳申不害、韓非，皆云「其學本於黃老」，而於《樂毅傳贊》敍次黃老之學，儼然有師法之流傳。可見戰國之初，尚無黃老之目。迨横議之風浸熾，士各執其一術以爲學，每託於上古神聖以爲名高。《孟子》七篇中許行爲神農之言，即其明證。以黃、老連文爲目，殆爲老子學者以黃帝名最著而無可徵實，何妨以老子相附會。漢初百家之説未盡黜絶，故尚沿舊稱，詎知詳加考辨，其異而不同者固昭昭哉？

陶樓交游

龍先生啓瑞別見《惜抱學案》。

邵先生懿辰别見《諸儒學案》。

陳先生慶鏞别見《春海學案》。

方先生宗誠别見《惜抱學案》。

張先生穆别爲《㐆齋學案》。

何先生秋濤别見《㐆齋學案》。

周先生壽昌别見《湘鄉學案》。

吴先生汝綸别爲《摯甫學案》。

王先生柏心

王柏心，字子壽，監利人。道光甲辰進士，授刑部主事。明年，乞養歸。少以孝聞於鄉里，長博涉經史，肆力詩古文辭。唐按察樹義見其文，奇之，謂人曰：「子壽乃叔度、林宗之儔，非今世人也。」林文忠公則徐聞其名，禮致之，許以國士。曾文正、左文襄、胡文忠諸公皆推重焉。湖南北講論經史文藝，必歸先生。有所述造，老師大儒皆咋伏。先生亦自以其詩文啟誘後進才雋，見人一技之長，譽之不容口，推轂而策勵之，必使有所興發，以成其善。同治元年，先生進呈經論，復應詔陳言八條，穆宗嘉納焉。九年，丁母憂，哀痛擗踊，依然孺慕。十二年，卒於荆南講舍，年七十五。著有《百柱堂集》五十三卷、《導江三議》一卷，纂修《黄岡縣志》十六卷、《東湖縣志》十二卷、《宜昌府志》十六卷、《當陽縣志》十八卷、《漢陽縣志》二十卷，《臨湘縣志》十四卷、《監利縣志》十二卷。參史傳、郭嵩燾撰墓志銘。

文集

人鑑序

南平田峻庵明經奉其尊甫經畬先生之教，嘗謂孝、弟、忠、信、禮、義、廉、恥八者，人道之大綱，而作聖之初基。因編爲八類，析爲若干目，首載經訓，次及子史百家，凡古人言論行事可則傚、可警惕者，皆以類附，條記其下。自承學以來，至於垂白，手自鈔纂，未嘗一日輟。峻庵爲學主實踐，力而行之，日用行習。生平博洽，富文藻，老而未遇，弗之有悔。獨窮年矻矻，裒輯是編，雖宗主不出八者，而體用明備，經緯萬端，所包納宏且遠矣。既成，屬柏心爲之序。

竊聞孔子有言：天地之性人爲貴。人者，超羣生，配三才，信乎其爲貴也。均是人也，百骸七情莫不同。入有父子兄弟之親，出有君臣上下之誼，會聚相遇有耆老長幼之施，若是者莫不同，然而有君子，有大賢，有上聖，有庸衆，有下愚、大惡，若是其不齊，何也？立人之道若藩籬焉，若隄防焉，謹則成，圮則敗。孰藩籬是？孰隄防是？孝弟者，堯舜之道也；忠信者，孔氏所以教，而孟氏所尊爲天爵者也。禮義廉恥，則又管夷吾稱之爲四維者。之八者，管乎人道之最大者矣。其爲藩籬也固矣，其爲隄防也至矣。是故道者，導此者也；德者，得此者也；教化者，端此者也；政刑者，防此者也。雖有明哲之資，自八者而擴之，位育參贊，不過全乎其爲人。雖復中下之資，循八者而守之，省察操存，即可無愧乎其爲人。若夫蕩越焉，決裂焉，則形氣視息儼然人也，而已淪於禽矣。至於名教淩替，風俗薄惡，禍亂且相尋而至，人道之憂將自此始也。其初蓋由一二才智者，憚於敦行不怠之苦且難，因相與厭薄八者，而標虚玄詭異；或溺於多聞博辨，以高遠奇麗自炫，世乃靡然從之。不知夫八者實也，餘皆華也；八者内也，餘皆外也。人之道將先實乎？抑先華乎？將重内乎？抑重外乎？而彼方從事於華且外焉，亦可謂本末舛逆者矣。夫是八者之於人，不可以須臾離。第非服膺古訓，考諸往昔言行，以爲法戒監史，則天資粹美者，雖能暗合，然猶不免有徑情之失。其中人以下，倀倀乎如瞽人，如夜行，將入於坎窞而不自知。甚矣！峻庵《人鑑》之輯，其有功於人道爲約且要也。是編也行，盡人可解，盡人可勉，豈止爲人道樹藩籬、峻隄防也哉！雖由此會萬理，貫百行，仰而跂之，仁聖之途也，夫何遠之有？

王先生振綱

王振綱，字重三，直隸新城人。道光戊戌進士，以知縣用，未之官。里居數十年，不謁選人，而究心天下利病，凡兵農、禮樂、河渠、地理之屬，靡不考其源流，察其得失。如論開蘆僧河，置閘蓄洩，謂：「永定挾泥沙入清河，水大則奪正河之全溜，清河下游必淤；水小則勢緩力弱，泥沙留滯，蘆僧下游必塞。土性鬆懈，建閘必決。」後果如所言。又建議改清河故道引入蘆僧河，使定興諸水專歸雄縣，即受水之區收水田之利，築圍隄以捍外水，建石閘以時啟閉，開引河以分水勢。事未施行，論者韙之。主講書院，教士以躬行爲本。嘗揭顧亭林恥作文人、王白田戒爲名士二語於壁，與陶樓易子而教。窮經考古，如論周公相踐阼而治，謂相助踐履阼階之事，攝政非攝位，而下文「周公踐阼」脱「相」字，遂啟《明堂位》「周公踐天子位」之説，馴致新莽居攝篡漢之禍。論魯之郊禘，據《左氏》、《公羊》、《史記》及《意林》、《紀聞》之説，斷爲後世僭用，非成王賜。論井田之制，謂丘甸之法，禹之所定，後之王者不過因其成蹟，所謂五十、七十、百畝者，名雖異而實則同，必不改畛涂、易溝洫以就之。諸所辨議，率皆實事求是，精博過人。卒年七十有一。著有《羣經筆記》二卷，《禮記通義》二十卷，《儒先語粹》四卷，《選擇備用》二卷，《地理擇言》十卷。參《陶樓文鈔》。

重三家學

王先生樹枏

王樹枏，字晉卿，重三先生子。少時肄業蓮池書院，爲陶樓先生所激賞。光緒丙戌進士，由知縣起家，累官至新疆布政使。年八十有六卒。平生著述甚富，有《周易釋貞》一卷，《費氏古易訂文》十二卷，《尚書商誼》三卷，《焦易説詩》四卷，《爾雅説詩》二十二卷，《學記箋證》四卷，《左氏春秋經傳義疏》一百五十卷，《爾雅訂經》二十五卷，《爾雅郭注佚存補訂》二十卷，《廣雅補疏》四卷，《説文建首字義》五卷，《新疆圖志》一百十六卷，《新城縣志》若干卷，《冀縣志》二十卷，《天元草》五卷，《十月之交日食天元草》二卷，《莊子大同注》二十二卷,《離騷注》一卷,《陶廬文集》二十卷,《内集》三卷,《外篇》一卷,《駢文》一卷,《文莫室詩集》八卷,《陶廬詩續集》十二卷。參《陶廬全書書目考》。

清儒學案卷一百八十四終

清儒學案卷一百八十五

天津徐世昌

越縵學案

越縵洞明三禮，尤精小學。博極羣書，勤於攷訂，兼尊宋學，謂可以治心。生前爲詞章之名所掩，歿後遺書漸出，學者服其翔實，翕然稱之。述《越縵學案》。

李先生慈銘

李慈銘，初名模，字式侯，後更名慈銘，字炁伯，號蓴客，會稽人。生有異才，長益覃思劬學，於書無所不窺。時越多高才生，咸推爲職志。初官户部郎中，光緒庚辰成進士，歸本班補官，後遷御史，巡視北城，督理街道，皆舉其職。數上封事，洞中利弊，不避權要。甲午夏，中日啟釁，敗聞日至，感憤咯血而卒，年六十有六。少時曾從宗先生稷辰游，入四賢講堂。後專治漢學，仍服膺宋儒。平生矜尚名節，務矯俗流，有裁制人倫、整齊物類之心，而道孤命蹇，志未少伸。其《復陳晝卿書》云：「有《正名》二十篇，頗自負爲内聖外王之學，足以繼《明夷待訪録》、《日知録》而起，須竢身後始出。」説經確守乾嘉諸老家法，於史學致力最深，日有課記。每讀一書，必求其所蓄之深淺、致力之先後而評騭之，務得其當。《復桂浩亭書》云：「嘗讀《詩》之歐《本義》、朱《集傳》，《書》之《蘇傳》、《蔡傳》，其議論亦間有較勝漢儒者。而國朝惠氏棟之《易》，王氏鳴盛、孫氏星衍、江氏聲之《書》專述鄭義，字字抉剔，亦不免自相違反。蓋康成總集諸義，博觀會通，千慮一失，豈能畢照？《書注》既亡，出於裒拾，更不能無所羼亂。使鄭君生于今世，必不竟棄宋儒，如惠氏、王氏、江氏之婞也。至程子之《易》、朱子之《易》與《禮》，尤與漢儒相輔不背。惟宋儒之患，在不善學者盡棄訓詁名物，以孟浪行之，而謂《易》可無《象》，《詩》、《書》可無《序》，則一切古書俱可不讀矣。」語極持平。其著作於經有《十三經古今文義彙正》、《説文舉要》、《音字古今要略》、《越縵經説》；於史有《後漢書集解》、《北史補傳》、《歷史論贊補正》、《歷代史臏閏史》、《唐代官制雜鈔》、《宋代官制雜鈔》、《元代重儒攷》、《明謚法攷》、《南渡事略》、《國朝經儒經籍攷》、《軍興以來忠節小傳》、《紹興府志》、《會稽新志》，又有《越縵讀書録》、《越縵筆記》、《越縵堂日記》、《柯山漫録》、《孟學齋古文内外篇》、《湖塘林館駢體文鈔》、《白華絳跗閣詩初集》、《杏花香雪齋詩》二集、《霞川花隱詞》、《桃花聖解庵樂府》，凡百數十卷。參史傳、平步青撰傳。

文集

五不娶七出説

《大戴禮·本命》篇曰：「女有五不取：逆家子不取，爲其逆德也；《韓詩外傳》、《公羊》注俱作「廢人倫也」。亂家子不取，爲其亂人倫也；《韓詩外傳》、《公羊》注俱作「類不正也」。世有刑人不取，爲其棄於人也；世有惡疾不取，爲其棄於天也；喪婦長子不取，《韓詩外傳》作「喪婦之長女」，《公羊》注作「喪婦長女」。爲其無所受命也。

《韓詩外傳》作「爲其不受命也」，《公羊》注作「無教戒也」。婦有七去：不順父母去，爲其逆德也；《公羊》注作「不事舅姑棄，悖德也」。無子去，爲其絶世也；淫去，爲其亂族也；《公羊》注作「淫佚棄，亂類也」。妒去，爲其亂家也；有惡疾去，爲其不可與共粢盛也；《公羊》注作「不可奉宗廟也」。多言去，《公羊》注作「口舌棄」。爲其離親也；竊盜去，爲其反義也。婦有三不去：有所取，無所歸，不去；《公羊》注「不窮窮也」。與更三年喪，不去；《公羊》注「不忘恩也」。前貧賤，後富貴，不去。」《公羊》注「不背德也」。《公羊》何氏《解詁》所説同。《後漢書·應奉傳》注引《韓詩外傳》及《白虎通·嫁娶》篇之言「五不娶」亦皆同。

李慈銘曰：古之致重於妃匹之際者，其慎之又慎矣。納禮之繁重，誥戒之周至，重之以廟見，遲之以三月，而又有五不娶者，以謹其先；有七可去者，以防其後；有三不去者，以善其始終。誠以妻之言齊，陰雖卑於陽，女雖順於男，而人倫之本，王化之始，君后之尊，臣民同之；父母之尊，子等之。聖王固不願有一婦之被棄，而尤不忍有一女之失所。婦而被出，夫之所極不得已，子之所大痛也。顧七出之條自漢律至今，沿之不改，其六者無論矣。至於無子，非人所自主也，以此而出，則狂且蕩色者將無所不爲，而幽閒之仳離者恐不知其紀極。《唐律疏義》申之云：「問曰：妻無子者聽出，未知幾年無子，即合出之？答曰：《禮》云：妻年五十以上無子，聽立庶以長。謂妻至五十未有嫡子，聽立妾子之長者。即是四十九以下無子，未合出之。」斯言也可謂深知禮意而救世教之窮也。蓋娶妻以承宗廟，不孝有三，無後爲大。妻而無子，情之所矜，而禮之所棄，故不得不設爲此條，然必待至五十，則有不更三年喪者寡矣。古人三十而娶，四十而仕，五十服官政，而女子二十而嫁，至於五十，則貧賤有不富貴者亦寡矣，是婦人竟未有以無子去者，律雖設而未嘗用也。而況諸侯夫人無子不出，鄭君《儀禮注》云：「天子、諸侯后夫人，無子不出。」天子后無出禮，《儀禮疏》引鄭君《易注》云：「嫁於天子，雖失禮，無出，遠道之而已。」天子元士視子男，今之五品以上皆古之諸侯，唐宋制正五品上階封開國男。則士大夫家無以無子出者也。《穀梁傳》云：「一人有子，三人緩帶。」言姪娣有子，則適不去。今無姪娣而許有妾，則妾有子者，妻亦不去也。此七出之制盡善，無可議也。若夫五不娶之制，其四無論矣。至「喪婦長子不娶」，則古今紛眩，未有定說。或謂「喪婦」當作「喪父」，謂失父之長女也。或謂喪婦長子，謂長女無母者，自女之父言之爲喪婦也。夫女子不幸而失父母，何罪於天而棄同逆亂？儒者求其說而不得，於是閻氏若璩曰：「長子蓋女子長成當嫁，而適遭父喪，即《曾子問》所謂『既納幣，有吉日而女之父母死，致辭於壻，則不娶』是也。」孔氏廣森曰：「女子既長而未許嫁，疑其幼失母訓，婦德不備，人莫與婚，故慎之，不輕娶也。」夫由閻氏之說，是曰緩娶，非不娶也，且非獨長子也，凡女子居父母喪者何人不然？由孔氏之說，則愆期不許嫁者，父母之過。彼女子何罪焉？蓋嘗反覆求之，所謂喪婦者，謂喪夫之婦。家有喪者謂之喪家，則婦有夫喪者謂之喪婦。喪婦即寡婦，漢以後所謂孀婦也。《說文》及《釋名》皆曰「霜，喪也」。孀字不見《說文》，蓋即傅合喪婦之義而爲之。《廣韻》引崔子玉《清河王誄》云「惠于𡡉孀」，是東漢已偁孀婦。長子者，謂子已長也。古人不諱娶再醮，婦人居夫喪畢，得再嫁，雖有子不禁，故以聖如孔子，伯魚既卒，子思幼孤，而母嫁於衛，不以爲非。惟夫喪畢而子已年長者，則不宜嫁，嫁則爲不安於室。《韓詩外傳》「不受命也」即「不安命也」。《大戴》誼同。《詩》之《凱風》、《寒泉》所以作也。故曰喪婦而子長者不娶。設爲此條，所以達人子之志，而救禮制之窮也。蓋夫死則嫁，定制也，子雖長不能以禁母也。然父喪而母嫁，人子終身之大恨，不幸之尤也。幼孤繦褒，無所識知則已耳。若儼然成人，而坐視其母之更適人，少有恥者所不能自安於世也。聖人以是制之而人莫敢娶，則嫁者絶而倫紀之事嚴，母子之恩篤矣。嗚呼！古先哲王緣人情而爲之制，如此其周且盡也。是故君之於臣也，不曰「不廉」而曰「簠簋不飾」，不曰「污穢」而曰「帷薄不修」。夫之於妻也，即萬不得已而當出，亦必善爲之辭。曾子之去妻也，不曰「不順父母」而曰「藜蒸不熟」；王陽之去妻也，不曰「竊盜」而曰「取庭中垂棗」。妻道、臣道，其義一也。故妻之去必送之，接以賓客之禮，皆所以正妃匹，重廉恥。《周書》曰：「至於敬寡，至於屬婦，合由以容。」《孟子》言太王之好色，極之「内無怨女，外無曠夫」。蓋聖賢之謹昏姻而防夫婦之道苦者無所不至也。錢氏大昕著《七出論》，其言偏激，作此正之。

練祥兩祭異日説

《儀禮·喪服傳》曰：「既練，舍外寢，始食菜果。」鄭注不明言練之在何日，後儒或疑練即小祥，無二祭也。以諸經傳考之，而知其不然。《雜記》云：「期之喪，十一月而練，十三月而祥，十五月而禫。」鄭注：「此謂父在爲母也。」案：凡期之有禫者，如父母既没，爲妻亦當如此。夫期之練且與祥異月，則三年喪之練不與小祥同日明矣。又曰：「凡喪，小功以上，非虞祔練祥無沐浴。」疏云：「練祥不主大功、小功也。」則三年期之喪，先練而祥，猶先虞而祔。既爲兩事，則練有祭可知也。又曰：「如三年之喪，則既潁，其練、祥皆行。王父死，未練祥，而孫又死，猶是祔於王父也。」鄭注：「未練祥，嫌未祫祭，序於昭穆爾。」夫既曰「練」，復曰「祥」者，以練而作主遷廟，然後爲小祥之祭。鄭君以祥爲大祥，故有祫祭昭穆之言，恐不然矣。《大戴禮·諸侯遷廟》篇曰「成廟將遷之新廟」，此謂既練遷廟也。其末云：「出廟門，告事畢，乃曰擇日而祭焉。」此謂小祥之祭也。《穀梁·文二年》傳云：「立主，喪主於虞，吉主於練。作主、壞廟有時日，於練焉壞廟。」夫作吉主及壞廟，皆大事也，而皆於練，則練之不可無祭，又明也。《喪大記》曰：「既練，居堊室。既祥，黝堊。祥而外無哭者，禫而内無哭者。」既祥者，謂小祥也。「祥而外無哭者」，謂大祥也。蓋《間傳》云「期而小祥，居堊室」，又「期而大祥，居復寢」，夫復寢者，謂復正寢，即先爲殯宫之寢，至禫而吉祭，則復内寢。是大祥以後不居門外之堊廬矣。以此知「既祥，黝堊」者，爲小祥之居。黝爲地飾，堊爲牆飾，是黝堊仍爲堊室也。惟練後則不暇治地，但飾其牆，小祥乃飾地耳。此尤易明者也。「大祥而外無哭者」，以大祥則已居門内之寢，故不復有門外之哭。至禫而樂已在縣，并不復有門内之哭矣。惟練之祭專爲喪服變除，無筮日、筮尸之事，其禮殺於小祥，故言禮者多略之。《喪服小記》曰：「期而祭，禮也；期而除喪，道也。祭不爲除喪也。」期而祭者，謂小祥也。期而除喪者，謂練也。祭不爲除喪者，謂小祥之祭非爲除喪，以除喪自有練祭也。合諸文以推之，凶事先遠日，練祭當在十二月之末，或十三月之初；小祥則在十三月之末矣。練之祭既無明文，而古人文義從便，往往以練字代小祥，《禮》之所謂「既練而歸」、「未練而出」、「未練而反」，及《小記》所謂「練筮日、筮尸、視濯，皆要絰杖」、「大祥吉服而筮尸」者，凡此言「練」，皆是小祥也。

夫之諸祖父母報説

《儀禮・喪服》「緦麻三月」章「夫之諸祖父母報」，鄭君注：「諸祖父母者，夫之所爲小功從祖祖父母、外祖父母。或曰曾祖父母。曾祖於曾孫之婦無服，而云報乎？曾祖父母正服小功，妻從服緦。」賈疏云：「鄭云『曾祖父母正服小功，妻從服緦』者，此鄭既破或解，更爲或人本作「成人」，今以意改。而言。若今本不爲曾祖齊衰三月，而依差降服小功，其妻降一等得有緦服。今既齊衰三月，明爲曾孫妻無服。」慈銘案：此鄭君正喪服之名，辨正尊、旁尊、從服之義，明妻於夫之曾祖父母有服而不報，夫之外祖父母有服而報，所以補經之不備也。其誼甚精，而賈疏不能闡發之。諸祖者，上不得包曾祖，下不得晐諸父，而可以統外祖，所謂別嫌明微也。鄭於「齊衰三月」章「曾祖父母」下注云：「正言小功者，服之數盡於五，則高祖宜緦麻，曾祖宜小功也。據祖期，則曾祖宜大功，高祖宜小功也。曾祖、高祖皆有小功之差，則曾孫、玄孫爲之服同也。重其衰麻，尊尊也。減其日月，恩輕也。」是謂曾祖以服數之差宜小功、大功，而今齊衰三月者，尊其名而殺其月。所以不大功者，至親以期斷，父母之三年本加隆而再期也。父期則祖本宜大功，亦以恩近而加期，同之於至親也。曾祖之恩輕，不得由小功而加至大功也。然其正服本小功，則妻從服降一等宜緦矣。曾祖之尊，曾孫婦之恩輕，故不爲曾孫婦報也。夫之外祖父母者，姑之父母也，於夫爲外親之最尊者，外親服本緦麻，加隆而至小功，故妻從服降一等而緦，亦以恩姑而服之也。而外祖父母爲之報，皆所謂仁之至、義之盡也。此鄭注之精義，而宋人敖繼公、近人程瑶田猶不能達，謂注文第二之「曾祖父母」當爲「從祖父母」。夫從祖父母者，父行也，即諸父諸母而可謂之諸祖父母乎？夫之從祖祖父母尚有緦之報，則從祖父母親近者自有相報之服，不待更言矣。而近儒如段懋堂氏猶謂注文第二「曾祖父母」當作「外祖父母」，阮芸臺氏猶謂當據《通典》補「從祖父母」四字於注文「從祖祖父母」下。❶ 案：今内板《通典》卷九十二《凶》十四引鄭此注并無阮氏所云等文。甚矣！鄭注之不易讀也。又思《喪服》經特著「齊衰三月」章於「大功九月」之上，其明曾祖之尊服至矣。爲傳者又重明之，曰「小功者，兄弟之服也，不敢以兄弟之服服至尊也」，作記者又引傳曰：「何如則可謂之兄弟？傳曰：小功以下爲兄弟。」古聖賢於正尊之服、兄弟之名可謂丁寧之至矣，而唐之太宗賢君也，魏徵等皆名臣也，猶加曾祖服爲五月，而至今因之。至兄弟之異於昆弟，《喪服》經傳尤彰彰著明。唐以前禮服諸儒人人知之，而近儒如閻百詩、任幼植等皆不能知。宋之敖繼公乃謂大功亦兄弟服，是不知大功有同財之義者也。至曾祖齊衰三月之服，包乎高祖以及百世逮見之祖，自鄭注發之，晉袁氏準、宋沈氏

❶「當」，原作「堂」，今據民國鉛印本《越縵堂文集》卷一改。

括、國朝顧氏炎武、盛氏世佐、褚氏寅亮、戴氏震、張氏履推闡之甚明，而程瑶田猶謂高祖玄孫無服，《喪服》經所不言者，不制服也。嗚呼！是何悖古蔑倫，無忌憚之至此也。故嘗謂《喪服足徵記》一書，實周、孔之罪人，不止爲鄭學之蟊賊也。

喪服小功章君子子爲庶母慈己者鄭注考

《梁書·儒林·司馬筠傳》高祖曰：「《禮》言慈母凡有三條：一則妾子之無母，使妾之無子者養之，命爲母子，服以三年。《喪服》『齊衰』（下當有「三年」二字，《南史》亦脱。）章所言『慈母如母』（《梁書》脱「如母」二字，《南史》有。）是也。二則適妻之子無母，使妾養之，慈撫隆至，雖均乎慈愛，但適妻之子，妾無爲母之義，而恩深事重，故服以小功。《喪服》『小功』章所以不直言『慈母』，而云『庶母慈己』者，明異於三年之慈母也。其三則子非無母，正是擇賤者視之，義同師保，而不無慈愛，故亦有慈母之名。師保既無其服，則此慈母亦無服矣。《内則》云：『擇於諸母與可者，使爲子師，其次爲慈母，其次爲保母。』此其明文。言（《梁書》「言」上有「此」字，衍，《南史》無。）擇諸母，是擇人而爲此三母，非謂擇取兄弟之母也。若是兄弟之母，其先有子者，則是長妾。長妾之禮實有殊加，何容次妾生子，乃退成保母，斯不可也。又有多兄弟之人，於義或可。若始生之子，便應三母俱闕邪？鄭玄不辨三慈，混爲訓釋，引彼無服以注『慈己』，後人致謬，實此之由。」案：梁武分别三慈，多乖經義，而譏鄭君混而不辨，蹶屬過言。近儒褚氏寅亮駁之，云：「《内則》師、慈、保本指庶母，若缺人則兼取傅姆等。其曰諸母，即庶母也。武帝專以慈母等爲傅姆而遺諸母，非矣。」褚氏墨守鄭君，衛道甚竺。然鄭君此章之注，議者甚多。胡氏培翬亦謂其與《内則》之注自爲罅漏。閒嘗反覆鄭君此注及「齊衰三年」章注、「緦麻」章注、《禮記・曾子問》《内則》《喪服小記》諸注以求之，而知其脈絡貫通，條理精密。惟此注實有傳寫上下倒易之處，且歎世之能通鄭君之指者少也。今列經注而爲辯明之，具於下方，覽者可以憭然矣。

「齊衰三年」章「慈母如母」，傳曰：「慈母者何也？傳曰：妾之無子者。妾子之無母者，父命妾曰：『女以爲子。』命子曰：『女以爲母。』若是，則生養之終其身如母，句。死則喪之三年如母，句。貴父之命也。」注：「此謂大夫士之妾也。不命則亦服庶母慈己之服可也。大夫之妾子，父在爲母大功，則士之妾子爲母期矣。父卒，則皆得伸也。」

案：鄭君此注則於「齊衰三年」之慈母與小功之庶母慈己畫然已明。云「父卒則皆得伸」者，大夫士之妾子，父卒皆爲所生三年，與適妻之子同也。

「小功」章「君子子爲庶母慈己者」注：「君子子者，大夫及公子之適妻子。」

案：公子者，諸侯之子也。公子厭於諸侯，公子之子則不厭於祖矣。諸侯雖在，公子之子亦得伸此服也。

傳曰：「君子子者，貴人之子也，爲庶母何以小功也？以慈己加也。」注云：「君子子者，則父在也。父没，則不服之矣。以慈己加，則君子子亦以士禮爲庶母緦也。《内則》曰：『異爲孺子室於宫中，擇於諸母與可者，必求其寬裕、慈惠、温良、恭敬、慎而寡言者，使爲子師，其次爲慈母，其次爲保母，皆居子室，他人無事不往。』又曰：『大夫之子有食母。』庶母慈己者，此之謂也，謂傅姆之屬也。

其不慈己，則緦可矣。不言師、保，慈母居中，服之可知也。國君世子生，卜士之妻、大夫之妾使食子三年，而出見於公宮，則劬非慈母也。士之妻自養其子。」

案：云「君子子，則父在」者，以大夫之子及公子之子，若非父在，則與士同，無緣特置此服，故父没則不服之矣。謂父没即無此服，非謂父没則不服庶母也。經傳既明言庶母，鄭君亦明引士爲庶母緦之本服，其《内則》之注亦云「諸母，衆妾也」，而此下云「謂傅姆之屬」，是自相違反矣。傅姆者，《昏禮》注云：「姆，婦人年五十無子，出而不復嫁，能以婦道教人者。若今時乳母。」案：此引漢制以相況，謂今之乳母乃古之傅姆，非古之乳母也。《内則》注云：「可者，傅御之屬也。」《既夕》注云：「内御，女御也。」是傅姆非父妾，非慈己之庶母，明矣。《内則》「大夫之子有食母」，注云：「選於傅御之中，《喪服》所謂乳母也。」然則鄭君此注「他人無事不往」下當接云「庶母慈己者，此之謂也。其不慈己，則緦可矣。不言師、保，慈母居中，服之可知也」，其下方云「又曰大夫之子有食母，謂傅姆之屬也。國君世子生，卜士之妻、大夫之妾使食子三年，而出見於公宮，則劬非慈母也。士之妻自養其子」，蓋自「服之可知也」句以上釋「庶母慈己」之義。自「又曰大夫之子有食母」以下乃辨慈母之名。云「其不慈己，則緦可矣」者，「慈己」統師、慈、保三母言之，謂若非此三母，則自服爲庶母緦之服也。云「不言師、保，慈母居中，服之可知」者，謂師與慈母、保母皆服小功，以庶母本緦，三者皆以慈己加也。蓋鄭意以國君之食子取士妻及大夫之妾，大夫之乳母取之傅御，故以三母證慈己之庶母外，復引食母食子之非慈母以別之。注義本明，而傳寫倒亂，遂滋異説。蓋未細尋鄭注之㠯理，沿泥誤文，遂不可通矣。馬季長以貴人爲適夫人，是也。適夫人之子尚然，則妾之子不必言矣。金氏榜以注不及庶子爲闕漏，非也。《鄭志》陳鑠問汜閣引鄭注「大夫之子有食母」句已在「庶母慈己者，此之謂也」上。案《鄭志》此條采之《通典》，乃後人據今注誤本改之。

「緦麻」章「乳母」傳曰：「何以緦也？以名服也。」注：「謂養子者有他故，賤者代之慈己。」

案：養子者，即食母也。大夫之子有食母，亦謂之乳母。國君之子，則謂之食子，無母偁。國君之子於慈母且無服，無論食子矣。鄭君注《内則》之「食母」，引此經之「乳母」以釋之，而此注「謂養子者有他故，賤者代之慈己」者，非殊養子者於乳母，亦非殊傅御於賤者。蓋鄭意欲以博乳母之名，謂若始所選傅御之養子者，或有疾病他故，更使賤者代之，則亦爲乳母，死亦當服緦也。且此經雖主大夫，而亦當兼士言之，士之妻妾雖皆自食其子，而或有疾病死亡，安得不使人代之？即庶人之妻亦有不得自食其子者。凡此，皆名乳母，皆服緦。此聖賢之所以通人情，而乳哺者恩之大，赤子之所持重其名，報其服，亦所以重民生也。賤者包外人言之，若今之顧庸亦是也。鄭君此注所以推廣經意，而賈疏乃謂「三母之内，慈母有疾病或死，則使此賤者代之養子，故云乳母」，既掍慈母於乳母，又淪父妾於賤者，五月、三月之服殽亂而不分，慈己、養子之名牽合而失序，謬之甚矣。《通典》引《鄭志》：「劉德問田瓊：今時婢生口爲乳母，甚賤而應服緦？」案：漢末以俘虜生口爲婢，如所獲羌胡及反者家口也。此皆不應服。

《曾子問》子游問曰：「喪慈母如母，禮與？」注：「如母，謂父卒三年也。子游意以爲國君亦當然。《禮》所云乃大夫以下，父所使妾養妾子。」

案：此注以子游偁「慈母如母」，故引「齊衰三年」之慈母以釋之。

孔子曰：「非禮也。古者男子外有傅，內有慈母，君命所使教子也，何服之有？」注：「言無服也，此指謂國君之子也。大夫士之子爲庶母慈己者服小功，父卒乃不服。」

案：此以與傅對言，故引「小功」之庶母慈己以釋之，所謂言各有當也。此注云大夫士之子連士言之。孔氏《正義》謂：「士之妻自養其子，則不得有庶母慈己。此云大夫士者，因大夫連言士耳。」又引熊氏云：「士之適子無母，乃命妾慈己，亦爲之小功。以士爲庶母緦，明士子亦緦，以慈己加小功，故此連言大夫士也。」今案：鄭君意以士不得備衆妾，故《內則》之三母但指諸侯言之。《喪服》「小功」章連大夫言之，以大夫得備姪娣，三母之擇理可無闕。士則妻自食其子而已，故庶母慈己之服不言及士也。然士之適妻子或妾子無母而命妾以慈己，則仍制此服，固不待言。所謂「禮以義起」也。故此注連士言之，以取互文相備。云「父卒乃不服」者，與「小功」章注同，謂父没則服庶母之本服也。

昔者魯昭公少喪其母，有慈母良，及其死也，公弗忍也，欲喪之，有司以聞，曰：「古之禮，慈母無服。」注：「據國君也。良，善也。謂之慈母，固爲其善。國君之妾，子於禮不服也。」

案：鄭君此章之注，皆爲國君之慈母言之。經注之文甚爲明白，與《喪服》「三年」之慈母、「小功」之庶母慈己爲大夫以下言者絶不相涉。以國君之子於三母無服，大夫之子於三母則服小功，此不待辯者也。而梁武乃謂子游所問自是師保之慈，非三年小功之慈也，故夫子得有此對，豈非師保之慈母無服之證乎？是蓋不知諸侯與大夫之别，而又不知師保之慈即小功之慈也。

《内則》：「異爲孺子室於宫中，擇於諸母與可者，必求其寬裕、慈惠、温良、恭敬、慎而寡言者，使爲子師，其次爲慈母，其次爲保母，皆居子室。」注：「此人君養子之禮也。諸母，衆妾也。可者，傅御之屬也。子師，教示以善道者。慈母，知其嗜欲者。保母，安其居處者。士妻，食乳之而已。」

案：鄭君此注以士妻指乳母，在三母之外。其曰「士妻，食乳之而已」者，所以補經義之不具，與下「食子者」節注互相明也。段氏玉裁謂「可」即「阿」字，是也。《義疏》謂諸母指生子者之父妾，大謬。諸母對孺子言之，謂孺子之諸母也，猶庶母對慈己者之己言之，《禮》文偁謂皆有一定。

「食子者三年而出，見於公宫，則劬。」注：「劬，勞也。士妻、大夫之妾食國君之子三年，出歸其家，君有以勞賜之。」

「大夫之子有食母。」注：「選於傅御之中，《喪服》所謂乳母也。」「士之妻自養其子。」注：「賤不敢使人也。」

案：諸注則三母之中無乳母，至爲明晳。乳母即所謂「食子」者，大夫之子謂之食母，國君之子不謂之母也。食子者，猶養子者也。又《内則》云：「國君世子生，卜士之妻、大夫之妾使食子。」注：「謂食子不使君妾。適、妾有敵義，不相褻以勞辱事也。士妻、大夫之妾謂時自有子。」然則以君夫人之尊，尚不使妾食子，何論大夫以下乎？《喪服圖注》乃云「父妾乳哺」，誠爲謬甚。而梁武云「若是兄弟之母，其先有子者，則是長妾」，又云「多兄弟之人，於義或可。若始生之子，便應三母俱闕」，是又誤以三母爲必須有子者，與乳母混矣。

又案：鄭君之注三母，雖止云人君養子之禮，而《鄭志》：「陳鑠一作鏗。問汜閣云：『爲庶母慈己，鄭注引《内則》國君之子有子師、慈母、保母，《内則》人君養子之法。禮，人君有庶母尚無服，何人爲慈母服乎？若欲施大夫，大夫無此禮，但有食母耳。』汜閣答曰：『《内則》實總國君及大夫養子之禮。』」是則鄭君平日之論，實以爲此三母，兼大夫言之。故其弟子得以記論。孔氏《正義》亦云：「此文雖據諸侯，其實亦兼大夫士也，但士不具三母耳，大夫以上則具三母。」胡氏培翬以鄭注「小功」章爲矯揉遷就，非也。

《喪服小記》：「爲慈母後者爲庶母可也，爲祖庶母可也。」注：「謂父命之爲子母者也。《正義》引皇氏云：「此鄭注總解經『慈母、庶母、祖庶母』，云『即』也者，是庶子父命之使事妾母也。」案據《正義》所言，則注文「謂」上當有「即」字。此不兼適妻之庶子言。即庶子爲後，此皆子也，傳重而已。不先命之與適妻使爲母子也。《正義》引庾氏云：「鄭注此明庶子爲適母後者，謂此庶子皆適母之子，但命之傳重而已。母道舊定，不假命之爲母子也。」案：爲適妻後，即爲父後也，故曰傳重，不但命之爲母子也。緣爲慈母後之義，父之妾無子者亦可命己庶子爲後。」《正義》：「注不云命後己妾，唯言後父妾者，緣己妾既可爲慈，亦可爲庶母後易見，不言自顯。」

案：《正義》云：「記者見《喪服》既有

妾子爲慈母後之例，觸類言之，則妾子亦可爲庶母後，亦可爲祖庶母之後。庶母謂經有子而子已死者，祖庶母亦經有子今無者。若無子，則不得立後故也。」案：此之庶母，非慈己者也，但父命之爲後而已。若「齊衰三年」之「慈母如母」，則不必先有子，以傳明云「妾之無子者」也，即三母亦不必皆有子，大夫及大夫之子於庶母皆無服，不論有子無子也；國君之子於三母本無服，亦不論有子無子也。「緦麻」章「士爲庶母」，傳注及疏皆無分別有子無子之文。且爲慈己之服與爲後異，爲後必須有子者，其服以三年。慈己不須有子者，其服以五月，此名義之不容混者也。爲後者亦止生養之如母，死喪之如母，於子祭，於孫止，不世祭，皆與慈母同而已。故鄭君別言「庶子之爲後者傳重」以明之。《正義》引賀瑒云「雖有子道，服於慈庶母三年，而猶爲己母不異，異於後大宗而降本也」，是也。

合諸經注以觀之，據《禮經》之文，慈母止一而已，「齊衰三年」之「慈母如母」是也。據鄭注之文，「小功」章之「庶母慈己」，即《内則》之三母，三母雖有師、保、慈之分，其實皆慈己而已。是慈母有二，而實則四。然三母終不得正名之爲慈母，則慈母亦止一而已。至「乳母」注云「賤者代之慈己者」，此慈即字字，慈己者猶養己也，與庶母之慈己義異。則大夫士之制並無三慈之名也。國君及國君之子惟有師保之慈母，亦無三慈之名也。而梁武强爲分別，名曰三慈，其誤一矣。又云「兄弟之母先有子者，則是長妾，長妾之禮實有殊加」，夫《禮》云「公士大夫爲貴妾緦」，士無貴妾，有子則爲之緦。天子諸侯降其臣妾無服。未聞長妾之禮有殊加也。且先有子者不必定是長妾，其誤二矣。又云：「經言君子子者，雖起於大夫，明大夫猶爾。自斯以上，彌應不異，故傳云『貴人之子也』。總言曰貴，則無所不包。」案《喪服·記》云：「公子爲其母，練冠，麻，麻衣、縓緣。」鄭注：「公子，君之庶子也。麻者，緦麻之經帶也。麻衣者，如小功布深衣也。」夫爲其母服尚不得伸，豈反於慈己之庶母從乎加服？其誤三矣。至鄭君必主庶母慈己爲大夫之制者，以經言君子子雖可兼乎士，而君子之偁經典多主在上位者。又傳言「貴人之子」，士與士妻皆不得當貴人之名也。又以《內則》之三母例之，《白虎通》云：「卿大夫一妻二妾，士一妻一妾。」大夫有二妾，則備娣姪，二媵更有傅御之屬，足以取擇三母。士惟一妾，故《士昏禮》云「雖無娣媵」，先明士止一媵。或有娣無姪，或有姪無娣，雖亦有御者，何足以擇三母乎？《魏書·臨淮王孝友傳》云：「古諸侯一娶九女，士有一妻二妾。」《曲禮》「士不名家相、長妾」，《正義》引熊氏安生亦云：「士有一妻二妾，二妾者謂一媵一御也。」《白虎通》專主媵言之，玄、熊皆連御言之，其實一也。是則士無三母之證矣。沈氏彤謂士亦姪娣具，以顧亭林謂士無姪娣者非；金氏榜以君子子爲士之子，皆未達鄭恉者也。然鄭意雖以爲士無三母，而庶母慈己者則自可兼士言之，故注明云「君子子亦以士禮爲庶母緦」，即孔冲遠所謂士不必具三母者耳。而司馬筠乃謂「慈母之服止施於卿大夫，上不在五等之嗣，下不逮三士之息」，則又誤會鄭義矣。若梁代此禮之議，則又有說。《梁書·太祖五王傳》云：「安成康王秀年十二，所生母吴太妃亡，秀母弟始興王憺時年九歲，並以孝聞。太祖哀其早孤，命側室陳氏並母二子，陳亦無子，有母德，視二子如親生焉。」案太祖者，武帝之父順之，本齊臣，官止丹陽尹。武帝踐阼後，追尊爲太祖文皇帝。當其命陳爲母子時，實大夫也。子雖貴，不爵父。《禮》云「始封之君不臣諸父昆弟」，是秀與憺比始封之君，猶用大夫士禮也。文帝命爲母子，而陳又無子，是「齊衰三年」章之所謂「慈母如母」也。天監七年，陳太妃薨，秀爲江州刺史，憺爲荆州刺史，並以慈母表請解職，詔不許，還攝本任。命二王諸子攝喪祭事，因敕禮官議皇子慈母之服。周捨、司馬筠皆執《禮經》爲議，而武帝不從，遂定適妻之子，母没，爲父妾所養，服之五月，貴賤並同，以爲永制。竊以爲是重失禮之大也。秀、憺當行三年之喪而不行，皇子無慈母之服而爲服，武帝本出儒生而任肊武斷，勇改古禮，亦已甚矣。末世之制多不足言，而梁武三慈之辯，後儒多惑之，雖以近世如胡氏培翬之顓精禮學，亦以其議爲是。《儀禮義疏》多出方氏苞之手，亦取其義，而又誤以武帝語爲司馬筠語。所謂「彌近理而大亂真」者，故爲詳辯之。至金氏《禮箋》之駁鄭義，淩氏曙《禮論》已辭而闢之，而近人林氏昌彝《三禮通釋》全襲《禮箋》，掩爲己說，益不足詰矣。

趙新又同年左傳質疑序

己卯閏月，同年新又太守自津門寄示所著《左傳質疑》三卷，循而讀之，其言皆實事求是，不務爲攻擊辯駁之辭。每樹一義，必有堅據；每設一難，必有數證。其卓犖大者，如論《春秋》之託始隱公，以隱公賢而其後無聞，有魯國者皆桓公之裔，魯之君臣無道及隱公者，故《春秋》表章之，猶《論語》之偁太伯爲至德；策書之與載書、簡書各不同；載書不同，以祝鮀述踐土之會次序與《春秋》所書絶殊爲證。簡書不同，以慶封言「楚公子圍弑其君麇」，而《春秋》書「楚子麇卒」之類爲證。晉文公、周襄王之入不書，一以文之殺懷例當如齊商臣之弑舍書爲弑君，一以襄之出來告難而魯卒不遣使，其入也亦不往賀，故皆爲之諱；弑君之賊非一人者，經不悉書，「鄭公子歸生弑其君夷」，傳以公子宋爲主者，時歸生當國，以此自解，傳從而述之。諸條皆大義微言，深裨經恉。論一車十人之制，申王氏《述聞》之説。春秋兵農已分，申江氏《羣經補義》之説。及以舟爲梁、甸賦用牛諸條，稽綜典制，掦發宏議。論魯三家公宫所在，謂季氏居北門，與郈氏鄰；叔孫氏居西門；孟氏居南門，與臧氏鄰；公宫當居城中。皆鉤抉傳文及《水經注》諸書，極有依據。周王城、成周之分；魯廟偁太室、偁宫之異；鄭太宫之有兵庫；晉廟之在曲沃，駁《述聞》在絳之説；齊、魯南門皆名稷門，其内皆曰稷下，亦作棘下；魯之雩門以雩壇名，在南門之右，不當從《水經注》稷門即雩門之説；陳、鄭皆有墓門，以城門近墓而名；引「陳侯抉其太子奔墓」及「晉葬厲公於翼東門外」，「齊側莊公於北郭」，「晉侯圍曹，門焉。輿人曰稱舍於墓」及《孟子》言「東郭墦間之祭」，皆城門近墓之證。秦棫林當在今鳳翔縣境，以顧氏《大事表》謂在今華州者非；引《漢·地理志》「右扶風雍」下注云「棫陽宫，昭王起」，是棫陽宫當以棫林之地得名。若在華州，則涇水不能至華，安得秦人毒涇之後，晉師更進，反在其境。及辨《大事表》謂春秋時，楚地不到湖南之誤，以楚貢包茅，據《史記正義》偁辰州瀘溪縣有包茅山。《文選》五臣注「菁茅生桂陽」，《水經·湘水》篇注「零陵郡有香茅」，辰州、桂陽等皆湖南地。皆足以決千古之疑，輔六經之訓。其他辨析字句，疏證疑滯，如言「君氏卒」之當從《左氏》；「齊仲孫來」之不當從《公》、《穀》；「平王崩」、「陳哀侯卒」傳皆以經書日在前者從赴爲不可信；都曰城、邑曰築、有鐘鼓曰伐、無曰侵之散文可通，以及傳文引《詩》、《書》之不同，皆折衷至當。攷桃無山酈注之異讀；《水經・淄水》篇注以無爲山名，引《左傳》曰「與之無山及萊柞」是也。疑酈氏所見本當作「吾，與子桃辭。句。與之以無山及萊柞，乃遷於桃」。魯之郎有兩地，其「戰於郎」之「郎」在南門外；鄭之制有兩地，其偁虎牢者爲北制；鄗衍之當連讀；下平曰衍，即《周禮》之「原隰墳衍」。春秋時，晉有瓜衍，魯有昌衍，《漢志》南陽郡有杜衍，北地有朐衍，西河有廣衍。令狐、刳首之屬晉非屬秦，亦爲言輿地者之準埻。至言嘉父之爲黃淵字；叔罷之爲羊石虎字；公冶長之出於襄二十九年之公冶，蓋以王父字爲氏；徒人費之即御人，以《述聞》言「徒人」當作「侍人」爲非；引《莊二十八年》傳「御人以告子元」，❶杜注：「御人，夫人之侍人。」下文「費曰我奚御哉」，可知徒人即御人。《詩》「徒御不驚」，徒、御二字通用。「暴妾使余」，「暴妾」二字當連讀，以《述聞》言「暴」字當在上句「蔑」字上爲非；引《漢書・丙吉傳》「暴室嗇夫」顔注：「主織作染練之署。」蓋古者女子有罪下暴室，即《周禮》之「女子入於舂槀」。《晉語》有「女工妾」，即暴妾也。「魯人之皋」，皋與覺、蹈爲韻，下文書、憂爲韻；「衡而委蛇必折」引《莊子・達生》篇注以委蛇爲泥鰌，衡者横道而行也，皆善於持論，令人解頤。言《春秋》之曹未亡，故孟子時有曹交；以經書入不書滅，傳言滅者，君死曰滅，猶狄殺衛懿公，經書「狄入衛」，而傳云「遂滅衛」也；言《史記》趙氏立孤之事未必盡誣，以韓厥言「孟姬之讒，吾能違兵」，知當時諸大夫共攻趙氏，而

❶「子」，原作「于」，今據《左傳正義》改。

晉殺先穀，盡滅其族，其討同、括也當亦然，觀武畜宮中田與祁奚，則搜宮索兒，滅趙分地，亦有其事。皆足以自申其說。

近日經學大師碩果不存，間有雋異之士又好爲高論，標舉《公羊》，攻擊《左氏》，兼及《穀梁》，昧是非之公，涉蹈虛之弊，獨稽中宿彦如李次白氏之《左傳賈服解輯述》、鍾子勤氏之《穀梁補注》皆潛心攷索，紛綸古誼，道光以後所出之書，以二書爲巨擘。君既稽之宿學，又爲鍾君弟子，淵原演深，博而知要。至君所疑，傳文有後人羼入，獲麟以後皆出他人，論雖有據，然自「處者爲劉」見疑《正義》，「登臺」數語致辨《釋文》，後世沿流，益滋異論，甚至桐城姚氏疑傳文多爲吴起所竄。故於君此言不敢附和，恐啟學者以疑古之漸。其辨叔孫穆子之卒爲季氏所誣，以昭子爲忠於魯君，則鄙人素論竊有未同。蓋叔孫氏實季氏之黨，觀指楹可去及叔出季處之言，其爲黨交已可槩見。而昭公之討季氏也，是春昭子方爲意如逆婦於宋，至於臨時如闞，明爲避君；鬷戾帥師，實由豫誡，其後不敢逆昭公之喪，傳季孫之命，廢久立之太子，去從亡之故臣，是其父子爲意如私人，無所逃罪。故范獻子云：「叔孫氏懼禍之濫，而自同於季氏。」此其實録也。納君祈死之言，不敢等文之。意如亦以其素黨我而不忌。不然，昭子非季桓之比，鬷戾非陽虎之儔，豈有主實忠君而臣敢首逆者乎？抑豈有婼實因季死，而其子甘爲季用者乎？夫昭公之立，未有失德，易縗故衽，小節難言，而穆子當時深致詆毀，且曰「若果立之，必爲季氏憂」。夫昭果不君，魯之憂也，何倆季氏？如能害季，即强公家，慶之不遑，何云爲患？此尤其世爲季氏死黨之明證也。又據叔向譏景王之言，謂《左氏》議禮未協，誠深通典禮，扶持名教。然余以爲此《左氏》之微文見意，非真有取乎叔向之言也。蓋當春秋之季，諸侯之臣多爲巨室私人，不知有君臣名義，如師曠之議衛孫林父出其君，爲其君實甚；史墨之謂「魯君世從其失，季氏世修其勤，雖死於外，其誰矜之」；女叔寬之謂「萇叔違天，必有大咎」，皆悖義傷教，公相訟言，而多出於世之所謂博聞通達之君子。左氏身當其世，蓋深惡之而不敢顯言，故備載其詞，以著其醜，俾後之有識者誦之，以知履霜堅冰之漸。而昭公之朝晉也，贈賄郊勞無失禮，晉侯善之，而女叔齊以爲是儀非禮。夫以朝事言禮，則盡禮而止矣，乃必抑之，以爲不足言禮。魯之葬齊歸也，公不慼，史趙以爲歸姓不思，祖不歸也。夫葬親當慼，何論其母姓？使其母爲風姓、熊姓，則將何解乎？是不慼者，亦季氏之誣辭，而晉之士大夫皆背公相黨，以實其言。《成十四年》傳曰：「《春秋》之偁微而顯，志而晦。」烏虖！此《左氏》述夫子作經之恉，即自述其爲傳之恉也。良史苦心，貴在善讀。略舉平日一得之見，以復於君，願君之益有以教我也。

附録

先生論《明儒學案》云：「南雷於此書用力甚勤，誠有明一代道學之囊括，然其意專主陽明之學，故雖先時之薛河東、吴崇仁，同時之羅太和，羣推爲程、朱適嗣者，亦致不滿之辭。然陽明功業文章自足照燿千古，其於理學別提『良知』二字，獨闢宗門，雖事由心悟，非取新異，且以救正末流，亦非無功，要成其爲一家之言則可，標以爲千聖之的則不可。蓋自南宋以後，儒者皆不憙實學而憙空言，遂各標一説，以思自異。於是性情之字出主入奴，理亂之篇彈麻罄竹，心意忽先而忽後，知能或合而或離，究其指歸，要無真得。其實由凡入聖，合智與愚，則《論語》之居敬，《大學》之慎獨，《孟子》之養氣，三言已盡，人人可爲，何必衍支蔓之浮辭，師禪宗之語録，徒形扞格，適墮機鋒，而積習相沿，賢者莫免。」《日記》。

先生與顧河之書云：「説經之家昭代爲盛，乾嘉之際碩儒輩興，然至劉申甫、臧在東、陳碩甫諸先生出，拾遺補闕，其學愈密，而尊奉西京，藉薄東漢，頗詆康成，以信其説。故孫伯淵氏謂近來學者好攻鄭氏，其患不細。蓋孫氏同時若程易田氏、焦里堂氏皆喜與鄭爲難，而段懋堂承其師傳之説，亦有違言。卒之姚姬傳、陳碩士輩借端排毁，經學遂微。不及卅年，澌滅殆盡。好高之過，其弊至此。嘗謂鄭氏徧注六經數百萬言，既繁且博，自難並絶小疵；又時習讖緯，朝廷所尊，狃於聞見，間一援引，以曉愚蒙，不得爲過。著述既多，門徒益盛，復不免假託師説，雜糅其間，故或先後不同，從違不一。後儒挾私尋釁，譬于江河之大，求泥沙之微，固無有不得者也。莊珍藝有言：『漢學之存于今者，苟有一字一句之異同，要當珍若拱璧。』至如孫氏之注《書》，酷信緯學；劉氏之説《春秋》，尊奉《公羊》，力申黜周、王魯、三統之義，謂夫子借以行天子事；莊氏謂《夏小正》即《連山易》，改其名爲《夏時明堂陰陽經》。此皆意過其通，驚世駭俗，反爲宋學助之攻矣。」文集。

先生《書沈起元題水西書屋藏書目録後》云：「古未有形聲、訓故之不明而能通經者，未有名物、象數之不講而能知學者。夫朱子理學之宗，而或推爲集經義之大成者也。然其言曰『一書不讀，即闕一書之義；一物不知，即闕一物之理』，此不特訓故不可略，而詞章、術數、小説、釋老亦在所不棄矣。且經之須訓詁，其事甚嘖，其功甚勞，其效甚微，昔人亦何好焉，而必孜孜於拾遺掇墜，抱殘守闕，若甚於性命身心不得已者。蓋章句不明，即經旨晦；文字不審，則聖學疏；節文、度數、形器之不詳，則禮樂、兵刑、食貨、輿圖均不得其要。寧都羅臺山，爲宋儒之學者也，而其言曰：『訓故不明，則文字不真，支離杜撰，規矩蕩然。』是誠見其本者矣。」同上。

先生《擬宋史儒學傳序》云：「自《漢書》傳儒林，歷史因之，至宋而有道學之别。嗚乎！誰爲此名？可謂不學者矣。道者，六經是也。儒者之所習，無二學也。維伊、維立教，漸爲空虚，謂堯、舜、禹、湯、文、武、周、孔思意命脈真傳至是始出。漢唐千載，未涉其境。更取異名，别於儒林，以文其不學之跡，言語日繁，性道日歧。沿及明代，五百餘年，遂無言知學問者。顧其人類能狷介自守，若真德秀、魏了翁、楊萬里、陳傅良、葉適、袁燮之徒，亦皆有功業卓卓可稱者，固不可謂性理之學無裨實事矣。」同上。

先生官户部時，尚書朝邑閻公方嚴覈名實，下教諸曹郎分日入謁，尚書坐堂皇，旁一司官執簿唱名，堂下聲諾如點隸呼囚者然。吏持牒至，先生手書累千言，責其非政體，不當辱朝官，而輕量天下士，伉直激切，若昌黎《與張僕射書》，走筆付吏去。閻公得書，頗善之，事遂已。平步青撰傳。

先生矜尚名節，意所不可，輒面折人過。

議論臧否，不輕假借，以是人多媢之。然虚中樂善，後進一言之合，誦之不容口。門下著録甚衆，平生故人有改而北面者。同上。

越縵弟子

陶先生方琦

陶方琦，字子珍，會稽人。光緒丙子進士，官翰林院編修，督學湖南，勤求賢雋，惟日不足。以憂歸。服除赴京，數月卒，年甫四十。平生博綜羣籍，汲汲於古，述造無間歲時。治《易》鄭注、《詩》魯故、《爾雅》漢注，又習《大戴禮記》。其治《淮南王書》，以推究經訓，蒐采許注，拾補高誘，再三屬草，矻矻十年，實事求是。有《淮南許注異同詁》、《許君年表》、《漢孳室文鈔》、《騈文》、《詩詞》。參史傳、《復堂文續亡友傳》、家傳。

陶先生濬宣

陶濬宣，字心雲，號稷山，會稽人。幼孤，好學，博通經史，深於金石碑版之學。光緒丙子舉人。王祭酒先謙視學江蘇，聘任襄校，佐祭酒輯《東華録》。張文襄時督兩廣，聘主講廣雅書院。官道員，不仕，歸，建東湖書院於東郊鳥門山麓，經營二十年，後改通藝中學堂。宣統元年，復改爲法政學堂。家貧興學，艱苦拮据，鬻字之資，悉充校費，實開越中新學之先。三年卒，年六十六。著有《稷山文存》、《修初堂集》、《通藝堂詩録》、《稷山論書詩》。參家傳。

文集

紹興東湖書院通蓺堂記

昔者仲尼有言，六蓺於治一也，《禮》以節人，《樂》以發和，《書》以道事，《詩》以達意，《易》以神化，《春秋》以道義。又曰：吾道一以貫之。蓋古無經名，目之曰蓺，期致用焉。《漢志》《易》、《書》、《詩》、《春秋》、《禮》、《樂》標曰六蓺。列朝史志曰蓺文、曰經籍，一也。自後世尊聖言爲經，專以技術之事爲蓺，儒者但高虛聲，不求實用，經與蓺始歧而爲二，而中邦學問之拘墟，人才之衰落，自此始已。

《説文》：「埶，種也。」箋傳並訓蓺爲樹。段玉裁曰：「儒者之於禮樂《詩》《書》，猶農者之樹蓺也，故以六經爲六蓺。」史稱聖門高才身通六蓺，其所謂通，非故訓名物、高語性道已者，必周知其理所當然，又實試其事所必然，其體各具，其用各足，會而通之，由六者而推之萬事萬物一也。古之學者三年通一蓺，非通一蓺，不足治羣蓺；非通羣蓺，不足治一蓺。後世學子所致力，非必離此六者，而安所已習，毀所未見，終以自蔽。其諸失志而妖，逐末而蠹，班氏所謂利禄之途，揚子所謂學爲禽犢者，無譏焉。即嘵嘵然奉一先生之言，規的號召，厥所依據，弗出漢宋兩家，互爭雄長，而漢學家流弊在碎義，宋學家流弊在搗虛，要皆無關大道，不周世用。其有屏兩家之習，貫漢宋之郵者，文儒無異傳經。人無異師，相推相蕩，謂稱通儒。迺或攷之於古而通，推之今未必通；箸之於言而通，核之行未必通；持之一身而通，措之天下未必通。世之詬儒者，至謂天下事非儒生可屬，而儒生實不足屬天下事，遂即六者之經并詬之。此近百年來他洲之客所由挖其亢、擣其空者也。微積元代之術，中外同實而異名；聲光化電之機，西人攘中以成法；縋幽鑿險，旁貫支通，轉環之理，時會與焉，而薾然守古者，熒其聽，瞶其眡，且鄙之夷之，曰蓺也蓺也。於虖！彼陟顛而遺本，此循本而迷顛，庸愈乎？夫知古而不知今，是爲迂儒之蔽。知今而不知古，是爲俗儒之陋。世變亟矣，國家旁求自强之術，可謂勤矣。而當代士夫，守舊者狃於泥古，維新者偏於徇今。濬宣睊睊焉憂泥古之守隅而昧方，憂徇今之獲支而亡幹，冀得一目，洞萬古，用隨一時之俊，與之言天下事，不可得，退而逌然思，鬱然歎，慨然而寤，謀乃正告天下學者，曰：游蓺本乎志道，致用原於通經。兩漢之間，儒者治經皆以經世，若以《禹貢》行水，《春秋》折獄，《詩》三百五篇當諫書，六經之文無一字不可發於政，見於事。學者讀一書必求一書之用，遇一名一物必格一名一物之原，究古今治亂之迹，參宇宙利病之情，窮事物終始之故，毋畫於「學成而上，蓺成而下」之分，所謂「讀書貴博、貴精而尤貴通」焉。闡經術爲變法之本，酌古訓爲救今之方，發明聖制，探測微言，毋守舊而非今，毋説新而厭故，經與治爲一貫，文與事爲同條，庶蓺而道矣。

抑吾説更有進。道，寄器者也，道器無異體。道者，器之道，不可謂道之器。未有弓矢無射道，未有車馬無御道，未有玉帛鐘鼓無禮樂道，未有刀筆籌觚無書數道。器成謂之蓺，蓺成謂之道，道得謂之德。天下無無附麗之道，即無無寓道之器。道與器爲變通，氣與時爲化裁者也。羣萬不同，同歸於用。聖人所不知，匹夫婦知之，而道之歧異百出者，視地球等等之物之事，質點起滅，蕃變懸絶，不可致詰。天若一，任其生之作之，在其中而無權，而林林芸芸，反反復復，云道云理，皆貫於一。其效實則異，其儲能則同。萬物起於一點，地球亦點也。桃李之子中含一點，所謂仁也，西人謂之儲能。物始於同，終於異；始於異，終於同。一木之材，製成十器，貴賤迥殊。此始同終異之説也。百材之品，製成一器，渾合無間，此始異終同之説也。動植羣物，蔑不可視此類推。此古今之公理也。今天下震撼於域外之觀，若冰炭，若水火，若秦越之背馳，不知通貫合并之理反儲於積不相能之間。中邦學問毁於秦，隘於漢，蔽於宋，支離穿鑿於今。民智未開，大道晦絶，二千餘歲矣。其晦焉，其絶焉，晦於同，絶於同。今且自異我者而襮之而發之，至拙出至巧，至陳出至新，至庸出至奇，如陰陽之相生，如水火之相濟。異者同之荄，背馳者合轍之軌也。東西二人各自背馳不已，至極外自合，此背而合之證。二冷相遭，或成湒熱；二清相雜，忽見濁泥，此同而異之證。夫因陋就簡，顓己守殘，止境也。對鏡而明，相礱而善，進境也。性情心術，萬古不變者也。學問知識，萬變無害者也。物之競者求精，愈競則愈精。今天下之不幸，實天下之至幸也。是非夐燭遐慮、識時巨子，惡足語此哉？蓋中西學術之不同，尤犖犖大者。中曰尊古，西曰掩古。一事一言，必述古昔，不敢鑿空，等而上之，由宋而唐，而漢而周秦，尚矣。西人則否，後出之學必突蓋曩哲，掃滌空之，故英自威里士、格蘭特、斯賓塞爾、達爾文、赫胥黎，法自古維爾、蘭麻克、爵弗來，德自方拔、萬俾爾，美自圭列氏，言天學，言生理，言天演諸書出，一時宗尚，舊籍屏廢。

按：荀卿斥墨、宋，詆慎、田，譏惠、鄧，而罪子思、孟子，韓非賤儒、墨，稱五蠹，盡攘當世政治家。它若申、商、鬼谷之流，皆奄闢舊籍，成一家言。周秦諸子掩古之學，與西人同，愚故謂西學出於諸子。詳下《子學堂記》。西人矜新以壓故，中人摹故以爲新。然尊與掩，背而合者焉，異而同者焉。無故不能生新，無新不能拓故。譬之五穀之種，新穎出則舊質無用。然謂舊質脱棄則可，謂新穎非本之舊質則不可。希臘拉丁之制度文章，迄今西人多誦習，以爲博雅，足徵西人亦知尊古也。采西意，行中法；采西法，行中意。晝夜異候而成日，寒暑不同功而成歲，此濬宣通蓺之意也。亘古今，通萬變，窮天窮地，窮人窮物，《易》曰「其靜也翕，其動也闢」，安得天下億萬學子如夢覺痿起，忽生動力，大地流轉，熱鎔冰遷，所謂「靜極而動，翕極而闢」之際也。「窮則變，變則通，通則久」，其在斯乎？其在斯乎？

王先生繼香

王繼香，字子獻，會稽人。世以孝友文學爲鄉里所重。光緒己丑進士，官翰林院編修，改河南知府。不數年，卒。居鄉日，宗先生稷辰設四賢講堂，先生時聞緒言，極荷獎許。宗先生殁，先生以振越學之墜緒，接躬恥之傳薪，屬望後來，見於所爲《四書體味録殘稾跋》。嗣游越縵之門，潛心攷訂，尤精金石之學，著作甚富，俱未刊行。參家傳、《躬恥齋四書體味録殘稾》。

案：先生主講南北諸書院，著弟子籍者甚衆，皆著作無徵，未敢濫列。

越縵交游

張先生之洞 别爲《南皮學案》。

王先生先謙 别爲《葵園學案》。

周先生壽昌 别見《湘鄉學案》。

黄先生以周 别見《儆居學案》。

譚先生獻 别見《曲園學案》。

朱先生一新

朱一新，字蓉生，號鼎甫，義烏人。生而肫厚，三四歲時見羣兒嬉戲，慮其失足，輒趨掖之。其祖常曰：「此兒心地極好，他日必不肯爲自了漢。」年五歲，從師識字，聞隔坐童誦《中庸》、《論語》，即默識之。比師授讀，已半成誦。年十五，遭寇亂，戢景窮谷，不廢繙閲。弱冠後，研究經史，窮極精奥，而務求其通。嗜濂洛關閩之書，六七百年來鉅儒纂著，皆能言其得失。光緒丙子成進士，官翰林院編修，典試湖北，取士尚實學。補陝西道監察御史，上《豫防宧寺流弊疏》，劾及内侍李連英，降主事。旋以母疾請急歸，臺省同官祖送，京師士民皆目爲真御史。既歸，曲盡孝養，布衣疏食，無異寒士。南皮張文襄時督兩廣，延爲端溪書院山長，復聘主講廣雅書院，課諸生以經訓、性理及史事、詞章有用之學。院中生徒有聰穎喜新奇者，必導以正大篤實，久而悦服。先生持躬接物，冲夷和粹，無疾言遽色，褊心苛論。所篤守力行者，在一誠字。謂上自君國，下及家庭，苟有齟齬，皆由積誠未至，以此深自刻責。其學務通經以致用，故爲詞臣，志在論思。凡有關於國計民生者，不憚展轉入告。爲言官，則惟論理之是非，不計事之利害。凡防微杜漸，不敢緘默以自安。其主講書院，辨章學術，誘掖人材，不惜瘏口嘵音，反覆論難。甲午夏卒，年四十有九。遺書有《無邪堂答問》五卷，《漢書管見》四卷，《奏疏》一卷，《佩弦齋文詩存》五卷，《外集》四卷，總爲《拙盦叢稿》。尚有《京師坊巷志》、《德慶州志》、《東三省内外蒙古地圖考證》。參史傳、行狀。

無邪堂答問自叙

無邪堂者，南皮張孝達尚書督粵時闢廣雅書院以課士而因以名其堂者也。己丑孟冬，余自端溪移主斯院，院規先讀書而後考藝，重實行而屏華士，仿古專家之學，分經、史、理、文四者，延四分校主之，而院長受其成焉。諸生人賦以日記册，記質疑問難之語於其中，而院長以次答焉。顧迫於時日，諸生未及徧觀也。今年春，分校馬君貞榆偕其弟子龍君約、游西樵三人者，舟中無事，縱談舊聞，連日夕不輟。語次，遂及諸生學業。馬君謂余，盍作一書以導之。余感其言，而意以爲學之成就，視乎其時，非其時而語焉，莫之應也。若辨章學術，以端諸生之趨向，則不佞與有責焉。乃簡舊所爲答問之辭，輯其稍完整者，而益其所未備，釐爲五卷，庸示諸生。烏虖！自羲軒以逮今兹，自東海放乎西海，理之本諸大同者無弗同也，而其間道術分歧，蠭午旁出，人自以爲許、鄭，家自以爲程、朱，許、鄭、程、朱之在聖門，誠未知其能相説以解否也？而世之爲許、鄭、程、朱之學者，支分派别，一若終古不可溝合，則未知許、鄭、程、朱之學之果歧歟？抑未知其爲學者自歧之歟？而况東海、西海之遥，又安知無歧之又歧者歟？聖哲不作，孰從取正？後生小子，奚所適從？然則余之爲是言也，擿埴索塗，其敢自信乎哉？己不自信而欲見信於人，余戾滋大矣。雖然，吾聞古之君子蘄至於道者無他焉，反經而已矣。經之不正而欲民之無邪，猶卻行而求步，弗可得也。若狂者、若狷者皆載道之器，若漢學、若宋學皆求道之資，分茅設蕝，既已隘其耳目，而似是而非者亂焉，好爲新異者復亂焉。鹵莽滅裂以求之，則亦鹵莽滅裂以報之。當是時也，士而蘄至於聖人之道，蓋亦甚難。誠知其難而不敢安於苟且，士之尚志所爲異於凡民也。邪慝之作作於士夫之心，凡民蚩蚩，庸足責焉？則夫明六經之恒言，返而求諸聖凡共由之大道，抑亦志士所不容自已者也。

余誠譾陋，無所藉以導諸生。顧念天下之大，碩彦之衆，豈無人焉，躬行心得，以漸復乎經正民興之盛，俾無潰乎斯道之大閑，庶幾陽儒陰墨之風無自而熾。余日望之，而獨余之私望也耶？烏虖！誦《詩》三百，蔽以一言。諸生登斯堂者，尚其顧名思義，而毋或眢於歧趨，以自隘其量哉！

文集

答陳生鍾璋問王陽明學術

陽明天分卓絶，其言直指本心，簡易切至處，有益於學者，以之救近日漢學家支離破碎之病，尤爲對證良藥。但與朱子相較，則精粗疏密之間，不可以道里計。朱子爲學之功，散見《語類》、《文集》者，陽明《傳習録》之説多與異趣，固不待言。而朱子訓釋格致之旨，大要盡於補傳一章，所云「人心之靈，莫不有知」，即《大學》之明德，陽明之良知也。孟子以孝弟言良知，陽明則以知覺運動言良知。孝弟爲仁之本，此惻隱，仁之端，《蒸民》之詩所謂「有則」也。知覺運動雖亦本乎性，生而有氣禀清濁之不同，苟失其養，則易爲氣拘物蔽，故曰「物交物則引之矣」，《蒸民》之詩所謂「物」也。宋儒言性必分義理、氣質者，意亦同此。有則之性，當擴而充之，此即孟子之所謂「良知」。陽明之所謂「致良知」，亦即《大學》之所謂「明明德」也。有物之性，則所禀有剛柔、清濁之不相侔，所發即有喜怒哀樂之不中節，而天下之事物本有一定不可易之理，吾以氣拘、物蔽之私意參之，則應一事、處一物，必盡淆於意見，而不得其當。聖賢知其然也，故有格物窮理之功，而窮理格物之功其事甚繁，其義甚大，初學何從下手？故必因其已知之理而益窮之，如愛親敬長，此秉彝之本乎天者；仁義禮智，亦四端之根乎性者，《中庸》所云「天命之謂性」也，此人之已知者也。顧人人同此秉彝，何以或爲聖賢，或爲桀、紂？是在擴充而已。苟曰充其氣禀之濁者、惡者，則馴而至於桀、紂也不難。苟曰充其氣禀之清者、美者，則馴至於聖賢也亦不難。析之不極其精，將誤以濁惡者爲清美者之所發，而處事接物無一得當矣。且人人知當愛親，而得其道則爲大舜，不得其道則爲申生。循是以推天下事，萬變無窮，而皆各有其自然之則與夫當然之理，冒昧以應之，非太過即不及，此非徒良知之所能盡也。吾未聞孩提之童而遂能爲浚井、完廩應變之方，于田號泣、怨慕之事也。使舜不能窮事物之理，至乎其極，則亦爲井中之泥、廩中之灰已耳。故曰「小杖則受，大杖則走」。曾子大賢，臨事猶不能無幾微之惑，況於千百庸衆中而謂可致吾之良知，率爾以應之哉？且陽明之所謂良知，又混物與則而一之，與孟子之專指「有則」而言者不同。心與性有別也，復不言人性之善而言本心之明，歧之又歧。夫心雖所以具衆理、應萬事，然出入無時，莫知其鄉，惟危惟微，操存舍亡，古聖賢莫不於此致其戒慎恐懼焉。《大學》先格致而後誠正，物之不格，知之不明，誠於何有？格致誠正者，所以明其明德而葆其良知也。今不用格物窮理之功，而曰吾心自有良知，復不嚴心性之辨，而即以本心之明爲良知，即彼偭規錯矩者皆可託於小德出入之說，而曰吾心之本明如是，是即吾良知也，蕩檢踰閒者亦可託於食色爲性之説，而曰吾心之本明如是，是即吾之良知也。王學末流猖狂恣肆，如顔山農、何心隱之徒既已詭誕不經，李卓吾更復非聖無法，以讀古書者爲俗儒，以拾宗門糟粕者爲俊士，學術既壞，國步隨之。此雖非陽明所及料，而實其講學之宗旨稍偏，致人才敗壞於冥冥之中而不自知。是故君子立言不可不慎也。

又答問劉氏台拱論爲人後者不降本生服

古者服不貳斬，今制猶然，惟出仕者始貳斬，此古今之通義也。父在則爲母期，厭於所尊也。爲人後者爲其本生報，經有明文，而斬衰之服惟子爲父、諸侯爲天子、大夫士爲君、妻爲夫、妾爲君以及爲人後者始有之，皆所以重名分。雖以母之尊親不得與焉。齊衰三年，父没則然。與今制異，且非斬衰也。既爲人後，則以所服服之，雖古人重大宗之義，而於情固不容分致，於禮亦不得貳斬，嚴之至也。慈母之服特貴父命，見《儀禮・喪服傳》。齊衰三年與母服同。若推斯義，以還服其本生用斬衰，則違不貳斬之義；用齊衰，則無端而降父服爲母服，進退兩無所據。且古者大宗有收族之義，故族人亦爲之報。小宗可絶，大宗不可絶，乃明大宗以承祖禰，不當絶之之義。苟有支子，則小宗亦自可繼，非謂小宗必當絶也。先繼大宗，若支子多，則小宗亦可繼。後世無承祧之重，無收族之義，則大宗與小宗同，而爲人後之制，小宗與大宗亦不得獨異。以古制論之，今人但有小宗而無大宗。蓋宗法既亡，譜牒難考，即有聚族而居至數百年者，其大宗亦多降爲皁隸，既無爵土相傳，即無收恤之誼，無大宗之實，而徒以大宗之名歸之，欲行古制於今日，其多所窒礙也宜矣。今惟有世爵者乃可言宗法，而自旂人以外，海内曾無幾家。此數家者，亦未必族人繁衍，又何宗法之可行？三代宗法之行，親親也，而尊尊、貴貴之道寓焉。今士無常貴，民無常尊，世登顯仕者未必即是大宗之子，必欲論此，普天下惟衍聖公一家耳。自宋南渡後，亦以小宗爲大宗。今襲爵者，非大宗也。其大宗世嫡在浙之衢州，蓋隨宋高宗南遷者，故衢州孔氏有五經博士一人。慈母之服初非當服者，見《曾子問》。特承父命而服之。今以本生父母之尊而忽躋於父妾之賤，欲厚其所生，反乖其名實，人孰不思隆生我之恩，聖人特制爲人後之禮，使之移本生之恩以篤於所後，此中輕重權衡，自有精意。以此坊民，後世猶有見利忘義，因財産而爭繼者。使劉氏之説得行，恐張璁、桂蕚之徒接迹於天下矣。

答林生鶴年問程子性中無孝弟語錢竹汀謂極有病

程子此言，乃門人記録，失其語意之輕重。《集注》引此文，不敢專輒删改，實則其意謂性乃包四德之總名，孝弟亦仁之所發。若論性體，則言仁而孝弟已在其中，不必復言孝弟。但行仁必自孝弟始，所謂「親親而仁民」也。故曰：「堯舜之道，孝弟而已矣。」此注上下文語意本自明晰，其云「仁是性，孝弟是用」，一主其所存言之，一主其所發言之，初無病也。獨此二句下語太重，遂爲後人口實。不知朱子《論語或問》中論此二語至詳，凡近儒所致疑者朱子早已見及矣。毛西河詈此二語，較竹汀尤甚。至謂「宋儒忽庸行而索之空虚」，此乃漢學家口頭語，動輒以此詈之，實未嘗細讀宋儒書也。其辨「主一無適」、「天即理」二條尤爲無理取鬧。凡漢學家支離如此類者，當分别觀之，毋爲所眩惑也。

答周生梁基問蘇潁濱駁孟子性善之説

楊子云：「人知仁義禮智之出於性，而不知暴慢貪惑之亦出於性也。」蘇氏之説蓋本此，然非善讀《孟子》者。《孟子》云：「乃若其情，則可以爲善。」又曰：「人皆可以爲堯舜。」惟性善故可也。至於爲與不爲，則仍視乎其人耳。而蘇氏之闢孟子乃曰「有惻隱之心，亦有殘忍之心。有羞惡之心，亦有無恥之心」云云，是必人人皆善人，人人皆堯舜，而後可謂之性善也。豈知孟子之言有惻隱、有羞惡，即孔子所謂「相近」也，性也。蘇氏謂有惻隱，亦有殘忍；有羞惡，亦有無恥，則孔子所謂「相遠」，是習而非性矣。孟子可議，孔子亦可議耶？今姑就其言詰之。其謂有惻隱之心，亦有殘忍之心，固也，而不知雖殘忍之極者亦時有惻隱之心；其謂有羞惡之心，亦有無恥之心，固也，而不知雖無恥之極者亦時有羞惡之心。推之辭讓、是非莫不皆然。觀丹朱之不肖，而賓虞乃以德讓稱；象至不仁，而見舜時仍有忸怩，其理尤彰彰可見。蓋仁之端，義之端，特就其天真之流露者而言，所謂平旦之好惡，其與人相近者幾希。固不能執其旦晝所爲之不善，而謂人性之非出於善也。然則古聖賢垂教萬世之言，殆非後儒所可輕議矣。

附　録

先生嘗謂古人致治之法存諸經，後人致治之法存諸史。穿鑿附會，經學之蠹也。徒沾沾名物器數，繁稱博引，震炫一世，而治術學術之廣大精微者，轉習焉不察，國事人心亦復何補？若當多事之秋，則治經不如治史之尤要，故於輿地、經濟尤極究心。凡所議論，皆有實際，非徒爲大言者比。朱懷新《佩弦齋雜存跋》。

道、咸以來，士大夫好講西漢《公羊》之學，浸淫漫衍，其流弊至於蔑古荒經。先生引以爲憂，抑之甚力。《答康長孺三書》於《僞經》、《改制》辯論詳盡。又與《論性書》絶不苟同。尹恭保撰傳、廖廷相撰行狀、《佩弦齋文存》。

先生官京師，嘗於重九日偕桐廬袁爽秋户部、秀水朱亮生太守、貴筑黄再同編修游西山，歸途遇雨，感疾作狂語，大致謂：「民窮財盡，不力求振作，非祇外患，必有内憂，而尤以俄爲大患。」聞者咸歎其忠讜之藴蓄有素也。尹恭保撰傳、廖廷相撰行狀。

先生主講廣雅書院，院規：先讀書而後考藝，重實行而屏華士。仿古顓家之學，分經、史、理、文，延四分校主之。諸生人賦以册，記質疑問難，以次答焉。成材甚衆。《佩弦齋文存》。

清儒學案卷一百八十五終

清儒學案卷一百八十六

天津徐世昌

若汀學案

若汀精研算術，迻譯諸書，皆切於時用，尤能實施於製器。顧其自信，仍在著書。述《若汀學案》。

華先生蘅芳

華蘅芳，字若汀，金匱人。父翼綸，道光甲辰舉人，官江西永新知縣。勤吏事，巨猾阻險，縱其黨出掠，翼綸單騎往諭之，使縛殺人者以獻，咸服其罪。擢知府，辭歸，不復出。先生年十四，得程大位《算法統宗》殘帙，讀而好之，不數日盡通其術。翼綸授以《九章算術》、《數理精蘊》諸書，學益進。乃使從同縣歲貢生鄒安鬯游，徧讀秦九韶、李冶、朱世傑諸家書，通天元、四元之術。校《數書九章》，補宋景昌《校勘記》所未詳。咸豐初，西人於上海開墨海書館，《代數》、《幾何》、《微積》、《重學》諸書次第譯行。先生與同縣徐雪村益相砥厲，目驗手營，顧不獲實試，偶有疑難，斷斷日夜不休，必求通其奧窔而後已。知三棱玻璃分光七色，求之不得，乃以水晶印章磨成三角以驗之。知槍彈行拋物綫，雪村以爲仰攻俯擊當不相同，乃遠近多爲之鵠，射擊測視。其好學深思，實事求是類如此。同治元年，曾文正辟雪村佐軍，招先生偕往。雪村造黃鵠輪船，繪圖測算，推求動力，蓋先生之力爲多。文正以奇才異能奏薦。及文正督兩江，於上海設江南機器製造局，使先生佐雪村爲之經始。既又於局附設繙譯館，二人分任譯書，雪村任化學、汽機，先生任算學、地質，其後遂各以專門名家。先生招趙靜涵爲助譯，成《測繪》、《數理》、《法律》、《醫學》諸書，凡十二種百六十卷。譯本文辭暢朗，論者謂足兼信達雅三者之長。西士傅蘭雅著《譯書事略》備詳其事。其間嘗再至天津，佐海光寺製造局、武備學堂。一至湖北，充自强學堂、兩湖書院教授。其在上海，充格致書院教授。又在無錫，充竢實學堂教授。嘗謂講學不若著書其功爲尤大。蓋講學之啟發者僅在一時一地，而著書則可以垂之後世，傳之海内而無窮。其著作之尤精者，如《開方別術》併諸商爲一商。海寧李壬叔稱爲空前絶後之作。又《立積較術》，與後來日本推差新法軌轍相同，而《積較》書成在推差法十數年前，疇人家推爲先覺。光緒季年，卒。著《行素軒筆談》十二卷。所自譯之書有《代數術》二十五卷，《微積溯源》八卷，《三角數理》十二卷，《代數難題解法》十六卷，合爲《行素軒算學》。參史傳、《疇人傳三編》、錢基博撰傳。

代數術序

代數之術，其已知未知之數皆代之以字，而乘除加減各有記號以爲區別，可如題之曲折以相赴。迨夫層累已明，階級已見，乃以所代之數入之，而所求之數出焉。故可以省算學之工而心亦較逸，以其可不假思索而得也。雖然代數之術誠簡便矣，試問工此術者，遂能不病其繁乎？則又不能也。夫人之用心日進而不已，苟不至昏眊迷亂，必不肯中輟，故始則因繁而求簡，及其既簡也，必更進焉，而復遇其繁，雖迭代數十次，其能免哉？自是知代數之意，乃爲數學中鉤深索隱之用，非爲淺近之算法設也。若米鹽零雜之事，而概欲以代數施之，未有不爲市儈所笑者也。至於代數、天元之異同優劣，讀此書者自能知之，無待余言也。

微積溯源序

吾以爲古時之算法，惟有加減而已。其乘除乃因加減之不勝其繁，故更立二術，以使之簡易也。開方之法，又所以濟除法之窮者也。蓋學算者自有加、減、乘、除、開方五法，而一切簡易淺近之數無不可通矣。惟人之心思智慮日出不窮，往往以能人之所不能者爲快，遇有窒礙難通之處，輒思立法以濟其窮，故有減其所不可減，而正負之名不得不立矣；除其所不受除，而宗母通分之法又不得不立矣，代數中種種記號之法，皆出於不得已而立者也。惟每立一法，必能使繁者爲簡，難者爲易，遲者爲速，而算學之境界藉此得更進一層。如是屢進不一，而所立之法於是乎日多矣。微分、積分者蓋又因乘除開方之不勝其繁，且有窒礙難通之處，故更立此二術，以濟其窮，又使簡易而速者也。試觀圜徑求周，真數求對數，雖無微分、積分之時，亦未嘗不可求，惟須乘除開方數十百次，其難有不可言喻者，不如用微、積之法理明而數捷也。然則謂加、減、乘、除、開方、代數之外，更有二術焉，一曰微分，一曰積分，可也。其積分爲微分之還原，猶之開方爲自乘之還原，除法爲乘法之還原，減法爲加法之還原也。然加與乘，其原無不可還，而微分之原有可還有不可還者，是猶算式中有不可還原之方耳，又何怪焉？如必曰加減乘除開方已足供吾之用，何必更求其精，是舍舟車之便利，而必欲負重遠行也。其用功多而成功少，蓋不待智者而辨矣。

附録

先生所著《筆談》，一論加減乘除之理，二論通分之理，三論十分數，四論開方之理，五論加減乘除通分開方之用，六論天元及天元開方，七論方程而及四元，八論代數記號等式，九論代數中助變之數及虚變之法，十論微分，十一論積分，十二論各種算術不外加減乘除，並推論以算學著書，及《再續疇人傳》。綜計自加減乘除以至微、積，由淺入深，術本繁難而括之以簡易之旨，理本艱深而寫之以淺顯之詞，爲先生平生精力所萃。《筆談》。

《三角數理》爲英人海麻士所撰，先生與傅蘭雅共譯之。書首明三角用比例之理；次論兩角或多角諸比例數；次論造八綫比例表之法；次解平三角諸形；次論諸角比例乘約變化之理，附以專論對數術及諸三角形，設題百則；次總説球上各圈及弧三角形之界；次解正弧、斜弧三角形之法；次雜論求弧三角數種，特設之表，終以論弧三角形，設題二十七則。先生譯此書竟，謂其法實不能出外角和較與垂弧次形總較諸舊法之外，益覺徐有壬《拾遺》三術超越西人爲難能而可貴也。《三角數理》。

先生在天津海光寺製造局，駐德使署購歸新出試彈速力電機，見者莫知其用，先生以微分之理解之，理明而用亦明。在天津武備學堂，德教習購得法越戰時所用行軍瞭望輕氣廢球，主者欲新之，以授學生演放，而教習居奇，久之而功不就。先生乃督工别製徑五尺小球，用强水發輕氣，以實其中，演放飛升，觀者贊歎。德教習内慚，僅乃竣事。錢基博撰傳。

先生教算術，誘掖獎勸，口講指畫，務以淺顯易明之語，達精奧之思。其教幼生，有時演算故爲舛錯，幼生或笑曰：「先生誤矣。」則從容問誤在何處，或以對。笑謂曰：「我今老矣，算學竟不及汝曹。」其鼓舞諸生，勉之向學，有如是者。同上。

若汀家學

華先生世芳

華世芳，字若溪，若汀先生弟也。拔貢生。幼聞徐雪村與若汀討論曆算、格致、製造諸學，心好之。長乃盡通其奥，著有《恒河沙館算草》、《近代疇人著述記》。參華世芳記徐壽軼事、錢基博《華蘅芳傳》。

若汀交游

李先生善蘭

别爲《壬叔學案》。

曾先生國藩

别爲《湘鄉學案》。

徐先生壽

徐壽，字雪村，無錫人。五歲喪父，事母能盡孝。及喪母，愍母苦節，年六十，冠衣不純采。幼嘗應童子試，謂舉業無實用，棄去，治諸經，務挈綱要。讀《禹貢》，條其山川、田土、物産，列之爲表。讀《毛詩》亦然。又用李兆洛所刻輿圖，以朱筆填寫《春秋》、兩《漢》、《水經注》諸書土地名。讀宋五子書，銘座右曰：「不二色，不誑語，接人以誠，務躬行，踐其言。」海通後，西學入我國，儒者以格物致知之義緣飾之，凡《算學》、《重學》、《化學》、《礦學》、《醫學》諸專門之書，通名之曰「格致」。先生潛心覃討，務窮源竟委。嘗言格致必藉製器而顯，手製諸儀器如指南針、象限儀皆備。上考古樂，造古樂器，皆協律。若汀先生與同志，日夕砥礪，學益進。同治初，曾文正駐軍安慶，聞先生名，以覃精數理，博涉多通奏薦，請徵以佐軍，敕下江蘇巡撫訪求資遣。先生與若汀及子建寅詣軍，文正令專掌製造。既隨軍至江寧，安慶、江寧先後設製造局，先生皆預其事。試造木質汽船，若汀主測算，而造器置機皆先生手製，不假西人。數年而成，長五十餘尺，每時行四十餘里。文正名之曰「黄鵠」，是爲我國自造汽船之始。文正又以奇才異能薦先生及若汀。既令籌設上海製造局，百事草創，乃上議請譯西書，煉煤鐵，造大砲，練海軍。文正用其議。於局附設翻譯館，聘西士偉力亞烈、傅蘭雅、林樂知、金楷理等廣譯諸書。先生所譯述曰《西藝知新》、《化學鑑原》、《化學考質》、《化學求數》、《物體遇熱改易説》、《汽機發軔》、《營陣揭要》、《測地繪圖》、《寶藏興焉》、《法律醫學》凡十種。《西藝知新》有《續編》，《化學鑑原》有《續編》、《補編》，尤稱善本。同治末，與傅蘭雅别設格致書院，風氣漸開，成就益衆。山東、四川仿設機器局，皆延先生主其事，以譯書事尤急，謝不往，而使其子建寅、華封代行。大冶煤鐵礦、開平煤礦、漠河金礦經始之初，皆爲擘畫規制，購器選匠，資其力焉。無錫産桑宜蠶，西商市繭奪民利，先生考求烘繭法，倡設烘竈，又置廠以機器繅絲，育蠶者利驟增。既以材能被徵，命登薦牘，然官僅至縣丞。性狷介，固不樂仕進。光緒十年，卒。宣統季年，學部奏先生及若汀、若溪兄弟昌明絶學，餉遺後賢，厥功甚大，請宣付國史館立傳。會國變，傳未及撰進。參錢基博撰傳、華世芳書軼事。

附録

先生既以「不誑語」銘座右，復條舉其目，云：「毋談無稽之言，毋談不經之語，毋談星命風水，毋談巫覡讖緯。」其見諸行事也，昏嫁喪葬不用陰陽擇日之法；四時祭祀專奉祖先，不祀外神；治喪不用僧道懺醮及樂工鼓吹；營葬不用堪輿家言；居恒與人談議，凡五行生克、理氣膚淺之言，絶口不道，總以實事實證引進後學。程培芳傳。

先生少時遭世亂，寇將至，盜賊間作，乃佐鄉人捕里中姦猾畀吏，置之法，散其黨，邑賴以安。及寇大至，邑城不守，率鄉人百餘舟避地太湖之濱。時四周皆寇，先生以計得出，鄉人皆獲全。其智略有足多者。華翼綸傳。

先生手製器械甚多，嘗仿製墨西哥銀幣，精鏤鋼板爲模，校準分兩，鎔銀爲餅，納其中，自高樓懸石椎，一擊而成。顧面羃之紋成矣，而邊花作之甚難，屢次修改軋槽，而邊花亦成。以入市，雖老於賈者不能辨其非也。其後英士韋廉臣歸國，嘗從易數十枚以去，置倫敦博物院。錢基博撰傳、華世芳書軼事。

華篴秋曰：「余居邑城之東，君居邑城之西，兩人不相識，亦不相聞也。一日鄉先生鄒敬甫爲余言，西鄉有人能作古樂器，皆協律，遂訪君姓名，而得訂交。嗣是，每作事必與余偕。余長子蘅芳亦與君善，並同徵召。君因不樂仕進，雖應徵召而未嘗爲官。惟西人每以化學制器傲我中國，及君出而學者皆恍然向風，即西人亦服君之能也。」華翼綸傳。

趙先生元益

趙元益，字靜涵，新陽人。與若汀先生爲中表兄弟。少喪父，從母居外家。弱冠，補諸生。嗜讀書。寇至，黄丕烈、汪士鐘諸家藏書盡出，先生得宋元祕本甚多。而若汀王父長於醫，家富醫書，先生得盡讀之，遂以醫名，兼治算術。若汀在上海譯書，邀先生自佐，先後譯成《行軍指要》、《測繪海圖數學理》、《儒門醫學》、《西藥大成》、《内科理法》、《法律醫學》、《濟急法》、《保全生命論》諸書。光緒戊子，舉於鄉。明年，無錫薛叔耘出使英、法、義、比四國，招先生從行。又譯成《西國地志》若干種。居倫敦三年，不習水土，病作而歸。然從事譯述不輟，十八年以譯事力疾，之京師，遂卒。所譯又有《英民史略》、《西國地理志》、《測繪算器圖説》、《小學校新律》，皆未及寫定。參華世芳撰傳。

雪村家學

徐先生建寅

徐建寅，字仲虎，雪村先生仲子也。年十八，侍父赴曾文正軍，雪村先生造汽船，已實佐之。及至上海，又助成惠吉、操江、測海、澄慶、馭遠諸艦。雪村先生與傅蘭雅等譯書，則亦昕夕從事，成《器象顯真》、《輪船布陳》、《汽機必以》三書。同治十三年，調赴天津製造局，刱造强水，所費視購自外國者三之一耳。是爲我國自製强水之始。是年總理衙門下教徵人才，江蘇巡撫丁日昌令先生籌論時局，遂上萬言書。總理衙門奏薦使才，乃以郎中記名出使大臣簡用。光緒元年，山東巡撫丁寶楨調總辦山東機器局，先生躬自營度，未嘗延用西人，三年有成。寶楨以心思縝密、條理精詳奏薦，命赴西洋各國考求一切。旋授德國參贊，遂周游英法諸國，以所聞見著《歐游雜録》，又譯《德國議院章程》，輯《德國合盟紀事本末》。十年回國，命以知府，發直隸。十二年，兩江總督曾國荃調會辦金陵機器局。因局中機器鍊鋼，並造西式後膛擡鎗，尋擢道員。二十一年冬，奉召入對，命查驗天津、威海船械。二十二年，派充福建船政提調，撰《兵法新書》、《議院章程》、《測地捷法》三書，進呈留覽。二十四年，設農工商局，以先生充農工商務大臣。局旋裁，去職。湖廣總督張文襄奏派總辦湖北營務，並課吏館武備學堂總教習，撰《造船全書》、《繪畫船綫》兩書。旋兼辦保安火藥局。自造機器製火藥，試之，與購自外國者等。又兼督漢陽鋼藥廠。製棉花無煙火藥，先生日手杵臼，親自研鍊，二十七年春，藥成，甚自喜。方蒞廠視工人配藥，藥驟炸，遂卒。同死者凡十六人，而製法祕無傳者。先生心思開悟，出人慮表。所學得之西人，而時能神明出新意。西人以製器稱，然法恒繁重，先生每以簡勝之，至以身殉所學，舍命不渝。事聞，贈内閣學士，予雲騎尉世職，祀昭忠祠。弟華封，字祝三，亦得家學，以製造爲治生，官候選同知。參錢基博撰傳。

清儒學案卷一百八十六終

清儒學案卷一百八十七

天津徐世昌

南皮學案上

清季政治爲新舊遞嬗之際，亦新舊交爭之際，學術同然。新機不可不啟，舊統不可不存，乃克變而不失其正。文襄身體力行，語長心重，合漢宋中西，以求體用兼備之學，規模閎遠，軌轍可循。雖時勢所趨，未必盡如其志，守先待後者所當奉爲龜鑑也。述《南皮學案》。

張先生之洞

張之洞，字孝達，號香濤，南皮人。同治癸亥一甲三名進士，授編修。廷試對策破除常格，直陳時政得失，一時欽其風采。連督湖北、四川學政，教士通經學古，撰《輶軒語》、《書目答問》以示塗徑。增設書院，選師儒，立課程，貯書籍，優廩餼，成材甚盛。洊歷清要，遇事抗疏直言。崇厚使俄議界約，草率定議，迭疏力爭，卒易使臣，改約返失地，治崇厚罪。他所指陳，皆援據經史，規切時勢，有關至計。光緒七年，由内閣學士簡授山西巡撫。值大祲後，地瘵吏窳，下車劾罷布政使葆亨、冀寧道王定安，舉廉明之吏錫良等五人，樹之風聲，吏治丕變。條上整飭治理之策，曰責墾荒、清善後、省差徭、除累糧、儲倉穀、禁鶯粟、減公費、裁攤捐、結交代、核庫款、杜吏奸、理釐捐、救鹽法、開地利、惠工商、培學校、紓餉力、鍊主兵、遏盜萌、修邊政凡二十事。勵精爲治，以次實施。十年，擢兩廣總督。時法、越之役，朝議和、戰久不決。桂軍潰於關外，法乘隙擾臺、閩，則建攻越救臺之議，特遣馮子材、王孝祺率粤軍援桂，大捷於鎮南關，進克諒山，法遂就款，邊界勘定，仍汲汲籌邊海防務。設水陸師學堂，創槍礮廠。奏請大治水師，歲提專款購兵艦。創建廣雅書院，開書局，武備、文事同時並舉。初，鐵路議興，言者每多疑阻，獨奏請興修蘆漢路，以爲南北之幹，徐圖以次四達。廷議乃定。十五年，調湖廣總督。開大冶鐵礦、萍鄉煤礦，建鍊鋼廠於漢陽，製鋼軌資路用，造礮械充軍實。設織布、繅紗、製麻革諸局，輔以隄工，通以幣政，用盡地利，抵外貨。二十年，中東戰起，代劉忠誠督兩江，巡閲江防，振汰窳惰，改舊營制，成江南自强軍。次年回任，采東西規制，開文武、農工、師範、方言諸學堂。歲選其優異者，遣出洋留學。而課士以倫理、操行爲重。自著《勸學篇》，辨正經權，融合新舊，以樹之鵠。二十六年，拳匪亂作，疊請懲亂民、護使館。電各國外部及我駐使排解紛難。與李文忠、劉忠誠諸人聯商各國水師將領暨各埠領事，定約保護東南，阻止敵艦入江。平民教，靖内訌，絶其口實，大局幸全。和議既定，與江督劉忠誠遵旨籌議變法，整頓中法十二條，采用西法十二條，合疏奏上，允行。二十八年，再署兩江總督，逾年召入覲，充經濟特科閲卷大臣。特命釐定《學堂章程》，於《管理通則》、《學務綱要》二册諄諄以維持聖道、慎防流弊尤致意焉。事竣，還鎮。先後在鄂十八年，經畫恢宏，計慮深遠。常欲以一隅規天下，救災恤鄰，不分畛域，内政外交之重大者殫盡忠謨，挽回國權而後已。三十三年，以湖廣總督協辦大學士，尋召授軍機大臣，晉體仁閣大學士，管理學部。三十四年，德宗崩，未幾，孝欽顯皇后薨，與受顧命，定策立大計。宣統元年卒，年七十有三，贈太保，謚文襄，入祀賢良祠。服官各省並建專祠。嘗謂先博後約之教，孔孟所同，故鴻才碩學，博極羣書，而宅中守正，操履篤實，終身不懈。先生實事求是師漢儒，檢束身心師宋儒。生平樂育爲懷，所至以興學造士爲急務。於四川設尊經書院，於山西設令德堂，於廣東設廣雅書院，於湖北先後設經心書院、兩湖書院、存古學堂，教澤之宏，追繼阮文達，足稱媲美。殁後，幕僚許同莘編其遺著，鄉人王樹枏釐訂刊行。凡《奏議》七十二卷，《電奏》十三卷，《電牘》八十卷，《勸學篇》二卷，《輶軒語》二卷，《書目答問》四卷，《讀經札記》二卷，《古文》二卷，《書札》二卷，《駢文》二卷，《詩集》四卷。參史傳、陳寶琛撰墓志及文襄本集。

奏議

遵旨妥議摺

欽奉兩宫皇太后懿旨，以吏部主事吴可讀遺有密摺，請豫定大統之歸。前降旨時，即是此意，命諸臣妥議具奏。

竊謂爲穆宗毅皇帝立嗣，繼嗣即是繼統，此出於兩宫皇太后之意，合乎天下臣民之心，而即爲我皇上之所深願，乃萬古不磨之意，將來必踐之言。臣敬吴可讀之至忠至烈，然謂其於不必慮者而過慮，於所當慮者而未及深慮也。

恭查爲穆宗繼嗣之語，同治十三年十二月初五日、光緒元年正月十七日及本年閏三月十七日三奉懿旨，炳如日星。從來人君子孫凡言繼嗣者，即指纘承大統而言，天子、諸侯並同一理。蓋人君以國爲體，諸侯不得祖天子，公廟不設於私家。苟不承統，何以嗣爲？下至三代之世卿大夫，漢魏以至本朝之世爵、世職，但云以某爲嗣，即是紹封襲蔭，故繼嗣、繼統毫無分别，偏稽羣經諸史從無異説。其分繼統、繼嗣爲兩事者，乃前明張璁、桂萼之怪妄謬説，高宗純皇帝《欽定儀禮義疏》早已辭而闢之矣。今懿旨申命至於再三，金匱寶録何待他求？設有迷妄小人舞文翻案，則廷臣中凡讀書識字者皆得執簡而爭。所謂不必慮者，一也。

前代人君授受之際，事變誠多，然就該主事所舉二事論之。宋太宗背太祖而害其姪沂王德昭矣，德昭非太宗子也。明景帝背英宗而廢其姪太子見深矣，見深非景帝子也。若皇上以皇子嗣穆宗，名曰先朝之繼體，實則今日之麟振，有何嫌疑？有何吝惜？以皇上仁孝之聖質，兩宫皇太后高厚之殊恩，起自宗支，付之神器，必不忍負皇太后，必不忍負穆宗。且夫遵慈命，孝也；篤天顯，友也。使皇子廣孝思於不匱，慈也；躬膺寶祚而使大統名分歸先帝，讓也。無損於實而四美具焉，中主亦能勉爲之，況聖主乎？所謂不必慮者，二也。

該主事所慮趙普、黄玹之輩誠難保其必無，然忠佞不齊，數年前曾有請頒鐵券之廣安矣，大小臣工豈遂絶無激發？明世宗紊大統而昵私親者，以興獻王已没，故得藉口親恩，恣爲越禮，羣臣不能抗也。假使興獻王而在，必尚能以禮自處，少加裁制。今醇親王天性最厚，忠直恪恭，該主事既知其賢，萬一果如所慮，他日有人妄進異言，醇親王受累朝之厚恩，必能出一言以救正。所謂不必慮者，三也。

然而竟如該主事所請，明降懿旨，將來大統仍歸於穆宗之嗣子，意則無以易矣，詞則未盡善也。緣前奉懿旨，謂生有皇子即承繼穆宗爲嗣。今若參以該主事之說，是一生而已定爲後之義，即一生而已定大寶之傳，合併爲一，將類建儲。我朝列聖以立儲爲大戒，高宗九降綸音，萬分剴切。今若建之有違家法，所謂未及慮者，一也。前代儲貳讒搆奪嫡，流弊已多。今被以紹統之高名，重以承繼之形跡，較之尋常主器尤易生嫌。所謂未及慮者，二也。然此尚非其弊之最甚者也。天位授受，簡在帝心，所以愼付託，爲宗社計也。帝堯多男，非止一索。聖意所屬，知在何人。此時早定，豈不太驟？所謂未及慮者，三也。

今者承命集議，伏讀此次懿旨「即是此意」四字言簡意賅，至堅至確。天下萬世誰敢不遵，無可移易者也。獨是聖意宜遵，家法亦宜守。今日之事，約有二說：淺之爲穆宗計者，則但如諸臣所議，并請一渾涵懿旨，略謂屢次懿旨俱已賅括。皇上孝友性成，必能處置盡善，似乎無所妨矣。然而「生即承繼」，「即是此意」一語，字字當遵，託諸文辭則可避建儲之名，見諸實事則儼成一建儲之局。他日誕皇子命承繼，廷臣中爲公爲私不可知，皆必將援祖訓以爭之，則承繼之事中止。此日以恐類建儲而承統之說不能定，異日又以恐類建儲而承繼之旨不能宣，是令皇上轉多難處矣。

然則深之爲穆宗計而即爲宗社計，惟有因承統者以爲承嗣一法。皇子衆多，不必遽指定何人承繼。將來纘承大統者，即承繼穆宗爲嗣。此則本乎聖意，合乎家法，而皇上處此亦不至於礙難。伏請兩宫聖裁，即以此意明降懿旨。皇上親政之初，循覽慈訓，感惻天懷，自必仰體聖意，再頒諭旨，祗告郊廟，宣示萬方，則固已昭於天壤，堅於金石矣。如此約有五利：守彝訓，一也；待宸斷，二也；無嫌疑，三也；無更變，四也；精擇賢，五也。至於精擇賢而其利宏矣，在兩宫慈愛之念，惟期於繼嗣、繼統，久遠遵行，豈必亟亟焉指定一承繼之人而後慰？即穆宗在天之靈，當亦願後嗣聖德永綏洪祚，又豈必斤斤焉早標一嗣子之目而後安？此固爲我國家億萬年之至計，即使專爲穆宗嗣子策之，似亦無善於此矣。或謂禮制精深，動關名義，由此以承統爲承嗣之説，安保日後無泥古聚訟者，則臣請得條舉其説而豫辨之。

一曰：《禮》「爲人後者爲之子」，三代人君凡繼先君之統者，即爲先君之後，雖無父子之名，而用父子之禮。皇上承穆宗之統矣，何以又別立後？不知父子之説，漢唐來久已不行。且皇上承繼文宗顯皇帝爲子，已有明文，文宗有子，則穆宗無子矣。豈有御宇十三年功德溥四海之先帝，而不爲立後者？其不足辨一也。

一曰：《禮》，嫡子不得後大宗。不知此爲臣庶言之，非爲天家言之也。古來擇取親屬入承大統，則本宗不敢私其嫡子，尊尊也。若嗣君爲先君立嗣，則嗣君亦不得私其嫡子。蓋嗣君與先君當日固有君臣之分者也，亦尊尊也。然入承大統者既承累朝之大宗，則本支應自爲繼別之宗，並不得以小宗論，於禮於法當別立嗣者也。嗣君既爲大宗，則雖以子爲先君後，於禮於法不能別立嗣者也。然則就今日事勢論之，將來皇子雖爲穆宗之嗣子，仍無妨爲皇上之嫡子，尊尊亦親親也。皇朝律令對承繼之文則曰本生父母，他日稱謂區別，聖心自有權衡。兩宮以聖而行權，皇上以聖而制禮，一舉而忠孝慈友之人倫備焉，尊尊親親之禮意賅焉，義協而禮起，何爲不可？其不足辨，二也。

一曰：《春秋傳》稱君子大居正，故兄弟、叔姪輾轉授受，每難帖然，不知從父從子，乃生釁隙。若皇子承繼先朝，但存名義，豈判親疎？其不足辨，三也。

凡此皆羣經之精言，而實不切於今日之情事。設有迂儒引之以撓夫國是，佞夫藉之以文其莠言，大智聰明豈能惑哉？今者往事已矣，惠陵永閟，帝后同歸，既無委裘遺腹之男，復鮮慰情勝無之女，傷心千古，夫復何言？承嗣、承統之説，不過於禮制典册之中存此數字空文，俾穆宗在天之靈爽雖遠而不遠，幾忘而不忘，庶可稍慰兩宮鬻閔之思，且伸皇上友于之愛。夫吴可讀區區一貶謫臣耳，尚且昌言以發其端，致命以期其許，何況子道、弟道兼盡之聖主哉？昔漢景帝欲悦竇太后之意，至有千秋萬歲後傳梁王之語，梁王非有應嗣之分者也。宋高宗以太宗之後，乃閔太祖子孫零落，而以太祖七世孫孝宗爲嗣，孝宗非有承統之約者也。皇上聖明，遠在二君之上，竊謂今日者惟在責成毓慶宫侍學諸臣，盡心輔導，培養天性，開陳至道，皇上孝弟之心油然而自生，尊尊親親之等秩然而不紊，任賢去佞，内修外攘，則所以仰體兩宫、上慰穆宗者，固不僅在繼嗣、承統一端而已也。即以此一端論，其沃心正本之方，亦在彼而不在此。伏維皇太后與皇上名分已定，恩誼日篤，皇太后視皇上所生皇子無論承繼穆宗與否，同爲己孫；皇上視所生皇子無論承嗣穆宗與否，同爲己子。君臣一德，共濟艱難。此宗社之福，而臣民之願也。臣恭繹懿旨中「即是此意」、「妥議具奏」二語文義，是者是其將來大統宜歸嗣子之意，議者議夫繼嗣、繼統並行不悖之方。臣工應命陳言，不敢以依違兩可之游詞貽廟堂他日之籌慮。是以謹竭愚悃，專摺具陳，無任悚惕屏營之至。

創立存古學堂摺

竊謂今日環球萬國學堂皆最重國文一門，國文者，本國之文字語言，歷古相傳之書籍也。即間有時勢變遷不盡適用者，亦必存而傳之，斷不肯聽其澌滅。至本國最爲精美擅長之學術、技能、禮教、風尚，則尤爲寶愛護持，名曰國粹，專以保存爲主。凡此皆所以養其愛國之心思，樂羣之情性。東西洋强國之本原實在於此，不可忽焉。嘗考《尚書》云：「惟土物愛，厥心臧，聰聽祖考之彝訓。」蓋必知愛其土物，乃能愛其鄉土，愛其本國，如此則爲存心良善，方能聽受祖考之教訓。是知必愛國敬祖，其心乃爲善。若反是，則爲不善也。中國之聖經賢傳闡明道德，維持世教，開啟神智，尊顯鄉邦，固應與日月齊光，尊奉傳習。即列朝子史，事理博賅；各體詞章，軍國資用，亦皆文化之輔翼，宇宙之精華，豈可聽其衰微，漸歸泯滅。謹查光緒二十九年《欽定學堂章程》內《學務綱要》第十一條即係「重國文以存國粹」，言之已詳。臣自前兩年回鄂以來，體察學堂情形，所有現派各學堂、各監學及中文之經學、史學、算學、圖學、中國地理、中國詞章等各門教員，皆係臣在楚所設經心、兩湖兩書院中之都講高材分布各處。該生等中學素有根柢，人品向來端純，深知宗法聖賢，兼以博覽典籍。故此次分派各學堂職業以及趕學速成師範、補習普通，派赴外洋游歷考察學務，均有可用之人。但通省學堂需人甚多，且京師調取以及各省索取絡繹不絕，外出太多，已覺不敷應用。誠恐數年以後，經心、兩湖舊學生年齒已長，或仕宦登朝，或有事外出，學堂建設日廣，需用教員管理員日衆，舊日學生日稀，將何以取資應用？而中文、中學向來義理精深，文詞雅奧，新設學堂學生所造太淺，僅可爲初等、小學國文之師，必至高文專門學、普通中學、優級師範、高等小學皆無教國文專門之教員。儻高等以下各學堂之中學既微，中師已斷，是所有國文之經史詞章無人能解，無人能教，然則將來所謂大學專門豈非徒託空言？既無周秦傳經之名師，安有兩漢立學之博士？竊恐不免有經籍道熄，綱淪法斁之憂。言念及此，不勝大懼。查經心書院乃臣從前提學湖北時所建，專爲令諸生通經學古而設。所出人才蔚然稱盛，茲即將經心書院故址改爲存古學堂，將屋宇量加修改，添造務期合法，建造書庫，多儲中國舊學圖書金石、名人翰墨、前代禮器，專聘博通中學經史、諸子、詞章各門學問之師儒爲教員，選取中學較優之生收入此堂肄業，即專習此數門。數門之中，經學爲一門，應於羣經中認占一部，《説文》、《爾雅》學、音韻學亦附此門内。史學爲一門，應於廿四史及《通鑑》、《通考》中認占一部，本朝掌故即附此門内。詞章爲一門，金石學、書法學亦附此門内。以上或經或史，無論認習何門，皆須兼習詞章一門，而詞章之中但專習一種，即爲合格。或散文或駢文，或古詩古賦，皆可兼習者聽。博覽爲一門。凡習經、史、詞章三門者，後四年皆須同習博覽一門。以學堂本應選取高等小學畢業者升入，特以目前初等、高等小學尚未造有成才，應特就各學生員考選，不拘舉貢廩，增附皆可至監生。童生皆不收録，惟總須年在三十五歲以下。如犯有嗜好者，一律禁止屏絶。其課程雖與各學堂稍異，至其與學堂同者，則規矩整肅，衣冠畫一，講授皆在講堂，問答寫於粉牌，每日兼習兵操。出入有節，起居有時，課程鐘點有定，會食應客有章，皆與現辦文武各學堂無異，與舊日書院積習絶不相同。其中雖間有年長身弱者，柔軟體操、器械體操、兵式體操均應一律演練。惟各項體操中，其練習過難，用力過猛者，免其肄習。要之，孔子所言「温故而知新」一語，實爲千古教育之準繩。所謂故者，非陳腐頑固之謂也。蓋西學之才智技能日新不已，而中國之文字經史萬古不磨，新故相資，方爲萬全無弊。若中國之經史廢，則中國之道德廢；中國之文理詞章廢，則中國之經史廢。國文既無而欲望國勢之强、人才之盛，不其難乎？今此學堂既以國文爲主，即宜注重研精中學。至外國歷史，博物、理化，外國政治、法律、理財、警察、監獄、農林、漁牧、工商各項實業等事，只須令其略知世間有此各種切用學問，即足以開其腐陋，化其虚憍，固不必一人兼擅其長。每一星期各講習一點鐘即可。若算學一門，本係中國經學、史學所必需，自應仍舊講習。且本朝列聖《欽定數理精藴》、《儀象考成》等書，測算即用西法，自不宜墨守《九章》、《四元》舊式。地理及輿圖一門，古來中學所重，見諸正經正史，况天地人大端要略，既名儒者，豈容茫昧不通？今全球地圖幾於家有一本，豈能劃分中外？亦應兼習。但算學地圖不必過於求精，鐘點亦不宜太多，俾其時刻較寬，可以專力中學，務造精深。蓋前奏各學堂章程重在開發國民普通知識，故國文及中國舊書鐘點不能過多。此項存古學堂重在保存國粹，且養成博習。中學之師於普通各門止須習其要端，知其梗概。故普通實業各事鐘點亦不便過多，以免多占晷刻。兩法互相補益，各有深意，不可偏廢，不可相非。所有各門學業鐘點，另列有功課表。畢業擬以七年爲限。該堂監督一時暫難選得其人。凡學生平日功課由各門分教員按月考校，填注分數，送交提調，彙齊列表，送交提學司，由提學司核閱。初次後，呈送臣衙門覆核，取定榜示。其年終大考，由臣親臨察試。此項學生如於現定課程之外，能有餘力加習洋文，爲將來考究西籍之資，爲用尤大。惟本學堂鐘點已多，講堂已滿，並於附近設立外國語文學堂一所，准其附入該學堂自行兼習，則畢業後可照高等學堂例，奏請獎勵，並准送入大學堂文學專科肄業，將來可遞升入通儒院。其不習洋文者聽，惟獎勵須量減一等，畢業後止能送入大學堂文學選科肄習，以示區別。凡畢業者將來備充各師範、各普通中學、高等學、大學等學堂文學專門之師。

此項存古學堂肄業學生，以二百四十名爲額，分爲三班取録，以次入堂肄業。該堂一切課程、鐘點經臣殫心竭慮，籌計經年，並督同提學司及各司道並各學堂良師通儒往復商榷數十次，始克擬定大略。總期多致心力於中國經史、詞章之學，庶國文永存不廢，可資以補救各學堂之所不足，而又略兼科學，以開其普通知識，俾不致流爲迂拘偏執，爲談新學者所詬病。此項人才將來上之則升入通儒院以供大用，次之則以備文學侍從之選，似亦盛世朝列中必不可闕之人員。

伏讀近年歷次興學諭旨，惟以端正趨向爲教育之源。一則曰敦崇正學，造就通才；再則曰庠序學校，皆以明倫。聖訓煌煌，無非以崇正黜邪爲宗，以喜新忘本爲戒。夫明倫必以忠孝爲歸，正學必以聖經賢傳爲本。崇正學，明人倫，舍此奚由？乃近來學堂新進之士蔑先正而喜新奇，急功利而忘道誼，種種怪風惡俗令人不忍覩聞。至有議請廢罷四書五經者，有中小學堂並無讀經講經功課者，甚至有師範學堂改訂章程，聲明不列讀經專科者，人心如是，習尚如是，循是以往，各項學堂於經學一科雖列其目，亦止視爲具文，有名無實。至於論説文章，尋常簡牘，類皆捐棄雅故，專用新詞，馴至宋明以來之傳記詞章皆不能解，何論三代？此如籍談自忘其祖，司城自賤其宗，正學既衰，人倫亦廢，爲國家計則必有亂臣賊子之禍，爲世道計則不啻有洪水猛獸之憂。微臣區區保存國粹之苦心，或與世教不無裨益。

該學堂工程現已完竣，於本年暑假後即行開學。該學堂章程現係創舉，擬請試辦半年，後如課程條目毫無窒礙，擬即請旨敕下學部核定，通行各省，一律仿照辦理，以延正學而固邦基。

再臣前見學部議覆湖南擬設景賢等學堂，河南擬設尊經學堂。摺内有該撫等疊稱仿照湖北存古學堂之語。臣查該兩省學堂章程似與向來書院考課相仿，與鄂省存古學堂之辦法判然不同，毫不相涉。湘、豫兩省係屬誤會，合併聲明。

遵旨覈議新編刑事民事訴訟法摺

竊臣承准軍機大臣字寄光緒三十二年四月初二日奉上諭：法律大臣沈家本等奏刑事、民事訴訟各法，擬請先行試辦一摺。法律關係重要，該大臣所纂各條究竟於現在民情風俗能否通行，著該將軍、督撫、都統等體察情形，悉心研究。其中有無扞格之處，即行縷析條分，據實具奏。原摺單均著發給閱看，將此各論令知之。欽此！

遵旨寄信前來，臣將原發摺單督同司道屢次悉心研究，反復討論，似有礙難通行之處，綜核所纂二百六十條，大率采用西法，於中法本原似有乖違，中國情形亦未盡合，誠恐難挽法權，轉滋獄訟，謹爲我皇太后、皇上剴切陳之。《書》曰：「士制百姓于刑之中，以教祗德。」漢臣班固有言：「名家者流，原於禮官。」蓋法律之設，所以納民於軌物之中，而法律本原實與經術相表裏。其最著者爲親親之義、男女之別，天經地義，萬古不刊。乃閱本法所纂父子必異財，兄弟必析産，夫婦必分資，甚至婦人女子責令到堂作證，襲西俗財産之制，壞中國名教之防，啟男女平等之風，悖聖賢修齊之教，綱淪法斁，隱患實深。至於家室婚姻爲人倫之始，子孫嗣續爲宗法所關，古經今律皆甚重之。中國舊日律例中，如果審訊之案爲條例所未及，往往援三禮以證之，本法皆闕焉不及。無論勉强驟行，人情惶惑，且非聖朝明刑弼教之至意。此臣所謂於中法本原似有乖違者也。

恭繹諭旨，殷殷以現在民情風俗爲念。仰見聖慮周詳，曷勝欽服。夫立法固貴因時，而經國必先正本。值此環球交通之世，從前舊法自不能不量加變易，東西各國政法可采者亦多，取其所長，補我所短，揆時度勢，誠不可緩，然必須將中國民情風俗、法令源流通籌熟計，然後量爲變通，庶免官民惶惑無所適從。外國法學家講法律關係，亦必就政治、宗教、風俗、習慣、歷史、地理一一考證，正爲此也。在法律大臣之意，變通訴訟制度，以冀撤去治外法權，其意固亦甚善。惟是各國僑民所以不守中國法律者，半由於中國裁判之不足以服其心，半由於中國制度之不能保其身家財産。外國商民冒險遠至，其本國欲盡其保護之職分，不得不計其身家性命之安危。乃因各省伏莽充斥，盜賊横行，官吏雖多而不能保民，警察雖設而不能徧及，致爲外人竊笑，而謂變通訴訟之法，即可就我範圍，彼族能聽命乎？縱使所定訴訟法條理完密，體例精詳，亦必指瑕索瘢，借端責難，又安能盡饜其欲耶？矧所纂各條，按之西律不無疏漏混淆之處。近年與英、美、日本訂立商約，彼國雖允他日棄其治外法權，然皆聲明俟查悉中國律例情形、審斷辦法及一切相關事宜皆臻妥善等語，是已失之法權不能僅恃本法爲挽救，其理甚明。所謂「一切相關事宜皆臻妥善」十字包括甚廣，其外貌則似指警察完備、盜風斂戢、税捐平允、民教相安等事，其實則專視國家兵力之强弱、戰守之成效以爲從違。觀於日本實行管束外國商民，實在光緒二十年以後，可以曉然。若果不察情勢，貿然舉行，而自承審官、陪審員以至律師、證人等無專門學問，無公共道德，驟欲行此規模外人貌合神離之法，勢必良懦冤抑，强暴縱恣，盜已起而莫懲，案久懸而不結，此臣所謂「難挽法權而轉滋獄訟」者也。

且西洋各國皆先有刑法、民法，然後有刑事、民事訴訟法。即日本維新之初，亟亟於編纂法典，亦未聞訴訟法首先頒行。如刑法及治罪法俱施行於明治十五年，舊民法及民事訴訟法俱公布於明治二十三年是也。有訴訟之法，尤須有執法之官，故必裁判官權限分明，而後訴訟法推行盡利。如德國之舊訴訟法與裁判所編制法同時實行是也。中國律例詳刑事而略民事，即以刑事而論，亦與西律懸殊。綜觀本法所編各條，除中外交涉外，大抵多編纂刑法、民法以後之事，或與釐定裁判官制相輔之文。此時驟議通行，非特大礙民情風俗，且於法律原理枘鑿不合。臣惟編纂法律有體有用，先體後用，其勢乃行。現行律例以吏、户、禮、兵、刑、工分類，本沿明律之舊。官制改後，名實已乖。近年新政新法漸次增行，國際交涉日益繁重，實非舊例所能賅括。即如輪船、鐵路、電報、郵政、印花、鈔票，在外國莫不嚴妨礙交通之罪，設侵害信用之防。又如殺傷外國使臣，句通外國軍隊，僞造外國通行貨幣，違背戰時中立條規，有一於此，足礙邦交。在外國莫不特設專條，預爲防範。至於商務各條之别有商法，軍政各項之别有海陸軍刑法，各國已爲通例，未有與刑法相混者。而民法一項，尤爲法律主要，與刑法並行。蓋東西諸國法律皆分類編定，中國合各項法律爲一編，是以參伍錯綜，委曲繁重。今日修改法律，自應博採東西諸國法律，詳加參酌，從速釐訂，而仍求合於國家政教大綱，方爲妥善辦法。律條訂定以後，再將刑事、民事訴訟法妥爲議定，則由本及支，次第秩然矣。至目前審判之法，祇可暫訂《訴訟法試辦章程》，亦期於民情風俗一無阻礙而後可。擬請敕下法律大臣先就所纂各條内擇其相宜者，暫爲修訂章程，請旨遵行。一面速將各項法律選集精於各門律學大小臣工分門修纂，各編專書頒行遵守。然後再議刑事、民事訴訟法，庶可收變法而不廢法之效。謹將新編《訴訟法》礙難通行各條加具按語，彙開清單，恭呈御覽。

勸學篇

自序

昔楚莊王之霸也，以民生在勤箴其民，以日討軍實儆其軍，以禍至無日訓其國人。夫楚當春秋魯文、宣之際，土方闢，兵方强，國勢方張，齊、晉、秦、宋無敢抗顔行，誰能禍楚者？何爲而急迫震懼如是之皇皇耶？君子曰：不知其禍，則辱至矣。知其禍，則福至矣。今日之世變，豈特春秋所未有，抑秦、漢以至元、明所未有也。語其禍則共工之狂、辛有之痛，不足喻也。廟堂旰食，乾惕震厲，方將改弦以調琴瑟，異等以儲將相，學堂建，特科設，海内志士發憤搤捥，於是圖救時者言新學，慮害道者守舊學，莫衷於一。舊者因噎而食廢，新者歧多而羊亡；舊者不知通，新者不知本；不知通則無應敵制變之術，不知本則有非薄名教之心。夫如是，則舊者愈病新，新者愈厭舊，交相爲瘉，而恢詭傾危，亂名改作之流遂雜出其説，以蕩衆心。學者摇摇，中無所主，邪説暴行，横流天下。敵既至，無與戰；敵未至，無與安。吾恐中國之禍不在四海之外，而在九州之内矣。竊維古來世運之明晦，人才之盛衰，其表在政，其裹在學。不佞承乏兩湖，與有教士化民之責，夙夜兢兢，思有所以裨助之者。乃規時勢，綜本末，著論二十四篇，以告兩湖之士，海内君子與我同志亦所不隱。《内篇》務本以正人心，《外篇》務通以開風氣。《内篇》九：曰同心。明保國、保教、保種爲一義。手足利則頭目康，血氣盛則心志剛，賢才衆多，國勢自昌也。曰教忠。陳述本朝德澤深厚，使薄海臣民咸懷忠良，以保國也。曰明綱。三綱爲中國神聖相傳之至教，禮政之原本，人禽之大防，以保教也。曰知類。閔神明之胄裔，無淪胥以亡，以保種也。曰宗經。周秦諸子瑜不掩瑕，取節則可，破道勿聽，必折衷於聖也。曰正權。辨上下，定民志，斥民權之亂政也。曰循序。先入者爲主，講西學必先通中學，乃不忘其祖也。曰守約。喜新者甘，好古者苦，欲存中學，宜治要而約取也。曰去毒。洋藥滌染，我民斯活，絶之使無萌栟也。《外篇》十五：曰益智。昧者來攻，迷者有凶也。曰游學。明時勢，長志氣，擴見聞，增才智，非游歷外國，不爲功也。曰設學。廣立學堂，儲爲時用，爲習帖括者擊蒙也。曰學制。西國之强，强以學校，師有定程，弟有適從，授方任能，皆出其中，我宜擇善而從也。曰廣譯。從西師之益有限，譯西書之益無方也。曰閲報。眉睫難見，苦藥難嘗，知内弊而速去，知外患而豫防也。曰變法。專己習常，不能自存也。曰變科舉。所習所用，事必相因也。曰農工商學。保民在養，養民在教，教農工商，利乃可興也。曰兵學。教士卒不如教將領，教兵易練，教將難成也。曰鑛學。興地利也。曰鐵路。通血氣也。曰會通。知西學之精意通於中學，以曉固蔽也。曰非弭兵。惡教逸欲而自斃也。曰非攻。教惡逞小忿而敗大計也。二十四篇之義，括之以五知：一知恥。恥不如日本，恥不如土耳其，恥不如暹羅，恥不如古巴。二知懼。懼爲印度，懼爲越南、緬甸、朝鮮，懼爲埃及，懼爲波蘭。三知變。不變其習，不能變法；不變其法，不能變器。四知要。中學考古非要，致用爲要。西學亦有別，西藝非要，西政爲要。五知本。在海外不忘國，見異俗不忘親，多智巧不忘聖。凡此所説，竊嘗考諸《中庸》而有合焉。魯，弱國也，哀公問政而孔子告之曰「好學近乎知，力行近乎仁，知恥近乎勇」，終之曰「果能此道矣，雖愚必明，雖柔必强」。兹《内篇》所言皆求仁之事也。《外篇》所言皆求智、求勇之事也。夫《中庸》之書，豈特原心杪忽，校理分寸而已哉？孔子以魯秉禮而積弱，齊、邾、吴、越皆得以兵侮之，故爲此言以破魯國臣民之聾瞶，起魯國諸儒之廢疾，望魯國幡然有爲以復文、武之盛。然則無學、無力、無恥，則愚且柔；有學、有力、有恥，則明且强。在魯且然，況以七十萬方里之廣，四百兆人民之衆者哉？吾恐海内士大夫狃於晏安而不知禍之將及也，故舉楚事。吾又恐甘於暴棄而不復求强也，故舉魯事。《易》曰：「其亡其亡，繫於苞桑。」惟知亡則知强矣。

宗經第五

衰周之季，道術分裂，諸子蠭起，判爲九流十家，惟其意在偏勝，故析理尤精，而述情尤顯。其中理之言，往往足以補經義，乾嘉諸儒以諸子證經文音訓之異同，尚未盡諸子之用。應世變。然皆有釣名傲利之心，故詭僻横恣，不合於大道者亦多矣。即如皇子貴衷，田子貴均，墨子貴兼，❶料子貴别，王廖貴先，兒良貴後，此不過如扁鵲適周則爲老人醫，適秦則

❶「貴」，原作「量」，今據清光緒二十四年中江書院刻本《勸學篇》及平津館叢書本《尸子·廣澤》篇改。

爲小兒醫，聊以適時自售耳，豈其情哉？自漢武始屏斥百家，一以六藝之科爲斷。今欲通知學術流別，增益才智，鍼起瘖聾跛躄之陋儒，未嘗不可兼讀諸子，然當以經義權衡而節取之。劉向論《晏子春秋》曰：「文章可觀，義理可法，合於六經之義。」斯可爲讀諸子之準繩矣。《漢書·藝文志》曰：「若能修六藝之術，觀九家之言，舍短取長，則可以通萬方之略矣。」意與此同。蓋聖人之道大而能博，因材因時，言非一端，而要歸於中正。故九流之精，皆聖學之所有也。九流之病，皆聖學之所黜也。諸子之駁雜固不待言，兹舉其最爲害政、害事而施於今日必有實禍者。如《老子》尚無事，則以禮爲亂首；主守雌，則以强爲死徒；任自然，則以有忠臣爲亂國。《莊子》齊堯桀，黜聰明，謂：「凡之亡不足以爲亡，楚之存不足以爲存。」此不得以寓言爲解。《列子·楊朱》篇惟縱嗜欲，不顧毀譽。《管子》謂：「惠者，民之仇讎。法者，民之父母。」其書羼雜僞託最多，故兼有道、法、名、農、陰陽、縱横之説。《墨子》除兼愛已見斥於《孟子》外，其《非儒》、《公孟》兩篇至爲狂悍。《經》上下、《經説》上下四篇，乃是名家清言，雖略有算學、重學、光學之理，殘不可讀，無裨致用。《荀子》雖名爲儒家，而《非十二子》倡性惡，法後王，殺《詩》、《書》，讀隆殺之殺。一傳之後，即爲世道經籍之禍。申不害專用術，論卑行鄙，教人主以不誠。《韓非子》及他書所引。韓非用申之術，兼商之法，慘刻無理，教人主以不任人，不務德。商鞅暴横，盡廢孝弟仁義，無足論矣。此外若《吕覽》多存古事，大致近儒；晏子兼通儒、墨，瑕瑜互見。劉向謂其中詆孔子者爲辯士僞託。《戰國策》考見世變，勢不能廢。晁公武以《戰國策》入子部，今入史部。孫、吴、尉繚兵家專門，尚不害道。《孫子》惟《用間》篇末有謬語，《尉繚》惟《兵令》篇末有謬語。尹文、慎到、鶡冠、尸佼可采無多，至於公孫龍巧言無實，鬼谷陰賊可鄙，皆不足觀。又如《關尹子》多勦佛書，并有後世道書語。《文子》全襲《淮南》，皆出作僞。西漢儒家諸子如賈長沙、董江都、劉子政皆爲儒家鉅子，《説苑》、《新序》最爲純正。《新書》已多殘缺，《春秋繁露》精義頗多，惟董治《公羊》，多墨守後師之説，幾陷大愚之誅，宜分別觀之。《法言》文藻而已，《孔叢》、《家語》甚多精言，兼存孔門行事，雖有附益，要皆有本，近人概斥爲王肅諸人僞作，未免太苛。道家如《淮南》可資考古，間有精理。大抵諸家紕繆易見，學者或愛其文采，或節取一義，苟非天資乖險，鮮有事事則傚實見施行者，獨老子見道頗深，功用較博，而開後世君臣苟安誤國之風，致陋儒空疏廢學之弊，啟猾吏巧士挾詐營私軟媚無恥之習，其害亦爲最鉅，功在西漢之初，而病發於二千年之後。是養成頑鈍積弱不能自振之中華者，老氏之學爲之也。「大巧若拙」一語最害事，此謂世俗趨避鑽刺之巧則可矣，若步天、測地、工作、軍械，巧者自巧，拙者自拙，豈有巧、拙相類之事哉？數十年來，華人不能擴充智慧者，皆爲此説所誤。故學老者病痿痹，學餘子者病發狂。董子曰：「正朝夕者，視北辰；正嫌疑者，視聖人。」若不折衷於聖經，是朝夕不辨而冥行不休，墜入於泥，亦必死矣。不獨諸子然也。羣經簡古，其中每多奧旨異説，或以篇簡摩滅，或出後師誤解。漢興之初，曲學阿世，以冀立學。哀、平之際，造讖益緯，以媚巨奸。於是非常可怪之論益多，如文王受命、孔子稱王之類，此非七十子之説，乃秦漢經生之説也，而説《公羊春秋》者爲尤甚。新周，王魯，以《春秋》爲新王。乾嘉諸儒嗜古好難，力爲闡揚，其風日肆，演其餘波，實有不宜於今之世道者，如禁方奇藥，往往有大毒，可以殺人。假如近儒《公羊》之説，是孔子作《春秋》而亂臣賊子喜也。竊惟諸經之義，其有迂曲難通、紛歧莫定者，當以《論語》、《孟子》折衷之。《論》、《孟》文約意顯，又羣經之權衡矣。伊川程子曰：「窮得《語》、《孟》，自有要約處，以此觀他經甚省力。《語》、《孟》如丈尺權衡相似。」道光以來，學人喜以緯書、佛書講經學。光緒以來學人尤喜治周秦諸子，其流弊恐有非好學諸君子所及料者。故爲此説以規之。

守約第八

儒術危矣，以言乎邇，我不可不鑒於日本；以言乎遠，我不可不鑒於戰國。昔戰國之際，儒術幾爲異學諸家所軋，吾讀司馬談之《論六家要指》而得其故焉。其説曰：「儒家者流，博而寡要，勞而少功。」何以寡要少功？由於有博無約，如此之儒止可列爲九流之一耳，焉得爲聖？焉得爲賢？老詬儒曰「絶學無憂」，又以孔子説十二經爲大謾；墨詬儒曰「累壽不能盡其學」，墨子又教其門人公尚過不讀書；法詬儒曰「藏書策，修文學，用之則國亂」。韓非子語。大率諸子所操之術，皆以便捷放縱，投世人之所好，而以繁難無用誣儒家，故學者樂聞而多歸之。夫先博後約，孔、孟之教所同，而處今日之世變，則當以孟子守約施博之説通之。且孔門所謂博，非今日所謂博也。孔、孟之時，經籍無多，人執一業，可以成名；官習一事，可以致用，故其博易言也。今日四部之書汗牛充棟，老死不能偏觀而盡識，即以經而論，古言古義隱奧難明，譌舛莫定；後師羣儒之説解紛紜百出，大率有確解定論者不過什伍而已。滄海横流，外侮洊至，不講新學則勢不行，兼講舊學則力不給。再歷數年，苦其難而不知其益，則儒益爲人所賤，聖教儒書寖微寖滅，雖無嬴秦坑焚之禍，亦必有梁元文、武道盡之憂。此可爲大懼者矣！尤可患者，今日無志之士本不悦學，離經畔道者尤不悦中學，因倡爲中學繁難無用之説，設淫辭而助之攻，於是樂其便而和之者益衆，殆欲立廢中學而後快。是惟設一易簡之策以救之，庶可以閒執讎中學者之口，而解畏難不學者之惑。今欲存中學，必自守約始，守約必自破除門面始。援舉中學各門求約之法條列於後，損之又損，義主救世，以致用當務爲貴，不以殫見洽聞爲賢。十五歲以前，誦《孝經》、四書、五經正文，隨文解義，並讀史略、天文、地理、歌括、圖式諸書，及漢唐宋人明白曉暢文字有益於今日行文者。自十五歲，始以左方之法求之，統經史、諸子、理學、政治、地理、小學各門，美質五年可通，中材十年可了。若有學堂專師，或依此纂成學堂專書，中材亦五年可了，而以其間兼習西文。過此以往，專力講求時政，廣究西法。其有好古研精，不鶩功名之士，願爲專門之學者，此五年以後博觀深造，任自爲之。然百人入學，必有三五人願爲專門者。是爲以約存博，與子夏所謂博學近思，荀子所謂以淺持博，亦有合焉。大抵有專門著述之學，有學堂教人之學。專門之書求博求精，無有底止，能者爲之，不必人人爲之也。學堂之書，但貴舉要切用，有限有程，人人能解，且限定人人必解者也。西人天文、格致一切學術，皆分專門學堂與普通學堂爲兩事。將來入官用世之人，皆通曉中學大略之人。書種既存，終有萌蘖滋長之日。吾學吾書，庶幾其不亡乎？

一，經學通大義。切於治身心、治天

下者謂之大義。凡大義必明白平易，若荒唐險怪者乃異端，非大義也。《易》之大義，陰陽消長。《書》之大義，知人安民。《詩》之大義，將順其美，匡救其惡。《詩譜序》：「論功頌德，所以將順其美；刺過譏失，所以匡救其惡。」《春秋》大義，明王道，誅亂賊。《禮》之大義，親親、尊尊、賢賢。《周禮》大義，治國、治官、治民三事相維。太宰建邦之六典，治典經邦國，治官府，紀萬民。其餘教典、禮典、政典、刑典、事典皆國、官、民三義並舉。蓋官爲國與民之樞紐，官不治則國、民皆受其害。此爲《周禮》一經專有之義，故漢名《周官經》，唐名《周官禮》。此總括全經之大義也。如《十翼》之説《易》，《論》、《孟》、《左傳》之説《書》，大小《序》之説《詩》，《孟子》之説《春秋》，《戴記》之説《儀禮》，皆所謂大義也。欲有要而無勞，約有七端：一明例。謂全書之義例。《毛詩》以訓詁、音韻爲一要事，熟於《詩》之音訓，則諸經之音訓皆可隅反。一要指。謂今日尤切用者。每一經少則數十事，多則百餘事。一圖表。諸經圖表皆以國朝人爲善，譜與表同。一會通，謂本經與羣經貫通之義。一解紛。謂先儒異義各有依據者，擇其較長一説主之，不必再考，免耗日力。大率國朝人説而後出者較長。一闕疑。謂隱奥難明、碎義不急者置之不考。一流别。謂本經授受之源流，古今經師之家法。考其最著而今日有書者。以上七事分類求之，批郤導窾，事半功倍。大率羣經以國朝經師之説爲主，《易》則《程傳》與古説兼取，並不相妨。《論》、《孟》、《學》、《庸》以朱注爲主，參以國朝經師之説。《易》止讀《程傳》及孫星衍《周易集解》。孫書兼采漢人説及王弼注。《書》止讀孫星衍《尚書今古文注疏》，《詩》止讀陳奂《毛詩傳疏》，《春秋左傳》止讀顧棟高《春秋大事表》，《春秋公羊傳》止讀孔廣森《公羊通義》，國朝人講《公羊》

者惟此書立言矜慎，尚無流弊。《春秋穀梁傳》止讀鍾文烝《穀梁補注》，《儀禮》止讀胡培翬《儀禮正義》，《周禮》止讀孫詒讓《周禮正義》，已刊未畢。《禮記》止讀朱彬《禮記訓纂》，《欽定七經傳説義疏》皆學者所當讀，故不備舉。《論》、《孟》除朱注外，《論語》有劉寶楠《論語正義》，《孟子》有焦循《孟子正義》可資考證古説，惟義理仍以朱注爲主。《孝經》即讀通行注本，不必考辨。《爾雅》止讀郝懿行《爾雅義疏》，五經總義止讀陳澧《東塾讀書記》、王文簡引之《經義述聞》，《説文》止讀王筠《説文句讀》，兼采段、嚴、桂、鈕諸家，明白詳慎。段注《説文》太繁而奥，俟專門者治之。以上所舉諸書，卷帙已不爲少，全讀全解亦須五年，宜就此數書中擇其要義先講明之，用韓昌黎提要鉤玄之法，就元本加以鉤乙標識，但看其定論，其引徵辨駁之説不必措意。若照前説七端節録纂集以成一書，皆采舊語，不參臆説一語，小經不過一卷，大經不過二卷，尤便學者。此爲學堂説經義之書，不必章釋句解，亦不必録本經全文。蓋十五歲以前諸經全文已讀，文義大端已解矣。師以是講，徒以是習，期以一年，或一年半畢之。如此，治經淺而不謬，簡而不陋，即或廢於半塗，亦不至全無一得。有經義千餘條以開其性識，養其本根，則終身可無離經畔道之患。總之，必先盡破經生著述之門面，方肯爲之。然已非村塾學究科舉時流之所能矣。

一，史學考治亂典制。史學切用之大端有二：一事實，一典制。事實擇其治亂大端，有關今日鑑戒者考之，無關者置之。典制擇其考見世變，可資今日取法者考之，無所取者略之。事實求之《通鑑》。《通鑑》之學，《資治通鑑》、《續通鑑》、《明通鑑》。約之以讀《紀事本末》。典制求之正史、二《通》。正史之學，約之以讀志及列傳中奏議。如《漢・郊祀》、《後漢・輿服》、《宋・符瑞》、《禮樂》、歷代《天文》、《五行》、元以前之《律曆》，唐以後之《藝文》可緩也。地理止考有關大事者，水道止考今日有用者，官制止考有關治理者，如古舉今廢，名存實亡，暫置屢改，寄禄虚封，閒曹雜流，不考可也。二《通》之學，《通典》、《通考》，約之以節本，不急者乙之。《通考》取十之三，《通典》取十之一足矣。國朝人有《文獻通考詳節》，但一事中最要之原委條目有應詳而不詳者，内又有數門可不考者。《通志・二十略》知其義例可也。考史之書，約之以讀趙翼《廿二史劄記》。王氏《商榷》可節取，錢氏《考異》精於考古，略於致用，可緩。史評約之以讀《御批通鑑輯覽》。若司馬公《通鑑》論義最純正，而專重守經。王夫之《通鑑論》、《宋論》識多獨到而偏好翻案，惟《御批》最爲得中，而切於經世之用。此說非因尊王而然，好學而更事者讀之自見。凡此皆爲通今致用之史學，若考古之史學不在此例。

一，諸子知取舍。可以證發經義者，及別出新理而不悖經義者取之，顯悖孔、孟者棄之，說詳《宗經》篇。

一，理學看學案。五子以後，宋明儒者遞相沿襲，探索幽渺，辨析朱陸，掊擊互起，出入佛老，界在微茫。文體多仿宗門語録，質而近俚。高明者厭倦而不觀，謹愿者惝怳而無得，理學不絶如綫焉耳。惟讀學案，可以兼考學行，甄綜流派。黄梨洲《明儒學案》成於一手，宗旨明顯，而稍有門户習氣。全謝山《宋元學案》成於補輯，選録較寬，而議論持平，學術得失瞭然易見。兩書甚繁，❶當以提要鉤玄之法讀之，取其什之二，即可通此兩書。其餘理學家專書可緩

❶「兩」，原作「尚」，今據《勸學篇》改。

矣。惟《朱子語類》原書甚多，學案所甄録者未能盡見朱子之全體真面，宜更采録之。陳蘭甫《東塾讀書記》朱子一卷最善。

一，詞章讀有實事者。一爲文人，便無足觀。況在今日，不惟不屑，亦不暇矣。然詞章有奏議、書牘、記事之用，不能廢也。當於史傳及專集、總集中擇其敍事、述理之文讀之，其他姑置不讀。若學者自作，勿爲鉤章棘句之文，勿爲浮誕嵬瑣之詩，則不至勞精損志矣。朱子曰：「歐、蘇文好處只是平易説道理，初不曾使差異底字换卻尋常底字。」又曰：「作文字須是靠實説，不可架空細巧。大率七八分實，二三分文。歐文好者，只是靠實而有條理。」均《語類》一百三十九。

一，政治書讀近今者。政治以本朝爲要，百年以内政事，五十年以内奏議，尤爲切用。

一，地理考今日有用者。地理專在知今，一形勢，一今日水道，先考大川。一物産，一都會，一運道，水道不盡能行舟。一道路，一險要，一海陸邊防，一通商口岸。若《漢志》之證古，《水經注》之博文，始俟暇日考之可也。此考地理必有圖，以今圖爲主，古圖備考。此爲中學地理言。若地球全形、外洋諸國亦須知其方域廣狹，程途遠近，都會海口，寒煖險易，貧富强弱，按圖索之，十日可畢，暫可不必求詳。重在俄、法、德、英、日本、美六國，其餘可緩。

一，算學各隨所習之事學之。西人精算而算不足以盡西藝，其於西政更無與矣。天文、地圖、化力、光電一切格致製造，莫不有算，各視所業何學，即習何學之算，取足應用而止。如是，則得實用而有涯涘。今世學人治算學者，如李尚之、項梅侶、李壬叔諸君專講算理，窮幽極微，欲卒其業，皓首難期，此專家之學，非經世之具也。算學西多中少，因恐求備求精，有妨中學，故附於此。

一，小學但通大旨大例。　中學之訓詁，猶西學之繙譯也。欲知其人之意，必先曉其人之語。去古久遠，經文簡奥，無論漢學、宋學，斷無讀書而不先通訓詁之理。近人厭中學者，動詆訓詁，此大謬可駭者也。伊川程子曰：「凡看文字，先須曉其文義，然後可求其意，未有文義不曉而見意者也。」《二程遺書》，《近思録》引。朱子曰：「訓詁則當依古注。」《語類》卷七。又曰：「後生且教他依本子認得訓詁，文義分明爲急。今人多是躐等妄作，誑誤後生，其實都曉不得也。」《答黄直卿書》。又曰：「漢儒可謂善説經者，不過只説訓詁，使人以此訓詁玩索經文。」《答張敬夫書》。又曰：「向議欲刊《説文》，不知韓丈有意否？因贊成之爲佳。」《答吕伯恭書》。此外言訓詁爲要者尚多。朱子所注各經訓詁精審，考據《説文》者甚多。《潛夫論》「聖爲天口，賢爲聖譯」，可謂善譬。若不通古音古義而欲解古書，何異不能譯西文而欲通西書乎？惟百年以來，講《説文》者終身鑽研，汩没不反，亦是一病。要之，止須通其大旨大例，即可應用大旨大例者解六書之區分，通古今韻之隔閡，識古籀篆之源委，知以聲類求義類之樞紐，曉部首五百四十字之義例。至名物無關大用，如《水部》自有專書，《示部》多列祭禮，舟車今制爲詳，草蟲須憑目驗，皆不必字字深求者也。說解間有難明，義例偶有抵牾，則闕之不論。許君書既有脱逸，復多奥義，但爲求通六書，不爲究極許學，則功力有限斷矣。得明師説之，十日粗通，一月大通，引申觸類，存乎其人，何至有廢時破道之患哉？若廢小學不講，或講之故爲繁難，致人厭棄，則經典之古義茫昧，僅存迂淺俗説，後起趣時之才士，必皆薄聖道爲不足觀，吾恐終有經籍道熄之一日也。

如資性平弱并此亦畏難者，則先讀《近思録》、《東塾讀書記》、《御批通鑑輯覽》、《文獻通考詳節》，果能熟此四書，於中學亦有主宰矣。

文　集

惠陵升祔第一議

謹案：古今通義，天子七廟，三昭三穆，祖功而宗德。蓋昭穆之廟，以親祭者也，以六爲限。自太祖以下，復有百世不毀之廟，此以功德祭者也，不在七廟之數。有常數者親盡則遷，所以示親親之殺。無定數者，別自立廟，不與親廟相紊，所以彰崇德報功之典。此盡仁人孝子之用心，一制其常，一通其變，既有以遂報本追遠之精誠，即爲國家卜世緜長之豫計。聖人制禮，兩義炳然，經傳可據，史册可徵者也。今穆宗毅皇帝禮當升祔，而太廟九室爲數已盈，自宜籌議周詳，以期盡善。竊謂禮不本諸經則不典，事勢不宜於今則不行，制度不爲萬世久遠計則苟簡而非詳慎。考百世不祧之廟名曰世室，周以后稷爲始祖，益以昭穆，已足七廟，而文武有大功德，故特建文武兩世室而不祧。魯以周公爲始祖，而伯禽受封開國，故亦建魯公世室而不祧。《春秋公羊傳》曰：「世室者，世世不毀也。」古今數千年來，禮制明備，損益盡善，無過姬周商之三宗，已開其始，漢唐宋明咸師其意，特以一代應居不祧者或止一二帝，或不祧者雖多，而廟室寬廣儘數可容，故仍合祭於同堂異室中，而不更立世室，名目究屬簡略，未極精詳。恭讀《文宗顯皇帝聖訓》有云：「《禮經》三昭三穆，與太祖之廟而七。宋儒朱子謂百世不祧之廟，如周之文、武世室，商之成湯、三宗不在數中，則天子七廟，特禮之常制，非合不祧之室而言。」仰見聖人議禮，契合古經。今日以親廟而論，則由穆宗上溯世宗已滿三昭三穆之數。伏思太祖、世祖、聖祖既稱祖廟，無待更議。太宗纘緒開疆，比隆周之文、武，允宜肇稱殷禮，特建世室，以示尊崇。將來列宗諸廟，其昭穆親盡而功德不祧者，以次祔於世室。漢儒所謂「宗無定數，有功德則宗之」，正與此義相脗合。中殿列聖神位以次遞遷而上，穆宗依禮祔於第九室。如此，則見在廟室之數與升祔之典兩無妨礙。至營建之地，先儒謂文、武世室在太祖廟之旁，昭穆廟之上，擬於中殿左側，徹去牆垣，展拓地基，更建九楹，規制陳設一如中殿，如內垣外隙地較狹，即更道以外之繚垣無妨外拓，蓋廟制地形原無必須見方之説，其地雖偏於東北，而《禮經》相承，即是如此，自不以此爲嫌。如必謂徹牆拓地較爲勞費，則擬於後殿之後别建後殿，以奉肇、興、景、顯四祖，將後殿一切規制改同中殿，以作世室。或謂世室别廟似近於祧，不知祧廟與世室其名固殊，實亦迥異。其廟制則龕位陳設與正廟詳略攸殊，其禮節則祧廟有祫祭而不與時享。今時享仍舊，且一切規制與昭穆廟皆同，豈致相混？或謂列聖妥侑已久，未便遷移，是大不然。《周易》萃、升皆爲祭祖之卦，萃卦之後受之以升，萃以象合祭於一廟，升以象遞遷而益上。自古聖制禮，建立廟制以來，三代迄明，無不隨時遞遷，常經通義，曷嘗以移動爲嫌？或謂太宗既祀於世室，則世祖、聖祖以下皆須遞遷而上，疑與左昭右穆之制不符。是又不然。考昭穆有一定，左右之説經典本無明文，後儒注家其説不一，惟宋陸佃之説最爲明晰，詳具《宋書·禮志》。蓋昭穆以廟制南向北向得名，因而爲世次奇偶之别稱，以次迭進，本無定居。如云昭穆之位一成不易，則當易世祔廟之際，昭祔於昭，昭祧而穆不動；穆祔於穆，穆祧而昭不動，豈不有子居父上，祖在曾先？如祧自依世次遠近，而廟自依昭穆爲左右，則古來承統者倫序無定，或屢代俱昭，屢代俱穆，必致有一昭五穆、四昭二穆之時，多少參差，成何禮制？《禮記·祭法》「去祧爲壇，去壇爲墠」，其制壇右墠左，若拘定昭穆，左右不可移易，則六世之外，其屬於昭者將越壇而居墠乎？故其説勢有難拘。即使拘守，其亦僅可爲古制都宫異廟者言之，與後世同堂異説之制全無干涉。考唐之十一室實祀十一帝，宋之十二室實祀十二帝，既無虚位，亦無躋逆，唐宋之君，其非父子繼統者頗多，若非左右遞遷，必致間斷空闕，上下參差，則十一室之主豈十一室所能容哉？推之他代，無不皆然。千餘年來，視爲常禮，何獨於今日而致疑乎？恭考郊壇配位，太祖居左，太宗居右，以下一左一右，以次序列，而太廟龕位太祖居中，太宗居左，世祖居右，以下一左一右，亦以次序列，是郊廟所居各殊，左右並非一轍，可見昭穆之世次有定，左右之迭居無常。然則昭穆以次遞遷而上，前史可證，國典可遵，更無疑義。或謂世室在後，何以太祖廟在前？此又不必過泥者也。三祖所以常爲昭穆羣廟之統，世室、列宗所以别彰功德，常宗之義，各自爲殿，各全其尊，尚爲變而不失其正。昔周公「郊祀后稷以配天，宗祀文王於明堂以配上帝」，正爲各伸尊崇，兩不相厭，權宜之道，尚有所昉。自茲以後，其不祧者固祔於世室。如有親盡當遷者，祀於世室之夾室，以仿古文武夾室之義，庶幾億萬斯年廟寢裕如，祀典有常，無煩更議。此固創制之盛典，而實永祚之休徵也。至於此外羣議紛如，如欲別建一殿以祀穆宗，則新作之主而不祔祖廟，與升祔名義顯有乖違。如欲祀於後殿，則以最近之親廟推而最遠，既有所不安，且與四祖同殿，尤有所不宜。如欲於中殿兩端各增一室，則僅徇目前，未計久遠，國家洪祚悠長，以後又須更爲籌議。祀爲國之大事，所當一勞永逸，永定隆規，豈宜隨時補苴，動煩顧慮？考之前代，唐宣宗之時，武宗祔廟；宋理宗之時，哲宗祔廟，曾有增置兩室一室之事，此皆衰世陋風，恐非熙朝之盛舉。莫若遠據經義，近稟聖謨，特建世室，俾升祔得以成禮，則報功崇德之典與親親之義並伸而無所屈，庶幾一時臣子之心安，而億萬年之廟制永無窒礙。昭代典禮，媲美周京，洪基永延，福禄無窮矣。謹議。

惠陵升祔第二議

謹案：禮必法古而事貴因時，穆宗毅皇帝禮當升祔，而太廟九室爲數已盈，自宜悉心籌議，以期盡善。列祖列宗功德隆盛，歷經奉有明旨百世不祧，今日惟有無改前規，別思妥侑。考古者廟制，外爲都宮，中分九廟，自漢唐至今皆爲同堂異室之制。然古制前廟後寢，本朝廟制中殿以奉神牌，前殿以爲時享祫祭行禮之地，是前殿即古之廟，中殿即古之寢。蓋祔之爲義，以祔食爲主。既是前殿同享，即異廟不可行。竊擬於中殿之東別建一殿，制亦九楹，與中殿無異，恭奉穆宗，將來億萬斯年，以次升祔。此殿至於時享祫祭，仍依舊制祀於殿前。是則寢雖别建，可援《儀禮》父子異宫之文；祭則一堂，不失《春秋》侑食太祖之意。於古有據，於今易行，庶幾舊日之鐘虡依然，而四時之馨香不隔。制雖變而非創，工雖興而不擾，尊祖敬宗之意並申而無歉矣。

抑臣更有請者，我朝洪祚延長，萬年勿替，今須别建九楹，將來終須另爲籌議。竊考之《春秋》、《禮記》，周以后稷爲始祖，而文、武開基，誼不當祧，别建世室。《公羊傳》曰：「世室者，世世不毁也。」商之成湯、三宗，亦别建不毁之廟。先儒謂與世室同意。古今來享國最久，無過商、周，盛舉深心，實可取法。蓋昭穆六廟必須足數，而功德至盛又不當祧，故制爲此禮，所以爲卜世綿長之計。朱子於《祔廟議》亦請以宋太祖、太宗、仁宗建爲世室，本朝太宗、世祖、聖祖與周之文武無異，如能一準古禮，特建世室，以次祔祭，以後凡有定論不祧者恭奉其中，則億萬年之廟制永無窒閡。是否有當，恭候聖裁。

桂氏説文義證敍

治經貴通大義，然求通義理，必自音訓始。欲通音訓，必自《説文》始。國朝經師類皆覃精小學，其校釋辨證《説文》之書最顯者十餘家，而以段注本爲甲。習聞諸老師言段書外，惟曲阜桂氏《義證》爲可與抗顔行者。其書嘗爲靈石楊氏連雲簃校刻，刻後未大印行，其家書版皆入質庫，以故世尠傳本。之洞奉使來湖北，始從布政使前輩香山何君許得見之。會江湖南北各行省奉詔開局雕印經典，時武昌書局已刻經史數種，議刻段氏《説文解字注》。之洞語何君曰：「段本固善，然聞元版未熸，又其完書收入《學海堂經解》中，是不必緟複也。宜刻莫如桂氏書。」何君謂然，乃以此本付書局翻刻，而使之洞爲之敍。

竊謂段氏之書聲義兼明，而尤邃於聲。桂氏之書聲亦竝及，而尤博於義。段氏鉤索比傅，自以爲能冥合許君之恉，勇於自信，欲以自成一家之言，故破字刱義爲多。桂氏敷佐許説，發揮旁通，令學者引申貫注，自得其義之所歸。故段書約而猝難通闢，桂書繁而尋省易了。夫語其得於心則段勝矣，語其便於人則段或未之先也。其專臚古籍，不下己意，則以意在博證求通，展轉孳乳，觸長無方，非若談理辨物，可以折衷一義。亦如王氏《廣雅疏證》、阮氏《經籍籑詁》之類，非可以己意爲獨斷者也。桂氏之言曰：「近日學者風尚，六書動成習氣，偶涉名物，自負《倉》《雅》；略講點畫，妄議斯、冰，叩以經典大義，茫乎未之聞也。」此尤爲近今小學家所不能言，洵足以箴肓起廢者矣。獨其篇尾除去新附，蒐補遺文百二十二字，或頗未盡審諦。如祢互見具本書，此更於《示部》、《二部》增入。叡字既收《又部》，又收《𠬪部》，乃《玉篇》之疏，此遂因之各出。其他籒古或體，止宜附綴。《篇》、《韵》、《汗簡》所引點畫偶差，槩謂逸脱，病在求益。而近人苗夔、鄭珍所搜獲轉多溢出於此，然其別劉於鎦、析諒爲亮，不至使纂堯闕姓，葛侯更名，以祛煩惑，斯其大爾。此書元刻闕第四十卷第四十三紙，領書局永康胡君求得日照丁秀才星善所藏寫本有此一葉，乃補入之爲完書。丁秀才《後記》有云「此就未校稾本言之，故不爲無弊」云云，似此書校刻時，爲許、薛、汪、田諸君應時改定者多矣。顧其附説末兩條自述作書本末，命名之恉，是首尾固已完具。即中間徵引偶有踳譌，或待補正，固非未成之書也。

噫嘻！段、桂兩書，奥矣萃矣，許學備矣，特其卷幅並皆繁重，初學者恒苦其難，而貧士或病其費，莫若取大興朱氏仿汲古閣大字本重雕，其文簡，其工省，俾求進於此者得之，以爲津梁，而更從事於段、桂兩家之書，以窮其堂奥。小學之興，庶有冀乎？或謂毛斧季取宋本拓大其字，不守古式，不可用。予謂讀書貴得古人意而已，毛之專輒改易，校還其舊可也。若夫版本尺寸云爾，而亦必斤斤然一矉一步之不失哉？

創建尊經書院記

同治十三年四月，興文薛侍郎偕通省薦紳先生十五人投牒於總督學政，請建書院，以通經學古課蜀士。光緒元年春，書院成，擇諸生百人肄業其中。督部盱眙吴公與薛侍郎使之洞議其章程，事屬草創，未能畫一；有所商略，或未施行。比之洞將受代，始草具其槀，商搉定議。諸生屢以記爲請，曰：「礱石三年矣。」乃進諸生而語之，曰：「奚以記爲哉？諸薦紳之公牒、吴公之奏牘，緣起備具，是即記矣，不勞複出也。若夫建置書院之本義與學術教條之大端，願得與諸生説之。」

諸生問曰：先生之與臺司諸公及諸鄉先生剙爲此舉，何意也？曰：若意謂何？或對曰：振恤寒士。曰：噫！何見之左也。使者教士之官，非振貧之官也。全蜀學生三萬人，院額百人，振百人，遺三萬，何益？月費歲止數十金，即益以膏火，未見能起其貧也。如爲振貧，則籌鉅款，增廣錦江書院，膏火數百名足矣。然則何爲?曰爲讀書。讀書何用?曰:成人材。蜀材之盛舊矣,漢之郭、即犍爲文學。張、馬、揚,經之宗也。宋之二王、當、偁。二李、燾、心傳。史、范,史之良也。其餘唐之陳、李,宋之五蘇、范、虞,元之虞,明之楊,氣節、經濟、文章之淵藪也。方今聖上敦崇經學,祀漢太尉南閣祭酒許君於學宮,試卷經策空疏者磨勘有罰。使者奉宣德意,誠欲諸生紹先哲,起蜀學,然歲科兩試能進退去取,其所已然不能補益其所未至,批抹不能詳,發落不能盡,僅校之,非教之也。於是乎議立書院,分府拔尤,各郡皆與,視其學大小、人多少以爲等,延師購書,分業程課,學成而歸,各以倡導其鄉里,後進展轉流衍,再傳而後,全蜀皆博通之士、致用之材也。語云:「一人學戰,教成十人。萬人學戰,教成三軍。」操約而施博。此使者及諸公之本義也。説本義第一。

諸生問曰:先生之本義既得聞矣,學者之要如何?曰:在定志。適越而面太行,馬愈良者去愈遠;排回於歧路者,日行不能十里。入院者爲學問也,非爲膏火也。掩卷而自考,果能解乎?逾月而自省,學有進乎?出接同舍,歸而發憤,我有以勝於人乎?學海堂之三集,《詁經精舍文鈔》之三編,皆書院諸生所爲也,何渠不若彼乎?勿以一課之高下爲喜怒,勿蒙昧鈔撮,假借僥倖以自欺。時不再至,師不常得,何所聞而來?何所見而去?是可愧也,抑可悔也。慎無徒以調院高材生之目招人彈射也。説定志第二。

諸生問曰:志在讀書矣,宜讀何書?曰:在擇術。宜擇何術?曰:無定。經史、小學、輿地、推步、算術、經濟、詩古文辭皆學也,無所不通者代不數人,高材或兼二三,專門精求其一，性有所近，志有所存，擇而爲之，期於必成，非博不通，非專不精。説擇術第三。或謂宜分經學、小學屬焉。史學、輿地屬焉。經濟、國朝掌故屬焉。算學、天算屬焉。詞章爲五門，各延一師，弟子各執一業，其法良善。顧經費太鉅，不能辦也。姑俟異日。算學難得師，省城有韓君紫汀精此，可以問業。

諸生問曰：術聽人擇，何爲必通經乎？曰：有本。《大學》曰：「物有本末。」《論語》曰：「本立而道生。」聖賢通天下事理言之謂之本，學人因謂之根柢。凡學之根柢必在經史，讀羣書之根柢在通經，讀史之根柢亦在通經，或曰史與經何與？不知史學要領在三史，不通經學、小學，未有能通三史者也。通經之根柢在通小學。此萬古不廢之理也。不通小學，其解經皆燕説也。不通經學，其讀史不能讀表志也。不通經史，其詞章之訓詁多不安，事實多不審，雖富於詞，必儉於理。不通小學，亦未有能盡通《文選》者也。故凡爲士，必知經學、小學。綜此兩端，其在篤嗜神悟，欲以此名家箸述者，終身由之而不盡。若夫約而求之，治《説文》者知六書義例之區分，篆隸遞變之次第，經傳文字通借之常例，古今音韻之異同，足以治經矣。治經學者，知訓詁之本義，羣經之要指，經師授受之源流，儒先傳注異同、長短之大端，足以折中羣籍矣。即此數要，先正老師其説已備，其書具存。《輶軒語》、《書目答問》舉之已詳。稍求之深者，治《説文》三年，治經學七年，通計十年，不爲多也。求之淺者，治《説文》一年，治經三年，通計四年益不難也。苟有其本，以爲一切學術，沛然誰能禦之。要其終也，歸於有用。天下人材出於學，學不得不先求諸經。治經之方不得不先求諸漢學，其勢然，其序然也。人各有能、有不能，性各有近、有不近，如謂强人人爲經生、博士，而盡廢此外之學術，何爲更以史論、詩文課之哉？說務本第四。

諸生問曰：經學、小學之書繁而難紀，異同蠭起，爲之奈何？曰：有要。使者所撰《輶軒語》、《書目答問》言之矣，猶恐其繁，更約言之。經學必先求諸《學海堂經解》，小學必先求諸段注《說文》，史學必先求諸三史，總計一切學術必先求諸《四庫提要》，以此爲主，以餘爲輔。不由此入，必無所得。說知要第五。督部吴公初議入院者人給五經一、《釋文》一、《史記》一、《文選》一、《史記合評》一。如經費能辦，可著爲法。更有《國語》、《國策》、《兩漢》、《三國》、《說文》，必須兼檢字。《歷代帝王年表》、《簡明目録》，皆成都有版，價直亦廉，諸生節衣縮食，亦須置之。

諸生問曰：既知要矣，如何而後有效？曰：在定課。人立日記一册，記每日看書之數，某書第幾卷起，第幾卷止。記其所疑，記其所得，無疑無得，不可强書。不貴多，貴真過目；不貴猛，貴有恒；不貴涉獵，貴深思；不貴議論，貴校勘考訂；不貴强記，貴能解；能解方能記，不解自不記。不貴剏新解，貴通舊說；不貴更端，貴終卷。大略書三種，《說文》一，《提要》一，其餘或經或史一，各看若干葉。使者置有提要三部，猶恐不能周，各擇一類分看可也。監院督之，山長旬而閲之，叩詰而考驗之，一課不中程者罰月費，二課戒飭，三課屏之院外。說定課第六。

諸生問曰：有依課計功而無所得者，何也？曰：不用心之咎也。平日嬉娱，臨課而搜索枵腹，日日課試，無益也。繙書鈔撮，姑以塞責，檢之不能得，讀之不能句，摘之不得其起止。鈔考據之書，不能辨其孰爲引證語，孰爲自下語也。鈔記事之書，不瞭然此事之原委也。如此則鈔之而仍忘，引之而不解，雖日日鈔書，無益也。作爲文章，以勦襲爲逸，以儲材爲勞。讀近人淺俗之文則喜，古集費神思則厭，甘仰屋以課虛，不肯學古而乞靈，雖日日爲詞章無益也。用心之狀，古書雖奥，必求其通。不能通者，考之羣書，勿病其繁；問之同學，不以爲恥。文章縱苦澀，勿因人縱蹈摹古之譏，勿染時俗之習，如此而不效，未之有也。説用心第七。

諸生問曰：用心而以爲苦，何也？曰：信之不堅，中作而輟。古書多簡，古訓多迂，古事多隱，陋則多怪，厭則生疑，畏難則思遁，已不信矣。凡民難與慮始，而可與樂成。爲古學爲高文，忌者謗之，俗淺者譏之，專利禄、求捷獲者笑之，挾私見者攻之，不爲摇奪者尟矣。大使者亦何爲焦心勞力而設爲難行難效、有害無益之事，以困蜀人哉？野人食芹而甘，遂欲公之衆人，同嗜者試之，異趣者聽之，必能信古書、信師説、信使者之不欺，雖或猶豫，姑降心抑志，勉而行之。行之三年，果無可好，棄去未爲晚也。使者誠譾陋，顧所撰《輶軒語》、《書目答問》兩編，開發初學，論卑易行，如能篤信而擇用之，雖暫無師，必有所得矣。如并此淺易者，百言而百不信，雖許、鄭在左，程、朱在右，將益駭而苦之矣，亦何益哉？説篤信第八。

諸生問曰：此可以祛不學之病矣，近世學者多生門户之弊，奈何？曰：學術有門徑，學人無黨援。漢學，學也。宋學，亦學也。經濟、詞章以下，皆學也。不必嗜甘而忌辛也。《輶軒語》言之已詳。大要讀書宗漢學，制行宗宋學。漢學豈無所失，然宗之則空疏蔑古之弊除矣。宋學非無所病，然宗之則可以寡過矣。至其所短，前人攻之，我心知之。學人貴通，其論事理也貴心安，爭之而於己無益，排之而究不能勝，不如其已也。諸生問曰：然則何以不課性理？曰：宋學貴躬行，不貴虛談，在山長表率之，範圍之，非所能課也。後所説慎習尊師云云，即宋學也。使者於兩家有所慕而無所黨，不惟漢、宋兩家不偏廢，其餘一切學術亦不可廢。若入院者抱一而自足，是此而非彼，誤矣。不入院者執一以相攻，更大誤矣。説息爭第九。用漢學之師法，雖兼采諸儒之説，亦漢學也。守宋學之準繩，雖不談性理，亦宋學也。漢學師法止於實事求是，宋學準繩止於嚴辨義利，無深談也。

諸生問曰：爭端息矣，猶有慮乎？曰：慮在不尊師。無師功半，有師功倍。既來主講，必有所長。虛心請業，聽言則記，無窘其疏，勿抵其隙，勿妄生辨難，勿以教督下考而不悦。同舍諸生復加切磋，學優勿吝，考下勿妒，勿嬉談廢日，勿狎侮經史。繁重者一人繙之則畏難而自廢，同力檢之則易得，疑義難解者獨坐冥思則窒，詰難推求談諧趣妙則通。此友之益，亦師之亞。説尊師第十。

諸生問曰：學如是足矣？曰：不然。不求進功，先求寡過。今天下之書院，不溺於積習者罕矣。人多則哤，課無定程則逸，師不能用官法則玩，嬉游博簺，結黨造言，干與訟事，訕謗主講，品既敗矣，學庸有成乎？蹈此者，監院以聞，屏懲不宥，齋長與有責焉。昔者湖學弟子行路皆識，令人敬愛，不亦美乎？説慎習第十一。

諸生問曰：爲弟子之道敬聞命矣，然山長之教法不可知也，奈何？曰：有良師來，其道可擬議而豫知也。書院非試場，月課非考試，此教未成者，非考已成者，非善誘不可。初學窮經，未知所從，憑臆妄説無益。不辨純駁，任意鈔撮亦無益。每課發題，經解題必出先儒已有確解定論者，使之疏證，以覘其悟；疏證者，比類引書以徵實。或舊解兩歧者，使之自決，以覘其斷。先檢元書，宣示諸生，使其領解，然後下筆。總須其書爲院内所有者。主講既評其卷，指其乖合通塞，必爲書一確解，張於講堂。史論發題，論史事勿論一人，重考辨不重空論。發題取諸正史各志及《通鑑紀事本末》、《通典》、《通考》之屬。詩賦雜文多令擬古，示以元作，使之考其義法，摹其氣格。如是，則課一解即通一經義也，課一論即知一史案也，課一詩文即熟古人一詩文也。此非如科目有去取，不可令其射覆以窘之也。説善誘第十二。今年使者限諸生將《説文》依六書分類，欲其將《説文》通閲一過也。令其將歸、方合評《史記》以五色筆照臨，欲其將《史記》通閲五過也。令其先閲《四庫提要》經部，爲其中或考核箸書人之本末，或校勘版本，或議論他事，不專詁經，可以開發性靈也。此亦誘之而已。其法未必盡於此，其意或可采而用之。

山長與諸生五日一會於講堂，監院呈日記，山長摘其所習之書而問之，以驗其有得與否。閲日記畢，與之講説問難不禁，所記不實者罰之，前所講授不能覆答者罰之，甚者夏楚之。假歸視遠近爲限，逾限不至者除其名。到日候闕再補。説程功第十三。每月官課後始到者，不得領月費。

既懲其惰，又惜其力，月止二課，官課一，齋課一。課止四題，經解一，史論一，雜文與賦爲一，詩一。賦與雜文不並出，雜文或駢或散惟宜。可減不可增。四日繳卷，必有餘力，乃可讀書。若思而不學，精力勞憊，無益而有害，非教士之本意也。説惜力第十四。

調院之外，投考者不禁。核其籍貫學册，其人之有無及真僞，羼入外省人者責監院。投考多空名，積習如此。收録須少嚴，宜由山長面試一次，以備參檢其文理字蹟也。三課不入二百名内者除其名。每課膏火百名，住院者常居十之七，投考者無過十之三。若投考過衆，佳卷過多，亦無過十之五，不使奪其膏火，以給其用。說恤私第十五。凡給月費膏火，監院册其名，加山長圖記，乃以請於鹽道，鹽道亦書其名，舉其數，揭示於院門外。

凡爲山長不可懦也，牖導必寬，約束必嚴。山長主之，監院佐之，齋長承之，各衙門督之，敗習者、邪説謬論者、名雖著録而不奉課程者有罰，輕者罰月費，重者夏楚，再重者屏逐，再重者既逐出監院，仍稟提學注劣甚至褫黜。院門至戌則鍵閉，無名籍者不得容一人。入居於院，院設齋長四人，以助鈐束，稽程課，增其月費，以學優年長者充之，由學院選用，無過不更易，闕則請命而更補之。監院不得私派，不得以錢物璅俗事委齋長。有犯教條者，監院、齋長不以聞，輕則記過，甚則更易。說約束第十六。

書院所儲之書，監院有籍，除官發外，使者捐置二百餘部。二人掌之，增其月費。凡書必責掌書者，題其前額，違者罰。不如此，不能檢，不能讀也。歲一更，不得留，不得用本城人，爲其居於外也。不得借出院。掌書須擇曉事者，不可濫，尤不可吝也。若遺失，勒限領書者借覓鈔補，不能補者罰。掌書者無罪，其罰卷多者每函一月月費，卷少者每部皆以一函論，尤精祕者酌增。若罪掌書，則固閉不出；罰過重，則人不敢領。失書猶可，束書不得讀不可也。說書籍第十七。局刻書版藏於院者，印售時視紙料定價三等刊播宣示。若經費充足，凡切要同看之書，院中須各置十許部。若注疏、經解、正史、《通鑑》、《提要》、《説文》、《玉篇》、《廣韻》及考據家最著之書，周秦諸子、大家文集之屬，雖費數千金，其效甚鉅，不足斬也。姑俟異日。正史即坊本亦可。

諸生問曰：不課時文，何也？曰：無庸也。世人應試而不好學，根柢日薄，而四書文日益不振。明詔使鄉會場加意經策，而下無以應，故爲此以養其原，以補其不足。若四書文大小場用之，各郡縣書院課之，諸生無不習者，今復課之，贅也。且月增四書文一課，時日精力不能勝也。諸生曰：如此，得不與科名相妨乎？曰：不然。根柢深而不工詞章者尟矣，工一切詩古文辭而不能爲舉業者抑又希矣。其於時文有相資也，無相害也。或自爲之可也，或應他書院課爲之可也，豈禁之哉？況乎策論詩賦便考古也。課卷用白摺，習書法也。由選拔以至廷試，未有不視古學、楷法爲進退者也。時文固所習，又益之以諸條，其爲科名計，抑亦周矣。説釋疑第十八。

凡十八條，使者所以爲蜀士計者如此，後有山長與夫大吏學使主持此事者，視可用者采之，未備者補之。若遽不能得師，師或怠於教，諸生自爲之，莫余禁也。法不善，雖立不行；法雖善，久而亦變。先王不能得之於後賢，況官師乎？其行之而堅與不堅、效與不效，非所敢知也。夫蜀之當務，不獨學也；學之宜修，不獨蜀也。在府言府，在庫言庫，使者之職也。揖諸生而退，遂書問答之語以爲記。

讀經札記

駁公羊大義悖謬者十四事皆與《左氏》違異者。

一、《隱公元年》「春王正月」，《左》於傳文加「周」，文義自明，猶言王制之正月，周正之正月。而尊王之義大著。《公羊》以王爲文王，乃用緯書文王改元受命之説，遂爲後世僭逆悖亂之禍首。

一、《公羊》以賣君之祭仲爲知權合道。《左》記祭仲事皆有譏鄙之辭，但記時人之語，以智免而已。

一、「齊國夏、衛石曼姑帥師圍戚」，《公羊》謂輒可拒父。《左》不取衛輒及孔悝。

一、《公羊》賢鳥獸行之齊襄，附會以爲復九世之讎。《左》不取齊襄。

一、「邾黑肱以濫來奔」，《左》斥爲叛、斥爲賤。《公羊》奬妻嫂之叔術，以爲賢者；奬叛國之黑肱，《公羊》作「弓」。以爲宜有地。

一、昭五年舍中軍，魯遂亡矣。《左》以爲卑宫室，又極言叔孫婼不欲毁，乃深惡之也。《公羊》以爲復古。

一、昭公攻季氏被逐，《公羊》記其事，曰「昭公將弑季氏」，又曰「吾欲弑之」，「終弑之」，怪悖可駭！「齊侯唁公於野井」，《公羊》述其應對之辭，末綴孔子曰：「其禮與？其辭足以觀矣。」國君奔亡，孔子痛憤之不暇，而賞其儀節辭令乎？不惟無君，抑且誣聖。《左》深惡意如，閔昭公之失國，而譏昭公之習儀。

一、《公羊》例：君弑，賊不討不書葬。襄三十年葬蔡景公，《公羊》説之曰：「君子辭也。」何休解曰：「恕蔡般。」《公羊》慘激至矣，何獨曲恕一弑君弑父之蔡般乎？《左》無傳。

一、逢丑父免君於難，《左》褒之，《公羊》非之，董仲舒又力衍其説。

一、宋襄公泓之戰，愚妄沽名，喪師傷身，《左》極譏之，《公羊》以爲文王之戰不是過。

一、晉人圍郊，昭二十三年。乃會王師，討王子朝。《左傳》云：「二師圍郊。」記其事甚詳。《公羊》乃以晉爲伐天子。子朝居王城在西，王居成周在東。郊鄩在西，爲子朝所得，故晉攻之，《公羊》不考事實，不明地理。

一、「成周宣榭火」，《左》曰：「人火之也。」公羊所見經文作「災」，說之曰：「新周也。」邪逆之徒遂傅會爲《春秋》當新王之說。孔巽軒、陳東塾雖力爲《公羊》解免，然周公時已有成周之名，何得爲新，實《公羊》好怪妄說作俑也。

一、「吴、頓、胡、沈、蔡、陳、許雞父之戰。」昭二十三年。《公羊》謂不使吴主中國，亦不使中國主之，中國亦新夷狄也。狂怪駭人，是爲今日逆亂之徒所祖。

一、澶淵之會，襄三十年。爲宋災，故《公羊》謂卿而書人，貶卿不得憂諸侯。不思《春秋》卿大夫交會，憂諸侯之事甚多，未嘗皆貶，胡乃於救災貶之？《左》謂謀歸宋財，既而無歸，卿不書信也。《公羊》謂財復矣。

駁公羊文義最乖舛者十三事

一、誤以隱公之母「君氏卒」爲周尹氏，遂誤以桓公之母夫人子氏薨爲隱母聲子，以致仲子之薨不見於經。一突有考仲子之宫之事，一隱母稱夫人，自與桓以母貴之說矛盾。

一、高偃納北燕伯于陽，《公羊》臆改爲公子陽生。《公羊》本經昭三年有「北燕伯款奔齊」一條，不考。

一、《桓二年》「會于稷，以成宋亂」。成，平也。三傳此字義多有。《公羊》見下有「取郜鼎」之文，因讀爲助成之成，不以下取鼎爲大惡，而以會稷爲大惡，此誤解字義所致。先爲討亂，後得賂而罷，惡在後不在前。四國興師而後宋致賂，故止賂此四國也。

一、「甲戌、己丑陳侯鮑卒。」《公羊》謂

「甲戌亡，己丑死」，難通。《左》謂再赴爲通。

一、「鄧侯吾離來朝」，誤以爲鄧滅，故名。不知其時，鄧未爲楚滅。

一、「齊仲孫湫來」，譌爲慶父，魯人何爲冠以齊？

一、《左氏》「葬我小君敬嬴」，《公羊》經文以音近譌爲頃熊，遂造爲娶楚女之事。

一、齊人執單伯，又執子叔姬，《公羊》不知其事實，見男女並被執，造爲單伯與子叔姬道淫，可謂出辭鄙倍。

一、「歸于」爲罪未定，「歸之于」爲罪已定，不知其義。

一、「赤歸于曹。郭公。」《公羊》誤讀爲一句，謂郭公歸于曹，不辭，且寓公又何得言歸？

一、衛石惡與會，釋之曰「惡人在此矣」，如此說經意，真可解頤也。

一、公羊自云「名從主人」，乃於仲孫何忌作「仲孫忌」，魏曼多作「魏多」，不以爲脱文，而以爲「譏二名」。

一、全經「王正月」，《公羊》皆以「王」字絶句，《公》、《穀》兩家後師說「春王」兩字，怪謬百出，皆由此起。至黜周、王魯、文成致麟等類，乃《公羊》後師之謬說，其何劭公所創造附益者尤多，姑不具論。此外迂曲刻深，不合於理者，不可勝計。已爲鄭君所駁，杜征南所糾，及後儒所不取者，亦不具論。

讀聶氏三禮圖

圖象踳誤甚多，漏略尤甚，大率雜采《注疏》及唐以前人說，依違成之，說雖有本而不善解，隨文生義而不求密合，專據本文而不尋證類，又罕通小學，唐雖以《說文》設科，無能精通者。目未見古器，古彝器至宋宣和間朝廷好古，於是發掘進獻，競爲考釋，始少得端倪。至國朝好古者益多，辨析益明。唐以前雖見古器，人不識也。故説多難通。此所謂唐人之經學也。有西漢之經學，有東漢、三國之經學，有南北朝之經學，有唐人之經學，有宋元之經學，有國朝人之經學，各有流派，截然不同。北宋楊甲《六經圖》、南宋楊復《儀禮圖》，明大字本《六經圖》皆未善。明劉績《三禮圖》未見。欲曉古禮器、禮制，須看江慎修、戴東原、任幼植、程瑶田、張皋文、洪筠軒諸家圖説，吕大防、薛尚功、阮伯元、劉燕庭、吴荷屋諸家款識。張蒿庵、淩次仲、二金榜字輔之，鶚字秋史。皆國朝禮學名家，然於服器圖式不詳，故止稱前數家。

讀惠吉士詩説

《葛覃》之詩曰「曷澣曷否，歸寧父母」，言女子之適人者，有省父母之禮也。《泉水》、《蝃蝀》、《竹竿》之詩曰「女子有行，遠父母兄弟」，言女子之適人者，不得復省其父母兄弟也。兩者抵牾如此，而《春秋左氏傳》曰：「凡諸侯之女歸寧曰來。」趙匡曰：「諸侯之女既嫁，父母存則歸寧，不然則否。」《穀梁傳》曰：「婦人既嫁不踰竟，踰竟，非禮也。」又各自爲説如此。而毛氏傳《詩》，以爲后妃之父母在，故得歸。衛女之父母不在，故不得歸。其在與不在，無論荒遠，不可據。就令可據，則詩止言遠兄弟可已，何以並及父母而一再言之不已也？且《昏禮》、《昏義》亦當載歸寧一條，著其儀節，云何如納采、問名、納吉、納徵、請期、親迎之類，不應詳於未昏之前，而略於既昏之後，如此其疏脱也？愚嘗求之孔子之意，而知歸寧之説非也。于何知之？于《春秋》知之。《莊二十七年》「冬，杞伯姬來」，《左氏傳》曰：「歸寧也。」杜氏曰：「莊公女也。」莊公在而伯姬來，正與歸寧之禮合，而《春秋》書而譏之，以此知歸寧之説非也。然則后妃亦非禮乎？曰：此《毛傳》之誤，非詩意也。序曰「后妃在父母家，志在女功之事，躬儉節用，尊敬師傅，可以歸寧父母」云云，蓋以其爲女知其能爲婦，所謂「無父母詒罹」者也。《公羊傳》曰「婦人謂嫁曰歸」是也。序説自長，而《毛傳》因《左氏》誤焉，非詩之意然也。諸家之論，惟穀梁氏爲知禮也夫。趙匡曰：「譏無父母而來也。」蓋謂伯姬桓公女也，杜先于趙，必有所據矣。

案：《士昏禮》之文不具者多矣，昏前教成之祭，昏後反馬之文，皆未詳著之也。左氏生于春秋時，自當習聞其禮，況《毛詩》之語意坦然明白乎？若謂歸寧之歸即爲嫁，嫁時當禀父母之命，聽諸母之戒，禮節繁縟，女於此時，豈得與聞？夫昏禮在壻家，猶不稱主人，所以遠恥也。豈有女子將嫁，乃自告師氏而遂行乎？無理甚矣。聖人制禮，必本人情，未聞女一嫁而即終身絶不與通也。趙氏説「杞伯姬來」義長。近段茂堂直謂父母爲舅姑，尤謬，古無此稱。杜注以意爲之甚多，不盡有據也。女子將嫁，纚笄，綃衣，不聞衣葛，季秋、仲春絺綌安用？綃衣見《士昏禮》。壻車在門，姆親授綏，何待女告？此等迂説，豈惟遠於人情，顯與本經抵牾。原其依據，但本《穀梁》。《穀梁》之謬，可勝既乎？

宣王封韓侯于方城，欲以制北翟；封申伯于南陽，欲以制荆蠻。然申侯封而宛之東南、滎陽之東北俱非周有。畎戎入周，東南諸侯無一人來救者，以申侯據形勝而塞其路也。畎戎不得申侯之援，則不敢深入。申侯不塞南陽之路，則不得召戎。犄角之形成，幽王之亡必矣。韓侯雖强，豈能踰一二千里以相援哉？其後鎬滅于戎，申滅于荆，韓滅于晉，而東周遂不能國，則《崧高》、《韓奕》二詩，實周室興亡之所係也。

案：幽之亡，由于溺色廢嫡，不在封申。若宜臼不廢，申伯何由叛周召戎哉？王綱解紐，諸侯自相吞併，春秋治亂之樞紐，亦不僅在申、韓之滅。《詩》可藉以考史，而不得即以《詩》爲史也。此條云云，皆書生之見。

讀臧茂才經義雜記

《詩·駉》「駉駉牡馬」，《釋文》：「駉，古熒反，《説文》作驍，又作駫，同。」《説文·馬部》云：「驍，良馬也。」「駫，馬盛肥也。《詩》曰：『四牡駫駫。』」又「駉，牧馬苑也。《詩》曰：『在駉之野。』」案《毛傳》：「駉駉，良馬腹榦肥張也。」與《説文》「駫，馬盛肥」義合。據《釋文》云，駉，《説文》作「駫」，則《説文》當於「駫」下引《詩》「駫駫牡馬」，駉或爲重文。今引「四牡駫駫」及「在駉之野」皆非是，蓋唐人李陽冰等竄改。

之洞曰：今以意定之，當是「在駉之野」，「駉」字不誤。蓋字本作「坰」，因此詩言牧馬地，因加馬旁。經典此類因事製字之文甚多，不得悉咎《説文》改之也。至「駉駉牡馬」，❶則當依《釋文》别本作「駫駫」，明是學者因下「駉」字牽連致誤，何以明之？《詩》篇目多摘首句一兩字，然無摘取虚字者。「嚶嚶草蟲」、「交交黄鳥」，不聞以嚶、交命篇也。駫、駉古聲同，同，古讀如廣。斯致譌之由也。《説文》「駉」字明是因「駉」字形近，傳寫致誤，事理可信。如

❶「牡」，原作「牧」，今據《毛詩正義》改。

此說，則明白簡易，豈不較勝奮然武斷指「四牡駣駣」、「在駉之野」爲後人竄入乎？本朝說經諸家，穿穴隱奧，校訂奪落，辨析真僞，洵爲卓絶古今。然於經文傳注與己說不便者，動輒云後人竄改，亦是一大病。鄭君好破字，固開其端，然只聞易其音讀，不聞長言累句爲後人竄亂也。如此說經，抑又何難？於是王子雍實爲說經者之藏垢，李少温反開講小學者之謬門矣。

讀段大令周禮漢讀考

一曰祠。注：「鄭司農云：『祠當爲辭，謂辭令也。』玄謂：一曰祠者，交接之辭。」

案：經文「祠」字當是「詞」之誤。《大行人》「協辭命」注：「故書『協辭命』作『汁詞命』。鄭司農云：『詞當爲辭。』玄謂辭命，六辭之命也。」是則故書「辭」作「詞」之證，而近人詞、辭溷用，可援二鄭說《周禮》者正之。《說文・辛部》：「辭，說也。从𤔔辛。𤔔辛，猶理辜也。」玉裁謂：此文辭之字也。《司部》曰：「詞者，意内而言外也。从司言。」玉裁謂：此發聲、助語及摹繪物情之字，皆謂之詞也。

案：辭，獄辭也。若今世供狀矣。从辛，辛，罪也；辛即古愆字。从𤔲省聲。𤔲即司字，亦即治字。其字从𤔔司聲。𤔔，篆文作𢇍，謂籀文。讀如𢇍，《說文》𢇍，籀文𢇍。其實此乃「治亂」之「亂」本字也，象兩手理棼絲之形。小篆誤分𢇍爲一字，𤔔又爲一字。𤔔即𢇍省。於是𤔔加司爲治，亦爲司𤔲，而「𤔲」字偶省，或爛脱去司中口，遂成亂形，隸書遂變作「亂」，《說文》臆說之曰乙象形，遂專爲繆亂之字。又見經典中多訓作「治」字，則從爲之辭曰「古人美惡同辭，治亂曰亂」，不知此正是治本字，䜌乃亂本字也。即書作𤔔亦可。所以尚从䜌得聲者，緣古文多有羡文、借字，其時書𤔔字者，或借𤔲字爲之，亂後人不曉，因謂繆亂之字必當加乙，遂致兩字相混，反客爲主，於是亂字以「𤔲」字之體冒「𤔔」之聲，治字以同聲叚借之偏旁而專治理之訓，辭本从辛从𤔲省聲，以台音近，故或體逐便从台从辛，後又加水旁。䜌字以最初爲母之字，失其本義，廢而不用，但附見於他字之偏旁而已。又假辭𤔲爲言詞字，後遂从𤔲省，著言别行，其實辭、詞固無甚分别也。

讀汪拔貢述學

《大學》其文平正無疵，與《坊記》、《表記》、《緇衣》伯仲，爲七十子後學者所記，于孔氏爲支流餘裔，師師相傳，不言出自曾子。視《曾子問》、《曾子立事》諸篇，非其倫也。宋世禪學盛行，士君子入之既深，遂以被諸孔子，是故求之經典，惟《大學》之格物致知可與傅合，而未得暢其旨也。一以爲誤，一以爲缺，舉平日之所心得者著之於書，以爲本義固然，然後欲俯則俯，欲仰則仰，而莫之違矣。習非勝是，一國皆狂，誠知其爲儒家之緒言，記禮者之通論。孔門設教，初未嘗以爲至德要道，而使人必出于其途，則無能置其口矣。

案：大、小《戴記》皆爲七十子後學者所記，《漢書·藝文志》固有明文，何得於四十九篇中强分軒輊。先王設教，孔門授學，自當本末兼賅，道器並著，豈有但詳學僮儀節之文，五禮名物之制，而於身心治道絶不容一語及之者？《戴記》諸篇，多專紀一義。《大學》之義，正與《少儀》對文，《曲禮》、《内則》竝同。與《祭法》、《明堂》、《喪服》大小記、《冠》、《昏》、《燕》、《射》同例，豈三代以來，建國立學，皇皇辟雍，必不應有教法梗概流傳來許耶？宋儒習染禪宗，誠爲痼疾。然於《大學》何與？孔子傳曾，曾傳其徒，因其所受，著之竹帛，經師通義，何足爲異？至德要道，舍此安歸？支流餘裔，妄哉此語？將謂孔、孟大道，許鄭儒宗，但解編纂《說文》，繪畫《三禮圖》而已乎？此二事在今日陋俗則爲甚難，在漢儒亦是入門功夫耳。不惟謬議聖傳，抑亦厚誣漢儒之甚矣。使後世以漢學爲詬病者，此輩之罪也。

附録

先生經學受於吕文節公賢基，史學、經世之學受於韓果靖公超，小學受於劉仙石觀察書年，古文學受於從舅朱伯韓觀察琦。弟子記。

先生性疏曠，不欲爲外吏。既膺疆寄，屢上疏乞休，嘗欲讀書十年再出任事。曰：「司馬温公已官中丞而居洛著書十八年，湯潛庵、耿逸庵已官監司而解組講學，皆可師也。」同上。

先生曰：「通經貴知大義，方能致用，義理必出於訓詁。於是因訓詁而事考據，因考據而務校勘，久之漸忘本意，窮末遺本，買櫝還珠，與身心世務全無關涉。此漢學之流弊也。」《與竇廷書札》。

先生曰：「今欲强中國，存中學，則不得不講西學。然不先以中學固其根柢，端其識趣，則强者爲亂首，弱者爲人奴，其禍烈於不通西學者矣。」《勸學篇·循序》。

先生早年讀書，有所得，輒別紙疏記，日久成一巨册，展轉失去。惟存《讀皇清經解札記》若干條，後人編入雜著，藉見一斑。又有《讀穆天子傳》、《經義述聞劄記》亦未之見。許同莘編《遺集敍例》。

先生嘗言生平於《易》、《禮》、《春秋》致力最深，欲乞身歸里，著經説數種，而事與願違，頗以爲憾。又嘗屬廖季平教授，平爲《易例長編》、《左傳經例長編》，發凡起例，粗引其端，旋亦中輟。袁忠節云：「公讀書沈思穿穴，一事一義必了徹其究竟，從不妄下丹鉛。嘗牓其座曰：『兵家盡補能康世，經義咸明乃著書。』想見立言之矜慎。同上。

先生官翰林時，與吳縣潘文勤公討論金石文字，書札積數卷。考釋攀古樓藏器雜説諸篇，爲潘刻所未載。其考釋積古齋、筠清館各器，則辨正之文爲多。書中自云：「平日於論人論事皆如此，但求其是，無門户之見。」同上。

先生惡六朝文字，謂南北朝乃兵戈分裂、道喪文敝之世，效之何爲？凡文章無根柢，詞華而號稱六朝駢體，以纖仄拗澀字句强湊成篇者必黜之。書法不諳筆勢，結字而隸、楷雜揉，假託包派者亦然。謂此輩詭異險怪，欺世亂俗，習爲愁慘之象，舉世無寧宇矣。後來乃悟此論之識微見遠也。弟子記。

先生自奉儉約，未嘗自造一屋，置一田。癸卯入覲孝欽顯皇后，賜銀五千兩，乃建慈恩學堂，並捐置莊田，以惠學子。又仿范文正故事，奏置義莊，贍族其同高祖以下。別置孝義莊一區。歿後，家無一錢。同上。

先生抗懷千載，所在祠其名賢先哲，若晉杜成侯、陶桓公、唐裴晉公、李贊皇、宋韓魏公、范文正公、司馬温公，無日不流連心口之間。陳寶琛撰墓志。

先生曰：「聖人之道囊括萬理，神化無方，大賢時一幾及之，儒家得其繩墨而已。

故《漢·藝文志》儒止居九流之一，不能該道之名而盡有之。猶之釋氏之學有佛傳，有菩薩傳，有祖師傳，祖師定非佛也。余性魯鈍，不足以窺聖人之大道，學術惟與儒近。儒之爲道也平實而絀於勢，懇至而後於機，用中而無獨至，條理明而不省事，志遠而不爲身謀，博愛而不傷，守正而無權，必其並世得位，有數千百儒者，與之共修一道，其道乃明；共舉一事，其功乃成。」《傳魯堂詩集序》。

先生遺著惟詩集爲手定，晚益深厚，《讀白樂天樂府》云：「誠感人心心乃歸，君民末世自乖離。豈知人感天方感，淚灑香山諷諭詩。」又有讀史絶句廿一首，皆憂時感事之作，忠悃訏謨流露言外，非尋常詩人語也。詩集。

清儒學案卷一百八十七終

鳴謝

《儒藏》精華編惠蒙善助，共襄斯文；謹列如左，用伸謝忱。

本焕法師　壹佰萬元

智海企業集團董事長　馮建新先生　壹佰萬元

NE・TIGER 時裝有限公司董事長　張志峰先生　壹佰萬元

張貞書女士　壹佰萬元

方正控股有限公司、金山軟件有限公司創始人　張旋龍先生　壹佰萬元

北京大學《儒藏》編纂與研究中心

本册审稿人　甘祥满

本册责任编委　李峻岫

圖書在版編目(CIP)數據

儒藏.精華編.一七一/北京大學《儒藏》編纂與研究中心編.—北京：北京大學出版社，2022.3

ISBN 978-7-301-11889-4

Ⅰ.①儒… Ⅱ.①北… Ⅲ.①儒家 Ⅳ.①B222

中國版本圖書館CIP數據核字（2021）第212641號

書　　名	儒藏（精華編一七一） RUZANG（JINGHUABIAN YIQIYI）
著作責任者	北京大學《儒藏》編纂與研究中心　編
責任編輯	王　琳
標準書號	ISBN 978-7-301-11889-4
出版發行	北京大學出版社
地　　址	北京市海淀區成府路205號　100871
網　　址	http://www.pup.cn　　新浪微博: @ 北京大學出版社
電子信箱	dianjiwenhua@126.com
電　　話	郵購部 010-62752015　發行部 010-62750672　編輯部 010-62756449
印 刷 者	北京中科印刷有限公司
經 銷 者	新華書店
	787毫米×1092毫米　16開本　61.75印張　600千字
	2022年3月第1版　2022年3月第1次印刷
定　　價	1200.00元

ISBN 978-7-301-11889-4
9 787301 118894 >
定價:1200.00元